南宁年鉴

2020 NANNING NIANJIAN

南宁市地方志编纂委员会 编

线装书局

图书在版编目(CIP)数据

南宁年鉴 . 2020 / 南宁市地方志编纂委员会编 . -- 北京 : 线装书局, 2020.9
ISBN 978-7-5120-4152-3

Ⅰ . ①南… Ⅱ . ①南… Ⅲ . ①南宁－2020－年鉴 Ⅳ . ① Z526.71

中国版本图书馆 CIP 数据核字(2020)第 186116 号

南宁年鉴(2020)

编　　者：南宁市地方志编纂委员会
责任编辑：周思远
出版发行：线装书局
　地　址：北京市丰台区方庄日月天地大厦 B 座 17 层(100078)
　电　话：010－58077126(发行部)010－58076938(总编室)
　网　址：www.zgxzsj.com
经　　销：新华书店
印　　制：广西宏桂印务股份有限公司
开　　本：889 mm × 1194 mm　1/16
印　　张：34.5
字　　数：1761 千字
版　　次：2020 年 9 月第 1 版第 1 次印刷

线装书局官方微信

定　　价：198.00 元

编 辑 说 明

一、《南宁年鉴》是南宁市人民政府组织的地方综合年鉴，以马克思列宁主义、毛泽东思想、邓小平理论、“三个代表”重要思想、科学发展观、习近平新时代中国特色社会主义思想为指导，坚持辩证唯物主义和历史唯物主义的立场、观点和方法，系统地记述南宁市自然、政治、经济、文化、社会等方面情况的年度资料性文献。

二、《南宁年鉴》1996 年出版首卷，每年出版一卷。本年鉴着重记载 2019 年南宁市的基本情况。南宁市地方志编纂委员会主持编纂，编辑部（设在南宁市人民政府地方志编纂办公室）负责编纂。载录内容主要由南宁市相关部门、区县、开发区及驻市有关单位供稿并审核。

三、本年鉴内容分综合情况、动态信息、辅助资料三大部分。综合情况设专记、特载、大事记、南宁概貌 4 个专栏。动态信息设中国－东盟博览会·商务与投资峰会在南宁举办、南宁与东盟、脱贫攻坚、中国共产党南宁市委员会、南宁市人民代表大会、南宁市人民政府、中国人民政治协商会议南宁市委员会、中国共产党南宁市纪律检查委员会南宁市监察委员会、民主党派工商联、群众团体、地方立法与司法、军事国防建设事业、投资促进与经济协作、公有制与非公有制经济、农业水利、工业、建筑业房地产业、商贸服务业、交通运输邮政、会展业、旅游业、信息化、金融业、综合经济管理与监督、新区开发区、城市建设与管理、教育、科学、文化、体育、卫生健康、社会生活、生态建设、区县概貌、人物 35 个类目。辅助资料设图片专辑、附录 2 个类目。类目中穿插图表、彩色照片等；图片专辑以彩色照片集中反映全市物质文明、政治文明、精神文明、社会文明、生态文明建设重大成就。内容层次设置，利于读者分类系统阅读和检索，并表示类目与条目之间的层次关系，不反映严格的科学分类体系，机构、企事业单位等排序和层次一般不表示地位和规模。

四、本年鉴收录本年度获省部级及以上单位，中共南宁市委、市政府表彰的模范（先进）人物；影响较大的新闻人物；市级组织机构负责人；百岁以上老人；副厅级、享受副厅以上待遇逝世人物资料。

五、本年鉴采用分类编辑法，按类目、分目、条目 3 个层次的体例编辑，部分分目下设次分目。以不同字体、字号及版式设计区分不同层次，条目标题均加【 】表示。

六、本年鉴所记述的自治区、市两级行政区划名及机构名前冠以的行政区划名，凡未有行政区划专名、只有行政区划通名的“自治区”“市”，分别指代“广西壮族自治区”“南宁市”，如“自治区党委”指“中国共产党广西壮族自治区委员会”，“自治区政府”指“广西壮族自治区人民政府”，“市委”指“中国共产党南宁市委员会”，“市政府”指“南宁市人民政府”，“市市场监督管理局”指“南宁市市场监督管理局”；其他各级行政区划名称通名前一律冠以行政区划专名，如“广东省”“新疆维吾尔自治区”“桂林市”“凌云县”“西安市妇女联合会”等。“邕”指南宁市；“七城区五县”指南宁市辖兴宁、江南、青秀、西乡塘、邕宁、良庆、武鸣 7 个城区和横县、宾阳、上林、马山、隆安 5 个县；相关单位名称在主要类目首次出现时用全称，以后均用简称。

七、本年鉴涉及历史纪年，清及清以前使用帝王年号纪年，括注公元纪年；民国纪年使用阿拉伯数字，括注公元纪年。数字、计量用法按国家法定规定书写。

八、本年鉴主要数据以市统计局编印的《南宁统计年鉴》《南宁市情统计手册》所公布的数据为准；其他数据以供稿部门提供的为准；少数数据由于部门之间统计口径不尽一致，数值也不尽相同。

九、本年鉴图片专辑、专记、特载、附录所记述的内容不受年度限制；为保持年鉴内容的连贯性、完整性，个别条目记述时间适当上溯或下延。

十、本年鉴配备双重检索系统：书前刊有中英文目录，书后备有索引。索引采用内容分析法，款目按汉语拼音字母顺序（同音字按声调）排列，索引范围详及条目、文献、图片、表格等。使用方法详见索引说明。

南宁市中心城区街道图

武鸣区
西乡塘区
江南区
马定水库
三塘镇
龙门水库
天雹水库
峙村河水库
老虎岭水库
高峰收费站
泉南高速
南宁绕城高速
南百高速
至隆安
安吉互通
安吉东收费站
安吉收费站
安吉大桥
那安快速路
罗文大道
科园大道
科园立交
大学东路
大学西路
相思湖公园
南宁市动物园
明秀东路
北湖立交
友爱北立交
民族大道
人民公园
自治区政府
自治区人大
新民立交
石埠收费站
鲁石水库
金沙湖水库
托洲路
灵湾大桥（规划）
美丽南方
邕江
江北大道
清川大桥
沙井大道
五一立交
五一路
亭洪路
星光大道
白沙大道
白沙大桥
南宁大桥
凌铁大桥
英华大桥
亭江立交
那洪立交
壮锦大道
江南公园
国凯大道
沙井收费站
南宁收费站
那洪大桥
良凤江大桥
良凤江国家森林公园
五象西收费站
玉洞西收费站
青秀区
良庆区政府
五象岭森林公园
云桂铁路
南防铁路
机场高速
机场第二高速
龙潭水库
那寻水库
鹧鸪井水库
关门滩水库
至机场
至吴圩

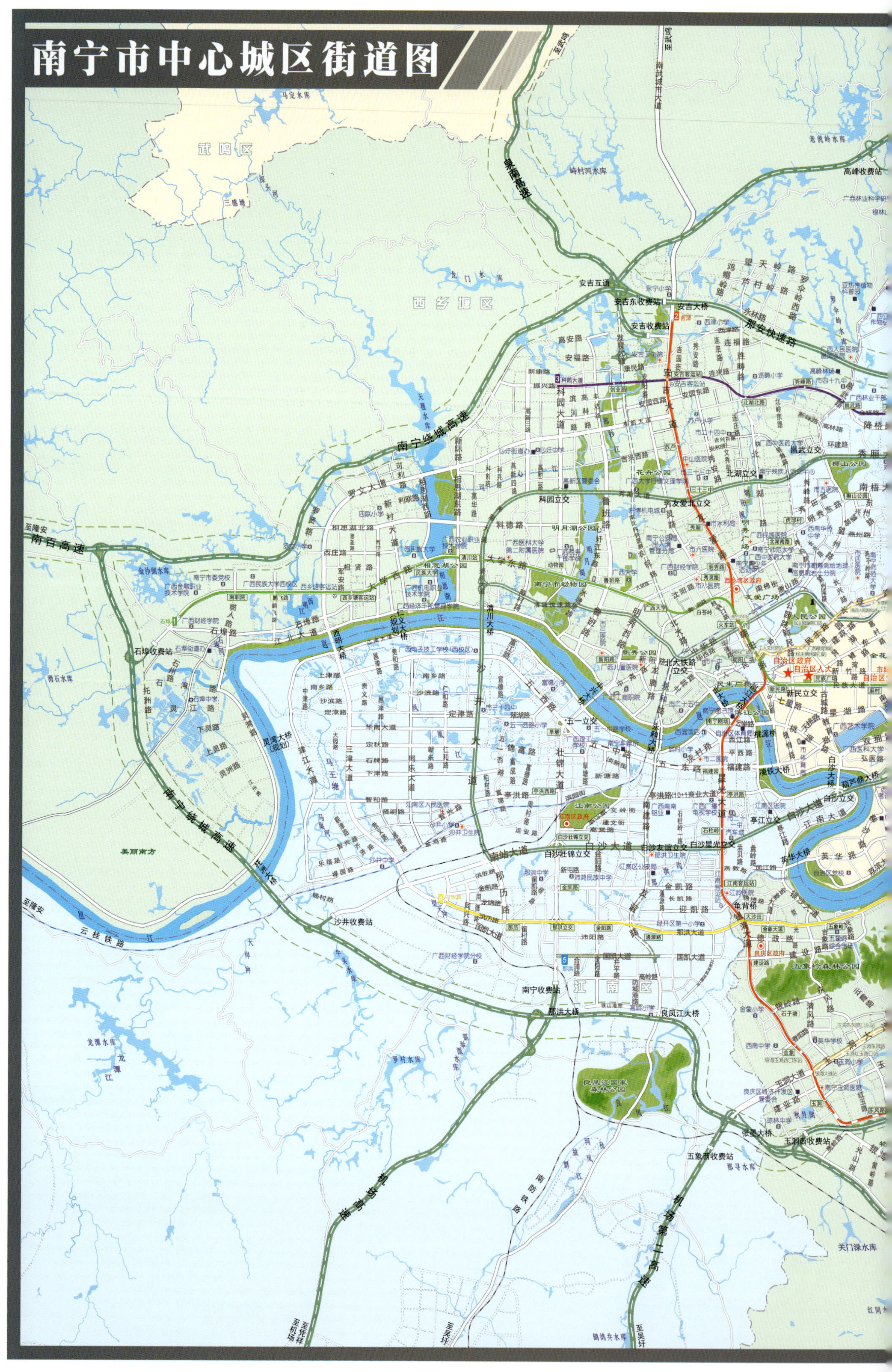

至宾阳
五塘镇中心学校
五塘镇政府
G322
五塘收费站
南宁外环高速
兴宁区
青秀区
良庆区
邕宁区
昆仑大道
柳南铁路
南广铁路
湘桂铁路
那安快速路
桂海高速
南宁东收费站
南宁港收费站
八鲤收费站
新江收费站
南宁南收费站
六律大桥
三岸大桥
青山大桥
蒲庙大桥
那平大桥
中国-东盟国际商务区
青秀山风景区
南宁国际园博园
五象大道
良庆大道
梁村大道
那莲大道
美兰大道
至横县
图例
区党委、人大、政府、政协、纪委
市委、人大、政府、政协、纪委
城区政府
乡镇政府
学校
医院
酒店大厦
火车站
企事业单位
汽车站
商场超市
河流
城区界线
国道
高速路
快速路（虚线为在建）
现状路
规划路
高速铁路
普通铁路
地铁1号线
地铁2号线（虚线为在建）
地铁3号线
地铁4号线（在建）
地铁5号线（在建）
BRT快速公交（虚线为在建）
绿化线
比例尺 1：110000　审图号：桂S（2020）01-029号
本图界线不作权属划界依据；本图现势资料截止为2019年。
南宁市勘察测绘地理信息院　编制

城市荣誉

CHENGSHI RONGYU

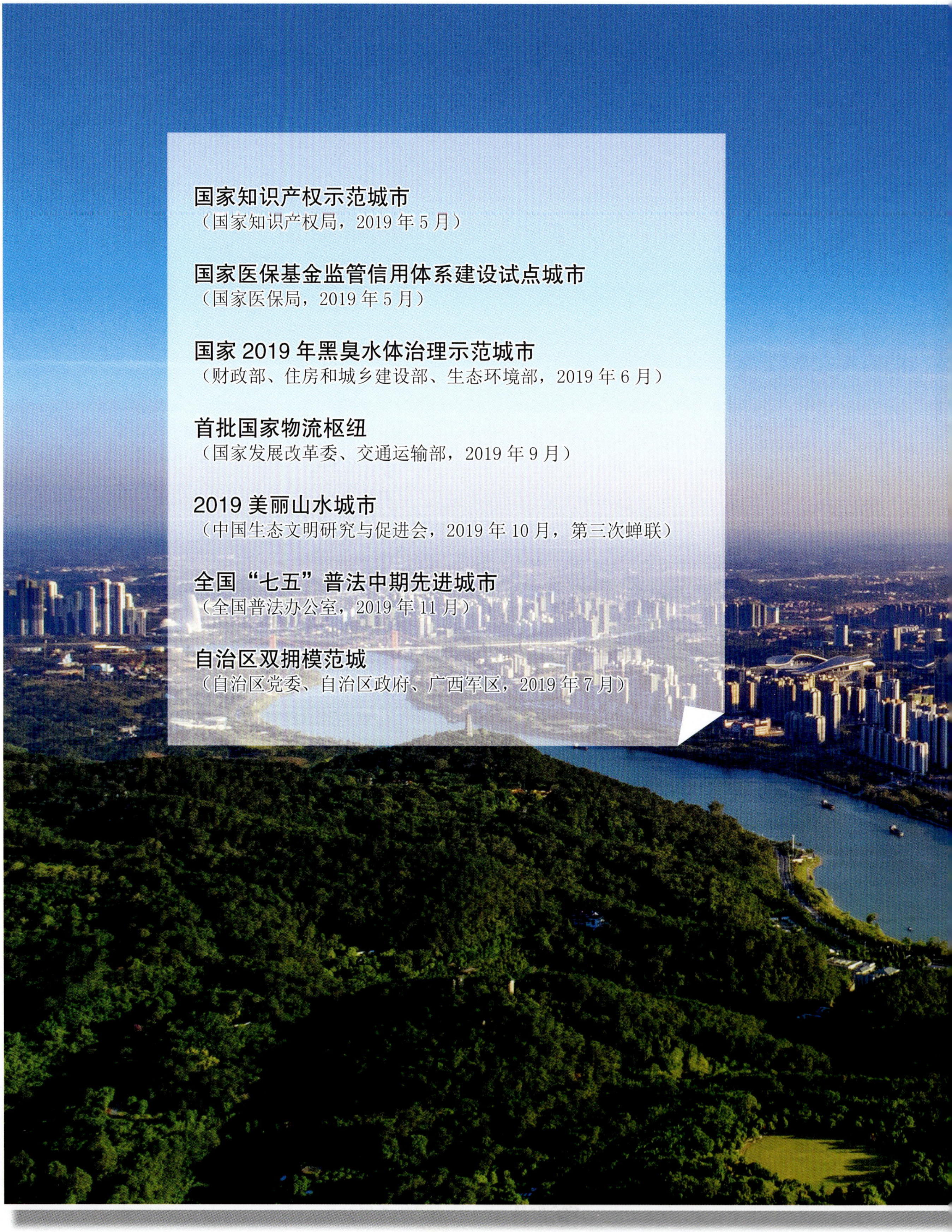

国家知识产权示范城市
（国家知识产权局，2019 年 5 月）

国家医保基金监管信用体系建设试点城市
（国家医保局，2019 年 5 月）

国家 2019 年黑臭水体治理示范城市
（财政部、住房和城乡建设部、生态环境部，2019 年 6 月）

首批国家物流枢纽
（国家发展改革委、交通运输部，2019 年 9 月）

2019 美丽山水城市
（中国生态文明研究与促进会，2019 年 10 月，第三次蝉联）

全国“七五”普法中期先进城市
（全国普法办公室，2019 年 11 月）

自治区双拥模范城
（自治区党委、自治区政府、广西军区，2019 年 7 月）

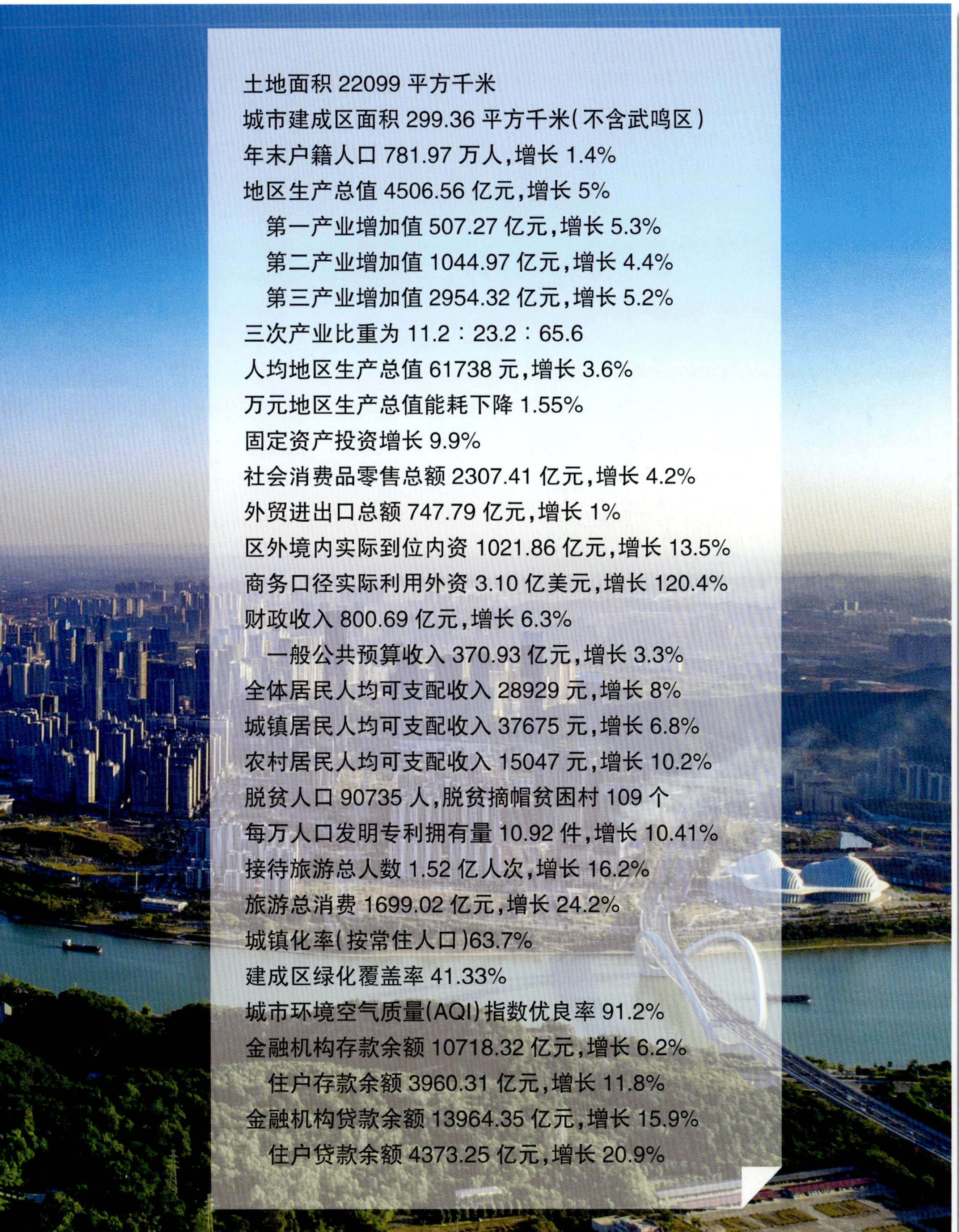

土地面积 22099 平方千米
城市建成区面积 299.36 平方千米（不含武鸣区）
年末户籍人口 781.97 万人，增长 1.4%
地区生产总值 4506.56 亿元，增长 5%
　第一产业增加值 507.27 亿元，增长 5.3%
　第二产业增加值 1044.97 亿元，增长 4.4%
　第三产业增加值 2954.32 亿元，增长 5.2%
三次产业比重为 11.2：23.2：65.6
人均地区生产总值 61738 元，增长 3.6%
万元地区生产总值能耗下降 1.55%
固定资产投资增长 9.9%
社会消费品零售总额 2307.41 亿元，增长 4.2%
外贸进出口总额 747.79 亿元，增长 1%
区外境内实际到位内资 1021.86 亿元，增长 13.5%
商务口径实际利用外资 3.10 亿美元，增长 120.4%
财政收入 800.69 亿元，增长 6.3%
　一般公共预算收入 370.93 亿元，增长 3.3%
全体居民人均可支配收入 28929 元，增长 8%
城镇居民人均可支配收入 37675 元，增长 6.8%
农村居民人均可支配收入 15047 元，增长 10.2%
脱贫人口 90735 人，脱贫摘帽贫困村 109 个
每万人口发明专利拥有量 10.92 件，增长 10.41%
接待旅游总人数 1.52 亿人次，增长 16.2%
旅游总消费 1699.02 亿元，增长 24.2%
城镇化率（按常住人口）63.7%
建成区绿化覆盖率 41.33%
城市环境空气质量(AQI)指数优良率 91.2%
金融机构存款余额 10718.32 亿元，增长 6.2%
　住户存款余额 3960.31 亿元，增长 11.8%
金融机构贷款余额 13964.35 亿元，增长 15.9%
　住户贷款余额 4373.25 亿元，增长 20.9%

2019 年 9 月 21 日，第 16 届中国－东盟博览会、第 16 届中国－东盟商务与投资峰会开幕大会在南宁举行

2019 年 9 月 21 日，第 16 届中国－东盟博览会项目集中签约仪式在南宁举行

广西国际博览事务局提供

广西国际博览事务局提供

2019 年 9 月 21 日至 24 日，第 16 届中国－东盟博览会、第 16 届中国－东盟商务与投资峰会在南宁举办，主题为“共建‘一带一路’，共绘合作愿景”，8 位中外领导人和前政要，240 名部长级贵宾，有关国际组织代表、各国外交使节、商（协）会会长、知名企业家、专家学者、社会各界知名人士等出席，30 多个国家的 2848 家企业参展。

2019 年 9 月 21 日，第 16 届中国－东盟博览会投资合作圆桌会在南宁召开

广西国际博览事务局提供

2019 年 9 月 21 日，第 16 届中国－东盟商务与投资会框架下的中国－东盟商界领袖论坛在南宁举行

广西国际博览事务局提供

2019 年 9 月 22 日，第 16 届中国－东盟博览会先进技术展区专题介绍中国北斗卫星导航技术

广西国际博览事务局提供

2019 年 9 月 22 日，第 16 届中国 – 东盟博览会“一带一路”国际展区

广西国际博览事务局提供

2019 年 9 月 22 日，市民在第 16 届中国 – 东盟博览会先进技术展区参观

广西国际博览事务局提供

2019 年 9 月 22 日，客商在第 16 届中国 - 东盟博览会泰国展区了解商品

广西国际博览事务局提供

2019 年 9 月 22 日，第 16 届中国 - 东盟博览会智慧能源与电力展区　广西国际博览事务局提供

2019 年 9 月 22 日，中国（广西）自由贸易试验区推介会在南宁举行。广西自贸试验区 3 个片区现场签约额 136.85 亿元

广西国际博览事务局提供

2019年9月19日，南宁市庆祝中华人民共和国成立70周年群众文化活动暨第21届南宁国际民歌艺术节“大地飞歌·20

2019年9月19日，“大地飞歌·2019”歌舞表演《刘三姐·采茶舞》

梁枫　摄

2019年，第21届南宁国际民歌艺术节在南宁市举办。其间，举办文化走亲东盟行、南宁市庆祝中华人民共和国成立70周年群众文化活动暨第21届南宁国际民歌艺术节“大地飞歌·2019”、中国－东盟（南宁）戏剧周、“绿城歌台”群众文化活动。

西体育中心体育馆举行。图为全场合唱《我和我的祖国》

叶子榕　摄

2019年9月19日，手风琴演奏家吴琼与俄罗斯的安迪·比林斯基合奏俄罗斯民歌《货郎》　　潘浩　摄

2019年9月19日，印度尼西亚歌手曾慧兰演唱歌曲《美丽的梭罗河》　　潘浩　摄

2019年9月20日，南宁国际民歌艺术节“绿城歌台”开幕式“最美山歌献祖国”演出在民歌湖大舞台举行。图为歌舞《远方的客人请你留下来》　　潘浩　摄

2016 年以来，南宁市把脱贫攻坚作为最大的政治责任、最大的民生工程、最大的发展机遇来推进，以精准扶贫、精准脱贫为基本方略，按照市委“跟上、盯住、办好”要求，聚焦“两不愁、三保障”，强基础、补短板，采取先锋引领、粤桂协作、产业扶贫、壮大村集体经济、转移就业、易地扶贫搬迁等措施决战决胜脱贫攻坚。2016 年邕宁区率先摘帽出列。2019 年，全市 4 个贫困区县全部摘帽，贫困村由 2015 年 421 个减至 3 个、建档立卡贫困人口由 406466 人减至 18803 人，贫困发生率由 9.33% 降至 0.43%、首次低于全国平均水平。2020 年 5 月 11 日，自治区政府正式批复上林县、马山县、隆安县摘帽出列。

2019 年，南宁市加大科技扶贫力度。图为南宁市科技特派员到马山县贫困村开展指天椒高产栽培技术培训

蓝常贤　摄

2019 年，市发展改革委工作人员到邕宁区新江镇华联村开展结对帮扶工作座谈会

廖焕双　摄

2019 年，市脱贫攻坚前线指挥部工作人员（右一）深入农户家中进行登记　　胡光磊　摄

2019 年 9 月，马山县加方乡龙开村第一书记毛鑫（右）与贫困户在龙开村电商扶贫车间挑选从村里收购的黄豆　　陆丽红　摄

2019 年，在“万企帮万村”精准扶贫行动中，民营企业为结对帮扶深度贫困村捐赠帮扶项目资金

市工商联提供

2019年，广东省茂名市到马山县举办招聘会。图为招聘会上企业向求职者介绍岗位和待遇

莫岚远　摄

2019年9月，广东省对口帮扶建设的隆安县粤桂小学竣工开学。图为易地扶贫搬迁户子女学生在学校食堂享用免费午餐

市扶贫办提供

2019年2月26日，广东省茂名市电白区与马山县协作新建的马山电白小学正式启用。图为孩子们在新教室里　　程勇可　摄

2019年，西乡塘区组织人员到贫困村开展中式烹饪等培训。图为坛洛镇上正村贫困户专场中式烹饪技能比赛现场

西乡塘区志办提供

2019年，上林县塘红乡弄陈村串花包装扶贫车间

蒙森　摄

2019年，马山县翔发就业扶贫车间，贫困户工人在焊接电子产品

陆石生　摄

2019 年，武鸣区沃柑获丰收，沃柑成为武鸣人民的“脱贫果”“致富果”

胡明峰　摄

2019 年，上林县三里镇高仁村大力发展西瓜生产助农脱贫。图为 10 月 22 日高仁村农户在学习西瓜高产栽培技术

韦杰　摄

2019 年，茉莉花产业带动横县横州、校椅、那阳等乡镇贫困户脱贫。图为横县茉莉花种植基地　　黄汝德　摄

2019年，宾阳县“古辣香米”产业(核心)示范区

黄日强　摄

2019年，隆安县金福火龙果产业示范区，万盏LED灯助果苗生长

黄初艺　摄

2019年8月7日，“马山黑山羊”获国家知识产权局批准注册为地理标志证明商标，为南宁市首个动物类地理标志商标。图为马山县优牧养殖专业合作社饲养的黑山羊

覃建松　摄

2019年，上林县三里镇双良村上弓庄龙虾养殖基地，带动贫困户脱贫致富。图为养殖场工人将龙虾装运销往外地

叶子榕　摄

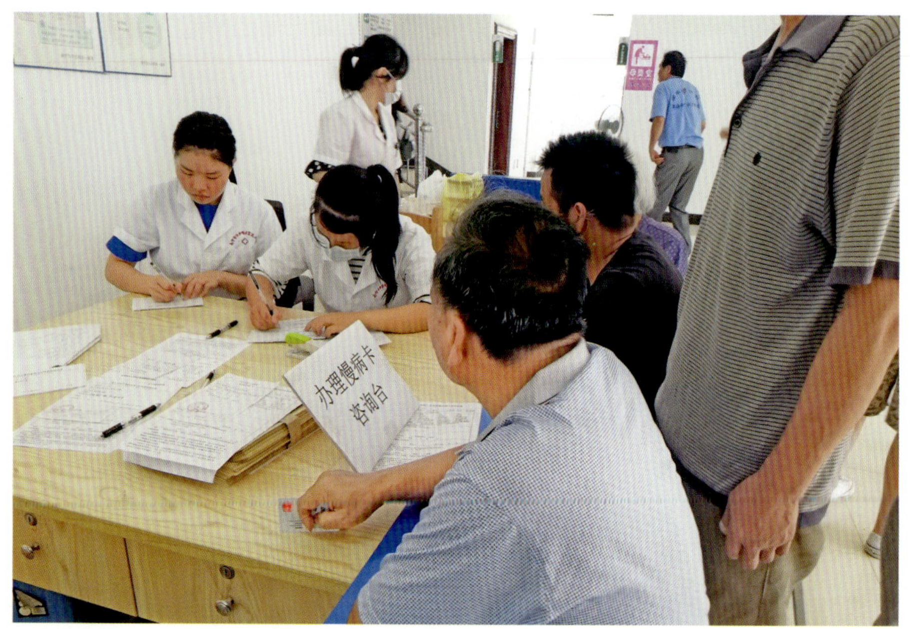

2019 年，西乡塘区医保局组织医生上门为贫困户办理慢性病卡　　西乡塘区志办提供

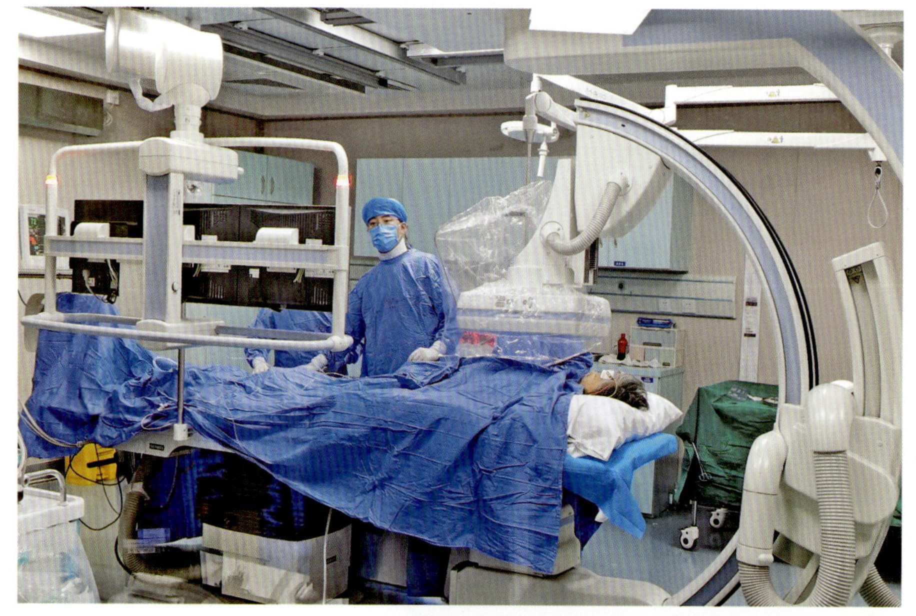

2019 年，南宁市医疗联合体派驻技术骨干到上林县人民医院为患者做手术

宋清华　摄

2019 年，广西中医药大学第一附属医院医务人员到隆安县联伍村入户开展健康帮扶

郭少东　摄

2019 年，坐落在隆安县都结乡陇选村群山中的二级供水加压站　　程勇可　摄

2019 年，隆安县布泉乡兴隆村更新屯村民用上干净的自来水　　潘浩　摄

2019 年，马山县加方乡民治村北兰屯贫困户用上自来水　　程勇可　摄

2019 年，兴宁区五塘镇坛棍村坛皮坡贫困户搬进新房

黄维业　摄

2019 年，上林县塘红乡石门村村民危旧房改造后的新房

蓝军　摄

2019 年，青秀区刘圩镇大里村村民危旧房改造后的新房

市扶贫办提供

2019 年，上林县易地扶贫搬迁明亮安置点（明澄社区）建成，居民可在社区周边购物、就业、就学、就医

黄运明　摄

2019 年，马山县易地扶贫搬迁城区合作安置点全貌

赵志岸　摄

2019 年，隆安县震东集中安置区居民楼竣工入住

潘浩　摄

2019 年，南宁市持续开展优化营商环境攻坚活动，优化企业开办、工程建设项目报建、不动产登记等重点领域办理流程，补齐营商环境短板。6 月 21 日，在全国率先构建“线上一网通、线下一门办”人社服务新体系。10 月，在自治区率先启动“多测合一”“多图联审”改革，上线运行南宁市工程建设项目审批系统。11 月，“互联网 + 不动产登记”改革构建智能服务新体系获国务院办公厅通报表扬。12 月，市本级政务服务事项网上可办率 99%，推行“同城通办”试点，提供 125 个“一件事”政务套餐服务。获批自治区首个“国家知识产权示范城市”；在 36 个省会及副省级以上城市信用状况监测中，综合排名居全国第十四位。

2019 年 3 月 11 日，南宁市行政审批局率先在自治区开设企业开办一站式服务专区

肖瑛　摄

南宁市行政审批局
2019中国政府信息化管理创新奖
成　果：创新全链条审批服务开启办事创业“一事通办”新模式
完成人：黄定　黄忠传　蔡振珂　李力
中国信息协会
二〇一九年五月

2019 年 5 月 17 日，南宁市“创新全链条审批服务 开启办事创业‘一事通办’新模式”获 2019 中国政府信息化管理创新奖

肖瑛　摄

2019 年 8 月 30 日，市行政审批局在南宁市民中心举行中国（广西）自由贸易试验区南宁片区综合服务大厅揭牌仪式

彭秋澂　摄

2019 年 5 月 24 日，市行政审批局组织区县工程建设项目报建审批人员到市民中心交流学习

肖瑛　摄

2019 年，南宁经济技术开发区行政审批大厅微笑服务示范窗口工作人员服务群众

南宁经开区管委会提供

2019 年，南宁市环境空气质量指数（AQI）优良率 91.2%，“南宁蓝”成为常态；全市主要河流水质优良，城市集中式饮用水水源水质达标率保持 100%；入围 2019 年国家黑臭水体治理示范城市，海绵城市示范区建设通过国家验收，并获全国首批优秀试点城市。10 月，被中国生态文明研究与促进会评为“2019 美丽山水城市”，为全国唯一连续三年蝉联的城市。

2019 年，南宁境内国家考核断面水质优良比例 100%，城市水质指数比上年同期改善 7.7%。图为综合治理后的秀美邕江

黄传真　摄

2019 年，南宁市环境空气质量指数（AQI）优良率 91.2%，“南宁蓝”成为常态。图为天蓝地绿景美的青秀区凤岭片区

潘浩　摄

2019 年，南宁市海绵城市示范区建设通过国家验收，获全国首批优秀试点城市。8 月 12 日，新华社刊发《广西南宁：湿地建设筑起城市生态屏障》，以南湖公园、那考河湿地公园为例推介南宁海绵城市建设成功经验。图为南湖生态岛　　黄维业　摄

2019 年，南宁市入围国家黑臭水体治理示范城市，沙江河流域治理项目、黑臭水体治理经验获《人民日报》报道。图为沙江河经治理后的生态湿地景观　　黄维业　摄

2019 年 6 月，水上保洁员在凤凰江江面打捞漂浮物　　　潘浩　摄

2019 年 8 月，南宁市江南污水处理厂水质提标及二期工程通水调试运行。图为江南污水处理厂二沉池

市城市内河处提供

2019 年，南宁化工集团公司地块土壤污染修复治理成为自治区样板

市生态环境局提供

专 记

特 载

大事记

南宁概貌

中国－东盟博览会·商务与投资峰会在南宁举办

南宁与东盟

脱贫攻坚

中国共产党南宁市委员会

南宁市人民代表大会

南宁市人民政府

中国人民政治协商会议南宁市委员会

中国共产党南宁市纪律检查委员会　南宁市监察委员会

民主党派　工商联

NANNING YEARBOOK

群众团体

地方立法与司法

军事　国防建设事业

投资促进与经济协作

公有制与非公有制经济

农业 水利

工　业

建筑业　房地产业

商贸服务业

交通运输　邮政

会展业

旅游业

信息化

金融业

综合经济管理与监督

新区　开发区

城市建设与管理

南宁年鉴

教　育

科　学

NANNING YEARBOOK

文　化

南宁年鉴

体 育

NANNING YEARBOOK

卫生健康

社会生活

生态建设

区县概貌

人 物

附　录

索　引

CONTENTS

Special Recordation

Special Issue

Chronicle of Events

Introduction to Nanning

China-ASEAN Expo & China-ASEAN Business and Investment Summit held in Nanning

Nanning and ASEAN

Poverty Alleviation

Nanning Committee of the Communist Party of China

People's Congress of Nanning

Municipal Government of Nanning

Nanning Committee of the Chinese People's Consultative Committee

Nanning Discipline Inspection Committee of the CPC & Nanning Supervisory Committee

Democratic Parties & Federation of Industry and Commerce of Nanning

Mass Organizations

Local Legislation and Administration of Justice

Military Affairs & National Defense Construction

Investment Promotion and Economic Cooperation

Public Sectors and Non-public Sectors of Economy

Agriculture & Water Conservancy

Industry

Construction Industry & Real Estate Industry

Commercial Service Industry

Transportation & Post Industry

Exhibition Industry

Tourism

Informationization

Financial Sector

Comprehensive Economic Management and Supervision

New Districts & Development Zones

Urban Construction and Administration

Education

Science

Culture

Sports

Hygiene and Health

People's Livelihood

Ecological Construction

Districts and Counties

Figures

Appendix

Index

尽锐出战精准发力　坚决打赢脱贫攻坚战

——南宁市脱贫攻坚综述

2015年末，南宁市经精准识别，有马山、上林、隆安3个国家扶贫开发工作重点县，以及邕宁区1个自治区扶贫开发工作重点区县，贫困村421个，建档立卡贫困人口406466人，贫困发生率9.33%，贫困人口数约占全自治区总数9%。南宁市农村贫困面大、贫困人口多、贫困程度深，为全国省会（首府）城市之少见。2016年以来，南宁市把脱贫攻坚作为最大的政治责任、最大的民生工程、最大的发展机遇来推进，以精准扶贫、精准脱贫为基本方略，按照市委“跟上、盯住、办好”要求，倾其所有、尽其所能，勠力攻坚。2016年至2019年，南宁市扶贫开发成效连续4年排自治区前列，其中2018年、2019年获自治区市县党委和政府扶贫开发成效考评“好”等次。2017年，南宁市与邕宁区、隆安县签订的《脱贫摘帽承诺书》《脱贫攻坚责任书》在中宣部等四部委联合主办的“砥砺奋进的五年”大型成就展展出。2018年12月11日，中共中央政治局常委、全国政协主席汪洋在参加广西壮族自治区成立60周年大庆活动讲话中指出“南宁市的扶贫也是有品牌的”，给予南宁市脱贫攻坚工作高度肯定和认可。2016年，邕宁区率先摘帽出列。2019年，全市4个贫困区县全部摘帽、贫困村减至3个、建档立卡贫困人口减至18803人，贫困发生率降至0.43%、首次低于全国平均水平。2020年5月11日，自治区政府批准隆安县、马山县、上林县摘帽出列。

精准机制、精准管理，坚持高位谋划推动

构建精准责任体系　2016年以来，南宁市履行“自治区负总责、市县抓落实、乡村实施”工作机制，压紧压实党委（党组）脱贫攻坚主体责任，坚持市、县、乡镇、村“四级书记抓扶贫”，高位谋划推进。建立领导挂点联系制度。市委、市政府主要领导分别挂点联系深度贫困县马山县、深度贫困乡隆安县都结乡，带头啃“最硬的骨头”；全市厅级以上领导包抓12个区县、100个重点乡镇、56个深度贫困村。落实帮扶制度。从市、区县行政机关选派干部到贫困村任第一书记，每个贫困村配备扶贫专干，落实4.56万名帮扶干部结对帮扶贫困户；市、县单位920个（市214个、县706个）定点帮扶贫困村421个，中央驻桂、自治区直属单位33个定点帮扶贫困村80个；每个贫困村至少安排1名乡镇干部包村帮扶，实行“领导包区县、乡镇，单位包村，干部包户”结对帮扶“三包”制度，贫困户“一帮一联”全覆盖。

健全完善组织体系　2015年11月，南宁市扶贫开发领导小组设立综合协调、资金政策、基础设施、产业开发、移民搬迁、公共服务、组织保障专责小组7个；2016年至2019年，相继增加督查考评、教育保障、医疗保障、住房保障、饮水安全、就业扶贫车间等专责小组，解决“两不愁三保障”（不愁吃、不愁穿，义务教育、基本医疗、住房安全有保障）和饮水安全突出问题。2018年4月，创新成立市脱贫攻坚战前线指挥部，全员下沉、一线指挥，带领工作队进村入户，实地核查，实行问题清单销号管理，督促解决问题。

构建政策支撑体系　2016年以来，出台《中共南宁市委员会关于贯彻中央和自治区扶贫开发工作重大决策部署坚决打赢脱贫攻坚战的决定》，配套出台实施方案10个，形成脱贫攻坚“1+10”系列文件。2017年，对“1+10”政策文件进行清单化管理，适时开展评估，完善脱贫攻坚实施方案8个，出台脱贫攻坚“十三五”规划及特色产业扶贫规划等3个子规划。2018年，出台《关于打赢脱贫攻坚战三年行动的实施意见》。2019年，出台《南宁市2019年决战决胜脱贫攻坚六条强化措施》，以脱贫摘帽督战队为抓手，压实区县主体责任和选派单位责任，强化事项报告和短板分析研究，强化数据信息共享运用和特殊困难群体帮扶；支持就业扶贫车间建设和非贫困县非贫困村发展；健全激励机制，为一线扶贫干部购买人身意外险，一线考察扶贫工作成效，并以扶贫成效作为干部提拔任用的重要依据。

构筑资金保障体系　2016年以来，南宁市财政投入扶贫资金124亿元，全面推进扶贫，其中2017年市财政补助6300万元用于56个深度贫困村产业扶贫项目，每村补助100万元～150万元。邕宁区和市本级、上林县、马山县、隆安县分别按当年一般公共预算收入增量15%、20%以上增列专项扶贫预算；市、区县将当年清理回收存量资金中可使用资金50%以上用于扶贫开发；市、区县行业部门每年涉农资金原则上50%以上分别投向贫困区县、贫困村。鼓励支持金融机构精准对接深度贫困村脱贫攻坚融资需求。2018年至2020年，市财政每年额外安排

8000万元专项扶贫资金支持马山县,并从政策性保险、产业用地、住房保障等六个方面予以政策优惠支持。

精准施策、精准发力,全面推进脱贫攻坚

聚焦"两不愁三保障",攻坚"四大战役" 2016年,南宁市实施脱贫攻坚"七个一批""七大工程"。按照扶持对象、扶贫项目、资金使用、措施到户、因村派人、脱贫成效"六个精准"要求,以贫困群众脱贫增收为核心,区分类别,因地制宜,定向施策。大力培育扶贫产业,发展生产脱贫一批;健全公共就业服务体系,转移就业脱贫一批;有序推进扶贫移民,易地搬迁脱贫一批;加大贫困地区生态保护,生态补偿脱贫一批;深入实施教育精准扶贫,发展教育脱贫一批;完善医疗卫生服务,医疗救助脱贫一批;落实最低生活保障制度,社会保障兜底脱贫一批。在贫困地区实施脱贫攻坚基础设施建设"七大工程",即道路硬化工程、安全用水工程、安全用电工程、危房改造工程、"互联网+"扶贫工程、村庄环境建设工程、文化设施建设工程。2018年,南宁市开展三年打赢脱贫攻坚打赢行动,以深度贫困地区脱贫攻坚为重点,持续推进"七个一批""七大工程",聚焦"两不愁三保障",攻坚"四大战役"(义务教育、基本医疗、住房安全、饮水安全)。成立"四大战役"总指挥部,设立"3+1"保障部门专责小组,确保"三保障"和饮水安全责任、政策、工作"三落实"。开展控辍保学攻坚,建立起从幼儿园到大学全覆盖教育扶贫资助体系,实施营养改善计划。2016年至2019年,全市发放营养午餐11.56亿元,年均受益41.71万人次;投入18亿元,新建改扩建义务教育学校项目1608个;累计补充乡村中小学教师5029人,安排贫困地区教师参加"国培计划"等培训1.84万人次;投入7.36亿元,年均资助贫困生22.70万人次,从"有学上"变"上好学"。邕宁区、武鸣区、横县、宾阳县、上林县、马山县、隆安县完成县域医疗服务共同体建设,抓好基层医疗卫生机构标准化建设,在自治区率先将政府兜底保障接入医保结算系统,2019年全市农村贫困人口就医一站式直接结算88.32万人次,涉及医疗费用9.12亿元(报销7.70亿元),大病救治率99.64%,贫困人口家庭医生签约率99.99%,由"看病难"变"放心治"。打破贫困危房户无力自筹资金瓶颈,逐年提高农村危房改造财政补助,2019年投入1.44亿元完成农村危房改造4356户(贫困户2023户),从"老破小"变"换新颜"。打好贫困人口饮水安全歼灭战和大石山区农村饮水安全巩固提升工程建设大会战,2016年至2019年建设贫困村农村饮水安全项目2195处,其中2019年投入4.57亿元,建设农村饮水安全项目1037项,受益人口105万人,从"饮水难"变"喝好水"。创新启动集中连片跨区域供水工程,解决隆安县3.20万人口长期"吃水难、水难吃"困境。探索建立隆安县、上林县、马山县、良庆区等易地扶贫搬迁可持续发展模式,确保搬迁群众搬得出、稳得住、能致富。2019年累计认定就业扶贫车间271家,新增就业扶贫车间158家,累计提供就业岗位2.57万个,累计吸纳农村劳动力1.99万人(贫困劳动力3281人)。2016年以来全市建设通屯道路4268条5057.36千米。

创新"强基补短",打通"扶贫最后一公里" 2019年5月至6月,市脱贫攻坚战前线指挥部牵头组成工作队,到上林、马山、隆安3个国家扶贫开发工作重点县开展"强基础、补短板"工作。工作队创新"1+15动车组"组织模式压实行业部门责任,"1"即由市脱贫攻坚战前线指挥部负责组织领导、统筹协调;"15"即从15个行业部门抽调280余人组成12个行业扶贫工作组,由1个"火车头"带领15个"动车组"强力推进"强基础、补短板"工作,就3个贫困县存在影响脱贫摘帽的突出问题、薄弱环节集中攻坚,重点查找影响脱贫摘帽的政策、责任、工作落实难点堵点,结合"八有一超""十一有一低于""九有一低于"等关键指标,逐项研究风险点、工作盲区。创新"一比二核三解决"工作模式,"一比"即比对分析,"二核"即系统核查与实地核查,"三解决"即解决存在问题。盘点摘帽"家底",疏通堵点难点,扫除盲区误区。自治区党委书记鹿心社高度表扬南宁市经验做法,指示自治区副主席方春明在隆安县召开自治区2019年计划退出贫困县脱贫摘帽工作调度会,向全自治区总结推广经验。《半月谈》杂志(2019年第15期)以《广西南宁:服务基层促攻坚》为题报道南宁市有效打通"扶贫最后一公里"工作事迹,文章被国务院扶贫办微信公众号转载报道。

粤桂协作、对口帮扶,构建大扶贫新格局 2017年9月,广东省茂名市和南宁市落实粤桂扶贫协作第二次联席会议精神,由茂名市电白区、高州市、化州市结对帮扶南宁市马山县、上林县、隆安县。2017年至2019年,茂名市援助马山、上林、隆安3个国家扶贫开放工作重点县财政资金2.70亿元,帮助建设隆安县粤桂小学、马山电白小学等扶贫项目42个;派出3名处级干部、8名科级干部分别到马山县、上林县、隆安县挂职参与脱贫攻坚,其中3名处级干部分别挂任马山县、上林县、隆安县县委常委、副县长;派出医生93人次、教师273人次到马山县、上林县、隆安县进行医疗援助和支教;茂名市电白区、高州市、化州市的5个乡镇(街道)、6个村、26家企业、10所学校、医院13家与马山县、上林县、隆安县相关单位开展结对帮扶。南宁市在自治区率先启动深贫地区帮扶,组织全市国有、国有控股、民营企业与全市56个深度贫困村开展结对帮扶。自结对帮扶工作开展至2019年,帮扶企业投入南宁市深度贫困村资金、物品等5733万元,帮扶实施产业项目143个,在带动深度贫困地区产业发展、增加村级集体经济收入、带动贫困户脱贫致富方面贡献力量。

扎实整改、举一反三,确保巡视部署落地见效 对中央脱贫攻坚专项巡视、国家和自治区扶贫开发成效考核等反馈问题,南宁市自觉对标对表、立行立改,成立市整改工作领导小组,市委主要领导担任组长,推进巡视整改。召开专题会议,研究制定整改工作方案,按"四定"(定人员、定职责、定时间、定进度)要求,列出清单,倒排工期、挂图作战、逐项销号。2019年,南宁市落实中央第二巡视组对广西开展脱贫攻坚专项巡视反馈意见整改措施98条、全部完成整改销号;对照中央脱贫攻坚专项巡视通报突出、共性问题20条、梳理整改措施67条,全部完成整改销号。

打造南宁品牌,力促脱贫防贫可持续发展

创建"震东模式",提供易地搬迁样本 易地扶贫搬迁是南宁市精准扶贫"七个一批"重要组成部分。为持续推进震东集中安置区易地搬迁后续发展,出台《南宁市关于促进隆安县易地扶贫搬迁震东集中安置区可持续发展的实施方案》,从专项资金、土地指标、产业发展、组织建设、社会治理、社会保障等11个方面给予政策保障,为全市其他区县提供可借鉴的"震东模式"。2019年,南宁市在全市范围内宣传推广马山县"1234567"拆旧复垦工作("一摸、二讲、三分、四拆、五补、六复垦、七挂钩")经验,推进易地扶贫搬迁。"一摸"即摸清底数,组织人员到村屯调查搬迁户旧房结构、了解搬迁户拆旧意愿,精准施策。"二讲"即讲透政策,工作人员逐户向搬迁户宣传拆旧复垦政策,介绍拆旧复垦政策红利,做通群众思想,促使搬迁户拆除旧房。"三分"即分类施策,坚持因户而异,先拆危房类、木瓦结构类、泥房类旧房,无房户类旧房不纳入任务;半年内拆除基本具备拆除条件且群众同意拆除的旧房;对政策不理解的搬迁户执行缓拆;区分处理一宅多户搬迁户或与非搬迁户混住等情况。"四拆"即组织力量拆除旧房。"五补"即旧房拆除完成后,及时组织验收,发放搬迁户奖励资金。"六复垦"即清除建筑垃圾,按标准复垦、复绿。“七挂钩”即将拆旧的建设用地，由县自然资源局按程序开展城乡建设用地增减挂钩，将结余建设用地指标报自治区自然资源厅申请跨省交易，交易所得优先用于易地扶贫搬迁。

“两培两带两促”，带动激发内生动力　2017年以来，南宁市利用粤桂扶贫协作契机，借鉴广东省“先行先试、产业完善”经验，在上林县试点实施“两培两带两促”（即培育创业致富带头人，培育扶贫产业；带动贫困户脱贫，带动贫困村致富；促进本土人才回引创业，促进农村基层党建）六大提升行动，构建“1+N”（即1个服务中心、N个创业孵化实训基地）创业致富带头人培育体系，发展“5+X”（即高值渔、山水牛、生态鸡、旅游、光伏及其他产业）扶贫主导产业体系。通过发挥创业致富带头人创业扶持、贫困户产业脱贫的引领和激励作用，激发贫困群众脱贫致富的内生动力。2018年，该模式得到国务院副总理胡春华肯定，上林县获2018年全国脱贫攻坚奖组织创新奖。

党建先锋引领，决战决胜脱贫攻坚　2016年以来，南宁市持续深入实施“先锋引领·脱贫攻坚”大行动，以“组织覆盖”为主题，以“强化政治功能、强化基础保障、强化组织引领、强化工作联动”为抓手，系统谋划和推进抓党建促脱贫攻坚工作，推动基层党建与脱贫攻坚深度融合，发挥基层党组织的战斗堡垒和广大党员先锋模范作用。牢固树立“四个一线”选人用人的鲜明导向，对脱贫攻坚一线表现突出的优秀扶贫干部，及时提拔使用或晋升职级，保障和激励扶贫一线干部的积极性、主动性。2017年至2019年全市从“四个一线”提拔的处级干部分别占总数60%、95.80%、84.40%。2018年，自治区党委书记鹿心社高度肯定“四个一线”做法并明确要求在自治区推行。落实村（社区）干部报酬稳定增长机制。督促各级各部门在政策、项目、资金等方面向第一书记所驻村倾斜，统筹安排每个贫困村每年10万元的产业帮扶资金，全力支持第一书记做好工作。发挥南宁公共资产负债管理智能云平台作用，精准监管扶贫资金，提高财政扶贫资金使用的规范性、透明性。始终保持“零容忍”态度，坚决查处扶贫领域腐败和作风问题，加强推动脱贫攻坚督促检查，建立“红黑榜”通报制度，对不担当、不作为、慢作为等问题严肃追责，确保脱贫攻坚领域风清气正。　（市扶贫办　市方志办）

紧扣“精准”凝心聚力　决胜全面小康

——邕宁区脱贫攻坚综述

邕宁区是南宁市唯一的自治区扶贫开发工作重点区县。2015年，邕宁区精准识别出30个贫困村，贫困发生率8.30%，城区建档立卡人口10408户41298人。2016年，邕宁区在南宁市率先摘帽出列，成为全市首个脱贫摘帽的区县，也是自治区首批脱贫摘帽4个区县之一，城区及其17个贫困村脱贫摘帽，贫困人口4047户17059人脱贫，贫困发生率由8.30%降至2.81%。2019年，30个贫困村全部脱贫摘帽，累计10265户40752人脱贫，贫困发生率由2.81%降至0.09%。2016年至2019年，连续4年获自治区扶贫开发工作成效“四合一”考核综合评价“好”等次。2017年7月，《邕宁区脱贫攻坚责任书》在北京国家“砥砺奋进的五年”大型成就展中展出。2018年4月，邕宁区扶贫开发领导小组获自治区脱贫攻坚先进集体奖。2019年12月，邕宁区扶贫开发领导小组获南宁市2018年度打好精准脱贫攻坚战先进集体。

紧扣精准，硬核举措

坚持责任精准，构建脱贫攻坚工作体系　落实脱贫攻坚责任制，强化“一把手”责任制。成立扶贫开发领导小组，城区党政主要领导担任组长；建立三级联动机制，成立城区脱贫攻坚工作指挥部，由四家班子主要领导直接挂帅，下设产业扶贫、教育扶贫、基础设施、金融等专责小组14个(2020年调整为12个)。将科技局和扶贫办合并，组建邕宁区扶贫开发和科技局，下设邕宁区扶贫信息管理中心，强化脱贫攻坚组织领导。各乡镇成立扶贫工作站，各村成立扶贫工作室，形成三级联动工作机制，统筹推进脱贫攻坚工作。落实领导干部“一挂两包”（领导挂点、单位包村、干部包户）制度。城区四家班子主要领导和区委副书记分别作为5个镇扶贫工作队的责任领导，处级领导干部定点联系贫困村1个，城区各机关单位分别定点帮扶贫困村1个，指导、帮助所联系乡镇、村解决基础设施、产业发展、公共服务等问题。城区2120名帮扶干部(村干部549名)结对帮扶建档立卡贫困人口10367户41028人，坚持“不稳定脱贫不脱钩”，持续推进贫困户稳定脱贫不返贫。逐层签订责任状。城区党政主要领导向自治区党委、政府递交《脱贫摘帽承诺书》，向中共南宁市委、市政府提交《脱贫摘帽责任书》后结合实际，各乡镇党委书记及“三保障”（教育、住建、人社）部门向城区党委政府递交责任状，各乡镇与各村分别签订《脱贫攻坚责任书》，层层传导压力，夯实责任。

坚持机制精准，强化脱贫攻坚行动支撑保障　强化财政投入保障。争取上级政府支持，加强与金融机构对接、沟通和联系，多渠道筹措资金。健全与脱贫攻坚任务相适应的投入保障机制，围绕邕宁区脱贫目标，补齐脱贫攻坚短板，加大财政专项扶贫资金和教育、医疗保障等转移支付支持力度。2016年至2019年，邕宁区筹集到位财政专项扶贫资金15.36亿元，其中专项扶贫资金7.57亿元，整合财政涉农资金7.79亿元。强化扶贫资金和项目监管。坚持“扶贫资金拨到哪里，监督就跟到哪里”的工作思路，严格按照《广西财政专项扶贫资金管理办法》，出台《精准脱贫资金管理办法》，加强财政扶贫资金管理。规范“乡镇—村（社区）—村民小组”会计核算、收支程序。建立健全财政专项扶贫资金监督检查机制，监察、财政、审计部门定期或不定期专项督查资金使用情况，及时发现和纠正问题。抓好脱贫攻坚项目库建设，完善项目入库审批、滚动实施、后续跟踪等管理机制，提高入库项目质量和管理水平。健全公告公示制度，主动接受群众和社会监督。加强扶贫项目资金跟踪审计，确保项目规范实施，资金有效使用。成立项目专班，提高扶贫项目资金使用效益。成立邕宁区扶贫资金项目管理工作领导小组，从邕宁区农业投资有限公司、乡村振兴办、扶贫科技局、交通局等部门抽调人员，组建扶贫资金项目管理专班，集中办公、集中攻坚。将原来切块资金到各镇统筹，调整为城区扶贫资金项目管理专班负责统筹，城区党政分管同志协调调度，项目分片分镇批量推进。实施项目监管分离，由平台公司作为项目业主统一开展设计、评审、论证等前期工作，城区扶贫指挥部负责从整个面上协调推动，各镇负责调解项目施工过程的纠纷问题，提高扶贫项目资金使用效益。

坚持施策精准，全力抓好脱贫攻坚政策落实　出台配套政策。研究制定《关于贯彻中央、自治区和南宁市扶贫开发工作重大决策部署坚决打赢脱贫攻坚战的决定》《邕宁区2020年脱贫攻坚"回头看"整治提升农村人居环境专项行动工作实施方案》以及产业、基础设施、教育、就业、金融等帮扶配套政策,梳理、编印扶贫政策汇编、帮扶政策清单,提高帮扶工作针对性、可操作性。全力抓好脱贫攻坚"3+1"(义务教育有保障、基本医疗有保障、住房安全有保障以及有安全饮水)保障工作落实。教育扶贫方面,建立完善"一帮一联"结对帮扶机制,构建从学前教育到高等教育全覆盖的贫困学生资助体系,落实"两免一补"(免杂费、免书本、逐步补助寄宿生生活费)、教育专项资助、农村义务教育学生营养改善计划、"雨露计划"(扶贫、财政部门共同实施的一项帮助农村提高综合素质和自我发展能力的扶贫政策)等政策,做到"应补尽补"。2016年至2019年,发放教育专项资助资金6319.98万元,受益贫困户子女6.82万人次。动员787人次贫困户参加"两后生"[农村建档立卡贫困户(未脱贫)户和当年度脱贫户中的15周岁(含)~25周岁(不含)未继续升学初中、高中毕业生(含退学、辍学等)]中期就业技能培训,累计发放生活费补助216.43万元。健康扶贫方面,全面落实贫困人口"198"(符合条件建档立卡贫困户100%参加基本医疗保险,贫困人口在县域内定点医疗机构住院或按规定转诊的,住院医疗费用个人报销90%;对门诊患特殊病按规定在县域内就医或异地就医的,门诊医疗费用个人报销80%)医疗兜底保障政策,实施贫困患者住院"先诊疗后付费"和"一站式"结算医疗服务模式,减轻贫困患者医疗负担。将符合参保条件的贫困人口全部纳入参保范围,确保参保不漏一人。落实贫困人口家庭医生签约服务,实现应签尽签。加强乡村医疗卫生机构标准化建设,开展村卫生室医保门诊统筹报销,简化门诊统筹报销流程,优化医疗保障服务。2016年至2019年,邕宁区建档立卡贫困户获住院补偿1.07万人次,医疗费用6270.80万元,补偿金额4601.98万元,实际报销87.47%;建档立卡贫困户获门诊慢性病补偿7615人次,医疗费用424.62万元,补偿金额282.26万元,实际报销85.05%。城区65个行政村有政府办的标准化村卫生室;累计办理门诊特殊慢性病卡4028张;家庭医生签约率100%。住房保障方面,创新成立"村级建房施工队",统一为符合危改条件无建房能力的贫困户建房;2016年制定不稳固住房改造奖励方案,2017年出台门窗水电安装奖励方案政策,对在既定时间节点完成不稳固住房改造的,分别给予每户3000元或6000元的奖励资金,激发贫困户不稳固住房改造的积极性;开展农村存量危房核查和贫困户住房安全认定,实现农村贫困人口住房安全评定全覆盖并全部上墙标识;2016年至2019年,投入资金4716.95万元,完成建档立卡贫困户危房改造2105户,农村危房逐步"清零"。饮水安全保障方面,城区对标对表"有安全饮水"指标标准,逐一排查以往建设的饮水工程,不符合饮水安全要求的,进行升级改造。加快实施饮水安全巩固提升工程,解决贫困人口饮水安全问题。2016年至2019年已完工饮水安全巩固提升工程全部投入使用,全部建档立卡贫困户有安全饮用水。落实综合性保障扶贫,全面开展城乡低保、社会救助、残疾人扶贫等兜底保障工作。2020年5月,城区有农村低保对象5062户14491人,其中低保贫困户2953户9935人,低保贫困人口占低保总人口数比例68.56%。2016年至2019年,累计实施医疗救助7533次,累计实施临时救助151户次408人次,发放救助资金79.29万元;累计发放残疾人"两项补贴"(困难残疾人生活补贴和重度残疾人护理补贴)1097.07万元。

坚持滴灌精准,提升贫困户"造血"之功能 打好产业扶贫硬仗。紧扣"户户有增收项目,人人有脱贫门路"目标,结合自治区要求和城区产业发展实际,发展城区"5+2"和贫困村"3+1"特色种养产业,将优质稻、花生大豆、糖料蔗、鸡、猪等5个自治区认定的产业和桑蚕、百香果2个自定产业作为重点特色产业,落实"以奖代补"政策,2016年至2019年,城区累计扶持贫困户2.65万户次,完成产业拨付资金9928.24万元。发展壮大村集体经济。通过入股分红、资产出租、村民专业合作社自主经营等方式,多样化发展壮大村集体经济,实行月报制度,实时监控和掌握每个村集体经济项目实施、运营以及收入到账情况。2020年5月,邕宁区5个乡镇70个村(社区)村级集体经济收入完成5万元以上指标任务。抓好就业扶贫。加强贫困人口就业扶持,推动就业意愿、就业技能和就业岗位精准对接。创建就业扶贫车间,拓宽贫困劳动力就近就地就业渠道。开发公益性岗位,吸纳贫困劳动力参与小型基础设施项目建设、保洁、治安等工作,增加劳务收入。2020年,邕宁区贫困劳动力外出务工1.53万人。2018年至2019年,开发扶贫公益性岗位330个,扶贫车间12间,带动就业人数556人(建档立卡贫困户149人)。

多措并举,亮点纷呈

创立"动车模式",推动产业转型升级 那楼镇三江村引进广西时宜农业科技有限公司,流转153.33公顷土地建设桑蚕示范基地,成立祥联种养专业合作社,建立现代桑蚕产业示范园,创新"公司+基地+合作社+扶贫车间+农户"的"动车模式",由公司发挥"火车头"作用,引领带动贫困户通过出租土地、资金入股、采桑养蚕、到"扶贫车间"就业等形式获取收益实现脱贫致富。示范园积极拓展延伸上下游产业,形成种桑养蚕—蚕茧加工—农耕体验完整的产业链,促进桑蚕产业可持续发展。综合利用桑蚕资源,制作桑叶茶,桑葚酿酒,菌渣制成肥料还田等,形成长效生态循环经济模式。打造"旅游+扶贫"产业示范基地,发展"双周"(城市周边、周末)经济,初步形成农业旅游观光产业体系。三江桑蚕扶贫产业示范园的"动车模式"获国家茧丝绸协调办公室领导表扬,被国家茧丝办称为"国内优质蚕茧生产三大模式之一";越南、东帝汶、柬埔寨、泰国等国家,中国环境研究院、中国农科院、商务部和自治区内集体或个人到该地参观学习;辐射带动周边村630户农户发展桑蚕产业,园区"扶贫车间"带动周边252人贫困人口在"家门口"长期就业。

加大"筑巢引凤",打造能人引领队伍 城区通过财政支持、创业投资引导和创业培训、小额担保贷款贴息等扶持政策吸引农民工返乡创业,形成"一人回乡创业、造福一方群众"的创业带富模式。新江镇新乐村致富带头人黄炳珠创建合作社,通过土地流转方式建立吴茱萸种植基地,合作社与农户签订保本收购协议,合作社负责提供种苗、肥料、技术、销售,农户提供土地以及劳动力,收成之后,利润与农民三七分成。合作社会员从58人发展到106人,辐射带动周边村屯180户农户参与种植,当地建档立卡贫困户全覆盖,种植面积从20多公顷发展到200多公顷。2016年至2019年,吴茱萸亩产、价格攀升,农户户均收益超过2万元,参与种植的贫困户高质量脱贫。建立标准化食用菌生产基地,村委每年获8%分红,2019年新乐村集体经济分红11.60万元,贫困村集体经济、贫困户产业收入"双增收"。

打造"特种部队",破解帮扶难题堵点 城区因地制宜在75个村(社区)创新组建以乡镇包村领导、贫困村第一书记(或驻村工作队员)、城区帮扶单位负责人、村支书和扶贫专干组成的"五人议事小组",聚合脱贫攻坚主体单位、后盾单位和村"两委"干部3支队伍,发挥村级扶贫事业"领头羊"作用,对精准扶贫工作中遇到的困难抽丝剥茧,寻找解决方案,把脱贫攻坚战阵地前移至最前线,把问题解决在基层一线,推动精准脱贫有序深入开展。2016年至2019年,"五人议事小组"累计解决村屯道路建设、不稳固住房改造、小额信贷等问题9800多个,为加快脱贫攻坚提供保障。

(覃燕萍　潘小燕)

勠力同心摘穷帽 大明山麓"幸福歌"

——上林县脱贫攻坚综述

上林县地处滇桂黔石漠化片区，2012年被确定为新一轮国家扶贫开发工作重点县和集中连片特困地区。2015年11月起，上林县贯彻落实《中共中央 国务院关于打赢脱贫攻坚战的决定》，围绕"两不愁、三保障""核心是精准、关键在落实、确保可持续"要求，坚持把脱贫攻坚作为头等大事和第一民生工程，全力以赴补短板，持之以恒破瓶颈，坚决打好脱贫攻坚关键仗。2016年至2019年，全县筹集5.24亿元用于贫困村通屯道路、安全人饮工程、危房改造、村级公共服务中心等项目建设1195个，筹集3.83亿元用于农业产业生产项目；实施粤桂两省（区）贫困村创业致富带头人培育工程，探索"两培两带两促"模式，培育发展高值渔、山水牛、生态鸡、光伏发电、乡村旅游等特色扶贫产业，带动贫困户稳定增收、贫困村集体经济稳定增长；创业致富带头人带动贫困户参与产业发展；建成贫困村特色产业扶贫示范园65个，受益群众近30万人；65个贫困村集体经济收入全覆盖，村级集体年收入4万元以上；建成易地扶贫搬迁安置小区8个，安置贫困群众3852户1.60万人；粤桂扶贫协作到位帮扶资金8734万元。2016年至2018年，全县15104户62758人贫困人口脱贫，33个贫困村摘帽，贫困发生率5.55%。2019年，全县脱贫4528户16609人，比自治区任务4503户16521人多25户88人；32个贫困村达"十一有一低于"脱贫摘帽标准，完成自治区下达目标任务；贫困县脱贫摘帽"九有一低于"指标达标，贫困发生率1.17%。上林县在推动扶脱贫工作做实做细的同时，提炼出一批可推广经验，推出一批亮点扶贫项目，成为宝贵的"上林扶贫经验"。2020年5月11日，自治区政府正式批复上林县摘帽出列。

担当作为，压实压细攻坚责任

2016年以来，上林县出台《上林县坚决打赢"十三五"脱贫攻坚战的决定》《2016年扶贫产业化奖补方案》《上林县小额信贷实施方案》等实施方案16个，形成"1+16"扶贫政策体系。创新四级网格管理模式，按照"责任一体、帮扶一体、问责一体"要求，将全县11个乡镇131个村（社区）划分为责任网格区域，进一步明确县、乡镇、村（社区）及帮扶单位责任。2019年，创新出台"437"工作机制，即压实县处级领导、县直部门领导、乡镇领导责任和村级责任"四级责任"；持续开展"大培训、大走访、大整改"三大活动，落实驻乡镇、驻村、网格化管理、事项报告、关爱激励、督查考核、问责处理等"七项制度"。组织6996名帮扶干部进村入户开展"百日攻坚"行动，对全县3万多户贫困户（含退出户）进行每周入户一次等"七个一"结对帮扶。抓好贫困人口动态管理，摸底、排查、监测边缘户、返贫预警户，预防致贫、返贫。落实县级98个单位与131个村（社区）挂点帮扶，落实机关企事业单位干部职工与贫困户结对帮扶。对因退休、外调、辞职出现的空缺，调整结对帮扶干部；对新增贫困户从新录用的干部队伍中安排结对帮扶，做到"不漏户""不漏人"，干部帮扶全覆盖。中央企业、自治区、南宁市选派脱贫攻坚工作队员751名入驻上林县65个贫困村；2019年，县委向非贫困村选派党组织第一书记，实现131个行政村（社区）第一书记全覆盖。针对关键短板，按照"一村一策，一户一方"要求，在各村因地制宜发展特色产业，逐户制订帮扶计划，措施到村到户。

因地制宜，千方百计减贫促收

实施"两培两带两促"，推动扶贫产业发展 长期以来，上林县面临贫困人口多、贫困程度深、扶贫产业基础弱、贫困村缺乏致富能人等瓶颈问题，严重制约经济发展。2015年9月，上林县被国务院扶贫办列为粤桂两省（自治区）贫困村创业致富带头人培育工程试点，全县依托广东九江河清培训基地，建立粤桂产业合作平台，配套建设本县实训基地，持续实施"两培两带两促"（培育致富带头人，培育扶贫产业；带动贫困户增收脱贫，带动贫困村提升发展；促进本土人才回引创业，促进农村基层党建）六大行动。2016年至2019年，15名致富带头人成为党员，114名党员成为致富带头人，29名优秀创业致富带头人担任贫困村党组织书记；吸引本土人才返乡创业1053人，成为"不走的扶贫工作队"。全县认定创业致富带头人539名，带动9827户贫困户参与高值渔、山水牛、生态鸡、生态旅游、光伏发电等"5+X"产业发展，约占全县贫困户总数47.70%，为村级集体经济带来创收1900多万元。"两培两带两促"成为全国、全区可复制、可推广"上林模式"。2017年6月30日，自治区雨露计划扶贫培训班暨贫困村创业致富带头人培训现场推进会和全区扶贫产业暨村级集体经济发展现场推进会在上林召开；10月10日国务院扶贫办主办、中国扶贫志愿服务促进会承办的"2017年扶贫日乡村发展与脱贫攻坚论坛"，上林县作《致富带头人工作如何开展试点》发言；10月17日至20日国务院扶贫办定点扶贫县贫困村创业致富带头人培训班，上林县就《东西协作框架下的贫困村创业致富带头人培育工作》授课；12月15日至16日全国贫困村创业致富带头人培育工作现场会，上林县作《贫困村创业致富带头人工作开展情况》交流发言。2018年3月23日，全国贫困村创业致富带头人工作现场会在上林县召开；7月4日全国东西部扶贫协作工作推进会，上林县作《依托粤桂扶贫协作精心培育致富带头人》发言；10月，上林县获2018年全国脱贫攻坚奖组织创新奖。

深耕特色产业，集体经济蓬勃发展 2016年以来，上林县狠抓特色产业发展，推动建成一批"产业扶贫示范园""现代特色农业示范区"，全县65个贫困村均实现有特色产业扶贫示范园目标，县级"5+2"特色产业覆盖率93.33%。全县20个合作社（公司）流转土地超过万亩，发展"稻虾共作""荷虾共作"，养殖小龙虾、罗氏沼虾、澳洲淡水龙虾等，带动贫困户420户1685人。淡水龙虾成为上林特色品牌之一。山水牛、生态鸡、光伏发电等特色产业形成规模。通过把发展特色产业作为发展村级集体经济的重要抓手，全县65个贫困村村级集体经济收入全覆盖。2019年全县134个行政村（社区）村级集体经济创收926.52万元，其中65个贫困村集体经济收入583.49万元，村均集体收入4万元以上。2017年，上林县以独资、集资方式，建起贫困村光伏扶贫电站和40兆瓦集中式光伏扶贫电站。至2020年4月，全县光伏发电项目累计收益1295.54万元，其中合资电站收益600.20万元、65个贫困村光伏收益695.34万元，平均每个贫困村收入超过10万元。印发《上林县40MW集中式光伏扶贫项目收益使用工作方案》，在确保65个贫困村集体经济收益基础上大胆创新，明确县政府每年从合资电站中分得固定红利400.20万元，持续20年注入"上林县扶贫发展基金"资金池，用于保障全县因病、因残等无劳动能力特困户1334户维持基本生活所需。

融合旅游与扶贫，带贫减贫作用显著 2016年以来，上林县以"生态为本、绿色崛起、旅游兴县、共享小康"为定位，以"双创"（创建广西特色旅游名县、创建国家全域旅游示范区）为契机，发挥生态资源优势，加快推进旅游重大项目建设，扩大旅游产业规模，把旅游与扶贫深度融合，推出旅游扶贫"四扶一共享"

(扶安居、扶就业、扶创业、扶养老,共享分红)“上林模式”,获国务院扶贫办肯定,辐射带动旅游产业发展。全县发展乡村旅游区(农家乐)130多家,其中五星级农家乐1家、四星级农家乐3家、三星级农家乐12家,四星级乡村旅游区4家、三星级乡村旅游区3家。2019年,全县接待游客794.48万人次,其中乔贤镇内旦庄成立乡村旅游合作社,打造“四季花海·壮家要寨”,每年收益20多万元。

金融扶贫,创新“保贷”融资模式

2016年以来,上林县与人民财产保险股份有限公司广西分公司签订合作额度1亿元的《保险扶贫支农融资合作协议》,人保财险广西公司对全县涉农企业(公司客户、合作社客户)开展支农支小融资业务,实施授信融资扶贫,精准助推脱贫攻坚项目。开创“政府+险资+企业+农户+保险”的扶贫模式,建立“创业致富带头人产业培育发展基金”“政府增信+险资融资+保险保障”贷款风险分担机制,县政府出资1000万元设立风险资金池,以1:10比例扩大融资额,政府承担50%风险,人保财险广西公司向融资企业提供融资资金时存在50%风险,缓解致富带头人融资贷款难、抵抗风险能力差等问题。至2019年,广西山水牛畜牧业有限公司等11家公司(合作社)获人保财险公司融资贷款4130万元,46家致富带头人合作社获贴息贷款1120万元。

率先医改,发力破解看病难题

2014年,上林县率先在自治区启动医疗卫生服务县乡一体化改革,把县妇幼保健院、县中医医院纳入以县人民医院牵头的医联体建设范围,根据三家公立医院的服务能力、专科特点等,进一步完善分级诊疗、双向转诊、县域内会诊制度,使县级三家公立医院均衡发展。2016年以来,全县设立综合服务窗口的县级定点医疗机构3个,先诊疗后付费医疗机构14个;对新农合建档立卡贫困人口住院实行“先诊疗后付费”5.18万人。在全县115个行政村均设标准化卫生室,每个卫生室至少配备1名以上乡村医生;在全县115个行政村开展家庭医生签约服务,为卫生室配备乡村医生225名,贫困户签约率100%。2019年10月,组建县域医疗集团、成立集团党委,优化区域医疗卫生资源配置,推进县域紧密型医共体建设,保障优质医疗资源共享和下沉,推动以治病为中心向以健康为中心转变,群众“小病不出乡,大病少出县”,走出特色“健康扶贫”路。

移民搬迁,安居乐业奔小康

2016年以来,上林县以“居住有改善、致富有路子、就业有岗位、迁出能稳定”为目标,围绕“系统谋划、统筹推进、挪穷窝与换穷业同步”总体思路,推进易地扶贫搬迁。2018年,竣工易地扶贫搬迁安置点8个,搬迁贫困群众3850户1.60万人。在西燕镇移民搬迁安置点——西燕镇幸福小区里,设学校、社区卫生室、工厂、杂货铺等设施。坚持“政府主导、企业主体、因地制宜、扶企带贫”原则,在易地扶贫搬迁安置点配套建设扶贫车间,有劳动能力且有就业意愿的3804户家庭成员实现1人以上(含)就业创业,46户无劳动力的通过社会保障岗位兜底,就业落实率100%。2019年7月,南宁市首批易地扶贫搬迁安置点不动产登记证书发放仪式在上林县西燕镇安置点举行,西燕镇安置点324户1268名贫困群众,首批获发放不动产权证160户,切实让搬迁群众吃下“定心丸”,解决后顾之忧,更好地实现“搬得出、稳得住、能致富、可发展”目标。

(蒙政斌　蓝　洲　樊守辉)

众志成城齐攻坚　凝心聚力摘“穷帽”

——马山县脱贫攻坚综述

马山县是滇桂黔石漠化治理片区县,2002年2月被确定为国家扶贫开发工作重点县。全县有11个乡镇151个行政村(社区)2298个自然屯、56.86万人口,总面积2345平方千米,其中石山面积占56.70%。2015年10月,马山县精准识别贫困村75个,建档立卡贫困户36516户149642人,其中属2016年贫困人口23691户94366人,贫困发生率20.21%。2017年11月21日马山县被确定为自治区深度贫困县。2016年以来,马山县举全县之力、汇全县之智,聚焦贫中之贫、困中之困,逐一啃下“硬骨头”,全力打赢脱贫攻坚战。至2020年3月,全县73个贫困村、23196户、93708人脱贫;尚余深度贫困村2个、1194户、3904人未脱贫;贫困发生率由20.21%降至0.84%。2019年3月14日、15日,马山县分别在自治区就业扶贫车间建设现场推进会、自治区大石山区产业扶贫现场推进会作典型发言;12月6日,马山“体育+”脱贫成果获《人民日报·海外版》选登为“中国九个脱贫传奇”之一;自治区财政扶贫资金管理使用现场推进会、自治区农村义务教育学生营养改善计划专题培训班暨现场会、自治区打赢饮水安全战役现场推进会、东风公司脱贫攻坚现场推进会在马山召开;获自治区扶贫开发工作成效“四合一”考评“好”等次。2020年5月11日,自治区政府批准马山县摘帽出列。

精准发力施策,统筹推进全面脱贫

2016年以来,中共马山县委、县政府始终把脱贫攻坚作为重大政治任务和最大民生工程,聚焦“两不愁三保障”,强基础、补短板,带领群众走出贫困。

强化责任担当,构建有效体系　坚持责任精准。坚持每月召开1次以上脱贫攻坚专题常委会、常务会;建立“5+”“6+”“7+”决策机制,研究重大决策(“5”即县委副书记、县政府分管副县长、县扶贫办主任、县委办分管副主任、县政府办分管副主任,“6”即5+县长,“7”即6+县委书记;“+”即根据实际增加相关县处级领导、专责小组人员、部门人员)。2019年,分管副县长、县政府办分管副主任、乡镇分管副乡镇长专职协调脱贫攻坚,不作其他兼职。加强结对帮扶。在县处级领导干部联系14个深度贫困村、75个贫困村基础上,调整县处级领导干部联系非贫困村,全县156个行政村(社区)均有县处级领导干部联系。选派400多名扶贫工作队员(含第一书记)下沉一线,在非贫困村工作队员中明确“第一队员”,形成贫困村有“第一书记”、非贫困村有“第一队员”统筹抓驻村帮扶管理。派出干部8300多名结对帮扶贫困户,安排帮扶联系人跟踪帮扶2014年、2015年脱贫退出户,实行帮扶网格化管理。中央定点帮扶企业东风汽车公司派出“懂扶贫、能脱贫”挂职干部4人到马山县帮扶(挂职副县长1人、驻村第一书记3人)。形成合力。全县扶贫开发领导小组设专责小组19个,组长均由县处级领导担任,充实扶贫开发领导小组工作机构;制定落实《马山县坚决打赢“十三五”脱贫攻坚战的决定》《马山县打赢脱贫攻坚战三年行动方案》,20个配套《马山县“十三五”脱贫攻坚战工作实施配套方案》和年度脱贫攻坚工作方案。2019年,全县开展“强基础、补短板”大排查、“百日行动”“冲刺月”行动、“帮扶工作日”

行动，整改排查问题，排查补齐短板，完成贫困县退出指标任务。

严格程序标准，提高脱贫质量 培育特色产业。出台精准脱贫产业扶持实施方案，鼓励支持贫困户发展特色优势产业，投入产业奖补资金1.84亿元，支持贫困户7.52万户次发展扶贫产业，发展壮大桑蚕、里当鸡、黑山羊等特色优势产业。全县“5+2”特色产业覆盖贫困户96.23%；培育农民专业合作社等新型农业经营主体651个，75个贫困村均有农民专业合作社等新型经营主体全覆盖；全县培育有创业致富带头人384人，每个贫困村均培育不少于3名的贫困村创业致富带头人。构筑医疗保障。坚持县、乡镇、村三级联动发力，在摸清底数、动员农村群众参加新农合的同时，建设10个乡镇标准化卫生院、11个行政村标准化卫生室；全县共有3所二级以上公立医院，11个乡镇均有标准化卫生院，143个行政村均有政府举办的标准化卫生室。落实贫困患病人口大病集中救治、大病报销、慢性病报销及县域内住院治疗先诊疗后付费、“一站式”结算、家庭医生签约服务等医保政策，提升全县基本医疗保障水平，全县建档立卡患病人口住院实际报销比例92%，门诊慢性病实际报销比例89%。落实建档立卡贫困户参保费用（个人缴费部分）财政补贴政策，全县符合参保条件的农村人口中城乡居民基本医疗保险参保率98.30%，其中贫困人口参保率100%。提质教育扶贫。落实学前至高中阶段教育扶贫政策，建立健全中小学教育发展保障、师资队伍建设和学生资助体系；落实政府、教育控辍保学“双线四包”工作机制和乡镇政府、村（居）委会、村民小组“三级联动”防护网络，控辍保学重点对象摸排、监测、劝返和复学安置等措施，贫困家庭义务教育阶段适龄儿童少年无因贫失学辍学，义务教育巩固率95.80%。2017年1月，马山县提前四年通过国家义务教育均衡发展评估认定。完成易地搬迁。完成安置房建设5279套，完成率100%；完成精准核实搬迁规模并入住5217户2.18万人，占任务数100%；全县4个集中安置点均成立党组织和社区管委会；完成安置点小区道路、排水等基础设施建设和农贸市场、社区综合楼、学校等配套项目。通过创立创富田园、创建扶贫车间、开发乡村保洁员、护林员公益性岗位、农贸市场和商铺公开招租等方式，搬迁入住5217户中有劳动力且至少有一人实现稳定就业5145户。合作、板伏易地扶贫搬迁点成为粤桂“手携手 圆梦想”易地扶贫移民搬迁工程省级示范标杆。推进危房改造。严格对照“两不愁三保障”标准，推进“四类重点对象”（建档立卡贫困户、低保户、分散供养特困人员、贫困残疾人家庭）农村危房改造、非存量住房未达标以及农村住房安全认定等工作，完成住房保障指标任务。2016年以来，完成危房改造5566户，解决2.12万人口住房安全问题，其中贫困户3436户，受益人口1.03万人，农村农户住房安全达标率100%，实现“住人不危房，危房不住人”目标。2019年，完成全县所有农户住房安全鉴定，完成2016年至2019年度所有危房改造户“一户一档”材料归档整理。保障饮水安全。摸清农村饮水安全短板，建立脱贫攻坚饮水安全项目库，分批提前开展项目前期工作；采取引水与提水相结合保障水源、县级部门“放管结合”加快施工进度，创新在山区深度贫困村找水打井等方式，实施农村饮水巩固提升工程849个，解决20.78万人（贫困人口4.14万人）饮水安全，全县农村自来水普及率由2015年60%提高到100%，农村集中式供水人口比例由2015年65%提高到100%。加强基础建设。简化项目审批程序，统筹财政扶贫专项资金、财政涉农资金，落实“政府监督、业主管理、社会监理、企业自检”四级质量保证体系，召集群众投工投劳参与项目建设、项目监督，推进农村扶贫基础设施建设项目。改善农村群众生产生活文化条件，全县156个行政村村委会（社区）均设办公场所、宣传栏、篮球场、文化室（农家书屋）或戏台，均通有线或无线网络宽带，全县农户均有电视机或电脑或智能手机，无障碍收视及上网。提高社会保障。逐步提高全县农村低保标准和补助水平，全县农村低保标准提高到每人每年5500元，超过国家、自治区2019年扶贫标准，实现“应保尽保”。全县符合低保标准的贫困人口均纳入低保；符合城乡居民养老保险参保条件的贫困人口均参保；符合领取待遇条件的60周岁以上（含）老年人100%享受养老保险待遇。增强就业扶贫。引导和鼓励经济能人创办农产品加工、手工艺制作等生产活动的就业扶贫车间51家，贫困人口实现“家门口”就业，累计带动就业4000多人；通过“春风行动”“民营企业招聘周”“粤桂协作”就业扶贫专场招聘会等活动宣传职业技能培训政策，提高群众就业创业技能，开展短期技能培训148期160个班，参训人数5243人，其中贫困人口2680人；安置乡村人力资源社会保障协理等乡村公益性岗位631人；选用贫困人口生态护林员2392名。

打造“马山模式”，闯出脱贫致富新路

深化“体育＋文旅＋扶贫＋县域经济”发展模式 以“农旅融合”发展为主思路，构建环弄拉生态旅游区、实施乔老河片区开发建设和中国弄拉、水锦顺庄、小都百和三甲等为代表的生态旅游品牌。2016年以来，承办四届中国－东盟山地（生态）马拉松系列赛、三届中国－东盟山地户外体育旅游大会·攀岩精英挑战赛、攀岩大师赛、三届“环广西”（马山赛段），承办“营动中国”全国青少年户外营地大会、2017—2018全国青少年U系列攀岩联赛总决赛暨2018全国攀岩希望之星总决赛，打造“中国马山最美赛道”“环广西”皇后赛段，吸引美国、英国等30个国家和地区运动员参赛，260多万中外游客到场观赛、体验和旅游，赛事沿线的羊山、安善、乔老等3个贫困村通过提供服务和销售农产品直接获益，实现整村稳定脱贫。“体育＋文旅＋扶贫＋县域经济”发展模式被《人民日报》评为“中国九个脱贫传奇”之一，《人民日报》、中央电视台《焦点访谈》栏目、《中国体育报》等作专题报道，获社会认可。

打赢大石山区产业扶贫硬仗 推进大石山区特色产业、绿色产业发展，将“绿水青山”变“金山银山”，三分之二的贫困户通过发展产业实现脱贫，在产业、人才、文化、生态、组织振兴方面探索，获评“全国休闲农业和乡村旅游示范县”“2017年度广西科学发展进步县”“广西特色旅游名县”。选出抗瘠、抗旱、产量高、效益好的优质稻、桑蚕、地方特色品种鸡、猪、黑山羊、牛、金银花等大石山区特色优势产业，出台扶贫产业发展激励办法，激励引导发展特色产业，奖补扶持贫困户7.50万户次；全县75个贫困村通过新型农业经营主体全覆盖，实现“带贫减贫双赢”；创办就业扶贫车间51家，累计带动贫困劳动力近1000人；深度贫困村加方乡龙岗村创建的全国首个集“扶贫车间、扶志超市、扶智课堂”于一体的“三扶”综合中心通过务工就业、积分奖励、技能培训激发贫困户内生动力，人民日报社、新华社、中央电视台和自治区内主流媒体的采访报道，入选广西2020年决战脱贫攻坚大会亮点案例。开展山区深度贫困村找水打井大会战，打出水井35口，供水受益人口7172人；选派产业指导员127名、科技特派员58名，培育创业致富带头人368名开展产业发展指导带动；开展“产销对接”活动、贫困村电商全覆盖、发挥“农旅整合”“体育＋文旅＋扶贫＋县域经济”作用，促进农特产品销售。

脱贫攻坚与乡村振兴“齐步走” 以“保护生态环境、发展特色产业、增加农民收入、加快脱贫致富”为目标，实施“三个保障”（因需落实队伍、多元落实资金、制度落实政策），选派有统筹规划、开发、打造旅游产业经验的人员和懂经济、会经营、善管理的干部到产业薄弱的贫困村扶贫，整合涉农、扶贫、水利等项目资金21.59亿元，出台《“美丽马山”乡村建设重大活动规划纲（2013—2020）》等文件。强化“四个确保”（确保人人“笑容笑貌”欢、户户“家容家貌”好、村村“村容村貌”佳、全县“县容县貌”美），打造自治区级绿色村屯11个，市级综合示范村4个、民俗民居示范村屯2个、乡土特色示范村屯8个、绿色示范村屯7个、提质升级村屯5个，推进脱贫攻坚与乡村振兴有效衔接。

（陆惠华 覃国电）

全面巩固脱贫成果　如期完成脱贫任务

——隆安县脱贫攻坚综述

隆安县是国家新一轮扶贫开发工作重点县，也是全国14个集中连片特困地区之一的滇桂黔石漠化片区县。2016年1月，经精准识别，建档立卡贫困户18627户71152人、贫困村63个、贫困屯674个，贫困发生率21.31%。2019年，脱贫2317户7413人，贫困发生率降至0.96%，贫困村摘帽25个，剩余贫困人口1242户3204人。2019年，国务院扶贫办公室选定隆安火龙果扶贫产业在中央电视台推出；"跨区域集中连片供水工程破解石漠化片区群众饮水难题"典型事迹在《人民日报》《光明日报》《农民日报》《中国新闻报》、新华社客户端等刊发。2015年至2019年，连续五年获自治区贫困县党委和政府扶贫开发工作成效考核一等奖和"好"等次。2020年5月11日，自治区政府批准隆安县摘帽出列。

夯实基础信息，实施动态精准管理

落实"扶持谁"　2015年10月至2019年，隆安县组织自治区、市、县、乡、村五级工作队131个队员2020名到131个村(社区)入户评估4.81万户，坚持"应纳尽纳、应退尽退、应返尽返"，调整自然增减人员；确定易地扶贫搬迁安置对象2.48万人；排查独居孤寡老人、残疾人、长期重病患者、孤儿等3766人。动态更新扶贫对象信息，录入全国扶贫开发信息系统；开展信息数据清洗和贫困人口财产检索及入户核实。

确定"谁来扶"　2016年以来，强化党建引领，构建县、乡镇、村、户四级扶贫机制，落实三级书记抓扶贫责任。出台《隆安县脱贫攻坚工作问责办法(试行)》等制度，重点工作"抓系统、系统抓"，常态化管理全覆盖，问责责任单位76个、帮扶责任人229名。

跟进"花好钱"　以"任务跟目标走、项目跟任务走、资金跟项目走"分类分级推进项目实施，2016年至2019年，筹措资金48.85亿元，安排产业发展、就业扶贫、易地扶贫搬迁、教育扶贫、健康扶贫、基础设施、危房改造等13类项目2996个。县级组织实施易地扶贫搬迁集中安置区、大型公共基础设施、重点扶贫产业等项目；村集体经济及贫困户发展生产、扶贫搬迁分散点、小型公共基础设施建设项目资金下放到乡镇；财政补助50万元以下的基础设施项目，参照"一事一议"财政奖补模式，下放村屯由群众投工投劳建设；对没有实行村民自建的基础设施项目，执行政府采购和招投标制度；推行以奖代补、先建后补、民办公助等方式鼓励和引导贫困户、经营主体自主实施产业开发项目。

厘清"如何退"　脱贫攻坚期间，按认定、评议、公示、公告和贫困村脱贫摘帽初验、审核公示等程序，贫困户有序进退，贫困村有序退出，实现"人脱贫、村出列、县摘帽"。

聚焦"两不愁三保障"，全面推进脱贫减贫

"两不愁"力促扶贫、低保有机衔接　特色产业带贫减贫。2016年至2019年，奖补贫困户每户3500元～3万元资金，滚动发展自选产业，发放"一户一增收"贫困户自选产业奖补1.33亿元，受益群众3.98万户次；推进"公司＋基地＋贫困户"等经营模式，通过提供就业岗位、互托代养、种植养殖带动等方式直接带贫减贫。按河谷平原连片地区、石山地区、丘陵地区类型分别发展香蕉、香米、火龙果等特色种植，肥牛、黑山羊、肉鸡等特色养殖及经济林木、林下经济等；培育火龙果、香蕉、猪、牛、鸡和糖料蔗、中草药等"5+2"特色产业，其中2019年香蕉、火龙果、柑橘分别种植8666.47公顷、4133.33公顷、7800公顷，牛、鸡存栏分别为5.63万头、590多万羽，带动1.71万户贫困户发展，特色产业覆盖率94.32%。2017年至2019年投入9964万元，在全县63个贫困村建设产业扶贫示范园(产业基地)；63个贫困村每个村创业致富带头人不少于3名。务工就业增收促收。2016年以来，创建电子商务进农村综合示范县，40%以上贫困村建有电商扶贫示范网店，80%以上贫困村建有电商扶贫站点。发放就业补助3722.67万元，受益2.06万人；10个乡镇32个村建扶贫车间68个，提供就业4910人；震东集中安置区农民工创业园提供就业5621人。设村人居环境整治、社会治安协管等公益性岗位1483个。2019年贫困户外出务工3.71万人(自治区内就业1.29万人、自治区外县外就业9100人、县内就业1.51万人)。贫困人口兜底保障。2016年至2019年，累计发放农村最低生活保障金66.17万人次、1.25亿元，其中贫困人口58.14万人次、1.07亿元；受救助人员3.59万人次免费参加城乡居民基本医疗保险，个人部分政府代缴；贫困人口100%享受城乡居民基本医疗保险参保个人缴费部分财政补贴；累计发放年满60周岁且符合领取城乡居民养老待遇参保人员204万人次、2.43亿元；发放生态公益林补偿金5912.57万元。

"三保障"纾解上学就医危房困难　2016年至2019年，投入8.70亿元，新建隆安宝塔实验小学，震东集中安置区配套粤桂小学、配套中学及乡镇中心幼儿园7个，增加学位9420个；改扩建薄弱学校204处；引进教师567名；落实寄宿生补助和项目补助、惠及学生12.43万人次，义务教育学生营养改善计划、惠及18.25万人次。建立控辍保学"双线四包"("双线"指教育防控线和卫生防疫线，"四包"指教育包学校、学校包年级、年级包班、班级包人)和联防联控制度，保障困难儿童(青少年)就学，杜绝因贫失学辍学；2017年通过国家义务教育均衡发展验收。改善县级医院办医条件，建立县域医联体和分级诊疗体系，大病救治由2017年9种增至25种；实行先诊疗后付费、"一站式"结算和家庭医生签约服务，实现应签尽签；集中为建档立卡贫困慢性病人办卡8435张；全县新农合年均参保约40万人，参保率98%以上，解决"有地方看病、有医生看病、看得起病"问题。危房"应改尽改"，实行差异化补助，重点帮扶贫困户、农村分散供养特困户每户补助3万元，低保户每户补助2.30万元，贫困残疾户每户补助2万元，一般贫困户每户补助1.50万元；对加固维修户每户补助0.80万元；对孤寡老人、孤儿、残疾人员等特殊贫困群体住房兜底解决；全县住房安全保障农户9.35万户，占99.99%。

"强基础、补短板"，解决民生痛点堵点

补齐"五有四通"短板　即村村有特色富民产业、有经济合作组织、有公共服务场所、有安全饮用水、有新村新貌；村村通宽带网，20户以上自然屯通电、通路、通广播电视。2017年，投入3596万元建设龙庄至雁江二级路(通乡镇路)5.30千米，覆盖10个村2.75万人。2016年至2019年，投入1.73亿元建设通村道路64条，覆盖64个村，改造危桥、建设防护栏维修道路53个；投入2.95亿元建设通屯道路959条，覆盖812个屯，全县1127个20户以上自然屯屯屯通硬化路。建设提升公共服务设施，户户有电用、村村通网络、村村有基本公共服务。投入2.77亿元，实施新一轮农村电网改造升级工程项目578个，改造升级全县10个乡镇、63个贫困村农村电网改造升级工程。所有村和村产业基地均通动力电，村内100%农户通生活用电。实施"宽带乡

村”行动，实施项目1369个，131个村(社区)村(居)委会所在地或村中心学校所在地通有线或无线网络宽带。完成53个村(社区)村(居)委会服务用房建设，全县131个村(社区)均配备至少200平方米办公场所；建设58个村级公共服务中心，63个贫困村全覆盖；建设农家书屋138个；建设63个贫困村有线电视“村村通”工程，受益农户3万多户。

破解“吃水难、难吃水”困境　2016年以来，投入1.79亿元，实施饮水安全和巩固提升项目525个，覆盖10个乡镇115个行政村573个自然屯，受益25.59万人。创新启动集中连片供水工程，分5个片区实施跨乡镇、村屯集中供水工程，在水源地建设水厂，在山上建设高位水池、加压泵站，在山间铺设管道，通过远距离送水供水解决饮水安全问题，彻底结束南圩、都结、布泉等乡镇石山片区18个行政村156个自然屯3.20万名群众的季节性缺水、饮水安全历史，提升改造9个建设年份较久、设备老化乡镇水厂，惠及9.14万人。建设西宁水厂、铺设管网，解决震东集中安置区5847户2.44万人搬迁入住和老城、周边村屯6万多人的喝水问题。

易地搬迁探索可持续发展

2015年以来，出台《隆安县震东扶贫生态移民与城镇化结合示范工程(一期)项目实施方案》《隆安县震东扶贫生态移民与城镇化结合示范工程实施方案(2015—2020年)》；实施隆安县震东扶贫生态移民与城镇化结合示范工程，探索易地扶贫搬迁集中安置区、县城新区、产业园区产城融合建设，探索大石山区靠外出打工脱贫的贫困人口搬迁到县城集中安置；落实中央、自治区易地扶贫搬迁、生态移民、新型城镇化三种政策；探索“一个家、一个学位、一个岗位”发展思路，即在集中安置区为自愿搬迁的贫困户安排1套安置房，有“一个家”；在配套学校安排搬迁户子女就读，保障每个适龄儿童有“一个学位”；在产城融合区推荐搬迁户就业，让有劳动力家庭在家门口有“一个岗位”。2016年至2019年，建设配套市政、公共服务设施等，设置社区党群综合服务中心、政法综治中心、卫生院门诊部、文化活动中心、派出所、农民工就业扶贫驿站等。2019年，搬迁入住5847户2.44万人；实现至少1人稳定就业5799户，占搬迁户99.18%；1.06万人转移就业(其中自治区外就业2967人、自治区内县外就业2106人、县内就业5504人)，占搬迁户劳动力1.33万人79.80%。开发单元长、网格员、协管员等公益性岗位180个，做好安置区后续管理，探索“镇—社区—网格员—单元长”四级管理机制；制定“震东社区安全文明十禁”，引导搬迁群众适应社区生活方式；开展“做文明人”评比，创建文明社区、当卫生清洁文明户。2017年至2019年，按“一点一策”建设城厢镇东信村陇厚屯、陇荷屯，丁当镇定坤村陇蒙那屯、陇元才屯、红阳村瑶排内屯，屏山乡团结村陇康屯、文化村吞滩屯7个安置点，97户355人搬迁入住，配套水电路、公共服务、产业项目等，实现搬得出、稳得住、能致富。

“输血”与“造血”双轮驱动

坚持定点帮扶“滴灌”　2009年至2019年，自治区党委统战部带领民主党派、工商联驻村帮扶，引进和帮扶1.60亿元，帮扶15个贫困村、项目314个。2016年以来，“万企帮万村”活动组织47家企业投入873.51万元，帮扶15个村、项目103个；中粮集团投入1364.56万元，帮扶城厢镇东信村肉鸭养殖基地、都结乡产业扶贫车间等项目26个，惠及6200人；华润集团投入9220万元建设农村废弃物新资源综合利用项目、销售“那之乡”辣椒酱、建设易地搬迁配套幼儿园1所；“同心”招商活动引进项目5个，投入6150万元，澳门客商进农民工创业园建设兴富制衣厂、宝成制衣厂，投资1500万元，提供岗位700多个。粤桂扶贫协作帮扶项目对口帮扶8787万元，集中投入震东集中安置区配套粤桂小学、农贸市场、扶贫车间、粤桂小学进校路等项目，惠及3.43万人，带动脱贫5646人。

坚持劳务协作就业　2016年以来，设立化州市驻隆安县劳务输出服务站，联合举办招聘会79场、推荐就业岗位1.20万个，举办技能培训班34期，培训贫困人口1100多人，帮助就业7000余人。引进企业项目12个，提供就业549人。推动消费扶贫，带动火龙果、香蕉、板栗等农特产品销往东部地区，销售额460多万元，带动贫困劳动力就业286人。

坚持增强内动力　2016年以来，落实村干部、第一书记、帮扶责任人宣传党的脱贫政策责任，定制切实可行扶贫措施，变“要我脱贫”为“我要脱贫”；开展农业技术培训，增强就业能力、生产经营能力；抓好义务教育、职业教育，保障贫困群众子女受教育，阻断贫穷代际传承；移风易俗，提升文明水平、文明素质，富“口袋”同时富“脑袋”。

火龙果基地“五金”带富“双贫”

2016年以来，隆安县扶贫龙头企业广西金福农业有限公司在“公司＋基地＋合作社＋农户＋贫困户”产业发展中，探索“五金”带动贫困村、贫困户致富。土地流转有租金。将丁当镇保湾村土地从农户手中流转后规模化、集约化经营，每亩每年租金1100元～1200元，带动农户350户每年户均增收1.65万元。基地务工有薪金。聘用当地农民600多人到基地务工，每人每天收入100元～120元。反包管理有酬金。将基地划成25亩～60亩地块，反向承包给农户管理，农民获管理费每亩每年1500元～2700元。超产分成有奖金。公司在反向承包管理中，与农户一起制定水果量化基础产量标准，对于超出基本产量部分，承包户获提成，每户每年可获提成3万元左右。村企合作享股金。2017年以来，公司吸纳村民合作社29个(贫困村村民合作社12个)集体经济发展资金2245万元，与村民合作社合作共建火龙果补光催花项目，村民合作社每年按8%～10%比例获保本收益分成，29个村累计获集体经济收入160.90万元。

村集体经济壮大，生产生活条件改善

2016年至2019年，隆安县农村居民人均可支配收入由9799元增加到12876元，年均增长9.7%，比同期全国农村居民人均可支配收入年平均增幅高0.9个百分点。全县建档立卡贫困户人均纯收入由2015年3679元增加到2019年11037元，年均增长33.83%。2015年至2019年，全县118个村全部通水泥路；建设村屯路246条422.31千米，占63个贫困村674个自然屯98.60%，20户以上自然屯全部通硬化路。农村居民普遍住上楼房。农村居民均使用独立厕所。所有自然村全部通电话、通有线电视信号、通宽带、通客运班车，全县131个村(社区)均通动力电，100%农户通生活用电。全县实施跨区域集中连片供水后，131个村(社区)1247个自然屯通过分散或集中式供水，管道供水农户97.40%。

2016年以来，隆安县整顿软弱涣散村级党组织65个，培养致富能人担任支部书记86人，每年发展农村党员160名以上，派驻第一书记260名，公开招聘131个行政村162名扶贫信息员，累计选派766名驻村工作队员；集中解决“黑户”436人落户。投入2.05亿元，通过盘活农村集体资源、发展特色产业、开展合作社经营等形式发展壮大村集体经济，88个“空壳村”全面清零、“薄弱村”整体提升，贫困村、非贫困村集体经济收入2019年均达4万元以上。脱贫群众基本实现收入稳定可持续，住房安全、义务教育、基本医疗有保障，生产生活条件明显改善。21家龙头企业、308家专业合作社、30家农村电商参与产业扶贫，21家企业与贫困村签订帮扶协议。党员干部在实践中，学习理论政策，掌握新技能，提升治理发展能力。　　(黄东明)

编辑　谢萍萍

政府工作报告

——2020 年 5 月 9 日在南宁市第十四届人民代表大会第五次会议上

市长 周红波

各位代表：

现在，我代表市人民政府向大会报告政府工作，请予审议，并请市政协委员和列席会议的同志提出意见。

一、2019 年工作回顾

2019 年是南宁发展进程中极不平凡的一年。这一年，我们见证参与了新中国成立 70 周年系列庆祝活动，我们为新中国 70 年的辉煌成就喝彩，我们为不同凡响的中国力量点赞。南宁人民唱响了心向党、心向党中央，建设壮美广西、共圆复兴梦想的嘹亮赞歌。这一年，党中央赋予南宁更多新使命，我们积极承接西部陆海新通道、自由贸易试验区、面向东盟的金融开放门户建设等多项国家战略，奋力书写了改革创新、先行先试的壮美华章。这一年，自治区对实施强首府战略进行全面动员部署，我们以坐不住、等不起、慢不得的责任感、使命感、紧迫感，迈出了首府高质量发展的铿锵步伐。

过去一年，全市上下坚持以习近平新时代中国特色社会主义思想为指导，认真贯彻落实习近平总书记对广西工作的重要指示精神，在市委的正确领导下，紧紧围绕市委十二届七次、八次全会和市十四届人大四次会议确定的目标任务，解放思想、改革创新、扩大开放、担当实干，把发展的方向、工作的重点和主观的努力有机结合起来，全力以赴稳增长、促改革、调结构、惠民生、防风险、保稳定，全市经济平稳运行，民生持续改善，社会大局和谐稳定。

——南宁经济运行总体平稳、稳中有进、稳中提质。全年完成地区生产总值 4506.56 亿元、同比增长 5%，固定资产投资增长 9.9%，社会消费品零售总额增长 4.2%，建筑业增加值增长 9.2%。财政收入突破 800 亿元大关，增长 6.3%；非税收入占一般公共预算收入的比重比全区平均占比低 9.83 个百分点；二产税收增收对全市税收增长贡献率达 72%，其中制造业税收增长 31.74%。居民人均可支配收入增长 8%。居民消费价格上涨 3.4%。

——南宁市民获得感、幸福感、安全感持续增强。全市民生支出占一般公共预算支出的 79.27%。建成使用公办中小学校 35 所、建成幼儿园 20 所，新增学位 6.6 万个。发放城乡低保 4.7 亿元、特困人员救助 1.6 亿元。百里秀美邕江持续提升。南宁动车直通香港。地铁 3 号线开通运营，线网单日客运量最高达 116.57 万人次。市区空气质量优良率达 91.2%，综合指数达到 2013 年以来的最好水平，在全国 168 个重点城市中排名第 17 位，比上年提升 3 位。荣获"2019 美丽山水城市"称号，成为全国唯一的三连冠城市。人民群众安全感达 96.9%。

——南宁企业感受到更多的变化、简化、优化。"互联网 + 不动产登记"被列为国务院第六次大督查 32 项典型经验之一（广西仅 2 项），促进社会投资健康发展、企业债券发行、债券品种创新与风险防范等工作获国务院督查激励；"智慧人社"等经验做法获国家部委肯定推广，"创新全链条审批服务 开启办事创业'一事通办'新模式"获 2019 年中国政府信息化管理创新奖。企业开办、登记财产、获得电力等营商环境指标进入国内一流水平。在全区率先设立政策兑现专窗，第一批 60 项政策兑现事项实现"一窗申办"。落地落实减税降费政策，为企业降本减负超 110 亿元。在 36 个省会、直辖市及副省级以上城市信用监测排名为第 11 名。入围全国法治政府建设示范创建实地评估 56 个"综合示范创建候选地区"，法治政府建设迈入全国前列。

——南宁客商享受到更多的福利、红利、赢利。出台并实施自贸试验区南宁片区支持政策 9 条、加快建设广西面向东盟的金融开放门户南宁核心区措施 28 条、支持重大文化旅游项目办法等，发布城市发展机会清单。南宁口岸全年进出口整体通关时间较上年均压缩50%以上，人员自助通关率达70%。全年新签5000万元以上项目605个，其中10亿元以上项目34个，小米集团核心供应商大会在我市成功举办。全市新增市场主体14万户，增长20.2%，存量和增量均居全区首位。

我们主要做好了以下六方面工作：

（一）把稳增长作为压倒一切的首要任务，发展质量效益持续提升。

我们积极谋划全面落实强首府战略重大政策举措，出台实施意见，主动策划储备项目179个。全力打好“三个攻坚突破年”主动仗和稳增长七场攻坚硬仗，出台稳工业10条、稳投资14条、稳消费10条、稳财政9条等举措。新动能加速成长，全市新登记制造业企业1584户、增长77%，制造业净开户1035户、增长128.5%；国家高新技术企业达990家，科技型中小企业总量突破500家，成为全区首个“国家知识产权示范城市”，科技进步对经济增长贡献率达58.8%。新业态加快发展，软件和信息技术服务业营业收入增长30%以上，电子商务交易额增长20.9%，电信业务总量增长75.7%，快递业务量增长18.8%。质量效益持续提升，618个区市层面统筹推进重大项目完成投资950.56亿元，民间投资增长22%，全市规模以上服务业企业营业利润、利润总额分别增长35%、29.9%。青秀区成为全区唯一连续两年同时入选全国五个“百强区”的县区。

（二）全力以赴打好三大攻坚战，决胜全面小康的基础更加坚实。

我们始终把打好“三大攻坚战”作为重要政治任务盯紧抓牢，不断夯实决胜全面建成小康社会的基础支撑。

重大风险有效防控。在全国首创的公共资产负债管理智能云平台内涵和外延不断拓展。稳妥推进政府隐性债务存量化解，债务风险安全可控。坚决落实“房住不炒”的要求，保持调控政策连续性稳定性，房地产市场平稳健康发展。加强地方金融监管，着力压降网贷风险，严厉打击非法集资，防控农村中小金融机构和扶贫小额信贷风险，牢牢守住了不发生系统性金融风险的底线。

脱贫攻坚成效显著。筹措各级财政资金33.78亿元用于扶贫。马山、上林、隆安3个贫困县实现脱贫摘帽。全市109个贫困村出列，90735名贫困群众脱贫。全市贫困发生率下降至0.43%。出台六条强化措施，创新开展“强基础、补短板”等专项行动，劝返建档立卡贫困户辍学子女249人，确认门诊特殊慢性病待遇资格63150人，大病救治率达99.64%，农村饮水安全项目受益104.87万人。全市厅级以上领导包抓12个县区、100个重点乡镇和56个深度贫困村，选派3656名驻村干部和43130名“一帮一联”干部入户帮扶。县区“5+2”特色产业覆盖率达90%以上，村级集体经济收入达5万元以上贫困村382个、占90.74%。获得粤桂扶贫协作财政帮扶资金1.21亿元、安排实施扶贫项目30个。中央第二巡视组反馈意见全部完成整改销号。

污染防治扎实推进。全力抓好中央环保督察“回头看”反馈意见整改。狠抓扬尘污染源头管控，深化大气污染防治，实现大气六项主要污染物指标连续三年稳定达标。国家考核断面水质优良比例100%，城市水质指数同比改善7.7%。全面推进河长制、湖长制，全力攻坚建成区黑臭水体治理，排查出8545个雨污管网错接混接点并完成改造3721个，完成市政污水管网建设约255公里；新（改、扩）建的6个污水处理厂通水试运行，新增污水处理能力每日46万吨；扎实推进水塘江、心圩江、那平江等流域治理，38个黑臭河段中有35个初见成效，成功入围国家2019年城市黑臭水体治理示范城市并获中央财政支持4亿元。海绵城市建设试点顺利通过国家验收并获全国首批优秀试点城市，再获中央财政奖励1.5亿元。全力推进土壤治理，集中回收处置废弃农资包装物，南化公司地块土壤污染修复治理成为全区样板。

（三）突出强龙头补链条聚集群，产业高质量发展基础不断夯实。

我们强化创新引领，积极培植“工业树”、打造“产业林”，不断筑牢打实高质量发展产业基础。

创新支撑产业发展。南宁·中关村创新示范基地累计入驻重点企业90家、创新团队170个，南宁·中关村科技园入驻产业项目17个。建设一批高层次研发创新平台，广西先进铝加工创新中心中标的高端高精铝材关键热处理项目获国家补助近2亿元，实现了国内重大短板装备制造的突破；南宁华数轻量化电动汽车设计院自主研发的国内首台8米全铝纯电动公交车车型获工信部公告，可投入批量生产；引进武汉大学节能环保工程研究中心等6家新型产业技术研究机构和知名高校分支机构。打造一批高层次创新创业载体，新增国家企业技术中心2家、国家级孵化器1家。引育一批高层次创新创业人才，评选出首批“邕江计划”创新创业领军人才（团队）21支，促成欧阳平凯院士带项目落地创办企业。实施一批高层次科技创新项目，落实“千企技改”、“三百二千”科技创新工程，实施科技计划项目272项；2个专利获中国专利优秀奖，2项科技成果获国家科技进步奖、其中一项实现我市国家技术发明奖“零的突破”。

工业加快转型升级。大力实施工业强市战略，坚持扩增量与优存量并进，做大做强电子信息、先进装备制造、生物医药三大重点产业。在富士康、鸿盛达、南南铝加工三家企业受中美贸易摩擦影响减产120多亿元的情况下，全市规模以上工业企业销售额仍实现增长8%。电子信息连续两年成为全市总量最大的工业产业，产值占全市工业比重达25.27%。突出产业链精准招商，全年共引进5000万元以上工业项目308个、总投资525亿元，其中三大重点产业项目114个，合众、天际新能源汽车等标志性重大项目成功落户。加快重大工业项目建设，推进区市层面“双百双新”重大工业项目80个，歌尔、国人射频、瑞声二期、蓝水星等一批项目竣工投产，瑞声光学模组、音卓、浪潮、宝德等项目开工建设。推出“投贷补”联动新举措，破解中小企业技改融资难问题，全年技改项目达330项，超前两年项目数总和。扶持重点工业企业发展，全年6家企业产值首次突破10亿元，实现新建投产入规企业85家、数量创历史新高，广西申龙汽车公司获客车整车生产资质、填补了我市汽车整车生产资质的空白，瑞声科技、桂芯、美斯达等龙头企业产能逐步释放，对工业增长支撑作用进一步增强。

服务业提质增效。现代金融业快速发展，全市人民币存贷款余额2.47万亿元、增长11.7%，增速在西部12个省会（首府）城市、直辖市中排第1位；全年新增信贷投放1873.2亿元、增长18.9%，新增资本市场直接融资813.27亿元、增长50.8%，政府性融资担保费率比商业担保费率低50%以上，南宁在第十一期“中国金融中心指数”发布的全国31个金融中心综合竞争力排名提升6个名次。南宁成为全国首批国家物流枢纽，中新南宁国际物流园一期新中智慧园试运营，树立了智慧物流的标杆；中越跨境集装箱班列（南宁—河内）开行111列，南宁—胡志明市全货机航线开通。中国（南宁）跨境电子商务综合试验区吸引了50家跨境电子商务企业入驻，全年进出口业务量超3500万单、名列第三批综试区前茅。全市公路、水上客货运周转量分别增长6.6%、16.2%，新增3A级以上物流企业8家、总数达33家。万有(南宁)国际旅游度假区项目成功落户，邕宁区获评广西特色旅游名县，青秀山成为国庆旅游热门景区，全市新增、升级4A级景区6家、3A级景区7家，全市接待旅游总人数、旅游总消费分别增长16.11%、24.34%。

现代特色农业加快发展。香蕉、茉莉花、火龙果、甜玉米等产业规模持续位居全国第一。武鸣区成为全国最大沃柑种植区，中国首趟果蔬高铁专列"鸣鸣果园·沃柑号"冠名"南宁东—北京西"动车组。分别新增国家级、自治区级农业产业化重点龙头企业3家、5家，规模以上农产品加工企业超120家。"邕"系品牌进一步打响，"三品一标"产品累计达182个，新增"马山黑山羊"、"武鸣沃柑"两个地理标志商标。横县茉莉花复合栽培系统入选第五批中国重要农业文化遗产名单。新增广西现代特色农业核心示范区9个、自治区级现代农业产业园2个，横县现代农业产业园获认定为第二批国家现代农业产业园。狠抓"菜篮子"、"米袋子"产品保障供给，投入各级财政资金1.4亿元支持非洲猪瘟防控和生猪稳产保供，家禽、肉牛羊等替代品生产增势迅猛，实现了保供稳价工作目标。

(四)坚持深化改革扩大开放，发展动力活力持续增强。

我们围绕释放市场主体活力破除藩篱，聚焦畅通"南宁渠道"扩大开放，在增强改革成效和扩大开放优势上迈出重要步伐。

重点改革扎实推进。市级明确的110项改革任务基本完成，承担的29项国家级、自治区级改革试点扎实推进。基本完成市、县政府机构改革。1476个六类依申请+公共服务事项办理实现"最多跑一次"，48项政务服务事项实现承诺审批，推行125个"一件事"套餐服务，推行"同城通办"试点。积极参与电力体制改革，全年直接交易电量62.7亿千瓦时，为企业减少用电成本5.2亿元。建成工程建设项目审批系统，项目报建审批控制在95个工作日内。推进收入分配制度改革，将差异化补贴政策向条件艰苦的边远乡镇及工作人员倾斜。全面完成农村集体资产清产核资工作。积极探索农村"三变"改革。土地流转面积累计超180万亩。农村产权交易市场建设加快。扎实推进国资国企改革，完成南宁威宁集团重组大地飞歌集团，完成广西赖氨酸厂分流安置并依法进入破产程序。积极稳妥引入非公资本参与混合所有制改革。

开放平台作用有效发挥。圆满服务第16届中国－东盟博览会和商务与投资峰会。自贸试验区南宁片区新增企业超过1800家，其中3家世界500强公司新注册成立7家企业。建成南宁国际铁路港一期等西部陆海新通道关键性项目。中国－东盟信息港南宁核心基地累计建成项目32个，中国－东盟北斗中心揭牌运营，华为、浪潮、阿里等互联网龙头企业入驻。中国－东盟金融城新增持牌金融机构和重点金融企业39家、总数达60家，金融业务创新50多项，中银香港东南亚业务营运中心、太平保险东盟保险服务中心、交通银行金融创新联合实验室开业运营。南宁综合保税区实现进出口总额245.36亿元、增长54%。与粤港澳大湾区企业新签5000万元以上项目64个。坚持"引进来"与"走出去"并重，全市外贸进出口总值实现747.79亿元，其中加工贸易进出口总额占全区比重达63.5%，与东盟的进出口总额增长23.7%，与127个"一带一路"共建国家进出口总额增长11.1%。全市实际到位资金1026亿元、增长7.97%，全年商务口径实际利用外资3.1亿美元、增长120.4%。

立体交通高效便捷。公路扩面增效，建成贵港至隆安高速公路，绕城高速西段路面改造、那容至南宁东收费站段改扩建工程建成通车，六景至宾阳、吴圩至隆安、沙井至吴圩高速公路开工建设。水路船闸扩能，西津二线船闸工程加快推进，亭子码头一期工程竣工。铁路增线扩运，南宁至玉林城际铁路开工建设，贵阳至南宁高铁、南宁至崇左城际铁路推进顺利。航空提质扩容，开工建设南宁国际空港综合交通枢纽工程(GTC)；培育以东盟为主的国际(地区)航线27条，南宁机场旅客年吞吐量达1576.25万人次；南宁空港口岸出入境158万人次、增长29.5%。

开放交流不断扩大。成功举办了第七届中国－中亚合作论坛、2019亚信金融峰会等高级别国际论坛。"中国杯"足球赛、苏迪曼杯羽毛球锦标赛、"环广西"自行车赛等重大国际赛事取得圆满成功。第十二届中国(南宁)国际园林博览会圆满闭幕。成功举办第二届南宁市海(境)外人才创新创业大赛、2019年中国－东盟新型智慧城市协同创新大赛。"春天的旋律·2019"跨国春晚的影响力进一步提升，获第九届广西文艺创作铜鼓奖。"南宁渠道　丝路交响"跨国采访行动走进"一带一路"沿线国家。国际友好城市总数达24个，在五个自治区首府城市中排名首位。

(五)坚持治水建城为民，生态宜居优势进一步凸显。

我们坚决践行绿水青山就是金山银山的发展理念，突出城市建设的"形、实、魂"，绿城品质不断提升。

五象新区有新发展。重点项目完成投资501.03亿元，增长19.28%。中国－东盟金融城规划建设的117栋单体建筑封顶率84.61%，投入使用率48.71%，一站式服务大厅建成使用，高层次金融人才公寓项目完成验收，保险创新综合试验区、区域性离岸金融中心等建设取得新突破。数字经济要素加快聚集，入驻广投数字经济示范基地企业38家，入驻中国－东盟新型智慧城市协同创新中心企业和机构23家，中国－东盟检验检测认证高技术服务集聚区6个东盟中心建成启用。率先试行"带方案出让"模式，实现产业项目"拿地即发证"。新区第四实验小学、蟠龙西邻里中心等一批公共服务设施建成使用。五象新区步入高质量发展新阶段。

城市建设有新成效。第三次国土调查现阶段成果通过国家级内业核查。启动全市国土空间总体规划编制。加强城市配电网建设和农村电网改造升级，建成电动汽车充电站(点)422座、充电桩3334个。经开区获认定为国家级绿色园区，实现我市国家级绿色园区"零的突破"；明阳糖厂、巨星医疗获认定为国家级绿色工厂。建成邕江上游引水一期工程。地下综合管廊建成管廊主体66.2公里、运营管理50.3公里、入廊管线127.18公里。5县均通天然气。建设电信普遍服务试点城市，推动5G网络商用和产业发展。出台既有住宅加装电梯政策规定，更加方便居民生活。

治理能力有新突破。深入开展"城市精细化管理年"活动。荣获国家卫生城市"三连冠"。完成高铁沿线安全隐患问题整改664处。全面提升邕江沿岸公园管理水平。积极解决"垃圾围城"问题，实施集团化运作，集"收、转、运和处置"的垃圾处理改革迈出新步伐，兴宁区二塘建筑垃圾破碎循环利用试验基地正式运营，双定循环产业园项目开工建设，生活垃圾分类覆盖居民99.61万户。新型智慧城市建设加快，在2019年中欧绿色智慧城市和企业优秀案例评选中获评荣誉城市。"爱南宁APP"应用汇聚全市47个部门信息服务资源，上线应用超100项，成为全国领先的城市级互联网公共服务平台，实现"一码通城"。

（六）全力保障和改善民生，民生福祉持续增进。

我们注重加强普惠性、基础性、兜底性民生建设，保障群众基本生活。全市民生支出624.39亿元，增长15.63%。教育高质量发展。深化义务教育学区制管理改革和集团化办学，1302所公办义务教育学校纳入学区制管理。我市提前一年通过验收，成为全区首个实现普及高中阶段教育的设区市。加强中等职业学校办学条件达标建设。南职院成为全区唯一入选国家“双高计划”中国特色高水平高职学校建设单位。南宁教育园区初步成形，累计开工建设13所院校，3所学校招生办学。筹建哈罗礼德学校等高端教育品牌学校。健康南宁加快建设。在5县和武鸣区、邕宁区加快医共体建设，并以上林县为试点推进医共体医保支付方式改革。成立市第一、第二人民医院医疗集团。建成使用市第三、第九人民医院及市妇幼保健院门诊综合楼。建成智慧健康信息化工程。上林县获“世界长寿乡”称号。大明山获“中国天然氧吧”称号。全市举办县级以上体育赛事活动500多场。马山县获评“全国攀岩进校园推广示范县”。文化事业提档升级。圆满举办庆祝新中国成立70周年系列群众文化活动。乡村社区业余文艺队演出6300场、惠及群众305万人次。举办纪念南宁昆仑关大捷80周年活动。隆安县旧石器时代“娅怀洞遗址”入选第八批全国重点文物保护单位。舞剧《刘三姐》荣获广西第十五届精神文明建设“五个一工程”奖。成功举办第七届中国－东盟(南宁)戏剧周、“百里秀美邕江”美术书法精品展、摄影大赛获奖作品展和“一带一路”艺术行——俄罗斯油画名家南宁邀请展。社会保障不断完善。城镇新增就业7.52万人，城镇登记失业率2.71%。全市基本养老、基本医疗、工伤、失业、生育保险参保总人次达1287.27万。市第二社会福利院一期试运营，建成公办示范性养老福利机构5家，新增备案养老机构30家、备案床位4052张，开展50个“长者饭堂”试点，居家和社区养老服务改革试点考评在全国排第3名。筹集各类公租房房源5233套，新增分配政府投资公租房2041套，分别完成危旧房改造、棚户区改造国家新开工任务2695套、7051套。做好退役军人就业安置、优抚褒扬等工作，实现自治区双拥模范城“九连冠”。全民国防教育深入开展，兵员征集工作“五率”考评全区第一，民兵工作接受中央军委国防动员部检查考评，成绩进入全国第一方阵。市本级为民办实事项目全面完成。社会治理水平持续提升。深入实施“六大警务”，全力打好扫黑除恶专项斗争等九大攻坚战，严厉打击黄赌毒、电信网络诈骗、传销等违法犯罪活动。坚持发展新时代“枫桥经验”，市公安局中山派出所获命名为全国首批“枫桥式公安派出所”。在全区成立第一所励志专门学校，有效推进未成年人不良行为的教育矫正和转化工作。强化应急管理改革，防灾减灾救灾成效显著，安全生产事故有效控制。搭建“老友议事会”协商平台，推广“逢四说事”协商机制，开展城乡社区“三社联动”服务模式，全市新登记成立社会组织270家。被评为全国“深入推进少数民族流动人口服务管理体系建设试点城市”。

与此同时，我们坚持把政治建设摆在首要位置，切实落实全面从严治党要求，深入开展“不忘初心、牢记使命”主题教育和解放思想大讨论，专项整治形式主义、官僚主义突出问题，加强党风廉政建设，抓好巡视、巡察发现问题整改。统筹推进法治政府建设，全面推行行政执法“三项制度”，优化市级公共法律服务实体平台，现代化公共法律服务体系加快形成，荣获全国“七五”普法中期先进城市。提请市人大常委会审议地方性法规草案4件，出台政府规章5件。人大代表建议、政协提案均已办结，办理满意和基本满意率分别为100%、99.73%。加强政府决策科学化、民主化建设，新一届决策咨询队伍人数是上届的1.27倍。不折不扣落实中央八项规定及其实施细则精神，驰而不息纠“四风”，全市共压减一般性支出5.57亿元，压减率超6%。全市举办新闻发布活动60多场，及时发布权威信息，回应社会关切。深入开展“基层减负年”活动，严格减文控会，规范督查考核。强化政府执行力建设，动员全市上下锐意进取、实干苦干，涌现出全国模范退役军人周生凤、全国民族团结进步模范个人韦勇薛等一批先进个人、先进集体。

此外，宗教、保密、档案、审计、统计、林业、人防、粮食和储备、机关事务管理、公共资源交易、地方志、供销、海关、海事、出入境边防检查、侨务、台湾事务、贸促、税务、气象、调查、水文、文史、哲学和社会科学等工作扎实推进，妇女、儿童、老年人、残疾人、慈善、红十字等事业健康发展。

各位代表！过去一年取得的成绩，是以习近平同志为核心的党中央坚强领导的结果，是习近平新时代中国特色社会主义思想科学指引的结果，是自治区党委、政府正确领导的结果，是市委团结带领全市人民克难攻坚、拼搏赶超的结果，凝聚了方方面面的智慧和汗水。迈入新一年，一场突如其来的全球性新冠肺炎疫情，给人民群众的生命健康安全和经济社会健康运行带来了严重冲击，全市上下坚决贯彻落实习近平总书记关于“坚定信心、同舟共济、科学防治、精准施策”的防控总要求，党员冲锋在前，干部闻令而动，医者无畏逆行，市民守望相助，筑就了众志成城抗击疫情的铜墙铁壁，奏响了和衷共济护佑生命的时代强音。在抓好疫情防控的基础上，我们在全区率先出台支持中小企业保经营稳发展16条措施，在全国率先落地疫情期间援企稳岗返还政策，分区分级有序推进复工复产，在常态化疫情防控中加快推进生产生活秩序全面恢复。在此，我代表市人民政府，向全市各族人民，向人大代表、政协委员，向各民主党派、工商联、无党派人士和人民团体，向部队、武警官兵、政法干警，以及所有参与、关心和支持南宁发展的各界人士，特别是在打好这场疫情防控的人民战争、总体战、阻击战中付出艰苦努力的广大干部群众，表示崇高的敬意和衷心的感谢！

我们也清醒地认识到，我市经济社会发展仍然存在不少突出矛盾和问题：受疫情冲击，经济下行压力持续加大，工业短板依然突出，三产增速放缓，项目投资支撑不足，乡村振兴任务艰巨，一些民生诉求尚未得到有效解决，全面落实强首府战略的合力还不够强大，等等。为此，我们将坚持问题导向、目标导向、结果导向，接续奋斗、克难攻坚，以改革创新的精神破解难题，以抓铁有痕的韧劲狠抓落实，努力在应对困难和挑战中再创佳绩、再立新功。

二、2020年总体要求

各位代表！2020年是决胜全面建成小康社会、决战脱贫攻坚和“十三五”规划收官之年，也是全面落实强首府战略起步之年。实施强首府战略，是自治区党委、政府作出的重大决策部署，充分体现了对南宁工作的高度重视，对南宁发展的殷切期望。全面落实强首府战略，对南宁而言，是一种政治责任、历史责任、时代责任。南宁的发展站到了新的历史关口。

——我们要紧紧围绕把南宁建设成为面向东盟开放合作的区域性国际大都市的战略定位，持续畅通“南宁渠道”，不断深化交流合作，引领构建中国面向东盟的高水平开放合作新格局。

——我们要紧紧围绕把南宁建设成为“一带一路”有机衔接的重要门户枢纽城市的战略定位，充分发挥西部陆海新通道重要节点和国家物流枢纽作用，提升交通、信息、资金、物流、人文互联互通水平，打造西部地区连接“一带”和“一路”的重要枢纽。

——我们要紧紧围绕把南宁建设成为北部湾城市群与粤港澳大湾区融合发展的核心城市的战略定位,强化北部湾城市群核心城市作用,主动对接大湾区先进生产力,积极承接产业转移,引领带动北部湾城市群与大湾区融合发展。

——我们要紧紧围绕把南宁建设成为具有浓郁壮乡特色和亚热带风情的生态宜居城市的战略定位,大力践行绿水青山就是金山银山的理念,提升城市承载能力和治理水平,打造成为壮乡魅力彰显、多元文化共生、亚热带风貌突出的生态宜居城市典范。

今年政府工作的总体要求是:坚持以习近平新时代中国特色社会主义思想为指导,全面贯彻党的十九大和十九届二中、三中、四中全会以及中央经济工作会议精神,紧扣全面建成小康社会目标任务,按照"建设壮美广西　共圆复兴梦想"的总目标总要求,坚持稳中求进工作总基调,坚持新发展理念,坚持以供给侧结构性改革为主线,坚持以改革开放为动力,坚持"解放思想、改革创新、扩大开放、担当实干"工作方针,全面落实强首府战略,紧盯市委十二届八次、九次全会确定的目标任务,统筹抓好疫情防控和经济社会发展,加快产业转型升级,深化改革扩大开放,完善功能提升品质,加快补齐短板弱项,持续增进民生福祉,着力推动高质量发展,保持社会大局和谐稳定,奋力完成"十三五"规划目标任务,确保与全国同步全面建成小康社会。

今年全市发展的主要预期目标是:地区生产总值增速高于全区增速 0.5 个百分点,固定资产投资增长 10.0%,居民人均可支配收入名义增长 8.5%,居民消费价格涨幅 3.7% 左右,完成自治区下达的节能减排降碳任务。

提出以上目标,既综合考虑疫情的影响、国内外经济发展形势和环境的变化,又注意与全面建成小康社会和"十三五"规划目标任务相衔接,既充分考虑了我市全面落实强首府战略的目标要求,又充分考虑了产业项目的现实支撑,符合稳中求进工作总基调,是实现高质量发展的需要。实现上述目标,南宁有基础、有条件,也有压力和挑战,需要我们锐意进取,奋力拼搏,久久为功。这是撸起袖子加油干的时代,更是迈向伟大复兴的时代,我们坚信,在市委的正确领导下,只要全市上下一心、担当实干,就一定能爬坡过坎、战胜困难,拼出攻无不克、拼出锐不可当、拼出南宁高质量发展的"加速度"。

三、2020 年重点任务

平凡孕育伟力,奋斗见证辉煌。2020 年,改革发展的任务更加繁重艰巨。我们将扎实做好"六稳"工作,落实"六保"任务,贯彻落实市委提出的"五个始终"工作经验,更加注重打基础、利长远,更加注重抓具体、管过程,更加注重提质量、优效率,更加注重集要素、聚合力,更加注重强担当、重实干,突出强经济强产业,按照"六强"的要求,推进"强二扬三优一",组织开展"产业发展攻坚年"行动,全力推动强首府战略开好局、起好步,科学规划"十四五",全力以赴抓好各项工作落实。

今年,我们将着力做好以下重点工作:

(一)聚焦"双胜利",统筹推进常态化疫情防控和经济社会发展。

绷紧疫情防控这根弦,巩固疫情防控向好态势,加快经济社会秩序全面恢复。

抓紧抓实抓细常态化疫情防控。有针对性地加强外防输入、内防反弹举措。强化境外入境人员闭环管控,严防出现境外输入关联本地病例。织牢织密防控措施,全面推广使用健康码,实行"测体温、亮码、扫码"出行;实施网格化管理,筑牢社区、村第一道防线;加强无症状感染者精准防控,做好治愈出院者健康跟踪管理。强化物资保障,从实从细抓好开学复课等各方面的防控举措。

落实落细复工复产举措。着力推动产业链协同复工复产,促进重点企业满产达产。支持企业保经营稳发展,从助企稳岗、降本减负、融资支持、审批服务等四个方面发力,着力为中小企业减税降费。全力做好要素保障,坚持"政策找人、补助找企业",推动各类惠企政策落地落实、终端见效。突出项目投资拉动,主动承接中央和自治区稳投资项目,谋划包装、推出一批"新基建"项目,加快交通网、能源网、信息网、物流网、地下管网"五网"项目实施;按照"四定"要求,健全重大项目推进协调机构和协调机制,推动资金、土地、基础配套、人才跟着项目走,加快开工、续建、竣工投产一批重大项目。

着力扩内需促消费。加快发展新零售业态,引导购物中心、大型百货向智能化、多样化商业服务综合体转变,力争首创奥特莱斯等项目投入运营。推动核心商圈设施提升改造和功能错位发展,积极创建国家级步行街升级改造试点,加快建设五象新商圈。引导传统市场向城市配送方向发展,打造工业品下乡、农产品上行供应链。促进汽车消费升级,开展家电以旧换新活动。鼓励发展夜间经济,依托中山路美食街、邕江夜游、"老南宁·三街两巷"开展"品美食、赏文创、看大戏、游绿城、欢乐购"系列文旅活动,打造地标性夜生活集聚区和特色夜间消费购物街区。开展放心消费创建活动。

加快补齐公共卫生短板。完善公共卫生应急保障体制机制,加大传染病防治法治保障力度。加强医疗卫生机构能力建设,按照"平战结合"原则,推进传染病医院(院区、楼)项目和各级医疗机构发热门诊规范化建设;结合常态化疫情防控需求,全面落实县区级以上疾控机构、二级以上综合医院核酸检测实验室建设,加快建设应急物资储备中心、公共卫生人才培训基地等公共卫生项目,分片区建设急救医疗分中心。

(二)聚焦决战决胜脱贫攻坚,确保与全国同步全面建成小康社会。

以精准脱贫攻坚为重中之重,统筹推进乡村振兴战略,增强县(区)域经济实力,确保如期实现全面小康。

坚决打赢打好脱贫攻坚战。聚焦"两不愁三保障"突出问题,按照"跟上、盯住、办好"的要求,啃下"硬骨头"、完成"硬任务",坚决高质量完成剩下的 6799 户 18803 建档立卡贫困人口、3 个贫困村脱贫摘帽任务。持续推进"四大战役",打好"五场硬仗",攻克深度贫困"堡垒",在产业扶贫、就业扶贫、消费扶贫、电商扶贫、易地扶贫搬迁后续扶持、村级集体经济发展等重点工作上持续发力。深化与茂名市的扶贫协作。持续巩固脱贫攻坚成果,紧盯"脱贫监测户、边缘户",强化兜底保障和综合性保障措施,建立健全防止返贫预警机制,做好与乡村振兴的接续工作。持续强化扶贫领域腐败和作风问题专项治理。加大对各级扶贫干部的关心关怀。

全力以赴抓好农业现代化。落实好中央一号文件精神,保障重要农产品供给和农民持续增收。下大力气抓好粮食生产和高标准农田建设,开展水稻绿色高质高效活动创建,稳定粮食种植面积和产量。落实"菜篮子"市长负责制,抓好重要"菜篮子"产品保供稳价。做强做优特色农业,实施优质农产品全产业链打造行动,推动南宁火龙果、武鸣沃柑、横县甜玉米、宾阳古辣香米等升级为国家级区域公用品牌,有效期内绿色食品、有机产品和地理标志农产品达 90 个以上。持续推进现代特色农业示范区增点扩面提质，加快“三区三园一体”建设，力争每个县区新增创建自治区级核心示范区 1 个以上，全面完成县、乡、村级示范区（园、点）建设任务，持续打造田园综合体四级梯队建设的“南宁样板”。建成 15 个县级以上农产品加工集聚区，加快完成 30 个休闲农业示范区建设，新增市级以上农业产业化重点龙头企业 8 家以上、农民专业合作社 200 家、家庭农场 50 家以上。狠抓农业生产保障供给，加强农产品仓储保鲜冷链物流设施建设；加强对柑橘黄龙病、香蕉枯萎病、草地贪夜蛾等病虫害的综合防治；抓好非洲猪瘟等重大动物疫病防控，推动生猪屠宰标准化创建，年底前生猪产能基本恢复到接近常年的水平。

推进县（区）域经济特色引领、差异发展。提高重点开发区工业化水平，加快江南工业园、六景工业园、黎塘工业园等重点产业园转型升级，打造邕宁蒲庙—青秀伶俐—横县六景—宾阳黎塘先进制造业产业带，横县、邕宁、宾阳二产比重不断提高。农产品主产区提质增效，宾阳、隆安、武鸣农产品加工业产值与农业总产值比达 2∶1 以上。重点生态功能区特色旅游逐步成为富民产业，上林、马山培育形成 1 个以上有特色有市场的主题旅游主打产品，旅游总消费保持两位数增长。兴宁、江南、青秀、西乡塘、良庆产城融合加速，现代服务业、新兴产业成为支柱产业。

持续夯实乡村发展基础。加快补上农村基础设施和公共服务短板。支持自治区改革集成第一批试点单位青秀区、横县加快推进城乡融合发展改革集成试点工作。全面铺开农村集体产权制度改革，持续推动兴宁、西乡塘、武鸣等全国第四批农村集体产权制度改革整县（区）推进试点。建设 4 个县级农村产权交易服务中心。推动全市行政村“三变”改革试点达 30% 以上，每个行政村村级集体经济年收入达 5 万元以上。做好农村土地承包经营权确权登记颁证后续工作。持续开展“美丽南宁·幸福乡村”活动、农村人居环境整治和乡村风貌提升三年行动，抓好农业生产废弃物资源化利用等重点任务落实。完成五化灌区“十四五”续建与现代化改造工程的前期工作。打通出行“最后一公里”，年底前实现全部建制村通客车。推进基本整治型、设施完善型、精品示范型村庄建设，让全市农村环境更秀美、生活更甜美、乡村更和美。

（三）聚焦“强工业”，加快建设区域性高技术和先进制造业基地。

做好产业发展、园区建设、企业培育三篇文章，抓好产业、项目、投资三项工作，大力开展“制造业发展攻坚突破年”活动，加快工业转型升级。

突出主导产业引领。坚持强龙头、补链条、聚集群，力争三大重点产业产值占比同比提升 1 个百分点。深入实施“双百双新”工程，着力推进 68 个投资额合计超千亿元的重点工业项目建设，加快推进合众、天际新能源汽车等一批标志性项目建设。继续实施“千企技改”工程和“投贷补”联动，实施企业技改项目 300 项以上。建立强工业重大项目库，谋划一批全局性、战略性的重特大项目，形成有梯队、有支撑的滚动项目库。电子信息产业着力构建网络通讯、智能终端、新型显示、集成电路四大产业链，重点发展高端服务器、智能终端设备等产品，加快补齐 PCB 板、光学元器件等关键环节，推进瑞声光学模组、音卓、浪潮、宝德等项目尽快投产。先进装备制造产业大力引进新能源汽车、轨道交通装备及工程机械（物料处理）、智能装备、智能运维、无人机等重点高端产业链。生物医药产业重点发展现代中药、保健食品和医疗器械，大力引进领先技术医药制造企业，加快推进一力集团南宁药品生产基地等项目建设。全面实施铝、食品、化工、建材等传统优势产业“二次创业”，加快推进海天调味品生产基地等项目开工建设。

增强工业园区支撑。推动工业园区聚焦主业抓发展，高新区、经开区、东盟经开区规模以上工业总产值分别增长 25%、29%、32% 以上。拓展工业发展空间，推动南宁现代工业园、青秀伶俐工业园、吴圩空港经济区、六景工业园、黎塘工业园全年分别储备 5000 亩以上工业用地。在全市推广产业用地“带方案出让”模式。推动县（区）域工业园区特色化发展。推动共建“飞地园区”。推进市属国有平台公司与县区合作共建产业园区。年底前完成全市现有低效用地的盘活处置。

积极培育强优企业。在政策上、资源上突出扶优扶强导向，支持一批品牌影响较大、有市场竞争优势的本土企业做大做强，重点培育富士康、瑞声科技向千亿级企业迈进，申龙、合众、天际、博世科向百亿级企业迈进。推进中小微企业成长，年内新建投产入规企业 90 家。

（四）聚焦“强创新”，加快培育经济发展新动能。

推动创新与产业融合发展，全年新增国家级创新创业平台 3 个，引育高层次科技人才和团队 20 个。

推动改革促创新。完善科技创新资金投入和政策支持保障机制，健全企业研发费用奖励补助制度，探索建立以重大科技计划和普惠性研发费用补贴为主的财政科技经费制度，开展科技成果权属改革等试点改革。深入推进国家知识产权示范城市建设。坚持以改革育产业，推广厂—网—河（湖）一体化建设运营维护管理新模式，在环卫、市政基础设施等领域推行“事权下放、管养分离、事企分开”改革，实施专业公司市场化运维管理，培育全市集中建设运营维护的市政产业体系。贯彻落实《优化营商环境条例》，开展优化营商环境大行动，持续深化“放管服”改革。深化国资国企等重点领域改革，稳妥推进混合所有制改革，支持南宁威宁集团改组国有资本运营公司试点落地落实。

建好平台促创新。大力推进南宁·中关村创新示范基地和南宁·中关村科技园建设。全年引进新型产业技术研究机构 5 家。引进高校、科研院所在南宁建立分支机构，加快桂林电子科技大学、桂林理工大学产教融合基地建设。深化与清华大学深圳国际研究生院、华中科技大学等院校的合作。支持企业建设和提升一批重点实验室、工程技术研究中心、企业技术中心等创新平台。加快科技成果转移转化，实施重大科技计划项目 10 项、重大科技成果转化 90 项。

培育主体促创新。大力发展民营经济，鼓励民营资本进入现代金融、智慧物流、数字经济、文化传媒以及新兴制造等产业领域。强化企业创新主体地位，持续实施高新技术企业倍增行动，通过企业研发投入奖补、科技创新券、科技保险、高新技术企业认定奖励等措施，加大对“瞪羚企业”和培育入库企业的支持，培育“瞪羚”入库企业 10 家，年内高新技术企业数量突破 1100 家。完善科技企业孵化体系，探索在发达地区设立“飞地孵化器”。推动“1+6”人才政策、强首府人才新政 18 条等政策落地见效，加大对本地存量人才的培育。

加快发展新经济新业态。积极构建多元应用场景，推进新兴产业“无中生有”，加快培育“蛙跳”产业，把南宁建设成为区域性新经济发展策源地。依托中国－东盟信息港南宁核心基地发展数字经济，加快中国－东盟信息港小镇等项目建设，运营好中国－东盟新型智慧城市协同创新中心，提升华为软件开发云服务效能。培育发展平台经济，探索“市场＋平台＋服务”模式，鼓励南宁农产品交易中心等商品市场搭建平台与中小商户共享，推动传统交易场景的数字化重构；鼓励发展面向东盟为主的网络直播经济，推动南宁产品“卖全球”、南宁市场“买全球”，促进形成商贸、跨境电子商务、文创、影视等多业态融合发展产业链。加快发展总部经济，吸引知名企业来邕设立综合型总部和职能型总部，支持有实力的企业建设总部楼宇，推动京东、苏宁易购等一批区域总部企业发展壮大。大力发展智能经济、绿色经济、创意经济、流量经济、共享经济、楼宇经济等。

（五）聚焦“强金融”，加快建设面向东盟的金融开放门户核心区。

坚持把金融业摆在更加突出的位置，大力推进金融要素集聚和金融开放创新，力争金融业增加值达580亿元。

高质量建设中国－东盟金融城。大力引进一批金融机构总部、中外资金融分支机构、金融配套服务机构，加快推动浙商银行、富邦华一银行、财达证券等在邕设立分支机构。加快金融租赁、消费金融、财富管理、金融科技、供应链金融等新业态发展。全年新增入驻金融机构（企业）40家。

深化金融领域开放创新。深化以人民币面向东盟跨区域使用为重点的金融改革，促进跨境投融资便利化。深化跨境人民币试点业务，推动跨境人民币双向融资，推动中国银行广西区分行升级打造中国－东盟现钞调运中心，加快区域性离岸金融中心、货币交易清算中心、跨境投融资服务中心建设。加快创建保险创新综合试验区和绿色金融改革创新示范区。支持金融创新联合实验室开展创新政策研究。积极筹建中国－东盟金融合作学院，加快金融后台服务、财富管理服务、金融信息服务和金融交流培训基地建设。强化金融市场开放合作，有序推动中国－东盟大宗商品现货交易市场、黄金产业交易市场、区域股权投资市场、区域产权交易市场和资本培育服务市场体系建设。

强化金融服务实体经济。加强财政政策、产业政策与金融政策联动，引导金融机构全力服务重点产业和重大项目。发展多层次资本市场，推动更多企业上市（挂牌）融资；推动债券融资，重点推动市属国有企业实现境内外发债。提升南宁金融集团服务实体经济能力。发挥产业发展基金、天使投资基金等政府引导基金放大效应，鼓励各类社会资本参与或发起设立各类基金。提升普惠金融服务水平，持续推进政府性融资担保体系建设，运营好广西（南宁）民营小微企业首贷续贷中心，加大对涉农和民营、小微企业的信贷支持。强化地方金融监管和属地风险处置，持续打击非法集资，加大互联网金融、各类交易场所、农村中小金融机构风险防范化解，确保不发生系统性重大风险。

（六）聚焦“强枢纽”，大力建设国家物流枢纽。

加快建设陆港型国家物流枢纽，完善以南宁为中心、呈放射状的陆海空水一体化的交通网络。

加快对外通道建设。开工建设平果至南宁、南宁经横县至玉林、吴圩经上思至防城港、南宁至湛江、上林至横县等高速公路项目，年内新开工高速公路450公里以上。加快柳南第二高速、隆安至硕龙等高速公路，新江至扶绥、南宁至宾阳（黎塘）等一级公路建设。加快推进贵阳至南宁、南宁至崇左、南宁至玉林等铁路项目建设，开工建设南宁北站，改造南宁站，建设第二动车所，推进五象站前期工作。加快推进西津二线船闸工程建设，配合开展平陆运河前期工作，提升西江南宁段航运能力。持续推动南宁机场军民航分离，推进南宁机场改扩建，续建南宁国际空港综合交通枢纽。

加快物流枢纽建设。围绕“水铁公机”，规划布局建设物流园区、快递园区、高铁物流园区，积极构建物流枢纽集疏运体系。大力推进智慧物流，提升南宁现代化建材加工及物流中心等物流平台，推进中新南宁国际物流园项目一期正式运营，二期加快建设，三期尽快启动。加快推进南宁国际铁路港、南宁农产品物流中心二期、玉洞铁路货运中心及连接线建设，促进南向运输跨境货物在南宁集散，推动南宁南站建成西南地区货物出海重要铁路货运编组站。引导开行新的南宁连接中南半岛国家的跨境公路运输线路，加密面向东盟的全货机国际货运航线。推动在南宁国际铁路港建设海关监管作业场所。

培育壮大枢纽经济。优化物流园区功能布局，培育壮大物流市场主体，推动顺丰等企业区域总部和德国敦豪等一批重点项目落地，培育一批跨境运输龙头企业。推动先进制造、跨境电子商务等与物流关联性强的产业在物流枢纽周边聚集，加快相关产业在枢纽周边布局。

（七）聚焦“强开放”，进一步畅通“南宁渠道”。

推进开放再扩大，在全区构建“南向、北联、东融、西合”全方位开放发展新格局中发挥龙头带动作用。

厚植开放发展新优势。围绕把南宁加快打造成为中国企业走向东盟市场和东盟企业进入中国大陆的产业投资聚集地、贸易往来结算地、科技创新支撑地、生活服务保障地，加快打造东博会升级版，推动东博会服务区域向“一带一路”沿线国家（地区）延伸。推动会展业提升水平、扩大规模。全面融入粤港澳大湾区创新链、产业链、人才链，积极推进CEPA示范城市建设，加强邕港、邕澳合作，加快建设承接粤港澳大湾区产业转移和科技成果产业转化的示范区。

培育开放型经济新动能。推动设立开放型企业资金池，推进设立广西“新外贸”孵化基地。以中国（南宁）跨境电子商务综合试验区为载体，全市跨境电子商务交易额达13亿元以上。依托南宁综合保税区发展加工贸易产业，推动蓝水星等项目达产，全年新增加工贸易进出口总额100亿元以上。实施进口贸易促进计划，完善保税仓储、贸易物流等专业化服务。建设中国服务外包示范城市，全市服务外包执行额增长10%以上。聚焦重点产业集群补链强链和战略性新兴产业发展，按照产业链全景图精准招商，着力推进“三企入桂”和“浙商广西行”等，力争全年实际到位资金1130亿元，商务口径实际利用外资4亿美元。新签5000万元以上项目500个，其中工业项目250个。2020年、2019年、2018年签约项目开工率分别达20%、50%、80%。鼓励企业开拓国际市场，培育“走出去”行业优势，推动面向东盟的北斗导航应用示范合作。

拓展对外交流合作。着力打造中国－东盟人文交流门户。实施中国－东盟中医药全产业链发展行动计划，加强与东盟国家在中药材种植、研发等方面的健康医疗合作。支持院校与东盟国家院校联合办学，促进教育科技交流。积极开发具有东盟特色的跨境旅游产品，办好系列文化对外交流活动。

创建国际消费中心城市。大力发展首店经济，鼓励国际国内知名品牌在邕设立全国性、区域性品牌首店、旗舰店和体验店。规划建设服务东盟消费者的一站式购物中心、免税店，推进商旅文融合发展，打造一批具有国际范、民族风、多业态融合发展的消费场景，培育国际化综合型消费商圈。

（八）聚焦“强治理”，全力推进南宁治理现代化。

突出城市建设的“形、实、魂”，坚持治水、建城、为民，努力在推进治理体系和治理能力现代化中走在前作表率。

推动社会治理现代化。深入推进法治南宁、平安南宁建设，深化扫黑除恶专项斗争，持续严厉打击黄赌毒、传销、电信网络诈骗等突出违法犯罪活动，打造社会治安防控体系建设标准化城市。着力推进市域治理现代化试点，深入推进政治、法治、德治、自治、智治"五治融合"发展，坚持和发展新时代"枫桥经验"。完善综治网格化管理体系，深化城乡（社区）治理，加强矛盾纠纷多元预防化解。探索创新对特殊群体的服务管理，加快推进南宁市励志专门学校二期工程建设。推动接访下访工作常态化，解决群众合理诉求。创建国家食品安全示范城市，搭建南宁市农产品集采集配信息化平台，提升"明厨亮灶＋互联网"食品安全监管水平。深化事故隐患大排查大整治和安全生产集中整治，坚决防范遏制重特大事故。完善市政道路消防栓建设，整治阻碍消防通道等违法行为。持续打好防范化解重大风险攻坚战，强化政府债务风险防控，深化拓展公共资产负债管理智能云平台应用，切实管控好政府和国有企业债务规模。坚持"房住不炒"，稳地价、稳房价、稳预期，促进房地产市场平稳健康发展；完善住房保障体系，推进公租房建设和政策性租赁住房试点工作。加快社会信用体系建设，构建以信用为基础的新型监管机制，争创全国第三批社会信用体系建设示范城市。深入推进民族团结进步创建活动。

提升城市功能品质。落实新土地管理法。加快编制我市国土空间总体规划，基本完成国土空间信息平台建设，积极推进生态保护红线、永久基本农田、城镇开发边界三条控制线划定工作，确定全域国土空间保护、开发、利用、修复、治理总体格局。大力推进武鸣城区、吴圩空港新城、六景产业新城以及那马、伊岭等特色近郊城镇组团建设。加快轨道交通第三轮建设规划编报，力争年内开工市郊铁路南宁机场线，加快武鸣线前期工作。推进站城一体化（TOD）和第一批轨道小镇规划建设。开通运营轨道交通4号线、2号线东延线，加快建设5号线。开展BRT3号线前期工作。有序落实"窄马路、密路网"、"街区制"指导方针，优化主干路网布局和城市微循环。加快建设邕江上游引水二期、陈村水厂三期工程，推进石埠水厂和市第二水源建设前期工作，加强市县供水配套管网建设。实施城市电网建设三年大会战，推动城市电网智能化升级。推进城市天然气管网建设，城市天然气普及率提升至60%。积极搭建"住建云"，推动全市地上地下资产数字化、一体化管理。持续推进地下综合管廊规划建设，加快市政管线入廊。有序开展城市更新，坚持街区（片区）整体改造原则，重点改造南宁站、中尧路、五一中路等片区。加大既有住宅加装电梯等工作力度，全面推进老旧小区改造。

提高城市精细化管理服务水平。全面落实河长制、湖长制、林长制，深入推进邕江综合整治和开发利用，建设世界级城市滨水空间。争创"国际花园城市"。整合青秀山、园博园、五象岭资源，全面启动南宁植物园建设。扎实开展"城市治理提升年"活动，巩固深化"美丽南宁·整洁畅通有序大行动"成果，加强对城市管理的精准调度。推进人行道净化、道路降尘"本色行动"。开展城市道路、井盖、建成区户外广告专项整治。强化道路桥梁安全运维管理。攻坚生活垃圾分类，实现建成区生活垃圾分类全覆盖，确保生活垃圾回收利用率达35%以上。继续推进"互联网＋建筑垃圾治理"。以政务数据资源"聚通用"为抓手，大力推进智慧城市建设，加快实现核心区域5G网络连续覆盖，持续拓展"爱南宁APP"惠民应用，推动南宁与区内其他地级市便民应用互联互通，实现"一码八桂"。

持续打好污染防治攻坚战。以更大力度打好蓝天、碧水、净土保卫战，加强区域联防联控联治，强化城市扬尘、机动车尾气、秸秆（垃圾）焚烧等污染源头治理，确保市区空气质量优良率达92%以上，持续提升"南宁蓝"品质。强化饮用水水源地监管保护，深化水环境综合整治，推进邕江航运船舶排放污染治理；持续强化雨污管网错接混接点改造，填补污水管网空白区，加快污水处理厂建设，城市生活污水集中收集率达60%。深化朝阳溪等流域综合治理，全面消除建成区黑臭水体并推进治理常态化、长效化；对武鸣河等流域地表水"提质进位"整治，全面完成国务院"水十条"治理目标。加强土壤污染综合防治，有效管控农用地和建设用地等土壤环境风险。强化重要生态系统保护和修复，推进左右江流域山水林田湖草生态保护修复工程等项目建设。持续抓好中央环保督察"回头看"和自治区生态环保督察等反馈问题的整改落实。全面完成第二次全国污染源普查工作，建立环境监督执法正面清单。

（九）聚焦五象新区高质量发展，打造强首府重要引擎。

抢抓六大国家级开放平台落户机遇，完善新区规划建设之"形"，健全产业发展之"实"，铸牢精神文化之"魂"，在全面落实强首府战略中走在前作表率。

高标准建设自贸试验区南宁片区。以制度创新为核心，促进投资和贸易便利化，深化商事制度改革，高水平对接《区域全面经济伙伴关系协定》（RCEP）等国际经贸规则，提高南宁片区开放水平。以产业发展为导向，完善支持政策体系，全力推进片区现代金融、智慧物流、数字经济、文化传媒、新兴制造产业发展，全年新增企业5000家以上。

提速产业集聚发展。结合国土空间规划编制拓展新区发展空间，重点保障产业项目用地需求。统筹南宁现代工业园、良庆经开区、邕宁新兴产业园等产业园协同发展。锁定新区年度15%以上的投资增速，加快浪潮集团东盟运营总部、中国电信东盟国际信息园等项目建设，中国－东盟金融城在建楼宇累计竣工投入使用70栋以上。支持广投数字经济示范基地、中国－东盟地理信息与卫星应用示范产业园等项目提质升级，快速聚集一大批数字经济企业、项目，形成数字经济产业生态园。

打造高品质宜居新区。压缩项目开工报建时限，力推"带方案出让"模式、实现更多"拿地即发证"，创新开展产业用地"拿地即开工"模式。完善配套设施，加快推进振良大道等在建道路和哈罗礼德学校等一批项目建设。实施新区园林绿化提质工程，建设绿色生态廊道，塑造重点区域"国际范"。

（十）聚焦服务业提质增效，全力加快现代服务业发展。

加快推动生产性服务业向价值链高端延伸、生活性服务业向高品质升级，全面提升现代服务业比重。

促进服务业集聚发展。支持信息服务、现代物流、文化创意、健康养老等重点服务业集聚区建设，建设运营好中国－东盟检验检测认证高技术服务集聚区、中盟科技园软件和信息服务业集聚区等，加快建设安吉华尔街工谷、联讯U谷等一批集聚区，引进工业设计、商务服务、科技服务等一批现代服务业企业。

大力发展大健康产业。围绕"医、养、管、食、游、动"大健康产业链，积极创建国家中医药健康旅游示范区，加快规划建设一批健康特色小镇、示范基地等，推动多业态融合发展。加快建设全国首批医养结合试点城市，建设中医药特色医养结合示范基地，实施社区医养结合项目，鼓励探索公立医院运营管理公办养老机构的医养模式。打造全国养老服务业综合改革试点城市，推动养老机构公建民营改革，全面放开养老服务市场。探索推进多种形式的婴幼儿照护服务模式，有序推进婴幼儿照护服务体系建设。大力发展健身休闲、山地户外、民族体育等运动产业，办好南宁体育产业博览会。抓好华润悦年华、泰康医养综合社区、大明山山地户外营地等一批项目建设，提升大健康产业的融合力、集聚力、带动力。

加快发展文旅产业。推进区域性国际旅游中心城市建设，积极创建国家全域旅游示范区。加快建设环首府生态旅游圈，加快推进万有(南宁)国际旅游度假区建设，办好月月文化旅游节系列活动。持续推进园博园·百里秀美邕江、大明山、昆仑关等创建国家5A级旅游风景区。积极创建文化产业示范园区，大力发展数字出版、动漫、文化艺术等高端创新与设计产业。

(十一)聚焦民生改善，抓好做实利民惠民便民各项工作。

坚持以人民为中心的发展思想，聚焦幼有所育、学有所教、劳有所得、病有所医、老有所养、住有所居、弱有所扶，增强人民群众获得感幸福感安全感。

全力加快健康南宁建设。始终把人民群众的身体健康和生命安全放在第一位，深入实施传染病及地方病防控等20个专项行动。提升县域医共体建设质量，推动城市医疗集团服务半径覆盖城区街道乡村。稳步实施多元复合式医保支付方式改革。加强基层中医药适用技术培训和推广，提高公共卫生人员和乡镇卫生院(社区卫生服务中心)医务人员、乡村医生待遇保障水平。深入推进“互联网+医疗健康”应用，完善“智慧健康”信息化运行管理和考核机制。积极推进社会办医，吸引高端医疗产业机构落户。全面加强全民健康教育和健康促进工作，深化全民健身和全民健康深度融合试点市建设，建设城市社区“10分钟健身圈”。积极争创全民运动健身模范市。

坚持教育优先发展。继续破解“择校热”、“大班额”、普惠性学前教育供给不足等问题。推进公办中小学校建设，大力举办公办幼儿园。全面提高义务教育质量，推行教师“县管校聘”管理改革，推进校长教师交流轮岗。持续推进高中阶段教育优质普及。进一步完善职业教育体系，优化专业结构，深化产教融合。加快建设南宁教育园区，年内新开工建设学校2所、新增招生办学学校4所。支持和规范社会力量兴办教育，巩固校外培训机构治理成果。打造平安智慧校园。提升继续教育、社区教育、特殊教育和智慧教育水平。

繁荣发展文化事业。积极培育和弘扬社会主义核心价值观，深入开展“五个礼让”活动，力争实现全国文明城市“五连冠”。加强爱国主义和道德规范的宣传教育，开展送戏下基层、进校园，戏曲进乡村等活动，提升公共文化服务质量。积极创建国家历史文化名城，持续改造提升“老南宁·三街两巷”、中山路片区、蒲庙老街等历史文化街区，充分挖掘邕江两岸红色历史文化资源，大力推进壮乡歌圩文化(南宁)生态保护区和南宁市非物质文化遗产展示中心建设，更好传承城市文脉、留住城市记忆、讲好南宁故事。

促进更充分更高质量就业。全力防范化解规模性失业风险，突出抓好高校毕业生、失业人员、农民工、退役军人、易地扶贫搬迁群众等重点人群就业工作，年内城镇新增就业6万人。实施职业技能提升行动，年内技能人才突破60万人，其中高技能人才突破13万人。加强托底安置就业，确保零就业家庭动态清零。

提升社会保障水平。稳步推进市儿童福利院、市残疾人康复托养基地建设，提升改造市社会福利院、市福利医院等。继续调整提高企业退休人员基本养老金，加强工程建筑领域欠薪源头治理，促进劳动关系和谐。开展好符合条件退役士兵社会保险接续工作。建立健全退役军人事务组织管理、工作运行、政策制度体系。积极开展新一轮全国双拥模范城创建。做好第七次全国人口普查。

办好为民办实事。推进自治区级和市本级为民办实事工程，更好地为群众办实事、解难事、谋福事。

各位代表！新时代新使命对政府建设提出了新的更高要求，我们必须增强“四个意识”，坚定“四个自信”，做到“两个维护”，把党的领导贯穿于政府工作各领域、全过程，全面提升政府治理效能。必须强化制度建设。不折不扣贯彻落实中央、自治区和市委重大决策部署，落实关于进一步提升政府系统执行力的若干规定，全面实行清单化管理、时限化推进、责任化落实。必须坚持依法行政。以法治政府示范创建为抓手，深化行政执法体制改革，加快落实行政执法责任制，加强普法依法治理和公共法律服务，做好“七五”普法全面验收，谋划好“八五”普法，建设一流法治政府。依法接受人大及其常委会的法律监督和工作监督，自觉接受人民政协的民主监督，广泛听取民主党派、工商联、无党派人士和各人民团体意见，积极回应社会关切。必须厉行勤俭节约。巩固拓展减税降费成效，政府带头过“紧日子”，优化财政支出结构，大力压减一般性支出和“三公”经费，一般性出国和出境考察大大压缩，把宝贵的财政资金用于经济社会发展急需领域。必须勤政廉政为民。坚持干字当头，做到定了就干、干就干成、干就干好。加强调查研究，严格规范督查、检查、考核等事项，整治过度“痕迹管理”等问题。深化“不忘初心、牢记使命”主题教育成果，坚定不移纠“四风”、树新风，力戒形式主义、官僚主义。严格落实中央八项规定及其实施细则精神，严格执行国务院“约法三章”。优化绩效考核，激励公职人员担当作为，努力建设人民满意的廉洁政府、阳光政府、法治政府。

各位代表！宏伟蓝图催人奋进，百年梦想只争朝夕。让我们更加紧密地团结在以习近平同志为核心的党中央周围，坚持以习近平新时代中国特色社会主义思想为指导，进一步解放思想、改革创新、扩大开放、担当实干，坚守初心使命、认真履职尽责，真抓实干、善作善成、造福于民，为全面落实强首府战略、与全国同步全面建成小康社会而努力奋斗！ (市政府办公室)

编辑　覃涓铌

大事记

1月

10日　中铁工程装备集团、南宁广发重工集团、南宁轨道交通集团联合研制的国内首台气垫式直排泥水—土压双模式盾构机，在南宁中铁广发轨道装备有限公司车间下线。

14日　中国共产党南宁市第十二届委员会第七次全体会议在南宁召开。

15日　南宁市举行2019年第一次重大项目开(竣)工仪式。至年末，举办开(竣)工仪式10次。

23日　工业和信息化部、科技部、国务院国有资产监督管理委员会、国家国防科技工业局在南宁市联合召开重大短板装备专项工程推进会，为南宁市首次承办国家级工业专题会议。

25日　南宁市举行驻邕领事机构新春座谈会。市长周红波，市委常委、副市长何颖，老挝驻南宁总领事万习·维丽雅彭，泰国驻南宁总领事蔡乐·蓬蒂窝拉卫，柬埔寨驻南宁总领事努西瓦塔，缅甸驻南宁总领事梭岱南，越南驻南宁总领事黄玉荣，马来西亚驻南宁总领事馆秘书阿兹里等驻邕领事机构官员代表出席座谈会。

28日　南宁市召开机构改革动员部署电视电话会议，动员部署机构改革工作，印发《南宁市机构改革方案》。

31日　广西南南铝加工有限公司获国家发展和改革委员会批复同意成立铝合金汽车板新材料国家地方联合工程研究中心，并予以命名。

2月

9日　《光明日报》2版头条刊发文章《跨国春晚奏响春天的旋律》，报道南宁市“春天的旋律·2019”跨国春节晚会在国内外多家电视台播出，介绍南宁市通过创办跨国春晚打造对外文化交流的重点品牌，推动中华文化走出去、促进对外文化交流的经验。

12日　南宁的中国－东盟新型智慧城市协同创新中心、南宁·中关村创新示范基地(相思湖区)被列入国家发展和改革委员会发文下达双创支撑平台专项2019年中央预算内投资计划，可享3500万元资金支持。

14日　南宁国际会展中心改扩建工程(A地块)、广西金融广场2个项目入选中国建筑业协会发布的2018—2019年度第一批中国建设工程鲁班奖(国家优质工程)工程名单。

14日至17日　中国人民政治协商会议第十一届南宁市委员会第四次会议在南宁人民会堂举行。

15日至18日　南宁市第十四届人民代表大会第四次会议在南宁人民会堂举行。

28日　南宁市通过国家卫生城市复审，实现国家卫生城市“三连冠”。

3月

4日　自治区党委常委、南宁市委书记王小东到南宁日报社调研，宣布并启动南宁云全媒体中心正式上线运营。

同日　北部湾信用生态圈城市联盟在南宁市成立，广西南宁市、北海市、钦州市、防城港市、玉林市、崇左市，广东省湛江市、茂名市、阳江市，海南省海口市、儋州市、东方市12个北部湾区域城市代表共聚南宁，以“信用城市　美好生活”为主题，就共同打造北部湾信用生态圈城市联盟友好协商，达成共识。

11日　南宁市在2019年全国举重U19锦标赛暨第二届全国青年运动会举重18岁～19岁组预赛上，获金牌6枚，其中4人获青年运动会“入场券”，1人打破2项全国青年纪录。

12日　南宁市实现“扫码就医”，参保的市民在市医保定点医疗机构就医时只需出示手机上的电子社保卡二维码，可进行医保结算。

21日　南宁市大型车辆视觉盲区安全体验场在南宁市公安局公共安全教育馆建成启用，为全国首个固定式大型车辆视觉盲区安全体验场。

21日至25日　2019中国杯国际足球锦标赛在广西体育中心主体育场举行，乌拉圭队、泰国队、乌兹别克斯坦队、中国队4支队伍参赛，乌拉圭队获冠军，泰国队获亚军，乌兹别克斯坦队获季军。

25日　自治区公安厅与中国邮政广西分公司在南宁签订“放管服”(简政放权、放管结合、优化服务)战略合作签约协议，启动公安户政、出入境、交管业务“三合一”自助设备建设项目。南宁便民警邮合作中心启用全国首个警邮户政服务窗口，在交管类业务的基础上增加户籍业务。

28日　南宁市人社部门实现社保卡、英才卡、职称(专业技术资格)证、职业资格证、就业创业证等人社证照全部电子化，市民梁文惠领到南宁首张电子就业创业证；南宁市市民卡信息服务有限责任公司正式发行电子市民卡，市民乘坐公交车可不受限制使用多种APP乘车。

31日　2019年第一期《向人民承诺——电视问政》在南宁电视台开播。至年末，播出10期，涉及作风建设、城市治理、营商环境、社会保障等内容。

4月

10日　南宁广告产业园获国家市场监督管理总局授牌,成为国家级广告产业园。

13日　第29届中国戏剧梅花奖现场竞演在南宁剧场开幕,活动持续至23日。26日,第29届中国戏剧梅花奖、第23届曹禺剧本奖颁奖晚会在广西文化艺术中心举行;15名戏剧演员获梅花奖,花鼓戏《桃花烟雨》、闽剧《双蝶扇》、淮剧《送你过江》、儿童剧《山羊不吃天堂草》、话剧《遥远的乡土》获曹禺剧本奖。

17日　国家级心肺复苏规范化培训基地——中国心肺复苏培训中心在南宁急救医疗中心启用。

20日　2019创新中国行走进南宁——南宁·中关村协同创新合作交流会活动在南宁·中关村创新示范基地举行。南宁·中关村创新示范基地与20家行业重点企业签约,同时举行中国科学院北京国家技术转移中心——南宁·中关村科技信息服务平台揭牌仪式和"创响中国"系列活动启动仪式。

同日　南宁市在全国第六届中小学生艺术展演上,获优秀组织奖4个、一等奖5个、二等奖5个、三等奖1个。

5月

2日至10日　市长周红波率南宁市代表团赴乌克兰、希腊、英国访问。其间,代表团与乌克兰伊万诺－弗兰科夫斯克市签订《建立友好城市关系协议书》,与希腊伊拉克利翁市、英国韦克菲尔德市签署《建立友好城市关系意向书》。

8日　南宁市入选国家知识产权局新确定的国家知识产权示范城市(城区),示范时限2019年5月至2022年5月。

19日至26日　2019年道达尔·苏迪曼杯世界羽毛球混合团体锦标赛在广西体育中心体育馆举行,中国、韩国、日本、马来西亚、印度、丹麦等31个国家和地区377名运动员参加,中国队获冠军,日本队获亚军,印度尼西亚队、泰国队并列获季军。

20日　上林县获联合国官方机构联合国老龄所积极老龄化专家委员会授予"世界长寿之乡"称号。

21日　南宁市入选国家医保基金监管信用体系建设试点城市。

22日　中共南宁市委宣传部、南宁市文化新闻出版广电局联合出品的舞剧《刘三姐》2019年全国巡演首场演出在北京天桥艺术中心大剧场上演。

24日至26日　2019中国糖业博览会暨世界糖业研讨会在南宁国际会展中心举行,主题为"加快糖业转型升级　共享创新合作商机",主要包括7场论坛、3场活动、1场展览,参加企业超800家。

25日至26日　2019中国－东盟山地户外体育旅游大会启动仪式暨2019中国攀岩自然岩壁系列赛(广西马山站)在马山县攀岩特色体育小镇三甲乡村旅游区举行,国内外近100名选手参加,中国选手瞿昌凤、波兰选手奥拉分获男女成人组冠军;中国选手韦俊飞、覃于妹分获男女青少年A组冠军;中国选手黄瀚峻、周思妤分获男女青少年B组冠军。

28日　大湄公河次区域国际道路运输启动仪式(中国—老挝—越南)在南宁综合保税区举行。

同日　2019第八届中国－东盟音乐周开幕式交响乐作品音乐会在广西文化艺术中心音乐厅举行,为期7天,来自25个国家和地区的专家、乐团256人,举行精品音乐会26场、学术交流会11场。

6月

6日　南宁地铁3号线开通试运营,起点科园大道站,终点平良立交站,全程23个站27.96千米。

7日　第十五届中国－东盟(南宁)国际龙舟邀请赛暨庆祝新中国成立70周年·"我要上自治区运动会"2019年广西龙舟系列赛(南宁站)在南宁孔庙附近的邕江水域举行;参赛队伍62支,印度尼西亚队、广东省阳江市双带龙舟队在国际公开组中各获2项冠军。

10日　南宁市入选国家优质普惠学前教育资源扩容第一批试点城市,获中央预算内资金8500万元支持,重点建设广西实验幼儿园、马山县白山镇中心幼儿园、上林县大丰镇移民安置点幼儿园等项目34个。

11日　《光明日报》刊发《大石山区"活水"来——广西隆安县着力解决石漠化山区群众饮水难》,反映隆安县修建集中连片跨区域供水工程解决山区群众用水难题。

同日　南宁经济技术开发区政务大厅向南宁宝运通商务服务有限责任公司发出广西首张实行住所申报承诺制的营业执照。

20日　南宁市人民政府参与协办的第二届职业安全健康高峰论坛在南宁举行,主题为"推动安全发展　我们携手共进",300余人参加。

26日　第二届南宁市海外(境外)人才创新创业大赛在南宁·中关村创新示范基地启动,先后在美国波士顿、英国伦敦和德国法兰克福等地举办,全球有442个项目报名参赛,107个项目晋级预赛,15个项目晋级决赛;9月9日,在南宁·中关村创新示范基地落幕,"侵入式医疗器材之创新低温灭菌技术""GSOI绿色晶圆及芯片服务"等12个项目获决赛奖项。

28日　第十二届中国(南宁)国际园林博览会闭幕。园博园作为综合性城市公园永久保留,继续面向社会开放。

7月

1日　南宁高新技术产业开发区入选国家知识产权局公布的国家知识产权示范园区名单。

4日　人力资源和社会保障部信息中心主办的全国"互联网＋人社"行动经验交流现场会在南宁市举行;南宁市推动"互联网＋人社"服务民生工作经验作交流发言,获人社部在全国推广。

5日　南宁市人力资源和社会保障局与东软集团股份有限公司共同组建的南宁－东软智慧人社联合创新实验室揭牌,为全国首个由人社部门与国内前十强软件企业联手打造的智慧人社联合创新实验室。

同日　2019中国－东盟博览会文化展和动漫游戏展在南宁国际会展中心开幕,主题为"共建21世纪海上丝绸之路,促进中国－东盟文化合作"。其间,举办行业论坛、商务洽谈会、项目签约、东盟风情表演、次元文化大赏、电竞嘉年华等活动,邀请200多家来自"一带一路"国家、符合展商需求的买家参加。

10日　贵港至隆安高速公路正式通车运行。

同日　南宁市火车东站至中国香港西九龙站动车11时14分首发,首批乘客乘坐G417次高速动车组列车直达香港西九龙站,广西成为全国首个开行始发香港动车的少数民族自治区。

11日　中国铁路南宁局集团有限公司、南宁建宁水务投资集团有限责任公司获人力资源和社会保障部、中华全国总工会、中国企业联合会、中国企业家协会、中华全国工商业联合会联合授予"全国模范劳动关系和谐企业"称号。

18日　广西大明山国家级自然保护区在中国气象服务协会、中国气象局公共气象服务中心主办的2019年"中国天然氧吧"创建活动发布会上被授予"中国天然氧吧”称号。

19 日至 21 日　第 23 届南宁国际学生用品交易会暨 2019 中国·东盟(南宁)国际教育展览会在南宁国际会展中心举行,主旨为“教贸一体,对接东盟”,首次邀请 40 多家来自东南亚地区的买家参会。

22 日　上林县西燕镇安置点 160 户搬迁安置户领到不动产权证,是南宁市为易地搬迁群众发放的第一批不动产权证,也是自治区最大规模的一次易地搬迁不动产权证集中发放。

25 日　南宁市不动产登记“24 小时不打烊”全自助办理平台项目在 2019 年中国地理信息产业大会上获 2019 年全国地理信息科技进步二等奖;上林县不动产登记数据整理建库、智慧南宁基础大数据建设与更新项目获 2019 年中国地理信息产业优秀工程铜奖。

29 日　南宁市市场监督管理局 12315 投诉举报指挥中心举行揭牌仪式,实现 12315(原工商)、12365(原质监)、12331(原食药)、12358(原物价)、12330(原知识产权)5 条投诉举报热线合并办公。

31 日　南宁至吴圩机场高速公路新吴圩收费站、南宁空港收费站建成,同步撤销南友高速原吴圩收费站、南宁绕城高速高岭收费站,封闭明阳互通匝道;采用与自治区高速公路统一“入口发卡,出口缴费”的联网收费模式,机场高速公路正式纳入自治区高速网。

8 月

2 日　中央人民广播电台中国之声、中央电视台新闻频道播出《壮丽 70 年·奋斗新时代——共和国发展成就巡礼》广西篇,聚焦南宁市在脱贫攻坚、生态文明建设、工业发展、科技创新等发展成就。5 日,《人民日报》推出《壮丽 70 年·奋斗新时代·共和国发展成就巡礼——广西》专题报道,南宁市在开放开发、生态文明建设等发展成就获重点关注。

同日　国家发展和改革委员会印发《西部陆海新通道总体规划》,南宁市被纳入核心覆盖区。

7 日　“马山黑山羊”获国家知识产权局批准注册为南宁市首个动物类地理标志商标。

17 日至 24 日　第十一届中国－东盟(南宁)武术大会在南宁国际会展中心举行,来自全国各地及马来西亚、老挝、印度尼西亚等国家的 80 多支队伍 700 多人参加。

20 日　邕州海关为广西建工集团第一安装公司出口到泰国的一批工程项目部件阀门,签发广西首份中国－东盟自贸协定新版原产地证书。

29 日　市长周红波在市政府会见法国普罗旺斯迪朗斯－吕贝隆－韦尔东地区代表团一行,双方签署《建立友好市区关系意向书》。

30 日　中国(广西)自由贸易试验区南宁片区揭牌运行,首批注册企业获颁营业执照。

9 月

4 日　南宁禁毒题材微电影《警徽荣耀之毒战》,在中央政法委主办的第四届“平安中国”微电影微视频微动漫比赛暨“我和政法 70 年”短视频征集颁奖活动中入选“十大微电影”。

11 日　国家发展和改革委员会、交通运输部联合发布 2019 年国家物流枢纽建设名单,南宁市被列为陆港型国家物流枢纽。

19 日　南宁市庆祝中华人民共和国成立 70 周年群众文化活动暨第 21 届南宁国际民歌艺术节“大地飞歌·2019”晚会在广西体育中心体育馆举行,分为序“歌声嘹亮”和“一江诗画一城歌”“‘一带一路’唱友情”“扬帆追梦再出发”“我和我的祖国”4 个篇章。南宁国际民歌艺术节期间,举办中国－东盟(南宁)戏剧周、“我和我的祖国”南宁市庆祝中华人民共和国成立 70 周年暨 2019 年南宁国际民歌艺术节“绿城歌台”群众文化活动等活动。

20 日　中共中央政治局常委、国务院副总理韩正在南宁先后会见出席第 16 届中国－东盟博览会、中国－东盟商务与投资峰会的缅甸副总统敏瑞、越南副总理武德担、柬埔寨副首相贺南洪、老挝副总理宋赛、泰国副总理兼商业部部长朱林和印度尼西亚总统特使、海洋统筹部部长卢胡特。

21 日　市长周红波在市政府会见西班牙穆尔西亚市市长何塞·巴列斯塔·哲曼率领的代表团一行,双方签署《建立友好城市关系协议书》。

21 日至 24 日　第 16 届中国－东盟博览会、中国－东盟商务与投资峰会在南宁国际会展中心举行,主题为“共建‘一带一路’,共绘合作愿景”。8 位中外领导人和前政要、240 位部长级贵宾(东盟及区域外 134 位)出席。其间,举办系列高层友好交流活动,高层论坛 33 个。

22 日　中央广播电视总台央视网联合中共南宁市委网络安全和信息化委员会办公室、南宁广播电视台制作的《人民记忆:70 年 70 城　记住南宁》微视频,在央视网上线,人民网、环球网、新浪微博、腾讯视频等主流网络媒体转发。

24 日　在 2019 中国城市信用建设高峰论坛上,南宁市获全国省会城市及副省级以上城市“城市信用监测排名”进步前十名。

26 日　欧盟委员会指导,中国城市和小城镇改革发展中心、法国展望与创新基金会、南宁市政府等主办的 2019 中欧绿色智慧城市峰会在南宁举行,发布《中欧绿色智慧城市南宁共识》。之后,举办的中欧绿色和智慧优秀城市授予仪式上,南宁市获评荣誉城市。

29 日　市政府印发《南宁市建设项目“多测合一”改革工作方案》,在全国率先启动覆盖建设项目审批全流程的建设项目“多测合一”改革,通过“1 次整合”(将各阶段涉及的测绘项目进行整合优化,实行测绘项目全流程分阶段的“1 次整合”)、“2 个合并”(实行覆盖测量外业和内业的“2 个合并”)、“1 个标准”(统一建设项目审批全过程建筑面积计算规则和土地量算规则、坐标系统和测绘内容、精度、成果样式等“1 个标准”),最终实现“多测合并、联合测绘、成果共享”。

10 月

5 日　中央电视台新闻频道《东方时空》栏目对南宁市国庆灯光秀、城市夜景进行 6 分 15 秒的现场直播,展现壮乡首府南宁热烈庆祝中华人民共和国成立 70 周年的喜庆氛围。

7 日　国务院公布隆安县娅怀洞遗址入选第八批全国重点文物保护单位。

15 日　邕州海关为广西碧嘉农业有限公司一批输往澳大利亚的玉米淀粉,签发全国首份“两证合一”对外贸易经营者备案和原产地企业备案企业申办的原产地证书。

16 日　南宁市自然资源局报送的“南宁市北斗高精度综合服务平台项目”“南宁市不动产房地数据融合及落宗项目”在中国测绘学会 2019 学术年会上,分获 2019 年测绘科技进步二等奖、全国优秀测绘工程铜奖。

18 日　第七届中国－中亚合作论坛在南宁市举行,主题为“陆海相接谋合作、创新驱动促发展”,中亚、外高加索及东盟有关国家的驻华使领馆官员,上海合作组织、中国－东盟中心等国际组织代表,以及中外有关部门代表、专家学者、企业负责人等 600 多人出席有关活动。其间,举办陆海新通道跨境物流及电子商务合作、智慧城市合作建设、北斗合作、凝聚女性力量共建“一带一路”等分论坛,及中国(广西)-中亚·外高加索特色产品暨北斗卫星导航系统成果展等活动,并签署一系列合作协议,发表《第七届中国—中亚合作论坛(南宁)宣言》。

19日 2019年环广西公路自行车世界巡回赛南宁绕圈赛开赛,来自全球18支职业车队、126名车手参加,德国博拉-汉斯格雅车队的帕斯卡·阿克曼获赛段冠军、总成绩红衫、冲刺王蓝衫及最佳年轻车手白衫4个奖项。20日,2019环广西公路自行车世界巡回赛第四赛段南宁—弄拉景区比赛举行,来自全球18支职业车队、126名车手参加,比利时德科尼克-快步车队的西班牙车手恩内克·马斯获赛段冠军、总成绩红衫、最佳年轻车手白衫,德国博拉-汉斯格雅车队的帕斯卡·阿克曼获冲刺王蓝衫。

11月

1日 国务院办公厅印发《关于对国务院第六次大督查发现的典型经验做法给予表扬的通报》,南宁市推进“互联网+不动产登记”改革构建智能服务新体系的典型经验做法获通报表扬。

2日 南宁市参加西江经济带城市共同体及市长联席会议第四次会议暨西江经济发展论坛,并作交流发言,签署《西江经济带城市共同体及市长联席会议第四次会议纪要》。

6日 南宁市获全国普及法律常识办公室评为全国“七五”普法中期先进城市,市司法局获评全国“七五”普法中期先进集体。

10日 南宁市在第九届广西发明创造成果展览交易会上,获国家知识产权局授予“国家知识产权示范城市”称号。

同日 第十届中国·东盟国际自行车挑战赛在南宁园博园开赛,国内外300多名车手参赛。

13日 国内首条自主铝材热处理型材辊底炉生产线在南宁市试产成功,为南宁市列入工信部高端高精铝材首台套重大短板装备项目,填补国内高端高精铝材热处理淬火装备的空白。

15日 “南宁香蕉”“横县茉莉花茶”在第17届中国国际农产品交易会上入选首批中国农业品牌目录。

16日至17日 2019亚信金融峰会在南宁市举行,主题为“推动亚信金融务实合作”,400余人参加;发布《2019亚信金融峰会南宁倡议》,正式成立亚信金融智库。

12月

1日 第十四届南宁国际马拉松比赛暨第三十七届南宁解放日长跑活动在南宁市举行,起点民族广场、终点广西体育中心。设马拉松、半程马拉松(分国际组、市民组)、10公里跑、4公里健康跑、健身走5个项目,来自世界各地2.80万名长跑爱好者参加。

6日 《人民日报·海外版》刊发《去马山,跑山马》《“体育+”让大山活了》,反映南宁市马山县将攀岩、马拉松、山地自行车等现代体育项目与产业结合打造“体育+”的脱贫模式。

10日 南宁威宁投资集团有限责任公司负责建设的广西文化艺术中心项目获2018—2019年度第二批中国建设工程鲁班奖,南宁东盟文化产业研发大厦(市民中心)项目、南宁市图书馆项目获2018—2019年度国家优质工程奖。

16日 南宁市城市信用监测平台正式上线。

同日 公安部道路交通安全研究中心组织开发的“道路交通安全导航提示信息采集和处理系统”在南宁市上线。

23日 一辆载着出口跨境电商货物的集装箱拖车驶出南宁综合保税区前往钦州港海运至巴西,南宁第一票陆海联运的出口跨境电商货物通关,南宁出口跨境电商陆海联运物流通路打通;一辆载着152件、总重量4.50吨越南进口青皮杧果的跨境电商集装箱拖车驶入南宁综合保税区,南宁第一票通过跨境国际道路运输进口的跨境电商东盟水果货物通关,南宁进口跨境电商东盟水果物流通路打通。

同日 南宁市广西申能达科技企业孵化器入选2019年度国家级科技企业孵化器。

27日 2019年南宁市电子健康卡启用仪式在南宁市第一人民医院举行。有电子健康卡的市民只需扫码就能在13家市级医院就诊,不需多次办理就诊卡。

同日 国家知识产权局商标局公告“武鸣沃柑”获准注册为地理标志证明商标。

31日 广西工会会员服务(南宁)电子卡首发仪式在南宁市总工会举行,广西工会会员服务(南宁)电子卡在“爱南宁APP”上线启用。

同日 江南区县级融媒体中心揭牌运行。至此,南宁市12个区县全部建立县级融媒体中心。

编辑 李 康

南宁概貌

自然地理

【地理位置】 南宁市位于广西南部，北纬22°12′—24°02′、东经107°19′—109°38′，面向东南亚、背靠大西南，东邻粤港澳、南临北部湾，具有沿江（邕江穿城而过，是珠江干流西江的上游段），近海（距钦州市110千米、防城港市170千米、北海市200千米），近边（距中越边境的东兴市200千米、凭祥市230千米），沿线（湘桂、黎湛、南昆、南广、南防、黎钦、邕北、云桂、柳南客专9条铁路在南宁交会）地缘优势，是面向东盟开放合作的区域性国际城市，衔接"一带一路"的重要门户城市，以及联动珠三角、沟通中南西南地区、引领北部湾城市群的区域性综合交通枢纽城市。2019年，南宁市总面积22099平方千米，其中中心城区建成区面积（不含武鸣区）299.36平方千米。

（钟　情　市自然资源局）

【土地资源】 2019年，南宁市行政区域面积220.99万公顷，其中耕地67.77万公顷、林地97.04万公顷、建设用地18.73万公顷、水域7.41万公顷、其他用地30.04万公顷。市本级土地面积98.36万公顷，市辖五县土地面积122.63万公顷。

【矿产资源】 2019年，南宁市勘查发现矿产资源63种，主要有能源矿产褐煤、无烟煤、石煤，地热（热矿水）；黑色金属矿产铁、锰、钒、钛；有色金属矿产铜、铅、锌、铝土矿、镍、钴、钨、铋、钼、锑，贵金属矿产金、银；化工原料非金属矿产磷、硫铁矿、芒硝、砷、泥炭、重晶石；冶金辅助原料非金属矿产萤石、耐火黏土；建材和其他非金属矿产压电水晶、熔炼水晶、滑石、叶蜡石、石膏、水泥用石灰岩、建筑石材用灰岩、高岭土、膨润土、陶粒用黏土、砖瓦用黏土、玻璃用砂、玻璃用砂岩、水泥配料用砂岩、粉石英、水泥配料用黏土、砖瓦用页岩、水泥配料用页岩、饰面用花岗岩、建筑用花岗岩、方解石、硅灰岩、建筑用砂（河沙），水汽矿产矿泉水等。优势矿产有钨、银、钒、铜、金、石灰岩、花岗岩、芒硝、耐火黏土、滑石、水晶、砂岩；平势矿产有煤、锰、铝、铅、锌、硫、铁矿、膨润土、高岭土、石膏。在规划开采区内，根据矿产资源分布特点，综合考虑地质构造及地形上的相对独立性，资源赋存状态，开采技术条件，勘查开采现状等因素，第三轮矿产资源总体规划规划开采区块89个。

（韦欣辰）

【植物资源】 2019年，南宁市分布有野生维管束植物248科1254属3988种。国家一级重点保护野生植物有4种（钟萼木、石山苏铁、望天树、水松），国家二级重点保护野生植物有27种（亨利原始莲座蕨、苏铁蕨、粗齿桫椤、大桫椤、黑桫椤、桫椤、金毛狗脊、七指蕨、水蕨、福建柏、白豆杉、香木莲、地枫皮、樟树、闽楠、土沉香、蚬木、海南椴、格木、任豆、花榈木、半枫荷、蒜头果、红椿、紫荆木、蛇根木、普通野生稻）。广西重点保护植物有黄枝油杉、海南五针松、大明山松、长苞铁杉、鸡毛松、长叶竹柏、百日青、小叶罗汉松、金花茶、金丝李、铁皮石斛等162种。主要分布在广西大明山国家级自然保护区、广西龙山自治区级自然保护区、广西龙虎山自治区级自然保护区、广西三十六弄—陇均自治区级自然保护区、广西弄拉自治区级自然保护区、广西西大明山自治区级自然保护区。

【动物资源】 2019年，南宁市有野生脊椎动物5纲41目135科408属727种。国家一级保护动物有黑叶猴、熊猴、蟒、林麝、金钱豹5种，国家二级保护动物有猕猴、苏门羚、河麂、斑林狸、穿山甲、大灵猫、小灵猫、黑熊、原鸡、白鹇、海南虎斑鳽、褐翅鸦鹃、小鸦鹃、冠斑犀鸟、黑翅鸢、黑冠鹃隼、灰背隼、红隼、斑头鸺鹠、领鸺鹠、雀鹰、苍鹰、凤头蜂鹰、赤腹鹰、日本松雀鹰、松雀鹰、草原鹞、鹰雕、蛇雕、鹊鹞、鸳鸯、凤头、草鸮、红角鸮、领角鸮、黄嘴角

表1　**2019年南宁市及市辖五县地类面积结构表**　单位：万公顷

名　称	总　计	耕　地	林　地	建设用地（城镇村及工矿用地、交通运输用地）	水　域	其他用地
市本级	98.36	32.03	39.86	10.07	3.69	12.71
市辖五县	122.63	35.74	57.18	8.66	3.72	17.33
全市总计	220.99	67.77	97.04	18.73	7.41	30.04
所占比例(%)	100	30.67	43.91	8.48	3.35	13.59

鹀、褐鱼鸮、雕鸮、长耳鸮、鹦鹉(所有种)、长尾阔嘴鸟、大壁虎(蛤蚧)、虎纹蛙、地龟、凹甲陆龟等117种。广西重点保护动物有华南兔、红腹松鼠、红白鼯鼠、豪猪、黄猄、果子狸、豹猫(野猫、抓鸡虎)、环颈雉(雉鸡、野鸡、七彩山鸡)、八声杜鹃、栗色黄鹂、红嘴相思鸟、大山雀、变色树蜥、金环蛇、银环蛇、黑眶蟾蜍、斑腿树蛙等110种。"三有"保护动物(国家保护的有重要生态、科学、社会价值的陆生野生动物)有刺猬、狼、椰子狸、野猪、松鼠、绿头鸭、环颈山鹧鸪、珠颈斑鸠、广西疣斑树蛙、中国林蛙、黑颈水龟、广西棱蜥、广西林蛇、石鸡、灰雁、锡嘴雀等48种。主要分布在广西大明山国家级自然保护区、广西龙山自治区级自然保护区、广西龙虎山自治区级自然保护区、广西三十六弄—陇均自治区级自然保护区、广西弄拉自治区级自然保护区、广西西大明山自治区级自然保护区、良庆区那兰鹭鸟市级自然保护区、西津水库库区。

【湿地资源】 2019年,南宁市湿地面积6.31万公顷。其中,自然湿地(湖泊湿地、河流湿地、沼泽湿地)2.56万公顷,占湿地面积40.56%;人工湿地3.75万公顷、占59.46%。南宁市湿地有4类9型:湿地类中,河流湿地2.44万公顷、占38.58%,湖泊湿地1014.69公顷、占1.61%,沼泽湿地219.90公顷、占0.35%,人工湿地3.75万公顷、占59.46%;湿地型中,永久性河流2.42万公顷、占38.37%,季节性河流湿地40.18公顷、占0.06%,洪泛平原湿地90.36公顷、占0.14%,永久性淡水湖758.11公顷、占1.20%,季节性淡水湖256.58公顷、占0.41%,草本沼泽219.90公顷、占0.35%,库塘湿地3.35万公顷、占52.99%,运河(输水河)592.70公顷、占0.94%,水产养殖场3496.11公顷、占5.54%。 (梁惠萍)

【水资源】 2019年,南宁市水资源总量144.30亿立方米,径流总量272.8亿立方米。地表水资源量123.98亿立方米,地下水资源量45.93亿立方米(皆为地表水径流补给)。人均水资源占有量(不含过境水量)1688立方米,比全国平均水平2200立方米低。南宁市境内主要河流有郁江(含邕江段)、右江、左江、八尺江、武鸣河、渌水江、清水河、西江干流红水河段8条,市区主要饮用水水源地有邕江三津、邕江陈村、邕江西郊、邕江中尧、邕江河南、那马泉、大王滩水库、西云江水库、天雹水库、龙潭水库、峙村河水库、老虎岭水库、东山水库13个。 (卢明发)

【气 候】 2019年,南宁市年平均气温21.90℃,比常年偏高0.20℃,属正常年景。年平均降水量1277毫米,比常年偏少10%;年日照时数1340小时,比常年偏少13.80%;降雨、日照属偏少年景。汛期(4月至9月)全市平均降雨量977毫米,比常年偏少124毫米,属偏少年景。全年出现暴雨天气过程19次,其中全市性暴雨2次,区域性暴雨2次,局地性暴雨15次。年内,南宁市出现暴雨、台风、高温、雷暴、大风、冰雹、大雾、霾、低温阴雨、寒露风、霜(冰)冻、寒潮、干旱等灾害性天气;1月至2月,出现低温阴雨天气;3月至4月,冰雹、雷暴大风等强对流天气影响南宁;5月至6月,局地性、区域性暴雨频发;7月至8月,受台风"木恩""韦帕""白鹿"影响,出现大范围暴雨;9月至12月,出现不同程度的气象干旱。 (张 薇)

【水 文】 2019年1月至3月,南宁市辖区降水量与历年均值比较,偏多33%。汛期4月至9月,辖区内降水量877.40毫米~1050.70毫米,汛期降水总量与历年同期相比偏少9.40%~24.30%,比历年均值偏少16.40%,属正常偏枯年景。汛期洪水场次较少,时空分布不均匀,洪水涨幅超1米的有右江隆安站、武鸣河武鸣站、东班江露圩站、镇龙江镇龙站、清水河上林站和邹圩站、郁江南宁站。受第7号台风"韦帕"影响,8月6日过境主干流郁江发生年度最大洪水,洪峰水位72.09米;受局部强降雨影响,7月7日兴宁区四塘河凤凰谷景区河段发生相当于20年一遇的洪水,洪峰水位99.48米。南宁水文中心监测南宁市水功能区30个、城市重要饮用水水源地1个、跨设区市界河流交接断面6个,水功能区水质类别为二类至四类,水质达标率96.70%;城市饮用水水源地水质类别为二类至三类,水质合格率100%;6个跨设区市界河流交接断面水质类别为一类至三类,水质达标率100%。 (卢 静)

【自然灾害】 2019年,南宁市遭受台风、暴雨、洪涝、干旱、森林病虫害等自然灾害。全市受灾人口24.63万人,因灾死亡1人,需紧急生活救助3657人,因旱饮水困难需救助2.88万人,紧急转移安置1.50万人;农作物受灾面积6963公顷,其中成灾面积4689公顷,绝收526公顷;居民住房倒塌40户90间,严重损坏9户20间;直接经济损失3136.40万元,其中农业损失2703万元,家庭财产损失188.60万元,基础设施损失180.99万元,工矿企业损失63万元。林业有害生物发生面积3045.53公顷,成灾面积89.23公顷。 (马 瑛 易贝贝)

历史人文

【历史变迁】 南宁历史悠久,1万多年前的旧石器时代,南宁先民已在这块土地上活动,之后逐步从栖息山洞转移到依山傍水的江河台地定居开拓、繁衍生息,从事渔猎和原始农业生产,逐步形成母系氏族部落组织;新石器时代,随着原始农业发展和社会生产力提高,先民的活动空间逐步向远离江河的丘陵地区拓展,生产方式由原先的采集、渔猎为主,兼营农业,向以农业为主,兼营采集、渔猎转变,原始先民开始进入父系氏族社会,形成原始村落,留下牛栏石遗址、灰窑田贝丘遗址、豹子头贝丘遗址、隆安娅怀洞遗址、顶蛳山贝丘遗址等史前文化遗存。商晚期至春秋时期,南宁先民已用翠羽、珠玑、玳瑁等土特产与中原商贾交换商品,掌握青铜冶铸技并开始铸造青铜器,创造出干栏文化、铜鼓文化、龙母文化和反映宗教、表达情感的祭祀、巫卜、神话、山歌、舞蹈等,留下元龙坡古墓群、安等秧古墓群等文化遗存。

南宁古属百越之地,秦隶属桂林郡,汉初隶属南越国,西汉隶属郁林郡领方县。秦汉时期,铁制农具、牛耕、灌溉、施肥等农作方法的推广和中原先进手工业制造技术传入,推动土地开垦,带动南宁手工业发展。三国为吴辖地,隶属郁林郡临浦县(临浦县为领方县改称),一直延续至西晋。东晋元帝大兴元年(318年),郁林郡分立晋兴郡,隶属广州,治所晋兴(今南宁),晋兴县成为南宁的第一个地名,晋兴郡成为今南宁市属地最早的行政建制,晋城为南宁最早的古城。南朝的梁、陈时代,今南宁仍称晋兴郡。隋开皇十八年(598年)撤销晋兴郡,改设宣化县,治所宣化城(今南宁)。唐武德四年(621年)以宣化县地置立南晋州;贞观六年(632年),南晋州因州西南有邕溪水而更名邕州,为邕州都督府,是南宁成为桂西南地区行政中心的开始,也是南宁简称"邕"之始。宋朝初,继袭邕州之称。唐宋两代,以水运和驿道为主的邕州水陆交通网络基本形成,成为岭南地区交通枢纽之一;金、银、铜、锡、铅、钵等矿藏丰富和采矿业兴旺,邕州一度成为唐宋两代朝廷指定的"贡金、贡银州";白緂、缫子布等大量运销中原;商业活动得到发展,唐景云(710年至711年)年间,设置的逢卯圩农贸(杂货)市场(今桃源路尾至教育路一带）盛行200余年，宋代邕州僚市（今西乡塘区石埠街道）远近闻名，邕城和邕州横山寨为全国重要马市场之一。元至元十六年（1279年），改邕州为邕州路；泰定元年（1324年），改邕州路为南宁路（取南疆安宁之意），为南宁得名之始。明代，南宁已经发展成左、右江的商品集散中心，有“小南京”之称。明洪武元年（1368年），南宁路改南宁府，治所在今南宁城。清朝承袭明朝建置，光绪三十二年（1906年）十一月十七日，南宁开埠，允许外国商船进出、外国人到邕经商，订立《南宁开埠章程》；光绪三十三年（1907年），南宁关正式成立，由此翻开南宁对外开放的第一页。南宁开埠后，外国工业品不断经此销往内地，内地农副产品、土特产品也经此销往国外。城市商业迅速发展，商铺林立，商贾云集，呈现百业兴隆的景象，行业涉及银行业、私营银钱业、金铺、经纪行、百货业、绸布业、五金建材业、医药业、香烟行、旅栈业、照相业、钟表业、爆竹业、典当业、外商和代理商等，五湖四海的外地人在南宁先后成立同乡会，建立粤东会馆、新会会馆（又称新会书院）、江西会馆、豫章会馆、福建会馆、玉林五属会馆等，南宁因此有“天南一大都会”之称。电信、公路、电力、航运和工矿企业等代表先进生产力的要素相继出现，科技文化教育卫生事业得到发展。民国元年（1912年）十月至民国25年（1936年）十月，南宁为广西省会，是广西政治、军事、经济、文化中心。抗日战争时期，日本侵略者在民国28年（1939年）、民国33年（1944年）占领南宁，南宁被破坏殆尽。抗日战争胜利后，内战又起，国民党政权滥发钞票，造成南宁金融市场动荡，工商业难以经营，市场萧条，农业停滞不前。

1949年10月1日，中华人民共和国成立；12月4日南宁解放，筹建南宁市，属省辖市，为广西省会。1958年3月，广西壮族自治区成立，南宁为自治区首府。全市人民艰苦奋斗，经过曲折历程，迎来社会持续稳定发展。1978年12月中共十一届三中全会后，南宁经济进入自我发展、自我完善的改革开放新时期。1992年6月15日，国务院批准南宁市进一步对外开放、实行沿海开放城市政策。2000年，国务院把广西列入国家实施西部大开放的重点区域，南宁成为享受中西部地区优惠政策的城市。2001年，国家“十五”计划纲要首次提出重点开发“南（宁）贵（阳）昆（明）经济区”，南宁成为国家发展的重中之重。2004年11月，首届中国－东盟博览会在南宁举办，南宁成为中国－东盟博览会永久举办地。2019年，南宁市被国家发改委纳入西部陆海新通道核心覆盖区，列为陆港型国家物流枢纽，作为重要节点之一参与西部陆海新通道建设；承担中国（广西）自由贸易试验区南宁片区建设、面向东盟的金融开放门户南宁核心区建设；全面落实强首府战略，加快打造引领自治区高质量发展的核心增长极。（金　尼）

【历史文化遗存】2019年，南宁市分布不可移动文物579处，可移动文物32万件。有全国重点文物保护单位6处，自治区级文物保护单位42处，市、县级文物保护单位249处。主要有古建筑、古遗址、古墓葬、近现代重要史迹及代表性建筑、石窟寺、石刻等。10月7日，隆安娅怀洞旧石器时代遗址经国务院核定，公布为第八批全国重点文物保护单位；10月12日，上林县政府新公布镆铘古道、下敢洞穴居遗址、大河桥、西龙桥、磨庄民居、古民庄民居、梁威烈将军墓、七品孺人谭太君墓、天塔山石刻、云姚族规石刻、韦归村村规石刻、绿庆山石刻、古峰山石刻、那黑护林碑等文物保护单位14处。南宁市有“老南宁·三街两巷”历史文化街区、中山路历史文化街区、蒲庙老街历史文化街区、陈东村历史文化街区、宾州古城历史文化街区、雁江古镇历史文化街区6个自治区级历史文化街区，其中“老南宁·三街两巷”历史文化街区是南宁市最大的历史文化街区，片区内汇聚南宁市近60%的自治区级、市级文物保护单位、历史建筑。（周梅清）

【人　口】2019年年末，南宁市户籍人口781.97万人，比上年增加11.14万人，增长1.4%。其中，市区人口397.77万人，增加10.64万人，增长2.7%。全市人口出生率11.6‰，下降1.5个千分点；人口死亡率5.4‰，与上年持平；人口自然增长率6.7‰，下降1.6个千分点。常住人口734.48万人，增加9.07万人，增长1.3%，其中市辖区常住人口449.23万人，增加7.47万人，增长1.7%；城镇常住人口467.88万人，增加15.26万人，增长3.4%。常住人口出生率14‰，下降1.1个千分点；常住人口死亡率6‰，提高0.4个千分点；常住人口自然增长率8.1‰，下降1.4个千分点。（赵　旭）

【民　族】南宁市是一个以壮族为主体、多民族聚居的首府城市。居住着壮、汉、瑶、苗、仫佬、侗、回、满、毛南、土家、布依、水、黎、京、彝、蒙古、白、朝鲜、傈僳、畲、仡佬、傣、哈尼、鄂温克、高山、藏、土、锡伯、纳西、拉祜、羌、维吾尔、达斡尔、景颇、佤、普米、布朗、基诺、东乡、裕固、哈萨克、保安、柯尔克孜、赫哲、俄罗斯、怒、塔塔尔、鄂伦春、德昂、塔吉克、独龙51个民族，其中人口总数超过1000人的依次为壮、汉、瑶、苗、仫佬、侗、回、满、毛南、土家、布依、水12个民族。壮族是世代居住在本地的民族，汉族为秦汉以后陆续迁入，回族为元朝以后迁入，瑶族和苗族大多为清代以后迁入，其余民族多于南宁解放后尤其是改革开放以后陆续从全国各地迁入。2019年，南宁市少数民族人口454.33万人，占总人口57.86%；壮族人口435.11万人，占55.41%；瑶族人口13.76万人，占1.7%。少数民族人口总数居全国5个少数民族自治区首府城市之首。7个城区少数民族人口250.24万人，占城区总人口62.46%；城区少数民族人口占城区总人口比重排序：邕宁区（92.46%）、武鸣区（86.02%）、良庆区（82.33%）、兴宁区（61.09%）、江南区（51.43%）、青秀区（45.72%）、西乡塘区（44.47%）。5个县少数民族人口204.09万人，占县总人口53.07%；县少数民族人口占县总人口比重排序：隆安县（96.27%）、上林县（84.05%）、马山县（81.65%）、横县（39.69%）、宾阳县（21.79%）。汉族在各区县均有分布，以宾阳县、横县和除邕宁区、良庆区以外的城区较为集中；瑶族主要聚居在马山县（瑶族人口4.86万人）、上林县（瑶族人口3.54万人）；苗族在各区县均有分布，以城区较为集中；回族、满族、侗族等其他少数民族主要居住在城区。全市有民族乡3个，分别为马山县古寨瑶族乡、里当瑶族乡，上林县镇圩瑶族乡。

【语言文字】2019年，居住在南宁市的50个少数民族中，除回族、满族全部转用汉语外，其他少数民族保留自己的语言，部分少数民族保留自己的传统文字。普通话、规范汉字为公务用语用字，国家机关工作人员、教师从业人员实施普通话水平测试。全市推广普通话、推行规范汉字，公共服务行业基本以普通话为服务用语。

汉语方言　主要有白话（粤语）、平话、桂柳话（西南官话）、普通话4种。南宁市近郊农村汉族普遍使用平话，城区内汉族多使用普通话、白话，部分使用桂柳话。中心城区贸易及社会交往的汉语方言以南宁白话、普通话为主。

壮　语　是壮族主要的语言交际工具，使用较为广泛的区域为横县、上林县、马山县、隆安县、邕宁区、良庆区、武鸣区，以及兴宁区、江南区、青秀区、西乡塘区的边远乡镇。南宁壮语分为南部方言区、北部方言区,大致以邕江为界,并向西北伸展连接右江,邕江的南部地区属南部方言区,邕江的北部地区属北部方言区,俗称“南壮”“北壮”。北部方言区的壮话与武鸣壮话大同小异;南部方言区的壮话与邕宁壮话基本相同。壮语南部方言和北部方言语法结构、基本词汇大致相同,语音差异比较明显。如南部方言有一套送气的清音声母 ph、th、kh 等,北部方言一般无送气声母;此外,北部方言有独立的 r 声类(有多种方音变体,多数地方读 Y),南部方言多无此独立声类。词汇方面,南部方言区的壮语与北部方言区的壮语有 30%～40% 的词汇不相同,在语法上也存在一些差异。南宁市壮族聚居的村庄、圩镇,日常交际用语为当地壮语方言,壮族聚居的县城及乡镇行政驻地集市贸易的主要用语为当地壮语方言,其周边及杂居的汉族居民多数兼通壮语。壮、汉民族长期和睦相处,普通话的推广使用,以及广播、电视的普及和覆盖面的扩大,南宁市城乡壮族兼通普通话或白话的现象也较为普遍。

壮　文　古壮字、壮语拼音文字的简称。古壮字也叫土俗字,壮语称为 Sawndip,萌芽于秦汉时期,产生于唐代,是由壮族一些受汉文化教育的文人(包括巫师)借助汉字或汉字偏旁部首创造的,其构字方式大体有形声字(利用汉字的偏旁部首和意符组合成的字)、会意字(利用汉字本体的意义,加上一些特殊符号,或是以两个以上的汉字合并而成的字)、借汉字(直接借用汉字音或义,借音是借用汉字的正音或谐音记录壮语字,一经借用,其原来汉语语义不复存在,表示壮语语义;另一种是既借音又借义的字)、象形字(依物赋形,依事描样,以简单而富有概括力的笔画,勾画出物体基本形象的字)。古壮字兴于唐宋,盛于明清,民间普遍用于记录或书写神话、故事、传说、歌谣、谚语、剧本、楹联、碑刻、药方、家谱、族谱、契约、诉讼、经文、记账等。南宁市区县壮族地区民间仍流传有使用古壮字记录、抄录的山歌唱本、师公唱本,大部分民间老艺人、师公(师公戏)传承人在抄录、创作唱本时仍然在使用古壮字和沿用古壮字的创字方法。壮文拼音文字是 1952 年至 1955 年国家少数民族语言调查工作队到广西,根据壮族地区 47 个县 52 个点的壮语方言材料,以拉丁字母为基础,以武鸣双桥音为标准音,创制的拼音壮文,1957 年经政务院批准并公布实施,有字母 32 个(非拉丁字母 11 个),并以 z、j、x、q、h 等字母分别作第二、第三、第四、第五、第六调的调号标注于字尾,20 世纪 50 年代中后期开始在壮族地区推行使用。受“文化大革命”冲击,壮文推行中断 10 余年。1980 年 5 月,中共广西壮族自治区委员会、自治区政府决定在壮族地区恢复使用壮文。1981 年 9 月起,壮文开始陆续进入壮族地区的部分小学进行壮汉双语教学试点实验。由于原壮文方案夹杂有非拉丁字母 11 个,影响整个文字形体的一致性,造成壮文在学习、运用等方面的困难,1982 年在中国社会科学院、中央民族学院配合下,部分修改原壮文方案,于同年 2 月 2 日获国家民委批准颁布。壮文方案从原来的 32 个字母减至 26 个字母,全部为拉丁字母。2004 年,市政府颁布实施《南宁市社会用字管理暂行规定》,明确壮文的使用纳入社会用字管理范畴,党政机关、社会团体、企事业单位名称牌匾、公章大都使用壮、汉两种文字,公共场所设置的部分挂牌、路牌、标志牌按规定同时标注壮文拼音文字。2013 年 5 月 15 日,《南宁市壮文社会使用管理办法》颁布,明确同时使用壮、汉两种文字的场合、设施。2014 年 4 月 16 日,南宁市印发《南宁市贯彻〈国家中长期语言文化事业改革和发展规划纲要(2012—2020)〉实施方案》要求“科学保护少数民族语言文字及汉语方言文化、启动对南宁世居少数民族语言少数民族濒危语言的调查抢救和保护工作”。2016 年,将《南宁市壮文社会使用管理办法》贯彻落实工作纳入全市年度绩效考评体系。2017 年 11 月 30 日,《南宁市壮文社会使用管理条例》作为历史文化保护方面项目列入《南宁市第十四届人大常委会五年立法规划》。2018 年,将《广西壮族自治区少数民族语言文字工作条例》纳入新任公务员培训内容;青秀区把“按规定同时使用壮文、汉文两种文字”纳入青秀区绩效考评指标,城区 104 个社区(村)的牌匾,37 个建制村、291 个坡(街)的地名标志按规定使用壮、汉两种文字;良庆区完成城区内建制村、自然村的壮文翻译,乡镇、街道标识牌均含壮、汉两种文字。2019 年,将贯彻落实《广西壮族自治区少数民族语言文字工作条例》工作列入全市普法依法治理工作要点、全市绩效考评体系、市委党校主体班教学计划和全市新录用公务员培训内容;市、区县涉及机构改革的机关和企事业单位的牌匾、公章、政务网站名称等规范使用壮文比例近 95%;投入运营的 3 条轨道交通线路、2 条快速公交线路、4 个大型客运站标识牌,市区 400 多条主要街道路牌,90% 以上区县村屯名称标识牌,南宁园博园、人民公园等公园景区标识牌均使用壮、汉两种文字。

瑶　语　主要属汉藏语系苗瑶语族苗语支或瑶语支,也有一些属壮侗语族(瑶族居地广阔,支系繁多,各语支差异大,不同语支的瑶族之间语言不通)。由于瑶族长期与壮族、汉族杂居,共同相处,交往密切,故受壮语、汉语影响较深。瑶语中借入大量汉语、壮语词。居住在马山县、上林县一带的瑶族和宾阳县、隆安县的瑶族大都兼通壮语,他们以瑶语、壮语为日常语言交际工具。居住在城区的瑶族兼通汉语,也有部分使用瑶语作为日常语言交际工具。

【宗　教】 2019 年,南宁市有佛教、伊斯兰教、天主教、基督教,经批准登记开放的宗教活动场所 42 个(不含以堂带点),其中佛教活动场所 15 个(青秀山观音禅寺、水月庵,横县宝华山应天寿寺、横州佛教活动点,宾阳县龙岩寺、莲华寺,上林县三教寺、莲音寺、法性寺、三里观音阁,马山县灵阳寺、圆觉寺、普陀寺、佛教居士林,广西佛教协会天宁寺),伊斯兰教活动场所 1 个(兴宁区新华路 25 号的清真寺),天主教活动场所 4 个(兴宁区天主教广西教区主教府、青秀区康乐路天主堂、武鸣区罗波镇联新村六塘屯天主教堂、宾阳县天主堂),基督教活动场所 22 个(南宁市基督教共和路教堂、中山路教堂,广西基督教以马内利礼拜堂,江南区苏圩基督教堂,西乡塘区坛洛镇下楞村基督教堂,邕宁区蒲庙基督教堂,良庆区那陈六眼基督教聚会点,武鸣区城厢基督教堂,横县横州基督教堂、百合基督教堂,宾阳县基督教堂、黎塘基督教聚会点、新桥基督教聚会点、古辣基督教聚会点、大桥基督教聚会点,上林县县城基督教堂、白圩镇基督教堂、巷贤镇基督教堂、三里镇基督教堂、乔贤镇基督教堂、乔贤镇良才基督教堂,马山县白山镇基督教堂)。全市登记备案宗教教职人员 85 人。有南宁市佛教协会、南宁市伊斯兰教协会、南宁市天主教爱国会、南宁市基督教“三自”(自治、自养、自办)爱国运动委员会、南宁市基督教协会 5 个市级爱国宗教团体。宗教团体协助中共地方组织和政府学习宣传中共十九大精神、习近平新时代中国特色社会主义思想和关于宗教工作的重要论述,贯彻落实全国宗教工作会议精神和宗教政策法规,坚持“保护、管理、引导、服务”宗教工作理念,依法管理宗教事务。协调处理涉宗教问题;开展宗教政策法规学习月活动,利用网站、微信、微博、QQ 群等新媒体扩大宗教政策法规宣传;引导宗教团体参与公益慈善事业,为留守妇女、儿童、老人、残疾人等特殊群体捐赠善款、慰问品。团结广大信教群众,爱国爱教,遵守国家有关法律法规及教义教规,维持正常宗教生活。

（刘建安　韦雪妍）

建置区划

【建置沿革】南宁古属百越之地。秦始皇帝三十三年(前214年),秦统一岭南地区,设南海郡、桂林郡、象郡,今南宁市境域秦属桂林郡(今南宁市辖域大部分区县)、象郡(今南宁市城区一部分,即原武鸣县、原邕宁县一部分,横县中南部,隆安县)。

汉高祖元年至汉武帝元鼎元年(前206—前116年),今南宁市境域为南越国地;元鼎六年(前111年),析置领方、安广、增食3个县,隶属郁林郡,辖域相当于今宾阳县、横县、隆安县、武鸣区、南宁(含原邕宁县域)、马山县、上思县、扶绥县等地。领方县治今宾阳县宾州镇古城村,安广县治今横县境西南与原邕宁县(今为南宁市城区一部分)毗邻交界一带,增食县治于今隆安县东。

三国吴黄武五年(226年),领方、安广两县依旧隶吴国广州郁林郡。后于今横县地置平山、连道、昌平3个县,隶合浦(珠官)郡。末帝孙皓元兴元年(264年),领方县更名临浦县,依旧隶郁林郡。

西晋初,临浦县复更名领方县,隶郁林郡。晋武帝太康元年(280年),合浦北部都尉增置辖吴安县,连道县更名兴道县,昌平县更名宁浦县。太康七年(286年),合浦北部都尉改宁浦郡,并增置涧阳县。东晋元帝大兴元年(318年),析郁林、合浦等郡部分县地置晋兴郡及晋兴等县,隶属广州。晋兴郡领晋兴、熙注、广郁、桂林、增翊、安广、晋城、晋阳等县,辖及今南宁市、崇左市及百色市、河池市、柳州市等部分县地。晋兴县与郡同置,为郡治,治所在今南宁市邕江南岸。晋兴县成为南宁第一个地名,晋兴郡成为今南宁市属地最早行政建制。东晋年间,宁浦郡亦移治涧阳县(治今横县江口村古城)。

南朝齐移宁浦郡治安广县。梁置简阳郡,治辖简阳县(治今横县江口村古城);置岭山郡,治辖领岭山县(治今横县西部郁江南岸);置乐阳郡,治辖乐山县(治今横县东北郁江北岸)。以上3个郡均隶龙州(治今柳城县)。梁还置领方郡,治辖领方县(郡县同治今宾阳县宾州镇古城村);置安城郡,治辖安城县(天监二年由绥宁县改名,治今宾阳县东)。两郡均隶始置于天监二年(503年)之桂州。梁陈晋兴郡改隶桂州,简阳、岭山、乐阳3个郡改隶兴州。

隋开皇八年(588年),领方、安城两郡废,领方、安城两县改属南定州。次年,两县改隶尹州。开皇十年(590年),乐阳郡改乐阳县,岭山郡改岭县。次年,废宁浦、简阳两郡改置简州。开皇十四年,晋兴郡及其晋兴县废。另在今南宁市江南区雷村(白沙)置晋兴县,隶尹州。开皇十八年,简州更名缘州,乐阳县更名乐山县,岭县更名岭山县,晋兴县更名宣化县。大业二年(606年),废缘州,岭山、乐山、宁浦、宣化、领方、安城等县均改隶郁州;次年,岭山等6个县改隶郁林郡。

唐武德四年(621年),以原郁林郡之宣化县置南晋州,辖宣化1个县(治今南宁市青秀区中山街道一带),为今南宁市城区属地地方最高行政建制之始。置南方州,州治今上林县澄泰镇古城村。置南尹州,治安城县。复置简州,治宁浦县。置淳州,治永定县(今横县峦城镇北邕江东岸)。武德五年,南晋州析置横山县于今兴宁区五塘镇,置朗宁县于今西乡塘区金陵镇那龙,置晋兴县于今武鸣区南,并复置武缘县于今青秀区伶俐圩;于今江南区苏圩镇置如和县,隶钦州。武德六年,简州更名南简州。贞观五年(631年),析南方州之岭方、琅琊、思干和南尹州之安城等县置宾州,以州内有宾水而名,治今宾阳县境。贞观六年,南晋州因其州西南有邕溪水而更名邕州,为邕州都督府,是南宁成为桂西南地区行政中心的开始,也是南宁简称“邕”之始(“邕”字来自唐《元和郡县图志》“因州西南邕溪水为名”的记述)。贞观八年,以横槎江为名,改南简州为横州;南方州更名澄州。景云二年(711年),邕州增划辖原属钦州之如和县。天宝元年(742年),邕州、澄州、宾州、横州、淳州分别改朗宁郡、贺水郡、安城郡、宁浦郡、永定郡。乾元元年(758年),上述5个郡又分别复名邕州、澄州、宾州、横州、淳州,由州领县,隶属同年由监察区演变成政区的岭南道(治今广州市)。永贞元年(805年),为避朝讳,以州内最多山峦为名,将淳州更名峦州。咸通三年(862年),分岭南为两道节度,以广州为岭南东道,邕州为岭南西道,邕州、澄州、宾州、横州、峦州均隶岭南西道;岭南西道,治邕州,旧址在今南宁市城区,是南宁相当于今省级政权治所开始。唐末,邕州领宣化、武缘、晋兴、朗宁、思笼、如和、封陵7个县,辖今南宁市各区(含武鸣区)及隆安等县地;横州领宁浦、从化、乐山3个县,辖今横县等地;峦州领永定、武罗、灵竹3个县,辖今宾阳、横县部分县地;宾州领岭方、琅琊、保城3个县,辖今宾阳等县地;澄州领上林、无虞、止戈、贺水4个县,辖今上林、忻城、武鸣等县部分属地。

五代晋天福七年(942年),邕州因避朝讳改名诚州,仍设建武军节度。南汉(947—950年),复名邕州。

宋开宝五年(972年),峦州废入横州;澄州及其止戈、无虞、贺水等县俱省入上林县,上林县改隶邕州;宾州省废,岭方县改隶邕州;晋兴县更名乐昌县。次年,复置宾州,领岭方县。端拱元年(988年),邕州、横州、宾州属广南西路;上林县改隶宾州。天禧四年(1020年),宾州增划辖由思刚羁縻州改置的迁江县。熙宁四年(1071年),横州废永定县入宁浦县。元丰三年(1080年),邕州迁治今南宁市兴宁路西二里。元祐三年(1088年),复置永定县并更名永淳县。故宋末,邕州领宣化、武缘两县和48个羁縻州及其8个羁縻县,大致辖及今南宁市、崇左市及其辖县和百色市部分市县;宾州领岭方、上林、迁江3个县;横州领宁浦、永淳2个县。

元至元十三年(1276年),邕州改置邕州安抚司,隶广南西道宣抚司(旧治今桂林市);次年,横州改设横州安抚司,与宾州同隶广南西道宣慰司。至元十六年,邕州安抚司改邕州路,横州安抚司改横州路,宾州改宾州路。元贞元年(1295年),邕州、横州、宾州三路改属广西两江道宣慰司。元贞初,横州路复改横州。大德五年(1301年),宾州路复改宾州。泰定元年(1324年),邕州路改称南宁路(取南疆安宁之意),宣化县隶属南宁路,南宁得名取于此。至正九年(1349年),南宁路和横州、宾州改属广西行中书省。元末,南宁路领辖宣化、武缘2个县;横州领宁浦、永淳2个县;宾州领岭方、上林、迁江3个县。

明洪武元年(1368年),南宁路改南宁府,治所在今南宁城;横州改隶浔州路;次年,岭方县省入宾州,宾州改隶柳州府,横州改隶浔州府。洪武十年五月,横州降改横县,改隶南宁府。洪武十三年,横县复改横州。嘉靖七年(1528年),原治今马山县乔利圩的思恩府迁治今武鸣区府城镇,始开今南宁属地同时置有相当于今两个地级行政建制之先河,置领都阳、安定、白山、古零、兴隆、那马、定罗、旧城、下旺等土司和奉议州、上林土县等(这些土司和州县分别治今马山、大化、都安、田阳等县地)。隆庆六年(1572年)二月,南宁府析宣化等县地置新宁州(治今崇左市扶绥县),将武缘县划新宁州领辖。万历七年(1579年),思恩府划辖武缘县。万历三十二年(1604年),思恩府置辖上映土州。明南宁府治今朝阳路19号。明末,南宁府领宣化、永淳、隆安3个县,横、上思、新宁3个州和归德、果化、忠、下雷4个土州及迁隆峒土巡检司;思恩府领武缘县、奉议州和都阳、安定、白山、古零、兴隆、那马、定罗、旧城、下旺9个土司及上林土县、上映土州。

清朝承袭明朝建置。至清末,南宁府治宣化,辖宣化、隆安、永淳3个县,新宁、横州2个州及忠、归德、果化3个土州；思恩府辖领武缘、上林、迁江3个县和那马厅、宾州及白山、兴隆、定罗、旧城、都阳、古零、安定7个土司。

民国元年(1912年)，宣化县省入南宁府，武缘县废入思恩府，并将思恩府改武鸣府；横州、宾州分别改横县、宾阳县；10月，广西军政府自桂林迁治南宁府，省府治今南宁民族大道西头与兴宁路南段西侧(时属中山路)，南宁成为广西省会。民国2年(1913年)6月，置邕南道，治南宁县(南宁府废改县)，隶广西省，领南宁、武鸣(武鸣府废改县)、新宁(今属扶绥县)、那马(今属马山县)、上思、横县、宾阳、永淳(今分属横县、宾阳县和青秀区、邕宁区)、上林、隆安10个县，归德(今属柳江县)、果化(今属平果县)、忠(今属扶绥县)3个土州，都阳(今属大化瑶族自治县)、安定(今属都安瑶族自治县)、白山(今属马山县)、古零(今属马山县)、兴隆(今属东兰县)、旧城(今属平果县)、定罗(今属马山县)、迁隆峒(今属宁明县)8个土司。民国3年(1914年)1月，南宁县为避云南省南宁县同名而易名邕宁县(时根据全国同名县份保留最先署名者其他一律避改的规定)；6月，邕南道易名南宁道。民国4年(1915年)8月，南宁道新置隆山(今属马山县)、都安、果德(今属平果县)3个县；9月，南宁道新置绥渌县(今属扶绥县)。民国15年(1926年)，南宁道废，所领14个县改隶广西省政府。民国18年(1929年)7月，设南宁市政府，与邕宁县政府合署办公；11月，撤市建制。民国19年(1930年)，置邕宁民团区，驻邕宁县，辖扶南(今属扶绥县)、上思、邕宁、绥渌、左县(今属崇左市江州区)、同正(今属扶绥县)、永淳、横县8个县；置宾阳民团区，驻宾阳县，辖宾阳、武鸣、隆山、果德、隆安、那马、上林、都安、迁江(今属来宾市兴宾区)9个县。民国21年(1932年)4月，邕宁、宾阳2个民团区合并置南宁民团区，治武鸣，并将邕宁民团区的左县划归龙州民团区，原属宾阳民团区的果德县划归百色民团区；不久，增划辖百色民团区之果德县。民国23年(1934年)1月，广西省政府迁至南宁河堤路新址(今青秀区中山街道植物路广西军区处)；3月，南宁民团区改南宁行政监督区，仍治武鸣，辖武鸣、邕宁、扶南、上思、绥渌、永淳、同正、横县、隆安、宾阳、迁江、那马、隆山、上林、都安、果德16个县；11月，南宁行政监督区划辖原属柳州行政监督区来宾县。民国25年(1936年)10月，南宁行政监督区划辖原属百色行政监督区平治县；广西省政府由南宁迁至桂林。民国26年(1937年)，南宁行政监督区析出同正县改属龙州行政监督区；10月，南宁行政监督区又划辖同正县，并析出来宾、迁江两县改属浔州行政监督区。民国28年(1939年)2月，南宁行政监督区析出都安、平治、果德、那马、隆山、上林、武鸣、宾阳8个县，另置武鸣行政监督区，治武鸣县。南宁行政监督区改驻南宁。民国29年(1940年)4月17日，武鸣、南宁2个行政监督区分别改第八区、第九行政督察区，辖县依旧。民国31年(1942年)3月，第八区、第九区合并为第四区，治南宁。民国37年(1948年)10月，第四区析出武鸣、上林、隆山、那马、果德、平治、都安、隆安8个县，另置第十一区，治武鸣县。民国末年(1949年1月1日至9月30日止)8月，广西省政府由桂林迁至南宁；9月，第四区辖邕宁、永淳、横县、宾阳、上思、同正、扶南、绥渌8个县，第十一区辖县不变。1949年10月1日中华人民共和国成立。同年12月11日，广西全境解放，国民党在广西的统治全部被推翻。

1949年10月下旬，设立武鸣专区，治武鸣，辖武鸣、平治(今属平果县)、果德、那马、隆山、都安6个县；12月4日，南宁(邕宁县治)、邕宁、武鸣解放，邕宁县人民政府驻今南宁市江南区亭子路；12月28日，中共广西省委批准成立南宁市人民政府。1950年1月，南宁行政区专员公署成立，辖邕宁、绥渌、横县、同正、上思、永淳、扶南、宾阳8个县；2月8日，广西省人民政府正式成立，确定南宁为省会(1958年3月广西省改称广西壮族自治区，南宁市为自治区首府)；是月，析邕宁县城(今南宁旧城区部分)及附近的21个自然村(街)新置南宁市，直隶广西省；8月，邕宁县治迁至今南宁市邕宁区蒲庙镇。1951年1月25日，撤销武鸣专区，所属武鸣、都安、隆山、上林、迁江5个县划归南宁专区管辖，隆安、镇结2个县划归龙州专区(10月改称崇左专区)管辖，平治、果德、那马3个县划归百色专区管辖，忻城县划归宜山专区管辖；7月9日，南宁专区又划辖原系郁林专区的贵县(今属贵港市)；8月10日，南宁专区改名宾阳专区，治宾阳县新宾，辖邕宁、横县、宾阳、上林、武鸣、隆山、贵县、永淳(1952年7月撤销，其行政区域分别并入横县、邕宁、宾阳3个县)、迁江、都安10个县。1952年7月，宾阳专区、崇左专区合并改称邕宁专区，专署机关于11月从宾阳县新宾镇搬迁到南宁市白苍岭，辖邕宁、宾阳、横县、武鸣、上林、隆山、崇左、隆安、龙津(今龙州县)、大新、镇都(今天等县)、扶绥、上思、宁明14个县；12月9日，设置桂西僮(壮)族自治区(行政公署级，1956年3月2日更名桂西僮族自治州)，区治南宁(今南宁市西乡塘区明秀东路238号)，辖宜山专区、邕宁专区、柳州专区、百色专区及所属辖县和钦州专区所属的上思等34个县或县级自治区。是年，南宁市设立第一、第二、第三、第四、第五区和郊区。1953年，邕宁专区撤销，所属的邕宁、宾阳、横县、武鸣、上林、马山(1952年8月，由那马、隆山两县合并成立)、崇左、隆安、龙津(今龙州县)、大新、镇都、扶绥、上思、宁明14个县改由桂西僮族自治区直接管辖。1957年12月20日，国务院批准撤销桂西僮族自治州，设立邕宁专区，次年1月正式实施，原桂西僮族自治州直辖县市改属复置的邕宁专区，专区驻南宁(今南宁市西乡塘区明秀东路238号)，辖原直隶桂西僮族自治州的14个县和凭祥市、都安瑶族自治县。1958年7月28日，南宁市区分设江宁、兴宁、永宁3个区；9月，南宁市委与邕宁地委实行统一领导，邕宁地委更名南宁地委；11月14日，南宁地委复称南宁专区。1959年2月6日，南宁市改由南宁专区代管。1961年12月23日，南宁市复改由自治区直辖。1965年5月18日，南宁专区析出都安瑶族自治县，划归河池专区；6月26日，南宁专区析出上思县，划归钦州专区。1968年3月，成立南宁市郊区革命委员会。1971年11月，南宁专区更名南宁地区。1978年2月，撤销南宁市郊区。1979年2月26日，南宁市设立新城、永新、江南、朝阳、衡阳5个市辖区(县级)；次年4月5日，朝阳区更名兴宁区，衡阳区更名城北区。1983年10月8日，南宁地区析出邕宁、武鸣两县划入南宁市，次年1月26日正式移交南宁市。1984年6月23日，南宁市设立郊区(县级)。2001年12月5日，南宁市郊区撤销。2002年12月23日，国务院批准撤销南宁地区，原属南宁地区的横县、宾阳县、上林县、马山县、隆安县划入南宁市，次年6月27日五县正式划归南宁市。2004年9月15日，国务院批准南宁市部分行政区划调整，撤销城北区、永新区和邕宁县，设立西乡塘区、邕宁区、良庆区，新城区更名青秀区，次年3月18日正式调整。2015年2月16日，国务院批准南宁市部分行政区划调整，撤销武鸣县，设立武鸣区，次年5月27日武鸣县正式撤县设区。2019年，南宁市辖兴宁、江南、青秀、西乡塘、邕宁、良庆、武鸣7个区，横县、宾阳、上林、马山、隆安5个县。

(书　弄)

【行政区划】 2019年，南宁市行政区划为兴宁区、江南区、青秀区、西乡塘区、邕宁区、良庆区、武鸣区、横县、宾阳县、上林县、马山县、隆安县12个区县，89个镇、10个乡、3个民族乡、25个街道。

(彭佳富)

表2　2019年南宁市区县、乡镇(街道)、村(社区)情况表　单位:个

区县	乡镇(街道)				村	社区	乡镇	街道
	镇	乡	民族乡	街道				
兴宁区	3			3	37	38	三塘镇、五塘镇、昆仑镇	民生、朝阳、兴东
青秀区	4			5	46	71	刘圩镇、南阳镇、伶俐镇、长塘镇	新竹、中山、建政、南湖、津头
江南区	4			5	68	48	吴圩镇、苏圩镇、延安镇、江西镇	福建园、江南、沙井、那洪、金凯
西乡塘区	3			10	79	73	金陵镇、双定镇、坛洛镇	衡阳、北湖、西乡塘、安吉、华强、新阳、上尧、安宁、石埠、心圩
良庆区	5			2	57	21	良庆镇、那马镇、那陈镇、大塘镇、南晓镇	大沙田、玉洞
邕宁区	5				65	16	蒲庙镇、那楼镇、新江镇、百济镇、中和镇	
武鸣区	13				198	24	城厢镇、太平镇、双桥镇、宁武镇、锣圩镇、仙湖镇、府城镇、陆斡镇、两江镇、罗波镇、灵马镇、甘圩镇、马头镇	
隆安县	6	4			118	14	城厢镇、南圩镇、雁江镇、那桐镇、乔建镇、丁当镇、古潭乡、都结乡、布泉乡、屏山乡	
马山县	7	2	2		134	22	白山镇、百龙滩镇、林圩镇、古零镇、金钗镇、周鹿镇、永州镇、乔利乡、加方乡、古寨瑶族乡、里当瑶族乡	
上林县	7	3	1		115	19	大丰镇、明亮镇、巷贤镇、白圩镇、三里镇、乔贤镇、西燕镇、澄泰乡、木山乡、塘红乡、镇圩瑶族乡	
宾阳县	16				192	45	宾州镇、黎塘镇、甘棠镇、思陇镇、新桥镇、新圩镇、邹圩镇、大桥镇、武陵镇、中华镇、古辣镇、露圩镇、王灵镇、和吉镇、洋桥镇、陈平镇	
横县	16	1			276	32	横州镇、百合镇、那阳镇、南乡镇、新福镇、莲塘镇、平马镇、峦城镇、六景镇、石塘镇、陶圩镇、校椅镇、云表镇、马岭镇、马山镇、平朗镇、镇龙乡	

说明：江南区含南宁经济技术开发区，西乡塘区含南宁高新技术产业开发区，武鸣区含广西－东盟经济技术开发区

物产　风俗

【物　产】南宁市物产丰富，以特色农产品、主要工业产品、传统手工艺品、地方传统食品著称。

特色农产品　有稻谷(优质稻)、糖料蔗、黑皮果蔗、西瓜、甜瓜、香蕉、火龙果、沃柑、杧果、龙眼、荔枝、百香果、杨梅、菠萝、波罗蜜、扁桃、茉莉花、甜玉米、木薯、板栗、茶叶、中药材、食用菌、桑蚕茧、黑山羊、叮当鸡等。2019年，南宁市柑橘产量133.56万吨、蕉类产量131.60万吨、西(甜)瓜产量121.82万吨、玉米产量53.65万吨、火龙果产量24.10万吨、龙眼产量7.23万吨、百香果产量5.61万吨、荔枝产量3.09万吨，主要分布于江南区、青秀区、西乡塘区、邕宁区、良庆区、武鸣区、横县、宾阳县、上林县、隆安县。江南区、南宁经济技术开发区西瓜连片种植1万公顷以上，是全国大型的西瓜生产基地之一；广西－东盟经济技术开发区连片种植大棚网纹甜瓜面积200公顷以上，是广西最大的设施网纹甜瓜生产基地；横县玉米种植面积1.6万多公顷，是中国西南地区最大的甜玉米生产加工基地县。茉莉花种植面积7533.33公顷，产茉莉鲜花9万吨；横县茉莉花(茶)品牌综合价值202.97亿元。食用菌主要品种有双孢蘑菇、杏鲍菇、秀珍菇、凤尾菇、香菇、木耳、平菇、茶新菇等，种植面积2602.25公顷，产量20.72万吨。中药材主要品种有穿心莲、牛大力、金银花、铁皮石斛等，种植面积1.15万公顷，产量10.69万吨。有横县茉莉花、横县大头菜、南山白毛茶、横县茉莉花茶、黎塘莲藕、古辣香米、上林大米、上林八角、马山黑山羊9个国家地理标志保护产品，横县茉莉花茶、上林八角、上林大米、南宁香蕉(2件)、马山黑山羊、武鸣沃柑7个地理标志商标。

主要工业产品　有白砂糖、红糖、赤砂糖、乳制品、卷烟、酒精、蔗渣浆、纸制品、茉莉花茶、复合肥、塑料制品、水泥、水泥制品、平板玻璃、铝型材、石材、黏土矿、商品混凝土、建筑陶瓷、防水卷材、矿山机械、建筑机械、水泥生产设备、发电机组、电缆线缆、搅拌机、电器设备、压缩式垃圾专用运输车等。2019年，南宁市生产成品糖128.28万吨、乳制品8.92万吨、啤酒29.40万千升、卷烟350.28亿支、纸浆21.87万吨、水泥1577万吨、铝材21.34万吨、电力电缆31.03万千米、平板玻璃1135.98万重量箱、发电机组(发电设备)10.22万千瓦。

传统手工艺品　有壮锦(包括壮锦被面、床单、坐垫、披巾、壁挂、挂包等)、壮族服饰、壮族刺绣、渡河公吉祥物、竹木根雕、石雕、红陶、油纸伞、牛角工艺品、竹编产品、桂作家具、壮刀、茶具等。2019年，南宁市选送的金属工艺品《壮刀——复兴·无极骆越》、刺绣《壮锦服装三件套——秀锦年华》、陶瓷《邕州红陶贝丘壶具》、刻瓷《百鸟衣》、银器《银涛聚浪》、竹刻雕《香薰筒·鱼影荷趣》、刻陶《天神图》、漆器《流绪微梦》、皮雕《壮乡大歌》

等13个工艺作品获第54届全国工艺品交易会"金凤凰"创新产品设计大奖赛金奖;银器《八桂繁花·如意绽放》、工艺织锦《七彩锦程》、刺绣《锦绣前程》、皮雕《大喜之日》等9个工艺作品获第20届中国工艺美术大师作品暨手工艺术精品博览会"百花杯"中国工艺美术精品金奖;陶艺作品《锦绣》、金属工艺品《壮刀——盛世华章》获2019中国工艺美术博览会金鼎奖。举办2019年度"南宁礼物"征集大赛,13头国礼壮锦茶具获工艺艺术品类金奖,老煤竹笔筒、壮锦河山织锦画卷获银奖,壮族会鼓文创品、漆艺花山岩画、铜鼓壶套装获铜奖。

地方传统食品　有老友面(粉)、生榨米粉、干捞粉、卷筒粉、炖粉糕、酸粉、凉粉、粉虫、粉饺、粉利、油炸粽、蕉叶糍、艾糍、凉粽、猪肉绿豆粽、五色糯米饭、黄花饭、豆蓉糯饭、瓦煲饭、八仙粉、八宝饭、酿苦瓜、炒田螺、粥品、汤品、鱼扣、脆皮扣、柠檬鸭、鱼生、酸肉、羊酱、羊红、清水羊肉汤、牛杂、腊肉、糯米血肠、土制红糖、米酒、腌菜、酸料等。11月16日至18日,2019首届世界米粉大会在南宁国际会展中心举行,展示南宁老友粉、邕宁生榨米粉、桂林米粉、柳州螺蛳粉、云南过桥米线、新加坡星洲炒粉、泰国冬阴功粉等米粉产品,及米粉产业链、各国米粉美食文化。11月16日至24日,"邕宁味道"生榨米粉美食节在邕宁区蒲庙镇新兴广场、南宁万达茂举行,通过"邕味街圩新派榨粉厨房"展示邕宁美食、生榨米粉工艺,市民、游客现场品尝老字号邕宁生榨米粉、广西各地特色米粉小吃和"一镇一味"邕宁乡镇特色产品。

【风　俗】南宁市地方风俗以民俗节庆、民俗仪式、民俗艺术、民间传统体育、饮食习俗为主要表现形式。

民俗节庆　南宁市在沿袭中国传统节日过程中,形成富有地方特色的节日风俗。春节是全年最重要的节日,壮族民众焚香点烛,供奉猪肉、整鸡、粽子、年糕、米酒等,烧纸钱、放鞭炮,祭拜祖先诸神灵;正月初二起,开始走亲访友,举行舞狮、舞龙、舞春牛等传统文娱活动。2019年春节期间,南宁青秀山风景名胜旅游区、南宁园博园、南宁万达乐园、方特东盟神画、南宁孔庙、金花茶公园等景区举办多场迎新春活动,市民参与观景游园、趣味游艺、壮乡年俗体验、新春文艺表演、新春文化庙会等。宾阳县每年农历正月十一举办炮龙节,人们通过点睛仪式、游彩架、吃灯酒、舞炮龙、炸炮龙、钻龙肚、抢龙珠等活动祈求风调雨顺、添丁增财。2019年宾阳炮龙节开展百龙舞宾州、非物质文化遗产展演、炮龙开幕式晚会、炮龙书画摄影展、文化旅游等活动,参与群众44.16万人次。农历正月十一,宾阳县、上林县、马山县等地仍有灯酒节习俗,在村内社坛祭祀祖先,公布新生婴儿名字,意为"报新丁",全族人晚间就地会餐,祝贺添丁的主家。农历二月初二又称"春耕节""农事节",预示新一年农事活动的开始;2019年上林县木山乡在"二月二"举行卢於春社活动,民众聚集于新甫庄卢於寺开展春耕开犁、斗牛、斗狗、斗鸡、山歌对唱、打陀螺等民俗活动,参与群众约2万人。壮族"三月三"既是壮族传统歌节,也是壮族祭祖扫墓节,每年农历三月初三前后,南宁各地举办山歌会、山歌擂台赛、千人竹竿舞、抛绣球、抢糍粑、龙狮表演、民族服饰展、壮家美食展、土特产商品交易会等活动;壮族民众返回家乡祭祖扫墓,以除草添土、修整墓地、上坟烧香、供上祭品、跪拜敬茶酒、焚烧冥钱冥物、插标挂钱、燃放鞭炮等方式祭奠祖先,祈求家人幸福安康。壮族"三月三"是南宁民族特色文化品牌。壮族"三月三"期间,南宁市组织举办"壮族三月三·八桂嘉年华"文化旅游主会场活动,区县举办民俗文化巡游、会鼓比赛、龙母文化节、"薪火相传　非遗大观"民族传统文化展演、歌圩歌友会、民俗体验等系列文化活动,全市接待游客271.42万人次。农历四月初八是壮族牛魂节、农具节,人放犁、牛脱轭,主人家清扫牛栏,给牛沐浴,举行敬牛仪式,演社戏、唱山歌,办百家宴,以示对牛的祝福。宾阳县露圩镇蓝衣壮民俗风情文化艺术(圩逢)旅游节、隆安县那桐镇"四月八"农具节民俗文化活动延续壮族敬牛传统习俗,开展文艺表演、民俗传统技艺展示、非物质文化遗产推介、农具展销等活动,参与群众10万多人次。农历五月初五端午节,南宁市在邕江举行中国－东盟(南宁)国际龙舟邀请赛,国内外62支队伍参赛;上林县三里镇"渡河公"民俗文化旅游节在三里镇汇水河畔举行,上林县三里镇民众举行"渡河公"巡游祈福放渡仪式、山歌对唱、篝火晚会、扶贫特色农产品展销等活动。瑶族达努节是瑶族人民不忘母恩的纪念日,每年农历五月二十九,瑶族人民着盛装、杀猪宰羊、杀鸡染蛋、宴请宾客、大摆歌台,表演铜鼓舞、舂米舞、雷公舞等,举办赛马、斗鸡、赛弓箭、"上刀山下火海"、踩花灯等活动,借此告诫后代慈孝为先、不忘母恩,宣扬瑶乡尊老爱幼、勤俭持家的传统美德。南宁市瑶族达努节活动主要集中在上林县镇圩瑶族乡、马山县里当瑶族乡,2019年两个瑶族乡沿袭瑶族达努节民俗习惯,围绕民俗文化旅游节开展瑶乡民俗文艺表演、瑶乡百家宴、山歌擂台赛、瑶家农特产品展销、瑶乡绝技表演、篝火晚会等活动。农历六月初六是壮族稻神节(芒那节),壮族民众到田间用牲肉祭祀稻神,以求村寨平安,五谷丰收,盛行于隆安县、武鸣区等壮族农村;2019年中国·隆安"那"文化旅游节举行开幕表演、非物质文化遗产展演、民俗巡游、民族趣味竞技等活动,接待游客10多万人。农历七月十四是壮族的祭祖魂节,俗称"鬼节",相传为壮族始祖布洛陀逝世的日子,人们置办鸡鸭、祭品,举行祭拜仪式、聚餐,入夜时,各家在门口燃香点烛,洒水饭等。农历八月十五,旧时各家磨米打饼,互相馈送;后月饼多由食品厂、酒店等单位制作,群众普遍到圩市、商店购买月饼,杀鸡备肉、购置果品等,入夜供奉月神,合家欢聚。2019年,青秀山风景区大型灯展、南宁孔庙中秋拜月大典、民生旅游码头邕江夜游、畅游阁灯光投影秀等丰富市民中秋活动。壮族先民认为冬至是天地阴气尽、阳气回升的日子,各家

2019年4月4日,"壮族三月三·八桂嘉年华"南宁市主会场活动在南宁园博园举行。图为演出现场
潘浩　摄

具牲醴祭祀天地，举家欢饮；2019 年“冬游广西　乐在南宁”系列文旅活动丰富市民冬至活动。庙会是中国民间宗教及岁时风俗，武鸣区有祭祀骆越始祖的罗波庙会，横县有祭拜马援将军的横县伏波庙会、祭神祈福的南山应天寺庙会、纪念三国历史英雄的三相庙庙会，上林县有祭祀万寿公韦阙的万寿节庙会等。

民俗仪式　古代傩仪式、师公舞发展而成的师公戏仍流传于江南区、西乡塘区、邕宁区、武鸣区、横县、宾阳县、上林县、马山县等地，在节庆、庙会时举行师公傩祭仪式，通过唱、念、做、舞等表演形式驱邪逐恶、祈求吉祥；西乡塘区上尧街道陈东村仍保留师公“大酬雷”祭祀仪式，每逢农历正月至二月初二，当地农民用傩祭形式表演水稻生产、酬雷求雨。农历二月初二，上林县木山乡举行春耕开犁仪式，祈求耕牛健壮、风调雨顺、五谷丰登。农历三月初三，上林县塘红乡举行“三月三·龙母”祭祀大典，“九龙祭母”仪式演绎龙母龙子慈孝故事，弘扬母慈子孝美德；武鸣区罗波镇罗波社区举行骆越祖母王祭祀大典，以骆越祖母王神像巡游、公祭骆越祖母王仪式纪念祖先，追根溯源不忘本。农历四月初八春耕结束，宾阳县露圩镇举行神牛祭祀仪式，感念牛给予农民的恩惠，祈求消灾免疫、六畜兴旺；隆安县那桐镇举行向天、地水三界神求雨祭祀仪式，祈求风调雨顺。农历六月初六，隆安县乔建镇举办稻神祭(芒那祭)，祭祀人员在娅王庙举行求雨、祭农具、招稻魂、驱田鬼、请稻神仪式，沿田埂、城镇道路开展稻神巡游仪式，感恩稻神“娅王”庇佑，祈愿稻神赐福于民。达努节期间，瑶族群众举行“上刀山下火海”仪式，以赤足爬刀梯、过火炭、走灯排、踏火犁头的方式祭祀刀神、火神，祈福消灾，显示所向无敌的气概。随社会的进步，南宁各地民俗仪式增加现实内容，逐步发展成各类民俗节庆、重大活动上的技艺展示、文化表演。

民俗艺术　南宁市在文学、音乐、舞蹈、戏剧、手工技艺方面形成独特的民俗艺术。文学方面有壮族创世神话史诗《布洛陀》，反映壮族英雄事迹的诗歌《莫一大王》，壮族民间伦理道德长诗《传扬歌》，兴宁区三塘镇葫芦山传说《葫芦山》，反映南宁人民劳动、生活、习俗、时政和思想感情的南宁民谣、白话童谣，起源于古代南宁驯象养象时期的五象传说，口头交流与古壮字结合的歌体书信壮族信歌，反映农村生活的宾阳“老穷”故事，流传于横县的壮族民间故事《百鸟衣》，发源于邕江、左江、右江和红水河流域的传说妈勒访天边等；马山县壮族人民在节日、婚嫁、丧葬、劝和、集会上不同程度沿用《传扬歌》，并随时代更新、充实传唱内容；南宁现代城市建设融入五象传说元素，建成五象喷泉雕塑等地标和城市雕塑；大型壮族歌舞剧《百鸟衣》《妈勒访天边》成为每年展演、巡演的精品。2019 年，马山县立项建设马山壮族传扬歌展示馆，广西演艺集团杂技团创排的杂技剧《百鸟衣》参加第十届全国杂技展演。音乐方面有南宁平话民歌、隆安县壮话排歌、上林县镇圩瑶族乡瑶山歌、壮族哭嫁歌、多声部民歌(兴宁区松柏汉族二声部平话山歌、邕宁区和良庆区嘹啰山歌、武鸣区二声部民歌、上林县四六联民歌、马山县壮族三声部民歌)、壮族高腔民歌(马山县永州镇高腔、武鸣区二声部高腔、隆安县高腔、上林县西燕镇高腔、西乡塘区坛洛镇高腔)、壮族八音(流传于邕宁区、宾阳县、上林县的吹打音乐)、马山县壮族会鼓等。第 21 届南宁国际民歌艺术节、“绿城歌台”广场群众文化活动继续传承、创新南宁民歌传统；区县举办中国壮乡·武鸣“壮族三月三”歌圩、五象湖歌圩歌友会、平话山歌歌会、更望湖壮族歌圩、壮族会鼓斗鼓大赛等活动。舞蹈方面有青秀区长塘镇芭蕉香火龙舞、麒麟舞，江南区苏圩镇、邕宁区蒲庙镇的春牛舞，横县百合镇茅山舞，上林县瑶族猴鼓舞、蚩尤舞，隆安县雁江镇“九莲灯”花手舞，武鸣区锣圩镇骆垌舞，江南区苏圩镇、吴圩镇及武鸣区乡镇的道公舞，南宁傩舞、壮族师公舞、狮子舞等；社会进步和现代文化艺术使民间舞蹈的艺术性、表演性更加突出，南宁各地民间舞蹈表演者组成职业、半职业的演出团体，在节庆、旅游活动中演出传统舞蹈。戏剧方面有邕剧、南派粤剧、平话师公戏、壮族师公戏、丝弦戏、傩戏、壮族采茶戏、横县校椅镇临江壮歌剧等；民间在丧葬习俗、拜祖先、祭祀上依然盛行师公戏，加入更多现代内容。2019 年，南宁市开展邕州剧场地方戏曲月月演活动 13 场次、“邕州神韵”新会书院地方戏曲周周演活动 106 场次；邕剧折子戏《魂断巴丘》为广西唯一入选节目参加 2019 年全国净行、丑行暨武戏展演，邕剧《拦马过关》、师公戏《天姬送子》参加 2019 年戏曲百戏(昆山)盛典，邕剧《顶蛳山人》入选 2019 年度广西优秀剧目。手工技艺方面有壮族刺绣、壮族织锦、壮族服饰制作、壮族拼布、竹编、藤编、木器、雕刻、宾阳县大罗毛笔制作、宾阳县油纸伞制作、隆安县构树手工造纸、隆安县雁江镇红良打铁、邕州陶制作等。市二轻联社指导南宁市茶语轩陶艺坊与南宁师范大学联合创办邕红陶研发基地；金狮巷传统打金技艺、南宁竹刻制作技艺、壮刀制作技艺、南宁木家具制作技艺、武鸣灵马草席编织技艺、宾阳榫卯木工技艺、隆安壮族织锦技艺等 12 项技艺被列入第八批市级非物质文化遗产代表项目名录。

民间传统体育　南宁民众在世代生产生活中形成划龙舟、打扁担、跳竹杠、打鸡毛球、打陀螺、壮族迪尺、斗竹马、投绣球、斗牛、斗鸡、抢花炮、香火球、打磨秋、壮拳、射弩、板鞋竞速等民间传统体育形式，随社会发展形成固定体育赛事或体育表演，进一步融入当地教育、体育事业和旅游、经济开发中。每年农历二月初二，邕宁区中和、百济、那楼、新江、蒲庙等乡镇举行抢花炮活动，中和乡孙头坡的活动规模最大、历史最悠久(600 多年)；活动包括“还炮”“抢炮”“送炮”3 个环节，抢花炮是整个活动的高潮。2019 年，中和乡孙头坡的抢花炮活动吸引游客 2 万多人。斗竹马是踩在竹竿上比赛的竞技活动，意在斗智、斗勇、斗强、斗胆，主要流传于青秀区长塘镇及邕宁区、良庆区等地；板鞋竞速起源于壮族土司的三人木枷练兵法，若干人为一队，同穿一对长板鞋赛跑，参加者须步调一致、同心全力；壮族迪尺又名“打鸡头”“打勒则”，源于壮族人狩猎的投掷练习，2 人为对手，打尺数多者赢；投绣球源于古时作战、狩猎的甩投飞砣练习，后演变为传情表意、娱乐身心、竞技强身的抛接绣球活动，纳入南宁市中小学体育课程；香火球起源于良庆区南晓镇古元村，由农民保护庄稼的措施发展为类似羽毛球的体育活动，流传于良庆区南晓镇、大塘镇一带，与其他传统体育活动发展为旅游、节庆和运动会的娱乐表演、竞赛项目。4 月 6 日至 8 日，2019 年“壮族三月三·民族体育炫”南宁市分会场活动在武鸣区举行，设武术散打擂台赛、抛绣球、抢花炮、打陀螺、顶竹杠、滚铁环、掰手腕、三人板鞋等民族体育竞技活动，参与群众 3 万人以上。

饮食习俗　南宁民众主食以稻米为主，以玉米、薯芋、麦类和其他杂粮为辅；稻米大多加工成饭、粥、米粉、粉利供日常食用，通过煮、蒸、焖、炒及添加其他原料等方式制成南瓜饭、竹筒饭、黄花饭、豆饭、八宝饭、肉末粥、菜粥、瓜粥、艾草粥、汤粉、炒粉等；糯米多制成节日食用或祭祀用的五色饭、糍粑、粽子、米糕、汤圆、油团和其他小吃；利用薯芋、豆类加工成粉丝、粉条、豆腐等副食品。壮族人多喜食腌、生、酸、辣之物，在副食品加工制作上形成腌菜、生食生拌的特殊技法，常用白菜、芥菜、萝卜、黄瓜、豆角、木瓜、辣椒、姜、笋等以清水浸泡，或辅以盐、醋、酱制成腌菜；以辛香料、盐、醋等拌食生鱼片，以猪、鸭等动物生血拌以盐、醋、辣椒和姜末制成蘸酱，或拌和炒制的动物内脏、蔬菜食用。壮族人有饮酒、饮茶习惯，多以糯米、玉米、薯类等原料酿酒，用中药材泡制药酒。形成特有的大粽、沙糕、黄皮酱料、豆豉、鱼生、南山白毛茶、茉莉花茶等传统制作技艺,及老友粉(面)、生榨米粉、卷筒粉、柠檬鸭、横县鱼生、横县芝麻饼、宾阳酸粉、扬美沙糕、炒田螺等特色菜品,直接影响南宁餐饮业发展,饮食文化的挖掘、特色旅游餐饮的开发成为南宁旅游经营效益中新的增长点。2019年,南宁市餐饮业经营的桂菜系列主要由桂北风味菜、桂东南风味菜、桂西风味菜、滨海风味菜和少数民族风味菜,及风味小吃组成,形成以明园新都大酒店、荔园山庄、南宁饭店、甘家界柠檬鸭、南宁肥仔饭店、瑶王府、小南国、桂小厨等为代表的桂菜经营饭店、酒店。全市住宿与餐饮业企业7.04万户,餐饮业营业额293.55亿元、增长13.60%。(金　尼)

经济建设

【概　况】2019年,南宁市出台稳工业10条、稳投资14条、稳消费10条、稳财政9条等举措,经济运行总体平稳、稳中有进、稳中提质。完成地区生产总值4506.56亿元,比上年增长5%。其中,第一产业增加值507.27亿元,第二产业增加值1044.97亿元,第三产业增加值2954.32亿元。三次产业增加值占全市生产总值的比重分别为11.2%、23.2%、65.6%,三次产业对经济增长贡献率分别为11.9%、20.7%、67.4%,全市经济增长超过66.67%依靠服务业拉动。财政收入800.69亿元,突破800亿元大关。固定资产投资增长9.9%,社会消费品零售总额2307.41亿元。外贸进出口总值747.79亿元。商务口径实际利用外资3.10亿美元,增长120.4%。城镇居民人均可支配收入3.77万元,增长6.8%;农村居民人均可支配收入1.50万元,增长10.2%。居民消费价格总指数103.4。

(刘　巧　市统计局)

【工　业】2019年,南宁市全部工业总产值比上年增长1.4%,规模以上工业增加值增长1%。实施工业强市战略,扩增量与优存量并进,电子信息、先进装备制造、生物医药三大重点产业产值增长1.22%;电子信息产业连续2年成为全市总量最大工业产业,产值占全市工业比重25.27%。推进自治区、市级层面“双百双新”(投资超过百亿元或产值超过百亿元的重大产业项目,新产业、新技术项目)重大工业项目80个,歌尔、国人射频、瑞声科技二期、蓝水星等项目竣工投产。完成亿元产值规模以上工业企业361家,产值占全市规模以上工业总产值88.90%,拉动规模以上工业总产值增长4.4个百分点。其中,瑞声科技、格思克、迪斯奥光、桂芯、蓝水星、美斯达6家企业产值首次突破10亿元。南南铝集团与东北大学联合开发的国内首条高端高精铝材热处理型材辊底炉生产线试产成功,填补国内超厚铝合金淬火板材生产空白,实现重大短板生产线自主可控。广西申龙汽车制造有限公司获工信部批准升级为客车整车生产企业,并获燃料电池客车生产资质,为自治区首家获燃料电池商用车生产资质的企业,填补南宁市汽车整车生产资质空白。富士康、鸿盛达、南南铝加工3家企业受中美贸易摩擦影响减产120多亿元,全市规模以上工业企业销售额仍增长8%。引进合众新能源汽车、天际新能源汽车、浪潮南宁生产基地等5000万元以上工业项目308个、总投资525亿元,其中三大重点产业项目114个。实施技术改造项目330项,列入自治区“千企技改”(高成长性企业技改)项目库194项。完成6个化解木薯淀粉酒精落后产能项目现场核查验收,主要生产设备拆除。完成南宁市生物医药、高端铝、新能源汽车、网络通信设备等10条产业链全景图编制初稿。(农　抗　刘　巧)

【服务业】2019年,南宁市规模以上服务业企业620家,实现营业收入1192.36亿元,首次突破1000亿元。金融业增加值比上年增长7.1%,对经济增长贡献率16.3%;人民币存贷款余额2.47万亿元、增长11.7%,增速在西部12个省会(首府)城市、直辖市中排第1位;新增信贷投放1873.2亿元、增长18.9%,新增资本市场直接融资813.27亿元、增长50.8%,政府性融资担保费率比商业担保费率低50%以上,南宁市在第11期“中国金融中心指数”发布的全国31个金融中心综合竞争力排名提升6个名次。加快建设广西面向东盟的金融开放门户南宁核心区,中国－东盟金融城落户五象新区,空间布局基本完成,金融机构(企业)累计入驻60家;中国－东盟(南宁)金融服务平台上线,推动金融机构开展创新业务50余项,跨境人民币结算量663.11亿元。南宁获批为全国首批国家物流枢纽,建成南宁港一期锚地、南宁国际铁路港一期、中新南宁国际物流园展示中心二期,新中智慧园试运营;中国－东盟多式联运联盟落户南宁;启动大湄公河次区域国际道路运输线路,开行南宁至越南海防货运直通车,中越跨境集装箱班列(南宁—河内)开行111列,南宁—胡志明市全货机航线开通;AAA级以上物流企业累计33家,全市物流业完成货运总量4.13亿吨。重点企业电子商务交易额3506.7亿元、增长20.9%,农村电子商务交易额超过30亿元。中国(南宁)跨境电子商务综合试验区入驻跨境电商企业50家,实现进出口业务3605万单,进出口总额8.54亿元。邮政、电信、快递业务总量分别增长36.9%、75.7%、18.8%。万有(南宁)国际旅游度假区项目落户南宁,新增、升级国家AAAA级景区6家、国家AAA级景区7家;全年接待游客1.53亿人次、增长16.11%,旅游总消费1725.24亿元、增长24.34%。累计有自治区级现代服务业集聚区9个、市级现代服务业集聚区27个,中国－东盟检验检测认证高技术服务集聚区被自治区发改委认定为“优秀自治区现代服务业集聚示范区”。(朱培麟)

【现代特色农业】2019年,南宁市农林牧渔业总产值825.58亿元,比上年增长4.2%。其中,农业产值533亿元,增长7.6%;林业产值41.22亿元,增长13.1%;畜牧业产值199.94亿元,下降6%;渔业产值29.04亿元,增长0.7%;农林牧渔服务业产值22.38亿元,增长4.4%。蔬菜产量633.95万吨,总量持续保持自治区第一;水果产量336.96万吨,其中柑橘类水果、火龙果产量分别增长105.4%、56.5%。武鸣区沃柑种植面积3万公顷,挂果面积约2万公顷,产量70万吨,产值80亿元,为全国最大的沃柑种植区县、广西最大的沃柑产区;隆安县火龙果产量11.51万吨,增长104.5%,占全市火龙果总产量47.76%。茉莉鲜花产量9万吨,茉莉花(茶)综合品牌价值202.97亿元,蝉联广西最具价值的农产品品牌;横县茉莉花复合栽培系统被农业农村部认定为中国重要农业文化遗产。南宁香蕉、横县茉莉花茶入选首批中国农业品牌目录,入选第二批广西农业品牌目录农产品15个。“马山黑山羊”“武鸣沃柑”获国家知识产权局商标局批准注册为地理标志证明商标,“马山黑山羊”为南宁首个动物类地理标志商标。横县现代农业产业园被认定为第二批国家现代农业产业园,广西山水牛现代农业产业园、隆安火龙果现代农业产业园获批创建自治区级现代农业产业园。累计有“三品一标”(无公害农产品、绿色食品、有机农产品、农产品地理标志)农产品181个、富硒农产品认证49个,农业产业化重点龙头企业205家(国家级16家、自治区级30家、市级159家)、农民专业合作社5509家、家庭农场1166家,自治区级现代特色农业核心示范区39个、市级示范区61个、县级示范区88个。各级现代特色农业示范区入驻农业企业693家、农民合作社898家、家庭农场311家,直接带动农户18.74万户。

(廖锦鹏　刘　巧)

【中国(广西)自由贸易试验区南宁片区建设】 2019年8月2日,国务院印发《国务院关于印发6个新设自由贸易试验区总体方案的通知》,同意设立中国(广西)自由贸易试验区,其中南宁片区46.8平方千米(含南宁综合保税区2.37平方米)。8月30日,中国(广西)自由贸易试验区南宁片区揭牌运营。南宁市印发实施《加快建设中国(广西)自由贸易试验区南宁片区支持政策》,在简政放权、财税、融资、人才、创办"零费区"等方面给予政策优惠;完成32项改革试点任务,形成"互联网+不动产登记模式"等7项可复制推广的创新举措。327个服务事项进驻南宁片区综合服务大厅,其中275个关联事项实现"一窗受理,并联审批";增设政策兑现服务专窗、企业投融资服务专窗;在全国率先启动覆盖建设项目审批全流程的建设项目"多测合一"改革,实现"多测合并、联合测绘、成果共享"。至年末,南宁片区新增企业1863家,其中外资企业17家,世界500强企业3家,中国500强企业1家;引进投资额亿元以上区外境内项目13个,投资额97.60亿元;实际利用外资4278万美元。 (刘 巧)

【县域经济】 2019年,南宁市继续实施特色现代产业发展、城乡基础设施改善、新型城镇化建设、乡村振兴战略、保障和改善民生、扩大县域开放合作、深化重点领域改革创新等举措推动县域经济发展。横县、宾阳县、上林县、马山县、隆安县地区生产总值分别比上年增长4.1%、6%、7.6%、6.3%、5.1%,工业增加值分别增长4.2%、10.9%、8.2%、8.6%、10.7%,固定资产投资分别增长10.3%、16.1%、56.3%、23.7%、16.7%。横县茉莉花产业综合总产值122亿元,被国际花园中心协会授予"世界茉莉花都"牌匾;开工建设横州大桥、横县健康特色农产品深加工基地、茉莉花加工新城等,建成中国茉莉小镇天香广场、中华茉莉园"花海"工程、"光韵横州·香飘世界"亮化工程等标志性项目;横县电子商务产业园孵化实训基地获农业农村部办公厅推介为全国农村创新创业孵化实训基地,累计培训超过2万人次。宾阳县农村产业融合发展示范园获国家农村产业融合发展示范园认定;永鑫沥青、华明玻璃2个重大工业项目竣工;黎塘工业园区打造电子信息产业园、新型硅材料产业园,工信部中国赛宝实验室广西工作站在宾阳县挂牌。上林县完成上林·南丹卫片区、大丰中心校新址片区、板潘拆迁片区、明澄大道丰庚板塘片区产业安置地规划,上林锦绣生态湖市政景观工程基本完工;发展生态旅游养生养老服务业,创建上林壮族老家田园综合体,投入9794.65万元打造"三湖一寨两江三园"(龙母湖、金莲湖、云里湖、鼓鸣寨、大庙江、澄江河、万古茶园、农耕文化园、淘金乐园)景区,被联合国老龄所积极老龄化专家委员会授予"世界长寿之乡"称号。马山县拘留所迁建项目、城区合作扶贫移民工程等11个项目竣工;古零镇杨圩至上级二级公路建成通车,惠及沿线群众7万多人;改造升级水锦·顺庄旅游综合开发项目、弄拉景区、龙玩民宿度假区等景区;与中国登山协会签订3年战略合作协议,深化"体育+"发展模式。隆安县农民工创业园15栋标准厂房、5栋科研楼建成使用;"那"城商业中心主体工程完工,服务企业入驻102家,"那"商业圈逐步形成;贵(港)隆(安)高速公路实现通车,全部集中连片跨区域供水工程投入使用;实施震东扶贫生态移民与城镇化结合示范工程,安置小区建成3个,搬迁入住5847户2.44万人。 (李正平 金 尼)

政治建设

【概　况】 2019年,南宁市落实全面从严治党要求,开展"不忘初心、牢记使命"主题教育,持续深化扶贫领域腐败和作风问题专项治理,专项整治形式主义、官僚主义突出问题,加强党风廉政建设,抓好巡视、巡察发现问题整改;按时保质完成机构改革各项任务,人大代表建议、政协提案均办结,办理满意和基本满意率分别为100%、99.73%;统筹推进法治政府建设,启动法治政府建设工作督察,南宁市入围全国法治政府建设示范创建"综合候选地区"名单,被全国普法办评为全国"七五"普法中期先进城市。 (金 尼)

【全面从严治党】 2019年,南宁市把学习贯彻习近平新时代中国特色社会主义思想和中共十九届三中、四中全会精神作为干部教育培训重要内容,纳入市委党校和网络培训的必修课;举办全市厅级领导和处级主要负责人专题研讨班,参加研讨239人次;各级干部通过广西干部网络学院学习3.35万人次。开展"不忘初心、牢记使命"主题教育,市委常委会、市人大常委会、市政府党组、市政协党组及12个区县、102个市直单位、125个乡镇(街道)、1.48万个基层党支部、27.02万名党员参加第二批主题教育;开展专题研讨学习1.30万次,革命传统教育、先进典型和警示教育1万多次;开展调研活动1.32万次,解决实际问题1.53万个,制定整改措施9903项;征求对班子意见建议1.56万条,领导班子检视问题清单3510个,制定整治方案5079个,细化整治措施1.50万条。开展"书记引航担使命"主题活动,制定落实"10项制度、10个带头从严",开列任务清单59项。组织240批次1.47万名党员干部到市反腐倡廉警示教育馆接受警示教育。处置反映问题线索7188件,立案2227件,给予党纪政务处分1474人;查处违反政治纪律问题24起,处分13人;查处党内失职失责问题62起,问责党组织4个、领导干部68人;查处违反中央八项规定精神问题78起,给予党纪政务处分133人,通报曝光32批次54起;专项治理扶贫领域腐败和作风问题,立案432件,给予党纪政务处分304人。 (市委组织部 林世才)

【机构改革】 2019年,市委、市政府印发《南宁市机构改革方案的通知》,按照中央、自治区改革要求,市本级党政机构设置与上级对应率92.72%,同中央、自治区保持基本对应、上下贯通。改革后,设置党政机构55个,其中党委机构14个、政府机构41个。建立健全和优化市委对重大工作的领导体制机制,设立市委议事协调机构8个。加强党委职能部门的统一归口协调管理职能,充实党的组织、宣传、统战等部门职责配置。市本级因地制宜设立市北部湾经济区规划建设管理办公室、市大数据发展局等机构,调整理顺城市建设管理领域机构职能;完成党的纪检体制和国家监察体制改革任务,实现党内监督和国家机关监督有机统一;完成人大、政协机构改革,实施工会、共青团、妇联、科协、侨联5个群团改革方案。完善部门党组织决策机制,加强专职党务干部领导职数和编制配备;将加强党对各项工作的领导列入部门"三定"(定机构、定职能、定编制)规定之中。市本级机构设置限额和编制总量均未超出规定要求,挂牌机构精简6%,派出机构、议事协调机构、临时机构全面清理规范;党政机构处级领导职数、科级领导职数分别精简13.91%、2%。市、区县在规定时间内完成涉改部门领导班子配备、办公地点调整、挂牌组建新机构175个、划转编制1755名、转隶人员1844人,印发412个部门单位"三定"规定、54个部门单位机构编制调整文件。

(路 焕 黄晓萍)

【人大监督与立法】 2019年,市人大及其常委会召开代表大会1次、常委会会议8次,审议议题85项,作出决议决定24项;审议地方性法规案9件,通过4件,开展立法调研12项;听取审议"十三五"期间脱贫攻坚资金管理使用、农业生产安排和特色农业发展、黑臭水体整治等工作报告

16个。重点监督产业扶贫和易地扶贫搬迁后续扶持,开展专题询问1次;开展优化营商环境、电动自行车管理专项工作评议2次,执法检查《老年人权益保障法》《南宁市征用集体土地条例》、宪法宣誓制度等贯彻实施情况,开展乡村振兴战略实施、公交发展和场站综合建设、职业教育、体育产业发展情况等专题调研10项。审查政府规章6件、其他规范性文件36件。配合全国人大、自治区人大做好执法检查、专题调研、法律法规案征求意见等工作30多项。首次与自治区人大常委会就促进科技成果转化条例执法检查开展联动监督。将专项资金绩效管理监督拓展到部门整体支出预算绩效管理监督,委托第三方开展绩效评价试点。将“人大代表之家”升级为人大代表联络站,各级人大代表1.10万人编排到724个联络站。围绕经济社会发展、重大项目建设、为民办实事项目落实情况等,组织驻邕全国、自治区和市人大代表583人次开展调研视察活动。市十四届人大四次会议期间收到代表提出建议214件,分别交由50个承办单位办理,代表建议已解决和列入解决计划的占总数91.35%。

(韦杉娜)

【法治政府建设】 2019年,南宁市统筹推进法治政府建设,编制年度立法计划、《南宁市规章五年立法规划(2019—2023年)》,市政府提请市人大常委会审议地方性法规草案4件,出台政府规章5件,开展56件政府规章立法后评估;完善广西自由贸易试验区南宁片区建设等方面急需的制度,启动向南宁片区放权的立法工作。组织召开法规规章草案立法征求意见座谈会、立法专家论证会、立法专题讨论会等会议25次,通过新闻媒体、市行政立法和决策公开征求意见平台公开向社会征求意见,累计阅读量超过20万人次,收到反馈意见2万多条。在自治区14个设区市率先成立全面依法治市委员会。完成市场监管、文化市场、生态环境保护、农业、交通运输等5个领域综合行政执法改革。启用“广西行政执法综合管理监督平台”进行执法监督,南宁市列为自治区行政执法综合管理监督信息系统建设示范城市。完成自治区对南宁市法治政府建设督察,在自治区率先以委托第三方评估的方式开展全市法治政府建设督察。市司法局与中国政法大学法治政府研究院签订战略合作暨法治政府建设协同创新框架协议,揭牌成立法治政府协同创新基地。南宁市参加全国首批法治政府建设示范创建活动,入围“综合候选地区”名单;被全国普法办评为全国“七五”普法中期先进城市。 (市政府办公室)

【政治协商】 2019年,市政协协助市委加强党对人民政协工作的领导,建立完善以政协党组理论学习中心组学习为引领,主席会议集体学、常委会议专题学、政协讲坛系统学、委员培训集中学等相配套的学习制度体系。召开专题议政性常委会议2次、专题协商会3次、双月协商座谈会6次、对口协商会8次、提案办理协商会28次。在完善专题议政性常委会议、专题协商会等基础上,打造“双月协商座谈会”协商品牌。改进大会发言工作,市政协十一届四次全会的12篇发言材料获市委、市政府主要领导现场批示。建立协商成果及时报送、落实反馈、跟踪问效机制,组织督办和跟踪视察,把协商沟通贯穿提案办理全过程。聚焦全面落实强首府战略、助推西部陆海新通道建设、全面对接融入粤港澳大湾区发展、助力打赢打好脱贫攻坚战、加快生态宜居城市建设、推动产业高质量发展、服务重大项目等中心工作建言献策,上报调研报告56份,提出对策建议158条。推进协商式监督,围绕降低企业成本政策落地情况、非物质文化遗产保护利用等议题开展专项民主监督,形成民主监督报告13份,提出意见建议35条。全年收到提案517件,审查立案383件,立案提案按期办复率100%。南宁市“智慧政协”平台上线运行,实现履职流程全方位覆盖、履职链条全环节管理、履职主体全天候参与。 (余菁)

文化建设

【概况】 2019年,南宁市培育践行社会主义核心价值观,开展爱国主义教育,弘扬志愿精神,推进精神文明建设,构建社会信用体系,打造“信用南宁”名片。南宁市综合信用指数87.93,在全国36个省会、直辖市及副省级以上城市“城市信用监测排名”第十一,比上年上升3位,获全国省会城市及副省级以上城市“城市信用监测排名”进步前十名的荣誉。南宁市加强文化产业建设与交流,打造舞台精品,创立文艺品牌,实现文化惠民。

(钟婉悦)

【培育践行社会主义核心价值观】 2019年,南宁市重点打造东盟盛天地等社会主义核心价值观主题商业街区。征集“讲文明树新风”公益广告,参赛作品232件,评出优秀作品26件。向中央、自治区文明办推荐候选人60人,6人荣登“中国好人”榜,3人事迹获中国文明网“好人365”专栏报道。举办传统活动2场次,开展“互联网+文明创建”线上、线下活动7场,制作专题7个。全市70.75万人参加自治区“传承红色基因向国旗敬礼”网上签名寄语活动。组织未成年人开展“缅怀革命先辈传承红色基因”活动,参与“网上祭英烈”活动6.89万人。开展第十一届“我邀明月颂中华”爱国诗词诵读大赛,举办“童心向党·我和祖国共成长”——南宁市中小学庆祝中华人民共和国成立70周年暨培育和践行社会主义核心价值观文艺会演。围绕“进入新时代 改革开新篇”主题,开展第二十六届南宁市青少年爱国主义读书教育活动,进行征文、小学生故事会、中学生演讲会、书法、绘画等比赛。广西青少年爱国主义读书教育活动演讲暨讲故事比赛中,南宁市参赛选手获自治区特等奖1名、一等奖3名;4名学生入选广西代表队,获全国一等奖1名。南宁市以文化惠民工程“送戏下基层”“送戏进校园”为载体,推动专业文艺院团组织“红色文艺轻骑兵”进基层、学校;选择粤剧《江姐》等大型舞台精品作为面向高校学生的演出剧目。创排演出文化惠民工程主题曲《天蓝蓝、心暖暖》、反映社会主义核心价值观的舞蹈《和·鞋》、反映精准扶贫政策的小品《抢地盘》。加强爱国主义教育基地管理,检查全市31个市级爱国主义教育基地;6月,市委、市政府同意,市委宣传部命名黄大年先进事迹教育基地等10个基地为南宁市爱国主义教育基地;9月,南宁市爱国主义教育基地揭牌仪式在南宁市园湖路小学黄大年先进事迹教育基地举行。南宁依托“5平台1中心”资源(理论宣讲平台、教育服务平台、文化服务平台、科技与科普服务平台、健身体育服务平台和融媒体中心)开展各类新时代文明实践活动,建立市、县、乡镇、村四级新时代文明实践中心、所(站)1916个,组建市、县级文明实践志愿服务总队。开展理论宣讲、文艺服务、扶贫济困等文明实践活动2万多场,惠及群众近200万人次。市文明办、市公安局交警支队、市交通运输局组织4388名公交车驾驶人和1.80万名出租车驾驶人签订礼让斑马线承诺书,行业对活动的知晓率、参与率100%。打造81处文明礼让示范路口、路段,评出406名公交车、出租车、公务车、私家车“礼让之星”,30名优秀公交车驾驶员,培育树立100个示范创建先进集体。邀请中央驻桂、自治区媒体,组织市属媒体集中宣传“礼让斑马线”活动,网络索引量150万余条,“礼让斑马线”直播活动最高观看人数104万人次。全市公交车、出租车文明礼让率99.70%,私家车文明礼让率80%以上。市注册志愿者75万余人,注册志愿服务组织2347

个，市、县两级建立示范社区100多个，市直机关100%成立党员志愿服务队，在职党员注册率90%以上，总时长259万小时。年内，南宁市信用工作动态信息子系统正式上线运行，新增信息1113万条，为全市47万户企业、51万个体工商户、780万个人建立信用档案。通过线上查询企业信用记录59.48万人次；完成2018年度纳税信用评价，评出A级纳税人5833户并向社会公示；开展食品安全动态等级分类管理，全市餐饮服务企业2987家被评为A级单位；全市441家企业参与2018年度广西"守重"企业推荐活动；对全市306家企业进行信用评级，累计推荐企业获融资18.61亿元。定点医药机构签订事前信用承诺书，依法查处违规定点医疗机构47家次、违规定点零售药店6家次；对18家获国家、自治区人力资源诚信服务示范单位称号的人力资源服务企业兑付50万元奖励，成为自治区首个对人力资源诚信服务企业给予奖励的城市。制定南宁市对失信被执行人实施联合惩戒备忘录措施，对8.23万名被执行人发布限制消费令，大批被执行人慑于联合惩戒自动履行法律义务等。举办信用修复培训班6次，受理信用修复申请384件次，帮助企业撤下在国家、自治区、市级信用网站的行政处罚信息公示157件次。3月4日，"诚信建设万里行"（南宁站）接力活动周正式启动，北部湾城市群12个城市（广西南宁市、北海市、钦州市、防城港市、玉林市、崇左市，广东湛江市、茂名市、阳江市，海南海口市、儋州市、东方市）组建北部湾信用生态圈城市联盟。

（凌红俏　市委宣传部　市发展改革委）

【文化产业建设与发展】 2019年，南宁市构建文化产业分级示范基地建设体系，有示范基地（园区）114家，其中国家级文化产业示范基地2家、自治区级文化产业示范基地36家、自治区级文化示范园区4家、南宁市级示范基地72家。南宁市文化广电和旅游局作为市领导联系重大项目第六服务队和第十一服务队的牵头单位，服务8个市领导联系重大旅游项目：上林县大庙江生态旅游景区项目、上林县鼓鸣寨养生旅游度假基地项目（一期）、南宁水锦·顺庄旅游综合开发项目、茉莉小镇文旅项目、南宁圣名岭东盟文化旅游度假区项目（一期）、南宁牛湾文化旅游岛、南国乡村·农村综合旅游景区项目（一期）、南宁·桃李春风·健康颐养文旅项目。完成投资7.13亿元。融晟天河·海悦城等19个自治区重大文旅项目完成投资额46.95亿元。加快百益·上河城智慧型文化创意孵化产业园、老木棉·匠园（二期）、太和自在城、广西药用植物园等项目升级建设。广西文化创意产业大厦、南宁花雨湖文化产业示范基地、中国茉莉花茶文化产业园、广西四叶草动漫创意制作中心被新命名为2019年度自治区级文化产业示范基地，百益·上河城智慧型文化创意孵化产业园被命名为2019年度自治区级文化产业示范园区。南宁市艺术剧院等15家企业纳入南宁市紧缺人才企业名录库，南宁峰值文化传播有限公司等5家企业获自治区文化产业发展资金扶持250万元。

（黄小芸）

【文化活动】 2019年，南宁市赴缅甸、老挝开展文化走亲东盟行，在老挝、缅甸的华人社区、高校、剧场开展戏剧展演、非遗展示、文化交流等活动，举办"走近东盟——2019新年音乐会"、《泰之美——泰国风情展》《庆祝中华人民共和国成立70周年"百里秀美邕江"摄影大赛获奖作品展》暨《"一带一路"艺术行——俄罗斯油画名家南宁邀请展》和"博艺苑——俄罗斯风情专场音乐会"活动。营造绿城文化氛围，推广全民阅读，办好"4·23"世界阅读日活动，做好"绿城讲坛""绿城展廊""绿城舞台""绿城蒲公英讲坛""绿城蒲公英舞台"等阅读品牌活动，举办读者活动935场次，近24万人次参与。文化惠民演出449场、南宁民歌湖周周演活动105场、扶持200支乡村社区文艺队开展演出6284场，观众343万人次。南宁市组织市属文艺院团参加第七届广西戏曲青年演员比赛、广西第十五届精神文明建设"五个一工程"奖、全国净行、丑行武戏展演等艺术赛事及艺术项目申报并获各类奖项25个，其中舞剧《刘三姐》获广西第十五届精神文明建设"五个一工程"奖，邕剧折子戏《魂断巴丘》作为广西唯一入选节目参加2019年全国净行、丑行暨武戏展演，邕剧《拦马过关》、广西平话师公戏团师公戏《天姬送子》参加2019年戏曲百戏（昆山）盛典，邕剧《顶蛳山人》获2019年广西优秀剧（节）目，"邕州神韵"新会书院地方戏曲周周演获广西特色旅游演艺项目。南宁市民族文化艺术研究院、市艺术剧院有限责任公司组织开展或参加演出631场次，其中南宁市为民办实事工程"送戏下基层"演出300场次、"儿童剧、卡通剧、地方戏曲进校园"演出129场次、送戏进校园"传统戏曲、精品剧目进高校"20场次、"美丽南宁大舞台"艺术精品惠民演出2场次、"邕州剧场地方戏曲月月演"活动13场次、"邕州神韵"新会书院地方戏曲周周演驻场演出106场次、出访交流演出14场次、公益性演出6场次、商业性演出29场次、其他演出12场次；观众33.54万人次。中国新闻社播发2019"南宁渠道　丝路交响"专题报道10集，南宁广播电视台以"南宁渠道　丝路交响"为题制作播出系列专题片16集。1月15日，"春天的旋律·2019"跨国春节晚会在南宁电视台完成录制，中外17家媒体携手合作，13个国家和地区的420多名演员（120名外籍演员）参演12个新春节目。9月，中国－东盟（南宁）戏剧周创新设立活动主题国，举办活动26场，其中优秀剧目展演23场、展览1场、非遗技艺工作坊1场、大联欢1场；"我和我的祖国"南宁市庆祝中华人民共

2019年6月6日至13日，市政府主办，市文广旅局承办，市民族文化艺术研究院执行的2019年"文化走亲东盟行"到缅甸、老挝开展戏剧展演等活动。图为中国戏曲表演艺术团在老挝站演出

市文广旅局提供

和国成立70周年暨2019年南宁国际民歌艺术节“绿城歌台”群众文化活动设置歌台13个,演出18场,12个国家的110名外国演员到“绿城歌台”放歌。

(凌红俏　吴小雪　宋良慧)

社会建设

【概　况】2019年,南宁市民生支出624.39亿元,占一般公共预算支出79.27%。投入10.41亿元支持科学技术发展,投入141.16亿元支持教育发展,投入76.91亿元支持卫生医疗发展,投入11.75亿元支持文化旅游体育与传媒发展,投入92.45亿元支持社会保障和就业创业。实施、承办为民办实事项目20项56个子项目。每万人口有效发明专利拥有量10.92件,比上年增长10.41%,居自治区首位;在自治区14个设区市中首个实现普及高中阶段教育目标;实现国家卫生城市“三连冠”工作目标;居民健康素养水平18.30%,经常参加体育锻炼人口保持在46%,人民群众安全感96.90%。南宁市被国家医疗保障局列为国家医保基金监管信用体系建设试点城市。

(马利芳)

【脱贫攻坚】2019年,南宁市以深度贫困地区脱贫攻坚为重点,实施道路硬化、安全用水、安全用电、危房改造、互联网+扶贫、文化设施建设、乡村环境建设“七大工程”,义务教育保障、基本医疗保障、住房安全保障、饮水安全“四大战役”。筹措财政资金33.78亿元用于扶贫。马山县、上林县、隆安县3个贫困县具备脱贫摘帽条件。脱贫摘帽贫困村109个9.07万人,贫困发生率降至0.43%。厅级以上领导包抓12个区县、100个重点乡镇和56个深度贫困村,选派3656名驻村干部和4.31万名“一帮一联”干部入户帮扶。劝返建档立卡贫困户辍学子女249人,资助建档立卡贫困户学生30.50万人次;确认门诊特殊慢性病待遇资格6.32万人,大病救治率99.64%;农村饮水安全项目受益104.87万人;易地扶贫搬迁住房建设及搬迁入住任务全面完成。获粤桂扶贫协作资金1.21亿元,安排实施扶贫协作项目30个。村级集体经济收入5万元以上的贫困村382个。中央第二巡视组反馈意见全部完成整改销号。

(谭春兰)

【乡村振兴】2019年,南宁市围绕产业兴旺、生态宜居、乡风文明、治理有效、生活富裕“五个总要求”推进乡村振兴。完成农村集体资产清产核资,发展新型农业经营主体6220个;村级集体经济年收入4.08亿元。培育壮大农业品牌,武鸣区沃柑种植面积3万公顷,产量70万吨,产值80亿元,成为全国最大沃柑种植区;火龙果成为隆安县产业新名片,火龙果产量占全市总产量47.76%,形成龙穗、智诚等8个有较强市场竞争力的火龙果品牌;横县茉莉花、茉莉花茶综合品牌价值202.97亿元。农业产业链条延伸,南宁农村电商覆盖率90%,农村电子商务交易额超30亿元;横县入选“2019中国茶旅融合十强示范县”,宾阳县国家农村产业融合发展示范园列入首批国家农村产业融合发展示范园,马山县小都百屯入选首批全国乡村旅游重点村。建成运营镇级污水处理设施35个,完成改厨改厕486户、农村公共照明项目183个,农村无害化卫生厕所普及率90%以上;清理村庄垃圾15.04万吨、池塘沟渠淤泥12.91万吨、乱堆乱放2.85万处,拆除农村危旧房、废弃猪牛栏等0.98万处25.51万平方米,清捡田园29.60万公顷;竣工基本整治型村庄921个、设施完善型村庄7个、精品示范型村庄3个。青秀区伶俐镇、横县六景镇2个市级生态宜居特色小城镇建设项目竣工。整顿软弱涣散村党组织184个,获自治区命名星级农村基层党组织613个。128个乡镇(街道)综治中心和1783个村(社区)综治中心实现互联互通、资源共享。益农信息社覆盖率82.53%。宾阳县古辣镇马界村、隆安县那桐镇定江村、兴宁区三塘镇围村村入选首批全国乡村治理示范村。命名横县云表镇等20个村镇为第30批南宁市文明村镇。建成乡村振兴(生态综合)示范村40个。

(廖锦鹏)

【平安南宁建设】2019年,南宁市开展“平安医院”“平安校园”等系列创建活动。成立打击涉医违法犯罪专项行动工作领导小组,引导调解医患纠纷135起;三级医院警务室建设率100%,二级医院警务室建设率93%;公安机关受理医疗领域案件18起,打击涉医违法案件8起。加强“护校安园”专项工作,排查影响校园周边治安点87处,督查整改68次,排查整改隐患43处。在15个区县(开发区)、127个乡镇(街道)及近1300个村(社区)、居民小区、校园周边等安装摄像探头3.82万个,实现视频巡查不间断、街面巡逻防控全覆盖。全市划分网格7046个,网格员向政法云平台上传社会治理问题149.96万条,办结149.48万条。建成使用新型便民警务工作服务站28个。破涉黑涉恶案件625起,打掉涉黑涉恶团伙72个1136人。开展清查整治730次,查获涉传销人员1.32万人。查处治安案件7.44万起,查处治安违法人员2.39万人。调处矛盾纠纷8315起,调解成功8089起。

(傅荣华)

【科技事业】2019年,南宁市科技进步对经济增长贡献率58.80%。实施市级科学研究与技术开发计划项目272项,年增产值20.54亿元,节创汇785万美元。高新技术企业990家、增长32%,占自治区高新技术企业总数41.44%。培育入库国家科技型中小企业503家,占自治区总量34%。完成广西科技成果转化大行动项目103项,技术交易额17.10亿元。科技成果获国家科学技术奖2项(大型二氧化氯制备系统及纸浆无元素氯漂白关键技术及应用、防治农作物主要病虫害绿色新农药新制剂的研制及应用)、自治区科学技术奖42项。开展科普活动48场次,受益群众20.15万人。南宁·中关村创新示范基地入驻重点企业90家、创新团队170个,南宁·中关村科技园入驻产业项目17个。中国－东盟北斗/GNSS(南宁)中心在中国－东盟空间信息技术创新示范基地揭牌;国内首条高端高精铝材热处理型材辊底炉生产线在南宁成功试产,填补国内超厚铝合金淬火板材生产空白,实现重大短板生产线自主可控;南宁华数轻量化电动汽车设计院自主研发的国内首台8米全铝纯电动公交车车型获工信部公告,投入批量生产。

(吕　阳)

【教育事业】2019年,南宁市建成使用市第一中学五象校区等公办中小学校35所,新增学位5.77万个;市教育局直属第一幼儿园等幼儿园20所,新增学位8640个。投入助学资金(含奖学金、贷学金)8.94亿元,受惠学生75.58万人次。在192个学区、1302所公办学校实行义务教育学区制管理改革。市高中阶段教育提前一年通过自治区评估验收,为自治区首个实现普及高中阶段教育的设区市。市第三幼儿园等10所幼儿园、市明秀东路小学等12所中小学校分别被教育部认定为全国足球特色幼儿园、全国青少年校园足球特色学校。南宁市已接入互联网学校1413所,数字教育资源全覆盖教学点776个;南宁市教育云平台启用;投入25万元开发“南宁市学校传染病防控信息管理系统”。南宁市商贸旅游、电气技术、信息技术、交通运输、文化艺术体育、加工制造六大职业教育专业集团成立,集聚市内外中高职院校及本科院校79所、市政府部门12个、行业协会17个、科研机构11个、企业110家。南宁市入选广西首批“职业教育改革成效明显市”。南宁教育园区初步成形,累计开工建设院校13所,启动招生办学学校3所。15个区县(开发区)启动社区教育,开展社区教育活动8545次，居民参加70.27万人次。南宁市文学院绿城公益文学讲堂、南宁职业技术学院"幸福摄影系列课程"社区教育培训项目被中国成人教育协会评为2019年全国"终身学习品牌项目"。

（市教育局）

【卫生医疗】 2019年，南宁市辖区医疗卫生机构总诊疗5060万人次，比上年增长5.46%；医院病床使用率85.87%。加快邕宁区、武鸣区、横县、宾阳县、上林县、马山县、隆安县医疗共同体建设，以上林县为试点推进医共体医保支付方式改革。南宁市城市医疗集团、南宁市第一人民医院医疗集团、南宁市第二人民医院医疗集团成立。上林县中医医院新院和市第三人民医院、市第九人民医院、市妇幼保健院门诊综合楼建成使用。新设健康管理（体检）、放射诊断2个市级医疗质量控制中心。建成智慧健康信息化工程的基础数据、分级诊疗、慢病管理、应急指挥、血液管理5个服务平台，实现市、县、乡三级医疗机构互联互通。南宁市夕阳红康复护养中心、广西重阳老年公寓被自治区中医药管理局认定为首批自治区中医药特色医养结合示范基地。开展健康南宁行动，创建市级健康社区20个、健康村屯2个、健康促进医院4家、健康主题公园3个、健康促进学校8所、健康促进企业4家、健康促进机关单位10个。市卫健委与浪潮集团签署战略合作协议，合作建设南宁市健康医疗大数据平台和大数据应用发展体系；与广西旭禄投资有限公司投资建设南宁五象森林医院。完成国家级健康素养监测、成人烟草流行监测、中医药健康文化素养监测调查任务。率先在自治区开展居民健康素养调查，调查居民6721人，居民健康素养水平18.30%。累计为614.81万人建立健康档案，规范化电子建档率85.95%。 （龚可奉）

【体育事业】 2019年，南宁市举（承）办"中国杯"国际足球锦标赛、2019年苏迪曼杯世界羽毛球混合团体锦标赛、环广西公路自行车世界巡回赛（南宁站）等重大体育赛事20余项，举办区县级以上赛事活动约500项。全市体育场地面积1379.56万平方米，人均体育场地面积1.88平方米。全年体育服务业在库企业营业收入1.40亿元，比上年增长2.80%。打造大明山户外营地，培育环大明山户外运动休闲集聚区；开发会展城·体育汇项目，引进攀岩、轮滑、平衡车、击剑、射箭、电子竞技、空气蹦床、国民体质监测等15个项目，参与体验60万余人次，经济效益约300万元。南宁市全民健身和全民健康指导中心聘请广西体育医院、广西医师协会的专家团队定期为市民提供体质健康状况评估、运动和饮食建议、慢性病干预等服务。南宁市被广西全民健身工作厅际联席会议办公室评为广西全民健身和全民健康深度融合示范市，青秀区、马山县被评为示范区县，市辖区城乡体育设施专项规划编制、青秀区体医融合共建青秀区国民体质监测站等8个项目被评为示范项目。 （黄永铁）

【社会保障】 2019年，南宁市社会保险参保1287.62万人次；发放基本养老保险、失业保险、工伤保险159.34亿元，惠及109.25万人。企业退休人员基本养老金实现连续15年增长，人均每月2417.62元；机关事业单位退休人员基本养老金第4次调整，人均每月5097.98元。开展"人脸识别"养老保险待遇资格认证，认证32.42万人。在自治区率先实现电子社保卡"扫码购药"结算医保。发放社保卡176.34万张，累计发放674.58万张；签发电子社保卡76.41万张，累计签发121.26万张。发放低保、特困人员供养资金102.29万户次、207.50万人次、6.23亿元；发放临时救助资金1216户次、3268人次、683.10万元。医疗救助38.03万人次、7820.52万元。市第二社会福利院一期试运营，建成公办示范性养老福利机构6家、社区日间照料中心132个、城市养老服务中心项目23个；新增备案养老机构30家、备案床位4052张；每千名老年人拥有床位28张；开展"长者饭堂"试点50个，为老年人提供助餐配餐服务；逐步形成居家为基础、社区为依托、机构为补充、医养结合的全方位、多层次、宽领域的养老服务体系。南宁市居家和社区养老服务改革试点考评在全国排名第三。

（廖书恒）

生态文明建设

【概　况】 2019年，南宁市将空气质量重点指标纳入全市经济高质量发展"红黑榜"及"大行动"等考核体系统筹推进，制定、完善空气质量管理、奖励、督查问责、信用考评等系列制度；建立完善扬尘治理"慧眼"系统，强化扬尘污染"两点一线"精细化监管；开展"美丽南宁·幸福乡村"建设；完成全面建立河长制目标任务，集中整治河道"四乱"等问题；提升污水处理能力，开展黑臭水体治理及海绵城市建设；开展新能源项目建设，完善绿色制造体系建设，做好节能降耗。南宁市以榜眼成绩入围全国黑臭水体治理示范市，以探花成绩通过国家海绵城市验收。南宁市获"美丽山水城市"称号，成为全国首个连续3年获该殊荣的城市，邕宁区、良庆区获"自治区级生态县"称号；三塘镇、长塘镇、南阳镇、伶俐镇获"自治区级生态乡镇"称号。 （钟婉悦）

【生态保护与建设】 2019年，南宁市有自然保护区8个，总面积6.26万公顷。其中，森林和野生动物类型自然保护区7个（广西大明山国家级自然保护区、广西龙虎山自治区级自然保护区、广西龙山自治区级自然保护区、广西三十六弄—陇均自治区级自然保护区、广西弄拉自治区级自然保护区、广西西大明山自治区级自然保护区、南宁市良庆区那兰鹭鸟市级自然保护区），面积6.26万公顷；地质遗迹自然保护区1个（横县六景泥盆系地层标准剖面自治区级自然保护区）。获批成立自然保护小区7个（上林洋渡石山生态系统保护小区、武鸣林渌水源林保护小区、隆安定坤猕猴自然保护小区、隆安达利蚬木自然保护小区、宾阳大圣山南坡中山生态系统自然保护小区、宾阳大圣山北坡中山生态系统自然保护小区，宾阳大塘水松、香樟古树群保护小区），面积2923.14公顷。累计建立自然保护小区66个，总面积2.43万公顷。全市国家湿地公园2处（横县西津国家湿地公园、广西南宁大王滩国家湿地公园）。广西南宁大王滩国家湿地公园处于建设阶段，试点建设期5年。南宁市开展"绿盾2019"自然保护区监督检查专项行动，自治区"绿盾2019"自然保护区强化监督工作实地核查组到南宁开展实地核查，生态环境部华南督察局到南宁开展国家级自然保护区群众信访问题调查核实。整改2017年至2019年"绿盾"自然保护区强化监督专项行动发现的20个问题，累计完成18个问题的整改销号。全市各自然保护区内工矿用地、核心区、缓冲区旅游设施与水电设施基本完成清退，广西西大明山自治区级自然保护区完成确界。南宁市主要流域水质优良率连续多年实现100%，继续实现"二类水入境、二类水出境"，优于国家"二类水入境、三类水出境"的考核目标。城市水质指数与上年同比改善幅度7.7%，其中市区下游六景断面首次达二类水质，为2013年以来最好水平。南宁市主要江河、水库水质保持优良，境内9个主要河流断面三类水质达标率100%，二类水质达标率100%，比上年提高30%；大王滩水库、西津水库水质保持良好；5个市级在用水水源及8个县级在用饮用水水源达标率继续保持100%；市区8个备用、规划水源水库水质达标率100%。巩固土壤环境安全，完成农用地土壤污染状况详查，形成南宁市农用地土壤环境状况一张图；完成重点行业企业用地基础信息采集，建立南宁市重点行业企业地块优控名录。南宁市区辐射环境质量良好，环境电离辐射保持在天然本底涨落范围内。全市森林覆盖率48.75%。年末，建成区绿地总面积1.06万公顷，其中公园绿地、广场绿地、防护绿地、附属绿地面积分别为4389.01公顷、57.30公顷、864.10公顷、5254.45公顷，建成区绿地率、绿化覆盖率、人均公园绿地面积分别为35.29%、41.33%、11.96平方米。新增屋顶绿化1.05万平方米，挡墙护坡绿化46处2.12万平方米。实现191条市管道路绿化养护市场化外包服务，涉及道路绿化长度508.56千米，绿化养护面积757.91万平方米。

（梁惠萍　易贝贝　市生态环境局）

【"南宁蓝"打造】 2019年，南宁市蓝天保卫战成果显著，"南宁蓝"成为常态。扬尘治理"慧眼"系统发现扬尘污染违规案件1955起，推送案件1636起，办结1405起，处置率85.88%。加强道路扬尘综合整治，开展道路积尘走航监测，走航监测4170千米。洒水降尘用水量约506万吨。组织47次打击工程运输车辆违法行为的联合整治行动。南宁市大气六项主要污染物继续达到国家二级标准，环境空气质量实现连续3年稳定达标。空气质量综合指数3.95，比上年同期下降（改善）0.3%，为2013年实施空气质量新标准以来最好水平。PM2.5浓度降至每立方米33微克，超额完成每立方米35微克的年度任务。二氧化氮浓度每立方米32微克，同比下降3微克(8.6%)，为2013年以来最好水平。南宁市区空气质量达标天数比例(AQI优良率)91.2%。其中，空气质量为优160天，良173天，轻度污染30天，中度污染2天。空气优良率同比降低2.2个百分点。城区AQI优良率在87.9%～92.1%。

（市生态环境局）

【"美丽南宁·幸福乡村"建设】 2019年，南宁市1452个村完成清产核资，发展新型农业经营主体6220个，村级集体经济年收入4.08亿元，村级集体经济年收入5万元以上的建制村1071个。13个县级试点村基本完成村集体经济组织成员身份确认，其中11个试点村完成资产量化股权设置并成立股份经济合作社。全市34个非正规垃圾堆放点治理全部完工；计划开工建设村级污水处理设施102个，实际开工建设80个，其中竣工21个；35个镇级污水处理设施建成投入运营，8个在建项目主体基本完工。自治区下达南宁市的农村公共照明项目任务完工183个，完工率117%。完成市级生态宜居特色小城镇建设项目投资1.55亿元，青秀区伶俐镇、横县六景镇项目竣工。完工"两改"（改厨、改厕）486户。全市4个镇、7个村获评第十七批自治区文明村镇，命名横县云表镇等20个镇（村）为第三十批南宁市文明村镇。自治区文化和旅游厅下达南宁市的80个村级公共服务中心示范项目进入基础施工阶段，41个篮球场、26个戏台、19个综合楼等项目竣工。镇级污水处理设施竣工4个，改造集贸市场公厕20个，35个中小学校公厕改造项目全部竣工；市文广旅局组织验收2019年财政奖补旅游厕所项目，财政奖补市级旅游厕所项目1000万元。市乡村办认定横县六景镇、青秀区伶俐镇为南宁市第一批生态宜居特色小城镇，上林县清水河生态综合示范带、隆安县"多彩那乡"生态示范带、南宁经开区临空生态综合示范带为南宁市第三批市级生态综合示范（带），宾阳县古辣镇等6个乡镇为市级美丽宜居建设进步乡镇、横县云表镇等11个乡镇为市级产业发展进步乡镇、马山县古零镇等8个乡镇为市级全域旅游发展进步乡镇、横县那阳镇上茶村委上茶村等9个村屯为市级生态宜居综合示范村、横县校椅镇六凤村委马毕村等40个村屯为市级乡土特色示范村屯、上林县巷贤镇高贤社区磨庄等2个村屯为市级民俗民居特色村屯、马山县白山镇大同村乔美屯等63个村屯为市级生态宜居提质升级村屯、横县那阳镇大联村委南阳上村等405个村屯为市级生态宜居基本整治村屯，100个农户庭院为2019年南宁市百佳农户"美丽庭院"，10条乡村风景线为"首府十大最美乡村风景线"。

（市乡村办）

【河长制推行】 2019年6月，南宁市提前半年完成全面建立河长制目标任务。全市四级3047名(市级11名、县级168名、乡级1066名、村级1802名)河长、45名(市级6名、县级7名、乡级9名、村级23名)湖长巡河14.22万人次。开展4条主要河流和17条内河、7个湖泊以及31座备用水源地水库"一河(江湖库)一策"的编制，集中整治河道"四乱"等问题，开展流域水环境整治"百日攻坚战"大行动、农村生活污水整治、郁江及饮用水水源保护区网箱清理、保护母亲河清河大行动，配合推进黑臭水体治理和百里秀美邕江两岸综合整治和开发利用，至11月，核查销号面上"四乱"（乱占、乱采、乱堆、乱建）问题779个，销号率100%；自治区第2号总河长令20个问题全部销号。至12月，南宁市第1号总河长令督办611个"四乱"问题销号596个，销号率97.55%。全市核查登记养殖网箱11.86万个，清理网箱11.78万个，完成率99.33%。清理建成区内岸线垃圾及水面漂浮物4.32万吨、清理菜地52.84万平方米。利用"互联网+"，通过监管南宁市河长制信息化监督管理平台，实现河长制信息的扁平化实时动态监控。坚持"河长制+精准脱贫"，创新治水模式。聘用包括贫困群众等1300多名作为河道巡查员、保洁员。聘请627名社会监督员、民间河长参与河长制监督，处置14类问题2513个，下发处置指令212个(次)，问题办结率67.41%。990综合广播和微信平台全年开设《水利之声》，7月增设《水环境治理专栏》专栏，全面报道落实河长制、湖长制工作动态、主要成效、工作亮点，饮用水水源地保护、聚焦黑臭水体治理等系列水环境治理工作。990综合广播播出水环境治理稿件247篇，《水利之声》播出49期，《水环境治理专栏》播出29期；宣传"中国水周公益广告""河长制公益广告"约每175分钟350次，微信平台推文60余篇次。南宁广播电视台《南宁新闻》专栏开设《在习近平新时代中国特色社会主义思想指引下——新时代新作为　新篇章》《中央环保督察"回头看"整改见成效》《打好三大攻坚战》等栏目，重点介绍全市黑臭水体治理的全过程。南宁广播电视台在《南宁新闻》《新闻夜班》播出稿件69篇。市河长办印发河长制宣传品2.80万份，更新"南宁河长"微信公众号动态659篇；在南宁地铁滚动播放河长制工作宣传视频、宣传标语1800次；在南宁地铁1号线开展专题车厢宣传1个月。通过设立河长公示牌、开设微信公众号有奖举报、设立"民间河长"等途径，畅通公众参与渠道，聘请人大代表、政协委员、环保人士、教师、学生等代表参与河长社会监督，聘请"民间河长"727名，设立河长公示牌2933块，受理投诉98起。

（卢明发）

【水环境综合治理】 2019年，南宁市以总分第二名的成绩入围全国城市黑臭水体治理示范城市，获中央补助资金4亿元(第一批资金2亿元到位)。竹排江黑臭水体系统治理入选生态环境部2019年统筹强化监督黑臭水体治理专项行动通报表扬典型案例。实施水环境综合治理项目76个，完成投资72.83亿元，年度投资计划完成率88.14%。推进污水管网建设及改造，建成区完成新建市政污水管网约255千米，完成雨污管网错混接点改造3373个，打通市政污水管道断头管118处。内河流域范围内排查出“小散乱污”企业186家、完成整治162家，清理岸线垃圾及水面漂浮物1.68万吨；城管部门针对在建工地黄泥水乱排、水土流失等问题下达整改通知622份，执法结案183起，处罚金110.47万元。加快建设内河流域治理项目，亭子冲、朝阳溪、那平江等流域治理项目开工，心圩江环境综合整治工程PPP项目完成年度投资10.04亿元，水塘江综合整治工程PPP项目完成年度投资4.33亿元，城市内河黑臭水体治理工程PPP项目完成年度投资3.20亿元，沙江河环境综合整治PPP项目1月正式运营。上半年重点对亭子冲南建路口至邕江出水口段、朝阳溪秀厢大道至邕江出水口段、那洪沟实施河道清淤，清淤量约1.03万吨。根据控源截污主体工程实施情况和日常水质监测结果综合评估，建成区38个黑臭河段中，达到不黑不臭要求的河段35个。4月，南宁市54.60平方千米海绵城市建设试点区以全国第三名成绩通过国家验收，为全国提供“南宁经验”。南宁市获中央财政专项资金2019年城市管网及污水处理补助资金奖励1.50亿元。累计完成海绵城市建设试点项目287个，完成项目总投资107.52亿元，完成率122.60%。经海绵模型科学模拟评估，海绵城市试点区年径流总量控制率75.18%，年径流污染物去除率56.86%。江南污水处理厂三期、埌东污水处理厂四期、三塘污水处理厂二期、心圩江下游污水处理厂、水塘江污水处理厂、西明江污水处理厂提前进入调试运行阶段。12月23日，南宁市邕宁水利枢纽工程第6台发电机组并网发电，实现全部机组投产发电。（市城市内河处）

2019年，南宁市新能源纯电动出租汽车　　市交通运输局提供

【节能降碳】 2019年，南宁市万元地区生产总值能耗比上年同期下降1.55%，超额完成“十三五”规划进度目标(80%)2.99个百分点；能源消费总量增长3.36%，控制在自治区下达的“十三五”规划能源消费总量目标任务以内。开展新能源项目建设，投产天然气分布式能源发电项目120兆瓦，热电联产项目45兆瓦，风电项目投产并网198.4兆瓦，光伏发电项目341兆瓦，生活垃圾焚烧发电项目36兆瓦，生物质发电项目12兆瓦，投产项目总投资66.61亿元。通过节能审查项目55个，审查能耗87.19万吨标准煤(等价值)。完成行业节能3.50万吨标准煤，达年度节能目标116.70%。推进南宁港水上加气站建设、内河船型标准化，建设港口码头溢油监视监测系统等项目，建成2艘污染物回收船。建设206个公交车充电桩和40套智能公交电子站牌，升级450套智能公交电子站牌，新购投放200辆新能源公交车；调整优化全市公交线网，增加微循环公交线、定制公交线、夜间公交线。通过租赁、财政购买、体验宣传等方式，推进新能源汽车应用，提高新能源汽车在公务用车和派车的比例，全市新能源汽车保有量2.02万辆，划定18条路段21个点设置890米停车带作为电动汽车专用停车位；累计建成电动汽车充电站(点)422座、充电桩3334个、充电插座2589个。全市规模以上工业企业综合能源消费量456.83万吨标准煤，增长2.44%；规模以上万元工业增加值能耗0.82吨标准煤，上升1.43%。南宁市有规模以上节能环保产业制造业企业96家，在高效节能、先进环保和资源循环利用三大领域产业取得突破。推广使用清洁能源，对使用清洁能源的111家工业企业给予财政补助4077.74万元。市机关事务管理局联合市市政园林局等单位推进生活垃圾分类，纳入年度公共机构节能绩效考评范畴，全市7个城区、3个开发区以及84家市直单位建立垃圾分类常态化、长效化管理机制。全市1583个党政机关单位、1405所中小学幼儿园开展生活垃圾分类强制工作，覆盖居民户数99.61万户；全市配备厨余垃圾运输车70辆，有害垃圾运输车辆10辆，可回收物运输车辆11辆。在市第四人民医院、市城市应急联动中心等6个市直单位投入1330万元节能减排专项资金，实施围护结构、供热、空调、动力、电梯、食堂、太阳能光伏、照明系统、喷淋系统等重点用能用水设备和重点用能区域的综合节能改造，完成既有建筑改造面积20.62万平方米，综合节能率均10%以上，19个重点用能单位全部完成能源审计。建成覆盖63家市直单位的能耗监测系统网络，基本实现对单位办公区配电室、大型动力设备、用水设施、水电管网的分项计量、集中监控。全市3911家公共机构人均综合能耗、单位建筑面积能耗、人均用水量比上年分别下降2.42%、2.20%、3.42%，完成自治区下达的节能目标。

（侯宗豪　曾启娟　戴晓敏　李雄杰）

编辑　覃涓铌　钟婉悦

中国－东盟博览会·商务与投资峰会在南宁举办

中国－东盟博览会·商务与投资峰会概览

【总体情况】 2019年9月21日至24日，第16届中国－东盟博览会、中国－东盟商务与投资峰会(分别简称“东博会”“商务与投资峰会”，合称“两会”)在南宁举办。中共中央政治局常委、国务院副总理韩正，印度尼西亚总统特使、海洋统筹部部长卢胡特，缅甸副总统敏瑞，柬埔寨副首相贺南洪，老挝副总理宋赛，泰国副总理兼商业部部长朱林，越南副总理武德担，波兰前总统布科莫洛夫斯基8位中外领导人和前政要，240名部长级贵宾(东盟及区域外134名)，中国与东盟国家的相关地方行政长官、各国外交使节、商协会会长、有关国际组织代表、知名企业家、专家学者、社会各界知名人士等出席，8.6万名客商参展参会。“两会”主题为“共建‘一带一路’，共绘合作愿景”，印度尼西亚担任主题国，波兰担任特邀合作伙伴。举办系列高层友好交流活动和丰富多彩的主题国活动。东博会展览总面积13.4万平方米，比上届增加10000平方米；总展位7000个；参展企业2848家，比上届增长2.4%，参展商2700人。中国企业突出展示新产品、新技术、新应用，东盟参展商品首次引入产品认证和溯源体系；举办行业贸易配对会、国别采购会等经贸对接活动，首次推出线上贸易配对系统，各国买家采购意向强烈。举办东盟各国国家推介会、中国有关省市推介会等。波兰的产品深受青睐，“一带一路”沿线国家的商品呈现新特色。推动重大合作机制和项目建设。东博会框架下举办33个高层论坛，其中会期举行25个，丰富“南宁渠道”，推动《中国－东盟战略伙伴关系2030年愿景》在各领域落实。为民营企业搭建务实平台、为企业交流合作创新服务，提高对商界的服务。首次举办东博会支持商协会定期会晤机制，出版发行东博会第一本蓝皮书《中国－东盟国际产能合作背景下东盟产业园发展报告》。商务与投资峰会将年会与常年办会相结合，举办活动17场，其中年会活动8场。举办第二届“一带一路”新经济发展论坛、印度尼西亚领导人与中国企业CEO圆桌对话会、中国－东盟国家工商会会长联席会议、中国－东盟水果发展论坛等。组织多家北京中关村企业到广西做好帮扶工作，会期启动中国－东盟数字贸易枢纽中心。“两会”期间，举办南宁国际民歌艺术节、中国－东盟电视周等人文交流活动。有22个国家的177家媒体1928名记者到会报道，柬埔寨NICE TV进行直播活动，东博会官方微信、微博对“两会”话题阅读量超过6400万次。

【开幕大会】 2019年9月21日上午，第16届中国－东盟博览会、中国－东盟商务与投资峰会开幕大会在南宁国际会展中心金桂花厅举行。中共中央政治局常委、国务院副总理韩正，第16届东博会主题国印度尼西亚总统特使、海洋统筹部部长卢胡特，缅甸副总统敏瑞，柬埔寨副首相贺南洪，老挝副总理宋赛，泰国副总理兼商业部部长朱林，越南副总理武德担，以及中国、东盟和相关国家多部门的部长级官员、外交使节、地方行政长官，金融机构负责人、商协会会长，有关国际组织负责人、企业家、专家学者，广西壮族自治区有关领导，参展参会客商和各界人士代表等出席。大会开始前，印度尼西亚、波兰的艺术家分别进行充满异域风情的暖场表演。开幕大会以“精雕细琢、共拓未来”为主题，广西壮族自治区主席陈武、印度尼西亚贸易部部

2019年9月21日，印度尼西亚领导人与中国企业CEO圆桌对话会在南宁举办

广西国际博览事务局提供

长卢吉塔共同主持。韩正发表主旨演讲时指出，让双方更加紧密地携起手来，朝着《中国－东盟战略伙伴关系2030年愿景》确定的目标不断前进，并提出深化战略对接、深化经贸合作、深化互联互通、深化创新合作、深化人文交流5点建议。卢胡特在演讲时表示，我们有共同的战略愿景并建设包容、尊重与和平的世界。敏瑞在演讲时强调，相信“一带一路”倡议将通过良好的基础设施和管理协助，为进一步发展贸易和加强地区内国家间的交流提供机遇。贺南洪在演讲时指出，在“一带一路”倡议和“全面战略伙伴关系”框架下，柬埔寨和中国的双向交流与合作将得到进一步发展。宋赛在演讲时说，老挝将一如既往地参与和支持“一带一路”倡议框架下各项目的贯彻落实，与各方携手为“一带一路”沿线国家的和平繁荣与可持续发展贡献自己的一份力量。朱林在演讲时指出，现在中国、泰国和东盟正携起手来，一起制定共同的愿景，互相帮助，共同实现可持续发展。武德担在演讲时表示，以世贸组织和多边贸易体制为基础，越南政府将继续为各国企业在越南进行长期投资和经营创造力所能及的便利条件。波兰企业与技术部国务秘书奥切帕在致辞时说，相信参加东博会将会为波兰提供更多与中国和东盟各国之间的合作机遇。广西壮族自治区党委书记、自治区人大常委会主任鹿心社，中国商务部副部长、国际贸易谈判副代表俞建华，中国国际贸易促进委员会会长高燕分别代表东博会举办地、东博会共办方、商务与投资峰会主办方先后致辞。亚洲基础设施投资银行行长金立群、小米集团董事长兼首席执行官雷军分别致辞。会上，还举行中国－东盟媒体交流年中国－东盟电视周启动仪式。韩正宣布：第16届中国－东盟博览会、中国－东盟商务与投资峰会开幕！韩正、卢胡特等16位嘉宾共同为“两会”启幕。

【主要成果】

高层对话 2019年，出席“两会”的各国政要通过开幕大会演讲、双边会见、政商对话等形式，发出《中国－东盟战略伙伴关系2030年愿景》的强音，表明反对单边主义和保护主义，促进贸易和投资自由化便利化，携手共同打造更高水平的中国－东盟战略伙伴关系、构建更紧密的中国－东盟命运共同体的共识和决心。

经贸合作 东博会有采购商团组122个，比上届增加8.9%，有组织的专业观众超过1.2万人，比上届增长10%。举办贸易投资促进活动90场，经贸实效进一步提高。一是商品贸易成交踊跃。东盟国家的食品及饮料、家居用品、生活消费品，中国的工程机械、食品包装机械、智慧能源与电力、建筑材料等成交量较大。二是签约投资项目数量和质量进一步提高。签订经济合作项目502个（国际439个、国内63个），投资总额同比上届有较大增长。签约项目向“三大三新”（大健康、大数据、大物流、新制造、新材料、新能源）和“四新四高”（新技术、新产业、新业态、新模式、高科技、高质量、高附加值、高成长性）的产业项目集中，重大项目覆盖5G、大数据分析、工业互联网、医药制造、智能制造、智慧城市等领域，涉及德国、印度尼西亚等国家和中国香港地区，以及广东、北京、浙江、上海、山东等多个省（区、市），展现东博会在强化区域合作及中国－东盟经贸开放合作方面的重要平台功能。中国一家电力集团与印度尼西亚企业签订近10亿美元的水电项目。

多领域合作 “两会”在互联互通、农业合作、教育合作、科技合作等方面取得务实成果。启动国际陆海贸易新通道信息服务平台，陆海新通道北部湾研究院揭牌，中国－东盟信息港公司分别与上海航运交易所、中国铁路南宁局集团签署战略合作协议。发起中国－东盟农业科技创新合作发展倡议，发布《“一带一路”国别法律研究》。中国－东盟金融信息服务平台正式启动上线。签约一批中国和东盟国家职业院校、企业、行业合作协议。中国教育国际交流协会与马来西亚人力资源部签署合作备忘录，发布《中国与马来西亚职业教育圆桌峰会南宁共识》。签署中国媒体机构和印度尼西亚、菲律宾、新加坡媒体合作的相关项目，中国－东盟网络视听产业基地挂牌运行。提出中国首个与东盟国家在标准化领域合作倡议——《南宁倡议》。中银香港东南亚业务营运中心、中国太平洋保险集团东盟保险服务中心揭牌。广西壮族自治区妇女联合会与老挝郎勃拉邦省妇联签署友好交流协议；中国企业、高校分别与老挝、马来西亚、印度尼西亚、泰国、越南企业签署一批家庭服务、教育培训、贸易等领域合作协议。签署《中国－柬埔寨双边技术转移合作备忘录》，一批中国高等院校与泰国等东盟国家签署共建中国－东盟综合交通国际联合实验室合作协议；中国医学、科技等领域院校和机构与东盟相关机构签署多领域科技合作协议。发布中国与东盟各国合作出版的《中国－东盟统计年鉴(2019)》。

推动广西加快开放发展 “两会”按照“南向、北联、东融、西合”的全方位开发发展布局，通过高层对话、政商对接、经贸人文活动安排等，推动广西更深入参与区域合作机制，带动更多项目落户广西。会期广西壮族自治区主要领导分别与东盟国家领导人、各国代表团团长、东盟国家友城代表团团长、国际组织负责人举行12场会见，还会见国家有关部委、中央企业、省（区、市）有关领导和著名民营企业负责人，就全面落实中央赋予广西的“三大定位”（构建面向东盟的国际大通道、打造西南中南地区开放发展新的战略支点、形成“一带一路”有机衔接的重要门户）、与各方携手共建“一带一路”达成共识，向各方宣介国际陆海贸易新通道、中国（广西）自由贸易试验区、面向东盟的金融开放门户等重大项目，推动广西新一轮更高水平的开放合作。一是推动广西与东盟国家的合作，东盟货运物流联合总会入驻中新南宁国际物流园，新商科国际职教联盟秘书处、数字经济协同创新中心、中泰亚龙丝路学院在南宁成立等。二是带动一批重要项目落户广西，广西壮族自治区人民政府与中国海洋石油集团有限公司、中国大唐集团有限公司签署新时代

2019年9月21日，中国－马来西亚产能与投资合作论坛在南宁举行

广西国际博览事务局提供

全面深化战略合作框架协议,“一带一路”电商谷南宁中心启动建设等。三是服务广西各市开放合作,南宁市人民政府与来赞达集团签约,北海市举办2019年向海经济暨21世纪海上丝绸之路成果展示交流会,贵港市举行新能源汽车及电动车展专项采购对接洽谈会等。

【中国－东盟博览会·商务与投资峰会闭幕新闻发布会】 2019年9月24日下午,中国－东盟博览会组委会、中国－东盟商务与投资峰会组委会在南宁国际会展中心新闻中心举行第16届中国－东盟博览会、中国－东盟商务与投资峰会闭幕新闻发布会,中国和东盟10国及区域外国家的百余名记者参会。发布会由中国－东盟博览会秘书处副秘书长杨雁雁主持,中国－东盟博览会秘书处秘书长王雷、中国－东盟商务与投资峰会秘书处副秘书长丁元龙发布新闻,并回答记者提问。王雷介绍此届“两会”情况和下届安排。会上,还举行东博会“魅力之城”交接仪式,第17届东博会的中国“魅力之城”将由贵阳市担任。根据9月23日下午举行的第16届东博会高官会议确定,第17届中国－东盟博览会初步定于2020年9月18日至21日在南宁举办,主题国为老挝,同期继续举办第17届中国－东盟商务与投资峰会。第16届中国－东盟博览会、中国－东盟商务与投资峰会闭幕。

服务保障

【概　况】 2019年,南宁市委、市政府率领全市各级各部门围绕政治外交品牌、经贸实效、服务水平和影响力进一步提高的要求,提高政治站位,强化责任担当,共同努力完成“两会”各项服务保障任务。南宁市站在服务国家战略的高度,将服务“两会”工作列入市委常委会工作要点和政府主要工作目标任务,组建以市委、市政府主要领导为组长的领导小组,下设14个工作部,通过细化分工、落实责任,强化监督检查,科学统筹,整体推进各项任务落实。多措并举,形成合力唱响南宁的舆论强势,营造浓厚热烈宣传氛围。切实抓好安保和维稳、交通疏导、消防安全、安全生产等方面的工作,确保会期绝对安全。高标准高质量做好市容环境、卫生保障、志愿服务等方面工作,圆满完成各项综合服务保障任务。

【主要成效】

经贸实效提高　2019年“两会”期间,南宁市接待包括华润集团、小米科技、华为集团等世界500强企业、中国500强企业在内的重要客商327人。签约项目88个,总投资732亿元。项目具有创新创业动能新、重点产业占比高、涵盖产业领域广、现代农业特色显等特点,其中沈阳化工产业研究院、力合创新中心等“产教研”平台落户南宁,瑞声科技及其关联企业茵地乐材料相关生产项目、世纪联合创新智慧显示器制造项目等电子信息产业项目将有效推动南宁市产业转型升级,夯实产业基础。购销合同签约304亿元。

国际影响力扩大　2019年“两会”期间,南宁市邀请10个国家的友好城市代表团、友好城市艺术团、友好交往人士及侨领共11个嘉宾团组71人到南宁,参加“两会”开幕大会等多项活动,促成一系列合作成果,提升城市国际化水平,扩大“南宁渠道”影响力。首次组织推出“国际友城进东博”活动,日本秋田市、英国韦克菲尔德市、马来西亚怡保市3个国际友好交往城市进驻东博会设展,国际友好城市老挝占巴塞省参展“魅力之城”,此为南宁市对外友好交往领域多年深耕的标志性成果。组织马来西亚怡保市、澳大利亚班达伯格市等11个嘉宾团组与政府对口部门、企业、学校、景区开展形式多样的活动20多场次,就文化、科技、教育、旅游开发等方面进行交流,达成良好合作共识。

文化影响力提升　2019年“两会”期间,南宁市举办庆祝中华人民共和国成立70周年群众文化活动暨第21届南宁国际民歌艺术节“大地飞歌·2019”、“绿城歌台”群众文化活动、中国－东盟(南宁)戏剧周等,进一步提升活动品牌效应及南宁文化影响力。“大地飞歌·2019”以“我心中的歌”为主题、“红色”为主基调,创新运用18支拉歌方阵队1260名队员齐唱红歌的方式拉开序幕,同时,注重呈现南宁元素、民族元素和时代元素,成为中外演员同参演、地方特色与外国风情相辉映、传统民歌与现代技术相结合的音乐盛典。“绿城歌台”在民歌湖大舞台及各区县设13个歌台,中外艺术家和文艺工作者奉献18场风格各异、互动性强的精彩演出,搭建起国内外优秀文化交流的大舞台。戏剧周有中国和东盟国家的19个优秀院团举办26场活动,展示中国－东盟戏剧及非物质文化遗产,共同探讨中国－东盟文化艺术交流与发展。此外,还举办庆祝中华人民共和国成立70周年——南宁市“百里秀美邕江”美术书法精品展、摄影大赛获奖作品展暨俄罗斯油画名家南宁邀请展等主题展览。据不完全统计,“两会”期间,南宁市接待游客人数155.24万人次,比上届增长14.51%。

【市政设施保障与市容环境改善】 2019年,南宁市出动人员和车辆维修道路路面、人行道、井盖、城市座椅,以及管养公共景观亮化和楼宇亮化等,保障市政设施安全运转。同时,切实做好园林绿化的养护,在重点道路及重点区域种植鲜花48.7万盆,营造“花化”市容环境。据不完全统计,出动环卫工人47万人次、车辆31.4万辆次,保洁道路7600万平方米;出动执法人员4.5万人次、车辆1.1万辆次、船35艘次,整治“五乱”(乱摆设摊点、乱停放车辆、乱扔弃垃圾、乱张贴广告、乱搭建工地)现象4.06万起。

【宣传服务】 2019年“两会”期间,南宁市发出采访通知100多条,安排采访活动44场,组织市属媒体300多人次采访报道“两会”,刊播稿件1073篇。邀请中央驻广西主流媒体等对“两会”进行宣传,人民网、新华网刊发多篇重点报道,中国新闻网开设专题,展示第21届南宁国际民歌艺术节的动态、亮点和精彩瞬间。借助微信公众号、官方微博平台,创新性地推出微直播、MG动画、图集等形式,全方位报道和服务“两会”。提供和发放《南宁概览》等外宣品,拍摄制作《邕江》纪录片、出版发行《邕江》画册,对外讲好“南宁故事”。联合中央广播电视总台中文国际频道、中国新闻社等共同开展2019“南宁渠道　丝路交响”跨国采访行动(意大利克雷马市、法国普罗旺斯大区、乌兹别克斯坦),进一步深化“南宁渠道”的宣传报道。利用全市电子屏播放“两会”的宣传片、标语;在壮锦大道、青山路,南宁国际会展中心等精品线路和重要节点,浓墨重彩地设置宣传内容,营造热烈浓厚的“两会”社会宣传氛围。

【安全保卫与社会维稳】 2019年,南宁市制定工作方案163个,构筑环邕安全检查站、社会治安面管控和活动场馆三道防线,确保“两会”期间各项活动安全和社会稳定。设环邕安全检查站17个,出动警力12730人次,查获违法犯罪嫌疑人69名(含在逃人员7名),严防违禁物品流入。以扫黑除恶为主体,严厉打击违法犯罪行为,开展社会治安综合整治13次;同时,全市启动新型警务工作站27个,成为警民共治的“共同体”,进一步强化社会治安管控。“两会”期间,在南宁国际会展中心等现场安检入场人员30多万人次,车辆900多辆次,检查物品10多万件,确保各大场馆活动安全。

【交通疏导服务】 2019年“两会”期间,南宁市制定完善的相关方案,科学统筹调配警力,承担并完成70个等级警卫车队开道护卫任务87次,护卫总里程2200千米。在东博会公众开放日、南宁国际民歌节等大型活动期间，观众和车辆快速、安全抵达及有序疏散，实现勤务交通绝对安全、勤务组织绝对高效、勤务运转绝对和谐、勤务指挥调度绝对精准。

【消防安全与救援保障】 2019年，南宁市由内到外按照“场馆核心区、周边200米警戒区、城市防控区”的布局，切实落实建立立体严密核心区域防线、多方凝聚社会面安保合力、充分做好应急救援准备、全面细化执勤保障工作等“两会”消防安全与救援保障措施。“两会”期间，累计投入消防执勤人员2万多人次、执勤车辆3000多辆次、器材2万多套(件)，完成消防安全与救援保障执勤任务263项，实现南宁市连续7天“零火灾”，“两会”活动期间涉会场馆、住地未发生冒烟起火事件，全市社会面不发生较大或者有影响的火灾事故等防控目标。

【安全生产监督管理】 2019年，南宁市印发工作方案，制定具体措施，周密部署安全生产防范工作。督促“两会”重点活动场所业主落实安全生产责任制，组织对“两会”接待宾馆、饭店进行安全检查，排查供水、供电、供气设施系统安全隐患，开展消防安全和城市轨道交通安全专项检查，对于存在的隐患，采取措施进行整改，或作临时查封处理。强化高危行业监管，对非煤矿山和工贸重点企业进行安全隐患排查，对危险化学和重大危险源加强管控，发现问题，责令整改，或立案处罚处理。同时，对相关单位的电梯、锅炉、压力容器、压力管道、大型游乐设施等开展安全监督检查和检验工作，保障特种设备安全运行。“两会”举办前夕，市委、市政府领导分成13个组分别带队到重要活动场所和企业一线开展安全生产专项检查，确保“两会”期间安全生产零事故、零伤亡。

【医疗卫生保障】 2019年，南宁市组织人员对“两会”重点接待宾馆和活动场馆开展空气监测、二次供水检查、“四害”(苍蝇、蚊子、老鼠、蟑螂)消杀及其他公共卫生监测为主的集中整顿活动；对重点场所的环境、饮用水、高危食品和餐具等进行实验室监测采样，发现问题，责令限期改正，并动态跟踪督促落实；同时，加强重点传染病和病媒生物控制的监测，保障“两会”卫生安全。“两会”期间，组织13家医疗机构全面备勤；安排98名医务人员、16辆救护车组成13个小组执行现场医疗保障任务，处置伤病员48人，转运轻伤员5例，伤员救治及时、处置得当，无危重症及死亡病例。

【食品安全保障】 2019年，南宁市成立酒店保障组、食品供应组、应急组、专家组等6个专项工作组，定岗定人，分工明确，责任到人，对“两会”接待酒店、活动的供餐单位和快餐接收点进行全程监管，保障食品安全。对申请为“两会”提供现场餐饮服务的供餐单位进行现场资质审核，核查场所、采购、加工、配送、洗消、从业人员等，对接待酒店进行督导考评和监督抽检，发现问题，及时整改。派员到接待酒店、快餐生产单位、快餐接收场所驻点保障。“两会”期间，接待酒店保障用餐3.88万人次，保障快餐生产11.15万份、接收9.63万份，服务“两会”专项监督抽检样本552批次，全市无重大食品安全事故发生。

【交通运输保障】 2019年“两会”期间，南宁市从实际出发，有针对性地采取措施，切实做好交通运输保障服务工作，城市客运交通行业完成客运量859.96万人次。开通31条临时公交专线，在接待宾馆、活动场所等主要客流集散地加大公交发班密度、延长营运时间；组建由76名驾驶员、38辆公交车辆组成的公交运输保障应急队伍，以备应急之需；在“两会”重点场所，安排公交执勤人员和现场引导员，做好文明引导及维护乘运秩序工作。抽调400名驾驶员、400辆出租车作为运输保障队伍，确保参展人员和其他客源的出行需要。协调轨道交通延长营运时间，方便客源通行，同时根据客流情况调整行车间隔时间、加开备用列车。

【通信保障】 2019年“两会”前及举办期间，南宁市制定工作方案和应急预案，落实各项措施，完成“两会”通信保障工作任务。组织各运营商对“两会”涉及场所的通信基站及附属设施、传输线路进行定时巡检和维护，根据需要实施必要的扩容，确保设施安全和网络稳定；安排人员现场值守，派驻通信保障车保障特殊区域通信顺畅。对应急联动有线和无线通信系统、通信基站监控及发电系统，以及使用的对讲机进行检查、维护和保养，加强值班力量，保障应急联系通信和指挥调度通信畅通。根据要求，在“两会”活动现场铺设开通通信宽带、电话线路，满足电视、网络、电台等各新闻媒体的现场直播通信需求。

【供电与供水保障】 2019年，南宁市供电部门成立保供电领导小组，下设9个专项工作保障组，制定228项措施，协同高效推进“两会”保供电工作有序开展。通过落实提升主电网供电能力、做好保供电工作链式管理、优化电网运行方式、保障设备安全运行、做实客户端用电保障服务等工作措施，确保电力供应正常有序。“两会”期间，出动人员5036人次、车辆1315辆次、发电机111台次、UPS(不间断电源)36台次，完成“两会”供电保障任务137项。供水部门制定工作方案，成立安全供水保障领导小组，下设7个工作机构，落实各项保障措施，确保“两会”期间安全优质供水。全面开展供水设备及设施大检查，并加强巡查、维护和保养；对重点保障场所及周边地段的供水管线、阀门井、水表、二次加压等相关设备设施进行检查，发现问题即行整改，排除隐患。“两会”期间，实行24小时监测，掌握全市的水压状况，做到科学合理调度；同时，做好巡查和应急抢修准备，实现供水保障万无一失。

【气象服务】 2019年“两会”举办前，南宁市气象部门制定气象保障工作方案，组建5个服务工作组，并将责任落实到人；在对气象仪器装备开展巡检维护的同时，加强与中央气象台和自治区气象台的会商，为提供准确无误的精细化预报服务奠定良好的基础。8月，各工作组进入“两会”气象保障服务特别工作状态，执行24小时负责人领班、专人值班制度，做好加密观测、滚动预报预警及跟踪气象服务。9月2日起，滚动提供市区未来3天逐12小时天气预报。9月19日起，提供市区、吴圩机场、南宁国际会展中心等未来24小时逐6小时精细化天气预报；20日，开始滚动提供逐3小时短临天气预报。“两会”期间，向相关机构和人员提供“两会”专项服务信息26期，发送气象保障服务短信3万多条次。通过开辟专题、专栏，召开新闻发布会等，使公共气象服务智能化、广覆盖，并利用智慧气象成果开展服务。此外，还与民航、环保、应急等部门会商，有效应对恶劣天气的不利影响。

【志愿服务】 2019年“两会”举办前，南宁市成立志愿者部，制定工作方案，招募3870名志愿者，并组织进行服务礼仪、应急救援、安防保护培训，为服务“两会”做好准备。“两会”期间，提供专业、场馆、城市和窗口文明单位岗位等志愿服务1.2万人次。选拔84名有计算机、礼仪和外语特长的志愿者，在接待酒店、博览会客服中心等场所，提供专业性强的志愿服务；组织160名志愿者，为第21届南宁国际民歌艺术节系列活动提供演员服装与道具整理、观众引导、票务协助等现场志愿服务；组织1060人次志愿者和21个行业的青年文明号集体青年志愿者，在13个城市志愿服务工作站提供公交线路咨询、城市道路指引等服务；组织2520人次志愿者在21个文明交通劝导路口，开展排队礼让的文明引导活动。（南　亚）

编辑　李志楠

南宁与东盟

综　述

【南宁与东盟交往概览】 2019年，南宁市发挥开放平台作用，与东盟各国贸易往来继续保持高速发展，商品进出口额110.93亿元，比上年增长23.70%，东盟成为南宁市第二大贸易伙伴、第三大出口市场、第三大进口来源地。建成南宁国际铁路港一期等西部陆海新通道关键性项目。中国－东盟信息港南宁核心基地累计建成项目32个，中国－东盟北斗中心揭牌运营。南宁综合保税区实现进出口总额245.36亿元，增长54%。继续办好中国－东盟（南宁）戏剧周、中国－东盟（南宁）孔子文化周等品牌活动。建设西部陆海新通道、自由贸易试验区、面向东盟的金融开放门户，不断深化交流合作，"南宁渠道"持续畅通。

【区域性数字经济高地建设】 2019年，南宁面向东盟的区域性数字经济高地加速成型，中国－东盟信息港南宁核心基地累计建成项目32个，中国－东盟北斗中心揭牌运营，华为、浪潮、阿里等互联网龙头企业入驻；中国－东盟金融城新增持牌金融机构和重点金融企业39家，累计60家，金融业务创新50多项，中银香港东南亚业务营运中心、太平保险东盟保险服务中心、交通银行金融创新联合实验室开业运营。　（梁佳和）

经贸往来

【概　况】 2019年，东盟成为南宁第二大贸易伙伴、第三大出口市场、第三大进口来源地。在中美经贸摩擦日益加剧局面下，南宁市发挥产品竞争优势，扩大对东盟出口贸易，对东盟进出口110.93亿元，比上年增长23.70%，其中出口50.69亿元、增长89.10%，进口60.24亿元、下降4.10%。15家企业在东盟7个国家进行非金融类投资，协议总投资1.26亿美元，中方协议投资0.88亿美元。东盟国家在南宁投资新设企业38家，总投资22.74亿美元，注册资本22.63亿美元，外商独资20.26亿美元；累计投资企业163家，总投资46.94亿美元。中国南宁—越南河内（嘉林）中越国际列车运行十周年，年内开行111列。

【进出口贸易】 2019年，南宁市与东盟进出口额110.93亿元（出口50.69亿元、进口60.24亿元），比上年增长23.70%，其中越南43.19亿元（出口30.12亿元、进口13.07亿元）、泰国21.60亿元（出口14.14亿元、进口7.47亿元）、马来西亚19.48亿元（出口1.49亿元、进口17.99亿元）、印度尼西亚9.58亿元（出口1.08亿元、进口8.49亿元）、新加坡7.17亿元（出口1.11亿元、进口6.06亿元）、菲律宾7.12亿元（出口0.74亿元、进口6.38亿元）、缅甸1.54亿元（出口1.30亿元、进口0.24亿元）、柬埔寨7613万元（出口5959万元、进口1654万元）、老挝2942万元（出口1155万元、进口1787万元）、文莱1753万元（出口18万元、进口1735万元）。

（市商务局）

【东盟企业在邕投资】 2019年，东盟国家在南宁投资新设企业38家，总投资22.74亿美元，注册资本22.63亿美元，外商独资额20.26亿美元。其中，新加坡27家，总投资665.36万美元，注册资本631.30万美元，外商独资503.99万美元；泰国5家，总投资22.39亿美元，注册资本22.35亿美元，外商独资20.10亿美元；马来西亚3家，总投资1391.24万美元，注册资本1391.24万美元，外商独资903.22万美元；越南2家，总投资30.38万美元，注册资本30.38万美元，外商独资18.73万美元；菲律宾1家，总投资1452.62万美元，注册资本726.31万美元，外商独资145.26万美元。投资行业以科学研究和技术服务业、交通运输、仓储和邮政业、信息传输、软件和信息技术服务业、租赁和商务服务业、科学研究和技术服务业为主。东盟在南宁投资企业累计163家，总投资46.94亿美元，注册资本39.89亿美元，实际利用外资4.78亿美元。

（市投促局）

【南宁企业在东盟投资】 2019年，15家企业在东盟7个国家进行非金融类投资，协议总投资1.26亿美元，中方协议投资额0.88亿美元。其中，越南5家，协议总投资2104.45万美元，中方协议投资1353.48万美元；柬埔寨3家，协议总投资5790万美元，中方协议投资2964万美元；印度尼西亚2家，协议总投资520万美元，中方协议投资520万美元；缅甸2家，协议总投资513.80万美元，中方协议投资513.80万美元；新加坡1家，协议总投资3000万美元，中方协议投资3000万美元；马来西亚1家，协议总投资500万美元，中方协议投资255万美元；老挝1家，协议总投资150万美元，中方协议投资150万美元。主要涉及制造业、批发和零售业、采矿业、农林牧渔业、物流仓储业等。

【南宁至东盟国际航线加密】 2019年2月11日，南宁吴圩国际机场新增南宁—西哈努克港直飞航线，为南宁机场开通的第3条柬埔寨城市国际直航定期航线，柬埔寨景成国际航空公司执飞，航班号QD724/5，每周一、周五各执飞1班。北京时间10时从西哈努克港起飞，13时25分抵达南宁；14时25分从南宁起飞，16时抵达西哈努克港。10月15日，南宁—胡志明市往返全货机航线开通，为广西第一条直飞东盟的货运航线，顺丰航空使用波音B737-300型全货机执飞，业载14吨，每周5班，当天往返，出口货物以跨境电商产品为主，进口货物以越南特色海鲜产品为主。加密南宁—金边、南宁—仰光等城市航线航班。

【中新南宁国际物流园（一期）新中智慧园试运营】 2019年9月19日，中新南宁国际物流园新中智慧园试运营仪式在中新南宁国际物流园新中智慧园2号库举行。中新南宁国际物流园（一期）新中智慧园位于南宁综合保税区配套区，项目建设包括智能化冷链物流库、自动化分拣综合智慧物流高标库，以及相关配套功能建筑。参加活动嘉宾实地参观新中智慧园试运营情况。市领导一行到物流园展示中心了解项目进展，召开专题工作座谈会协调解决项目推进中的困难。

【南宁与新加坡企业签订多项合作协议】 2019年12月2日，共建共享面向东盟的金融开放门户、西部陆海新通道暨中国－东盟信息港推介交流会在新加坡举行。南宁市重点推介南宁发展的新机遇、新未来，与新加坡企业签订多项合作协议，开展金融领域创新与合作。会上签约项目2个：与新加坡益嘉诚集团公司签订战略合作备忘录，建设投资促进代表处，创新招商引资机制，建立全球化招商引资网络；与新加坡盛利理财有限公司签订合作协议，建设面向东盟的金融服务中心，开展境内外双向投资业务保险经纪及其他保险中介业务，以及金融科技创新领域合作。

【2019中国－缅甸（仰光）产品展览会】 2019年5月24日至29日在缅甸仰光MEP会展中心举办。中国－东盟博览会秘书处、广西国际博览集团有限公司主办。南宁市参展企业有南宁有杉电子商务有限公司、广西和德华农资有限公司、广西食品机械协会、广西新途机电有限公司、广西郝杞源商贸有限公司、桂坊日用品经营部、广西建树建筑工程集团、广西食品和包装机械工业协会、广西三个老板食品有限公司9家。参展产品有化肥、化肥原料及产品、木薯片、淀粉（非食用）、家用电器、通信器材、电子产品、计算机软硬件及配件、机电设备、消防设备、安防器材、工程机械设备及配件、照相器材、健身器材、音响设备等。

【2019中国－东盟博览会印尼展】 2019年7月9日至14日在印度尼西亚雅加达国际展览中心举办。中国－东盟博览会秘书处、自治区商务厅、广西国际博览集团有限公司主办。南宁市参展企业有广西郝杞源商贸有限公司、广西广宁工业科技有限公司、南宁有杉电子商务有限公司、广西三个老板食品有限公司、广西工博电子商务有限公司、南宁宇治园茶业有限公司、广西和德华农资有限公司7家。参展产品有食品、农副产品、纸品、铁工艺品、乳制品、家居用品、日用百货、家用电器、电子产品、机电设备、工艺礼品、玩具、体育用品、办公用品、塑料制品、饲料、茶叶、茶粉、咖啡豆、茶饮料、复混肥料、尿素、钾肥、磷肥、化肥原料及产品。

（市商务局）

2019年9月19日，中新南宁国际物流园新中智慧园试运营。图为新中智慧园（一期）

梁佳和　摄

文化交流

【2019中国－东盟博览会文化展暨动漫游戏展】 2019年7月5日在南宁国际会展中心开幕。中国－东盟博览会秘书处、自治区文化和旅游厅、自治区新闻出版广电局、广西国际博览集团有限公司主办。以“共建21世纪海上丝绸之路，促进中国－东盟文化合作”为主旨，邀请200多家来自“一带一路”国家、符合展商需求的商家参会。文化展展示中国和东盟特色文化形象、旅游文化、演艺文化、创意文化产品、期刊出版物等；动漫游戏展展示动漫游戏及相关产业服务外包、开发制作、版权交易、出版发行、译制播放、衍生品等。

【东盟新经济领袖班】 2019年5月6日在南宁开班，为期3天。中国－东盟博览会秘书处、广西国际博览集团有限公司联合长江商学院共同举办，旨在加强中国与东盟国家经济政策协调和经济发展战略对接，深化中国与东盟在多领域的交流与合作，深入服务“一带一路”倡议。招收东盟国家经贸主管部门高级官员、东盟各国领军企业家、上市公司高管及家族企业接班人学员60名。

【2019年南宁·东盟人才交流活动月】 2019年9月11日，2019年南宁·东盟人才交流活动月开幕暨第六届南宁市海（境）外高层次人才与项目对接会在南宁·中关村创新示范基地创新汇举行。晋级2019年第二届南宁市海（境）外人才创新创业大赛复赛、决赛的60名海（境）外人才代表以及10名海内外桂籍杰出人才出席。活动月推出第六届海（境）外高层次人才与项目对接会、“广西籍学子回家看看”、首届海内外桂籍杰出人才回乡共商邕城发展交流会、第二届南宁市海（境）外人才创新创业大赛等17个活动。开幕启动式上，中国工程院院士欧阳平凯与南宁·中关村创新示范基地签署“食品加工废弃物高值转化技术研发及示范工程”项目落地协议，为2019年第二届南宁市海（境）外人才创新创业大赛12个获奖项目颁奖，并为纳入2018年度南宁市创新创业领军人才“邕江计划”的21个项目人才（团队）代表颁发资助资金。开幕式后，第六届海（境）外高层次人才与项目对接会启动，南宁市各区县（开发区）以及有关部门和企事业单位通过集中交流、自由洽谈、专项对接等方式，与高层次人才商谈合作、对接。

【2019年"文化走亲东盟行"缅甸行】 2019年6月6日至8日在缅甸举行。市政府主办,市文化广电和旅游局承办,仰光中国文化中心、缅中交流合作协会、缅中友好协会协办,市民族文化艺术研究院组织实施。6月6日,南宁市文化艺术代表团出访缅甸仰光国立文化艺术大学,为缅甸师生表演广西地域文化特色和民族元素舞剧《刘三姐》、南宁地方特色邕剧及传统南派粤剧,展示壮族刺绣、传统壮医、横县大粽、米粉制作技艺等广西特色非遗文化。6月7日,在仰光中国文化中心举行非遗文化展演,缅甸观众近距离感受壮族文化魅力,体验南宁特色美食。6月8日,代表团与在缅甸国际教育中心学习中文的孩子们互动交流,举行中华戏曲和文艺表演,现场体验中华传统艺术技艺。

2019年9月18日,2019年中国-东盟(南宁)戏剧周大联欢在民歌湖大舞台举行。图为优秀演员获个人荣誉纪念证书 市文广旅局提供

【2019年海外华裔青少年"寻根之旅"秋令营】 2019年10月14日至23日,2019年海外华裔青少年"寻根之旅"秋令营——广西南宁营、广西华侨学校营在南宁举行,160名泰国华裔青少年及海外领队参加10天的壮乡之旅。秋令营活动内容包括汉语基础知识、民族舞蹈、书法、中国武术等中华文化学习,游览南宁市、桂林市等地名胜古迹,开展"壮美乡音"中外学生联谊等。

【第十届东盟文化周暨东盟青年文化交流营活动】 2019年5月21日在南宁开幕,为期6天。广西国际商务职业技术学院主办,泰国、越南、老挝、柬埔寨4个国家50多名青年师生及广西高校师生近3000人参加,举办东盟青年文化交流论坛、中华文化体验、广西少数民族民俗体验、青年文艺会演交流、东盟文化知识竞赛、东盟十国形象大使选拔赛、城市考察等活动。

【2019年中国-东盟(南宁)戏剧周】 2019年9月12日至18日在南宁举行。文化和旅游部国际交流与合作局、中国-东盟中心指导,自治区文化和旅游厅、市政府联合主办,市文化广电和旅游局、市外事办公室承办。来自中国、文莱、柬埔寨、印度尼西亚、缅甸、菲律宾、新加坡、泰国、越南等国的19个优秀院团举办活动26场,演出23场。由印度尼西亚担任首届主题国,国外展演有文莱传统歌舞表演、柬埔寨宫廷舞剧、印度尼西亚舞剧《马林南康当》、菲律宾传统歌舞、缅甸传统音乐剧《生命轮回》、新加坡儿童剧《环保小天使》、泰国孔剧《罗摩衍那》,以及越南历史剧《孵龙丘的传说》、木偶剧《越南香色》、儿童剧《碎米和米糠》等。9月18日晚,戏剧周大联欢在民歌湖大舞台举行,东盟各国艺术院团带来特色表演,呈现东盟各国多元文化,并向本届参演的优秀剧目及个人颁发荣誉纪念证书。

【2019中国-东盟(南宁)孔子文化周】 2019年9月28日至10月3日在南宁举办。市文化广电和旅游局、市外事办公室、市教育局、共青团南宁市委员会主办,南宁孔庙管理所、广西中华传统道德文化促进会等承办。9月28日,举行祭孔大典、百人诵孝经、大成礼乐活动,数百名现场嘉宾、市民身披黄色绶带,列队依次走过棂星门、状元门、状元桥,上百名儒生诵读《孝经》,进行祭孔仪式;9月29日,举行千人拜师礼;9月30日,举行成人礼;10月1日,举行"祖国生日快乐"70大鼓表演、广西传统民歌展演、集体汉式婚礼,5对新人进行盟誓告喜礼、沃盥对席礼、同牢合卺礼、解缨结发礼、执手礼、拜堂礼和盟誓礼,直播平台在线观看汉式婚礼15.70万人;10月2日,举行"华美汉服·礼仪中国——我为汉服代言"大赛、汉服讲座;10月3日,举行笄礼、古琴古筝表演。其间,举办孔子书院书画展、传统文化体验等活动。

【走近东盟——2019新年音乐会】 2019年1月5日在南宁博物馆一楼多功能厅举办。广西国际文化交流中心、南宁市人民对外友好协会、南宁市博物馆主办。缅甸、柬埔寨、老挝、马来西亚、泰国、越南等东盟国家驻南宁总领事馆外交官、东盟国家在邕留学生以及自治区领导、嘉宾300多人出席。来自中国及东盟各国演职人员展演东盟民族风情和广西壮乡特色节目13个,有缅甸民谣《海鸥》、印度尼西亚名曲《星星索》等。中国演奏家用二胡重新演绎中马两国友谊曲目《槟城艳》。泰国、缅甸在邕留学生分别表演特色舞蹈《鸟女神》和《美丽的缅甸》。

【高校国际交流与合作】 2019年5月30日,泰国帕那空皇家理工大学人文学院院长安纳·颜桑恩一行5人访问南宁职业技术学院,就中泰教育合作拓展空间、共建中泰高端教育智库联盟、中泰科技文化交流中心等方面进行探讨。9月19日,泰国春武里职业学院副校长帕塔娜·朴晶,素叻他尼技术学院副校长萨迪·西蒙一行6人访问南宁职业技术学院,考察交流中泰高技能人才培养合作项目,在学历教育、文化交流、师资培养、技能大赛等方面与泰国高职院校开展深层次合作达成初步合作意向。10月22日,泰国萨拉萨教育集团素万那普科技大学校长萨永彭·唐纳迪一行6人访问南宁职业技术学院,探讨合作专业、合作模式,签订合作备忘录。南宁高校还与泰国佛统皇家大学、老挝教育部职教司、老挝巴巴萨技术学院、老挝万象省技术学院等签署合作办学协议。 (梁佳和)

编辑 梁富鑫

综　述

【概　况】 2019年,南宁市扶贫开发领导小组设综合协调专责小组、教育保障专责小组、医疗保障专责小组、住房保障专责小组、饮水安全专责小组、资金保障专责小组、基础设施专责小组、产业开发专责小组、扶贫搬迁专责小组、公共服务专责小组、组织保障专责小组、督查考评专责小组、就业扶贫车间专责小组13个专责小组;领导小组下设办公室,办公室设在南宁市扶贫开发办公室(简称"市扶贫办")。市扶贫办设综合科、资金科、项目科(南宁市革命老区建设委员会办公室)、社会扶贫科、考评科,行政编制23名、在编17人,事业编制10名、在编8人,后勤服务人员控制数3名、在编2人。二层机构有南宁市扶贫信息中心,正科级,全额拨款事业单位,事业编制10名、在编8人。年内,南宁市筹措财政扶贫资金33.78亿元(财政专项扶贫资金19.83亿元),实施脱贫攻坚战三年行动,聚焦"两不愁、三保障"(不愁吃、不愁穿,义务教育、基本医疗、住房安全有保障),以深度贫困地区脱贫攻坚为重点,推进贫困县脱贫摘帽工作,继续推进发展生产脱贫一批、转移就业脱贫一批、易地搬迁脱贫一批、生态补偿脱贫一批、发展教育脱贫一批、医疗救助脱贫一批、社会保障兜底脱贫一批"七个一批"和道路硬化、安全用水、安全用电、危房改造、互联网+扶贫、文化设施建设、乡村环境建设"七大工程",实施义务教育保障、基本医疗保障、住房安全保障和饮水安全"四大战役"。组织64家企业帮扶深度贫困地区,其中1家企业帮扶1个深度贫困县、1家企业帮扶1个深度贫困乡、62家企业帮扶56个深度贫困村。督促指导区县发展"5+2"特色产业(区县从自治区特色产业目录中选定5个主导特色产业、2个自选特色产业),指导贫困村发展"3+1"特色产业(从本区县5个主导特色产业里选3个,从2个本区县自选特色产业或自治区扶贫办确定的特色产业目录中选1个),特色产业贫困户覆盖率90%以上。劝返失学辍学建档立卡户子女249人(含复辍),资助建档立卡贫困户学生30.50万人次,发放和拨付建档立卡贫困户学生免、助、奖学金2.29亿元。建档立卡贫困人口参加城乡居民医保率100%,大病救治率99.64%,贫困人口家庭医生签约率99.99%,获门诊特殊慢性病待遇资格8.16万人。农村危房改造建档立卡贫困户户均补助标准提高至4.65万元,无任何自筹能力、需兜底解决的贫困户户均补助标准提高至6.30万元,竣工4356户(自治区下达南宁市农村危房改造任务),其中建档立卡贫困户2023户。解决104.87万人饮水安全问题,完成易地扶贫搬迁住房建设及搬迁入住任务。全年脱贫90735人,贫困人口减至18803人,贫困发生率从2.57%降至0.43%;109个贫困村摘帽(深度贫困村50个),贫困村减至3个(深度贫困村2个);村级集体经济年收入5万元以上贫困村382个,占421个贫困村90.74%。主要存在易地扶贫搬迁后续扶持发展和社会管理需加强,巩固脱贫成果机制不完善,防止返贫工作需加强等问题。

【"澜湄周"活动】 2019年3月19日至20日,国务院扶贫办、自治区扶贫办联合举办,中国国际扶贫中心和广西外资扶贫项目管理中心承办的2019年"澜湄周"减贫主题系列活动在南宁开展。国务院扶贫办,商务部国际经济合作事务局,中国国际扶贫中心,广西、四川、云南、贵州扶贫办,广西、贵州外事办和项目执行单位、研究机构等单位负责人共商澜湄合作减贫思路。3月20日,国务院扶贫办、商务部国际经济合作事务局、中国国际扶贫中心等单位组成产业扶贫考察团一行45人,到邕宁区新江镇新乐村那贡坡吴茱萸产业基地、食用菌产业基地调研扶贫产业,听取邕宁区汇报、实地查看扶贫产业、与贫困户交谈,详细询问吴茱萸产业基地经营状况、规模效益、带贫模式、利益联结机制,了解食用菌产业基地"合作社+科研院所+基地+企业+农户"模式。

【贫困县脱贫摘帽】 2019年,南宁市有国家扶贫开发工作重点县3个(上林县、马山县、隆安县,其中马山县是深度贫困县),计划年内完成脱贫摘帽(2020年5月,自治区政府批准,上林县、马山县、隆安县实现脱贫摘帽)。3月,南宁市扶贫开发领导小组印发《南宁市扶贫开发领导小组关于印发〈南宁市2019年决战决胜脱贫攻坚六条强化措施〉的通知》,从10个市直行业部门分别抽调3名业务骨干组建驻上林县、马山县、隆安县脱贫摘帽督战队,按照"每月驻县工作不少于15天、每月走访贫困户不少于50户"要求进驻3县,支持督导3个县脱贫摘帽,查找研判存在问题,将问题解决在第一线。强化贫困县脱贫攻坚领导责任,在自治区率先推动贫困县分管领导专司扶贫工作,集中力量抓扶贫。组建脱贫攻坚大数据组,统筹开展扶贫信息数据汇总、比对分析及行业间数据安全交换、共享,强化数据运用,实现问题数据精准整改。以上林县、马山县、隆安县3县为重点,开展"强基础、补短板"活动,从15个行业部门抽调280余人组成12个行业扶贫工作组,集中攻克3个贫困县影响脱贫摘帽的突出问题和薄弱环节,查找难点堵点,对照“两不愁、三保障”和饮水安全突出问题,“八有一超”“十一有一低于”“九有一低于”等关键性指标,盘点摘帽“家底”,逐项比对分析,开展系统核查和实地核查,解决政策、责任、工作落实存在问题,疏通堵点难点,扫除盲区误区。

【关爱扶贫干部】 2019年,南宁市派出脱贫攻坚干部4.67万人,精准选派优秀干部和专业技术人才125人。安排工作分队工作经费204万元,每队2万元;安排第一书记驻村专项工作经费1.50万元;落实工作队员工作补贴、伙食补贴、定期体检等,驻村工作队员补助标准每人每天100元。增加村干部基本报酬,每人每月增200元;给予自然屯党支部书记、村民小组长、村务监督委员会成员等基层干部一定的工作补贴,给予如期实现脱贫摘帽的贫困村“两委”干部及扶贫信息员每人5000元绩效奖励。获自治区通报表扬好支书、好党员、优秀第一书记24人,马山县古零镇乔老村党总支书记潘宏贤在自治区脱贫攻坚先进典型代表座谈会上发言。

【扶贫宣传】 2019年,南宁市脱贫攻坚宣传报道在国家级主要媒体(含网站)刊登593篇次,自治区级主要媒体(含网站)刊登1152篇次,市属主要媒体刊登2280篇次。依托内参平台,8篇反映市脱贫攻坚信息稿件被《中国扶贫》杂志采用,19篇稿件被自治区《精准脱贫攻坚简报》采用。创新宣传形式,通过与主流媒体联合宣传报道,在中国扶贫网、“学习强国”平台等进行网络直播,举办2019南宁脱贫攻坚摄影大赛、摄影家深入扶贫一线采风、“脱贫先锋面对面”主题宣讲活动、贫困村党组织第一书记经验交流会等方式,拓展宣传影响。8月10日,《半月谈》杂志第15期刊登《广西南宁:服务基层促攻坚》文章,报道南宁市打通“扶贫最后一公里”工作事迹,被国务院扶贫办微信公众号转载报道;8月28日,《广西日报》整版刊发《勇担重任敢作为 立足精准下功夫——记南宁市脱贫攻坚战前线指挥部》专题报道。11月22日,市扶贫办、南宁日报社联合主办“凝心聚力全力冲刺决战决胜脱贫攻坚”系列宣传活动,在《南宁日报》推出《凝心聚力全力冲刺 决战决胜脱贫攻坚》栏目,以走基层、看成果、听总结、深挖背后故事等形式开展采访和创作,以专版、专栏、特刊、现场直播、视频制作等“传统媒体+新媒体”全媒体手段在南宁日报社新媒体的《南宁日报》客户端、南宁云、南宁新闻网等平台直播,全方位、多形式、立体化展示脱贫攻坚工作进展和成效,讲好脱贫攻坚故事,宣传脱贫攻坚典型。

(黄长志)

扶贫开发

【产业扶贫】 2019年,南宁市通过发展区县“5+2”特色产业、村级“3+1”特色产业,特色产业覆盖贫困县、贫困村均90%以上;引进和培育新型农业经营主体,建设产业基地(园),覆盖所有贫困村,示范带动贫困户3.44万户;选派并培训贫困村产业发展指导员2904人,每个贫困村设产业发展指导员4名以上,培育创业致富带头人3名以上。安排市财政补助资金8550万元建设162个贫困村特色产业扶贫示范园项目,重点扶持桑蚕、晚熟柑橘、香樟、家禽、草食动物等五大产业和贫困村“3+1”特色产业。投入财政扶贫资金4.90亿元(含中央、自治区、市本级),实施以奖代补、村集体经济等项目,发展种植29.53万公顷,家禽养殖7101.57万羽,家畜养殖190.61万头,水产养殖137.59万千克。上林县、马山县、隆安县3县建成特色现代农业(林业)示范区(含自治区、市、县、乡镇、村五级)171个;培育市级以上农业产业重点龙头企业204家,自治区农业龙头企业60家。全市村级集体经济年收入5万元以上贫困村382个、占90.74%。5个贫困地区农业示范区入选第八批广西现代特色农业核心示范区:隆安县金穗火龙果产业核心示范区获“广西现代特色农业核心示范区(五星级)”称号,西乡塘区顶哈鸽产业核心示范区、横县南山茶香古韵茶旅产业核心示范区获“广西现代特色农业核心示范区(四星级)”称号,邕宁区告祥时宜桑蚕产业核心示范区、马山县华星柑橘产业核心示范区获“广西现代特色农业核心示范区(三星级)”称号。南宁香蕉、隆安火龙果等入选广西农业区域公用品牌。

(黄兰芳)

【转移就业扶贫】 2019年,南宁市新增认定就业扶贫车间158家;扶持贫困人口创业791人;累计认定271家,提供就业岗位2.57万个,吸纳劳动力就业1.99万人(建档立卡贫困劳动力3281人),发放“就业扶贫车间”吸纳贫困劳动力一次性带动就业奖补77.10万元。开展建档立卡贫困劳动力职业培训7684人次,开展贫困家庭“两后生”(未继续升学的适龄初、高中毕业生,含退学、辍学等)中期就业技能培训595人。举办“就业援助月”“春风行动”等公共就业专项活动,召开贫困劳动力专场招聘会97场,帮助农村建档立卡贫困人员就业2.40万人,其中广东就业1.03万人。投入389.60万元支持深度贫困地区开发乡村公益性岗位安置贫困劳动力就业,对554户极度贫困户因需设岗,新增乡村公益性岗位1336个。

(邓学欢 张 柏)

【易地搬迁扶贫】 2019年,南宁市易地扶贫搬迁安置项目28个,分布在上林县、马山县、隆安县、良庆区;建设(续建)易地扶贫搬迁集中安置点27个,搬迁入住6.31万人、搬迁入住率100%。建成并投入使用配套义务教育阶段学校8所、配套卫生服务中心(站、室)7个、农贸市场7个、扶贫车间38个、基层组织141个(含纳入周边基层组织)。按照“一点一策”模式研究制定集中安置点可持续发展实施方案,加强后续扶持、后续管理转移及拆旧复垦。搬迁后符合旧房拆除条件8486户,

2019年,马山县白山镇立星村发展马山华星柑橘产业示范区扶贫产业,带动村民就近就业。图为农民在马山华星柑橘产业示范区工作 卢伊琳 摄

2016 年至 2019 年拆除 1882 户，旧房拆除率 22.18%。（韦晓莉）

【生态补偿扶贫】 2019 年，南宁市选聘建档立卡贫困户成员为生态护林员 2554 人，管护森林面积 12.98 万公顷，受益 7 个区县 59 个乡镇 378 个贫困村 1.06 万贫困人口。筹措生态扶贫资金 1659.18 万元，发放 1656.86 万元（上林县 359.70 万元、马山县 689.50 万元、隆安县 378.70 万元、江南区 20 万元、武鸣区 113.07 万元、横县 59.64 万元、宾阳县 36.25 万元），资金发放率 99.86%。

【教育扶贫】 2019 年，南宁市义务教育保障战役建设项目涉及 4 个区县 22 所学校（武鸣区 9 所、隆安县 4 所、马山县 5 所、上林县 4 所），建成投入使用 20 所。劝返失学辍学学生 1297 人，其中建档立卡贫困户子女 249 人（含复辍）；资助建档立卡贫困户学生 30.50 万人次，给予建档立卡贫困户学生减免费用和发放助学金、奖学金 2.29 亿元。优先安排贫困地区教师 5070 人次参加"国培计划"（中小学教师国家级培训计划）、"区培计划"（中小学教师自治区级培训计划）和市级培训；落实中小学教师支教走教计划，2018—2019 学年支教考核期满 286 人，走教考核期满 307 人；选派 57 名支教教师到上林县、马山县、隆安县支教，实现国定贫困县都派驻有支教教师。农村义务教育学生营养改善计划受益学生 44 万人；统筹安排市区 29 所市级义务教育阶段学校与区县 35 所学校结成帮扶对子，14 所市级直属高中与 19 所县级普通高中结成帮扶对子；补助建档立卡贫困户高职学生 3.44 万人次 4707.97 万元、本科学生 2036 人 926.58 万元；推进乡镇公办幼儿园建设，上林县、马山县、隆安县 32 个乡镇公办中心幼儿园覆盖率 100%。开展"推普脱贫攻坚计划·学前学会普通话"行动，青壮年普通话培训 2225 人次。（农剑锋）

【医疗救助扶贫】 2019 年，南宁市加强基层卫生机构建设，强化基层卫生机构服务功能，村卫生室开通医保直接结算系统 1348 个，配备 1 名以上乡村医生 1352 个；改扩建标准乡镇卫生院 1 所（横县马山镇卫生院），117 所乡镇卫生院每所配齐全科医生 1 名以上；贫困人口县内就诊率 95.54%。实行县乡医疗机构一体化改革，参与县级公立医院 21 所、乡镇卫生院 99 所；搭建市级远程会诊系统，构建"基层检查、上级诊断"工作模式，参与并开通云门诊、远程会诊、远程教学业务的二级以上公立医院 37 所、乡镇卫生院 15 所，开展远程心电诊断 6.38 万例、远程影像诊断 2.27 万例。支持贫困人口参加 2019 年度城乡居民基本医疗保险，其中 2019 年年末脱贫、两年继续扶持期内建档立卡贫困人口，财政代缴个人缴费部分；2016 年脱贫人口，财政代缴个人缴费部分 60%；2014 年、2015 年退出户，财政代缴个人缴费部分 30%；全市符合城乡居民医保条件的农村建档立卡贫困人口 61.17 万人，全部参加年度城乡居民基本医疗保险，参保率 100%。参加城乡居民基本医疗保险的建档立卡贫困人口在定点医疗机构住院的，取消住院基金起付标准，报销比例提高 5%；使用国家基本药物目录内药品的，按照自治区现行甲类药品报销比例给予支付。建档立卡贫困人口治疗自治区统一确定的 29 种门诊特殊慢性病的，取消起付线，报销比例在《广西城乡居民基本医疗保险暂行办法》规定提高报销比例的基础上再提高 5%，累计提高 10%。落实南宁市建档立卡贫困人口基本医疗保险二次报销政策；对大病保险起付线降低 50%，报销比例提高 10%，取消农村建档立卡贫困人口赔付封顶线。建档立卡贫困人口就医（含普通门诊、门诊特殊慢性病、住院）88.32 万人次，即时结算医疗费用 88.32 万笔，资金 9.12 亿元，其中由基本医疗保险统筹基金支付 6.29 亿元、大病保险支付 7745.98 万元、二次报销 4378.69 万元、医疗救助支付 2148.66 万元；农村建档立卡贫困人口门诊特殊慢性病医疗费用平均报销比例 88.84%，住院医疗费用平均报销比例 92.85%。投入兜底资金 2849.97 万元。拓展医疗救助范围与服务方式，大病救治病种由 21 种增至 25 种，确诊农村建档立卡贫困人口大病 6105 人，救治 6083 人，救治率 99.64%。实施城乡低收入家庭危重孕产妇救助项目，救助补助贫困危重孕产妇 105 人 183.41 万元；组建家庭医生团队 1596 个，签约 61.02 万人，其中建档立卡贫困人口签约率 99.99%；农村建档立卡贫困人口获门诊特殊慢性病待遇资格 6.32 万人。7 月 6 日，在自治区范围内率先实现建档立卡贫困人口在基本医疗保险定点医疗机构就医"基本医保 + 大病保险 + 基本医保二次报销 + 医疗救助 + 兜底保障"五项保障、"一单制"结算、"一站式"直接结算服务。开展"光明行动"（2017 年 7 月至 2019 年），为 396 名患者提供白内障复明手术，补助资金 46.87 万元。爱心企业深圳海王集团为 281 人次患癌症贫困患者捐赠价值 138.70 万元化疗药品。广东省茂名市派出 54 名医疗专家分赴上林县、马山县、隆安县县级医院驻点帮扶，诊治患者 1.55 万人次，开展手术 200 多例，开展手术示教 85 例，教学查房 200 多次，会诊 100 多次，培训医务人员 1152 人次。（龚可奉　磨　嘉）

【社会保障扶贫】 2019 年，南宁市参加城乡居民基本养老保险的建档立卡贫困人口（含 2014 年、2015 年退出户）43.62 万人，参保率 100%。按每人每年 100 元标准，为 31.23 万名农村建档立卡贫困人口代缴城乡居民基本养老保险 3123.14 万元；为 12.26 万名 60 周岁以上建档立卡贫困人口按时足额发放基础养老金 1.46 亿元，发放率 100%；低保救助建档立卡贫困人口中的农村低保对象 11.61 万人；临时救助建档立卡贫困人口 904 人 147.20 万元。以帮助残疾人创收增收为重点，建设"阳光助残扶贫基地"13 个，扶持贫困残疾人 1381 人，发放生产资料价值 165.72 万元；开展"党员扶残温暖同行"工程，发放扶持资金 339.60 万元，惠及残疾人贫困户 3353 户。

（邓学欢　张　柏　农雅琴　兰卫东）

【住房安全保障】 2019 年，南宁市竣工农村危房改造 4356 户，其中建档立卡贫困户 2023 户。住房未达标的建档立卡贫困户（危房户、无房户）在原补助标准 3.30 万元基础上，每户增加 1.35 万元，补助总额 4.65 万元；无任何自筹能力、需兜底解决的贫困户，每户增加 3 万元，补助总额 6.30 万元。将住房安全保障工作重心从完成建设任务转移到推进全面核查、查缺补漏上，开展住房安全保障战役"尽锐出战"行动、决战决胜脱贫攻坚住房安全保障战役 全力冲刺年度目标任务等大规模核查行动 7 次，市本级出动 643 人次，核查 4 类重点对象（建档立卡贫困户、低保户、农村分散供养特困人员、贫困残疾人家庭）8.75 万户，发现八大类问题 1438 个，指导区县整改问题并建立问题销号制度。

（朱　磊）

【扶贫基础设施建设】 2019 年，南宁市建设贫困村通屯道路 275 条 352.17 千米，实施贫困村（屯）农网改造升级项目 1263 个，建设贫困村 50 户以上自然村通光纤宽带 123 个，实现建制村村村通硬化道路，通光纤宽带和 4G 网络，20 户以上自然村（屯）通硬化路，贫困户 100% 通生活用电。（张　金）

【农村饮水安全工程】 2019 年，南宁市投入 4.57 亿元，建设农村饮水安全工程 1037 个，受益 104.87 万人，实际开工 1037 个，完成投资 4.50 亿元，完工 1027 个。其中，2019 年农村饮水安全巩固提升工程中央预算内（第一批、第二批）投资 1.45 亿元，建设项目 269 个，受益 25.30 万人（贫困人口 3.12 万人），实际开工 269 个，完工

269个，完成投资1.45亿元，完成率100%；市财政局下达2019年第四批市本级财政专项扶贫资金1.66亿元，建设项目367个，受益28.62万人(贫困人口5.57万人)，实际开工367个，完工367个，完成投资1.66亿元，完成率100%；农口建设项目(第一批)市本级财政资金3641.76万元，建设农村饮水安全巩固提升项目23个，受益42.22万人，实际开工23个，完工13个，完成投资2958.20万元，完成率81.23%；农村人饮维修养护项目3批73个(中央财政水利发展项目41个、广西水利厅部门预算第一批水利项目16个、市本级财政农口第一批人饮维修养护项目16个)，投资1616万元(中央财政资金937万元、自治区财政资金544万元、市本级财政资金135万元)，年内完工；广西乡村振兴资金用于农村饮水安全巩固提升工程下达马山县、隆安县分解项目6个(项目分解时间较晚，投资额计入全市总量，项目数不计入)，投资201万元，受益1817人，年内完工；横县、上林县、马山县、隆安县、青秀区、邕宁区农村饮水安全巩固提升工程305个，投资9256.59万元，受益8.70万人(贫困人口2.56万人)。实际完工305个，完工率100%；完成投资9256.59万元，完成率100%。 (卢明发)

【旅游扶贫】 2019年，南宁市挖掘乡村旅游资源，培育环大明山旅游扶贫线路、马山环弄拉“陆路上的漓江”经典旅游线、民俗文化体验旅游线路、“鱼跃龙门”红水河水上观光旅游线；投入800万元支持马山县乔老河片区沿线6个旅游项目；创建武鸣壮族五色糯米饭制作技艺传承基地、横县杨村红陶制作技艺场2个自治区级非遗项目扶贫就业工坊，横县江尚渔村、马山县小都百旅游服务公司、上林县红林山庄、黄姐水上乐园、鼓鸣寨、清水河鱼王庄、大庙江生态景区7家乡村旅游式就业扶贫车间；创建广西三星级以上乡村旅游区7家、星级农家乐6家，累计星级乡村旅游区67家、星级农家乐122家，广西休闲农业与乡村旅游示范区29家。推进乡村旅游公共服务设施建设，新建改建旅游厕所128座，布设第二批、第三批新版南宁旅游交通标识牌271块。组织乡村旅游从业人员、村“两委”干部参加2019年自治区农村党员乡村旅游经营专题培训示范班、滇桂黔文化和旅游脱贫攻坚创客研修班，提升贫困地区乡村旅游从业人员经营服务水平。以广东茂名、湛江扶贫协作目的地为重点地区，抓好旅游营销及招商，走进广东省茂名市和佛山市，开展2019“壮族三月三·相约游广西·携手奔小康”旅游推介会，推介上林县、马山县、隆安县3个重点旅游扶贫县旅游资源，加强区域旅游合作；组织茂名市、佛山市游客到南宁旅游、观光、度假、投资。持续推进产村互动、农旅融合，开展或组织参加“月月文化旅游节”、2019“中国旅游日”南宁主会场暨上林生态旅游养生节、“庆祝中华人民共和国成立70周年暨迎中秋”青秀山灯展暨2019年南宁购游节、“第一书记带你游同江”、2019乐游广西·乡村旅游嘉年华等活动，开启“党建引领+消费扶贫+乡村旅游”模式，助推乡村旅游扶贫。 (张 旭)

【消费扶贫】 2019年，南宁市销售和签约扶贫农产品6.55亿元，达成采购意向2.70亿元。组织扶贫农产品进机关食堂活动，采购上林县、马山县、武鸣区扶贫产品39.20万元；策划扶贫产品促消费活动，举办“中国农民丰收节”活动，现场参与2.60万人；组织机关单位参加采购专场对接活动，40余家区县贫困地区产品销售企业与187家工会组织对接成交农产品近200种，现场成交47万元，意向签约单位93家。设立扶贫农产品销售点，消费扶贫专区(柜)28个，开展产销对接活动13场。市工商联所属商会、会员企业认购带贫益农产品1800多万元。建立粤桂消费扶贫协作机制，联合广东省有关单位举办2019年粤桂扶贫协作消费扶贫对接活动、第16届广西名特优农产品(广州)交易会、南宁·茂名2019年粤桂扶贫协作消费扶贫对接会，签订意向采购合约2.10亿元。9月28日，组织参加广东东西部扶贫协作产品交易市场开业和第一届博览会，3家企业签约4440万元。广东省高州商超金港湾超市开设上林产品专柜，帮助上林县销售农产品金额678.61万元；中国宝武钢铁集团有限公司帮助上林县销售农产品金额55万元。马山县结合线上线下将扶贫农产品销往广东，交易额118万元。隆安县销往广东的火龙果、橙子等一批农特产品销售额468.96万元，带动贫困劳动力就业194人。

(曾维一 上林县、马山县、隆安县地方志办公室)

【电商扶贫】 2019年，南宁市推进电子商务进农村示范县项目建设，构建农村电商扶贫服务体系，实现横县、宾阳县、上林县、马山县、隆安县5县国家电子商务进农村综合示范县全覆盖，建成县级电商服务中心7个、农村电商产业园6个、村级服务点(体验店)约2300个(贫困村电商服务点539个)，农村电商覆盖率90%，帮助建档立卡贫困户销售农产品880万元。支持鼓励区县龙头农业企业、村民合作社、大学生村官、致富带头人等开设扶贫示范网店，建设农村电商扶贫示范网店80家，隆安震东集中安置区农村电商公共服务中心1家。开展农村电商培训7053人次，培训基层帮扶2291人、新型经营主体357个、贫困户2474人。举办南宁(武鸣)沃柑节电商销售活动、广西“壮族三月三·e网喜乐购”电商节(北京站)活动、广西“壮族三月三·e网喜乐购”跨境线上线下促销活动，在京东平台销售沃柑1500吨，带动沃柑销售5000吨，特产店直接销售其他广西特产360余万元，大型商超及综合体线下交易总额2.40亿元。 (沈思明)

扶贫管理

【扶贫信息管理】 2019年，南宁市推进脱贫攻坚“回头看”专项行动及2019年度扶贫对象动态管理，开展边缘户、脱贫监测户排查、建档立卡数据核实核准、扶贫对象信息采集、更新和录入等工作，按照标准和程序纳入边缘户3511户1.17万人、脱贫监测户3920户1.58万人。根据自治区扶贫办要求，开展数据清洗10余次，重点核实、修正涉及贫困人口基础信息、帮扶信息、住房、医疗、教育、收入等指标问题。不定期抽查区县核实修正情况，督促指导区县完善信息指挥平台，抓好扶贫数据监测、统计及分析。 (兰 虹)

【扶贫项目管理】 2019年，南宁市12个区县报备2019年中央和自治区财政专项扶贫资金(第一批)计划修建贫困村通屯道路275条352.17千米，报备2018年中央自治区第二批、2018年自治区第三批、2019年中央自治区第一批切块到区县的财政专项扶贫资金发展种植9733.33公顷，家禽养殖348.21万羽，家畜养殖7.15万头，水产养殖87.85万千克。市扶贫开发领导小组办公室加强项目库建设，组建脱贫攻坚项目库系统信息完善工作专班，从扶贫、社保、水利、发改、财政、农业、卫健、住建、民宗、林业、教育、文广旅、交通、民政等14个市直单位抽调有扶贫资金和项目管理经验，熟悉扶贫政策的业务骨干全脱产集中办公，做好项目库系统信息完善工作，梳理2019年财政专项扶贫资金、东西部协作资金、债券资金(不含易地扶贫搬迁债券)，统筹整合涉农资金纳入整合方案部分158个批次，涉及资金25.22亿元；梳理其他扶贫资金项目1474个，涉及资金25.95亿元；梳理易地扶贫搬迁资金2.12亿元。完成录入全国扶贫开发信息系统项目7672条、涉及资金40.12亿元。规范项目公示公告，汇总审核区县2019年中央、自治区和市本级财政专项扶贫资金11个批次资金实施的项目，在市扶贫办网站公示公告。加强扶贫项目监管，以购买服务方式，聘请第三方专业机构核验2018年扶贫项目338个基础设施项目（屯级道路223条266.59千米、小型人饮68座、独立涵桥12座、其他项目35个），扶贫产业开发项目入户核验1050户。按照50%覆盖面检查2019年扶贫项目，规范项目实施。市扶贫办根据各区县扶贫项目管理工作进度，开展不定期工作调研。

（张　金）

【扶贫资金管理】 2019年，南宁市筹措财政扶贫资金33.78亿元，其中财政专项扶贫资金19.83亿元（中央和自治区资金9.81亿元、市本级资金6.81亿元、区县资金3.21亿元）、债券资金3.88亿元、整合财政涉农资金1.42亿元、其他资金8.65亿元。6月，市财政局、市扶贫办联合印发《南宁市财政局　南宁市扶贫开发办公室关于印发南宁市财政专项扶贫资金管理细则的通知》，明确扶贫资金预算与分配、资金使用、绩效评价等工作要求，指导区县规范扶贫资金使用。加强财政专项扶贫资金、扶贫小额信贷监管，开展联合督导21次。通过政府采购程序聘请第三方（会计事务所）审计机构，审计12个区县2018年财政专项扶贫资金使用情况，全面监管资金，对审计发现的问题实行清单管理、强化跟踪管理，并举一反三、自查自纠，对历年财政专项资金实施全方位监管。

（兰　虹）

隆安县粤桂小学是粤桂扶贫协作单体投资最大的教育项目、隆安县易地扶贫搬迁震东集中安置区配套项目，2019年9月建成投入使用。图为学生在隆安县粤桂小学上课　　卢伊琳　摄

协作与帮扶

【茂名南宁扶贫协作】 2019年，广东省茂名市与南宁市继续开展扶贫协作。茂名市选派优秀干部10名、教师138人次、医护人员54人次到上林县、马山县、隆安县等中小学校开展支教、医疗援助；通过劳务协作，帮助南宁市上林县、马山县、隆安县贫困家庭劳动力转移到广东省就业。南宁市深化茂名市所辖的高州市、电白区、化州市与南宁市上林县、马山县、隆安县的“携手奔小康”行动，南宁市选派优秀干部9名、教师215人次、医护人员48人次到茂名市跟岗学习。茂名市向上林县、马山县、隆安县援助粤桂扶贫协作财政资金1.21亿元，实施扶贫项目30个，建成马山县电白小学、隆安县粤桂小学重大项目。至2019年，上林县、马山县、隆安县3个贫困县通过粤桂扶贫协作累计引进企业12家，实际到位资金1.45亿元，建成扶贫车间9家，吸纳贫困家庭劳动力244名。

（周小军）

【粤桂就业扶贫数据信息线上交换协作】 2019年，南宁市与茂名市打造首个粤桂扶贫协作人力资源市场线上直连平台，在自治区范围内率先实现粤桂就业扶贫数据信息线上交换协作，南宁市人社局网站人力资源（人才）服务大厅设置“粤桂劳务协作招聘求职信息（广东省茂名市）”专栏，茂名在线人力资源市场首页设置“南宁专区”，两地通过专栏实现招聘信息、求职简历、劳务信息等实时交互共享，南宁市劳动力可通过平台在广东省茂名市实现跨省求职“一网、一键、一秒投简历”。上林县、马山县、隆安县3个协作县通过粤桂扶贫就业协作向广东省输送转移就业劳动力，在广东省稳定就业2.27万人。

（市人社局）

【定点帮扶】 2019年，南宁市在41名副厅级以上领导包抓区县、乡镇和挂点联系贫困村的基础上，落实38人挂点联系56个深度贫困村；安排235个单位定点帮扶366个贫困村；开展新一轮“美丽广西”乡村建设（扶贫）工作队员选派，精准选派3656名干部驻村开展帮扶工作（工作队长12名、工作分队长102名、第一书记421名、工作队员3121名），421个贫困村平均每村有市级、区县级单位选派的工作队员3人（第一书记1名）以上。全市参与“一帮一联”帮扶干部4.30万人，结对帮扶贫困户10.6万户，联系贫困家庭学生16.56万名；市本级定点扶贫单位投入帮扶资金3718.60万元、引进资金1.06亿元，实施、引进帮扶项目677个。定点扶贫单位主要领导到贫困村办公1239次，单位分管领导到村指导2396次。落实“三扶三助”2.13万户6万人、资金3236.78万元，其中扶产业1.39万户5万人、1940.41万元，扶就业1131户1943人、437.33万元，扶创业286户580人、195.37万元，助学5893户9749人、530.32万元，助医2738户8474人、411.07万元，助残1140户1390人、145.20万元。

【对口帮扶】 2019年，南宁市划拨自治区区内对口帮扶资金600万元，帮扶靖西市、那坡县各300万元。落实市内对口帮扶资金3520万元，督促指导相关单位制定帮扶项目建设计划并报备组织实施。

（单松松）

【企业帮扶】 2019年，南宁市组织64家企业帮扶深度贫困地区，其中广西中烟工业有限责任公司帮扶深度贫困县马山县，华润置地（南宁）有限公司帮扶深度贫困乡隆安县都结乡，其余62家企业帮扶56个深度贫困村。帮扶企业投入深度贫困村资金、物品等5733万元，以借贷、授信等方式间接投入1500万元，帮扶实施产业项目143个。4月，市工商联组织所属59家商会、会员企业与市56个深度贫困村签订结对帮扶协议。

（林宇翔）

【结对帮扶】 2019年，市委统战部、市工商联开展“万企帮万村”精准扶贫行动，引导鼓励民营企业参与帮扶贫困村活动，动员59家商会及会员企业结对帮扶56个深度贫困村，签订帮扶协议。1240家本地民营企业帮扶贫困村1.58亿元，帮扶贫困地区建设基础设施、开发产业、发展集体经济、促进就业，通过产业、就业、公益资助、技能指导培训等方式助推脱贫攻坚。

（单松松）

编辑　钟婉悦

中国共产党南宁市委员会

综　述

【概　况】2019年，南宁市机构改革，组建中国共产党南宁市委员会国家安全委员会，作为中国共产党南宁市委员会(简称“中共南宁市委”)议事协调机构，中共南宁市委国家安全委员会办公室设在市委办公室；将市委办公厅的机要、保密职责整合，组建市委机要保密办公室，设在市委办公室，对外加挂南宁市国家保密局、南宁市国家密码管理局牌子；市委办公厅更名市委办公室。中共南宁市委设市纪律检查委员会(市监察委员会)、市委办公室、市委组织部、市委宣传部、市委统战部、市委政法委、市委政策研究室(市委改革办)、市台办、市直机关工委、市信访局、市编办、市委党史研究室、市接待办、市国家档案馆；原南宁市档案局(南宁市国家档案馆)的行政职能划归市委办公室，保留市档案局牌子；市国家档案馆为市委直属事业单位，由市委办公室代管。市委办公室设市委常委会办公室、综合一科、综合二科、综合三科、第一秘书科、第二秘书科、第三秘书科、第四秘书科、第五秘书科、文电科、人事科、行政科、政策法规科、市委信息综合值班室、国家安全一科、国家安全二科、国家安全三科、档案事业发展和管理科、机关党委。市委坚持以习近平新时代中国特色社会主义思想为指导，学习贯彻党的十九大及十九届二中、三中、四中全会精神，贯彻习近平总书记对广西工作的重要指示批示、题词精神，以及自治区党委十一届六次、七次全会精神，对推动工业高质量发展、加强新时代人民政协党的建设、加强新时代人大工作、“四个一线”(项目建设一线、改革创新一线、脱贫攻坚一线、维护稳定一线)选人用人激励干部、深化“先锋引领·凝心聚力”大行动、南宁教育现代化、开展“不忘初心、牢记使命”主题教育、加强新时代机关党的建设等重大工作进行具体部署，制定出台《关于全面落实强首府战略的实施意见》；推进中国(广西)自由贸易试验区南宁片区、面向东盟的金融开放门户南宁核心区、中国－东盟信息港南宁核心基地、陆港型国家物流枢纽等国家战略平台建设；实现地区生产总值4506.56亿元，比上年增长5%；规模以上工业总产值增长1.40%，增加值增长1%；固定资产投资增长9.90%；社会消费品零售总额2307.41亿元，增长4.20%；财政收入800.69亿元，增长6.30%，全市经济社会持续健康发展。

【壮大产业做强经济】2019年，南宁市实施“三个攻坚突破年”(重大项目建设攻坚突破年、优化营商环境攻坚突破年、产业大招商攻坚突破年)活动，工业转型升级不断加快，实现新建投产规模以上企业85家，数量创历史新高；电子信息连续2年成为全市总量最大工业产业；引进5000万元以上工业项目308个、总投资525亿元；二产税收增收对全市税收增长贡献最为突出，贡献率72%，其中制造业税收增长幅度31.74%。中国－东盟金融城累计入驻金融机构(企业)60家，全市人民币存贷款余额2.47万亿元，增长11.70%，占广西比重超过40%；万有(南宁)国际旅游度假区成功落户，新增、升级AAAA级景区6家、AAA级景区7家；全年接待旅游总人数1.53亿人次，增长16.11%。中国－东盟多式联运联盟落户中新南宁国际物流园，物流园一期新中智慧园试运营，南宁国际铁路港一期投入运营。建成全国最大的茉莉花、火龙果产区，新增国家级重点农业产业化龙头企业3家，全市规模以上农产品加工企业超120家，“三品一标”(无公害农产品、绿色食品、有机食品和农产品地理标志)产品累计182个。

【深化改革扩大开放】2019年，南宁市市级明确的110项改革任务基本完成，推进承担国家级、自治区级改革试点29项。“互联网＋不动产登记”构建智能服务体系获国务院第六次大督查发现的典型经验做法通报表扬，“智慧人社”全国领先，获人力资源和社会保障部肯定推广，“创新全链条审批服务开启办事创业‘一事通办’新模式”获2019年中国政府信息化管理创新奖，在广西率先创新推行涉企政策兑现“一窗申办”服务。创新推行工业用地“先租后让”、产业项目“拿地即发证”等改革，全市新增市场主体14万户，增长20.2%，存量和增量均居广西首位。南宁·中关村创新示范基地累计入驻重点企业90家、创新团队170个，南宁·中关村科技园入驻产业项目17个。“大型二氧化氯制备系统及纸浆无元素氯漂白关键技术及应用”和“防治农作物主要病虫害绿色新农药新制剂的研制及应用”2项科技成果获2019年国家科技进步奖。柔性引进院士17名，促成欧阳平凯院士带项目落地。“南宁渠道”持续畅通，中国(广西)自由贸易试验区南宁片区新增企业超1800家。南宁市始发的动车直通中国香港，中银香港东南亚业务营运中心、太平保险东盟保险服务中心开业运营。中越跨境集装箱班列(南宁—河内)开行111列，南宁—胡志明的全货机航线开通。跨境电商综试区吸引50家知名企业入驻，进出口突破3500万单，在第三批跨境电商综合试验区中名列前茅。对外合作交流持续深化，国际友城增加至24个。

【强化绿色发展】2019年，南宁市“百里秀美邕江”持续提升，提前3个月完成国家部署的县级饮用水源环境问题整治任务,市、县两级水源水质连续3年100%达标;建成区黑臭水体治理稳步推进,100天内完成6个新建污水厂项目从前期到建设,实现新增污水处理量每天40万吨。以第二名成绩入围全国黑臭水体治理示范市,以第三名成绩通过国家海绵城市验收。开展“城市精细化管理年”活动,扬尘污染治理取得显著成效,“南宁蓝”成为常态,大气六项主要污染物继续达到国家二级标准,环境空气质量实现连续3年稳定达标。空气质量综合指数3.95,比上年下降(改善)0.30%,达到2013年实施空气质量新标准以来的最高水平,空气质量在全国168个重点城市中排名第17位,比2018年上升3位。第十二届中国(南宁)国际园林博览会圆满闭幕。南宁市获“2019美丽山水城市”称号,为全国唯一获三连冠的城市。

【增进民生福祉】 2019年,南宁市民生支出624.39亿元,增长15.63%,占一般公共预算支出79.27%。南宁教育园区加快建设,全市新建成公办中小学校35所、幼儿园20所;“爱南宁APP”注册用户量350万,日均启动次数超57万次,实现各类城市服务超100个,“一码通城”实现全市公共交通出行、南宁市热门旅游景区全面覆盖,累计为市民服务超过1.30亿人次,平台累计交易金额超过2亿元,新增南宁市图书馆、电子健康卡、长者食堂、便利店等应用场景;城镇新增就业7.52万人、城镇登记失业率2.71%。

【全面从严治党】 2019年,南宁市把政治建设放在首位,落实《中共中央关于加强党的政治建设的意见》,执行重大事项请示报告制度;创新开展“书记引航担使命”主题活动,督促各级党委(党组)把管党治党工作抓具体、抓深入;实施“先锋引领+”系列行动,统筹推进各领域基层党建,整顿软弱涣散村党组织184个,全市1556个行政村村级集体经济收入全部达到4万元以上;掌握意识形态工作领导权,发挥12个县级融媒体中心和1916个新时代文明实践中心(所、站)作用,学习宣传黄大年、黄文秀先进事迹,自治区道德模范2人、全国道德模范1人、提名奖2人,“中国好人”获表彰6人,为历年之最。从“四个一线”提拔的处级领导干部占提拔总数84.40%,调整“昏庸懒散拖”处级领导干部14人,相关经验做法获中共中央组织部刊物、新华社内参、《广西日报》等刊发。落实村(社区)干部待遇报酬稳定增长机制,自2015年来连续3次增资累计1200元;查处群众身边腐败和作风问题,全市各级纪检监察机关立案2227件,给予党纪政务处分1393人;彻查涉黑涉恶腐败和“保护伞”问题,立案141件,首府风清气正的政治生态持续巩固。

重要会议

【中国共产党南宁市第十二届委员会第七次全体会议】 2019年1月14日在市委市政府会议中心召开。市委委员55人、候补委员10人出席会议,市纪委常委、监委委员、有关方面负责人、自治区第十一次党代会和市第十二次党代会部分代表列席会议。市委常委会主持,自治区党委常委、市委书记王小东作讲话。全会学习贯彻习近平新时代中国特色社会主义思想和党的十九大精神、习近平总书记在庆祝改革开放40周年大会上的重要讲话、中央经济工作会议精神,以及自治区党委十一届五次全会和自治区经济工作会议精神,听取、讨论王小东受市委常委会委托作的报告,总结市委十二届五次全会以来常委会工作,全面部署深化首府改革开放和2019年各项工作。

【全市“三个攻坚突破年”活动动员大会】 2019年2月13日,南宁市开展重大项目建设攻坚突破年、产业大招商攻坚突破年、优化营商环境攻坚突破年活动动员大会在市委市政府会议中心召开。自治区党委常委、市委书记王小东作动员讲话,市委副书记、市长周红波主持会议,市人大常委会主任束华、市政协主席杜伟,以及市四家班子领导出席会议。兴宁区、横县等9个区县,以及五象新区、南宁高新技术产业开发区、南宁经济技术开发区、广西－东盟经济技术开发区分别汇报开展“三个攻坚突破年”活动的工作思路和举措,5家单位作主题发言。会议学习贯彻中央、自治区经济工作会议精神,贯彻落实市委十二届七次全会决策部署,动员全市上下扩投资、补短板、强基础,强龙头、补链条、聚集群,优服务、降成本、增信心,为推动新时代首府高质量发展提供强大动力。

【2019年全市脱贫攻坚决战动员部署会】 2019年2月13日在市委市政府会议中心召开。自治区党委常委、市委书记王小东出席会议并讲话,市委副书记、市长周红波对脱贫攻坚工作进行总结、部署,市人大常委会主任束华、市政协主席杜伟出席会议,市委副书记杨维超主持会议。会议以电视电话形式召开,市四家班子领导,市中级人民法院、市检察院主要领导,各区县党政主要负责人,以及脱贫攻坚相关单位负责人等在主会场参加大会。会议学习贯彻习近平新时代中国特色社会主义思想和党的十九大精神,特别是习近平总书记关于扶贫工作的重要论述精神,总结南宁市2018年脱贫攻坚工作,对2019年脱贫攻坚工作进行动员部署。

【全市年中工作会议暨“三个攻坚突破年”推进大会】 2019年7月30日在市委市政府会议中心召开。自治区党委常委、市委书记王小东,市委副书记、市长周红波作讲话,市人大常委会主任束华、市政协主席杜伟出席会议。会议学习贯彻习近平总书记对广西工作的重要指示精神,贯彻落实自治区年中工作会议精神,总结上半年工作,分析当前经济形势,研究部署下半年工作以及“三个攻坚突破年”活动,动员全市上下完成全年目标任务。

【全市“不忘初心、牢记使命”主题教育工作会议】 2019年9月11日在市委市政府会议中心召开。自治区党委常委、市委书记、市委“不忘初心、牢记使命”主题教

2019年12月10日,中国共产党南宁市第十二届委员会第八次全体会议在市委市政府会议中心召开　　陈麒元　摄

育领导小组组长王小东作动员讲话。自治区党委“不忘初心、牢记使命”主题教育第一巡回指导组组长李振唐出席会议并讲话。市人大常委会主任東华,市政协主席杜伟出席会议,市委副书记杨维超主持会议。大会以电视电话会议形式召开。市四家班子党员领导干部,市中级人民法院、市检察院主要领导,市直单位党组(党委)主要负责人,市委“不忘初心、牢记使命”主题教育领导小组及办公室成员、指导组成员在主会场出席会议。各区县设分会场。

【“不忘初心、牢记使命”主题教育调研成果交流会】 2019年11月8日在市委第二会议室召开。自治区党委常委、市委书记王小东主持会议并作总结讲话,自治区党委“不忘初心、牢记使命”主题教育第一巡回指导组组长李振唐到会指导。会议指出,要把调查研究贯穿主题教育全过程,把调研发现问题的根源和症结剖析精准,细化分解任务,及时把成果转化的任务分解到部门单位、地方,建立统筹协调、跟踪评估、督促检查和情况反馈机制,把调研成果转化为工作举措、发展实效,促进事业发展。

【中国共产党南宁市第十二届委员会第八次全体会议】 2019年12月10日在市委市政府会议中心召开。市委委员58人、候补委员9人出席会议,市纪委常委、监委委员和有关方面负责人、自治区第十一次党代会和市第十二次党代会部分代表列席会议。市委常委会主持,自治区党委常委、市委书记王小东作讲话。审议通过《中共南宁市委员会、南宁市人民政府关于全面落实强首府战略的实施意见》,王小东就《实施意见》向全会作说明。12月10日,王小东参加市委十二届八次全会分组讨论,讨论《中共南宁市委员会、南宁市人民政府关于全面落实强首府战略的实施意见》(讨论稿)。

【南宁市全面落实强首府战略领导小组第一次全体会议】 2019年12月5日在市委第二会议室召开。自治区党委常委、市委书记王小东主持。市委副书记、市长周红波出席会议,张文军、韦力平、谭向光、缪佃江、黄宁、邓亚平、邱明宏、吴朝晖、李建文、朱会东、秦运彪、伍娟、唐咸兴等市领导参加会议。会议审议南宁市全面落实强首府战略领导小组工作规则等有关事项,听取“六强”(强工业、强创新、强金融、强枢纽、强开放、强治理)专项小组工作汇报,研究部署下一步工作。

【南宁市2019年“三个攻坚突破年”活动总结暨2018年度“三大攻坚战”表彰大会】 2019年12月27日在市委市政府会议中心召开。自治区党委常委、市委书记王小东作讲话,市委副书记、市长周红波主持,市人大常委会主任東华、市政协主席杜伟,以及市四家班子领导出席会议。会议总结经验,表彰先进,推动全市上下进一步解放思想、改革创新、扩大开放、担当实干,不断推动工作取得新成效,为全面落实强首府战略、推动南宁高质量发展做出新的更大贡献。

重大决策

【推动工业高质量发展】 2019年1月11日,市委、市政府印发《关于推动工业高质量发展的决定》,提出到2020年,南宁市的创新能力显著增强、质量效益大幅提升、绿色发展有新成效、工业化和信息化融合在西部地区保持领先地位,实现质量变革、效率变革、动力变革,基本形成现代化工业高质量发展新格局。新动能进一步壮大,战略性新兴产业增加值占规模以上工业企业增加值的比重达到18%以上,高技术产业增加值占规模以上工业增加值的比重达到20%以上,三大重点产业(电子信息产业、先进装备制造产业、生物医药产业)产值占规模以上工业总产值的比重年均提升1个百分点以上。创新能力进一步提高,重点企业研发投入强度翻番,规模以上工业企业有效发明专利申请量实现翻番。智能化水平进一步提升,重点企业工厂智能化改造全面完成,规模以上工业“企业上云”实现全覆盖,两化(工业化、信息化)融合工业应用指数达到82。产出效率进一步提升,工业增加值率提升1个百分点左右。工业发展空间进一步拓展,工业用地规模占全市建设用地总量20%以上,每年存量闲置工业用地处置率达到30%以上。绿色发展进一步强化,规模以上工业单位增加值能耗年均下降1%以上,单位工业增加值二氧化碳排放年均下降4%,固体废弃物综合利用率达到80%,创建绿色工业园区4个。到2025年,创新能力显著增强,创新研发集聚区引领全市产业转型升级,全要素生产率明显提高,质量效益大幅提升,两化深度融合,工业高质量发展新体系更加完善,工业发展总体达到全国省会城市中等水平,加快把南宁市建设成为面向中南西南、辐射东盟的区域性高新技术产业和先进制造业基地。

【加强新时代人民政协党的建设】 2019年2月19日,市委办公室印发《关于加强新时代人民政协党的建设工作的实施意见》,提出加强新时代南宁市人民政协党的建设要准确把握人民政协的性质定位,把握加强政协党的建设的指导思想,坚持加强政协党的建设的重要原则,进一步明确加强政协党的建设的主要任务。担负起实现党对人民政协领导的政治责任,用习近平新时代中国特色社会主义思想武装头脑,推进人民政协党的组织和党的工作有效覆盖,改进作风,推进全面从严治党,加强对新时代全市人民政协党的建设工作的领导。

【“四个一线”选人用人激励干部】 2019年4月3日,市委办公室印发《南宁市“四个一线”选人用人激励干部新时代新担当新作为办法(试行)》,提出各级党委(党组)要提高政治站位,加强干部思想教育,进一步增强担当作为的思想自觉和行动自觉。要切实发挥把关作用,加大培养管理力度,把“四个一线”的吃劲岗位、重要岗位、艰苦岗位作为干部培养的主阵地,强化政治训练、实践磨炼,优化成长路径。要突出政治标准,把政治素质考察摆在首位,加强跟踪考核,改进年度考核、推进平时考核、强化专项考核,经常性、近距离、有原则地接触干部,全方位、多角度、立体式地了解干部。要坚持讲担当重担当、重实干重实绩,根据工作需要和岗位需求,优先选拔任用在“四个一线”实绩突出、群众公认的优秀干部。要按照“三个区分开来”(把干部在推进改革中因缺乏经验、先行先试出现的失误和错误,同明知故犯的违纪违法行为区分开来;把上级尚无明确限制的探索性实验中的失误和错误,同上级明令禁止后依然我行我素的违纪违法行为区分开来;把为推动发展的无意过失,同为谋取私利的违纪违法行为区分开来。)要求和市委容错纠错的有关规定,支持和鼓励干部在一线改革创新,切实为担当者担当,为负责者负责,为干事者撑腰。要强化舆论引导,发挥领导干部示范表率作用,教育引导全市广大干部自觉践行“担当为要、实干为本、发展为重、奋斗为荣”理念,真抓实干、善作善成、造福于民。

【产业工人队伍建设改革】 2019年4月3日,市委、市政府印发《南宁市新时期产业工人队伍建设改革实施方案》,提出按照政治上保证、制度上落实、素质上提高、权益上维护的总体思路,改革不适应南宁市产业工人队伍建设要求的体制机制,调动产业工人的积极性、主动性、创造性,发挥产业工人队伍的主力军作用。

【质量提升行动】 2019年5月9日,市委、市政府印发《南宁市开展质量提升行动实施方案》，提出以提高发展质量和效益为中心，开展质量提升行动，加强全面质量监管，全面提升质量水平，促进“南宁制造”向“南宁创造”转变、“南宁产品”向“南宁品牌”转变、“南宁速度”向“南宁质量”转变。通过实施全面质量提升行动，城市经济、社会民生、政府服务、生态环境和城乡建设供给质量不断提高。到2020年，供给质量明显改善，供给体系更有效率，质量对提高全要素生产率和促进经济社会发展的贡献进一步增强，建设质量强市取得明显成效，质量总体水平显著提升，以技术、标准、品牌、服务为核心的质量竞争优势基本形成，人民群众拥有更多的质量获得感。

【深化“先锋引领·凝心聚力”大行动】 2019年8月2日，市委、市政府印发《关于深化“先锋引领·凝心聚力”大行动进一步推动首府城市基层党建工作改革创新的实施意见》《南宁市健全城市基层党建四级联动体系实施方案》《南宁市“四家班子”党员领导干部联系城市社区实施方案》《关于深化街道管理体制改革工作的实施意见》。持续深化“先锋引领·凝心聚力”大行动，提出以“织密红色经纬，建强壮乡首府”为主题，推动基层党建引领社会治理创新，为全面落实强首府战略，在新征程中谱写南宁高质量发展新篇章提供组织保障；健全城市基层党建四级联动体系提出要牢固树立城市大党建理念，着眼推动城市基层党建内涵式发展、系统性增效，发挥市、城区（开发区）、街道、社区四级党组织的“动力主轴”作用，通过构建四级联动的组织体系、责任体系、制度体系，形成齐抓共管的城市基层党建工作新格局，进一步提升首府城市基层党建工作科学化水平；市“四家班子”党员领导干部联系城市社区提出市“四家班子”党员领导干部每人联系1个城市社区，指导开展城市基层党建，协调解决工作中遇到的困难和问题；深化街道管理体制改革提出要持续深化“先锋引领·凝心聚力”大行动，以“织密红色经纬，建强壮乡首府”为主题，推进街道治理体系和治理能力现代化。

【南宁教育现代化2035】 2019年8月12日，市委、市政府印发《南宁教育现代化2035》。总体目标：到2020年，全面实现“十三五”教育发展目标，教育现代化取得重要进展，为全面建成小康社会做出重要贡献；在此基础上，到2035年，建成西部地区人力资源强市和教育强市，各项教育发展主要指标走在广西前列，在广西率先总体实现更高水平、更高质量的教育现代化。具体目标：建成教育理念先进、教育治理完善、人才培养质量优良、教育保障有力、教育生态良好、服务全民终身学习的现代化教育体系，各级各类教育发展水平显著提升；学前教育实现普及普惠高质量发展，义务教育实现高水平优质均衡发展，高中教育高质量多样化发展，职业教育产教融合高水平发展，高等教育竞争力明显提升，国际教育水平显著提高，残障儿童少年享有合适的教育；打造高素质专家型教师队伍；教育现代治理形成新格局，建成现代教育体系。

【“不忘初心、牢记使命”主题教育】 2019年9月11日，市委印发《关于在全市开展“不忘初心、牢记使命”主题教育的实施方案》，提出开展“不忘初心、牢记使命”主题教育，要学习贯彻习近平总书记重要指示批示精神和党中央、自治区党委部署要求，把学习贯彻习近平新时代中国特色社会主义思想作为根本任务和主题主线，引导党员、干部原原本本学。要贯彻守初心、担使命，找差距、抓落实的总要求，要突出问题导向，既着力解决党员、干部自身存在的问题特别是思想根子问题，又着力解决群众最关心最直接最现实的利益问题。要以县处级以上领导干部为重点，示范带动党员、干部的学习教育。要将力戒形式主义、官僚主义作为主题教育重要内容，教育引导党员干部牢记党的宗旨，坚持实事求是的思想路线，树立正确政绩观，真抓实干，转变作风。全市各级党组织和广大党员干部要抓思想认识到位、抓检视问题到位、抓整改落实到位、抓组织领导到位，学习贯彻习近平总书记关于广西工作的重要指示精神，践行“担当为要、实干为本、发展为重、奋斗为荣”的理念，在广西解放思想、改革创新、扩大开放、担当实干中走在前作表率。要把主题教育与庆祝中华人民共和国成立70周年结合起来，引导党员、干部不忘历史、不忘初心，勇于战胜艰难险阻，为夺取新时代中国特色社会主义新胜利贡献南宁力量。

【干部教育培训规划】 2019年9月25日，市委印发《2018—2022年南宁市干部教育培训规划》，提出以习近平新时代中国特色社会主义思想为中心内容的理论教育更加深入，干部的马克思主义水平和政治理论素养不断提高，思想行动高度统一；党性教育更加扎实，干部理想信念、党性观念、宗旨意识进一步强化，思想觉悟、政德修养、品行作风进一步提高；专业化能力培训更加精准、知识培训更加有效、干部教育培训体系改革更加深化完善，干部队伍适应新时代全市经济社会发展要求的能力不断增强。

【加强新时代人大工作】 2019年11月25日，市委印发《关于加强新时代人大工作的实施意见》，提出要坚持以习近平新时代中国特色社会主义思想统揽人大工作，加强和改善党对人大工作的领导、加强和改进立法工作、加强和改进监督工作、加强和改进决定及选举任免工作、加强和改进人大代表工作、打造人大工作“南宁品牌”、加强人大及其常委会自身建设7个方面具体措施。

【学前教育深化改革规范发展】 2019年12月3日，市委、市政府印发《关于学前教育深化改革规范发展的实施意见》，提出学前教育普及普惠程度持续提高，办园结构进一步优化，全市学前三年毛入园率2020年达到97%，普惠性幼儿园覆盖率（公办园和普惠性民办园在园幼儿占比）达到80%，公办园在园幼儿占比原则上达到50%；到2035年，全面普及学前三年教育，建成覆盖城乡、布局合理的学前教育公共服务体系，形成完善的学前教育管理体制、办园体制和政策保障体系。

【全面落实强首府战略实施】 2019年12月10日，中国共产党南宁市第十二届委员会第八次全体会议通过《关于全面落实强首府战略的实施意见》。12月13日，市委、市政府印发《关于全面落实强首府战略的实施意见》，提出到2025年，南宁市综合实力显著增强，经济总量比2018年翻一番；产业结构持续优化，工业支撑作用凸显，高技术产业和先进制造业加快发展，全市规模以上工业总产值超过6000亿元；中国－东盟金融城全面建成，全市金融业增加值突破1000亿元；创新要素加快集聚，研究与试验发展经费支出占地区生产总值比重2.50%；建成区域性现代综合交通枢纽，铁路网密度达到每万平方千米580千米，高速公路密度达到每万平方千米760千米，航空旅客年吞吐量达到3500万人次；对外开放合作水平大幅提升，外贸进出口总额超过1500亿元；南宁大都市区建成区面积达到530平方千米，城市生态环境质量持续改善，城市集聚力、承载力和辐射力明显提升，全市人民生活更加幸福美好。到2035年，南宁市引领带动作用显著提升，经济总量占广西比重力争达到30%。面向东盟开放合作的区域性国际大都市、“一带一路”（丝绸之路经济带、21世纪海上丝绸之路）有机衔接的重要门户枢纽城市、北部湾城市群与粤港澳大湾区融合发展的核心城市、具有浓郁壮乡特色和亚热带风情的生态宜居城市全面建成，经济实力、创新能力大幅提升，城市治理体系和治理能力现代化水平显著提升，社会文明程度达到新高度,人民生活更为宽裕,引领带动全区经济社会发展的核心增长极作用大幅增强。

【新时代机关党的建设】 2019年12月27日,市委印发《关于加强新时代机关党的建设的实施意见》,提出要学习贯彻习近平新时代中国特色社会主义思想和党的十九大精神,贯彻落实习近平总书记在中央和国家机关党的建设工作会议上的重要讲话精神,增强“四个意识”(政治意识、大局意识、核心意识、看齐意识)、坚定“四个自信”(中国特色社会主义道路自信、理论自信、制度自信、文化自信)、做到“两个维护”(坚决维护习近平总书记党中央的核心、全党的核心地位,坚决维护党中央权威和集中统一领导),坚持党要管党、全面从严治党,以党的政治建设为统领,着力深化理论武装,着力夯实基层基础,着力推进正风肃纪,不断提高机关党的建设质量,建设让党中央放心、让人民群众满意的模范机关,为建设壮美广西,全面落实强首府战略,推动南宁高质量发展提供保证。 (市委办公室)

组织建设

【概 况】 2019年,中国共产党南宁市委员会组织部(中共南宁市非公有制经济组织和社会组织工作委员会、南宁市公务员局)简称“中共南宁市委组织部”,统一管理市委机构编制委员会办公室、统一管理公务员工作,市人力资源和社会保障局的公务员管理职责划入市委组织部,对外加挂市公务员局牌子。市委组织部设办公室、研究室(政策法规科)、干部一科、干部二科、干部三科、干部四科、干部五科、干部六科、干部档案管理办公室、干部队伍建设规划办公室、干部监督室(举报中心)、干部教育科、市委党的建设工作领导小组办公室(市基层组织建设协调领导小组办公室、市委党代表大会代表联络办公室)、组织一科、组织二科、组织三科(市委组织员办公室)、组织四科、组织五科、人才工作科(市委人才工作领导小组办公室)、公务员一科、公务员二科、公务员三科、信息管理办公室、机关党委(人事科)。二层机构有南宁市党员干部现代远程教育管理办公室(中共南宁市委党的建设信息化管理办公室)、南宁市领导人才考试与测评工作办公室(南宁市公开选拔领导人才工作领导小组办公室)2个。全市有中国共产党地方委员会13个(设区市委员会1个、区县委员会12个),党组461个,中央、地方党委派出工作委员会60个(省市派出工作委员会8个、区县派出工作委员会52个),基层党组织1.78万个(基层党委658个、党总支部1309个、党支部1.58万个);党员27.92万人,其中女党员9.30万人、占党员总数33.31%,少数民族党员14.17万人、占50.73%,离退休党员6.29万人、占22.53%,新发展党员3845人、占1.38%。新发展党员中,女党员1751人,少数民族党员2045人。

【习近平新时代中国特色社会主义思想和党的十九届三中、四中全会精神学习培训】 2019年,南宁市把学习贯彻习近平新时代中国特色社会主义思想和党的十九届三中、四中全会精神作为干部教育培训的重要内容,纳入市委党校(行政学院)和网络培训的必修课。举办全市厅级领导和处级主要负责同志专题研讨班,参加研讨239人次;组织全市各级干部通过广西干部网络学院学习3.35万人次。编制《2018—2022年南宁市干部教育培训规划》,分层分类开展专题培训,完成中央、自治区调训82班次,组织开展市本级主体班17班次,调训干部1240人;审核市直单位外出专题班56班次,培训干部3733人次;举办扶贫干部培训班11期次,培训2636人次;分2个班次组织100名优秀年轻干部参加中青班培训。

【“不忘初心、牢记使命”主题教育】 2019年,南宁市各级党组织认真贯彻落实党中央、自治区党委的部署,按照“四个到位”(抓思想认识到位、抓检视问题到位、抓整改落实到位、抓组织领导到位)“四个注重”(注重分类指导、注重减轻基层负担、注重开门搞教育、注重解决群众最急最忧最盼的紧迫问题)的要求,开展“不忘初心、牢记使命”主题教育。市委常委会、市人大常委会党组、市政府党组、市政协党组及12个区县、102个市直单位、125个乡镇(街道)、1.48万个基层党支部、27.02万名党员参加第二批主题教育。组织党员开展专题研讨学习1.30万次,举办读书班3980次,开展革命传统教育、先进典型和警示教育1万多次;着眼解决实际问题,开展调研活动1.32万次,解决实际问题1.53万个,召开调研成果交流会2693次,运用调研成果制定整改措施9903项,9328名党员领导干部讲授专题党课;征求对班子意见建议1.56万条,领导班子检视问题清单3510个,召开对照党章党规找差距专题会议2534次;制定整治方案5079个,细化整治措施1.50万条。南宁市获中央第九巡回督导组、中央主题教育办调研组肯定和好评,自治区6项随机测评项目均为100%“好评”。街道基层党组织“逢四说事”协商工作机制获民政部认定为全国优秀社区工作法,利用该机制推进主题教育等先进做法获《人民日报》《中国组织人事报》《半月谈》等报刊宣传报道。

【党建制度改革】 2019年,南宁市推进党的建设制度改革任务10项,除1项任务因上级政策未出台而调整外,其余9项全部完成。实施“四个一线”选人用人办法、老党员困难党员关怀帮扶等政策举措,建立健全关爱基层干部和为基层减负机制,细化走访慰问、专项解困等关怀举措,落实干部带薪休假、定期体检、工作补贴等待遇和权益。出台加强全市党的政治建设实施方案、加强新时代机关党的建设实施意见。相关改革亮点举措获中共中央组织部《组工信息》《党建研究》、新华社、《光明日报》等刊发,市委组织部先后10次在自治区会议上作典型发言。全市组织工作调研课题有3篇获评自治区一等奖,占获奖总数四分之三。做好机构改革领导班子配备、干部安排以及公务员职务与职级并行,统筹推进南宁市社会科学界联合会、南宁市计划生育协会、南宁市法学会、南宁市台湾同胞联谊会等群团组织改革。

【基层党组织建设】 2019年,南宁市开展基层党建述职评议考核,实现全市党组织书记述职评议全覆盖。推动基层党建“两随机”(随机督导、随机调研)调研指导常态化制度化,深入12个区县、3个开发区及部分市直单位近300个基层党组织开展3轮基层党建“两随机”调研指导,督促各基层党组织对照落实整改。

【农村党建】 2019年,南宁市实施“先锋引领·脱贫攻坚”2019年行动计划,完成涉及组织部门单独牵头的19项中央脱贫攻坚专项巡视反馈意见、11项中央脱贫攻坚专项巡视通报突出问题、共性问题举一反三,以及2018年国家脱贫攻坚成效考核反馈广西问题整改8项,通过自治区“四合一”(设区市党委和政府扶贫开发工作成效考核、贫困县党委和政府扶贫开发工作成效考核、非贫困县扶贫开发工作成效考核、扶贫对象脱贫摘帽实地核查)考核。从严保障驻村第一书记和工作队员级别、待遇,从2019年起每年为全市102个工作分队各安排2万元工作经费,为第一书记安排1.50万元驻村专项工作经费和10万元的产业帮扶资金,落实每月不少于400元的乡镇工作补贴,工作队员伙食补助每人每天100元。提高村(社区)干部待遇并全面开展感恩教育,自2019年1月1日起,每人每月再增资200元,即2015年以来每人每月累计增资1200元,村干部待遇翻了近一番;城市社区干部每月报酬最高4900元。全年投入资金8.57亿元,推动全市1556个行政村的集体经济收入提前达到4万元以上,其中达10万元以上行政村381个,达50万元以上行政村76个;全市村级集体经济总收入4.08亿元,比上年增长28.46%。新华社《瞭望》周刊单篇刊发武鸣区发展壮大村级集体经济成效,《乡村干部报》《广西日报》分别报道南宁市发展壮大村级集体经济的做法和成效;《半月谈》刊发南宁市贫困村创业致富带头人培育工作显成效,探索推广上林县“两培两带两促”(培育创业致富带头人,培育扶贫产业;带动贫困户脱贫,带动贫困村集体经济发展;促进乡土人才回流创业,促进农村基层党建)模式。深入开展扫黑除恶专项斗争,完成整顿软弱涣散村党组织184个。持续开展村“两委”换届“回头看”,审查出不符合条件村干部409人,依法依规清理245人,处理164人,补齐配强170人。加强屯级党支部标准化规范化建设,推进农村基层党组织“星级化”管理和党员积分管理,全市获自治区党委组织部命名为五星、四星、三星农村基层党组织的村613个。

【城市基层党建】 2019年,南宁市开展“先锋引领·凝心聚力”大行动,以城市基层党建引领社会治理创新。研究制定城市基层党建“1+3”(《关于深化“先锋引领·凝心聚力”大行动进一步推动首府城市基层党建工作改革创新的实施意见》,及《南宁市健全城市基层党建四级联动体系实施方案》《南宁市“四家班子”党员领导干部联系城市社区实施方案》《关于深化街道管理体制改革工作的实施意见》3个配套文件)文件,提出“强化街道党组织的统筹协调功能”“把社区党组织建成坚强堡垒”“增强城市基层党建整体效应”“提升党组织领导基层治理工作水平”4大块20条具体改革举措。牵头举办“织密红色经纬,建强壮乡首府”主题活动暨首府党(团)员志愿服务中国-东盟博览会和庆祝新中国成立70周年誓师大会,发动1万多名党(团)员志愿者投入到服务中国-东盟博览会和庆祝新中国成立70周年的工作中。召开全市进一步加强和改进城市基层党的建设工作会议,对全市城市基层党建工作作全面部署。承办自治区城市基层党建工作推进会,通过5个现场参观点向全广西展现南宁市的经验做法。西乡塘区“社校联盟”共建共享模式获评全国城市基层党建创新案例,南宁市推动城市基层党建工作改革创新、组织在职党员到社区报到为群众服务等经验做法分别得到中组部《组工信息》《组织人事报》1个整版、《半月谈》单篇及《广西日报》重要版面报道。

【国企党建】 2019年,南宁市实施“先锋引领·固根守魂”行动,落实国有企业重点任务30项,抓好国有企业董事会、监事会、经理层换届,把党的领导融入公司治理各环节。适应国资国企改革,规范开展国有企业党组织调整划转,接收中国电力国际发展有限公司南宁代表处、广西龙源风力发电有限公司、中建商品混凝土广西有限公司3个党组织,调整划转广西南南铝加工有限公司、南宁糖业股份有限公司、华能新能源股份有限公司广西分公司、南宁会展公司4个党组织隶属关系。

【机关事业单位党建】 2019年,南宁市适应党和国家机构改革需要,调整市直单位党组织设置,设立单位党组18个,撤销单位党组19个,更名党组2个;成立南宁广播电视台党委;调整南宁市教育局及直属单位的党组织关系为隶属市委教育工作委员会管理。8月27日,在自治区机关党的建设工作会议上,南宁市作经验交流发言。10月23日,市委召开全市机关党的建设工作会议,部署全市机关党的建设工作。在中小学校深入开展“先锋引领·校园党旗红”主题活动,打造中小学校党建品牌。推进公立医院建立党委领导下的院长负责制,加强党对公立医院的领导。

【非公有制经济组织和社会组织党建】 2019年,南宁市两新组织党工委主动服务“三个攻坚突破年”活动,开展“先锋引领·亲商强企”大行动,调研民营企业326家,收集问题373个,反馈给各区县、开发区和有关市直部门研判解决,得到市委、市政府主要领导和自治区党委组织部领导的批示肯定,南宁市在自治区两新组织党建工作座谈会上作交流发言,“先锋引领·亲商强企”被评为2019年度两新党建地方创新案例。持续开展两新组织党建工作重点任务“百日攻坚”,借助大数据开展拉网排查,新建党组织262个,新选聘党建工作组织员96名,非公企业、社会组织党组织覆盖率分别为80.59%、84.36%。评定市级党建工作示范点37个,11个党组织获评自治区两新组织党建工作示范点。加强重要领域,重要行业党建工作,印发加强互联网企业、律师行业党建工作若干措施,南宁市在自治区互联网企业党建工作座谈会上作交流发言。开展“党旗领航+”电商扶贫、诚信经营、村企共建等系列活动740场,武鸣区开展“党旗领航·电商扶贫”行动做法在新华社《瞭望》周刊单篇刊发。创办“领航讲堂”,开展“关注党员成长·激发组织活力”大培训498期,参训超3.33万人次。建好用好两新党建网站、微信公众号,发布文章1000多篇,阅读量101万人次,“南宁两新党建”微信公众号影响力位列2019年全国两新党建互联网传播报告第6名。

【发展党员】 2019年,南宁市新发展党员3845人。建立全市发展党员信息库;在没有党员的贫困村自然村(屯),单列发展党员计划并开展贫困村自然村发展党员“三优先两联系”(优先在具备条件的贫困村自然村单独成立基层党组织,优先于2019年在具有发展对象的贫困村自然村发展新党员,优先在贫困村自然村发现、培养1名~2名入党积极分子;择优从乡镇党委选派1名党性强、熟悉党建工作的党员定点联系帮扶没有党员的自然村所在行政村,行政村党组织选派1名党性强、熟悉党建工作的党员定点联系帮扶没有党员的自然村,力争所有具备条件的贫困村自然村都有党员,党在自然村的组织覆盖和工作覆盖有明显提高)专项行动,503个贫困村自然村发展新党员或具备发展党员条件,发现、培养、确定入党积极分子或入党申请人383名。

【党员远程教育】 2019年,南宁市开展“远教助力·精准送学”活动,以点上送学培训和网上宣传教育为主要形式,开展点上送学培训151场次,直接培训党员群众6.32万人次,“绿城党旗红”党建信息平台发布信息6358篇,上传视频109部,推送公众号文章344篇。持续开展“不忘初心、牢记使命——广西党组织成长的光荣之路”主题南宁展播活动,推广收看学习《红色传奇》《一线赛出“千里马”》《烽火邕城》等党员教育片。开发上线市直机关党建工作在线考评系统,“绿城党旗红”党建信息平台开设“不忘初心、牢记使命”“建设壮美广西共圆复兴梦想”“扫黑除恶专项斗争”等专题专栏。聚焦“四个一线”先进人物和典型事迹,以“榜样的力量”为主题,制作党员教育作品95部(篇)(微视频27部、典型事迹13部、党建美文30篇、新媒体课件15个、《政策解读》惠民系列电教片3部、其他视频7部);择优选送20部视频作品参加自治区“八桂先锋”党员教育优秀作品评选,获特等奖1部、一等奖1部、二等奖3部、三等奖3部、优秀奖1部。

【公务员管理】 2019年7月,市委组织部印发《南宁市公务员职务与职级并行制度实施方案》;至12月末,全市公务员职级套转工作基本完成。办理公务员(参照公务员法管理人员)登记1369人,退出备案102人;完成168家市直机关单位科级及以下公务员(含参照公务员法管理事业单位工作人员)1.30万人年度考核备案、1772人年度考核嘉奖、485人记三等功奖励的审核。南宁市计划招考公务员(含选调生)501人,考试缴费2.74万人,参加笔试2.74万人,录用486人。组织开展公务员自主选学培训,设公务员岗位能力提升、公务员综合素质提升两大模块9个专题50门课程,市直部门近200家单位、科级及以下公务员1万多人次参训。举办远程双向视频培训,300多家单位近1900人次参训。开展2019年度南宁市新录用公务员(选调生)初任培训,新录用公务员(选调生)496人参训。

【干部队伍建设】 2019年,南宁市实施《南宁市"四个一线"选人用人激励干部新时代新担当新作为办法(试行)》,全年从"四个一线"提拔的处级干部占提拔总数84.40%。贯彻自治区出台的"昏庸懒散拖"干部组织调整办法,调整"昏庸懒散拖"干部105人。实施《关于贯彻落实〈深入推进激励干部新时代新担当新作为工作实施方案〉等6个文件的工作方案》,提出具体落实举措17条,编印《激励干部担当作为文件汇编》2700本发全市各级各部门学习。配合市纪委监委出台容错纠错实施办法,给予58名干部容错纠错。遴选5名优秀处级领导干部作为"担当作为善作善成好干部"人选上报自治区党委组织部。全市有1个单位、7名干部在担当作为方面表现突出,获自治区通令嘉奖;25名脱贫攻坚好支书、好党员和优秀第一书记获自治区党委组织部通报表彰。市委组织部部务会成员遍访全市12个区县、102个乡镇、63个村(社区),与195名基层干部谈心谈话,引导广大基层干部新时代新担当新作为。从严监督管理干部,安排经济责任审计102人;领导干部个人有关事项随机抽查市管干部187名。南宁市"四个一线"选人用人激励干部担当作为、调整"昏庸懒散拖"干部等经验做法得到新华社《内参选编》、中组部《组工信息》《中国组织人事报》1个整版、2个头条和《广西日报》重要版面报道。

【人才队伍建设】 2019年,南宁市落实"1+6"("1"即《南宁市深化人才发展体制机制改革打造面向东盟的区域性国际人才高地行动计划》,"6"即配套支持政策,分别为《提升自主创新能力促进产业优化升级发展若干政策措施》《关于支持青年人才留邕创业就业的若干措施》《关于强化人才创新创业金融支撑的若干措施》《关于南宁市建设海外人才离岸创新创业基地的实施办法》《南宁市引进海外人才工作实施办法》《加快南宁市人力资源服务业发展实施办法》)人才政策,柔性引进院士17人,全职引进中国工程院欧阳平凯院士带团队和项目落地南宁,发放科研补助1000万元。实施创新创业领军人才"邕江计划",集聚海内外高层次创新创业人才160人,向21个项目发放资助2450万元。建立广西首个桂籍杰出人才信息库,举办首届桂籍杰出人才回乡共商邕城发展交流会,邀请包括两院院士在内的10名海内外桂籍杰出人才参会,促成合作项目2个,达成合作意向11个。举办第二届海(境)外高层次人才创新创业大赛,吸引海外人才项目442个参赛,促成"AI智能机器人系统研发中心""中国－东盟跨境产业服务中心"和"双牛农业生技抗癌与肠胃病植物新药商转运营"3个项目落地。赴8个欧洲国家开展海外引才,引进海外高层次人才101人;面向海内外引进特聘专家11名;赴6个城市开展"联合引智"活动。组织南宁市第九批专业技术拔尖人才、第八批优秀青年专业技术人才60多名赴西安、北京等地开展学习培训;分别组织创新型企业家和新生代企业家40名、医务骨干30名、骨干教师40名赴国内外交流学习。在广西率先出台建设新型产业技术研究机构和高端创新载体的优惠政策,采取"政府引导、依托院校、产业导向、市场运作"模式,与知名高校、科研机构、龙头企业共建新型产业技术研究机构7个。打造广西首家海外人才离岸创新创业基地,入驻海外人才项目5个;新增国家级创新创业平台5个,建设自治区级创新创业平台44个。南宁市人才工作经验做法获评2019年第四届全国人才工作创新案例优秀案例,在《组工信息》刊发推广。

(市委组织部)

2019年10月29日,自治区城市基层党建工作推进会在南宁市召开。图为与会代表在西乡塘区明秀南社区参观考察　　市委组织部提供

宣传教育

【概　况】 2019年,中国共产党南宁市委员会宣传部(简称"中共南宁市委宣传部")统一管理新闻出版和电影工作,市文化和新闻出版广电局的新闻出版、电影管理职责划入市委宣传部;中共南宁市委网络安全和信息化领导小组改为中共南宁市委网络安全和信息化委员会,中共南宁市委员会网络安全和信息化委员会办公室是市委网络安全和信息化委员会的办事机构,作为市委工作机关,设在市委宣传部,对外保留南宁市互联网信息办公室牌子。市委宣传部设办公室、干部科、政策法规研究和舆情信息室、意识形态工作责任制专项巡察工作办公室、理论科(南宁市哲学社会科学工作办公室)、新闻和传媒监管科、出版印刷发行管理科、文艺和电影管理科、宣传教育科(南宁市国防教育办公室)、文化体制改革和发展科、版权管理和反非法反违禁科、(南宁市"扫黄打非"办公室)、新闻发布科(南宁市突发公共事件应急新闻中心办公室)、对外宣传交流科、精神文明建设一科、精神文明建设二科、精神文明建设三科;加挂南宁市精神文明建设委员会办公室、南宁市人民政府新闻办公室、南宁市新闻出版局牌子。二层机构有中共南宁市委讲师团、南宁市互联网新闻传播研究中心2个。南宁市学习贯彻习近平总书记关于宣传思想工作的重要思想和《中国共产党宣传工作条例》,举旗帜、聚民心、育新人、兴文化、展形象,推动宣传思想工作守正创新,凝聚全面落实强首府战略、推动南宁高质量发展的力量。

【理论学习与宣传】 2019年，南宁市开展“不忘初心、牢记使命”主题教育，召开市委十二届七次、八次全会，召开市委理论学习中心组集中学习会8次，学习贯彻习近平新时代中国特色社会主义思想、习近平总书记对广西工作的重要指示精神，研究部署南宁市的贯彻落实措施。市委理论学习中心组学习做法在自治区经验交流会上作发言。围绕党的十九届四中全会精神等重大主题，全市开展各类宣讲超2.53万场，受众101万人次。“学习强国”学习平台供稿量、采用量居自治区第一，工作经验在自治区交流研讨班上作发言。

【信息与调研】 2019年，南宁市向自治区党委宣传部等部门上报舆情信息2100多条，被采用量在自治区排名第一；《庆祝新中国成立70周年网上舆论氛围浓厚》《南宁市打造跨国春晚品牌搭建中华文化“出海”新通道》等6篇舆情信息、3篇舆情分析报告分别被评为2019年自治区舆情信息工作“好信息”“优秀舆情分析报告”。组织开展全市宣传文化系统领导干部深入基层调研活动、“不忘初心、牢记使命”主题教育专题调研，完成调研报告60多篇，工作案例30多个，被采用量在自治区排名第一，其中《把县级融媒体中心建设成为坚强有力的基层宣传思想阵地》《推动媒体深度融合发展　为全面落实强首府战略提供有力舆论支持》分别被评为自治区宣传思想文化系统优秀调研报告一等奖、二等奖；《以春晚为媒　促文明互鉴——〈春天的旋律〉跨国春节晚会的实践与启示》《横县基层宣传“融”获新生》被评为2019年全自治区宣传思想文化系统优秀创新工作案例；《“网友看南宁”联通党心民心》入选中共中央宣传部2019年《宣传思想文化工作案例选编》。

【新闻报道】 2019年，习近平总书记视察广西两周年之际，南宁市主要媒体推出《新时代壮乡首府：谱写高质量发展新篇章》宣传专版28个、专题报道7集、短视频3个。统筹内宣外宣、网上网下、传统媒体和新兴媒体，全媒体做好学习宣传贯彻党的十九届四中全会精神、庆祝中华人民共和国成立70周年、“不忘初心、牢记使命”主题教育、决战决胜脱贫攻坚、全面落实强首府战略、防范化解重大风险、扫黑除恶专项斗争等重点宣传报道。《人民日报》、新华社、中央广播电视总台、《光明日报》等中央主流媒体刊发专版专题重点报道近700篇（幅）。自治区和市属主要媒体刊发重点新闻稿件8000多篇。完成县级融媒体中心建设任务，12个区县县级融媒体中心全覆盖，横县融媒体中心建设成效得到中宣部调研组肯定。

【新闻发布】 2019年，南宁市围绕市委市政府决策部署，聚焦科技创新发展、城市建设管理、工业发展、创建国家全域旅游示范区阶段性成果、招商引资、优化营商环境、扫黑除恶专项斗争、法治政府建设、推进义务教育均衡发展、生态环境质量状况、建设面向东盟的金融开放门户南宁核心区、生活垃圾分类、中国（广西）自由贸易试验区南宁片区支持政策、养老服务业发展情况等主题，举办新闻发布活动65场。中央驻桂、自治区和市属新闻媒体参加报道。9月25日，举行庆祝中华人民共和国成立70周年南宁市经济社会发展情况新闻发布会，市领导出席发布会介绍南宁市经济社会发展情况并答记者问，中央驻桂、自治区、南宁市属新闻媒体刊发稿件30多篇（幅）。

2019年1月15日，《春天的旋律·2019》录制现场，来自8个国家和地区的主持人主持晚会
潘浩　摄

【社会宣传】 2019年，南宁市组织开展扫黑除恶、第29届国家戏剧梅花奖、第16届中国－东盟博览会和中国－东盟商务与投资峰会、第七届中国－中亚合作论坛、泛珠三角区域合作行政首长联席会议、中国（广西）自由贸易试验区南宁片区、环广西公路自行车赛、苏迪曼杯等重大活动、重要会议、重大赛事社会氛围营造。完成庆祝新中国成立70周年社会宣传，营造节庆氛围，重点路段、点位设置宣传造型，在全市39条主干道精品线路设置“国旗一条街”，布置18.65万面五星红旗，以及2.15万台各类电子屏播放宣传片、画面，大型广告牌、工地围挡、公交车候车亭等广告资源喷绘画面超过35.35万平方米。

【对外宣传】 2019年，南宁市组织开展2019“南宁渠道　丝路交响”跨国采访行动，走进意大利克雷马市、法国普罗旺斯大区，首次走进中亚国家乌兹别克斯坦采访。中国新闻社播发2019“南宁渠道　丝路交响”专题报道10集，南宁广播电视台以“南宁渠道　丝路交响”为题制作播出系列专题片16集，《南宁日报》以系列报道形式刊发稿件8篇。此次采访行动受到意大利克雷莫纳省电视1台、欧联网、《欧洲时报》、法国华人电视台、《乌国新观察》等海外媒体的关注，在第二届广西对外传播奖评选中，获对外传播项目类二等奖。南宁市人民政府新闻办公室主办、南宁广播电视台承办，13个国家和地区的17家媒体携手合作录制的“春天的旋律·2019”跨国春节晚会，创新“故事春晚”手法，讲述“一带一路”（丝绸之路经济带、21世纪海上丝绸之路）上的华人故事、中外友好交往故事。晚会先后在中国和东盟、北美洲和大洋洲部分地区的电视机构落地播出，覆盖收视人群约5亿人。国家广播电视总局发展研究中心刊发表述评文章《跨国春晚：春晚国际化进程这样打开》，肯定其“春晚国际化”样本作用。“春天的旋律·2019”跨国春节晚会获第九届广西文艺创作铜鼓奖，3次入选国家广电总局“丝绸之路影视桥工程”重点扶持项目名录，是入选项目中唯一地市级媒体项目。在《北欧时报》《菲律宾商报》《联合早报》等10家境外媒体推出南宁专版，宣传推介南宁市全面贯彻落实强首府战略，在“建设壮美广西、共圆复兴梦想”新征程中取得的成效。

【网络宣传与管理】 2019年，南宁市管好用好占自治区47.2%的3.12万家网站，围绕重大主题活动，在人民网等重点新闻网站开设专栏专题50多个，刊登《一撇一捺看发展　南宁：站在新方位“邕”抱全世界》等各类稿件2万多篇。推出《人民记忆:70年70城记住南宁》《心迹:指尖绣出壮乡幸福脱贫路》等短视频,在人民网、央视网等主流网络平台推送。“聚焦夜经济、文旅促三产——冬游广西、乐在南宁”系列活动网络点击量约12亿次。办结人民网《地方领导留言板》网友给鹿心社书记的涉邕留言728条。市委网信办被中共中央网络安全和信息化委员会办公室评为“2019年国家网络安全宣传周活动先进单位”。

【群众性精神文明创建】 2019年,南宁市推动“五个礼让”(斑马线前讲礼让、行车会车讲礼让、有序排队讲礼让、乘坐公交讲礼让、乘坐电梯讲礼让)示范创建进窗口、进社区、进企业、进校园。学习宣传黄大年、黄文秀先进事迹。杜丽群、韩素云被中央宣传部等部门评为“最美奋斗者”。蓝连青被中央文明委授予第七届全国孝老爱亲模范,全市道德模范、中国好人获表彰人数为历年之最。11个村镇、22个单位获评第十七批自治区级文明村镇、文明单位;命名20个村镇、25个单位为第三十批市级文明村镇、文明单位。组建南宁市新时代文明实践志愿服务总队,市委、市政府主要领导担任总队长,下设理论宣讲、教育、文化、科技与科普、健身体育5个专业志愿服务队,分别由市委宣传部、市教育局、市文化广电和旅游局、市科学技术协会、市体育局作为牵头单位组建及招募队员并开展活动。建立新时代文明实践中心、所(站)1916个,开展文明实践活动2万多场,惠及群众200万人次。横县列入新时代文明实践中心建设全国第二批(自治区首批)试点县;自治区新时代文明实践中心建设交流推进会在横县召开。全市网上注册志愿者76.88万人,发布志愿服务项目1.99万个,服务总时长148.97万小时,社区、重点公共场所有志愿服务站384个。南宁市获2019年广西学雷锋志愿服务“4个10”(10名最美志愿者、10个最佳志愿服务组织、10个最佳志愿服务项目、10个最美志愿服务社区)先进典型,其中南宁市红十字应急救护志愿服务队水上分队副队长郭慧仁获最美志愿者,南宁市群众艺术馆文化志愿服务先锋队获最佳志愿服务组织,南宁市“公务员献血月”暨南宁机关党员志愿献血项目获最佳志愿服务项目,南宁市江南区江南街道二桥西社区获最美志愿服务社区。

【庆祝新中国成立70周年宣传活动】 2019年,南宁市组织开展“我和我的祖国”群众性主题宣传教育活动。市属媒体推出国庆特刊版面36个、图片专版8个、系列报道15集。9月26日,《人民日报》第18版、19版推出国庆连版《南宁:落实强首府战略 昂首奋进新时代》;27日,《广西日报》推出《壮丽七十年 奋斗新时代——广西“五位一体”全面发展亮点展示·南宁篇》宣传专版20个。中央广播电视总台《东方时空》栏目对国庆期间南宁城市新形象进行时长6分15秒直播报道。在全市39条主干道设置“国旗一条街”,悬挂国旗18.60万面。举办庆祝新中国成立70周年群众文化活动暨第21届南宁国际民歌艺术节“大地飞歌·2019”,全场4000多人同唱国歌和爱国歌曲。举办南宁市“百里秀美邕江”美术书法精品展,参展美术作品128件、书法作品111件,其中美术书法优秀作品各15件;举办“百里秀美邕江”摄影大赛获奖作品展,展出从1975幅(组)参赛作品中评选出的获奖作品和特约作品108幅;举办“一带一路”艺术行——俄罗斯油画名家南宁邀请展,展出8位当代油画名家的油画精品83幅;吸引10.80万人次参观。9月,出版《邕江》画册;拍摄制作10集纪录片《邕江》。

(市委宣传部)

统一战线工作

【概　况】 2019年,南宁市有市、区县党委统战部机关13个,其中市级1个。机构改革,中国共产党南宁市委员会统一战线工作部(简称“中共南宁市委统战部”)统一领导民族宗教工作,南宁市民族宗教事务委员会归口市委统战部领导,仍作为市政府工作部门;统一管理侨务工作,将南宁市外事侨务办公室的侨务管理职责划入市委统战部,对外加挂南宁市侨务办公室牌子;将中共南宁市委台湾工作办公室的职责划入市委统战部,保留市委台湾工作办公室(南宁市人民政府台湾事务办公室)牌子。不再保留单设的市委台湾工作办公室。市委统战部设办公室、研究室(法规科,宣传办)、干部科、一科(民主党派工作科)、二科(非公有制经济工作科)、三科(港澳台统战工作科,外事工作科)、四科(无党派人士和党外知识分子工作科)、五科(侨务综合科)、六科(侨务事务科)、七科(台务综合科)、八科(台务事务科)、九科(互联网信息科)、机关党委,代管南宁市台湾同胞联谊会。二层机构有南宁市民主党派机关后勤服务中心。“南宁·中关村睿聚圈”“老南宁·三街两巷”艺汇圈获批为全国新的社会阶层人士统战工作实践创新基地重点项目;南宁市成为全国深入推进少数民族流动人口服务管理体系建设试点城市;南宁市在2019年自治区工作交流会上就宗教工作督查整改作经验介绍;自治区非公经济发展4项重点工作,南宁市获其中3项通报表扬,在广西14个地市中排名第一。主要存在部分单位和人员对全市大统战格局的意识和认识不够深刻,大统战职能作用发挥不够充分;在服务发展壮大民营经济工作方面,研究办法和落实措施不多;党外后备干部储备不足,民主党派队伍的系统性培养管理还有待加强等问题。

【参政议政】 2019年,南宁市各民主党派、工商联、无党派人士联络组围绕南宁市中心工作、社会难点和热点问题开展重点课题研究,形成《南宁市柑橘产业发展情况调研》(中国国民党革命委员会南宁市委员会)、《全域旅游视角下南宁旅游与关联产业的共融发展》(中国民主同盟南宁市委员会)、《依托大数据开展精准产业招商对策研究》(中国民主建国会南宁市委员会)、《南宁市工业园区(开发区)经济高质量发展研究》(中国民主促进会南宁市委员会)、《南宁市中医药健康旅游产业发展研究》(中国农工民主党南宁市委员会)、《关于规划建设南宁国际陆港的对策研究》(中国致公党南宁市委员会)、《关于促进我市建筑施工企业健康发展的建议》(九三学社南宁市委员会)、《关于大力发展农产品深加工产业的建议》(南宁市工商业联合会)、《关于促进现代服务业高质量发展的建议》(南宁市无党派人士联络组)、《打通政策瓶颈 多举措深化居家医养结合》(台湾民主自治同盟南宁市支部委员会)10篇重点课题调研报告;市委召开政党调研协商座谈会,专题听取重点课题调研成果汇报。各民主党派成员中的人大代表、政协委员在各级“两会”上提交议案、提案425件,报送社情民意595条。组织党外知识分子代表人士参与市委、市政府决策听证会、征求意见会;聚焦中心工作和社会问题,做好调研成果采纳落实情况的沟通反馈。新的社会阶层人士担任市级人大代表的5人,担任市级政协委员的17人,担任县级人大代表的3人,担任县级政协委员的40人。

【经济统战】 2019年,南宁市先后组织793名非公经济人士参加专题讲座、培训班。与南宁市中小企业服务中心、南宁市金融工作办公室、上海浦东发展银行南宁分行、南宁市小微企业融资担保有限公司联合举办银企座谈会12期,表彰10个优秀商会、7个先进商会党组织、4个“万企帮万村”精准扶贫行动台账管理工作先进单位、7个民营企业调查点工作先进单位、10个重大活动奉献奖、12个光彩事业先进商会、22家光彩事业先进企业。落实1095个民营企业结对帮扶363个贫困村和312个非贫困村，参与精准脱贫工作的民营企业数量在广西排名第一。在自治区率先实现非公经济组织结对帮扶深度贫困村的全覆盖，全市有59家商会（企业）结对帮扶56个深度贫困村。10月17日，市委统战部、市工商联组织商会和企业捐赠款物184.98万元并认购1167.9万元扶贫农产品。牵头起草《关于印发南宁市贯彻落实〈中共广西壮族自治区委员会　广西壮族自治区人民政府关于着力发展壮大民营经济的意见〉任务分工方案》，明确发展壮大南宁市民营经济工作各单位分工。收集民营企业反映问题和自治区非公办反馈问题的材料19件32个问题，每个问题均已明确具体的责任部门并正式印发给相关责任单位，解决问题22个。协调南宁高新技术产业开发区、南宁经济技术开发区、广西－东盟经济技术开发区协商成立商会，完成全市城区、开发区商会全覆盖。

【学习宣传】 2019年，市委统战部学习贯彻习近平总书记在庆祝中华人民共和国成立70周年大会上的重要讲话等系列重要讲话和中央有关会议精神，开展“不忘初心、牢记使命”主题教育，指导区县、民主党派开展理论调研，在市属新闻媒体报道新闻、通讯稿件51篇，在南宁电视台播放统战报道时长累计70分钟，在南宁电台播放累计时长超400分钟。完成工作实践创新和理论政策创新文章72篇，向自治区党委统战部上报论文9篇。报送信息超500条（自治区党委统战部采用25条、中共中央统战部采用12条），编辑制作《南宁统战信息》14期。创建南宁统战网宣矩阵框架，利用“南宁统战”微信公众号和市委统战部网站营造南宁市互联网＋统战工作的良好氛围。市台联组织定居台胞学习习近平总书记在《告台湾同胞书》发表40周年纪念会上的讲话精神、《中共中央关于加强党的建设的意见》及南宁市“两会”精神等。

【港澳台统战】 2019年，市委统战部邀请中国港澳台地区相关社团代表人士、乡亲、青少年1100多人到南宁等地参观考察。引导港澳台企业开展慈善公益事业，为77名考上大学的贫困学生捐助学费46万余元，向贫困村捐赠13万余元。举办2019年“桂台（南宁）少数民族民俗文化交流周”。对接中国香港地区、中国澳门地区有关部门做好第十二届中国（南宁）国际园林博览会闭幕和香港园、澳门园移交管理。市台联实时了解定居台胞工作和生活上的情况，对生病住院的困难台胞开展送温暖活动，在传统节日开展走访慰问，发放慰问金2.70万元；举办2019年南宁市台湾同胞新春座谈会、庆祝中华人民共和国成立70周年暨“不忘合作初心，继续携手前进”主题系列活动；接待台湾中华农业经贸交流协会企业家考察团及全国台联十六届台胞青年千人夏令营等团队。

【“同心”品牌建设】 2019年，市委统战部引导民主党派以精准扶贫、“生态南宁”和“同心工程”为主线开展社会公益和社会扶贫活动。动员民主党派开展捐款活动，筹集款项33万元，用于建设武鸣区锣圩镇弄七村“同心桥”。支持民主党派在区县开展医疗、科技帮扶、法律咨询、捐资助学、文化下乡等活动20多次，受益2800人次。

【党外代表人士队伍建设】 2019年，南宁市有副处级以上党外干部121人（副厅级5人、正处级10人、副处级106人，民主党派58人、无党派人士53人、群众10人）；党外人士担任市级政协委员296人，占委员总数60.66%。制订《2019年度南宁市统战系统培训计划》，开展南宁市统战干部和党外代表人士队伍学习培训18个班次，培训950多人次。选派3名党外干部到全国、自治区党外代表人士实践锻炼基地和自治区党委统战部挂职锻炼。延长7名党外干部（每个党派市委会1名）参与全市脱贫攻坚，继续培养锻炼。制定《中共南宁市委统战部关于进一步加强和改进统一领导工作的意见》，调整和完善《市委常委、市政府党员领导与党外代表人士联谊交友制度》。结合“不忘初心、牢记使命”主题教育，开展南宁市党外干部专题调研活动，全面了解掌握全市党外代表人士队伍建设情况。完成全市党外代表人士信息收集，通过部务会对首批411名党外代表人士进行确认录入广西统一战线云管理系统，把党外代表人士纳入规范管理。 （伦俊芝）

【新的社会阶层人士统战工作联席会议制度】 2019年4月1日，南宁市印发《南宁市新的社会阶层人士统战工作联席会议制度》《南宁市新的社会阶层人士统战工作联席会议成员单位主要职责》等文件，在南宁市党委统一战线工作领导小组办公室下，建立南宁市新的社会阶层人士统战工作联席会议制度，推进南宁市新的社会阶层人士统战工作联席会议制度化规范化建设。联席会议召集人由市委常委、统战部部长担任，成员由市委组织部（市两新组织党工委）、市委宣传部等有关部门分管领导组成。联席会议主要职责是宏观指导全市新的社会阶层人士统战工作；综合协调有关部门贯彻落实中央、自治区党委及南宁市委关于新的社会阶层人士统战工作的方针政策；研究新的社会阶层人士统战工作的重大问题；向南宁市委统一战线工作领导小组反映新的社会阶层人士的意见建议；做好新的社会阶层代表人士的培养选拔。联席会议下设办公室。办公室设在市委统战部，主任由市委统战部分管领导担任，各成员单位指定科级干部1名为联络员。 （潘丹霞）

2019年1月20日，2019年“桂台（南宁）少数民族民俗文化交流周”开幕式在南宁园博园举行。中国台湾地区花莲县海峡两岸少数民族交流协会参访团在开幕式上表演传统舞蹈

市委统战部提供

政法委工作

【概　况】 2019年，南宁市设市、区县两级党委政法委机关13个（市级1个、区县级12个）。中国共产党南宁市委员会政法委员会（简称“中共南宁市委政法委”）完成机构改革，不再设市委维稳办、市综治办，

职能划归市委政法委;不再设市防范和处置邪教办,职能划归市委政法委。设办公室、政策研究与法治建设室、政治安全科、综合信息科、维稳指导科、综治督导科、基层社会治理指导科、智能化与平安建设指导科、反邪教协调科、执法监督室、宣传科、干部人事与教育培训科、机关党组织、政治部。代管市法学会办公室,市流动人口服务与管理办公室,市见义勇为基金会秘书处。市委政法委服务市委中心工作,以中华人民共和国成立70周年安全维稳为主线,防范化解重大安全稳定风险,扫黑除恶,打击传销、毒品犯罪、电信诈骗,推进平安建设、法治建设、过硬队伍建设、智能化建设,维护首府安全稳定,实现"大事不出、中事不出、敏感时期小事也不出"工作目标。主要存在敌对势力借机渗透破坏活动苗头增多,反恐防爆压力增大等问题。

【维护社会稳定】 2019年,市委、市政府加强维稳工作领导,市委常委召开专题会4次,听取维稳工作汇报;市委、市政府主要领导协调解决维稳工作重大问题,批示、批复督促落实维稳工作50多次。大型节庆活动期间及敏感节点,全市成立安保工作组6个,进驻区县,开展专项督导维稳,排查出敏感人员381人、敏感群体66个、敏感案件834起,化解自治区级"三敏感"案件158起。全市组织15万治安志愿者参与治安大巡防。市委政法委召开庆祝中华人民共和国成立70周年等大型活动维稳安保工作视频调度分析会议8次,涉稳专题会议17次;召开研究解决部队全面停止有偿服务涉及问题协调会3次;组织有关部门开展重大工程、重大项目社会稳定风险评估,其中报备重大事项风险评估项目250个,防范和过滤一批不稳定隐患;排查调处矛盾纠纷2.04万件,调解成功20.37万件。组织防范和处置涉稳问题实战演练2次。开展反恐维稳研判5次,收集涉稳信息4000条,报送处理信息600多条。

【执法监督检查】 2019年,市委政法委督办案件96件,其中自治区、市两级领导批示件15件,发出督办函96件,撰写调查报告15件;召开和参加案件协调会、汇报会、专题研究会24次;接待群众来访282批360人次、来信来电150余件次,引导信访群众依法维权。发挥统揽全局、协调各方职能作用,推动南宁市涉党政机关执行案件进展。市两级政法机关办理国家司法救助案件364件,救助498人,发放救助资金527.85万元;举办南宁市国家司法救助暨涉法涉诉信访工作业务培训班2次,培训120人,聘请36名政法业务专家、优秀律师、学者成为市委政法委案件评查专家库成员;成立公职律师办公室,为政法工作提供法律支持和保障;开展案件评查、执法检查、涉法涉诉信访培训等系列活动,市两级法院受理再审案件267件,审结169件(维持原判46件、改判66件、发回重审14件、调解11件、撤诉3件、其他29件)。市检察机关受理民事生效裁判,调解申请监督案件539件,提出再审检查的建议10件,提起抗诉19件,不支持监督申请164件,支持监督申请285件。

【治安整治】 2019年,南宁市加强大型活动保安服务资质事前审核和现场检查力度。受理治安案件7.95万起,查处7.44万起,查处治安违法人员2.39万人,行政拘留1.48万人。开展治安整治统一行动,重点整治治安乱点118个,集中整治16次,出动警力2.59万人次、辅警3.99万人次、群防联防人员1.45万人次。建设完善南宁特色社会治安巡逻防控体系,配备专职巡防队伍,警力最大化摆到街面,建成便民警务站28个,纳入110接处警公安指挥调度体系,实行24小时值班备勤。刑事案件立案6.47万起,破案2.31万起,刑事拘留1.14万人,逮捕8996人,命案破案率100%。制定《南宁市公安局维护医疗秩序打击涉医违法犯罪专项行动方案》,成立打击涉医违法犯罪专项行动工作领导小组,推进创建"平安医院";引导调解医患纠纷135起;全市三级医院警务室建设率100%;受理医疗领域案件18起,破获刑事案件10起,刑拘犯罪嫌疑人8名,批准逮捕犯罪嫌疑人2名。市公安局加强"护校安园"专项工作,出动警力4.60万人次,车辆1.45万辆次,排查影响校园周边治安点87处,督查整改68次,化解涉校矛盾纠纷4起,排查整改隐患43处。

【政法队伍建设】 2019年,市政法系统开展全面从严治警"五查五整顿"专项整治活动,召开政法队伍纪律作风建设存在问题整改会4876场次,查摆问题896个,整改问题883个,修改制度44项,新建制度61项;开展明察暗访1846次,明察暗访单位2102个,发现问题1272个,整改问题1236个;查处违法违纪干警126人,党纪政纪处理52人,移送司法处理16人。市政法各部门完成队伍机构改革,市公安局招录公务员(民警)278名,782名干警警衔晋升,新招聘辅警纳入岗前培训3032人;完成协警转辅警考核聘用6534人。全市政法干警参加市级以上理论集中学习和专业培训2次以上。

(傅荣华)

2019年7月24日,市委政法委举行案件评查专家库成员会议暨聘书颁发仪式。图为专家代表上台领取聘书 傅荣华提供

市直机关党建

【概　况】 2019年,中国共产党南宁市直属机关工作委员会(简称"南宁市直属机关工委")设办公室、组织部、宣传部、市直机关工会工委、市直机关团工委、市直机关妇工委、调研室、机关党总支部。直接管辖党组织100个,其中机关党组织90个(党委54个、党总支部14个、党支部22个),两新党组织10个(党委8个、党总支部2个);间接管辖机关党组织1080个(党委43个、党总支部28个、党支部1009个),两新党组织252个(党委10个、党总支部5个、党支部237个)。管理党员2.45万名(在职党员1.63万名、离退休党员6897名、其他党员1333名)。市直机关工委获自治区"全区脱贫攻坚先进集体"称号;在自治区机关党的建设

工作会议上，自治区党委常委、市委书记王小东代表南宁市作交流发言；在全国机关党建工作研讨会上，市直机关工委代表南宁市作交流发言，是全国8个发言单位中唯一的地级市；南宁市“公务员献血月”暨南宁机关党员志愿献血项目被广西壮族自治区精神文明建设委员会办公室评为2019年全区学雷锋志愿服务“最佳志愿服务项目”；《半月谈》杂志以《以政治建设为统领　推动机关党建高质量发展》为题，报道南宁机关党建工作经验。主要存在党建与业务工作“两张皮”（党建工作难以真正与业务工作相辅相成），个别机关党组织没有找准党建工作与业务工作的最佳结合点，党组织战斗堡垒作用发挥不明显等问题。

【机关政治建设】 2019年，南宁市市直各机关党组织以党的政治建设为统领，学习贯彻习近平总书记在中央和国家机关党的建设工作会议上的重要讲话精神。10月，市委召开全市机关党的建设工作会议，自治区党委常委、市委书记王小东出席会议并讲话；12月，市委出台《关于加强新时代机关党的建设的实施意见》。市直机关各党组织和区县机关各党组织学习贯彻中央和国家机关党的建设工作会议、自治区机关党的建设工作会议和全市机关党的建设工作会议精神，形成全市机关党建上下联动、整体推进、齐抓共管工作格局。推进“不忘初心、牢记使命”主题教育，市直各机关党组织推进学习教育、调查研究、检视问题、整改落实4项重点措施落实，推动主题教育走深走实。主题教育活动中，市直机关工委围绕党建与业务工作“两张皮”、两新组织党组织“两个覆盖”（党组织的覆盖、党的工作覆盖）较低等8个突出问题开展调研，检视反思问题38个，提出整改措施41项，形成有价值调研成果8篇，其中调研课题《有效破解机关党建与业务工作“两张皮”问题研究——以南宁市直机关党建为例》获自治区机关党的建设研究会2019年度优秀研究成果一等奖，并在《机关党建研究》刊载。开展“书记引航担使命”主题活动，贯彻落实市委《开展“书记引航担使命”主题活动推动管党治党主体责任落实落地工作方案》，聚焦政治建设、作风建设，净化政治生态，强化责任担当。以“党建带扶贫，扶贫促党建”为载体，动员市直机关党员投入脱贫攻坚战，市直机关党组织派出341名“第一书记”到脱贫攻坚第一线工作。

【机关思想建设】 2019年，南宁市市直机关党员干部积极参与“不忘初心、牢记使命”主题教育，有86批次4500多名机关党员干部现场接受革命传统教育。南宁机关“两学一做”网上党校平台开设“不忘初心、牢记使命”主题教育轮训课程，在亮点展示区展播党组织党建工作创新案例26个，市直机关的1122名党支部书记接受培训，2.11万名党员注册在线学习；举办“领导干部时代前沿知识”专题讲座7期，开展主题党课巡讲300多场；组织党员利用“学习强国”平台开展学习，市直机关1.63万名党员注册在线学习。市直机关工委为机关2.23万名党员订购、发放《习近平新时代中国特色社会主义思想学习纲要》与《习近平关于“不忘初心、牢记使命”论述摘编》等书籍。举办市直机关意识形态工作培训班1期，培训110人。将市直机关单位意识形态纳入“两随机”（随机督导、随机调研）督查范围，建立红黑榜制度。南宁机关党建网发布信息1526篇，向旗帜网、人民网、广西机关党建网等媒体推送信息232条。在《南宁日报》开辟“南宁机关党建”专版，宣传市直机关各党组织和党员在中心工作中的创新举措及成效。“七一”前夕，表彰市直机关、市本级两新组织优秀共产党员101名、优秀党务工作者85名、先进基层党组织63个，在南宁电视台举办“闪光的足迹”——南宁机关“四个一线”共产党员先进事迹情景报告会。组织开展机关党建课题研究，择优表彰机关党建优秀研究成果文章95篇。全力开展扫黑除恶专项斗争，各机关党组织通过制作宣传板报、LED电子显示屏、QQ群、微信群等形式，宣传扫黑除恶专项斗争，举办扫黑除恶专项斗争主题党课724场次，张挂（播出）宣传标语1232条，制作宣传板报836块，发放宣传资源2.54万份。

【机关党组织建设】 2019年，南宁市推进党组书记任机关党组织书记工作，任命19个涉改单位的党组主要负责人担任机关党组织书记，市直机关有58个单位的党组主要负责人担任机关党组织书记；召开2018年度南宁市直机关党组织书记落实管党治党主体责任述职评议会，98个机关党组织书记向市直机关工委述职，其中15名机关党组织书记现场述职。开展“两随机”综合调研活动4次。推进机关党建与机构改革，完成19个涉及机构改革单位党组织的设置和调整。市直机关工委与市财政局联合出台《南宁市本级机关基层党组织党建活动经费管理办法》，规范党费使用和管理。召开南宁市本级两新组织党建工作重点任务“百日攻坚”推进会暨党建品牌工作交流会和市本级两新组织党建工作重点任务“百日攻坚”业务培训会1期，培训45人。指导成立两新党组织32个，两新组织“两个覆盖”不断提升。组织举办市直机关入党发展对象培训班2期，培训入党发展对象350多人，发展党员321名。组织开展党支部标准化规范化建设提升年活动，编印《南宁市直机关“党员集中活动日”创新案例汇编》。市住房城乡建设行业党委、小个专党委所属的广西富安居家居建材广场物业管理有限公司党支部被命名为自治区两新组织党建工作示范点；市工商业行业党委等11个两新组织党组织获“南宁市两新党建工作示范点”称号。市直机关工委与市委组织部共同开发南宁市直机关党建工作在线考评系统，采取网上考评与现场查验相结合的方式进行考评，实现机关党建工作动态管理。举办机关党组织书记、专职副书记、支部书记、党务干部专题培训班3期，培训机关党委书记、新任专职副书记、党务干部320人，支部书记1120人次，各机关党组织和两新组织党组织培训党员2.56万人次。春节、“七一”期间，慰问困难党员和老党员1480人次，发放慰问金74万元；慰问市直机关因公牺牲的党员干部家属8名，发放慰问金4.80万元；通过党内互助金补助因病住院造成家庭困难的党员6名，补助金额3万元。

【党风廉政建设】 2019年，南宁市各机关党组织持续纠正“四风”（形式主义、官僚主义、享乐主义、奢靡之风），为基层减负，贯彻落实中央八项规定及其实施细则精神，日常检查与集中督查相结合，组织明察暗访，遏制漠视侵害群众利益、利用名贵特产类特殊资源谋取私利等问题。强化纪律执行，组织市直机关党组织1.53万名党员到南宁警示教育馆开展警示教育。对苗头性、倾向性问题及时帮助提醒、批评教育，坚持重遏制、强高压、长震慑，保持惩治腐败高压态势。市直机关纪检监察工委审理市直单位案件35件（涉及36人），给予党纪处分31人、政务处分6人，组织处理2人，免予处分2人，双重处分4人。完成11个单位机关纪委换届，市直机关所有机关党委全部成立机关纪委，没有设立机关纪委的党组织都设立纪检委员。组织举办市直机关纪检干部业务培训班1期，培训105人。

【群团工作与精神文明建设】 2019年，南宁市加强对群团组织工作的领导，市直机关工委指导15个单位筹备组建工会组织，完成16个基层工会、25个团组织换届，指导22个单位成立机关妇委会和换届。5月17日，召开南宁市直机关工会代表大会，选举产生18名市直机关工会出席南宁市工会第十九次代表大会代表；

2019年5月24日,庆祝中华人民共和国成立70周年——“中国梦·劳动美”第三届南宁机关干部职工才艺大展演在南宁电视台8号演播厅举行　　周跃军　摄

向共青团南宁市委员会推荐共青团南宁市第十九次代表大会代表6名。授予86人“南宁市直属机关优秀共青团员”称号、39人“南宁市直属机关优秀共青团干部”称号,4个团委获“南宁市直属机关五四红旗团委”称号,19个团(总)支部获“南宁市直属机关五四红旗团(总)支部”称号。举办南宁市直机关工会干部能力素质提升班1期,培训60人;举办南宁市直机关工会干部党性修养及新技能培训班1期,培训200人;召开市直机关团员青年学习中央、自治区及南宁市纪念“五四运动”100周年大会精神座谈会;组织开展“青年大学习”网上学习活动,市直机关有1653名团员参加。组织开展庆祝中华人民共和国成立70周年系列活动,由70名党员组成的市直机关拉歌方阵参加南宁市庆祝中华人民共和国成立70周年群众文化活动暨第21届南宁国际民歌艺术节“大地飞歌·2019”拉歌活动;组织市直机关300名党员参加自治区党委在民族广场举行的庆祝中华人民共和国成立70周年升旗仪式;举办庆祝中华人民共和国成立70周年“党建引领·脱贫攻坚”第四届南宁机关“公仆杯”书法美术摄影作品展,展出作品300幅;举办“中国梦·劳动美”第三届南宁机关干部职工才艺大展演,展演节目63个,市直机关1220名干部职工参加演出;开展“盛世中华　廉洁南宁——庆祝新中国成立70周年廉政文化作品”征集活动,收到作品216篇;举办市直机关“民族团结”健身运动会,市直机关第九套广播体操比赛,“建功新时代·阔步新征程”健步走,市直机关职工乒乓球、气排球、羽毛球等比赛活动,市直机关干部职工6600多人参加。举办第十九届南宁机关单身职工“寻爱之旅”活动,自治区机关、南宁机关、事业单位、大中型企业的单身职工和部队的单身官兵等3291人参加;组织3支队伍参加南宁市第十届体育运动会乒乓球、羽毛球、气排球项目比赛,其中气排球比赛获女子青年组第一名,乒乓球比赛获男子团体组第三名;组织南宁市市直机关2名优秀共产党员参加广西壮族自治区第十四届运动会火炬传递(马山站);开展“铸忠诚·勇担当·强首府”迎新送春联活动,自治区、南宁市的知名书法家为广大市直机关干部职工免费写春联632幅;组织开展走访慰问困难职工、“送清凉”慰问和金秋助学等活动,慰问困难职工、资助贫困学生652人,发放帮扶物品、慰问金总价26.57万元。市直机关工会工委向市直机关现有职工书屋的市税务局、市自然资源局等15家职工书屋划拨经费补充书籍8.80万元,向武鸣区太平镇葛阳村葛阳书院捐赠书籍1238册,价值3.95万元;市直机关干部职工人均年阅读量9.30本。开展“我与祖国共奋进”特别主题团日活动,组织市直机关团组织参加“爱绿护绿植树活动”“志愿服务一条街”“学习雷锋·爱岗敬业奉献社会”、到扶贫村帮扶贫困户等学雷锋志愿服务活动36次。组织市直机关妇委会开展“扬清廉家风”廉政文化建设、“做贤媳妇,当廉内助”“市直机关妇女儿童维权岗”申报、命名活动。6月29日,组织举办南宁市“公务员献血月”活动启动仪式暨南宁机关党员志愿献血活动,有300人献血成功,献血9.27万毫升。组织各机关党组织、两新组织党组织成立党员志愿服务分队,在南宁志愿者网进行注册登记,市直机关有91个党员志愿服务分队完成注册。举办南宁市机关党员志愿服务培训班1期,培训126人。开展“向上向善爱心聚力、不忘初心党员先行”主题志愿服务活动,市直机关5838人次参加志愿服务活动;成立南宁市直机关女党员志愿服务队,组织全市女共产党员志愿者和巾帼志愿者常态化开展“学习革命伴侣争做绿城先锋”巾帼志愿服务,开展活动50余场次,服务群众20万人次。　　(蓝　迅)

政策研究

【概　况】 2019年,中国共产党南宁市委员会政策研究室(中国共产党南宁市委员会全面深化改革委员会办公室)[简称“中共南宁市委政研室(改革办)”]设秘书科、经济科、社会科、城乡科、协调科、督察科。围绕全面落实强首府战略、服务全市中心工作,开展调查研究,起草市委重要文稿和政策文件,统筹推进全市改革工作。起草、审改市委重要文稿179篇,市委、市政府汇报文稿31篇;起草实施强首府战略等重大政策文件10份;牵头开展重点课题研究6项;按计划推进改革任务110项,加强对承担20个国家级改革试点、9个自治区级改革试点的进度跟踪;编发《南宁改革简报》16期,编辑发行《南宁工作研究》6期。主要存在调查研究针对性不够强,抓改革的创新办法还不多等问题。

【重要文稿服务】 2019年,市委政研室(改革办)起草、审改完成市委重要文稿179篇;起草、审改市委关于贯彻落实中共中央总书记习近平视察广西重要讲话精神情况报告、贯彻落实中央八项规定精神情况、全市脱贫攻坚工作情况报告等31篇。

【政策文件研究起草】 2019年,市委政研室(改革办)牵头、参与起草政策文件10份。重点围绕自治区实施强首府战略深入开展研究,协助制定自治区实施强首府战略的若干意见,组织起草《中共南宁市委员会　南宁市人民政府关于全面落实强首府战略的实施意见》。牵头起草市委常委会2019年工作要点、深化改革系列文件等政策文件9份。

【课题研究与专题调研】 2019年,市委政研室(改革办)开展、参与课题调研、专题调研6项。牵头开展“加快创建国家历史文化名城”“推动电子信息产业高质量发展”“推动易地扶贫搬迁拆旧复垦”“易地扶贫搬迁集中安置区可持续发展”“贫困县‘两不愁三保障’”“深化改革创新　助力乡村振兴”重点课题研究6项,形成调研报告,为市委、市政府出台相关政策提供科学参考。

【服务推进全面深化改革】 2019年，市委政研室(改革办)有序推进改革任务110项，加强对承担20个国家级改革试点、9个自治区级改革试点的进度跟踪，推动相关部门、区县承接到位。完成筹办市委深改委会议4次，相关讲话稿、总结、报告等综合文稿30多篇；起草《中共南宁市委员会全面深化改革委员会2019年工作要点》，明确年度改革任务；推动群团改革、"乡村振兴20条措施"调研起草；召开全市改革联络员暨业务培训会，加强改革工作队伍建设。加强改革督察，科学制定市委深改委2019年督察计划和推动改革落地见效若干规定；开展专项督察，加强督察结果运用，推动问题整改落实；健全定期报告重点改革进展机制，建立工作台账，抓好2018年结转延续至2019年改革任务进度跟踪，定期将重点改革任务进度汇总，确保改革方案落到实处；建立区县党委和改革牵头部门主要负责人亲力亲为抓改革落实情况制度；组织有关改革牵头单位评估2018年以来重点改革任务落实效果，盘点重点改革推进实际成效。结合新中国成立70周年，制定2019年开展全面深化改革系列宣传报道方案，做好策划改革宣传报道、向上级主流媒体推介改革亮点，"百里秀美邕江""四个一线"选人用人、智慧人社、创新政策引才聚才等改革经验得到中央、自治区级信息刊物和媒体平台刊登推介；组织开展2018年度优秀改革创新项目评选，入选项目20个，在《南宁日报》等市属主流媒体连续刊发，展示基层探索、试点先行和重要领域改革成果；提高改革信息整体报送质量，南宁改革亮点经验信息在《改革内参》刊登1篇、中国改革网刊登3篇，编发《南宁改革简报》16期，上报自治区改革信息46篇，获《广西改革信息》采用6篇，位列自治区改革信息采用量第一。 (周建华)

机构编制管理

【概　况】 2019年，南宁市机构编制委员会办公室调整为中国共产党南宁市委员会机构编制委员会办公室(南宁市绩效考评领导小组办公室)简称"中共南宁市委编办(市绩效办)"，为市委工作机关，归口中共南宁市委组织部管理，南宁市绩效考评领导小组办公室由原挂靠中共南宁市纪律检查委员会调整为在中共南宁市委编办挂牌。市委编办(市绩效办)设综合科、机关机构编制科、事业机构编制科、机构编制监督检查科(中国共产党南宁市委员会机构编制委员会督查室)、电子政务科、行政管理体制改革科(政策法规科)、登记管理科、绩效考评一科、绩效考评二科。二层机构有南宁市绩效评估中心，公益一类事业单位，相当正科级。年内，南宁市推进党政机构改革、重点领域和关键环节体制机制改革，推进事业单位改革，统筹配置各类编制资源，推动绩效管理升级发展，强化队伍建设。主要存在深化机构改革和转变政府职能的任务仍十分艰巨；事业单位改革复杂、涉及面广，改革难度大，任务繁重；机构编制供需矛盾仍然突出，教育、卫生、社会保障等重点民生领域编制缺口较大；绩效管理与首府高质量发展要求还存在差距等问题。

【市直党政机构改革】 2019年，市委、市政府印发《南宁市机构改革方案的通知》，按照中央、自治区的改革要求，市本级党政机构设置与上级对应率92.72%，同中央、自治区保持基本对应、上下贯通。同时，立足实际，市本级设立南宁市北部湾经济区规划建设管理办公室、南宁市大数据发展局、南宁市营商环境建设局，调整理顺城市建设管理领域机构职能；完成党的纪检体制和国家监察体制改革任务，实现党内监督和国家机关监督的有机统一；设立市委全面深化改革委员会、市委全面依法治市委员会、市委国家安全委员会、市委网络安全和信息化委员会、市委审计委员会、市委教育工作领导小组、市委农村工作领导小组、市委外事工作委员会8个党委议事协调机构，完善党委对重大工作的领导体制机制；充实党的组织、宣传、统战等部门职责配置，强化党委部门归口协调本系统本领域重大工作职能；完善部门党组织决策机制，加强专职党务干部领导职数和编制配备；将加强党对各项工作的领导列入部门"三定"(定机构、定职能、定编制)规定之中。完成人大、政协机构改革，印发工会、共青团、妇联、科协、侨联5个群众团体机关"三定"方案。强化机构编制管理刚性约束，市本级机构设置限额和编制总量均没有突破规定要求，挂牌机构精简6%，派出机构、议事协调机构、临时机构全面清理规范；党政机构处级领导职数、科级领导职数分别精简13.91%、2%。市、区县在规定时间内，全面完成涉改部门领导班子配备、办公地点调整、挂牌组建新机构175个、划转编制1755名、转隶人员1844名，印发412个部门单位"三定"规定、54个部门单位机构编制调整文件(市本级印发49个部门单位的"三定"规定、10个部门单位机构编制调整文件)。

改革后，市委设纪检监察机关1个(中共南宁市纪律检查委员会与南宁市监察委员会合署办公)，工作机关13个：市委办公室(市档案局)，市委组织部(市非公有制经济组织和社会组织工作委员会、市公务员局)，市委宣传部(市精神文明建设委员会办公室、市政府新闻办、市新闻出版局)，市委统一战线工作部[市委台湾工作办公室(市政府台湾事务办公室)，市侨务办公室]，市委政法委员会，市委政策研究室(市委全面深化改革委员会办公室)，市委网络安全和信息化委员会办公室(市互联网信息办公室)，市委机构编制委员会办公室(市绩效考评领导小组办公室)，市直属机关工作委员会，市委巡察工作办公室(市委巡察工作领导小组办公室)，市委市政府信访局，市委老干部局(市委离退休干部工作委员会)，市委机要保密办公室(市国家保密局、市国家密码管理局)。市政府设工作部门41个：市人民政府办公室(市重点项目建设协调办公室)、市发展和改革委员会、市委教育工作委员会、市教育局、市科学技术局(市外国专家局)、市工业和信息化局(市糖业发展

2019年10月23日，南宁市机构改革总结会议在市委市政府会议中心召开　　路焕　摄

局)、市民族宗教事务委员会(市少数民族语言文字工作委员会)、市公安局、市民政局、市司法局、市财政局、市人力资源和社会保障局、市自然资源局、市生态环境局、市住房和城乡建设局、市交通运输局、市水利局、市农业农村局、市商务局、市文化广电和旅游局、市卫生健康委员会(市中医药管理局)、市退役军人事务局、市应急管理局、市审计局、市外事办公室(市港澳事务办公室)、市市场监督管理局、市体育局、市统计局、市林业局、市金融工作办公室、市人民防空办公室、市扶贫开发办公室、市医疗保障局、市市政和园林管理局、市城市管理综合行政执法局、市投资促进局、市行政审批局(市营商环境建设局)、市北部湾经济区规划建设管理办公室、市粮食和物资储备局、市机关事务管理局、市大数据管理局、市人民政府国有资产监督管理委员会。

【综合行政执法改革】 2019年，南宁市按照中央和自治区印发的指导意见，推进生态环境保护、市场监管、文化市场、交通运输、农业5个领域综合行政执法改革，整合执法职责，减少执法层级，统筹设置各领域综合行政执法队伍。5个领域综合行政执法队伍的“三定”规定(机构编制调整文件)全部印发实施。改革后，市本级共减少执法队伍12支(市旅游质量监督所、市商务综合行政执法支队、市食品药品稽查支队、南宁高新技术产业开发区食品药品稽查大队、南宁经济技术开发区食品药品稽查大队、广西－东盟经济技术开发区食品药品稽查大队、广西壮族自治区桂西路政执法支队、广西壮族自治区桂西路政执法支队直属大队、广西壮族自治区南宁江南路政执法大队、广西壮族自治区南宁江北路政执法大队、广西壮族自治区邕宁路政执法大队、广西壮族自治区武鸣路政执法大队)，保留事业单位性质的执法队伍26支。

【事业单位分类改革】 2019年，南宁市统筹推进事业单位改革，事业单位承担的行政职能全部划归行政机关。完成市直部门所属138个事业单位隶属关系的调整。调整设立市退役军人服务中心，增核事业编制30多名。设置市国防教育训练基地、市政协信息中心、市反腐倡廉教育基地管理中心、市励志专门学校4个事业单位，将市市政园林局管理的市邕江南岸公园、市邕江北岸公园、市狮山公园、市江南公园、市凤岭儿童公园、市新秀公园、市五象湖公园7个事业单位的机构、人员、编制移交属地城区管理。

【经济发达镇改革试点】 2019年7月24日，中共广西壮族自治区委员会机构编制委员会办公室批复同意南宁市横县六景镇、宾阳县黎塘镇行政管理体制改革实施方案，同意六景镇、黎塘镇与所在工业园区实行“镇区合一”管理体制。

【街道管理体制改革】 2019年，南宁市根据市委进一步推动首府城市基层党建工作改革创新的实施意见精神，指导城区、开发区制定印发街道管理体制改革方案及“三定”规定，街道统一设置党政综合办公室、基层党建办公室、公共管理办公室、公共服务办公室、公共安全办公室5个综合性机构，加强党对街道工作的领导，推动街道完善职能定位，初步构建起面向基层的服务管理平台。

【事业单位年度报告制度改革试点】 2019年，南宁市选取市农业科学研究所、市绿化工程管理中心、市大王滩水库管理处、市第四职业技术学校、市疾病预防控制中心、市图书馆、市科技馆、市绩效评估中心8家事业单位和横县、上林县、良庆区开展事业单位年度报告制度改革试点；开展前期工作，组织开展南宁市事业单位年度报告制度改革试点工作专题培训，约20人参加。

【机构编制资源优化配置】 2019年，南宁市保障民生重点领域用编需求，为应急管理、民政等单位增加编制10名，将69名行政编制下放至城区管理，增核市退役军人服务中心事业编制30名；增核市和城区(开发区)新建、改扩建中小学校增核事业编制207名、聘用教师控制数1207名、后勤服务人员控制数7名，增核市本级公办幼儿园事业编制20名，核定聘用教师控制数148名，核定市本级特殊教育学校聘用教师控制数161名；充实基层扶贫工作力量，将180名待分配行政编制下达到乡镇，乡镇机关空编率从年初14%下降至6.68%。

【管理权限与职责明确】 2019年，市委编办(市绩效办)按照市政府领导的批示精神，就西乡塘区与南宁高新区管理边界和职责范围划分问题提出意见建议，提请市政府召开专题会议研究；明确市应急管理局承担煤炭安全监管职责，并会同市工业和信息化局等部门建立完善煤矿安全监管工作机制；明确市自然资源局为土地山林权属纠纷调处的责任主体，市林业局配合完善山林权属纠纷调处工作机制；明确由市行政审批局负责统筹推进12345政府服务热线建设及管理运营，市大数据发展局配合做好热线建设和运营涉及的技术支撑；明确食品药品监管工作由市市场监管局负责，同时承担食品安全监督管理综合协调和市食品安全委员会日常工作；明确生态环境保护工作由市生态环境局统筹协调和监督管理，生态环境部门实行市以下垂直管理体制；理顺市政园林部门与城市管理综合行政执法部门在行业监管与执法方面的职责关系；建立应急管理与住建、水利、林业等部门在灾害预防与应急抢险方面的工作机制；厘清市与城区管理权责，对自然资源实行市和城区分级管理，市级主要负责对全市自然资源及城乡规划的统筹管控，城区主要履行村镇规划以及违法案件的巡查、检查和处罚等职责；医疗保障实行市和城区分级负责，统筹推进医保、医疗、医药“三医联动”改革，解决人民群众“看病难”“看病贵”问题。

【机构编制信息化建设】 2019年，南宁市推进机构编制实名制管理升级，牵头整合组织、机构编制、财政、人社等部门信息资源和业务流程，整合数据信息1000多万条；组建综合业务信息共享平台，实现资源共享，通过实名制平台系统办理人员入编、减编2000多人次，变更人员信息1万多条。

【事业单位登记管理】 2019年，南宁市完成事业单位法人2018年度报告公示，全市4064个事业单位在网上进行年度报告公示。市、区县对58家事业单位开展事业单位法人公示信息抽查，抽查结果均合格。举办南宁市2019年事业单位法定代表人培训班，培训市本级140多名事业单位法定代表人。

【中文域名注册与统一社会信用代码赋码管理】 2019年，南宁市完成党政机关中文域名注册(续费)4951个，注册率和续费率均为100%，实现党政机关加挂统一标识、中文域名续费“两个全面覆盖”目标。市本级完成机关群团《统一社会信用代码证书》新发证16个、变更29个、撤销13个。

【机构编制监督检查】 2019年，南宁市完成整改机构编制问题211条。建立全市副处级以上、区县副科级以上机关事业单位领导职数管理台账，进一步规范职数管理。加强机构编制审计力度，对市财政局、市水利局、市行政审批局等8个部门单位开展机构编制审计。将实施机构改革、机构编制管理情况纳入绩效考评，要求还存在机构编制问题的11个区县按上级规定的时限完成问题整改。

【绩效管理】 2019年，南宁市制定印发《2019年度南宁市机关绩效考评实施方案》,组织区县(开发区)、市直党群机关、政府机关、市直属参公事业单位、双管单位共111个单位制定年度绩效考评指标及评分标准,出台一系列配套文件并组织实施。构建各单位自我监控、相关数据采集单位日常监控、察访核验小组全面监控的绩效监控体系,推进自治区绩效考评南宁市的69项三级指标、289项具体指标及市委、市政府年度重大工作的贯彻落实。对2018年度全市110个被考评责任单位进行年度考评,区县(开发区)评出一等单位11个(宾阳县、马山县、横县、隆安县、邕宁区、西乡塘区、青秀区、江南区、兴宁区、南宁高新技术产业开发区、南宁经济技术开发区),二等单位4个(上林县、良庆区、武鸣区、广西－东盟经济技术开发区);市直单位评出一等单位50个、二等单位35个、三等单位10个。

(路　焕　黄晓萍)

信访工作

【概　况】 2019年,中共南宁市委员会、南宁市人民政府信访局(简称“市信访局”)设办公室、办信科(投诉受理科)、接访科、信访联络科、督查调研科、复查复核科。原市长公开电话受理办公室于2019年11月整建制划转至市行政审批局。信访总量13.23万件次、14.93万件人次,比上年分别增长1.21%、4.01%。到自治区上访700件次、1991人次,分别增长41.41%、53.04%;进京到国家信访局上访85批、86人次,分别增长46.55%、4.88%。办理上级交办信访事项162件(国家信访局119件、自治区信访局43件),办结率100%。南宁市本级自立交办信访件10件(市领导批办5件、市信访局自立案5件),办结率100%。主要存在信访矛盾攻坚战化解时间紧、任务重、重信重访多、涉法涉诉多,化解难度大;机构改革后,人员少、案件多,确保案件按期办结难度大;各级信访工作力量不足、业务学习培训量不足,业务规范化水平有待进一步提升;个别地方、部门落实信访工作责任仍存在差距,对信访工作重要性、复杂性,长期性认识不足等问题。

【来信办理】 2019年,南宁市信访部门办理信件9835件,比上年增长92.09%。其中,传统来信5838件、增长114.67%,网上信访3997件、增长66.47%;上级部门转送7267件、占总数73.89%,本级2568件、占26.11%。满意度信件312件,增长202.91%。

【接待来访】 2019年,南宁市信访部门接待上访群众1050批、3658人次,比上年分别增长8.58%、20.29%。组织市领导信访接待日活动12次,市领导接待群众6批9人次,各部门接待群众648批、1496人次,市领导批示件2件。1月24日至31日自治区“两会”期间,8位市领导到市委市政府群众来访接待室接待来访群众,12个市直部门接待来访群众33批、64人次。3月1日至15日全国“两会”期间,13位市领导到市委市政府群众来访接待室接待来访群众2批、9人次,来访132批287人次。协调组织4次公开大接访活动,参加的区县、市直部门301个,参加干部6207人次,接待群众1756批3429人次,受理群众反映信访事项983件,当场解决或答复552件,当场办结率56.20%。东宝路3号接访点,承担每月市领导接待日接访活动,方便市中心群众就近反映诉求,接访点接待群众803批3003人次,分别占来访量75.80%、80.80%。设立在嘉宾路市委、市政府大院信访值班室,疏导到市委市政府周边聚集的人员78批、1703人次。

【市长热线(政府服务热线)】 2019年1月1日至11月5日,市长热线接听群众有效来电9.76万个,其中市长公开电话12345接听群众有效来电7.48万个、直接办结答复率56.50%,市政府公共服务呼叫中心12369、12355等6条热线接听群众有效来电2.28万个。11月8日,南宁市12345政府服务热线正式试运行,至年末接听受理群众有效来电1.87万个(含语音留言),直接办结答复率68.23%;受理门户网站群众诉求410件,转派自治区转来工单2128件。

【信访积案化解】 2019年,南宁市将案件交办各责任单位,实行领导包案制度,开展专项治理,集中化解攻坚。化解国家信访局和自治区信访局交办南宁市信访矛盾攻坚战案件28件,市本级排查纳入信访矛盾攻坚战案件21件。国家信访局、自治区信访局交办的28件攻坚战案件全部化解,其中实体性化解17件,实体化解率60.70%;签订息诉息访12件,息诉息访签订率42.90%。市级排查交办的21件攻坚战案件已化解,其中签订息诉息访19件,息诉息访签订率90.50%。落实自治区信访局、自治区法学会《关于组织我区中国法学会会员开展“百日百案”化解攻坚活动的通知》,化解自治区信访局、自治区法学会联合交办南宁市的“百日百案”化解攻坚案件13件,化解率100%。办理自治区党委“不忘初心、牢记使命”主题教育领导小组办公室、自治区信访局交办信访突出问题7件,办结率100%。办理自治区信访工作联席会议办公室、自治区信访局交办信访矛盾化解攻坚“回头看”案件25件,交有关部门处理。办理信访事项复查复核案件64件(复查案件17件、复核案件47件),到期办结率100%。在已办结的案件中,维持原办理机关的答复或复查意见36件,撤销6件,不予受理14件,不再受理1件。

【信访基础建设】 2019年,南宁市信访部门根据国家信访局和自治区信访局要求,按照国家信访局关于《概况要素及录入规则》等八项业务规则的要求,安排“四率”(及时受理率、按期办结率、满意率、参评率)巡查员,定期查询系统“四率”情况,督查整改案件,电话督查整改信访件400件,发放督办函4份。经查询系统,市信访部门及时受理率99.55%;责任单位办结率99.84%。围绕“基础设施标准化、基础业务规范化、信访工作队伍专业化”要求开展创建“人民满意窗口”活动,信访公信力、群众评价满意度不断提升,系统满意率92.02%。妥善安排律师参与信访接待,群众得到法律咨询服务。由市律师协会统筹安排各个律师事务所轮流值班,东宝路和龙华路接访点均安排律师参与接访,为涉法涉诉问题而上访的群众提供法律咨询、民事调解、法律援助等服务。年内,有479名律师参与接待,接待群众226批、599人次。　(蓝白晓)

老干部事务

【概　况】 2019年,中国共产党南宁市委员会老干部局(简称“中共南宁市委老干部局”)设办公室、党建服务科、文化宣传科、市关心下一代工作委员会办公室、机关党委。有南宁市直属机关第一老干部休养所、南宁市直属机关第二老干部休养所、南宁市老干部活动中心(南宁市老年大学、中共南宁市委老干部党校)3个二层机构。有离休干部414人,其中市区(含城区、广西－东盟经济技术开发区)344人,县70人(横县20人、宾阳县21人、上林县4人、马山县19人、隆安县6人);行政机关128人,事业单位121人,企业单位165人;享受自治区主席级医疗待遇2人,享受按副省(部)长级标准报销医疗费待遇6人,正副厅(局)级(含享受)14人,正副处(县)级(含享受)315人,享受正副乡(科)级待遇75人,享受其他待遇2人;第二次国内革命战争时期入伍1人,抗日战争时期入伍34人,解放战争时期入伍379人。80岁～89岁215人,90岁以上199人,平均年龄89.30岁。主要存在市老年大学办学面积偏小,需要进一步扩大场地和规模;部分县的老干部活动中心、老年大学建设发展不充分,离自治区示范性建设标准还有一定距离;大部分城区没有成立老干部活动中心和老年大学,区县两个阵地(老年大学、老干部活动中心)基本没有编制、没能列入公益事业单位,组织开展老干部文化活动偏少等问题。

【老干部慰问】 2019年春节前夕,南宁市举办离退休干部迎春茶话会,市四家班子领导8人、离退休干部188人参加,自治区党委常委、市委书记王小东向老干部通报南宁市经济社会发展情况。慰问市四家班子老领导52人,慰问自治区副省级以上部分老领导13人;到医院探望住院离休干部83人。年内,为厅级及90岁以上老干部祝寿72人,走访慰问易地安置离休干部4人。组织人员电话联系、走访看望或到医院探望住院老干部及遗孀1006人次。在新中国成立70周年开展基层走访慰问活动中,慰问离休老干部434名,发放纪念章434枚、市本级离休干部慰问金64.20万元。

【为老干部办实事】 2019年,市委老干部局接待来信、来访、来电450人次。落实划拨移交城区管理的117名市属改制、破产企业离休干部公用经费42.12万元。按照《南宁市特殊困难离休干部(遗偶)帮扶资金管理使用暂行办法》要求,做好申报特殊困难离休干部及离休干部遗偶的申请、申报及材料初审,帮扶困难离休干部及遗偶50人,发放资金30万元。协助办理离休干部丧事14人次,登门慰问去世地厅级离休干部遗属2人。完成276名建国初期参加革命工作的退休干部认证,协调落实253名建国初期参加革命工作的部分退休干部医疗补助费50.60万元、104名建国初期参加革命工作的部分退休干部护理费65.64万元。协调解决市运德汽车运输有限公司离休干部李恩生十多年没有享受离休干部医疗统筹的历史遗留问题,协调解决市港航运输有限公司离休干部黄宗斌生活补助问题。加强对"12349"服务平台、老干部服务、手机使用情况、服务项目跟踪监管,服务离退休干部246人。为76名副厅级以上领导申请办理、发放《青秀山通行证》。组织厅级以上离退休干部考察大明山生态环境保护建设情况。

【老干部阵地建设】 2019年,市委老干部局加挂市委离退休干部工作委员会牌子,推进离退休干部工作委员会建设,实现有专兼职机构、人员进行管理服务。开展全市离退休党员情况调查统计,建立完善离退休干部党建工作数据库。至年末,南宁市有离退休党员2.86万人,成立离退休党支部302个,其中离退休干部任书记的党支部242个,297个单位落实离退休干部党组织书记工作补贴。加强对市直机关、企事业单位离退休干部党组织工作指导,选取1个县、1个城区、2个市直单位,划拨创建经费4万元,从政治思想建设、组织建设、队伍建设、活动开展、制度落实、工作保障6个方面开展离退休干部党支部标准化规范化建设试点。结合开展"不忘初心、牢记使命"主题教育,组织老书记、老骨干、老模范上党课、谈感想、讲故事,开展电视台电台访谈活动。依托红色教育基地和基层党组织、中小学校宣讲阵地及互动讲堂平台,组织开展"老书记讲精品党课"活动近百场,听课5000多人次。组织区县对照《自治区党委老干部局关于加强县级老年大学、老干部活动中心建设管理的通知》文件,制定整改措施,因地制宜建好用好老干部学习活动场所,促进离退休干部学习活动正常开展。指导各区县、各单位按照要求参与"全区示范性老年大学、老干部活动中心"创建活动。"绿城金秋"微信公众号出刊54期,刊登信息160多条,公众号关注人数从上年500多人上升至1100多人;加强与南宁广播电视台合作,优化"金色华年"电台栏目内容,播出251期,播出与老干部学习生活息息相关的新闻资讯1000多条,其中老干部工作信息240多条,老干部节目互动、传递正能量500人次。

【老干部政治学习】 2019年,市委老干部局组织离退休干部学习全国、自治区、南宁市"两会"精神,学习《中国共产党支部工作条例》《中国共产党纪律处分条例》、扫黑除恶等专项知识,引导广大老干部树牢"四个意识",坚定"四个自信"。组织厅级以上老干部观看《七十周年献礼巨片:70年岁月如歌》《初心永恒张富清》等宣教片;举办"新时代中国共产党的历史使命"主题讲座,邀请自治区党委党校哲学教研部副主任李广义教授为离退休党员骨干及老干部工作者200多人授课。依托"绿城金秋"微信平台,向老干部宣传"两会"中共中央总书记重要讲话等时政相关知识,引导老干部在网络平台、主流媒体上积极发声,传播正能量。举办全市离退休党员骨干教育讲座2期,组织市离退休干部党支部书记代表参加自治区党委老干部局举办的书记示范培训班。组织动员广大离退休党员参加"不忘初心、牢记使命"主题教育,利用市老干部活动中心、老年大学LED屏、宣传栏进行"不忘初心、牢记使命"主题教育和宣传。分批组织区县、市直各单位离退休党员骨干100多人分别赴桂林、昆仑关开展"传承红色精神,践行初心使命"红色教育体验式教学活动。

【老干部文体活动】 2019年,市委老干部局组织老干部创作正能量壮乡山歌,通过广播电台、老干部工作网站、老干部工作微信公众号等平台编发老同志创作的103篇(800多首)优秀山歌。6月25日,在隆安县那桐镇举办全市离退休干部"唱响壮美广西"山歌歌友会,区县13支山歌代表队100多名老干部用山歌唱出对祖国的美好祝福。年内,精选作品、节目,组建代表队伍参加广西离退休干部

2019年10月,市委老干部局组织离退休党员骨干到桂林开展"传承红色精神,践行初心使命"红色教育体验式教学活动　　梁涛　摄

庆祝新中国成立70周年暨自治区第七届"多彩金秋"文化活动月各项比赛、评比，获乒乓球团体第一名、太极拳优胜奖、山歌擂台赛集体二等奖、壮语"歌王"称号1人、中国象棋团体第四名、戏曲展演优秀节目奖，南宁市22幅书画作品、9幅摄影作品入选自治区"我看新中国成立70周年新成就"书画摄影摄像作品展。组织开展市本级"多彩金秋"文化活动月活动。在广西图书馆举办离退休干部"夕阳如歌"书画摄影展，展出以"我看新中国成立70周年新成就"为主题书画摄影作品231幅。市各级关工委面向青少年开展"腾飞中国·辉煌70年——谈祖国新成就，话壮乡新发展""传承红色基因，争做时代新人"等主题教育活动，受教育青少年68万多人次。聚焦落实"三大定位"新使命和"五个扎实"新要求，组织离退休干部开展"为发展建设添动能"活动，引导老干部发挥优势、用好专长，继续奉献余热，组织150多名老干部到隆安县开展"三下乡"活动。10月19日，在南宁广播电视台八号演播厅举办南宁市离退休干部庆祝新中国成立70周年暨"夕阳如歌2019"文艺会演。

（市委老干部局编写组）

保密工作

【概　况】 2019年，南宁市把握党管保密工作的要求，围绕中国共产党南宁市委保密委员会（简称"中共南宁市委保密委"）2019年工作要点，推进"三大管理"（定密管理、网络保密管理、涉密人员管理），开展保密宣传教育，加强保密检查查处和依法行政，确保国家秘密安全。完善定密责任人备案制度。组织参加国家安全日"五法"（《中华人民共和国军事设施保护法》《中华人民共和国保守国家秘密法》《中华人民共和国国家安全法》《中华人民共和国国防法》《中华人民共和国反间谍法》）普法知识竞赛。开展涉密人员专题保密教育，平均培训学时6个学时。完成对涉密信息网络的风险评估、审查。坚持日常检查，开展专项检查，推进保密自查自评全覆盖，加大重要涉密会议活动场所和重点区域保密服务保障，查处失泄密案件。完善广西数字政务一体化平台保密行政权力事项目录、6项事中事后监督制度，优化办事流程。主要存在机构改革后，区县原保密干部调整较大，基层保密工作力量有所削弱；保密法治宣传的方式方法仍有待创新；部分单位保密管理主体责任需进一步加强；保密检查方式、设备有待进一步升级以提高效率等问题。

【保密检查】 2019年，南宁市开展党政机关保密检查、国有企业保密专项检查，检查专用计算机200余台、非专用计算机3000余台，对发现存在泄密安全隐患的单位发出整改通知书36份。运用违规外联服务平台实时对专用计算机提供专业服务。依托互联网服务平台对互联网通信信息进行检查指导，消除专用计算机违规连入互联网所造成的失泄密隐患，确保国家秘密安全。

【保密自查自评】 2019年，南宁市对103个考评单位进行全覆盖检查，将市委办公室、市政府办公室、市委组织部、市委政法委等列为核心要害部门，对照《机关、单位自查自评主要检查项目表》16项内容进行全面检查，检查结果为优秀单位85个、合格18个。区县组织检查组对538个单位进行检查，检查结果为优秀单位348个、合格190个。

【统一考试保密保障服务】 2019年，南宁市加强考试保密保障服务，培训高考、北部湾六市同城中考命题入闱考务人员600多人。联合南宁市招生考试院、南宁市公安局对横县、宾阳县、上林县、马山县、隆安县及武鸣区存放高考试卷的保密室的硬件设施和人员管理进行考前检查，确保高考顺利进行。对中考试卷命题入闱点的45个房间和办公室环境开展保密检查，未检测到异常无线信号。与各级考试主管部门积极配合，加大成人自考、司法考试及教师资格考试、药师资格考试等国家级考试保密管理力度，在宣传教育、组织落实、管理措施、监督检查等方面强化安全保密，确保南宁市国家统一考试安全、顺利进行。

【保密培训】 2019年，南宁市实施涉密人员持证上岗制度，采取专题或综合的培训方式，强化对重点涉密人员的岗前教育培训。市国家保密局举办保密干部岗位资格培训班2期、涉密人员高级研修班1期、保密技术检查支队培训班1期，培训保密分管领导、涉密人员700多人。

（市国家保密局）

党校工作

【概　况】 2019年，中国共产党南宁市委员会党校（南宁市行政学院、南宁市经济干部学院、南宁市社会主义学院）简称"中共南宁市委党校"，设机关党委、办公室、组织人事处、财务处、教务处、科研处、学员工作处、南宁市市情研究中心、信息技术中心、后勤服务中心、离退休人员工作处、业务指导处、文史教研部、党史党建教研部、哲学教研部、经济学教研部、法学教研部、公共管理教研部、统战理论教研部、图书馆。开办市级培训班128个班次，培训3.26万人次；12个县级党校承办培训班396期，培训5.91万人次，其中主体班135期，培训2.80万人次；申报课题53项。修订《关于严守课堂教学政治纪律的规定》，要求专兼职教师上讲台前一律签订承诺书。主要存在课程针对性、实效性待提升，学科建设待深化，科研咨政成果需提质，基础设施建设待完善等问题。

【教育培训】 2019年，中共南宁市委党校开办全市厅级以上领导和处级主要负责人专题研讨班、市管干部和科级干部进修班"习近平新时代中国特色社会主义思想"研究专题、中青班、党外中青年干部培训班、南宁市贫困村党组织第一书记脱贫攻坚业务能力提升专题培训班等培训班128个班次，培训3.26万人次。安排《"不忘初心、牢记使命"主题教育专题党课》等149门主课进入主体班课堂。组织15个班次684名学员到李明瑞、韦拔群等革命烈士陈列馆，广西民族博物馆、邓颖超纪念馆等基地开展现场教学；创新"党校＋基地＋异地"的办学模式，安排部分主体班次赴杭州、湖州市委党校，江西、四川省委党校等异地党校或高校开展培训。深化一线教学法，安排中青班学员赴8个实践教学与基层调研点，运用行动学习法开展实践教学和基层调研。开展南宁地方特色课程教学，安排《落实强首府战略，谱写工业发展新篇章》《优化营商环境，推动南宁高质量发展》等专题课进课堂；落实领导干部上讲台制度，邀请领导干部65人到中共南宁市委党校授课。引进中央党校"用学术讲政治"样板课；选派教师参加中央党校专题培训；选派48名教研骨干赴上海市委党校参加中共南宁市委党校主办的党校系统提高"用学术讲政治"水平专题培训班，邀请上海市委党校、浦东干部学院等教师授课；开展教师集体业务学习。新验收专题课43门，年末累计全市党校系统入库课程371门。新开发现场教学基地4个，年末累计现场教学点41个。打造精品课程，专题课《建设具有强大凝聚力和引领力的社会主义意识形态》在西南地区市州党校教学联盟第六届青年教师教学竞赛中获一等奖；4位优秀教师参加自治区网络培训微课大赛，分获一等奖、二等奖、三等奖。1名教师被评为教授，2名教师被评为副教授，19名专业技术人员入选南宁市高层次人才认定。获南宁市人才小高地专项资金资助项目3项、南宁市培养新世纪学术和技术带头人专项资金资助1项。24名中层干部和11名年轻干部轮岗交流。选派5名骨干教师参加自治区党校第二批"导师制"培养计划。印发《"名师工程"建设实施方案》,将骨干教师培养成名师。"薪火计划"是2013年开始开展的以"师徒结对"为主要形式的互帮互学活动,导师在教学科研实践中具体指导、帮助青年教师,使青年教师尽快成长,2019年继续开展第二期(2017—2019年)"薪火计划"。选派24名优秀干部到市直机关跟班学习;选派9位中青年教师到基层单位和部门挂职。组织选派教职工参加培训350人次。打造兼职教师队伍,邀请中央党校(国家行政学院)、广西社会主义学院、广西金融投资集团有限公司、湖南省委党校等单位的国内知名专家学者、教授、企业家51人次到中共南宁市委党校授课。2月,中共南宁市委党校、市委组织部联合印发《中共南宁市委党校分校工作办法(试行)》,推动县级党校办学工作制度化、规范化。强化县级党校师资队伍建设,举办全市党校系统教学与管理骨干培训班、南宁市干部教育培训教学设计与管理能力提升培训班,培训分校教学科研骨干33人次,组织安排103人次到中共南宁市委党校跟班听课学习,选派中共南宁市委党校20人次骨干教师到县级党校授课,4次邀请县级党校骨干教师参加集体业务学习会。

2019年4月,中共南宁市委党校促进行动学习在干部教育培训中推广应用。图为学员围绕"为建设壮美广西,共圆复兴梦想奋力前行"主题开展结构化研讨　　中共南宁市委党校提供

【科学研究】 2019年,中共南宁市委党校立项研究课题45项,公开发表学术论文46篇,其中核心期刊2篇、省级期刊25篇、市级期刊19篇;公开出版《中共南宁市委党校学报》6期。编发7期《党校咨政专报》,其中《关于隆安易地扶贫搬迁震东集中安置区后续稳定发展的对策建议》《〈中共南宁市委员会深入治理扶贫领域形式主义官僚主义若干规定(试行)〉实施情况的调研评估报告》《南宁市全民国防教育情况调研报告》《关于建设梧州市对外信息平台的对策建议》《发挥历史文化优势助力推进梧州"东融"战略》5篇咨政报告获市领导批示。创新科研管理手段,开展校级课题中期督查,规范课题研究流程。资助教研人员2018年51项科研课题28.32万元。持续资助县级党校科研课题11项、5.50万元,9月制定《南宁市委党校对县(区)委党校(分校)实施科研指导工作方案》,指导和协助横县、武鸣区委党校23个校级课题结项评审。11月20日,中共南宁市委党校、市委党史研究室、市社科联联合主办"庆祝中华人民共和国成立70周年:南宁经济社会建设实践与成就"理论研讨会,30篇优秀论文分获一等奖、二等奖、三等奖。

(钟　逸)

编辑　梁　坤　卢景林

方　明　钟婉悦

综 述

【概 况】2019年，南宁市人民代表大会(简称“市人大”)机构改革，组建市人大社会建设委员会，市人大内务司法委员会更名市人大监察和司法委员会，市人大常委会办公厅更名市人大常委会办公室。南宁市第十四届人民代表大会设法制委员会、监察和司法委员会、财政经济委员会、农业委员会、城乡建设环境保护委员会、教育科学文化卫生委员会、民族华侨外事宗教委员会、社会建设委员会；南宁市人民代表大会常务委员会(简称“市人大常委会”)设办公室、调查研究室、选举联络工作委员会、法制工作委员会、机关党委，市人大常委会办公室设秘书科、人事教育科、信访科、行政接待科、宣传科；编制85名、在编73人，工勤编制32名、在编28人。市人大代表活动中心为市人大常委会办公室管理的财政全额拨款事业单位，编制14名(含后勤控制数1名)，在编10人。年内，市人大及其常委会召开会议进行地方性法规立法，依法行使决定权、任免权，开展专项工作评议、专题询问、专题调研进行监督，做好执法检查，办理议案与建议等，配合全国人大、自治区人大做好执法检查、专题调研、法律法规案征求意见等工作30多项。首次举办市人大各专委组成人员培训班，举办常委会组成人员、财经监督、立法工作等培训班8期，培训450人次；组织县、乡镇人大干部参加培训200多人次、列席常委会会议80人次；安排乡镇人大主席到市人大机关跟班学习22人。审查、确认、公告市人大代表资格16人次。对“一府一委两院”(市政府、市监察委、市中级人民法院、市人民检察院)和各区县人大落实宪法宣誓制度情况进行检查，推动宪法宣誓制度在南宁市全面落实。举行宪法宣誓仪式84场，768名新任命国家机关工作人员进行宣誓。接待国内外到访120多批次。主要存在人大工作系统性还需进一步加强，立法质量和效率要进一步提高，监督工作着力点需要更加精准，代表主体作用的发挥需要不断加强，工作规则和规章制度仍需进一步健全等问题。

【为人民履职】2019年，市人大及其常委会组织召开代表大会1次、常委会会议8次，审议议题85项，作出决议决定24项；审议地方性法规案9件，通过4件，开展立法调研12项；听取、审议工作报告16个，开展专题询问1次、专项工作评议1次、执法检查4项、专题调研10项；审查政府规章6件、其他规范性文件36件；协调办理群众来信来访来电264件次，转办、交办来信来访115件。支持营商环境建设，对优化营商环境工作情况开展专项工作评议。首次开展联动监督，与自治区人大常委会联动开展自治区促进科技成果转化条例执法检查。对2019年计划、预算草案进行初步审查，听取审议2019年上半年计划、预算执行情况报告，组织代表对经济社会发展情况进行调研视察。将专项资金绩效管理监督拓展到部门整体支出预算绩效管理监督，开展委托第三方绩效评价试点。听取审议2018年度市本级预算执行和其他财政收支审计工作报告、审计查出问题整改落实情况报告。办理代表议案建议222件。将“人大代表之家”升级为人大代表联络站，全市1.10万多名各级人大代表编排至724个联络站。首次建立组成人员收集代表意见建议处理反馈机制，闭会期间收到代表意见建议164条，均转交有关部门进行处理。组织代表列席常委会会议380多人次，参加“一府一委两院”相关活动192人次。围绕经济社会发展、重大项目建设以及为民办实事项目落实情况等，组织驻邕全国、自治区和市人大代表583人次开展调研视察活动。市人大常委会交办、转办信访案件115件；各人大常委会领导接待群众24批50人次，推动解决问题15个；受理群众来信来访来电264件次(来信106批次、来访150批次)，办结率100%。

重要会议

【市十四届人大四次会议】2019年2月14日至18日，在南宁市人民会堂举行，应到代表499人，出席代表454人，列席180人，主席团成员59人。听取、审议市政府、市十四届人大常委会、市中级人民法院、市检察院工作报告，表决通过4个报告并作出相应决议；审查和批准南宁市2018年国民经济和社会发展计划执行情况与2019年国民经济和社会发展计划草案的报告，批准南宁市2019年国民经济和社会发展计划；审查和批准南宁市与市本级2018年预算执行情况和2019年预算草案的报告，批准南宁市本级2019年预算。收到代表议案67件，主席团决定作为议案处理8件，59件转为代表建议、批评和意见。通过关于设立市十四届人大社会建设委员会、将市十四届人大内务司法委员会更名为市十四届人大监察和司法委员会的决定，以及市十四届人大监察和司法委员会、社会建设委员会组成人员名单，补选吴朝晖为市人大常委会副主任，魏永泉为市十四届人大常委会委员。

【全市人大工作会议】2019年11月29日，全市人大工作会议在市委市政府会议

2019 年 2 月 14 日至 18 日，南宁市第十四届人民代表大会第四次会议在南宁市人民会堂召开。图为人大代表在表决决议　　市人大常委会办公室提供

中心召开。自治区党委常委、市委书记王小东出席会议并讲话，市委副书记、市长周红波主持会议，市人大常委会主任束华、市政协主席杜伟出席会议。会议学习贯彻中共中央总书记习近平关于坚持和完善人民代表大会制度的重要思想，贯彻落实自治区人大工作会议精神和自治区党委《关于加强新时代人大工作的意见》精神，总结南宁市人大工作，研究部署当前和今后一个时期南宁市人大工作。会议以电视电话会议形式召开，市委、市政府、市政协有关领导，市人大常委会班子成员，市人民法院、市检察院主要负责人，市直有关单位、各开发区管委会主要负责人，市人大常委会机关有关负责人等在主会场参加会议。各区县设分会场。

【市十四届人大常委会会议】 2019 年，市十四届人大常委会召开会议 8 次。

第 17 次会议　1 月 22 日召开。听取关于市十四届人大四次会议筹备工作情况的报告，审议并通过市人大常委会代表资格审查委员会关于个别代表的代表资格审查情况的报告、市人大常委会工作报告(草案)和 2019 年工作要点(草案)、市十四届人大四次会议议程(草案)。作出关于召开市第十四届人民代表大会第四次会议以及会议列席人员的决定。书面审议驻邕全国、自治区人大代表、市人大代表 2018 年年终集中视察的视察报告。

第 18 次会议　2 月 12 日召开。审议市第十四届人民代表大会第四次会议主席团和秘书长名单草案，听取和审议市第十四届人民代表大会常务委员会代表资格审查委员会关于个别代表的代表资格审查情况的报告。

第 19 次会议　3 月 21 日至 22 日召开。听取、审议市政府关于南宁市农业生产安排和特色农业发展情况的报告及市人大常委会调研组的调研报告，并作出相关决议。审议市政府关于提请审议南宁市与西班牙穆尔西亚市及巴西费利斯港市建立友好城市关系的议案、市人大民族华侨外事宗教委员会审议结果报告，决定批准南宁市与西班牙穆尔西亚市及巴西费利斯港市建立友好城市关系。审议《南宁市地下综合管廊管理条例(草案)》(二审)。审议通过关于增补市十四届人大常委会代表资格审查委员会委员的决定。通过 34 位人员的人事任免事项。

第 20 次会议　4 月 25 日至 26 日召开。听取、审议市检察院关于公益诉讼工作情况的报告及市人大常委会专题调研组的调研报告、市人大常委会法工委关于南宁市地方性法规综合评估报告、市十四届人大四次会议《关于加强南宁市二次供水水质管理的议案(第 10 号)》《关于加快农村道路安全生命防护工程建设的议案(第 23 号)》《关于推行全市统一就诊卡的议案(第 37 号)》《关于南宁市农村饮用水安全工程运行管理的议案(第 52 号)》《关于完善南宁高速石埠出口区域建设，使之与广西首府南宁形象相匹配的议案(第 58 号)》，并对以上 5 件代表议案作出决定。听取、审议市政府关于《南宁市五象岭总体规划(2015—2025)(修改)》的议案及其说明，并批准该议案。审议《南宁市大王滩国家湿地公园保护条例(草案)》《南宁市科技创新促进条例(草案)》(二审)。审议通过《南宁市出租汽车客运管理条例(修订草案)》。接受常委会副主任刘雄辞去职务的请求。

第 21 次会议　6 月 27 日至 28 日召开。听取、审议市政府关于 2018 年度南宁市企业国有资产管理情况的报告及市人大常委会调研组的调研报告、市政府关于 2018 年度国有资产管理情况的综合报告、关于 2018 年全市环境质量状况和环境保护目标完成情况的报告、市政府关于《中华人民共和国文物保护法》《中华人民共和国老年人权益保障法》实施情况的报告以及市人大常委会执法检查组的检查报告、市十四届人大四次会议《关于完善社区居家养老服务的议案(第 2 号)》《关于横县茉莉花(茶)保护条例立法的议案(第 27 号)》《关于要求加快江南区江西镇扬美古镇保护和管理立法工作的议案(第 47 号)》，对第 2 号议案作出决定，对第 27 号、第 47 号议案作出处理意见。审议通过《南宁市地下综合管廊管理条例》。对《南宁市停车场管理条例(草案)》《南宁市生活垃圾分类管理条例(草案)》初审。通过关于调整南宁市第十四届人大常委会代表资格审查委员会个别组成人员的决定、关于个别代表资格审查情况的报告。通过人事任免事项 1 项。

第 22 次会议　8 月 27 日至 29 日召开。听取、审议市政府关于南宁市产业扶贫和易地扶贫搬迁后续工作情况的报告及市人大常委会专题询问调研组的调研报告，并开展专题询问。听取、审议市政府“十三五”期间南宁市脱贫攻坚资金管理使用情况的报告及专项审计报告、市政府 2018 年市本级决算报告、审计工作报告，以及 2019 年上半年国民经济和社会发展计划执行情况报告、预算执行情况报告、市政府关于城市黑臭水体整治工作情况的报告及市人大常委会调研组的调研报告、市政府关于南宁市传染病防治工作情况的报告及市人大常委会调研组的调研报告、市中级人民法院关于推进以审判为中心的刑事诉讼制度改革工作情况的报告及市人大常委会调研组的调研报告、市政府关于《南宁市征用集体土地条例》实施情况的报告及市人大常委会执法检查组的检查报告、市政府关于《提请审议南宁市与乌克兰伊万诺－弗兰科夫斯克市建立友好城市关系的议案》及市人大民族华侨外事宗教委员会审议结果报告。通过市人大常委会关于批准 2018 年南宁市本级决算的决议、关于批准南宁市与乌克兰伊万诺－弗兰科夫斯克市建立友好城市关系的决定。初次审议《南宁市特种行业治安管理条例(修订草案)》，审议 2019 年代表年中专题调研组的 5 个调研报告，通过关于个别代表资格审查情况的报告。通过 27 位人员的人事任免事项。

第 23 次会议　10 月 30 日至 31 日召开。听取、审议市政府关于市电动自行车管理工作情况的报告及市人大常委会专项工作评议调查组的调查报告，并进行专项工作评议。听取、审议市政府关于南宁市 2019 年本级预算调整方案的说明及市人大财政经济委员会的审查结果报告，审查和批准2019年市本级预算调整方案。听取和审议市人大常委会立法后评估工作组关于《南宁市城市轨道交通管理条例》立法后评估报告、市政府关于市十四届人大四次会议代表议案决定执行情况和代表建议办理情况的报告、市人大常委会选举联络工作委员会关于市十四届人大四次会议以来代表建议批评和意见办理工作督办情况的报告、市第十四届人大常委会代表资格审查委员会关于个别代表的代表资格审查情况的报告、市中级人民法院关于市十四届人大四次会议代表建议办理情况的报告。审议《南宁市大王滩国家湿地公园保护条例(草案)》(三审)、《南宁市水土保持若干规定(草案)》(一审)。通过8位人员的人事任免事项。

第24次会议　12月30日至31日召开。听取、审议市政府关于南宁市优化营商环境工作情况的报告及市人大常委会专项工作评议调查组的调查报告，并进行专项工作评议。听取、审议市政府关于2018年度南宁市本级预算执行和其他财政收支审计查出问题整改落实情况的报告、市人大常委会执法检查组关于检查《全国人大常委会关于实行宪法宣誓制度的决定》和《广西壮族自治区实施宪法宣誓制度办法》实施情况的报告、市十四届人大常委会代表资格审查委员会关于个别代表的代表资格审查情况的报告。听取市人大常委会办公室关于市十四届人大第五次会议筹备工作情况的报告。审议市人大常委会工作报告(草案)、市人大常委会2020年工作要点(草案)、市人大常委会关于召开市十四届人大第五次会议的决定(草案)、会议议程(草案)、会议列席人员决定(草案)、会议主席团和秘书长名单(草案)、《南宁市电动自行车管理条例(草案)》(三审)、《南宁市生活垃圾分类管理条例(草案)》(二审)、《南宁市人民代表大会常务委员会关于修改〈南宁市人民代表大会议事规则〉第十七条的决定(草案)的议案》，以及驻邕全国人大代表、自治区人大代表、市人大代表2019年年终集中视察各视察组的视察报告。通过7位人员的人事任免事项。

市人大常委会主要工作

【监督工作】 2019年，市人大常委会重点监督产业扶贫和易地扶贫搬迁后续扶持，开展专题询问，作出审议意见，市政府研究办理，全市预脱贫摘帽村“3+1”(3个主导特色产业、1个自选特色产业)特色产业贫困户覆盖率均达90%以上；听取、审议“十三五”期间脱贫攻坚资金管理使用情况的报告、专项资金审计工作报告、农业生产安排和特色农业发展情况的报告，市政府执行常委会作出的相关决议；开展实施乡村振兴战略、乡村风貌提升三年行动专题调研，《南宁市人大：打好“组合拳”助力脱贫攻坚》在《中国人大》杂志刊发；对电动自行车管理工作实行立法、监督，在立法的基础上进行专项工作评议，推动电动自行车依法有序管理；开展公交发展和场站综合建设专题调研，提出注重公交优先、加强规划引领、推动公交场站综合建设等建议；开展文物保护法执法检查，开展职业教育、民族教育、少数民族特色村寨保护与发展工作情况等专题调研；听取、审议传染病防治工作的报告，检查老年人权益保障法实施情况，专题调研体育产业发展情况；听取、审议2018年度环境质量状况和环境保护目标完成情况报告和黑臭水体整治工作情况报告，作出审议意见；开展南宁市征用集体土地条例执法检查，促进政府解决好征地农民回建安置和社会保障问题。通过督办加强百里秀美邕江管理的建议，市政府加快制定相关管理制度，对沿岸公园管理工作实施考评，促进管理工作步入正轨。连续3年督办关于进一步加快公办幼儿园建设议案决定的落实情况，年内建成幼儿园20所，新增学位8640个。

【重大事项决定】 2019年，市人大常委会作出决议决定24项。主要有审查批准2018年市本级决算报告和2019年市本级预算调整方案，要求市政府加强预决算管理；审议批准《南宁市五象岭总体规划(2015—2025)(修改)》的议案，支持五象新区建设发展；决定批准南宁市与西班牙穆尔西亚市、巴西费利斯港市、乌克兰伊万诺－弗兰科夫斯克市建立友好城市关系，促进南宁市与友好城市共享“一带一路”发展机遇等内容。

【专项工作评议】 2019年，市人大常委会成立专项工作评议调查组，对南宁市电动自行车管理工作情况开展调查，在市十四届人大常委会第二十三次会议上进行电动车管理工作专项评议，认为南宁市电动自行车管理工作还存在电动自行车违章现象较为普遍、停车秩序不够规范、存在非法改(拼)装情况、电动自行车充电引发的消防安全事故时有发生、废旧蓄电池回收处置监管不够到位等亟待解决的问题。

【专题询问】 2019年，市人大常委会组成专题询问调研组，对南宁市产业扶贫和易地扶贫搬迁后续工作情况开展调研，在市人大常委会第22次会议上，对南宁市产业扶贫和易地扶贫搬迁后续工作情况开展专题询问，要求市政府及有关部门推进脱贫攻坚工作，推动贫困地区建立可持续发展的产业体系，做好易地扶贫搬迁后续保障和服务。

【专题调研】 2019年，市人大常委会组织驻邕的全国人大代表、自治区人大代表和市人大代表100多人，组成专题调研组4个，对南宁市“七五”普法，建档立卡贫困户、低保户、农村分散供养特困人员、贫困残疾人家庭4类重点对象危房改造情况，贫困地区义务教育、基本医疗保障和饮水安全，旅游扶贫工作进行专题调研；市人大常委会第22次会议审议通过4个调研组的调研报告，转交市政府研究办理。年内，市人大常委会专题调研南宁市检察机关公益诉讼情况、“十三五”期间南宁市脱贫攻坚资金管理使用情况、南宁市城市黑臭水体整治情况、南宁市传染病防治情况、南宁市法院推进以审判为中心的刑事诉讼制度改革情况。

【执法检查】 2019年，市人大常委会组成执法检查组检查《中华人民共和国文物保护法》实施情况，认为存在一定程度“重发展轻保护”思想观念，有文物保护的经费投入相对不足，渠道单一，文物保护“谁使用、谁管理、谁维护”的原则落实不够到位，文物保护队伍有待加强，文物保护的科技水平、文物资源的开发利用有待进一步提高等问题；检查市政府贯彻实施《中华人民共和国老年人权益保障法》情况，认为存在敬老爱老养老助老的氛围还不够浓厚、整体合力尚未有效形成，社会养老服务体系建设相对滞后，社会养老保障水平仍需进一步提高等问题；检查市政府贯彻实施《南宁市征用集体土地条例》情况，认为存在部分集体土地征收资金拨付不及时，部分征地农民回建安置没有落实到位，部分征地农民养老保险没有及时办理，《南宁市征用集体土地条例》第十条申请强制执行没有得到运用等问题；检查市政府贯彻实施《全国人大常委会关于实行宪法宣誓制度的决定》《广西壮族自治区实施宪法宣誓制度办法》情况，认为存在宪法宣誓制度的重要性认识不足、宣传力度不够，宣誓仪式的组织不够规范，实施宪法宣誓制度工作开展不平衡等问题。

【议案与建议办理】 2019年，市十四届人大四次会议主席团交付审议的代表议案8件，常委会对6件议案作出决定，交市政府执行；对另外2件涉及立法项目的议案作出处理意见,列入 2020 年立法计划;通过督办关于推行全市统一就诊卡议案(第 37 号)的决定,13 家市级医院已实现就诊“一卡通”;代表提出建议 214 件,分别交 50 个单位、部门、组织办理。代表建议提出的问题已解决和列入解决计划的占总数 91.35%。

【人事任免】 2019 年,市人大常委会任免国家机关工作人员 78 人次,其中任命、决定任命 36 人次,免职、决定免职 39 人次,接受辞职 3 人次。

【代表工作】 2019 年 11 月,市人大常委会组织全国、自治区人大代表、市人大代表 362 人组成视察组 4 个,各视察组集中听取“一府两院”(市政府,市中级人民法院、市检察院)2019 年工作情况汇报,围绕经济社会发展情况和人民群众普遍关注的突出问题,对 2019 年全市国民经济和社会发展情况、区市重大项目建设和为民办实事项目落实情况、“三农”(农村、农业、农民)工作、监察司法工作、城建环保工作、开展扫黑除恶专项斗争工作、整治黑臭水体工作、教育科学文化卫生、民族华侨外事宗教和旅游工作情况进行视察。将“人大代表之家”升级为人大代表联络站,全市 1.10 万多名各级人大代表全部编排到 724 个联络站,代表进站接待联系群众 9.10 万人次;以代表联络站为单位,开展“助力清水行动,打好水污染防治攻坚战”主题活动;各级人大代表进站召开民情沟通会、调研座谈会 701 场,9000 多名代表和群众参加主题活动。组织举办市人大代表履职能力提升班、“人大代表之家”和基层立法联系点示范点负责人培训班,参训代表 280 多人次。组织市人大代表参加“壮美七十年、奋进新时代”庆祝新中国成立 70 周年书画摄影展活动。

2019 年 11 月 21 日,市人大第二视察组到安武大道朝阳溪污水处理厂视察黑臭水体整治情况
市人大常委会办公室提供

【理论研究与宣传】 2019 年,市人大常委会组织举办全市人大系统深入学习贯彻中共中央总书记习近平关于坚持和完善人民代表大会制度的重要思想交流会,收到交流文章 91 篇;举办法制讲座 5 次,专题学习中小企业促进法等法律法规 5 部;依托市人大工作研究会平台,评审验收课题成果 11 项。市人大常委会开通“南宁人大”微信、微博,形成“一刊一网一栏两微”(《南宁人大》杂志、南宁人大网站、人大之声专题栏目、微信、微博)的新闻宣传新格局,《南宁人大》出刊 6 期,南宁人大网站发布信息 5500 多条,“人大之声”专题栏目在“两台一报”(南宁电台、南宁电视台、《南宁日报》)刊播 114 期,“两微”(微信、微博)发布信息 1000 多条。《南宁对地方法规进行全面“大体检”》被《中国人大》《法制日报》《人民代表报》等媒体刊发。 (韦杉娜)

表 3　2019 年南宁市第十四届人大常委会依法任免国家机关工作人员情况表

时　间	会议(次)	任、免、辞	姓　名	职　务
3 月 22 日	第 19 次会议	任　命	魏永泉	市人大常委会代表资格审查委员会委员
		接受辞职	王亚楠	市人大常委会委员
		任　命	陈　尧(女)	市人大常委会办公室主任
		任　命	崔桂静(女)	市人大常委会办公室副主任
		任　命	姜夕云	市人大常委会办公室副主任
		任　命	宋道安	市人大常委会办公室副主任
		任　命	何玉琴(女)	市人大常委会副秘书长、市人大常委会办公室副主任
		任　命	王海屹	市人大常委会法制工作委员会副主任
		免　去	孙佑毅	市人大常委会法制工作委员会副主任
		决定任命	张文军	市北部湾经济区规划建设管理办公室主任(兼)
		决定任命	汪东明	市工业和信息化局局长
		决定任命	范卫东	市司法局局长

续表 3

时　间	会议(次)	任、免、辞	姓　名	职　务
3 月 22 日	第 19 次会议	决定任命	郭维宁	市自然资源局局长
		决定任命	韦好鹏	市生态环境局局长
		决定任命	林　兢	市住房和城乡建设局局长
		决定任命	杨　敏(女)	市农业农村局局长
		决定任命	程小华	市文化广电和旅游局局长
		决定任命	谢宗务	市卫生健康委员会主任
		决定任命	陈欣善	市退役军人事务局局长
		决定任命	黄展邦	市应急管理局局长
		决定任命	彭　健(女)	市外事办公室主任
		决定任命	李善钦	市市场监督管理局局长
		决定任命	杨雪敏(女)	市体育局局长
		决定任命	李　兵	市林业局局长
		决定任命	曾肄业(女)	市金融工作办公室主任
		决定任命	陆　勤(女)	市医疗保障局局长
		决定任命	蓝　岚(女)	市市政和园林管理局局长
		决定任命	梁　勇	市城市管理综合行政执法局局长
		决定任命	肖　宁	市粮食和物资储备局局长
		决定任命	文华寿	市机关事务管理局局长
		决定任命	尹　平	市大数据发展局局长
		决定免去	黄有光	市司法局局长
		决定免去	李　兵	市体育局局长
		决定免去	蒙　刚	市金融工作办公室主任
4 月 26 日	第 20 次会议	接受辞职	刘　雄	市人大常委会副主任
6 月 28 日	第 21 次会议	免　去	肖　华	市检察院检察员
8 月 29 日	第 22 次会议	接受辞职	王祝广	市监察委员会主任
		任　命	缪佃江	市监察委员会主任
		免　去	方　良	市人民检察院检察委员会委员、检察员
		免　去	朱广新	市人民检察院检察员
		免　去	陈文采	市人民检察院检察员
		免　去	韦汉德	市人民检察院检察员
		免　去	陈　峰	市人民检察院检察员
		免　去	陆海峰	市人民检察院检察员
		免　去	胡　晖	市人民检察院检察员
		免　去	王弘斌	市人民检察院检察员

续表 3

时　间	会议(次)	任、免、辞	姓　名	职　务
8 月 29 日	第 22 次会议	免　去	石忠凯	市人民检察院检察员
		免　去	黄建锋	市人民检察院检察员
		免　去	戴　宏	市人民检察院检察员
		免　去	欧向前	市人民检察院检察员
		免　去	梁雅蕾(女)	市人民检察院检察员
		免　去	温百林	市人民检察院检察员
		免　去	卓绘宏(女)	市人民检察院检察员
		免　去	何克敏	市人民检察院检察员
		免　去	田元保	市人民检察院检察员
		免　去	周沛强	市人民检察院检察员
		免　去	张克勤	市人民检察院检察员
		免　去	张　宏(女)	市人民检察院检察员
		免　去	许志芳(女)	市人民检察院检察员
		免　去	蒙　瑶	市人民检察院检察员
		免　去	梁　恒	市人民检察院检察员
		免　去	黄　鹏	市人民检察院检察员
		免　去	刘学杰	市茅桥地区人民检察院检察员
10 月 31 日	第 23 次会议	任　命	柏　寒	市中级人民法院审判员
		任　命	宋其铅	市中级人民法院审判员
		任　命	王五洋	市中级人民法院审判员
		免　去	曾越凡	市中级人民法院副院长、审判委员会委员、审判员
		免　去	陆力宁	市中级人民法院审判员
		免　去	韦卓胜	市中级人民法院审判员
		免　去	农克新	市中级人民法院审判员
		免　去	周燕萍(女)	市中级人民法院审判员
12 月 31 日	第 24 次会议	任　命	范卫东	市人大常委会办公室主任
		免　去	陈　尧(女)	市人大常委会办公室主任
		任　命	黄有光	市司法局局长
		任　命	黄永久	市文化广电和旅游局局长
		免　去	范卫东	市司法局局长
		免　去	程小华	市文化广电和旅游局局长
		免　去	李　兵	市林业局局长

（韦杉娜）

编辑　梁　坤

南宁市人民政府

综　述

【概　况】 2019年，南宁市机构改革后，南宁市人民政府设市政府办公室(更名)、市发展和改革委员会、市教育局、市科学技术局(重新组建)、市工业和信息化局(更名)、市民族和宗教事务委员会、市公安局、市民政局、市司法局(重新组建)、市财政局、市人力资源和社会保障局、市自然资源局(新组建)、市生态环境局(新组建)、市住房和城乡建设局(新组建)、市交通运输局、市水利局、市农业农村局(新组建)、市商务局、市文化广电和旅游局(新组建)、市卫生健康委员会(新组建)、市退役军人事务局(新组建)、市应急管理局(新组建)、市审计局、市外事办公室(新组建)、市市场监督管理局(新组建)、市体育局、市统计局、市林业局(新组建)、市金融工作办公室、市人民防空办公室、市扶贫开发办公室、市医疗保障局(新组建)、市市政和园林管理局(新组建)、市城市管理综合行政执法局(新组建)、市投资促进局、市行政审批局、市北部湾经济区规划建设管理办公室(新组建)、市粮食和物资储备局(新组建)、市机关事务管理局(新组建)、市大数据发展局(新组建)、市国有资产监督管理委员会41个工作部门。南宁市人民政府办公室(简称“市政府办公室”)设第一秘书科、第二秘书科、第三秘书科、第四秘书科、第五秘书科、第六秘书科、第七秘书科、第八秘书科、综合一科、综合二科、文书科、人事科、行政科、信息工作管理办公室、市政府总值班室、市政府督查室、政策法规科、大型活动管理科、大型活动协调科、大型活动指导科、项目综合管理科、项目建设管理科、项目建设协调一科、项目建设协调二科，挂重点项目建设协调办公室牌子，行政编制115名。市政府召开全体会议1次、政府常务会议38次、经济运行分析会3次，作出加快广西面向东盟的金融开放门户南宁核心区建设、加快中国(广西)自由贸易试验区南宁片区建设、支持中国(南宁)跨境电子商务综合试验区建设、打造全国养老服务业综合改革试点城市等重大决定；提请市人大常委会审议地方性法规草案4件，出台政府规章5件，废止政府规章5件，制定规范性文件34件，备案审查规范性文件142件；实施、承办为民办实事工程20项56个子项。按期完成政府机构改革，基本建立系统完备、科学规范、运行高效的政府机构职能体系。研究部署全面落实强首府战略，细化部门任务，落实相关责任。加强政府决策科学化、民主化建设，新一届决策咨询队伍人数为上一届1.27倍。持续提升政务服务效能，大力优化营商环境，全市(含区县)为公民、法人和其他组织办理政务服务事项289.29万件，完成优化营商环境百日攻坚指标14项，企业开办、登记财产、获得电力等营商环境指标进入国内一流水平。市政府门户网站在自治区14个地市政府门户网站绩效评估中获第一名。主要存在一些民生诉求尚未得到有效解决，全面落实强首府战略的合力还不够强大等问题。

【落实强首府战略】 2019年11月13日，中共广西壮族自治区委员会、广西壮族自治区人民政府印发《关于实施强首府战略的若干意见》，将南宁定位为面向东盟开放合作的区域性国际大都市、“一带一路”有机衔接的重要门户枢纽城市、北部湾城市群与粤港澳大湾区融合发展的核心城市、具有浓郁壮乡特色和亚热带风情的生态宜居城市；提出到2025年，南宁市综合实力显著增强，经济总量比2018年翻一番；到2035年，南宁市引领带动作用显著提升，经济总量占全区比重力争达到30%；提出加快构建现代产业体系、加快推进全方位对外开放、加快发展要素集聚、加快区域性国际大都市建设4个方面18项主要任务。自治区政府印发《关于支持强首府战略的若干政策》，提出支持加快构建现代产业体系、全面深化改革和扩大开放、强化财税金融激励保障、强化用地保障、强化人才支撑、进一步扩大南宁市行使自治区级审批权限6个方面29条细项政策。11月26日，自治区党委、政府在南宁市召开广西实施强首府战略工作会议，提出强工业、强创新、强金融、强枢纽、强开放、强治理“六强”重点工作要求，对实施强首府战略做全面动员部署。12月13日，市委、市政府印发《关于全面落实强首府战略的实施意见》，从做强现代工业、做强现代服务业、做优现代农业、培育发展新经济、全面扩大对外开放、增强区域性国际大都市承载力、持续深化改革创新7个方面提出29项重点任务，明确各项重点任务的目标要求、实施路径和要素支持。建立运转机制，推动组建强首府战略指挥部，成立南宁市全面落实强首府战略领导小组，下设“6+1”专项小组(强工业、强创新、强金融、强枢纽、强开放、强治理6个专项小组和五象新区专项小组)。12月5日、24日，南宁市全面落实强首府战略领导小组、强首府战略指挥部分别召开第一次全体(扩大)会议，研究部署全面落实强首府战略的关键重点工作。

【服务型政府建设】 2019年，南宁市12345政府服务热线试运行，接听受理群众有效来电11.88万个；市长公开电话及市公共服务呼叫中心热线接听受理群众有效来电9.76万个，交办来电事项1.41万件。市政府门户网站主动公开政府信息2.70万条，网站总点击量509万次，访问总用户数208万人；互动平台收到咨询、投诉等问题1.08万个，回复处理1.04万个，答复率96.93%。举办新闻发布会60多场、《向人民承诺——电视问政》节目10期，解读热门政策94个，回应群众关切问题54个。推进政务服务改革，推广使用广西数字政务一体化平台（南宁平台），市、区县各部门政务服务事项纳入一体化平台办理，市本级政务服务事项网上可办率99%；市行政审批局各服务窗口办理政务服务事项（含许可事项）10.87万件，发出批文和证照有效率100%，办理提速83.01%。市人社局在全国率先建成覆盖人社全业务的大集中"智慧人社"系统，构建"线上一网通、线下一门办""全市通办"人社服务新体系，"一网通"平台服务群众3126万人次，"一门办"大厅提供经办服务57.10万人次，减少企业和群众"多头跑"19.20万人次。出台《南宁市高层次人才认定实施办法》，分类认定高层次人才11批次1108人。全市"大应急"格局基本形成，市应急管理局处置突发事件393起，联动处置有效警情64.08万起，未发生重大、特别重大安全生产事故和较大以上火灾事故。建成退役军人服务中心（站）1935个，实现市、区县、乡镇（街道）、村（社区）服务保障全覆盖。市医保局查处违规违约定点医药机构294家，通过"智慧医保"智能监控平台审核医疗费用1700.07万人次、114.97亿元。市外事办服务南宁市与国外友好城市、友好交往城市的交流交往，促成各类主体签署合作协议20份，接待外宾团组59批。市民宗委组织开展民族团结进步创建主题活动1320场，南宁市被国家民委确定为"深入推进少数民族流动人口服务管理体系建设试点城市"。南宁市建立归侨侨眷代表人士资料库，向上级部门推荐归侨侨眷中青年代表、邕籍海外华人华侨代表人士；成立全面对接粤港澳大湾区指挥部，探索与粤港澳大湾区深化合作新方式；出台《关于促进邕台经济文化交流合作的若干措施》，推动台湾同胞在南宁投资、创业、就业、学习、生活等方面享受与南宁居民同等待遇。

【营商环境优化】 2019年，南宁市以减时间、降成本、缩流程、优服务为抓手，推进全市营商环境优化。停止收取并集中清退历年政府采购保证金1.30亿元；设立中小微企业孵化基金，推进"4321"政府性融资担保体系建设，为企业节约融资成本2071.44万元；试行市级新增建设用地计划指标核销制，降低企业用地成本；为企业降低用电成本7.70亿元、用水成本6028万元；为企业降本减负超过110亿元。市本级、区县（开发区）政务服务大厅完成企业开办"一站式"服务专区、"水电气"业务综合专窗设置，企业开办手续提速66.67%，水电气企业服务事项审批时限压缩87%。创新多图联审模式，工程建设项目审批系统上线运行，各阶段审批提速80%以上；在全国率先启动建设项目全流程"多测合一"改革，审批时限压缩75%。南宁市不动产登记"24小时不打烊"全自助办证服务实现96%业务线上全自助办理，4%线下业务实行现场"1小时办结"。推行市场主体简易注销改革，个体工商户简易注销登记100%全覆盖。推行企业注册登记全程电子化，以人脸识别、电子营业执照等智能化应用降低企业办事成本，全年电子化申报设立、变更企业1.12万户。中国（广西）自由贸易试验区南宁片区综合服务大厅揭牌运行，首批进驻52个大项327个服务事项，117个服务事项实现即到即办。逐步构建企业全生命周期精准服务体系，在自治区率先推行涉企政策兑现专窗，首批60项政策兑现事项实现"一窗申办"，兑现政府补贴26.39亿元。设立南宁市企业融资服务中心、南宁市股权融资服务中心，8家银行机构、2家担保公司、1家小额贷款公司入驻南宁市民中心，提供银企对话平台，破解企业融资难题。"双随机、一公开"监管实现全流程整合，推进跨部门联合监管、信用监管、"互联网+监管"，"一处违法，处处受限"格局初步形成。出台自贸试验区南宁片区支持政策9条、加快建设广西面向东盟的金融开放门户南宁核心区措施28条、支持重大文化旅游项目办法等，在自治区率先发布首批"发展机会清单"两大类9个方面246项。

（宋秋菊　金　尼　市政府办公室）

重要会议

【市十四届人民政府第四次全体（扩大）会议】 2019年2月1日，南宁市十四届人民政府召开第四次全体（扩大）会议，审议通过即将提请市十四届人大四次会议审议的《政府工作报告》，会议指出，2019年是新中国成立70周年，是全面建成小康社会、实现第一个百年奋斗目标的关键之年，要坚决落实好中央、自治区和市委的决策部署，全面落实强首府战略，提高首位度，全力推动经济高质量发展。要狠抓投资工作、项目建设、招商引资、营商环境优化；打好打赢防范化解重大风险攻坚战、脱贫攻坚战、污染防治攻坚战；抓好城市建设管理，坚持治水、建城、为民，高质量发展五象新区、高品质推进城市建设、高标准开展城市治理；持续集中力量做好普惠性、基础性、兜底性民生建设；加强政府自身建设，打造忠诚干净担当的高素质干部队伍，深入推进政府系统党风廉政建设和反腐败工作。

【政府常务会议】 2019年，市政府召开政府常务会议38次，审议议题236个。审议《广西建设面向东盟的金融开放门户南宁核心区规划（2019—2023年）》《关于加快建设广西面向东盟的金融开放门户南宁核心区的若干措施》《加快建设中国（广西）自由贸易试验区南宁片区支持政策》《南宁市加快打造北部湾城市群核心城市的实施方案》《南宁市规章五年立法规划（2019—2023年）》等文件；同意废止《南宁市粮食流通管理办法》《南宁市公园管理规定》《南宁市建设工程造价管理办法》《南宁市河道采砂管理办法》等规章；听取2018年全市安全生产工作汇报、2018年南宁市法治政府建设情况评估报告、2018年南宁市环境质量状况及环境保护重点工作情况、全市"双百双新"工业产业项目建设工作情况、全市脱贫攻坚工作情况、全市消防救援队伍改制转隶一周年工作情况等汇报。

【经济运行分析会】 2019年，市政府召开经济运行分析会3次，并召开全市经济运行分析暨第二次国民经济核算部门联席视频会议。4月15日，第一季度经济运行分析会提出要着力补齐工业缺口，强化重点企业支撑，加快重点项目建设；加快运营好中国（南宁）跨境电子商务综合试验区；强化项目投资支撑，招大引强、招新引高、招才引智；抓好建筑业发展；持续开展现代特色农业提质升级，保障生猪生产及肉品市场供应稳定。6月10日，全市经济运行分析暨第二次国民经济核算部门联席视频会议强调要全面落实强首府战略，开发区要抓工业主战场责任，区县要稳工业、稳三产、稳农业；狠抓招商引资、强化项目谋划和储备；各级各部门持续优环境转作风强保障。7月23日，全市上半年经济运行分析会强调要全力攻坚工业、投资、服务业稳增长；盯紧重大产业发展、重大项目建设，攻坚推进产业大招商，强化项目储备；围绕打造中国－东盟金融城等重大项目，推进金融业、现代物流业、电子商务加速集聚。10月22日，第三季度经济运行分析会传达自治区党委办公厅、自治区政府办公厅《关于打好2019年第四季度稳增长硬仗的通知》精神，自治区2019年第四季度经济形势座谈会精神，研究部署第四季度经济运行有关工作。

重大决定

【全域旅游总体规划】 2019年1月2日，市政府印发《南宁市全域旅游总体规划(2017年—2025年)》，以南宁市五县七区为规划范围，通过全空间扩展、全资源整合、全产业融合、全要素提升、全体系覆盖、全社会参与、全体制创新七大工程建设，主推“中国绿城”城市形象品牌，主打壮乡风情、东盟风情、养生之都三大旅游主题品牌，统筹南宁中心城区与各县域旅游均衡发展，促进南宁旅游空间、产品、产业、要素、设施、政策在全域空间内充分流动与优化配置，将南宁建设成为城旅一体、区县联动、产旅互融、共建共享的国家全域旅游示范区，具有浓郁壮乡特色和亚热带风情的国际养生休闲旅游目的地。

【广西面向东盟的金融开放门户南宁核心区建设】 2019年6月12日，市政府印发《关于加快建设广西面向东盟的金融开放门户南宁核心区的若干措施》，设8个部分28项条款，包括经济贡献奖励、购置或租赁办公用房补助、购地自建总部楼宇支持政策、金融业总部落户奖励、金融业分支机构支持政策、新兴金融业态支持政策、跨境金融业务支持政策、金融人才支持政策等内容。6月24日，市政府与自治区地方金融监督管理局联合印发《广西建设面向东盟的金融开放门户南宁核心区规划(2019—2023年)》，提出以南宁五象新区2.6平方千米及周边拓展区为规划范围，建设一个核心(面向东盟的金融开放门户南宁核心区)、两个试验示范区(保险创新综合试验区、绿色金融改革创新示范区)、三大中心(区域性人民币离岸金融中心、区域性货币交易清算中心、跨境投融资服务中心)、四大基地(金融后台服务基地、财富管理服务基地、金融信息服务基地、金融交流培训基地)、五大市场(中国－东盟大宗商品现货交易市场、黄金产业交易市场、区域股权投资市场、区域产权交易市场、资本培育服务市场)、六大配套(楼宇供需配套、中介服务配套、征信服务配套、生活服务配套、人才支撑配套、营商环境配套)；整合金融机构业态和功能类型，将核心区发展成为“一轴两翼、一城四区”(“一轴两翼”指平乐大道及平乐大道两侧区域；“一城四区”指中国－东盟金融城由金融总部集聚区、金融信息服务区、金融营运服务区、科技金融产业区组成)格局。

【全国养老服务业综合改革试点城市打造】 2019年8月5日，市政府印发《南宁市进一步打造全国养老服务业综合改革试点城市实施方案》，完善养老服务设施规划布局、提升养老服务标准化水平、培育养老服务市场、扩大普惠养老服务有效供给、加快医疗卫生与养老服务融合发展、推进养老服务产业集聚和多业态融合发展、开展国际国内健康养老服务合作交流、全面推进养老服务业信息化建设、加快推进养老服务领域社会信用体系建设。目标是2020年高质量完成全国养老服务业综合改革试点各项任务；2025年全面建成布局合理、功能完备、管理规范、特色突出，高中端面向市场、中低端覆盖基层的多层次养老保障体系，全面建成区域性国际健康养老胜地。

【中国(广西)自由贸易试验区南宁片区支持政策】 2019年10月24日，市政府印发《加快建设中国(广西)自由贸易试验区南宁片区支持政策》，从支持南宁片区先行先试、加大向南宁片区的放权力度、深化南宁片区营商环境改革、统筹财力支持南宁片区发展、实施税收支持、支持企业快速成长、实施融资支持、实施人才贡献奖励、创办“零费区”9个方面作出规范和要求，以最大限度的政策优惠吸引企业在南宁片区落户，加快推进中国(广西)自由贸易试验区南宁片区建设。

【中国(南宁)跨境电子商务综合试验区支持政策】 2019年12月16日，市政府印发《中国(南宁)跨境电子商务综合试验区建设支持政策》，从支持综试区跨境电商服务体系建设、支持综试区物流供应链体系建设、加大对综试区财税金融支持、鼓励跨境电子商务经营主体发展、加大对综试区用地支持、鼓励跨境电商创新发展、鼓励跨境电子商务人才培养7个方面推进中国(南宁)跨境电子商务综合试验区建设。

主要活动

【重大项目开(竣)工】 2019年，南宁市举行重大项目开(竣)工现场会10次，富雅·国际金融中心、GIG国际金融资本中心、南宁万科大厦、南宁轨道交通3号线一期工程、江南污水处理厂水质提标及三期工程、京东南宁电子商务产业园及运营结算中心项目、苏宁广西智慧电商产业园(一期)、南宁产投创新产业园、北部湾航运中心、南宁红星美凯龙家居博览中心、中国移动(广西)数据中心项目、南宁市第二社会福利院(一期)、邕宁区民族中学、横县茉莉小镇文旅项目等170多个重大项目开(竣)工。

【广西新能源汽车推广交流系列活动(南宁站)】 2019年3月4日，广西新能源汽车推广交流系列活动(南宁站)启动，活动展示新能源汽车产品，推广应用场景和产品图片，推出市民试乘试驾活动，组织100多辆新能源乘用车开展市内巡游。南宁市、柳州市代表团就新能源汽车产业发展开展交流讨论，签署《关于促进两市新能源交通产业合作备忘录》《关于落实自治区八项措施共同加快新能源汽车推广备忘录》，共同打造新能源汽车推广应用“广西模式”。

【第十二届中国(南宁)国际园林博览会闭幕】 2019年6月28日，第十二届中国(南宁)国际园林博览会闭幕会在南宁园博园演艺中心举行。园博会2018年12月6日开幕至闭幕历时205天，累计接待国内外游客超过180万人次，单日最高接待5.70万人次。闭幕后，南宁园博园作为综合性城市公园永久保留，继续对游客开放。闭幕会公布第十二届中国(南宁)国际园林博览会展园竞赛评选结果，评出广西园、杭州园等最佳展园16个，成都园、拉萨园等优秀展园26个，上海园、罗汉松园等最佳设计展园23个，福州园、深圳园等优秀设计展园19个，北京园、杭州园等最佳施工展园25个，济南园、长春园等优秀施工展园17个，玲珑岛展区、芦草叠塘展区、七彩湖展区等最佳植物配置展园24个。

【华为技术有限公司战略合作框架协议签署】 2019年7月5日，市政府与华为技术有限公司在中国－东盟新型智慧城市协同创新中心签署战略合作框架协议，并举行“华为(南宁)软件开发云创新中心”揭牌仪式。南宁市与华为技术有限公司在5G领域研究、新型智慧城市建设、信息服务、大数据应用等方面开展合作，共同打造物联网产业基地，构建智能制造产业生态，加快南宁市以互联网、云计算、智能制造、电子信息等为主的数字经济产业发展，推进面向东盟的智慧城市示范区建设。

【2019年中欧绿色智慧城市峰会】 2019年9月26日至28日在南宁市举办。峰会由欧盟委员会指导，中国城市和小城镇改革发展中心、法国展望与创新基金会、

中国社会科学院“一带一路”国际智库、南宁市人民政府等共同主办，中国及欧盟各国城市代表、专家学者、企业负责人等500余人参加。欧盟驻华大使郁白、中国国际经济交流中心副理事长黄奇帆等与会嘉宾就绿色智慧城市发展现状和前景发表主旨演讲，与会中欧城市和企业代表发布《中欧绿色智慧城市南宁共识》。其间，举办“中欧绿色智慧城市国际合作”主题对话、2019中欧绿色智慧城市峰会第四次工业革命与智慧城市发展论坛、2019中欧绿色智慧城市优秀案例发布等活动，南宁市被评为荣誉城市。

【中国－东盟北斗/GNSS(南宁)中心揭牌】 2019年10月17日，中国－东盟北斗/GNSS(南宁)中心在中国－东盟空间信息技术创新示范基地揭牌，并举行共建“中国－东盟空间信息技术创新示范基地”签约仪式，中国卫星导航系统管理办公室、自治区党委网信办、自治区工信厅、南宁市人民政府等有关代表40人参加。是继中阿北斗/GNSS中心之后运行的第二个中心，重点打造广西北斗综合位置服务平台、北斗终端设备检测认证中心、东盟实践中心、北斗创新孵化器，利用国内及广西资源和最新发展成果，建设集宣传展示、联合研发、测试评估、检测认证、教育培训等功能为一体的全新载体，为务实开展双边和多边合作交流提供平台，为东盟用户体验北斗、认知北斗、应用北斗提供基础条件。

【2019南宁－全国中心城市交通改革与发展研讨会】 2019年11月22日至23日在南宁举行。主题为“贯彻交通强国战略，深化交通运输改革、推动中心城市高质量发展”，全国32个中心城市的代表参会。交通运输部科学研究院副院长崔学忠、苏交科集团规划研究院万宏雷、国家发展改革委员会综合运输研究所城市交通中心主任程世东分别作专题讲座，北京市交通运输委员会、合肥市交通运输局的代表作大会交流发言，与会代表就中心城市贯彻落实交通强国战略、综合交通枢纽与物流枢纽融合发展、高质量打造公交都市、交通运输结构调整、交通运输新业态管理、南宁市与其他省市在交通运输领域联动协作等问题分组交流讨论。

【为民办实事工程】 2019年，南宁市实施市本级教育惠民、健康惠民、文化惠民、敬老惠民、就业惠民、强基惠民、市政惠民、畅通惠民、食安惠民、平安惠民10项25个子项工程全部完成。

（市政府办公室）

发展计划管理

【概　况】 2019年，南宁市机构改革，将市发展和改革委员会的组织编制主体功能区规划职责划入市自然资源局，应对气候变化和减排职责划入市生态环境局，农业投资项目管理职责划入市农业农村局，重大项目稽察职责划入市审计局，价格监督检查与反垄断执法职责划入市市场监督管理局，药品和医疗服务价格管理职责划入市医疗保障局，粮食管理及组织实施重要物资和应急储备物资收储、轮换、日常管理职责划入市粮食和物资储备局，信息化领域有关项目建设、信息资源开发利用与共享职责划入市大数据发展局。南宁市发展和改革委员会(简称“市发展改革委”)设办公室、政策研究室、发展战略和规划科、国民经济综合科、法规和体制改革科、固定资产投资科、重大项目建设科、城市基础设施科、利用外资和境外投资科、地区经济和西部振兴科、经济贸易和区域开放科、农村经济科、交通科、产业发展科、创新和高技术发展科、资源节约和环境保护科、社会发展科、财政金融和信用建设科、价格管理科、价格调控和收费管理科、能源科、经济与国防协调发展科、评估督导科、人事科，编制109名，在编102人。二层单位有南宁市价格成本调查监审分局，行政机关，编制5名，在编5人；南宁市经济信息中心(南宁市信用信息中心)，事业单位，编制27名，在编23人；南宁市固定资产投资项目前期服务中心，事业单位，编制12名，在编10人；南宁市价格认证中心，参照公务员法管理事业单位，编制12名，在编10人；南宁市价格监测中心，参照公务员法管理事业单位，编制9名，在编8人；南宁市工程咨询规划事务所，事业单位，编制20名，在编11人。南宁市地区生产总值增长5%，固定资产投资增长9.9%，社会消费品零售总额增长4.2%，进出口总额747.79亿元、增长1%，财政收入800.69亿元、增长6.3%；全市居民人均可支配收入28929元、增长8%，其中城镇居民人均可支配收入37675元、增长6.8%，农村居民人均可支配收入15047元、增长10.2%。居民消费价格指数(CPI)上涨3.4%，高于全国水平0.5个百分点，低于自治区水平0.3个百分点。市发展改革委调整、落实全市主要经济指标任务，探索建立高质量发展监测督查评价体系；开展经济形势综合分析及投资、服务业、价格等重点领域专项分析，撰写、发布分析报告，加强经济运行调度，抓住投资和服务业精准发力；安排城市建设投资计划项目765个、教育基本建设投资计划项目165个，下达农口投资计划项目593个；管理南宁市投资规模在1亿元以上自治区层面、市级层面统筹推进重大项目513个；组织开展南宁市“十四五”规划编制前期工作。主要存在全市经济发展受外部环境影响超出预期，经济发展深层次结构性矛盾仍较为突出等问题。　（韦晋博）

【经济调节与监测预测】 2019年，市发展改革委编制《南宁市2018年国民经济和社会发展计划执行情况与2019年国民经济和社会发展计划草案报告》，制定《南宁市2019年第一季度实现经济发展良好开局工作方案》等系列稳增长政策措施文件。关注全国、自治区经济形势，与全市各部门沟通对接，了解各行业最新运行动态，开展经济形势综合分析及投资、服务业、价格等重点领域专项分析，形成全市经济运行分析材料报市政府审阅。探索建立高质量发展监测督查评价体系，参与《关于实施强首府战略的若干意见》及相关配套文件的起草工作，牵头起草制定《2019年全市推动经济高质量发展情况“红黑榜”督查通报工作方案》，以高质量发展标准指导区县转变发展方式。

【年度计划编制】 2019年3月，市发展改革委编制完成《南宁市2018年国民经济和社会发展计划执行情况与2019年国民经济和社会发展计划草案报告》，经市第十四届人民代表大会第四次会议审议通过。7月，完成2019年国民经济和社会发展计划上半年执行情况检查总结。10月，起草《南宁市2020年经济发展主要目标建议》，形成《南宁市2019年国民经济和社会发展计划执行情况与2020年国民经济和社会发展计划草案报告》报市人大审议。　（曹　宁）

【专项投资计划】 2019年，南宁市城市建设项目投资计划安排项目765个，其中建设项目439个，前期工作项目310个，经费开支项目12个，配套资本金项目3个，电网建设项目1个；已完工程结算专项1个。安排年度计划投资374.75亿元，其中建设项目投资325.68亿元，经费开支项目2.41亿元，前期经费3亿元，已完工程结算专项资金30亿元，配套资本金13.66亿元。安排城市水环境综合治理项目投资计划专项99个(新建项目50个、续建项目25个、前期工作项目24个)，公共交通项目投资计划专项14个(新建项目7个、续建项目2个、前期工作项目5个)，电网建设项目投资计划专项3722个(新建项目161个、续建项目2387个、前期工作项目1174个)，已完工程结算专项

1个。教育基本建设投资计划安排项目165个，筹措资金13.26亿元(市级财政资金11.50亿元，申请中央、自治区补助资金1.27亿元，银行贷款0.29亿元，业主多渠道筹措0.20亿元)。下达农口投资计划15批次、涉及项目593个，年度总投资78443.46万元。其中，中央投资计划11批次、项目301个，年度总投资39671.56万元；自治区本级投资计划1批次、项目7个，年度总投资2008万元；市本级财政投资计划3批次、项目285个，年度总投资36763.9万元。 (陈明海)

【“十四五”规划编制前期工作】 2019年，市政府办公室印发《南宁市国民经济和社会发展“十四五”规划编制工作方案》，启动南宁市“十四五”规划编制前期工作。8月，组织召开全市“十四五”规划编制工作培训会议，区县(开发区)、市直有关单位近80人参加。6月至11月，市发展改革委组织相关部门开展《南宁市“十四五”规划纲要发展思路和发展定位研究》《南宁市“十四五”绿色产业发展战略研究》《南宁市“十四五”时期高质量发展目标和指标体系研究》等“十四五”规划前期课题研究；筛选梳理南宁市“十四五”期间申请纳入上级发展规划的“三个重大”(重大工程、重大政策、重大改革举措)建议上报自治区，涉及重大工程22项、重大政策11项、重大改革举措6项，采纳比例居自治区首位。12月，召开南宁市“十四五”规划纲要基本思路征求意见会，与会人员结合辖区、部门实际和“十四五”期间发展重点考虑，对《南宁市国民经济和社会发展“十四五”规划纲要基本思路》提出意见建议。 (冼就毅)

【重点项目管理】 2019年，南宁市投资规模在1亿元以上自治区层面、市级层面统筹推进重大项目513个，总投资6625.48亿元，年计划投资773.18亿元，完成投资923.50亿元。其中，新开工项目131个，年计划投资196.35亿元，完成投资228.41亿元；续建项目228个，年计划投资475.02亿元，完成投资556.92亿元；竣工投产项目71个，年计划投资101.81亿元，完成投资131.81亿元；前期项目83个，提前开工5个，完成投资5.95亿元。 (罗 茜)

【资金筹措】 2019年，南宁市支持、指导企业开展多渠道融资，国有企业融资到位244.72亿元；融资服务平台签约项目87宗，总金额444.77亿元；产权信息平台交易项目188宗，成交项目挂牌总金额12.68亿元。南宁威宁投资集团有限责任公司累计授信204亿元，融资30.48亿元；发行第二期债权融资，募集资金6.20亿元；通过资金结算中心归集资金超过48亿元。南宁金融投资集团有限责任公司发行融资项目81期，融资7.67亿元；设立南宁股权融资服务中心，受理融资申请368项23.89亿元，为216家企业融资14.61亿元。南宁产业投资集团有限责任公司融资到位2.08亿元；投资4.54亿元与汇达资产托管公司设立基金公司——汇京宁新兴产业投资管理有限公司，基金规模13.50亿元。南宁轨道交通集团有限责任公司融资到位83.31亿元；发行第二期可续期公司债券，募集资金3亿元支持重点项目融资。“两台一会”(南宁市中小企业服务中心为融资平台，南宁市南方担保公司为担保平台，南宁市企业信用协会为推介平台)解决中小企业融资220.66亿元，服务企业近900家。 (吴奇宇)

2019年12月17日，市发展改革委组织召开南宁市“十四五”规划纲要基本思路征求意见会 冼就毅 摄

物价工作

【概 况】 2019年，南宁市物价管理由市发展改革委负责。南宁市加强市场价格管理，保持价格总水平基本稳定，居民消费价格总水平(CPI)同比上涨3.4%，低于自治区(3.7%)水平0.3个百分点，高于全国(2.9%)水平0.5个百分点。主要存在受非洲猪瘟疫情等影响，下半年猪肉供应相对偏紧，市场价格出现上涨较快等问题。

【价格调控】 2019年，南宁市猪肉食品类价格上涨显著，为减轻物价上涨对群众基本生活的影响，市政府出台《南宁市猪肉保供稳价工作方案》《南宁市重要民生商品保供稳价工作方案》《南宁市保障元旦春节期间猪肉市场供应工作方案》等政策文件，通过支持生猪恢复生产、销售平价放心猪肉、投放储备冻猪肉、发放临时价格补贴等措施组织开展保供稳价，累计销售平价边猪5.64万头，日均462头；销售平价猪肉506万千克，日均4.10万千克以上。落实完善社会救助和保障标准与物价上涨挂钩联动机制，降低物价上涨对困难群众生活影响，全年累计困难群众足额发放价格临时补贴3675万元，惠及困难群众超过202万人次。在30家平价商店网点，每天以低于市场价格15%以上销售蔬菜15种，累计销售平价蔬菜约516.53千克，为市民减轻负担超过243万余元。南宁市居民价格指数累计涨幅3.4%，低于自治区涨幅0.3个百分点，完成年度价格调控目标(3.5%)。

【收费管理】 2019年6月13日，市发展改革委联合市财政局、市市场监管局印发《关于开展政府机构及下属单位涉企收费清理整治工作的通知》，对政府机构及下属单位涉企收费进行全面清理整治。5月10日，调整南宁市危险废弃物处置收费标准，提高危险废弃物处置能力，促进绿色发展。规范民办学校收费，制定和调整34所民办学历学校收费标准；批复公办幼儿园7所、公办高中4所收费标准。7月1日起，减免部分不动产登记费、调整专利收费减缴条件、降低无线电频率占用费、出入境证照类收费、商标注册收费等部分行政事业性收费标准、对易地扶贫搬迁项目免征不动产登记费和防空地下室易地建设费7项行政事业性收费，12月29日停止收取路桥车辆通行费，每年为企业和社会减轻负担约1.60亿元。8月14日，对南宁市行政事业性收费项目目录、行政审批中介服务收费目录清单等收费清单更新,并在部门网站集中公开。对进驻政务服务中心的政务服务事项16项进行流程改造。11月,拟定城市地下综合管廊有偿使用费收费标准定价方案报市政府审定。（王　莹）

【价格管理】 2019年,南宁市批复2条公共汽车线路票价,确定空调公共汽车票价每人每次2元,实行一票制。电价,4月1日起,工商业及其他用电(单一制)销售电价、输配电价每千瓦时平均降低2.82分。7月1日起,工商业及其他用电(单一制)的销售电价、输配电价每千瓦时平均降低4.55分。天然气价格,1月1日南宁市管道燃气实行配气价格管理,居民及非居民用气的配气价格均不得超过每立方米0.9元。管道燃气实行配气价格管理后,非居民用气销售价格不再实行最高限价管理。5月1日,根据增值税税率调整情况,相应降低天然气销售价格。水价,南宁市非居民用水由原来的超计划累进加价模式调整为执行超定额累进加价模式,超定额累进加价幅度实行分段累进递增,累进级数分为二级。5月1日至12月31日止,临时降低南宁市非居民用水类别中工业、经营服务用水价格。临时降价幅度10%(不含污水处理费、水资源费)。保障性住房价格,核定五象新区坛泽村农民回建安置项目1号、2号、3号地块等9个安置房项目高层安置住宅全产权最高销售价格每平方米2032元。涉农价格,继续采取蔗糖价格挂钩联动、二次结算的管理方式。普通糖料蔗收购首付价格每吨490元,未启动挂钩联动措施(当一级白砂糖含税销售价格超过每吨6660元,应启动挂钩联动措施,系数6%)。2019—2020年榨季起,糖料蔗收购价格退出政府指导价格管理,实行市场调节价,由种植主体、制糖企业签订糖料蔗订单合同,明确糖料蔗收购价格、收购范围等,鼓励糖料蔗按质论价。景区门票价格,批复2019年南宁青秀山"大美中国·壮美广西"大型灯展门票价格、南宁青秀山临时灯展门票价格、南宁园博园门票及游览观光车客运价格实行市场调节价。教材价格,落实自治区发展改革委2019年春、秋季中小学教材以及推荐目录教辅材料价格政策,要求市属中小学严格按照自治区核定的教材价格执行。（杨　松）

【价格监测】 2019年,市发展改革委抓好重要商品、关键节点、特殊时段的价格监测,做好100多个监测点、近500种商品和服务、30万余条价格监测数据的采集报送,每日在"爱南宁APP"和南宁发改官方"价格地图"上发布全市农贸市场20家、生活必需品价格65种,稳定市场和消费者预期。在春节、非洲猪瘟疫情等时段,深入种养殖基地、疫情一线开展价格调研和巡查,撰写工业品、农资、生猪、民用能源等价格动态信息32篇,在《南宁日报》等主流媒体上发布动态信息15篇次;每月对全市八大类(食品烟酒、衣着、居住、生活用品及服务、交通和通信、教育文化和娱乐、医疗保健、其他用品和服务)商品的CPI(居民消费价格指数)运行情况进行分析;发挥农副产品平价商店"稳价惠民"作用,30家平价商店全年销售平价蔬菜超过515万千克,为市民减轻负担超过400万元。（黄　斌）

【价格服务】 2019年,南宁市价格认证中心办理价格认定业务3274宗,认定金额5.05亿元。其中,涉刑事案件财物价格认定案件2970宗,认定金额9041.44万元;涉税财物价格认定281宗,认定金额4.15亿元;行政执法类案件23宗,认定金额29.78万元。完成普通住宅物业服务成本、管道天然气配气成本、国有重点景区门票成本、城市地下综合管廊维护运营成本等56个定价项目的成本调查监审,核减不应计入定价成本金额3.58亿元。完成甘蔗、花生、蚕茧、西红柿、茄子、黄瓜、菜椒、生猪、肉鸡、奶牛10个主要农产品生产成本收益常规调查。（罗　敏　叶　英）

【价格宣传】 2019年,市发展改革委利用"爱南宁APP"新媒体推送、网友互动、网站宣传等形式,宣传价格调控、收费管理政策。在市发展改革委门户网站、"南宁发改"微信公众号等平台,公布收费政策文件、收费政策解读、收费目录以及制定或调整价费政策征求意见等价费政策宣传信息,并更新保持动态管理。全年发布价格宣传信息60条,其中政策解读类信息3条、价格政策宣传类信息3条,公布收费政策文件、收费目录以及制定或调整价费政策征求意见54条。（王　莹）

审计工作

【概　况】 2019年,南宁市机构改革,将市发展和改革委员会的重大项目稽察职责,市财政局的预算执行情况和其他财政收支情况的监督检查职责,市政府国有资产监督管理委员会的国有企业领导干部经济责任审计和国有企业监事会的职责等划入市审计局。南宁市审计局(简称"市审计局")设办公室、人事科、综合科、审理科、电子数据审计科、内部审计指导监督科、财政审计科、行政事业审计科、金融审计科、社会保障审计科、企业审计科、农业农村审计科、自然资源和生态环境审计科、固定资产投资审计科、涉外审计科、经济责任审计办公室、市委审计委秘书科和机关党委,编制75名(行政编制69名、工勤编制6名),在编66人(行政编制62人、工勤编制4人)。二层事业单位有南宁市公共投资审计中心,参照公务员法管理事业单位,副处级,编制42名(行政编制38名、工勤编制4名),在编38人(行政编制34人、工勤编制4人)。12个区县设区县审计局,广西－东盟经济技术开发区、南宁高新技术产业开发区、南宁经济技术开发区3个开发区审计局为开发区内设机构。完成审计项目362项(市本级114项),查出问题金额113.33亿元(市本级83.23亿元),促进整改落实有关问题资金14.92亿元(市本级7.57亿元),出具移送处理书11件(市本级8件),提出审计建议1448条(市本级471条)。向自治区审计厅《中国审计》《广西审计》报送信息及简报123篇,向市委市政府报送审计信息35篇。12个区县审计机关完成审计项目248项,其中预算执行情况审计33项,专项资金审计31项,领导干部经济责任审计56项,政府投资工程审计86项。查出主要问题金额30.1亿元。市审计局开展2018年度市本级预算执行和决算(草案)情况审计,在财政资金分配、预算执行管理和决算草案编制等方面,查出涉及问题金额1.67亿元;开展重大政府投资项目审计7个;围绕保障和改善民生,开展社会保障审计,查出违规金额82.31万元。主要存在审计工作任务繁重与人员力量不足的矛盾日渐突出,审计队伍整体能力素质与新时代新要求还有一定的距离,适应新形势发展的审计技术方法和管理水平还有待提高等问题。

【财政审计】 2019年,市审计局开展2018年度市本级预算执行和决算(草案)情况审计,全面审计财政资金分配、预算执行管理和决算草案编制等方面,查出预决算编制、预算执行、就业补助和失业保险等方面问题35个,涉及金额1.67亿元。创新审计方式方法。在审计厅"三级联动"(自治区、市、县三级)基础上,探索创新市县"两级联动"组织方式对学前教育资金、就业补助资金等事项开展审计,整合市县审计资源,加强与上下级审计机关的审计成果和信息共享,提升审计监督效能。

【金融审计】 2019年,市审计局组织开展对全国金融工作会议、经济工作会议精

2019年12月12日，隆安县审计局审计组核查扶贫项目和资金情况　　黄正　摄

神和金融政策法规的集中学习和讨论。对南宁市创业投资引导基金等4家政府投资基金进行专项审计调查。组建数据分析团队对4家政府投资基金基本情况及相关数据进行全面分析，发现部分基金投资总规模未达预期、部分子基金对外投资占比不高等问题。项目成果形成调研报告、审计信息各1篇。

【行政事业审计】 2019年，市审计局运用大数据审计方式对2018年市本级一级预算单位和下属二级、三级预算单位的数据进行全面集中分析，对6个重点预算单位部门预算执行情况进行审计、对25个一级预算单位的重点事项进行审计调查(包含5项重点专项资金)。重点关注各部门预算执行中存在的普遍性和倾向性问题。出具审计报告7份，反映预算编制及批复专项项目资金的管理使用等8大类122个问题，涉及金额15.42亿元。撰写审计信息2篇，其中1篇获市政府领导签批。

【农业农村审计】 2019年，市审计局根据《南宁市本级2018—2020年扶贫审计三年滚动计划》安排，对青秀区、良庆区、西乡塘区3个城区2018年脱贫攻坚政策落实、扶贫资金以及2017年至2018年“一卡通”惠农补贴资金管理使用情况开展审计。覆盖财政、扶贫、民政、社保、教育、农林水利、住建7个部门16项扶贫和惠民资金及项目，抽查乡镇13个，抽查资金总量3.13亿元。发现违规违纪及管理不规范问题52个。其中，金额问题31个，涉及资金6789.64万元；非金额问题21个。向市委、市政府报送审计信息3篇，其中2篇获市委采纳和市领导批示，向市纪委监委移送扶贫领域腐败和作风问题线索13件。

【自然资源和生态环境审计】 2019年，根据自治区审计厅授权，对马山县党政主要领导干部进行自然资源资产管理和生态环境保护责任审计，重点审计土地资源、矿产资源等自然资源和相关生态环境保护情况，与测绘单位进行合作，将成果与马山县审计局共享，助力同步开展2个乡镇(白山镇、周鹿镇)领导的自然资源资产审计。查出问题6大类(贯彻落实中央、自治区、南宁市关于生态文明建设的重大决策部署情况，遵守自然资源资产管理和生态环境保护法律法规情况，自然资源资产管理和生态环境保护重大决策情况，自然资源资产管理和生态环境保护目标完成情况，履行自然资源资产管理和生态环境保护监督责任情况，自然资源资产和生态环境保护相关资金征管用和项目建设运营情况)24个，查出违规金额305.29万元、管理不规范金额2200.63万元。撰写审计信息5篇、简报5篇，移送案件线索7件。

【固定资产投资审计】 2019年，南宁市开展固定资产投资审计项目7项，查出违规金额1428.79万元，管理不规范金额9.05亿元，核减工程造价1855.05万元。审计查出相关单位对项目实施过程监管不到位、未及时办理竣工结算或决算、未按合同约定进行绩效考评等47个问题。获自治区审计厅采用信息简报4篇，其中关于新技术在政府投资审计中应用的文章获《中国审计》采用。

【社会保障审计】 2019年，南宁市对养老保险基金进行审计，重点关注阶段性降低企业职工基本养老保险费率政策落实、全民参保计划实施等方面，了解市养老保险基金收支管理使用等情况，反映政策落实、制度公平、基金安全等方面存在的问题。查出违规金额82.31万元，发现重复发放养老保险待遇、未及时追回向已死亡人员发放的养老保险待遇、个别养老保险基金支出户活期存款未享受优惠利率、部分参保人员身份信息不准确等问题4个。

【企业审计】 2019年，南宁市开展企业审计项目5项，查出问题金额3.37亿元，其中违规金额1.91亿元、管理不规范金额1.46亿元。通过对被审计单位经营投资情况和市场环境的分析，以及经营业绩财务数据比对等方式，查出某企业存在发电收入未及时上缴、未切实履职造成大额国有资产存在流失风险等问题38个，获市委市政府领导批示审计信息3篇。

【经济责任审计】 2019年，南宁市对52家单位、102名主要领导干部进行经济责任审计并出具审计报告，查出问题金额181891.77万元，其中违规金额3842.50万元、管理不规范金额1.82亿元。通过审计组织方式“两统筹”(审计项目和审计组织方式)、依托大数据审计平台，发现违规发放奖金和津补贴、领导人员未经组织部门审批在企业兼职、重大事项未经集体决策等问题。对涉嫌重大违纪违法问题依法移送市纪委监委处理，对发现的普遍性、典型性问题，形成《审计信息》等材料向市委审计委员会或市人民政府报告。

【审计信息化】 2019年，市审计局加快数字化审计平台建设，整合数据资源，数字分析平台采集转换412家一级、二级预算单位财务数据、9家公立医院财务数据和业务数据以及扶贫、人社、民政等10个部门的公共信息数据。政府投资审计管理与分析系统录入审计项目82个，导入2016年至2018年1000多条城建计划信息及2010年至2018年4万多条工程监督平台数据，实现审计数据采集有效覆盖。数字化审计平台建立237个审计分析模型，收集整理大量常用法规和近年优秀审计案例，为开展大数据审计奠定数据基础。年内，数字化审计平台通过竣工验收。

【审计问题整改】 2019年，南宁市建立完善审计整改工作机制，建立“审计查出问题”和“整改落实结果”等整改台账，对审计整改落实情况实行动态管理。发挥联席会议制度作用，加大监督问责力度,对未按时完成整改和整改不到位的部门单位进行通报。集中开展督促审计整改“回头看”活动,开展2018年至2019年上半年重大政策跟踪审计、2018年本级审计报告等审计查出问题的专项整改督促。（唐　毅　陈　晨）

统计工作

【概　况】2019年,南宁市统计局(简称“市统计局”)设办公室、人事科、国民经济综合统计科、国民经济核算科、工业统计科、固定资产投资统计科、贸易外经统计科、农村统计科、人口就业社会科技统计科、城市社会经济调查统计科、服务业调查统计科、能源与资源环境评价统计科、统计执法监督局,编制41名,在编39人。二层事业单位2个:南宁市统计局数据管理中心,事业编制18名,在编16人;南宁市统计局普查中心,事业编制12名,在编11人。推进核算改革,印发《南宁市县级生产总值统一核算实施方案的通知》,开展全市、区县(开发区)季度GDP核算工作。全年撰写统计专报6篇,统计快报9篇,统计分析49篇,统计信息52篇,统计报告29篇,统计动态169篇。组织培训班45期,培训县、乡镇、企业统计人员2250人次。主要存在基层统计队伍中专业人才短缺,运用现代统计技术和方法对统计资料进行深层次加工和分析较少;企业统计队伍不稳定,基层统计人员变动频繁,影响基层统计工作正常开展等问题。

【统计改革】2019年,南宁市印发《南宁市县级生产总值统一核算实施方案的通知》,开展全市、区县(开发区)季度GDP核算工作。市统计局制定南宁市自然资源资产负债表试编工作实施方案,组织开展自然资源资产负债表试编工作。制定南宁市营商环境调查评价统计指标体系和南宁市营商环境调查评价工作方案,调查范围包括12个区县、开发区,建立自治区、市、县三级同步调查机制。建立南宁市营商环境调查数据处理平台,在自治区率先把所辖区县全部列入市一级单位调查评估对象,一次采集录入即可完成区、市、县统计机构在线填报、在线审核、在线查询、在线上传、在线确认等工作,实现自治区、市、县三级数据共享。利用信息化及电子商务统计数据,全面掌握“三新”(新产业、新业态、新商业模式)企业的总体情况,多渠道、多层面监测网上零售及新商业模式发展状况。改进服务业统计调查制度方法,开展部分行业事业单位统计调查,加强调查数据联审、核查。

【统计管理】2019年,市统计局制定统计违法问题线索移送工作办法、统计违法案件案卷评查制度、统计机构负责人和统计人员防范和惩治统计造假弄虚作假责任制实施办法、行政执法记录信息调阅监督制度、“双随机、一公开”(在监管过程中随机抽取检查对象、随机选派执法检查人员,抽查情况及查处结果及时向社会公开)抽查工作指引等制度。开展统计执法检查处理信息和领导干部违规干预统计工作记录调查,对2018年度全市20起统计行政处罚案卷进行评查。开展统计执法“双随机”抽查,对青秀区、江南区、良庆区、宾阳县、经开区50家企业进行执法检查,其中数据无差错38家,有轻微差异10家,差错率较大2家。成立南宁市统计部门统计造假专项整治领导小组,印发专项整治工作方案,会同市审计局,聚焦加强统计造假源头防控、严肃问责统计造假责任单位和责任人、纠正和查处统计造假问题、规范统计行为和方法、强化统计数据质量内控机制和外部监督5个方面问题,提出整治措施35项。

【常规统计调查】2019年,市统计局严格执行国家报表制度,完成GDP核算及农业、工业、投资、建筑业、商贸、房地产、人口就业、劳动工资、社会科技等月季年报表工作,完成规模以下工业、限额以下批零住餐业、规模以下服务业、资质等级外建筑业、劳动力抽样调查、乡镇农民人均纯收入抽样调查等多项调查任务。全市联网直报企业上报率100%,直报率100%,验收率100%。

【统计服务】2019年,市统计局按月报告最新统计数据情况,全年撰写统计专报6篇,统计快报9篇,统计分析49篇,统计信息52篇,统计报告29篇,统计动态169篇,其中获市委、市政府主要领导批示9次,获市委办公室采用16篇,获市政府办公室采用86篇。提升统计信息服务水平,完善政务门户网站、微信公众号等数据发布机制,其中“最美普查员(普查指导员)”系列文章吸引大量读者,跻身全国统计调查系统微信公众号综合影响力前50名,在门户网站上主动公开统计信息1000多条。公开发行《南宁市情手册》《南宁市国民经济和社会发展统计公报》《南宁统计年鉴》等统计数据宣传产品2000多册。以来函回复、电话咨询、网站答复等形式受理公开数据咨询1000余次。对年度统计工作中,表现突出行政村(社区)701个、联网直报企业1488家、589家新入库“四上”(规模以上工业企业、规模以上服务业企业、限额以上批零住餐企业、资质等级建筑企业)企业和新增项目房地产企业给予基层统计建设补助经费614.50万元。召开全市国民经济核算部门联席会议4次,做好金融保险、财政八项支出、邮政电信、交通运输等重点行业以及先行指标跟踪监测。加强地方统计调查项目审批,督促指导市级部门合法制定统计调查项目。

【统计培训】2019年,市统计局开展领导干部统计法治培训,持续推进统计法规进党校工作。组织开展“全民国家安全教育日”主题宣传活动,组织全局干部职工进行安全保密教育4次。做好“精准培训”“高效培训”,强化业务能力以及遵法守法、抵制弄虚作假的自觉意识,组织培训班45期,培训区县、乡镇(街道)、企业统计人员2250人次。（赵　旭）

市场监督管理

【概　况】2019年3月4日,南宁市市场监督管理局(简称“市市场监管局”)挂牌成立,整合市工商行政管理局、市质量技术监督局、市食品药品监督管理局的职责,及市发展和改革委员会的价格监督检查与反垄断执法、市科学技术局的知识产权相关职责,作为市政府工作部门,不再保留市工商行政管理局、市质量技术监督局、市食品药品监督管理局。市场监督管理局设办公室、综合改革科、政策法规科、执法科、登记注册科、信用监督管理科、个体私营经济监督管理科、价格监督检查和反不正当竞争科、网络交易监督管理科、消费者权益保护科、商品交易市场规范管理科、广告监督管理科、质量发展科、产品质量安全监督管理科、协调和应急管理科、食品安全抽检监测科、食品生产安全监督管理科、食品经营安全监督管理科、食品餐饮安全监督管理科、特殊食品和食盐安全监督管理科、药品流通监督管理科(药品进口备案办公室)、医疗器械监督管理科、化妆品监督管理科、特种设备安全监察科、计量科、标准化科、认证认可和检验检测监督管理科、知识产权促进科、知识产权保护科、商标监督管理科、科技信息科、宣传科、财务和审计科、人事科、小微企业个体工商户专业市场党建工作科、食品稽查局、药品稽查局、质量安全稽查局、公平交易稽查局、价格稽查局、离退休人员工作科、机关党委,编制254名,在编249人。下设派出机构6个:专业市场管理分局,编制15名,在编15人;高新技术产业开发区分局,编制15名,在编

2019年6月11日，南宁市民在南宁经济技术开发区业务大厅领到自治区首张实行住所申报承诺制的营业执照　　何正君　摄

15人；经济技术开发区分局，编制15名，在编15人；广西－东盟经济技术开发区分局，编制9名，在编9人；青秀山风景区分局，编制9名，在编6人；知识产权分局编制9名，在编7人。直属机构2个：市场监测与电子数据取证中心，编制4名，在编4人；12315投诉举报指挥中心，编制15名，在编15人；均为正科级。全局设置市场监督管理所22个，编制224名，在编222人。二层事业单位5个，编制67名，在编55人。查办广西茵曼金健康产业发展有限公司生产经营添加有毒有害的非食品原料一案中，查获涉案产品及原料8.5吨，案值2.54亿元，获国务委员王勇批示表扬、国家市场监管总局通报表扬，获评“国家市场监管系统先进集体”。针对重点领域、重点行业、重点行为办结一批不正当竞争案件，获评全国“反不正当竞争执法表现突出单位”。主要存在市场监管体制机制需加快整合融合，市场监管手段方式仍显落后，人员队伍能力水平还需提升等问题。

【企业开办改革】 2019年，市市场监管局依托自治区市场监管局全程电子化登记系统，与公安、税务部门联合开发涵盖企业登记、印章刻制、发票申领等业务的“一网通”一体化平台，6月21日投入使用。在全市政务服务窗口开设企业开办“一站式”专窗提交一套材料，窗口人员统一收件、内部流转办理、统一出件，0.5个工作日完成领取营业执照、公章和发票套餐服务办理。推出新设企业开办“零成本”的举措。8月起，凡在南宁市企业开办一站式服务专区一次性办理企业开办事项的新设企业，最高可享受免费刻制4枚印章以及“免费邮寄送达”服务。依托商事登记全程电子化业务系统，在确保线下“一套材料”基础上，在线上引导新设立企业通过全程电子化系统办理登记，设置办理专窗，配备专门人员提供“保姆式”服务，指导帮助新设企业走全程电子化办理流程，实现企业开办“零材料”。全市通过全程电子化登记的市场主体累计3.41万户，其中通过全程电子化登记企业3.07万户，企业设立登记全程电子化使用率60.62%，办理量居自治区第一。

【证照分离改革】 2019年，南宁市在中国（广西）自由贸易试验区南宁片区推行“证照分离”改革全覆盖试点。办理涉及“证照分离”改革事项许可49608户，其中直接取消审批1948户，审批改为备案195户，告知承诺6806户，优化准入服务42318户。

【企业名称登记制度改革】 2019年，南宁市全面推行企业名称网上自主申报，由申请人自主选择企业名称，有效缓解企业“起名难”问题，提高名称登记效率。优化审批流程，稳步推进企业名称预先核准与设立登记合并办理，减少企业开办环节，压缩企业开办时间。

【住所申报承诺制改革】 2019年6月11日，南宁市在南宁经济技术开发区率先试点实行市场主体住所申报承诺制改革，出台《南宁经济技术开发区市场主体住所（经营场所）申报承诺制度改革试点工作方案》《南宁经济技术开发区市场主体住所（经营场所）登记申报承诺制规定》，申请人只需提交《申报承诺书》，就房屋的产权权属、使用功能及法定用途等作出承诺，并对申报信息真实性、合法性、有效性负责，即可免予提交相关场地证明材料。实施住所申报承诺制后，企业开办时间由原来0.5个工作日提速至最快1小时办好营业执照、刻章、申领发票。有5350户市场主体享受到住所承诺制改革便利。

【市场监管行政执法】 2019年，南宁市市场监管部门立案查处行政案件4167起，办结案件3762起，案值3334.21万元，罚没金额共4091.85万元，移送司法机关案件25起。

【“双随机、一公开”监管】 2019年，市市场监管局牵头34个单位调整全市《随机抽查事项清单》，涵盖抽查事项493项，并在自治区率先出台《跨部门联合抽查事项清单》，涵盖抽查类别16个。指导市、区县（开发区）两级单位调整抽查事项库、检查人员名录库，制定部门年度抽查计划235项并开展年度抽查。全市县两级开展单部门双随机抽查1172批次，抽查检查对象2.64万户次；开展跨部门联合抽查77批次，抽查市场主体367户。

【市场主体年报】 2019年，市市场监管局采取广泛宣传、检查督导、典型引路、情况通报、领导约谈、清理“僵尸户”等多项措施做好企业年报，全市企业、个体工商户、农民专业合作社年报率分别完成93.06%、85.14%、97.65%。

【涉企信息归集】 2019年，市市场监管局牵头全市38个部门对《南宁市政府部门涉企信息归集公示目录》进行动态调整，《目录》涵盖38个部门2438项事项，指导15个区县（开发区）做好本级《目录》动态调整，组织市、区县（开发区）两级政府部门开展涉企信息归集公示。全市归集行政许可信息43.68万条，行政处罚信息3.88万条，抽查检查信息15.71万条，信息归集数居自治区第一。

【商品房价格监管】 2019年，南宁市加强房地产市场监督管理，规范房地产销售企业及中介组织经营行为，制定房地产市场专项整治行动方案、建立房地产市场日常动态巡查管理机制，开展集中专项整治2次，出动执法人员888人次，对262家房地产企业，150个房地产中介机构进行检查，纠正明码标价不规范问题10起，开展行政指导、行政约谈27次，实施行政处罚41.04万元。受理房地产价格咨询投诉举报443起，处理保利心语、合景天峻广场、龙光玖珑臺、安吉山语城、荣和五象学府等群体性及网络舆情热点事件5起；开展房地产巡查5次，巡查企业20家。

【农（资）贸市场监管】 2019年，市市场监管局结合《南宁市“城市精细化管理年”活动实施方案》要求，开展“城市精细化管理年”农贸市场巩固提升活动，制定《南宁市农贸市场城市精细化管理标准》，在城区（开发区）推行农贸市场标准化管理，采取创建示范市场、设施改造升级、失信惩戒管理、视频远程监控等手段，将市场管理标准细分为基本信息公示、建设与管理、市场公厕、活禽售卖、水产区、食品安全、病媒生物防制、控制吸烟、垃圾分类、黑臭水体整治、失信惩戒、视频监控等12个大项49个小项，进一步提升农贸市场规范化、信息化管理水平。整治建成区农贸市场157个，责令整改经营主体3.60万户次，纠正农贸市场内超摊位（门店）范围经营3.30万处、占道经营1.20万处、物品乱堆放6512处、车辆乱停放、乱穿行1.60万起，清理乱张贴、乱涂写、乱刻画5932处，乱悬挂3304处，乱拉挂电线248处，乱搭盖501处。开展市场环境卫生整治1840次，疏通排污排水设施725处，清理垃圾3.80万吨。处罚市场管理方57家、罚款4.26万元，处罚场内经营户1840户、罚款43.01万元。

【网络市场监管】 2019年，市市场监管局制定南宁市网剑行动实施方案，办结涉网案件80起，罚没款121.92万元，净化网络交易环境。加强与电商平台协同共治，与苏宁易购、京东到家、美团点评、饿了么等电商平台企业签署网络市场治理战略合作备忘录，通过签署备忘录开启新的合作模式，加强政企合作，推动网络交易信息共享共用、优势互补，利用大数据平台开展网络市场监管，形成企业自治、行业自律、社会监督、政府监管网络市场智慧共治格局。

【广告市场监管】 2019年，全市市场监管系统查办虚假违法广告案件235起，罚没款257.59万元，查处的南宁伟润投资有限责任公司发布裸模房地产违法广告案入选自治区市场监管局虚假违法广告典型案例。做好重大活动举办期间广告监管保障工作。对户外媒介、大众媒介、网络媒介、宣传册、文化衫、旅游帽等广告载体，加强内容审查，严防出现违反有关法律法规的广告内容。检查经营单位500多家，经营商品、宣传品100多种，视频宣传片8个，纠正涉嫌违规或不规范广告内容60多处。开展多部门联合整治“保健”市场乱象百日行动和重点领域违法广告专项行动，突出医疗、药品、食品、保健食品、招商、金融投资、收藏品类等重点领域监管，加强宾馆酒店，社区、公园、广场、车站、码头等人员密集场所，养老院、社区日间照料中心等养老服务机构，旅游景区景点、农村场镇、农村集市、城乡接合部等重点场所和地区监管。联合市委宣传部、市公安局、市卫健委、市网信办、市金融办等10个相关部门，组织开展2019年互联网专项整治行动。加快推进“依法管网”“以网管网”“信用管网”“协同管网”，加快推进线上线下一体化监管机制。

【消费维权】 2019年，南宁市完成12315、12365、12331、12358、12330“五线合一”改革，畅通12315“一号对外”。新发展在线消费纠纷解决（ODR）企业18家，完善多元化消费纠纷解决机制。发布12315消费提示、警示及统计分析32期。发布12315消费投诉信息公示4期，涉及11个重点行业136家企业。处理“奔驰汽车质量纠纷案”获评广西消费维权十大典型案例；处置600多人参与“悦动”健身群体纠纷事件，维护社会稳定和消费者权益。12315指挥中心处理消费咨询投诉举报13.58万件，为消费者挽回经济损失4343.30万元。

【打击传销】 2019年，市市场监管局参与“烈焰”打击传销行动23次，出动执法人员1.38万余人次，处罚涉传人员1387人，对2517间不配合调查的出租屋采取暂停水、电、气的强制措施，处罚涉传出租屋454间；配合各级打传办建立标准化反传销宣教室25个，通过反洗脑宣教教育遣返受骗群众3.13万人；建成无传销小区1695个，创建率95%。协助市打传办出台南宁市打击传销“十个坚决”。

【放心消费创建】 2019年，南宁市以全面覆盖人民群众消费重点热点行业为重点，通过进一步拓展创建领域、强化社会共治、加大宣传力度、加强督查通报等措施，营造安全放心舒心的消费环境。全市放心消费创建覆盖商贸流通、交通、金融、家居建材、电子商务、快递、旅游等20多个行业，拥有放心消费示范街33条，电子商务放心消费示范单位79家，放心商场（超市）40家，放心市场17个，放心消费参创经营户5521户。

【计量监管】 2019年，市市场监管局加强计量基础性工作，组织6家南宁市县级法定计量技术机构参加压力表量值比对；组织开展能源计量审查工作，现场审查3家重点耗能企业，指导企业规范能源计量器具的配备和管理，运用能源计量数据进行生产。对年货市场、集贸市场、商场超市开展计量专项监督抽查工作，出动执法人员1375人次，抽查集贸市场192家、商场超市167个、年货市场39个，抽查食用油、米、面、包装小食品等节日热点定量包装食品1213批次，合格1213批次，合格率100%；累计检查在用计量器具13454台（件），其中电子计价秤3003台、公平秤371台、出租汽车计价器1267个、加油机362枪、水表1268个、电表1240个、煤气表5943个，抽查合格率99.60%。

【标准化建设】 2019年，南宁市制（修）定标准350项，其中立项发布国家标准29项、行业标准12项、广西地方标准237项、团体标准72项。有《城市生活垃圾分类设施配置及作业规范》等9项标准经自治区政府同意评为2019年度重要技术标准。有24个农业、美丽乡村、安全生产国家级标准化项目通过考核验收，其中国家肉牛养殖标准化示范区作为广西唯一代表参加国家标准委组织的第九批国家农业标准化示范项目总结会并作典型发言。有28个自治区级标准化项目获批创建或通过考核评估。全市有808家企

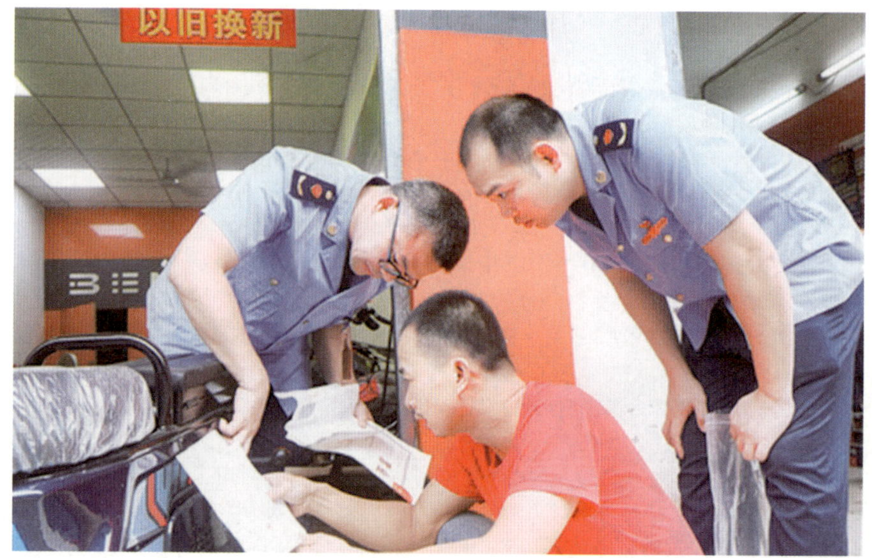

2019年8月23日，市市场监督管理局执法人员在唐山路电动自行车销售店突击检查

何正君 摄

业公开声明标准5619项，公开企业和标准的数量均居自治区首位。

【商标品牌建设】 2019年，南宁市建立完善商标品牌培育、运用、保护和管理机制，将“商标品牌战略”融入首府经济高质量发展大局；紧扣助力产业发展，加大农产品商标和地理标志商标培育力度，建立地理标志商标培育库，按照三级培育梯次，挖掘一批、孵化一批、成熟一批、申报一批；依托南宁商标受理窗口实施便民措施，优化服务环境，保护商标权利人的合法权益。南宁商标受理窗口受理商标注册申请2133件，受理商标后续业务申请1160件，受理商标专用权质权登记3件，涉及出质注册商标35件，担保债权数额4400万元；全市新增注册商标2.42万件，比上年增长35.42%。南宁市有效注册商标总量9.26万件，占自治区近40%，居自治区第一。

【特种设备安全监管】 2019年，市市场监管局确保全市7.17万台(套)特种设备安全形势总体平稳，保障中国－东盟博览会、庆祝中华人民共和国成立70周年等重大活动、重要节假日期间特种设备零事故、零故障。建成“南宁市电梯物联网服务及电梯应急救援云平台”，并融入“爱南宁APP”，逐步实现对全市4.07万台电梯的智能监管。平台接到语音求助7.72万次，其中电梯困人求助1145起，帮助2422名群众脱困，平均救援时间缩短三分之一。

【工业产品质量安全监管】 2019年，市市场监管局对全市32大类528批次工业产品质量开展监督抽查，合格率96.50%；选取混凝土排水管、电线电缆作为质量提升重点行业，电线电缆产品监督抽查合格率100%，电线电缆产品专项整治工作通过国家市场监管总局督查组验收；以易燃易爆危险化学品和危险化学品包装物为重点，对全市16家获工业产品生产许可的企业开展全覆盖实地检查。

【机动车检验检测机构监管】 2019年，市市场监管局出台《南宁市市场监督管理局关于印发开展机动车检验检测机构专项整治行动工作方案的通知》《南宁市市场监督管理局办公室关于落实开展2019年全区机动车检验机构监督检查工作的通知》《南宁市市场监管局办公室关于开展2019年全市机动车检验乱象专项整治工作的通知》等文件，在全市范围内组织机动车检验检测机构专项整治3次，坚决整治机动车检验检测机构不经检测出具车辆检验检测结果、不如实出具检验检测结果等违法行为，进一步规范机动车检验行业秩序。通过专项整治，对15家车检机构进行立案查处，对16家车检机构进行责令整改；对存在问题较轻微的12家车检机构，督促立行立改。

【食品安全抽检监测】 2019年，市市场监管系统完成食品抽检1.79万批次，完成任务110.70%。其中，市本级监督抽检5600批次，检验合格食品5511批次、不合格食品89批次，合格率98.41%。开展食用植物油、乳制品、肉制品、鲜湿米粉、节日食品、“放心肉菜示范超市”、批发市场食用农产品、秋季开学学校食堂食品安全专项抽检2141批次，风险监测789批次。完成自治区局下达食品监督抽检任务4847批次，检出不合格食品182批次，问题发现率3.75%。

【食品生产安全监管】 2019年，南宁市率先在自治区开展市级食品生产职业检查员队伍建设，派出食品生产职业检查员297人次，检查食品生产企业103家(飞行检查71家、体系检查32家)，检查发现问题1886个。开展“落实企业主体责任年”活动，组织开展乳制品、肉制品、食用植物油、鲜湿米粉4项质量安全提升行动。组织食品生产企业进行食行食品安全管理员考核，通过率95.67%。固定配方企业1238家，自行检验企业1350家，委托检验企业14家，一品一标企业1364家。推进食品小作坊监管提档升级，对小作坊监管思路由过往的“严打击”转变为“提升级”，在江南区淡村农贸市场打造小作坊集中加工区，有14户肉制品小作坊进驻。深入排查食品安全风险隐患，全市排查食品生产加工单位1058家次(其中获证食品生产企业894家次、食品生产加工小作坊164家次，检查责令整改143家次)，立案12起，警告31家次，罚没款13万余元。

【食品餐饮安全监管】 2019年，南宁市推进学校食堂“互联网＋明厨亮灶”建设，出台《南宁市学校食堂“明厨亮灶”建设工作方案》，全市中小学校及托幼机构食堂完成“明厨亮灶”建设3231家，持证学校食堂年度量化等级B级以上占比92.36%，实现“明厨亮灶”覆盖率100%。完成各类重大活动食品安全保障任务120余次，保障接待酒店用餐5.50万人次；指导农村集体聚餐4416次，保障59.01万人次就餐安全。开展“食安封签”试点推进工作，首批2000万份“食安封签”正式投放启用。推进“南宁市食品安全智能化服务平台”建设，平台注册餐饮服务单位2.54万家。加强养老机构食堂及老年人助餐配餐服务站点食品安全监管，检查养老机构食堂及老年人助餐配餐服务站点200家次。

【特殊食品和食盐安全监管】 2019年，南宁市开展整治“保健”市场乱象百日行动、保健食品质量提升行动、食品安全联合整治行动、食盐质量安全等专项整治。出动执法人员1.50万余人次，检查保健食品经营企业7500多家次，立案53起，涉案金额30万余元，责令整改84家，完成保健食品抽样任务75批次。对全市13家保健食品生产企业进行年度信用等级评定检查，对企业生产体系运行情况进行督查。加大科普宣传，增强公众认知度和防范力，开展宣传活动350余场，受益群众10万余人。

【药品安全监管】 2019年，南宁市有药品零售流通企业3100余家，疫苗配送企业8家，医疗机构4600余家。开展基本

2019年6月18日，“食品安全宣传周”在南宁金湖广场举行。图为工作人员对果蔬上的农药残留进行快速检测　　何正君　摄

药物、含特殊药品复方制剂、终止妊娠药品、冷链药品等药品以及疫苗配送企业专项检查,开展执业药师及中药饮片专项整治,宣传新修订的《中华人民共和国药品管理法》《中华人民共和国疫苗管理法》。药品流通重大专项检查采取"三统一、一随机"(统一组织、统一标准、统一时间,随机抽查)方式,交叉检查,记录问题,依法保留违法违规证据。日常监督抽验药品 150 批次。

【医疗器械安全监管】 2019 年,南宁市有医疗器械经营企业 7100 余家,其中 23 家平台企业可为其他医疗器械生产、经营企业提供贮存、配送服务,医疗机构 4600 余家,医疗器械网络销售企业 239 家。组织开展无菌和植入性医疗器械生产、经营和使用专项整治以及医疗器械"清网"行动等专项检查,完成医疗器械不良事件报告 1022 例,完成任务 130%。

【化妆品安全监管】 2019 年,南宁市出动执法人员 6375 人次,检查化妆品经营单位 2766 家,责令限期整改 118 家,查扣涉嫌违法违规化妆品 1282 盒(瓶),行政处罚 37 件,处罚金额 8.89 万元。开展"线上净网线下清源"风险排查处置,检查化妆品电子商务平台经营者 4 个,检查化妆品网络销售者 34 户,确保线上线下化妆品安全。以预防为主开展化妆品监督抽检和化妆品不良反应监测;开展化妆品监督抽样 150 批次,其中染发剂、面膜类各占 40%、婴幼儿护肤产品占 20%,检验结果 100% 合格。超额完成自治区药监局下达的化妆品不良反应监测报告 286 例任务数,完成上报 473 例,完成率 165.4%。

【非洲猪瘟防控】 2019 年,南宁市认真贯彻落实国家、自治区和关于非洲猪瘟防控工作部署及要求,生产环节把好原料关、流通环节把好查验关、餐饮环节把好质量关、检测环节把好抽样关,确保防控工作落到实处。排查全市食品猪肉制品(含速冻肉制品)生产企业 52 家,农贸市场 281 个,冻库 447 家,餐饮服务单位 3.69 万家,开展生猪产品及其制品监督抽检及风险监测 875 批次,查处问题猪肉及其制品作无害化处理 10.97 吨,立案查处肉类经营中的违法行为 56 起。

【知识产权试点示范】 2019 年,南宁市委、市政府相继出台促进知识产权示范城市建设政策文件,为示范城市建设提供全方位政策支撑。9 月 7 日,印发《南宁市国家知识产权示范城市建设工作方案(2019—2022 年)》,明确南宁市国家知识产权示范城市建设主要目标和重点任务,对未来 3 年全市知识产权工作进行全面部署。11 月 15 日,编制《南宁市新经济发展规划(2020—2025 年)》,强调知识产权应用导向,重视发挥知识产权对新经济的重要作用。12 月 10 日,《中共南宁市委员会 南宁市人民政府关于全面落实强首府战略的实施意见》出台,对知识产权创造、保护、运用、管理、服务等进行总体部署。全市专利申请量 1.45 万件,比上年增长 20.06%,占自治区 34.65%;专利授权量 7032 件,增长 14.23%,占自治区 31%;有效发明专利 7813 件,占自治区 34.76%。全市有国家级知识产权优势(示范)企业 50 家,自治区知识产权优势企业培育单位 110 家,通过《企业知识产权管理规范》国家标准认证企业 253 家,广西知识产权分析评议服务机构(含培育机构)8 家,广西高价值专利培育示范中心 3 家。7 月 1 日,国家知识产权局批准南宁高新技术产业开发区为国家知识产权示范园区,为该批示范园区广西唯一国家知识产权示范园区。南宁高新区专利申请 432 件、占全市 26.74%,其中发明专利申请 186 件、占全市 32.29%,专利授权 106 件、占 14.30%,发明专利授权 26 件、占 30.95%。中国(广西)自由贸易试验区南宁片区 2019 年 8 月挂牌以来,在自治区率先出台《加快建设中国(广西)自由贸易试验区南宁片区支持政策》,注重知识产权导向引领,突出片区特色,突出招大引强,新增企业 1863 家,引进投资额亿元以上的区外境内项目 13 个,涉及数字经济、新制造、新材料、现代农业等重点产业,与知识产权示范企业华为集团、浪潮集团等签订战略合作框架协议和产业项目合作协议,聚集科大迅飞、华为、云宝宝、奇安信、广西数字金服等 20 多家高科技数字经济企业。

【知识产权运用促进】 2019 年,南宁市每万人口发明专利拥有量 10.92 件,比上年增长 10.41%,排自治区首位,超额达到南宁市"十三五"专利事业发展规划中"全市每万人口发明专利拥有量 8 件"工作目标,完成年度自治区下达指标任务。全市新增中国专利优秀奖 2 个,国家知识产权示范企业 1 家,国家知识产权优势企业 10 家,广西知识产权优势企业培育单位 17 家,广西十百千人才 43 人,其中领军人才 5 人。32 家企业获得专利质押融资贴息和评估费补助 520 万元,企业获得专利质押融资银行贷款 1.44 亿元,政府资金撬动银行资金比例 1:28,缓解科创型企业融资难融资贵问题。

【知识产权维权保护】 2019 年,南宁市加强知识产权执法队伍建设,组织在职在编业务骨干参加专利行政执法培训及考试,全市 18 名行政执法人员申领专利行政执法证件、执法标识。组织相关人员参加知识产权业务培训 300 多人次(含商标、专利培训)。加大执法办案力度,规范执法流程,打击违法行为;出动执法人员上百人次,检查商品数千件,打击假冒商标、侵权商标的违法行为,受理专利侵权投诉举报、为专利权人调解专利侵权纠纷。全市办理商标案件 220 起,罚没款 93.56 万元;受理专利侵权投诉举报案件 5 起,办理展会专利案件 5 起,办理电商专利侵权案件 14 起。 (谢应辉)

人事人才

【概 况】 2019 年,南宁市机构改革,将市人力资源和社会保障局的公务员管理职责划入市委组织部,军官转业安置等职责划入市退役军人事务局,城镇职工和城乡居民基本医疗保险、生育保险职责划入市医疗保障局,外国专家管理职责划入市科学技术局。南宁市人力资源和社会保障局(简称"市人社局")设办公室、信息化和数字发展科、政策法规科、财务科、就业促进和农民工工作科、职业能力建设科、专业技术人员和人力资源流动管理科、事业单位人事管理科、工资福利和表彰奖励科、社会保险科、劳动关系和监察仲裁科、基金和资金监管科、行风建设和政务服务科、宣传科、业务风险控制和监督科、人事科,行政编制 54 名、在编 50 人,后勤服务人员控制数 8 名、在编 8 人。有二层单位 13 个:南宁市社会保险事业局,编制 208 名、在编 191 人,后勤服务控制数 12 名、在编 12 人;广西南宁技师学院,编制 463 名、在编 410 人,后勤服务控制数 32 名、无在编人员;南宁市人才服务管理办公室,编制 19 名、在编 17 人,后勤服务控制数 2 名、在编 1 人;南宁市人力资源服务管理办公室,编制 29 名、在编 27 人,后勤服务控制数 3 名、在编 3 人;南宁市劳动就业服务管理中心,编制 32 名、在编 30 人,后勤服务控制数 3 名、在编 3 人;南宁市劳动保障监察支队,编制 42 名、在编 39 人,后勤服务控制数 4 名、在编 4 人;南宁市劳动人事争议仲裁院,编制 43 名、在编 36 人,后勤服务控制数 5 名、在编 5 人;南宁市人事考试管理办公室,编制 18 名、在编 16 人,后勤服务控制数 3 名、在编 3 人;南宁市市直机关离退休人员管理服务所,编制 5 名、在编 5 人,后勤服务控制数 1 名、在编 1 人;南宁市职业技术培训中心,编制 30 名,在编 27 人;南宁市职业技能鉴定指导中心,编制 17 名、在编16人，后勤服务控制数2名、在编2人；南宁市社会保障卡管理办公室，编制19名、在编18人，后勤服务控制数2名、在编2人；南宁市劳动能力鉴定中心，编制10名，在编9人。南宁市出台《南宁市高层次人才认定实施办法》，新认定高层次人才1108人，拨付人才项目资金4109.11万元。南宁市高层次人才"一站式"服务中心实现人才服务事项"一窗受理""一站办结"。推进高技能人才队伍建设，新增高技能人才2575人。主要存在大型企业集团和研发机构缺乏，产业链的上下游产业尚不完整，大部分企业对人力资源开发和培育投入不足，高端人才、骨干人才存在一定程度流失等问题。

【事业单位人事管理】 2019年，南宁市下放事业单位公开招聘权限，区县（开发区）拟聘人员材料经主管部门审核后，报本级人社部门办理聘用手续；为事业单位引进急需紧缺人才开辟"绿色通道"，事业单位可在编制限额内自主引进后，再办理相关手续。南宁职业技术学院通过"绿色通道"招聘急需紧缺人才2人。办理212家事业单位的2018年度考核备案，批准26个市属事业单位、8个区县（开发区）的2019年事业单位公开招聘方案备案，核准（重新核准）岗位设置方案备案76批次，办理单位岗位变动认定备案327个次、4919人次。完成市本级事业单位2018年绩效工资总量（增量）增减调整，涉及市本级事业单位167家1.06万人；组织市本级事业单位开展2019年绩效工资总量核定，涉及单位215家，人均核定额2.83万元。事业单位人员考聘入职的聘用审核、聘用备案、编制办理、岗位认定、工资审核、工资发放、社保登记、社保卡申办等流程在全国率先实现"八步变一步""零跑腿"。

【企业职工管理】 2019年，南宁市规范企业工资分配秩序，推进南宁市企业工资薪酬宏观指导，发布南宁市2019年企业工资指导线，确定企业工资增长基准线为货币平均工资增长率7%，上线（预警线）为13%，下线为1%。分析、筛选全市18个行业1030家企业在岗职工工资样本，整理公布171个职业（工种）和4类新参加工作人员的工资指导价位。开展企业薪酬调查，调查南宁市行政区域内市属国有企业、集体企业、股份合资企业、联营企业、有限责任公司、股份有限公司、私营企业等单位1043家，覆盖国民经济18个行业90个门类。全市劳动合同签订率97%，涉及职工31.22万人；集体合同签订5104份，涉及企业1.48万家、职工30.67万人。以货车司机、快递员、保安员、家政服务员、网约送餐员、房产中介员、商场信息员、护工护理员八大群体为重点，新组建工会165个，新增工会会员2.55万人。推动试点企业实施职业技能等级考核认定，市3家企业获职业技能等级认定试点资质。推进高技能人才队伍建设，新增高技能人才2575人（高级工2439人、技师111人、高级技师25人），评定南宁市第四批首席技师13人；向获"全国技术能手""广西技术能手"等称号的南宁市高技能人才26人发放奖励金28.50万元。

【人事考试】 2019年，南宁市组织开展年度事业单位公开考试（教师类、非教师类）招聘，办理教师岗位（事业编制）聘用手续2887人、非教师岗位聘用手续1563人。

【人才服务】 2019年2月14日，南宁市出台《南宁市高层次人才认定实施办法》，制定《南宁市高层次人才认定参考目录（2019年）》，经认定的高层次人才可在南宁市享受相应的人才待遇。全年认定高层次人才11批次1108人（A类3人、B类17人、C类74人、D类321人、E类693人）。南宁市完成高层次创业创新人才（团队）项目验收22个（2014年度1个、2015年度2个、2016年度19个）。拨付人才项目资金4109.11万元，其中2018年度南宁市创新创业领军人才"邕江计划"19个资助项目获专项资助资金2725万元；发放符合条件的人才安家补贴204万元；审核发放37名南宁市特聘专家（第五批、第六批、第七批）专项经费795.69万元，2018年度25名南宁市新世纪学术和技术带头人专项资金140.42万元，2018年度31个南宁市人才小高地资金资助244万元。发放产业领域急需紧缺青年人才生活补助148人205万元。举办市人力资源服务机构中高级人才培训班3期，培训市人力资源行业、相关企业人力资源管理人员228人。开展人才交流、招才引智活动，北京大学、浙江大学、同济大学、中国海洋大学、华中科技大学等高校选派在校学生46人到南宁市开展暑期社会实践活动；组织企事业单位101家到兰州、西安、长沙、沈阳、长春、哈尔滨等城市开展"重点产业重点领域联合引智"活动。9月10日，南宁市首届海内外桂籍杰出人才回乡共商邕城发展交流会在五象山庄举行，收到推荐（自荐）人才328人，列入首批海内外桂籍杰出人才库40人。

【职称评定】 2019年，南宁市开展专业技术职务任职资格评定服务2.02万人，其中初级专业技术职务任职资格2235人、中级4748人、高级1.32万人。办理职称认定1030人，重新确认44人，遗失补办160人；审核发放职称证书1.09万本。根据自治区职称改革工作领导小组《关于组建中等职业学校教师系列副高级评委会的通知》，组建中等职业学校教师系列南宁市副高级评委会，首次开展南宁市中等职业学校教师系列副高级职称评审。贯彻落实《职称评审管理暂行规定》《关于推进职称制度改革的若干措施》等文件精神，在2018年试点基础上，将中小学教师系列中级职称（一级教师）评审权下放至区县，将人才评价的主动权交给城区、用人单位。 （廖书恒）

2019年9月10日，南宁市举行首届海内外桂籍杰出人才回乡共商邕城发展交流会。图为海内外桂籍人才参观广西博世科环保科技股份有限公司 黄维业 摄

应急管理

【概 况】 2019年3月6日，南宁市应

急管理局(简称“市应急局”)挂牌成立,整合市安全生产监督管理局、市政府办公室应急管理、市公安局消防管理、市民政局救灾减灾的职责,市国土资源局地质灾害防治、市水利局水旱灾害防治、市林业和园林局森林防火、市农业委员会草原(地)防火等相关职责,市防汛抗旱防风、减灾、抗震救灾、森林防火指挥部(委员会)的职责,作为市政府工作部门;不再保留市安全生产监督管理局。市应急局设办公室(调研督查室)、应急指挥中心、人事科、宣传科、预案管理和综合减灾科、火灾防治管理科、自然灾害救援科、危险化学品安全监督管理科、非煤矿山安全监督管理科、工贸行业安全监督管理科、综合协调科、救灾和物资保障科、政策法规科、调查评估和统计科、科技和信息化科、机关党委,行政编制63名、在编60人,后勤服务人员控制数5名、在编4人。二层事业单位3个:南宁市安全生产监管支队,编制33名,在编31人;南宁市地震监测中心,编制10名,在编8人;南宁市安全生产宣传教育中心,编制6名,在编5人。代管南宁市城市应急联动中心(简称“市应急联动中心”。11月27日,市公安局110指挥中心从市应急联动中心脱离),设办公室、接警调度科、社会联动科、信息和督查科、技术保障科、人事科,事业编制35名、在编5人。12月30日,南宁市消防救援支队(简称“市消防救援支队”)挂牌成立,受自治区消防救援总队,市委、市政府领导,下辖司令部、政治处、后勤处、防火处,大队16个、中队30个、消防训练基地1个;有政府专职消防员986人(合同制消防队员528人、合同制文员458人)。市应急局建立应急救援组织指挥体系,建立与市应急联动中心信息共享机制,搭建全市应急预案体系框架,全年受理值班电话2.36万个,处置突发事件393起。市应急联动中心为交警、120医疗急救、南宁消防等完成1000台对讲机应急通信分组编程,为市委政法委、市交通局、市外事办、市城管局等单位完成600台应急通信终端编程入网,保障全市重大活动800兆无线集群应急通信。市消防救援支队推动开展消防安全专项治理行动12次,完成国务院安全生产和消防工作考核任务;在自治区电动自行车消防安全管理工作现场会等会议上推广南宁工作经验24项。南宁市未发生重大、特别重大安全生产事故和较大以上火灾事故,危险化学品领域连续15年保持“零死亡”,连续20年未发生重特大和群死群伤恶性火灾事故。市应急局获评全国应急管理新闻舆论阵地建设暨“学报用报”先进单位,市消防救援支队代表自治区消防救援总队参加全国夏季训练交叉考核实现全员满分,在自治区冬季、夏季训练交叉考核4次获自治区第一名。主要存在全市应急管理工作新机制未完全建立,应急队伍建设薄弱,从承担传统救援任务向综合性救援转变能力有待提高,个别行业领域安全监管不到位,防灾减灾救灾基层基础薄弱,事故灾害监测预警和防灾减灾救灾综合能力亟待提高,缺乏信息化建设规划和信息化管理力量等问题。

【应急监测预警与处置】 2019年,市应急局把安全生产、森林防灭火、防汛抗旱、防内涝、防地震等应急值守任务及指挥处置系统整合到应急指挥中心,统一指挥调度。全年受理值班电话2.36万个,处置突发事件393起,其中较大或较为敏感事件54起。向各级领导、相关人员发送《应急信息直报》短信约2800条次,信息报送、应急情报传输未出现责任事故。市地震监测中心完成地震流动监测台建设;市地震监测台网平均运行率95%以上,2个微观前兆台平均运行率97%以上;市地震监测台网中心监测到全球地震事件126次,其中国外零次,国内自治区外零次,自治区内126次(市内7次)。自治区内最大地震为10月12日22时55分广西北流市发生的5.2级地震、11月25日9时18分广西靖西市发生的5.2级地震,南宁市区有明显震感;市内最大地震为8月24日17时19分上林县发生的1.9级地震(无震感),其他地震震级均在1.4级以下(无震感)。汛期,市防汛抗旱指挥部启动城市防洪四级应急响应8次、洪涝灾害四级应急响应3次,向社会发送预警短信13.20万条次;市应急局统筹协调做好防内涝抢险工作,处置青秀区高坡岭路、广西医科大学第一附属医院老干部医疗保健中心等处内涝。市应急联动中心接到群众报警173.89万起,其中联动处置有效警情64.08万起(刑事治安警情13.77万起、交通警情22.57万起、群众求助13.66万起、消防救援8614起、医疗救助7.90万起、其他警情5.32万起)。市消防救援支队城市火灾风险预警监控平台11月投入运行,预警并处置“12·17”南宁经开区见隆工业园电动自行车集中停放充电点、“12·20”青秀区民主路广西日报社23栋架空层电动自行车集中停放充电点的警情;建成大数据火灾防控中心,月均处理数据信息3.80万条,以数据共享实现火灾隐患闭环治理;接警3398起,处置“3·9”大明山龙头峰6名失联人员搜救、“3·13”兴宁区厢竹大道绿园小区电动自行车棚火灾、“4·13”兴宁区广西花鸟市场火灾等重大事故,扑救火灾1531起,疏散人员3459人,抢救财产1.26亿元。

(马 瑛 李 栓 欧阳秋电 刘清云)

【应急救援队伍建设】 2019年,市应急局通过城市应急联动系统统筹协调消防救援队伍、部队、应急救援志愿者队伍、社会救援力量等参与突发事件应急救援。应急指挥中心和消防指挥中心初步建立情报信息资源共享、灾害现场协同指挥处置机制。市消防救援支队作为南宁市应急救援主力军日常承担全市火灾防控、灭火和抢险救灾任务,承担应急管理部消防救援局“智慧指挥决策系统”试点建设、高层跨区域演练,自治区业务培训等重大任务16项;建设应用火灾防控、灭火救援、队伍管理3大类10个系统;组织开展地铁、输油管道、石油化工、高层建筑、水域、地震等应急救援演练2188

2019年7月31日,市应急局牵头开展防汛抢险应急综合演练。图为参与演练的应急救援队伍

市应急局提供

次；在自治区率先配齐配强信通保障力量，开展信通岗位培训和常态化全要素、跨区域应急通信实战演练12次；招聘政府专职消防员85人；定期帮扶指导、集中培训乡镇、企业专职消防队，举办灭火救援业务专题讲座4期。南宁矿山救护中队完成国家矿山救护队标准化检查考核，为矿山救护队质量标准化二级水平。协调联动市公安、城管、住建、环保、卫健等部门和区县应急救援队开展危险化学品突发泄漏事故应急救援演练、防汛抢险应急综合演练、低温雨雪冰冻灾害客运滞留人员疏散应急演练、农机事故应急救援预案演练、西南成品油管道南宁段外线泄漏事故综合应急演练。设立专门应急管理专家库，在库专家278人，涵盖危险化学品、矿山、建筑、交通、消防等16个专业。　　（马　瑛　刘清云）

【应急预案体系建设】 2019年，市应急局组织修订《南宁市突发事件总体应急预案》，明确全市应急救援部门的工作职责、运行机制、保障措施等；督促指导15个区县（开发区）和20个市职能部门对辖区、部门原应急预案修编，组织专家评审认证，制定切实可行的应急预案，并与市总体应急预案相衔接。完成《南宁市突发事件总体应急预案》编制、《南宁市生产安全事故灾难应急预案》《南宁市矿山事故应急预案》《南宁市森林火灾应急预案》等13个市级专项应急预案修订，推动市直行业部门修编专项应急预案42个。

【安全生产事故统计直报】 2019年，南宁市通过事故直报系统报送安全生产事故586起、死亡360人、受伤433人，直接经济损失5373.14万元，比上年分别下降24.8%、3.7%、43%、12%。事故级别：较大事故5起、死亡16人、受伤5人，未发生重大、特别重大安全生产事故。管理分类：发生道路运输事故471起、死亡259人、受伤392人，分别下降30.2%、11.9%、45.7%；工矿商贸事故96起、死亡85人、受伤38人，分别下降3%，上升11.8%、8.6%；铁路路外事故6起、死亡5人；农业机械事故2起、死亡2人；水上交通事故1起、死亡1人；其他行业事故10起、死亡8人、受伤2人。危险化学品、烟花爆竹和渔业船舶等重点行业未发生伤亡事故，危险化学品领域连续15年保持"零死亡"。

【危险化学品、烟花爆竹、工矿商贸行业安全生产监管】 2019年，市应急局完成74个油气管道人员密集型高后果区的风险后果分析及一区一案编制，45家化工医药行业罐区库区安全管理状况评估、人口密集区6家危险化学品生产企业搬迁前期遴选上报；制定企业搬迁改造"一企一策"方案，重新辨识评估非燃气类危险化学品重大危险源41处；督促24处化工医药类危险化学品重大危险源企业完成整改。按新修订的《南宁市烟花爆竹经营燃放管理规定》严格控制销售审批数量，全市布设烟花爆竹零售点1412个，比上年减少173个，其中限放区临时零售点97个、减少122个；市公安局查处烟花爆竹违规燃放点2489处，办理案件329起。开展烟花爆竹安全专项整治，排查批发企业180余次，整治隐患95个，行政处罚企业20家次。严厉打击非法危险化学品、烟花爆竹经营活动，排查零售经营店（点）907个次，责令停业整改48家，吊销或撤销许可15家，取缔非法烟花爆竹零售店（点）70个，收缴非法烟花爆竹1.10万余件，行政拘留24人。开展成品油非法经营专项整治，出动156人次，立案处罚加油站18家，查扣汽油33.64吨、柴油27.46吨。监督检查矿山（非煤矿山）企业625家次，下达责令改正通知书160份，督促整改一般隐患481个、重大隐患5个（实行挂牌督办的重大隐患2个）；监督检查生产经营单位3231家次，查处一般事故隐患3038项，实施行政处罚482次，经济处罚478次2032.63万元（监督监察罚款398次1041.72万元、事故罚款80次990.91万元），下达行政执法文书7934份。　　（马　瑛）

【安全事故查处与隐患督办】 2019年，市应急局提请市委常委会1次、市政府常务会4次听取安全生产工作汇报，组织召开全市安全生产工作会议6次，对区县政府安全生产警示约谈2次；组织市住建、交警等部门对事故多发原因分析2次，形成专项报告报市委市政府；编制《安全生产事故报告》81期。协调组织消防、住建、交通、海事、农机等部门开展人员密集场所、建筑施工、道路交通、水上交通、农机、瓶装液化石油气、电动车安全等安全生产专项整治，及为期3个月的安全生产大排查大整治行动，并派督查组督查。市消防救援支队围绕电动自行车充电场所、群租房等11类场所，开展冬春火灾防控、"防风险　保平安　迎大庆"消防执法检查等专项行动，挂牌督办重大火灾隐患单位11家；与2155家消防安全重点单位法定代表人签订消防安全责任状；就8起火灾事故对相关政府部门、行业部门责任人10人追责。全市立案调查安全生产事故66起，结案34起（较大事故4起），挂牌督办区县一般安全生产事故4起；移送司法机关11人，给予党政纪处分、诫勉谈话等30人，行政处罚企业单位14家，5家企业被纳入安全生产"黑名单"管理。完成自治区挂牌督办重大安全事故隐患整治2项、市本级挂牌重点监督整治事故隐患10项。　　（马　瑛　刘清云）

【预防控制体系建设】 2019年，南宁市推进安全生产双重预防控制体系建设，完成7家企业安全生产技术改造项目扶持资金、61家企业安全生产标准化创建奖励审核，发放奖补资金610万元。将广西大圆机械设备有限责任公司、南宁富宁精密电子有限公司、华润混凝土（广西）有限公司、广西皇宝瓷业有限公司、宾阳县通用造纸厂、广西丰林木业集团股份有限公司6家企业列为2019年南宁市创建双重预防体系（安全生产风险分级管控和隐患排查治理）示范企业，确定兴宁区昆仑镇、良庆区大沙田街道办事处为市级基层安全生产网格化建设试点单位。全年开展风险点排查辨识和评级企业2776家，排查风险点1.29万个（一级风险点353个、二级风险点510个、三级风险点2747个、四级风险点9253个）。开展隐患自查自报企业9850家，排查治理隐患5.16万个，自查自报率95.37%，隐患整改率99.70%。全市应急管理部门监管的工矿商贸（不含建筑施工）行业的事故数量、死亡人数比上年分别下降37.5%、41.2%，化工、烟花爆竹、有色金属、纺织、烟草、贸易等行业领域未发生事故。

【重大活动与节假日安全保障】 2019年，南宁市采取停产检修、暂时停业整顿、专人盯守、集中开展隐患排查、加强应急管理和24小时值守等措施，强化全国"两会"、自治区"两会"、中国－东盟博览会、中国－东盟商务与投资峰会、南宁国际民歌艺术节、2019年苏迪曼杯世界羽毛球混合团体锦标赛、中华人民共和国成立70周年系列庆祝活动等重大活动节庆期间重点行业、领域的安全监管和应急管理，加强对重大活动举办场所及临时搭建物、接待宾馆饭店的安全检查。市消防救援支队参与消防安保工作532次；市公安局加强大型活动保安服务资质事前审核和现场检查力度，完成大型活动勤务安保1500多场次，未发生社会影响较大的安全事故。

【自然灾害应对处置】 2019年，市应急局组织协调相关部门开展水库水电站、江河堤防、城镇低洼易涝地带、地质灾害易发区、林区火灾等隐患排查，派出工作组50个次5353人次，查出隐患1.46万处，整改7603处，整改或落实措施6969处。市应急局、市气象局、市水文局、市水利局、市自然资源局等单位加强汛情会商研判，组织区县开展防洪工程安全检查,制订水库汛期控制运用计划。汛期,市区发生大面积内涝11次,各级应急管理部门协调出动车辆或装备2000多台次,转移人员1.50万人次。组织开展森林消防安全大检查、秋冬季森林防灭火工作专项检查暨打击森林火灾违法行为专项行动,发生一般森林火灾32起、比上年下降55.56%,过火面积115.92公顷、下降73.59%,受害森林面积10.58公顷、下降89.43%,死亡1人;无较大以上森林火灾发生,森林受害率控制在0.009‰,低于自治区0.8‰的目标。

【自然灾害救助】 2019年,南宁市受台风、洪涝、干旱等自然灾害影响,全市受灾人口24.63万人,因灾死亡1人,需紧急生活救助3657人,因旱饮水困难需救助2.88万人,紧急转移安置1.50万人;农作物受灾面积6963公顷,其中成灾面积4689公顷、绝收526公顷;倒塌居民住房40户90间,严重损坏居民住房9户20间;直接经济损失3136.40万元,其中农业损失2703万元,工矿企业损失63万元,基础设施损失180.99万元,家庭财产损失188.60万元。按"户报—村评—乡审—县批"程序,对2018年12月至2019年5月基本生活困难需要救助的受灾群众给予救助,救助受灾群众7.95万人,发放救助资金1056.80万元。5月,为2018年、2019年受灾农户36户恢复重建住房107间,发放补助资金99.30万元。10月,市应急局组织区县开展2019—2020年度冬春救助调查摸底,完成2019年冬春救助工作计划。

【社区减灾准备认证与综合减灾示范社区创建】 2019年,市应急局开展社区减灾准备认证和全国、自治区综合减灾示范社区创建,协调市本级社区减灾准备认证和综合减灾示范社区创建工作补助资金221万元,对区县(开发区)进行业务培训,编印、发放社区减灾准备认证和综合减灾示范社区工作手册500册,组织3个调研组开展调研。全市开展减灾准备认证社区381个,申报综合减灾示范社区(村)16个(国家级3个、自治区级13个)。兴宁区民生街道人民中社区、青秀区新竹街道建政社区等381个社区通过自治区社区减灾准备认证,武鸣区仙湖镇华侨城社区、武鸣区陆斡镇陆斡社区获2019年度"全国综合减灾示范社区"称号,青秀区长塘镇通福社区、西乡塘区北湖街道明秀南社区、西乡塘区心圩街道红豆社区、良庆区良庆镇蟠龙社区、横县那阳镇那阳村社区、宾阳县思陇镇祥华社区、上林县大丰镇东春村社区、马山县白山镇造华村社区、隆安县南圩镇南圩社区获2019年"自治区综合减灾示范社区"称号。

(马　瑛)

【应急宣传与培训】 2019年,市应急局组织开展第11个"全国防灾减灾日"宣传和演练活动。承办2019年防灾减灾日广西宣传周启动仪式暨南宁主会场主题宣传活动,南宁市"八桂应急先锋"社区响应队300人参加,发放资料2100余份,开展扫码关注"南宁应急"公众号及现场咨询活动。在市应急局网站设置"5·12"防灾减灾宣传专栏;制作防火逃生、自然灾害预防等图文宣传短片在南宁轨道交通1号、2号线移动电视滚动播放;在南宁电台开设《应急管理之声》栏目,在《南宁日报》、南宁电视台设应急管理、全国防灾减灾日专栏;开展"警民牵手110,共创平安迎大庆"110宣传日暨应急联动公众开放日活动。防灾减灾宣传周期间,全市举办广场、社区防灾减灾科普宣传讲座(培训)3877场,发放资料68万份,悬挂宣传横幅1.73万条,张贴科普挂图1.82万张,展出板报1.24万板,组织开展火灾消防逃生、地震应急疏散、自然灾害应急救助等应急演练600场次。开展"安全生产月""安全生产八桂行"系列活动,组织开展安全生产知识技能竞赛、应急演练85场,警示教育67场。市消防救援支队围绕"小火亡人"多发区域开展消防精准宣传20期,以全市首个市级应急消防科普教育基地为核心,联合14所消防科普教育馆开展消防知识科普宣传。市应急局组织干部职工参加自治区应急管理局"周末大讲堂"视频培训会16期;举办防汛行政首长培训班、自然灾害防治(防汛抗旱)业务培训班,培训331人;举办烟花爆竹、危险化学品、非煤矿山等安全管理人员培训班48期,培训3054人;培训全市企业"三项岗位人员"(生产经营单位主要负责人、安全管理人员、特种作业人员)2.69万人。 (马　瑛　刘清云)

医疗保障

【概　况】 2019年3月14日,新组建的南宁市医疗保障局(简称"市医保局")挂牌成立,整合市人力资源和社会保障局的城镇职工和城乡居民基本医疗保险、生育保险职责,市发展和改革委员会的药品和医疗服务价格管理职责,市民政局的医疗救助职责,作为市政府工作部门,负责全市医疗保障工作。市医保局设办公室、规划财务科、待遇保障科、医药服务和医药价格科、政策法规和基金监管科、机关党组织(人事科),行政编制20名、在编15人,后勤服务人员控制数2名、在编2人。市医保局推动上林县医共体支付方式改革,推进日间手术按病种付费试点,探索开展疾病诊断相关分组(DRG)付费方式改革,调整完善基本医疗保险定点医药机构准入退出机制;查处违规违约定点医疗机构215家、定点零售药店79家;升级电子社保卡服务,定点医疗机构实现医保结算"扫码就医",定点零售药店启用"扫码购药结算";在自治区率先启动医保定点零售药店"网上购药"服务试点,签订医保"网上购药"服务定点零售药店560家;完成国家药品集中采购第一批25种药品、第二批32种药品及自治区药品集团采购23种药品的报量统计。优化基本医疗保险门诊特殊慢性病待遇资格认定流程,基层医疗机构可直接备案打卡,医疗服务点增至3家;全市建档立卡贫困人口获门诊特殊慢性病待遇资格8.16万人,比上年增加6.32万人;门诊特殊慢性病医疗费用平均报销比例88.84%,住院医疗费用平均报销比例92.85%。异地就医直接结算实现市、县、乡镇三级全覆盖,南宁市开通自治区内异地就医购药直接结算的定点医药机构累计2028家,全市参保人在自治区内异地定点医疗机构就医直接结算9.53万人次、总费用1.29亿元,跨省异地直接结算住院医疗费用2419人次、总费用6140.92万元。城镇职工基本医疗保险基金总收入51.28亿元,城乡居民基本医疗保险基金总收入47.91亿元,生育保险基金总收入5.74亿元。5月,南宁市被国家医疗保障局列为国家医保基金监管信用体系建设试点城市。主要存在市医疗保障经办服务机构改革尚未完成,职能划转未完全理顺,医保监管执法队伍人员缺乏,医保信息化和标准化建设未统一,城乡居民基本医疗保险基金运行压力较大等问题。

【医疗保障制度改革】 2019年,南宁市推动上林县医疗服务共同体医保支付方式改革,市医保局牵头草拟《上林县医疗服务共同体医保支付方式改革实施方案(试行)》,经市政府审定后由上林县委、县政府10月31日印发,2020年1月1日起施行。市医保局印发《南宁市医疗保障局关于印发日间手术按病种付费试点工作方案的通知》,与试点医院市第二人民医院确定日间手术付费试点病种14种,完成价格谈判,进入协议签订阶段。探索开展疾病诊断相关分组付费方式改革,完成病案数据及医保结算数据收集整理、业务培训等前期准备工作。

【医疗保障基金监管】 2019年4月至12月，市医保局组织开展打击欺诈骗保专项治理行动，现场检查定点医药机构2038家(定点医疗机构391家、定点零售药店1647家)，对违规违约定点医疗机构215家拒付违规违约金额2705.18万元，暂停服务协议10家，解除协议4家；对违规违约定点零售药店79家拒付违规违约金额40.66万元，暂停服务协议33家，解除协议7家，曝光南宁仙葫医院、武鸣区中医院、邕宁区蒲庙卫生院、青秀区仙葫卫生服务中心、隆安县南圩镇卫生院、南宁市华济源药店欺诈骗保典型案例6起。开展打击欺诈骗保"百日攻坚"行动，定点医疗机构自查违规金额3048.09万元。6月，市医保局印发《南宁市医疗保障局关于转发〈广西欺诈骗取医疗保障基金行为举报奖励暂行办法实施细则(试行)〉的通知》，明确南宁市欺诈骗保举报奖励的决定、标准、审批、发放程序。市医保局根据个人实名举报提供的线索，对宾阳县城东医院、上林县三民医院违规违约行为拒付违规金额和扣减服务质量保证金逾500万元，并终止服务协议，奖励举报人4.40万元，为自治区首例欺诈骗保举报奖励。全年市医保局自行受理、接转办理并办结举报案件31件次，对违规违约定点医疗机构14家、定点药店5家拒付违规违约金额425.89万元，扣减服务质量保证金582.25万元，暂停服务协议6家、解除协议3家，给予举报奖励5件，奖励金额5.12万元。

【医疗服务行为与费用监管】 2019年，市医保局采用签订协议的方式管理定点医药机构，签订服务协议定点医药机构2074家(定点医疗机构415家、定点零售药店1659家)。组织现场稽查市本级定点医疗机构213家、定点零售药店1053家，对违规违约定点医疗机构62家、定点零售药店31家进行处理，拒付违规违约金额396.20万元，扣减服务质量保证金144.64万元，约谈定点医疗机构11家、定点零售药店31家，暂停定点医疗机构服务协议4家，暂停定点医疗机构部分病区医保服务4家，暂停定点零售药店服务协议7家，终止定点医疗机构服务协议1家、定点零售药店服务协议4家。继续优化"智慧医保"智能监控平台，实现对医疗费用事前、事中、事后全方位监管。"智慧医保"智能监控平台事后审核系统完成全市1700.07万人次、114.97亿元医疗费用审核，筛查出疑点病例62.75万例。辅助提示医院整改涉及医疗费用674.44万元，查实拒付违规医疗费用424.73万元。

【医疗保障信息化】 2019年1月，南宁市电子社保卡实现虚拟卡服务升级，全市定点零售药店1300多家启用电子社保卡"扫码购药"结算，参保人员通过"智慧人社"APP、"爱南宁APP"、"支付宝"APP渠道注册申领电子社保卡，可在全市定点零售药店使用电子社保卡"扫码购药"。3月，定点医疗机构230家实现医保结算"扫码就医"；在自治区率先启动医保定点零售药店"网上购药"服务试点，老百姓大药房连锁(广西)南宁津头店、北湖店、东葛店、蓝山上城店、保利二十一世家店、五一路保利城店先行接入医保网上购药平台，全年签订医保"网上购药"服务定点零售药店560家。

(磨　嘉)

2019年6月，市医疗保障局工作人员到上林县指导乡镇卫生院为群众办理门诊特殊慢性病卡

市医保局提供

政务服务

【概　况】 2019年，南宁市机构改革，将相关机构统筹营商环境建设方面的职责划入南宁市行政审批局(简称"市行政审批局")，加挂市营商环境建设局牌子。市行政审批局设办公室、政务运行科、营商环境建设科、电子政务科、政策法规科、市场服务一科、市场服务二科、投资项目科、建设项目科、交通运输科、市政项目科、农林水科、文教卫生科、社会事务科、项目勘验科、政务公开科、人事科、市长公开电话受理办公室及机关党组织，行政编制116名、工勤编制10名，在编105人；下属单位南宁市政务服务中心，事业编制60名、在编25人。2月28日，南宁市营商环境建设局在南宁市民中心挂牌成立。3月11日，市行政审批局在自治区率先开设的企业开办"一站式"服务专区投入使用。年内，市行政审批局办理政务服务事项(含许可事项)10.87万件，发出批文、证照有效率100%，办理提速83.01%，无超时办结现象。全市(含区县)为公民、法人和其他组织办理政务服务事项289.29万件。通过南宁市政府门户网站公开政府信息2.70万条，网站收到问题(含单位信箱、在线咨询、效能投诉、依申请公开)1.08万个，回复处理1.04万个，按时处理率96.93%；发布《向人民承诺——电视问政》节目10期，开展24次新闻发布会网络文字直播；解读热门政策94个，回应群众热点问题54个。"创新全链条审批服务开启办事创业'一事通办'新模式"获2019中国政府信息化管理创新奖。在自治区第一次政务公开第三方评估中，南宁市在14个地市中排名第一。主要存在信息化短板制约改革进程等问题。

【行政审批】 2019年，市行政审批局办理政务服务事项(含许可事项)10.87万件，发出批文、证照有效率100%，办理提速83.01%，无超时办结现象。全市(含区县)为公民、法人和其他组织办理政务服务事项289.29万件。市本级、区县(开发区)政务服务大厅完成企业开办"一站式"服务专区设置，实现营业执照办理、公章刻制、涉税事项采集、银行开户预约等企业开办手续一次性办理，企业开办涉及的营业执照办理、公章刻制、涉税事项采集3项主要业务实现0.5个工作日内一次性办结，办理环节优化至3个，申请材料精简至1套，自企业开办"一站式"服务专区启用以来，7789户企业顺利办理企业开办手续。推行工程建设项目"四统一"

(统一审批流程、统一信息数据平台、统一审批管理体系、统一监管方式)改革,创新多图联审模式,工程建设项目审批系统10月10日上线运行,在工业园推行"拿地即开工"审批模式。"水电气"业务综合专窗实现市本级、区县(开发区)政务服务大厅全覆盖,整合水电气企业服务事项,实现一个窗口办理报装、过户业务,推行水电气业务"一事通办"改革,对水电气外线工程施工涉及的红线规划许可、绿地树木审批、施工许可、道路挖掘等审批手续实行"一窗受理、一张表单、联合勘验、并联审批",行政审批时限缩短至5个工作日,为387个水电气外线工程项目办结审批手续。在自治区率先创新推行涉企政策兑现"一窗中办"服务,在市民中心中国(广西)自由贸易试验区南宁片区综合服务大厅开设政策兑现专窗,首批涉及7个业务主管部门的56项政策兑现事项在政策兑现专窗实行集中咨询、申报、办理、兑现等,实现一个窗口受理涉企政策兑现。机构改革,市委编办原承担的行政审批制度改革职能工作划入市行政审批局。梳理出涉及市、县级取消行政许可事项11项、下放3项、调整31项、依据法律法规设定2项、清理规范和新增必要条件中介服务事项8项,取消的行政审批事项制定事中事后监管措施,新设定的行政许可事项按要求编制行政审批操作规范及其流程图和办事指南,自治区决定委托下放的行政许可事项按要求做好事项承接。1月27日,青秀区、邕宁区、西乡塘区、武鸣区、横县、宾阳县、马山县、上林县成立行政审批局。

【政务服务改革】 2019年,南宁市推进政务服务"一窗受理、集成服务"工作和"简易办"改革。制定《南宁市推进"一窗受理、集成服务"改革的实施方案》,完成投资项目审批(工程建设项目审批)、商事登记、不动产登记、水电气报装、公积金、社会事务等重点领域"一窗"设置(将各相关领域涉及的办事事项、审批人员集中起来,将一事一流程整合为多事一流程,提供套餐式服务,让企业和群众办理同一领域的相关事项只需跑"一窗")。印发《南宁市编制涉及多部门"一件事"办事清单实施方案》《关于编制"套餐式服务"办事清单的通知》等文件,梳理企业和群众办好"一件事"的关联事项,将企业和群众办理两个及以上关联性较强的政务服务事项组合成为一个套餐,合并收件办理,实行"一套材料、一表登记、一次采集",全年市本级初步梳理套餐125个。梳理关联事项链式审批清单160个,再造事项办理的办事指南和办理流程,形成"我要开一个劳务派遣企业"等18个"一件事"定制服务清单,整合到全链条审批服务专窗,全年链式审批事项压缩营业执照复印件、法定代表人身份证明、委托书、章程等重复材料403项。制定《南宁市政务服务事项"同城通办"试点工作实施方案》,推进工程建设项目审批、企业开办、不动产登记、水电气报装等重点领域及税务、商务、科技、文体、户籍、社保的部分政务服务事项在市区范围内"同城通办",对将实施"同城通办"的事项逐个梳理业务流程,制定每个试点事项实施细则。印发《关于要求推进开展依申请政务服务事项有关工作的通知》,按自治区事项目录库对依申请政务服务事项进行梳理,逐一推进七类行政权力事项、公共服务事项集中办理,对拟不进驻的部门逐一召开协调会推进进驻事宜,对商议后仍不进驻的事项,报自治区大数据发展局征求意见。市行政审批局协调南宁市各行业主管部门、区县(开发区)公布取消市级证明材料682项、县级证明材料531项、乡级证明材料58项、保留全市通用的基本证照凭证52项、保留需村(居)民委员会开具的证明材料10项。12月30日,项目组邀请标准化工作专家就行政审批标准化国家级试点项目,的标准体系构建、标准汇编、后期验收等内容,对南宁市行政审批局负责标准化工作的业务人员进行专业培训,项目通过国家级验收。

【审管联动建设】 2019年,市行政审批局对外公示行政许可信息11.72万条,归集2.39万条涉企信息至国家企业信息公示系统,推送联合惩戒案例67例,报送信用信息宣传稿件98篇;在南宁市民中心开展2019年政务诚信领域"诚信建设万里行"和"信用南宁"宣传陈品接力展等宣传活动,运用电子屏滚动播放诚信宣传短片、宣传标语,巡展信用南宁LOGO和吉祥物,发放宣传资料5000份。依法对机动车辆检测线、社会服务场所的公共卫生、企业安全生产条件、医疗机构登记与校验、社会职业培训机构等项目组织专家组联合审查或现场勘验核查,完成审查核查4319件。商事登记领域,与市市场监管局联合出台《南宁市撤销冒用他人身份信息骗取企业登记程序规定》,发放询问通知书110份,责令改正通知书9份,撤销听证告知书70份,撤销登记决定书59份。工程建设项目领域,牵头建立工程建设项目报建例会制度,召开各职能单位碰头会24次。交通运管领域,协调市公安局对从事出租汽车34批次1.59万名申请人进行背景调查。环境保护领域,会同环保、住建等部门严控夜间施工许可证开具数量,印发《南宁市进一步优化夜间建筑施工许可工作方案》。城管业务领域,组织有关部门对部分砖厂拟利用建筑垃圾制砖的申请进行研究,协调市司法局对相关条款进行司法解释,明确建筑垃圾利用不需取得建筑垃圾处置许可。防范金融风险方面,配合市互金整治办联合市场监管、公安等部门对全市互联网金融企业进行摸底排查和现场检查,对名称或经营范围内带有"P2P""网贷""网络借贷"等字样的互联网金融企业,引导其注销或将字样去除,严格禁止新设立网贷机构。将《南宁市相对集中行政许可办法》列入南宁市规章五年立法规划一类项目,《南宁市政务公开办法》列入南宁市规章五年立法规划二类项目,起草《南宁市工程建设项目审批制度改革实施方案》《南宁市优

2019年3月11日,南宁市行政审批局率先在自治区开设企业开办"一站式"服务专区

肖瑛　摄

化营商环境工程建设项目报建指标百日攻坚实施细则》《南宁市工程建设项目施工许可阶段并联审批办事指南》《南宁市工程建设项目并联审批实施方案》《南宁市工程建设项目审批流程图(试行)》等文件;制定《南宁市政务服务线上线下告知材料同步更新制度》《建设项目区域性评估评审工作方案》。配合自治区交通运输厅调查核实营运车辆IC卡道路运输电子证件、道路运输类证件,办理IC卡道路运输电子证件1019张。会同市住建局、市生态环境局等部门确定行业排水检测项目适用标准等关键要素,设置黑臭水体治理项目综合服务专窗,受理审批黑臭水体治理项目69项;完成轨道交通3号线特种设备使用登记,发放特种设备使用登记证书374张。

【营商环境优化】 2019年,南宁市印发《南宁市优化营商环境重点指标百日攻坚行动方案》及14项指标百日攻坚行动实施方案,制定攻坚突破年实施方案及任务清单,印发《南宁市优化营商环境考评办法》,完成顶层政策设计。在市本级、区县成立营商环境建设局,统筹协调推进优化营商环境建设。在自治区率先引入第三方评估,委托厦门大学营商环境研究中心参照世界银行营商环境主要评估指标体系,对南宁市营商环境开展全面评估。召开全市企业开办指标百日攻坚工作推进暨现场培训会,举办全市工程建设项目报建政策解读暨报建能力提升培训班2期,700余人参加;组织区县营商环境建设局、开发区行政审批局召开座谈会,重点解读14项营商环境指标。设立南宁市企业融资服务中心,在南宁市民中心引入银行机构8家、担保公司2家、小额贷款公司1家,受理融资申请228项,融资金额15.70亿元,74家企业从金融机构融资5.45亿元。

【电子政务】 2019年,南宁市推进“互联网+政务服务”建设。组织开展南宁市政务服务事项及公共服务事项的认领、录入,完成一体化平台在市直部门、区县(开发区)、五象新区、自贸区南宁片区、132个乡镇、1751个村的部署,认领、完善国家及自治区六类依申请行政权力事项目录实施清单1.29万项、公共服务事项4786项。推动全市统一使用广西数字政务一体化平台受理审批业务,除法律法规另有规定外,市、区县各部门的政务服务事项均纳入一体化平台办理,逐步实现政务服务事项网上公开、网上咨询、网上申报、网上办理、网上反馈、网上投诉、网上监督,市本级政务服务事项网上可办率99%。4月9日起,实现人脸身份识别、网上手写签字、手机在线领取电子营业执照等智能化应用,企业无须提交纸质申请材料,取消名称预先核准窗口,实行企业名称自主申报,减少名称预先核准登记环节,全年通过全程电子化申报设立、变更企业1.37万户。组织指导市、县两级有关部门梳理形成部门《监管事项目录清单》《监管事项检查实施清单》并录入广西“互联网+监管”系统,全市发布监管事项实施清单5258条。

【政务公开】 2019年,市行政审批局代市政府办理依申请公开件64件(同意公开20件、部分公开7件、补正告知9件、信息不存在16件、重复申请4件、移交档案馆1件、不属本部门1件、主动公开5件、其他业务1件),办理市民申请29件(同意公开2件、部分公开1件、已公开信息告知渠道6件、信息不存在10件、补正告知3件、不属本部门2件、撤销申请3件、其他业务2件)。完成市长公开电话及市公共服务呼叫中心各条热线接听受理工作,接听群众有效来电9.76万个,其中市长公开电话7.48万个,公共服务呼叫中心各条热线2.28万个。9月3日,市长公开电话受理办公室整建制划转至市行政审批局;11月8日,市长公开电话更名为12345政府服务热线并正式试运行;全年接听有效来电1.87万个,通过门户网站受理群众诉求404件,转派自治区12345热线工单2128件。完成12345政府服务热线知识库一期建设,热线各成员单位录入知识信息2390条。复核2018年度绩效考评扣分事项,制定2019年政务公开职能性指标和市直部门、区县(开发区)绩效考核指标。

【中国(广西)自由贸易试验区南宁片区综合服务大厅揭牌】 2019年8月30日,市行政审批局在南宁市民中心举行中国(广西)自由贸易试验区南宁片区综合服务大厅揭牌仪式。中国(广西)自由贸易试验区南宁片区第一批注册企业8家,经营范围涵盖供应链管理、国际贸易、技术研发、软件开发、设备制造、互联网服务、智慧农业、健康民生等。

(市行政审批局)

机关事务管理

【概　况】 2019年2月18日,南宁市机关事务管理局(简称“市机关事务管理局”)挂牌成立,整合事业单位市市直机关后勤服务中心职责,市财政局的公务用车定编管理职责,相关机构的住房制度改革职责等,作为市政府工作部门,不再保留承担行政职能的事业单位市市直机关后勤服务中心。市机关事务管理局设办公室、财务科、人事科、公共资源交易监管科、房地产管理科、资产管理科(公务用车管理科)、公共机构节能管理科、安全保卫科、综合服务科、机关党委,编制34名、在编42人,后勤服务人员控制数6名、在编6人。代管市公共资源交易中心(市政府集中采购中心)。完成市委、市政府办公区和市委、市人大、市政府、市政协宿舍区的房屋、水电、食堂、绿化、环境卫生、社会综治、安全保卫管理与服务,调配使用市直属机关单位非经营性国有资产、办公用房;协调、推进南宁市公共机构节能,指导、监督下级公共机构节能,推广节能新产品、新技术,推进公共机构节能管理信息化建设;完成全市公共资源交易监管;推进市四家班子宿舍区危旧房改住房;管理指导市机关车队、市直属机关保育院。主要存在机关事务法治化建设不足,办公用房、公务用车、机关事务管理等标准化体系不完善等问题。

【公共资源交易监管】 2019年,南宁市累计完成公共资源交易6593宗,交易总金额873.69亿元,节约及溢价金额115.52亿元,溢价率增长25.47%。通过深化公共资源交易“放管服”改革,企业实现网上自助办理业务12项,取消非必要收费,停止收取市本级政府采购项目保证金,推行招标材料免费下载,加大滞留保证金清退力度,持续降低交易成本,为2.48万家供应商减负投标保证金18.60亿元,为中标供应商减负履约保证金2.53亿元,累计清退3341个项目保证金2.63亿元。健全市级交易平台电子系统,南宁市电子交易系统实现市县平台、各行业系统横向对接,实现国家、自治区公共资源交易平台两级贯通和“信用南宁”纵向对接,累计完成全程电子化交易项目6000项。政府采购类项目成功对接自治区财政“政采云”平台及6个区县分平台,启用平台系统抽取评审专家、推进市县远程异地评标,完成远程异地评标项目16项。以“互联网+招标采购”为核心技术,从数据服务、数据监管、数据决策3个方面对全市公共资源交易活动进行预警预报分析,发现围标串标等违法违规问题线索75起,涉及140家投标人,接到反映问题21件。组织20名社会监督员对30期150项交易项目进行现场监督。

【办公用房监管】 2019年,市机关事务管理局组织统计填报办公用房信息,指导区县(开发区)加快推动南宁市党政机关办公用房管理平台建设升级完善,健

2019 年 6 月 17 日,自治区机关事务管理局、自治区体育局、南宁市人民政府在南湖公园举办以“绿色发展 节能先行”为主题的第十一届广西体育节暨 2019 年公共机构低碳节能全民健身活动

李雄杰　摄

全上下互联、分级管理平台机制,办公用房实现市区县常态化监督、精细化管理。走访办公场所 35 处,掌握各单位办公用房需求,拟定《南宁市机构改革涉改单位办公场所调整安排方案》,按照集中统一管理、高效统筹调配、集约节约使用原则,督促 5 个单位部门清理腾退办公用房,调整 28 个涉改单位使用面积;清理腾退办公用房 1.19 万平方米,调剂使用 1.16 万平方米。

【公务用车监督】 2019 年 3 月,南宁市出台《南宁市党政机关公务用车管理实施细则》;9 月,修订印发《南宁市本级公务用车服务平台管理办法》。为 182 家单位办理公务用车相关事宜,审批新购车辆 195 辆、定编 426 辆、销编 408 辆。完成机构改革后公务用车配备调整,回收车辆 19 辆、重新分配 10 辆。市本级公务用车服务平台完成用车保障任务 5304 辆次,行驶总里程 64.71 万千米。

【危旧房改住房】 2019 年,淡村路 4 号小区完成室内外找平抹灰、铝合金门窗安装、室内水电、消防安装等,8 月交付使用;新民路 8 号、10 号市政府宿舍和东葛路 28 号小区封顶,完成大部分非还建房准购证办理及合同签订;新民路 65 号小区完成旧房拆除、施工和监理单位招标及施工前准备工作。

【后勤服务保障】 2019 年,南宁市完成市政协活动中心综合楼、市交通局办公场所维修改造,完成市委 1 号、2 号楼安全检测,完成市委、市政府大院(含新闻中心大楼公共区域)日常维修 70 起。协调相关部门为市委、市政府办公区的机关干部群众在通讯、银行、保险、购房信贷、退役军人信息采集等方面提供快速便捷的业务办理服务 500 人次。与南宁辖区贫困地区及贫困户合作社建立扶贫农产品供销关系,扶贫农产品在机关食堂食材采购中的份额超 30%。在市委、市政府办公区处置群体上访 45 次,来访登记 2.97 万人;与武警中队、物业公司保安开展反恐引爆危险品处置演练 1 次。　（李雄杰）

公共资源交易

【概　况】 2019 年,南宁市公共资源交易中心(简称“市公共资源交易中心”)将南宁市政府集中采购中心(简称“市政府采购中心”)整体合入,加挂南宁市政府集中采购中心牌子;设办公室、交易受理及合同科、交易评审一科、交易评审二科、交易监督科、政府采购一科、政府采购二科、信息技术科、财务科以及机关党组织(人事科),编制 87 名,在编 73 人。全市进入市公共资源交易平台交易项目 8489 个,交易总金额 1142.40 亿元;市政府采购中心完成政府采购项目 3223 个,成交金额 71.29 亿元。市公共资源交易中心与国家、自治区、南宁市 3 级信用系统和各行业监管系统互联互通,强化信用管理;通过交易平台大数据分析系统提取违法违规行为线索,并交由相关部门处理。取消制度性消费,停止收取政府采购保证金,清退滞留保证金;放宽市场准入条件,删除采购文件中不合理条款,促进政府采购公平竞争;取消合同见证等业务,部分业务转为线上办理,减少跑腿办事事项;完善招投标关键节点管理制度,限制失信企业参加招投标活动。“做好改革‘加减法’激发市场活力助推优化南宁市营商环境”入选 2019 年公共资源交易平台创新成果案例,在全国公共资源交易平台创新成果观摩交流活动中交流展示。主要存在公共资源交易领域创新举措不够到位,公共资源交易信息化建设有待提升,公共资源交易领域信用体系需完善,营商环境需优化等问题。

【交易项目】 2019 年,南宁市进入市公共资源交易平台交易项目 8489 个,交易总金额 1142.40 亿元,节约金额 25.97 亿元,溢价金额 140.18 亿元,节约率 2.22%,溢价率 13.99%。其中,工程建设项目招标投标 1537 个,交易金额 516.55 亿元;政府采购项目 5603 个,成交金额 137.27 亿元;国有产权交易项目 1126 个,交易金额 0.99 亿元;土地使用权和矿产权出让交易项目 223 个,成交金额 487.59 亿元。市政府采购中心完成政府采购项目 3223 个,预算金额 80.62 亿元,成交金额 71.29 亿元,节约资金 9.33 亿元,节约率 11.57%。

【交易监督】 2019 年,市公共资源交易中心通过交易平台大数据分析系统提取违法违规行为线索,发现围标串标等违法违规问题线索 10 条,涉及投标单位 26 家。市公共资源交易系统与“信用中国”、广西诚信一体化系统互联,与市信用系统以及各行业监管系统互通,共享投标人、供应商的信用信息;设置投标人、供应商的信用记录、信用报告在政府采购活动中违规违约的扣分条款,限制失信企业参与南宁市公共资源交易招投标活动。开展工程项目招投标领域营商环境专项整治,组织评审专家 122 人次对随机选出的 466 个工程类项目集中核查,其中房屋建筑市政类项目 435 个、水利工程类项目 10 个、交通工程类项目 21 个。发现疑似问题 36 个,确认问题 7 个(房屋建筑市政类 4 个、水利工程类 2 个、交通工程类 1 个),解决 2 个,督促有关行业主管部门整改 5 个。组织社会监督员 20 人,对 30 期次 150 个交易项目监督。

【交易信息公开】 2019 年,南宁市公共资源交易信息公开载体包括市公共资源交易中心网站、市政府采购中心网站;市公共资源交易中心网站在“政府采购”信息栏内增加政府采购“信用融资”板块,展示南宁市中小微企业政府采购中标项目、金融机构及产品和南宁市企业融资服务中心的信息。通过市公共资源交易中心网站,公布工程建设项目招投标信息 6067 条、政府采购信息 1.28 万条、国

2019年11月26日，市公共资源交易中心代表在全国公共资源交易平台创新成果观摩交流活动上作"做好改革'加减法'激发市场活力助推优化南宁市营商环境"专题报告　覃曼丽　摄

有土地使用权和矿业权出让信息472条、国有产权交易信息773条、综合交易信息1369条；通过市政府采购中心网站，公布政府采购需求信息1331条、市本级委托项目采购信息1105条、协议定点项目信息2182条、区县采购项目信息1.27万条。

【交易服务】 2019年2月3日，市公共资源交易中心根据《南宁市推进政府采购"放管服"改革工作方案》，在自治区率先停止收取政府采购保证金、市本级政府投资建设工程（房屋建筑和市政工程）类招标项目投标保证金。至年末，为供应商（投标人）3.33万家减负投标保证金26.31亿元，为中标供应商（投标人）减负履约保证金3.35亿元。取消政府采购类项目和房屋建设、市政类项目的投标报名环节，投标人在开标当天提交投标文件即可参加项目投标采购，实现交易"零门槛"。创新协议供货、定点采购供应商入围方式，选定办公电器设备作为"宽进严管"式资格审核准入制试点；扩大协议供货、定点采购范围，将宽带租赁纳入协议供货和定点采购目录。删除市政府采购文件中不合理条款，取消广西工业产品政策加分。推行"政府采购信用融资"，搭建"银行融资通道"为政府采购中标中小微企业提供融资服务59笔，融资金额8729.43万元。

【交易信息化建设】 2019年，南宁市公共资源交易平台6个分支机构（武鸣区、横县、宾阳县、上林县、马山县、隆安县）与市级交易平台全部实现远程异地评标，完成远程异地评标项目54个，比上年同期增长260%。12月20日，南宁市公共资源交易平台升级完善（二期）项目软件系统开发服务采购项目通过竣工验收。

【中国省级电子采购系统评估项目实地评估】 2019年3月21日至22日，根据"中国省级电子采购系统评估项目"实施需要，世界银行、亚洲开发银行评估团队在南宁市开展第二阶段评估。评估团队在市公共资源交易中心现场观摩南宁市第三十七中学2号教学综合楼建设工程、南湖汇水片区管网提升改造工程电子招投标项目开标情况，交流电子招投标系统使用体验，观看系统模拟演示，交流国内外电子招投标采购系统研发经验。

【首届全国公共资源交易平台科技创新与提升研习班在南宁开班】 2019年4月24日至26日，首届全国公共资源交易平台科技创新与提升研习班在南宁市开班，公共采购杂志社主办，88人参加；到市公共资源交易中心参观考察，市公共资源交易中心围绕大数据应用方面的工作成效和经验做法进行演示交流、分享经验。

（韦苡旭）

外　事

【概　况】 2019年3月1日，新组建的南宁市外事办公室（简称"市外事办"）挂牌成立，将市外事侨务办公室的侨务管理职责划入市委统战部，海外华人华侨社团联谊等职责划归市侨联行使，不再保留市外事侨务办公室，市外事办挂港澳事务办公室牌子。市外事办设秘书科、综合协调科、国际交流科、礼宾接待科、出国管理科、领事科、涉外管理与港澳工作科，编制31名，在编30人。年内，南宁市新增国外友好城市3个，国外友好城市累计24个；与国外城市签署《建立友好城市关系协议书》3份、《建立友好城市关系意向书》3份、《建立友好市区关系意向书》1份、《2019年友好交流计划书》2份、《智慧城市伙伴关系合作备忘录》2份；与瑞典华人总会新建海外引智工作站1个，南宁市海外引智工作站累计8个；为泰国孔敬市、越南海防市、老挝占巴塞省、缅甸仰光市的9名留学生提供国际友好城市留学生奖学金。市外事办服务市领导出国（境）访问17批次，促成签署合作协议20份；组织南宁企业家代表赴韩国参加首届"一带一路"国际青年论坛；协助南宁企业、商会组织与老挝万象市、泰国孔敬市和曼谷市、马来西亚怡保市和吉隆坡市开展北斗卫星导航系统应用及智慧城市合作；协助南宁电视台媒体团队赴意大利克雷马市、法国普罗旺斯大区、乌兹别克斯坦塔什干市开展2019"南宁渠道丝路交响"跨国采访活动；合作举办"走近东盟"2019新年音乐会、中国（广西）-韩国友好周、"梵花·缅甸"中国艺术家缅甸风情风光摄影展、唯美无界——当代朝鲜美术精品展等活动。南宁与波兰格鲁琼兹市共建的中医针灸推拿及慢性疼痛治疗中心2018年12月开业以来诊疗患者超过4000人，为南宁市在波兰最具影响力的国际合作项目。南宁市获澳大利亚国际友城委员会颁发的"2019澳大利亚国际友城大奖""最佳经贸与旅游项目奖"，为唯一获奖的中国城市，所获奖项占颁发奖项40%。市外事办获住房和城乡建设部关于第十二届中国（南宁）国际园林博览会表现突出单位的表扬，获外交部、自治区党委关于成功举办第七届中国－中亚合作论坛的通报表扬。主要存在对外开放水平未跟上经济社会发展的现实需要、"朋友圈"不够大、开放格局有待拓展、外事资源转化为经济发展动力不足等问题。

【国外友好城市交往】 2019年，南宁市与澳大利亚班达伯格市、美国普罗沃市、奥地利克拉根福市、泰国孔敬市、韩国果川市、菲律宾达沃市、缅甸仰光市、波兰格鲁琼兹市、意大利克雷马市、乌克兰伊万诺－弗兰科夫斯克市、西班牙穆尔西亚市、巴西费利斯港市等24个国外友好城市开展交往交流。南宁市与澳大利亚班达伯格市、韩国果川市签署《2019年友好交流计划书》，与乌克兰伊万诺－弗兰科夫斯克市、西班牙穆尔西亚市、巴西费利斯港市签署《建立友好城市关系协议书》，与泰国孔敬市签署《智慧城市伙伴关系合作备忘录》；南宁市博物馆与泰国孔敬

表 4　　2019 年南宁市国外友好城市情况表

国家城市名称	英文名称	结好时间
冈比亚班珠尔市	Banjul, Gambia	1987 年 6 月 22 日
澳大利亚班达伯格市	Bundaberg, Australia	1998 年 5 月 12 日
美国普罗沃市	Provo, U.S.A.	2000 年 9 月 27 日
奥地利克拉根福市	Klagenfurt, Austria	2002 年 6 月 13 日
泰国孔敬市	Khon Kaen, Thailand	2002 年 8 月 25 日
韩国果川市	Gwacheon, Korea	2005 年 4 月 18 日
英国诺斯利市	Knowsley, UK	2005 年 8 月 16 日
越南海防市	Hai Phong, Vietnam	2006 年 3 月 23 日
菲律宾达沃市	Davao, Philippines	2007 年 9 月 3 日
柬埔寨西哈努克省	Sihanoukville, Cambodia	2007 年 10 月 30 日
智利伊基克市	Iquique, Chile	2008 年 2 月 20 日
法国马恩河谷省	Val-de-Marne, France	2008 年 10 月 23 日
印度尼西亚茂物县	Bogor Regency, Indonesia	2008 年 12 月 17 日
缅甸仰光市	Yangon City, Myanmar	2009 年 10 月 20 日
美国商业市	Commerce City, U.S.A	2009 年 10 月 21 日
加拿大维多利亚市	Victoria City, Canada	2010 年 7 月 9 日
老挝占巴塞省	Champasak, Lao People's Democratic Republic	2010 年 10 月 21 日
马拉维利隆圭市	Lilongwe, Malawi	2011 年 10 月 22 日
波兰格鲁琼兹市	Grudziądz, Poland	2011 年 10 月 22 日
马达加斯加塔那那利佛市	Antananarivo, Madagascar	2015 年 1 月 21 日
意大利克雷马市	Crema, Italy	2016 年 10 月 31 日
乌克兰伊万诺－弗兰科夫斯克市	Ivano-Frankivsk, Ukraine	2019 年 8 月 29 日
西班牙穆尔西亚市	Murcia, Spain	2019 年 9 月 21 日
巴西费利斯港市	Porto Feliz, Brazil	2019 年 12 月 3 日

市教育局签署《合作备忘录》。经贸领域方面，澳大利亚班达伯格市代表团到南宁参观南宁港牛湾作业区、宁家鲜生体验中心、南大门跨境电商保税直购中心，调研南宁高新技术产业、生活消费、文化体育、教育合作和旅游设施建设情况；美国普罗沃市世天国际教育集团代表到南宁市开展产业合作前期调研；菲律宾达沃市代表团考察南宁园博园、南宁市核心商圈、“老南宁·三街两巷”历史文化街区、中国－东盟新型智慧城市协同创新中心，广西广宁工业科技有限公司、广西巧恩茶业有限公司等企业参加首届达沃市友好城市贸易展。人文交流方面，南宁市代表团到澳大利亚班达伯格市参加中国春节庆祝活动，举办“美丽南宁”市情展，班达伯格市圣卢克学校代表团与南宁市民主路小学、南宁市第二中学开展校际交流活动；南宁市少儿艺术团 63 人赴奥地利克拉根福市参加 2019 年国际少儿舞蹈节系列活动，出席国际少儿舞蹈团交流会，与克拉根福舞蹈团等团体开展交流，两市探讨市民团、艺术团等团组互访活动事宜；克拉根福市民间舞蹈代表团 18 人到南宁市参加民歌湖百姓大舞台邕宁区专场演出、南宁市民间舞蹈团体交流会；南宁市代表团出席泰国孔敬市泰中(孔敬－南宁)文化中心揭幕仪式；孔敬市乐曼公庙金龙醒狮体育会参加南宁市“壮族三月三·八桂嘉年华”国际传统舞龙邀请赛，获金奖；南宁市博物馆代表团到孔敬市参观泰中(孔敬－南宁)文化中心、孔敬市博物馆，探讨两市 2020 年博物馆馆际合作、互设展览等事宜；南宁市交通运输局李东平赴韩国果川市执行公务员交流任务，果川市文原洞事务处主任朴书见到南宁开展交流活动；南宁市第二批医师团队赴波兰格鲁琼兹市中医针灸推拿及慢性疼痛治疗中心开展工作，第一批医师团队完成半年派驻任务回国；意大利克雷马市卢卡国立高中师生代表团到南宁市入住寄宿家庭体验中国生活，参加“融中西文化，叙邕意友谊”南宁－克雷马国际教育交流活动；南宁市外事办协助克雷马市举办意大利美食周、意大利克雷莫纳国际青少年音乐大赛南宁分赛等活动，两市就南宁地铁 4 号线站点设计建设、合办中意建交 50 周年意大利歌剧音乐会等事宜进行交流；南宁市代表团参加乌克兰伊万诺－弗兰科夫斯克市“简政放权”圆桌会议、国际音乐会、第十七届国际铁艺节等建市 357 周年活动；西班牙穆尔西亚市设计师曼努埃尔·埃雷拉、弗朗西斯卡·穆尼奥斯到广西艺术学院开展交流活动，被广西艺术学院聘任为客座教授。

【国外友好交往城市往来】 2019 年，南宁市与日本秋田市、意大利拉斯佩齐亚市、泰国孔敬府、墨西哥米却肯州、英国韦克菲尔德市和曼彻斯特市、希腊伊拉克利翁市、法国普罗旺斯迪朗斯－吕贝隆－韦尔东地区、赤道几内亚巴塔市、印度尼西亚雅加达市和牙律市、马来西亚霹雳州等 30 多个国外友好交往城市开展交往交流。南宁市与英国韦克菲尔德市、希腊伊拉克利翁市、日本秋田市签署《建立友好城市关系意向书》，与法国普罗旺斯迪朗斯－吕贝隆－韦尔东地区签署《建立友好市区关系意向书》，与马来西亚霹雳州签署《智慧城市伙伴关系合作备忘录》。经贸领域方面，南宁市代表团访问英国韦克菲尔德市、曼彻斯特市，探讨产业、教育等领域合作，与曼彻斯特市智慧城市建设领域专家座谈，调研桥水公园建设项目；赴希腊伊拉克利翁市考察酒业协会种植基地及加工企业，调研旧城改造与保护项目；赴日本秋田市协商落实两市城管运营交流、物产展示平台、传统文化展览、市民互访等项目，调研东京、名古屋等市地下综合管廊项目；赴印度尼西亚牙律市就农业、经贸等交流合作进行座谈，调研南宁市企业“走出去”情况；法国普罗旺斯迪朗斯－吕贝隆－韦尔东地区代表团到横县参加首届世界茉莉花大会系列活动，就花卉产业合作展开交流。人文交流方面，南宁市代表团赴印度尼西亚雅加达市参加“中国－东盟媒体交流年”雅加达渠道首场活动——大型人文纪录片《丹行线》(印尼篇)发布仪式暨东盟其他国家摄制启动仪式，拜访印度尼西亚教育文化部国际合作司并推介中国－东盟（南宁）戏剧周、文化走亲东盟行等品牌活动；泰国孔敬府县长代表团赴南宁市上林县、马山县考察扶贫工作；墨西哥米却肯州议员、教师代表团8人到南宁市参观访问南宁市玉兰路小学、市第三中学青秀校区，与青秀区政协座谈；英国韦克菲尔德市代表团到南宁参观考察南宁市职业教育学院、中新南宁国际物流园等，就文化、教育等领域交流合作进行会谈；意大利拉斯佩齐亚青年歌唱家西蒙内·迪朱立奥参加第21届南宁国际民歌艺术节开幕式演出；马来西亚霹雳州代表团访问南宁市，就智慧城市建设、职业教育、短期技能培训等方面合作进行交流；南宁市响应中国驻赤道几内亚巴塔市总领馆要求，向巴塔市捐赠彩灯等圣诞节装饰用品。

【世界城市和地方政府联合组织工作】 2019年5月，世界城地组织亚太区2019年执行局会议暨"一带一路"国际城市经贸合作对话会在浙江省义乌市举行，南宁市作为创始会员参加"一带一路"地方合作委员会和海上丝绸之路合作委员会会议，围绕"共享贸易畅通机遇，促进城市共赢发展"主题开展讨论交流。10月，中国人民对外友好协会、日本自治体国际化协会、韩国全国市道知事协议会共同主办的第21届中日韩友好城市交流大会在日本爱媛县召开，南宁市派代表参加，围绕"发挥区域优势打造魅力城市"主题，就发挥区域优势资源发展体验式旅游、以可持续发展目标为轴心进行城市建设、共商老龄化社会解决对策3个分议题进行研讨交流，学习了解中日韩其他城市在旅游、可持续发展、养老等领域的经验和成果。11月，世界城市和地方政府联合组织第六届世界大会在南非德班市召开，南宁市派代表参加，就加强城市间务实合作、促进国际性人文交流、携手应对全球化挑战、共同繁荣发展等进行研讨交流，南宁市当选城地组织2019—2022年世界理事会成员城市。

【中国－东盟博览会·商务与投资峰会外事接待】 2019年中国－东盟博览会·商务与投资峰会期间，南宁市邀请、接待10个国家的友好城市代表团、友好城市艺术团、友好交往人士及侨领等嘉宾团组11个71人，其中接待澳大利亚班达伯格市、柬埔寨西哈努克省、老挝占巴塞省、乌克兰伊万诺－弗兰科夫斯克市、西班牙穆尔西亚市、英国韦克菲尔德市、日本秋田市、马来西亚怡保市8个友城团组61人。市外事办首次推出"国际友城进东博"活动，英国韦克菲尔德市、马来西亚怡保市、日本秋田市等国际友好交往城市首次进驻中国－东盟博览会设展，展示工业、农业、文化、旅游方面的优势产品。安排市领导与重要外宾团组会见和外事活动20场次，组织各代表团与市政府对口部门、商会、企业、学校开展座谈、交流和考察活动20多场次。派出英语、法语、西班牙语、日语、柬埔寨语、俄语、老挝语7个语种9名翻译完成各类专场活动现场口译及交传21场次。

【涉领事务】 2019年，南宁市接待外国驻华使领馆到访团组27批158人次，拜访巴西、乌拉圭、阿根廷、葡萄牙、希腊、波兰、吉尔吉斯斯坦7国驻广州总领馆，哈萨克斯坦、吉尔吉斯斯坦、塔吉克斯坦、乌兹别克斯坦、阿塞拜疆、亚美尼亚6国驻华大使馆及上海合作组织秘书处。邀请驻华使馆、驻南宁领事官员出席"喜迎新中国70华诞奏响新时代壮美乐章"2019南宁市新春音乐会、2019年驻邕领事机构新春座谈会、共建"一带一路"2019中国－东盟创新与科技合作高峰交流会、首届世界茉莉花大会暨第十一届全国茉莉花茶交易博览会、"2019驻邕领事机构看南宁"活动、第七届中国－中亚合作论坛等大型活动20余场。1月4日，市委常委、副市长何颖出席缅甸独立71周年招待会。11月27日，市外事办出席马来西亚驻南宁总领事馆"庆祝中马建交45周年"招待会。12月4日，市委常委、副市长何颖出席泰国国庆招待会。市外事办协助处理南宁市居民海外领事保护案件6起；在各旅行社、市公安局出入境接待大厅、南宁吴圩国际机场国际出发值机柜台等区域发放领事保护宣传手册2000本、出国安全知识小卡片5万张；联合市文明办、网信办等单位开展"安全文明出境游宣传月"活动，宣传推介中国领事服务网、"领事直通车"微信公众号、"领事之声"微博、外交部12308手机应用客户端和热线等领事保护服务新媒体平台。

【来访团组接待】 2019年，南宁市接待外宾团组59批1038人次。1月，印度蚕业考察团19人到南宁市参观广西蚕业技术推广总站、"美丽南方"桑蚕休闲产业园、广西桂华丝绸有限公司、邕宁区那楼镇三江村蚕业扶贫示范园等。3月，乌拉圭男子足球队到南宁市参加2019格力·中国杯国际足球锦标赛，市长周红波会见乌拉圭体育部代表团，就发展友好城市关系、开展足球产业合作、启动肉类产品贸易合作进行交流。5月，德国基民盟代表团6人到邕宁区考察脱贫攻坚工作。6月，韩国CJ物流代表团5人到南宁市考察江南区百益·上河城创意街区、CGV影城、上林县"渡河公"民族文化传承项目及横县茉莉花产业，就商贸物流领域合作进行交流；缅甸曼德勒省议会代表团13人考察中新南宁国际物流园。7月，市长周红波会见马来西亚新任驻南宁总领事阿兹利米一行4人。8月，泰国朱拉隆功大学亚洲教育学院代表团到南宁市考察广西海吉星农产品国际物流中心、正恒国际沃尔玛购物广场等，调研泰国龙眼价格及购销情况。10月，马耳他旅游学院代表团到南宁市考察旅游发展情况，与南宁职业技术学院、南宁市第四职业技术学校开展交流活动；意大利撒丁区域产业扶持基金会代表团到南宁市参加广西设计周系列活动，就艺术、人文、旅游等领域合作进行交流。11月，新加坡盛利理财有限公司代表团7人访问南宁市，签订《南宁市人民政府 新加坡盛利理财有限公司 施罗德投

2019年10月17日至19日，第七届中国－中亚合作论坛在南宁市举办　　市外事办提供

资管理(新加坡)有限公司 新加坡普塔管理咨询公司之合作意向协议》;菲律宾甲米地省代表团7人到南宁市考察市应急联动中心、市规划展示馆、那考河流域治理项目等。12月,美国对外政策理事会代表团9人到南宁市青秀区凤岭北社区考察少数民族政策实施工作。

【第七届中国－中亚合作论坛】 2019年10月17日至19日在南宁市举办。上海合作组织睦邻友好合作委员会、自治区人民政府主办,主题为"陆海相接谋合作、创新驱动促发展";哈萨克斯坦、乌兹别克斯坦、土库曼斯坦、吉尔吉斯斯坦、塔吉克斯坦、亚美尼亚、格鲁吉亚、阿塞拜疆及东盟有关国家的驻华使领馆官员,上海合作组织、中国－东盟中心等国际组织代表,中外有关部门代表、专家学者、企业负责人等约600人参加。其间,举办"陆海新通道跨境物流及电子商务合作""智慧城市合作建设""北斗合作""中国－中亚妇女论坛"4个分论坛及中国(广西)－中亚·外高加索特色产品暨北斗卫星导航系统成果展,发布《第七届中国－中亚合作论坛(南宁)宣言》,相关机构、企业、城市同外方签署《关于北斗/GNSS监测评估合作协议》《成立中国(广西)－中亚多式联运联盟谅解备忘录》《关于拓展与中亚经贸合作的备忘录》等,南宁市与马来西亚霹雳州、泰国孔敬市签署《智慧城市伙伴关系合作备忘录》。 (唐若溪)

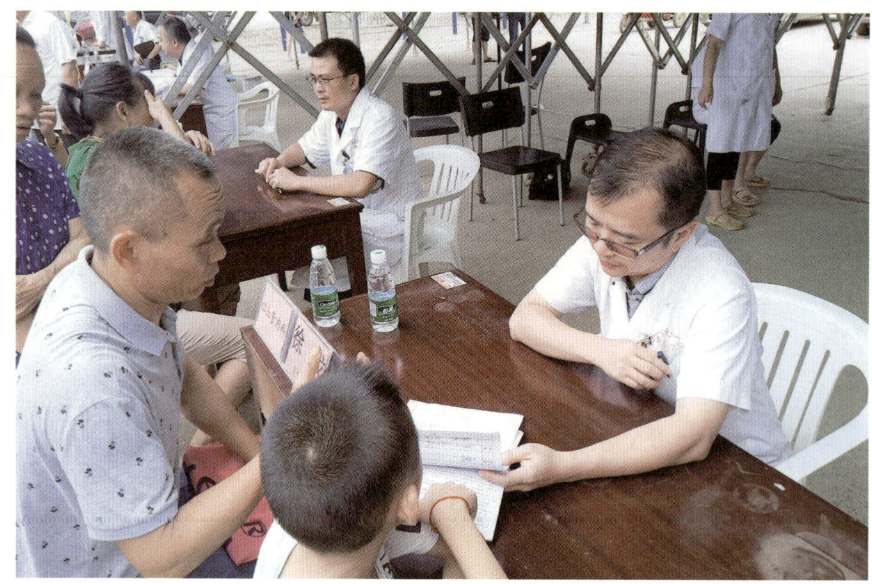

2019年7月7日,自治区党委统战部、市委统战部组织10名医疗专家赴隆安县南圩镇爱华村、浪湾华侨管理区开展义诊活动,服务群众251人 市委统战部提供

华侨事务

【概 况】 2019年,南宁市外事侨务办公室的侨务管理职责划入市委统战部,对外加挂南宁市侨务办公室(简称"市侨办")牌子,市外事侨务办公室的海外华人华侨社团联谊等职责划归市侨联行使,不再保留市外事侨务办公室。南宁是广西主要侨乡之一,在海外的南宁籍华侨、华人有9万多人,主要分布在马来西亚、泰国、越南、印度尼西亚、美国、加拿大、日本、印度、巴西等35个国家和地区。有散居归侨、侨眷14.33万人,其中归侨2.51万人。全市有华侨农林场4个(广西国营武鸣华侨农场、武鸣区白合华侨农场、邕宁区五合华侨林场、隆安县浪湾华侨农场),总面积222平方千米,总人口4.30万人,其中归侨侨眷1.10万人。主要存在"五侨"部门(市侨办、市侨联、致公党南宁市委会、市人大民族华侨外事宗教委员会、市政协海外联谊民族宗教委员会)联动机制仍需完善,区县侨务工作机构不健全,侨务工作发展不平衡等问题。

【为侨服务】 2019年春节期间,南宁市各级党委、政府及侨务部门走访慰问困难归侨侨眷620人、发放慰问金31.30万元。发动市、区县及难侨安置点等开展侨界贫困人员摸底调查,区县有贫困归侨侨眷572人。市委统战部召开2019年南宁市"三侨生"(归侨学生、归侨子女、华侨学生)助学座谈会,资助考上大学的"三侨生"31人每人1000元。市委统战部会同自治区党委统战部组织医疗专家10人到隆安县南圩镇爱华村浪湾华侨农场进行义诊活动,为251名群众义诊,发放药品价值10万元。下拨侨务活动及华侨农林场改革配套工作经费10.50万元、2019年度华侨事业费78.70万元至相关区县及华侨农林场。受理南宁公交公司归侨职工工资待遇问题等信访件2个,来电咨询26人次,来访来电答复率100%。出具华侨归侨侨眷证明38份,审核"三侨生"高考加分资格77件,审核华侨子女回邕就读义务教育阶段学校1人次。会同邕宁区政府处理邕宁区五合华侨林场归侨职工征地补偿重信重访案件。开展归侨侨眷代表人士专题调研,建立250多人的归侨侨眷代表人士资料库,向上级部门推荐归侨侨眷中青年代表人士和邕籍海外华人华侨代表人士。参与协调、服务首届"一带一路"侨商侨领交流合作大会工作;其间,中国侨商联合会会长、世贸集团董事局主席许荣茂等侨商侨领签约投资项目23个,总投资242.73亿元。5月18日,29家海外华文媒体39名记者到南宁采访,在美国《华文网》、加拿大《新动力传媒》、印度尼西亚《国际日报》等媒体发表《南疆城市华丽蜕变,"南宁渠道"深化中国－东盟合作》《海外华文媒体点赞南宁青秀山,领略少数民族文化魅力》等报道30多篇。外派教师10人赴柬埔寨、老挝、泰国等国家面向海外华侨、华人子女援教。

【华侨农(林)场改革与发展】 2019年,广西国营武鸣华侨农场、武鸣区白合华侨农场、邕宁区五合华侨林场、隆安县浪湾华侨农场4个华侨农林场全部完成华侨农林场体制改革,华侨农林场体制融入地方、管理融入社会、经济融入市场。其中,浪湾华侨农场由于地理位置和历史遗留造成的职工社保费清欠工作难以推进、职工养老保险业务未移交南宁市进行属地化管理的问题,市委统战部多次与市人社局、崇左市人力资源和社会保障局协调,共同研究、解决移交过程中出现的技术问题,指导隆安县委统战部督促浪湾华侨农场配合。至年末,浪湾华侨农场职工养老保险业务移交南宁市,实行属地化管理。 (何 俊)

港澳事务

【概 况】 2019年,南宁市与中国香港地区贸易总额252.97亿元,比上年增长10.30%;与中国澳门地区贸易总额5665.20万元,增长5.5%。商务口径实际利用港澳资金3.03亿美元。全市新设港资企业48家,总投资43.96亿美元,实际到位3.02亿美元;新设澳资企业1家,总投资43.58万美元。CEPA项目绿色通道为港澳投资者办理企业设立及变更备案审核事项61项，其中新设事项49项，涉及合同金额43.96亿美元。南宁市分别与香港机场管理局、中国银行（香港）有限公司、香港金叶子贸易有限公司、非凡中国控股有限公司签订项目合作协议。南宁东站至香港西九龙站开行始发高速动车组列车，两地首次实现直连直通，广西成为全国首个开行始发香港动车的少数民族自治区。主要存在邕港澳交流交往内容不够丰富、投资合作项目落地服务力度不足等问题。

【邕港澳交流交往】 2019年，南宁市与中国香港、中国澳门地区开展经贸、人文、教育等方面交流交往。1月，南宁市代表团赴香港、澳门开展“港澳委员活动日”活动，就邕港澳区域合作、旅游产业发展与港澳旅游管理部门座谈，宣传推介南宁旅游资源。3月，南宁市教育系统组织中小学生参加香港陈吕重德杯机器人交流赛。4月，香港职业训练局组织学生80人到南宁参加桂港文化深度行活动，与南宁职业技术学院学生交流，参与演讲比赛、派对表演、传统手工艺作坊实践，参观南宁市博物馆等。5月，南宁市经贸代表团参加2019广西对接粤港澳大湾区——走进港澳系列活动，市政府与香港机场管理局签订战略合作框架协议，与中国银行（香港）有限公司签订中银香港东南亚业务营运中心项目战略合作协议；南宁高新区管委会与香港金叶子贸易有限公司签订桂芯半导体生产基地项目合作协议；重点推进南宁华南城二期商业城、培力年产5000吨中药配方颗粒GMP生产基地异地改造等港澳投资合作项目；南宁市社会福利院应邀赴香港参加残障儿童项目培训交流，学习特殊教育先进经验；“同根同心”香港中小学生广西教育系列交流团300余人分别到南宁第四十四中学、南宁沛鸿民族中学等学校参观交流；香港官立学校教师广西交流团到南宁市第三中学初中部、滨湖路小学、逸夫小学、南宁市第二中学高中部开展教育交流活动。6月，南宁市代表团与香港机场管理局就南宁临空经济示范区规划建设、基础设施建设、招商引资等方面进行交流，在共同打造西南地区国际航运枢纽等方面达成共识；与非凡中国控股有限公司签署高端运动装备制造和健康体育社区项目合作框架协议。7月，香港代表团到南宁市参观考察那考河湿地公园、南宁·中关村创新示范基地、中银香港（南宁）东南亚业务营运中心等；南宁市教育局组团赴香港公立及私立学校，学习交流特色教育课程设置与师资培养的经验做法；南职院组团赴香港调研香港职业训练局下设院校，讨论共同举办BIM技能竞赛事宜。9月，桂港现代职业教育发展中心主办的中国－东盟职业院校学生烹饪技能大赛在南职院举行，香港及自治区内外院校15支代表队70名选手参加。11月至12月，设在南职院的桂港现代职业教育发展中心举办职业教育教师专业能力提升高级研修班，香港职业教育专家为广西68所中高职院校120名骨干教师授课。全年全市接待中国澳门入境过夜游客6.94万人次、比上年增长14.38%，中国香港入境过夜游客10.68万人次、增长19.17%。

【为港澳服务】 2019年，南宁市成立全面对接粤港澳大湾区指挥部，印发《南宁市全面对接粤港澳大湾区2019年工作方案》，探索与粤港澳大湾区深化合作新方式，深化与粤港澳在旅游、法律等服务贸易优先领域的合作，培育CEPA先行先试示范基地。市政务服务中心CEPA项目绿色通道为港澳投资者办理企业设立及变更备案审核事项61项，其中新设事项49项，涉及合同金额43.96亿美元。南宁至澳门、南宁至香港航班从每周4班增至每周7班，全年南宁至香港航班开行381班次、南宁至澳门航班开行325班次。7月10日起，南宁东站至香港西九龙站每天开行1对始发高速动车组列车，全程运行3小时59分钟，两地首次实现直连直通。 （唐若溪）

2019年4月17日至21日，香港职业训练局学生到南宁市参加桂港文化深度行活动。图为香港学生参观皇氏集团股份有限公司 覃斌 摄

台湾事务

【概 况】 2019年，中共南宁市委员会台湾工作办公室的职责划入市委统战部，保留市委台湾工作办公室（市人民政府台湾事务办公室）牌子。南宁市进一步深化邕台经贸交流合作，新增台资项目17个，新增台资企业67家。牵头指导台湾的AI智能机器人系统研发中心项目落户南宁·中关村创新示范基地，公司注册资本5000万元；组织深圳电子信息产业座谈会等面向台资企业的专题产业对接活动，推动台资企业到南宁考察10余次，达成一批电子信息、加工贸易合作意向；组织指导南宁市台商投资企业协会举办第42届西南西北地区台协会长联谊会暨第13届南宁市台协理监事就职典礼。广西首个海峡两岸交流基地落户南宁昆仑关战役旧址。南宁市连续三年被中共中央台办宣传局评为2019年度中央台办“两刊”宣传工作先进单位。主要存在邕台经贸文化等领域交流合作有待扩大，对台工作干部队伍力量有待加强等问题。

【台商台胞合法权益维护】 2019年，南宁市开展服务台商台胞“六个一”（走访一批台资企业、召开一批台商座谈会、兑现一批惠台政策、推进一批桂台合作项目、化解一批台胞投诉案件、解决一批台资企业发展问题）活动，走访调研南宁金之都农业发展有限公司、南宁泰萌农业有限公司等台企110多家，为在邕台商台企协调解决用工、用地、电线电路扩容等问题。组织全市台商台胞代表参加座谈会（联谊会）3次，推介南宁投资营商情况。贯彻落实《关于促进两岸经济文化交流合作的若干措施》《关于促进桂台经济文化交流合作的若干措施》，出台《关于促进邕台经

2019年12月18日，南宁昆仑关大捷80周年纪念活动、海峡两岸交流基地授牌仪式在昆仑关战役旧址举行　　黄小录　摄

济文化交流合作的若干措施》，推动台湾同胞在南宁投资、创业、就业、学习、生活等方面享受与南宁居民同等待遇。组织南宁创客城完成桂台青年创业基地（示范点）服务中心建设，指导两岸科技产业（广西）快车服务中心进一步完善各项功能。协调处理涉台求助、投诉纠纷20起，办结18起，结案率90%；协调解决台湾居民子女6人义务教育阶段就学问题。

【邕台交流交往】 2019年1月18日至25日，南宁市举办桂台（南宁）少数民族民俗文化交流周活动，台湾同胞50多人到南宁昆仑关风景区、武鸣区、马山县等地开展少数民族民俗文化交流联谊活动。3月25日至31日，组织南宁市农业交流团赴台湾开展现代农业和乡村旅游交流，江南区、青秀区、邕宁区、良庆区、武鸣区、横县组团赴台湾开展经贸交流。4月12日至5月14日，协助举办中华一家亲·相约美丽广西——桂台各民族欢度"壮族三月三"系列活动，台湾花莲县、宜兰县等地同胞700多人到南宁师范大学参加桂台青年欢度"壮族三月三"联欢会，花莲县秀林乡水源小学舞蹈参访团到南宁市桂雅路小学开展"壮族三月三"欢庆活动。7月8日，全国台联第十六届台胞青年千人夏令营广西特色营45人到西乡塘区美丽南方国家田园综合体参观考察；13日，全国台企联青年委员会第九期台商二代菁英特训营暨邕台青年及大学生夏令实训营在南宁·中关村创新示范基地开营，两岸学员、辅导员140多人在南宁开展为期6天的交流学习活动；18日至31日，组织马山壮族会鼓、宾阳游彩架等民俗文化项目赴台湾高雄市、花莲县等地展演；24日，台湾南投县乡土文化参访团40多人到青秀区长塘镇加踏坡台湾精品农业园参观南宁金之都农业发展有限公司火龙果基地、南宁市泰萌农业有限公司释伽基地，了解台湾水果生产、销售和特色农业产业建设情况。8月19日，第三届中华民族抗日战争史与抗战精神传承研讨会的两岸嘉宾到南宁昆仑关战役旧址举行祭奠仪式，参观昆仑关战役博物馆。8月30日至9月2日，台湾制茶工业同业公会、市台湾同胞投资企业协会的30多名台商到横县参加首届世界茉莉花大会。9月9日，第二届南宁市海（境）外人才创新创业大赛决赛中，参赛台湾同胞丁力行的"侵入式医疗器材之创新低温灭菌技术"、罗法圣的"GSOI绿色晶圆及芯片服务"获一等奖，宋祥宇的"AI智能机器人系统研发中心"项目获三等奖。9月25日，参加第十五届桂台经贸文化论坛的台湾嘉宾赴西乡塘区美丽南方休闲农业（核心）示范区、两岸科技产业（广西）快车服务中心、中国（广西）自由贸易试验区南宁片区参访交流。

【对台宣传】 2019年，南宁市与旺旺中时文化传媒（北京）有限公司联合制作的《魅力南宁》电子书2019版更新上线。协助完成台湾媒体对南宁市台商投资企业协会骨干的参访拍摄及宣传。3月16日，第28届"时报金犊奖"首场"全球创意分享会"启动，南宁昆仑关战役遗址保护管理委员会、市台办联合推送的《"南国昆仑关·海峡两岸情"南宁昆仑关抗战旅游民俗文化形象设计》入选比赛命题，并进行现场推介。组织全市台办系统上报信息、宣传短视频及调研文章163条（篇），其中自治区台办采用163条（篇），中国台湾网采用50条（篇），《广西日报》采用7篇。

【南宁昆仑关战役旧址获批设立海峡两岸交流基地】 2019年10月16日，中共中央台办、国务院台办正式批准在南宁昆仑关战役旧址设立海峡两岸交流基地，为广西首个海峡两岸交流基地。12月18日，南宁昆仑关大捷80周年纪念活动、海峡两岸交流基地授牌仪式在昆仑关战役旧址举行，民革中央有关部门负责人、有关省市民革代表、自治区及南宁市有关部门代表、抗战将领后裔代表、台湾嘉宾、在邕台商等110多人参加活动。其间，举办纪念南宁昆仑关大捷80周年植树活动、民革党员教育基地揭牌仪式、纪念昆仑关大捷80周年书画展、广西学生军图片展、抗战时期的南宁图片展、戴安澜将军抗战历程展等。（李　超）

民族事务

【概　况】 2019年，南宁市机构改革，南宁市民族宗教事务委员会（简称"市民宗委"）归口市委统战部领导，仍作为市政府工作部门，挂少数民族语言文字工作委员会牌子。市民宗委设办公室、政策法规科、经济社会发展科、宗教科，编制19名，在编19人；下属参照公务员法管理事业单位1个（南宁市少数民族语言文字服务中心），设办公室、翻译服务部，编制9名，在编8人。开展民族团结进步创建活动，新增全国民族团结进步模范集体3个、全国民族团结进步模范个人5人、自治区民族团结进步示范区（单位）7个。深化提升民族事务服务体系，南宁市被国家民委确定为"深入推进少数民族流动人口服务管理体系建设试点城市"。在自治区民宗系统率先引入第三方参与管理少数民族发展资金。全年办理公民民族成分登记变更申请496份。联合市委宣传部、市文广旅局、市委统战部等部门主办"壮族三月三·八桂嘉年华"南宁主会场活动、"我和我的祖国"大型群众歌咏、"弘扬民族文化共创民族和谐"民族文化进校园文艺展演等民族文化活动。组织考察团赴新疆维吾尔自治区、四川省、湖北省、浙江省和南宁市有关区县开展民族教育、民族语文、民族文化、少数民族干部培训等专题调研。举办市民族宗教系统2019年依法行政暨政法宗教民语业务培训班、市民族宗教工作干部培训班，培训116人；选派少数民族干部、民宗委系统干部20多人参加中共中央统战部、国家民委、自治区党委统战部、自治区民宗委举办的培训班。全市有清真食品网点200家(户),在西乡塘区白苍岭农贸市场、市清真饭店设立清真肉类供应点2个;实施清真标识牌管理,加强对清真牛肉屠宰点、供应点及清真饭店日常监管,向合格清真食品经营户发放“清真”标识牌2个。主要存在民族团结进步创建工作联动、长效机制不够完善,壮文社会使用管理及执法队伍建设亟待加强,壮语标准音推行使用工作相对滞后,区县民族宗教工作部门设置不统一等问题。

【民族团结进步创建】 2019年,市民宗委指导区县(开发区)开展民族团结进步创建活动进机关、企业、社区、乡镇(街道)、学校、宗教场所、家庭、商业街区,开展以“和谐壮乡·团结进步”为主题的民族团结进步宣传月活动。其间,举办“壮族三月三·和谐在八桂”学校民族文化教育活动、市直机关“民族团结”健身趣味运动会、“和谐壮乡三月三 民族团结美起来”手机随手拍作品征集、民族团结主题祝福语征集等文体活动1320场,发放宣传品、宣传资料21.20万份,悬挂宣传横幅3926条,制作宣传栏、墙报及板报2420幅;全市150多所学校、200多个社区开展民族团结主题活动,50多万人参与。市民宗委联合南宁广播电视台举办“石榴花开籽紧抱 同心共筑中国梦”——南宁市庆祝中华人民共和国成立70周年民族团结主题活动,会同市教育局开展“和美校园·同心筑梦”民族团结进校园活动;走访慰问南宁市“全国民族团结进步模范个人”代表,并送去“庆祝中华人民共和国成立70周年”纪念章和慰问金。在兴宁区、青秀区召开深化提升全国民族团结进步创建示范市“互观互检”活动现场观摩会,兴宁区、青秀区分别作民族团结进步创建活动工作汇报。编印民族团结模范事迹书籍,制作《民族团结花竞艳 多彩邕城共繁荣》《石榴花开》等民族团结教育宣传视频。全年举办民族团结进步创建主题交流联谊活动87场次,参与群众超过2万人次。市民宗委、国家税务总局南宁市税务局、青秀区南湖街道凤岭北社区居民委员会被国务院授予“全国民族团结进步模范集体”称号,中共马山县古寨瑶族乡委员会书记覃庆华、市公安局国内安全保卫支队机动侦查队副队长韦勇薛、中共武鸣区城厢镇平等村支部委员会书记潘庆标、南宁市师范学校附属小学校长孙红梅(女)、南南铝业股份有限公司汽车组件工程部CNC数控班班长梁万江5人被国务院授予“全国民族团结进步模范个人”称号。青秀区、宾阳县露圩镇、邕宁区蒲庙镇红星社区、青秀山风景名胜旅游区管理委员会、国家税务总局南宁市横县税务局、市明秀小学、武鸣区太平镇庆乐小学被自治区党委宣传部、自治区党委统战部、自治区民宗委命名为第三批自治区民族团结进步示范区(单位);命名横县石塘镇潘六村委小学等90家单位为南宁市民族团结进步创建活动示范单位。

【民族关系监测评价】 2019年,市民宗委有民族工作信息员200人,民族关系监测点53个。依托“13456”民族事务服务体系建设平台,市少数民族流动人员服务中心统筹协调,少数民族协调员队伍、专家顾问队伍和信息员队伍,民族干部骨干、少数民族联谊会会员、社区“民族之家”成员、志愿者服务队等排查和化解涉及民族关系的不稳定因素,充实完善少数民族社团信息资料库;组织开展“共同团结奋斗 共同繁荣发展”少数民族游南宁活动、“心连心”少数民族青年交流会等。全年未发生涉及民族因素的矛盾纠纷。

【民族事务服务体系深化提升】 2019年,市民宗委深化提升“13456”(一个中心、三级网络、四项制度、五支服务队伍、六项服务内容)民族事务服务体系,以1个服务中心、20个社区“民族之家”(少数民族流动人员服务站)、N个少数民族群众诉求和期盼为服务内容的“1+20+N”服务架构,及“真心、热心、贴心、倾心、耐心”的“五心”工作法,为南宁少数民族流动人口提供服务;重新编印《少数民族流动人口服务手册》;提升西乡塘区中华中路社区民族之家建设,重点打造“谢大姐暖心屋”。6月10日,南宁市被国家民委确定为“深入推进少数民族流动人口服务管理体系建设试点城市”,为广西唯一入选城市。7月25日,自治区民宗委在南宁市召开自治区少数民族流动人口服务管理经验交流会,市民宗委在会上作典型经验发言,全体与会人员到南宁市少数民族流动人员服务中心、西乡塘区中华中路社区及万秀村实地观摩。9月,市民宗委工作组赴新疆维吾尔自治区和田市对接交流少数民族流动人口服务管理,与和田市民宗局签订《民族宗教区域合作机制工作备忘录》,深化完善少数民族流动人员流出地和流入地“两头对接”机制。10月26日至27日,参加国家民委在辽宁省大连市召开的全国城市民族工作经验交流现场会,就南宁市少数民族流动人口服务管理经验作交流。

2019年,南宁市开展“和谐壮乡·团结进步”民族团结进步宣传月活动。图为西乡塘区华强街道水街百姓舞台活动现场 韦元福 摄

【少数民族发展资金管理】 2019年,南宁市落实国家级、自治区级、市本级少数民族发展资金5509万元,其中国家级、自治区级资金5129万元,市本级资金380万元;落实项目149个。在全市民宗系统开展“抓系统、系统抓”专项整治,集中整治2016年以来国家级、自治区级、市本级少数民族发展资金项目存在的资金闲置、项目实施程序违规、进度缓慢、项目建设质量等问题。8月至10月,抽调1人到市扶贫办脱产驻组3个月,对2016年以来实施的少数民族发展资金项目、2020年计划实施的项目进行录入核对。市民宗委在自治区民宗系统率先

引入第三方参与少数民族发展资金管理工作，安排20万元聘请广西信达友邦会计事务所有限责任公司对2018年度全市少数民族发展资金进行审计和项目核验，审计资金4809万元、总项目193个，抽查核验项目103个。

【民贸与民品生产】 2019年，市民宗委组织做好民族贸易和民族特需商品生产贷款贴息工作(贴息工作自2016年起暂停，2019年第三季度开始重新发放贴息)，市本级完成4家企业的民贸民品生产贷款审核，涉及贷款1.92亿元，第三、第四季度有20家民贸民品企业获贴息355.68万元。组织开展2019年度市本级民族特需商品生产发展专项扶持资金项目申报，召开项目评审会，15家企业参加现场评审，广西万通制药有限公司、培力(南宁)药业有限公司等12家企业获专项扶持资金260万元。开展2019年"十三五"民族贸易企业名录调整，43家企业被重新认定为民族贸易企业。配合自治区政协完成全市民贸民品现状调研。举办民贸民品工作培训班1期，培训150多人。

【少数民族特色村寨保护与发展】 2019年，市民宗委组织开展少数民族特色村寨规范管理和评估验收，按县级初验、市级复验的程序，评估验收少数民族特色村寨12个，9个村屯被评定为良好等次，并将相关验收材料报送自治区民宗委，申报第三批中国少数民族特色村寨；青秀区南阳镇施厚村古岳坡、邕宁区新江镇新江社区那蒙坡、武鸣区双桥镇八桥村大伍屯、横县校椅镇青铜村委梏僧屯、上林县巷贤镇高贤社区高磨庄、马山县古寨瑶族乡本立村古朗屯和古奔屯、马山县古零镇羊山村三甲屯、隆安县那桐镇定江村定典屯9个少数民族特色村寨被国家民委命名为第三批"中国少数民族特色村寨"，全市累计有中国少数民族特色村寨15个。

【少数民族教育】 2019年，南宁市安排少数民族教育补助资金200万元，实施项目20个。南宁沛鸿民族中学、西乡塘区那龙民族中学、邕宁区民族中学、武鸣区民族中学、横县民族中学、宾阳县思恩民族中学、上林县民族中学、上林县民族综合高中、马山县民族中学、隆安县民族中学10所独立建制的民族中学有在校初中生1.81万人，其中壮族学生1.18万人；在校高中生3176人，其中壮族学生2119人。兴宁区、青秀区、邕宁区、武鸣区、横县、宾阳县、上林县、马山县、隆安县9个壮族聚居区县92所学校(教学点)开展壮汉双语实验教学，其中壮汉双语小学(教学点)81所(个)，在校学生2.44万人(壮族学生2.21万人)，壮汉双语初级中学7所、在校生初中生1.53万人(壮族学生1.03万人)，壮汉双语高级中学4所、在校高中生1.06万人(壮族学生8960人)。南宁市筹措24万元，完善少数民族传统体育项目训练基地建设；有市第四十一中学(高脚竞速、抢花炮、蹴球)、南宁沛鸿民族中学(毽球)、武鸣区民族中学(投绣球)、市第十七中学(射弩)、上林县城关中学(板鞋竞速)5个市级少数民族传统体育项目训练基地；青秀区、横县、宾阳县、上林县建立县级少数民族传统体育项目训练基地9个，涉及珍珠球、投绣球、板鞋竞速、射弩、打陀螺等项目。南宁市实施"弘扬民族文化　共创民族和谐"行动，完善"民族教育校本课程"；会同市教育局开展民族课本教材编制、民族声乐教学、知识竞赛、书画创作等系列主题活动。

【民族语言文字工作】 2019年，南宁市将贯彻落实《广西壮族自治区少数民族语言文字工作条例》(简称《条例》)列入全市普法依法治理工作要点、全市绩效考评体系、市委党校主体班教学计划和全市新录用公务员培训内容；在市内、内蒙古自治区开展《南宁市壮文社会使用管理条例》立法调研并形成调研报告。结合中华人民共和国成立70周年、"壮族三月三"、民族团结进步宣传月等节庆活动发放《条例》及解读资料1万份；在"南宁普法在线"微信公众号开展《条例》有奖知识问答活动，1.33万人参与。市、区县涉及机构改革的1980多家机关和企事业单位的牌匾、公章、政务网站名称等规范使用壮文比例近95%；推动市第十四届人民代表大会第四次会议、政协第十一届南宁市委员会第四次会议会标首次应用壮文，推动南宁轨道交通3号线、"老南宁·三街两巷"历史文化街区安装壮文标识牌。组织开展"跟我学壮文"公益培训2期。启动南宁市壮语方言土语音频资料采集项目，形成武鸣区锣圩镇壮语音系、语法、词汇、壮语新增条目的调查报告、项目鉴定结项审批书及对应的音视频资料，采录壮语词汇音视频3000条，形成调研成果9万字。市民宗委配合市中级人民法院完成壮汉双语法官评定试点，西乡塘区、武鸣区、横县、上林县、马山县、隆安县6区县法院3名干警、12名法官被评定为"自治区壮汉双语法官"。全年为1980多家机关和企事业单位翻译牌匾、公章3332块(枚)，会标、横幅、民族团结宣传海报等230条，地名、路牌等指示牌505块，文字片段5000多字。

【中央民族大学壮侗学研究所教研基地落户武鸣】 2019年4月14日，中央民族大学壮侗学研究所教研基地在武鸣区文化馆五彩壮乡分馆挂牌，打造区域性壮民族文化品牌，推动武鸣区壮族语言文化研究。中央民族大学壮侗学研究所专家与武鸣区文化馆、骆越文化研究会、壮族五色糯米饭制作技艺传承基地人员座谈，交流探讨武鸣壮民族文化研究的资源、现状、规划。　(韦雪妍)

宗教事务

【概　况】 2019年，南宁市民族宗教事务委员会协调处理涉及宗教的有关问题，加强民间信仰活动场所规范管理，登记建档编号民间信仰活动场所378个；开展宗教政策法规宣传，参与活动近4万人次；围绕捐资助学、养老托幼、扶贫助残等社会民生热点需求，开展宗教慈善周活动；加强宗教界代表人士思想建设，每月约谈宗教界代表人士，选派宗教界人士参加自治区、市两级新春茶话会和全市民宗系统工作会议等。主要存在民间信仰工作量多面广，工作人员不足等问题。

【协调处理涉宗教问题】 2019年，市民宗委利用区县民宗局工作网络依法处置辖区内发生的非法宗教活动，协调处理涉及宗教问题。排查、整治滥塑大型露天宗教造像和乱建寺庙，依法拆除未经审批擅自建造的庙宇、佛堂。加强基督教私设聚会点管理，联合有关部门依法排查、取缔有违法活动的私设聚会点，对符合条件的私设聚会点登记为临时聚会点，无其他违法活动、暂时不符合登记条件的私设聚会点，通过依法登记的教堂以堂带点纳入规范管理。依法取缔辖区内发生的借佛道敛财、在公共场所散发宗教传单等行为。

【民间信仰活动场所登记】 2019年，南宁市贯彻落实中央关于民间信仰工作决策部署、《广西壮族自治区民间信仰活动场所管理暂行办法》，对主殿建筑面积在50平方米以上(含50平方米)或一年中单次活动规模1000人以上的民间信仰活动场所实行登记建档编号；全年登记建档编号民间信仰活动场所378个(兴宁区6个、江南区21个、青秀区28个、西乡塘区

72个、邕宁区14个、良庆区4个、武鸣区47个、横县117个、宾阳县45个、上林县6个、马山县6个、隆安县9个、南宁经济技术开发区2个、南宁高新技术产业开发区1个)。

【宗教政策法规学习月活动】 2019年4月,市民宗委组织开展宗教政策法规学习月活动,举办宗教政策法规知识现场竞答、集中测试、微信有奖竞答活动,及宗教政策法规专题培训班、座谈会;在宗教团体网站、微信公众号开设"宗教政策法规学习月活动"专栏,宣讲《宗教事务条例》及相关宗教政策法规。印发宣传资料1万多册,专题培训1000多人次,参与现场竞答、集中测试答题5000多人次,参与微信有奖竞答活动3.37万人。

2019年4月,市民宗委组织开展宗教政策法规学习月活动。图为武鸣区活动现场

温惠 摄

【宗教慈善周活动】 2019年,市民宗委以"慈善人间,助力扶贫"为主题开展宗教慈善周活动,将贫困村残疾人、空巢老人、留守儿童等特殊群体纳入慰问范围,组织市宗教团体到上林县镇圩乡排红村、澄泰乡高顶村开展扶贫助残慰问活动,向34户建档立卡贫困户捐赠大米、食用油等慰问品,向10户生活较困难残疾人家庭捐赠慰问金2000元。市佛教协会组织法师及信众开展捐助及慰问活动,向156户贫困家庭捐赠慰问金(品)6.47万元;市天主教爱国会召集教友、爱心人士向社区孤寡老人、特困户捐赠水果、米、油等物品79份。

【宗教人士队伍建设】 2019年,市民宗委约谈佛教、伊斯兰教、天主教、基督教代表人士10次;走访市天主教爱国会、青秀山观音禅寺、水月庵等宗教团体、宗教活动场所5次,协调解决水月庵僧人住房漏水等问题。春节期间,市民宗委走访慰问市佛教协会、市伊斯兰教协会、市天主教爱国会、市基督教"三自"爱国运动委员会、市基督教协会的领导、老教职人员、困难教职人员代表等30多人。9月24日,组织市宗教界在青秀山风景区观音禅寺广场举行庆祝中华人民共和国成立70周年升国旗仪式,各宗教团体教职人员、信教群众代表、区县民宗局代表等200多人参加。11月10日至15日,在湖南大学举办南宁市民族宗教工作干部培训班1期,培训46人。(韦雪妍)

编辑 覃涓铌 唐祯麟 李 康 班 铭

中国人民政治协商会议南宁市委员会

综　述

【概　况】 2019年，南宁市机构改革后，中国人民政治协商会议南宁市委员会（简称“市政协”）设市政协办公室、提案委员会、经济委员会、农业和农村委员会（新组建）、人口资源环境与城乡建设委员会、教科卫体委员会（更名）、社会法制委员会、海外联谊民族宗教委员会、文化文史和学习委员会（更名，增加联系文化艺术界等相关职责）、研究室、选举联络工作办公室11个正处级建制机构。市政协办公室设秘书科、行政接待科、人事教育科、综合科、离退休人员服务管理科（新增），8个专门委员会各设办公室，研究室设理论信息科，选举联络工作办公室设委员联络科；行政编制49名、在编53人，机关后勤服务事业编制28名、在编25人。6月，设二层单位南宁市政协信息中心（南宁政协文史馆），事业编制10名，无在编人员。有委员488人，由31个界别构成；常务委员会组成人员73人。协助市委加强党对人民政协工作的领导，建立完善以政协党组理论学习中心组学习为引领，主席会议集体学、常委会议专题学、政协讲坛系统学、委员培训集中学等相配套的学习制度体系；落实《中共南宁市委员会关于新时代加强和改进人民政协工作的实施意见》《关于加强新时代人民政协党的建设工作的实施意见》，构建“政协党组—机关党组—机关党委—基层党支部”党建管理网络。强化委员履职考核管理，出台《政协南宁市委员会委员履职考核评价办法（试行）》《政协南宁市委员会关于委员开展界别活动的实施办法（暂行）》，举办政协委员异地专题培训班2期，专题学习报告会、座谈会22期；组织引导政协委员参加公益活动500多人次，捐资捐物630多万元。聚焦市委、市政府中心工作开展协商议政，召开协商会议47次，上报调研报告56份，提交政协会议发言59篇、民主监督报告13份，收到提案517件，审查立案383件，编发《社情民意》29期。筹划建成南宁政协文史馆，上线运行南宁市“智慧政协”平台，开展庆祝人民政协成立70周年活动，出版《南宁市政协志（1950—2000）》《南宁市政协庆祝人民政协成立70周年论文集》，编印《心桥》4期、《政协工作参考》12期。市政协十一届四次会议的发言材料有12篇获市委、市政府主要领导现场批示。主要存在政协系统党的建设有待加强、建言资政和凝聚共识双向发力质量和效益不够高、委员主体作用未充分发挥、部分提案建议针对性和操作性不强、提案服务工作不够精准到位等问题。

【协商议政】 2019年，市政协召开专题议政性常委会议2次、专题协商会3次、双月协商座谈会6次、对口协商会8次、提案办理协商会28次。在完善专题议政性常委会议、专题协商会等基础上，打造“双月协商座谈会”协商品牌；建立协商成果及时报送、落实反馈、跟踪问效机制，组织督办和跟踪视察，把协商沟通贯穿提案办理全过程。聚焦全面落实强首府战略、助推西部陆海新通道建设、全面对接融入粤港澳大湾区发展、助力打赢打好脱贫攻坚战、加快生态宜居城市建设、推动产业高质量发展、服务重大项目等中心工作建言献策，上报调研报告56份，提出对策建议158条。改进大会发言工作，出台《南宁市政协大会发言工作规则》，市政协十一届四次议会的发言材料有12篇获市委、市政府主要领导现场批示。推进协商式监督，围绕降低企业成本政策落地情况、非物质文化遗产保护利用等议题开展专项民主监督，形成民主监督报告13份，提出意见建议35条；协调、推荐委员337人参加脱贫攻坚、电视问政、政府行政效能等监督活动。为民主党派、工商联和无党派人士履职建言搭建平台，党派团体提出集体提案67件，占集体提案总数88.16%；提交政协会议发言59篇、社情民意信息188条。市政协全年收到提案517件，审查立案383件、不立案134件，立案率74.08%；立案提案按期办复率100%，其中所提建议已采纳或正在解决占92.43%，列入计划拟采纳和解决占6.53%，作为工作参考占1.04%。

【庆祝人民政协成立70周年活动】 2019年9月16日，市政协举办“庆祝新中国成立70周年和人民政协成立70周年”书画摄影作品展，收到作品498幅，入展140幅（书画70幅、摄影70幅）。9月17日至18日，参加自治区政协庆祝人民政协成立70周年理论研讨会暨自治区政协工作经验交流会，市政协主席杜伟作“坚持崇尚创新　推动首府政协工作提质增效”经验交流发言。9月23日，举办庆祝人民政协成立70周年理论研讨会，围绕深刻认识专门协商机构的历史贡献和新时代的新使命主题开展研讨，收到征文88篇，精选50篇编印《南宁市政协庆祝人民政协成立70周年论文集》（其中6篇入选《广西第十一次人民政协理论与实践研讨会成果汇编》）。9月27日，举行“壮阔70年　建功新时代”诗词作品朗诵会。《南宁日报》、南宁电台开设政协委员风采系列播报10期。区县政协通过座谈会、专题宣讲报告会、书画摄影作品展、征文比赛、委员培训、委员进乡村（社区）活动、文艺演出、观看大型文献专题片、采访报道委员等方式，学习贯彻中共

2019 年 9 月 27 日，“壮阔 70 年 建功新时代”南宁市政协庆祝新中国成立 70 周年和人民政协成立 70 周年诗词作品朗诵会在市政协多功能厅举行　　市政协办公室提供

中央总书记习近平在中央政协工作会议暨庆祝中国人民政治协商会议成立 70 周年大会上的重要讲话精神，集中宣传中国共产党领导的多党合作和政治协商制度，人民政协成立 70 年来的光辉历程。

【文史馆开馆】 2019 年 2 月 1 日，南宁政协文史馆开馆。南宁政协文史馆 2017 年 12 月 29 日筹建，2019 年 1 月 31 日竣工。馆内面积 443.33 平方米，展出图片 575 张，实物 82 件，剪辑视频资料 260 分钟，收纳文史资料电子书稿 260 多万字，是集收藏、研究、展示、交流等功能于一体的综合性文化场馆，是南宁市展示中国共产党领导的多党合作和政治协商制度的重要窗口。年内接待参观 80 批次。

【“智慧政协”平台上线】 2019 年 12 月 4 日，南宁市“智慧政协”平台上线试运行，覆盖全市政协组织、各参加单位和政协委员。平台设政协云服务平台 1 个、业务系统 5 个（政协提案办理系统、委员履职评价管理系统、社情民意信息管理系统、委员履职活动管理系统、政协履职通 APP），界面设工作动态、时政要闻、热点专题、县区、党派、履职、资料等栏目，其中履职栏目设委员说、互动交流、提案管理、社情民意、会议活动、远程协商等版块，资料栏目设会议资料、视察调研、政协知识、大会发言、协商资料和媒体报道版块。

重要会议

【政协第十一届南宁市委员会第四次会议】 2019 年 2 月 14 日至 17 日在南宁人民会堂召开，应出席委员 489 人，实到 475 人。会议听取和审议政协第十一届南宁市委员会常务委员会工作报告，及常委会关于市政协十一届三次会议以来提案工作情况的报告；列席南宁市第十四届人民代表大会第四次会议，听取并讨论政府工作报告及其他有关报告；审议通过政协第十一届南宁市委员会第四次会议政治决议、常务委员会工作报告决议、政协第十一届南宁市委员会提案委员会关于提案审查情况的报告；补选唐咸兴为十一届市政协副主席，韦杰鹏、杜世霭（壮族）、熊志华为十一届市政协常务委员。其间，收到提案 498 件，立案 367 件，合并处理 29 件，转为委员来信 69 件，不予立案 33 件；收到会议发言材料 45 份；编印简报 1 期 10 份。

【市政协常务委员会会议】 2019 年，政协第十一届南宁市委员会召开常务委员会会议 7 次。2 月 12 日，第 17 次会议在市政协会议室召开，传达学习自治区“两会”精神、市委十二届七次全会精神、南宁市机构改革动员部署电视电话会议精神，审议通过《中国人民政治协商会议第十一届南宁市委员会常务委员会关于增设农业和农村委员会和调整有关专门委员会设置的决定（草案）》、人事事项。2 月 16 日，第 18 次会议在市政协会议室召开，市政协十一届四次会议秘书处材料组综合汇报各小组讨论情况，汇报委员分组审议市政协十一届四次会议政治决议（草案）、常委会工作报告决议（草案）情况；审议通过市政协十一届四次会议选举办法（草案），总监票人、监票人名单（草案），确定总计票人、计票人；审议通过补选政协第十一届南宁市委员会副主席、常务委员候选人名单；审议政协第十一届南宁市委员会第四次会议政治决议（草案）、常务委员会工作报告决议（草案）、市政协十一届四次会议提案审查情况的报告（草案）。3 月 22 日，第 19 次会议在市政协会议室召开，传达学习全国“两会”精神，审议通过《中国人民政治协商会议南宁市委员会全体会议工作规则》《中国人民政治协商会议南宁市委员会常务委员会工作规则》《政协南宁市委员会各专门委员会工作职责》及人事事项，自治区政协副秘书长、办公厅副主任班源泽作全国“两会”精神专题辅导。6 月 21 日至 22 日，第 20 次会议在市政协会议室召开，学习全国地方政协工作经验交流会精神、自治区第十一届委员会第六次全体会议精神；通报南宁市 2019 年上半年经济社会发展情况及 2019 年下半年主要工作安排、2019 年上半年市政协常委会主要工作情况；听取各视察组汇报 2019 年上半年市政协常委及部分委员视察情况汇报；邀请专家作专题辅导；审议人事事项。8 月 22 日，第 21 次会议在市政协会议室召开，学习自

2019 年 2 月 1 日，南宁政协文史馆建成开馆。图为馆内一角　　市政协办公室提供

2019 年 2 月 14 日至 17 日，政协第十一届南宁市委员会第四次会议在南宁人民会堂召开
市政协办公室提供

治区、全市年中工作会议精神，审议通过人事事项。9 月 24 日，第 22 次会议在市政协会议室召开，传达学习中共中央总书记习近平在中央政协工作会议暨庆祝中国人民政治协商会议成立 70 周年大会上的重要讲话精神、全国地方政协工作经验交流会精神、全国政协庆祝人民政协成立 70 周年理论研讨会精神、自治区政协庆祝人民政协成立 70 周年理论研讨会暨自治区政协工作经验交流会精神，通过人事事项。12 月 30 日至 31 日，第 23 次会议在市政协会议室召开，学习中共十九届四中全会精神、中央政协工作会议精神、自治区党委政协工作会议精神、市委十二届八次全会精神、市委政协工作会议精神；听取南宁市 2019 年经济社会发展情况及 2020 年主要工作安排、市政府系统办理市政协十一届四次会议提案的工作情况、2019 年党风廉政建设工作情况、2019 年度重点课题完成情况等；通报 2019 年下半年政协第十一届南宁市委员会常务委员会主要工作情况；审议通过《中国人民政治协商会议第十一届南宁市委员会常务委员会 2020 年工作要点》《政协南宁市委员会 2020 年度协商计划》《政协南宁市委员会 2020 年度重点课题调研工作计划》《中国人民政治协商会议南宁市委员会提案工作条例》、市政协十一届五次会议材料、人事事项。

【市政协专题议政性常委会议】 2019 年，政协第十一届南宁市委员会召开专题议政性常委会议 2 次。6 月 20 日，第 1 次会议在市政协会议室召开，以“进一步完善南宁市非公经济发展政策环境”为主题，针对南宁市非公经济发展政策环境存在的问题，提出提高政策针对性和实效性、建立长效机制推动政策落实、持续深化改革优化政策服务环境、广开思路多渠道解决融资难问题、规范土地利用、强化用地保障、完善体制机制破解人才问题等对策建议；部分政协委员提出优化营商环境、缓解融资难融资贵问题、降低企业成本、加强软环境建设、强化扶持创新等意见建议。9 月 24 日，第 2 次会议在市政协会议室召开，以“提升贫困村产业可持续发展水平，巩固脱贫攻坚工作成果”为主题，针对南宁市贫困村产业可持续发展存在问题和困难，提出推动贫困村产业规模化、市场化、品牌化，加快贫困村产业组织化发展，扩大农产品销售，加强农村人才建设和科技服务，完善贫困村产业发展政策措施，健全可持续发展长效机制等对策；部分政协委员提出发展种养结合的循环农业、加强政策扶持引导促进土地持续健康流转、精心培育致富带头人、加强产业链条的前后延伸、提高产业抗风险能力、建立健全农产品供销机制等意见建议。

主要工作

【政治协商】 2019 年，市政协组织重点课题调研组、政协委员、民主党派代表、专家学者、市直有关部门领导围绕“进一步完善南宁市非公经济发展政策环境”“提升贫困村产业可持续发展水平，巩固脱贫攻坚工作成果”召开专题议政性常委会 2 次，围绕《南宁市地下综合管廊管理条例(草案第三次审议稿)》《南宁市特种行业治安管理条例(修订草案征求意见稿)》“加快西部陆海新通道建设，助推南宁渠道升级”召开专题协商会 3 次，围绕“发挥港澳金融和法律的优势作用，助推建设面向东盟的金融开放门户南宁核心区”“开发建设邕江下游经济带，促进县区经济发展”“积极培育科技创新主体”等议题召开双月协商座谈会 6 次，围绕“在医养结合工作中充分发挥医疗机构作用”“农村饮水安全巩固提升工程”等议题召开对口协商会 8 次，召开提案办理协商会 28 次。制定《南宁市政协大会发言工作规则》，市政协十一届四次会议的《关于加强扶贫小额信贷风险防范的建议》《关于提高防范“垃圾围城”风险能力的建议》《主动融入粤港澳大湾区加快推进南宁国际化进程和产业布局》《关于进一步推进南宁市科技型中小微企业发展的建议》《关于优化南宁市营商环境，助力民营中小企业高质量发展的建议》《关于积极推进公园城市建设的建议》等 12 篇发言，获市委、市政府主要领

2019 年 9 月 24 日，政协第十一届南宁市委员会常务委员会 2019 年第二次专题议政性会议召开，围绕“提升贫困村产业可持续发展水平，巩固脱贫攻坚工作成果”建言献策　市政协办公室提供

导现场批示。全年提出对策建议158条。9月3日至4日，组团赴贵州省贵阳市参加昆明南宁贵阳与红河桂林黔南"3+3"政协跨区域协商会议，围绕"聚力'一带一路'，深化开放合作，协力打造旅游深度融合大走廊"主题进行交流探讨，通过《昆明南宁贵阳与红河桂林黔南"3+3"政协跨区域协商会议制度（草案）》，签订《加快推进昆明南宁贵阳红河桂林黔南六市（州）文化旅游产业融合发展合作框架协议》。

【民主监督】 2019年，市政协组织政协委员开展降低企业成本政策落地情况、非物质文化遗产保护和利用、乡村教师支持计划实施情况、促进科技成果转化应用等专项民主监督，形成民主监督报告13份，提出针对性意见建议35条。建立政治协商成果及时报送、落实反馈、跟踪问效机制，将部分重点协商议题转化为民主监督议题，组织督办和跟踪视察，持续跟进打造环大明山生态旅游圈、聚焦黑臭水体治理、消火栓建设与管理，其中《关于打造环大明山生态旅游圈的建议》被列为自治区政协重点提案，获自治区政府领导领衔督办。拓展民主监督形式，协调、推荐政协委员337人参加脱贫攻坚、电视问政、政府行政效能等监督活动。全年收集社情民意信息220条，编发《社情民意》29期。

【参政议政】 2019年，市政协深入民主党派、工商联开展调研，定期召开座谈会听取意见建议，党派团体提出集体提案67件，占集体提案总数88.16%；提交政协会议发言59篇、社情民意信息188条，其中各民主党派市委会在市政协第十一届四次会议的《关于优化南宁市营商环境，助力民营中小企业高质量发展的建议》《关于加强扶贫小额信贷风险防范的建议》《关于进一步重视青少年心理健康的建议》《关于加强"百里秀美邕江"维护和管理的几点建议》《解决贫困村农产品销售"难"，推进产业扶贫可持续发展》《关于提高防范"垃圾围城"风险能力的建议》等发言材料获市委、市政府主要领导指示。举办"港澳委员活动日"，组织港澳台侨委员到南宁学习考察、投资兴业，开展扶贫捐赠活动。组织市政协代表团赴粤港澳大湾区考察，与香港特别行政区、澳门特别行政区旅游管理部门、市政协港澳委员座谈区域合作、旅游产业发展；到珠海市横琴新区考察，并召开市政协港澳委员座谈会，传达学习中共十九届四中全会精神，中央、自治区党委政协工作会议精神，广西实施强首府战略工作会议精神，通报南宁市2019年前三季度经济社会发展情况和市政协主要工作情况，播放中国（广西）自由贸易试验区南宁片区宣传片，听取港澳委员对南宁经济社会发展及政协工作意见建议。邀请区县政协主席列席市政协常委会、区县政协工作座谈会，联合区县政协开展重大课题调研和视察。

【调研与视察】 2019年，市政协制定《南宁市政协加强和改进调研工作实施办法》，根据年度重点课题调研计划，开展"解剖麻雀"式调查研究（通过深入研究具体典型，从中找出事物的规律），形成《关于我市"加快西部陆海新通道建设、助推'南宁渠道'升级"的调研报告》《关于我市"加快推进现代物流产业发展、深度融入西部陆海新通道建设"的调研报告》《关于围绕提升贫困村产业可持续发展水平、巩固脱贫攻坚工作成果的调研报告》《关于推进我市乡村风貌提升工作的调研报告》《关于促进科技成果转化应用的调研报告》等调研报告8份呈报市委，获市委主要领导批示。组织民主党派代表、市政协委员开展扫黑除恶专项斗争工作视察，提出意见、建议27条。全年上报调研报告56份。

【提案征集与办理】 2019年，市政协收到提案517件，审查立案383件、不立案134件，立案率74.08%。立案提案按期办复率100%，其中采纳或正在解决占92.43%，列入计划拟采纳和解决占6.53%，作为工作参考占1.04%。《关于将南宁教育园区打造成自治区"教产学研"融合示范区的建议》列入自治区政协2019年重点提案，督办情况获自治区党委、政府主要领导批示，提案涉及的南宁教育园区年末累计投入100亿元，开工建设院校13所，启动招生办学院校3所。《以产业园区高质量发展为抓手，促进实体经济高质量发展的建议》《关于加快我市农村土地流转服务体系建设的建议》《关于优化营商环境助力民营中小企业高质量发展的建议》《关于进一步推进南宁市科技型中小微企业发展的建议》《关于实现产业扶贫可持续发展的建议》《关于易地扶贫搬迁后续扶持稳定发展的建议》《关于支持电商企业参与脱贫攻坚的建议》《关于进一步提升我市财政扶贫资金监管水平的建议》《关于提高防范"垃圾围城"风险能力的建议》等提案获市政府、市工信局、市农业农村局、市科技局、市发展改革委、市扶贫办、市商务局、市财政局、市金融办、市城管综合执法局等单位采纳，部分建议被纳入《关于提升自主创新能力促进产业优化升级发展的若干政策措施》《南宁市农村土地承包经营权流转管理暂行办法》《南宁市科技创新支撑产业高质量发展三年行动计划（2019—2021）》《南宁市生活垃圾分类工作考评办法》《南宁市生活垃圾分类操作指南》等政策文件之中。《关于打造环大明山生态旅游圈的建议》有关建议被《广西壮族自治区旅游业发展"十三五"规划修编（2019—2020年）》采纳。市政府根据《关于加快市政工程施工进度，尽快打通"断头路"的建议》加快推进道路畅通工程建设，按时打通银杉路、茶花园路等"断头路"；五象新区管委会根据《关于加快建设五象新区城区商业设施的建议》完善五象新区功能配套研究；市交通运输局采纳《关于在南宁市开通"定制公交"提升公共交通服务水平的建议》，搭建网约公交服务平台，开通定制公交线路16条，网约定制公交线路3条。

【文史资料编纂】 2019年，市政协编纂出版《南宁市政协志（1950—2000）》《南宁市政协庆祝人民政协成立70周年论文集》；编发以2019年全国"两会"精神、"不忘初心、牢记使命"主题教育、中共十九届四中全会专题学习为主要内容的《学习参考资料》4期8000余册；编印《心桥》4期、《政协工作参考》12期。

【理论研究】 2019年，市政协建立完善以政协党组理论学习中心组学习为引领，主席会议集体学、常委会议专题学、政协讲坛系统学、委员培训集中学相配套的理论学习制度体系，开展大调研3轮，举办政协讲坛6期。开展庆祝人民政协成立70周年理论研讨会，收到征文88篇，精选50篇编印《南宁市政协庆祝人民政协成立70周年论文集》；获自治区政协采纳并入选《广西第十一次人民政协理论与实践研讨会成果汇编》6篇。参加自治区政协庆祝人民政协成立70周年理论研讨会暨自治区政协工作经验交流会，市政协主席杜伟作"坚持崇尚创新　推动首府政协工作提质增效"经验交流发言。

（市政协办公室）

编辑　覃涓铌

南宁年鉴

中国共产党南宁市纪律检查委员会 南宁市监察委员会

综　述

【概　况】 2019年，中共南宁市纪律检查委员会机关、南宁市监察委员会(2018年1月成立)合署办公，简称“市纪委监委”，一套机构、两个机关；设办公室、组织部、宣传部、研究法规室、党风政风监督室、信访室、案件监督管理室、第一监督检查室、第二监督检查室、第三监督检查室、第四监督检查室、第五监督检查室、第六监督检查室、第七审查调查室、第八审查调查室、第九审查调查室、第十审查调查室、第十一审查调查室、案件审理室、技术监督室、纪检监察干部监督室、反腐倡廉教育基地管理中心、反腐倡廉信息教育中心，编制105名，在编83人。全市有市、区县纪律检查委员会、监察委员会13个，其中市本级1个、区县12个。市纪委监委派驻机构28个，其中单独派驻纪检监察组13个、综合派驻纪检监察组14个、派出纪工委1个；县纪委监委设派驻机构43个，城区纪委监委设派驻机构29个；乡镇设纪委102个，街道设纪工委25个。全市在职纪检监察干部930人，其中市纪委监委机关83人，派驻机构89人；区县纪委监委机关306人，区县纪委监委派驻机构201人；南宁高新技术产业开发区、南宁经济技术开发区、广西－东盟经济技术开发区、纪检监察机构28人，乡镇纪委189人，街道纪工委34人。全市处置反映问题线索7188件，立案2227件，给予党纪政务处分1474人，其中县处级干部33人、乡科级干部342人，移送检察机关50人。查处违反中央八项规定精神问题78起，给予党纪政务处分133人，通报曝光32批次54起。持续深化扶贫领域腐败和作风问题专项治理，立案审查432件，给予党纪政务处分304人。巡察发现问题线索787条，转立案148件，给予党纪政务处分111人。宣传报道纪检监察各项重点、亮点工作，在中央级媒体刊发稿件26篇、自治区级739篇、市本级2795篇。在主流媒体通报曝光典型案例17批次53起，组织观看警示教育片2883场次，受教育人数14万人次。主要存在个别党组织落实主体责任担当意识还不够强，落实重大决策部署不够及时到位；少数党员干部心存侥幸，纪律意识淡漠，顶风违纪违法问题依然存在，形式主义、官僚主义问题时有发生等问题。

【“两个责任”落实】 2019年，市委、市纪委在全市深入开展“书记引航担使命”主题活动，制定“10项制度、10个带头从严”，开列任务清单59项。深化主体责任清单动态管理，完善“一清单一公示一记实一述职一考评一问责”工作机制。全市各级纪检监察机关推进三项改革(纪律检查体制改革、国家监察体制改革、纪检监察机构改革)、“三不”(不敢腐、不能腐、不想腐)机制，高质量推进“三转”(转职能、转方式、转作风)。建立“一月一监督清单”(每月开列一个监管清单)制度，每月梳理监督任务和具体内容。开展“书记引航担使命”主题活动，突出“书记抓、抓书记”，重点突出6类问题32项具体内容，开列正负面清单，严明责任追究情形方式，着力纠治在“三大攻坚突破年”等重点工作、重大项目、重要活动中以及在中央脱贫攻坚专项巡视反馈意见整改、中央扫黑除恶督导反馈意见整改等专项工作中不敬畏、不在乎、喊口号、装样子的错误表现，严肃查处空泛表态、应景造势、敷衍塞责、出工不出力等形式主义官僚主义突出问题，推动政令畅通。聚焦“七个有之”(搞任人唯亲、排斥异己的有之；搞团团伙伙、拉帮结派的有之；搞诬告、制造谣言的有之；搞收买人心、拉动选票的有之；搞封官许愿、弹冠相庆的有之；搞自行其是、阳奉阴违的有之；搞尾大不掉、妄议中央的也有之)，严肃查处违反政治纪律问题24起，处分13人。查处党内失职失责问题62个，问责党组织4个、领导干部68人。对1428人次、131个单位开展廉政审查。实践运用监督执纪“四种形态”6669人次，其中第一种形态5139人次、占77.05%，第二种形态1246人次、占18.68%。

重要会议

【中共南宁市第十二届纪律检查委员会第五次全体会议】 2019年2月20日，中国共产党南宁市第十二届纪律检查委员会第五次全体会议在市委、市政府会议中心召开。出席会议的市纪委委员39人，列席274人。自治区党委常委、市委书记王小东出席全会并讲话。会议以习近平新时代中国特色社会主义思想为指导，全面贯彻落实中共中央十九大精神，深入学习贯彻十九届中央纪委三次全会、自治区纪委十一届五次全会、市委十二届七次全会部署，总结2018年纪检监察工作，研究部署2019年工作；审议通过《忠诚履职尽责　勇于担当作为　推动新时代首府南宁纪检监察工作高质量发展》工作报告、全会公报。

【专项工作推进会】 2019年4月26日，市纪委监委召开工作推进会，对中央脱贫攻坚专项巡视反馈意见整改、专项治理工作进行再部署、再推进、再落实。会议传达自治区深化扶贫领域腐败和作风问题专项治理工作推进会精神、专项巡视反馈意见南宁整改工作领导小组会议精神，通报市纪委监委巡视整改阶段性工作情况。

【联席会】 2019年6月28日，市纪委监委召开联席会，安排部署深化扶贫领域腐败和作风问题专项治理、扫黑除恶专项斗争监督执纪问责工作。会议传达自治区纪委监委"抓系统、系统抓"专项整治工作座谈会精神、市扫黑除恶领导小组第九次(扩大)会议精神，通报上半年深化扶贫领域腐败和作风问题专项治理工作情况和联席成员单位移交扶贫领域问题线索情况、扫黑除恶专项斗争监督执纪问责工作情况。市发展改革委等14个问题线索"零移交"扶贫职能部门、驻市委统战部等11个扶贫领域"零立案"纪检监察组作表态发言，市公安局等3个单位就扫黑除恶专项斗争工作开展情况作发言。

主要工作

【作风建设】 2019年，南宁市落实中央八项规定及其实施细则精神，密切关注享乐主义、奢靡之风的隐形变异问题，紧盯元旦、春节、壮族"三月三"、清明、"五一"、端午等重要节日，组织人员通过实地暗访、筛查发票、电话抽查等方式，深挖细查"四风"(形式主义、官僚主义、享乐主义、奢靡之风)问题，严肃整治领导干部利用名贵特产类特殊资源谋取私利、私车公养、"小金库"等突出问题。督促制定出台《南宁市党政机关公务用车管理实施细则》等制度性文件。保持高压态势，查处顶风违纪者、不收敛不收手者，通报曝光典型问题。全市查处违反中央八项规定精神问题78起，给予党纪政务处分133人，通报曝光32批次54起。

【审查调查】 2019年，南宁市各级纪检监察机关处置反映问题线索7188件，立案2227件，给予党纪政务处分1474人，其中县处级干部33人、乡科级干部342人，移送检察机关50人。每月通报市纪委监委各监督检查审查调查部门、纪检监察组和区县纪委立案数及人均办结数情况。实践运用监督执纪"四种形态"6669人次。健全衔接配合机制，制定《南宁市纪委监委监督检查审查调查措施使用办法(试行)》等制度办法。做好全市外逃人员、失联人员、失踪人员"大摸底、大清理"。制定《南宁市纪检监察机关审查调查安全目标责任制度》《南宁市纪检监察机关审查调查安全隐患处置办法》《南宁市纪检监察机关审查调查突发事件处置预案》《南宁市纪检监察机关审查调查安全工作岗位职责》《南宁市纪检监察机关"走读式"谈话管理办法》《南宁市纪检监察机关审查调查安全责任追究办法》审查调查安全"六项制度"。成立南宁市反腐倡廉教育基地管理中心，抓好留置场所规范化建设，筑牢审查调查安全防线。

【扶贫领域腐败和作风问题专项治理】 2019年，南宁市持续深化扶贫领域腐败和作风问题专项治理，立案432件，给予党纪政务处分304人。对照中央巡视反馈涉及纪检监察机关的2个方面7个问题，制定整改方案，抓好整改落实。做好中央巡视组移交信件的办理，抓好中央脱贫攻坚专项巡视通报突出问题和共性问题整改。建立纪检监察组与驻在部门"四项机制"(定期会商、重要情况通报、线索联合排查、联合监督执纪)，破解"零移交"问题，市直有关扶贫责任部门移交线索49条。开展"抓系统、系统抓"和"九项重点任务"专项整治，发现问题2019个，制定整改措施1785项。在江南区、上林县、隆安县推行乡村干部及其亲属涉权事项公开，从源头上治理优亲厚友、以权谋私等扶贫领域不正之风和腐败问题，全力保障打赢脱贫攻坚战。深入开展惩腐打伞，落实案件协查、线索移送等9项协作配合机制，出台《南宁市压实深挖涉黑涉恶腐败和"保护伞"问题责任签字背书制度》《南宁市关于进一步完善涉黑涉恶问题线索双向移送反馈的工作制度》等制度，进一步压紧夯实公安侦查阶段、检察院审查起诉阶段、法院审判阶段的发现移送问题线索职责。建立领导包案制度，组成12个督导组到12个区县开展中央扫黑除恶督导反馈意见整改落实督导。

【政治巡察】 2019年，南宁市巡察发现问题线索787条，转立案148件，给予党纪政务处分111人。推动巡察全覆盖，开展市十二届党委第五、第六轮巡察，完成市委巡察全覆盖任务80.80%；12个区县完成全覆盖任务67%(不含村)，完成对村(社区)党组织巡察全覆盖任务87.40%。扶贫专责小组成员单位巡察覆盖率89.40%，对贫困村巡察覆盖率98.30%。加强巡视巡察整改情况的巡察监督，督促邕宁区、上林县、马山县做好自治区党委第三巡视组脱贫攻坚专项巡视反馈问题整改。制定《市委巡察工作领导小组规则》等3项工作规则，建立巡察机构与纪检监察、组织、审计等部门协调配合机制。建立区县巡察工作重大事项报备审核等制度，规范区县巡察。

【监督教育管理】 2019年，南宁市加强理想信念和道德教育，开展勤廉榜样选树宣传、"一地一特色"廉政文化创建、庆祝中华人民共和国成立70周年廉政文化作品征集等活动，涵养清正廉洁价值理念。宣传报道纪检监察各项重点和亮点工作，在中央级媒体刊发稿件26篇、自治区级739篇、市本级2795篇。强化警示教育，在全市公安系统开展"以案为鉴、以案促改"专项整治警示教育，在主流媒体通报曝光典型案例17批次53起，组织观看警示教育片2883场次，受教育14万人次；组织330多名党员干部到市中级人民法院开展"以案为鉴"旁听庭审警示教育活动。完成南宁市反腐倡廉警示教育馆升级改造，组织240批次1.47万名党员干部到现场接受警示教育。

【"两重两问"工作】 2019年，南宁市围绕贯彻落实党委市政府重大决策部署不坚决、不到位、形式主义官僚主义、职能部门责任缺失、全面从严治党不力等问题，加大问责力度。市"两重两问"工作机构将服务中国－东盟博览会、中国－东盟商务与投资峰会工作和城市水环境综合治理、黑臭水体治理、"美丽南宁·整洁畅通有序大行动""美丽南宁·幸福乡村"、2019年苏迪曼杯世界羽毛球混合团体锦标赛筹备、中华人民共和国成立70周年大庆重点项目、严防非洲猪瘟防控措施落实、防汛工作措施落实等市委、市政府的重大部署落实情况列入"两重两问"监督检查问责问效工作范畴，开展督查77次，发现督促问题整改117个，发出督办(挂牌督办)函12份。针对黑臭水体治理中不及时落实整改责任的单位和个人进行约谈，约谈责任单位7个、责任人15人。

【电视问政】 2019年，南宁市通过南宁电视台直播《向人民承诺——电视问政》节目10期，督促解决问题113个，问责7人。

(林世才)

编辑　唐祯麟

中国国民党革命委员会南宁市委员会

【概 况】 2019年，中国国民党革命委员会南宁市委员会（简称"民革南宁市委会"）设办公室、组织科、宣传科、联络调研科，内设参政议政工作委员会、对台工作委员会、妇女工作委员会3个专委会；编制13名、在编11人，工勤编制1名、在编1人。下设青秀区、江南区、兴宁区、西乡塘区4个总支部，邕宁区、良庆区等21个基层支部，党员455人（具有高级、中级专业技术职务任职资格250人），其中经济界135人，科技、教育界106人，医卫界78人，行政机关100人，其他36人。党员中担任中国国民党革命委员会广西壮族自治区委员会（简称"民革广西区委"）副主委1人，民革广西区委常委1人；自治区人大代表1人，市人大代表6人（常委1人），城区人大代表6人（常委1人）；自治区政协委员1人，市政协委员21人（常委3人），城区政协委员34人（常委6人）；南宁市政府参事1人，城区副区长2人；受聘担任各级特邀监察员、执法监督员、行风评议员14人。完成20个基层支部换届，新成立西乡塘四支部、青秀五支部，取消南机支部。全年发展新党员21人。认真履行参政议政、社会服务、民主监督等职能。主要存在基层组织活力需加强、社会服务工作有待提升等问题。

【思想建设】 2019年，民革南宁市委会以"不忘合作初心，继续携手前进"主题教育活动为抓手，开展"同心"大讲坛活动4次。到昆仑关抗战旧址、贺州市中共广西省工委旧址等地开展实地考察学习。举行庆祝中华人民共和国成立70周年"初心如磐、使命在肩"朗诵会、"爱国歌曲大合唱"等系列活动，参加民革广西区委庆祝中华人民共和国成立70周年演讲比赛、市政协书画摄影作品展等活动。出版《南宁民革》报4期，在网站、微信公众号发表报道100多篇、图片140多张，刊印"民革党员之家"板报20多板，建成"民革党员之家"5处。青秀总支新竹司法所"民革党员之家"获全国"优秀民革党员之家"表彰，全国人大常委会副委员长、民革中央主席万鄂湘率队到青秀区新竹司法所"民革党员之家"考察调研并揭牌；全国政协副主席、民革中央常务副主席郑建邦率队到西乡塘区老木棉·匠园"民革党员之家"考察调研。良庆支部与民革苏州第十二支部、上海杨浦区文教二支部结对共建友好支部。组织17名新党员参加广西民革全自治区新党员培训班；选派6名党员、专干赴河北大学参加南宁市民主党派骨干培训班；1名优秀党员到中央社会主义学院参加民革中央的基层骨干培训班；1名党员到中央社会主义学院参加第五期民革非公经济人士坚持和发展中国特色社会主义培训班；3名党员参加民革广西实职干部提升履职能力培训班；1名专干参加南宁市春季主体班培训、1名专干参加中青年干部培训班。

【参政议政】 2019年，民革南宁市委会聚焦中心工作和人民群众普遍关注的热点难点问题，深入开展调研，积极建言献策。在2019年度政党调研协商座谈会上，承担的中共南宁市委重点课题《南宁市柑橘产业发展情况调研》获中共自治区党委常委、市委书记王小东肯定，要求有关部门充分研究吸纳相关意见建议。市人大、政协"两会"期间，提交提案25份（集体提案13份、个人提案12份），其中2份集

2019年9月28日，民革南宁市委会举行庆祝新中国成立70周年系列活动之"初心如磐 使命在肩"朗诵会

刁男男 摄

体提案获政协重点督办提案。《关于加强扶贫小额信贷风险防范的建议》《关于加强“百里秀美邕江”维护和管理的几点建议》获中共自治区党委常委、市委书记王小东批示,《关于加强扶贫小额信贷风险防范的建议》建议被市扶贫办采纳。参加中共南宁市委、市政府、市政协召开的专题协商会 8 次。各支部、党员上交提案建议 100 多篇,上报社情民意、统战信息近 90 条,被民革中央、民革广西区委,南宁市各级党委、政府、政协采纳 30 多条。

【社会服务】 2019 年,民革南宁市委会围绕推动“七个一批”“七大工程”要求,开展社会服务,持续参与隆安县上孟村、马山县北屏村等贫困村的脱贫攻坚,配合民革广西区委开展“共建陆海新通道 助力广西新发展”——民革全国企业家广西交流合作大会,强化平台和品牌建设,开展活动约 30 次,投入资金物资约 28 万元。其中,筹集善款 5 万元用于武鸣区罗圩镇弄七村“同心桥”修建;到江南区延安镇小学开展“同心·送温暖”助学活动;深入一线,为中华人民共和国成立 70 周年及中国 - 东盟博览会、中国 - 东盟商务与投资峰会基层维稳安保执勤人员送慰问物资;为隆安县屏山乡上孟村公益性清扫人员送清扫工具;为马山县里当瑶族乡北屏村贫困户捐赠生活用品;向南宁市老年人门球协会捐赠 3 万元;向昆仑关管委会捐赠 3 万元用于开展民俗文化旅游节;开展关爱抗战老兵活动,2 次组织基层党员慰问市贫困抗战老兵 30 人,筹集爱心款项及慰问品 6 万余元;春节、重阳节,慰问老党员,探望住院和行动不便、有实际困难党员,赠送慰问资金及物资 4 万元。

【对台工作】 2019 年,民革南宁市委会深入贯彻中共十九大精神和中共中央总书记习近平关于深化两岸经济文化交流合作的重要思想,组织党员学中共中央总书记习近平在《告台湾同胞书》发表 40 周年纪念会上的讲话精神,学习国务院《关于促进两岸经济文化交流合作的若干措施》文件精神。与昆仑关管委会合作,多次与民革中央、民革广西区委、中共南宁市委、市政府协调沟通,推动昆仑关战役旧址获国台办批准为广西首个“海峡两岸交流基地”,民革中央“民革党员教育基地”等。参与昆仑关大捷 80 周年活动;与到访的民革沈阳市委会就涉台工作座谈交流;接待台湾新同盟会主任、新北分会会长翁三隆带领的第十一届“台湾新同盟会赴大陆参访团”一行;上报涉台社情民意 2 条。　（何　鹰）

中国民主同盟南宁市委员会

【概　况】 2019 年,中国民主同盟南宁市委员会(简称“民盟南宁市委会”)设办公室、组织科、宣传科、社会服务科,内设文化教育委员会、科技卫生委员会、法制经济委员会、综合联络委员会 4 个专委会;编制 14 名、在编 12 人,后勤控制数 1 名、在编 1 人。下设兴宁区、江南区、青秀区、西乡塘区 4 个基层委员会,邕宁区、良庆区、武鸣区、横县 4 个总支部、31 个支部。有盟员 757 人(新发展 32 人),其中具有高级、中级专业技术职务任职资格 587 人,教育界 456 人、医卫界 83 人、行政界 104 人、经济界 45 人、法律界 12 人、非公经济类 57 人。盟员当选自治区人大代表 1 人,市人大代表 7 人,区县人大代表 8 人;担任自治区政协委员 3 人,市政协委员 21 人,区县政协委员 44 人。开展政治思想教育,部署课题调研,履行参政职能;提交集体提案 5 件,报送宣传信息 72 篇,报送社情民意信息 107 条。主要存在思想建设需加强,参政履职能力、建议献策质量有待提高,组织建设结构、活力有待优化提升,社会服务影响有限等问题。

【思想建设】 2019 年,民盟南宁市委会以习近平新时代中国特色社会主义思想为指导,学习贯彻中共十九大及十九届二中、三中、四中全会精神,中共中央总书记习近平新型政党制度理论,民盟十二届二中、三中全会精神,中共南宁市委十二届七次、八次全会精神。开展“不忘合作初心,继续携手前进”主题教育,举办新盟员培训班、基层组织负责人培训班等,组织盟员学习统一战线理论、民盟历史和多党合作历史;组织盟员参观“中共广西省工委旧址纪念馆”、邓颖超纪念馆、西柏坡纪念馆、中共中央旧址、李家庄中共中央统战部旧址、中国统一战线历史陈列馆等传统教育基地。编印《南宁民盟》庆祝中华人民共和国成立 70 周年专刊及“不忘合作初心,继续携手前进”主题教育活动专刊,组织盟员撰写统战理论研究论文,完成民盟中央教育论坛、民盟中央法治论坛、西部盟务工作会议、中国民主同盟广西壮族自治区委员会(简称“民盟广西区委”)、市政协等相关征文撰写 42 篇。举办民盟南宁市委 2019 年参政议政与宣传信息工作培训班,培训基层骨干信息员 50 余名。在民盟市委网站上发布宣传报道 72 篇,在微信公众号上发布信息 25 篇。

【参政议政】 2019 年,民盟南宁市委会印发《关于进一步加强反映社情民意信息工作的实施意见》,落实社情民意信息工作通报和鼓励制度;制订参政议政课题申报计划;优化立项课题分工,推进立项课题调研工作,跟踪 2018 年重点课题采纳落实情况和 2019 年重点课题成果转化进展情况。完成立项课题 14 项及盟员自主课题 8 个,抓好“市委出题、党派调研”的重点课题《全域旅游视角下南宁旅游与关联产业的共融发展》调研,以及“培养工匠型人才”“加强城市黑臭水体治理”等市委会课题和民盟广西区委定向课题、合作课题调研;协助民盟广西区委重点课题和民盟四川攀枝花、梧州市委在邕调研工作。在南宁市重点课

2019 年 12 月,民盟南宁市委会赴西宁市、银川市就“培养工匠型人才”课题开展实地调研
林融娟　摄

题政党协商会、经济工作专题协商会上，分别就“旅游关联产业”“安居工程资金使用”等方面建言献策；参加市政协双月协商会，就“关于我市文化场馆建设利用”进行专题发言。市政协十一届四次会议期间，报送大会发言材料和集体提案5件，委员提案32件；在市十四届人大四次会议上，盟员人大代表提交建议案8件，其中“关于农村饮水安全工程运行管理的议案”获市人大常委会立案办理。向民盟广西区委报送议政建言论坛征文12篇，报送民盟中央第七届教育论坛征文1篇，报送民盟中央第三届法治论坛论文2篇。报送反映社情民意信息107条，获市级以上单位采用14条，其中《关于大力加强新农合定点民营机构监督管理的建议》获自治区副主席黄俊华批示，《关于加强我市县区社区矫正工作队伍建设的建议》《关于加大民营企业家培训力度的建议》《关于加强“家庭医生”建设的建议》3条信息获市长周红波批示，《关于做好统战工作的建议》获民盟中央采用，《关于加强“家庭医生”建设的建议》《关于大力发展互联网+居家养老的建议》《进一步加强预防儿童性侵，保护儿童安全》《关于加快推进我国特殊教育学校建设发展的建议》《关于农村饮水安全工程运行管理的建议》《关于解决南宁市非急救患者提供转运服务问题的建议》《关于加快广西中高职贯通培养进程的建议》7条信息获中共自治区党委统战部采用。盟员中的各级人大代表、政协委员以及各级受聘“四员”参加有关视察调研、民主评议、听证会、电视问政以及各级廉政会议，深入脱贫攻坚一线参加脱贫攻坚民主监督，参加市人大关于“产业扶贫”的专题询问和“停车场管理条例”的立法评估并提出建设性意见。

【社会服务】 2019年，民盟南宁市委会开展“同心·农村教育烛光行动”，先后组织优秀教师20人到邕宁区清泉中学、西乡塘区坛洛中学、隆安二中、隆安中学、田东县城北小学开展支教调研、中考备考和考前心理辅导活动，受助学生2000余人；支持优秀盟员教师在国定贫困县的隆安中学挂职支教，帮助该校2019年高考取得历史性突破好成绩；加强与北京四中网校南宁分校联系，促成南宁十中与之合作，助力教育均衡发展。开展“同心·关爱社会”活动，在万力社区、新锦社区、望州南社区、兴宁区大乌村等地开展迎春送春联、义诊送药、法律咨询等社会服务活动，受益群众2000多人次；推进“黄丝带”帮教活动，3次组织盟内人大代表、政协委员及法律界人士参加新康监狱开放日活动，帮助引导监狱服刑人员。选派1名科长到市扶贫办参与脱贫攻坚；参加统战系统扶贫助困“三下乡”活动，到武鸣区锣圩镇弄七村开展“同心桥”建设调研，组织盟员企业参与帮扶活动，引导鼓励基层组织和盟员开展助力脱贫攻坚。

（薛　冉）

中国民主建国会南宁市委员会

【概　况】 2019年，中国民主建国会南宁市委员会（简称“民建南宁市委会”）设办公室、组织科、宣传科、社会服务科，内设议政调研委员会、企业与社会服务委员会、妇女委员会、文化艺术委员会、法律委员会5个专委会；编制9名、在编9人，后勤控制数1名；下设直属、兴宁区、江南区、青秀区、西乡塘区总支部5个，支部18个；有会员516人（新发展20人），其中具有高级、中级专业技术职务任职资格241人，在职会员382人，其中公有经济界76人、新的社会阶层180人（含非公经济人士103人）、其他126人。会员担任中国民主建国会广西壮族自治区委员会（简称“民建广西区委”）委员5人（常委1人）；当选全国人大代表1人，市人大代表4人，城区人大代表6人（副主任1人）；担任自治区政协委员5人（常委2人），市政协委员21人（常委5人），城区政协委员35人（副主席1人、常委7人）；受聘担任各级特邀监察员、执法监督员、行风评议员8人。提交集体提案9件，其中2件获市领导督办；报送宣传信息70多篇，报送社情民意信息33条；整合资源开展贫困帮扶，开展帮扶活动6次，协调帮扶资金52.30万元。主要存在年轻后备干部队伍和企业家队伍培养建设有待加强，参政议政和建言献策水平和质量有待提高，机关制度建设有待健全完善等问题。

【思想建设】 2019年，民建南宁市委会学习贯彻中共十九大及十九届二中、三中、四中全会精神，中共中央总书记习近平对广西工作的重要指示批示、题词精神以及中共中央庆祝改革开放40周年大会，中共自治区党委十一届五次、六次全会，中共南宁市委十二届七次全会和各级统战工作会议精神；开展“不忘合作初心，继续携手前进”主题教育活动。召开庆祝中华人民共和国成立70周年大会，开展主题教育学习辅导，表彰先进基层组织、优秀会员，举行文艺会演。组织各级人大代表、政协委员及骨干会员和新会员等30人，联合民建玉林市委会、民建防城港市委会赴中国（海南）改革发展研究院举办2019年思想政治建设与履职能力提升培训班；组织2人参加民建广西区委在福建省举办的参政议政培训班；组织6人参加中共南宁市委统战部在河北大学举办的南宁市民党派骨干成员培训班；组织1人参加中共自治区党委统战部在广西社会主义学院举办的自治区职业教育代表人士培训班；组织4人参加民建广西区委在厦门大学举办的广西民建企业家会员培训班；组织3名会员参加民建广西区委举办的“新时代新思想·民建会章会史”知识竞赛。向市政协报送“庆祝人民政协成立70周年”理论研究文章5篇，入选《2019庆祝人

2019年10月19日，民建南宁市委会召开庆祝中华人民共和国成立70周年大会

邓行　摄

民政协成立70周年论文集》2篇；向中共南宁市委统战部报送统战理论研究成果6篇；向民建广西区委报送“建言践行与履职能力”主题征文3篇；报送重大会议活动、特色亮点信息70多篇，其中民建中央网站采用15篇，民建广西区委网站采用49篇、民建广西区委杂志采用42篇，《南宁统战信息》刊物采用15篇、中共南宁市委统战部网站采用8篇，市政协网站采用34篇。分获民建中央授予的民建脱贫攻坚先进集体、民建广西区委授予的“新时代新思想民建会章会史”知识竞赛优秀组织奖。

【参政议政】 2019年，民建南宁市委会开展《依托大数据开展精准产业招商对策研究》重点课题调研。参加市政府工作报告征求意见、经济工作征求意见座谈会及市政协召开的专题调研协商、双月协商会议，分别围绕旅游资源开发可行性、教育产业园区建设、进一步完善南宁市非公经济发展政策环境、加大落实非公经济发展政策执行力度、做大做强南宁市上市公司、助推南宁市乡村风貌提升、《南宁市出租汽车客运管理条例(修订草案)》《南宁市地下综合管廊管理条例(草案三次审议稿)》等议题提出意见建议。在十四届市人大四次会议上提交议案、建议6件，在市政协十一届四次会议上提交集体提案9件、委员提案42件。大会发言《关于优化南宁市营商环境，助力民营中小企业高质量发展的建议》获市委书记、市长批示，被列为重点提案和优秀提案并获市政协主席领衔督办；《关于在非公企业构建和谐劳动关系的建议》被列为重点提案和优秀提案，获市政协副主席领衔督办；个人提案《关于设立南宁市企业破产专项资金的提案》获评优秀提案。向民建广西区委投标议政调研课题11篇，其中《依托大数据开展精准产业招商对策研究》入选民建广西区委重点课题，《加快处置低效工业用地促进产业园区高质量发展的研究》《深化职业教育产教融合，促进校企合作的研究》2篇入选民建区委中标课题；报送社情民意33条，其中被民建中央采用3条，获市政府领导批示9条，获市政协领导批示2条。

【社会服务】 2019年，民建南宁市委会组织开展企业培训、政策解读、项目推介、法律宣传服务、节日慰问、捐资助学、扶贫助困等社会服务活动。联合举办“服务本土民营企业用地”政企交流座谈会，向企业征求《南宁市工业用地公开出让管理办法(征求意见稿)》修改意见，详细解读相关工业用地规定，帮助会员企业了解掌握相关政策；携手南宁市红十字会及会员企业到马山县白山镇兴华村开展新春扶贫慰问，送价值3560元的慰问品、6000元慰问金；引导155名会员(含会员企业)捐款5.85万元援助武鸣区锣圩镇弄七村“同心桥”建设；协助中华思源工程扶贫基金会芭莎公益慈善基金，获取30万元项目建设资金，在南宁市选取3所贫困地区小学开展“芭莎课后1小时”公益项目；协助民建广西区委开展“2019年思源·盛邦助学金”活动，帮助1名家庭贫困应届高中毕业生申领到7000元助学金；与中共马山县委统战部协作，向马山县白山镇、乔利乡、百龙滩镇等250户受灾农户赠送价值10万元的大米、食用油、棉被等物资；携手中华思源工程扶贫基金会帮帮公益平台筹款4.77万元为马山县白山镇兴华小学购置校服、书包等文体用品；携手“同心”品牌示范基地——广西北部湾书画院在林里桥中段小学举办2019年世界海洋日暨全国海洋宣传日主题系列活动，1100余名学校师生参与；携手广西规划馆、民建广西区文化艺术委员会、民建南宁市文化艺术委员会共同举办“同心”民建讲坛暨首期“划说广西”大讲堂活动，200余人参加；联合民建景德镇市委会、中共良庆区委统战部共同主办“同心向党——景德镇陶瓷艺术作品展”。

(邓　行)

中国民主促进会南宁市委员会

【概　况】 2019年，中国民主促进会南宁市委员会(简称“民进南宁市委会”)设办公室、组织科、宣传科、社会服务科，行政编制11名、在编9人，后勤控制数1名、在编1人。下设兴宁区、江南区、青秀区、西乡塘区、邕宁区、良庆区总支部6个，支部35个。会员557名(新发展8名)。其中，具有高级、中级专业技术职务任职资格468人；教育界359人，科学技术、医药卫生、文化艺术、新闻出版等界别47人，经济界45人，新的社会阶层人士21人，人大、政府、政协、党派、司法、工商联等机关61人，团体3人，其他21人。会员担任市人大代表6人，区县人大代表6人；自治区政协委员2人(常委1人)，市政协委员24人(副主席1人、常委3人)，城区政协委员47人(副主席1人、常委9人)；会员中，有全国模范教师1人，全国优秀教师1人，全国维护妇女儿童权益先进个人1人，自治区特级教师6人，自治区劳动模范2人，自治区先进工作者1人，自治区三八红旗手1人，南宁市劳动模范2人，南宁市专业技术拔尖人才2人，南宁市巾帼建功标兵1人。担任处级以上领导干部8人，担任科级干部35人。提交集体提案13件，其中2件获市领导督办；报送宣传信息112篇，报送社情民意信息69篇，编辑出版《南宁民进》会刊4期；开展贫困帮扶活动10次，协调帮扶资金3万余元。会员曾兰在教师节前夕获自治区主席陈武亲切慰问；会员罗晓聪、伍东波获自治区特级教师称号；江南区五一支部、市一职校支部获“民进全国先进基层组织”称号，会员李荣军、潘艳梅获“民进全国组织建设先进个人”称号。主要存在参政议政人才队伍建设力度有待加强，建言献策的质量亟待提升，组织建设规范化有待提高等问题。

2019年10月20日，民进南宁市委会在当当书店举办南宁民进“同心讲堂”——南宁名师讲坛教育文化沙龙活动　黄兴灵提供

【思想建设】 2019年,民进南宁市委会以习近平新时代中国特色社会主义思想为指导,深入学习贯彻中共十九大及十九届二中、三中、四中全会和民进十四届二中全会、民进广西区十一届三次全会精神,开展“不忘合作初心,继续携手前进”主题教育,召开班子集体学习会3次,列席中国民主促进会广西壮族自治区委员会(简称“民进广西区委”)领导班子集体学习会,组织常委学习中心组专题学习;发动常委、总支部负责人、机关科级干部撰写学习体会文章,18篇文章在南宁民进网站、会刊刊登;举办民进南宁市委会主题教育座谈会、报告会,200多名会员聆听报告;组织40多名基层组织负责人到五一支部共建社区学习、观摩主题活动开展;组织20多名基层宣传骨干赴梧州开展主题教育暨宣传思想、理论研究学习培训活动,与梧州民进基层组织开展主题读书会。各级组织围绕主题教育开展活动40多场次,民进南宁市委会编辑出版《主题教育活动纪实》。组织学习中共中央总书记习近平在庆祝中华人民共和国成立70周年大会上讲话、在中央政协工作会议暨庆祝中国人民政治协商会议成立70周年大会上讲话精神;参与《广西民进简史》《南宁市政协志》编纂;组织会员参加市政协、市统战理论政策研究论文征集,获市政协“庆祝人民政协成立70周年理论征文”优秀组织单位;组织会员参加市政协庆祝中华人民共和国和人民政协成立70周年诗词作品朗诵会获一等奖,参加广西民进庆祝中华人民共和国成立70周年书画摄影展;会员李华汉、李雪红受邀参加民进广西区委“我和我的祖国”教育文化论坛并做主题演讲;组织老会员到“美丽南方”开展“九九重阳不忘初心”庆祝中华人民共和国70华诞暨敬老节活动。报送宣传信息112篇,获国家级、自治区级、市级主流媒体采用60篇,编辑出版《南宁民进》会刊4期,在南宁民进网站、公众号推送图文信息108条。选送案例6篇参加民进全国基层组织活动案例评选。组织40多名基层负责人到桂林市委党校举办基层骨干培训班;推荐17名会员参加中共自治区党委统战部、中共南宁市委统战部和民进广西区委开展的培训班。探索将“同心讲堂”活动从南宁孔庙向外延伸,联合南宁二中支部在当当书店举办“同心讲堂”——南宁名师讲坛教育文化沙龙活动。11月,成立武鸣区支部。全年发展新会员8名。

【参政议政】 2019年,民进南宁市委会承担重点课题《促进南宁市产业园区高质量发展研究》,形成调研报告并在南宁市政党调研协商座谈会上作专题发言。民进南宁市委会在政协大会发言《解决贫困村农产品销售“难”,推进产业扶贫可持续发展》获市政府主要领导批示;集体提案《关于打造面向东盟的航空中心,深度参与国际陆海新通道建设的建议》得到市发改委、广西机场管理集团、南宁经开区管委会等多部门重视并召开联合办理协商会;集体提案《关于有效利用村级公共文化服务中心的建议》入选市政协“南宁市文化场馆建设和利用情况”双月协商座谈会并作重点发言;委员提案《关于探索建设“老人食堂”纳入南宁市“为民办实事”项目的建议》得到落实,南宁“长者饭堂”试点启动。市政协十一届四次会议期间,提交大会发言3件、集体提案13件、第五委员小组提案1件、委员提案19件,2件集体提案获市领导督办。市人大十四届四次会议期间,提交或参与提交议案、建议21件。紧扣全市中心工作,面向专委、基层组织开展2019年立项课题申报,立项重点课题5项,普通课题9项。发动会员参与民进广西区委课题立项,获A类立项1个、B类立项3个,其中2个课题的成果被推荐为自治区政协会议的大会发言和集体提案,1个课题的成果被推荐为自治区政协会议集体提案以及报送民进中央的提案素材。向民进广西区委、市政协、中共南宁市委统战部报送社情民意信息69篇,有43篇次获批示和采用,1篇信息稿件获国家有关部门采用。市长周红波、市政协主席杜伟对市委会提交的5篇信息作7次批示;中共南宁市委宣传部、南宁日报社邀请市委会到南宁云全媒体中心联合召开推进南宁市“网红城市”建设座谈会,研究落实《关于打造“网红城市”提升城市形象的建议》。信息获中共自治区党委、自治区政协、中共自治区党委统战部采用3篇,民进广西区委采用18篇,中共南宁市委、市政协采用14篇。

【社会服务】 2019年,民进南宁市委会联合市政协、市文联、市政协第五委员小组(民进界)到深度贫困村——隆安县南圩镇南兴村开展“促脱贫、助春耕·委员在行动”主题活动,组织会员企业南宁汉和生物科技股份有限公司为南兴村捐赠价值1万元的桑树专用增效氮肥;联合市文联组织会内外书法家深入南圩镇南兴村开展“文化惠民·新春送温暖”活动、联合各总支部到社区以及会员企业开展“春联万家”活动12场,免费书写春联2800多幅,服务基层群众约3000人;到隆安县那桐镇下邓村调研“稻田—小龙虾共养”养殖基地产业扶贫项目;到武鸣区锣圩镇弄七村活动开展“同心桥”建设调研,组织会内律师参与“三下乡”服务;组织非公企业会员到马山县龙头村开展扶贫助学活动,捐赠助学金6000元。兴宁区总支部给五塘镇永宁村贫困生家庭赠送3000元助学金和慰问品;江南区五一支部携手南宁市轨道交通集团、南宁市娃哈哈创客中心向辖区低保户、五一中路学校学生赠送牛奶250件。组织2位南宁市优秀心理教师前往隆安县粤桂小学开展“教育扶贫·民进在行动”支教活动;联合民进广西区委到隆安县南圩镇初级中学开展“法律下乡、送课下乡”活动。民进南宁市委会与青秀区红十字会联合在青秀万达广场开展“生命之约·大爱传递”主题宣传活动,宣传无偿献血、造血干细胞捐献、应急救护知识。江南区总支部、江南区五一支部与五一中路社区坚持开展共建活动,持续打造“同心·文化进社区”品牌;兴宁区总支部与北宁社区携手开展庆“六一”亲子运动会等社区文化共建活动。 (黄子琳)

中国农工民主党南宁市委员会

【概　况】 2019年,中国农工民主党南宁市委员会(简称“农工党南宁市委会”)设办公室、组织科、宣传科、社会服务科,内设医药卫生与人口工作委员会、文化教育工作委员会、经济科技与环境工作委员会、妇女工作委员会、老龄工作委员会、中青年党员联谊会6个专委会,编制10名、在编9人,后勤控制数1名、在编1人。下设兴宁区、江南区、青秀区、西乡塘区、邕宁区、良庆区总支6个,基层支部34个;党员708人(新发展34人,其中具有高级、中级专业技术职务任职资格499人),医卫界379人,教育界98人,财税界46人,科技界23人,文化出版界10人,法律界12人;环保界3人,国有经济27人,非公经济28人;机关73人;其他9人。党员任中国农工民主党广西壮族自治区委员会(简称“农工党广西区委”)委员5人(常委1人);当选自治区人大代表1人,市人大代表8人,区县人大代表8人(副主任3人、常委2人);担任自治区政协委员2人,市政协委员24人(常委4人);城区政协委员46人(副主席1人、常委9人);担任南宁市政府参事1人,受聘任自治区、南宁市、城区政府及有关单位特邀监察员、执法监督员、行风评议员等9人。党员中获“第一届广西十佳

2019年4月25日，农工党南宁市委会召开2019年基层组织换届工作动员会

严用明　摄

女医生奖”1人、“广西优秀女律师”1人，“广西建筑业优秀建造师”1人，“南宁市优秀班主任”1人，“南宁市优秀护士长”2人，“广西医药卫生适宜技术推广奖二等奖”1人，“2019年南宁市自然科学优秀论文二等奖”1人，“2019年南宁市自然科学优秀论文三等奖”1人，“南宁市D类高层次人才”10人，“南宁市E类高层次人才”5人。报送宣传信息70多篇，报送社情民意信息115条；在市人大、政协“两会”提交集体提案14件，其中2件获市领导重点督办；开展贫困帮扶活动5次，协调帮扶资金6万余元。主要存在后备干部队伍培养建设有待加强、参政议政和建言献策水平及质量有待提高、机关制度建设有待健全和完善等问题。

【思想建设】 2019年，农工党南宁市委会以习近平新时代中国特色社会主义思想为指导，深入贯彻落实中共十九大及十九届二中、三中、四中全会精神和中共中央总书记习近平对广西工作的重要指示精神，深入开展“不忘合作初心，继续携手前进”主题教育，认真学习贯彻鹿心社书记在广西实施强首府战略工作会议上的讲话精神。发动党员参加农工党广西区委“庆祝中华人民共和国成立70周年、人民政协成立70周年文艺会演”并选送4个节目参演；参加农工党中央、农工党广西区委和农工党南宁市委会举办的“同心共祝祖国好”随手拍摄影展活动，征集手机摄影作品1635张，入展作品155张。制作的“不忘合作初心，继续携手前进”微视频作品被选送在农工党中央微信公众号平台上展播。创作作品参加农工党广西区委“庆祝中华人民共和国成立70周年、人民政协成立70周年书画摄影展”。参加由市政协举办的庆祝中华人民共和国成立70周年和人民政协成立70周年诗词作品朗诵会，选送节目《祖国啊，我亲爱的祖国》获三等奖。农工党江南总支支委班子、农工党经开区支部党员、农工党市一医院支部分赴湖南韶山、上海、广东惠州开展“不忘合作初心，继续携手前进”主题教育活动；农工党邕宁区总支组织观看爱国主题电影《攀登者》；组织采写、征集和报送宣传、信息稿件70多篇并在《南宁日报》用半个版面宣传市委会工作成效；在农工党南宁市委会网站和微信公众号发布、更新信息80多篇，被农工党中央网站采用70余篇，农工党广西区委网站、区委微信公众号采用近80篇，《南宁统战信息》等采用10余篇，《前进论坛》采用1篇；收集报送统战理论研究文章10余篇。完成38个基层组织（城区总支6个、基层支部32个）换届选举，发展新党员34名。在广西师范大学举办“不忘合作初心，继续携手前进”主题教育活动暨基层组织、专委会负责人及骨干党员培训班，培训新任基层组织负责人、专委会班子成员和骨干党员40多名。选派7名骨干党员参加中共南宁市委统战部在河北大学举办的南宁市民主党派骨干成员培训班。组织20名新党员参加农工党广西区委在广西大学举办的2019年自治区新党员培训班。

【参政议政】 2019年，农工党南宁市委会及党员中的各级人大代表、政协委员在各级“两会”期间，提交议案、提案、建议99件，其中自治区人大3件，自治区政协5件，市人大8件，市政协27件，城区人大1件，城区政协41件。农工党南宁市委会提交《关于加强南宁市体医融合发展的建议》等14件市政协集体提案和《关于加强我市青少年结核病防控工作的建议》等4件市政协全会大会发言，作《关于提高防范“垃圾围城”风险能力的建议》口头发言。大会发言《关于提高防范“垃圾围城”风险能力的建议》《关于进一步重视青少年心理健康的建议》获市领导批示。《南宁市中医药健康旅游产业发展研究》作为重点调研课题获中共南宁市委批准，召开专题调研座谈会，邀请市文化广电旅游局和市卫健委的领导及党员中的相关专家讨论研究，实地考察广西药用植物园、海王药业、东盟经开区民族医药众创空间，9月课题结题报中共南宁市委，在2019年度政党协商座谈会上汇报课题研究成果。重点课题《南宁市农村人居环境情况调查》课题组分别到武鸣区、横县、上林县开展实地调研，走访座谈30个村，形成调研报告并在2020年市政协大会发言。《关于提高防范“垃圾围城”风险能力的建议》《关于进一步加快我市民营经济发展的建议》2件集体提案分别获市领导领衔重点督办。市委会承担的农工党广西区委课题《关于加强保健品（食品）会销形式管控的建议》转化为自治区政协集体提案，获自治区政协重点督办。报送社情民意信息稿件115件，其中《改革创新提质增效成为年度主题，政协工作进入“高质量”发展的新阶段》被中央相关部门采用。农工党南宁市委会被农工党广西区委评为“反映社情民意信息工作先进集体”，4人被评为“反映社情民意信息工作先进个人”。

【社会服务】 2019年，农工党南宁市委会专题研究“同心”品牌品质提升工作，对“同心基地”建设开展多次调研，完成对中尧社区“同心讲堂”提质升级。组织非公企业党员到武鸣区锣圩镇弄七村开展扶贫工作调研。并为该村筹集捐款5万元，用于修建同心桥。农工党南宁市文教委邀请南宁育才实验中学的6名专家，到马山县林圩三中开展“同心”助考活动，为林圩三中、林圩一中、片联初中等学校的中考备考出谋划策。农工党经开区支部和农工党市二医院支部党员赴上林县塘红乡马里村，开展中秋“送温暖”扶贫慰问及免费义诊活动。经开区支部捐资1万余元购买500千克大米、400升花生油、200千克月饼送给150户贫困户，市二医院支部党员现场为200多名村民提供义诊服务。农工党江南区综合支部组织党员到江西镇安平村，慰问扶贫挂职干部和贫困老人。　（扈　倩）

中国致公党南宁市委员会

【概　况】2019年，中国致公党南宁市委员会（简称“致公党南宁市委会”）设办公室、组织科、宣传科，内设参政议政委员会、海外联谊工作委员会、中青妇联谊工作委员会、老龄党员联谊委员会、监督委员会、经济科技专委会，编制7名、在编6人，后勤控制数1名、在编1人。下设兴宁区、江南区、青秀区、西乡塘区、邕宁区、良庆区6个总支部和武鸣华侨投资区1个直属支部，支部14个。党员421人（新发展15人，转出1人，去世2人），其中具有高级、中级专业技术职务任职资格306人；大学文化程度以上244人；归侨、侨眷、港澳台属及其他有海外关系人士271人；中上层人士355人。科技、教育界119人；经济界110人；医药卫生界71人；文艺及新闻出版6人；党政机关界99人；其他16人。党员任致公党中央委员1人；中国致公党广西壮族自治区委员会（简称“致公党广西区委”）委员2人（副主委1人）；当选自治区人大代表1人，市人大代表9人，区县人大代表7人（副主任2人）；担任自治区政协委员2人，市政协委员19人（副主席1人、常委3人），区县政协委员39人（副主席2人、常委7人）；受聘担任自治区人民检察院特邀监察员1人。市人大、政协“两会”上，提交集体提案7件，其中获市领导领衔重点督办2件。报送宣传信息72篇，报送社情民意信息93条；开展贫困帮扶活动30余次，协调帮扶资金245万余元。获致公党中央“对外联络工作”优秀集体。主要存在新形势下参政履职的能力有待提高，高质量发展党员工作能力不足等问题。

【思想建设】2019年，致公党南宁市委会深入推进学习贯彻中共十九大及十九届二中、三中、四中全会精神和习近平新时代中国特色社会主义思想，学习贯彻落实致公党上级组织相关会议精神，把思想政治学习作为保持信心、坚定决心和更广泛凝聚共识的思想引领，提高全市致公党员的思想共识。党员报送市委会网站简讯72篇，在《南宁日报》上刊用同心专版1期稿件、通讯稿件1篇；组织发动党员撰写征文、理论文章11篇，选送90余件作品参与各类各级组织举办的书画摄影展。获市政协庆祝人民政协成立70周年理论征文优秀组织单位。以专题学习、骨干培训等形式，组织开展我国新型政党制度相关知识学习，深入推进“解放思想、改革创新、扩大开放、担当实干、推动经济社会高质量发展”主题讨论活动；以征文、书画摄影展、创建“致公党员之家”、举行归侨老党员代表和留学归国人员党员代表座谈会等形式，组织党员参加致公党广西区委、市政协、中共南宁市委统战部举办的庆祝中华人民共和国成立70周年、人民政协成立70周年纪念晚会、诗词作品朗诵比赛等系列庆祝活动；以座谈研讨、现场教育形式推进“不忘合作初心，继续携手前进”主题教育活动向纵深开展。为解决长期以来基层组织和党员缺乏学习、活动场地问题，在侨界企业家陈政陪支持下，市委会在南宁市正培五金机电有限责任公司综合楼建设南宁市首个“致公党员之家”，设有学习室、书画馆、KTV室、舞蹈训练室、游泳池、气排球、乒乓球馆、八段锦练习馆等多功能场所，活动场地面积1680平方米。致公党广西区委将“致公党员之家”作为基层组织联系点。9月，致公党中央常务副主席蒋作君率队视察调研“致公党员之家”，肯定建设党员之家的做法和成绩。在致公党广西各市组织和南宁市各民主党派中率先成立监督委员会，开展《中华人民共和国监察法》学习和警示教育。

【参政议政】2019年，致公党南宁市委会在南宁市政党协商座谈会、经济工作专题协商会和市政府组织的《政府工作报告》征求意见座谈会等专题协商会上，就南宁和钦北防互建飞地经济合作区以及“规划建设南宁市国际陆港”等提出建议，得到中共南宁市委、市政府领导的肯定，其中重点课题调研成果“规划建设南宁国际陆港”建议被市委市政府出台《关于全面落实强首府战略的实施意见》采纳。2018年重点课题所有转化成果交由相关职能部门落实，立项专题调研5个、支部调研15个。在市人大、政协“两会”期间，提交人大建议材料9件，政协提案16件，提交大会发言2件，集体提案7件，2件提案被列为市领导督办重点提案、1件大会发言获市领导批示。报送社情民意93篇，获中共中央统战部信息刊物采用3篇，全国政协采用2篇；中共自治区党委鹿心社书记批示1篇。

【社会服务】2019年，致公党南宁市委会以产业扶贫、科技扶贫、教育扶贫为抓手，鼓励党员发挥专长助力精准扶贫，各基层组织或个人参与扶贫公益等社会服务活动30余次，捐助资金物品价值245万余元，惠及群众2000余人。选派机关专职副主委参与南宁市脱贫攻坚民主监督等专项工作。为海外及港澳台侨商到南宁开展项目考察和招商引资做好引介、服务30多人次。促成世茂海峡发展公司投资125.99亿元。

【境外联谊】2019年，致公党南宁市委会接待联系海外华人华侨、港澳台同胞12批次130余人次。组织“经贸洽谈和文化交流代表团”出访菲律宾和文莱，出席菲律宾中国洪门致公党总部庆祝成立119年暨新届职员就职典礼和参加“凝心聚力·共促‘一带一路’建设”座谈会，召开投资环境推介洽谈会介绍广西、南宁的经济社会发展概况以及广西、南宁的侨情，与文莱斯里巴加湾市中华总商会共同签署《合作关系备忘录》。持续主办“同心筑梦·情系桑梓”马来西亚华裔青少年冬令营活动，加强对东南亚各国侨资源的联谊对接工

2019年12月8日至15日，致公党南宁市委会举办“同心筑梦·情系桑梓”2019年马来西亚华裔青少年南宁冬令营　　蒋光朝　摄

作，邀请来自美国、英国、法国、加拿大、匈牙利、菲律宾、文莱、马来西亚等国家的20多位侨商侨领参加首届“一带一路”侨商侨领交流合作大会和第16届中国—东盟博览会、中国—东盟投资峰会；推荐2名海外嘉宾作为特邀嘉宾出席市政协十一届四次会议。　　　　（李　茜）

九三学社南宁市委员会

【概　况】 2019年，九三学社南宁市委员会（简称“九三学社南宁市委”）设办公室、组织科、宣传科、科技社会服务科，内设参政议政委员会、科技经济委员会、妇女工作委员会、法律工作委员会、企业家联谊委员会，编制8名、在编6人，后勤控制数1名、在编1人。下设城区委员会2个、支社13个，基层组织15个，在册社员393人（新发展社员25人，具有高级、中级以上专业技术职务任职资格332人），其中工程技术界138人、医药卫生界69人、政府机关67人、教育界34人、财政经济28人、农林14人、文化艺术1人、党派机关8人、科学研究11人、法律7人、其他16人。社员当选市人大代表8人（专委会委员4名），城区人大代表8人；担任自治区政协委员2人，市政协委员18人（副主席1人、常委3人），城区政协委员30人（常委8人）；担任监督员6人，其中南宁市第一批市委督查专家库成员3人，市执法监督员1人，市检察院人民监督员1人，市政府督学1人。年内，获九三学社组织工作先进集体、九三学社机关正规化建设交叉检查工作组织奖、九三学社广西区委2017—2019年度参政议政工作先进集体、九三学社广西区委2017—2019年度宣传思想工作先进集体、九三学社广西区委2019年度信息工作先进集体一等奖、九三学社广西区委2019年度理论征文优秀组织奖。在市人大、政协“两会”上提交集体提案8件，其中1件获中共南宁市委主要领导签批，2件获市领导督办；整合资源开展贫困帮扶活动6次，协调帮扶资金21万余元。主要存在高端人才发展困难、代表性人士相对较少、建言献策水平仍需提高、社会服务仍需深入挖掘等问题。

【思想建设】 2019年，九三学社南宁市委深入学习贯彻习近平新时代中国特色社会主义思想，组织社员参与社中央网络专题政治辅导、广西统一战线新时代讲习所、广西统一战线网络学院学习培训，通过常委会、常委扩大会、骨干社员培训等集中学习形式带动自主学习，组织会议精神、讲话精神学习活动17次。3月26日，九三学社中央思想政治工作调研组到广西调研，九三学社南宁市委做加强分析研判、抓好“两课”丰富学习内容等经验介绍。开展《九三学社南宁市委员会“不忘合作初心，继续携手前进”主题教育活动》《庆祝中华人民共和国成立70周年与中国新型政党制度确立70周年活动》，各基层组织聚焦九三学社南宁市委思想建设、组织建设、履职能力建设、作风建设等方面梳理问题，召开领导班子“不忘合作初心，继续携手前进”主题民主生活会，认真开展批评与自我批评，提出整改措施；抓住“五四”运动100周年、中华人民共和国成立70周年暨多党合作和政治协商制度确立70周年等重要时间节点，开展召开一次座谈会、组织一次主题征文、编排一个精品节目、举办一次气排球赛的“四个一”系列庆祝活动。朗诵节目《忆往昔风雨同舟，共携手美好明天》在南宁市政协“庆祝中华人民共和国成立70周年与中国新型政党制度确立70周年”诗词朗诵会上获三等奖和优秀组织奖。更新网站信息76篇次，出版社讯4期，向九三学社中央、中共自治区党委统战部、九三学社广西壮族自治区委员会（简称“九三学社广西区委”）、南宁市政协、中共南宁市委统战部等报送信息稿件76篇，其中61篇次被采用。在《南宁日报》同心·美丽南宁专版刊发《不忘初心跟党走牢记使命勇担当》，参与九三学社广西区委参政党理论研究课题招投标活动，《九三学社组织文化建设研究》获九三学社广西区委2019年度参政党理论研究中标课题优秀成果二等奖。九三学社南宁市委召开2019年理论研究工作会议，撰写报送理论研究文章27篇，其中8篇获九三学社广西区委2019年度理论研究优秀征文二等奖、三等奖。

【参政议政】 2019年，九三学社南宁市委参加党委出题·党派调研重点课题协商会、全市经济工作协商会、《政府工作报告》征求意见座谈会、市政协双月协商会等中共南宁市委、市政府、市政协组织召开的协商会、座谈会等，提出加快建立南宁市黑臭水体治理长效机制、推动地铁小镇规划建设等意见建议被采纳。市人大、政协“两会”期间，提交集体提案8件，其中大会发言《关于进一步推进南宁市科技型中小微企业发展的建议》，获中共自治区党委常委、市委书记王小东，市长周红波批示，副市长朱会东领衔督办。市政协将推进南宁市科技型中小微企业发展作为重要议题，召开“积极培育科技创新主体”双月协商会，九三学社南宁市委作重点发言，集体提案《关于黑臭水体治理需要建立长效机制的建议》由副市长李建文领衔督办。自治区、市、城区人大、政协“两会”期间，各级人大代表、政协委员提交议案、建议、提案71件。承接党委出题、党派调研重点课题《关于促进我市建筑施工企业健康发展》并形成调研报告。开展基层组织年度调研课题招投标工作，完成招标课题12个；收集上报社情民意信息59条，被采用33条，其中《运用地理标志商标推动县域经济高质量发展》获中共自治区党委常委、市委书记王小东批示，《关于我市农业高质量发展的建议》获市长周红波、市政协主席杜伟批示，《关于在南宁地铁路线图上增加站

2019年10月28日，九三学社南宁市委、九三学社广西区委组织医疗专家前往隆安县都结乡平养村开展送医送药义诊活动　　陈庚新　摄

点简化标识的建议》《关于拦截学校多媒体设备植入广告的建议》《关于加快完善我市人行天桥及地下过街交通设施的建议》获市政协主席杜伟批示。

【社会服务】 2019年,九三学社南宁市委发挥界别特色,整合资源优势开展帮扶,捐资5万元用于武鸣区锣圩镇弄七村6座机耕桥建设;协调社员企业向隆安县都结乡平养村捐赠价值11.80万元的太阳能路灯一批;联合南宁水电设计院到邕宁区那楼镇中山村开展脱贫攻坚、乡村振兴活动;前往隆安县都结乡平养村开展送医药义诊活动,赠送药品价值3000多元,诊治群众150人次;参与市统战系统"三下乡"活动暨民主党派同心扶贫助困工程活动。出资4万元帮扶武鸣区甘圩镇唐历村修建总容量120立方米饮用水柜,解决3000名村民饮水问题。组织农业等相关领域骨干社员,参加以"推进现代特色农业高质量发展"为主题的九三学社中央第21次科学座谈会;组织社员参加九三学社中央举办的"科普中国——科学大咖面对面"讲座,与中国科学院院士刘忠范面对面,了解石墨烯最新科研成果。 (刘潇潇)

南宁市工商业联合会

【概 况】 2019年,南宁市工商业联合会(总商会)简称"市工商联",设办公室、会员部、联络部、经济咨询部,编制12名、在编13人,工勤编制1名、在编1人。直属正科级事业单位1个(市工商联会员服务中心),编制5名,在编4人;有区县工商联(商会)12个,所属商会277个(其中乡镇、街道商会114个,异地商会79个,行业商会39个,其他商会45个),会员1.35万名。会员当选自治区人大代表1人,市人大代表14人,区县人大代表28人;担任自治区政协委员12人,市政协委员61人,区县政协委员509人。年内,主要以非公有制经济健康发展和非公有制经济人士健康成长为工作主题,认真做好非公有制经济人士思想政治工作,充分发挥政府管理和服务非公有制经济的助手作用,在引导非公有制经济人士参与脱贫攻坚、光彩事业,以及维护非公有制企业合法权益、为非公有制企业解决融资难问题、加强所属商会改革等工作中取得了突出成绩。主要存在服务会员的方式方法不够优化,效果不明显;工商联自身建设有待加强,对基层工商联、商会的联系指导不够等问题。

【参政议政】 2019年,市工商联组织所属民营企业参与全国工商联民营企业问卷调查7次,填报问卷1584份。组织137家企业参与全国工商联上规模民营企业调研,37家企业入围2019广西民营企业100强,20家企业入围2019广西民营企业制造业100强。开展2018年度民营企业社会责任调研,完成自治区工商联下达的组织20家民营企业填报的任务并上报3家企业的优秀案例。开展市委重点课题《关于大力发展农产品深加工产业的建议》调研活动,向市委上报调研报告;编撰《2018年南宁市非公有制经济发展报告》。向市政协十一届四次会议提交集体提案4件,其中《关于支持电商企业参与脱贫攻坚的建议》提案被列为市政协重点提案。参加市政协"积极培育科技创新主体"双月协商座谈会、"进一步完善我市非公经济发展政策环境"专项民主监督座谈会并进行专题发言。会员中人大代表提交议案、建议32件,其中自治区人大代表2件,市人大代表16件,区县人大代表14件;政协委员提交提案363件,其中自治区政协委员8件,市政协委员33件,区县政协委员322件。

【会员服务】 2019年,市工商联为桂润环境科技股份有限公司、广西云景房地产开发有限公司、广西鹏岱市场管理有限公司、广西同济医药集团等提供维权服务。组织开展拖欠民营企业账款摸底调查工作,引导民企主动申报被拖欠账款,及时与南宁市清理拖欠民营企业中小企业账款工作领导小组办公室对接反馈相关数据并配合开展清欠工作;组织开展自治区民营企业涉政府产权纠纷问题摸底调查,向自治区工商联、市政法委、市发改委报送南宁市民营企业反映涉政府产权纠纷案件线索,维护民企合法权益。通过召开座谈会、现场检查审批服务工作台账、操作系统、直接到服务窗口暗访等方式对江南区、经开区完成优化营商环境特别是7项重点指标工作进行调研问效,形成调研问效报告上报市营商局;对马山县、经开区优化营商环境重点指标百日攻坚行动进行调研问效,形成调研问效报告上报市营商局;对青秀区、高新区职能部门在优化营商环境攻坚突破年活动16项指标攻坚目标完成情况进行调研问效,形成调研问效报告上报市营商局。与市工信局、市中小企业服务中心、广西中小企业融资担保有限公司、浦发银行南宁江南支行、建行南宁园湖支行联合举办银企座谈会,为会员企业融资8.97亿元。与市税务局联合举办2019年最新税收优惠政策解读培训座谈会,400多位非公企业代表参加;组织企业参加2019年南宁市服务业和农业高质量发展银企对接系列活动。组织70名非公经济代表人士参加深圳大学——广西南宁市新时代非公经济创新发展培训班学习;组织400名非公经济人士参加南宁市工商联第26期助企工程培训班暨2019年中小企业综合能力提升班《大客户实战训练营》学习。与市中级人民法院、南宁市律师协会、广西桂三力律师事务所联合举办建设工程合同中常见纠纷的裁判思路培训及"法治体检"活动暨从国家发票管控和社保入税谈企业税务风险防控研讨活动,200多名非公经济人士参加。举办南宁市工商联职称业务专题培训班,培训非公经济人士130人。

【招商引资】 2019年,市工商联接待回

2019年3月13日,2019年南宁市工商联银企座谈会在铂丽菲酒店举行 李照刚 摄

邕参加市政协第十一届四次会议的南宁市总商会驻印度尼西亚、老挝、越南等地联络处负责人，就推进总商会驻外联络处工作进行交流；接待梧州市工商联、吉林省工商联、桂林市工商联、四川省工商联、广东省广西北部湾经济区商会、石家庄市工商联等地商协会考察团到南宁市考察调研，与巴中市工商联签订友好商会协议。协助中共自治区党委统战部、市委统战部开展浙江优秀民营企业家广西交流合作大会相关工作。组织会员企业参加第一书记产业园“校企合作·电商扶贫”农产品进校园巡展、第六届南宁物流周、中越企业交流会、上林县“世界长寿之乡”新闻发布会暨大健康产业招商推介会。为会员办理第十六届中国－东盟博览会专业观众证410个；组织非公经济人士参加中国－东盟博览会举办的柬埔寨国家推介会、马来西亚国家推介会、中国陕西－东盟国家经贸推介会；组织民营企业参加第二届中国国际进口博览会招商会、2019年世界桂商暨商会经贸文化交流大会、中国（广西）自由贸易试验区南宁片区推介会。

【非公经济党建工作】 2019年，市工商联依托南宁市工商业行业党委认真做好归口管理的商协会组织党建工作。成立南宁宁波商会党支部、南宁襄阳商会党支部和南宁市电子信息商会党支部，完成南宁茶业商会党支部和南宁钦州商会党支部换届选举工作。行业党委组成调研组赴西安、成都等地开展党建工作调研。举办“我和我的祖国——庆祝中华人民共和国成立70周年”暨“不忘初心、牢记使命”主题诗文朗诵比赛；组织32名党员及入党积极分子赴韶山举办“不忘初心、牢记使命”党性教育专题培训；组织30多名党员及入党积极分子赴凭祥友谊关、匠止烈士陵园开展纪念建党98周年暨“不忘初心、牢记使命”红色教育主题实践活动；组织60多名党员、入党积极分子开展“关注党员成长·激发组织活力”大培训。

【光彩事业】 2019年，市工商联系统有1328家民营企业参与帮扶全市801个行政村（贫困村421个），企业实施帮扶项目2762个，帮扶资金6.62亿多元（产业扶贫投入4.49亿元、就业扶贫投入9326万元、公益扶贫投入1.11亿元、技能扶贫投入930.40万元），帮扶贫困人口31.10万人。59家商会、民营企业与56个深度贫困村结对帮扶，开展帮扶项目97个，投入帮扶资金超过451万元。发动商会、企业开展“千企扶千村”消费扶贫展销活动，采购上林县、马山县、隆安县、邕宁区带贫益农产品1800多万元。皇氏集团股份有限公司获全国2019年“万企帮万村”精准扶贫行动先进民营企业称号，广西瀚德集团有限公司获2018—2019年度自治区脱贫攻坚先进集体称号，广西金福农业有限公司总经理苏秀清获2018—2019年度自治区脱贫攻坚先进个人称号。加强南宁、茂名两地之间交流考察，召开联席会议5次，落实南宁市工商联－茂名市工商联粤桂协作相关的工作制度、计划、方案、协议，推进茂名市非公经济组织帮扶南宁市马山、上林、隆安三县脱贫攻坚。协调14家茂名民营企业与上林县14个深度贫困村组成结对帮扶关系，实现上林县深度贫困村结对帮扶全覆盖，帮扶资金95.18万元；协调14家茂名民营企业与马山县14个贫困村组成结对帮扶关系，帮扶款物价值16万元；协调南宁茂名商会、钦州茂名商会、化州市工商联到隆安县开展扶贫帮扶，帮扶资金29.60万元。引导6家企业（商会）到马山、上林、隆安3个贫困县投资置业，已落地企业4家。马山县鸿发皮具有限公司吸纳就业34人，其中贫困户6人；金陶电子商务有限公司“万讯七子”互联网农村电商平台在75个贫困村建立电商致富中心和致富站，与马山县14个深度贫困村签订结对帮扶协议，75个线上平台完成建设，帮助古零里民网店完成销售额12.88万元，为里民村集体经济增收0.84万元；茂名市高州市侨商会与上林县签订总投资1.20亿元的上林县汇源100万羽蛋鸡养殖项目正式投产；钦州茂名商会在隆安县都结乡落实养殖项目1个，完成选址和用地工作。引导发动茂名民营企业爱心帮扶，为南宁市3个对口帮扶的贫困县捐资捐物260.78万元。广东民营企业帮助南宁市贫困地区销售农产品价值940.55万元。会同市粤桂办、市投促局等单位赴茂名总商会、广州茂名商会、东莞茂名商会开展粤桂扶贫协作产业合作（扶贫车间）招商活动，帮助贫困村、贫困户增加就业岗位，实现增收。发动会员到定点帮扶村——宾阳县思陇镇黄冠村开展帮扶活动，在产业扶贫、智力扶贫、公益扶贫上累计扶持项目5个，投入资金28.65万元。组织107家民营企业参加南宁市民营企业招聘周，为求职者提供岗位1985个；组织40家民营企业参加南宁市“金秋招聘月”首场招聘活动，提供岗位826个。

（李照刚）

编辑　唐柯杰

南宁市总工会

【概 况】 2019年,南宁市总工会(简称"市总工会")设办公室、研究室、组织部、宣传教育部、权益保障部(女职工委员会办公室)、劳动和经济工作部、财务部(资产监督管理部)、基层工作部、网络工作部、经费审查委员会办公室,行政编制33名、在编31人,工勤编制3名、在编0人。直属事业单位5个:南宁市总工会职工技协办公室,编制11名,在编10人;南宁市职工服务中心,编制11名,在编4人;南宁市职工学校,编制7名,在编7人;南宁市工人文化宫,编制50名,在编40人;南宁市总工会工人休养所,编制10名,在编8人。有区县总工会12个及广西－东盟经济技术开发区总工会,工会工作委员会6个(南宁高新技术产业开发区工会工作委员会、南宁经济技术开发区工会工作委员会、南宁市直机关工会工作委员会、南宁青秀山风景区工会工作委员会、广西南宁五象新区工会工作委员会、南宁龙象谷国际旅游度假区工会工作委员会),产业工会3个(南宁市教育工会、南宁市财贸工会、南宁市建设工会),其中驻会产业工会2个(市教育工会、市财贸工会);乡镇(街道)总工会56个,工会联合会53个,工会工作委员会16个;基层工会2.31万个,工会会员156.81万人。年内,南宁市新增涵盖法人单位724个,新增工会会员2.55万人。市总工会创新职工建功立业载体,举办"创造卓越·匠心筑梦"——南宁工匠2018年度人物发布活动,获"南宁工匠"称号10人;健全服务职工体系,维护职工权益,帮助职工追回拖欠工资、经济补偿金133.22万元;在南宁白马公共交通有限公司等企业建立南宁工会劳动关系监测点20个,获评"自治区劳动关系和谐单位"企业17家。市工运历史陈列馆建成开放,以图文、多媒体影音播放和实物等形式展示"1919—2019年南宁市工人运动的百年历史"。市总工会获评全国工会财务工作先进单位。主要存在新型企业组织形态、新兴就业群体建会入会有待加强;工会载体、手段不够丰富;基层工会力量不足,工会干部能力素质、作风与新形势新要求还有差距等问题。

【市工会第十九次代表大会】 2019年9月4日至6日在市委党校礼堂召开,452名会员代表参加。自治区党委常委、市委书记王小东,自治区总工会党组书记、常务副主席侯线红,市领导杨维超、顾成祥等出席开幕式;市政协副主席、市总工会主席李勤代表市总工会第十八届委员会作报告。讨论通过《南宁市总工会第十八届委员会工作报告》《南宁市总工会第十八届经费审查委员会工作报告》《南宁市总工会第十八届委员会财务工作报告》。总结南宁市工会十八次代表大会以来的工作,确定今后五年的目标任务,选举产生市总工会新一届领导班子。陈世平当选市总工会第十九届委员会主席,伦建(壮族)当选市总工会第十九届委员会常务副主席,刘东方(女)、陈国任、冯晓华(女,壮族)、韦贵乐(壮族)、杨东(挂职)、牙庭科(壮族,兼职)当选副主席,丁维、韦方琛(壮族)、邓丽芬(女,壮族)、叶宁、刘永强、巫自富、李桃(女,壮族)、李应华(苗族)、岑剑峰、钟新存、蒋金虹(女)当选常务委员。

【组织建设】 2019年,南宁市以货车司机、快递员、保安员、家政服务员、网约送餐员、房产中介员、商场信息员、护工护理员八大群体为重点,推进工会组建和会员发展,新增涵盖法人单位724个,新增工会会员2.55万人。成立市交通运输行业联合工会,选派1名工会干部兼任工会主席。在隆安县震东异地扶贫安置区、隆安县丁当镇定坤村陇元才屯易地扶贫搬迁安置点、良庆区那陈镇"老乡家园"易地扶贫搬迁安置小区、上林县大丰镇云里村易地扶贫搬迁安置点等24个移民安置点建立工会组织,发展会员1966人。打造"六有"(有依法选举的工会主席、有独立健全的组织机构、有服务职工的活动载体、有健全完善的制度机制、有自主管理的工会经费、有会员满意的工作绩效)工会、职工之家品牌,加大"会、站、家"一体化建设,补助基层工会"职工之家"25家164万元。

【技术创新】 2019年,市总工会以"当好主人翁·建功新时代"为主题,围绕市重大项目、重点工程、重点产业开展劳动竞赛,全市企事业单位、职工参赛面90%以上。深化劳模·技术标兵创新工作室创建,创新工作室组织开展活动120多次,提出创新合理化建议580多条,完成技术改造、技术攻关、技术创新项目316项,转化成果120项,申请专利138项,创造经济效益8亿多元。承办庆祝中华人民共和国成立70周年广西职工技术创新成果展示交流活动,自治区各行业300多个单位、近100家创新工作室参展,展出技术创新项目近500项。

【就业服务】 2019年,市总工会开展"就业援助月""春风行动""送培创工程"等促就业专项活动,组织专场招聘会70场次,为4.40万人提供免费服务。实施"送培创"工程、职工素质建设工程,开展职业技能培训、职工公益讲堂、"益课堂"素质提升培训等320场次,培训职工1.56万人次。

【民主管理】 2019年，市总工会联合市人社局等部门出台《南宁市关于加强企业协商民主制度建设的实施意见（试行）》，健全以职工代表大会为基本形式的企事业民主管理制度。全市已建工会组织的公有制企事业单位厂务公开、职代会建制率均100%；非公有制企业厂务公开率94.10%，职代会建制率93.50%。举办职代会代表师资培训班，培训100人。

【职工权益维护】 2019年，市总工会开展“工资集体协商、集中要约行动”，签订工资专项集体合同企业3.45万家。推动和谐劳动关系建设，在南宁白马公共交通有限公司等企业建立南宁工会劳动关系监测点20个，17家企业获评“自治区劳动关系和谐单位”。开展农民工工资拖欠问题专项检查，检查用人单位1万家，追发劳动报酬2731.60万元。成立工会法律服务律师团（站、点）20个，签约专职律师39人，组织7支公益法律服务分队，举办公益法律服务活动10场次。工会仲裁庭受理案件30件，劳动人事争议调解中心调解案件28件。全年接待、协调处理职工来信来访、12351热线求助和法律咨询援助服务事项178件，涉及1093人，帮助职工追回拖欠工资、经济补偿金133.22万元。出台《南宁市工会爱心驿站星级建设管理办法》，新建“工会爱心驿站”7个，园区“职工之家”1家；建立11家女职工关爱室开展职工子女爱心托管班服务，服务467人次；举办13场单身青年职工联谊交友活动，4000多人参加；联合市第一人民医院成立市职工健康体检、培训中心，构建体检、宣传、咨询、培训、医疗“五位一体”职工健康保障体系。

【职工帮扶】 2019年，南宁市完成解困脱困存量档案1261户，尚未解困脱困在档困难职工383户。开展困难职工日常生活救助活动，救助市本级在档困难职工1090户74.30万元。下拨40万元专项资金用于贫困村基础设施建设和扶贫产业开发。举办南宁市工会系统消费扶贫对接会，动员全市工会组织力量参与消费扶贫。开展职工医疗互助保障，为20.42万人参保，上缴参保费1429.64万元，受理补助申请1.06万例，补助金额1739.32万元。开展“送温暖”慰问活动，慰问职工4380人，发放慰问款物144.60万元。开展“温暖回家路”活动，设置“暖流行动”爱心驿站21个，为6000名骑摩托车返乡农民工免费加油。开展“送清凉”慰问活动，走访企业、工地238家，发放防暑降温物品价值130万元，慰问农民工近5万人次。开展“金秋助学”活动，发放助学金87.30万元，资助困难职工子女174人。组织30名农民工子女到广东省珠海、中山市参加暑期夏令营。“广西工会会员服务（南宁）电子卡”在“爱南宁”APP上线启用，为职工会员提供会员管理、工会服务、公共服务、金融服务、特惠服务、政策宣传“六大功能”服务。

【安全生产】 2019年，市总工会以“安康杯”竞赛活动为重点，开展群众性安全生产活动，全市90%的企业、职工参加“安康杯”竞赛。获2018年度广西“安康杯”竞赛优胜单位3个（南宁轨道交通集团有限责任公司、南宁富桂精密工业有限公司、中国建筑第八工程局有限公司南方分公司），优胜班组3个（南宁市三峰能源有限公司技术设备部、南宁中车轨道交通装备有限公司钳一班、中铁隧道集团四处有限公司南宁轨道交通4号线02标土建10工区），优秀组织单位1个（南宁市应急管理局），优秀组织个人1人（兴宁区总工会副主席李志广）。通报表扬2018年南宁市“安康杯”竞赛优胜单位40个，优胜班组40个，优秀组织单位20个，优秀组织个人20人。开展隐患排查2.78万次，参与排查职工8.23万人次，查出隐患2.19万个。开展《中华人民共和国职业病防治法》宣传活动，发放宣传资料15.34万份，举办研讨会、座谈会790场次，通过微信公众平台、GPS分控系统信息平台、LED屏宣传25.90万次。组织开展义诊活动208次，接受职业健康检查2.30万人。

【职工职业技能大赛】 2019年，市总工会以“匠心筑梦　技赢未来”为主题举办南宁市职工职业技能大赛，以先进制造业、现代服务业和高新技术产业等领域为重点，设3D打印造型师、网络设备调试员、电力线通信（PLC）技能、自动光学检测编程等33个竞赛工种，参赛职工25万多人。组织南宁市代表队参加自治区职工职业技能大赛，获团体总分第二名，电力电缆安装工、网络设备调试员、化学检验工、食品检验工4个工种第一名。

【职工文化】 2019年，市总工会成立工会宣讲团，开展百场宣讲活动，聆听宣讲职工2万人次。以庆祝中华人民共和国成立70周年为契机，开展“中国梦·劳动美”主题宣传教育活动，通过举办爱国诗词诵读大赛、爱国歌曲合唱展演、“送温暖、送文化、送欢乐”下基层、“网聚职工正能量、争做中国好网民”作品征集大赛、主题演讲比赛、职工志愿服务等活动，推进职工文化建设。将市工人文化宫打造成职工文化示范基地、展示基地和资源配送基地，在文化宫组织开展各种公益文化体育教育培训活动1663场次，惠及职工28.80万人次。出台《南宁市县级工人文化宫基础建设及经费补助标准的意见》，依照各县财政对工人文化宫建设补助额（不含土地划拨部分），按1：0.5比例给予补助。创建职工读书电子服务平台，组织职工读书活动1000场次，建设职工书屋372家。通过网站、微信公众号发布信息1400条，微信公众号关注及转发量突破8万人。市工运历史陈列馆建成开放，以图文、多媒体影音播放和实物等形式展示“1919—2019年南宁市工人运动的百年历史”。

【评先活动】 2019年，市总工会做好全国和广西五一劳动奖章、五一劳动奖状、

2019年6月26日，市总工会以“匠心筑梦　技赢未来”为主题举办南宁市职工职业技能大赛。图为钢轨常规探伤工种比赛现场

潘立恩　摄

工人先锋号的评选推荐。获全国五一劳动奖章1人(广西叶茂机电自动化有限责任公司焊工陆志高),全国工人先锋号2个(南宁富宁精密电子有限公司TEMG成型部、广西华润红水河水泥有限公司余热发电工段);获广西五一劳动奖章7人(南南铝业股份有限公司维修高级技师余国波、南宁富桂精密工业有限公司中级工程师林蔚、中国建筑第五工程局广西分公司中级工程师赵宸、江南区市政环卫管理站司机班长潘利建、南宁市第十八中学高级教师施明、南宁市公安局华强派出所副所长邓嘉民、广西金福农业有限公司总经理苏秀清),广西五一劳动奖状4个(南宁中关村信息谷资产管理有限责任公司、广西中烟工业有限责任公司南宁卷烟厂、广西申龙汽车制造有限公司、广西农垦永新畜牧集团有限公司良圻原种猪场),广西工人先锋号9个(南宁中车轨道交通装备有限公司粘接班、南宁供电局电力调度控制中心配网调度班、南宁轨道交通集团有限责任公司运营分公司客运中心会展中心站班组、南宁市三峰能源有限公司生产运行部、广西三维铁路轨道制造有限公司装车班、南宁市大沙田供水有限责任公司管网所电焊班、南宁中粮制罐有限公司生产部C班、南宁市德泰电梯制造有限公司技术部、邕宁区环境卫生管理站五象清扫保洁组)。在南宁广播电视台举办“创造卓越·匠心筑梦”——南宁工匠2018年度人物发布活动,获“南宁工匠”称号10人(广西南南铝加工有限公司经理助理兼工长、技师齐林,广西叶茂机电自动化有限责任公司焊工、技师陆志高,南宁轨道交通集团有限责任公司运营分公司维修中心门梯检修工、助理工程师龚聪聪,南宁供电局生产技术部配电带电二班高级作业员、工程师廖海铭,广西中烟工业有限责任公司南宁卷烟厂制丝车间副主任、工程师韦文,南宁广发重工发电设备有限责任公司生产副总经理、高级技师兰生平,广西顺来茶业有限公司技术研发部经理、中级评茶员陈宏明,广西玉柴专用汽车有限公司工艺主管、试制专家工程师黄卫国,南宁市五邕建筑劳务有限责任公司砌筑工刘勇,南宁富桂精密工业有限公司制造工程师、中级焊接韦善元)。

(师　吕　赵振耋)

共青团南宁市委员会

【概　况】2019年,共青团南宁市委员会(简称“团市委”)设办公室、组织部(基层组织建设部)、宣传部(网上青年工作部)、统战和联络部、青年发展部、学校和少年部、维护青少年权益部、青年志愿者工作部,行政编制19名、在编17人,工勤编2名、在编2人。全市有团员16.28万人,占14~28周岁青年总数13.57%;专职团干部475人,基层团组织6674个,其中团委401个、团工委49个、团支部6036个、团总支部188个。团市委加大宣传力度,在媒体报道共青团工作138篇(条)。继续贯彻落实《共青团南宁市委改革实施方案》,在上年基础上重点落实“不断提升代表的广泛性和参与性”“扩大团代表大会代表的参与渠道”2项改革,参加共青团南宁市第十九次代表大会的一线团干部、团员占比提高,建立提案制度,涉及39项具体内容全部落实。开展“青年大学习”网络主题团课签到学习,团员青年突破200万人次。开展各类青工技能培训大赛,383名青工获“青年岗位能手”称号。围绕助学扶智,全年募集捐赠资金252万元,爱心资助598名家庭贫困的大学生、中小学生。开展“践行垃圾分类·做新时代环保青年”等主题宣传活动246场次,垃圾分类知识小课堂1580次,参与青少年15万人次。建成自治区第一所教育矫治违法犯罪未成年人专门学校——邕宁区南宁市励志专门学校。主要存在团属新媒体网络基础设施不完善,网络阵地建设管理有待加强,对青年先进典型的挖掘和宣传不够;服务青年方式方法距离精细化、专业化、科学化要求有差距;对基层团干、青少年事务社工培训针对性、专业性需加强等问题。

【共青团南宁市第十九次代表大会】2019年11月26日至29日在市委党校礼堂召开,300名团员代表参加,参会代表来自基层一线团干部和团员274人、占代表总数91.33%。自治区党委常委、市委书记王小东,市委副书记、市长周红波,市领导杨维超、顾成祥、谭向光、缪佃江、黄宁、邓亚平、刘志烈、魏凤君,市总工会党组书记、常务副主席伦建等出席开幕式;共青团南宁市委书记文瑞代表共青团南宁市第十八届委员会作报告。建立提案制度,收到8个代表团提交提案13件,其中组织建设类5件、青少年维权类2件、青年就业创业类3件、志愿者工作类1件、队伍建设类1件、其他1件。选举产生常务委员会委员12人,常委中基层一线团干部和团员比例提高至50%;委员会委员39人,委员中基层一线团干部、团员比例58.74%。文瑞当选共青团南宁市第十九届委员会书记,刘文忠、黄丽华(女)、傅奕臻、孙洁晶(女,挂职)、杨洁(女,兼职)、韦文(壮族,兼职)、江明(壮族,兼职)当选副书记。

【青少年思想引领】2019年,团市委以庆祝中华人民共和国成立70周年、纪念“五四”运动100周年为重点,开展“我与祖国共奋进——国旗下的演讲”主题团日活动、“我和我的祖国”工青妇系统文艺展演、“我与祖国共奋进”南宁市青少年演讲比赛、“我和国旗合个影”等活动。开展“青春心向党·建功新时代”主题情景教学活动64场次、特别主题团日活动356场次。举办“‘青年文明号’新春展风采”快闪活动,16个行业“青年文明号”集体参与。120名“青年文明号”人员参与“青春献热血文明公益行”主题无偿献血活动。推进“青年大学习”网上主题团课签到学习,参与团员青年超过200万人次。实施“青年讲师团”计划,组织青年讲师团到基层团支部、“青空间”“青年文明号”和共青团助力脱贫攻坚行动点等开展宣讲交流24场次。开展“青年五四奖章”“优秀共青团员”“向上向善好青年”等评选活动,选树320名爱岗敬业、创新创业、诚实守信、崇义友善、孝老爱亲的青年典型。制定印发《共青团南宁市委关于贯彻落实共青团十八届三中全会精神的通知》,在全市开展学习传达活动150场次,覆盖6000人次。微信公众号发布推文近600条,关注人数近29万人,增长9万人。

【基层组织建设】2019年,团市委抓好“软弱涣散”团组织整顿,成立市、区县(系统)、乡镇三级认定小组,印发《共青团南宁市委关于开展“软弱涣散”基层团组织认定工作的通知》,制定《南宁市基层团支部工作认定表》,实现“自评、组织认定”两项工作“全覆盖”。按照“一支部一方案一清单”原则,对全市所有基层团支部分类制定整改提升方案,做到基层团支部统一行动、协调推进。为区县、系统团组织统一印制《南宁共青团基层团支部工作手册》《团员发展及管理工作规范》《团费收缴规范》等实用手册,印发《南宁市基层团支部组织生活记录本》9000多本。筑牢团属工作阵地,在异地扶贫搬迁点、商圈、工业园区新建“青空间”5个,全市76个“青空间”开展活动1214次,覆盖青少年超过4万人次。在新兴青年聚集地建设“筑梦空间”10个,开展活动50余场次。

【助力脱贫攻坚】2019年,团市委开展“南宁共青团投身脱贫攻坚——贫困村特色农产品线上线下展销活动”7场,销售额19.41万元。举办马山县加显村“山银花”爱心预售,销售额5万元。建设马山县古棠村扶贫车间2个,提供就业岗位60个,实现建档立卡贫困户就业脱贫36人。组织市青联委员、青年企业家、青年文明号、城区少先队与贫困村小学留守儿童结对，开展关爱活动52场次。组织51名青年企业家与马山县古棠村、加显村贫困户结对帮扶，向加显村捐赠路灯40盏，向古棠村、加显村贫困户和学生捐赠月饼、书包、房屋修缮款等物资近10万元。组织市青联委员150余人次，结对马山县古棠村，帮扶建档立卡贫困户5户，爱心助学贫困学生10人，捐赠助学金5000元。开展“圆梦微心愿”活动，圆梦微心愿417个；开展篮球公益课堂15场，受益学生4500人，向贫困地区学校捐赠教学用品价值2万余元；组织新兴群体街舞青年到15个贫困村开展“街舞公益进校园”活动，覆盖学生5000人；搭建销售平台，青联委员100余人次通过青联微信群购买贫困户土鸡、土鸭等特色农产品，销售额1万余元。

【希望工程】 2019年，南宁市希望工程办公室筹集资金252万元，资助贫困大、中、小学生598人。其中，通过开展希望工程“圆梦行动”募集100万元，资助200名贫困生圆大学梦；召开学习贯彻中共中央总书记习近平寄语希望工程重要精神座谈会，爱心企业捐款76万元。举办“2019姚基金希望小学篮球季”，搭建“以体育人”新平台，让30所乡村小学篮球队参加南宁站联赛，3支球队晋级全国赛；举办2019年南宁市希望小学教师培训班，培训200人；开展“青春助学”“希望书屋”捐建、“开学的礼物”等送温暖活动，为贫困地区学校建设希望书屋24个，资助贫困中小学生398名。

【青年就业创业行动】 2019年，团市委举办“千校万岗”大中专学生暨“两后生”就业精准帮扶行动专场招聘会，40家用工单位进场招聘，提供就业岗位600多个，应聘青年800多人(其中建档立卡贫困村家庭毕业生应聘70人)，初步达成用工意向129人。围绕“助力精准扶贫、助推青年创业”送培训下乡主题，开展规模化种养殖、电商创业实用技能培训，培训农村建档立卡贫困户青年2670人次。承办“中国梦＋青年力量”大赛，推进广西青年创业创新沙龙进社区、农村活动36场次，2084人参与。成立南宁市中长期青年发展规划领导小组，印发《南宁市中长期青年发展规划实施工作联席会议制度》，指导区县按照10项具体任务、15个重点项目、6项组织实施和保障措施推进。

【青年志愿者行动】 2019年，春运期间团市委开展“青春志愿行·奉献新时代”——“暖冬行动”，2760名志愿者在各大车站提供乘车、购票引导，秩序维护、应急卫生救护等服务，服务3610人。3月，开展“青年新风采·志愿新风尚”——学雷锋志愿服务活动，15支青年志愿服务队，270多名志愿者参与，发放宣传材料3000余份；市各级团组织2万多人开展学雷锋志愿服务活动76场次，主题团、队日活动38场次，覆盖青年近10万人。250余名市青年企业家协会会员党员、团员青年志愿者代表等开展保护母亲河义务植树统一行动日活动，植树区域占地1900平方米，种植乔木110株。围绕“苏迪曼杯”世界羽毛球混合团体锦标赛、第16届中国－东盟博览会、第16届中国－东盟商务与投资峰会、第21届南宁国际民歌艺术节、“中国杯”国际足球锦标赛、环广西公路自行车世界巡回赛(南宁站)、中欧绿色智慧城市峰会、第七届中国－中亚合作论坛、第十四届南宁国际马拉松比赛暨三十七届南宁解放日长跑活动等赛事、会议提供志愿服务，参与志愿服务10.04万人次，服务时长245.02万小时。组织10万多名青年志愿者开展文明交通劝导、大行动宣讲教育、清洁卫生、城市站点等志愿服务活动500余场次。组织区县开展垃圾分类活动246场次，其中垃圾分类知识宣传活动172次，召开垃圾分类专题会议传达相关文件精神116次、开展垃圾分类知识小课堂1580次，通过区县微信公众号、微博发布垃圾分类知识文章330篇。参与垃圾分类志愿者主题宣传活动6.92万人，其中党员干部开展“带头示范”垃圾分类8800余名，参加推广垃圾分类志愿者活动8000余人。组织区县青年志愿者开展“情暖童心”公益绘画、趣味英语、公益舞蹈和公益跆拳道等主题课堂活动144余场次，68个服务团队、79所城镇中小学参与。开展青秀山、园博园“小小讲解员”活动，向中小学生群体招募公益岗位志愿者，小小志愿者参与选拔220名，入选“小小讲解员”团队50名。

【青少年服务与维权】 2019年，团市委落实预防青少年违法犯罪专职人员140人，专项经费325.50元。指导12个区县全部成立未成年人保护机构，健全市、县两级未成年人保护机构。市委政法委指导牵头，建成自治区第一所教育矫治违法犯罪未成年人专门学校——邕宁区南宁市励志专门学校，第一期入学严重不良行为青少年40人，开展为期3个月～3年的教育矫治。全市受理审查批捕未成年人刑事案件258件410人，比上年减少22.30%，审查起诉未成年人刑事案件287件433人，比上年减少18.60%。通过构建“团干部＋社工＋志愿者”模式，培育青少年事务社工机构29家、社工人员945人。市财政局专项安排183.58万元，实施政府购买青少年事务社工岗位、青少年权益维护、成长发展等项目。开展“共青团与人大代表、政协委员面对面”主题活动，提交有关青年社会组织发展意见、建议、提案13件。开展“3·5”学雷锋日、“6·26”国际禁毒日、“12·1”世界预防艾滋病日、“12·4”宪法日等活动，组织青少年社工、禁毒志愿者等到社区、学校、广场举办防艾、禁毒等法制宣传教育活动100余场次，发放宣传资料2万份，受益青少年3万人次。开展“平安春节”“平安校园”“暑期自护”等主题宣传教育活动380多场，覆盖青少年、家长3.90万人。

2019年12月26日，南宁共青团学习贯彻中共中央总书记习近平寄语希望工程30周年重要精神座谈会在共青团纪念馆召开　　陈永盛　摄

联合市公安局、广西空手道协会等成立“南宁市青少年保护联盟”组织，邀请专家开发不同年龄段青少年保护课程。开展联盟志愿者讲师培训1期，组织联盟讲师到良庆区大联小学、望州社区等开展模拟演练、安全知识讲解等自护教育主题活动4场次，服务青少年约1200人。

（蒙巧溪）

南宁市妇女联合会

【概 况】2019年，南宁市妇女联合会(简称“市妇联”)设办公室、组织联络部、宣传部、妇女发展部、权益部、家庭和儿童工作部，市妇女儿童工作委员会办公室设在市妇联，行政编制19名、在编17人，机关后勤服务控制数3名、在编3人。直属事业单位市妇女儿童活动中心(加挂市妇联网络信息文化传播中心牌子，全额拨款事业单位)，编制13名、工勤编1名，在编10人；直属管理女性联谊会、协会4个(南宁女企业家协会、市离退休女干部联谊会、市家庭教育指导中心、市家庭教育协会)，其中市家庭教育协会11月成立。有区县妇联12个，开发区妇联(妇委会)3个，党政机关、科教文卫等事业单位妇委会543个，乡镇(街道)妇联128个，村(社区)妇联1769个。有市、区县(开发区)妇联主席16人、妇联执委348人，乡镇(街道)妇联主席128人、妇联执委1677人，村(社区)妇联主席1769人、妇联执委1.58万人。年内，市妇联加强妇女思想政治引领，开展“巾帼大宣讲”“我与中国梦”“巾帼心向党礼赞新中国”等群众性宣传教育活动472场次，参与群众26万多人次。深化“产业到家牵手妈妈”巾帼脱贫行动，扶持全国巾帼脱贫基地1个，新建自治区级巾帼科技示范基地4个、市级巾帼脱贫示范基地10个，打造市级“壮乡巧娘”工作站6个。打造“邕”字号家政服务品牌，评选“最美邕嫂”100人。推进家庭教育和家庭文明建设，举办家庭教育大型公益讲座38场，参与学习家长1.20万余人，刘振南、梁彩丽2户家庭获全国“最美家庭”。推动妇联改革在基层落地，指导上林县、隆安县在辖区内新建安置点妇联组织7个。市妇儿工委办公室推动成员单位实施《南宁市妇女发展规划(2011—2020年)》《南宁市儿童发展规划(2011—2020年)》，举办市规划重点难点指标攻坚达标会议暨两规划发展统计监测培训，市妇儿工委各成员单位、区县妇儿工委办、统计局成员60多人参加。市妇联先后获全国巾帼建功先进集体、自治区妇联系统集体二等功、自治区禁毒严打整治专项行动成绩突出先进集体、首府南宁2015—2017年创建全国文明城市工作先进单位、2018年南宁市卫生和计划生育目标管理责任制考核(部门线)一等奖等。主要存在基层妇联改革“四缺”(缺编制、缺经费、缺办公场所、缺人员)推进困难，村(社区)基层妇联工作经费无法保障，县级妇女儿童活动中心建设相对薄弱等问题。

【妇女思想引领行动】2019年，市妇联以“巾帼心向党礼赞新中国”为主题，以庆祝中华人民共和国成立70周年为主线，举办“三八”妇女节109周年纪念活动暨妇女运动会、“我和我的祖国”南宁市工青妇庆祝中华人民共和国成立70周年文艺会演、歌颂祖国大家唱等主题活动。依托“妇女之家”等妇女儿童活动阵地，以群众歌会、歌咏活动、广场舞展演、文艺会演、家书朗读、家庭情景剧、手工或文化作品展示等形式，开展“巾帼大宣讲”“我与中国梦”等群众性宣传教育活动472场次，参与群众26万多人次。组建桂姐姐宣讲队29支，宣讲员192人，举办宣讲活动33场。指导各级妇联用好“女性之声”等微信公众号宣传妇女儿童工作，发挥市妇联网络信息文化传播中心作用，运用“两网一微”(市妇女联合会官网、南宁女性网、南宁女性微信平台)宣传平台推送信息2100条，被市级以上媒体采用200篇次(条)。与《南宁日报》、南宁云、南宁宝、老友网等直播平台合作，开展垃圾分类进社区、优秀女性进高校等多个视频直播活动，吸引70多万名网民关注。组织完成宁宁姐动漫形象设计，开展智慧南宁市妇联小程序——宁宁姐微信公共服务平台方案编制。加强网络宣传队伍建设，组织7名市、县两级妇联新媒体工作人员参加自治区妇联新媒体工作培训班。

【巾帼脱贫行动】2019年，市妇联深化“产业到家牵手妈妈”巾帼脱贫行动。技能扶贫方面，争取市级财政专项经费501万元，以公开招标方式委托6家培训机构开展育婴、家政、养老、手工编织、电商、特色小吃、茶艺师、催乳师8个项目培训，培训女农民工5000人。产业扶贫方面，扶持全国巾帼脱贫示范基地1个(上林县禾田农耕文化园)，新建自治区级巾帼科技示范基地4个(青秀区南国龟鳖生态养殖示范园、武鸣区长古香米产业巾帼科技示范基地、马山县盛世生态种养专业合作社果蔬种植基地、隆安县都结乡龙芳香铁皮石斛合作社)、市级巾帼脱贫示范基地10个，在青秀区、横县、宾阳县、马山县、隆安县升级打造市级“壮乡巧娘”工作站6个。健康扶贫方面，实施农村妇女“两癌”(宫颈癌、乳腺癌)筛查与救助项目，免费筛查12个区县的农村妇女，其中建档立卡贫困患癌妇女、低保户患癌妇女实现全覆盖，争取254万元专项经费救助“两癌”贫困患病母亲254人；与中国人寿保险南宁分公司合作推出关爱女性健康“两癌”保险，购买“两癌”保险妇女16.32万人。注重特殊群体扶贫，组织爱心人士和团体开展“迎新春送温暖”“让母亲温暖过冬”等公益活动，慰问困难妇女、特困妇干、特困母亲、留守(孤残)儿童、空巢老人1159人，慰问物资289万元。精准扶贫方面，派干部入驻邕宁区新乐村担任第一书记实施精准扶贫，争取扶持资金6万元，打造示范基地带动当地黑豚养殖和吴茱萸、食用菌种植等产业发展；组织定点贫困村儿童开展“扶志扶智”研学活动，关爱贫

2019年3月7日，市妇联与市巾帼家庭服务行业协会在市妇女儿童活动中心授予首批50名家政能手“最美邕嫂”称号　　市妇联提供

困村留守儿童26人。

【妇女就业创业服务】 2019年，市妇联打造“邕”字号家政服务品牌，指导家政机构成立市巾帼家政服务协会，创建巾帼家政诚信体系运营管理平台，评选“最美邕嫂”100人，其中首批“最美邕嫂”50人，开展“最美邕嫂”形象礼仪培训等。指导巾帼家政培训机构深入贫困村开展巾帼家政培训“大篷车”活动24场次，服务贫困群众2450多人次。组织女企业家、城乡女能人、女科技人员和17家企业参加广西第四届创新创业产品(成果)展，南宁展馆展出化工日用品、食品、手工艺品三大类产品103种。举行以“促进转移就业，助力脱贫攻坚”为主题的春风行动专场招聘会，发放宣传资料1.25万份。

【妇女儿童权益维护】 2019年，市妇联通过妇联信访窗口、“5503320”维权热线平台等渠道，接到来电、来信、来访619件，其中婚姻家庭权益类402件，占信访总数65%，信访调处率98%以上。联合处置江南区苏圩镇女童疑似被猥亵事件、租住五一路未成年少女辍学疑似卖淫案件、南宁经济技术开发区房地产公司雇佣裸模做营销广告事件、西乡塘桃花源小区虐童事件4例侵害妇女儿童权益舆情个案。与广西婚姻家庭研究会合作，提供专业心理咨询调解服务84人次。围绕妇女儿童权益保护法、反家暴法、婚姻法等主题，在《南宁晚报》《南国早报》《广西法制报》和广西电视台等媒体设立妇女维权专栏；开展“三八”维权宣传服务月活动，举办反家暴法律知识和树立正确婚恋观心理辅导讲座，编印《幸福家庭与法同行》案例集，制作《保护女童你我同行》等动漫宣传短片；举办“家家幸福安康·和谐邕城”公益巡讲活动30场；开展“迎国庆70周年家家幸福安康”法律、心理知识竞赛等妇女儿童维权法律宣传643期，受益妇女儿童12.60万人。推进送法制课到社区、村屯、学校361期，受益师生9万人次。联合广西白丝带工作站到西乡塘区、邕宁区、横县、宾阳县、上林县等22个村(社区)开展“扫黑除恶”暨禁毒防艾知识宣传系列活动22场次，其中举办反家暴、家庭急救常识等知识讲座13场，参与群众3000多人次，发放宣传资料、宣传物品1万多份，现场咨询245人次。制作、展播《不让毒品进我家》宣传短片、编排禁毒小品，在西乡塘区华强街道龙胜社区打造禁毒宣传教育基地，举办禁毒专题培训、入户慰问戒毒人员等宣传毒品危害。

【妇女儿童活动阵地建设】 2019年，南宁市将南宁东盟妇女儿童活动中心纳入基建投资计划，市妇女儿童活动中心埌东分中心运营。加快区县妇女儿童活动中心建设，横县、宾阳县、隆安县妇女儿童活动中心运营，将武鸣区、上林县、马山县妇女儿童活动中心建设列入市政府为民办实事项目，市财政投入100万元建成武鸣区妇女儿童活动中心。在村(社区)完成自治区为民办实事项目182个(含新建脱贫摘帽贫困村42个)“儿童家园”建设，在马山县开展政府购买服务“儿童之家”3个，培训“儿童之家”管理员150人。

【家庭教育】 2019年，市妇联联合新东方南宁学校举办“南宁市家庭教育大讲堂暨新东方家庭教育中国行”大型公益讲座，邀请国家级家庭教育专家走进中小学校，举办家庭教育大型公益讲座38场，参与学习家长1.20万余人。通过政府购买方式开展家庭教育视频拍摄，拍摄家庭教育微视频12期，开办家庭教育网上微课堂，在“两网一微”展播。组建市家庭教育协会，选举产生第一届理事会成员15人，举办家庭教育研讨会，分别邀请6位专家作《家长老师要高度关注孩子情绪背后的危机》《让爱回家——叛逆的孩子如何管》《发挥学校家委会作用，推进家庭教育深入开展》《学前教育规范性建设的探索》《传统文化与家庭教育》《父母在家庭教育中应该具备的能力》主题发言。开展“公益亲子阅读沙龙”78场，举办现代生育问题科普公益讲座10期，服务家长与儿童2800人次。推进校外教育，市妇女儿童活动中心全年招生9196人次，开设班级343个，增长12.40%。开发课后公益研学活动，组织400名小学生到自治区各地开展体验式学习。举办公益儿童剧演出18场次，受益家长、儿童1.10万人。

【家庭文明建设】 2019年，市妇联开展寻找“最美家庭”活动，举办“艺”家亲最美家庭才艺大赛、“我爱我家”文艺会演暨“最美家庭”颁奖活动、“绿色环保最美家庭”评比、庆祝中华人民共和国成立70周年家风家训网上宣传教育等活动，刘振南、梁彩丽2户家庭获全国“最美家庭”，黄凤梅、丁可、蒙有胜、吴小玲、李桂香、周梅英6户家庭获自治区“最美家庭”，启动实施“家家幸福安康工程”。南宁家风馆开展“知书达理好家风”，公益讲座20场次，参与3.40万人；以邓颖超纪念馆、南宁家风馆、南湖小区社区“妇女之家”等阵地为平台，开展“知书达理好家风”，周恩来、邓颖超“红色婚恋故事会”等文明实践活动221场次，服务群众5万多人次。开展“给妈妈写一封信”“我家最美一瞬间”主题活动，号召广大家庭成员给妈妈或祖国母亲写一封信，拍摄家庭最美一瞬间短视频，收到信件70封、视频103个。

【“三留守”人员关爱工程】 2019年，市妇联实施“扶贫济困送温暖”项目，组织巾帼志愿者、爱心人士、社工组织开展慰问困难妇女、特困妇干、特困母亲、留守(孤残)儿童、空巢老人1159人，发放慰问物品价值289万元。开展“让母亲温暖过冬”公益活动，为77名贫困母亲赠送“母亲邮包”。实施“春蕾计划”等项目，发放助学金3万元，资助特殊困境女童、特困留守女童30人。招募8家社会组织，向80家“儿童之家”开展志愿服务活动245场次，服务儿童1.20万人次。以“喜迎六一·祝福祖国”为主题，联合市离退休女干部联谊会、南宁女企业家协会，到邕宁区新乐村、横县石井村等地开展慰问活动，与留守儿童开展“扬传统文化建最美家庭”“传承红色基因”“垃圾分类共建绿色家园”等主题班会活动；在马山县乔利乡东良村开展“邕城儿童手拉手相互关爱促成长——庆祝‘六一’儿童节关爱贫困村留守儿童结对慰问活动”；为留守儿童送去学习用品、礼物价值4.50万元。

【妇联组织机构改革】 2019年，市妇联深化妇联组织机构体制改革，推进妇联机关、区县妇联改革，出台《南宁市妇联第十四届执行委员会工作规则》《南宁市妇联第十四届常委委员会工作规则》，促进常委、执委工作制度落地实施。推动大明山管委会、五象新区管委会、应急联动中心、税务系统、卫生等行业、系统妇联组织建设与重组。在女企业家创办企业和巾帼现代农业示范基地发展妇女组织，指导广西新西洋超市、南宁市盛都城市开发有限责任公司、广西桂合丝绸有限公司等成立企业妇联。推动易地扶贫搬迁安置点妇联组织建设，指导上林县、隆安县在辖区内新建安置点妇联组织7个。组织15个市妇女代表团开展妇女代表定期调研、走访、联系结对妇女群众，畅通妇女参与妇联工作渠道。在四级妇联实施“基层妇联亮牌服务”行动，推动妇联组织面向社会和广大妇女亮标识、亮架构、亮职责、亮身份、亮活动。

【妇女干部培养】 2019年，市妇联争取自治区、市本级财政配套资金51.87万元，开展全市村(社区)“两委”(村党支部委员会、村民委员会)女干部轮训；市、县、乡三级妇联组织投入208.40万元，举办乡、村妇联组织成员培训班153期；培训女干部及成员1.78万人。推荐妇联系统女干部近50人参加自治区专题培训班学习。举办“邕城女性大讲坛”之“魅力女性”幸福生活讲座，开办市朱槿女子书院女干部声乐、瑜伽培训班，培训2400人次。

【巾帼志愿服务】 2019年，市妇联组织实施“新时代文明讲习巾帼志愿服务”“垃圾分类巾帼先行”“美丽南宁幸福乡村”“代理妈妈”等巾帼志愿服务项目15个，开展志愿服务活动1115场次，参与志愿者2.30万人次，服务群众28万多人次。开展南宁市第四届志愿服务项目交流洽谈会暨“社工+志愿者”嘉年华、“爱邕江爱南宁”守护母亲河公益活动、文明礼让乘车劝导、“礼让斑马线”文明交通引导等巾帼志愿服务活动，参与志愿者1.84万人次，服务群众近54万人次。组织动员妇女群众参与“美丽南宁幸福乡村”建设，在横县校椅镇石井村建立“广西环保妈妈志愿服务队”试点，建立南宁志愿服务队试点115个，组建“环保妈妈志愿服务队”392支，招募“环保妈妈”6945人，评选“清洁家庭”446户，组织开展“清洁乡村”“垃圾分类”“爱绿护绿”“保护邕江”等主题活动，形成妇联优势。发挥各级“妇女之家”作用，向农村妇女、儿童宣传“美丽南宁”乡村建设新形势、新动态，开展宣教活动1459场次，发放农村实用技术、农民工返乡创业就业优惠政策、垃圾分类等宣传资料2.10万份，参与活动4.12万人次。市巾帼志愿者协会获学雷锋志愿服务“四个一百”（最美志愿者、最佳志愿服务组织、最佳志愿服务项目、最美志愿服务社区）自治区、全国优秀志愿服务组织奖。

【巾帼建功创先活动】 2019年，南宁市创建全国巾帼文明岗5个(国家税务总局南宁市税务局第二税务分局办税服务厅、市气象局气象台、广西壮家女家政职业培训学校养老护理培训就业部、市第五人民医院心理科森田病区、宾阳县“代理妈妈”尖岭支队)，获全国巾帼建功先进集体1个(市妇联)；创建自治区“妇女维权岗”11个(市检察院、市中级法院民事审判第一庭、市公安局治安警察支队三大队、兴宁区检察院第三监察部、市公安局兴宁分局治安警察大队、江南区法院家事案件和未成年人案件审判庭、市公安局青秀分局新城派出所、良庆区法院家事案件和未成年人案件审判庭、武鸣区检察院、横县检察院、马山县检察院)，获自治区三八红旗手12个(谭靖、朱英、范喜英、奚晓红、陈春燕、杨泽云、张梅群、潘凤莲、黄菊花、黄淑娟、卢玉梅、李雪红)，获自治区三八红旗集体5个(市社会福利院、市第三职业技术学院、市中级人民法院未成年人案件审判庭、市政府办公文书科、兴宁区妇联)；上林县镇圩瑶族乡镇马社区镇马街蓝莲青获全国、自治区“孝老爱亲模范”称号。

（黄家玉　周燕丽）

南宁市文学艺术界联合会

【概　况】 2019年，南宁市文学艺术界联合会(简称“市文联”)设办公室、组织联络部、文学艺术研究室，事业编制14名、在编15人，机关后勤服务控制数2名、在编2人。二层事业单位2个：南宁文学院，编制14名、工勤编1名，在编14人；南宁书画院，编制5名，在编5人。区县文联12个，市属文艺家协会11个(市作家协会、市戏剧曲艺家协会、市音乐家协会、市美术家协会、市舞蹈家协会、市摄影家协会、市书法家协会、市广播电影电视艺术家协会、市文艺理论家协会、市民间艺术家协会、市文艺志愿者协会)，产业文联1个(市公安文联)，会员4401名。市文联组织文艺家采风3次，市文联及所属11个文艺家协会获省(自治区)级以上奖项作品24部(件)，编辑出版文集、专著40部。4月26日，第29届中国戏剧梅花奖在南宁市竞演(终评)，包括京剧、昆曲、豫剧、越剧、话剧、歌剧在内的17名戏剧演员入围终评，最终差额评出梅花奖演员15名。兴宁区三塘镇三塘村、青秀区刘圩镇那度村、良庆区南晓镇晓元村等10个村被自治区文联命名为“千村万户文艺惠民工程”文艺村，兴宁区三塘镇三塘村三塘坡方灿群、良庆区南晓镇晓元村桥墩坡钟希增、武鸣区马头镇马头社区南门街韦丽君等16个家庭被命名为文艺户。儿童文学《花石木鸟》，音乐《Welcome to 广西》，广播影视《春天的旋律2019》跨国春节晚会获第九届广西文艺创作铜鼓奖。舞剧《刘三姐》获广西第十五届精神文明建设“五个一工程”奖。主要存在文艺事业与经济社会发展要求和人民群众的期待存在差距，文艺精品缺乏，无入围全国精神文明建设“五个一工程”等大奖作品，文艺领军人才匮乏，文艺精品激励、扶持力度略显不足等问题。

【市文学艺术界联合会第十次代表大会】 2019年12月12日至13日在市委党校礼堂召开，300名代表及50名嘉宾参会，自治区党委常委、市委书记王小东出席开幕式并讲话，自治区文联党组书记、主席白志繁致辞，市妇联主席李伟代表群团组织致贺词，市领导黄宁、邓亚平、刘志烈、黎四龙出席开幕式。市文联主席陈晓红向大会作工作报告，总结市文联第九次代表大会以来的文艺、文联工作，研究部署今后五年工作，修改《南宁市文学艺术界联合会章程》，选举产生市文联新一届领导机构，程小华当选市文联第十届主席团主席，唐志伟、李雁、王学青(女)、方宁、郑天雄、潘继坦、宋忠阳、侯建军当选为副主席。

【文学艺术创作】 2019年，市文联及所属11个文艺家协会获省(自治区)级以上奖项作品24部(件)，编辑出版文集、专著40部。市作协陆辉艳诗集《湾木腊密码》，朱千华人物传记《徐霞客》《挺进大石山》，王勇英儿童文学《影子爸爸》《泥骨布朵》《弄泥小时候》等，牙韩彰散文集《屈指家山》，黄鹏散文集《家园气象》，

2019年9月8日，俄罗斯油画家与南宁市美术家在青秀山开展写生交流活动　陈峰　摄

李明媚长篇报告文学《向着生命的彼岸》，吴烜民间故事绘本《黑龙洞》，陈星散文集《壮乡踏歌行》，阿福小说集《土青年》，冯三四诗集《去年的风花雪月》，京叔历史小说《骆越演义》，农秀红长篇报告文学《忠诚的名义》，宾阳(白石头)学术专著《公共文化案例研究》，王迅文学评论专著《不必等候炬火》等20多部作品正式出版，吴烜《十一只灰雁往南飞》入选中国福利出版社推出的5本《与爱同行汉藏双语绘本系列》项目之一。市剧协排演儿童题材邕剧《哆啰啰》、红色革命题材粤剧《江姐》、脱贫攻坚题材话剧《大山壮歌》、现实题材粤剧《山乡风云》、传统题材粤剧《乾隆点状元》及邕剧排场戏《拦马过关》《杀忠妻》《男搜宫》《西蓬击掌》《双阳宫主追夫》、大型邕剧《荷池双映美》等一批剧目，其中以重大史前文明为题材的大型邕剧《顶蛳山人》被自治区文化和旅游厅评为优秀剧(节)目，历时近三年创作的《大山壮歌》7月1日在广西文化艺术中心大剧院演出，挖掘整理民族题材的壮族唱天《乜囔花》等壮族曲艺节目。市音协创造《祖国，永远在心中》《报答祖国》《当你幸福的时候》《铭记》《复兴中国梦》《走过70年》《今夜月又圆》等一批庆祝中华人民共和国成立70周年、纪念湘江战役85周年的主旋律歌曲。市舞协组派约50名演职员参加中央电视台春节联欢晚会，话剧《实验剧场》入围自治区文化产业发展专项扶持资助项目，组织策划音乐剧《情满邕江》、话剧《大山壮歌》，舞剧《刘三姐》赴京展现壮美广西风采，完成国内巡演10场，获广西第十五届精神文明建设“五个一工程”奖。市美协李云燕国画作品《心逐南云逝形随》、梁彩媚国画作品《春色》、陈亚玩工笔画作品《奇花烂漫半天中》入选第三届“金绣球”广西女书画家作品展，陈昌远工笔画作品《又是丰收好时节》入选第十三届全国美术作品展览。市书协主席潘继坦书法作品入展“全国第十二届书法篆刻展览特邀名家作品展”，姜轶、韩宇书法作品入展(不设奖)全国第十二届书法篆刻作品展，程斌斌、杨明友、罗邦虎、蒋锐书法作品入展(不设奖)中国书法家协会主办的第五届中国西部书法篆刻作品展，韦俊、卢培钊、卢梅珍等16人书法作品入展“庆祝中华人民共和国成立70周年·广西书法之乡书法作品展”，潘文志、杨嘉寿、梁寿明等10人书法作品入展(不评奖)第十一届广西“魅力北部湾”系列群众文化活动——“扬帆新时代”广西群众美术、书法、摄影作品精品展。市摄协陈建飞《华灯初上》、卢伊琳《雨中游园别有情》入选中国西南六省区、市第十二届摄影联展。市广播电影电视协会完成十集纪录片《邕江》摄制，建立绿影、热度2个短视频工作室，抢占5G时代视频风口，为《这里是南宁》等项目提供创作产品，完成短视频40多个，其中快闪视频、市长参与录制的南宁市重大项目成果展示宣传视频、《春天的回响》《在嘱托中前行》《同升一面旗共祝祖国好》等时政创作作品及《荷香》等反映南宁生态文明建设成果作品受好评。市民协戏剧小品《知足》入选中国民间艺术家协会主办的“庆祝中华人民共和国成立70周年——全国民间文艺展演”活动。

【特色文艺活动】 2019年，市文联及所属文艺家协会开展系列主题鲜明的文艺活动。1月5日，自治区文联、市文联主办“‘我们的中国梦’——文化进万家”广西文艺志愿服务小分队“送欢乐下基层”活动在青秀区新竹社区举行，文艺志愿者组成“红色文艺轻骑兵”，为新竹社区送上自治区文联系统首场文艺演出并为社区新时代讲习所赠送美术、书法作品5幅。21日，春运首日，联合自治区文联在南宁东站举办“我们的中国梦——文化进万家·广西文艺志愿者春运送文化”活动。27日，联合市文广旅局，在市少儿图书馆举办迎新春——“我家春联我书写”暨书法家为民写春联送“福”进万家活动，组织小书法家现场挥毫，为群众赠送对联800多幅。3月3日，市美术家协会、广西北部湾书画院、市群众艺术馆在市群艺馆举办中越文化交流采风品赏会，画家陈中华作赴越交流、采风写生活动介绍，并展示在异国他乡采风所画作品，参与书画家和艺术爱好者50人。7日，市文联、南宁文学院党员志愿服务队到市第四十七中学开展“贯彻党的十九大精神——薪火相传文艺进校园”学雷锋活动，组织6名书画志愿者为师生现场挥毫示范。4月20日，在市群艺馆举行庆祝中华人民共和国成立70周年美术作品创作暨第十三届全国美展专题讲座培训班——“群文画事·名家讲坛”系列活动，自治区美术界名家为市美术创作工作者、城区美术业务骨干授课，为南宁美术家“备战”全国大赛做准备。5月24日，庆祝中华人民共和国成立70周年——“晋风桂韵”南宁太原书法作品交流展在市工人文化宫开展，展出书法艺术精品120多幅。7月25日至26日，市剧协重新排演红色经典剧目《山乡风云》《江姐》，在广州市江南大剧院完成“广州艺术节·戏剧2019”展演。8月28日，庆祝中华人民共和国成立70周年——南宁市“百里秀美邕江”美术书法精品展在广西书画院开幕，自治区、南宁市有关部门领导、书画界老前辈等出席，征集美术书法作品超800件，评出参展美术作品128件、书法作品111件，其中美术、书法优秀作品各15件。10月25日，市文联指导，市群众艺术馆、市美术家协会主办的“庆祝中华人民共和国成立70周年·青蓝传递——帅立功暨弟子书画作品展”在市群艺馆开幕，展出书画精品120幅。11月24日至26日，市文联、广西艺术学院中国画学院主办，市美协、市摄协、市文艺理论家协会承办的庆祝中华人民共和国成立70周年——“岁寒三友”邓二龙、曾辉祥、甄仲民美术摄影作品展览在广西艺术学院举办，展出艺术作品200多幅。

【文艺品牌创建】 2019年，南宁市继续培育、打造“绿城作家群”“绿城玫瑰”女作家群、“邕州才子”男作家群、“绿城翰墨”书法家群、“绿城画韵”工笔画家群、“绿城乐风”音乐家等系列文艺品牌，开展“‘绿城玫瑰’‘邕州才子’作家群新的社会阶层人士”联谊会、培训会各1次，茶话会2次。市文联主办的《红豆》杂志发行12期，每期刊发原创文学作品约5万字，全年刊出作品约60万字。1月18日至6月1日，南宁文学院举办全国第四届《红豆》系列中小学校园文学创作征文大赛，评出中学组特等奖1个，一等奖5个，二等奖30个，三等奖60个，优秀奖200个；小学组特等奖1个，一等奖5个，二等奖30个，三等奖60个。开展“文学进校园”活动3次，先后邀请杨泽民、庞永双、黄珂3名作家走进校园；持续打造“绿城公益文学讲堂”，邀请黄健、沈桂才、王建平等8名作家开讲。

【千村万户文艺惠民工程】 2019年，市文联坚持“党管文艺”原则创新开展“千村万户文艺惠民工程”，把定期“送”文化变为常态“种”文化，在丰富基层文化生活的同时筑牢基层文联组织根基。兴宁区三塘镇三塘村、青秀区刘圩镇那度村、良庆区南晓镇晓元村等10个村被自治区文联命名为“千村万户文艺惠民工程”文艺村，兴宁区三塘镇三塘村三塘坡方灿群、良庆区南晓镇晓元村桥墩坡钟希增、武鸣区马头镇马头社区南门街韦丽君等16个家庭被命名为文艺户。市文艺志愿者协会坚持开展“文艺鉴赏在基层”主题活动，组织文艺家到西乡塘区唐人文化园、良庆区大沙田社区、横县革命老区马毕村、宾阳县新宾中学开展4场“文艺鉴赏在基层”诗歌、书法、绘画、戏曲、摄影等专场活动，受惠群众近1000人次。在横县革命老区马毕村、宾阳县新宾中学设立“南宁市文艺理论家协会文艺鉴赏在基层讲坛”，开展活动2次。

【文艺成果】 2019年2月,市委宣传部主办,市人民政府新闻办公室、南宁日报社、市文联承办“百里秀美邕江摄影大赛”,陈贵贤《邕江夜色》、廖建宁《南宁大桥雄姿》2幅摄影作品获一等奖,获二等奖7幅,获三等奖8幅。侯珏、黎克平摄影图文作品获“全国警察摄影图文大赛”一等奖。10月,赖建《摩天高楼美容师》组照、韦文荣《脱贫乔迁新居全家福》、农建进《吊装》组照、欧奕《我和我的祖国》、李辉《腾飞南宁》、毕荣星《藤蔓上的精灵》组照6幅摄影作品获“庆祝中华人民共和国成立70周年·广西艺术作品展览——第二届广西摄影作品展”优秀奖(最高奖)。王勇英儿童文学《花石木鸟》,蒋锦璐、汤松波作词,何镇国、利宇翔作曲的音乐《Welcome to 广西》,广播影视《春天的旋律2019》跨国春节晚会获第九届广西文艺创作铜鼓奖。卢悦宁诗歌《鼓浪屿,鼓浪屿》获“诗的世界,诗的鼓浪屿”鼓浪屿诗歌节国际诗歌大奖赛三等奖。李海光诗歌《肥东笔记(组诗)》获第五届“中国曹植诗歌奖”征文优秀奖。覃勇油画《都市红影》、黄高国画《春在枝头已十分》、李统就国画《邕城南岸机声多》、耿国华国画《祥云映水锁青山》、黄平善油画《春耕》、滕春任国画《锦绣壮乡》、梁彩媚国画《邕江春色》、陈立天国画《环卫邕江》、陈昌远国画《知暖》、刘喜德水彩《渔歌》、梁小荣油画《解放路》、田其斌国画《大山里的孩子》、廖跃宁漆画《红龙果之韵》、闻群艳国画《朱瑾花开》、秦汉光国画《前行的高度——最美邕江》15幅作品获“庆祝中华人民共和国成立70周年——南宁市‘百里秀美邕江’美术书法精品展”优秀奖(最高奖)。唐玉玲、黄仁涛、韦贵敏、江晓明、韦继毛、李莉6人创作的国画《盛世欢歌》,黄文诚油画《人之初》2幅作品获“庆祝中华人民共和国成立70周年·广西艺术作品展览——第七届广西美术作品展”优秀奖(最高奖)。姜轶、唐少平、吕捷3人书法篆刻作品获“中华人民共和国成立70周年·广西艺术作品展书法篆刻作品展”优秀奖(最高奖)。协助西乡塘区政府申报“中国傩文化之乡”获命名。会员韦锦业工艺美术作品《银涛聚浪》获第54届全国产品交易会“金凤凰”创新产品设计大赛金奖,《银器——八桂繁花如意绽放》参加第二十届中国工艺美术大师作品暨手工艺术精品博览会获“百花杯”中国工艺美术精品奖金奖,《携手共进,如意八桂》获广西工艺美术精品工程创作银奖。 (李 雁)

南宁市归国华侨联合会

【概 况】 2019年,南宁市归国华侨联合会(简称“市侨联”)设办公室、经济联络部,行政编制12名、在编12人,机关后勤控制数2名、在编1人。直属团体会员17个,华侨农林场4个(广西－东盟经济技术开发区、邕宁区五合华侨林场、隆安华侨管理区、武鸣白合华侨农场),县级侨联机构13个,社区、华侨农林场(含分场)、厂矿企业侨联13个,侨联小组168个。全市有南宁籍或与南宁有渊源的海外华侨华人和中国香港、中国澳门、中国台湾地区同胞近100万人,分布在世界五大洲80多个国家和地区。有归侨、侨眷14万多人,其中新老归侨2万多人。年内,市侨联接待来自美国、英国、印度尼西亚、越南、马来西亚等国家华侨、华人和中国香港、中国澳门地区同胞12批150多人次。深化侨联改革,指导良庆区、宾阳县、上林县等区县侨联和青秀区新竹社区、兴宁区热作社区、广西南宁人人想食品有限公司等社区、侨资企业挂牌成立“侨胞之家”10个。向市委人才办推荐海内外桂籍杰出人才3人。组织各级侨联走访慰问困难归侨侨眷、侨界代表人士、侨界困难党员900余人次,发放慰问金、慰问品价值49.79万元。向市非公有制经济领导小组办公室推荐强优企业培育计划名单4家(南宁富昌基础工程有限公司、南宁市正培五金机电有限责任公司、广西南宁人人想食品有限公司、南宁亚太体育用品公司)均列入市非公经济领导小组成员联系企业名单。主要存在基层侨联组织架构不完善,缺乏经费支持,制约“侨胞之家”推进等问题。

【侨联改革】 2019年,市侨联对侨联系统基层组织建设进行分析研判,形成《关于加强南宁市基层侨联组织建设的报告》向市委汇报。指导宾阳县侨联、隆安县侨联召开第一次归侨侨眷代表大会,选举产生第一届侨联班子成员;指导良庆区、上林县、马山县等区县侨联和青秀区新竹社区、兴宁区热作社区、广西南宁人人想食品有限公司等社区、侨资企业挂牌成立“侨胞之家”10个,累计成立31个,超额完成改革实施方案目标任务。加强侨界群众思想引领,承办庆祝中华人民共和国成立70周年暨纪念南洋华侨机工回国抗战80周年系列活动,在广西音乐厅举办爱国主义颂歌“南侨颂”音乐会,有550名侨界群众参与;邀请来自泰国、马来西亚、菲律宾、加拿大等国家和地区13名侨领到南宁参加“我爱祖(籍)国三月三海外侨领回家·南宁行”活动。

【侨界人才服务】 2019年,市侨联向市委人才办推荐海内外桂籍杰出人才3人。做好海外招才引智工作,与海外顾问朱继青多次交流洽谈;通过评审,与美国美东广西青年学友会在纽约联合成立首家海外引智工作站。举办第六期“华商人才培训班”,开设中国经济新常态与企业商业模式创新、合同法的司法实践及应用等课程,参培华商企业家58人。在南宁职业技术学院商学院挂牌成立南宁新侨创业园,为新侨、归国留学人员创业搭建平台。召开新华侨华人创新创业交流座谈会,收集留学归国人员回国创业存在困难问题、意见建议7件。支持华商会会员企

2019年7月27日晚,市侨联举办的爱国主义颂歌“南侨颂”音乐会在广西音乐厅举办
廖嗣松 摄

业广西丰景园林建设工程有限公司与南宁电视台930频道合作,投资400多万元在南宁·中关村科创园创办创客厅,为800多人次创客提供服务。

【为侨服务】 2019年,市侨联组织各级侨联走访慰问困难归侨侨眷、侨界代表人士、侨界困难党员900余人次,发放慰问金、慰问品价值49.79万元。协助中国侨联党组书记、主席万立骏一行到“正培·侨胞之家”、武鸣华侨农场开展慰问、调研,慰问“南侨机工”遗孀、眷属和部分困难归侨侨眷15人,发放慰问金、慰问品价值5.60万元,并参观“赤子功勋,历史铭记”(广西)南洋华侨机工回国抗日图片展。收到信访件15件,处理15件,协调解决浪湾华侨农场职工基本养老保险业务移交南宁市进行属地化管理进展缓慢,导致部分农场职工未能按时领取养老金和享受退休医疗待遇等问题。南宁市侨心慈善基金会捐赠427.90万元用于精准脱贫光明行活动、产业扶贫、助学医疗、侨胞之家建设和支持侨界群众开展活动,其中拨付“精准脱贫光明行款”100万元救助白内障患者1000例,广西优康电子科技股份有限公司与侨心慈善基金会合作向武鸣区、上林县等地区卫生院捐赠医疗设备价值110万元。指导区县侨联开展公益活动,青秀区侨联到南湖小学参观黄大年先进事迹教育基地,开展“关爱成长·呵护未来”活动,赠送学生安全出行反光贴和工具书;江南区侨联和江南街道党工委在二桥西社区联合开展“凝聚侨心·汇聚侨力”服务归侨侨眷活动,为社区居民提供侨法咨询,发放侨法宣传手册、资料1000份,为800名社区群众开展义诊;兴宁区侨联在小鸡村一小举行“圆梦书桌·为爱起航”爱心捐赠活动,华蓝集团机电环保三所捐赠26套实木书法桌和配套用品价值1.50万元等。各团体会员开展庆祝中华人民共和国成立70周年系列纪念活动,广西印尼归侨联谊会举办庆祝中华人民共和国成立70周年印尼归侨联欢活动,约450名归侨、侨眷参加;南侨机工眷属联谊会赴玉林容县协办纪念南侨机工回国抗战80周年图片展,为广西华侨博物馆捐赠南侨机工回国抗战80周年图片120多幅。

【海内外联谊】 2019年,市侨联先后接待来自美国、英国、印度尼西亚、越南、马来西亚等国家华侨、华人和中国香港、中国澳门地区同胞12批150多人次。4月,应日本广西同乡会邀请,随自治区侨联代表团赴日本出席第十九届世界广西同乡联谊大会暨商务论坛大会。组织代表团赴中国香港、中国澳门地区参加第十届世界缅华同乡联谊大会暨第二十四届澳门缅华泼水节活动,与海内外嘉宾联谊交流宣传推介南宁市在“一带一路”建设中的区位优势、发展契机和前景。与香港广西印尼归国华侨联谊总会座谈交流,就双方签订友好侨社团具体事宜进行商议。开展“亲情中华秋令营”活动,组织40多名泰国华裔青少年到南宁参加“寻根之旅”秋令营。邀请海外侨领、华商企业家3人参加世界桂商暨商会经贸文化交流合作大会。协助市委主要领导会见中国侨商联合会会长、世茂集团董事局主席许荣茂一行5人,为世茂集团在南宁开展项目做好服务。组织南宁华商会参加中国侨商会举办会议、活动3场次,与陕西省侨商会、柳州市华商会等省、市商协会开展交流与合作,全年走访华商企业17家。

(廖嗣松)

南宁市科学技术协会

【概　况】 2019年,南宁市科学技术协会(简称“市科协”)设办公室、学会部、国际联络部、科技普及部,核定事业编制20名、在编20人,机关后勤服务人员控制数2名、在编0人。二层机构2个:市科学技术咨询服务中心,编制3名、在编3人;市科技馆,编制50名、在编48人,后勤控制数6名、在编6人。全市有区县科协12个,乡镇(街道)科协127个,社区科协156个;市级学会(协会)36个,企事业科协82个,院士专家工作站8个;科普示范社区80个(国家级14个、自治区级11个),农村专业技术协会77个,科普示范基地129个(国家级18个、自治区级17个),科普教育基地17个(国家级6个、自治区级8个);建设“科普中国”校园e站86个、“科普中国”社区e站50个、“科普中国”乡村e站75个。4月10日,市科协第八届委员会第五次全体(扩大)会议在市政府办公楼二楼会议室召开,市委副书记、政法委书记杨维超出席并讲话,市科协第八届委员会委员,科协机关、市科技馆、市科技咨询服务中心干部职工,各学会(协会)、企事业科协人员近100人参加;审议通过市科协八届常务委员会工作报告。6月27日,召开市全民科学素质工作会议,市委常委、副市长、市全民科学素质工作领导小组组长何颖出席并讲话,市全民科学素质工作领导小组27个成员单位和12个区县政府分管领导、联络员参加。年内,开展产业扶贫春季大培训活动,推进区县科协开展培训87场次,覆盖贫困村19个,培训贫困户1321户。承办南宁·东盟人才交流活动月开幕式暨第六届南宁市海外高层次人才与项目对接会,2名院士在内的10名海内外桂籍杰出人才和60名海(境)外高层次人才携62个创新项目参加。建成互联网+科技成果转化“公共服务平台——南宁·中关村天合科技成果转化分中心”,创建首家离岸创新创业基地——高新区离岸基地。12月20日,市科技馆正式开馆。市科协获2019年中国创新方法大赛广西赛区总决赛优秀组织奖、获自治区科协授予2018—2019年科技工作者状况调查优秀区域责任部门。主要存在服务中心工作的抓手不够多,方式不够创新;研究科协工作规律,指导基层科协工作开展,为科技工作者服务能力有待提高等问题。

【科普活动】 2019年,市科协面向扶贫开发重点贫困村,开展产业扶贫春季大培训,推进区县科协开展产业技能培训87场次,覆盖贫困村19个,培训贫困户1321户。组织144名科普专家到农村、社区开展“百名专家进百村(社区)科普服务活动”108场次,服务建档立卡贫困户6321人。5月19日至26日,以“创新支撑发展、建设壮美南宁”为主题的“全国科技活动周南宁市活动”在市科技馆举行,以展板、实物展示、多媒体演示、宣传咨询与互动等方式,开展技术咨询、宣传和服务等科普活动。9月下旬至12月,组织开展全国科普日暨“绿城科普大行动”,开展主题科普活动1148项,科普讲座、报告会1162场次,适用技术培训班809期,专家咨询服务4930人次,制作宣传展板1188块,张贴或悬挂宣传标语1593幅,发放科普读物、资料68.81万份(册),开放科普基地122个,发送科技类短信1207.76万条,科普网站、微信公众号发文量2659篇、阅读量271.93万次,电视播出科普(技)节目时长2.30万小时,公众参与128.66万人次。

【学术交流】 2019年8月8日,市科协在广西科技馆举办以“科技创新与大数据产业发展”为主题的南宁市学术年会启动仪式暨主会场特邀报告会,邀请广西大学、越南人工智能系统公司、南宁慧视科技有限责任公司等专家分别作专题报告,参与科技工作者200多人,设7个分会场。9月11日,承办南宁－东盟人才交流活动月开幕式暨第六届南宁市海外高层次人才与项目对接会,2名院士在内的10名海内外桂籍杰出人才和60名海(境)外高层次人才携62个创新项目参加,促成中国工程院院士欧阳平凯与南宁·中关村创新示范基地签署“食品加工废弃物高值转化技术研发及示范工程”协议。

组织发动各单位围绕党委、政府中心工作申报涉及医疗、环境、教育、扶贫、社团改革、心理健康等方面课题；举办智库培训班，邀请优秀师资指导课题组开展研究和报告撰写。向海外人才（团体）发出招贤纳士征集令，推荐、自荐人才328人，列入首批海内外桂籍杰出人才库40人；开展海内外桂籍杰出人才回乡共商邕城发展交流会，中国工程院院士欧阳平凯、中国科学院院士于起峰、猎聘北美公司总经理俞国梁等10名广西籍海内外杰出人才受邀参会。

【自然科学优秀论文评选】 2019年11月14日，经南宁市自然科学优秀论文评审委员会审定，评出获奖论文33篇，其中《马尔尼菲蓝状菌感染对我国南方地区HIV/AIDS患者死亡的影响：一项回顾性队列研究》（市第四人民医院蒋俊俊、孟思润、黄绍标）、《不同光质对三角梅开花及其生理指标的影响》（市园林科研所张晓敏、黄旭光、马跃峰）、《接触网波速的仿真识别及试验验证》（南宁轨道交通集团有限公司莫志刚、邹栋、周宁）获一等奖，《茯苓多糖对对乙酰氨基酚致小鼠肝损伤的保护作用》等10篇论文获二等奖，《风载对高层建筑外保温的破坏分析及加固改进》等20篇论文获三等奖。

【科技创新与服务】 2019年，市科协与

表5　2019年南宁市自然科学优秀论文评选结果情况表

奖项	论文题目	作者	申报者单位
一等奖	马尔尼菲蓝状菌感染对我国南方地区HIV/AIDS患者死亡的影响：一项回顾性队列研究	蒋俊俊、孟思润、黄绍标	南宁市第四人民医院
	不同光质对三角梅开花及其生理指标的影响	张晓敏、黄旭光、马跃峰	南宁市园林科研所
	接触网波速的仿真识别及试验验证	莫志刚、邹栋、周宁	南宁轨道交通集团有限公司
二等奖	茯苓多糖对对乙酰氨基酚致小鼠肝损伤的保护作用	吴咖、樊金莲、黄潇莹	南宁市第二人民医院
	利用GEO微阵列芯片预测泛癌及细胞系中miR-375靶基因的生物学功能	曾江辉、梁栩芝、兰会华	南宁市第二人民医院
	血液透析的艾滋病患者死亡相关因素分析	苏春雄、兰玲鲜、黄金萍	南宁市第四人民医院
	单细胞测序分析卵裂期优质胚胎染色体情况研究	黎霓娜、史秋雯、许常龙	南宁市第二人民医院
	适当冷空气对秋季台风暴雨增幅作用研究	黄莉、白龙、李紫甜	南宁市气象局
	广西鸡源H9N2亚型禽流感病毒分离鉴定及遗传进化分析	张艳雯、何永权、吴云月	南宁学院
	攀援灌木牛大力纯作种植评价及修剪差异分析	邓莉明、蒙兰杨、罗筱娥	南宁市林业科学研究所
	铝合金板材表面微观形貌对光泽度的影响	黄程毅、胡传彬、任月路	广西南南铝加工有限公司
	模型自适应分割的人脸跟踪方法	韦智勇、杨晓武	南宁职业技术学院
	新农村建设背景下的村庄色彩规划编制	钟继敏	南宁职业技术学院
三等奖	风载对高层建筑外保温的破坏分析及加固改进	胡博、高艳伟、梁柱	南宁职业技术学院
	南宁汉族人群HLA-A,-B,-DRB1高分辨等位基因多态性研究	裴永峰、黄惠妮、李恒聪	南宁中心血站
	转移相关基因的综合分析揭示预测结肠癌生存率的基因特征	韦皓棠、利基林、谢明智	南宁市第二人民医院
	应用扩散张量成像和纤维束成像定量评估腰椎间盘突出症患者L4-5和S1受压神经根	贺艾、王文政、乔鹏飞	南宁市第一人民医院
	通过加权基因共表达网络分析表明泛素介导的蛋白水解作为葡萄膜黑色素瘤的潜在生物标志物	杨猛、万奇、胡翔	南宁市第二人民医院
	南宁市城乡2型糖尿病患者血糖控制行为分析	周吉、吕应楠、石健	南宁市疾病预防控制中心
	南宁市1株人感染高致病H7N9禽流感病毒遗传特性分析	裴建新、秦剑秋、农皓	南宁市疾病预防控制中心
	2015—2018年南宁市登革热媒介伊蚊监测结果分析和登革热风险评估	黎祖秋、汤洪洋、屈志强	南宁市疾病预防控制中心
	128例HIV/AIDS肠镜表现和临床特征分析	彭认平、黄杰安、吴长亮	南宁市第四人民医院
	140例AIDS贫血需输血患者自身抗体免疫类型与贫血相关性分析	孔亚红、滕景芬、董文逸	南宁市第四人民医院

续表 5

奖 项	论文题目	作 者	申报者单位
三等奖	基于 MODIS 热红外波段与投影寻踪模型的水汽反演方法	林奕桐、叶骏菲、王永前	南宁市气象局
	蓝莓黑枸杞浊汁饮料的酶解工艺研究	黎晓霞	南宁职业技术学院
	9 种大型丛生竹枝条扦插成活率的相关性分析	蒙兰杨、邓莉明、罗筱娥	南宁市林业科学研究所
	地西泮在长臂猿疾病治疗中的抗应激应用	吴俊仪、黄宁、陈月妃	南宁市动物园
	南宁地铁 1 号线轮轨磨耗分析、与改善措施	向伟彬、谭文举、张焕	南宁轨道交通集团有限公司
	基于正交实验的 6101 铝合金热处理工艺研究	黄奎、许泽兵、于梅花	广西南南铝加工有限公司
	超厚 7085 铝合金板时效工艺优化	张江斌、李承波、何克准	广西南南铝加工有限公司
	基于运动视觉的三级倒立摆控制过程优化	黄孝平、文芳一、韦中新	南宁学院
	造血干细胞移植术后抗—CD36 抗体介导的血小板输注无效症和相关病例的实验研究	周燕、李丽兰、钟周琳	南宁中心血站
	不同生根剂对裸根扁桃苗的生根效果分析	陆炎松、黄旭光、罗恩波	南宁市园林科研所

中关村天合科技成果转化促进中心合作，建成互联网 + 科技成果转化“公共服务平台——南宁 · 中关村天合科技成果转化分中心”，引进北京院校、科研院所、创新企业科技成果、转化项目，通过线上线下信息服务、展厅展示和科技成果转化供需互动服务，促进优秀科技成果在南宁落地。年内，培育广西富凤农牧集团有限公司 1 家院士工作站，工作站引进中国工程院院士印遇龙专家团队，助力南宁乃至广西现代特色农业高质量发展。指导创建首家离岸创新创业基地——高新区离岸基地，入驻高新区离岸基地孵化离岸项目(团队)5 个，其中离岸引进项目 4 个、面向东盟离岸输出项目 1 个。支持民间举办海外人才创新创业活动，支持广西启迪科技城举办第四届清华大学校友创意创新创业大赛广西赛点活动，评出一等奖 1 个、二等奖 2 个、三等奖 3 个、优胜奖 6 个。指导 14 个海智基地工作站创新科技力量，其中广西交通科学研究院海智工作站引进美国得克萨斯大学“机器人桥梁病害识别系统开发技术”，南宁学院海智工作站建立“中国 – 东盟综合交通国际联合实验室”，市策划协会海智工作站举办“中以农业创新合作研讨会”。5 月下旬，支持中国(广西) —以色列技术转移促进中心开展中以技术交流活动，在市科技馆举办“海智基地”中以创新合作研讨会。6 月至 9 月，市科协与市科技局、市外事办联合举办第二届南宁市海(境)外人才创新创业大赛，GSOI 绿色晶圆及芯片服务、AI 智能机器人系统研发中心、中国 – 东盟跨境产业服务中心等 12 个项目决赛获奖，5 个决赛项目负责人表示落户南宁发展，其中一等奖项目“侵入式医疗器材之创新低温灭菌技术”拟签约入驻南宁高新区海外人才离岸创新创业基地，三等奖项目“AI 智能机器人系统研发中心”落户南宁 · 中关村创新示范基地、“中国 – 东盟跨境产业服务中心”落户南宁综合保税区。

【青少年科技活动】 2019 年 3 月 21 日至 24 日，第 34 届广西青少年科技创新大赛在广西科技馆举行，南宁市选送参赛项目 105 个，获奖 93 个(一等奖 41 个、二等奖 38 个、三等奖 14 个)；获“自治区优秀科技辅导员”3 人，科技教育创新优秀学校 1 所，西乡塘区科协、邕宁区科协、良庆区科协、武鸣区科协 4 个单位获广西青少年科技创新大赛基层赛事优秀组织单位奖。7 月 20 日至 26 日，第 34 届全国青少年科技创新大赛在澳门大学举行，南宁市参赛项目 21 个，获奖 19 个(一等奖 9 个、二等奖 7 个、三等奖 3 个)，市逸夫小学辅导员陆俊达获“十佳优秀科技辅导员”“全国优秀科技辅导员”称号，市第一中学学生李鑫锐获科技创新大赛北京理工大学科技创新奖。9 月 16 日至 19 日，开展“遇见科学”大讲堂——快乐科普校园行活动，组织航天航空、古脊椎动物、海洋科考等领域专家 8 人到宾阳县、隆安县等 16 所中小学校开展科普演讲活动 22 场，受益学生 6000 余人。承办第三届“一带一路”青少年创客营与教师研讨活动，33 个国家和地区约 300 名青少年、科技教育工作者参加，乌克兰少年科学院专家和中国科学教育专家共同为参加活动的学生开设 STEAM 课程(综合科学、技术、工程、艺术与数学五大现代学科的教育新理念课程)；27 日，举行以“礼赞共和国 · 智慧新生活”为主题的青少年科学节活动启动仪式，设主题互动展区、发明创造作品展、科学教育等 11 类科技体验活动，参与

2019 年 6 月 29 日，西乡塘区贫困村儿童在市科技馆航天展厅参观　　王国兵　摄

青少年1000多人。11月4日至10日，举办以“创新·体验·成长”为主题的南宁市青少年科技创新大赛作品评比、展览活动，参赛作品1017个，评出获奖作品670个(一等奖107个、二等奖223个、三等奖340个)，优秀科技辅导员12人。

【科普阵地建设】 2019年12月20日，市科技馆正式开馆，以“人与未来”为设计理念，设科学乐园、自然乐园、科学生活、智能世界、虚拟世界、运动健康、航天世界7个专题展厅和职业体验城、青少年工作室2个主题功能区，布展展项展品305件(套)。推进“基层科普行动计划”项目培育及实施，全市有农村专业技术协会2个(马山县林圩镇川龙养殖协会、邕宁区那楼镇中山村桑蚕专业技术协会)，科普示范基地1个(隆安县金福火龙果种植科普示范基地)，分别获国家级奖补资金10万元；科普示范村1个(西乡塘区石埠街道办事处忠良村)，科普示范社区2个(兴宁区民生街道燕子岭社区、江南区福建园街道福建园社区)，科普示范学校4所(市星湖路小学、市五象小学、武鸣区高级中学、隆安县第一小学)分别获自治区级奖补资金10万元；农村专业技术协会7个、科普示范基地9个、邕宁区科普示范社区6个、科普示范村2个获市级表彰，奖补资金55万元。新增市科协所属科技社团1家(生态学学会)，成立市级企事业科协4家(广西富凤农牧集团有限公司、广西北部湾水务集团有限公司、广西大数据产业发展有限公司、广西安仁欣生物科技有限公司)，企事业科协累计82个。培育新建武鸣区柚子种植协会、宾阳县马灵柑橘种植协会、隆安县农之源柑橘种植技术协会、兴宁区三塘镇桑椹农村专业技术协会、兴宁区三塘镇金花茶协会、上林县樟树种植协会、横县甲鱼养殖协会7个农村专业技术协会；新建科普中国乡村e站7个，科普中国社区e站9个，科普中国校园e站12个，累计有科普中国e站211个。

(肖重虎)

中国国际贸易促进委员会南宁市支会

【概　况】 2019年，中国国际贸易促进委员会南宁市支会(简称“市贸促会”)设办公室、会展联络部、法律事务部、机关党支部，行政编制10名、在编10人，工勤编1名、在编1人。市贸促会接待来自英国、法国、吉尔吉斯斯坦、摩尔多瓦、乌兹别克斯坦、土库曼斯坦、约旦、赞比亚、巴西、新加坡、马来西亚、缅甸、柬埔寨、越南等10多个国家和地区商务代表团、客商12批次75人次，接待中国贸促会、广西贸促会、江西省景德镇、河南省驻马店、贵港市等贸促会人员15人。走访广东省佛山市、惠州市，河北省承德市，山东省青岛市、烟台市，湖南省长沙市，贵州省贵阳市，陕西省宝鸡市，黑龙江省绥芬河市，柳州市等10多个省、市贸促会、贸促组织；带领企业到德国、丹麦、瑞典、印度尼西亚、缅甸、泰国、老挝、柬埔寨等国家和中国台湾地区进行商务访问、考察。举办、参加经贸洽谈、展览会19场，为会员企业组织10场关于海关新政、原产地政策、知识产权保护、商标法、中美经贸摩擦应对等专业知识培训，新发展会员企业4家。广西营商环境南宁监测站在市贸促会挂牌成立。编印“南宁贸促信息”12期1.20万份，向市委信息办、市政府信息办上报经贸信息39条，采用7条。主要存在区县(开发区)尚未设立基层贸促机构(国际商会)等问题。

2019年10月28日，市贸促会、南宁国际商会在南宁饭店举办商标管理与自贸试验区南宁片区建设培训班　　市贸促会提供

【会员管理与服务】 2019年，市贸促会通过组织企业出访、参展、培训、投融资洽谈等渠道发展南宁国际商会会员4家。1月11日至13日，组织企业参加在北京举办的第十五届进出口说明会。2月25日，接待中国贸促会发展研究部规划处、自治区贸促会调研组一行4人并汇报市贸促会机构改革情况等。3月2日至8日、9日至15日，市贸促会分两期参加自治区贸促会在延安市举办的自治区贸促系统党性修养和经贸业务培训班。3月22日，联合自治区贸促会、广西律师协会、广西速贸通商务服务有限公司举办的“商事法律八桂行”启动仪式暨南宁国际商会海关新政和涉外商事法律培训班。28日至29日，参加由中国贸促会法律事务部在深圳主办的中国贸促会知识产权保护和企业“走出去”法律风险防范培训班。4月9日至11日，参加中国贸促会国际贸易合规指引和知识产权保护(义乌)培训班。11日，南宁国际商会在南宁饭店召开三届二次理事会，举办南宁国际商会英国市场介绍会。19日，组织会员企业广西南宁越国商贸有限公司到越南河内商务考察，拜访越南中国商会广西企业联合会、南宁国际商会驻越南联络处，并代表南宁国际商会秘书处向对方赠送广西壮乡铜鼓；带领龙源电力越南筹建处主任王景睿到越南驻南宁总领事馆拜访，商议龙源电力赴越南投资风电项目事宜。5月8日，协助广西贸促会(广西国际商会)对企业营商环境情况进行调研。8日至10日，参加中国贸促会“一带一路”倡议解读和知识产权保护(武汉)培训班。15日，组织企业参加跨境电子商务创新发展(南宁)培训班。同月，协助沈阳市贸促会联络对接缅甸企业和商协会，促成沈阳市政府代表团赴缅甸与缅中交流合作协会交流座谈。7月3日至5日，参加中国贸促会“一带一路”倡议解读和中美经贸摩擦应对(合肥)培训班。8月14日至16日，参加中国贸促会在山东聊城举办的“一带一路”倡议解读和法律风险防范培训班。10月28日，举办商标管理与自贸试验区南宁片区建设培训班。12月20日，举办南宁国际商会会员企业产品信息交流会，缅甸驻南宁总领事馆商务参赞水清歌博士作缅甸市场信息推介。

【经贸交流活动】 2019年1月7日，市贸促会(南宁国际商会)组织企业参加世界桂商暨商会经贸文化交流合作大会。3

月 22 日，组织企业参加自治区贸促会主办的“桂品丝路行”中东非市场介绍会暨广西国际商会会员产品推介会。4 月 12 日，组织企业参加“桂品丝路行”海外仓全球分销服务项目对接会、海外仓战略合作伙伴签约仪式。5 月 11 日，组织企业参加中国广西－越南同奈企业家项目对接会。6 月 25 日，组织企业参加自治区贸促会与非洲联盟、中非中小企业联盟、布基纳法索大使馆、埃塞俄比亚驻华大使馆等共同主办的非洲 16 国广西采购投资洽谈会；应邀参加由泰王国驻南宁总领事馆商务处、南宁大地飞歌文化产业集团有限责任公司、南宁民族影业文化娱乐有限责任公司联合打造的“光影随行，荟萃精彩”泰国电影展映汇启动仪式。7 月 12 日，参加市政府与缅甸驻南宁总领事馆商务参赞水清歌召开的座谈会并介绍南宁市进口贸易情况；24 日，应邀组织企业参加在缅甸驻南宁商务联络处举行的缅中经贸与投资推介会。9 月 22 日，组织会员企业参加缅甸联邦共和国商务部、缅甸贸易促进局主办的“金色缅甸——国家推介会”；组织企业参加“一带一路”西部陆海新通道沿线 13 省、自治区、市贸易投资洽谈会。10 月 11 日，应尼日利亚联邦共和国驻广州总领事馆邀请，参加尼日利亚联邦共和国 59 周年国庆招待会；18 日，第七届中国－中亚合作论坛在南宁举行，市贸促会协助自治区贸促会做好中国（广西）、中亚特色产品展组织实施；参加市人大组织的涉外商事调解组织建设座谈会，向杭州市人大常委会副主任许勤华一行 8 人介绍南宁市涉外商事行业调解等组织建设情况。11 月 12 日，陪同市领导会见赞比亚驻广州总领事丹尼尔·齐森加一行，邀请组织代表团到中小企业服务中心参观；15 日至 17 日，组织会员企业参加广西名优产品博览会、广西品牌博览会；19 日，协助福建省外经贸干部培训中心安排约旦代表团一行 28 人到中小企业服务中心参观座谈，接待吉尔吉斯斯坦、摩尔多瓦、乌兹别克斯坦、土库曼斯坦代表团 23 人并举行交流座谈。

【对外交流与合作】 2019 年 1 月 12 日至 23 日，市贸促会（南宁国际商会）随市政府代表团访问印度尼西亚、缅甸和泰国；24 日，接待南宁国际商会海外（法国）顾问、法国总商会副会长、全法亚华商联合会会长罗佳君，“一带一路”国际商事调解中心调解员、马来西亚律师罗章武并座谈。4 月 10 日，接待英国广西（华人华侨）社团联合总会会长韦婴彩一行并座谈；24 日至 27 日，组织企业参加第 125 届中国进出口商品交易会第二期活动。5 月 5 日，接待缅甸希凯商务咨询有限公司总经理熊禄恒，接受对方赠予的东盟 5 国（文莱、缅甸、马来西亚、老挝、柬埔寨）外商直接投资法律制度研究书籍；9 日，参加第二届中国（淮安）国际食品博览会；13 日，接待巴西巴中友好合作协会代表团，举行“南宁国际商会巴西市场说明会”；23 日，组织企业参加在桂林举办的中日韩健康产业论坛；24 日至 26 日，组织企业参加上海合作组织地方经贸合作青岛论坛暨上海合作组织国际投资贸易博览会；29 日至 31 日，组织企业参加第三届中国（宝鸡）国际工业品采购展览会暨石油装备跨国采购会。7 月 10 日，接待新加坡博士柳健兴一行 3 人并座谈。9 月 6 日，接待驻柬埔寨办事处主任、南宁国际商会柬埔寨顾问李业翰和广西地泽农业发展有限公司一行并座谈；21 日至 30 日，组织企业赴老挝、柬埔寨、缅甸开展商务考察，与当地企业就采矿、冶炼、建筑、工程机械、生活垃圾发电厂炉渣处理、拖鞋生产销售、大米、印刷纸、木薯淀粉、国际物流等方面寻求贸易投资合作；23 日，接待越南工商会（VCCI）副主席、越南工商会胡志明市分会会长武新成和广西金沛教育发展有限公司一行 4 人并座谈。8 月 8 日至 11 日，组织企业参加在黑龙江省绥芬河市举行的第七届中国国际口岸贸易博览会暨第十二届中国边境口岸城市市长论坛。9 月 9 日至 11 日，应邀参加在贵州省贵阳市举办的第九届中国（贵州）国际酒类博览会、贵州内陆开放型经济试验区投资贸易洽谈会。10 月 11 日，接待吉尔吉斯斯坦前商务参赞、华和国际董事长刘传武一行。11 月 5 日至 10 日，市贸促会分 2 批带领企业参加第二届中国国际进口博览会。（王颖谊）

南宁市残疾人联合会

【概　况】 2019 年，南宁市残疾人联合会（简称“市残联”）设办公室、康复科、教育就业科、组织联络科、宣传文体科、维权科和机关党总支部，核定行政编制 21 名、在编 21 人，工勤编 2 名、在编 2 人。直属事业单位 2 个：南宁市残疾人劳动就业服务指导中心（南宁市盲人按摩指导中心），编制 18 名，在编 15 人；南宁市残疾人活动中心（南宁市残疾人辅助器具中心），编制 11 名，在编 10 人。均为全额拨款正科级事业单位。有区县（开发区）残联组织 15 个，乡镇（街道）残联组织 127 个，村（社区）残疾人协会 1703 个；有乡镇（街道）兼职理事长 119 人，选聘残疾人专职委员 1785 人。全市有残疾人 54.60 万人，占总人口 7.23%。市残联聚焦精准扶贫，开展残疾人康复、就业、培训、教育、扶贫等，保障残疾人合法权益，组织开展残疾人宣传文化体育活动。因财政资金紧缺，市残疾人康复托养基地项目改以 PPP（公共私营合作制）模式推进。主要存在残疾人脱贫难度大、易返贫；部分建档立卡残疾人未办证，部分残疾人特别是智力、精神类残疾人担心办证后受歧视不愿办证；偏远地区政策宣传不到位，扶贫助残政策落实难；市残疾人康复托养基地项目推进难等问题。

【残疾人就业】 2019 年，南宁市在就业年龄段残疾人 7.39 万人，新增残疾人就业 1074 人，就业年龄段已就业残疾人 3.62 万人，残疾人就业率 48.98%。建成残疾人辅助性就业机构 14 家，安置残疾人 222 人；开展“就业援助月”活动，走访残疾登记失业人员家庭 506 户，登记失业残疾人 638 人，组织残疾人专场招聘会 27 次，帮助 65 名登记失业残疾人就业，帮助 49 名残疾人享受专享扶持政策；开展“全国助残日”残疾人专场招聘会活动，47 家用人单位提供文员、硬件工程师、餐厅员工、财务、保安等岗位 289 个，应聘残疾人 120 多人，达成就业意向 56 人；开展 2019 年高校应届残疾毕业生网络招聘会活动，应聘残疾人 65 人，就业和有就业意愿 57 人，就业率 70.18%；全市扶持个体创业就业残疾人 72 人，发放残疾人个体就业和灵活就业养老保险补贴 748 人；组织 2515 人次残疾人参加职业技能、实用技术培训，其中市本级开展城镇残疾人职业技能培训 801 人次；区县开展农村残疾人实用技术培训 1714 人次；选派 7 名残疾人参加第六届全国残疾人职业技能竞赛。配合税务部门做好残疾人就业保障金征收管理，全年征收 4.44 亿元，其中市级 3.73 亿元、县级 0.71 亿元，比上年增长 14%，以征收促就业 157 人。5 月 16 日，在北京人民大会堂召开的第六次全国自强模范暨助残先进表彰大会上，民营残疾人辅助性就业机构——南宁市朝霞社会工作服务中心获“残疾人之家”称号。

【残疾人康复服务】 2019 年，市残联制定出台《关于开展南宁市残疾儿童康复救助定点机构评审工作的通知》，邀请自治区残联、市教育局、市民政局、市卫健委等派出专家对 24 家申请市级定点康复机构评审，确定 19 家；指导区县对 12 家申请区县级定点康复机构评审，确定 8 家。全市完成残疾人基本康复服务 2.10 万人，完成率 131%；完成基本辅具适配服务 6210 人，完成率 115%。全市儿童康复救助由 0 岁～6 岁扩展至 0 岁～17 岁；残疾儿童抢救性康复救助投入经费 1670.27 万元,救助残疾儿童 959 人,其中持居住证残疾儿童 17 人。实现视力、听力、言语、肢体、智力、孤独症五大类残童康复救助全覆盖。开展 5 个县精神病患者救助,精神病患者服药救助 1900 人,住院救助 219 人,救助专项金 193.95 万元,区县再采取经费配套补贴和建档立卡贫困户兜底全补,救助区县精神病患者 4958 人。

【残疾人权益维护】 2019 年,南宁市完成贫困残疾人家庭无障碍改造 1367 户,核实建档立卡重度残疾人家庭无障碍改造需求 2264 户。组织残疾人参加汽车驾驶培训,80 人获驾驶证;为 936 名残疾人车主发放机动轮椅车燃油补贴。接待残疾人来访 15 次 41 人、来电来信 6 件次,办结中国残联信访系统信访件 2 件次,办结自治区综合信访管理系统信访件 3 件次,办结自治区便民 12345 服务热线交办事项 6 件次。启动市、区县、乡镇(社区)、村四级联动,开展摸底排查,做好教育劝导,年内未出现残疾人群体上访事件;12385 残疾人服务热线受理市民来电 289 件次;建立健全律师定期值班、参与公开大接访等制度,律师参加法律服务值班 10 次,参与公开大接访 4 次,参与南宁电台残疾人节目访谈 4 期次。为残疾人提供法律咨询和援助,审核相关协议并提供法律意见 4 件次,接受残疾人法律咨询 15 人次。

【残疾人助学补助】 2019 年,南宁市为 1610 名残疾人和贫困残疾人子女发放助学金 191 万元,其中资助学前残疾儿童 360 名 108 万元,初等教育特教学校就读贫困残疾学生 920 人 18.40 万元,中高等教育困难残疾学生 85 人 14.60 万元,贫困残疾人子女 232 人 47.70 万元,大专学历教育残疾人 10 人 2 万元,广西广播电视大学残疾人远程高等教育“阳光班”3 人 3000 元。

【残疾人文化体育】 2019 年 2 月 17 日,市残联与南宁广播电台 1014 新闻台联合制作大型残疾人公益广播节目《共圆人生梦》开播,每周一期,全年播出 50 期。市场收听率、占有率在南宁电台 1014 频率自办节目中排名前三,在自治区广电局“走转改”专题节目评议中获自治区专家好评。5 月 18 日,市残联联合市文广旅局、青秀区政府在民歌湖大舞台举办南宁市第二十九次“全国助残日”文艺晚会,观众 2000 多人,其中残疾人观众 600 多人。晚会演职人员大多来自南宁市南国之光残疾人艺术团、市特殊教育学校(市盲聋哑学校)。8 月 20 日至 9 月 1 日,全国第十届残疾人运动会暨第七届特殊奥林匹克运动会在天津市举行,南宁市刘翠青、黄小凡、黄超文、陈东妮、林志军等 16 名残疾人运动员入选广西代表团参加田径、游泳、乒乓球、射箭、滚球等 7 个大项比赛,获 11 金、7 银、11 铜,其中刘翠青获 4 金、1 铜,黄小凡获 4 金、2 银、1 铜。刘翠青以 24 秒 39 获 T11 级女子 200 米决赛冠军,打破世界纪录;以 11 秒 96 的成绩获 T11 级女子 100 米决赛冠军,打破亚洲纪录。

【残疾人综合服务设施建设】 2019,市残疾人活动中心对外免费开放室内外运动(场)馆、棋牌室、桌球室、康复训练室、手工活动室、形体训练室、阅览室等场馆,为残疾人群众开展坐式排球、滚球、盲人乒乓球、基础康复锻炼、脑瘫儿童康复训练、手工训练等服务,受益群众 7.28 万人次(残疾人 2.49 万人次)。组织开展轮椅广播操、坐式排球、滚球、羽毛球、飞镖、笛子、二胡、古筝等残疾人训练班 21 个类别 37 期次,参加人数 3408 人次(残疾人 2074 人次)。开展盲人按摩体验活动 8 期,参加体验活动群众 313 人(残疾人 122 人)。“无声世界”“触摸世界”2 个特色体验馆接待 8 批 251 人次体验。

【社保扶残惠民助残项目】 2019 年,南宁市纳入城乡最低生活保障残疾人 4.51 万人次。1 月 1 日,残疾人“两项补贴”(困难残疾人生活补贴、重度残疾人护理补贴)由每人每月每项 50 元提高至 80 元,持有第二代或第三代残疾人证的三级、四级精神障碍患者纳入补贴范围。发放困难残疾人生活补贴和重度残疾人护理补贴 95.40 万人次 7632.10 万元,持第二代(含第三代)残疾证的残疾人基本养老、医疗保险参保率 98% 以上。完成上林县、马山县、隆安县 3 个试点县托养服务需求摸底调查,隆安县福利院托养智力、重度肢体残疾人 7 人。

【残疾人脱贫攻坚】 2019 年,南宁市开展阳光助残扶贫基地、阳光家园计划、党员扶残温暖同行、精准康复、残疾人家庭无障碍改造和残疾人职业技能培训“六大扶贫工程”,下拨资金 1438.20 万元,惠及贫困残疾人 1.86 万人次。自治区下拨 13 个“阳光助残扶贫基地”补助资金 260 万元,扶持贫困残疾人 1381 人,其中邕宁区小蚕共育基地受扶持残疾人 100 户,户均增收 6000 元。“党员扶残温暖同行”扶持 3353 户 339.60 万元,每户超 1000 元。“阳光家园计划”完成托养服务补助 6144 人 874.50 万元,每人补助 1500 元至 2500 元,其中青秀区扩面 247 人提高至每人 2000 元,西乡塘区扩面 220 人,南宁经开区提高至每人 2500 元,南宁高新区扩面 55 人。5 月,市残联与茂名市残联签署“粤桂协作扶贫项目”协议,茂名高州市援助上林县 30 万元,电白区援助马山县 20 万元,建立“阳光助残扶贫基地”2 个,发放鸡苗 1.90 万多羽,惠及建档立卡贫困残疾人 291 人,人均增收 3000 元以上。11 月,参加市扶贫办组织的脱贫摘帽双认定督导和交叉检查,抽查全市建档立卡贫困残疾人 980 户。

【上门评残办证服务】 2019 年,市残联协同市卫健委组织市第五人民医院专科医生在全市 11 个乡镇设点评残、上门评残办证,诊断评定疑似精神病患者 906 人,为 417 名残疾人办理残疾证。1 月,宾阳县、隆安县等开始提供上门评残服务,为

2019 年 5 月 18 日晚,南宁市第二十九次“全国助残日”文艺晚会在民歌湖广场举行

谢长伟　摄

300多名建档立卡残疾人办理残疾证。3月12日至15日，西乡塘区残联组织市社会福利医院工作人员到金陵镇、坛洛镇、双定镇为39名建档立卡贫困精神病患者评残定级，为22名精神残疾人办理残疾证。（谢长伟）

南宁市红十字会

【概　况】2019年，南宁市红十字会(简称"市红十字会")设办公室、救助救护部、组织发展部，机关事业编制11名、在编11人，工勤编1名、在编1人。二层事业单位2个：备灾救灾服务中心，编制5名，在编4人；造血干细胞捐献管理服务中心，编制5名，在编4人。区县红十字会12个。全市有专兼职干部81人，其中市本级专职干部26人、兼职干部8人，区县专职干部35人、兼职干部12人。乡镇街道办、村(社区)、大中专院校和中小学基层红十字会组织722个，红十字会医院等团体会员单位298个，会员2.60万人。有红十字会志愿者8196人。市红十字会系统募集款物198.36万元，为受灾群众及其他困难人群发放救济款物273.80万元，救助困难群众2.20万人次。完善学校红十字会为基础的红十字青少年组织网络体系，每个区县至少创建1所，青秀区、西乡塘区分别创建5所。在武汉大学举办市红十字会系统干部综合能力提升培训班，市红十字会理事单位、区县红十字会、基层红十字会负责人55人参加。市红十字会配合市委、市政府做好赠予菲律宾达沃市2辆申龙客车大巴事宜，按规定减免企业生产车辆相关税费，配合市政府、市外侨办完成后续向达沃市赠车手续。主要存在红十字品牌项目、亮点工程不多，干部队伍整体素质有待提高，社会影响力、感召力需加强等问题。

【红十字志愿服务】2019年，市红十字会举办"三献"(无偿献血、造血干细胞捐献、人体器官捐献)志愿者培训班和志愿者骨干技能培训班，培训124人。开展红十字志愿服务进学校、社区、医院、乡村等活动45场次，到市一职校、沈阳路社区、第四人民医院、隆安县各乡镇开展文艺演出、道德讲座、防灾减灾宣传、健康义诊、送医送药下乡、春节慰问等活动5场次。组织开展学雷锋邕江环保清洁活动、昆仑关义务植树、"爱邕江·爱南宁·守护母亲河"等志愿服务活动，参加人数超过4000人次。4月至11月，市红十字志愿服务队水上分队联合市妇联、南宁日报社等开展"缤纷童年快乐暑假"儿童之家志愿服务暑假特别活动，组织志愿者到80个村(社区)儿童之家开展以安全应急教育为主的"我是急救小能手"课堂。利用学校"四点半"课堂给青少年学生讲授日常急救知识，协调市护理学会成立南宁南丁格尔志愿护理服务分队。

【人道救助】2019年，南宁市各级红十字会筹集款物75.44万元，慰问困难群众2170户。实施"小天使基金"专项救助基金，帮助44名白血病贫困患儿申请救助金超132万元；协助广西红十字会开展"天使阳光"基金儿童先天性心脏病筛查义诊活动、筛查疑似先天性心脏病患者3人。关爱器官捐献家庭，向67户器官捐献家庭提供救助金67万元。

【公益宣传】2019年6月17日至8月16日，市红十字会在3条公交线路(701路、705路、706路)投放红十字公益广告，推广红十字应急救护培训，造血干细胞、器官和遗体捐献知识宣传。在南宁电视台、区县电视台播放防溺水动画公益宣传片，在公交车、市内大型LED显示屏投放防溺水宣传公益广告。"5·8"国际红十字日、"世界献血者日"和"12·1"世界艾滋病日等重大活动日，开展"爱心相伴、'救'在身边"世界红十字日宣传活动、"公务员献血月活动"，超1000人次参与，组织1200名群众在青秀山开展世界献血者日公益宣传健步走活动。在《南宁日报》《南宁晚报》、南宁电视台、南宁电台、南宁新闻网等报道信息100多条。

【社会募捐】2019年，市红十字系统接收捐赠款物198.36万元，发放救助款物273.80万元，救助困难群众2.20万人。发起"关爱生命点亮新生——广西红十字天使计划'关爱生命'地中海贫血救助"募捐，为消灭地贫助力。发动社会力量为宾阳县白血病患者募捐17万多元，联合兴宁区三塘镇为三塘镇创新村党总支部书记募捐13万元。接收宾阳县亿联建材家居五金城有限公司扶贫款100万元，用于帮扶贫困户危房改造、扶贫项目建设等。举办慈善晚会，募集爱心善款10万元，救助上林县贫困群众200人。组织南宁电子科技广场有限公司对南湖小区社区困难家庭帮扶，捐赠爱心款2.50万元。

【惠民项目建设】2019年，中国红十字基金会援建的横县陶圩镇福旺村红十字博爱卫生站竣工，项目包括村委卫生室大楼建设、设备采购等，受益7200人。为横县基层医疗机构向广西红十字基金会申请净水设备100多套，解决基层医疗机构医务人员、看病群众饮用水安全问题。组织隆安县申报香港特别行政区红十字会援助城镇社区备灾项目和学校备灾项目各1个。开展红十字参与养老服务试点创建，在青秀区百花岭社区探索建立以红十字志愿者为核心的养老志愿服务队伍，开展老年人应急救护培训、养老照护志愿服务、组织老年人参观新农村建设活动5场次，志愿者100多人次、老年人300多人次参与。

【应急救护培训】2019年，市红十字会投入资金225.76万元用于承办为民办实事万人应急救护培训432场次，培训5.01万人。开展市直机关应急救护培训，培训红十字救护员1575人。举办应急救护师资提高班和防溺水专题师资培训班，培训135人。利用"5·8"世界红十字日、"5·12"防灾减灾日在南湖公园、青秀区吉祥路小学等开展应急救护普及活动，发

2019年6月16日，第16个世界献血者日，市红十字会与广西红十字会等单位在青秀山公园举办健步走公益宣传活动　市红十字会提供

放宣传资料2000多份,向公众普及应急救护知识超3000人次。5月12日,开展防灾减灾日暨对外开放场馆活动,邀请市云景路小学、百花岭社区80人参观红十字会"两馆一室"(文化宣传展示馆、生命健康安全体验馆,应急救护培训教室),联合广西消安防火服务中心开展燕子岭社区"5·12"防灾减灾知识培训活动。

【无偿献血与造血干细胞捐献】 2019年,市红十字会联合南宁首府中心血站开展"医务人员献血月活动""公务员献血月活动"公益宣传,市红十字会、国家统计局广西调查总队、市消防救援支队、广西印象物业服务有限公司60余人参加,符合献血要求42人,总献血量1.38万毫升。完成造血干细胞志愿者采集录入673人,征求造血干细胞捐献志愿者意愿465人,再动员志愿捐献者81人,采集血样进行高分辨比对22人,成功捐献造血干细胞8人,电话回访造血干细胞捐献志愿者8000人。

【遗体与人体器官捐献】 2019年,市红十字会开展人体器官和遗体捐献志愿登记宣传,在民族影城广场举办市红十字会"不忘初心　牢记使命"主题教育之"生命之约·大爱传递"文艺宣传活动,并通过电视、报纸、网络等渠道加强宣传。完成人体器官捐献53例、遗体捐献11例,眼角膜捐献1例。

【应急救援】 2019年,市红十字会成立南宁市红十字搜救救援队,由40名来自全市各级红十字会专兼职干部、掌握专业搜救技能的志愿者组成,救援领域覆盖地震救援、水上救援、潜水救援等。举办救援队综合演练技能培训班,培训救援队绳索救援、动力舟艇操控、水上救援、营地建设、灾民安置、物资发放等专业技能,培训71人。元旦邕江冬泳、端午节龙舟赛期间,参与溺水打捞3次,出动队员44人次。（王蔚然）

南宁市青年联合会

【概　况】 2019年,南宁市青年联合会(简称"南宁青联")设秘书处,负责日常事务。南宁青联1956年成立,全体委员会每届任期5年。南宁市青年联合会第九届委员会设主席1人,副主席8人,常务委员会委员35人,南宁青联全体会议闭会期间,常务委员会主持会务,常务委员会设秘书长1人,副秘书长5人。九届南宁青联有委员240人,由会员团体推荐、协商产生的代表和特别邀请的各族各界青年代表出任。有界别11个(教育、农业、文艺、社会科学、经济与金融、医药卫生、律师、科学技术、社会组织和社会中介、技能人才界、特邀团体)。年内,南宁青联汇集青联委员力量,实施产业帮扶、爱心助学行动,组织青联委员150余人次,帮扶结对贫困村建档立卡贫困户5户,爱心助学贫困学子10人,捐赠助学金5000元;搭建销售平台,青联委员100余人次通过线上购买贫困户土鸡、土鸭、土鸡蛋、鸽子蛋等特色农产品,销售额1万余元。搭建南宁青年与外地青年交流合作平台,加强与其他市青联互访,接待共青团连云港市委、青联、青年商会企业家一行9人来南宁参观考察,就青年就业创业、"一带一路"文化经贸产业发展合作展开交流学习等。主要存在组织活力有待加强,活动形式需创新,委员参与活动热情不够高等问题。

2019年11月23日,南宁青联组织隆安县那元小学学生参观市科技馆。图为学生们观看智能机器人表演　南宁青联提供

【脱贫帮扶】 2019年,南宁青联汇集青联委员力量,开展圆梦微心愿活动,圆梦微心愿417个;开展篮球公益课堂10多场,受益学生3000多人,向贫困学校捐赠教学用品价值2万余元;组织新兴青年群体中的街舞青年到15个贫困村开展"街舞公益进校园"活动,覆盖学生5000余人。4月25日,共青团南宁市委、南宁青联主办的"青联委员进校园——南宁青联助力乡村振兴"主题活动日在隆安县那元小学举行,南宁青联常委、万益律师事务所律师何宇以"拒绝校园欺凌,构建和谐校园"为主题给学生进行法制宣传教育,联合五象小学向那元小学赠送一批课桌椅、体育用品、图书等物品价值2.20万元。11月23日,开展扶贫先扶智暨"宝贝出村"科技文化城市体验活动,组织30名来自隆安县丁当中心小学建档立卡贫困户家庭小学生参观南宁孔庙、广西民族博物馆、市科技馆。

【与港澳台地区交流合作】 2019年6月,南宁青联接待中国澳门朝阳学会32名青年到横县开展支教活动;9日至15日,组织11名青少年到中国台湾地区开展科技文化交流活动,参观中国台北市天文科学教育馆、台中自然科学博物馆等科普类场馆。9月25日下午,"祝福香港·点赞祖国"——广西青联庆祝中华人民共和国成立70周年主题活动在南宁举行,广西青联、南宁青联70余名委员用七彩描绘紫荆花、南宁国际会展中心、桂林山水,共同描绘壮美广西,祝福香港。（廖敏橄）

南宁市法学会

【概　况】 2019年,南宁市法学会(简称"市法学会")设办公室,事业编制3名、在编3人,工勤编1名、在编1人。有个人会员2310人、团体会员31个,会长1人、副会长12人、理事66人、常务理事33人。2010年3月成立,由市委领导联系,市委政法委代管。市法学会加强党组织建设,召开会员代表大会、理事会、研讨会,组织开展调查研究,开展"法治南宁讲堂"宣讲活动,加强南宁法学网宣传报道,印发学会刊物和法学动态等。举办"双百"宣讲暨"法治南宁讲堂"活动。提升"南宁市校园青少年法治教育示范基地"建设,编辑出版《南宁法治》刊物等。市法学会被评为全国法学会系统先进集体。主要存在法学研究成果转化应用、参与法治实践的深度有待拓展,法学会工作规范化、制度化水平需进一步提升等问题。

【普法教育宣传】 2019年,市法学会以毒品预防教育为重点,联合市委政法委、教育局等部门,深入区县开展调研,组织兴宁区一中、良庆区五象湖初级中学、横县职业教育中心、宾阳县中学、上林县中学5所学校,在各学校法治教育基地加强毒品预防教育专区建设,同时申报自治区级法治教育基地。3月21日至22日,到宾阳县开展“法治文化基层行”暨“送法下乡”活动,通过发放法治宣传资料、播放法治宣传视频、法治知识有奖问答、律师法律咨询等进行法律宣传,发放宣传资料、宣传手册800余份,现场解答群众法律问题30多个,邀请群众关注普法微信公众号204次。市、县两级法学会举办“双百”暨“法治南宁讲堂”专场报告会66场,其中市级5场、县级26场、乡镇级35场,参加听讲领导干部2万多人次。9月27日,到西乡塘区开展“送法进民营企业”法治宣传活动,邀请相关企业参与,律师通过以案释法形式解读劳动合同签订、维权取证、申请劳动仲裁等内容。市法学会以“服务乡村振兴”“服务民营企业”为重点,集中宣传和日常宣传有机结合,将宪法、民法、扫黑除恶、打击传销、打击电信诈骗、禁毒等内容融入法治宣传教育活动中,以全民普法促全民守法。联合市政法部门、团市委和区县(开发区),开展法治宣传活动630次,组织普法志愿者参加活动4200余人,普法受众1.15万人,发放普法材料10万多份。

【课题调研】 2019年,市法学会、市委政法委联合印发全市政法调研重点课题通知,部署全市重点政法(法治)课题12个,其中市法学会组织市人大法工委、市中级人民法院、市社科院、市经济发展与法治建设研究会等部门围绕扫黑除恶、预防未成年人犯罪、禁毒攻坚战等问题开展调研,形成调研成果190篇。针对违法犯罪未成年人集中教育、禁毒、信访、新时代社区治理等重点工作,组织课题组到市直部门及乡镇、街道、社区和湖南省岳阳市等开展调研,牵头组织、指导形成《坚持发展新时代“枫桥经验”提升南宁市社区治理现代化研究》《关于开展“百日百案”化解攻坚活动的调查与思考》《南宁市严重不良行为未成年人集中管教问题调研》《关于横县百合镇禁毒工作的调查与思考》4个专题调研报告。联系组织会员和理事单位选送100多篇文章参加第十四届“中国法学青年论坛”“西部法治论坛”“泛珠三角合作与发展法治论坛”、第七届“董必武青年法学成果奖”、第六届“民族区域法治论坛”、第三届“三江源法治论坛”和广西法学会学术研究会等主题征文活动,获奖20多篇。

【信访积案化解】 2019年,市法学会牵头建立法律专家参与重大疑难复杂信访案件会商制度,聘请法律专家13人为首批重大疑难复杂信访案件会商专家库成员,通过专家会商前阅卷、走访,会商中集体讨论,逐案分析,形成每个案件的法律专家意见书,为案件定性和案件处理提供参考,完成自治区交办重大疑难信访积案化解13个。区县法学会组织56名专家包案化解重大信访积案19件,结案率100%。指导推动青秀区法学会与司法局联合加强物业纠纷人民调解委员会、医疗纠纷人民调解委员会工作,物业纠纷调解成功率58.30%,医患纠纷案件调解质量、效率提高。市法学会在自治区“百日百案”信访积案化解攻坚活动推进会上作经验发言。

【法学会会员之家揭牌】 2019年10月30日,自治区、南宁市、青秀区三级法学会会员之家在青秀区政务服务中心举行揭牌仪式。自治区法学会会长温卡华,最高人民法院咨询委员会委员、自治区高级人民法院原院长罗殿龙,自治区法学会党组书记、常务副会长黄光华,自治区法学会专职副会长郭环峰,自治区法学会副会长韦军,中共南宁市委常委、政法委书记邱明宏出席。“会员之家”位于青秀区政务服务中心三楼,投入资金57.50万元,办公场所建筑面积200平方米,设法律专家咨询室、调解室、会员活动中心等。

（韦云高）

编辑　郑小娟

2019年10月23日,在南宁市法学会开展的“百日百案”活动中,市法学会常务理事、广西宏松律师事务所主任张宏新(右一)到西乡塘区衡阳北社区与信访人(左一、左二)面谈,化解信访积案　　市法学会提供

综　述

【概　况】 2019年，南宁市设市、区县两级党委政法委机关13个（市级1个、区县级12个）。有公安机关18个，其中市公安局1个，公安分局12个，县公安局5个，协管森林公安分局；公安支队20个；监管场所9个；人民警察训练学校1所；派出所201个。有市、区县人民检察院14个，其中市人民检察院1个，区县检察院12个，茅桥地区检察院（县级、负责监所检察）1个。有市中级人民法院1个，辖区县基层法院12个，基层法院派出法庭32个。市司法行政系统有市司法局1个，区县司法局12个，开发区司法局3个，基层司法所127个。全市政法系统在职人员1.15万人。市政法部门突出防范化解重大安全稳定风险，全面推进平安建设、法制建设、队伍建设、智能化建设，完成庆祝中华人民共和国成立70周年、2019环广西自行车世界巡回赛（南宁站）、第16届中国－东盟博览会、第16届中国－东盟商务与投资峰会以及全国人大、政协“两会”安保维稳任务，全市15万名志愿者投入重大活动安全保卫大巡防，人民群众安全感96.90%，完成中央扫黑除恶第十七督导组入驻自治区及10月督导“回头看”反馈的问题整改，推行市政法单位主要领导包抓区县扫黑除恶“回头看”整改，打掉一批黑恶势力团伙，彻查一批“关系网”“保护伞”“地霸村霸”，整顿一批软弱涣散党组织，以整改落实新成效推动建设平安南宁、法治南宁。

【依法治市】 2019年，南宁市坚持良法促善治，编制年度立法计划和五年立法规划，完成8件地方性法规提请出台。市司法局排查执法中适用法律不规范问题29个，向市政府及有关部门提出涉法律事务意见230件次，出具规范性文件等重要文件审查意见296件。指导处理涉军维权等一批影响较大涉众型案件，指导协调部队停偿案件依法快速推进。评查公检法办理的法律程序终结、群众反应强烈的部分案件，整改相关问题。3月，市司法局牵头组建中共南宁市委员会全面依法治市委员会，委员会下设立法、执法、司法、守法普法4个协调小组；设常设办事机构中共南宁市委员会全面依法治市委员会办公室，设在市司法局。5月13日，召开市委全面依法治市委员会第一次会议，审议通过《中共南宁市委员会全面依法治市委员会工作规则》《中共南宁市委员会全面依法治市委员会协调小组工作规则》《中共南宁市委员会全面依法治市委员会办公室工作细则》。6月13日，市司法局举行市委依法治市办挂牌仪式。4月3日印发《南宁市人民政府2019年立法工作计划》，5月9日印发《2019年南宁市普法依法治理工作要点》，5月23日印发《中共南宁市委员会全面依法治市委员会2019年工作要点》，7月9日印发《南宁市法治政府建设工作要点》，9月17日印发《法治工作重要决定和方案备案工作制度》，10月14日印发《中共南宁市委员会全面依法治市委员会办公室专家决策咨询工作办法》，10月29日印发《重大法治事项请示报告制度》。9月3日，市司法局与中国政法大学法治政府研究院签订战略合作暨法治政府建设协同创新框架协议，揭牌成立法治政府协同创新基地，邀请中国政法大学法治政府研究院专家作法治政府建设专题讲座。南宁市参加全国第一批法治政府建设示范创建，入围全国法治政府建设示范创建实地评估阶段的56个“综合示范创建候选地区”。

【法治调研与督察】 2019年，南宁市司法行政系统撰写法治理论研究文章37篇。市司法局协助配合自治区司法厅委托西南政法大学完成“中国－东盟国家法治交流与合作研究”重点课题。举办南宁市加快推进法治南宁建设营造法治化营商环境研讨班。印发《中共南宁市委员会全面依法治市委员会办公室2019年督察工作计划》。5月，围绕食品药品8个重点领域开展监管执法，解决突出问题和薄弱环节；联合自治区访查组开展实地访查，访谈西乡塘区、宾阳县执法干部、项目业主、企业负责人、消费者32人，走访企业16家，实地查看项目2个，以书面督察、调阅资料、数据统计等方式督察其他区县。11月，完成自治区对南宁市法治政府建设督察，在自治区率先采取委托第三方评估的方式开展法治政府建设督察。

【法治营商环境优化】 2019年，市公安局完善“南宁市公安局警务网上服务平台”网上审批功能，优化、简化公章刻制业、旅馆业、典当业等特种行业行政许可审批，法定审批时限20个工作日承诺缩短至7个工作日，其中“印章网上服务平台”实现印章刻制业务全程自助服务。保安员证核发行政审批事项，实现法定时限基础上提速50%的工作效率。市检察院出台《关于充分发挥检察职能作用为推进“一带一路”建设提供有力司法服务保障的实施意见》，加强与东盟国家司法务实合作协作；依法批捕合同诈骗、职务侵占等破坏民营企业生产经营犯罪嫌疑人53人，起诉60人，依法严惩侵犯非公经济企业合法权益犯罪行为，强化涉及民生商品产权保护；平等保护市场主体，组成涉民营企业案件专门办案组，依法纠正担保责任判决错误，帮助企业免遭涉法风险；良庆区检察院办理温某某合同诈骗立案监督案，精准把握政策法律界限，依法监督公安机关撤案，维护企业合法权益。市两级法院优化营商环境决策部署，解决机械司法、就案办案、忽视社会效果等问题；健全合同纠纷快立快审快执机制，合同类案件平均审理周期从169天缩短至145天，平均执行周期从121天缩短至106天；推行适用简易程序、小额速裁程序，为当事人节约诉讼费7600余万元；探索完善破产案件繁简分流机制，建立破产工作府院联动机制，设立破产专项资金，成立破产管理人协会；建立保护少数投资者专业审判团队，保护少数投资者权利；审结破产案件171件，通过破产程序推动“僵尸”企业有序退出市场，成功重整南宁绿洲化工公司，盘活66.67公顷土地。市中级法院加强产权司法保护，保障市场主体合法权益，制定《关于为我市民营经济发展壮大提供司法服务和保障的实施办法》，最大限度减少司法活动对涉案企业正常生产经营活动的不利影响。加强知识产权保护，审结知识产权案件3143件，比上年上升190.70%，占自治区知识产权案件总量82.60%；出台《关于开展知识产权民事、行政和刑事案件审判“三合一”试点工作的实施意见》。

（傅荣华　黄静洁　袁姝涵）

地方立法

【人大立法】 2019年，市人大常委会颁布施行《南宁市公园条例》《南宁市机动车和非道路移动机械排气污染防治条例》《南宁市中小学幼儿园用地保护条例》；审议通过并颁布施行《南宁市出租汽车客运管理条例》《南宁市地下综合管廊管理条例》；现行有效地方性法规48件。审议通过《南宁市大王滩国家湿地公园保护条例》《南宁市电动自行车管理条例》。审议《南宁市水土保持若干规定》（一审）、《南宁市特种行业治安管理条例（修改）》（一审）、《南宁市科技创新促进条例》（二审）、《南宁市生活垃圾分类管理条例》（二审）、《南宁市停车场管理条例》（一审）。开展《南宁市特种行业治安管理条例（修改）》《南宁经济技术开发区条例（修改）》《南宁市城市绿化条例（修改）》《南宁市郁江流域水污染防治条例（修改）》《南宁市殡葬管理条例（修改）》、传统村落保护立法调研、横县茉莉花文化保护、那兰鹭鸟保护区立法调研、建设工程质量和安全生产管理、旅游业促进、壮文社会使用管理、上林县全域旅游促进立法调研。提前介入政府提请审议的法规草案调研、起草、论证等工作。通过《南国早报》《南宁晚报》及其微信公众号、南宁人大网站、南宁交警微发布等平台向社会公开征求法规草案意见，累计阅读量超过20万人次，收到反馈意见2万多条。通过全市700多个基层立法联系点向群众征求法规草案审改意见，归纳整理意见建议70多条。首次开展法规草案表决前评估，委托第三方机构对《大王滩国家湿地公园保护条例》（草案）合法性、合理性、可操作性作出评估报告，为常委会组成人员审议表决法规草案提供科学参考。首次开展立法风险评估，评估《南宁市电动自行车管理条例》有关超标电动车设置过渡期规定涉及风险，提出防范对策建议。开展《南宁市城市轨道交通管理条例》立法后评估，为依法推动城市轨道交通事业发展提供科学支撑。首次对获得立法权以来出台的地方性法规的质量水平、执行情况、存在问题等进行立法综合评估，纳入评估的地方性法规42件，建议适应改革发展形势、机构改革需要作部分修改18件，全面修改或废止3件。开展法规专项清理，拟废止《南宁市公共食（饮）具卫生管理条例》等法规5件，拟修改《南宁市燃气管理条例》等法规15件。

（韦杉娜）

【政府立法】 2019年4月，市政府办公室印发《南宁市人民政府办公室关于印发2019年立法工作计划的通知》《南宁市规章五年立法规划(2019—2023年)的通知》。市司法局报请市政府提请市人大常委会审议《南宁市生活垃圾分类管理条例（草案）》《南宁市停车场管理条例（草案）》《南宁市特种行业治安管理条例（修订草案）》《南宁市水土保持若干规定（草案）》地方性法规议案4件；报请市政府出台《南宁市烟花爆竹经营燃放管理规定》《南宁市人民政府关于机构改革涉及市政府规章和行政规范性文件规定的行政机关职责调整问题的决定》《南宁市临时占用挖掘城市道路管理办法》《南宁市网络预约出租汽车客运经营管理若干规定》政府规章4件；清理规章，出台《南宁市人民政府关于废止〈南宁市公园管理规定〉和〈南宁市粮食流通管理办法〉的决定》，废止《南宁市公园管理规定》《南宁市粮食流通管理办法》。开展征求意见、立法专家论证，提升立法项目科学性、可行性，组织召开法规规章草案立法征求意见座谈会、立法专家论证会、立法专题讨论会、立法定稿会等会议25次，参与市政协立法协商会1次，书面听取市、区县人大代表、政协委员、市政府立法基层联系点提交的地方性法规（4件）和政府规章（5件）草案的意见建议，通过新闻媒体、南宁市行政立法和决策公开征求意见平台公开向社会征求立法草案意见。加强普法宣传，及时在《南宁政报》《南宁日报》、市人民政府门户网站登载新出台的5件规章文本，召开新闻发布会、新闻通气会4次，向社会宣传规章制定情况。加强制度建设，完善政府立法机制，出台《南宁市公众参与政府立法激励规定（试行）》《南宁市规章立法后评估办法》《南宁市人民政府年度规章立法计划项目立项工作规定》；选聘政府立法咨询员68名，健全智库建设。

（袁姝涵）

社会治安防控

【概　况】 2019年，市委政法委开展平安南宁建设，防范化解重大安全隐患，开展扫黑除恶专项斗争，推进公众参与首府社会治理相关政策制定和激励约束机制建立，实现“大事不出、中事不出、敏感时期小事也不出”的目标。5月中旬，市委、市政府与区县（开发区）、29个相关单位签订《2019年南宁市平安建设工作目标责任书》，区县与所辖乡镇（街道）签订责任书。根据《南宁市综治维稳责任查究办法》，将社会治安综合治理成效纳入责任查究体系，对推动不力单位进行警示和“一票否决”。市委政法委派出学习考察团队赴“枫桥经验”发源地——浙江省绍兴市诸暨市枫桥镇观摩调研；9月16日，市委、市政府出台《关于坚持和发展新时代“枫桥经验”推进首府市域社会治理现代化的若干意见》，各级政法机关践行“矛盾不上交、平安不出事、服务不缺位”；12月下旬，在南宁市召开自治区坚持发展新时代“枫桥经验”现场会；市公安局中山派出所获全国首批命名“枫桥式公安派出所”。主要存在首府维稳风险隐患高发多发问题。

【社会治安防控体系建设】 2019年，南宁市规范乡镇（街道）综治中心建设，出台《乡镇街道综治中心工作制度》《乡镇街道综治中心功能定位》《乡镇街道综治中心人员组成》《乡镇街道综治中心规范化建设示意图》等指导文件，市级中心建立“指挥调度平台”，区县级中心建立“枢纽平台”，乡镇（街道）中心建立“实战平台”，村（社区）中心建立“基础平台”，实现全市128个乡镇（街道）综治中心、1783个村（社区）综治中心全覆盖。

南宁年鉴

【见义勇为】 2019年,南宁市见义勇为基金会完善和规范见义勇为工作流程,到区县、乡镇(街道)、村屯调研,走访、慰问见义勇为人员170多人次,发放慰问品、慰问金29万余元;为12名见义勇为英雄模范及其子女争取助学基金4.40万元、贫困英模帮扶基金4万元、医疗赔付资金1.26万元;协调公安、教育、住房等部门,为田爱民等16名见义勇为英模解决工作、生活、子女入学等困难。12月9日、10日开展主题为"弘扬见义勇为、倡导文明驾驶"的见义勇为培训班,出租车驾驶员600余名参训。推荐玉少登获"第八届广西见义勇为英雄"称号,蓝坚高、黄景耀获"第八届广西见义勇为模范"称号,吴卢昌、黄岳祥获"第八届广西见义勇为模范群体"称号。横县宁华任入选2月"中国好人榜",被中央文明办评为见义勇为中国好人。青秀区政府授予邵辉武"见义勇为模范"称号。上林县政府授予周清刚等7人"上林县见义勇为先进群体"称号。

【禁　毒】 2019年,南宁市社区禁毒专职人员增至816人,乡镇、街道建立社区戒毒和社区康复工作站全覆盖,建成市毒品预防教育基地、病残吸毒人员收治场所,投入禁毒经费3000多万元。毒品预防教育覆盖全市1360所大中小学校,"全国青少年毒品预防教育数字化平台"注册学生56万人,注册率99%;建成毒品预防教育基地园地417个,位于良庆区春华路6号的"南宁市毒品预防教育基地"投入使用,参观2万多人次;布建社区、村屯禁毒宣传阵地2165个。强制隔离戒毒场所新增收戒床位900张、病残吸毒人员收戒收治床位800张,收治戒毒人员4413人次,其中代为执行行政拘留2685人次,强制隔离戒毒1558人次。查处吸毒人员1.08万人,其中新发现1880人,强制戒毒3557人。在国内率先创建"南宁市毒品治理监测平台",监测结果排名全国第五。在自治区率先运用毛发检测手段筛查隐性吸毒人员,检测3次5万多人次。

【流动人口与特殊人群管理】 2019年,南宁市开展流动人口、出租屋治安整治行动16次,出动警力2.65万人、协管员2.02万人,发动干部群众5602人,清查"城中村"422个、建筑工地595处、城乡接合部366处、行业场所9693家、其他治安问题突出的流动人口聚焦点893处,清查流动人口152.90万人,清查出租屋61.06万户;处罚有违法出租行为的出租屋主3人;发现违法犯罪线索447条,查处治安案件332起,破获刑事案件37起,抓获在逃人员30人,缴获赃款5.80万元,抓获违法犯罪嫌疑人865人(刑事拘留68人、治安处罚797人),发放居住证宣传资料16.43万份。推进公安"放管服"改革,在原有居住登记全面实现网上办理基础上,推出居住证网上申领服务,无须等待居住登记满半年即可申领居住证。加强特殊人群服务管理,完善法定不准出境人员通报备案制度;报备法定不准出境人员6094人,其中电信诈骗嫌疑人3722人、非法采金被遣返人员133人,宣布证件作废1331本次。查处非法入境案件267起,非法居留案件161起,非法就业案件15起。查获非法入境人员804人,非法居留人员214人,非法就业27人。办理境外人员临时住宿登记18.95万人次。加强刑释人员安置帮教,衔接刑释解教人员3685人,安置3679人,帮教3971人,新接收社区矫正人员1596人,解除矫正1572人。在社区矫正人员1816人,社区矫正人员重新犯罪率0.11%。

【城乡综治网格化管理】 2019年,南宁市按照"一总两分"设计思路,全市雪亮工程总体架构共享应用总平台设置在市发改委信息中心,市、县两级政法委、公安局设应用分平台2个,横向连接已联网的19个市直和150多个区县部门,纵向联网市、县、乡、村四级,全市各级实现视频信息数据互联互通、资源整合共享共用、服务管理纵横贯通。市委政法委、市公安局开展雪亮工程项目建设安装摄像探头3.82万个,其中校园周边安装摄像探头5000个,覆盖15个区县(开发区),128个乡镇(街道、镇级开发区)及1300个村(坡、屯、组、队),社区、居民小区,实现全市联网互通,结合街面巡防力量,实现视频巡查不间断、街面巡逻防控全覆盖。全市建立新型便民警务工作服务站27个。加强重点场所和部位巡逻防范,在37个重点场所安装防撞隔离装置。

【矛盾纠纷排查化解】 2019年,市政法部门推动多元化解工作机制,实行每天一排查、每周一统计、每月一汇总,敏感时期一研判和零报告制度。排查矛盾纠纷8422起,调处矛盾纠纷8315起,调解成功8089起,调解成功率97.28%;成功化解宾阳县大桥镇周岭村委周北村与周某某莲花水利塘渠道纠纷、江南区苏圩镇那海村委那海坡征地补偿矛盾纠纷、马山县周鹿镇三星村六社屯与坡社屯李某某等土地纠纷、马山县乔利乡东良村石坝屯与六水屯山地权属纠纷、武鸣区灵马镇清水村下朔屯与义龙村那洋屯矛盾纠纷5起五百人及千人以上重大矛盾纠纷。市司法局推广建设信息员—村民小组—村委会—乡镇(街道)司法所四级矛盾预警网络,开展"警民联调"试点,成立"个人调解工作室"8个,办理人民调解协议司法确认504件。建立村(居)法律顾问长效机制,组织律师531人、基层法律服务工作者186人担任全市1787个村(居)法律顾问,为群众起草、修改法律文书及向村级重大项目决策提供法律意见、参与化解矛盾纠纷1.17万件次,提供法律咨询5.84万人次,开展法治宣传5738场次。

【青少年犯罪预防】 2019年,南宁市各区县推进乡村"三留守"人员关爱工作,建立"儿童家园"1742个(新建182个),建立儿童课外娱乐场所1742个。分类评估全市6岁至25岁青少年基础数据,在册登记不良倾向青少年1219人,将社区服刑人员纳入网格重点管理。全市有预防青少年违法犯罪工作人员323人(专职人员138人、兼职人员185人);落实预防专项工作经费325.50万元(市级拨款19.50万元、区县经费306万元)。市委政法委预防青少年违法犯罪专项领导小组召开专题会议,申请专项经费380万元,在邕宁区建立自治区第一所专门教育矫治违法犯罪未成年人励志学校,学校占地2.53公顷,联合教育、公安等部门16名专业人员组建学校管理团队,11月1日开学,首期学生40人,学期2个月,通过严格管理教育,达到科学矫治、有效转化。全市25岁以下青少年犯罪率下降0.39%,未成年人犯罪率下降0.36%,青少年犯罪率逐年稳步下降。

【校园环境治理】 2019年,南宁市1450所学校均配备政法干警担任法制副校长,有法治辅导员771人、专职保安员4970人,设立校园周边治安岗亭299个,设立护学岗342个,设立校园警务室1540个。全市中小学校强化法制理念教育,开展法制安全知识教育活动1375次,开展安全演练56次。市公安局加强"护校安园"专项工作,出动警力4.60万人次,车辆1.45万辆次,排查影响校园周边治安点87处,督查整改68次,化解涉校矛盾纠纷4起,排查整改隐患43处。推进中小学校硬质防冲撞升降柱试点建设,完成建设37所。创新"智慧警务+校园"警校立体化防控模式,联合教育部门推出"校园智慧卫士平台"助推校园安全防范,17所试点学校投入使用,通过智能平台核查外来入校人员10.30万人次,排查预警阻止入校七大类高危人员12人,平台法制宣传课件培训教育学校教职工1500人、学生2.37万人,平台应用后未发生涉校案(事)件。（傅荣华）

公　安

【概　况】2019年，南宁市有公安机关18个，其中南宁市公安局（简称“市公安局”）1个，公安分局12个（兴宁分局、江南分局、青秀分局、西乡塘分局、邕宁分局、良庆分局、武鸣分局、南湖分局、高新分局、青秀山分局、东盟分局、地铁公交分局），县公安局5个（横县公安局、宾阳县公安局、上林县公安局、马山县公安局、隆安县公安局），协管森林公安分局；支队20个（刑侦支队、巡警支队、交警支队、禁毒支队、治安支队、特警支队、警航支队、国保支队、经侦支队、技侦支队、经文保支队、预审支队、网安支队、督察支队、邪侦支队、出入境支队、人口支队、反恐支队、法制支队、情报支队），监管场所9个（市第一看守所、市第二看守所、市第三看守所、市第四看守所、市拘留所、市第一强制隔离戒毒所、市第二强制隔离戒毒所、收容教育所、市强制医疗所），人民警察训练学校1所；派出所201个（市区派出所110个，五县派出所91个）。市公安局设政治部、人事训练处、警务处、警辅处、绩效考评处、离退休人员工作处、办公室、指挥中心、科信处、警卫处（特勤局）、外联处、劳教办、研究室、宣传处、信访处、后勤保障部、计财处、装备处、后勤处、审计处、机要保密处，党团机构7个（纪委、纪检监察一室、纪检监察二室、纪检监察三室、纪检监察四室、机关党委、团委）。围绕中华人民共和国成立70周年大庆安保维稳主线，完成保稳定、护平安、促改革、增能力、惠民生、防风险各项任务，创造和谐稳定社会治安环境。维护国家政治安全能力提升，没有发生影响国家政治安全重大敏感案事件；扫黑除恶和打传销、打电诈、打毒品、打黄赌等工作成效自治区第一，绩效考评总分名列自治区第一。市公安局获住房和城乡建设部授予第十二届中国（南宁）国际园林博览会表现突出单位；特警支队一大队获公安部授予全国公安机关70周年大庆安保维稳集体一等功，科信处《基于移动警务RFID功能的人员、电动自行车和宠物犬信息管理应用研究》项目获公安部授予“第八届全国公安基层技术革新奖”三等奖，技侦支队获公安部授予全国公安机关“信息技侦”建设先进集体。中山派出所被公安部确定为全国首批“枫桥式公安派出所”，经验在全国推广。全市公安机关获评全国先进性模范个人3人（“全国最美基层民警”曾浩、“全国民族团结进步模范个人”韦勇薛、“全国维护妇女儿童权益先进个人”黄美燕）；获公安部记个人二等功1人、三等功1人、嘉奖4人、成绩突出先进个人11人；获住房和城乡建设部授予表现突出2人。群众对公安机关满意度从2018年自治区第12名上升至2019年自治区第一名。主要存在防恐形势严峻，突出违法犯罪总量较大，传销与电信诈骗等难点问题难以根治等问题。

2019年11月28日，南宁市公安局中山派出所被公安部评为全国枫桥式派出所。图为中山派出所民警出警场景　黄静洁提供

【接警处警】2019年，市公安局指挥中心接到应急求助来电133.10万个，比上年增长13.41%。其中，处置刑事警情5.29万起，下降3.91%；治安警情8.18万起，下降9.36%；处置交通警情21.31万起，上升5.32%；参与应急联动处置火灾事故1324起，120急救事件3.62万起；帮助群众寻找走失人员9689起，接受群众求助12.29万起，接受举报线索1.12万起，工作咨询类27.46万起。接收各单位报送信息线索2.55万条，流转9.60万条次，向市委、市政府报送信息1618条，向自治区公安厅报送信息1318条，发送短信7000余条。

【治安管理】2019年，市公安局加强大型活动保安服务资质事前审核、现场检查力度，完成2019格力中国杯国际足球锦标赛、苏迪曼杯世界羽毛球混合团体锦标赛、“两会”、中华人民共和国成立70周年系列庆祝活动、环广西自行车世界巡回赛（南宁站）安保任务。受理治安案件7.95万起，比上年下降1.28%；查处治安案件7.44万起，下降5.07%；查处治安违法人员2.39万人，下降14.93%；行政拘留1.48万人，下降13.62%。开展治安整治统一行动，重点整治治安乱点118个，集中整治16次，出动警力2.59万人次、辅警3.99万人次、群防联防人员1.45万人次；盘查可疑人员13.39万人次、可疑车辆7.44万

2019年8月19日，市公安局举行庆祝中华人民共和国成立70周年和“两会”安保誓师大会暨应急处突拉动演练　黄静洁提供

辆次，查获逃犯18人；查缴枪支7支、子弹107发、管制刀具36把。检查行业场所2.14万家次，限期整改271家次；检查出租屋4.10万间，处罚违法出租屋主1105人。查处黄赌治安案件3861起，行政拘留8253人。查处违法娱乐场所78家，其中责令停业整顿37家、警告并责令限期整改41家。受理初核申请成立保安培训机构2家，注销保安公司1家，受理初核申请成立保安公司9家，受理初核申请变更保安服务许可事项22家，组织7600人参加保安员证考试，发证7293本。采集严重精神障碍患者信息6477人。开展缉枪治爆专项工作，收缴枪支58把、仿真枪42把、子弹8111发、雷管204发。出动警力3.73万人次、社会联防力量5767人次，清查烟花爆竹燃放重点管控区域226处，查处违规燃放点2489处，办理相关治安案件236起，处罚金9万余元，罚款235人、行政拘留1人。规范民用爆炸物品审批事项，受理行政许可682项。加强民爆物品安全监管实地检查，检查爆破作业现场10个，民用爆炸物品储存仓库13个，下达整改通知书13份，处罚爆破作业单位3家，罚款25万元。成品油案件立案213起，行政拘留182人，刑事拘留69人，逮捕47人，扣押油罐车30辆，成品油452吨。

【治安巡防】 2019年，市公安局建设完善南宁特色社会治安巡逻防控体系。配备专职巡防队伍，警力最大化摆到街面，建成便民警务站28个，纳入110接处警公安指挥调度体系，实行24小时值班备勤。增配武装冲锋车30辆，巡逻车80多辆。出动警力71.38万人次，出动车辆27.70万辆次，盘查车辆398.63万辆次、人员253.56万人，调解街面纠纷7001次，抓获犯罪嫌疑人5619人，其中街面抓获嫌疑人3817人，制止打架斗殴2063次，查获枪支2支，查扣嫌疑车辆7859辆，救助群众1.28万人次。

【刑事案件侦查】 2019年，市公安局立刑事案件6.47万起、比上年上升1.28%，破案2.31万起、上升39.40%，破案率35.77%、上升9.78%；刑事拘留1.14万人、下降8.43%，逮捕8996人、上升8.96%，命案破案率100%。立涉枪爆案件53起(涉枪案件49起、涉爆案件4起)、发案率下降128%，破案52起、破案率上升4%，打击涉枪涉爆犯罪人员53人、起诉50人，缴获枪支51支(火药枪34支、气枪17支)、子弹3894发；侦办公安部认定的重大网络制贩枪支案件7起。立盗抢骗案件5.52万起、上升0.48%，破案1.77万起、上升52.15%，破案率32.06%、上升10.89%。立案侦办食品药品刑事案件75起、上升8%，刑事拘留175人、上升121.50%，逮捕127人、上升195%，查扣涉案物品物资价值9800.91万元。侦破烟草打假案件151起，刑事拘留105人，逮捕53人，查扣非法卷烟22.93万条、烟丝700千克、卷烟设备5套，涉案金额5894万元。打击拒不支付劳动报酬案件49起，刑事拘留12人，逮捕9人，为农民工挽回工资500万元。市公安局"追逃办"开展云剑第一阶段、第二阶段追逃行动，抓获逃犯2348人、上升9.31%，抓获A级通缉逃犯7人。

【毒品犯罪案件侦查】 2019年，市公安局加大毒品犯罪综合治理力度，破毒品刑事案件931起，其中公安部目标案件12起、自治区公安厅目标案件19起，千克以上毒品案件24起，移送起诉1879人。破获团伙案件272起，比上年上升23.64%。缴获毒品329.46千克(海洛因193.08千克)，上升52.03%。破获物流寄递贩毒案件22起，抓获贩毒人员81人，捣毁团伙9个，缴获毒品68.14千克。查处吸毒人员1.08万人，其中新发现1880人，强制戒毒3557人，外流贩毒下降50%。

【经济犯罪侦查】 2019年，市公安局加大惩治网络传销、电信诈骗等涉众型经济犯罪力度，立经济犯罪案件2316起，涉案金额28.35亿元，破案861起，刑事拘留1990人，逮捕1149人，移送起诉1152人。开展"亮剑2019严打传销"攻坚行动、"严厉打击和清查整治传销'烈焰'专项行动""打击传销犯罪破案会战""打击传销波次收网行动""打击传销'脱榜摘帽'攻坚行动"等专项行动；开展打击传销清查整治行动730次，出动警力2.03万人，清查出租屋8258间，查获涉传人员1.32万人，立传销犯罪案件409起，破案326起，刑事拘留1081人，逮捕558人，移送起诉485人，其中立网络传销案件20起、破案8起、刑事拘留16人、逮捕12人、取保候审4人、移送起诉4人。立电信网络诈骗案件5797起，破案1858起，刑事拘留2014人，侦破6串部督、2串厅督案件；依法止付电信网络诈骗涉案账号9364个、止付涉案资金2.50亿元，冻结电信网络诈骗涉案账号5.04万个、冻结涉案资金5753万元；宾阳县前线行动指挥部抓获1088人，刑事拘留1005人，网逃到案438人，追逃率98.95%。立非法集资案件63起，侦破20起，刑事拘留犯罪嫌疑人93人，逮捕79人，移送起诉118人。依法查办"学信贷""赚吧金服""贤钱宝""南湖电商城"等重大非法集资案。排查风险隐患企业1200多家，排查注册地在南宁市高风险企业71家，防止经济风险向社会及政治安全领域传导。

【黄赌犯罪案件侦查】 2019年，市公安局创新打击黄赌"南宁模式"，重点整治容易滋生"黄赌"违法犯罪主要行业场所，在自治区打击黄赌绩效考评中实现绩效成绩、黄赌案件"百警打击数"、黄赌案件"绝对打击数"自治区排名第一，打击"黄赌"呈现"一降三升"("黄赌"警情同比下降，立破"黄赌"刑事案件数、逮捕数、起诉数同比上升)。立破黄赌刑事案件444起、比上年上升15.93%，刑事拘留1333人、下降8.07%，逮捕848人、上升15.69%，起诉874起、上升23.45%；查处黄赌治安案件3861起、下降15.07%，行政拘留8253人、下降9.79%；黄赌警情群众举报数3120条、下降42.52%。《人民公安报》对打击黄赌"南宁模式"的经验、做法进行实地采访和宣传报道。

【道路交通管理】 2019年，市公安局组织开展道路交通秩序集中整治，开展专项整治162次、夜查行动269次，查处交通违法248.40万起，其中查处机动车驾驶人酒驾7738起、醉驾1481起、毒驾22起、"泥头车"(自卸货车)交通违法15.90万余起，查处电动自行车交通违法51.80万起，查处"五类车""九类交通违法行为"2.60万起。开展交通大排查大整治等专项行动29次，排查运输企业2762家次。推动混凝土搅拌车1800辆、"泥头车"521辆安装盲区监控系统。查处农村面包车、摩托车交通违法15.50万起。查处失驾交通违法行为1012起，汽车假牌套牌248起，报废车上路行驶529辆，拦截"老赖"车辆25辆、非法营运车辆20辆。发生适用一般程序处理的道路交通事故3357起，死亡631人，受伤3493人，直接财产损失1664.10万元，立案数、财产损失数比上年分别上升0.15%、14.88%，死亡人数、受伤人数分别下降4.10%、4.22%，其中一次死亡3人以上事故3起、死亡10人，分别下降25%、33.33%。机动车保有量217.20万辆，其中汽车176.70万辆、摩托车39.50万辆、其他车辆1万辆；电动自行车339.90万辆，其中市区288.10万辆、5县51.80万辆。2月1日，出台《南宁市道路交通管理"红黑名单"制度》。2月26日起，在全市开展为期1个月的整治严重道路交通违法行为"霹雳行动"。

【人口管理】 2019年，南宁市户籍人口7819667人，分发户口簿14.21万本、户口迁移证1.49万张、户口准迁证5800张，办理人才落户子女随迁1.80万人。受理、审核、上传自治区公安厅二代证制证信息 57.03 万条，"绿色通道"加急办证 6.57 万张。开展流动人口和出租屋治安整治行动 16 次，出动警力 2.65 万人，清查"城中村"422 个、建筑工地 595 处、城乡接合部 366 处、行业场所 9693 家、流动人口聚焦点 893 处，清查流动人口 152.90 万人、出租屋 61.06 万户；处罚违法出租屋主 3 人；发现违法线索 447 条，查处治安案件 332 起，破获刑事案件 37 起，抓获在逃人员 30 人，缴获赃款 5.80 万元，抓获违法犯罪嫌疑人 865 人（刑事拘留 68 人、治安处罚 797 人）。加强派出所人口管理工作基础建设，168 个派出所开设"网上警务室"和微信平台，720 名社区（驻村）民警建立 QQ 群和微博，拥有"粉丝"38.30 万人；发布安全防范提示 2 万条，提供便民服务 3000 多次。

【出入境管理】 2019 年，市公安局出入境管理部门接待办证群众 76 万多人次，受理证件申请 68.31 万证次。其中，护照申请 23.27 万证次，内地居民往来港澳通行证及签注 37.98 万证次，大陆居民赴台湾通行证及签注 6.24 万证次，港澳单程证 208 证次，台湾居民通行证补换发证件 166 证次，一次有效台湾居民通行证台胞证 19 证次，外国人签证 288 证次，停留证件 463 证次，居留许可 6772 证次，外国人出入境证 92 证次，中华人民共和国出入境通行证 139 证次。南宁市有常住外国人 7280 人，办理境外人员临时住宿登记 18.95 万人次。推出"外易登"APP 外国人临时住宿登记功能，出租屋、民宿、农家乐等场所安装使用率 100%。强化出入境管控，实行通报备案制度，报备法定不准出境人员 6094 人，其中电信诈骗嫌疑人 3722 人、非法采金被遣返人员 133 人，宣布证件作废 1331 本次；完善国家工作人员登记备案，承接办理国家工作人员登记备案单位 600 多家；接待报备单位 463 家次，接收新增报备 7986 人，修改 1.17 万人，撤销 6088 人。查处非法入境案件 267 起、非法居留案件 161 起、非法就业案件 15 起，查获非法入境人员 804 人、非法居留人员 214 人、非法就业 27 人。侦办妨害国境、边境类案件 16 起，刑事拘留犯罪嫌疑人 47 人，逮捕犯罪嫌疑人 46 人。推行便民措施。4 月 1 日起，外省户籍人员可在南宁市出入境接待窗口办理护照、港澳通行证和台湾通行证，办理港澳台团队旅游签注可以在自助机办理实现"立等可取"；7 月 1 日起，降低普通护照、往来港澳通行证费用；8 月 1 日起，推行移民出入境便利政策 12 条。

【经文保管理】 2019 年，市公安局组织开展重点单位安全检查，集中开展安全大检查 19 次，检查重点单位 398 家次，重点要害单位 825 家，发现并整改隐患问题 169 处。全市重点单位没有发生重大、特大治安灾害事故、刑事治安案件。组建多警参与的打击涉医违法犯罪专项行动工作领导小组，统筹推进创建"平安医院"，纳入相关单位年度绩效考核指标；全市医疗机构未发生医闹事件，6 起医患纠纷化解在萌芽状态。协调多警种开展"平安考务"安全保卫，完成教育及人事考试安保工作 93 次，全市无试卷泄密事件，无考场周边发生重大治安事件，无考生人身安全事件。加强公交客运行业安全防范，出动警力 763 人次、车辆 357 辆次，盘查可疑人员 3623 人，查获违禁品 372 件；制定《南宁市城市公共汽车安全防护专项行动方案》，全市运营车辆 3519 辆，防护隔离设施、一键报警、车载视频监控安防设备安装率 100%；全市公交车安装挥发物监控报警系统 246 辆，安装车厢喷淋系统 173 辆，安装驾驶员主支预警系统 253 辆。开展"三电"（电信、电网、电台）设施保护，立"三电"案件 108 起，破获 4 起，抓获犯罪嫌疑人 6 人。

【案件选介】 2019 年，市公安局联侦联办公安部"2019123"目标案，破获自治区公安厅督办"1105"传销专案、青秀区中缅路小区重大入室盗窃案、利用网络 QQ 诈骗案等案件。

联侦联办公安部"2019123"目标案件 4 月 12 日，市公安局禁毒支队联合河池市、百色市，云南省德宏州、保山市，贵州省黔西南州等地公安机关，组织警力 100 多名在云南德宏、广西南宁、百色等地实施统一抓捕行动，联侦、联办公安部"2019123"目标案件。抓获犯罪嫌疑人 16 人（刑事拘留 15 人、监视居住 1 人），缴获毒品 43.74 千克（海洛因 96 块 33.73 千克、冰毒 10 包 9.99 千克），扣押、冻结毒资 441 万元（云南警方扣押冻结 360 余万元、广西警方扣押冻结 81 万元），查扣涉案车辆 4 辆。

破获自治区公安厅督办"1105"传销专案 5 月 5 日，市公安局经侦支队协同邕宁分局、高新分局对在南宁市青秀区仙葫开发区以"纯资本运作""连锁销售"为名开展传销活动的传销团伙实施收网，成功侦破自治区公安厅督办案件"1105"传销专案。抓获涉传人员 97 人，刑事拘留 56 人，逮捕 35 人，移送起诉 35 人，冻结涉案资金 350 余万元，扣押传销资料一批。

破获青秀区中缅路小区重大入室盗窃案 2 月 27 日，青秀区中缅路某小区住户报案称：其离家旅行三天返回后发现家中被盗名贵物品一批，价值 100 多万元。接到报案后，市公安局刑侦支队派技术小组对青秀山公安分局进行技术支持，确定案件现场关键部位提取 DNA 生物物证开展检验，通过大数据比对，成功锁定犯罪嫌疑人邕宁籍曾违法犯罪人员何某某。3 月 1 日凌晨，在何某某住处将其抓获，搜出被盗窃财物若干以及技术开锁作案工具一批，案件告破。刑事科学技术研究所利用 DNA 技术进行全国案件串并比对中，成功串并 1 起跨省案件（2019 年 2 月 12 日广东东莞市厚街镇张某某被入室盗窃案），将串案信息通报青秀山公安分局，进行跨区域打击破案。

破获利用网络 QQ 诈骗案 8 月 26 日 15 时许，广西某信息有限公司财务人员被犯罪嫌疑人通过 QQ 冒充领导诈骗 48.80 万元，受害人发觉后立即报警。市公安局刑侦支队反网络诈骗中心接到报案后，迅速启动办案流程，对涉案嫌疑账号进行紧急止付，止付涉案一级账号 43.80 万元。对涉案账户已转出的一笔 5 万元赃款，追查至二级账户并成功止付。至 24 时，受害人所有被骗资金全额止付成功，挽回受害人被骗财物损失。

（黄静洁）

检　察

【概　况】 2019 年，南宁市检察机关设广西壮族自治区南宁市人民检察院（简称"市检察院"）1 个，区县检察院 12 个，茅桥地区检察院（县级、负责监所检察）1 个。市检察院完成机构改革，设第一检察部、第二检察部、第三检察部、第四检察部、第五检察部、第六检察部、第七检察部、第八检察部、第九检察部、法律政策研究室、案件管理室、检务督察部、检务保障科、办公室、政治部（含检察文化办公室）、机关党委、派驻市第一看守所检察室、派驻市第三看守所检察室，区县检察院相应调整。办理邓某某等 42 人组织、领导、参与黑社会性质组织案；办理的"新华社"涉黑案、李某某涉恶案被自治区人民检察院确定为扫黑除恶专项斗争典型案例；办理的黄某某强奸、猥亵儿童抗诉案入选最高人民检察院主办、检察日报社组织评选的 2019 年十大法律监督案件。办理自治区首例由检察机关提起的侵害烈士肖像权民事公益诉讼案件、自治区首例国旗保护行政公益诉讼案件、自治区首例卫生健康领域行政公益诉讼案件，发出自治区首例生产安全领域行政公益诉讼诉前检察建议。走访市、县两级人大代表听取意见 1190 人次，接受人大代表建议 211 条。人民监督员监督评议案件 2 件，监督结案

2件(含上年积存),同意检察机关处理意见2件;邀请14名人民监督员参加检察开放日活动和案件公开听证活动。通过网络系统对外公开发布案件信息1.78万条。听取律师为461名当事人提出辩护意见,为律师提供电子阅卷、预约会见、诉讼信息推送等服务3946次。韦某某羁押必要性审查案被最高人民检察院评为全国精品案件;市检察院、兴宁区检察院、江南区检察院、青秀区检察院、邕宁区检察院、良庆区检察院、武鸣区检察院、横县检察院、宾阳县检察院被检察日报社评为全国检察宣传先进单位;市检察院获自治区检察院评为扫黑除恶专项斗争先进单位、2016—2018全自治区检察机关档案工作先进集体。主要存在涉金融、生态环境等领域案件的专业人才不足,智慧检务建设和应用水平有待进一步提高,司法体制综合配套改革仍要继续深化等问题。

【刑事检察】 2019年,市两级检察院受理审查逮捕案件7374件1.15万人,批准逮捕5867件8611人,其中经济犯罪嫌疑人1006人、涉黑涉恶犯罪案件117件308人(含上年积存)。要求公安机关说明刑事不立案理由255件,监督公安机关立案212件359人,监督公安机关撤销刑事案件318件。纠正公安机关遗漏提请批准逮捕485人。不批准逮捕2850人,不起诉1307人。纠正侦查机关遗漏移送审查起诉337人,追加认定犯罪293人。纠正公安机关取证程序不合法等侦查瑕疵,要求补正或书面解释540件。审查逮捕环节,发出纠正侦查活动违法通知书492份;审查起诉环节,发出纠正侦查违法通知书15份。提出刑事抗诉19件,法院审结作出裁判18件,采纳抗诉意见14件,其中改判12件、发回重审2件。检察长列席法院审判委员会会议27次。受理审查起诉案件8397件1.23万人,审结7549件1.09万人(含上年积存),提起公诉6715件9556人。公安机关撤回移送审查起诉15件41人。出席法庭支持公诉6470件。撤回起诉14件20人。协助法院准确适用刑罚,向法院提出量刑建议4721件。受理审查起诉涉黑涉恶犯罪案件80件499人,审结63件388人,行使监督职能,追加起诉涉黑涉恶犯罪嫌疑人18人,移送涉黑涉恶刑事案件线索286条,移送黑恶、势力犯罪"保护伞"线索193条。起诉破坏市场经济秩序犯罪413件889人,起诉侵害企业合法权益的被告人162人。起诉非法集资、金融传销、集资诈骗等涉众型经济犯罪207件531人,起诉利用互联网实施传销、电信诈骗、倒卖公民个人信息等新型网络犯罪被告人300人,起诉非法排污、非法开采等破坏生态环境犯罪230件317人,起诉破坏民营企业生产经营犯罪18件69人。审查起诉拒不支付劳动报酬案件8件。促成288名犯罪嫌疑人、被告人与案件被害人达成刑事和解。实行认罪认罚从宽案件快速办理机制,审查起诉认罪认罚从宽案件4126件5568人。审查监察委员会移送职务犯罪案件,决定逮捕41人,起诉60人。

【刑事执行检察】 2019年,市两级检察院办理羁押必要性审查案件508件508人,提出变更强制措施或释放建议320件320人,变更强制措施或释放298件298人,采纳率93.13%。清理久押不决预警案件(羁押期限满4年未满5年)6件13人。审查监狱机关提请罪犯减刑1365人、提请假释62人、提请暂予监外执行6人、纠正提请减刑不当5人。审查裁定罪犯减刑3652人、假释37人,纠正减刑、假释裁定不当173人。出席减刑、假释案件开庭审理132件132人,其中获减刑90件、假释42件。审查司法行政机关提请特赦案件118件118人,出具特赦检察意见118份;审查法院裁定特赦案件118件118人。检察监外执行罪犯2270人,监外执行罪犯纳入社区矫正对象1858人,公安机关监管的监外执行人员412人,纠正监外执行和社区矫正交付执行、监管活动、教育矫治、履职不当、变更执行等违法案件187人。督促职务犯罪、金融犯罪、涉黑犯罪、破坏环境资源犯罪、危害食品药品安全犯罪的罪犯履行财产刑执行127.56万元。办理涉及在押人员申诉案件174件,办理维护在押人员合法权益监督案件10件;办理判处实刑罪犯未执行刑罚检察监督案件2件。纠正监管违法案件605件,获自治区检察建议精品案件1件。茅桥地区检察院成立巡回检察组5个,巡回检察监管场所7次,发现问题66个。

【控告申诉检察】 2019年,市两级检察院受理信访2344件,其中涉法涉诉信访1860件,受理控告申诉类信访2183件、举报类信访161件。检察长接待来访群众88批112人。审查受理民事、行政审判监督案件1138件。受理不服检察机关处理决定刑事申诉案件37件。办结维持原决定41件,变更原决定2件;办理不服法院生效刑事判决裁定申诉案56件,法院审结36件,中止办理2件,终止办理1件,不予抗诉16件,抗诉后改判2件。办理国家赔偿申请20件,立案审查18件,决定赔偿13件,支付赔偿金42.61万元。办理国家司法救助122件,给予救助155人,发放救助金148.92万元。接收群众来信460件,到期回复率100%;开展"公开大接访"等公开接访活动,接待群众来访122批165人次,现场解决问题71件。邀请市级人大代表、政协委员、人民监督员担任听证员,公开审查听证贫困户韦某某司法救助案件,赞成检察机关给予韦某某国家司法救助2.50万元。市检察院与宾阳县检察院联合救助唐某某姐弟,发放司法救助金10万元。

【民事检察】 2019年,市两级检察院受理民事申请监督案件1012件,提出再审检察建议10件,提请抗诉256件(系列案209件),提出抗诉19件,法院再审审结23件(含提出抗诉案件),改变原判决裁定18件;发出民事审判活动违法监督检察建议100件,法院采纳92件;发出民事执行监督检察建议76件,法院采纳98件(含积案72件)。市检察院办理广西海潮农业投资有限责任公司申请监督一案,提出抗诉后获法院采纳,改判标的600万元。市检察院办理广西崇左市弘宇房地产有限公司申请监督案入选广西检察机关涉民营企业司法保护典型案例。

【行政检察】 2019年,市两级检察院受理行政申请监督案件73件(裁判结果监督47件、审判人员违法监督4件、执行监督15件、行政机关不当履职5件、复查纠正2件);提请抗诉2件;发出执行监督(非诉执行)检察建议15件,法院采纳15件;不支持监督申请35件;发出行政机关执法违法或执法不规范问题检察建议4件,行政机关采纳5件(含积案1件)。10月31日,市检察院在自治区检察机关行政检察工作现场会作《变革理念实践创新 精准监督做实新时代行政检察工作》经验发言,江南区检察院《创新举措完善机制推动行政执行监督工作取得实效》入选书面经验交流材料。

【公益诉讼检察】 2019年,市两级检察院梳理公益诉讼案件线索310件,办理公益诉讼案件279件,启动诉前程序252件,起诉15件。市检察院办理自治区首例由检察机关提起的侵害烈士肖像权民事公益诉讼案件,被评为自治区公益诉讼精品案件,根据案情拍摄的公益诉讼宣传电影《无价》获自治区宣传片评比一等奖。良庆区检察院办理自治区首例国旗保护监督案,实现"办理一案,规范一片"效果。上林县检察院就游泳场所卫生不规范问题,向上林县卫生健康局发出诉前检察建议,被评为自治区公益诉讼优秀检察建议;就食品经营者违法从业向有关行政部门发出自治区首份从业禁止公益诉讼诉前检察建议,促使行政主管部门依法撤销涉案单位食品经营许可证。上林县检察院

2019 年 11 月 17 日，市检察院检察官（中）到青秀区长塘镇那曾村向案件当事人了解案情 韦景春提供

发出国有财产领域行政公益诉讼诉前检察建议 2 件，督促行政机关追回水资源费 23 万元、水土保持费 218 万元；横县检察院向县水利局发出行政公益诉讼诉前检察建议，追缴水土保持补偿费615.63万元。

【未成年人检察】 2019 年，市两级检察院受理审查逮捕未成年人犯罪案件 305 件 481 人，批准逮捕 235 件 359 人、不批准逮捕 72 件 124 人（含积案）。受理审查起诉未成年人犯罪 328 件 490 人，提起公诉 256 件 410 人，直接不起诉 33 人，附条件不起诉 12 人，追加起诉 11 人。起诉未成年人涉嫌故意杀人、故意伤害、绑架、强奸、抢劫等严重暴力犯罪 64 件 123 人，法院审结案件判处10年以上有期徒刑 3 人。为没有委托辩护人的未成年犯罪嫌疑人联系法律援助 185 人次，安排法定代理人或合适成年人到场参与讯问 303 人次，开展社会调查 51 人次、心理疏导 15 人次，安排亲情会见 78 人次，封存 109 名未成年人犯罪记录，促成涉罪未成年人与被害人达成刑事和解 9 名。司法救助未成年被害人 15 人，发放救助金 16.25 万元。批准逮捕侵害未成年人权利的犯罪嫌疑人 243 人，提起公诉 274 人。市两级检察院有 86 名检察官担任中小学校法治副校长。检察官到中小学校开展法治宣传教育活动 201 场。

【检察技术】 2019 年，市两级检察院技术部门办理案件 3033 件，其中检验鉴定 41 件，技术性证据审查 1618 件，技术协助 1374 件。出具技术性证据审查意见书同意原鉴定意见 1437 份，不同意原鉴定意见 9 份，其他意见 10 份。市检察院技术部门办理案件 626 件，其中检验鉴定 18 件、技术性证据审查 593 件、技术协助 15 件；提供技术协助 83 件，其中使用无人机配合勘验取证 12 件。青秀区检察院试用广西政法协同办案平台，提高办案效率；江南区检察院智慧控告申诉融合“智慧检务”与“一站式”综合检察服务平台建设；宾阳县检察院构建数字化微型司法鉴定实验室；兴宁区检察院使用“桌面云”替代传统台式电脑。

【案件选介】 2019 年，市两级检察院受理覃某某层层转包雇凶杀人抗诉案、英烈权益保护公益诉讼案、韦某某羁押必要性审查案以及广西崇左市弘宇房地产有限公司与南宁市保通融小额贷款有限责任公司、陈某某、黄某某金融借款合同纠纷监督案等案件。

覃某某层层转包雇凶杀人抗诉案 2012 年 8 月，被告人覃某某投资参股广西桂盛房地产有限责任公司（下称桂盛公司）及南宁大自然花园置业有限公司（下称大自然公司）。2013 年，被害人魏某某与桂盛公司、大自然公司因合作开发房地产产生纠纷，对桂盛公司及大自然公司提起民事诉讼。覃某某担心桂盛公司、大自然公司亏损牵连自身利益受损，以 200 万元指使被告人奚某某雇佣杀手杀害魏某某。奚某某找到被告人莫某某操办雇凶杀害魏某某，莫某某转雇被告人杨某某操办杀害魏某某，杨某某找被告人杨某某雇凶杀害魏某某，杨某某雇佣被告人凌某某杀魏某某。经层层转包，杀人酬金变成 10 万元。2014 年 4 月 28 日，凌某某约见魏某某，将存有雇凶杀人被杀对象照片的手机交给魏某某。魏某某报警，公安机关侦破案件。青秀区检察院以故意杀人罪起诉覃某某 6 人。一审青秀区法院以事实不清证据不足判处被告人无罪。青秀区检察院抗诉，二审法院发回重审。2018 年 12 月 29 日，一审法院再度判决被告人无罪。2019 年 1 月 3 日，青秀区检察院再次抗诉；17 日，市中级法院认为一审判决采信证据不当，导致认定事实和适用法律错误，认为覃某某 6 人的行为不构成故意杀人罪并宣告 6 人无罪判决不当，依法予以纠正，以故意杀人罪对 6 人定罪处罚。6 名被告人终审获判有罪。案件被央视新闻频道《法治在线》播出，被网易、腾讯、新浪等媒体报道，社会影响极大，被评为 2019 年度广西检察机关精品刑事抗诉案件。

英烈权益保护公益诉讼案 2018 年 1 月起，南宁市某机电有限公司将雷锋肖像变相用于商业广告和产品商标，提供给市某工具商行、马山县白山镇某五金店销售，马山县白山镇某五金店使用印有雷锋肖像大幅背景图做店面招牌，违反《中华人民共和国英雄烈士保护法》规定，侵犯烈士肖像权，侵害社会公共利益。2019 年 10 月 18 日，市检察院就某机电有限公司、南宁市某工具商行和马山县白山镇某五金店侵犯烈士肖像权向市中级法院提起民事公益诉讼。11 月 20 日，市中级法院依法判决被告停止侵权行为，在市级以上媒体发布公告召回带有烈士肖像产品并赔礼道歉。市电视台、广西法治报、中央电视台等媒体关注和报道，引起巨大社会反响，取得良好法律效果、政治效果和社会效果。

韦某某羁押必要性审查案 2018 年 4 月 17 日，犯罪嫌疑人韦某某因上山扫墓不慎引发森林火灾，导致武鸣区马头镇全苏村苏溪屯约 2 公顷山林被烧毁。武鸣区检察院依法以涉嫌失火罪批准逮捕韦某某。5 月 18 日，武鸣区检察院受理韦某某亲属提出的羁押必要性审查申请。经过调阅案卷、实地勘查、到看守所和所在村开展走访调查、与韦某某面对面谈心，依法审查查明，韦某某在火灾发生后第一时间打电话报警求助，主动参与灭火，于次日主动投案自首；羁押期间遵守监规、服从管教，对自己所犯罪行深感懊悔。在检察官主持调解下，韦某某补偿苏溪屯村民 4.38 万元，双方达成和解。经对韦某某进行羁押必要性评估，武鸣区检察院认为，案犯犯罪事实清楚，证据固定，但因系初犯，家中有一名未成年小孩无人看护，韦某某无继续羁押必要。5 月 22 日，武鸣区检察院依法向公安机关提出变更强制措施建议并获得采纳，对韦某某变更强制措施为取保候审。韦某某取保候审后，弥补过失，购买 2000 余棵树苗在被烧毁林地补种复绿，参与制作森林防火宣传栏，投身法治宣传，向村民现身说法普及森林防火知识及相关法律法规，起到良好社会效果和法律效果。2019 年 3 月 25 日，韦某某羁押必要性审查案(失火罪)被最高人民检察院评为2018年度全国羁押必要性审查精品案件。

广西崇左市弘宇房地产有限公司与南宁市保通融小额贷款有限责任公司、陈某某、黄某某金融借款合同纠纷监督案 2013年1月29日,陈某某因收购股权,与保通融公司签订合同借款1300万元。借款转入陈某某银行账户,弘宇公司为债务提供连带责任保证担保,陈某某向保通融公司出具委托书,委托保通融公司将借款中的1200万元转入弘宇公司法定代表人梁某某银行账户,保通融公司、弘宇公司认可委托书。保通融公司实际只出借400万元,委托第三人黄某某将借款转到陈某某另行指定账号。陈某某未能如期偿还借款,保通融公司向法院起诉。一审法院判决陈某某向保通融公司偿还400万元借款本息,弘宇公司承担连带偿还责任。弘宇公司不服、上诉。二审法院判决驳回弘宇公司上诉,维持原判。弘宇公司向检察机关申请监督。检察机关审查认定,案件中债权人与债务人已经变更主合同,按照法律规定,债权人与债务人未经保证人书面同意就协议变更主合同,保证人不承担保证责任,因此弘宇公司对主合同债务不再承担连带偿还责任。法院再审判决采纳检察机关抗诉意见,纠正担保责任承担错误,依法保护民营企业合法权益。2019年,案件入选广西检察机关涉民营企业司法保护典型案例。

(韦景春)

审　判

【概　况】 2019年,广西壮族自治区南宁市中级人民法院(简称“市中级法院”)设政治部、办公室、审判管理办公室、立案庭、刑事审判第一庭、刑事审判第二庭、未成年人案件审判庭、民事审判第一庭、民事审判第二庭、民事审判第三庭、民事审判第四庭、民事审判第五庭、行政审判庭(赔偿委员会办公室)、审判监督庭、执行工作局(执行庭)、研究室、司法警察支队、司法行政装备管理科、监察室(纪检组);辖区县基层法院12个、基层法院派出法庭32个。市两级法院受理刑事案件8489件,审结7552件;受理民商事案件12.28万件,审结10.40万件;受理行政案件2275件,审结1718件;受理未成年人刑事案件310件,结案289件;受理审查申诉、申请再审案件513件,结案487件;受理国家赔偿案件34件,审结33件,决定赔偿287.02万元;受理再审案件267件,审结169件;受理执行案件5.74万件,执结5.14万件。依法判处无罪9人,裁定准许公诉机关撤回起诉案件17件,防止冤错案发生。市中级法院连续4年被最高人民法院评为“在司法宣传工作中做出突出成绩的人民法院”;市中级法院研究室被最高人民法院授予“全国法院调研工作先进集体”,市中级法院刑二庭被最高人民法院授予“全国法院刑事审判先进集体”;青秀区法院被最高人民法院、人力资源和社会保障部授予“全国法院‘基本解决执行难’工作先进单位”,青秀区法院民一庭被最高人民法院授予“全面停止军队有偿服务工作提供司法保障表现突出的集体”。主要存在人案矛盾未从根本上解决,履职保障有待加强,法院内部监督、管理还有薄弱环节,监督机制有待完善等问题。

【审判管理与司法改革】 2019年,市两级法院完成基层法院机构改革。聘用制书记员转任674名。建立院庭长办案通报制度,院庭长395人,收案10.97万件,结案9.70万件,占结案总数54.62%。推进繁简分流机制改革,建立速裁团队、强化庭前会议、优化庭审方式、简化法律文书等,审结民商事简易案件5.43万件,占民商事结案总数51.22%。推进认罪认罚从宽制度落实,适用认罪认罚从宽制度审结刑事案件1906件2163人。基层法院适用小额速裁程序审结案件3083件。青秀区法院研发金融案件裁判文书自动生成、民间借贷本息计算软件,类案、简案运用科技研发成果,提高简案审判效率。市中级法院落实英雄烈士保护法,审判自治区首例侵害烈士肖像权民事公益诉讼案,保护英烈名誉荣誉;制定《南宁市中级人民法院民事案件送达工作指引(试行)》,提高送达效率。深化家事和未成年人审判改革,参建自治区首所励志专门学校;承办“法律同行助力梦想”走进校园大型法治宣传教育活动;推进智慧法院建设,应用网上立案、微信立案、二维码缴费等便民措施;“广西移动微法院”开通,跨域立案工作全面推开,启用智能保全系统。

【刑事审判】 2019年,市两级法院受理刑事案件8489件,审结7552件。其中,一审受理7528件,审结6661件;二审受理961件,审结891件。判决6445件9435人,其中判处5年以上有期徒刑直至死刑588人,重刑率6.24%。一审刑事案件主要类型:故意杀人、故意伤害、绑架、强奸等暴力犯罪案件730件1027人,抢劫、抢夺、盗窃等多发性犯罪案件1841件2276人,毒品案件904件1123人,赌博案件53件96人,走私案件2件9人,合同诈骗等案件43件61人,贪污、受贿、挪用公款和渎职等职务犯罪案件66件94人。开展打击传销、“两抢一盗”(抢劫、抢夺,盗窃)、非法集资、“扫黄打非”等专项行动,审结破坏社会主义市场经济秩序犯罪案件407件1041人。准确把握宽严相济刑事司法政策,最大限度化解社会矛盾,依法免予刑事处罚35人,管制48人,单处罚金76人,适用缓刑812人,比上年上升4.91%;减刑、假释有悔罪表现、服从改造的罪犯3818名,下降6.03%。市中级法院受理一审刑事案件183件,审结108件;二审受理961件,审结891件。

【民(商)事审判】 2019年,市两级法院受理民(商)事案件12.28万件,比上年上升22.79%;审结10.40万件(一审9.06万件、二审1.34万件),上升30.52%。一审民(商)事案件主要类型:借款纠纷2.50万件,买卖纠纷6651件,婚姻家庭纠纷6416件,知识产权2844件,劳动争议2002件,农村土地承包合同纠纷等涉农纠纷544件,房地产纠纷47件。市两级法院一审民(商)事案件调撤率31.23%。市中级法院受理民(商)事案件2.04万件,审结1.66万件(一审3186件、二审1.34万件)。

【行政审判】 2019年,市两级法院一审、二审受理行政案件2275件,比上年下降4.33%;审结1718件,下降0.64%。依法促进行政争议实质性化解,调解撤诉209件。行政机关负责人出庭应诉案件307件。

【未成年人案件审判】 2019年,市两级法院推动建立“党委领导、法院牵头、各方参与”的未成年人纠纷化解机制。参与共建自治区首所励志专门学校。承办“法律同行助力梦想”走进校园大型法治宣传教育活动。创新青少年事务社工参与未成年人审判工作机制,推动少年司法社工服务站覆盖兴宁区、江南区、西乡塘区、良庆区等城区。受理未成年人刑事案件310件,结案289件,其中一审案件261件(含积案27件)、结案242件,二审49件(含积案4件)、结案47件。未成年人犯罪案件适用非监禁缓刑29人,比上年41人下降29.27%

【申诉复查与再审】 2019年,市两级法院立案庭接待来访人员2425人次,处理来访信件255件;受理审查申诉、申请再审案件513件,结案487件,其中市中级法院立案庭接待来访人员1390件,处理来访信件179件。市两级法院受理再审案件267件,审结169件,其中维持46件、改判66件、发回重审14件、调解11件、准予撤回上诉3件、准予撤诉并撤销原裁判3件，终结3件，其他23件。市中级法院受理再审案件159件，审结99件，其中维持30件、改判33件、发回重审14件、调解11件、准予撤回上诉3件、准予撤诉并撤销原裁判1件，终结2件，其他5件。依照审判监督程序审理检察机关提出抗诉、当事人申诉和申请再审的案件，再审维持率27.22%，再审改判、发回重审率47.34%。

【国家赔偿与司法救助】 2019年，市两级法院受理国家赔偿案件34件，审结33件，决定赔偿287.02万元，其中市中级法院受理国家赔偿案件26件、审结25件、决定赔偿188.36万元。推行国家赔偿案件公开质证制度，健全国家赔偿联动工作机制，对符合条件申请赔偿人予以赔偿救济，司法救助294件463人352.26万元，其中市中级法院受理司法救助案件13件、办结13件、结案率100%，发放救助金77.03万元，救助33人；区县法院受理司法救助案件281件、办结281件、结案率100%，发放救助金275.23万元，救助430人。减免缓诉讼费1379.72万元，其中市中级法院办理减免缓诉讼费案件139件金额1167.69万元（免交诉讼费案件21件金额14.20万元、缓交案件118件金额1153.49万元）；区县法院（除武鸣区、马山县、隆安县法院没有减免缓诉讼费案件）办理减免缓诉讼费案件234件金额212.03万元（缓交202万元、减交7485元、免交9.28万元）。市中级法院办理公民代理手续3499件，降低当事人诉讼门槛，便利诉讼当事人。

【案件执行】 2019年，市两级法院受理执行案件5.74万件，比上年上升30.54%；执结5.14万件，上升40.18%；执结标的金额61.11亿元，上升33.49%；结案率89.55%。市中级法院受理执行案件3527件，执行结案3076件，执结标的金额19.97亿元，结案率87.21%。

【阳光司法】 2019年，市两级法院强化司法公开，回应社会关注，接受舆论监督，在中国庭审公开网直播庭审8614场，在中国裁判文书网公布裁判文书9.92万份。

【司法监督】 2019年，市中级法院向市人大常委会专题报告“推进以审判为中心的刑事诉讼制度改革”情况，自觉接受人大监督，办理人大代表建议3件。接受政协民主监督，办理政协提案4件、委员来信4件，及时回复办理结果。邀请各级人大代表、政协委员249人次视察工作、旁听庭审、监督执行。依法接受检察机关法律监督，邀请检察长列席审委会讨论案件13次24件。

【便民利民诉讼机制建设】 2019年，市两级法院通过特色巡回法庭、法官工作站、社区调解、律师调解工作室等平台，多元化解矛盾纠纷8150件。市中级法院与南宁保险行业协会签订《关于建立保险纠纷诉讼与调解对接机制的实施意见（试行）》，细化保险纠纷诉调对接机制。江南区法院构建“一个中心四大主体”多元纠纷化解机制，调解案件1194件，平均调解时间20日内。良庆区法院推进“道交一体化”试点，诉前调解成功3576件，调解成功率99.50%，平均赔付周期缩短至1.5日。上林县法院发挥“双语审判”优势，民商事纠纷调撤率51.15%。兴宁区法院成立自治区首家公证机关驻法院司法辅助中心。隆安县法院成立校园安全事故纠纷人民调解工作站，引入第三方参与调解。市中级法院及10个基层法院19项便民硬件指标全部达标，占84.62%。推行网上立案、微信立案、二维码缴费、诉讼指引清单，推进电子卷宗随案同步生成和应用，提升诉讼服务水平。

【案件选介】 2019年，市两级法院受理、审结李某某等75人涉黑案、郑某某等40人组织和领导传销活动案、南宁绿洲化工有限责任公司破产重整案、陆某某和彭某某非法捕捞水产品刑事附带民事公益诉讼案、良凤江公园申请执行南宁市良庆区玉洞村委第一队土地行政确权纠纷案等案件。

李某某等75人涉黑案（公安部挂牌督办案件） 2017年起，被告人李某某、李某以宗亲、同乡为纽带，网罗人员数十名形成黑社会性质团伙，在苏卢村组织卖淫、开设赌场、敲诈勒索等攫取经济利益，有组织实施聚众斗殴、故意伤害等违法犯罪活动，严重破坏当地经济和社会生活秩序。2019年12月18日，西乡塘区法院一审以组织、领导黑社会性质组织罪等12项罪名，判处李某某、李某有期徒刑22年，剥夺政治权利2年，并处没收个人全部财产；其他73名被告人分别被判处18年至1年6个月不等有期徒刑，并处罚金、没收个人财产。

郑某某等40人组织、领导传销活动案 2013年起，被告人郑某某等40名被告人在南宁市以交钱申购虚拟份额参加“纯资本运作”“自愿连锁经营业”“1040工程”等为名，通过拉人头发展下线按照金字塔型晋级式管理，形成上下线传销网络，发展网络层级超过30级，涉案金额特别巨大，参与人数超千人。2019年8月13日，兴宁区法院一审以郑某某、孙某某等40人犯组织、领导传销活动罪，分别判处有期徒刑6年至2年4个月不等的刑期，并处155万元～25万元不等的罚金。一审宣判后，郑某某等34人提出上诉。2019年11月22日，市中级法院二审审理，依法裁定驳回上诉，维持原判。

南宁绿洲化工有限责任公司破产重整案 2018年9月10日，市中级法院受理南宁绿洲化工有限责任公司破产重整案。南宁绿洲化工有限责任公司系隶属南宁化工集团有限公司的国有企业，不能清偿近5亿元到期债务，资产亦不足以清偿全部债务，缺乏清偿能力，债权人申请南宁绿洲化工有限责任公司破产重整。2019年2月2日，市中级法院裁定批准重整计划草案，五个月内企业重整成功。通过重整，债权人平均清偿率98.33%，实现债权人利益最大化，重新优化配置与盘活利用闲置的66.67公顷土地和房产、机械设备等财产。

陆某某、彭某某非法捕捞水产品刑事附带民事公益诉讼案 被告人陆某某、彭某某因在禁渔区和禁渔期内，分别在郁江横县新福镇江口村河段、郁江横县南乡街河段采用电捕鱼的禁用方式非法捕捞水产品，导致野生渔业资源、生态环境受损，2019年6月19日被抓获。12月23日，横县法院以非法捕捞水产品罪对陆某某、彭某某作出判决，判处陆某某拘役4个月、缓刑6个月，判处彭某某拘役2个月、缓刑4个月。案件审理过程中，横县法院探索适用增殖放流环境修复司法举措，促成横县检察院与2名被告人自愿就刑事附带民事公益诉讼达成调解协议，11月15日陆某某、彭某某履行协议，到横县西津水利枢纽坝上水域（横县西津湿地公园水域）放流成鱼54.84千克、幼鱼2万尾，修复部分受损水产资源。

良凤江公园申请执行南宁市良庆区玉洞村委第一队土地行政确权纠纷案 2006年12月10日，良庆区法院立案执行良凤江公园申请执行良庆区玉洞村委第一队土地（原邕宁县面积260亩的“牛乌岭”“坛溢岭”）行政确权纠纷案。因各种历史原因未能强制执行结案，2007年2月9日良庆区法院依法裁定终结执行程序。2019年11月9日，良庆区法院主持双方共同勘界，确定实际应退还给良凤江公园土地面积16.52公顷；11月29日，良庆区法院联合市林业局、市森林公安分局、玉洞街道办事处、良凤江公园新塘桥管理区和连山管理区等单位强制执行，土地交还申请人，案件执行完毕。

（潘伟坚）

司法行政

【概　况】 2019年，南宁市司法局、市法

2019 年 6 月,西乡塘区法院用 20 天开庭审理李某某、李某等 75 名被告人涉黑案件

潘伟坚提供

制办公室合并重组。市司法行政系统有南宁市司法局(简称“市司法局”)1 个,区县司法局 12 个,开发区司法局 3 个,基层司法所 127 个。市委全面依法治市委员会办公室设在市司法局,下设市委依法治市办秘书科。市司法局设办公室、人事科、组织培训科、法治调研科、法治督察科、立法一科、立法二科、行政规范性文件审查科、政府法律事务科、社区矫正管理科、行政复议与应诉科、行政执法协调监督科、普法与依法治理科、人民参与和促进法治科、公共法律服务管理科、律师工作科、装备财务保障科、科技信息科;有南宁仲裁委员会秘书处、市法律援助中心、桂南公证处 3 个二层机构。推动南宁市在自治区率先成立市委全面依法治市委员会。推进法治政府建设,南宁市入围全国法治政府示范创建“综合候选地区”56 个。做好安置帮教,提升社区矫正质量,化解基层矛盾纠纷。提升律师和基层法律服务水平,完善公共法律服务,推进法律援助惠民生,开展刑事案件法律援助辩护代理全覆盖试点和认罪认罚从宽律师值班。探索合作制公证试点,拓展公证参与司法辅助事务等新型公证业务,完成全市司法鉴定信用等级评定。组织完成 2019 年国家统一法律职业资格考试。开展普法与依法治理,落实“谁执法谁普法”普法责任制,创新推出法治宣传员动漫形象代言人“阿洛”“小智”。南宁市被全国普法办评为全国“七五”普法中期先进城市。市司法局被全国普法办评为“七五”普法中期先进集体,被中华全国妇女联合会评为全国维护妇女儿童权益先进集体,被司法部评为全国司法行政机关 2019 年国家统一法律职业资格考试工作表现突出单位。青秀区司法局建政司法所、横县司法局石塘司法所被司法部评为全国先进司法所。主要存在机构改革后基层司法局内设机构不健全,人少事多矛盾更加尖锐,普法工作机制、矛盾源头治理多元化解机制有待创新等困难与问题。

2019 年 2 月 15 日,市中级法院依法裁定批准南宁绿洲化工有限责任公司重整计划草案

潘伟坚提供

【行政规范性文件审查】 2019 年,市政府履行征求意见、合法性审查、集体审议、对外公布等程序出台规范性文件 34 件,向自治区政府、市人大常委会报备。市司法局出台《南宁市司法局关于公布南宁市本级行政规范性文件制定主体清单的通知》,向社会公布市本级行政规范性文件制定主体 66 个。备案审查区县政府、市政府工作部门及开发区管委会制定的规范性文件 142 件,书面纠正备案规范性文件合法性问题 3 件。专项清理全市涉及工程建设项目审批制度改革的制度,修改政府规章 1 件、市政府规范性文件 1 件,废止市政府规范性文件 1 件。

【行政复议与应诉】 2019 年,市政府行政复议办公室接待来电、来信、来访群众 1753 人次,收到行政复议申请 388 件,其中受理 353 件、不予受理 15 件、告知当事人选择其他方式解决纠纷 20 件;勘察案件现场 26 次,召开案件听证会、调查会、调解会 105 次;审结行政复议案件 285 件,其中决定维持 124 件、驳回申请 65 件、撤销 8 件、责令重新履行 53 件、确认违法 3 件、调解终止结案 32 件。市司法局办理市政府应诉的行政案件 292 件,其中代理市政府应诉 211 件、指导部门应诉 81 件。办理市政府参加自治区政府行政复议案件审理 13 件。办理涉及市政府的检察院行政检察监督案件 9 件。

【行政执法协调监督】 2019 年,南宁市印发《全面推行行政执法公示制度执法全过程记录制度重大执法决定法制审核制度工作方案》,市司法局组织全市行政执法单位开展坚决纠正执法不公、随意执法、选择性执法等侵害群众利益问题专项整治,排查出执法适用法律不规范、不作为等问题 58 个,完成整改 43 个。协调指导文化市场、生态环境保护、农业、交通运输、市场监管领域综合行政执法体制改革。抽查行政执法部门案卷 39 个,运用网上行政执法暨电子监察系统监察行政执法机关实施行政处罚案件 259 件。启用广西行政执法综合管理监督平台,南宁市入选广西行政执法综合管理监督平台建设示范市。受理、查办行政执法举报案件,办理投诉案件11件，办理征求意见反馈、审查意见36件。组织4239名行政执法人员参加自治区行政执法人员资格（续职）考试，通过率94.88%。

【政府法律事务】 2019年，南宁市印发《南宁市重大行政决策专家咨询论证办法》。"南宁市政府法制网·公开征求意见平台"更名"南宁市行政立法和决策公开征求意见平台"；12个区县政府及其部门统一通过平台公开征求意见、管理线上评论、集中反馈，实现政府立法、政府规范性文件和重大决策、部门规范性文件和重大决策集中在平台上发布征集社会意见；发布地方性法规草案11件、政府规章草案10件、政府规范性文件草案135件、部门规范性文件草案221件、政府重大行政决策草案51件、部门重大行政决策草案54件。市司法局履行重大行政决策程序规定，做好重大决策和一般政策性文件合法性审查，对市政府及部门涉法事务提出法律意见340件次，参加市政府及部门有关涉法事务会议140次。

【普法宣传教育】 2019年，南宁市落实"谁执法谁普法"责任制，印发"谁执法谁普法"普法责任清单。市司法局举办"法治南宁讲堂"暨"双百"法治宣讲活动和普法骨干、法治副校长培训班，组织市国家机关工作人员开展旁听庭审活动，组织521名南宁市新提拔领导干部进行任职前法律考试，14.40万名市国家工作人员进行学法用法培训考试。创新开展宪法宣传，联合多部门举办"12·4"国家宪法日宣传周活动，推出南宁市法治宣传员动漫形象代言人"阿洛""小智"，组织384人参与"依法治国"快闪活动，69.70万人观看直播平台播出启动仪式。司法行政系统开展主题宣传活动1200余次，发放法治宣传资料44.67万份，解答法律咨询1.60万次。加强法治文化建设，运用新媒体矩阵，打造"南宁普法"服务品牌，南宁市6件作品在第十五届全国法治动漫微电影大赛获奖，5件作品在第二届平安广西"三微"比赛获奖，"南宁普法"大鱼号在阿里巴巴公益发起的"青骄第二课堂"教育征文活动中获政务新媒体公益先锋奖。

【社区矫正】 2019年，市司法局开展社区矫正安全隐患大排查大整治专项活动督查，定期召开风险研判分析会。成立社区矫正监管工作培训和社区矫正对象警示教育基地、南宁市刑罚执行一体化基地。全市在册社区服刑人员1816人，累计接收社区服刑人员1.09万人，累计解除社区矫正9103人。年内新接收社区服刑人员1596人、解除社区矫正1572人；特赦符合条件社区服刑人员80人。再犯罪率0.11%，低于全国平均水平，无重大恶性案件、社区服刑人员参与的群体性事件发生。

【司法鉴定】 2019年，南宁市有司法鉴定机构5家（市金盾司法鉴定所、市第五人民医院司法鉴定所、市社会福利医院司法鉴定所、市狮山机动车检测有限公司司法鉴定所、市中一司法鉴定所），执业司法鉴定人员60人，办理司法鉴定案件4446件。市司法局完成2018年度全市司法鉴定机构及鉴定人信用等级初步评审，评定AAA级（优秀等级）机构2家，AA级（良好等级）机构3家；AAA级（优秀等级）鉴定人13人，AA级（良好等级）鉴定人35人（新执业不满一年的机构及鉴定人不参与评定）。完善司法鉴定行业准入和退出机制，市司法局受理设立司法鉴定机构名称预审核申请6件，司法鉴定机构设立初审5件，司法鉴定人执业申请63件，司法鉴定人延续申请2件，司法鉴定人注销申请5件，鉴定人助理备案19件，司法鉴定机构新增业务类别1件。

【公证事务】 2019年，南宁市深化公证体制改革，完成4家（华强、北部湾、闽桂、桂南）合作制公证处材料初审和申报，3家（华强、北部湾、闽桂）新设立公证机构和桂南公证处整体转制申请获司法部核准备案。全市9家（桂南、邕江、西乡塘、武鸣、马山、上林、隆安、宾阳、横县）公证处受理、办结公证1.88万件（国内民事公证1.22万件、涉外公证5769件、涉中国港澳台公证867件）。自治区高院与自治区司法厅将桂南公证处进驻兴宁区法院成立司法辅助中心列为多元化纠纷解决可借鉴推广模式。

【律师事务】 2019年，市司法局办理律师事务所设立、变更备案和律师执业相关行政审批初审事项906件（律师事务所设立申请审核23件、律师事务所变更备案登记326件、律师执业相关申请审核557件）。全市有律师事务所199家、律师2041人，其中专职、兼职律师2035人；公职律师办公室4家，公职律师78人；公司律师2人；法律援助律师31人。律师代理刑事案件2737件、民事案件1.72万件、行政案件853件，办理非诉讼法律事务3494件、法律援助案件6726件，担任2143家政府部门、企事业单位、1787个村（社区）法律顾问，有19名律师被推选为各级人大代表、政协委员。组织479名律师参与涉法信访接待，48名律师协助市检察院解决涉法涉诉信访问题，接待群众信访103人次，处理接访案件81件。

【人民调解】 2019年，市司法局发挥人民调解维护社会和谐稳定"第一道防线"作用，针对春节、国庆节等重大时段、重点人群，开展矛盾纠纷精准排查、精细化解工作，开展矛盾纠纷排查3.12万次，调解矛盾纠纷2.04万起，调解率100%，调解成功率97%，办理人民调解协议司法确认504起。推广建设信息员—村民小组—村委会—乡镇（街道）司法所四级矛盾预警网络，开展"警民联调"试点，成立青秀区叶叔调解工作室和老石调解工作室、江南区宜来调解工作室、隆安县城厢镇东哥调解工作室、马山县加方乡老莫调解工作室、良庆区武民调解工作室、邕宁区中和乡孙登欧调解工作室、武鸣区罗姐调解工作室8个"个人调解工作室"，其中青秀区叶叔、马山县老莫调解工作室获自治区命名。联合市财政局出台《关于规范人民调解员以案定补工作的指导意见》，制定人民调解案件补贴标准，促进人民调解工作发展。指导成立青秀区人民调解中心，将城区医疗纠纷人民调解委员会、物业纠纷调解委员会、劳动争议纠纷调解委员会、诉前调解中心资源整合，打造一站式人民调解中心服务窗口。

【基层法律服务】 2019年，南宁市完成2018年度基层法律服务机构、基层法律服务工作者考核，加强基层法律服务所、基层法律服务工作者执业行为监管和投诉查处。全市47家基层法律服务所、430名基层法律服务工作者办理案件4082件。

【法律援助】 2019年，南宁市法律援助中心开展刑事案件法律援助辩护代理全覆盖试点和认罪认罚从宽案件值班律师工作，提供治理拖欠农民工工资法律服务，接待来电来访咨询1.35万人次、比上年增长0.90%，办理法律援助案件6726件、增长35%。

【国家统一法律职业资格考试】 2019年，市司法局在南宁市国家统一法律职业资格考试考场安装远程巡查系统，实现全国法律职业资格考试统一指挥、分级管理、实时巡查。8月31日、9月1日，进行客观题考试；10月13日，进行主观题考试，首次实行计算机化考试。南宁考区报名客观题考试6171人，设考点3个，考场50个；客观题考试成绩合格人员可报名主观题考试,南宁、北海、防城港、钦州、贵港、玉林、百色、崇左8个市合并为南宁考区,报名人数3652人,设考点3个,考场67个。首次启用国家统一法律职业资格电子档案管理系统,审核南宁考区考试成绩合格人员申请授予法律职业资格。南宁市通过国家统一法律职业资格考试983人,授予法律职业资格751人(不含2020年应届毕业生)。

【人民陪审员选任与人民监督员管理】 2019年,市司法局加强人民陪审员选任与人民监督员管理。开展人民陪审员选任,兴宁区、江南区、西乡塘区、邕宁区、武鸣区、横县、宾阳县、上林县、隆安县9个区县随机抽选候选人2.58万人,完成人民陪审员候选人选任。做好70名人民监督员年度考核,评定优秀等次8人;抽选6名人民监督员参与监督评议案件2件。

【安置帮教】 2019年,市司法局加强安置帮教安全工作,联合监狱、公安等部门接回重点人员,与辖区民政、街道、乡镇政府协调安置,保证重点人员得到民政救助、低保保障。衔接刑满释放人员3685人,其中安置人员3679人、安置率99.84%,帮教3671人、帮教率99.62%;无重新违法犯罪人员。江南区司法局建成南宁市第一家安置帮教远程视频探视室,与广西黎塘监狱建立远程会见机制,提供"一站式"帮教会见服务。

【村(居)法律顾问】 2019年,市司法局建立村(居)法律顾问长效机制,组织律师531人、基层法律服务工作者186人担任全市1787个村(居)法律顾问,为群众起草、修改法律文书及向村级重大项目决策提供法律意见、参与化解矛盾纠纷1.17万件次,提供法律咨询5.84万人次,开展法治宣传5738场次。

【桂南公证处与中国邮政签订战略合作协议】 2019年2月22日,南宁市桂南公证处与中国邮政速递物流股份有限公司南宁市分公司在市司法局举行公证文书寄递项目战略合作签约仪式。签约后,双方将就公证文书邮寄送达展开全面合作,公证处借助中国邮政速递物流股份有限公司的网络和资源优势,优化公证文书送达方式,提升公证业务服务水平。

(袁姝涵)

仲　裁

【概　况】 2019年,南宁仲裁委员会受理仲裁案件1498件,涉案标的额23亿元,仲裁收费1521万元,案件受理数、标的额、仲裁收费稳步增长,案件审理效率、质量保持较高水平。推进网络仲裁,制定《南宁仲裁委员会网络仲裁规则》《南宁仲裁委员会网络仲裁收费标准》,启用网络仲裁平台,立案15件,结案3件。加强社区金融仲裁业务宣传推广,在星湖社区等10个社区成立金融仲裁业务推广服务站,受理金融仲裁案件471件,占案件受理总数31.44%。注重提升仲裁员、书记员专业化水平,举办聘任颁证仪式暨新聘仲裁员培训会、仲裁员培训暨业务研讨会,交流先进仲裁委办案经验、庭审实务。定期召开办案秘书业务能力培训会,解答办案过程困扰问题。加强与外地仲裁机构业务交流与合作。11月,南宁仲裁委员会应邀参加第三届中国－东盟仲裁法律合作论坛,走访马来西亚大学法学院等,考察交流东盟国际商事仲裁事务,拓展面向东盟的涉外仲裁服务。开展中国香港、澳门特别行政区和外籍仲裁员选聘,年内聘任20名来自中国香港、澳门特别行政区和外籍人士,提升仲裁公信力。市劳动人事争议仲裁委员会加强信息化建设,在自治区内首创"微仲裁"模式,微信申请案前调解、微信开庭、微信查询办案进度,实现劳动人事争议仲裁"线上线下"同步办案;推出互联网公告送达仲裁文书,公告送达案件192件。完善仲裁与诉讼衔接,保障双方裁审信息互通,落实"裁审衔接"工作联席会议制度。加快法律援助工作站建设及政府购买法律服务。推进"一专庭一通道一流动庭"建设。主要存在案多人少矛盾,无法满足大量案件排期开庭及处理等问题。

(袁姝涵　廖书恒)

【民商事仲裁】 2019年,南宁仲裁委员会受理仲裁案件1498件、比上年增长33.6%,案件总标的额23亿元,仲裁收费1521万元、增长8%。审结案件1238件(含上年未结案件),其中裁决结案893件、占审结案件数72.13%,和解结案234件、占18.90%,调解结案111件、占8.97%。制定《南宁仲裁委员会网络仲裁规则》《南宁仲裁委员会网络仲裁收费标准》。首次启用网络平台立案15件,结案3件。开展仲裁入社区活动,在星湖社区等成立金融仲裁业务推广服务站10个。受理金融仲裁案件471件,占受理数31.44%,其中传统线下受理金融案件456件,网络平台受理案件15件。与马来西亚、英国开展仲裁交流活动。开展中国香港、澳门特别行政区和外籍仲裁员选聘,新聘仲裁员20人;受理涉及港澳台地区与涉外(日本、澳大利亚、维京群岛)仲裁案件8件,标的额8124.88万元。

(袁姝涵)

【劳动人事争议仲裁】 2019年,南宁市劳动争议调解组织、各级仲裁机构处理劳动人事争议案1.53万件,涉案标的额1.51亿元。仲裁机构立案受理7290件(含2018年转495件),不予受理879件,仲裁机构结案6763件,其中裁决结案件4241件、调解结案1441件、撤诉等方式结案1081件。工会、部分大中型企业、乡镇街道、商会(协会)劳动争议调解组织调解争议案件8026件。当期仲裁结案率92.77%,调解成功率63.86%。在全自治区率先推出劳动人事争议案前调解申请、开庭、查询等在线自助服务,率先开展"微信仲裁庭"远程开庭、互联网公告送达仲裁文书。

(廖书恒)

编辑　卢景林

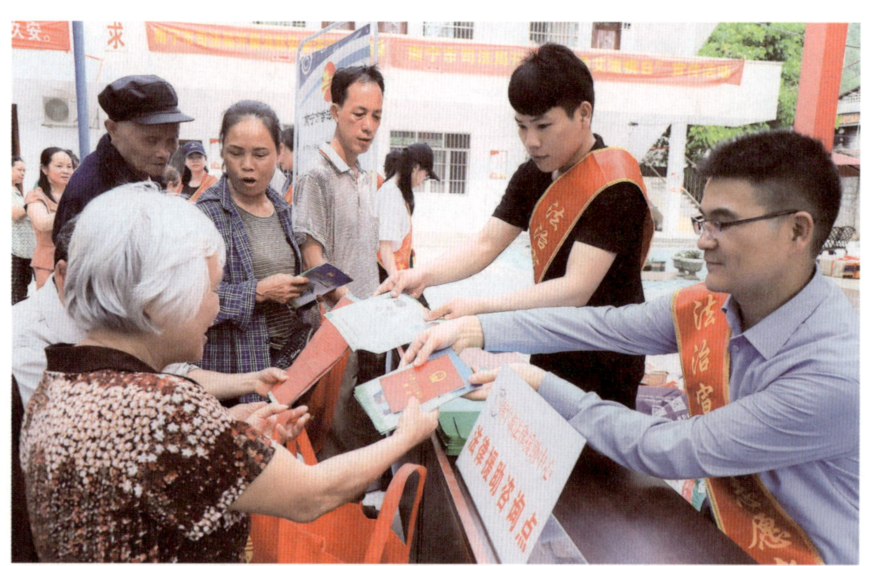

2019年4月23日至24日,市法律援助中心工作人员、法律援助律师到马山县加方乡开展送法下乡暨扫黑除恶扶贫攻坚宣传活动　袁姝涵提供

军事

中国人民解放军广西南宁警备区

【概　况】2019年，中国人民解放军广西南宁警备区（简称"警备区"）以习近平强军思想为指导，贯彻落实中共中央、中央军委决策指示，把思想政治引领作为首要任务，聚焦备战打仗，从严正风肃纪，深化练兵备战，推进国防动员，抓好安全稳定，建设一流警备区。参加军委国防动员部民兵调整检查考评，获全国25个市级单位第七名；参加广西军区教练员会操，获评优秀的民兵教学骨干4人、教学片2部；被中央军委国防动员部评为"民兵调整改革先进单位"。南宁市征兵办、青秀区征兵办公室被自治区评为"征兵工作先进单位"，横县人武部、青秀区人武部被广西军区授予"全面建设先进团级单位"称号。官兵获嘉奖或评为先进个人42人，其中获军以上单位表彰7人、立三等功2人。

【思想政治建设】2019年，警备区贯彻落实习近平新时代中国特色社会主义思想、习近平强军思想和军委有关精神，开展军委主席负责制学习教育，强化官兵维护核心、看齐追随的政治自觉，提高政治忠诚度、增强政治纪律性。开展"不忘初心、牢记使命""传承红色基因，担当强军重任"主题教育，落实授课辅导、专项整治、民主生活会等规定动作，参观昆仑关战役旧址、南宁市反腐倡廉警示教育馆，观看爱国主义教育、廉政警示教育片，筑牢官兵立身做人、干事创业、遵纪守法的思想根基。

【战备训练】2019年，警备区把备战打仗作为首要任务，组织修订非战争军事行动、保障部队过（入）境、重要目标防卫等方案。以课题演练为重点，抓好首长机关基础训练，组织集中强化训练7次，正团职以上军官参加军区岗位能力素质考核合格率100%，副团职以下官兵参加警备区本级考核合格率89.10%。组织民兵调整改革集中会审8次、督导推进4次。组织民兵教练员骨干、冲锋舟操作骨干、安全管理骨干等集训培训23期；开展民兵基地化轮训、民兵军事训练新大纲首批配套教材试用试训；参加广西军区教练员会操，获评优秀的民兵教学骨干4人、教学片2部。组织民兵完成"192"行动备勤、第16届中国－东盟博览会·商务与投资峰会、宾阳炮龙节等活动安保执勤。参加军委国防动员部民兵调整检查考评，获全国25个市级单位第七名。

【部队管理】2019年，警备区开展"贯彻落实新条令，塑造军队好样子""百日安全活动"等活动。全国人大、政协"两会"，中华人民共和国成立70周年，第16届中国－东盟博览会·商务与投资峰会等重大活动前后，召开安全工作会议2次、分析安全形势7次，开展安全集中教育14次、组织安全清查整治6次，部队"四个秩序"（战备秩序、训练秩序、工作秩序、生活秩序）落实到位。

【民兵预备役】2019年，警备区落实南宁市国防动员"十三五"规划，出台《南宁市国防动员潜力统计调查实施办法》，完成基础潜力、重点潜力统计调查。完成南宁市国防动员应急指挥系统建设、广西血液动员中心建设试点任务，启动南宁市国防动员智慧网络系统建设。完成南宁市征兵办公室、南宁市兵役服务站规范化建设试点任务，基层武装部规范化建设达标率90%以上。组织专职人民武装干部集训和资格认证，调整、招录专职人民武装干部，优化队伍结构。开展全民国防教育、征兵宣传活动，制作《邕城星兵建功军营》征兵宣传片、《爱我国防》全国大学生主题演讲录像片，在421所学校、主流媒体及网络平台播放，受教育市民120万人。完成新兵征集任务，征兵"五率"（报名率、上站率、合格率、择优率、退兵率）排自治区各市第一。

【综合保障】2019年，警备区落实财经政策，坚持党委理财、预算管控，备战打仗开支占总开支64.70%。开展武器装备专项清查整治，组织保障队伍业务技能培训；推动停偿治超（停止有偿服务、经济适用住房超标准面积）治理，在自治区率先向中国融通军产管理有限公司移交停偿项目10个，整改完成3人重复购房、3人经济适用房超面积的问题。

【拥政爱民】2019年，警备区组织官兵、民兵参加抗洪抢险、第16届中国－东盟博览会·商务与投资峰会、宾阳炮龙节、"三月三"歌圩节及重要敏感时段安保执勤等任务，参加官兵、民兵2.60万人次。建立扶贫联系点8个，投入125.80万元，帮扶贫困户316户，资助贫困学生167名。

（凌才弢　林　猛）

中国人民武装警察部队南宁支队

【概　况】2019年，中国人民武装警察部队南宁支队（简称"武警南宁支队"）以习

2019 年 3 月 22 日，武警南宁支队执行“中国杯”国际足球锦标赛安保任务

武警南宁支队提供

近平新时代中国特色社会主义思想为指导，贯彻习近平强军思想，坚定举旗铸魂，强化部队党的建设，加强思想政治工作，部队建设向上向好；聚焦练兵备战，提升工作标准，夯实部队安全基础；聚焦服务打赢，保障第 16 届中国—东盟博览会·商务与投资峰会、2019 年“中国杯”国际足球锦标赛、苏迪曼杯世界羽毛球锦标赛等重大活动警卫安保任务。被武警部队评为安全工作先进单位、停偿工作先进单位，被武警广西总队评为百日安全优胜单位，获武警广西总队“基层建设标兵大队”1 个，“基层建设标兵中队”1 个，“基层建设先进中队”10 个，立个人三等功 44 人。

【思想政治建设】 2019 年，武警南宁支队加强党的建设，开展“不忘初心、牢记使命”“传承红色基因，担当强军重任”主题教育，抓好问题整改、党支部书记培训、党员发展对象培训考核等，开展干部队伍讲评会和教育整顿活动，肃清流毒影响。统筹抓好党委带中心组学习、专题教育，推动习近平强军思想走深走实。抓实政治教育，开展邀请老干部讲述参战经历、官兵听“八桂讲坛”、参观自治区成立 70 周年广西建设成就展、参观驻地革命纪念场馆、宣传杨一帆阅兵先进事迹、举行警衔授予(晋升)仪式、表彰“十佳军嫂”等活动。做好一人一事思想工作，开展密切内部关系教育整顿活动，部队内部纯洁巩固、安全稳定。持续抓好军事职业教育，派代表到陆军、南部战区、国防科技大学作宣讲辅导，被武警广西总队评为十佳“四会”政治教员 1 人。

【练兵备战】 2019 年，武警南宁支队贯彻全面建设、体系防控、科技强勤、确保安全“十六字”执勤思路，推进以执勤带新、养犬助勤、“智慧磐石”工程为重点的“五防一体化”建设；常态开展执勤隐患治理，纠治执勤常见问题；运用“四考四带”(考主官带班子、考班子带机关、考机关带基层、考干部带战士)“消灭胖子”训练模式，推进集训、比武竞赛、“两官”(军官、士官)队伍季度考核、演习。开展反渗透、反心战、反窃密、反策反工作，邀请南宁市国安局人员作隐蔽斗争形势报告。参加武警广西总队指挥参谋人员比武、军人体育运动会，分别获团体第二名、第三名。推进战备体系建设，组织维稳行动 3 场。完成重要目标安全警戒及 2019 年“中国杯”国际足球锦标赛、苏迪曼杯世界羽毛球锦标赛、第 16 届中国－东盟博览会·商务与投资峰会等警卫安保任务。

【基层建设】 2019 年，武警南宁支队贯彻落实《军队基层建设纲要》，做好培训成果转化和考察帮建 5 批次。开展“提升工作标准”大讨论活动，抓好新毕业学员岗前培训、士官队伍集中治理和“六定”(定人、定岗、定责、定时、定目标、定奖惩)工作。落实部队建设形势分析制度，主官讲安全、抓安全制度，制定“一队一策”抓建措施、季度先进单位评比细则，抓好“日纪要报告、周督查通报、月专题分析、季安全讲评”工作落实。推进安全行动，治理纠正“三个不放心”(不放心的人、不放心的事、不放心的部位)问题。

【后勤保障】 2019 年，武警南宁支队聚焦打仗抓保障，开展“一组五队”(后勤指挥组，综合物资保障分队、给养保障分队、卫勤保障分队、运输油料保障分队、维修技术保障分队)全要素演练；推进后装编携配装建设，开展“一长五员”(司务长，炊事员、给养员、军械员、卫生员、驾驶员)培训；参加武警广西总队后勤装备比武，获团体第四名。开展后勤领域“清仓归零”整治活动，查摆整改问题 114 条；开展装备整肃治理，清查整改问题 38 个。做好枪弹安全管理、车辆交通安全治理，被武警部队评为停偿工作先进单位。推动机动大队、教导队、羁押中心、马山中队新营区建设和横县、隆安、宾阳中队搬迁，做好官兵被装发放、体检、评残等事项。

(武警南宁支队编写组)

广西陆军预备役某部

【概　况】 2019 年，广西陆军预备役某部以习近平新时代中国特色社会主义思想为指导，贯彻习近平强军思想，落实南部战区陆军、广西陆军预备役步兵师党委决策部署，突出维护核心举旗铸魂，保持官兵思想纯洁、部队安全稳定；坚持战斗力唯一标准，完成战备训练任务，累计训练 242 小时，参训 506 人次；开展“新条令普训普考”活动，推进基层建设、团队建设。被广西陆军预备役步兵师评为全面建设先进单位 3 个，获嘉奖干部、战士 7 人。

【思想政治建设】 2019 年，预备役某部党委学习习近平新时代中国特色社会主义思想、习近平强军思想、习近平重要讲话精神，党委理论学习中心组带头进行理论学习，组织官兵收听收看中央军委主席习近平训令、中共十九届四中全会开闭幕式、庆祝中华人民共和国成立 70 周年大会等。开展党团日讨论交流、课题调研等及时跟进学习，每月组织撰写心得体会 1 篇。开展“不忘初心、牢记使命”“传承红色基因，担当强军重任”主题教育，按学习教育、调查研究、检视问题、整改落实等步骤完成规定动作，政治教育学习 38 课时。落实现役官兵形势战备、安全法制、“四反”(反渗透、反心战、反窃密、反策反)保密、核心价值观等经常性教育；落实预任官兵政治教育，完成课时学习。组织官兵参观昆仑关战役遗址、广西革命纪念馆，开展庆祝高炮兵团建团 20 周年活动，铸牢思想根基。

【战备训练】 2019 年，预备役某部落实中央军委主席习近平“能打仗、打胜仗”重要指示，坚持战斗力为唯一标准，严格按照《预备役军事训练考核大纲》要求，完成教学法集训、预任军官集训、入队训练、应急分队集训、首长机关业务训练、团指挥所紧急拉动演练、群众性比武竞赛、尖子比武集训、成建制集训等战备训练任务，累计训练 242 小时，参训 506 人次。参加广西陆军预备役步兵师半年军事训练考核，获全师总评第一；参加广西陆军预备役步兵师军事体育运动会，获金牌1枚、银牌5枚、铜牌3枚。

【部队管理】 2019年，预备役某部开展“新条令普训普考”活动，进行综合检查2次、条令知识考核6次、军容风纪会操4次、内务检查3次，推进战备秩序、训练秩序、工作秩序、生活秩序落实。加强安全管理，调整健全安全委员会，签订安全责任书，重大活动前进行安全风险评估；开展安全教育训练12次、安全形势分析4次、安全大检查4次，清查整改水电线路老化、车辆使用登记、查铺查哨登记、请假销假、禁酒令检查登记等问题。坚持干部轮流巡岗值班制度，完善私家车、手机网络使用审批登记，严格管控枪弹；加强在外探亲休假人员、在外学习人员、住院人员管理。

【基层建设】 2019年，预备役某部制定基层建设规划，调整领导分工、明确营连长缺编负责人。开展基层建设检查调研，每季度开展基层建设形势分析。加强帮带基层活动，党委机关指导帮带基层营连，营连长走访编兵单位、预任官兵。完成预备役编兵整组任务，形成新预任官兵训练实体，参谋长、军务股长就整组工作法规政策、工作方法、重点注意问题开展授课。协调处理官兵子女入学入托6人，看望慰问住院官兵2人、困难官兵和困难党员4人、军烈属1人；筹措资金10万元帮扶贫困村村集体经济温氏养鸡项目，帮助贫困学生18人，慰问贫困户10户。

【综合保障】 2019年，预备役某部推行阳光理财、财务公开，每季度分析预算执行情况1次；规范采购，行政消耗品实行网上采购支付，大项物资采购落实询价、招标程序。开展营房水电维修、灭“四害”（苍蝇、蚊子、老鼠、蟑螂）等工作，改造修建篮球场、健身房、宣传橱窗等设施，整修公寓住房，更换营区大门。开展财务、武器装备、物资器材、军事设施、房地产等清理清查，解决历史遗留问题。做好装备弹药保障，落实车（炮、机械）场日工作制度，承办师车（炮）场日现场观摩会。

（覃昌谊）

国防建设事业

人民防空

【概　况】 2019年，南宁市人民防空办公室（简称“市人防办”）设综合科、政策法规宣传科、计划财务科、指挥通信科、工程管理和平战结合科、机关党委，行政编制21名、机关后勤服务人员控制数2名，在编21人。二层事业单位有南宁市人防指挥信息保障中心、南宁市人防平战管理处、南宁市人防监察所、南宁人防基地管理所、广西南宁人防科研设计院，管理企业南宁市人防新华经营公司。履行“战时防空、平时服务、应急支援”使命和任务，加强城市重点人防工程建设，完善并落实人防应急预案，做好人防军事斗争准备。开展人防工程质量监督检查，防空地下室结建审批140万平方米，收缴防空地下室易地建设费9000多万元，检查人防工程2131项次，检查面积330万平方米。加强国防、人防宣传教育，推进人防宣传教育“五进”（进机关、进学校、进社区、进企业、进网络）活动。获2019年广西人防短波电台操作比武竞赛人防短波电台架设二等奖。主要存在区县人防无独立机构、独立编制、独立账户，基层人防建设薄弱的问题。

【人防工程建设】 2019年，市人防办做好城市重点人防工程建设，推进市本级人口疏散基地项目，竣工某街道二期地下人防工程还建工程，协调处理南宁市“三街两巷”二期项目涉及征拆某街道一期人防工程事项。建成南宁市人防工程质量监督管理系统，实现工程监测报验、项目审核上报、线上执法、施工现场监督对接等功能；举办系统培训班3期，培训150人。进行防空地下室结建审批，收缴防空地下室易地建设费9000多万元。

【人防战备训练】 2019年，市人防办检修测试、升级改造人防警报器，扩装五象新区、兴宁区三塘镇警报器，安装调试应急机动指挥平台设备。坚持人防战备24小时值班制度，实行全天人员值守。定期开展固定短波电台通联训练91次，时长180小时，通话良好率95%以上；不定期开展便携式短波电台野外开设及通联训练25天，时长200小时；开展人防机动指挥系统操作教学、战备训练71次，时长190小时。9月18日，开展全市防空警报试鸣、人民防空指挥部实战化演练、人员疏散隐蔽演练和消防专业队实战化演练，参加市民7万余人，警报鸣响率98%。

【平战结合】 2019年，市人防办投入1500万元，建设某街道二期地下人防工程还建工程，购买设备，完成装修。投入217万元，开展人防工程防水堵漏、主体抢险、管道疏通、设备维修、系统更新改造，完成日常维护23项。抓好大型公共人防工程开发利用，委托广西正德房地产土地资产评估公司开展专业评估；加强人防工程续租和收费管理，平战开发收入400多万元。

【人防宣传教育】 2019年，市人防办推进人防宣传教育工作，与市教育局联合在250所学校初一年级开设人防知识教育课，发放《人防知识教材》9万册，教育学生9万人，学生人防知识考试合格率95%；投入36万元，建设“人防示范学校”12所；举办南宁市第一届“画说人防、安泰和谐”少儿绘画比赛，参赛作品400多幅，评出获奖作品156幅并在市图书馆展览。在《南宁日报》开辟《人防宣传》专栏，多角度宣传人防事业；在《中国人民防空杂志》《中国国防报》、南宁人防政务网等媒体报道南宁人防，发表理论文章5篇。向社会各界发放《人防知识》挂图、《人防科普知识》1万多套册。启动南宁市人防教育展示馆升级改造工程，完成项目设计、立项、可研等

2019年8月5日至9日，市人防办组织专业队伍赴宾阳县、上林县、马山县开展跨区县指挥保障综合训练　市人防办提供

前期工作。

【人防执法检查】 2019年,市人防办聘请广西民族律师事务所律师为市人防办法律顾问,协调指导人防执法有关法律问题;开展“行政执法风险防范与应对”培训1次,培训干部职工100余人。采用线上执法与线下检查相结合的办法,检查人防工程2131项次,检查面积330万平方米,现场核查竣工项目88项次,行政处罚违反《中华人民共和国人民防空法》项目1个,罚款10万元,补缴易地建设费600多万元。开展人防工程防洪防内涝检查3次,排除安全隐患75处。 (乐清林)

退役军人事务

【概 况】 2019年3月15日,新组建的南宁市退役军人事务局(简称“市退役军人局”)挂牌成立,整合市民政局的退役军人优抚安置职责、市人社局的军官转业安置职责及军队有关职责,为市政府工作部门,承担全市退役军人服务保障和管理。市退役军人局设办公室、政策法规科、思想政治和权益维护科、规划财务科、移交安置科、就业创业科、拥军优抚和褒扬纪念科、军休服务管理科、机关党组织人事科,行政编制30名、在编22人,后勤服务人员控制数2名、在编2人。市退役军人局组织开展退役军人工作法律政策清理,规范调整市本级退役军人教育培训、困难帮扶、社会优待等政策文件。建立市、区县、乡镇(街道)、村(社区)退役军人服务中心(站)1935个,配备专(兼)职工作人员1982人,实现服务保障全覆盖。完成军转干部、退役士兵安置任务,开展退役士兵职业教育和技能培训,举办退役军人(家属)就业专场招聘会,提供就业岗位1.63万个。开展为烈属、军属和退役军人家庭悬挂光荣牌工作,宣传学习“全国模范退役军人”、南宁市“最美退役军人”先进事迹。南宁市连续9年获“自治区双拥模范城”称号。主要存在退役军人服务保障体系不够健全,就业创业扶持力度有待加强,优抚优待水平有待提升等问题。

【权益维护】 2019年,市退役军人局深入开展“矛盾问题攻坚化解年”活动,确定具有典型性、代表性的信访问题44条,依法依规推进矛盾化解42条,化解率95.50%。接待来信来访人员84批次123人;处理网上信访案件59件,办结25件,转办交办34件。支出解困资金4311万元帮扶退役军人,其中为困难企业军转干部发放生活困难补贴3409万元,投入300万元进行优抚对象生活困难救助、个案救助,投入602万元帮助优抚对象参加城镇职工(城乡居民)基本医疗保险。

【移交安置】 2019年,南宁市安置计划分配军转干部70余人,接收自主择业军转干部250余人。对计划分配团职军转干部实行“核定岗位、量化计分、得分排序、自主选岗”的办法安置,对计划分配营职以下及专业技术军转干部实行“供需见面、双向选择、政府保底”的办法安置。安置进入党政机关、参照公务员法管理单位和事业单位的计划分配军转干部达100%。南宁市接收符合政府安排工作条件的退役士兵160余人,安置进入机关事业单位士兵140余人,占应安置总人数的85%以上。南宁市在自治区率先出台《南宁市符合政府安排工作条件退役士兵量化评分安置办法(试行)》,对安置到市本级机关企事业单位的退役士兵,首次根据退役士兵服役表现量化评分排序“自主选岗”的办法进行安置。

【就业创业】 2019年,南宁市开展退役士兵职业教育和技能培训,确定承训机构19家,确定汽车维修、挖掘机操作、消防设施操作、物流管理等就业前景较好的职业技能培训项目(工种)22个。组织开展退役军人就业招聘会13场,达成就业意向800余人。组织退役军人报名参加广西2019年高职扩招(第二阶段)。2019年南宁市事业单位公开招聘考试确定市体育场、市卫生学校、江南区三津小学等27个事业单位岗位定向招聘部队随军家属;组织开展随军家属就业安置双选会,60家机关事业单位提供就业安置岗位64个;组织开展随军家属就业专场招聘会,随军家属50余人与企业达成就业意向。发放有关退役军人优惠政策折页1万多份。

【军休服务】 2019年,南宁市完成年度自治区下达南宁市军队离退休干部、退休士官的接收安置任务。核查全市军休干部、无军籍退休退职人员信息、住房信息数据,梳理、完善个别安置在区县的零散人员信息,加快军休信息系统联网对接。组织军休干部健康疗养16批次,开展主题慰问24次。探索军休机构开门办所、购买服务和“互联网+智慧养老”智能居家养老服务新模式,为军休干部办理、开通市民卡乘车优待功能,在自治区率先实现军休干部免费乘坐公交、地铁。组织6批400多人次参加自治区军休干部庆祝中华人民共和国成立70周年文艺会演巡演,5个节目入选;彩调剧《山坳的回声》作为广西唯一节目参加全国军休干部庆祝中华人民共和国成立70周年文艺会演南部片区复赛,获优秀奖。组织参加自治区移交政府安置军队离退休干部门球比赛,南宁军休中心队获冠军,植物路军休所队获第六名。出台《南宁市军用饮食供应保障应急预案(试行)》,提升军供保障。南宁军供站在自治区军供烹饪技能竞赛暨军供智慧厨房军用饮食保障演练中获二等奖。

【优抚褒扬】 2019年,南宁市举办以“军民携手新时代,再创双拥模范城”为主题的军民迎新春文艺晚会,举行2019年南宁市党政军迎春座谈会等。春节、“八一”建军节等节日期间,市委、市政府主要领导走访慰问部队、优抚对象代表,慰问“南宁舰”官兵;各级党委、政府向部队赠送慰问金1250.75万元,为慰问对象发放慰问金2020.59万元。7月25日,南宁市被自治区党委、自治区政府、广西军区授予第十一届“自治区双拥模范城”称号,横县、马山县获“自治区双拥模范县”称号,市人社局、青秀区政府、市天桃实验学校、良庆区大沙田街道办事处获“自治区爱国拥军模范单位”称号。下拨优待抚恤补助金1.83亿元、参战民兵生活补助4691万元,发放义务兵优待金9998.48万元、2019年入伍大学生一次性鼓励金1210.90万元,帮扶困难优抚对象47.60万元,落实优抚医疗救助602.30万元。组织开展七城区重点优抚对象短期疗养及医疗巡诊活动。市退役军人局与中国银行南宁分行等15家银行签署拥军优抚合作协议,签约银行承诺为军人军属、退役军人和其他优抚对象提供优先服务、存贷款优惠服务等。开展退役军人和其他优抚对象信息采集,采集信息16.31万条。7月26日全国退役军人工作会议上,南宁市军队离退休干部服务管理中心(南宁市无军籍退休职工和退役士兵安置服务中心)被授予“全国退役军人工作模范单位”称号,市退役军人局副局长周生凤、南宁飞日润滑科技股份有限公司董事长熊维程被授予“全国模范退役军人”称号。向立战时一等功、中华人民共和国成立前参加革命队伍的伤残军人、在乡老复员军人、军队离休干部等发放中华人民共和国成立70周年纪念章近300枚。承办自治区悬挂“光荣之家”牌匾启动仪式,完成南宁市烈属、军属、退役军人家庭光荣牌悬挂。组织开展首届南宁“最美退役军人”学习宣传活动,评出南宁“最美退役军人”40人。协助自治区退役军人厅、市委、市政府完成对越自卫反击战40周年烈士祭扫服务保障、2019年国家法定烈士纪念日公祭活动。南宁市有县级以上烈士纪念设施27处。 (李维全 王佳音)

编辑 谢萍萍 覃涓铌

投资促进与经济协作

综 述

【概　况】 2019年，南宁市固定资产投资比上年增长9.90%；外贸进出口总值747.79亿元，与东盟进出口总额增长23.70%；与127个"一带一路"共建国家进出口总额增长11.10%；全市实际到位资金1026亿元，增长7.97%；商务口径利用外资3.10亿美元，增长120.39%。

（市政府办公室　市统计局）

【投资促进】 2019年，南宁市固定资产投资比上年增长9.90%，其中项目投资下降9.40%、房地产开发投资增长32.10%。按投资主体划分：国有经济投资下降1.10%、集体经济投资增长3.40%、私营个体投资增长48%、港澳台商投资下降28.30%、外商投资下降38%、其他经济投资下降34.80%。按产业划分：第一产业投资增长30.80%；第二产业投资下降2.40%，其中工业投资增长4.10%；第三产业投资增长9.70%。固定资产投资增长较快的行业有采矿业，信息传输、软件和信息技术服务业，公共管理、社会保障和社会组织等。房地产开发投资1461.08亿元、增长32.10%，其中商品住宅投资1034.06亿元、增长33.90%，办公楼投资82.78亿元、增长31.50%，商业营业用房投资115.41亿元、增长17.30%。商品房施工面积9704.05万平方米、增长19.40%，商品房竣工面积710.77万平方米、下降10.30%，商品房销售面积1805.23万平方米、增长3.40%，商品房销售额1517.49亿元、增长11.70%。

（市统计局）

【经济协作】 2019年，南宁市坚持"引进来"与"走出去"并重，外贸进出口总值747.79亿元，其中加工贸易进出口总额占全区63.50%，与东盟进出口总额增长23.70%，与127个"一带一路"共建国家进出口总额增长11.10%。全市实际到位资金1026亿元、增长7.97%，全年商务口径利用外资3.10亿美元、增长120.39%。第16届中国－东盟博览会、中国－东盟商务与投资峰会期间，签约项目88个、总投资732亿元。自贸试验区南宁片区新增企业超1800家，其中3家世界500强公司新注册成立企业7家。建成南宁国际铁路港一期等西部陆海新通道关键项目。中国－东盟信息港南宁核心基地累计建成项目32个，中国－东盟北斗/GNSS（南宁）中心揭牌运营，华为、浪潮、阿里等互联网龙头企业入驻。中国－东盟金融城新增持牌金融机构和重点金融企业39家、总数60家，金融业务创新50多项，中银香港东南亚业务运营中心、太平保险东盟保险服务中心、交通银行金融创新联合实验室开业运营。南宁综合保税区实现进出口总额245.36亿元、增长54%。与粤港澳大湾区企业新签5000万元以上项目64个。　（市政府办公室）

固定资产投资

【概　况】 2019年，南宁市固定资产投资比上年增长9.90%，其中工业投资增长4.10%，房地产开发投资增长32.10%。固定资产投资施工项目（不含房地产）3567个、增长26%，其中投资额5000万元以上项目1316个、增长8.90%，投资额1亿元以上项目949个、增长7%。新开工项目（不含房地产）1696个、增长17.60%，其中投资额5000万元以上项目299个、增长3.50%，投资额1亿元以上项目180个、增长11.80%。竣工投产项目（不含房地产）1548个、增长65%，其中投资额5000万元以上项目216个、增长2.40%，投资额1亿元以上项目107个、下降9.30%。主要存在项目投资减少，5000万元以上项目对固定资产投资增长支撑不足等问题。

【投资结构】 2019年，南宁市固定资产投资比上年增长9.90%，其中第一产业增长30.80%，第二产业下降2.40%、其中工业增长4.10%，第三产业增长9.70%、其中房地产投资增长26.80%。房地产开发投资中，住宅投资1034.06亿元、增长33.90%。按投资构成划分：建筑安装工程下降7.40%，其他费用增长53.30%，设备、工具、器具购置增长2.40%。按经济类型划分：国有经济投资下降1.10%，集体经济投资增长3.40%，私营个体投资增长48%。按社会行业划分：农林牧渔业增长30.80%，采矿业增长16.10%，制造业下降1.40%，电力、燃气及水的生产和供应业增长20.70%，建筑业下降90.40%，批发和零售业下降21.20%，交通运输、仓储及邮政业下降10.20%，住宿和餐饮业下降9.90%，信息传输、计算机服务和软件业增长75.60%，金融业增长29.40%，房地产业增长26.80%，租赁和商务服务业下降35.10%，科学研究、技术服务和地质勘查业投资下降19.30%，水利、环境和公共设施管理业下降21.50%，居民服务和其他服务业下降53.30%，教育投资增长14.30%，卫生和社会工作增长23.10%，文化、体育和娱乐业下降51.90%，公共管理、社会保障和社会组织增长60.60%。

【投资来源】 2019年，南宁市固定资产投资资金来源总计3737.30亿元，其中上年末结余资金908.80亿元、比上年增长24.90%，本年资金来源2828.50亿元、增长 7.80%。本年资金来源:国家预算内资金 68.20 亿元、下降 25%,国内贷款 529.20 亿元、增长 10.80%,债券 29.90 亿元、增长 244.40%,利用外资 0.80 亿元、下降 26.10%,自筹资金 844.50 亿元、下降 7.70%,其他资金来源 1355.90 亿元、增长 515%。

【民间投资】 2019 年,南宁市民间投资持续保持高速增长,比上年增长 22%,提升 14 个百分点。高于自治区民间投资 8.6 个百分点,高于全国民间投资 17.3 个百分点。 (陈明海)

【重点领域项目投资】 2019 年,南宁市 618 项区市统筹推进重大项目完成投资 950.56 亿元,完成计划 118.65%;440 项城建计划建设项目完成投资 333.94 亿元,完成计划 102.53%;18 个列入自治区"双百双新"项目完成投资 35.45 亿元,完成计划 109.86%。 (罗 茜)

【区县与开发区投资】 2019 年,南宁市固定资产投资比上年增长 9.90%,其中兴宁区增长 13.30%、江南区增长 13%、青秀区增长 16.20%、西乡塘区增长 18.10%、邕宁区增长 13.20%、良庆区增长 13.10%、武鸣区增长 10%,横县增长 10.30%、宾阳县增长 16.10%、上林县增长 56.30%、马山县增长 23.70%、隆安县增长 16.70%,南宁高新技术产业开发区增长 15.30%、南宁经济技术开发区增长 19.60%、广西－东盟经济技术开发区增长 19.40%。

(陈明海)

招商引资

【概 况】 2019 年,南宁市投资促进局(简称"市投促局")设办公室、政策法规科、投资促进一科、投资促进二科、投资促进三科、外商投资促进科、经济技术协作科、项目协调服务科、信息数据科及机关党总支部,编制 42 名、在编 42 人,后勤服务人员控制数 5 名、在编 5 人。开展"产业大招商攻坚突破年"活动,围绕"三大三新"(大健康、大数据、大物流,新制造、新材料、新文旅)重点产业,实施产业链精准招商。全市实际到位资金 1026 亿元、比上年增长 7.97%,商务口径实际利用外资 3.10 亿美元、增长 120.39%,获 2019 年度自治区产业大招商专项考评第一名、实际利用外资专项考评第一名,连续 4 年在自治区招商引资考评中获第一。主要存在各产业招商部门、各区县(开发区)招商进展不均衡,土地存量、用地规模、标准厂房等招商要素保障不足,项目落地服务力度有待加强等问题。

【产业大招商攻坚突破年】 2019 年,南宁市以"强龙头、补链条、聚集群"为指导,开展"产业大招商攻坚突破年"活动,建立分管市领导牵头、部门专业推动六大专责小组,以党政主要领导带队招商、小分队上门精准招商、驻点招商、委托招商等多种形式,围绕"三大三新"重点产业,实施产业链精准招商。新签 5000 万以上项目 605 个,其中工业项目 308 个;新签亿元以上大项目 220 个,其中李宁高端运动装备等 10 亿元以上项目 34 个、瑞声光学模组等 50 亿元以上项目 5 个、万有国际旅游度假区等百亿元以上项目 3 个。

(王晶晶)

【国内招商引资】 2019 年,市投促局组织招商小分队赴上海、北京、天津、广州、深圳等地开展精准招商活动,组织召开 2019 南宁(上海)电子信息及生物医药产业项目对接活动、南宁市投资环境推介会、2019 南宁(深圳)电子信息产业项目对接活动等宣传推介活动,参加 2019 中国高精铝材深加工展览会、国际物流创新展览会(广州)等招商洽谈活动。拜访华为集团、浪潮集团、小米集团、深圳台协、昆山台协等企业高层、行业协会,推进浪潮东盟运营总部、华为(南宁)软件开发云创新中心等项目落实。香江集团董事局主席刘志强、浪潮集团副总裁王方、小米集团公共事务副总裁何勇、瑞声开泰(深圳)科技发展有限公司高级副总裁江南等国内外知名企业负责人到南宁考察投资环境、洽谈投资事宜。主动服务李宁高端体育、华南城二期、培力二期等项目,及富士康、申龙客车、歌尔等重点企业。签约万有国际旅游度假区、瑞声光学模组、天际、合众新能源汽车、金蓉颗粒研发生产基地等重大项目。

(张 剑 曹家群 左明聪)

【国(境)外及中国港澳台地区招商引资】 2019 年,市投促局组团赴德国、丹麦、瑞典、荷兰、奥地利等国家开展经贸交流活动,参加德国汉诺威工业博览会、中德工业城市联盟第七次全体会议并开展系列投资促进活动,拜访荷兰夸特纳斯集团总部,与奥地利电气和电子工业协会、瑞典斯坎德霍夫资本投资公司、瑞典达拉省科技园、荷兰皇家孚宝集团初步达成合作意向。派员随自治区代表团到瑞典、新加坡、中国香港地区、中国澳门地区等地开展经贸交流活动,参加自治区在香港举办的"2019 广西对接粤港澳大湾区——走进香港"推介会,现场与香港机场管理局、中国银行(香港)有限公司、香港金叶子贸易有限公司签订合作协议 3 个,走访中国银行(香港)有限公司、非凡中国控股有限公司、澳门广西南宁联谊会等知名企业、商协会,推进中银香港东南亚业务营运中心、李宁体育产业园、南宁华南城二期商业城、培力年产 5000 吨中药配方颗粒 GMP 生产基地异地改造等投资合作项目。 (何伟洁)

【招商引资服务】 2019 年,南宁市市本级、区县(开发区)层面建立政企沟通、投资项目代办服务、投资投诉举报"三大平台"机制,安排专人负责具体工作联络与落实。落实招商引资项目责任制、重点在谈项目协调推进机制和突破年工作通报制度,各级各部门开展项目对接 1351 次,研究解决项目问题 1866 个。成立招商引资项目代办服务平台,为外来投资者提供投资项目行政审批的法律法规、政策和办事程序等咨询和指导工作;组织协调全市 43 个市直部门的 7 类依申请行政权力事项和公共服务事项进驻市民中心统一办理。市投促局受理广西通晟机动车驾驶员服务有限公司项目用地审批问题、南宁海奇房地产开发有限公司消防整改问题、原城北区集体私营工业园企业征地补偿问题等投资投诉案件 11 件。(古 璇)

【招商方式】 2019 年,市投促局围绕电子信息、新能源汽车、铝精深加工产业链全景图实施精准招商,编写《南宁市生物医药产业招商指引》,签约瑞声光学模组、浪潮集团东盟总部、日永光电智能影像半导体、合众新能源汽车、金蓉颗粒等重点工业项目。通过自治区举办的 2019 世界桂商大会、2019 广西全面对接粤港澳大湾区产业发展推介会、2019 广西－浙江(长三角地区)投资合作洽谈会等大型活动,签约联讯 U 谷、东盟轻纺城、红星美凯龙、蜂巢数据产业园、深圳宝德等项目。借助第 16 届中国－东盟博览会、中国－东盟商务与投资峰会平台签约项目 88 个、总投资 732 亿元,参加中德工业城市联盟第七次全体会议及 2019 年中会议、2019 亚信金融峰会、2019 中国高精铝材深加工展览会等多个全国、区域性大型展会,深入挖掘目标企业。持续开展以商招商,与上海外高桥企业发展促进中心有限公司签订战略合作框架协议,与深圳台商协会南山联谊会开展委托招商合作,组织深圳电子信息产业座谈会等面向台资企业的专题产业对接活动,推动台资企业到邕考察 10 余次,达成一批电子信息、加工贸易合作意向;通过瑞声科技将其上下游产业引入南宁,签约龙旗信息投资 10 亿元的南宁瑞声－龙旗 AI 可穿戴设备合作项目。 (王晶晶)

2019 年 7 月 17 日至 20 日，南宁市投资促进局招商小分队赴深圳开展 2019 南宁（深圳）电子信息产业项目对接座谈会，并拜访相关电子信息产业企业。图为对接座谈会现场

市投促局提供

【世界桂商暨经贸文化交流合作大会】 2019 年 1 月 7 日，以“弘扬桂商精神　加强交流合作　携手共同发展”为主题的 2019 年世界桂商暨商会经贸文化交流合作大会在南宁举行。世界各地的世界 500 强企业、行业 100 强及强优企业负责人 1000 多人参加。南宁市在会上签约深圳厚德深邦科技智能手机系列产品生产、联讯 U 谷科技企业孵化器、年产 60 万米电缆厂、大参林南宁大健康产业园、东盟轻纺城、路远智能装备产业园等项目，涵盖电子信息、装备制造、生物医药等重点产业。（张　霞）

区域经济合作

【概　况】 2019 年，南宁市全面对接粤港澳大湾区建设，加快珠江 – 西江经济带发展，以东融、南向为重点，开展多批次粤港澳台经贸活动，提升“南宁渠道”影响力，打造西部陆海新通道重要节点城市和物流枢纽，以高水平开放引领南宁高质量发展。外贸进出口总值 747.79 亿元，比上年增长 1%。其中，出口 363.91 亿元、增长 2.50%，进口 383.88 亿元、下降 0.30%。主要存在区域产业融合发展研究不够深入、行业合作领域不够宽广等问题。

（张　霞）

【面向东盟融入“一带一路”】 2019 年，南宁市深度融入“一带一路”建设，对外开放层次和水平不断提升。中国（广西）自由贸易试验区南宁片区揭牌运行，新增企业 1863 家。第 16 届中国 – 东盟博览会、中国 – 东盟商务与投资峰会期间，接待重要客商 327 人，签约项目 88 个、总投资 732 亿元，购销合同签约 304 亿元、完成任务 101.30%。南宁 · 中关村创新示范基地累计入驻滴滴出行等重点企业 90 家、创新团队 170 个，中关村“独角兽”企业（10 亿美元以上估值，且创办不超 10 年的未上市企业）北京金山云网络技术有限公司签约落户。组团参加第五届粤桂黔滇高铁经济带合作联席会，签订总投资 6 亿元的物联网技术产业化基地项目，组团参加西江经济带城市共同体及市长联席会议第四次会议，与珠江 – 西江经济带沿线广西壮族自治区内其他 10 市代表签署《西江经济带城市共同体及市长联席会议第四次会议纪要》。（江发将）

【广西北部湾经济区区域经济合作】 2019 年 3 月 6 日，南宁市北部湾经济区规划建设管理办公室（简称“市北部湾办”）挂牌成立，设综合科、规划和体制改革科、产业和物流发展科、对外合作和政策宣传科、机关党支部；行政编制 18 名、在编 14 人，后勤服务人员控制数 2 名、在编 2 人。争取广西北部湾经济区发展专项资金支持项目 7 个，获专项资金补助 1.05 亿元，其中基建类产业项目 2 个、专项资金补助 1 亿元，物流补助项目 2 个、专项资金补助 206.30 万元，前期经费项目 1 个、专项资金补助 50 万元，重大人才项目 2 个、专项资金补助 250 万元。建成南宁市公共信用信息共享平台，与北海、钦州等城市共同组建北部湾信用生态圈城市联盟。主要存在新组建单位人员配备不够、相关工作起步较晚等问题。

【粤港澳大湾区经济合作】 2019 年，南宁市成立全面对接粤港澳大湾区指挥部，统筹推进全面对接粤港澳大湾区建设重点工作任务，印发《南宁市全面对接粤港澳大湾区 2019 年工作方案》。重点推进与粤港澳大湾区互联互通交通基础设施建设，南宁—玉林城际铁路、南宁国际空港综合交通枢纽开工建设，南宁至香港高铁正式通车运行，南宁—香港航班加密至全年 381 个，南宁—澳门航班加密至全年 325 个，南宁港 2000 吨级货船直达粤港澳。通过开展专题招商，来自粤港澳大湾区有实际到位资金的内资项目 161 个、实际到位资金 284.91 亿元，外资项目 27 个、实际利用外资 3.03 亿美元。实施珠江 – 西江水资源保护联合行动计划，深入实施流域综合治理，开展左右江流域山水林田湖草生态保护修复工程，市境内流域水质优良比例（达到或优

2019 年 10 月 18 日，第五届粤桂黔滇高铁经济带合作联席会议在桂林开幕，国家有关部委领导、粤桂黔滇四省区有关领导、沿线 21 市（州）政府领导及知名企业、行业协会代表 700 人参加。图为会议现场

江发将　摄

于三类)保持100%;交接给下游贵港市的南岸断面保持二类水质,稳定实现“二类水入境、二类水出境”。与茂名市建立两地联席会议制度和互访制度,推动工作落实。（玉 浩）

【中德工业城市联盟合作】 2019年3月27日至4月5日,市投促局代表团一行访问德国、丹麦、瑞典,参加德国汉诺威工业博览会、中德工业城市联盟第七次全体会议并开展系列投资促进活动,以座谈会与拜会洽谈相结合等方式,介绍南宁市经济社会发展情况、投资环境优势、“一带一路”带来的投资商机及招商引资重点、对外开放政策。8月21日至22日,市投促局派员赴北京参加中德工业城市联盟2019年中座谈会及考察学习活动,拜访德国工商大会,考察西门子数字化生产线和北京外国语大学。（张 霞）

利用外资及中国港澳台地区资金

【概 况】 2019年,南宁市办理外商投资企业设立及变更备案事项149项,其中新设外商投资企业124家,比上年增长100%;外商独资额64.43亿美元,增长16倍;完成商务口径实际利用外资3.10亿美元。主要存在产业集聚度偏低、外资来源地单一、区县(开发区)利用外资不平衡等问题。

【利用外资及中国港澳台地区资金特点】 2019年,南宁市新设外商投资企业124家,外商独资额64.43亿美元,完成商务口径实际利用外资3.10亿美元。新设外资企业行业分布以租赁和商务服务业、科学研究和技术服务业、交通运输、仓储和邮政业、卫生和社会工作为主。大项目到资占全市实际利用外资的主导地位,商务口径实际利用外资1000万美元以上项目7个,到位资金2.56亿美元、占82.39%。实际利用外资结构日趋优化,到资项目所属行业涉及制造业、资产管理、电力、燃气及水的生产和供应业、批发零售业、其他仓储业等行业,其中电力、燃气及水的生产和供应业到位1.20亿美元、占41.61%,房地产业到位7301万美元、占25.33%,制造业到位7829万美元、占25.24%。新设港资企业48家、占38.71%,投资额43.96亿美元、占68.23%,到位港资3.02亿美元、占97.43%。澳门新设企业1家,投资总额43.58万美元,注册资本43.58万美元,独资额43.58万美元,实际利用境外资金60万美元,行业为居民服务、修理和其他服务业。台湾新设企业21家,投资总额1897.91万美元,注册资本1829.66万美元,独资额1393.33万美元,实际利用境外资金107万美元。行业涉及水利、环境和公共设施管理业、居民服务、修理和其他服务业、批发和零售业、制造业、农、林、牧、渔业、住宿和餐饮业等。

【外商投资企业生产经营】 2019年,南宁市外商投资企业联合年报申报企业420家,总投资107.82亿美元,注册资本62.67亿美元,其中外方出资46.84亿美元,实缴资本30.76亿美元。销售(营业)收入496.69亿元,利润总额40.92亿元,纳税总额33.30亿元,从业人数4.06万人(其中外籍人数232人)。盈利企业193家,占45.95%,盈利57.01亿元。主要盈利行业:制造业77家(25.46亿元),房地产业30家(13.18亿元),批发和零售业20家(2.31亿元),交通运输、仓储和邮政业17家(4.14亿元),住宿和餐饮业8家(1.69亿元),金融业8家(1.64亿元)。盈亏持平企业34家、占8.10%。亏损企业193家、占45.95%,亏损额16.10亿元;亏损行业主要有:制造业49家(5.83亿元),房地产业41家(5.54亿元),批发和零售业26家(3.32亿元),租赁和商务服务业26家(536.34万元)。销售(营业)收入50亿元以上1家,10亿元～50亿元9家,利润1亿元以上14家,5000万元～1亿元13家,1000万元～5000万元44家。纳税1亿元以上8家,5000万元～1亿元9家,1000万元～5000万元33家,500万元～1000万元35家。

【外资备案与管理】 2019年,市投促局联合南宁市行政审批局,为外商投资企业和项目业主办理业务149项。新设外商投资企业124家,投资总额137.27亿美元,注册资本81.05亿美元,外商独资额64.43亿美元。新设外资企业中外商独资额超1亿美元的企业:广西五银投资管理有限公司(21.71亿美元)、广西神农健康科技有限公司(10.04亿美元)、广西三合盛邦国际物流有限责任公司(10.04亿美元)、国鑫实业(广西)集团有限公司(8.49亿美元)、广西睿和源健康管理有限公司(4.30亿美元)、广西和黄观澜文化旅游开发有限公司(4.18亿美元)、广西新锐基创健康产业有限公司(1.38亿美元)、瑞声光学(南宁)科技有限公司(1亿美元)。市投促局政务服务窗口按时办结率100%,群众满意率100%,一次性告知率100%,配合市行政审批局做好利企便民工作,创新工作模式,实现企业在申请材料齐全、符合法定受理条件前提下,办理全过程“最多跑一次”。

【外资企业管理与服务】 2019年,市投促局牵头在全市各区县(开发区)组织开展“外企服务月”走访活动,通过走访企业、讲政策、送服务、解难题,协调解决企业开办或经营中存在的困难和问题,加快外商投资企业落地、到资和增资。走访外商投资企业56家,摸清外资家底,倾听企业诉求,调解处理企业存在的困难和问题。宣传优惠政策,鼓励企业增资扩股。中国－东盟博览会期间,为50家外企100名代表办理专业观众证,组织企业代表参加投资促进活动7个场次。做好外商投资企业联合年报工作,采取多种渠道通知企业、耐心解答企业问题、认真分析年报数据,掌握外资企业生产经营状况,督促企业解决年报中体现出的问题,规范企业管理。

（何伟洁）

编辑 李 康

公有制与非公有制经济

综　述

【概　况】 2019年，南宁市公有制与非公有制经济运行总体平稳，其中个体经济与私营经济发展较快，私营企业产业结构不断优化；外商与中国港澳台地区投资企业数量增长有所减缓，但投资金额、注册资本大幅增长；国有经济稳中提质；集体经济、混合制经济、农民专业合作社、家庭农场发展平稳。新登记市场主体14万家，比上年增长20.20%；注册资本4682.34亿元。累计市场主体70.71万户，增长24.68%；注册资本22864.45亿元。大多数市场主体参加年报（企业年报率93.06%、个体工商户年报率85.14%、农民专业合作社年报率97.65%）。规模以上企业1044家，增长3.90%，上市企业9家。国有经济投资下降1.10%，集体经济投资增长3.40%，私营企业与个体经济投资增长48%，民间投资增长22%，分别占全市固定资产投资总额41.10%、0.78%、45.70%、55.30%，拉动全市固定资产投资总额−0.49、0.03、16.1、10.8个百分点。非公有制企业进出口额639.16亿元、增长0.65%，占全市总额85.47%。其中，进口296.85亿元、增长0.58%，出口342.31亿元、增长0.70%。非公有制经济提供税收500.80亿元，增长7.50%，占全市税收70.30%。非公有制企业新增城镇就业人数7.02万人，增长21.30%，占全市城镇新增就业人数93.29%。主要存在公有制与非公有制经济发展受外部环境影响超出预期，经济发展深层次结构性矛盾仍较为突出等问题。

【国有经济稳中提质】 2019年，南宁市新登记国有企业19家，比上年减少35家；累计1268家（企业法人427家），减少122家；注册资本43.27亿元，减少110万元。国有企业主要有南宁城市建设投资集团有限责任公司、南宁威宁投资集团有限责任公司、南宁建宁水务投资集团有限责任公司、南宁交通投资集团有限责任公司、南宁产业投资集团有限责任公司、南宁轨道交通集团有限责任公司、南宁金融投资集团有限责任公司、南宁农工商集团有限责任公司8大集团公司，国有资产总额3172.75亿元、增长10.05%，净资产1230.13亿元、增长16.23%，营业收入185.15亿元、下降20.70%，利润15.32亿元、增长5.80%；国有资产保值增值率101.55%。

【个体经济与私营经济发展较快】 2019年，南宁市新登记个体工商户9.30万户，比上年增长5.80%，为全市增长数量最多的市场主体；新增从业人员23.45万人，增长33.47%；新增资金215.15亿元，增长152.23%。累计个体工商户36.40万户，从业人员98.91万人，注册资本541.61亿元，分别增长11.29%、16.93%、35.65%。新登记私营企业4.66万家，增长13.94%；新增投资者8.15万人，增长13.51%；新增雇工8.97万人，增长4.68%；新增注册资本（出资金额）4030.93亿元，增长36.62%。累计有私营企业25.01万家（分支机构2.13万家），增长7.40%；投资者55.20万人，增长8.47%；雇工90.53万人，增长3.65%；注册资本（出资金额）18299.45亿元，增长17.24%。

【外商与中国港澳台地区投资企业投资大幅增长】 2019年，南宁市外商与中国港澳台地区投资企业新增投资256.66亿美元，比上年增加242.18亿美元，增长16.72倍；累计367.09亿美元，增长1.93倍。新增注册资本131.38亿美元（外方认缴112.05亿美元），增加117.88亿美元，增长8.73倍；累计198.06亿美元（外方认缴154.75亿美元），增加121.49亿美元，增长1.59倍。

国有经济

【概　况】 2019年，南宁市新登记国有企业19家；累计国有企业1268家（企业法人427家），比上年减少8.78%；注册资本43.27亿元，减少0.25%。按产业分，第一产业140家（企业法人51家），注册资本3.96亿元，分别占总数10.40%、8.96%；第二产业309家（企业法人146家），注册资本9.17亿元，分别占22.96%、20.75%；第三产业897家（企业法人240家），注册资本31.07亿元，分别占66.64%、70.29%。国有企业8大企业集团，国有资产总额3172.75亿元，增长10.05%；净资产1230.13亿元，增长16.23%；营业收入185.15亿元，下降20.70%；利润15.32亿元，增长5.80%，国有资产保值增值率101.55%。

【南宁城市建设投资集团有限责任公司】 市属国有独资企业。2019年，注册资本91.77亿元，资产总额1126.28亿元，净资产520.23亿元，国有资产保值增值率100.29%，在岗职工2256人。子公司有南宁市城市建设投资发展有限责任公司、广西华宏水泥股份有限公司、南宁城市路桥投资管理有限责任公司、南宁纵横时代建设投资有限公司、南宁城建管廊建设投资有限公司、南宁市富申建设投资有限责任公司、南宁市万町工程项目管理有限责任公司、南宁市西部时代房地产开发有限责

表 6　　2019 年南宁市国有经济行业分布情况表

行　业	数量(家)	企业法人(家)	注册资本(万元)
农、林、牧、渔业	140	51	39632.00
采矿业	10	1	1858.00
制造业	149	88	56943.00
电力、热力、燃气及水生产和供应业	38	27	2807.00
建筑业	56	20	30249.00
批发和零售业	252	51	36363.00
交通运输、仓储和邮政业	227	16	17283.00
住宿和餐饮业	42	26	3263.00
信息传输、软件和信息技术服务业	7	5	100214.00
金融业	13	2	457.00
房地产业	33	33	60544.00
租赁和商务服务业	85	15	2818.00
科学研究和技术服务业	125	26	5663.00
水利、环境和公共设施管理业	10	4	3939.00
居民服务、修理和其他服务业	35	29	15008.00
教　育	7	7	1545.00
卫生和社会工作	1	1	3.00
文化、体育和娱乐业	21	15	1357.00
其　他	17	10	52739.00
合　计	1268	427	432685.00

任公司、南宁市城投小额贷款有限责任公司、南宁富航资产管理有限责任公司、南宁城市建设集友智投资有限公司、南宁城市建设晟湾银投资有限公司、南宁国际会议展览有限责任公司 13 家，受市政府委托管理南宁市基础工程总公司。完成固定资产投资 74.58 亿元，比上年减少 40.88%；营业收入 20.71 亿元，下降 0.30%；利润 1.75 亿元，增长 3.55%；缴税 1.48 亿元，下降 50%；融资 63.32 亿元，其中棚户区改造贷款 27.54 亿元，中期票据 15 亿元，政府债务置换 9.48 亿元，理财直融 3.10 亿元，经营性流动资金贷款 1.05 亿元。建设城建项目 255 个(新建 35 个、续建 95 个)，完成投资 74.58 亿元，占年计划 118.17%，其中自治区、南宁市两级统筹推进的重大项目 34 个(新建 4 个、续建 18 个)，完成投资 47.77 亿元，占年计划 133.03%。建成通车快环综合整治项目改造工程、城市东西向快速路工程、城市主要出入口整治提升一期工程(昆仑大道)，建设达到通车条件凤岭北路主线、沙江路主线、亭洪路延长线主线；整治完成茅桥片区路网工程金湖北路延长线 A 标段、马巢河—凤凰江连通运河综合整治工程；交付人行天桥 4 座(竹溪大道广源国际小区、沙井大道南宁市第三十四中学、邕武路主线南段、西乡塘小学)，打通茶花园路东延长线、衡阳东路涉及地铁东沟岭站站点“断头路”2 条；实现南宁空港公路收费站联网通车。建设教育基建项目 12 个，完成投资 6.42 亿元，占年计划 245.26%；交付市兴望中学、市第八中学改扩建项目 2 个。接管佛子岭路综合管廊、凤岭北片区管廊监控中心、龙岗一号路综合管廊、龙岗片区管廊监控中心，管理市政出资建设的管廊项目 9 个(佛子岭路、长虹路、凤凰岭路、高坡岭路、凤岭北路、五象核心区、平乐大道、金良路、玉洞大道)。推进公租房政府购买服务、公租房欠费催缴，完成公租房合同换签 4.80 万套，租金回笼 6000 万元。承建的青山大桥、良庆大桥被中国施工企业管理协会评为 2019 年国家优质工程金奖。　　(梁宗政)

【南宁威宁投资集团有限责任公司】　市属国有独资企业。2019 年，注册资本 85.84 亿元，资产总额 376 亿元，净资产 184 亿元，国有资产保值增值率 103.15%，员工约 4400 人。一级监管企(事)业单位有南宁大地飞歌文化产业集团有限责任公司、南宁百货大楼股份有限公司、金宁国际发展有限公司、光达国际发展有限公司、南宁学院、南宁威宁资产经营有限责任公司、南宁威宁市场发展有限责任公司、南宁威宁房地产开发有限公司、南宁威宁文化体育发展有限公司、南宁威宁酒店投资股份有限公司、南宁威沃教育投资有限公司、南宁市融达小额贷款有限责任公司、广西粮食物流产业园区有限公司、南宁威凯智慧物业服务有限公司 14 家。完成固定资产投资 25.45 亿元；营业收入 71.49 亿元，比上年增长 3.35%；利润 1.54 亿元，增长 60.02%；累计获授信 204 亿元，融资到位 30.48 亿元；入围中国服务业企业 500 强(第 435 名)、广西 100 强企业(第 45 名)、广西 50 强服务业企业(第 20 名)。推进国有资本重组，作价注入南宁大地飞歌文化产业集团有限责任公司并完成股东变更登记，完成广西东博会场馆运营有限公司股权划转，推进南宁市新征程科技开发有限责任公司、广西南宁盛穗建筑工程有限责任公司清产核资，形成资产管理、城市运营、商业、产业金融、大健康事业、教育事业、文化体育、南宁大地飞歌文化产业集团有限责任公司和南宁百货大楼股份有限公司“7+2”产业经营格局。评估入账土地 3 宗、房产 18 宗、非经营性资产(房产)3 宗，接管南宁东盟商务区澳门联络部资产，接收 22 个项目竞配产权移交住房 2541 套，面积 25.56 万平方米；推进明秀东路北四里 4 号、思贤路 1 号、思贤路 3 号、新民路 65 号、东宝路 6 号危旧改项目 5 个；承建市新阳南永和小区、市皮鞋厂第二生活区、市内河管理处宿舍、市财政局宿舍老旧小区改造试点项目 4 个。出租南宁东盟商务区服务大厦、大学路场地等资产，租金 2.02 亿元、增长 24.64%；威宁公共资产租赁平台公开竞价招租 147 期，出租资产 282 宗，其中社会资产委托竞租成交面积 12.39 万平方米、增长 16.42%。加快建设威宁・首府、南宁奥园、威宁首府・德逸园、科瑞・江韵、花畔里商品房项目 5 个，威宁・世纪花城、滨江・阳光水岸、康岭花城、凤岭佳园保障房项目 4 个，销售住宅 10.63 万平方米、商铺 4382 平方米、车位 3.48 万平方米，收入 6.90 亿元。完成“老南宁・三街两巷”项目金狮巷银狮巷保护整治改造一期当阳街片区，打造街区公益主题文化、文化文创、特色商业三大板块，接待游客 200 多万人次，商家进驻率 94%；加快金菊邻家广场、蟠龙西邻家广场招商，招商率超过60%。搭建消费扶贫农产品销售供应链平台，发展学校食堂食材采集配送业务，开拓境外贸易业务，试销澳大利亚牛肉、乌拉圭橙子、泰国大米等国际大宗农产品，大宗贸易营业收入31.76亿元，增长17.36%；优化宁家鲜生、宁家便利店产品结构，拓展美团、京东到家、"能帮就帮"智慧社区联动服务平台、社区微信等线上销售和社区团购。升级改造银河大酒店、新华照相院等门店，通过官方微信、商城进行宣传营销，打造五象山庄户外草坪和湖畔礼堂特色服务，推介乡村大世界亲子农耕活动、新华照相馆毕业纪念类主题摄影等产品，承办生态环保论坛、防城港中越跨境经济合作论坛、2019中欧绿色智慧城市峰会等活动，其中五象山庄获评"中国最受商旅人士欢迎酒店"称号。服务保障"中国杯"国际足球锦标赛、道达尔·苏迪曼杯世界羽毛球混合团体锦标赛、环广西公路自行车世界巡回赛(南宁站)、姚基金慈善篮球赛、第21届南宁国际民歌艺术节、第29届中国戏剧梅花奖等大型活动。广西体育中心率办各项活动81场，参加人员33万人次；广西文化艺术中心举办演出活动262场(公益演出19场、惠民演出51场、公益讨论32场)，上座率79%，观众近26万人次。深化银企合作，融资到位30.48亿元；扩大直接融资，发行第二期债权融资项目，募集资金6.20亿元；通过资金结算中心归集资金48亿元，集团存量担保额度101亿元；发放小额贷款1.26亿元，增长10倍；不良贷款率6.33%，下降77%。旗下的南宁学院争取市财政增资3.07亿元，新增中国－东盟综合交通国际联合实验室1个，本科人工智能专业、数字经济专业2个；新生报到率超过90%，毕业生初次就业率94.43%，高出自治区平均水平3个百分点；科研竞争力居全国民办本科院校、独立学院第38位，居全国本科高校学生竞赛指数排行榜第361位，获中国"互联网+"大学生创新创业大赛国家银奖。南宁大地飞歌文化产业集团有限责任公司举办庆祝中华人民共和国成立70周年群众文化活动暨第21届南宁国际民歌艺术节"大地飞歌·2019"、中国－泰国电影展映、中国－印尼电影展映汇活动，发行《习近平新时代中国特色社会主义思想学习纲要》等重点出版物200多个品种，销售图书40多万册；升级改造民族影城、中华电影院，电影业务收入6255万元。南宁百货大楼股份有限公司调整朝阳店品牌，拓展家电加盟店15家、异业联盟18家；推进美美购南宁保税仓建设，丰富跨境体验店品类；开设朝阳店跨境化妆集合店，化妆轻奢品类线上销售增长426%；推广应用微信、小程序线上销售，点击量60万次。 (南宁威宁集团)

【南宁建宁水务投资集团有限责任公司】 市属国有独资企业。2019年，注册资本16.13亿元，资产总额294.94亿元，净资产78.23亿元，国有资产保值增值率107.20%，员工2273人。控股(制)子公司有广西绿城水务股份有限公司、南宁市排水有限责任公司、南宁建宁康恒环保科技有限责任公司、广西万丰房地产开发有限公司、广西金水建设开发有限公司、南宁水城旅游开发有限公司、南宁市三好物业服务有限公司、南宁市凉元帅工贸有限公司、南宁市流量仪表检测有限责任公司9家，参股公司有南宁开通塑管有限公司、广西南宁化学制药有限公司、南宁市华信小额贷款有限公司、南宁市区农村信用合作联社、南宁博湾水生态科技有限公司、光大水务(南宁)有限公司、南宁北排水环境科技有限公司、南宁北排水环境发展有限公司、广西南宁北投心圩江环境治理有限公司、广西棕榈生态城镇环境发展有限公司、南宁市国冶基础设施建设投资有限公司11家。完成固定资产投资78.20亿元，比上年增长57.93%；营业收入28.39亿元，增长4.72%；利润3.84亿元，增长0.73%；缴税3.89亿元，增长18.87%；工业总产值14.06亿元，增长5.44%。蝉联"全国文明单位"称号，被人力资源和社会保障部、中华全国总工会等单位授予"全国模范劳动关系和谐企业"称号，被自治区人力资源和社会保障厅评为"自治区模范劳动关系和谐企业"，入选广西100强企业。坚持"治水、建城、为民"工作主线，投资68.74亿元，承担城建项目(含水环境综合治理工程项目)109个。主要重大项目情况：投资9.18亿元，加快建设南宁市陈村水厂三期工程(设计日供水能力20万立方米)、南宁市江南污水处理厂水质提标及三期工程2个自治区层面统筹推进重大项目，完成陈村水厂三期工程主体工程；开工建设南宁市双定循环经济产业园项目(以生活垃圾清洁焚烧发电为主，协调处理其他固体废弃物，计划投资23.45亿元)；建成南宁邕江上游引水工程一期工程(南宁市重点工程，累计投资14.03亿元)，日输送原水能力228万立方米，具备与原南宁市原水系统切换条件，可实现双水源供水。铺设供水管道70千米、迁改40千米，完成三岸大桥给水过江管工程，试运行邕武路、坛兴路、南站西3个供水加压站，实现东盟水厂一期扩建工程通水，新增日供水能力6万立方米，达到167万立方米，年供水水质、管网水水质综合合格率100%，管网压力合格率100%。投资53亿元，建设水环境综合治理工程项目53个，开工物流园、朝阳溪、茅桥、那平江、五象5个污水处理新建改扩建项目，启动仙葫、武鸣、横县、宾阳、马山5个污水处理厂新建改扩建工程前期工作，铺设污水管网18.70千米，管道清淤20千米，建成江南、埌东、三塘3个污水处理厂提标改造工程并试运行，新增日污水处理能力35万立方米，达到130.20万立方米。建成南宁三塘大件垃圾处理中心主体工程；加强城市垃圾分类终端处理，保障平里静脉产业园垃圾填埋场、大型垃圾中转站运营，转运生活垃圾71.41万吨、填埋59.17万吨，接收填埋三峰焚烧发电厂固化飞灰2.49万吨。接收市内河管理处泵站13座、闸坝及市政管理处管道1355千米，接收城区及其他企事业单位泵站88座、管道3106千米；开展南宁市城市排水设施地理信息系统建设，推进"厂—网—河(湖)一体化管控"信息化；接收68家国有企业221个小区供水资产，

2019年6月8日至9日，邕江上游引水工程一期工程进行过江沉管施工 杨健 摄

进行“一户一表”改造,涉及用户4万多户,资金2亿元。改革供水用户报装流程,投入1890万元建设用户供水报装系统,实现网上业务办理事项28项。

(顾颖倩)

【南宁交通投资集团有限责任公司】 市属国有独资企业。2019年,注册资本15.86亿元,资产总额401.84亿元,净资产134.75亿元,员工4819人。全资子公司有南宁公共交通集团有限公司、南宁交投能源发展有限责任公司、南宁高速公路建设发展有限公司、南宁交投凯通实业有限责任公司、南宁旅游发展有限公司、南宁交投置业投资有限公司6家,控股子公司有南宁交通资产管理有限责任公司、南宁交投六景园区开发有限责任公司、广西赛扬文化传媒有限公司、南宁交投创新投资有限公司、南宁交投桂隆建设工程有限责任公司、南宁交投桂晟建设工程有限责任公司、南宁交投桂祥建设工程有限责任公司、南宁交投桂昶建设工程有限责任公司、南宁交投桂弘建设工程有限责任公司、南宁交投桂乾建设工程有限责任公司、南宁市市民卡信息服务有限责任公司11家。完成固定资产投资23.15亿元,比上年下降6.26%;营业收入22.21亿元,增长39.17%;利润1.25亿元,增长21.36%;融资到位14.65亿元。续建银海大道三期工程(平乐大道—那马),9月12日竣工,全线通车。续建南宁蒲津路改造工程二期(邕宁区人民医院—五合大桥),12月25日通车。完成(邕宁区蒲庙镇)张村—六景公路一期工程施工、监理招标,取得建设用地批复。建成的南宁国际物流基地7号路1标工程获2019年广西建设工程质量“真武阁”奖(最高质量奖)。建成南宁火车东站便捷加油站、昆仑镇扶贫综合服务加油点、板伏扶贫加油站3座,累计投入运营加油加气站24座;营运水利(航运)枢纽发电7.56亿千瓦时(牛湾电厂1.93亿千瓦时、宋村电厂5.63亿千瓦时),其中宋村电厂收入3937.60万元。新开通公交线路13条,优化调整公交线路22条,试运行网约公交车线路10条,新投入运营公共汽车15辆,累计营运公共汽车1655辆、出租车500辆;建成并运营公共停车场49个,累计55个,停车泊位4327个;邕江夜游项目发送游客6.71万人次;上线运行“出行南宁APP”,实现公交查询、在线叫车、购买长途客运车票、网约定制公交、智慧加油加气等场景应用,注册用户70.02万人次。开放市民卡服务网点19个,新增电子市民卡,实现乘坐公共汽电车、公交线路市民卡联机交易、青秀山旅游风景名胜区与南宁园博园刷卡入园和票务产品购买、南宁市图书馆二维码借书等应用。下属子公司南宁高速公路建设发展有限公司与中铁建北部湾建设投资有限公司、中国铁建大桥工程局集团有限公司等7家公司组成联合体,中标六景—宾阳高速公路(桂林—钦州港公路南宁六景—宾阳段)项目,计划投资77.71亿元,8月30日开工建设;与中国建筑第八工程局有限公司、中国建筑股份有限公司、湖南省交通规划勘察设计院有限公司组成联合体,中标G322/G358南宁—宾阳—黎塘公路项目,计划投资约70亿元。

(陈启胜)

【南宁产业投资集团有限责任公司】 市属国有独资企业。2019年,注册资本63亿元,资产总额108亿元,净资产53亿元,国有资产增值保值率106.61%,员工4184人。全资子公司有南宁壮宁资产经营有限责任公司、南宁振宁资产经营有限责任公司、南宁广发重工集团有限公司、南宁锦虹棉纺织有限责任公司、南宁统一资产管理有限责任公司、南宁产投工业园区开发有限责任公司、南宁壮宁物业发展有限责任公司、南宁壮宁工贸园有限责任公司、南宁壮宁广和食品有限责任公司、广西南宁新业房地产开发总公司、南宁产投通用航空有限责任公司、广西南宁创侨建设投资开发有限责任公司、南宁创宁恒达商贸有限责任公司、南宁七彩虹印刷机械有限责任公司、南宁产投新能源汽车投资有限责任公司、南宁产投新能源汽车科技有限责任公司、南宁产投新能源汽车园区建设开发有限责任公司17家,控股子公司有广西南宁凤凰纸业有限公司、南宁振宁开发有限责任公司、南宁同达盛混凝土有限公司、南宁壮宁食品冷藏有限责任公司、南宁五菱桂花车辆有限公司、南宁南机环保科技有限公司、广西金牛股份有限公司、南宁振宁商贸投资管理有限公司、南宁振宁物业服务有限责任公司、南宁天就置业有限责任公司、南宁振宁工业投资管理有限责任公司11家,参股公司有南宁糖业股份有限公司、广西南南铝加工有限公司、南宁吉锐生物医药有限责任公司、广西思钺生物科技有限责任公司、广西先进铝加工创新中心有限责任公司、广西汇京宁新兴产业投资管理有限公司、南宁华数轻量化电动汽车设计院有限公司、南宁五丰联合食品有限公司、南南铝业股份有限公司、斐讯通信南宁有限公司、广西南宁化学制药有限责任公司、南宁化工股份有限公司、广西玉柴专用汽车有限公司、南宁康诺生化制药有限责任公司14家,授权管理企业有广西壮族自治区南宁机械厂、广西壮族自治区南宁筑路机械厂、南宁市伞厂、南宁市自行车总厂、南宁市第一轻工业局供销设计公司、南宁市包装装潢研究设计所、南宁市化学医药供销公司、南宁市工业基本建设公司、南宁市矿务局砖厂9家。完成固定资产投资3.06亿元;营业收入15.47亿元,比上年增长7.26%;利润5.52亿元,增长243%;缴税0.45亿元,增长14.62%;工业总产值8.23亿元,融资到位2.08亿元(当年融资2亿元、往年融资项目提款767.10万元)。入围广西100强企业(第53名)、广西制造业企业50强(第25名)。完成广西南南铝加工有限公司增资重组(重组后广西南南铝加工有限公司由广西投资集团控股),完成南宁糖业股份公司部分股权划转(划转后南宁糖业股份公司由广西农村投资集团控股)。落实市政府与浙江合众新能源汽车有限公司签署的新能源汽车战略合作协议、市政府与天际汽车科技集团有限公司新能源汽车战略合作协议及补充协议,推进南宁合众新能源汽车产业项目(计划投资35亿元,年产新能源乘用车10万辆)、南宁天际新能源汽车产业项目(计划投资58.08亿元,年产新能源乘用车10万辆),建设厂房、公用动力设施、产品建设研发中心、产品试制试验中心、综合办公楼和附属设施等。投资4.54亿元,与汇达资产托管有限责任公司共同设立基金公司——广西汇京宁新兴产业投资管理有限公司(基金规模13.50亿元),搭建现代金融服务业和高新技术产业项目筹资平台;投资3485万元,与沈阳化工大学科技园有限责任公司、南宁思钺科技合伙企业(有限合伙)组建广西思钺生物科技有限责任公司,建设打造新型绿色高效农药产业;投资4000万元,与江苏吉锐生物技术有限公司合作成立南宁吉锐生物医药有限责任公司,建设新型抗体偶联药技术平台。开工建设南宁产投创新产业园区项目,计划投资5.33亿元,规划用地9.17公顷,建筑面积10.42万平方米,拟承接东北大学、华中科技大学先进装备科研试制项目,沈阳化工大学、江苏吉锐生物技术有限公司生物医药、绿色农药科研项目,中车株洲电力机车有限公司轨道交通高端铝合金材料精深加工项目。做好产投江南企业公园项目一期江南电子信息产业园30万平方米标准厂房项目招商,认购客户21户,认购面积4.26万平方米、金额2.10亿元,通过审核入园10户,面积2.68万平方米、金额1.24亿元。旗下南宁广发重工集团有限公司加快推进装配式建筑钢结构生产基地项目、城市生活垃圾无害化综合处理项目,与云南天源水利机械有限公司共同投资5000万元,在邕宁区八鲤工业园区打造风电塔筒制造基地;南宁锦虹棉纺织有限责任公司研发生产新产品158个。

(郑北杰)

【南宁轨道交通集团有限责任公司】 市属国有独资企业。2019年，注册资本58.91亿元，资产总额838.34亿元，净资产260.84亿元，国有资产保值增值率101.28%，资产负债率68.89%、比上年下降1%，员工7269人。分公司有南宁轨道交通集团建设分公司、南宁轨道交通集团运营分公司、南宁轨道交通集团资源开发分公司3家，全资子公司有南宁轨道地产集团有限责任公司、南宁轨道交通二号线建设有限公司、南宁轨道交通五号线建设有限公司3家，控股公司有南宁轨道江南混凝土有限公司、南宁轨道交通四号线建设有限公司、南宁轨道交通二号线东延工程建设有限公司3家，参股公司有南宁轨道交通三号线建设有限公司、南宁中车轨道交通装备有限公司、南宁中铁广发轨道装备有限公司、南宁市市民卡信息服务有限责任公司、广西南宁机场综合交通枢纽建设有限公司、广州城市轨道交通培训学院股份有限公司、云宝宝大数据产业发展有限责任公司、广西交控智维科技发展有限公司8家。完成固定资产投资101.19亿元，下降13.80%；营业收入15.85亿元，下降10.90%；利润2.91亿元，增长14.50%；缴税2.72亿元，增长20.20%；融资83.31亿元，完成率134%。推进轨道交通2号线东延工程、3号线一期工程、4号线一期工程、5号线一期工程建设，全长79千米，投资594.08亿元。2号线东延工程（玉洞—坛兴村）长6.30千米，设车站5座，工程概算48.98亿元，完成土方开挖，建成主体结构、区间工程，完成附属结构94.40%、机电安装及装修工程40%；3号线一期（科园大道—平良立交）长27.90千米，设车站23座，工程概算206.81亿元，6月6日建成试运营；4号线一期（洪运路—龙岗）长24.60千米，设车站19座，工程概算173.30亿元，完成主体围护、土方开挖、主体结构及附属结构70%，完成机电安装及装修工程65%，未进行盾构施工区间有楞塘村站—五象火车站、五象火车站—清平坡站；5号线一期（那洪—金桥客运站）长20.38千米，设车站17座，工程概算164.99亿元，完成围护结构建设及土方开挖97%、主体结构94%、区间盾构78%、附属工程11%。旗下南宁轨道交通集团建设分公司被自治区住房和城乡建设厅授予2018年度“全区重点工程建设示范性劳动和技能竞赛优胜单位”称号。营线3条轨道交通线路（1号线、2号线、3号线），总长81千米，年度运营里程772万列千米，客运总量2.74亿人次，日均客运量79.99万人次，单日最高客运量116.57万人次；列车服务可靠度平均每次386.16万列千米，每百万人有效乘客投诉率0.0876次；列车正点率99.98%，运行图兑现率100%。1号线运营里程397万列千米，列车正点率99.98%，运行图兑现率100%，客运量1.64亿人次，日均客运量44.90万人次，单日最高客运量68.74万人次，日均客运量比上年增长15.81%；2号线运营里程218万列千米，列车正点率99.99%，运行图兑现率100%，客运量0.86亿人次，日均客运量23.47万人次，单日最高客运量46.07万人次，日均客运量比上年增长18.84%；3号线6月6日开通运营，年度运营里程157万列千米，列车正点率99.99%，运行图兑现率100%，客运量0.24亿人次，日均客运量11.62万人次，单日最高客运量16.61万人次。房地产项目注入土地2宗12.01公顷，续建南宁绢纺厂、南宁海鲜市场、高坡岭路、石柱岭4块地块，面积45.58万平方米；开盘销售轨道御珑壹号城、轨道御水元筑2个房地产项目，销售收入8.27亿元；房地产项目销售9.75万平方米，营业收入8.73亿元，利润1.78亿元。轨道交通附属资源营业收入0.95亿元。 （陶丽莎）

2019年8月15日，南宁轨道交通4号线一期工程西段（洪运路站—楞塘村站）盾构区间隧道贯通 张延杰 摄

【南宁金融投资集团有限责任公司】 市属国有独资企业。2019年，注册资本15.94亿元，资产总额37.54亿元，净资产22.92亿元，国有资产保值增值率102.53%，员工243人。全资子公司有南宁金控大数据服务有限公司、南宁投融通互联网金融服务有限责任公司、南宁市恒富小额贷款有限责任公司、南宁金融资产交易中心有限责任公司、南宁投资引导基金有限责任公司、南宁市恒桂基金管理有限责任公司、南宁金控融资租赁有限责任公司、南宁金控资产管理有限责任公司8家；控股子公司有广西联合产权交易所有限责任公司、南宁市南方融资担保有限公司、南宁金融城投资运营有限公司、南宁市华信小额贷款有限公司、广西联合股权托管中心有限责任公司、广西融通拍卖有限责任公司6家；参股公司有广西黄金投资有限责任公司、南宁市爱森恩投资管理有限责任公司、广西北部湾股权交易所股份有限公司、广西北部湾银行股份有限公司、交通银行股份有限公司、广西文投文化产权交易中心有限责任公司、北京金马甲产权网络交易有限公司、广西信金服科技有限公司、南宁优易大数据有限责任公司、北京中关村协同创新投资基金、南宁市华盛新材料产业投资基金、南宁交轨投资合伙企业12家；受市政府委托管理南宁市创业投资引导基金、南宁产业发展基金、南宁城市发展基金、广西北部湾经济区产业基础设施投资（南宁）引导基金、南宁市天使投资基金5只政府引导基金，受市政府委托管理国有企业南宁市小微企业融资担保有限公司。完成固定资产投资1165万元，比上年增长212.33%；营业收入1.60亿元，增长12.47%；利润（剔除不可比因素）7747.90万元，增长23.49%；缴税2348万元，增长13.88%；融资授信1600万元，用信1374万元。建设“股权+债权”“线上+线下”联动的企业融资服务体系，组建南宁金融城投资运营有限公司、南宁金控资产管理有限责任公司、南宁金控融资租赁有限责任公司，设立南宁股权融资服务中心，在南宁市民中心设

南宁年鉴

立南宁市企业融资服务中心，进驻银行8家、担保公司2家、小额信贷公司1家；举办和参加政金企对接会11场，受理融资申请368项23.89亿元，为216家企业融资14.61亿元；在南宁金融交易中心平台(注册会员1.79万人)线上发行融资项目81期金额7.57亿元，平台融资余额7.67亿元。完成应急转贷业务30笔，贷款1.17亿元。旗下的南宁市南方融资担保有限公司担保22.46亿元，其中工程履约127笔8222.47万元、投标保函22笔621万元、政采贷58笔8269.08万元，为39户贫困户和涉农企业担保72笔1.97亿元；市小微企业融资担保有限公司为295户小微企业及“三农”客户融资担保11.68亿元，降低担保费及贷款利息4027.66万元，减少履约保证金5799.01万元；市华信小额贷款有限公司发放贷款252笔1.01亿元；市恒富小额贷款有限责任公司发放贷款996笔1.62亿元，贷款余额7447万元。挂牌处置项目574宗66.87亿元，成交313宗26.06亿元，竞价率50%，增值率7.61%；挂牌拍卖市本级公务用车323辆558.88万元，成交222辆750.31万元，溢价34.25%；挂牌不良资产51宗43.87亿元，成交18宗16.25亿元；设立广西联合产权交易所房产交易中心；建成中国－东盟信息港南宁智慧城市综合信息服务中心3个子项目一期(智慧南宁大数据中心、南宁市灾备中心、公共信息服务平台)；产品供货业务销售748.47万元；中标南宁市农业信息中心农业项目管理信息系统(一期)项目。受托管理的南宁产业发展基金设立参股子基金——南宁民生新能源产业投资合伙企业(有限合作)，规模25亿元，投向新能源汽车产业项目；出资1.15亿元设立参股子基金——南宁民生电子信息产业投资基金合伙企业(有限合作)；直接股权投资横县新威林板业有限公司定向刨花板项目。南宁市创业投资引导基金完成对外出资600万元，子基金对外投资金禄(清远)精密科研投资有限公司、贝利特化学股份有限公司、广西轩妈食品有限公司、广西兰科资源再生利用有限公司、苏州般若生物科技有限公司、广西叫酒网络科技有限公司、广西森和高新科技股份有限公司7个。

(谢牡丹)

【南宁农工商集团有限责任公司】 市属国有独资企业。2019年，注册资本10.02亿元，资产总额56亿元，净资产20.80亿元；有农用地922.07公顷，建设用地139.27公顷，三产用地23.73公顷，经营性物业77万平方米；职工655人。全资子公司有南宁农业投资集团有限公司、南宁市金谷隆粮油购销有限责任公司、广西新农商贸易有限公司、南宁市红星鲜活禽市场有限责任公司、南宁市秀和物业服务有限责任公司、广西南宁华顺房地产有限责任公司、广西秀宁房地产有限公司、南宁共圆房地产有限责任公司、南宁市罗文实业有限责任公司、南宁市崇善颐养服务有限公司、南宁市柳沙企业有限责任公司11家，控股子公司有南宁农产品交易中心有限责任公司1家，授权管理企业有南宁市名优水果业发展中心、南宁市扶贫开发中心、南宁市江西粮油管理所、南宁市坛洛粮油管理所、南宁市那龙粮油管理所、南宁市沙井粮油管理所、南宁市金陵粮油管理所、南宁市富庶粮油管理所、南宁市郊区心圩粮油管理所、南宁市那洪粮油管理所、南宁市三塘粮油管理所、南宁市双定粮油管理所、南宁市郊区石埠粮油贸易中心、南宁市江西粮油贸易中心、南宁市坛洛粮油贸易中心、南宁市郊区心圩粮油贸易中心、南宁市那洪粮油贸易中心、南宁市金陵粮油贸易中心、南宁市富庶粮油贸易中心、南宁市津头粮油贸易中心、南宁市明秀粮油贸易中心、南宁市沙井粮油贸易中心、南宁市三塘粮油贸易中心、南宁市西乡塘粮油贸易中心、南宁市那龙粮油贸易中心、南宁市双定粮油贸易中心、南宁市五一粮油贸易中心27家。完成固定资产投资7973万元，比上年下降30.05%；营业收入近4.76亿元，增长8%；利润亏损2185.16万元，下降203.33%。开展土地资源权籍调查、争议排查和资料收集，登记发证24宗301.34公顷，解决土地争议433.33公顷，首次公告不动产登记16宗198.78公顷，权籍调查2宗5.87公顷，行政争议调处卷宗20宗69.74公顷，登记发证率86.80%。划转给南宁农业投资集团企业3家(南宁市石埠实业有限责任公司、南宁市神农大地现代农业有限责任公司、南宁市秀成置业投资有限责任公司)，落实市金谷隆粮油公司兼并粮食企业18家，注销(破产)粮食企业7家；维修改造企业家属区“三供一业”(供电、供水、供热，物业管理)7家，分别向供电公司、供水公司支付分离移交改造费用195.96万元、509.78万元。聘请中介机构评估年租金(无须评估的通过市场调查分析确定挂牌底价)，资产出租委托南宁市威宁交易大厅或广西联合产权交易所有限责任公司公开招租(少部分自主公开招租)，年租金收入6730.04万元(物业5584.37万元、土地1145.67万元)。投资2460万元，在广西农业会展中心举行2019年中国－东盟博览会农业展，展出面积2万平方米，来自泰国、马来西亚等东盟国家，以及国内山西、吉林、江苏、广东等省代表团、企业370多家参展，集中展示农用生产资料、渔牧产品、优质水果、绿色农产品及食品、电子商务、茶叶和东盟特色咖啡及食品，5万多人参观。加快建设南宁农产品交易中心，面向南宁市海吉星水果批发市场、南宁金桥农产品批发市场加快招商，新增水果、蔬菜批发商131户，培育采购商1900多户；8月3日开业，8月14日达到年度单日交易峰值，供货量超过3000吨。10月17日，成立广西消费扶贫农产品展销中心，占地2702平方米，展位59个(南宁市12个、其他市县47个)；举办贫困地区农产品产销签约会，成交柑橘、沃柑、长古香丝米、茉莉花茶及其他农副土特产等7062.50吨，价值6372万元。集团公司畜禽市场设独立活禽屠宰区，配备污水处理系统、无害化处理设备，旱禽、水禽交易摊位400多个，承接原南宁五里亭果蔬批发市场畜禽经营功能，日均销售活禽6万多羽，占全市活禽交易总量60%。配合南宁高新技术产业开发区推进南宁·中关村科技园拓区建设，落实新征土地、历年征

2019年8月3日，南宁农产品交易中心开业　　何兴武　摄

收未兑现承诺的产业发展用地，其中北湖片区26.93公顷(商业用地5.07公顷、工业用地8.53公顷、需解决规划后供地的工业用地13.33公顷)，罗文片区商业用地5.63公顷。（陆锡健）

集体经济

【概 况】2019年，南宁市新登记集体企业22家，注册资本62万元。累计集体企业1491家(企业法人727家)，注册资本8.33亿元。按产业分，第一产业28家(企业法人23家)，注册资本0.12亿元，分别占总数1.88%、1.44%；第二产业344家(企业法人296家)，注册资本4.60亿元，分别占23.07%、55.22%；第三产业1119家(企业法人408家)，注册资本3.61亿元，分别占75.05%、43.34%。

【行业分布】2019年，南宁市集体经济行业分布：农、林、牧、渔业28家(企业法人23家)，注册资本1162万元，分别占总数1.88%、1.36%；采矿业8家(企业法人8家)，注册资本421万元，分别占0.54%、0.49%；制造业279家(企业法人248家)，注册资本2.81亿元，分别占18.71%、32.86%；电力、热力、燃气及水生产和供应业14家(企业法人10家)，注册资本221万元，分别占0.94%、0.26%；建筑业43家(企业法人30家)，注册资本1.73亿元，分别占2.88%、20.25%；批发和零售业903家(企业法人246家)，注册资本2.19亿元，分别占60.56%、25.62%；交通运输、仓储和邮政业28家(企业法人23家)，注册资本3798万元，分别占1.88%、4.43%；住宿和餐饮业44家(企业法人36家)，注册资本2345万元，分别占2.95%、2.74%；信息传输、软件和信息技术服务业9家(企业法人7家)，注册资本1453万元，分别占0.60%、1.70%；金融业4家(企业法人4家)，注册资本498万元，分别占0.27%、0.58%；房地产业5家(企业法人5家)，注册资本2215万元，分别占0.34%、2.59%；租赁和商务服务业20家(企业法人20家)，注册资本842万元，分别占1.34%、0.98%；科学研究和技术服务业14家(企业法人12家)，注册资本1547万元，分别占0.94%、1.81%；水利、环境和公共设施管理业1家(企业法人1家)，注册资本2万元，分别占0.07%、0.0023%；居民服务、修理和其他服务业45家(企业法人41家)，注册资本2116万元，分别占3.02%、2.47%；教育12家(企业法人12家)，注册资本788万元，分别占0.80%、0.92%；文化、体育和娱乐业3家(企业法人1家)，注册资本12万元，分别占0.20%、0.01%；其他31家，注册资本800万元，分别占2.08%、0.93%。

混合所有制经济

【概 况】2019年，南宁市新登记内资非私营公司2586家，注册资本372.49亿元。累计内资非私营公司1.26万家(公司法人9111家)，注册资本1445.09亿元，实收资本598.20亿元；其他企业1297家(企业法人58家)，注册资本14.46亿元。第一产业276家(公司法人246家)，注册资本26.87亿元，分别占总数2.19%、1.86%；第二产业1424家(公司法人1058家)，注册资本270.02亿元，分别占11.31%、18.69%；第三产业1.09万家(公司法人7807家)，注册资本1148.20亿元，分别占86.50%、79.45%。

【行业分布】2019年，南宁市混合所有制经济行业分布：农、林、牧、渔业276家(公司法人246家)，注册资本26.87亿元，实收资本10.69亿元，分别占总数2.19%、1.86%、1.79%；其他企业34家，占2.62%。采矿业40家(公司法人30家)，注册资本3.13亿元，实收资本1.80亿元，分别占0.32%、0.22%、0.30%；其他企业2家，占0.15%。制造业631家(公司法人543家)，注册资本135.26亿元，实收资本104.20亿元，分别占5.01%、9.36%、17.42%；其他企业118家(企业法人12家)，注册资本4190万元，分别占9.10%、2.90%。电力、热力、燃气及水生产和供应业99家(公司法人57家)，注册资本18.18亿元，实收资本9.04亿元，分别占0.79%、1.26%、1.51%；其他企业18家，占1.39%。建筑业654家(公司法人428家)，注册资本113.45亿元，实收资本42.69亿元，分别占5.19%、7.85%、7.14%；其他企业146家(企业法人1家)，占11.26%。批发和零售业4225家(公司法人3127家)，注册资本127.06亿元，实收资本61.84亿元，分别占33.54%、8.79%、10.34%；其他企业417家(企业法人17家)，注册资本6253万元，分别占32.15%、4.32%。交通运输、仓储和邮政业367家(公司法人215家)，注册资本29.02亿元，实收资本19.44亿元，分别占2.91%、2.01%、3.25%；其他企业51家(企业法人8家)，注册资本1178万元，分别占3.93%、0.81%。住宿和餐饮业251家(公司法人185家)，注册资本7.25亿元，实收资本2.29亿元，分别占1.99%、0.50%、0.38%；其他企业18家，占1.39%。信息传输、软件和信息技术服务业462家(公司法人318家)，注册资本35.29亿元，实收资本14.06亿元，分别占3.67%、2.44%、2.35%；其他企业15家，占1.16%。金融业1427家(公司法人101家)，注册资本82.76亿元，实收资本69.46亿元，分别占11.33%、5.73%、11.61%；其他企业324家(企业法人11家)，注册资本9.68亿元，分别占24.98%、66.95%。房地产业649家(公司法人647家)，注册资本151.10亿元，实收资本81.86亿元，分别占5.15%、10.46%、13.68%；其他企业6家(企业法人1家)，注册资本100万元，分别占0.46%、0.07%。租赁和商务服务业1781家(公司法人1667家)，注册资本538.24亿元，实收资本128.94亿元，分别占14.14%、37.25%、21.56%；其他企业40家(企业法人6家)，注册资本3.60亿元，分别占3.08%、24.87%。科学研究和技术服务业933家(公司法人907家)，注册资本96.55亿元，实收资本9.37亿元，分别占7.41%、6.68%、1.57%；其他企业43家(企业法人2家)，注册资本100万元，分别占3.32%、0.07%。水利、环境和公共设施管理业49家(公司法人47家)，注册资本8.23亿元，实收资本4.58亿元，分别占0.39%、0.57%、0.77%；其他企业12家，占0.93%。居民服务、修理和其他服务业364家(公司法人297家)，注册资本37.58亿元，实收资本30.60亿元，分别占2.89%、2.60%、5.12%；其他企业39家，占3.01%。教育44家(公司法人43家)，注册资本6518万元，实收资本860万元，分别占0.35%、0.05%、0.01%；其他企业2家，占0.15%。卫生和社会工作69家(公司法人55家)，注册资本23.33亿元，实收资本7155万元，分别占0.55%、1.61%、0.12%；其他企业2家，占0.15%。文化、体育和娱乐业191家(公司法人170家)，注册资本7.26亿元，实收资本3.00亿元，分别占1.52%、0.50%、0.50%；其他企业10家，占0.77%。其他84家(企业法人28家)，注册资本3.90亿元，实收资本3.53亿元，分别占0.67%、0.27%、0.59%。

私营经济

【概 况】2019年，南宁市新登记私营企业4.66万家，新增投资者8.15万人，新增雇工8.97万人，新增注册资本(出资金额)4030.93亿元。累计私营企业23.84万家(分支机构2.13万家)，投资者49.26万人，雇工86.03万人，注册资本(出资金额)17907.83亿元。第一产业8392家，投资者1.50万人，雇工3.35万人，注册资本393.73亿元，分别占总数3.52%、3.04%、3.89%、2.20%；第二产业2.60万

南宁年鉴

家,投资者 2.00 万人,雇工 11.35 万人,注册资本 2020.89 亿元,分别占 10.90%、4.05%、13.39%、11.28%;第三产业 20.40 万家,投资者 45.77 万人,雇工 71.33 万人,注册资本 15493.22 亿元,分别占 85.58%、92.91%、82.91%、86.52%。

【行业分布】 2019 年,南宁市私营经济行业分布:农、林、牧、渔业 8392 家(分支机构 732 家),注册资本 393.73 亿元,分别占总数 3.36%、2.15%;采矿业 499 家(分支机构 15 家),注册资本 35.94 亿元,分别占 0.20%、0.20%;制造业 8232 家(分支机构 431 家),注册资本 578.67 亿元,分别占 3.29%、3.16%;电力、热力、燃气及水生产和供应业 581 家(分支机构 179 家),注册资本 150.63 亿元,分别占 0.23%、0.82%;建筑业 1.67 万家(分支机构 1504 家),注册资本 1255.65 亿元,分别占 6.67%、6.86%;批发和零售业 10.04 万家(分支机构 8593 家),注册资本 2625.12 亿元,分别占 40.16%、14.35%;交通运输、仓储和邮政业 4825 家(分支机构 756 家),注册资本 177.50 亿元,分别占 1.93%、0.97%;住宿和餐饮业 4261 家(分支机构 850 家),注册资本 87.24 亿元,分别占 1.70%、0.48%;信息传输、软件和信息技术服务业 9778 家(分支机构 646 家),注册资本 332.44 亿元,分别占 3.91%、1.82%;金融业 1185 家(分支机构 276 家),注册资本 4581.61 亿元,分别占 0.47%、25.04%;房地产业 9332 家(分支机构 1227 家),注册资本 674.63 亿元,分别占 3.73%、3.69%;租赁和商务服务业 4.77 万家(分支机构 3301 家),注册资本 4907.15 亿元,分别占 19.07%、26.82%;科学研究和技术服务业 2.64 万家(分支机构 1265 家),注册资本 2107.53 亿元,分别占 10.57%、11.52%;水利、环境和公共设施管理业 195 家(分支机构 29 家),注册资本 36.33 亿元,分别占 0.08%、0.20%;居民服务、修理和其他服务业 5942 家(分支机构 790 家),注册资本 125.35 亿元,分别占 2.38%、0.68%;教育 719 家(分支机构 78 家),注册资本 13.18 亿元,分别占 0.29%、0.07%;卫生和社会工作 595 家(分支机构 122 家),注册资本 53.15 亿元,分别占 0.24%、0.29%;文化、体育和娱乐业 3636 家(分支机构 130 家),注册资本 157.47 亿元,分别占 1.45%、0.86%;其他 674 家(分支机构 398 家),注册资本 6.12 亿元,分别占 0.27%、0.03%。

个体经济

【概 况】 2019 年,南宁市新登记个体工商户 9.30 万户,新增从业人员 23.45 万人,新增资金 215.15 亿元。累计个体工商户 36.40 万户,从业人员 98.91 万人,资金 541.61 亿元,其中城镇个体工商户 21.45 万户、从业人员 39.53 万人、资金 194.59 亿元,分别占总数 58.92%、39.97%、35.93%。第一产业 1.06 万户,从业人员 2.94 万人,资金 61.25 亿元(城镇 6134 户,从业人员 1.16 万人,资金 16.90 亿元),分别占 2.87%、2.95%、11.31%;第二产业 1.36 万户,从业人员 5.87 万人,资金 20.40 亿元,(城镇 8050 户,从业人员 2.35 万人,资金 7.54 亿元),分别占 3.69%、5.94%、3.77%;第三产业 33.78 万户,从业人员 90.10 万人,资金 459.96 亿元,分别占 93.44%、91.11%、84.92%。

表 7　　2019 年南宁市个体经济行业分布情况表

行　业	户数(户)	从业人员(人)	资金(万元)
农、林、牧、渔业	10641	29427	612543.00
采矿业	31	477	3424.00
制造业	13032	56100	184186.00
电力、热力、燃气及水生产和供应业	46	123	1292.00
建筑业	535	2013	15199.00
批发和零售业	199280	448257	2650821.00
交通运输、仓储和邮政业	9919	10844	347732.00
住宿和餐饮业	65788	247817	846369.00
信息传输、软件和信息技术服务业	959	2168	18003.00
金融业	17	47	316.00
房地产业	115	295	1885.00
租赁和商务服务业	9774	22645	121766.00
科学研究和技术服务业	758	2153	9491.00
水利、环境和公共设施管理业	22	73	243.00
居民服务、修理和其他服务业	48989	151249	504281.00
教　育	180	491	2808.00
卫生和社会工作	1992	7632	26634.00
文化、体育和娱乐业	1922	7256	67637.00
其　他	21	55	1486.00
合　计	364021	989122	5416116.00

【中国港澳地区居民个体工商户】 2019 年,南宁市新登记中国港澳地区居民个体工商户 2 户,注册资本 12 万元。累计中国港澳居民个体工商户 17 户(中国香港居民),从业人员 39 人,注册资本 224 万元。其中,零售业 11 户,从业人员 26 人,注册资本 101 万元;餐饮业 34 户,从业人员 10 人,注册资本 112 万元;理发及美容保健服务 1 户,从业人员 1 人,注册资本 10 万元;汽车、摩托车维修与保养 1 户,从业人员 2 人,注册资本 1 万元。

【中国台湾地区居民个体工商户】 2019 年,南宁市无新登记。有中国台湾地区居民个体工商户 23 户,从业人员 102 人,注册资本 331 万元。其中,零售业 18 户,从业人员 69 人,注册资本 231 万元;餐饮业 5 户,从业人员 33 人,注册资本 100 万元。

外商与中国港澳台地区投资企业

【概 况】 2019 年,南宁市新登记外商与中国港澳台地区投资企业 219 家,投资总额 256.66 亿美元,注册资本 131.38 亿美元(外方认缴 112.05 亿美元)。累计外商与中国港澳台地区投资企业 1829

表 8　2019 年南宁市外商与中国港澳台地区投资企业行业分布情况表

行　业	数量(家)	占比(%)	注册资本(万美元)	占比(%)
农、林、牧、渔业	19	1.04	197531.77	9.97
采矿业	5	0.27	2402.00	0.12
制造业	164	8.97	106579.62	5.38
电力、热力、燃气及水生产和供应业	13	0.71	125905.79	6.36
建筑业	13	0.71	6003.05	0.30
批发和零售业	537	29.36	68083.68	3.44
交通运输、仓储和邮政业	36	1.97	122765.86	6.20
住宿和餐饮业	128	7.00	8873.37	0.45
信息传输、软件和信息技术服务业	167	9.13	10830.01	0.55
金融业	71	3.88	14102.90	0.71
房地产业	152	8.31	139090.39	7.02
租赁和商务服务业	335	18.32	616381.06	31.12
科学研究和技术服务业	125	6.83	465437.26	23.50
水利、环境和公共设施管理业	1	0.05	1636.96	0.08
居民服务、修理和其他服务业	31	1.69	2794.22	0.14
教　育	1	0.05		
卫生和社会工作	7	0.38	90727.80	4.58
文化、体育和娱乐业	24	1.31	1465.36	0.07
合　计	1829	100	1980611.10	100

家，投资总额 367.09 亿美元，注册资本 198.06 亿美元(外方认缴 154.75 亿美元)，比上年分别增长 1.93 倍、1.59 倍；中外合资企业 313 家，投资总额 285.74 亿美元，注册资本 158.34 亿美元(外方认缴 116.36 亿美元)；中外合作(法人)企业 12 家，投资总额 8.38 亿美元，注册资本 5.91 亿美元(外方认缴 4.83 亿美元)；外商独资企业 533 家，投资总额 71.85 亿美元，注册资本 33.07 亿美元(外方认缴 33.07 亿美元)；外商投资股份有限公司 4 家，投资总额 1.12 亿美元，注册资本 7421.53 万美元(外方认缴 4918.59 万美元)；其他外商投资企业 2 家(普通合伙企业)，注册资本 19.23 万美元(外方认缴 10.73 万美元)；外商投资企业分支机构 965 家。

【外商与中国港澳台地区投资企业投资资金来源】 2019 年，南宁市外商与中国港澳台地区投资企业(不含分支机构)来自世界六大洲 28 个国家和地区。其中，亚洲 693 家，总投资 350.53 亿美元，注册资本 189.46 亿美元(外方认缴 147.40 亿美元)，分别占 80.39%、95.49%、95.66%；非洲 5 家，总投资 2287.03 万美元，注册资本 1037.04 万美元(外方认缴 955.26 万美元)，分别占 0.58%、0.07%、0.05%；欧洲 46 家，总投资 4.24 亿美元，注册资本 1.88 亿美元(外方认缴 1.53 亿美元)，分别占 5.33%、1.16%、0.95%；拉丁美洲 31 家，总投资 5.32 亿美元，注册资本 3.42 亿美元(外方认缴 3.20 亿美元)，分别占 3.60%、1.45%、1.73%；北美洲 58 家，总投资 4.16 亿美元，注册资本 2.15 亿美元(外方认缴 1.53 亿美元)，分别占 6.73%、1.13%、1.09%；大洋洲 28 家，总投资 2.59 亿美元，注册资本 1.03 亿美元(外方认缴 9726.10 万美元)，分别占 3.25%、0.71%、0.52%。亚洲 693 家中，中国香港地区 345 家，总投资 253.27 亿美元，注册资本 140.55 亿美元(港方认缴 113.13 亿美元)；中国澳门地区 16 家，总投资 2.32 亿美元，注册资本 1.36 亿美元(澳方认缴 1.12 亿美元)；中国台湾地区 160 家，投资总额 12.57 亿美元，注册资本 11.81 亿美元(台方认缴 10.94 亿美元)。

农民专业合作社与家庭农场

【农民专业合作社】 2019 年，南宁市新登记农民专业合作社 551 户(分支机构 3 户)，新增出资 7.80 亿元，新增从业人员 681 人。累计农民专业合作社 9119 户，出资总额 91.11 亿元，成员总数 4.65 万个。成员中农民成员 4.48 万个，非农民成员 1488 个，企业单位成员 205 个，事业单位成员 16 个，社会团体成员 14 个。从事农业生产资料购买 691 户，农产品销售 682 户，农产品加工 204 户，农产品运输 156 户，农产品贮藏 251 户，与农业生产经营有关的技术、信息等服务 753 户，种植业 744 户，养殖业 619 户，其他 5019 户。出资总额 100 万元～500 万元 1679 户，500 万元～1000 万元 269 户，1000 万元～1 亿元 119 户，1 亿元以上 3 户。

【家庭农场】 2019 年，南宁市新增家庭农场 151 家，累计 1166 家，其中自治区级示范性家庭农场 12 家、市级示范性家庭农场 19 家。扶持建设家庭农场 10 个，补助资金 90 万元，其中南宁市乐飘遥休闲家庭农场、横县旺金百香果种植家庭农场、横县振群黄牛良种繁殖家庭农场、宾阳县谭冲朱家家庭农场、宾阳县黎塘镇兴球果树种植家庭农场、宾阳县东笋养殖家庭农场各 10 万元，南宁市六局家庭农场 8 万元、武鸣区莫裕种植家庭农场 9 万元、武鸣区阿牛家庭农场 7 万元、武鸣区岜鼓山家庭农场 6 万元。　　(谢应辉)

编辑　谢萍萍

综　述

【概　况】 2019年，南宁市机构改革，将南宁市农业委员会职责，中共南宁市委政策研究室农村工作职责，南宁市发展和改革委员会农业投资项目、南宁市财政局农业综合开发项目、南宁市国土资源局农田整治项目、南宁市水利局农田水利建设项目等管理职责整合，组建南宁市农业农村局（简称“市农业农村局”），为市政府工作部门；中共南宁市委员会农村工作领导小组办公室设在市农业农村局。2月28日，市农业农村局挂牌成立，设办公室、人事科、法规科、政策与改革科、发展规划科、计划财务科、乡村产业发展科、农村社会事业促进科、农村合作经济指导科、市场与信息化科、科技教育与种业管理科（南宁市农业转基因生物安全管理办公室）、农产品质量安全监管科、粮油蔬菜管理科（农药管理科）、经济作物管理科、畜牧与饲料科、兽医科（南宁市人民政府重大动物疫病防治指挥部办公室）、渔业渔政渔港监督科、农业机械化管理科、农田建设管理科、农办综合秘书科；行政编制89名、在编83人，机关后勤服务人员控制数7名、在编7人。局属事业单位17个（副处级单位3个、科级单位14个），编制395名、在编299人，后勤服务人员控制数25名、在编24人。其中，南宁市农业综合行政执法支队，公益一类，相当副处级，全额拨款，编制133名、在编97人，后勤服务人员控制数15名、在编16人；南宁市动物疫病预防控制中心（南宁市动物产品质量安全监测中心），公益一类，相当副处级，全额拨款，编制41名、在编32人；南宁市农业科学研究所（南宁市蔬菜研究所、南宁市农产品质量安全检测中心），公益二类，相当副处级，全额拨款，编制31名、在编26人，后勤服务人员控制数3名，在编2人；南宁市农业信息中心，公益一类，相当正科级，全额拨款，编制4名、在编4人；南宁市农业技术推广站，公益一类，相当正科级，全额拨款，编制16名、在编14人，后勤服务人员控制数2名、在编2人；南宁市植物保护站（南宁市农药检定管理所），公益一类，相当正科级，全额拨款，编制8名、在编8人，后勤服务人员控制数1名、在编1人；南宁市土壤肥料工作站，公益一类，相当正科级，全额拨款，编制6名，在编5人；南宁市水果生产技术指导站，公益二类，相当正科级，全额拨款，编制6名，在编5人；南宁市蚕业站，公益二类，相当正科级，全额拨款，编制6名，在编5人；南宁市农业广播电视学校（南宁市农民科技教育培训中心），公益二类，相当正科级，全额拨款，编制6名，在编5人；南宁市旱作场，公益二类，相当正科级，全额拨款，编制13名，在编11人；南宁市水产畜牧兽医技术推广站，公益一类，相当正科级，全额拨款，编制8名、在编8人，后勤服务人员控制数1名、在编1人；南宁市农业机械化技术学校，公益二类，相当正科级，全额拨款，编制13名、在编13人，后勤服务人员控制数1名；南宁市农业机械化技术推广服务站，公益一类，相当正科级，全额拨款，编制16名、在编11人，后勤服务人员控制数2名、在编2人；南宁市种畜场，生产经营类，相当正科级，自收自支，编制22名，在编18人；南宁水产良种场，生产经营类，相当正科级，自收自支，编制30名，在编19人；南宁市农业机耕队，生产经营类，相当正科级，自收自支企业化管理，编制36名，在编18人。全市农林牧渔业总产值825.58亿元，比上年增长4.2%。第一产业增加值507.27亿元，增长5.3%。农村居民人均可支配收入1.50万元，增长10.2%，保持高于南宁GDP和城镇居民收入增幅。粮食种植面积41.94万公顷，下降1.5%；总产量205.46万吨，下降2.82%；粮食单产每公顷降低66.37千克，面积和产量均略有调减。糖料蔗种植面积13.54万公顷，减少1.74%；总产量1133.76万吨，增长2.21%。蔬菜种植面积26.73万公顷，增长2.16%；总产量633.95万吨，增长6.2%，总量持续保持自治区第一。水果面积14.45万公顷，增长2.52%；总产量336.96万吨，增长22.81%。桑园面积3.40万公顷，减少9%；桑蚕产量8.85万吨，减少0.89%。受非洲猪瘟和网箱清理双重影响，肉类产量下滑，但生猪产业转型升级提速，规模化、设施化、智能化、生态化程度大幅提升，肉类总产量58.8万吨，下降10.55%；生猪出栏量352.18万头，下降29.96%；生猪存栏140.81万头、下降55.31%，能繁母猪存栏14.87万头、下降60.94%。禽蛋产量3.73万吨，增长27.29%。牛奶产量1.48万吨，增长18.53%。家禽出栏1.62亿羽，增长17.97%。牛出栏17.68万头，增长18.97%。羊出栏20.45万只，增长11.24%。水产品产量22万吨，下降1.9%；水产养殖面积2.04万公顷，增长1.58%，其中稻渔综合种养面积666.67公顷，稻虾养殖规模位居自治区第一。村级集体经济年收入达5万元以上建制村1071个，占68.83%。开展“三变”改革（农村资源变资产、资金变股金、农民变股东的改革）建制村663个。完成农村集体资产清产核资，累计清产核资单位数3.44万个（镇、村、组），核实资产219.19亿元。南宁农村土地承包经营权确权登记颁证基本完成。建成县级农村产权交易服务中心5个，累计8个。推进农产品质量安全诚信体系建设，采集1097家主体信用档案。完成蔬菜水果、畜禽产品、“瘦肉精”、水产品等县乡快速检测样品14.62万批次，合格率99.92%。春防期间，重大动物疫病免疫密度100%。50吨级渔政趸船落户南宁。“邕系”农产品(南宁香蕉、横县茉莉花、武鸣沃柑、隆安火龙果)品牌知名度和影响力持续增强。中国首趟果蔬高铁专列“鸣鸣果业·沃柑号”冠名南宁东—北京西动车组。横县茉莉花、茉莉花茶综合品牌价值202.97亿元，居广西农产品品牌价值第一位。南宁香蕉、横县茉莉花茶被评选为中国农业品牌目录2019农产品区域公用品牌。“武鸣沃柑”获准注册为地理标志证明商标；“横县甜玉米”“南宁火龙果”地理标志产品通过农业农村部评审；累计入选广西农产品品牌目录农产品品牌(企业品牌)40个(首批25个、第二批15个)；有“三品一标”(无公害农产品、绿色食品、有机农产品和农产品地理标志)产品181个；新增富硒认证农产品12个，累计49个。武鸣沃柑、茂谷柑等畅销全国，建成全国特色鲜明的优质晚熟柑橘产区；香蕉、茉莉花、火龙果、甜玉米等产业规模居全国之首。横县入选“2019中国茶旅融合十强示范县”，宾阳县国家农村产业融合发展示范园列入首批国家农村产业融合发展示范园。宾阳县古辣镇获准建设2019年全国农业产业强镇。横县、宾阳县、上林县被评为2019年度全国“平安农机示范县”。农村电商覆盖率90%，交易额超30亿元。新增广西休闲农业与乡村旅游示范点2个，马山县小都百屯入围首批全国乡村旅游重点村。开展信息进村入户，建成县级运营中心7个、益农信息社3246个，覆盖率82.53%。主要存在粮食生产成本增高，种粮效益低，农民生产积极性不高，撂荒使粮食稳增长形势严峻；水果产销矛盾加剧；乡村旅游、休闲农业新业态发展统筹规划不够，建设用地、配套设施不足；农业投资风险加大，社会资本投入度下降等困难和问题。

(廖锦鹏)

【农业产业化发展】 2019年，南宁市完善“公司+订单(地租、劳务)+农户”经营方式，推广“农业龙头企业+合作社+基地+农户”模式；宾阳县建立金融与农业实体相结合“古辣模式”，打造一站式农业社会化服务平台，保证入股农户获得保底收益、利润比例分红；隆安县建立土地流转“金穗模式”，实行利益联结机制。全市农村流转土地11.57万公顷，市级重点龙头企业数量和实力继续稳居自治区第一。新增农业产业化重点龙头企业23家，其中国家级3家(广西金陵农牧集团有限公司、广西四野牧业有限公司、广西富凤农牧集团有限公司)、自治区级5家、市级15家，累计205家(国家级16家、自治区级30家、市级159家)；新增自治区级农业龙头企业22家，累计60家；新增农民专业合作社540家，累计5509家。新增家庭农场151家，累计1166家，其中市级示范性家庭农场19家、自治区级示范性家庭农场12家。实施《南宁市特色水果“一中心两版块”产业发展五年规划》，以香蕉产业为主，突出火龙果、柑橘2个版块产业布局，发挥南宁水果优势产业；培育广西桂洁农业开发有限公司、广西南宁桂柑果业科技发展有限公司、广西鸣鸣果业有限公司、广西烟农农业生产资料有限公司、广西滨地生态农业投资有限责任公司柑橘标准化生产基地，集约化经营果园面积比率80%以上；南宁振企农业科技有限公司、广西佳年农业有限公司、广西金穗农业投资有限责任公司、广西金福农业有限公司等火龙果产业龙头企业采用连排、夜间补光新技术，提质增效；香蕉产业持续受枯萎病影响，面积、产量下降，引进、试种抗病新品种桂蕉9号、中蕉9号，遏制衰减速度；香蕉、火龙果面积、产量居自治区第一，柑橘居第二位。

(黄丽红　陆　丹)

【农业农村基本建设投资】 2019年，南宁市农业产业发展投资10.62亿元，其中中央财政4.10亿元，自治区财政资金2.42亿元，市本级财政9800万元，县级财政110万元，市财政切块下达贫困区县农业生产发展资金3030万元，业主自筹2.81亿元。按项目类别划分：粮食安全保障及产业提升项目投资4811.53万元，项目在建；蔬菜产业提升示范项目投资2675万元，项目在建；特色经济作物产业提升示范项目投资2961.17万元，项目完工；畜禽产业提升示范项目投资4954.20万元，项目完工；渔业产业提升示范项目投资1975.23万元，项目在建；高标准农田建设项目中央及自治区资金投资5.55亿元，市本级投入农田水利设施建设资金3580万元，田园综合体试点项目投入2.68亿元，项目在建。

(蔡汉辉)

【农业交流合作】 2019年4月至5月，南宁市与广州市互访，双方签订《“粤港澳大湾区‘菜篮子’”建设合作框架协议》，推动农产品流通。5月16日至17日，在广西隆安金穗生态园举行2019中国－东盟香蕉产业发展峰会。5月，菲律宾前外交部副部长周清琦一行到访，市农业农村局向代表团推介南宁市农业投资情况。6月24日至30日，南宁市组织企业参加在马来西亚举办的“广西农业丝路行——马来西亚推广节”系列活动；推进“两区一站”(自治区境外农业合作示范区、农业对外开放合作试验区、东盟农作物优良品种广西试验站)创建，投资建设境外农业合作示范区和东盟农作物优良品种广西试验站，促进与东盟在种质资源开发利用和现代种业领域合作；推荐有出口基地资格认证的广西顺来茶业有限公司、广西金花茶业有限公司、广西农垦永新畜牧集团有限公司良圻原种猪场、南宁市鑫源罗非鱼农民专业合作社、广西农垦永新畜牧集团金光有限公司等企业申报自治区出口农产品示范基地创建项目；组织8名农民骨干赴中国台湾地区参加培训4期，通过专题授课、实地考察、座谈交流等方式，学习先进理念和农业技术。加强粤桂扶贫协作，联合茂名市农业农村局在贫困县(马山县、上林县、隆安县)举办产业扶贫技术培训班，培训贫困村产业指导员、致富带头人、贫困户、县产业组工作人员700多人。

(韦　涛)

【集体土地流转】 2019年，南宁市农村土地流转总面积11.57万公顷，比上年新增898公顷，占农户承包土地总面积24%，涉及农户27.72万户。出台土地经营权入股发展农业产业化经营试点实施方案，鼓励农村土地经营权向新型农业经营主体流转，推动农产品生产基地建设规模化、标准化和产业化。加强土地承包经营权纠纷调解处理，区县均成立农村土地承包经营纠纷调解仲裁委员会，至年末，受理土地承包及流转纠纷1079件，保障土地流转双方合法权益。

(陆叶青)

种植业

【概　况】 2019年，南宁市贯彻落实粮食安全行政首长责任制，继续推进粮食生产供给侧改革，加大扶持力度，培育新型农业经营主体，形成粮食、蔬菜、水果、糖料蔗等优势特色农业产业。全市农作物播种面积97.95万公顷、比上年下降0.40%，其中粮食41.94万公顷、下降1.50%；经济作物22.62万公顷、下降1.20%，其中糖料蔗13.54万公顷、与上年持平，产量1133.76万吨、增长2.21%；水果种植面积14.45万公顷、增长2.52%，产量336.96万吨、增长22.81%；油料作物5.09万公顷、增长1.90%；桑园面积3.40万公顷、减少9%，累计发种量195.74万张，产茧量8.85万吨、减少0.89%。西(甜)瓜4.64万公顷、减少3.28%，产量121.82万吨，减少1.77%。其他农作物33.39万公顷、增长1.60%，其中蔬菜26.73万公顷、增长2.16%。经济作物(含其他农作物)种植面积占农作物总播种面积57.20%，粮食作物、经济作物的种植面积比例1∶1.3。主要存在粮食生产效益相对较低、农民种粮积极性不高、农村青壮年劳动力外出等多种原因影响,全市种植结构发生调整,粮食产量持续减少的问题。

【稻谷生产】 2019年,南宁市以绿色高质高效创建活动为抓手,实施农药化肥零增长行动,发展绿色生态农业和富硒农业,通过适用优化品种结构、统防统治与绿色生态种养样扳示范带动,推动绿色高质农业发展。在宾阳县、横县、上林县、马山县、隆安县、武鸣区、邕宁区7个主产区发展优质稻,在横县、宾阳县、隆安县3个优势区发展绿色稻、富硒稻,在宾阳县、青秀区、邕宁区发展有机稻。全市水稻播种面积26.26万公顷,比上年减少1.74%,其中优质稻23.29万公顷,占89%以上。水稻公顷产5470.55千克、减少0.13%,总产量143.64万吨、减少1.80%。主要品种有百香139、珍桂矮、佛山油粘、丝香一号等;杂交稻有特优7571、特优831、野香优2号、野香优9号、中浙优8号等品种。

【玉米生产】 2019年,南宁市继续调减非优势区玉米种植面积,在玉米主产的武鸣区、马山县、隆安县、横县重点发展优质杂交玉米,适度发展鲜食甜玉米、功能玉米和青贮玉米等。全市玉米播种面积10.92万公顷,比上年减少0.57%;公顷产4908.95千克,减少4.35%;总产量53.65万吨,减少4.88%。推广应用玉米套种大豆、木薯、花生种植模式。主推正大808、迪卡008、迪卡007等品种。

【豆类生产】 2019年,南宁市豆类播种面积2.27万公顷、比上年减少3.82%,公顷产1483.23千克、减少2.75%,总产量3.36万吨、减少6.42%。主要种植桂春6号、桂春8号、桂夏3号等品种。

【薯类生产】 2019年,南宁市在水稻播种面积连续缩减趋势下,把冬种马铃薯作为稳定粮食生产的保障措施。全市薯类播种面积2.42万公顷、比上年减少0.90%,公顷产1935.45千克、减少4.07%,总产量折合粮食4.69万吨、减少4.91%。以公司(企业)、种植大户为主体连片开发,采用"果薯套种""蕉薯套种"等种植模式,马铃薯播种7659.03公顷、减少3.61%,总产量折合粮食1.84万吨、减少10.94%;红薯播种1.66万公顷、增长0.40%,产量折合粮食2.85万吨、减少0.57%;木薯播种1.80万公顷、产量21.97万吨。主推荷兰15号(费乌瑞它)、希森3号、合作88、大西洋、丽薯6号、桂农薯、内蒙古系列品种。

【蔬菜生产】 2019年,南宁市继续实施蔬菜产业发展提升行动,市本级财政安排蔬菜基地建设项目资金1600万元,其中4个贫困区县800万元、其他8个区县800万元,推进蔬菜标准化生产,补助蔬菜基地基础设施和生产、采后处理预冷运输环节的设施建设。全市蔬菜播种面积26.73万公顷、总产量633.95万吨,分别比上年增长2.16%、6.20%,总量保持自治区第一。其中,叶菜类8.46万公顷、产量195.4万吨,白菜类2.70万公顷、63.36万吨,根茎类1.94万公顷、49.12万吨,瓜菜类4.72万公顷、127.89万吨,茄果类4.24万公顷、99.24万吨。

【油料生产】 2019年,南宁市油料作物主要品种有花生和油菜籽,油料作物播种面积5.09万公顷、比上年增长1.90%,产量15.57万吨、增长5.30%。发展高产优质油料新品种,重点推广中花11、桂花17、桂花21、梧油7号、桂花红35、桂花红95、桂花772等花生品种。

【食用菌生产】 2019年,南宁市财政投入资金219万元,扶持食用菌生产基地建设,其中扶持兴宁区五塘镇香菇黑木耳标准化基地建设项目115万元、隆安县食用菌一产、二产、三产融合提升扩建项目104万元,通过温控、喷淋循环降温、高低温菇循环种植等技术,实现食用菌周年工厂化生产。以横县为试点开展秸秆综合利用试点县项目,通过综合利用水稻秸秆收集开展培育双孢菇基料化利用模式,提高农作物秸秆消纳的潜力与效益,同时基料经二次发酵种植过双孢菇后留下的菌糠可直接当作有机肥用于农业生产,提高生产技术水平。全市食用菌种植面积2602.25公顷、产量20.72万吨,分别比上年减少3.17%、11.55%,主要种植双孢菇、香菇、木耳、凤尾菇、杏鲍菇、平菇等品种。

(李思瑶)

【糖料蔗生产】 2019年,南宁市完成糖料蔗生产保护区划定9.40万公顷,涉及11区县(除兴宁区外)83乡镇611村3942片块,设立县级标志牌11块、乡镇级标志牌83块、村级标志牌29块。持续推广机械化种植、地膜覆盖、深耕深松、中耕培土、节水灌溉、测土配方施肥、病虫害综合防控技术等。有甘蔗联合收获机271台、甘蔗植保飞机57台、甘蔗种植机454台、甘蔗田间运转车109台,安装北斗远程监控系统415台套,建设机械化种子配送中心3个。2018—2019榨季,全市甘蔗生产耕种收综合机械化水平64.48%,比上年增长6.81%,排自治区第三名;糖料蔗种植面积13.54万公顷、与上年持平,产量1133.76万吨、增长2.21%。主推粤糖93/159、新台糖22号、新台糖16号、桂柳05136、桂糖42号等品种,良种率超90%。

【茶叶生产】 2019年,南宁市有茶园969个(面积66.67公顷以上2个、6.67公顷至66.67公顷16个、6.67公顷以下951个),茶园面积2737公顷、比上年增加18.03%,产量0.37万吨,采摘面积2400公顷、与上年持平,干毛茶产值1.95亿元。主要分布在武鸣区、横县、上林县,主要栽培南山白毛茶、六堡茶、福云六号、福鼎大白、瑞灵1号、云南大叶茶、铁观音、大明山红茶、绿茶等品种,有"金花""周顺来""圣种"牌南山白毛茶、"圣种"牌六堡茶、圣山茶、六凤茶等品牌。有地市级龙头企业6个、规模茶叶企业154个,从业人员4.50万人,通过有机产品认证茶叶基地3个(广西南山白毛茶茶业有限公司、广西金花茶业有限公司、横县桔扬茶业有限公司)、面积150公顷,通过无公害认证企业2个(横县南方茶厂、广西顺来茶业有限公司)、面积66.67公顷,通过地理标志产品认证1个(横县茉莉花茶)、面积333.33公顷。

【茉莉花(茶)生产】 2019年,南宁市从事茉莉花种植、茉莉花茶加工等相关工作33万人。茉莉花种植7533.33公顷,产鲜花9万吨,产值22亿元;市场茶叶成交量1.30万吨,金额6.58亿元,加工茉莉花茶7.80万吨,产值75亿元,茉莉花产业带来旅游和商贸物流年产值超23亿元,茉莉花(茶)产业综合产值120亿元。有涉茶经营主体490家,其中生产加工主体130家,茶叶销售主体360家。生产加工主体中具有法人资格的110家,规模以上企业20家,年产值50亿元以上。自治区级龙头企业有广西南山白毛茶茶业有限公司,市级龙头企业有横县南方茶厂、广西金花茶业有限公司、横县桔扬茶业有限公司、广西顺来茶业有限公司等;茶叶专业合作社有横县江南茶叶种植专业合作社、横县小康茶叶种植专业合作社、横县旺寺茶叶种植专业合作社等;横县西南成品茶市场是广西最大成品茶销售中心。

【西(甜)瓜种植】 2019年,南宁市西(甜)瓜种植4.64万公顷,产量121.82万吨。西瓜种植4.06万公顷、产量109.38万吨,是全国西瓜主产区之一,主要分布在江南区、南宁经济技术开发区、西乡塘区、良庆区、武鸣区、横县,主要品种有小麒麟、黑美人、小富、花无籽等,江南区和南宁经济技术开发区连片种植西瓜面积1万公顷

2019年,南宁市水果种植面积14.45万公顷、产量336.96万吨。图为广西佳年农业有限公司武鸣区佳年火龙果生产基地　　市农业农村局提供

以上,是全国大型西瓜生产基地之一;甜瓜种植0.58万公顷、产量12.44万吨,主要分布在西乡塘区、武鸣区、青秀区、广西－东盟经济开发区等,其中广西－东盟经济开发区连片种植大棚网纹甜瓜面积200公顷以上,是广西最大设施网纹甜瓜生产基地,主要栽培品种广蜜1号、丰甜1号、珍珠香瓜等薄皮甜瓜及北海1号厚皮甜瓜。西(甜)瓜种植推广膜下滴灌等技术和间套种栽培模式,厚皮甜瓜主要采用大棚栽培模式。

【中药材生产】 2019年,南宁市加大财政专项扶持建设中药材种植标准化基地,提高药材种植机械化和播种、收割、喷药、施肥等现代化程度,通过鼓励龙头企业进驻贫困村,选择良产良种,因地适宜打造中药材标准化种植示范基地。全市中药材种植面积1.15万公顷、产量10.69万吨,主要品种有穿心莲、牛大力、金银花、铁皮石斛等。

【桑蚕生产】 2019年,南宁市围绕桑蚕产业服务脱贫攻坚的目标,以技术培训为抓手,创新培训方式,以桑蚕产业助力扶贫和乡村振兴建设。全市桑园面积3.40万公顷,累计发种量195.74万张,产茧量8.85万吨,比上年分别减少9%、21.65%、0.89%,农民卖茧收入34.25亿元,减少23.30%,蚕茧均价每千克41.27元。有缫丝加工企业19家,缫丝机组7.38万绪、减少4.65%,生丝产量4403吨、减少7.21%,生丝质量4A—6A级,缫丝企业总产值17.88亿元、减少3.73%。

(谭雅中)

【水果生产】 2019年,南宁市水果种植面积14.45万公顷、比上年增长2.52%,产量336.96万吨、增长22.81%。主要水果品种有柑橘、香蕉、火龙果、龙眼、荔枝、百香果等。其中柑橘6.23万公顷,产量133.56万吨,主要分布在武鸣区、上林县、隆安县、西乡塘区、横县、宾阳县、邕宁区等;香蕉3.02万公顷,产量131.60万吨,主要分布在武鸣区、西乡塘区、隆安县等;火龙果1.01万公顷,产量24.10万吨,主要分布在隆安县、武鸣区、良庆区、邕宁区等;荔枝7893公顷,产量3.09万吨,主要分布在良庆区、邕宁区和横县;龙眼8742公顷,产量7.23万吨,主要分布在武鸣区、邕宁区、良庆区和横县;百香果4120公顷,产量5.61万吨;杧果2679公顷,产量2.94万吨;菠萝199公顷,产量0.28万吨;梨680公顷,产量1.42万吨;枣458公顷,产量0.11万吨;柿子236公顷,产量1.02万吨;李412公顷,产量0.77万吨;桃273公顷,产量0.42万吨;葡萄1548公顷,产量3.01万吨。

(陆　丹)

林　业

【概　况】 2019年3月27日,南宁市林业局(简称"市林业局")正式挂牌成立,设办公室、政策法规科、生态保护修复科(首府绿化委员会办公室)、森林资源管理科、野生动植物保护与自然保护地管理科、产业科、人事科;行政编制30名、机关后勤服务人员控制数3名,在编24人、后勤服务人员5人。下属单位有南宁市森林公安局,编制75名,后勤服务人员控制数10名,在编77人;南宁市林业科学研究所编制43名,后勤服务人员控制数4名,在编38人;南宁市野生动植物保护站(南宁市野生动植物救护中心)编制22名,后勤服务人员控制数2名,在编19人;南宁市生态公益林工作站编制16名,在编18人;南宁市林业技术推广站(市乡镇林业工作站)编制16名,后勤服务人员控制数2名,在编18人;南宁市农村能源工作站(南宁市生态文明村建设工作站)编制11名,后勤服务人员控制数1名,在编12人;南宁市林政稽查大队编制21名,后勤服务人员控制数2名,在编21人;南宁市林业种苗站(市森林病虫害防治站)编制18名,后勤服务人员控制数2名,在编15人;南宁市丁当林场编制64名,后勤服务人员控制数6名,在编47人。全市新增现代林业产业龙头企业7家;林业产业总产值837.22亿元,其中第一产业产值253.77亿元、第二产业产值466.02亿元、第三产业产值117.43亿元。人造板产量818.90万立方米,花卉产业产值43.39亿元;森林旅游收入与休闲服务产值76.93亿元,林下经济产值70.40亿元。完成植树造林1.80万公顷,封山育林2320公顷,石漠化治理封山育林2320公顷,优化树种结构,桉树更新改造1033.33公顷;发生森林火灾49起,无重、特大森林火灾和人员伤亡事故发生,森林受害率控制在0.06‰。政策性森林保险完成投保面积31.75万公顷,其中商品林3.48万公顷,公益林28.27万公顷。累计建成农村户用沼气池50.60万户。主要存在森林资源保护工作压力大、措施软、积案多,基层防治检疫机构不健全等问题。

【集体林权制度改革】 2019年,南宁市深化集体林权制度改革,继续推进林下经济产业转型升级,加大政策性森林保险工作力度。完成政策性森林保险投保面积31.75万公顷。其中,公益林投保28.27万公顷,财政全额补贴保费424.09万元;商品林投保3.48万公顷、104.46万元;保费由财政补贴80%,农户(林业生产经营者)承担20%。

【森林资源】 2019年,南宁市林地面积110.48万公顷。按林地权属分:国有林地面积12.85万公顷,集体林地面积97.63万公顷。按森林类别分:商品林地77.18万公顷,公益林地33.30万公顷。森林面积115万公顷(含农地上的乔木林、经济林、竹林),森林覆盖率48.75%。全市分布有野生维管束植物248科1254属3988种,野生脊椎动物5纲41目135科408属727种。

【造林育林】 2019年,南宁市植树造林1.80万公顷,完成年度任务138%。其中,人工造林3125.40公顷(荒山造林702公顷、迹地人工更新2423.40公顷),完成年度任务195.30%;迹地萌芽更新1.25万公顷,完成年度任务129.60%;封山育林2325.20公顷,完成年度任务133.10%。完成石漠化治理封山育林2325.20公顷,中央财政造林补贴项目57.33公顷,优化树种结构,桉树更新改造774公顷,森林抚育5.95万公顷,全民义务植树1010.50万株。

【林业种苗】 2019年,南宁市绿化苗木产量3812万株;造林苗(1年生及以下苗)产量松树、杉树、桉树448万株,香樟144万株,澳洲坚果220万株,油茶60万株。开展春季完成林木种苗质量与执法专项检查及“双随机”(随机抽取被检查对象、随机选派检查人员)检查,检查49家造林苗圃、经济林苗圃、城镇绿化苗圃的林木种苗生产经营许可范围、档案、自检、标签制度,查出不合格林木种苗生产经营企业22家并督促整改。开展打击假冒伪劣林木种苗和植物新品种权保护专项行动1次,无假冒伪劣林木种苗和侵犯植物新品种权案件发生。邀请广西亚热带作物研究所、广西南亚热带农业科学研究所、市林科所相关专家技术人员到自治区内14家澳洲坚果苗木生产企业和苗圃进行苗木质量调研,确保年度澳洲坚果用苗供应。市林业种苗站委托广西苗优信息科技有限公司对南宁市林木种苗生产企业进行种苗数据监测,调查造林苗、经济林苗木生产经营企业152家,育苗面积142.96公顷,从业人员165人。监测结果:留床苗合数量482.60万株(裸根苗20.20万株、容器苗462.40万株),其中良种苗278万株,初步建立南宁市造林苗、经济林苗等数据库。

【花卉苗木】 2019年,南宁花卉苗木产量超900万株,花卉产业产值43.39亿元,主要分布在兴宁区、西乡塘区、江南区、横县等地,品种有桉树、松树、杉树、油茶等。市林业科学研究所获中央财政林木良种繁育补助项目。

【国有林场】 2019年,南宁市有国有林场10个,其中市属1个(丁当林场),区县管辖9个(横县石塘林场、横县镇龙林场、宾阳县黎塘林场、马山县光明山林场、马山县永州林场、隆安县礼智林场、邕宁区八里亭林场、良庆区南州林场、武鸣区朝燕林场);在职在编职工694人、在职不在编1人、退休1145人,在职职工人均年工资收入7.20万元。经营总面积4.05万公顷,活力木蓄积量256.10万立方米,其中天然林蓄积量26.60万立方米。人工造林面积5143.20公顷,其中速丰生产林462.10公顷。地产低效改造面积33.30公顷,森林抚育面积3464.60公顷,人工更新面积1373.30公顷,木材产量27.49万立方米。

【林下经济】 2019年,南宁市林下经济发展面积17.06万公顷,林下经济产值70.40亿元,从事林下经济林农41.60万人,惠及林农61.90万人。主要有林药模式(林下种植草珊瑚、金银花、金花茶、两面针等)、林禽模式(主要是林下养鸡)、林畜模式(林下养猪、牛、羊等)、林下产品采集加工模式(主要是藤芒编织及松脂、竹笋、野菜等采集加工)、林下旅游等。全市有农民林业专业合作社60个,以林下养羊、养鸡、养猪及林下种植中草药为主,流转林地总面积3200公顷、入社1467人。

【森林旅游】 2019年,南宁市有森林公园8处,总面积7612.74公顷。其中,国家级森林公园2处(良凤江国家森林公园、九龙瀑布群国家森林公园)、自治区级森林公园6处(武鸣朝燕森林公园、七坡森林公园、南宁市五象岭森林公园、老虎岭森林公园、金鸡山森林公园、高峰森林公园)。获广西森林旅游资源开发利用与服务质量评定专家委员会评定“广西森林康养基地”1个(南宁龙门水都森林康养基地)、“广西森林体验基地”2个(广西大明山森林体验基地、南宁市西乡塘区老木棉森林体验基地)、“五星级森林人家”1个(七坡林场立新森林人家)。累计获评国家A级森林旅游景区6家,其中国家AAAAA级景区1家(南宁青秀山风景名胜旅游区)、国家AAAA级景区4家(南宁大明山风景旅游区、良凤江国家森林公园、龙虎山风景区、九龙瀑布群国家森林公园)、国家AAA级景区1家(南宁市凤凰谷生态景区)。全市森林公园建设投入672.59万元;林业草原旅游、康养与休闲产业产值76.93亿元,接待旅游人数1807.69万人次。

【林业招商与林业产业龙头企业】 2019年,南宁市开展林业招商引资突破年行动,重点包装涵盖森林生态旅游、森林康养、林产品精深加工、花卉苗木等现代林业产业项目。赴江苏省、浙江省上门招商推荐,新引进广西环途旅游发展有限公司开发广西天生伶俐休闲谷项目,总投资5000万元。新增现代林业产业龙头企业7家(广西得力木业开发有限公司、广西上林县林发松香有限公司、广西南宁明源木业有限公司、广西林业集团桂谷实业有限公司、南宁市广成木业有限公司、广西国控林业投资股份有限公司、广西马山县和林木业有限公司)。

【林政管理】 2019年,南宁市许可采伐林木蓄积量498.65万立方米,占自治区下达任务119%;获审核审批项目224宗,许可长期使用林地面积1435.59公顷,突出保障民生、扶贫、省市重点重大项目使用林地需求。森林公安机关立刑事案件1043起,破484起,取保候审398人,刑事拘留49人,逮捕44人,直接起诉276人。林业执法机构立林业行政案件642起(比上年减少25.95%),其中查结515起、行政处罚524人次。兑现公益林补偿资金6490.20万元,资金兑现率95.10%。落实停止天然林商业性采伐,核实天然商品林面积1.68万公顷。在武鸣区、横县等试点林长制改革,全市设立县级林长43名、乡镇级林长387名、村级林长863名,树立林长制公示牌307个。

【森林防火】 2019年,南宁市通过专项检查指导林业部门秋冬季森林防火、深入林区乡镇开展森林防火宣传教育、开展森林火灾风险隐患信息采集等措施,防范森林火灾。全市发生林火49起(一般森林火灾45起、较大森林火灾4起),过火面积245.34公顷,受害森林69.92公顷,森林受害率控制在0.06‰,无重、特大森林火灾发生和人员伤亡事故发生。森林受害率控制在0.06‰。

【林业有害生物发生与防治】 2019年,南宁市林业有害生物发生3045.56公顷,成灾89.23公顷,成灾种类为松材线虫病,成灾率0.087‰,发生种类主要为松材线虫病、马尾松毛虫、油桐尺蛾、桉树紫斑病、桉树叶斑病、桉蝙蛾、桉树枝枯病、八角叶甲、薇甘菊、桉木虱、松材线虫病、松墨天牛、桉树青枯病、松毒蛾(马尾松毒蛾)、板栗疫病等。松材线虫病发生89.23公顷,主要发生在兴宁区三塘镇、五塘镇、昆仑镇,青秀区伶俐镇、南湖街道,西乡塘区(高新区)安吉街道、安宁街道、心圩街道,江南区(经开区)吴圩镇;马尾松毛虫发生700.27公顷,主要发生在武鸣区马头镇和朝燕林场、马山县林圩镇、青秀区伶俐镇、市林科所等;油桐尺蛾发生546.73公顷,主要发生在武鸣区太平镇和朝燕林场、宾阳县露圩镇、横县莲塘镇和六景镇、马山县永州林场等地;桉树紫斑病发生498公顷,主要发生在隆安县南圩镇、乔建镇、都结乡、屏山乡;桉树叶斑病发生287.67公顷,主要发生在武鸣区锣圩镇、宾阳县陈平镇、马山县周鹿镇、横县莲塘镇和镇龙乡等;桉蝙蛾发生207.13公顷,主要发生在横县校椅镇和云表镇、马山县林圩镇、隆安县城厢镇、武鸣区、江南区等;桉树枝枯病发生178.67公顷,主要发生在隆安县城厢镇、屏山乡；八角叶甲发生面积146.67公顷，主要发生在上林县；薇甘菊分布面积137.79公顷，主要分布在兴宁区三塘镇和五塘镇、江南区沙井街道、南宁经济技术开发区吴圩镇和那洪街道、武鸣区甘圩镇等；桉木虱发生93.80公顷，主要发生在横县莲塘镇、云表镇、镇龙乡；松墨天牛发生68.53公顷，主要发生在武鸣区宁武镇、朝燕林场等；桉树青枯病发生42.33公顷，主要发生在马山县林圩镇和永州镇、横县镇龙乡；松毒蛾（马尾松毒蛾）发生26.20公顷，主要发生在横县莲塘镇、武鸣区、市林科所；板栗疫病发生14.67公顷，主要发生在隆安县城厢镇、乔建镇。南宁市有市级森防机构1个、县级森防检疫机构7个，武鸣区、宾阳县、马山县、横县、隆安县为国家级中心测报点。林业有害生物监测1.50亿亩次。实施防治作业2870.13公顷，其中应用白僵菌、松墨天牛诱剂等无公害农药实施防治作业2793.33公顷，无公害防治率94.70%。实施种苗产地检疫1174.76公顷，种苗产地检疫率100%；木材调运检疫265.70万立方米。开展春、秋两季松材线虫病专项普查和每月巡查，调查松林15.19万公顷，发现松材线虫病发生89.23公顷；疫情发生区发现、清除枯死松木7286株（兴宁区3425株、西乡塘区3098株、江南区264株、青秀区499株）。开展春、秋两季薇甘菊专项普查，调查林地面积102.07万公顷，发现薇甘菊分布面积137.79公顷，防治120.25公顷，经防治，林地薇甘菊盖度小于15%。开展红火蚁专项普查，调查发现7个区县（开发区）林地和绿化苗圃发生红火蚁，发生面积256.27公顷，市林业部门组织防治128公顷（其余130.67公顷由当地农业部门防治），投放药剂326.50千克。

【农村能源建设】 2019年，南宁市累计建成农村户用沼气池50.70万户，适宜建池农户入户率71.20%，年产气量1.10亿立方米。新建成自治区财政林业改革发展资金中小型农村有机垃圾沼气工程项目13个，总池容3650立方米，总投资312万元，年可产气18万立方米；年可发电27万度，节约电费16.20万元；年可节约化肥农药11.30万元；年可节约薪柴900吨，保护林地90公顷；年可处理人畜粪便4500吨；年可减少二氧化碳排放900吨；年可减少二氧化硫排放6.70吨；年增收节支113万元。新建成自治区财政林业改革发展资金农村太阳能公共照明示范项目24个，总投资240万元，安装太阳能路灯720杆（盏），覆盖村屯24个，受益1.20万人。 （梁惠萍）

【山林纠纷调处】 2019年，南宁市制定《南宁市林业局防范化解重大风险工作实施方案》，指导区县（开发区）林业主管部门调处、化解、稳控突出矛盾纠纷问题；印发《南宁市林业局关于印发做好新中国成立70周年大庆、中国－东盟"两会"期间涉林矛盾及其不稳因素排查和稳控措施》。参与跨市山林纠纷调处工作会议2次、跨区县山林纠纷调处22次，接待涉林矛盾纠纷问题上访人员52批、132人，直接和配合处理信访件38件。

（市自然资源局）

【林业科技与推广】 2019年，南宁市获林业科技获项目资金414.30万元，其中中央财政123万元、自治区财政150万元、南宁市科学技术局5万元、其他经费136.30万元；实施及管理的林业科技项目18个，其中中央财政林木良种补贴项目1个、自治区财政补助项目3个、市科技局项目1个、其他项目1个、管理历年延续项目12个。利用全国科技活动周、科技下乡、林业系统科普大行动开展科普宣传活动和科技下乡扶贫，开展科技下乡指导培训7次，参加自治区内外林业科技交流11次（外省单位3次、自治区内单位8次）。推进科技成果推广和应用，《马蹄笋丰产栽培技术研究与应用示范》《牛大力种源试验及林下丰产栽培技术研究与示范》《大型丛生竹优良竹种选择及高效栽培技术研究》3个项目获市级科技成果，推广面积50.40公顷；其他项目通过验收2项。

（梁惠萍）

2019年3月至6月，南宁市开展春季松材线虫病监测普查。图为监测普查现场

市林业局提供

畜牧业

【概　况】 2019年，南宁市改善畜牧业生产基础条件，推动养殖产业扶贫，扶持短平快养殖产业，畜禽养殖市场整体供应充足。肉类总产量58.80万吨、比上年下降10.55%，禽蛋产量3.73万吨、增长27.29%，牛奶产量1.48万吨、增长18.53%，生猪出栏352.18万头、下降29.96%，家禽出栏1.62亿羽、增长17.97%，牛出栏17.68万头、增长18.97%，羊出栏20.45万只、增长11.24%。牧业产值199.94亿元、增长6.30%，占农林牧渔业比重24.20%。主要存在受非洲猪瘟疫情防控形势与猪周期等多重因素影响，生猪产能大幅下滑等问题。

【畜禽养殖】 2019年，南宁市生猪出栏352.18万头、比上年下降29.96%，生猪存栏140.81万头、下降55.31%。其中，能繁母猪存栏14.87万头、下降60.94%。生猪出栏500头以上的规模养殖场517家，规模出栏比重51.34%，比上年增长13个百分点。其中，年出栏5000头以上的大型规模养殖场51家，出栏万头以上的大型规模养殖场15家。引进新希望六和股份有限公司、江西正邦科技股份有限公司、广东海大集团股份有限公司等大型企业，推进生猪规模养殖基地等重大项目建设，其中宾阳正邦投产，隆安正邦、宾阳海大年底前竣工，新希望六和股份有限公司与武鸣区、良庆区、江南区等签订投资合作协议35亿元，规划建设200万头生猪全产业链项目。推广"铁桶计划"等生猪复养模式，依托广西扬翔股份有限公司、广西汉世伟食品有限公司、广西利源农牧有限公司等龙头企业，以大带小，帮助中小规模养殖场恢复生产。家禽出栏1.62亿羽，增长17.97%；年末家禽存栏7337.46万羽，增长33.17%。应对猪肉价格上涨、居民禽肉消费增加需求,组织区县和大型企业及时调整生产计划,加快发展肉鸡肉鸭等“短平快”畜禽养殖;加强市场动态监测,及时发布预警信息,指导养殖户适时出栏补栏;宾阳、马山、上林、邕宁等区县加快产业扶贫,提高养殖户养殖肉鸡肉鸭的积极性。肉鸡以南宁市广东温氏畜禽有限公司、广西富凤农牧有限公司、广西金陵农牧集团有限公司、隆安凤翔家禽有限责任公司、南宁农利来种禽科技有限公司、广西和盈农牧有限公司、广西利源科技养殖有限责任公司等企业为代表,肉鸭以广西华兴食品有限公司、广西德隆禽业有限责任公司、广西绍丰农牧科技有限公司、广西科源家禽养殖有限责任公司等企业为代表,产能快速扩张,增幅20%~30%;“公司+规模场(家庭农场)”等新型产业经营模式逐渐成熟,规模化率不断提高,年出栏10万羽以上的家禽养殖场(户)85家,存栏量占全市家禽总量70%以上;逐渐形成自治区肉鸡种源企业聚集区,种禽存栏400多万套,年孵化禽苗超过5亿羽。牛出栏17.68万头、增长18.97%,牛存栏46.62万头、下降8.45%,羊出栏20.45万只、增长11.24%,羊存栏22.86万只、下降7.94%。按照农产品供给侧结构转变现代农业特色产业发展规划,发展高质量草食动物产业,建成青秀田野牧歌肉牛产业示范区、上林山水牛扶贫产业(核心)示范区、武鸣香山源种羊产业示范区、隆安桂西牛养殖产业示范区等自治区级、市级现代特色农业(核心)示范区,广西四野牧业有限公司、广西武鸣绿世界生态农业投资有限公司、宾阳县祥岭养殖有限责任公司、广西山水牛畜牧业有限责任公司、广西康禾牧业有限公司逐步打开屠宰加工和销售渠道,形成南宁市草食动物产业特色。争取到中央财政资金223万元,青秀区、武鸣区和隆安县国家粮改饲项目,对收贮青贮玉米、甘蔗尾稍、优质牧草等进行补贴,通过以养带种方式推进种植结构调整,以种带养发展草食动物养殖,完成饲草料种植面积886.67公顷和收贮量4.61万吨。组织实施品种改良完成牛杂交配种5.49万头,其中本交1.04万头(黄牛4559头、水牛5892头);人工授精配种4.45万头(黄牛3.06万、水牛1.39万头),分别完成年度任务黄牛109%、水牛107%,牛人工授精占杂交配种比例81%;生产杂交牛犊4万头(含本交),其中黄牛2.66万头、水牛1.34万头。引进努比亚等优秀种公羊个体,改良马山黑山羊等本地山羊品种,提纯复壮。有种公羊4361只,其中良种公羊存栏3400只,带动羊杂交改良配种14.35万只,产仔18.13万只。

【生态养殖】 2019年,南宁市继续推进畜禽现代生态养殖,推广生态栏舍建设改造和全程益生菌发酵技术。通过自治区畜禽现代生态养殖场认证的畜禽规模场156家,累计616家(五星级38家、四星级220家、三星级358家),占规模场总数95%。开展畜禽养殖废弃物资源化利用,争取到中央预算内财政资金5232万元,指导武鸣区、横县等畜牧养殖区县实施资源化利用整县推进项目;组织宾阳县、马山县、上林县、隆安县申报2019年整县推进项目。全市畜禽养殖废弃物资源化利用率78.75%,规模养殖场粪污处理设施装备配套率90.97%。

【生鲜乳生产与管理】 2019年,南宁市存栏奶牛5051头,牛奶产量1.48万吨。设有生鲜乳收购站(点)10个,从事生鲜乳运输车辆13辆。组织开展全覆盖的生鲜乳专项整治行动,出动人员475人次,检查生鲜乳收购站60家次、检查生鲜乳运输车116辆次;完成生鲜乳质量安全监测465批,主要检测生鲜乳中三聚氰胺、β-内酰胺酶、皮革水解蛋白、碱类物质、青霉素残留、四环素残留等情况,检测合格率100%。（许丽丹）

【畜牧强制免疫】 2019年,南宁市免疫生猪、牛、羊牲畜口蹄疫分别为490.50万头、49.71万头、23.86万只,免疫鸡鸭鹅高致病性禽流感分别为1.36亿羽、4618.93万羽、88.60万羽,免疫生猪猪瘟、高致病性猪蓝耳病分别为225.02万头、479.77万头,免疫家禽鸡新城疫1.28亿羽,免疫羊小反刍兽疫20.80万只,免疫犬狂犬病24.83万只。供应兽用疫苗1.33亿毫升,发放1.42亿毫升。全年动物疫情平稳,未发生重大动物疫情。

【动物检疫】 2019年,南宁市加强对上市畜禽及其产品的产地检疫、屠宰检疫。产地检疫电子出证实施率100%,125个动物产地检疫申报点按规定实施电子出证,17个畜禽屠宰场屠宰检疫电子出证实施率100%。继续加强对区县产地检疫、屠宰检疫的监督管理,督促区县动物卫生监督机构加强对辖区内官方兽医动物检疫的监管;动物产地检疫申报受理率、到场实施检疫率均100%;产地检疫生猪361.82万头、牛10.09万头、羊0.29万只(均检出并无害化处理零头),禽2.26亿羽;有18个屠宰场(定点生猪屠宰厂16个、家禽屠宰企业2家)、98家屠宰场关停清理或停业整改状态。全市动物卫生监督机构入驻实施检疫,屠宰场(点)受检率100%;屠宰检疫生猪276.49万头(检出病猪2337头),屠宰检疫合格牛5.52万头(检出病牛4头),禽类500.79万羽(检出病禽6羽)。监督检查15个区县、开发区动物卫生监督机构,抽查125个动物检疫申报点、113个畜禽屠宰场(点),出具《动物卫生监督管理督导意见书》12份,没有发现买卖空白检疫证明、虚开检疫证明等违法违规行为,没有发生因管理不善导致检疫票证遗失事件。

【动物疫病监测】 2019年,南宁市完成15个区县(开发区)、28个乡镇、28个村、270户散养户、60个规模养殖场现场检查,高致病性禽流感、新城疫、口蹄疫、猪瘟、小反刍兽疫应免畜禽群体免疫密度均100%。完成血清免疫抗体检测1.70万份,合格1.60万份,合格率94.13%;病原学检测1.35万份,其中猪圆环病原学检测7份核酸阳性,其余为阴性,合格率99.90%。

【非洲猪瘟防控】 2019年,南宁市成立以市长周红波为指挥长的非洲猪瘟防控工作指挥部,召开常务会5次、专题工作会10次,采取全面排查、严格调运监管、规范检疫、落实屠宰环节“两项制度”(派驻官方兽医制度、屠宰企业开展“非洲猪瘟”自检制度)、关停不合格屠宰企业、开展消毒灭源除污染行动、加大防疫经费投入、加快非洲猪瘟检测实验室建设、强化培训等措施落实非洲猪瘟防控,全年未发生非洲猪瘟。累计出动人员19.46万人次,排查养猪场10.56万个次、散养户156.97万户次、屠宰场1.86万个次、交易市场926个次、无害化处理场点8236个次,排查生猪合计6169.46万头次、产品337批次1316吨,未发现异常情况。设立生猪调运监管临时检查站48个,拦截违规调运生猪35车次,处置违规调运生猪1042头、生猪产品175千克,立案22起,结案22起,罚款22.78万元。累计消毒生猪养殖场6.40万场次、无害化处理场1428场次、病死动物收集(掩埋)点3185个次、饲料兽药生产经营场所4235场次、定点屠宰场567场次、肉品加工厂79个次、生猪产品交易市场1538场次、冷库660个次、家猪野猪疫情交叉传播风险区域2个和运输车辆1.79万辆次,使用消毒药286.46吨。取消未整改达标且不具备继续整改条件企业生猪定点屠宰资格89家(宾阳县18家、横县21家、马山县13家、上林县9家,隆安县4家、武鸣区5家、青秀区4家、西乡塘区4家、兴宁区4家、邕宁区3家、良庆区4家)。按要求开展荧光PCR(聚合酶链式反应)非洲猪瘟自检在产生猪屠宰企业17家,

2019年10月，市动物疫病控制中心工作人员在广西绿色城市动物无害化处理有限公司（动物无害化处理厂）采集病死猪监测样品

市农业农村局提供

在产屠宰的17家企业按照年度屠宰量应派驻官方兽医人数100人，实派驻官方兽医人数109人，按要求配齐官方兽医。获授权的非洲猪瘟检测实验室27家。落实动物防疫经费1.50亿元（中央自治区资金3708万元、市本级资金3637万元、区县资金7607万元）。安排非洲猪瘟防控资金5097万元，其中市级安排资金3438万元。

【病死动物监管】 2018年3月至2019年2月，南宁市养殖环节统计上报监督处理病死猪38.12万头（区间数），补助经费1966.24万元（中央1097.53万元、自治区483.02万元、市174.49万元、区县211.20万元）。区县按要求公示，通过“一卡通”形式发放养殖环节病死猪无害化处理补助经费。2019年，南宁市推进区县级病死猪监管平台体系建设，在武鸣区、西乡塘区和青秀区推行使用并取得良好成效的基础上，继续推进上林县、宾阳县、马山县、隆安县、邕宁区、良庆区、江南区、兴宁区、南宁经济技术开发区9个区县（开发区）病死猪监管平台建设，投入资金58万元。

【人畜共患病监测】 2019年，南宁市组织开展奶牛布鲁氏菌病和结核病集中监测，检测家畜布病血清1.60万头次，奶牛结核病血清7620头次，检出并无害化处理布病阳性家畜17头、结核病阳性牛12头；血吸虫病检测703份；开展宠物犬狂犬病抗体检测264份次，抗体阳性率99.24%。

【兽药安全监管】 2019年，南宁市有兽药生产企业11家、兽药经营企业491家，全部兽药生产经营企业实现100%GSP（兽药经营质量管理规范）平台追溯管理。完成兽药质量抽检46批、合格率100%，兽药残留抽样30批、合格率93.30%，检查兽药生产企业11家、兽用生物制品经营企业30家，重点检查兽药追溯实施情况兽药产品批准文号申报现场核查情况，下达整改通知书2份，处罚违法行为企业12家，处罚金额11.41万元。

（林　贤）

渔　业

【概　况】 2019年，南宁市水产养殖面积2.04万公顷，比上年增长1.58%。其中，池塘养殖面积8947公顷，水库养殖面积1.02万公顷，河沟养殖面积1025公顷，其他养殖面积236公顷。水产品总产量22万吨、下降1.90%，其中淡水养殖产量20.86万吨、淡水捕捞产量1.14万吨。编制完成并发布市级及12个区县的养殖水域滩涂规划，规划期为2019年至2030年，建立基本养殖水域保护制度，稳定水产养殖面积。市农业农村局和市直10个委办局联合印发《南宁市加快推进水产养殖业绿色发展工作实施方案》。主要存在渔业缺乏品牌带动能力，特色渔业产业化发展水平有待提高等问题。

【水产养殖】 2019年，南宁市水产养殖面积2.04万公顷，其中池塘养殖8947公顷，水库养殖1.03万公顷，河沟养殖1025公顷，其他养殖236公顷。淡水养殖产量20.86万吨，其中池塘养殖产量9.69吨，水库养殖产量8.80吨，河沟养殖产量2吨，其他养殖产量0.37吨。年内，财政安排资金（含切块资金）1000万元，推进渔业设施化改造，重点推进水产养殖业绿色发展，发展循环水设施高密度养殖模式，在隆安县、上林县、青秀区等地建设高密度循环水养殖示范基地，建成投产循环水槽（池）74个、养鱼集装箱32个。发展稻虾综合种养面积666.67公顷，产小龙虾1250吨，稻虾综合产值超6200万元，稻虾养殖规模位居自治区第一，主要集中在上林县、隆安县、江南区、良庆区等。广西仁者虾水产养殖有限公司、广西泉景生态农业有限公司2个养殖基地获“农业农村部水产健康养殖示范场”称号。

（何姝祯）

【水产品安全监管】 2019年，南宁市强化渔业质量安全监管，检查生产、经营企业358家，检查渔业基地185个（次），未发现违法违规养殖行为；开展苗种产地检疫6批次，检疫鱼苗、虾苗222.30万尾，全部合格；完成淡水养殖鱼类苗种疫病监测抽样检测60个样。出动执法人员770人次，查处兽药残留超标问题2起，涉及

2019年，南宁市发展循环水设施高密度养殖模式。图为广西仁者虾公司循环水池养殖基地

市农业农村局提供

金额 26.06 万元,责令整改 2 起。

(周 琼)

【渔政执法】 2019 年,南宁市组织开展专项执法行动 233 次,出动执法车 159 辆次、执法船艇 166 艘次、执法人员 974 人次;检查渔船 518 艘次、市场 22 次、渔具销售门店 15 个,未发现违法行为。开展南宁市 2019 年水生野生保护动物监督管理"双随机"检查,检查企业 3 家,并将情况公示。完成渔船年度检验 1568 艘次,检验率 100%,合格率 100%(含复检合格),隐患整改率 100%。 (何姝祯)

农村经济管理

【概 况】 2019 年,南宁市完成自治区级、市级和县级农村集体产权制度改革试点工作,累计建成农村产权交易服务中心 8 个;完成农村集体资产清产核资,农村集体资产总计 219.19 亿元;农村承包地确权面积 43.15 万公顷,土地流转面积累计 11.57 万公顷;农村集体产权制度改革进入村集体经济组织成员身份确认、折股量化和成立村集体经济组织等改革新阶段。向自治区申报村级集体经济项目 124 项,获得扶持资金 6200 万元。全市 1556 个建制村(农村社区)村级集体经济收入均达到 4 万元以上,其中 5 万元以上 1071 个、占比 68.83%,10 万元以上 381 个、占 24.49%。确认划定粮食生产功能区 17.60 万公顷、糖料蔗生产保护区 9.40 万公顷。宾阳县古辣镇马界村、隆安县那桐镇定江村、兴宁区三塘镇围村入围首批全国乡村治理体系建设试点村镇。主要存在机构改革后农村经济经营职能未完全理顺,基层农村经济经营管理队伍弱化,农业经济专业人员缺乏等问题。

(苏洁霞)

【农村综合改革】 2019 年,南宁市完成自治区级(江南区)、市级(江南街道)和 13 个(每个区县 1 个、南宁经开区 1 个)县级农村全面集体产权制度改革试点任务。建成县级农村产权交易服务中心 5 个,累计 8 个。完成农村集体资产清产核资任务,清产核资单位总数 3.44 万个(村级 1511 个、组级 3.29 万个)。农村集体资产总计 219.19 亿元(经营性资产 95.25 亿元、非经营性资产 123.94 亿元)。农村承包地确权面积 43.15 万公顷,应颁证农户数 105.81 万户,已颁证 102.48 万户,颁证率 96.87%。完成确权档案归档整理和数字化扫描 97.04 万份,完成率 91.13%。全市区县土地确权登记颁证数据均通过农业农村部系统质检和人工核查入库。完成市辖区内所有区县测绘底图接边,形成区县和全市一张图拼接,通过自治区农业农村厅质检。建成市、县、乡镇三级统一的确权登记管理信息系统及数据库,完成市、县、乡镇三级平台联网上线的调试部署。 (陆叶青)

【粮食生产功能区与糖料蔗生产保护区】 2019 年,南宁市完成全市 12 个区县的粮食生产功能区、11 个区县(除兴宁区外)的糖料蔗生产保护区划定和验收,划定粮食功能区划定面积 17.60 万公顷,其中横县 3.58 万公顷、宾阳县 2.98 万公顷、武鸣区 2.82 万公顷、上林县 1.49 万公顷、马山县 1.35 万公顷、隆安县 1.34 万公顷、邕宁区 1.12 万公顷、江南区 7896.78 公顷、西乡塘区 6864.42 公顷、良庆区 6103.90 公顷、青秀区 4875.40 公顷、兴宁区 3456.40 公顷;划定糖料蔗生产保护区 9.42 万公顷,其中宾阳县 1.87 万公顷、武鸣区 1.69 万公顷、横县(自治区糖料蔗生产保护区划定试点县)1.54 万公顷、隆安县 1.08 万公顷、良庆区 8006.82 公顷、邕宁区 5343.07 公顷、上林县 4719.48 公顷、江南区 4676.87 公顷、青秀区 4007.16 公顷、马山县 2849.20 公顷、西乡塘区 2792.07 公顷。 (阙祖杰)

【农产品质量安全】 2019 年,市农业农村局开展蔬菜水果例行监测及乡镇监测(定性)样品 11.77 万个,合格率 99.93%。完成自治区监测任务 2585 批次(畜牧产品质量安全监测 150 批次、县级快速检测 1774 批次、畜禽产品兽药残留监控 30 批次、畜禽产品风险监测 35 批次、"瘦肉精"专项监测 550 批次、生鲜乳专项监测 26 批次、自治区监督抽查 20 批次),产品监测合格率 100%。完成市本级任务 2.52 万批次(畜牧产品动物组织 311 批次、畜禽产品兽药残留监控 80 批次、实验室动物抽样检测 400 批次、养殖屠宰环节"瘦肉精"现场快速检测 2.44 万批次),均未发现阳性样品。完成自治区、市本级水产品监测 646 批次(自治区成鱼监测 128 批次、产品监测合格率 98.44%,苗种 16 批次、合格率 100%,自治区监督抽查 6 批次、合格率 100%,市本级例行监测任务 236 批次、合格率 100%,县级快速检测 260 批次、合格率 100%),监测合格率 99.69%,均未发现阳性样品。下达不合格产品跟踪抽查通知 14 份,涉及柑橘、蔬菜等品种,区县均按照要求进行处理和抽检。开展农产品质量安全专项整治,围绕农药及农药残留、农资打假、兽用抗菌药物、"瘦肉精"、生猪屠宰监管、产地水产品兽药残留及非法投入品和生鲜乳质量安全等开展 7 个专项整治行动,严防农产品质量安全生产事故,检查生产经营企业 1.29 万家次,出动 2.02 万人次,查处问题 206 起,涉及金额 64.37 万元,责令整改 292 起,取缔无证无照企业 40 家,吊销证照企业 1 家,涉及金额 195.58 万元。以"双随机"(执法对象随机、检查人员随机)监督检查方式为重点,开展饲料、种畜禽、生鲜乳、农药、肥料、农产品质量安全与生产基地、绿色食品包装标识标志等检查,涉生产经营企业 460 多家。采集 1097 家农产品生产经营主体信用档案,向南宁市公共信用信息共享平台报送信息 109 条;开展"诚信建设万里行"农业主题系列宣传活动,发放宣传资料 2000 余份,接受咨询 500 多人次,签订饲料企业诚信经营承诺书 9 份,农药及种子生产企业诚信经营承诺书 20 份;印发《南宁市农资与农产品监管"红黑名单"管理办法》,推进农业信用体系建设。

(周 琼)

2019 年 10 月 9 日,市农业农村局在横县开展水产品质量安全抽检 何姝祯提供

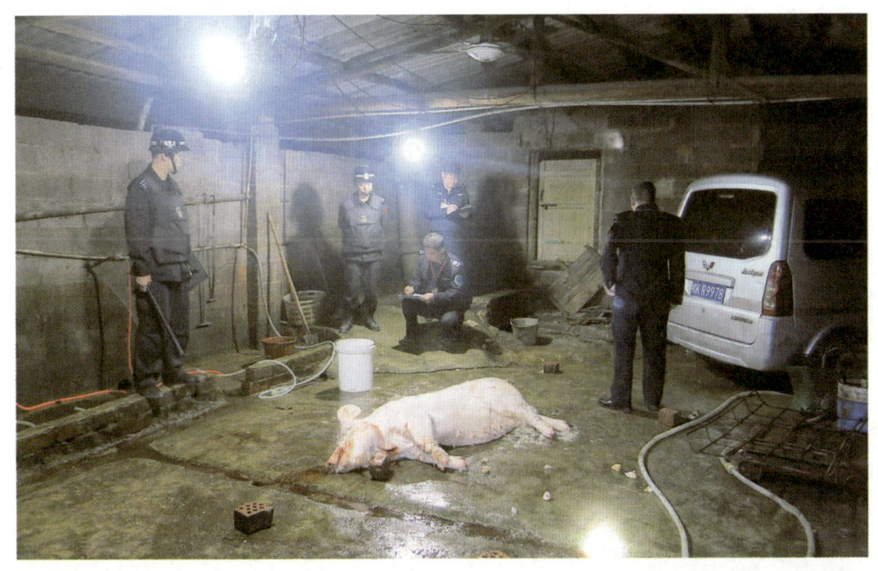

2019 年 3 月 14 日，市农业综合执法支队联合城区部门查处生猪私宰窝点。图为执法现场
文亮提供

【农业执法】 2019 年，南宁市农业综合行政执法立案 24 起(种植业 4 起、养殖业 2 起、植物检疫 4 起、渔政 6 起、动监 6 起、屠宰 2 起)，办结 13 起，出动执法人员 2862 人次，上缴罚没款 10.31 万元。组织执法检查兽药、饲料生产企业、养殖企业 191 家；检查种子、农药、化肥等生产经营企业 744 个次；开展非洲猪瘟防控、屠宰场、养殖场、动物诊疗机构、动物检疫等专项行动 6 次，排查使用泔水饲喂生猪的养殖场 961 个；现场检查生猪定点屠宰场 12 个、生猪规模养殖企业 3 个、病死动物无害化处理厂 4 个；与公安、食药监、城区农业等主管部门开展联合执法 10 次，出动人员 806 人次、车辆 149 辆次，排查生猪私宰窝点 226 次，发现可疑窝点 11 个。开展打击生猪私屠滥宰行动 8 次，出动人员 456 人次、车辆 89 辆次，查处生猪私宰窝点 15 个，查获已宰生猪产品 4330.20 千克、生猪 108 头。与公安局水上派出所、城管支队开展"禁渔护渔"联合执法行动 11 次、夜间执法 7 次，没收渔获物 67.50 千克、电鱼设备 13 套，收缴地笼网 49 张、刺网 915 多米，拆毁迷魂阵等陷阱类 48 张(套)；检查展销鳄鱼皮摊位 4 个，展销珊瑚摊位 5 个。检查植物生产经营企业 10 家、合作社或家庭农场 20 家、经营门店 130 多间。农机部门逐级签订责任状 13 份；与公安、交通等部门开展联合执法行动 2 次，检查农业机械 401 台次，纠正违法违章 1185 次，下达责令整改通知书或监督意见书 57 份，发放宣传资料 1.08 万份。接到举报投诉 33 件，调查核实处理反馈 33 起，投诉举报受理率 100%，群众满意度 100%。指导区县办理行政处罚案件 53 起。

（文 亮）

农业科技

【概 况】 2019 年，南宁市有农业专业技术人员 1950 人(高级专业技术 63 人、中级专业技术 926 人、初级专业技术 961 人)，其中种植业 719 人、农机 233 人、畜牧 118 人、兽医 430 人、渔业 78 人、农业经济 68 人、其他专业 304 人。南宁市农业部门以提高农民整体科学素质为目标，推动农业科普与科技创新相结合，推广节水技术 31.50 万公顷，实施测土配方施肥 46.93 万公顷，实施绿色防控 79.50 万公顷次，实施统防统治主要粮食作物 19 万公顷。创建农作物病虫害绿色防控集成示范区 102 个，示范区核心面积 9943.33 公顷，"稻—虾"生态综合种养示范基地 466.67 公顷。南宁市获广西农牧渔业丰收奖"农业技术推广成果奖"二等奖 3 个，三等奖 1 个。武鸣区香山源种羊示范区与广西壮族自治区农业科学院、广西大学等科研院所、高等院校合作，申请国家实用新型专利 26 项，获评广西种羊肉羊产学研科技示范基地、广西五星级畜禽生态养殖场。重大动物疫病春防免疫密度 100%，开展产地检疫生猪 311.64 万头，屠宰检疫生猪 259.71 万头；获得授权非洲猪瘟检测实验室 27 家。完成蔬菜水果、畜禽产品、瘦肉精、水产品等县乡快速检测样品 7.91 万批次，合格率 99.90%。农作物种子市场检查质量合格率 93.80%，蔬菜种子质量监督抽查合格率 85.70%。以水稻、玉米种植基地为重点开展转基因生物安全检测，未检出转基因。在农业示范区建立和引进农业农村电商 465 家。西乡塘区"美丽南方智慧农业园区"创新项目、横县"'智慧乡村'系统提升乡村管理水平"创新项目被农业农村部信息中心评为"2018 年度全国县域数字农业农村发展水平评价创新项目"。组织参加 2019 年全国科技活动周南宁市活动、科技服务基层系列主题科普活动、农民科学素质网络知识竞赛活动，实施乡村振兴农民科学素质提升行动和南宁市全民科学素质行动。举办 2019 年科技下乡服务春耕活动和农业科技大集、科技讲座、科技培训班 1038 期，培训农民 16.41 万人。以示范区为基础创建自治区级农业科技园区 7 个，国家级"星创天地"7 个、自治区级 19 个。建成信息进村入户工程县级运营中心 7 个、益农信息社 3246 个，建制村覆盖率 82.53%。主要存在基层农业技术人员短缺，年龄和知识结构不合理，科技下乡、农村新型实用人才缺乏等问题。

（梁克非）

【农业科技与技术培训】 2019 年，南宁市有农业专业技术人员 1950 人(高级专业技术 63 人、中级专业技术 926 人、初级专业技术 961 人)，其中种植业 719 人、农机 233 人、畜牧 118 人、兽医 430 人、渔业 78 人、农业经济 68 人、其他专业 304 人。实施整市推进新型职业农民培育工程，开展生产经营型、专业技能型、专业服务型、创业创新型 4 大类型新型职业农民培育对象摸底调查和遴选。新增认定新型职业农民 207 人；遴选优秀现代青年农场主、新型农业经营主体带头人 30 人，市级财政为每人最高投入 5 万元技术咨询、交流培训资金。市财政安排农民教育培训经费 15 万元，培训农村党员、农村经济组织负责人、农民专业合作组织负责人、种养大户、农业机械手、计生户、贫困户 1500 人次。举办产业扶贫培训班 413 期，每个贫困村培育创业致富带头人 3 人以上，培训贫困群众 1.81 万人次。

（梁克非 蒙雯瑚）

【新技术新品种引进与推广】 2019 年，南宁市完成水稻集中育秧技术 8 万公顷，水稻"三控"(控肥、控苗、控病虫)技术 3.73 万公顷，水稻水气平衡栽培技术 5.67 万公顷，玉米"一增三改"(合理增加种植密度，改种耐密型高产品种，改粗放用肥为配方施肥，改人工种植、收获为机械化作业)技术 4.13 万公顷，粮食间套种 2 万公顷，地膜玉米栽培技术 8666.67 公顷，玉米免耕栽培技术 2.53 万公顷，超级稻 11.33 万公顷等增产增效技术示范推广。示范推广广粮香 2 号、粮发香丝、桂野丰、广 8 优香丝苗、野香优莉丝等水稻新品种；晚稻引进新品种 81 种，开展"看禾选种·助农增收"活动，建立种子管理部门看禾推介品种、种子经销商看禾营销品种、农民看禾选用品种沟通机制。实施农业重大技术协同推广项目,开展稻田综合种养技术示范,完成“稻—灯—螺”示范 2.67 公顷、“稻—灯—鸭”示范 4 公顷,“稻—鱼”示范 1 公顷。横县示范推广水旱轮作、水稻“三控”技术相结合的“甜玉米 + 水稻 + 甜玉米”种植模式,实现钱粮双增。横县、宾阳县开展新型水稻“多年生稻”PR25、PR107 水稻品种(品系)种植试验。宾阳县开展“粘贴板”播种育秧新技术试验示范。（毕晓磊）

【现代特色农业示范区建设】 2019 年,南宁市开展现代特色农业示范区建设增点扩面提质升级行动。横县现代农业产业园通过验收考核,被认定为国家现代农业产业园;广西山水牛现代农业产业园、隆安火龙果现代农业产业园获批创建自治区级现代农业产业园。隆安县金穗火龙果产业核心示范区、横县南山茶香古韵茶旅产业核心示范区、西乡塘区顶哈鸽产业核心示范区、马山县华星柑橘产业核心示范区、邕宁区告祥时宜桑蚕产业核心示范区、隆安县那多米产业核心示范区、武鸣区香山源种羊产业核心示范区、宾阳县兴拓蔗业核心示范区、良庆区百乐澳洲坚果产业核心示范区 9 个示范区被认定为“广西现代特色农业核心示范区”,累计获认定自治区级核心示范区 39 个。创建市级示范区 8 个,新增县级示范区 26 个、乡级示范园 82 个、村级示范点 413 个。累计获认定市级示范区 61 个、县级示范区 88 个、乡级示范园 219 个、村级示范点 1008 个。各级示范区核心区面积 4.49 万公顷,土地流转面积 3.34 万公顷,入驻农业企业 693 家、农民合作社 898 家、家庭农场 311 家,解决农民就业 10.56 万人,直接带动 18.74 万户农民从事特色农业生产,引领农业增效、农民增收、农村发展。（苏洁霞）

【农作物种子生产与管理】 2019 年,南宁市持有农作物种子生产经营许可证企业 120 家,生产经营主要农作物种子企业 24 家。市农业农村局以水稻、玉米种子为重点开展春季种子市场检查,以蔬菜种子为重点开展秋季种子市场检查,以水稻、玉米种植基地为重点开展转基因生物安全检测。抽取种子样品 84 样(水稻 59 份、玉米 18 份、蔬菜 7 份),涉及种子生产经营企业、门店及种植户 80 个;农作物种子市场检查抽取样品 37 份,质量不合格 1 份、品种真实性不合格 1 份,质量合格率 94.59%;蔬菜种子抽查样品 7 份,质量不合格 1 份,质量合格率 85.71%;种子样品未检出转基因。区县开展种子生产经营备案管理、种子市场专项检查执法能力培训班,培训种子管理员 50 人。处理种子质量投诉案件 5 起;组织专家指导隆安县开展农作物种子质量纠纷田间鉴定,现场鉴定 10 多公顷毛节瓜品种真实性,化解种植户与种子企业矛盾。开展主要粮食作物品种情况调查,开展主要农作物产销情况调查等种子行业信息统计。（梁克非）

【植物检疫】 2019 年,南宁市定期、不定期组织开展农业植物检疫督导检查。开展执法检查 57 次,出动车辆 81 辆次,出动人员 249 人次,植物检疫专项执法 1 次、联合执法 1 次,检查 12 个区县,抽查 39 个乡镇,检查 16 家企业、27 家合作社或家庭农场、160 多间经营门店,发放宣传资料 7800 多份。市本级立案查处案件 4 起,查获涉案品种 13 种、涉案种子 855 千克,涉案货值 4.13 万元;上缴处罚金额 1.51 万元,督办区县办理涉嫌违规行为 4 起,遏制违规调运种子势头。（张文飞）

【农作物病虫鼠草害防治】 2019 年,南宁市农作物重大病虫鼠害总体发生程度为中等局部中等偏重,与上年持平;发生总面积 173.48 万公顷次,其中水稻病虫害发生面积 42.19 万公顷次;玉米病虫害发生面积 11.51 万公顷次,首次发现草地贪夜蛾危害玉米;甘蔗病虫害发生面积 17.54 万公顷次;果树病虫害发生面积 20.63 万公顷次;蔬菜病虫害发生面积 17.42 万公顷次;农田鼠害发生面积 15.90 万公顷次。实施防治总面积 170.94 万公顷次,挽回农作物经济损失 84.03 万吨,总体防效 86.50%。利用中央、自治区转移支付资金和各级财政资金建设统防统治与绿色防控相融合示范区 102 个,示范面积 9933.33 公顷,辐射带动面积 10.34 万公顷,累计减少化学农药使用量 3.74 吨,平均每亩节本增效粮食作物 41.98 元,经济作物 110.80 元。主要粮食作物实施专业化统防统治面积 19 万公顷,覆盖率 43.50%;实施绿色防控面积 79.50 万公顷次,绿色防控覆盖率 33.43%。（农珍玉）

【土壤肥力改造】 2019 年,南宁市有耕地土壤质量监测点 98 个(国家级监测点 3 个、自治区级监测点 5 个、县级监测点 90 个)。投入商品有机肥、复合微生物肥、绿肥种植补贴等耕地土壤肥力改良资金 4502.02 万元(自治区、市和区县财政资金 760.32 万元、农民自筹 3741.70 万元)。开展土壤肥料田间试验 28 个,年度耕地质量等级评价土样采集 1322 个,化验 1.83 万项次。实施测土配方施肥 77.33 万公顷(水稻 25.13 万公顷、玉米 10.59 万公顷、甘蔗 10.10 万公顷、果蔬等其他作物 31.51 万公顷),完成自治区农业厅下达任务 168.12%,测土配方施肥覆盖率 90.03%。通过增施有机肥、土壤调理剂、秸秆还田、冬种绿肥、配方施肥、深耕深松、节水灌溉、坡改梯等措施,改良中低产田 2.17 万公顷;冬种绿肥播种面积 1.57 万公顷(专用绿肥 0.41 万公顷、兼用绿肥 1.16 万公顷);秸秆还田 43.46 万公顷(水稻秸秆还田 21.40 万公顷、玉米 6.46 万公顷、其他作物 15.60 万公顷);施用有机肥 138.49 万吨、施用面积 16.57 万公顷,新型肥料 15.39 万吨,比上年增长 6.13 倍,建立化肥减量增效示范片 109 个,示范面积 1.36 万公顷;推广节水技术 35.93 万公顷,其中推广水肥一体化技术 7.69 万公顷。参与富硒开发企业 53 家、农产品生产基地 61 个,富硒农产品生产面积 3738

2019 年 12 月 9 日,市土壤肥料工作站技术人员在隆安县那桐镇灵利村对“富硒香蕉生产技术研究试验”进行现场测产　黄武杰　摄

公顷，获认证产品12个，其中获广西富硒农产品开发办公室、广西富硒农产品协会评为广西名优富硒产品7个（横县南方茶厂的茶叶、广西顺来茶叶有限公司的茶叶、广西农垦永新畜牧集团有限公司的猪肉、隆安县昌隆开发有限公司的西秀山大米、广西金福农业有限公司的伊蜜火龙果、隆安县桂西牛专业合作社的牛肉、广西力拓农业开发有限公司的大米），获世界硒都（恩施）硒产品博览交易会组委会评为中国名优（特色）硒产品1个（横县莉香生态农牧业科技有限公司的富硒香米）。

（黄武杰）

【绿色食品产品】 2019年，南宁市有有效期内广西绿色食品产品6类57个，主要产品有大米（香丝苗大米、泰皇茉莉香米、紫砂香黏米、状元油黏米）、水果（沃柑、茂谷柑、红肉脐橙、香蕉、番石榴、火龙果、杧果、东魁杨梅）、蔬菜（莜麦菜、红薯、甜玉米）、白砂糖、饮用天然矿泉水、肥料（含腐殖酸水溶肥料、生物有机肥料、含氨基酸水溶肥料、微量元素水溶肥料）。生产企业42家。

（韦悦妮）

表9 2019年南宁市绿色食品（生产资料）企业名录(42家)

获证企业	产品名称	产品编号	证书有效期
广西横县西津矿泉水有限公司	饮用天然矿泉水	LB-38-1703201470A	2017年3月11日至2020年3月10日
广西鸣鸣果业有限公司	沃柑	LB-18-1704202434A	2017年4月28日至2020年4月27日
广西金福农业有限公司	红心火龙果	LB-18-1705202493A	2017年5月2日至2020年5月1日
广西南宁市绿滋宝农业科技公司	红心火龙果	LB-18-1705202821A	2017年5月8日至2020年5月7日
广西金穗生态科技股份有限公司	生物有机肥	LSSZ-01-1706200019	2017年8月至2020年8月
广西垂青生物科技有限公司（生资）	含腐殖酸水溶肥料（大量元素型）	LSSZ-01-1709200023	2017年9月至2020年9月
广西南宁碧湾园生态农业开发有限公司	莜麦菜	LB-15-17122010363A	2017年12月2日至2020年12月1日
横县六毓番石榴种植专业合作社	番石榴	LB-18-1712208850A	2017年12月20日至2020年12月19日
南宁振企农业科技有限公司	火龙果	LB-18-17122010191A	2017年12月23日至2020年12月22日
广西海泉农业有限公司	火龙果	LB-18-18022000889A	2018年2月2日至2021年2月1日
广西农垦糖业集团良圻制糖有限公司	白砂糖（一级）	LB-12-18032003137A	2018年3月6日至2021年3月5日
广西桂洁农业开发有限公司	红肉脐橙	LB-18-18072004862A	2018年7月3日至2021年7月2日
广西农垦国有明阳农场	沃柑	LB-18-18082006147A	2018年8月2日至2021年8月1日
广西绿园农庄农业科技有限公司	东魁杨梅	LB-18-18082006802A	2018年8月21日至2021年8月20日
横县峦城镇方村淳茹红薯种植专业合作社	方村淳茹红薯	LB-13-19082007710A	2019年8月21日至2022年8月20日
广西联翔农业投资有限责任公司	沃柑	LB-18-18082006971A	2018年8月27日至2021年8月26日
广西惠旺尔农业科技有限公司（生资）	多砘、图形牌 微量元素水溶肥料	LSSZ-01-1808200089	2018年8月31日至2021年8月30日
	甜家、图形牌 含腐殖酸水溶肥料	LSSZ-01-1808200090	2018年8月31日至2021年8月30日
广西桂洁农业开发有限公司	沃柑	LB-18-18102008830A	2018年10月20日至2021年10月19日
	茂谷柑	LB-18-18102008831A	2018年10月20日至2021年10月19日
隆安县高明农业水果种植专业合作社	沃柑	LB-18-18122010507A	2018年12月7日至2021年12月6日
广西佳年农业有限公司	红心火龙果	LB-18-19012001009A	2019年1月13日至2022年1月12日
宾阳县佳年农业有限公司	火龙果	LB-18-18062004458A	2019年1月13日至2022年1月12日
广西广美农业有限公司	沃柑	LB-18-19022001389A	2019年2月28日至2022年2月27日
广西滨地生态农业投资有限责任公司	香蕉	LB-18-19042005329A	2019年4月21日至2022年4月20日
广西南宁桂柑果业科技发展有限公司	沃柑	LB-18-19042003282A	2019年4月22日至2022年4月21日
广西农垦糖业集团金光制糖有限公司	白砂糖	LB-12-19052005328A	2019年5月21日至2022年5月20日
广西金穗农业投资有限责任公司	火龙果	LB-18-19062008508A	2019年6月29日至2022年6月28日
	香蕉	LB-18-19062008509A	2019年6月29日至2022年6月28日

续表 9

获证企业	产品名称	产品编号	证书有效期
广西力拓米业集团有限公司	香丝苗大米	LB-03-19071005748A	2019年7月1日至2022年6月30日
	泰皇茉莉香米	LB-03-19072005749A	2019年7月1日至2022年6月30日
	紫砂香黏米	LB-03-19072005750A	2019年7月1日至2022年6月30日
	状元油黏米	LB-03-19072005751A	2019年7月1日至2022年6月30日
南宁糖业股份有限公司	白砂糖	LB-12-19072007543A	2019年7月13日至2022年7月12日
	白砂糖	LB-12-19072007544A	2019年7月13日至2022年7月12日
	白砂糖	LB-12-19072007545A	2019年7月13日至2022年7月12日
	白砂糖	LB-12-19072007546A	2019年7月13日至2022年7月12日
广西龙穗农业有限公司	火龙果	LB-18-19082007814A	2019年8月23日至2022年8月22日
南宁市亿豪种养农民专业合作社	沃柑	LB-18-19112010945A	2019年11月21日至2022年11月20日
广西垂青生物科技有限公司(生资)	有机水溶肥料	LSSZ-01-1910200116	2019年11月至2022年11月
	含氨基酸水溶肥料	LSSZ-01-1910200117	2019年11月至2022年11月
横县校椅镇桂果果蔬种植家庭农场	横县甜玉米	LB-18-19122013222A	2019年12月25日至2022年12月24日
广西铭康名优农业有限公司	火龙果	LB-18-19122013225A	2019年12月25日至2022年12月24日
南宁市杏花香芒种植专业合作社	杧果	LB-18-19122013248A	2019年12月25日至2022年12月24日
广西横县汇佳农业科技发展有限公司	横县甜玉米	LB-18-19122013249A	2019年12月25日至2022年12月24日
横县校椅现代农业果蔬种植专业合作社	横县甜玉米	LB-18-19122013250A	2019年12月25日至2022年12月24日
广西金沃田生态农业有限公司	金沃田茂谷柑	LB-18-19122013251A	2019年12月25日至2022年12月24日
	金沃田沃柑	LB-18-19122013252A	2019年12月25日至2022年12月24日
横县鑫源果蔬种植专业合作社	横县甜玉米	LB-18-19122013261A	2019年12月25日至2022年12月24日
广西横县万源农业有限公司	横县甜玉米	LB-18-19122013262A	2019年12月25日至2022年12月24日
横县校椅镇红桥农产品种植专业合作社	横县甜玉米	LB-18-19122013263A	2019年12月25日至2022年12月24日
南宁市横县铭通现代农业技术有限公司	横县甜玉米	LB-18-19122013264A	2019年12月25日至2022年12月24日
横县百合镇基旋养殖家庭农场	横县甜玉米	LB-18-19122013266A	2019年12月25日至2022年12月24日
横县石塘镇旺壮甜玉米种植专业合作社	横县甜玉米	LB-18-19122013275A	2019年12月25日至2022年12月24日
广西铭和农业科技发展有限公司	茂谷柑	LB-18-19122013179A	2019年12月26日至2022年12月25日
	沃柑	LB-18-19122013180A	2019年12月26日至2022年12月25日
	火龙果	LB-18-19122013181A	2019年12月26日至2022年12月25日

农业机械化

【概　况】2019年,南宁市重点推广农用植保无人机、自走式粉垄机、轨(索)道运输机等丘陵山区优势特色农作物生产急需机械装备。有农机具134.93万台(套),新增3.28万台套,农机总动力503.10万千瓦。横县、宾阳县、上林县被评为2019年度全国“平安农机示范县”。主要存在丘陵山地地区适用机械匮乏、甘蔗机械化收获水平低、农机维修人员不足等问题。

【农业机械拥有量】2019年,南宁市有农机具134.93万台(套),其中拖拉机12.34万台(大型拖拉机0.15万台、中型拖拉机0.93万台、小型拖拉机11.26万台),耕整地机械18.23万台,种植机械0.47万台,农业动力机械29.07万台,排灌机械14.25万台,田间管理机械1.33万台,收获机械1.44万台,收获后处理机械13.55万台,农产品初加工机械10.77万台(套),畜牧机械2.16万台,水产机械0.37万台,农田基本建设机械0.14万台,农用航空机械78台,其他农业机械30.80万台(套)。农机总动力503.1万千瓦。水稻机械化育秧中心12个。

【农业机械化作业水平】2019年,南宁市农业耕种收综合机械化水平64.32%,居自治区第三;水稻耕种收综合机械化水平85.88%,居自治区首位;甘蔗耕种收综合机械化水平64.48%,居自治区第四。完成机耕79.15万公顷、机械深

2019 年 5 月，南宁市深耕深松现场演示培训在武鸣区举行　　　　市农业农村局提供

耕 11.37 万公顷、机播(插)30.03 万公顷、机械灌溉作业 16.25 万公顷、机械施肥 8.28 万公顷。检修农机具 41.79 万台(套)。

【农业机械化技术推广应用】 2019 年，南宁市推广水稻、甘蔗、玉米、马铃薯等主要作物生产全程机械化技术，加大水果、茶叶、桑蚕等经济作物生产机械化技术及设施装备推广，重点推广果园多功能机械、水肥一体化(喷淋)设施、烘干机械、单(双)轨运输机、农用无人机等机械设备。推广应用畜牧水产养殖绿色环保机械化技术及机械装备、蔗叶粉碎还田机械化技术、水稻、玉米秸秆粉碎还田机械化技术等农机化技术和装备设施应用。投入专项资金 40 万元，在广西－东盟经济技术开发区、武鸣区开展甘蔗种子工厂、轨道运输机等示范推广项目。

【农业机械购置补贴】 2019 年，南宁市获农机购置补贴资金 1.46 亿元，调整后为 9340.21 万元，其中中央补贴资金 6650 万元，自治区补贴资金 2690.21 万元；绩效考评任务为中央资金 9600 万元。全年使用补贴资金 9885.84 万元，其中中央补贴资金 7231.41 万元，自治区补贴资金 2654.43 万元；完成自治区下达绩效考评任务中央补贴资金 9600 万元的 75.33%。结算资金 5297 万元，其中中央资金 2749 万元，自治区资金 2548 万元。资金使用量自治区排名第一，其中中央补助资金使用量自治区排名第二，自治区资金使用量自治区排名第一。全市发放农机购置补贴申请表 4520 份，受益 3771 户，补贴机具 5009 台，拉动社会资金 3.43 亿元，财政资金引导效果 1∶3.47。

【农业机械社会化服务】 2019 年，南宁市以甘蔗、水稻等主要和优势特色农作物为重点推进农机社会化服务，鼓励和引导农机服务组织、农机跨区作业服务队开展跨区作业，办理农机跨区作业证 213 份，跨区作业面积 5.45 万公顷，作业收入超 1.60 亿元。持续推进宾阳县、隆安县、上林县、武鸣区、西乡塘区甘蔗“双高”(高产高糖)基地开展甘蔗生产全程社会化服务试点，对蔗地粉垄整地、甘蔗机械化种植、甘蔗机械化统防统治、甘蔗切断式机械化收获补助 4 个作业环节予以补贴。发放甘蔗生产全程社会化服务作业补贴 168.49 万元。武鸣区带领属地糖企、农机合作社到哈尔滨等地学习考察农机精准作业系统管理平台。武鸣香山糖厂投入 120 多万元建设基于北斗系统的智慧农机管理系统，辐射武鸣区、广西－东盟经济技术开发区超 2 万公顷的“双高”基地。安装北斗远程监控系统 521 台套，信息化监测试点示范面积 1.70 万公顷，北斗卫星导航自动驾驶系统技术示范面积 758.67 公顷，全程社会化服务作业补助面积 1.27 万公顷。

【农业机械质量投诉监管】 2019 年，南宁市未接到农机质量投诉案件。举办全国 3·15 消费者权益日农机质量宣传广西会场活动期间，开展农机质量宣传咨询现场活动 14 次，出动人员 255 人，发放宣传资料 1.58 万份，悬挂宣传横幅 44 条，制作宣传展板 19 块，向农机手发送“3·15”宣传主题短信 1.10 万条，展销农机 55 台次，现场接待群众咨询服务 924 人次，指导投诉维权 11 人次。开展放心农资下乡进村宣传周活动，开展宣传活动 33 场次，出动宣传人数 410 人次，制作展板 10 个、标语和横幅 54 条，发放宣传资料 2124 份，举办现场咨询培训 12 场次，接受咨询群众 9768 人次，惠及 17 个村、51 户。

【农业机械安全监管】 2019 年，南宁市完成拖拉机年检 9978 台、新机注册登记 572 台。其中，轮式拖拉机 400 台，手扶式拖拉机运输机组 1 台，轮式联合收割机 88 台，履带式联合收割机 83 台。新考驾驶人 1058 人(准予驾驶轮式拖拉机证 1026 人、准予驾驶手扶拖拉机证 2 人、准许驾驶履带式联合收割机证 30 人)。开展现场农机安全宣传活动 654 次，出动宣传车 871 辆次、宣传人员 4182 人次，发放宣传材料 15.37 万份，受教育驾驶人、群众 26.33 万人次。开展执法监控活动，出动执法人员 5016 人次，检查农业机械 1.37 万台次，纠正违法违章 1185 次。深化“平安农机”创建，横县、宾阳县、上林县被评为 2019 年度全国“平安农机”示范县。　　（李　霞）

表 10　　**2019 年南宁市主要农业机械拥有量情况表**

农机总功率(万千瓦)	大型拖拉机		中型拖拉机		小型拖拉机		耕整机及微耕机		种植机械			收获机械						谷物烘干机(台)	排灌机械(万台)
												水稻联合收割机		甘蔗收割机		其他收获机械			
	数量(万台)	功率(万千瓦)	数量(万台)	功率(万千瓦)	数量(万台)	功率(万千瓦)	数量(万台)	功率(万千瓦)	插秧机(万台)	甘蔗种植机械(台)	其他种植机械(台)	数量(万台)	功率(万千瓦)	数量(台)	功率(万千瓦)	数量(万台)	功率(万千瓦)		
503.10	0.15	14.06	0.93	42.94	11.26	111.13	7.43	38.98	0.43	391	2	0.43	19.95	374	4.37	0.97	0.96	174	1425.75

说明：数据来源于 2019 年自治区农机化管理统计年报

水利

【概况】 2019年机构改革，南宁市水利局（简称“市水利局”）水资源调查和确权登记管理职责调整至南宁市自然资源局，编制水功能区划、排污口设置管理、流域水环境保护职责调整至南宁市生态环境局，农田水利建设项目管理职责调整至南宁市农业农村局，水旱灾害防治职能划转至南宁市应急管理局，防汛抗旱指挥部的职责调整至南宁市应急管理局。调整后，市水利局设办公室、规划财务科、人事科、水资源科（南宁市节约用水办公室）、政策法规科、农村水利水电科、水土保持科、水利工程建设科（科学技术科）、水利工程运行管理科、水库移民安置科、水库移民后期扶持科、监督科、河长制工作科（河湖管理科）、水旱灾害防御科（水利信息化办公室）和机关党委、机关纪委；编制减至52名、在编51人，后勤控制数减至5名、在编4人。负责指导12个区县和南宁高新技术产业开发区、南宁经济技术开发区、广西－东盟经济技术开发区水利业务。局属事业单位15个（正处级单位1个、副处级单位3个、科级单位11个），编制698名，在编579人。其中，南宁市邕江防洪排涝工程管理中心，参照公务员法管理事业单位，正处级，编制175名，在编147人；南宁水利电力设计院，生产经营事业单位，相当副处级，编制92名，在编75人；南宁水利电力工程处，生产经营事业单位，相当副处级，编制125名，在编94人；南宁市大王滩水库管理处，公益一类事业单位，相当副处级，编制80名，在编67人；南宁市水资源管理服务中心，公益一类事业单位，相当正科级，编制13名，在编13人；南宁市水政监察支队，参照公务员法管理事业单位，相当正科级，编制30名，在编27人；南宁市水土保持监测分站，公益一类事业单位，相当正科级，编制5名，在编4人；南宁市五化灌区工程管理处，公益一类事业单位，相当正科级，编制11名，在编9人；南宁市灌溉试验站，公益一类事业单位，相当正科级，编制15名，在编13人；南宁市屯村河水库管理所，公益一类事业单位，相当正科级，编制28名，在编25人；南宁市防汛抗旱物资储备中心，公益一类事业单位，相当正科级，编制26名，在编24人；南宁市龙潭水库管理所，公益二类事业单位，相当正科级，编制22名，在编16人；南宁市天雹水库管理所，公益二类事业单位，相当正科级，编制25名，在编22人；南宁市金沙湖水利工程管理所，公益二类事业单位，相当正科级，编制30名，在编28人；南宁市良凤江水利工程管理所，公益二类事业单位，相当正科级，编制21名，在编15人。年内，南宁市落实资金9.90亿元（中央补助资金3.02亿元、自治区补助资金1.12亿元、市级财政水利预算资金4.70亿元、区县自筹1.06亿元），下达计划水利项目21批次、712个；实施农村饮水安全工程1037个，受益104.87万人；提前完成年度自治区为民办实事农村饮水安全巩固提升工程187个、市政府为民办实事农村区域集中连片供水项目12个；治理水土流失52.24平方千米；新硬化进库道路6条8.06千米；实施五化、六冯等大中型灌区节水配套改造及农业水价综合改革；完成中央小型水利项目建设35项；推进邕宁区防洪工程二期、那平江堤、市抗洪救灾物资储备中心建设；新建续建除险加固病险水库（水闸）工程25个，完工13个。主要存在水利基础比较薄弱，补短板、强基础资金投入不足；行业监管能力有待加强。

【水利改革】 2019年，南宁市小型水利工程管理体制改革基本完成，兴宁区、江南区、青秀区、西乡塘区、邕宁区、良庆区、武鸣区、横县、宾阳县、上林县、隆安县、南宁经开区12个非试点区县（开发区）完成市级验收，最终核定纳入改革的小型水利工程管理体制改革1.85万个，明晰工程产权1.84万个、完成率99.46%，发证1.84万本、完成率99.46%，落实工程管护主体和责任1.85万个、完成率100%。落实农业水价综合改革专项资金1552万元，其中五化灌区1029万元、宾阳县六冯灌区240万元、马山县六朝灌区230万元、西乡塘区美丽南方田园综合体53万元。农业水价综合改革完成，各改革灌区水权明晰，项目区内实行总量控制，由水库管理所将水权分解到各建制村；制定运行管理制度；核算农业供水价格，实行超额累进加价收费方式；配套安装计量设施；实行节水奖励政策；推行水权转让。改革后，农业水权明确，管理关系理顺。

【农田水利建设项目】 2019年，南宁市争取中央及自治区实施农田水利项目资金8803万元。其中，大型灌区五化灌区续建项目资金1275万元，完成投资1275万元、完成率100%，完成渠道防渗加固13.25千米，新建改造附属建筑物203座，恢复改善灌溉面积293.33公顷，节水428万立方米；武鸣区暮定灌区节水改造项目，投入资金794万元，完成率100%，恢复改善灌溉面积133.33公顷，节水135万立方米；广西重大水利工程乐滩水库引水灌区二期工程（宾阳支渠）项目，投入资金5269万元，完成率100%，恢复改善灌溉面积2066.67公顷；投入中央投资资金1465万元，完成小型水利建设项目35个，累计新增供水能力32万立方米，改善灌溉面积1133.33公顷。南宁市下达2019年至2020年度冬春农田水利基本建设计划总投资1.59亿元，实施项目79个，其中农村集中连片规模供水工程21个、大中型灌区主干渠应急维修工程13个、水库进库道路建设25个及其他水利工程20个，完成率100%。实施自治区水利厅农村人居环境三年行动清淤疏浚治理试点项目5个，总投资100万元，项目全部完工。投入资金336万元，开展基层水利服务体系能力建设，完成横县、上林县、马山县、隆安县、江南区乡镇水利站和农村用水合作组织、水管所基础设施建设，完成率100%。实施2019年度中央（自治区）财政补助公益性水工程维修养护项目，投资1253万元，完成投资1181万元，完成率86.67%。

【水库除险加固工程】 2019年，南宁市实施新建续建水库（水闸）除险加固工程25座，总投资1.22亿元。实施中型水库（水闸）除险加固工程续建4座（横县东安水闸、宾阳县道华水闸、马山县大坛水闸、兴宁区西云江水库），主体完工3座（横县东安水闸、宾阳县道华水闸、马山县大坛水闸）；小型水库除险加固工程续建13座，完工10座（横县7座、宾阳县1座、上林县1座、武鸣区1座）；新建小型水库8座（全部为横县项目），开工7座。完成进库道路提升改造6条8.06千米，投资687.56万元。推进病险水库除险加固遗留问题整改，发出问询函44份，收到回复报告28份；发出警示函28份，收到回复报告15份；挂牌督办施工缓慢项目12个；约谈项目责任单位6家、法人5人，处罚施工企业2家，全年完成竣工验收水库52座，其中小(1)型水库12座、小(2)型水库40座。

【农村饮水安全工程】 2019年，南宁市实施农村饮水安全工程1037个，投入4.57亿元，受益104.87万人；完工1027个，完工率99.04%；完成投资4.50亿元，完成率98.47%。其中，农村饮水安全巩固提升工程中央预算内（第一批）投资1.22亿元，建设项目223个，受益16.76万人（贫困人口2.54万人），项目完工；中央预算内（第二批）投资2326.51万元，建设项目46个，受益8.55万人（贫困人口0.58万人），项目完工；南宁市财政局下达2019年第四批水利建设资金用于农村饮水安全巩固提升项目（前三批为不涉及农村饮水安全资金）市本级财政专项扶贫资金1.66亿元，建设项目367个，受益28.63万人（贫困人口5.57万人），项目完工；南宁市

2019 年，南宁市实施农村饮水安全工程。图为马山县古零镇乔老村小都百人饮工程施工现场
市水利局提供

2019 年农口建设项目（第一批）市本级财政投资 3506.76 万元，建设农村饮水安全巩固提升项目 23 个，受益 42.23 万人，完工项目 15 个；农村人饮维修养护项目资金下达 3 批次，总投资 1616 万元，建设项目 73 个（中央财政水利发展资金 937 万元、项目 41 个，自治区水利厅部门预算第一批水利项目资金 544 万元、项目 16 个，市本级财政农口第一批人饮维修养护资金 135 万元、项目 16 个）；广西乡村振兴资金用于农村饮水安全巩固提升工程，下达横县、上林县、马山县、隆安县、青秀区、邕宁区农村饮水安全巩固提升工程建设统筹扶贫资金 9256.59 万元，建设项目 305 个，受益 8.70 万人（贫困人口 2.56 万人），项目完工。南宁市承接自治区为民办实事农村饮水安全巩固提升项目 187 个，计划投资 1.12 亿元，受益 13.43 万人，项目全部完工，实际受益 14.88 万人。强基惠民工程农村区域集中连片供水项目投资 9599.81 万元，建设项目 12 个，受益 41.77 万人，其中建成项目 8 个，完成水厂建设项目 2 个，开工项目 2 个。开展“强基础、补短板”饮水安全全覆盖排查，走访乡镇 81 个、建制村（社区）1244 个、自然村 9335 个，入户 1.35 万户，排查发现问题 1337 个，完成整改。设立民意直通车，向社会公布饮水安全热线电话，在微信公众号“南宁河长”设立饮水投诉专版，解决群众饮水困难。至年末，南宁市农村供水工程日供水规模 200 吨以下工程占 95%，万人以上农村集中供水工程 62 个，1000 人～10000 人农村供水工程 522 个，1000 人以下农村供水工程 5615 个；农村集中供水率 91.90%，比自治区集中供水率 87.69% 高 4.21 个百分点，提前完成水利部提出 2020 年农村集中供水率达到 87% 的目标；自来水普及率 91.30%，比自治区自来水普及率 84.75% 高 6.55 个百分点；提前完成自治区要求 2020 年年底农村自来水普及率总体达到 85% 以上和水利部提出 2020 年年底全国自来水普及率达到 83% 的目标；水质达标率 70.55%，比自治区水质达标率 62% 高 8.55 个百分点。

【水行政执法】 2019 年，市水利局开展规章制度清理，清理制度 150 余件。调整重大行政决策范围，制定重大行政决策 5 件。推行政府法律顾问制度，函询法律顾问意见 200 余份，邀请法律顾问参与重大案件研究 12 次。开展水行政执法巡查 161 次，其中联合执法 26 次，出动人员 437 人次、车辆 95 辆、船 19 艘，现场制止违法行为 125 人次，下发处罚决定书 1 份、强制执行决定书 3 份；拆除水库内搭建拦坝 3 处、7691.14 立方米，溢洪道两侧违法建（构）筑物 2 处、297.50 平方米。开展监督检查 10 批次，公示 56 个市场主体存在的问题 194 个。扶贫领域水利工程质量监督检测 3 批次、76 个项目，抽查 242 处，合格率 86%，发出责令整改通知书 12 份，整改率 100%。开展河湖库陈年积案“清零”行动，清理 2018 年 12 月 31 日前立案未查处完毕案件 33 件，清理完毕 32 件。结合“世界水日”“中国水周”，在南宁电视台专题节目、“南宁头条”微信公众号、南宁电台、南宁地铁开展水法律法规宣传，开展送法规进学校、进社区、进乡村活动。依法处理“市长公开电话”热线来电 27 件，办结 25 件，办结率 92.59%。推进水行政执法政务公开，公开信息 2300 余条。受理行政复议申请 2 件，撤销 2 件，办结率 100%。开展涉水政扫黑除恶专项斗争，排查问题线索 90 条，其中排除中央督办 4 条、群众举报 5 条、自查摸排 81 条，核查非涉黑涉恶 38 条、在办 49 条、移交其他部门 3 条。

【抗洪救灾】 2019 年，南宁市汛期（4 月至 9 月）平均总降雨量 977 毫米，比常年偏少 124 毫米（11%），属偏少年景。出现暴雨天气过程 19 次，其中全市性大范围暴雨 2 次，区域性暴雨 2 次，局地性暴雨 15 次。受 3 次台风影响。主要灾害天气：1 月至 2 月低温阴雨天气、3 月至 4 月冰雹等强对流天气、5 月至 6 月局地区域性暴雨、7 月大范围暴雨、7 月至 8 月台风、10 月寒露风天气、9 月至 12 月秋冬季干旱。9 月，青秀区的仙葫开发区、长塘镇出现旱情，农作物受灾面积 190 公顷。11 月至 12 月，横县、上林县、马山县、隆安县、邕宁区因持续重度干旱少雨，造成人畜饮用水水源枯竭、水库水位严重下降。市水利局组织修复水毁灾损工程 7 处（五化灌区那棚段及古旺段 3 处、黄华段 1 处、船埠村渠段及立新支渠下埠村段 2 处、马六坝下游右岸 1 处），投入建设项目资金 404.21 万元，恢复灌区正常农业生产灌溉面积 6666.67 公顷和渠道排洪功能；迎战邕江洪峰 4 次（5 月 29 日 21 时，邕江南宁水文站水位 68.99 米，洪峰流量每秒 4960 立方米；7 月 16 日 23 时，郁江南宁水文站出现洪峰水位 69.83 米，超设防水位 0.43 米，洪峰流量每秒 5400 立方米；8 月 6 日 18 时，郁江南宁水文站出现洪峰水位 72.08 米，相应流量每秒 8150 立方米；9 月 3 日 6 时，郁江南宁水文站出现洪峰水位 70.33 米），启动洪水防御四级应急响应 1 次，发送短信预警信息 1.64 万条次，处置隆安县驮堪水库放水涵管出口末端漏水险情。市抗洪救灾物资储备中心一期工程完成投资 6775 万元（计划总投资 1.31 亿元），工程建成主体。

（卢明发）

编辑 卢景林 李 康

工　业

综　述

【概　况】 2019年，南宁市工业和信息化委员会更名南宁市工业和信息化局（简称“市工信局”）设办公室、政策法制科、规划科、综合科、经济运行科、投资和技术改造科、重大项目科、科技科、中小企业发展科、节能与循环经济科、工业园区科、重工业科、轻工业科、电子信息和软件科、信息化推进科、信息安全协调科、糖业发展科、安全生产指导科、人事科、教育培训科、离退休人员工作科、机关党委；行政编制81名、在编75人，后勤人员控制数11名、在编10人。二层事业单位2个：南宁市工业和信息化综合行政执法支队，编制7名、在编7人，后勤人员控制数1名、在编1人；南宁市中小企业服务中心（南宁市中小企业培训中心、南宁市中小商贸流通企业服务中心），编制22名、在编19人，后勤人员控制数2名、在编2人。南宁市全面落实强首府战略，制定出台促进工业稳增长10条措施，并出台工业5大行业稳增长政策意见，对电子信息、汽车、食品、建材、木材加工5个重点行业给予技改、融资、开拓市场等方面支持，推动规模以上工业总产值、增加值降幅持续收窄，全年分别增长1.40%和1%，工业基本面保持平稳。组织开展“市长服务工业企业日”“百企服务”等活动，市政府主要领导现场研究解决企业发展和项目建设相关问题14个；18个工作组对102家重点工业企业一对一服务，梳理出58家企业提出的91个问题，其中涉及多部门的46个问题市政府召开专题协调会议研究解决。推进产业链精准招商，引进5000万元以上工业项目308个，数量为近3年之最，电子信息连续2年成为全市总量最大工业产业。实施企业技术改造及“双百双新”（投资超过百亿元、产值超过百亿元的重大产业项目，新产业、新技术项目）工程，“投贷补”（对企业技术改造项目的投入、融资、技术改造补助等）联动项目库入库技改项目330项，超过2017年和2018年技术改造项目总数。新建投产入规企业85家，数量为近年之最。工业和信息化部在南宁举行国家重大短板装备政策宣贯会，南南铝业股份有限公司与广西先进铝加工创新中心、东北大学联合开发的国内首台套型材辊底炉式热处理生产线点火成功。主要存在工业发展空间不足、产业结构不优、企业规模较小、创新能力不足等问题。（胡　雯　熊　敏）

【工业主要经济指标】 2019年，南宁市规模以上工业总产值比上年同期增长1.40%，规模以上工业增加值增长1%；有规模以上工业企业1044家，实现主营业务收入2309.60亿元，增长4.80%；利润总额125.83亿元，增长17.30%；规模以上工业企业从业人员平均人数17.75万人。

（胡　雯）

【工业重点产业规划】 2019年，南宁市在分析研究全市工业产业现状、分布情况以及对未来产业发展影响的基础上，开展南宁市主要产业产业链全景图编制。完成市生物医药（含医疗器械）产业链、市高端铝产业链、市集成电路产业链、市精细化工产业链、市木材加工产业链、市食品加工产业链、市网络通信设备产业链、市显示屏产业链、市新能源汽车产业链、市手机产业链10条产业链全景图初稿编制。组织编制《南宁·中国铝材谷建设课题研究》，对整合广西铝产业资源、初步打通“铝土—氧化铝—电解铝—粗加工坯料—精深加工产品”全产业链提出明确思路，优化完善铝加工及下游产业的制造和研发创新体系，推动南宁市铝加工及下游产业实现高质量发展；组织编制《南宁市工业和信息化发展“十四五”规划前期研究》，通过总结“十三五”期间的经验和做法，对工业和信息化发展“十三五”规划实施情况进行评估，找出问题和不足。以全面落实工业高质量发展、落实强首府战略强工业目标为核心，确定“十四五”时期南宁工业和信息化发展的目标和具体任务。（曹春晓）

【工业产业转型升级】 2019年，南宁市电子信息、先进装备制造、生物医药三大重点产业比上年同期增长1.22%，呈现稳步增长发展态势。电子信息产业连续2年成为全市总量最大工业产业，占全市规模以上工业产值25.27%，以电子信息产业为代表的新动能代替食品工业等旧动能的产业转型升级格局进一步巩固。高技术产业工业总产值增长0.10%，增加值下降4.40%；制造业税收增长31.74%，产业转型升级增收。（胡一茹）

【新兴工业产业】 2019年，南宁市推动新能源汽车产业建设，引进新能源汽车项目，带动南宁市汽车产业配套能力提升，促进南宁市新能源整车和零部件产业集群形成；在节能环保产业上有所突破，节能建材、节能通用设备、节能变压器、环保专用设备、污水处理及再生利用和垃圾焚烧发电、餐厨废弃物资源化和无害化技术、污泥回收利用技术、农林废弃物循环利用、废旧家电回收集中拆解处理等以技术创新驱动企业前进；南南铝业股份有限公司的“铝合金产品精深加工全流程绿色关键工艺系统集成项目”列入工业和信息化部绿色制造系统集成项目，11月通过中期评估。（海　明）

【工业招商引资与项目投资】 2019年，南宁市围绕电子信息、生物医药、先进装备制造三大重点产业开展精准招商。电子信息产业方面，引进瑞声科技股份有限公司、上海龙旗信息技术有限公司、浪潮集团、深圳市宝德计算机系统有限公司等一批龙头企业，填补南宁市智能终端、网络通信产业链的多项空白；先进装备制造方面，引进天际汽车科技集团有限公司、浙江合众新能源汽车有限公司、广西美斯达工程机械设备有限公司、株洲中车时代电气股份有限公司等一批核心企业，促进南宁市新能源整车、零部件产业集群形成，带动南宁市轨道交通装备及工程机械等产业链发展；生物医药产业方面，依托药品上市许可持有人政策，引进广州奇绩医药科技有限公司的金蓉颗粒项目。引进投资5000万元以上工业项目308个，数量为近3年之最，计划总投资约525亿元，达到设计生产能力的产量后预计形成年产值近600亿元。 （杨浩铭）

【工业项目建设】 2019年，南宁市工业投资比上年同期增长4.10%，其中制造业投资下降1.40%，工业技术改造投资下降13.10%。重点行业工业投资保持较快增长，其中通用设备制造业增长47.10%，专用设备制造业增长39.40%。南宁市100个新开工、50个续建重点工业项目实际完成投资77.59亿元，其中新开工项目80个（含亿元项目60个），投产51个（含亿元项目41个）。全市实施技术改造项目330个，超过2017年和2018年技术改造项目总数，其中194个技术改造项目列入自治区“千企技改”项目库，入库率116.87%，居自治区前列。南宁市18个项目列入广西“双百双新”项目，计划总投资35.45亿元，完成38.95亿元，完成率109.86%。新开工高端高精铝材重大短板装备项目、龙旗人工智能可穿戴设备合作项目、广西路远智能自动装备项目、国人通信产业园、广西昌弘制药有限公司五象智谷园等项目，广西桂芯半导体科技有限公司半导体集成电路芯片封装项目、广西美斯达工程机械设备有限公司履带移动式破碎筛分设备项目投产，瑞声科技南宁产业园、南宁歌尔智能硬件项目、南南电子汽车新材料精深加工技术改造项目、广西科天水性科技产业园项目部分投产，和德科创中心、广西申龙汽车制造有限公司新能源客车及物流车生产项目、大疆半导体封装检测产业园等项目加快建设。 （孙美玲）

【工业技术创新与新产品开发】 2019年，南宁市重点支持广西先进铝加工创新中心高端高精铝材热处理重大短板装备项目、南宁华数轻量化电动汽车设计院轻量化新能源车辆项目的研发建设；支持组建南宁吉锐生物医药研究院等一批新型产业技术研究机构，加速形成具有自主知识产权的核心技术和产品。广西南南铝加工有限公司、广西博世科环保科技股份有限公司、广西路桥工程集团有限公司3家企业认定为国家企业技术中心，西牛皮防水科技有限公司认定为国家技术创新示范企业，广西纵览线缆集团有限公司获评国家认可实验室，南宁富桂精密工业有限公司获评全国质量标杆企业。新增自治区认定企业技术中心4家、自治区技术创新示范企业4家、广西工业企业质量管理标杆2家、南宁市认定企业技术中心15家。南宁市有39个项目列入自治区技术创新项目（自筹类）计划，广西南南铝加工有限公司的“年产10000吨海洋工程用高镁铝合金板材项目”列入南宁市2019年产品升级项目计划。第八届中国创新创业大赛广西赛区总决赛中，南宁4家企业分获成长组、初创组一等奖、二等奖、三等奖（成长组企业一等奖1家、二等奖1家、三等奖1家，初创组企业三等奖1家），其中广西梯度科技有限公司获广西区赛成长组桂冠。2019年广西创新创业大赛100家优胜企业中，广西臻笛生物科技有限公司等36家南宁市企业上榜，项目涉及电子信息、互联网、生物医药、新能源及节能环保、先进制造、新材料6大领域。 （罗　婕）

【亿元工业企业建设】 2019年，南宁市规模以上工业企业中，完成亿元产值的企业361家，占全市规模以上工业企业总数34.60%；实现产值占全市规上工业总产值88.90%，比上年同期增长5.10%；拉动全市规模以上工业产值增长4.40个百分点。亿元企业中，产值在100亿元以上的企业3家，产值在10亿元～50亿元的企业24家，产值在5亿元～10亿元的企业48家，产值在1亿元～5亿元的企业286家。 （农　抗）

【中小工业企业扶持】 2019年，南宁市制定《南宁市促进中小企业发展联席会议制度》《南宁市中小企业服务提升工程行动方案（2019—2021年）》。通过建设“一站式”中小企业服务大厅，打造“两台一会”（南宁市中小企业服务中心为融资平台、南宁市南方融资性担保有限公司为担保平台、南宁市企业信用协会为项目推介协会）中小企业贷款平台、工业云大数据公共服务平台、中小企业内外贸公共服务平台、先进技术育成中心产学研公共服务平台、中小企业人力资源公共服务平台、中小企业“两化融合”公共服务平台6大平台。市工信局与市财政局联合修订出台《南宁市中小企业贷款平台配套资金及风险拨备金管理办法》，规范中小企业贷款平台配套资金及风险拨备金的使用、监督和管理。创新设立担保风险补偿基金和专项转贷资金，打造助保贷、技改贷、东盟贷、知识产权质押贷、孵化基金等9大类政策性信贷产品。年内，“两台一会”平台财政配套资金拨款7.19亿元，服务企业900多家，财政资金引导金融机构加大贷款投放，累计比例1：31倍，“两台一会”直接解决中小企业流动资金贷款230.69亿元，贷款余额42.72亿元，其中统借统贷19.32亿元；合作贷款投放114.44亿元，贷款余额26.45亿元；助保贷投放72.52亿元，贷款余额11.18亿元；中小企业孵化基金1号完成投放，投放2.99亿元，贷款余额2.99亿元。由市“两台一会”中小企业贷款平台引导金融机构、担保机构对企业技术改造项目给予启动前融资支持，市财政技术改造扶持专项资金在企业技术改造投资前给予项目补助，联动项目库入库实施技术改造项目330项，超过2017年和2018年技术改造项目总数。“投贷补”联动发放贷款企业47家，贷款金额12.63亿元，47家技改企业计划总投资61.29亿元，完成投资32.06亿元，总投资完成率52.31%，预计新增产值87.92亿元。“两台一会”创新设立首期3000万元的专项转贷资金，发放专项转贷资金1754万元；设立首期“两台一会”中小企业贷款平台风险担保补偿基金5000万元，发放贷款3400万元。中小微孵化1号基金新增投放3350万元，可转债投放累计金额600万元；北斗基金（1000万元）首期募资660万元；中小微企业孵化基金2号设立方案通过市工信局审批。组织银企座谈会17场，到区县开展融资需求现场联合调研，收集623家中小企业贷款需求信息，贷款需求总额36.43亿元。收集南宁市技术创新与产业转型升级需求表95份，对接企业400余家，走访企业131家，出具技术改造、智能化改造解决方案20个。通过线上线下新增发布、展示、推广科技成果103件，服务中小企业1100多家。引导企业两化融合评估诊断和对标224家，完成10家企业两化融合贯标立项，推动4家企业落地实施两化融合管理体系贯标，软件应用服务企业22家，征集在洽谈意向企业43家。组织举办科技项目路演推介会20场，为60个中小企业科技项目对接融资需求6.83亿元，帮助3家企业融资1000万元。开展中小企业信用评级及融资推荐，完成200家企业第三方信用评级，其中获评A级以上的信用标杆企业46家，获“两台一会”融资4.28亿元。为企业降成本超110亿元，其中组织企业参与电力直接交易，减少企业用电成本5.22亿元；开展清理拖欠民营企业中小企业账款，全市完成清偿2.96亿元，清偿率100%。组织18家企业申报中小企业发展专项资金，13家企业申报广西工业新兴产业融资担保基金业务项目，4家企业申报自治区小微型企业创业创新示范基地，5家企业申报自治区中小微企业信用担保风险补偿资金，4家机构申报小企业贷款风险补偿专项资金。获2019年自治区工业和信息化发展专项资金（中小企业）补助贫困县中小企业项目150万元、自治区中小企业专项切块资金500万元、2018年度自治区中小微企业信用担保机构风险补偿资金518.55万元。梦工谷创业创新孵化基地、南宁先进技术育成中心获国家小型微型企业创业创新示范基地认定。开展南宁市中小企业系列公益性培训项目和市场化培训服务121场次，参训企业4282家，培训1.05万人次；举办两化融合及企业上云系列培训活动9场，服务企业458家，服务693人次。

（莫逸云）

表11　2019年南宁市主要工业产品产量情况表

产品名称	计量单位	产　量	比上年增长(%)
配混合饲料	吨	4390205	−12.8
成品糖	吨	1282789	24.4
饮料	吨	1728758	−11.8
啤酒	千升	294041	3
卷烟	万支	3502797	−0.8
人造板	立方米	5988049	27.5
纸浆	吨	218657	−19.1
机制纸及纸板	吨	344921	19.3
水泥	吨	15773081	4.2
平板玻璃	重量箱	11359846	147.6
铝材	吨	213418	−48.2
小型拖拉机	台	1423	−31.6
电力电缆	千米	310265	31.4
乳制品	吨	89244	7.5
合成复合肥料	吨	769706	−15.3
塑料制品	吨	249863	−12.1
商品混凝土	立方米	31206499	14.4
发电机组（发电设备）	千瓦	102200	117.6
配电或电器控制设备	台(套、面)	142397	−71.8
家用电风扇	台	125089	−60.1

食品工业

【概　况】2019年，南宁市食品工业有规模以上企业216家（农副食品加工业125家，食品制造业42家，酒、饮料和精制茶制造业47家，烟草制品业2家），规模以上食品工业企业工业产值比上年同期下降0.48%，占全市工业总产值23.46%；工业增加值下降1.04%；主营业务收入532.76亿元，下降0.99%；利润总额36.35亿元，增长92.36%。主要食品工业产品产量：成品糖128.28万吨，增长24.40%；乳制品8.92万吨，增长7.50%；饮料172.88万吨，下降11.80%；啤酒29.40万千升，增长3%；卷烟350.28亿支，下降0.80%；配混合饲料439.02万吨，下降12.80%。通过自治区认定的企业技术中心有广西大富华农牧饲料有限公司技术中心；通过南宁市认定的企业技术中心有广西九翔农牧有限责任公司技术中心、广西高源淀粉有限公司技术中心；认定为广西技术创新示范企业的有南宁富莱欣生物科技有限公司。主要存在原有优势品牌逐渐淡出市场，缺少有名的国内、国际品牌，知名企业少等问题。

【农副食品加工业】2019年，南宁市有规模以上农副食品加工业企业125家；工业产值比上年同期下降5.24%；工业增加值下降5.41%；主营业务收入289.14亿元，下降6.16%；利润总额11.01亿元，增长405.11%；平均用工人数1.97万人。

【食品制造业】2019年，南宁市有规模以上食品制造业企业42家；工业产值比上年同期增长2.16%；工业增加值下降6.25%；主营业务收入30.38亿元，增长

0.69%;利润总额 5.41 亿元,增长 205.98%;平均用工人数 6450 人。

【酒、饮料和精制茶制造业】 2019 年,南宁市有规模以上酒、饮料和精制茶制造业企业 47 家;工业产值比上年同期增长 2.73%;工业增加值下降 2.64%;主营业务收入 95.85 亿元,增长 4.28%;利润总额 12.72 亿元,增长 34.37%;平均用工人数 9463 人。

【烟草制品业】 2019 年,南宁市有规模以上烟草制品业企业 2 家;工业产值比上年同期增长 7.36%;工业增加值增长 2.16%;主营业务收入 117.39 亿元,增长 8.81%;利润总额 7.21 亿元,增长 31.50%;平均用工人数 1202 人。

【项目建设与投资】 2019 年,南宁市食品工业完成投资比上年同期增长 8.80%。主要续建项目:南宁市储备粮管理有限责任公司总投资 7.90 亿元的万象粮油食品加工仓储基地项目;广西志盛新创食品有限公司总投资 2.50 亿元的乳酸菌奶饮料及绞股蓝保健饮品生产项目;南宁市奔浪食品有限责任公司总投资 2 亿元的金银花含片生产项目;南宁漓源粮油饲料有限公司总投资 1.30 亿元的年产 24 万吨生物饲料生产项目(7 月投产);广西马中粮油有限公司总投资 1.20 亿元的稻谷深加工项目。主要新开工项目:广西庞博生物工程有限公司总投资 2.30 亿元的年产 2000 吨食品级生物酶产品及酵素保健产品生产基地项目;南宁海大集团股份有限公司总投资 2 亿元的年产 40 万吨生物饲料项目;南宁嘉能可食品股份有限公司总投资 1.90 亿元的嘉天下集团(东盟)健康食品产业园项目;南宁新希望六和饲料有限公司总投资 1.50 亿元的年产 50 万吨饲料生产项目;广西商泰生物工程有限公司总投资 1.50 亿元的功能性饲料预混剂生产工厂项目;广西泓润市场投资管理有限公司总投资 1.50 亿元的厚德祖康保健品项目。(刘巧稚)

制糖工业

【概　况】 2018/2019 年榨季,自治区取消 2017/2018 年榨季出台的原则上要求广西制糖企业在 12 月 1 日以后适时开榨的相关规定,恢复以往由制糖企业根据自身实际确定开榨时间的做法。自 2018 年 11 月 21 日南宁糖业宾阳大桥制糖有限责任公司率先开榨开始,2018/2019 年榨季全市有 15 家糖厂开榨生产,开榨时间集中在 2018 年 11 月下旬、12 月中旬,开榨时间较上榨季总体提前 1 周左右。由于本榨季南宁市出现罕见持续阴雨寒冷天气,蔗区砍收作业、运输环境恶化,大部分糖厂榨季初期出现普遍性频繁断槽停产现象,加上全市糖料蔗比上年同期略有增产,糖业生产周期相应拉长,至 2019 年 5 月 12 日南宁糖业股份有限公司香山糖厂最后收榨结束,历时 173 天,比上榨季长 8 天。8 月 21 日,在湖南省长沙市召开的第 31 届全国糖业质量工作会议上进行的 2018/2019 年榨季全国食糖产品质量评比中,南宁糖业股份有限公司获亚硫酸法一级白砂糖第一名,实现亚法类白砂糖十七连冠。受国际、国内食糖价格持续低迷下行、国内食糖生产成本居高不下的市场大环境影响,本榨季全市食糖售价与成本持续性、行业性倒挂,制糖企业运营艰难,糖业再次出现行业性亏损状况,蔗款兑付进度总体偏慢等问题。

【糖业全面推行订单农业】 2019 年 2 月 24 日,《广西壮族自治区人民政府关于深化体制机制改革加快糖业高质量发展的意见》印发,在广西沿用多年的由政府划定蔗区、统一制订糖料蔗收购价格的行业管理模式被取消;南宁市全面推行规范化订单农业,由制糖企业和糖料蔗种植主体签订糖料蔗订单合同,明确糖料蔗收购价格、收购范围、蔗款结算时限与支付方式、双方权利义务和违约责任等;鼓励糖料蔗收购按质论价;支持制糖企业通过订单农业、自建基地、公司 + 基地 + 合作社 + 农户等多种方式稳定原料来源;实行制糖企业—乡镇政府—县级糖业主管部门的订单合同备案制,建立完善县乡村三级调处机制,强化市场监管,加强履约监督,依法依规惩处失信、扰乱糖料蔗购销市场等行为。

【糖料蔗生产】 2018/2019 年榨季,南宁市蔗区分布在 12 个区县、南宁经济技术开发区、广西 − 东盟经济开发区的约 100 个乡镇和 20 个农场,其中江南区、武鸣区、横县、宾阳县、隆安县列入广西 500 万亩糖料蔗生产重点县(市、区)名单。全市糖料蔗种植面积 11.85 万公顷,比上年同期增加 0.97 万公顷,增长 8.88%;进厂糖料蔗 892.10 万吨,增加 36.04 万吨,增长 4.21%;平均工业单产每公顷 75.15 吨,每公顷减少 3.45 吨,下降 4.39%;甘蔗平均含糖分 13.16%,降低 0.18 个百分点,下降 1.35%。平均甘蔗成本每吨 547.52 元,减少 14.35 元,下降 2.55%;平均甘蔗价款每吨 508.88 元,每吨减少 6.58 元,下降 1.28%。糖料蔗主要品种:新台糖 22 号、新台糖 25 号、桂糖 29 号、桂糖 42 号、桂糖 46 号、桂柳 05136 号、粤糖 93/159、粤糖 94/128、粤糖 00−236 等。

【糖料蔗收购价格】 2018/2019 年榨季,南宁市糖料蔗收购价格继续执行自治区统一普通糖料蔗收购首付价政策,糖料蔗收购价格继续采取蔗糖价格挂钩联动、二次结算的管理方式。每吨普通糖料蔗收购价格 490 元与每吨一级白砂糖平均含税销售价格 6660 元挂钩联动,食糖销售价格超过每吨 6660 元的部分,在糖料蔗收购首付价的基础上,蔗糖挂钩联动价格按 6% 的联动系数进行二次结算,当食糖销售价格低于每吨 6660 元时,蔗价不再进行二次结算,蔗农也不需将多得的蔗价款退还制糖企业。糖料蔗实行优良品种加价、劣质淘汰品种减价政策,在普通品种糖料蔗收购首付价 490 元的基础上,桂糖 29 号、桂糖 42 号、桂糖 46 号、粤糖 93/159、桂柳 05136 号 5 个优良品种每吨加价 30 元,糖料蔗劣质淘汰品种粤糖 89/113 每吨减价 30 元,新台糖 28 号、粤糖 94/128、桂糖 12 号、桂糖 16 号、里建 1 号、工氏 1 号、台糖 98/0432、西大引 11 号 8 个劣质淘汰品种每吨减价 60 元,无名蔗和历年已列为劣质淘汰减价的品种每吨减价 80 元。各制糖企业按照自治区和南宁市物价部门规定的首付价与蔗农结算首付蔗价款,制糖企业与农民签订订单合同,订单合同价格不低于规定首付价的,可按合同规定兑付。蔗款在糖料蔗入厂 1 个月内兑付完毕。南宁市 2018/2019 年榨季糖料蔗价款不再进行二次结算,制糖企业收购的普通糖料蔗按每吨 490 元的价格与糖料蔗生产者结算蔗款。2019 年 2 月,自治区实施糖业管理机制重大改革,明确从 2019/2020 年榨季起,自治区糖料蔗收购价格退出政府指导价格管理,实行市场调节价,原来沿用了几十年的由政府制定首付价和二次结算价格的管理机制被取消。糖料蔗收购价格实行市场调节价后,由种植主体和制糖企业签订糖料蔗订单合同,明确糖料蔗收购价格、收购范围等,鼓励糖料蔗收购按质论价。2019 年上半年,南宁市各糖厂与糖料蔗种植主体签订订单合同;11 月,2019/2020 年榨季各糖厂陆续开榨后即按订单合同约定价格兑付蔗款。

【制糖企业生产经营】 2018/2019 年榨季,南宁市有 15 家糖厂开榨生产,平均日榨蔗能力 8.83 万吨,比上榨季同期减少 0.35 万吨,下降 3.81%。糖业相关主要产品有白砂糖、红糖、赤砂糖、蔗渣浆、机制纸、复合肥等。其中,机制糖产量 102.03 万吨,增加 2.44 万吨,增长 2.45%;全市平均白砂糖单位产品生产成本每吨 4718.25 元,增加 60 元,增长 1.29%;白砂糖单位含税成本每吨 6235.94 元,减少 96.80 元,下降 1.53%;白砂糖含税平均售价每吨 5288.78 元,减少 414.06 元,下降 7.26%。工业总产值(现价)50.91 亿元,减少 4.82

亿元，下降 8.65%；工业增加值 11.66 亿元，增加 3.50 亿元，增长 42.87%；工业销售产值 45.99 亿元，减少 4.85 亿元，下降 9.54%；利税总额 -6.88 亿元，减少 4.54 亿元，下降 193.39%；万吨蔗税利 -77.25 万元，减少 49.82 万元，下降 181.63%；利润总额 -7.97 亿元，减少 3.31 亿元，下降 71.04%。全市 15 家开榨糖厂亏损 12 家，亏损企业比上榨季减少 2 家。

【项目建设与投资】 2019 年，南宁市制糖工业完成投资比上年同期下降 7.40%。技术改造项目主要有总投资 1198 万元的南宁糖业宾阳大桥制糖有限责任公司制糖装备提效降耗升级改造项目，总投资 554 万元的南宁糖业股份有限公司香山糖厂能源回收利用及污水治理优化项目，总投资 2180 万元的南宁糖业股份有限公司伶俐糖厂技术改造升级节能增效项目，总投资 528 万元的南宁糖业股份有限公司明阳糖厂制糖设备优化升级改造项目，总投资 300 万元的广西农垦糖业集团良圻制糖有限公司 2019 设备节能创新技改项目，总投资 310 万元的广西农垦糖业集团金光制糖有限公司锅炉 DCS(集散控制操作系统)及环保高效燃硫炉改造项目，总投资 934.72 万元的广西马山南华糖业有限责任公司红糖产品就地转化增值生产项目，总投资 1003 万元的广西四野牧业有限公司滤泥固废无害化处理及资源化综合利用项目，总投资 1300 万元的南宁钛银科技有限公司糖机设备高性能复合材料关键制备(铜钢双金属稀土铜合金轴承)技改升级项目，总投资 4.12 亿元的广西建工集团第一安装有限公司智能制造项目——糖机设备制造生产线项目等。其中，南宁糖业宾阳大桥制糖有限责任公司制糖装备提效降耗升级改造项目获得 2018 年第二批自治区糖业发展专项资金 126 万元，南宁糖业股份有限公司伶俐糖厂技术改造升级节能增效项目获得 2019 年自治区糖业发展专项资金 135 万元，南宁糖业股份有限公司香山糖厂能源回收利用及污水治理优化项目获得 2019 年自治区糖业发展专项资金 107 万元。

【技术创新与新产品开发】 2019 年，南宁市糖业技术创新和产品开发项目主要有总投资 586 万元的广西农垦糖业集团良圻制糖有限公司良圻制糖数据信息平台升级建设项目，总投资 1200 万元的中国－东盟信息港股份有限公司糖业交易大数据平台项目，总投资 2000 万元的广西泛糖产品市场营销有限公司泛糖供应链金融监管平台项目，总投资 1045.90 万元的广西力源宝科技有限公司甘蔗增产增糖智能化精准施肥决策系统建设与应用项目，总投资 1500 万元的广西叶茂食品有限责任公司甘蔗植物细胞水产业化项目，总投资 1997.36 万元的广西泛糖科技有限公司泛糖产品供应链综合服务平台项目，总投资 2210.99 万元的中国－东盟信息港股份有限公司基于大数据与 GIS(地理信息系统)技术的糖料蔗可视化购销管理服务云平台建设项目，总投资 800 万元的南宁市泽威尔饲料有限责任公司年产 5000 吨甘蔗糖蜜螯合有机微量元素混合型饲料添加剂项目等。其中，广西泛糖产品市场营销有限公司泛糖供应链金融监管平台项目获 2019 年自治区糖业发展专项资金 256 万元，中国－东盟信息港股份有限公司糖业交易大数据平台项目获 2019 年自治区糖业发展专项资金 125 万元。南宁市制糖业有南宁糖业股份有限公司技术中心、广西农垦糖业集团良圻制糖有限公司技术中心 2 家自治区级企业技术中心；5 月，南宁糖业股份有限公司获批设立广西博士后创新实践基地，成为广西首家获批设立博士后创新实践基地的制糖企业。9 月 2 日，工信部公布第四批绿色制造名单，南宁糖业股份有限公司明阳糖厂获国家级"绿色工厂"称号。全市获"广西名牌产品"称号的白砂糖产品有南宁糖业股份有限公司"明阳""云鸥""大明山""古府"、广西农垦糖业集团良圻制糖有限公司"涌泉"、广西农垦糖业集团金光制糖有限公司"三冠"、广西华盛集团廖平糖业有限责任公司糖厂"宝蕾"、横县东糖糖业有限公司"晨露"、广西南宁东糖新凯糖业有限公司"蜜蜂牌"、南宁良庆东糖糖业有限公司"唐牌"；获"广西名牌产品"称号的漂白蔗渣浆产品有南宁糖业股份有限公司"八鲤"；获"广西著名商标"称号的有南宁糖业股份有限公司"明阳""云鸥""古府"、广西华盛集团廖平糖业有限责任公司糖厂"宝蕾"4 个白砂糖产品。（唐亚亚）

表 12　　2018/2019 年榨季南宁市制糖企业主要经济指标情况表　　单位：万元

企业名称	工业总产值	工业销售产值	利税总额
隆安南华糖业有限责任公司(含南圩糖厂、那桐糖厂)	29790.35	31889.00	842.29
上林南华糖业有限责任公司	18906.37	19020.68	179.16
广西农垦糖业集团良圻制糖有限公司	29790.79	29790.79	160.84
广西南宁东糖新凯糖业有限公司	19488.56	19488.56	-1268.81
广西华盛集团廖平糖业有限责任公司糖厂	32364.28	32364.28	-1458.41
广西马山南华糖业有限责任公司	8432.95	7462.79	-1576.30
南宁良庆东糖糖业有限公司	23344.05	23344.05	-2021.59
横县东糖糖业有限公司	59021.79	59021.79	-2075.08
南宁糖业股份有限公司明阳糖厂	78793.02	1223.14	-3041.38
广西农垦糖业集团金光制糖有限公司	36810.00	35602.00	-4142.93
南宁糖业股份有限公司伶俐糖厂	52936.60	65141.26	-4514.27
南宁糖业宾阳大桥制糖有限责任公司	51710.10	53349.94	-5278.44
南宁糖业股份有限公司东江糖厂	23925.84	25026.05	-18952.71
南宁糖业股份有限公司香山糖厂	43822.00	57143.00	-25687.85

（唐亚亚）

纺织工业

【概 况】2019年,南宁市有规模以上纺织工业企业29家(纺织业25家,纺织服装、服饰业4家),从业人员6736人。规模以上轻纺企业工业总产值比上年同期下降2.87%;主营业务收入28.24亿元,下降5.05%;利润总额0.84亿元,下降32.45%。广西桂华丝绸有限公司参与完成的"桑蚕茧丝绸产业发展关键技术研究开发与应用"获广西科学技术进步奖一等奖。主要存在产业链不全,企业规模较小,行业无发展优势等问题。

【纺织业】2019年,南宁市有规模以上纺织业企业25家,工业总产值比上年同期下降2.63%,工业增加值增长4.90%;主营业务收入26.47亿元,下降4.70%;利润总额8292.1万元,下降23.20%。平均用工人数6266人。

【纺织服装与服饰业】2019年,南宁市有规模以上纺织服装、服饰业企业4家,工业总产值比上年同期下降6.72%,工业增加值下降10.90%;主营业务收入1.76亿元,下降9.90%;利润总额63.60万元,下降95.90%。平均用工人数470人。

【项目建设与投资】2019年,南宁市纺织工业完成投资比上年同期增长15.80%。主要项目有宾阳县茧丝工贸有限责任公司总投资1亿元的年产600万米坯绸项目,完成投资3600万元;广西桂合科技有限公司总投资2.50亿元的丝绸建设项目,完成投资100万元。(朱丹江)

造纸与纸制品工业

【概 况】2019年,南宁市有规模以上制浆造纸及纸制品企业47家,工业总产值比上年同期下降9.54%,占全市比重2.45%。其中,纸浆制造下降18.29%,纸制品制造下降11.59%;主营业务收入52.98亿元,下降2.33%;利润总额1.48亿元,增长8.44%;从业人数7213人。主要产品产量:纸浆21.87万吨、下降19.10%,机制纸及纸板34.49万吨、增长19.30%。主要存在产业链不全,企业在环保方面的创新力度不够等问题。

【纸浆制造】2019年,南宁市有规模以上纸浆制造企业2家,工业总产值比上年同期下降18.29%,工业增加值下降7.90%;实现主营业务收入4.63亿元,下降16.80%;利润总额-165.10万元,下降82.40%。平均用工人数759人。

【机制纸及纸板制造】2019年,南宁市有规模以上机制纸及纸板制造企业15家,工业总产值比上年同期增长1.83%,工业增加值下降1.40%;实现主营业务收入18.80亿元,增长9.10%;利润总额8204.50万元,增长23.80%。平均用工人数2470人。

【纸制品制造】2019年,南宁市有规模以上纸制品制造企业30家,工业总产值比上年同期下降11.59%,工业增加值下降8.60%;实现主营业务收入29.56亿元,下降6%;利润总额6762.80万元,下降15%。平均用工人数3984人。

【项目建设与投资】2019年,南宁市造纸与纸制品工业完成投资比上年同期增长65.20%。金红叶纸业(南宁)有限公司总投资1.60亿元的年产3.50万吨生活用纸及纸制品项目,完成投资1854万元;南宁市汇林纸制品有限公司总投资7500万元的纸制品包装项目,完成投资851.80万元。

【技术创新与产品开发】2019年,南宁君成包装有限公司被认定为南宁市企业技术中心。南宁侨虹新材料股份有限公司孖纺战略新兴技改项目11月26日通过预验收,12月20日纳入第二批广西"双百双新"产业项目。(朱丹江)

印刷工业

【概 况】2019年,南宁市有印刷企业464家,正常生产企业447家。其中,出版物印刷企业70家,内部资料性出版物印刷企业5家,排版制版装订专项企业8家,数字印刷企业22家,包装装潢印刷企业193家,其他印刷品印刷企业149家。工业总产值比上年同期下降6.73%。其中,排版制版装订专项下降16.95%,专营数字印刷增长18.02%,其他印刷品印刷企业增长20.12%。工业增加值9.69亿元,下降0.43%;收入46.64亿元,下降12.03%;利润总额3.14亿元,增长90.30%。从业人员1.21万人。全市有规模以上重点印刷企业(年印刷工业总产值超过5000万元)22家,其中超亿元企业8家;实现工业总产值下降16.14%;实现收入26.29亿元,下降17.86%;利润总额1.42亿元,增长45.40%。主要存在用工成本增加,行业竞争加剧,印刷工价下降,数字印刷、排版制版装订专项企业的工业总产值比例较小,严格符合节能环保要求的企业不多等问题。

【出版物印刷】2019年,南宁市有出版物印刷企业70家,工业总产值增长10.55%;工业加值3.81亿元,增长28.46%;收入11.57亿元,增长10.93%。

【包装装潢印刷】2019年,南宁市有包装装潢印刷企业193家,工业总产值下降17.80%;工业增加值5.22亿元,下降13.92%;收入30.66亿元,下降18.31%。

【项目建设与投资】2019年,南宁市印刷工业主要建设项目有位于武鸣区的中国-东盟特色创意印刷产业园,园区面积30公顷,园内有印刷企业15家,印刷总产值1.60亿元。

【技术创新与产品开发】2019年,南宁市印刷工业企业研发投入1952万元,其中规模以上重点印刷企业15万元。全市通过绿色印刷认证企业23家,使用粉尘、纸毛、墨雾、废气收集装置企业39家,生产绿色印刷出版物919种109万册(份)。(市新闻出版局)

化学工业

【概 况】2019年,南宁市有规模以上化学工业企业146家,工业总产值比上年同期下降3.78%;主营业务收入147.86亿元,下降4.67%;利润总额9.75亿元,下降4.01%。主要产品产量:合成复合肥料76.97万吨,下降15.30%;塑料制品24.99万吨,下降12.10%。主要存在龙头企业较少,规模不大,因成本提升导致企业竞争压力大等问题。

【石油加工业】2019年,南宁市有规模以上石油加工业企业4家,工业总产值比上年同期增长39.42%,工业增加值增长37.86%;主营业务收入2.22亿元,增长10.70%;利润总额562.20万元,下降212.6%。平均用工人数95人。

【化学原料及化学制品制造业】2019年,南宁市有规模以上化学原料及化学制品制造业企业88家,工业总产值比上年同期增长0.07%,工业增加值增长1.40%;主营业务收入105.23亿元,下降4.80%;利润总额7.49亿元,下降4.50%。平均用工人数8274人。

【橡胶和塑料制品业】2019年,南宁市

有规模以上橡胶和塑料制品业企业54家,工业总产值比上年同期下降14.55%,工业增加值下降18.10%;主营业务收入35.90亿元,下降10.80%;利润总额2.21亿元,下降6.90%。平均用工人数5265人。

【项目建设与投资】 2019年,南宁市化学工业完成投资比上年同期下降17.20%。主要投资项目有南宁科天水性科技有限责任公司水性科技产业园项目,计划总投资28.80亿元,年完成投资1.12亿元,累计完成投资16.75亿元,完成科研楼、专家楼、宿舍楼主体、涂料车间涂料库房建造,无毒家具、定制家具、地板厂,智和优品工厂,刨花板厂投入生产;广西国塑管业集团有限公司年产5万吨塑料管材生产项目,主要生产市政大口径300毫米～2500毫米给排水塑料管道系统,计划总投资1.84亿元,年完成投资0.98亿元,累计完成投资0.98亿元;广西南宁中健包装有限公司环保新材料包装膜项目,计划总投资1.03亿元,年完成投资0.24亿元,累计完成投资0.52亿元。

【技术创新】 2019年,南宁市化学工业新增自治区级企业技术中心1个(广西青龙化学建材有限公司技术中心),市级企业技术中心2个(广西科达建材化工有限公司技术中心、广西巨星科技有限公司技术中心);获国家技术创新示范企业1个(西牛皮防水科技有限公司)、自治区技术创新示范企业1个(广西力源宝科技有限公司);有自治区工信委技术创新项目4个(广西科达建材化工有限公司的铁路专用聚羧酸系高抗性减水剂制备工艺优化研究项目、氧化石墨烯改性高性能聚羧酸系减水剂关键技术研究项目,广西田园生化股份有限公司红火蚁防控技术的开发与应用项目,广西雄塑科技发展有限公司注塑车间基础设施循环与监控管理系统一体化改造项目)。 (农 刚)

建材工业

【概 况】 2019年,南宁市有规模以上建材工业企业139家,工业总产值比上年同期增长2.87%;主营业务收入248.64亿元,增加20.53%;实现利润总额32.76亿元,增长30.36%。主要产品有水泥、水泥制品、平板玻璃、镀膜玻璃、玻璃纤维、砖、砂、石材、黏土矿、排水管、水泥压力管、水泥电杆、水泥枕轨、商品混凝土、建筑陶瓷、高温耐火材料、防水卷材等。主要产品产量:水泥1577.31万吨,增长4.20%;商品混凝土3120.65万立方米,增长9.50%;平板玻璃1135.98万重量箱,增长147.60%。南宁市建材工业新增市级企业技术中心1个(广西创兴玻璃科技有限公司技术中心)。主要存在大型龙头企业缺乏、企业创新少等问题。

【非金属矿采选业】 2019年,南宁市有规模以上非金属矿采选业企业11家,工业总产值比上年同期下降27.37%,工业增加值下降27.70%;主营业务收入3.71亿元,下降38.60%;利润总额107.10万元,下降98.60%。平均用工人数1264人。

【非金属矿物制品业】 2019年,南宁市有规模以上非金属矿物制品业企业128家,工业总产值比上年同期增长21.25%,工业增加值增长9.40%;主营业务收入242.28亿元,增长23.10%;利润总额32.75亿元,增长34.40%。平均用工人数1.93万人。全市散装水泥供应量983.98万吨,增长2.26%,水泥总产量1484.27万吨,水泥散装率66.29%;生产预拌混凝土2951.03万立方米,增长10.74%;生产预拌砂浆161.12万吨,增长287.21%。

【项目建设与投资】 2019年,南宁市建材工业完成投资比上年同期下降15.60%;主要新投资项目有广西源盛仓储物流股份有限公司南宁现代化建材加工及物流配送中心项目,计划总投资36亿元,年完成投资1.80亿元,累计完成投资22.11亿元;广西建工集团建筑产业投资有限公司装配式建筑产业基地项目,年产15万立方米的混凝土预制构件(PC)、60万立方米的ALC加气板、3万套装配式整体卫浴,计划总投资10.90亿元,年完成投资1.56亿元,累计完成投资1.56亿元;华润水泥投资有限公司装配式建筑构件厂项目,建设混凝土搅拌站2座,混凝土构件生产线4条,固定模台生产线2条、钢筋生产线2条、创意工厂1座,计划总投资10.60亿元,年完成投资0.81亿元,累计完成投资0.81亿元;中国交通第一公路工程局第四工程有限公司建筑产业现代化构件项目,年产混凝土40万立方米的生产线1条、自动化标准生产线+异型构件生产线+钢筋生产线1条,形成年产预制构件5万立方米的生产能力,计划总投资7亿元,年完成投资0.15亿元,累计完成投资0.29亿元;广西云燕特种水泥建材有限公司特种水泥搬迁改造项目,通过产能等量转换建设4×60米新型转窑特种水泥生产线1条及配套设施,总投资5.50亿元,年完成投资0.70亿元,累计完成投资1.20亿元。

【预拌混凝土生产企业信用评价系统验收】 2019年12月12日,南宁市预拌混凝土生产企业信用考核评价系统通过验收,为自治区首个。系统由市工业和信息化综合行政执法支队建设,为《南宁市预拌混凝土生产企业信用考核评价办法》的配套系统和运行平台,主要包含生产企业业务管理、信用综合评价管理、信用评价信息管理和企业信用前端信息展示管理等功能,可确保及时更新记录预拌混凝土生产企业的信用信息,实现对南宁市的预拌混凝土企业信用信息的统一化管理,推进南宁市预拌混凝土行业诚信体系建设,构建预拌混凝土生产企业"诚信激励、失信惩戒"机制,规范预拌混凝土市场秩序。 (农 刚)

机械工业

【概 况】 2019年,南宁市有规模以上机械工业企业188家,工业总产值比上年同期增长1.87%,工业增加值增长0.96%;主营业务收入252.93亿元,比上年增加2.62%;利润总额11.97亿元,下降24.39%。主要产品产量:电力电缆31.03万千米,增长31.40%;发电机组10.22万千瓦,增长6.30%;小型拖拉机1423台,下降31.60%;配电或电器控制设备14.24万台(套),下降71.80%。南宁市手表厂完成工业总产值3026万元,增长19.42%;入库产量51.06万只,增长23.39%;销售54.07万只,增长41.06%;主营业务收入(含税)3623.12万元,增长30.92%;利润101.56万元,下降30.50%;有从业人员463人。机械工业主要存在装备制造业企业转型未到位,产业群未发展形成,龙头企业相对较少等问题。

【通用设备制造业】 2019年,南宁市有规模以上通用设备制造业企业14家,工业总产值比上年同期增长12.88%,工业增加值增长25.9%;主营业务收入18.36亿元,增长33.80%;利润总额3424万元,下降1.60%。平均用工人数1778人。

【专用设备制造业】 2019年,南宁市有规模以上专用设备制造业企业52家,工业总产值比上年同期增长22.80%,工业增加值增长27.70%;主营业务收入69.51亿元,增长10.60%;利润总额4.54亿元,增长1.70%。平均用工人数6480人。

【电气机械和器材制造】 2019年,南宁市有规模以上电气机械和器材制造企业49家,工业总产值比上年同期增长2.80%,工业增加值增长9.10%;主营业务收入 46.80 亿元，增长 0.50%；利润总额 1.74 亿元，增长 22.20%。平均用工人数 4352 人。

【项目建设与投资】 2019 年，南宁市机械装备制造业完成投资比上年同期增长 16.70%。主要投资项目有南南铝业股份有限公司南南电子汽车新材料精深加工技术改造项目，包括建设智能制造精深加工中心、汽车新材料制造中心、电子新材料制造中心，配套建设铝合金精加工研究所，年产 1 亿件电子零组件、250 万件汽车零组件及 2 万吨各类家用电器及热传导铝制零组件、140.50 万平方米绿色节能工程新材料深加工产品、年产 6 万吨汽车新材料系列产品、年产 4 万吨电子新材料系列产品，总投资 24.62 亿元，年完成投资 14.03 亿元；广西申龙汽车制造有限公司新能源客车及物流车生产基地项目，建设冲压、焊装、涂装、总装 4 大工艺车间，年产 1 万辆新能源客车、3 万辆新能源物流车，总投资 24.08 亿元，年完成投资 3.17 亿元，累计完成投资 7.28 亿元；广西南南铝加工有限公司高端高精铝材首台套重大短板装备及配套建设项目，总投资 6.42 亿元，年完成投资 0.53 亿元，累计完成投资 0.53 亿元；广西交通规划勘察设计研究院专用设备制造业项目，建设智能交通生产研发车间，总投资 4.70 亿元，年完成投资 1.50 亿元，累计完成投资 1.50 亿元；广西美斯达工程机械设备有限公司履带移动式破碎筛分设备项目，总投资 3.30 亿元，年完成投资 1.19 亿元，累计完成投资 2.15 亿元。

【技术创新与产品开发】 2019 年，南宁市机械工业新增国家认定企业技术中心 2 家（广西南南铝加工有限公司、广西博世科环保科技股份有限公司），自治区级企业技术中心 1 个（广西申龙汽车制造有限公司技术中心），市级企业技术中心 4 个（广西南宁都宁通风防护设备有限公司技术中心、广西良创建筑铝模科技有限公司技术中心、广西美斯达工程机械设备有限公司技术中心、广西金德泰电气有限公司技术中心）；获评自治区技术创新示范企业 1 个（广西纵览线缆集团有限公司）；有自治区工信委技术创新项目 5 个（广西良创建筑铝模科技有限公司的铝合金模板水平竖向 90 度角切割设备的研究项目、建筑铝模楼板阴角易拆组件及其使用方法研究项目，广西申龙汽车制造有限公司的 HQK5042 系列纯电动厢式运输车研发项目、HQK6118 系列纯电动客车研发项目，广西盛誉糖机制造有限责任公司 D 系列间隙式离心机的研制项目）。

【申龙汽车制造公司升级客车整车生产企业】 2019 年 5 月 10 日，工信部发布《道路机动车辆生产企业及产品公告》（第 319 批），批准广西申龙汽车制造有限公司升级为客车整车生产企业，标志着申龙汽车公司成为国内为数不多的综合性客车制造企业之一，是南宁市唯一拥有整车生产资质的汽车企业，填补南宁市汽车产业空白。11 月 13 日广西申龙公司有 3 款燃料电池客车车型列入工信部发布的《道路机动车辆生产企业及产品公告》，并进入《新能源汽车推广应用推荐目录》，标志着广西申龙公司获燃料电池客车生产资质，具备示范运营和商业推广条件，是广西第一家取得燃料电池商用车生产资质的汽车企业，为广西氢燃料汽车产业发展的重要里程碑。

【首台套铝合金型材辊底炉建设】 2019 年 8 月，南南铝业股份有限公司与广西先进铝加工创新中心、东北大学实施的国家重大项目高端高精铝材热处理重大短板装备项目子项目——国内首台套铝合金型材辊底炉完成建设，11 月投产，实现高端铝材装备国产化和产业化，替代进口产品，解决一直以来被西方发达国家“卡脖子”问题。 （农 刚）

铝加工业

【概 况】 2019 年，南宁有规模以上铝加工企业 7 家，规模以上企业总产值比上年同期下降 38.70%；主营业务收入 57.57 亿元，增长 74.50%；利润总额下降 3.82 亿元，下降 2058.30%。平均用工人数 3106 人。主要产品铝材产量 21.34 万吨，下降 48.20%。主要存在企业规模不大，产业链较短等问题。

【项目建设与投资】 2019 年，南宁市铝加工业完成投资比上年同期下降 36.90%。主要投资项目有南南电子汽车新材料精深加工技术改造项目，总投资 21.13 亿元，一期工程 2018 年 3 月竣工，年内完成固定资产投资 2.24 亿元，累计完成固定资产投资 14.47 亿元。

【技术创新与产品开发】 2019 年，以广西南南铝加工有限公司为代表的南宁市铝加工业在技术创新与产品研发方面取得成果。在航空航天领域，研制出航空用大规格高性能铝合金极厚板、航天用超宽幅铝合金中厚板、航天用宽幅铝合金薄板、航天用耐热铝合金锻件等产品；与中国航空制造技术研究院、中航工业成飞设计研究所联合，成功试制高强高韧耐蚀耐疲劳铝合金材料，关键指标超过世界先进水平。轨道交通领域，自主研发轨道车辆用枕梁、牵引梁、横梁等重要受力结构材料，产品性能优良，处于国内同行业领先水平，多个产品实现国内的“从无到有，从弱到强”。汽车领域，开发高预拉伸高翻边性能 Al-Mg-Si（铝－镁－硅）铝合金、低温快速时效相应 Al-Mg-Si（铝－镁－硅）铝合金、高强度 Al-Mg-Si-Cu（铝－镁－硅－铜）合金及高导电 6101 铝合金导电材料等产品，广泛应用在新能源汽车引擎盖内外板、后尾厢盖内板、车门内板、电池 Pack 系统等零部件。船舶领域，在 5000 系船舶海洋用铝合金研发上，实现高性能国产铝合金材料制备技术的突破，各项技术指标达到世界先进水平，广泛应用于高速船体外板、甲板、骨架结构、船舶上层建筑、海上直升机平台、海洋工程平

2019 年 11 月 13 日，南南铝业股份有限公司的国内首套铝材热处理型材辊底炉生产线试产现场 市工信局提供

台居住区等。3C电子领域，依托德国西马克4.10米轧机，试制成功超设备设计极限、宽度4.107米的超宽幅中厚板。

【辊底炉生产线试产成功】 2019年11月13日，由南南铝业股份有限公司与广西先进铝加工创新中心、东北大学联合开发的自主铝材热处理型材辊底炉生产线试产成功，是国内首条国产高端高精铝材热处理型材辊底炉生产线，列入国家重大短板装备项目，进一步推动高精铝合金板带型材生产关键装备实现自主可控，对南宁市高端铝材装备国产化具有重大意义。

（孙　惠）

生物医药工业

【概　况】 2019年，南宁市生物医药工业有规模以上企业52家，其中医药制造业企业43家，平均用工人数5686人。规模以上生物医药工业企业实现工业总产值34.60亿元，比上年同期下降7.88%，占全市工业总产值1.50%；工业增加值11.33亿元，下降8.20%。其中，化学药品原料药制造完成产值1.80亿元，下降15.11%；化学药品制剂制造完成产值1.63亿元，下降28.28%；中药饮片加工完成产值8.65亿元，增长44.63%；中成药生产完成产值14.82亿元，下降12.52%；兽用药品制造完成产值0.36亿元，下降38.68%；生物药品制品制造完成产值2.46亿元，下降3.70%；卫生材料及医药用品制造完成产值0.15亿元，增长6.33%；药用辅料及包装材料完成产值0.07亿元，下降36.62%；医疗仪器设备及器械制造完成产值4.66亿元，下降31.98%。医药制造业实现主营业务收入29.10亿元，下降4.20%；利润总额0.20亿元，下降87.64%。主要存在企业规模较小、新药创新研发不足、中药资源利用不够全面等问题。

【化学药品制造】 2019年，南宁市有规模以上化学药品制造企业7家。其中，化学药品原料药制造企业4家，工业总产值比上年同期下降15.11%，工业增加值下降25.70%；主营业务收入2.34亿元，增长0.90%；利润总额267.40万元，下降63.40%；平均用工人数275人。化学药品制剂制造企业3家，工业总产值下降28.28%，工业增加值下降32.40%；实现主营业务收入5875.90万元，增长49.60%；利润总额-652.10万元，下降17%；平均用工人数179人。

【中药饮片加工】 2019年，南宁市有规模以上中药饮片加工企业6家，工业总产值比上年同期增长44.63%，工业增加值增长44%；主营业务收入7.09亿元，下降0.50%；利润总额3108.60万元，增长717.80%。平均用工人数934人。

【中成药生产】 2019年，南宁市有规模以上中成药生产企业24家，工业总产值比上年同期下降12.52%，工业增加值下降20%；主营业务收入15.66亿元，下降7.70%；利润总额-3918.20万元，下降130.40%。平均用工人数3646人。

【兽用药品制造】 2019年，南宁市有规模以上兽用药品制造企业2家，工业总产值比上年同期下降38.68%，工业增加值下降40.40%；主营业务收入3673.40万元，下降30.50%；利润总额-1689万元，增长196.70%。平均用工人数210人。

【生物药品制品制造】 2019年，南宁市有规模以上生物药品制品制造企业2家，工业总产值比上年同期下降3.70%，工业增加值下降14.20%；主营业务收入2.82亿元，增长1.40%；利润总额5070.70万元，增长49.70%。平均用工人数364人。

【卫生材料及医药用品制造】 2019年，南宁市有规模以上卫生材料及医药用品制造企业1家，工业总产值比上年同期增长6.33%，工业增加值增长2.90%；主营业务收入1479万元，增长3.80%；利润总额-43.20万元，下降355.60%。平均用工人数60人。

【药用辅料及包装材料】 2019年，南宁市有规模以上药用辅料及包装材料企业1家，工业总产值比上年同期下降36.62%，工业增加值下降38.70%；主营业务收入791.50万元，下降30.30%；利润总额-174.70万元，增长95%。平均用工人数18人。

【项目建设与投资】 2019年，南宁市生物医药工业完成投资比上年同期下降15.40%；主要续建项目有广西华永丰科技有限公司的医疗器械生产项目，总投资2.30亿元，年完成投资3885万元；广西修正医药科技有限公司的南宁修正健康产业基地项目，总投资2.20亿元，年完成投资85万元；重庆博士泰生物技术有限公司的体外诊断产品广西生产研发基地项目，总投资2.10亿元，年完成投资1992万元；南宁多灵生物科技有限公司的多灵壮药技术系列产业化项目，总投资1.11亿元，年完成投资150万元。新开工项目有广西湾昊生物科技有限公司的广西湾昊生物科技园项目，总投资5.20亿元，年完成投资2913万元；广东一力集团制药有限公司的南宁药品生产基地项目，总投资2.50亿元，年完成投资6845万元；广西齿贝美科技发展有限公司的口腔医疗器械及其耗材生产项目，总投资1亿元，年完成投资4000万元，11月投产；南宁万生药业有限责任公司的万生制药生产异地改造项目，总投资9000万元，年完成投资224万元；广西丹桂药业有限责任公司的中药提取生产异地改造项目，总投资8500万元，年完成投资200万元；广西华诺医药包装有限公司的华诺药品、食品彩印包装袋加工项目，总投资8000万元，年完成投资602万元；广西道纪医疗设备有限公司的兽用CT(电子计算机断层扫描)及兽用智能DR(数字化直接成像系统)生产项目，总投资5100万元，年完成投资2440万元，6月投产；广西康尔净化设备有限公司的年产200万平方米新型医用防火净化板、医用实验室设备项目，总投资4000万元，年完成投资1837万元。

【技术创新与产品开发】 2019年，广西白云山盈康药业有限公司认定为广西技术创新示范企业。南宁市组织开展2019年南宁市创新创业项目投融资路演大赛，南宁多灵生物科技有限公司的抗癌壮药——金草消毒颗粒的研制及临床应用获二等奖，南宁市六分仪生物科技有限责任公司的医用柔性皮肤胶研究及其制品工业化项目获三等奖，广西苷亮健生物科技有限公司的木姜叶柯生物医药综合应用开发获优秀奖。

（刘巧稚）

电子信息产业

【概　况】 2019年，南宁市电子信息产业总产值794.42亿元，其中电子信息制造业工业总产值584.42亿元，比上年同期下降0.59%，南宁富桂精密工业有限公司、瑞声精密(南宁)科技有限公司、广西格思克实业有限责任公司分别居南宁市电子信息产品制造业企业的前三位；软件业实现收入217.77亿元(不含中国电信、中国联通、中国移动三大运营商)，增长62.45%；主营业务收入超过亿元的企业21家，主营业务收入196.03亿元，占行业总量90.01%。主要存在产业链比较短，产业园区相对较缺乏，园区配套服务及基础设施不够完善等问题。

【项目建设与投资】 2019年，南宁市电子信息产业完成投资比上年同期下降

10.50%；有4个新开工项目、3个续建项目列入南宁市工业项目建设工程重点工业项目。主要新开工项目：南宁歌尔电子有限公司的歌尔南宁智能硬件项目（一期），建设有线耳机、TWS（真无线立体声）耳机、蓝牙耳机、智能音箱、无人机结构件等及SMT（表面贴装技术）加工生产基地，计划总投资10亿元，年完成投资1.04亿元；国人智慧产业园项目，建设国人通信公司的第二总部、研发和生产基地及产业集聚园区，通过整合吸引国内外通信信息、人工智能等领域优秀企业落户，同时生产无线通信射频器件、天线、无线网络覆盖设备、光通信设备等，总投资10亿元，年完成投资5000万元；广西科林半导体有限公司（深圳大疆实业有限公司）的大疆半导体封装检测产业园项目，建设封装生产线2条、测试线2条、包装线2条，投产后年产储存卡3960万片、黑胶体1980万片、储蓄器芯片1650万片以上，总投资2亿元，11月竣工投产；瑞声科技南宁产业园项目二期，生产3D玻璃、精密加工件、摄像模组、5G射频模组、无线充电模组、导轨等精密装备，同时建设厂房和研发中心等，总投资10.30亿元，年完成投资2.05亿元。续建项目有广西桂芯半导体科技有限公司的集成电路芯片封装项目，建设半导体集成电路芯片封装加工贸易生产基地，总投资约10亿元，年完成投资2.80亿元，11月项目二期投产；广西蓝水星智能科技有限公司的智能通讯产业链终端生产项目，年产1500万台智能手机、功能手机、平板电脑及上下游相关配套部件，总投资5.10亿元，12月竣工投产；南宁十一科技电子信息发展有限公司的十一科技南宁电子信息产业园项目，建设LED（发光二极管）封装生产基地以及高端电子供应链项目，1号～4号厂房竣工验收，总投资12亿元。

【技术创新与产品研发】 2019年，南宁市电子信息产业企业数量、技术水平和收入均居自治区前列，软件产品开发及销售占主营业务收入超30%以上，大数据采集服务占40%以上。在2019年南宁市创新创业项目投融资路演大赛中，广西东信易通科技有限公司获三等奖，广西共此时网络科技有限公司的云智能物联直播系统项目获优秀奖。 （谢永靖）

节能环保工业

【概　况】 2019年，南宁市有规模以上节能环保产业制造业企业96家，全市规模以上工业企业综合能源消费量456.83万吨标准煤，比上年同期增长2.44%；规模以上万元工业增加值能耗为0.824吨标准煤，上升1.43%。全市无淘汰落后产能项目计划。规模以上节能环保产业制造业在高效节能（如节能建材、节能通用设备、节能变压器等）、先进环保（环保专用设备、污水处理及再生利用等）和资源循环利用（如垃圾焚烧发电、餐厨废弃物资源化和无害化技术、污泥回收利用技术、农林废弃物循环利用、废旧家电回收集中拆解处理）等领域形成以龙头企业引领产业发展，以技术创新驱动企业做大做强的良好势头。年内，广西美斯达工程机械设备有限公司技术中心、广西博环环境咨询服务有限公司技术中心2家企业技术中心获南宁市企业技术中心认定，广西力源宝科技有限公司、广西纵览线缆集团有限公司2家企业获自治区级技术创新示范企业。南宁糖业股份有限公司明阳糖厂、广西巨星医疗器械有限公司列入国家级第四批绿色制造体系（绿色工厂）名单，南宁糖业股份有限公司明阳糖厂、广西博世科环保科技股份有限公司列入自治区级第二批绿色制造体系（绿色工厂）名单，南宁经济技术开发区同时列入国家级、自治区级绿色制造体系（绿色园区）名单。广西博世科环保科技股份有限公司、广西南宝特电气制造有限公司作为广西仅有的2家企业中标工信部“2019年绿色制造系统解决方案供应商”。广西博世科环保科技股份有限公司入选2019年重点环境保护实用技术名录，广西力源宝科技有限公司“有机物料自动环保发酵系统”获第二十届中国专利优秀奖。主要存在整个行业处于起步阶段，龙头企业规模相对较小，受经济下行压力影响，无法带动整个行业发展等问题。

【可再生能源利用】 2019年，南宁市的可再生能源主要用于发电，以上再生能源企业的生物质发电量4.77亿千瓦时，增长45.62%；水力发电量24.56亿千瓦时，减少3.97%；太阳能发电量1.43亿千瓦时，减少4.54%；风力发电量3.88亿千瓦时，增长13.67%；天然气发电量1.07亿千瓦时，增长10.53%；垃圾焚烧发电量3.01亿千瓦时，增长2.62%。

【工业节能减排】 2019年，南宁市在能源管理基础薄弱的企业和重点高耗能行业中开展节能诊断，鼓励南宁市节能服务机构申报工业节能诊断服务资质，有5家节能服务机构列入工信部《2019年度工业节能诊断服务提供单位选聘项目中标公告》。南宁市首批12家工业企业自愿开展节能诊断，并由节能服务机构出具诊断报告，提出节能改造措施。年内，南宁市无淘汰落后产能项目计划，继续对能耗、环保、安全、技术达不到标准和生产不合格产品或淘汰类产能进行摸底调查，制定落后产能退出项目计划；持续推进南宁市木薯淀粉酒精产业结构优化升级，组织各有关区县、开发区开展木薯淀粉酒精行业企业现状调查并拟定下阶段整合发展计划，相关部门对近2年新增的6个化解木薯淀粉酒精落后产能项目（隆安县5个、广西－东盟经济技术开发区1个）进行现场核查验收，全部项目涉及的木薯淀粉生产线主要生产设备均拆除，实现去功能化。对使用清洁能源的111家工业企业给予燃气入网费、燃气锅炉购置费、燃料费及使用天然气分布式能源站供冷、供热费财政补助4077.74万元。111家使用清洁能源企业年度天然气使用量8784万立方米，替代煤炭消费21.85万吨标准煤，减排二氧化碳37.95万吨，减排二氧化硫4216吨；因发展散装水泥、预拌混凝土、预拌砂浆节约标准煤24.05万吨，减排水泥粉尘4.13万吨，减排二氧化碳73.73万吨，实现社会综合经济效益4.42亿元。

（戴晓敏　曾启娟）

卷烟工业

【概　况】 2019年，广西中烟工业有限责任公司有南宁卷烟厂、柳州卷烟厂2家不具有独立法人资格的卷烟生产厂，设办公室（外事办公室）、董事会办公室、企业管理部（综合计划部）、法律与改革部、财务管理部、审计部、人力资源部（职业技能鉴定站）、党建工作部、纪检监察部、安全管理部（人民武装部）、国际业务部、生产管理部、市场营销中心、技术中心、互联网研究中心、物资供应部、原料供应部、物流中心、信息中心、后勤服务中心、群团工作部（工会办公室、离退休人员管理办公室）、教育培训中心、技改工程部、规范管理办公室（为议事协调机构），从业人员2879人。有广西中烟天成投资管理有限责任公司、广西真龙物流有限责任公司等14家全资、控股公司。总资产228.14亿元，其中固定资产（净值）35.64亿元、流动资产160.91亿元；资产负债率38.92%。广西中烟公司实现降本增效1.36亿元，超出国家烟草专卖局下达任务0.61亿元。在行业首先实现以二维码为纽带和重要数据载体贯穿产品全过程的价值链，通过全链路流通码关联，利用互联网、物联网及大数据技术，建立从供应商到生产制造，再到消费者全产业链的信息互通网络。广西中烟公司二维码应用实现90%以上原辅材料、100%生产过程和全部每包10元以上卷烟产品的全流程追踪，消费者累计扫烟包二维码超过6亿人次。

2019年11月14日至15日全国烟草行业企业管理现场会期间，与会代表在广西中烟现场参观"互联网+"体验区　陶海游　摄

承办2019年全国烟草行业企业管理现场会。广西中烟公司捐款1283.43万元，用于社会公益活动。

【生产保障】 2019年，广西中烟引进行业首台每分钟1万支国产高速细支卷接机组并正式投产。卷接、包装设备有效作业率分别提高0.95、1.08个百分点，完成4组设备现场自主深度维修，实现降本增效约1400万元。完成柳州卷烟厂新旧制丝线切换，全面实现"两班制"生产模式。推进南宁卷烟厂膨胀烟丝生产工艺改进与测试，关键工艺参数平均达标率99%，其中膨胀烟丝整丝率、填充值两项关键指标达到国内领先水平。全年分选损耗率0.51%，选后抽检合格率90%，打叶复烤损耗率1.87%，均优于上年。加强烟叶基地建设，抓好广西205.87公顷、重庆292公顷等K326品种的试验示范，完成广西K326品种试种和工业验证。加强科研攻关，申报、实施《基于土壤碳氮调节技术提升广西烟叶品质》等科研项目25项，推广大垄、高垄膜下深栽等先进移栽技术，增加田间耐熟性，提高烟叶油分、香气量。"角鲨烯减害关键技术创新与应用"项目获广西科技进步三等奖，"烤烟精细化密集烘烤过程控制技术规程"等发布为广西地方标准，"烤烟养分高效利用的根际生态调控与根系优化耦合技术研究与示范"等3项技术登记为广西科学技术成果。

【品牌建设】 2019年，广西中烟公司配套组建延续性创新、颠覆性创新2支独立运行的产品研发团队。推进在销产品提质改造，完成"真龙(中支凌云)"新产品研发及上市，新品"真龙(刘三姐)"获准生产；优化品牌布局，突出大配方、大工艺、大品类的经营理念，形成以"巴马系"做高端引领、"海韵系"形成高端规模、"起源系"做卡位布局、"凌云系"支持发展、"刘三姐系"为特色化的系列发展布局；完成品牌文化内涵升级，举办"真龙海韵现象研讨会"，提出"中国真龙"的新站位、"海到尽头天是岸"的新主张；持续探索特色营销，继续强化以二维码平台和微信服务号为核心，以大数据集成与分析、新型工商协同营销、智能终端系统、二维码物料、在线调研系统、客户关系管理等7个平台为支撑的"真龙"网络营销平台运营。年内，生产"真龙"品牌卷烟(含出口)445.51亿支(89.10万箱)，比上年同期增长22.10%；生产"甲天下"品牌卷烟22.27亿支(4.45万箱)，增长3.87%。"真龙"品牌工业销量(含出口)452.22亿支(90.44万箱)，增长18.13%；"甲天下"品牌工业销量22.27亿支(4.45万箱)，下降36.26%。公司品牌合作生产总量232.5亿支(46.50万箱)，其中合作生产江苏中烟工业有限责任公司"南京"品牌卷烟67.5亿支(13.50万箱)，作生产浙江中烟工业有限责任公司"利群"品牌卷烟76亿支(15.20万箱)，"大红鹰"品牌卷烟24亿支(4.80万箱)，合作生产广东中烟工业有限责任公司"双喜"品牌卷烟65亿支(13万箱)。与重庆中烟工业有限责任公司合作生产"真龙"品牌卷烟4.98亿支(1万箱)。

【技术创新】 2019年，广西中烟公司实施科技计划项目177项，其中承担及参与行业重点项目5项，省部级项目43项，产学研项目100项。依托广西特有的天然植物资源，推进自主调香技术研究与应用，其中ZLKJ-02、中烟Ⅰ号、中烟Ⅱ号、GXZS-1501、龙珠1号、龙麦香Ⅰ号、龙润Ⅰ号、龙莲香01等多项自主特色香料、材料研发成果已转化应用于"真龙"系列产品。"光伏发电—空气能热泵—密集烤房三位一体烘烤设备创新研究与应用"获2019年度广西科技进步三等奖，"YQ 5-2019烟用胶粘剂安全卫生要求""常规分析用吸烟机通用技术条件"2项牵头承担行业标准获发布实施。"真龙(凌云)"获广西优秀新产品奖。举办首届"新时代·真龙"小微创新大赛，1项成果获2019年中国创新方法大赛一等奖。广西中烟公司获授权专利33件，其中发明专利13件；累计获授权专利402件，其中发明专利128件。

【交流与合作】 2019年，广西中烟公司持续发挥广西-东盟自由贸易区优惠政策和特殊地缘优势，借势"一带一路"助推"真龙出海"。针对中亚、中东、非洲地区当地消费特点，逐步研发、引入符合当地市场的产品，培养和发展当地销售渠道。依托与柬埔寨威尼顿的境外生产合作项目，把柬埔寨作为立足东南亚的主要阵地，辐射周边东南亚国家；以迪拜为核心，向中东、非洲地区市场渗透扩张。联合中烟国际中东公司，促成"真龙"品牌在阿联酋落地生产，实现中东地区市场有效拓展。年内，出口卷烟总销量4.97亿支，比上年同期增长44.29%；出口总值1233.52万美元。境外合作生产销售2亿支，占广西中烟境外总销量40.30%，提高5.30个百分点。

【广西中烟工业有限责任公司南宁卷烟厂】 2019年，南宁卷烟厂有从业人员900人，生产的卷烟品牌有"真龙""利群""大红鹰"。生产"真龙"品牌249.40亿支(49.88万箱)，比上年同期增长9.94%。其中，一类烟60.85亿支(12.17万箱)、二类烟59.74亿支(11.95万箱)、三类烟125.15亿支(25.03万箱)、四类烟3.66亿支(0.73万箱)。万支卷烟生产综合能耗2.23千克标准煤。　(陶海游)

电　力

发　电

【概　况】 2019年，南宁市境内有水力发电厂5个(桂冠电力西津水力发电厂、桂冠电力百龙滩电厂、邕宁水利枢纽南宁市牛湾电厂、桂冠电力金鸡滩水力发电厂、广西郁江老口航运枢纽宋村电厂)，发电量32亿千瓦时；风力发电场4个(霞义山风电场、马山协和杨圩风电场、武鸣

2019 年，百龙滩水电厂远景　　黄嘉标　摄

安凤岭风电场、宾阳马王风电场)，发电量5.18 亿千瓦时，新开工建设 2 个(马山苏仪风电场、马山状元风电场)；火力发电厂 1 个(国电南宁发电有限责任公司南宁电厂)，发电量 46.94 亿千瓦时。部分区县分布有水电站，其中横县有农村小水电站 6 座，发电量 0.03 亿千瓦时；上林县有水电站 20 座，发电量 0.37 亿千瓦时；隆安县有小水电站 10 座，发电量 0.21 亿千瓦时。年内，南宁市风电项目核准容量零兆瓦，投产并网容量 50 兆瓦；建成的光伏发电项目装机容量 93.62 兆瓦。

【水力发电】 2019 年，南宁市境内 5 个水力发电厂发电量 32 亿千瓦时。桂冠电力西津水力发电厂装机 4 台、总容量 244.70 兆瓦，兼航运、防洪、灌溉等功能；对外输出线 7 回(220 千伏 3 回，送西横一线、西横二线、西燕线；110 千伏 4 回，送西谢茉线、西海线、西海良线、西新线)；发电量 12.28 亿千瓦时、完成率 98.33%，电费回收率 100%，经营成果货币化 100%；实现抢发增发电量 8316.42 万千瓦时，发电增收近 1006 万元。百龙滩电厂装机 6 台、总容量 192 兆瓦；对外输出线 4 回(220 千伏 3 回，送乐滩变电站、响泉变电站、贡模变电站；110 千伏 1 回，送都安变电站)完成发电量 8.78 亿千瓦时，完成率 98.88%，电费回收率 100%，经营成果货币化 100%；实现抢发增发电量 6113 万千瓦时，发电增收 1458 万元。南宁市牛湾电厂装机 6 台，总装机容量 57.60 兆瓦；对外输出线 1 回(110 千伏 1 回，送屯亮变电站)；发电量 1.93 亿千瓦时，电厂按收支两条线不计收益。金鸡滩水力发电厂装机 3 台、总容量 72 兆瓦；对外输出线 2 回(110 千伏 2 回，送南方电网隆安变电站)；完成发电量 3.37 亿千瓦时、完成率 93.67%，电费回收率 100%，经营成果货币化 100%；实现抢发增发电量 830.13 万千瓦时，发电增收 180.85 万元。广西郁江老口航运枢纽宋村电厂装机 5 台，总容量 150 兆瓦；对外输出线 2 回(110 千伏 2 回，送石西变电站)；完成发电量 5.64 亿千瓦时，发电增收 3937.60 万元。

【风力发电】 2019 年，南宁市境内有横县霞义山风电场、马山协和杨圩风电场、武鸣安凤岭风电场、宾阳县的马王风电场发电。霞义山风电场是广西龙源风力发电有限公司在广西投产运营的首个风电场，总投资 8.30 亿元，装机容量 95.50 兆瓦，接入南方电网；发电 2.69 亿千瓦时，完成回收电费补贴 3345.75 万元。马山协和杨圩风电场一期安装风机 18 台，总装机容量 40.90 兆瓦，新建 110 千伏升压站 1 座，电能送马山变电站，发电量 1.22 亿千瓦时，年累计上网电量 1.19 亿千瓦时；武鸣安凤岭风电场工程全部 25 台风电机组并网成功发电，发电量 1.11 亿千瓦时；宾阳马王风电场年内并网发电 6 台风机，容量 12 兆瓦，发电量 1621 万千瓦时；龙源南宁青秀风电场工程、邕宁百济风电场工程、良庆墰清岭风电场工程进行环境综合评价。2 个风电场工程开工建设：马山苏仪风电场，总装机容量 60 兆瓦，总投资 4.82 亿元；马山状元风电场，总装机容量 70 兆瓦，总投资 6.54 亿元。

(桂冠电力股份有限公司　韦斯步　黄东明　何宏生　廖振培)

【火力发电】 2019 年，南宁境内有火力发电厂 1 个(国电南宁发电有限责任公司南宁电厂)，规划装机容量 3320 兆瓦。一期工程装机 2 台 660 兆瓦国产超临界燃煤供热机组，配套建设烟气脱硫、脱硝等设施，总投资约 46 亿元，国家能源投资集团有限责任公司、深圳能源集团有限公司、广西中稷电力投资有限公司出资建设。南宁电厂为南方电网“西电东送”主网架提供电源支撑，并为南宁六景工业园区提供优质热源和工业水源。至 2019 年年末，累计完成供热量 599.40 万吉焦，累计发电 346 亿千瓦时，纳税 5.60 亿元；未发生人身、涉网、重大设备和环境污染等事故，机组连续安全生产 2922 天。

(国电南宁发电有限责任公司)

供　电

【概　况】 2019 年，广西电网有限责任公司南宁供电局(简称“南宁供电局”)设办公室(党委办公室)、计划发展部、人力资源部(人才培训与评价中心)、财务部(财务共享中心)、生产技术部(不停电作业中心)、市场营销部、建设管理部(项目管理中心)、系统运行部(电力调度控制中心)、安全监管部(应急指挥中心)、审计部、党建工作部(企业文化部)、监督部(纪委办公室、监督执纪中心)、工会办公室，直属机构有输电管理所、变电管理一所、变电管理二所、供电服务中心、计量中心、信息中心、物流服务中心、综合服务中心(离退休服务中心)、青秀供电分局、兴宁供电分局、城西供电分局、江南供电分局、五象供电分局。有员工 2728 人(劳动合同制员工 2077 人、劳务派遣制员工 56 人、非全日制员工 595 人)，其中管理类人员 208 人，专业技术类员工 310 人，技能类员工 1515 人，辅助类员工 656 人，不在岗员工 5 人，支援多种经营企业 34 人。年内，新增客户 17.14 万户，总客户 303.47 万户，客户装机容量 3813.52 万千瓦。全年售电量 229.94 亿千瓦时，比上年增加 29.42 亿千瓦时，比上年同期增长 14.68%；参与市场化交易 56.26 亿千瓦时，增长 35.63%，节约企业成本 3.40 亿元，比上年多节约 0.76 亿元。售电结构以居民生活用电为主，居民生活用电、大工业用电和一般工商业用电分别占 36.21%、30.08%、30.12%，其他用电占 3.59%。区域全社会用电量 250.31 亿千瓦时，增长 11.35%。其中，第一产业 6.47 亿千瓦时、第二产业 87.97 亿千瓦时、第三产业 76.49 亿千瓦时、城乡居民生活用电 79.38 亿千瓦时，占全社会用电量比重分别为 2.58%、35.15%、30.56%、31.71%。第二产业中，工业用电 82.24 亿千瓦时，新增 1.31 亿千瓦时，增长 1.62%。综合线损率 4.46%，下降 0.24 个百分点；南宁网区内县级企业等线损均降到 7% 以下。建成投产金陵站、亭洪站配套送出工程及碧竹站、万象站、文华站、同乐站、歌海站等 33 项主网工程，新投产变电站 12 座，总容量 220.42 万千伏安。其中，220 千伏变电站 1 座(碧竹变电站)，110 千伏变电站 8 座(万象变电站、文华变电站、同乐变电站、歌海变电站、兴贤变电站、绿岭变电站、苏坡变电站、张村变电站),35千伏变电站3座(白马变电站、料平变电站、公义变电站);新增500千伏变电容量75万千伏安、220千伏变电容量66万千伏安、110千伏变电容量77.12万千伏安;新增500千伏线路77.53千米、220千伏线路156.94千米、110千伏线路144.45千米、35千伏及10千伏线路217.76千米。网区管辖变电站226座,其中500千伏变电站2座(邕宁、金陵,对南宁变电站有不完全管辖权),220千伏变电站22座,110千伏变电站82座(含移动变电站1座),35千伏变电站120座(含移动变电站1座)。变压器总数391台,整体容量1.73万兆伏安。其中,500千伏主变压器3台,220千伏主变压器44台,110千伏主变压器139台,35千伏主变压器205台。有500千伏线路7条,长534.91千米;220千伏线路93条,长2727.65千米;110千伏线路201条,长2272.60千米;35千伏线路266条,长2955.70千米。有110千伏至500千伏输电线路287条,总长5535.16千米,增加53.56千米,增长0.98%;500千伏线路长度与上年持平;220千伏线路增加26.43千米,增长0.98%;110千伏线路增加27.12千米,增长1.25%。南宁供电局获"第十六届全国职工职业道德建设先进单位"、2017年度"南宁市先进单位",广西电网公司2019年调度运行、高压试验、配电自动化运维3项技能竞赛一等奖。主要存在线路跳闸、低电压、停电依旧较频繁等问题,客户投诉管理控制能力需进一步加强等问题。

【电网规划】 2019年,南宁供电局首次促成市政府组织开展"十四五"电网发展规划调研,完成市辖12个区县及南宁高新技术产业开发区、南宁经济技术开发区、广西－东盟经济技术开发区、广西南宁五象新区调研。联合相关区县政府完成宾阳、隆安、三塘—五塘3个电力专项规划编制和初步评审。发布《南宁供电局"十四五"智能配电网规划工作方案》,将远景网架中的35千伏及以上变电站站点全部纳入南宁市"十四五"输电网和配电网规划。完成"一区一册""一所一册"中低压智能配电网规划报告编制,形成配电网现状问题清单及"十四五"配电网规划项目库清单。推进智能电网融入南宁智慧城市建设,促成市政府发布《关于加快南宁市智能电网规划建设工作的报告》,将智能电网建设计划纳入区县、开发区年度电网建设目标责任书,实现智能电网与智慧城市协同推进。搭建电网规划建设预警常态化机制,结合南宁电网日常停电检修及大负荷日存在风险进行分析,发布35千伏及以上网架及电网运行风险解决方案。组建农网投资建设联合指挥南宁分部,统筹做好规划梳理、项目前期及后续的工程建设。梳理南宁良庆水利电业管辖区域电力网架、负荷增长点、设备现状等情况,形成脱贫攻坚电力保障两年行动计划,规划投资2.03亿元。加强可再生能源送出工程的投资建设,完成上林鑫安扶贫光伏电站线路回购、上林琦泉生物质送出线路工程、隆安得力生物质送出线路工程、南宁双定镇垃圾发电线路工程等项目规划立项手续办理。

【电网建设】 2019年,南宁供电局基建项目投资15.49亿元(主网3.77亿元、配农网11亿元、小型基建0.72亿元),审计署延伸审计29个长期挂账项目全部完成。建成投产500千伏金陵站220千伏配套送出工程、220千伏碧竹站等主网工程33项。电网风险重点项目110千伏红光站配套送出工程提前1个月完成投产任务,竹岭站扩建2号主变紧急项目"从无到有"历时40天。推进马山县、上林县、隆安县3个贫困县精准扶贫、低电压项目建设,总投资4.11亿元,实施项目1324个,网区及上林县、马山县、隆安县"两率一户"(供电可靠率不低于99.80%,综合电压合格率不低于98.50%,户均配变容量不低于2千伏)供电指标均达标,消除贫困地区320个重过载低电压台区,持续保持贫困户通电率100%。新投产变电站(万象、歌海、红光)送出10千伏线路12回,解决迎峰度夏前变电站运行重载问题。完成110千伏古辣变电站工程等69个主网项目施工结算,总结算完成率100%。年内,农配网方面投产项目3793项,完成结算3604项。南宁供电局重点对近3年来建设的15个主网项目、24个农配网项目推行基建精益管理和标杆示范管理。220千伏智城变电站、110千伏银凯变电站工程、110千伏歌海变电站10千伏新出09线新建工程、110千伏昆仑站10千伏05线至南宁东站北片区新建工程4个基建工程获2019年度南方电网公司优质工程奖。完成基建QC(质量控制)成果13个。

【供电服务】 2019年,南宁供电局将22项业务融入"爱南宁APP"政府服务平台,供电服务窗口进驻南宁市范围内17个政务服务大厅,对水电气业务实行"一窗受理""一事通办""并联审批"。"获得电力"(衡量企业为新建仓库获得永久电力连接所需的手续、时间和费用)监管评价在自治区百日攻坚七项营商环境指标排名领先,居民用户平均接电办理时间为1个工作日,一般低压用户平均接电办理时间1.4个工作日,10千伏高压单电源用电报装全流程平均用时38天,比上年同期分别缩减83%、81%、63%。实现发电车25分钟内抵达特级敏感客户现场,开展应急复电。完成第16届中国－东盟博览会、中华人民共和国成立70周年等客户端重大保供电工作,189个重要场所154项活动无闪动、无投诉,771个核心场所挂接用户无故障出门。南宁市行政审批局完成电网建设项目开挖许可手续审批办理76项,将电网项目开挖许可审批从60天压缩至5个工作日。在国家能源局南方监管局对广东、广西、海南三省(自治区)"获得电力"监管评价中获得总分第三、银牌城市名列第一。全社会用电量增长13.99%。与南宁吴圩国际机场签署战略合作协议,吴圩国际机场出租车停车场充电站及飞行区充电站相继投运;与上海通用汽车有限公司、安徽江淮汽车集团股份有限责任公司、北京首汽(集团)股份有限公司达成体验驾驶、充电共享等业务合作意向;南宁市首个"光储充"一

2019年10月27日,南宁供电局通过临时变电站,对仙葫变电站的用电负荷实施转移,确保市民用电不受影响。图为供电局工作人员在操作设备　敬敏　摄

体化直流快充综合示范充电站——南宁浩天工业园充电站投入运行,实现发、储、充清洁能源的循环利用。南宁供电局建成充电站187个、充电桩900个,累计充电量2425.92万千瓦时,增长146.22%,为自治区首位。建成自治区首个智慧营业厅——青秀智慧厅,成为中国西部首个实现VTM(多功能业务办理终端机)"刷脸"办电的供电局。南宁网区全部实现自助打印电子发票,22项用电业务线上办理,互联网客户关注量超215.64万,远程业务比例95.22%,客户平均等候时间由12分钟缩短至1分钟。第三方客户满意度82分,与上年持平,低于广西电网有限责任公司考核值(84分);95598百万客户投诉率每百万户1094次,下降28.32%;综合电压合格率99.58%,提高0.14个百分点,优于考核值(99.50%);客户年平均停电时间(低压)每户8.54小时,下降16.27%,优于考核值(每户8.55小时);客户年平均停电时间(中压)每户9.50小时,下降3.85%,优于公司考核值(每户9.70小时)。

【用电计量(费控)管理】 2019年,南宁供电局在保证南宁网区计量装置需求的同时,援助崇左供电局、贺州供电局完成新电力3.46万只电能表的检定。沟通良庆区农网改造项目部,10天完成6226台计量装置检定。电力调度控制中心检定实验室成为广西电网首家通过自治区市场监管局监督评审的实验室,以不符合项为零的成绩通过广西电能计量检测中心内部审核。实现费控系统和计量自动化系统远程停复电业务双保险机制,停复电成功率提高近15个百分点。全年工作票执行率、合格率均100%,安全工器具及时送检率、合格率均100%,安全规范考试合格率100%。

【电费电价管理】 2019年,南宁供电局完成100户用电大户需求走访,对自治区排名前500名的规模企业中的67家进行用电专项走访,及时解决客户存在的各种用电问题。推行在城市区域、县级以上工业园区和县政府所在城区实施160千瓦及以下7.73万户小微企业低压接入。实行低压居民、非居民报装免费安装,10千伏客户免费延伸至用户用地红线,全年延伸免费安装7万户。投资新建10千伏业扩线路延伸项目310项,为客户节省投资3.32亿元。完成2批次2012年至2018年历年低保户、五保户9.83万户免费电清退清单上报,由系统后台落实历年免费电的清退。实现南宁网区300万客户每月抄表,接入费控用户11万户,支持电费回收。实行局领导挂点及部门责任区,月管控、周通报,把对大工业用户、1万元及以上欠费户划小周期执行情况作为重点关键管控,全年电费回收率100%。完善重要敏感客户一户一册,完成全部51个一级重要客户"四张图"(500千伏至400伏接线图、10千伏外部接线图、400伏重要负荷回路图、应急电源接入图)规范绘制。成立计量自动化系统提升攻坚小组,编制《低压集抄系统运行维护手册》,配合公司完成省级主站切换,实现智能电表自动对时、电表信息自动上报功能,协助解决省级计量自动化系统切换后存在的档案同步成功率低,参数下发成功率低等功能问题。整合专变抄表和计量装置运维业务,实现专变抄维合一工作模式,电子化结算率由81.23%提升至100%。开展存量用电计量设备现场图片信息和字段信息的匹配及维护,现场拍照6.77万张,完成率100%。

【营销稽查】 2019年,南宁供电局组织查摆专项巡视问题清单措施22项,全部整改完成。整改历年审计巡察缓交的高可靠性供电费问题,收回可靠性供电费340.72万元。办结临时接电费退费2350户,金额1.10亿元。开展营销领域"三不腐"(不敢腐、不能腐、不想腐)建设,组织南宁网区员工签订营销服务廉洁承诺书、用电规范告知书,组织南宁网区487名供电业务扩展人员学习讨论"违反廉洁从业纪律"事件,开展关键岗位供电业务扩展人员谈心谈话285人。重点开展业务扩展延伸项目、私揽工程等专项扫雷工作,完成供电业务扩展回访2710户,对其中3起客户反映涉及费用问题进行核查。通过电费退补工单规范性、基本电费收取、功率因数执行、优化电力营商环境等专项稽查纠正工作差错1180起,涉及差错电量6.40万千瓦时、电费115.01万元。

【安全生产】 2019年,南宁供电局完成年度安全生产目标。发布和落实各级管理人员安全职责到位衡量标准,签订安全生产责任书4031份。承接南方电网任务研究和推广作业标准规范化和实用化课题,修编优化生产类业务指导书46份、作业指导书145份。完成全局3035名员工"人人过关"基本安全技能评价,实现专业全覆盖;对18个乡镇供电所开展安全工器具管理专项指导。发布《南宁网区现场安全生产"八必做十必查"》工作手册,修编关键作业现场风险管控到位标准。全年排查整改涉电人身公共安全隐患4743处,更换低压裸导线1万千米,排查处置全市内涝黑点253个,未发生有责任的涉电公共安全事件。完成第16届中国－东盟博览会、庆祝中华人民共和国成立70周年等保供电任务766项(特级2项、一级83项、二级480项、三级201项),持续开展保供电工作281天。修订完善应急预案712份,编制专业应急处置卡48份,组织8084人开展应急演练323项。举办应急管理培训班652次,培训1.40万人次,认定应急抢修队伍135支、2404人,外部应急队伍32支、333人,应急专家41人。梳理出关键重要设备696台、输配电线路1490条,落实各项巡视、预试、检修及改造等各类管控措施9.86万项。完成220千伏金雷Ⅰ线＋大林线交叉跨越点升高改造,整改跨越高速公路、铁路导地线接头隐患24处,非阻燃电缆缠绕防火包带20处;综合整治配网高故障线路166条、配网高风险电缆隐患27处等。建立完善隐患清单,排查各类隐患9495处(树障隐患2875处,施工隐患220处,涉电公共安全隐患3742处,防风防汛及消防隐患2370处,其他地质、漂浮物隐患288处)。完成进入电力设施保护区内施工行政审批107单,落实"物防""人防""技防"等安全防护措施156处;推动市政府完成整治难点隐患548处。110千伏及以上线路未发生树障、山火人为责任跳闸。未发生三级及以上人身、电力安全及设备事故事件;发生四级电力安全事件1起,五级电力安全事件9起。 (李沅洺)

饲料工业

【概 况】 2019年,南宁市获饲料生产许可证的企业118家,从业人员6394人。持有生产许可证142张(双证企业24家、三证企业1家),其中配合饲料、浓缩饲料、单一饲料生产许可证85张,添加剂预混合饲料生产许可证36张,饲料添加剂生产许可证21张。饲料(配混合饲料)生产总量484.07万吨,比上年下降11.50%。其中,配合饲料产量468.68万吨,占总产量96.82%;浓缩饲料产量6.03万吨,占1.25%;添加剂预混合饲料9.36万吨,占1.93%。企业产能及产量更趋向集中,年产值亿元以上企业39家。全市饲料年产值152.83亿元,下降13%。

【饲料安全监管】 2019年,南宁市结合饲料质量安全管理规范及粉尘防爆安全生产现场检查,对全市饲料和饲料添加剂生产企业开展拉网式检查,消除安全及质量隐患。完成产品抽样监测369批次,其中市级任务80批次,抽检合格率99.73%。协助自治区农业农村厅做好全市饲料和饲料添加剂生产企业生产许可证续展工作,到期换证企业53家(2家不再续展),自治区农业农村厅开展现场评审51家,全部通过评审。 (许丽丹)

编辑 梁 坤 唐柯杰

综　述

【概　况】2019年，南宁市有建筑企业899家，注册资本118.21亿元。建筑业总产值1938.96亿元，比上年同期增长14.90%。房地产业开发投资1461.08亿元，增长32.06%；拉动全市投资增长13.90个百分点；税收207.21亿元，比上年同期增长8.20%，房地产业税收占全部税收收入29.10%，保持对经济增长较高贡献率。建设工程项目获中国建设工程鲁班奖2个[南宁国际会展中心改扩建工程(A地块)、广西金融广场]，国家优质工程奖16个，广西建设工程“真武阁”杯奖83个，自治区安全文明标准化示范工地4个[广西建设职业技术学院新校区建设项目图书馆与行政办公综合楼(含信息中心)工程、东葛路28号小区危旧房改住房改造项目施工、东方·智尊堡(7号、8号及其地下室)、广西人民广播电台技术业务综合楼项目]，2019年自治区装配式建筑示范项目2个[广西国际锰业电子商务市场项目、广西建工集团南宁装配式建筑产业基地PC(混凝土预制件)生产厂房]。有房地产业企业693家，注册资本157.38亿元。开发建设市物业行业管理信息系统，建立物业服务企业、从业人员、物业管理项目、业主委员会、物业管理用房等基础数据库，实现全市物业信息共享。推进白蚁智能监测控制技术推广应用试点，在150个小区(公园)安装6372套白蚁智能监测控制装置，报警准确率100%。主要存在部分开发商拖延支付农民工工资、延期交房和办证时间长；建筑业企业总体资质较低，综合实力不强；房地产市场管理只能采取约谈警示或存在局限性的行政限制、联合检查执法等问题。

（潘　欣　市统计局）

【建筑市场管理】2019年，南宁市新增入库(统计库)建筑业企业39家。南宁市住房和城乡建设局(简称“市住建局”)落实《南宁市人民政府关于促进建筑业加快发展的若干意见》，对26家符合奖励政策的企业进行奖励，拨付奖励金475万元。对市统计局在第四次经济普查中发现的有潜力入库(统计库)企业进行跟踪服务，指导57家企业对接办理入库手续。优化建筑安全劳动保障费、农民工工资保障金拨付程序，拨付1180个项目建筑安全劳动保障费基本部分10.68亿元，办理退还农民工工资保障金申请439份(建设单位390份、施工单位49份)。

【房地产市场监管】2019年，南宁市开展房地产市场乱象巡查整治专项行动，排查违规预售、捂盘惜售等行为，召开全市房地产开发企业教育约谈会，集体约谈120家房地产企业负责人；回应群众关切的“群租房”乱象、中介违规操作等问题，排查并责令整改违规群租行为68户，完成整改31户；配合执法部门处理违规案件35起，查处开发企业12家、中介机构13家、自然人10人；帮助群众化解房产交易领域矛盾纠纷，为群众调解挽回房屋交易经济损失138万元。出台房地产预售资金监管规定，加强存量房交易资金监管。

【鲁班奖入选工程】2019年2月14日，中国建筑业协会发布《关于公布2018～2019年度第一批中国建设工程鲁班奖(国家优质工程)入选工程名单的通知》，南宁国际会展中心改扩建工程(A地块)、广西金融广场入选。南宁国际会展中心改扩建工程(A地块)施工单位为中国建筑第八工程局有限公司第二建设有限公司，工程总建筑面积6.94万平方米，建筑檐口高度22.20米，为西南地区最大的室内无柱展厅；广西金融广场施工单位为中国建筑第四工程局有限公司，工程为办公综合体项目，主体结构为地下4层、地上68层，是集办公、酒店、休闲娱乐于一体的综合性超高层建筑。（潘　欣）

建筑业

【概　况】2019年，南宁市在库(统计库)建筑企业449家，比上年增加39家。建筑施工企业(资质企业)完成施工产值1938.96亿元，增长14.90%。其中，建筑工程产值1684.52亿元，增长14.20%；安装工程产值143.33亿元，增长25.20%；其他产值111.11亿元，增长13.40%。住宅工程质量总体满意度86%。通过专项检查、日常巡查、随机抽查等方式加强在建工程质量安全监督管理，下发责令整改通知书1301份、停工整改通知书213份，对102家施工企业进行质量安全信用考评扣分。召开南宁市全装修商品房工程质量管理工作会议，宣传贯彻全装修商品住房实行“样板引路”。4月2日，住房和城乡建设部在南宁举办2019全国《建筑工人实名制管理办法(试行)》宣贯培训班，实地观摩南宁水塘江综合整治工程项目、银泉·一品项目及中国－东盟信息港股份有限公司实名制管理示范项目。11月，南宁市被住房和城乡建设部列为建筑产业工人队伍培育试点城市。

（潘　欣　市统计局）

【建设工程招投标管理】 2019年，市住建局为企业办理招投标单项交易1660项，工程总造价745.83亿元，其中公开招标1111项、造价384.08亿元，邀请招标193项、造价38.82亿元，直接发包356项、造价322.93亿元。11月1日印发实施《南宁市房屋建筑和市政工程施工招标文件范本(2019年版)》，有效规范施工招标行为。推进招投标活动电子化，对评标专家管理系统开展专家信息审核。《南宁建设工程造价信息》每月发布土建材料、水电安装材料及苗木材料价格5300余种。

【建筑业企业资质核查】 2019年8月26日至30日，市住建局对注册地在南宁市的三级资质施工总承包和专业承包企业开展核查，重点核查近3年来发生过一般质量安全事故和被市住建局通报过、近期频繁变更企业人员、申请资质时存在弄虚作假行为、存在拖欠工程款和农民工工资行为的企业，按“双随机一公开”规定，抽查企业31家，核查合格10家，需要整改17家，未提交核查资料3家；在整改期限内，整改合格14家，整改不合格6家。

【专业技术人员职业资格“挂证”清查】 2019年8月，市住建局排查工程建设领域勘察设计注册工程师、注册建筑师、建造师、造价工程师等专业技术人员及相关单位、人力资源服务机构，清理整治南宁市建设领域专业技术人员“挂证”行为。有疑似“挂证”人员记录1.64万条，涉及企业500多家，开展清查4批次，完成整改人员1.57万人，整改率95.73%。

【农民工工资支付保障】 2019年，市住建局通过试点企业引领、示范项目观摩、编制资料模块样板、培训约谈和现场抽查督办等措施，推进“一金三制”(农民工工资保证金、农民工实名制、农民工工资与工程款分账制、农民工工资银行代发制)落实，建立和健全根治欠薪长效机制。召开根治农民工欠薪工作会议4次，300人参加；召开宣传解答培训会4次，培训企业超160家、560人；组织现场观摩会2次，观摩示范项目4个，680余人参加。通过督促企业落实工程款和农民工工资分账管理制度，指导施工企业做好农民工实名制信息化工作，使用广西农民工实名制平台线上代发农民工工资等措施，从源头上预防和治理建设工程领域拖欠农民工工资问题。至年末，南宁市在广西农民工实名制平台录入采集在场工人18.10万人，信息录入率99.77%；发放桂建通卡16万张，发卡率88.50%。采集在建工程项目数1280个。其中，1266个项目完成农民工工资专户平台绑定，绑定率98.91%；1076个项目通过实名制管理平台发放农民工工资，工资线上代发率85.50%；942个项目上传考勤数据，上传率98.50%。向市城管综合执法局移交20个涉嫌违法发包、转包、违法分包及挂靠案件，处罚5起案件的违法企业及个人。

【装配式建筑试点建设】 2019年，南宁市推进自治区级装配式建筑试点城市建设。新开工装配式建筑项目16个，建筑面积180万平方米；广西万德铝膜装配式建筑有限公司装配式建筑生产基地、广西泰和远大智能数控机械加工装备及PC生产基地2家装配式PC构件基地竣工投产；开工建设广西华润装配式建筑有限公司五合华润装配式建筑构件厂项目，装配式PC构件基地累计竣工投产6家(广西华润装配式建筑有限公司伊岭鸿基基地PC项目、中天建设集团第八建设公司广西仰创建筑产业化基地、广西景典装配式建筑产业基地、广西万德铝膜装配式建筑有限公司装配式建筑生产基地、广西泰和远大智能数控机械加工装备及PC生产基地、广西建工集团南宁装配式建筑产业基地)，形成约50万立方米装配式PC构件产能。推进自治区级装配式建筑示范基地、项目建设。广西大锰锰业集团有限公司建设的广西国际锰业电子商务市场项目、广西建工集团南宁装配式建筑产业基地PC生产厂房获批2019年自治区装配式建筑示范项目，广西泰和远大建筑科技有限公司建设的装配式建筑PC生产基地、南宁诗蓝杭萧钢构有限公司装配式钢结构建筑产业基地、广西壮族自治区建筑科学研究设计院、华蓝装配式建筑研究中心、万德铝模装配式建筑生产基地、广西易筑南宁隆安华侨管理区生产基地获批2019年广西壮族自治区装配式建筑示范基地。 (潘　欣)

房地产业

房地产开发

【概　况】 2019年，南宁市完成房地产开发投资1461.08亿元，比上年同期增长32.06%。其中，商品住宅投资1034.06亿元，增长33.90%；办公楼投资82.78亿元，增长31.50%；商业营业用房投资115.41亿元，增长17.30%；其他投资228.82万元，增长32.30%。房地产开发投资占全市投资超50%以上，年增长32.10%，拉动全市投资增长13.90个百分点。其中，土地购置费投资增长69.20%，拉动全市投资增长10.80个百分点。商品房施工面积9704.05万平方米，增长19.40%；商品房竣工面积710.77万平方米，下降10.30%。新建商品房销售面积1805.23万平方米，增长3.44%；商品房销售额1517.49亿元，增长11.70%。房地产投资、销售总量均居自治区首位。

(潘　欣　市统计局)

【区县房地产开发】 2019年，南宁市商品房销售面积1805.23万平方米，比上年增长3.44%。其中，兴宁区166.37万平方米，降低31.64%；江南区227.91万平方米，增长19.15%(江南区本级106.79万平方米、增长12.97%，南宁经开区121.12万平方米、增长25.18%)；青秀区225.15万平方米，增长22.85%；西乡塘区251.47万平方米，增长2.03%(西乡塘区本级114.10万平方米、增长2.03%，南宁高新区137.37万平方米、增长5.58%)；邕宁区118.74万平方米，降低23.18%；良庆区476.84万平方米，增长23.75%；武鸣区123.89万平方米，降低4.94%(武鸣区本级75.67万平方米、降低1.11%，广西－东盟经开区48.22万平方米、降低10.39%)；横县56.17万平方米，降低13.05%；宾阳县58.93万平方米，增长7.13%；上林县36.03万平方米，下降23.35%；马山县18.25万平方米，增长59.42%；隆安县45.49万平方米，增长22.85%。兴宁区69个房地产项目累计完成投资131.09亿元，占固定资产投资65.66%，中海国际社区、保利·山渐青、金源城、盛天东郡等热门房地产项目进入建设尾声。江南区在建房地产项目39个，完成投资96.89亿元，商品房预售面积133.09万平方米。青秀区房地产开发投资增长77.60%，商品房销售金额261.93亿元。西乡塘区在建房地产项目47个，完成投资92.38亿元，建成商品房面积111.75平方米。武鸣区完成房地产开发投资36.42亿元，增长52.90%；商品房预售面积127.38万平方米，增长40.12%；登记销售商品房7537套(间)，总销售52亿元。横县在建房地产项目27个，完成投资20.64亿元，建成商品房面积22.28万平方米；办理商品房预售52套，预售面积102万平方米；登记销售商品房3913套，销售总额17.35亿元；商品房网签29宗。宾阳县有房地产企业19家，房地产开发投资增长88.70%；商品房施工面积178.76万平方米，增长46.46%；商品房竣工面积21.48万平方米，

表 13　　2019 年南宁市房地产开发与销售主要指标及增长速度表

指　标	单　位	绝对数	比上年增长 (%)
房地产开发投资	亿元	1461.08	32.10
住宅	亿元	1034.06	33.90
商品房施工面积	万平方米	9704.05	19.40
住宅	万平方米	6310.69	19.30
商品房新开工面积	万平方米	2156.19	26.10
住宅	万平方米	1532.44	27.60
商品房竣工面积	万平方米	710.77	-10.30
住宅	万平方米	466.90	-20.10
商品房销售面积	万平方米	1805.23	3.40
住宅	万平方米	1550.33	7.80
商品房销售额	亿元	1517.49	11.70
住宅	亿元	1329.23	20.10
本年实际到位资金小计	亿元	2007.73	20.20
国内贷款	亿元	362.86	41.40
自筹资金	亿元	402.85	-0.20
定金及预付款	亿元	769.67	31.30
个人按揭贷款	亿元	373.19	15.60

增长 64.97%；商品房销售 31.29 亿元，增长 14.44%。上林县有房地产企业 22 家，完成投资 7.56 亿元，增长 17.40%；商品房施工面积 144.54 万平方米。其中新开工建设面积 55.51 万平方米；批准预售商品房 1260 套、预售面积 10.24 万平方米；登记销售商品房 2281 套、28.36 万平方米，销售总额 16.57 亿元。马山县在建房地产项目 11 个，完成投资 2.21 亿元；审批房地产商品房预售许可 11 宗，预售总面积 20.52 万平方米；商品房网上备案、网上签约 1583 套。隆安县有房地产开发企业 5 家，在建房地产项目 7 个，年总投资约 5.17 亿元，建成商品房面积 64.09 万平方米；批准预售商品住宅 4813 套 47.35 万平方米。

（市统计局　市方志办）

房地产市场

【概　况】 2019 年，市住建局推行商品房预售许可审批“一站式”服务，组织商品房预售价格会审会议 52 次，审议住宅项目 417 个，车位项目 125 个。市住建局执行房地产调控政策，开展房地产市场乱象巡查整治专项行动、商品房销售专项整治行动等。8 月 29 日，市政府办公室印发实施《南宁市培育发展住房租赁市场试点工作方案》，逐步构建供应主体多元、经营服务规范、租赁关系稳定的住房租赁市场体系，建立和完善租购并举的住房制度。

【房地产市场调控】 2019 年 4 月 26 日，市人民政府召开常务会议，专题研究房地产市场平稳健康发展若干措施，进一步落实地方主体责任。6 月 25 日，市城管综合执法局和市住建局、市自然资源局、市市场监管局联合召开全市房地产开发企业教育约谈会，对全市 120 家房地产开发企业的捂盘惜售等乱象行为进行警示约谈、联合整治，对房地产市场违法违规现象进行严管重罚。市城管综合执法局受理房地产开发经营类投诉及案件 149 起，立案查处 24 起，处罚金额 57.30 万元。南宁市房地产市场总体保持平稳健康发展。

（潘　欣）

【房地产销售】 2019 年，南宁市商品房销售面积 1805.23 万平方米，比上年同期增长 3.40%。其中，住宅 1550.33 万平方米，增长 7.80%；办公楼 37.46 万平方米，下降 40.50%；商业营业用房 64.08 万平方米，下降 30%；其他用途 153.36 万平方米，增长 0.60%。商品房销售额 1517.49 亿元，增长 11.70%。其中，住宅 1329.23 亿元，增长 20.10%；办公楼 46.99 亿元，下降 36%；商业营业用房 80.24 亿元，下降 29.90%；其他用途 61.03 万元，下降 3.60%。

（市统计局）

【商品房预售资金监管】 2019 年，市住建局出台房地产预售资金监管规定；调整商品房预售资金监管方式，下调监管比例，上调拨付比例，释放资金 122 亿元，拉动 350 多亿元的房地产投资。纳入监管预售资金 2065.98 亿元，其中重点监管额度 309.47 亿元，南宁市（不含 5 县及武鸣区、广西－东盟经开区）商品房预售资金监管账户累计存入 613.03 亿元，累计使用 511.24 亿元；涉及房地产开发企业 238 家、商品房项目 293 个、楼房 2052 栋，预售面积 1890.26 万平方米。

房产管理

【概　况】 2019 年，南宁市启动 2 批次高坡岭人才公寓普通人才住房分配，分配住房 1128 套。新增公共租赁住房资格审核 2.03 万户，其中低收入住房困难家庭 1871 户，非低收入住房困难家庭 1.84 万户。新增经济适用房资格审核 1583 户，销售经济适用房 18 套，审核经济适用房转全产权、上市交易 2463 套。办理商品房预售许可证 970 本（含换证和城区补录），现售备案证 362 本（含换证和城区补录），商品房合同网签备案 14 万余份，存量房网签备案 4.35 万余份。在市住建局办理备案的房产中介机构 550 家。

（潘　欣）

【房屋产权管理】 2019 年，南宁市不动产登记中心受理市本级房屋、土地不动产登记业务 79.50 万宗，其中房产类 78.60 万宗。完成登簿 79.50 万宗，其中房产类 78.60 万宗。完成落宗 3.80 万宗，其中房产类 3.80 万宗。办理房屋转移登记业务 23 万宗。其中，新建商品房产权转移登记 16.40 万宗，比上年同期增长 38.50%；办理存量房转移登记 4.60 万宗，增长 26.70%；赠与 1821 宗，继承 3273 宗，析产 1842 宗，交换 200 宗。办理抵押登记 21.40 万宗，抵押金额 6393.60 亿元，增长 460.80%。

（市不动产登记中心）

【房产资金管理】 2019 年，市住建局调整维修资金存放方式，与市金融办、市财政局研究出台《南宁市物业专项维修资金存放管理办法》，将维修资金纳入南宁市资金竞争性评分。归集维修资金16.57亿元，使用维修资金1642.87万元，维修资金账户余额106.15亿元。归集房改资金5015.52万元，拨付1001.83万元；收取转完全产权差价款213户，金额2232.56万元；收取超面积差价款1398户，金额1.53亿元。受理房改维修基金使用申请78件，审核回拨房改维修基金262.70万元。

【房屋使用安全管理】 2019年，市住建局组织相关部门和专家完成《南宁市房屋使用安全管理规定》修订及报审；组织编制《南宁市房屋安全鉴定技术导则》。建立房屋安全管理专家库，入库专家83人。11月29日，在南宁明园饭店举办2019年南宁市房屋使用安全管理知识培训班，各区县（开发区）住建局、房管所、街道办、社区、房屋安全鉴定机构等355人参加培训；牵头开展核实建档立卡贫困户住房安全保障工作，组织800多人开展农村住房安全等级评定业务培训。组织南宁市房屋安全鉴定设计中心（简称“市房屋安全鉴定设计中心”）鉴定房屋安全361栋，下达危险房屋告知书118份。市房屋安全鉴定设计中心与高校合作开展房屋使用安全预警预报课题研究。

【住房租赁管理】 2019年，南宁市印发《关于进一步加强房源发布信息管理的通知》，规范网络平台、从业主体房源发布行为；发布《关于印发加强房屋租赁管理严厉打击传销违法犯罪活动工作方案的通知》，增设城区（开发区）房屋租赁备案线下受理点11个；启用2019版《南宁市住房租赁合同（示范文本）》，规范租赁双方主体行为。选定广西宏桂资产租赁公司、南宁城市建设投资集团有限责任公司作为住房租赁示范企业。其中，广西宏桂租赁公司与广西二一七投资管理有限公司合作开发南国街、南宁高新区2个长租公寓项目，提供租赁房源147套，建筑面积6200平方米；南宁城市建设投资集团有限责任公司推出八桂绿城·富康园项目，提供租赁房源186套，建筑面积1.03万平方米。筹集租赁房源增加有效供给，将高坡岭人才公寓纳入供给体系，增加房源4159套；四川蓝光和骏实业有限公司开发的蓝光雍锦澜湾一期、二期1310套住房纳入租赁房源。南宁市住房租赁服务监管平台实现个人、企业用户的租赁房源发布、房源自动核验、合同网上签订、网签备案一键完成等功能，完成房源核验6000余次，线上租赁备案3000余宗，注册住房租赁企业19家。在市房地产中介行业管理协会下成立租赁专业委员会，制定一系列房屋租赁中介行业执业规范和行为准则，有23家成员单位，100余家中介机构代表签署公开承诺书。开展六批市本级公租房选房分配活动，解决2974户群众住房困难问题。制定《南宁市公共租赁住房互换实施细则》《南宁市公共租赁住房物业服务费补贴实施细则》《南宁市城市低收入家庭和个人公共租赁住房货币补贴实施细则》等7项公共租赁住房配套政策，完善公共租赁住房保障管理体系。

2019年11月18日，南宁市房屋租赁专业委员会成立揭牌仪式暨住房租赁中介机构“守法经营、诚信服务”公开承诺活动在南宁建设大厦举行。图为租赁中介机构代表签署公开承诺书

韦佳颖 摄

【白蚁防治】 2019年，南宁市白蚁防治所（简称“市白蚁防治所”）承接新建房屋白蚁预防工程407个，总建筑面积3043.53万平方米；承接新建房屋白蚁灭治工程1327个，施工2054次。对承接的新建白蚁预防工程、房屋白蚁灭治工程和回访复查项目实施现场监督1313次，其中新建预防现场监督573个，回访复查与新建灭治现场监督740个。取样检验542个，出具检测报告542份，其中新建房屋白蚁预防土壤样品513份、农药样品29份。市白蚁防治所制作的《科学防蚁，服务民生，共建安居宜居城市》获2019年广西十佳科普视频大赛一等奖。市住建局、市白蚁防治所编制广西第一本白蚁危害治理指导书——《广西白蚁危害综合治理案例选编》。市白蚁防治所推进白蚁智能监测控制技术推广应用试点，在243个项目安装1.01万套白蚁智能监测控制装置，报警准确率90%。 （潘 欣）

编辑 班 铭

2019年11月15日，市白蚁防治所技术人员在建政小区埋设白蚁智能监测控制装置

余蕾 摄

商贸服务业

综　述

【概　况】 2019年，南宁市商务局（简称“市商务局”）设办公室、综合业务科、市场秩序科、市场体系建设科、流通业发展科、市场运行和消费促进科、物流科、对外贸易科、加工服务贸易科、电子商务和信息化科、对外经济合作科、口岸规划科、口岸管理科、财务科、人事科、打击走私贩私综合治理科，行政编制66名、在编66人，后勤服务人员控制数7名、在编7人。南宁市社会消费品零售总额比上年增长4.19%，批发业、零售业、住宿业、餐饮业分别增长11.40%、10.42%、5.80%、13.62%；新增入库企业399家。开展商贸产业大招商攻坚突破年活动，引进新宝智慧供应链等投资5000万元以上项目，推进红星美凯龙家居博览中心、首创奥特莱斯等在建项目。物流业货运总量4.13亿吨，增长7.70%；新增AAA级以上物流企业8家，累计33家；中越跨境集装箱班列（南宁至河内）开行111列。10月15日，自治区第一条直飞东盟的国际货运航线“南宁至胡志明市”往返全货机国际航线正式开通；推进重点物流项目建设和物流招商，加快流通领域现代供应链体系建设。重点企业电子商务交易额3506.70亿元，增长20.92%；农村电子商务交易额超30亿元；推进中国（南宁）跨境电子商务综合试验区建设。全市外贸进出口747.79亿元，在自治区排第三位，增长1%。其中，出口363.91亿元，增长2.50%；进口383.88亿元，下降0.30%；加工贸易进出口516.06亿元（出口267.98亿元、进口248.08亿元），下降4.51%，占自治区比重63.50%、上升4.59个百分点，在自治区排第一位。新增对外贸易经营者备案企业707家，进出口实绩企业874家，增加90家南宁口岸进出口货物3.05万吨，出入境集装箱2222箱次，空港口岸出入境158万人次。主要存在消费需求相对不足，汽车市场低迷，传统百货业零售走低；跨境电商园区招商难度加大，农村电商服务体系有待完善，电商从业人员素质有待提高；尚未建立物流数据统计体系，缺乏物流统计调查和物流行业形势分析预测；外向型经济基础薄弱等问题。　（卓可然）

【消费品市场发展特点】 2019年，南宁市消费品市场由年初低位运行逐渐回暖，社会消费品零售总额比上年增长4.19%，批发业、零售业、住宿业、餐饮业分别增长11.40%、10.42%、5.80%、13.62%。居民消费结构优化，必需品类商品平稳增长，升级类商品迅猛增长。限上商品零售类值中，必需品类如粮油食品类、石油及制品类分别增长4%、4.20%；升级类如体育和娱乐用品类、可穿戴智能设备、智能家用电器和音像器材分别增长33.90%、898.70%、110.50%，新能源汽车快速增长，增速186.20%。新增限额以上企业创新高，新增入库企业399家，其中新开业企业40家。

【促消费活动】 2019年，南宁市促消费活动主要由市商务局主办、广西新浪信息服务有限公司承办。6月1日至7月15日，举行2019南宁消费购物节组织汽车、百货、餐饮等商贸行业开展大型促消费活动，第三季度开展“爱南宁爱寻宝”线上促消费活动。9月至10月，结合中秋、国庆节日，开展“夜南宁　乐无限”主题促销活动，联合餐饮、文娱等企业和组织推出夜间消费促销活动，发展夜间经济；9月18日至30日，结合青秀山风景区、方特东盟神话、夜游邕江项目、“老南宁·三街两巷”推出“夜南宁　乐无限”夜间主题景区促消费活动。年末，开展2019南宁欢乐消费季活动，主题为岁末大促、夜间经济、文

2019年，南宁百货参加南宁欢乐消费季促消费活动　　市商务局提供

化旅游节、美食节;梦之岛水晶城、新梦百货、百盛、南宁百货、南城百货等重点限上商贸企业举办“40小时不打烊”“2019新梦购物节”“南百会员岁末跨年狂欢季”“百盛十五周年庆”等主题促销;南宁万象城、会展·航洋城、万达广场、绿地广场、大唐天城购物中心、正恒商业广场等城市综合体以及三街两巷、盛天地步行街等商业街开展促消费活动;苏宁、京东、南宁百货开展“双11”“双12”电商促销;在电商平台设立地方特产馆,开展地方特色农产品年末促销活动。 (曾维一)

【商圈提档升级】 2019年,南宁市以朝阳商圈、凤岭会展商圈、五象新区商圈3个城市商业发展核心区为重点,提升改造商圈功能区域。朝阳商圈结合南宁市轨道交通1号、2号线通车,以及民族大道、朝阳路、大学路等城市干道的恢复设计,在商圈之间建立BRT公交、地铁、小客车互联互通快速通道网络;在商业消费区域内规划设计地下商业街区或地上过渡广场、楼宇间空中连廊、区域间快速通道等,构建商圈核心区无迂回人流组织网络;推进“老南宁·三街两巷”历史文化街区改造,11月15日当阳街部分开街。凤岭会展商圈实施南宁国际会展中心改扩建工程,展览面积增至9.30万平方米,设展位4500个、停车位3000个,提升会议展览配套设施、交通物流等功能,会展西侧环道、石园路、会展七支路建成通车,连通南宁人民会堂通道和地铁人行通道,将南宁国际会展中心与航洋商圈、轨道交通1号线互联互通;提升改造航洋商业区之间的衔接,建设慢行系统,改善会展中心环境,提升沿线绿化、路灯、休闲座椅等,营造会展、休闲、购物、旅游协调发展环境。五象新区商圈有南宁绿地中心、海尔青啤(东盟)联合广场、富雅国际生活广场、万科大厦、大唐总部1号、裕达国际大酒店6个商业楼宇项目、80多家餐饮及批发零售店面、2家酒店951间客房竣工开业,商业开业面积7万平方米。

【商业街区与城市商业综合体】 2019年,南宁市加快面向东盟区域性现代商贸流通基础设施建设,完善商业网点空间规划布局,促进轨道交通沿线商业、城市商业中心区、商业街区、商业综合体等合理布局和集聚发展。特色商业街区主题突出,市区商业街经营的商品涉及服装、电动自行车、汽车汽配、餐饮、装饰装潢、茶叶、盆景石艺等,有邕州老街、江南水街、兴宁路步行街、民生路步行街、亭洪路10+1商业大道、南宁中国－东盟国际商务区商业街、人民路装饰材料一条街、星湖路电子科技信息一条街、东葛路通讯商品一条街、白沙大道汽车销售一条街等,也有以文化、休闲为主题的民歌湖餐饮酒吧区、金汇如意坊、欧洲风情小镇、唐人文化园等。南宁市城区百货、超市街区主要集中在朝阳商圈、埌东—凤岭商圈,从经营档次看,南宁梦之岛百货、南宁百货大楼、南宁万象城、青秀万达广场等以经营中高档次百货商品为主,北京华联、南城百货、沃尔玛、人人乐、华润万家等百货、超市以经营中档次百货商品为主,交易场、和平商场、大和平商场、大和平华西商业城以经营大众化百货商品为主。美食商业街有中山路小吃一条街、长湖路餐饮一条街、民歌湖现代艺术酒吧街、青秀山东南亚美食街、江北大道酒吧一条街、邕州老街文化旅游美食一条街、水街特色小吃街、建政路小吃街、明秀路青岛啤酒吧一条街、农院路小吃街、仙葫开发区富兴路美食街等。南宁市城市商业综合体建设发展呈上升趋势,主要有南宁华润中心、南宁会展航洋城、南宁青秀万达广场、南宁三祺广场、南宁盛天地购物中心、南宁安吉万达广场、南宁万达茂、江南万达广场、江南盛天地、南宁绿地中央广场、南宁新城吾悦广场、融晟天河海悦城等。6月,盛天地、“老南宁·三街两巷”获“自治区级步行街”称号。11月15日,“老南宁·三街两巷”当阳街部分开街。

【农产品流通市场建设】 2019年,南宁市以南宁农产品交易中心、广西海吉星农产品物流中心、金桥农产品批发市场等为龙头,各县级农产品批发市场、“南菜北运”基地、农贸市场等为支点,构建面向东盟的区域性农产品冷链中心。南宁农产品交易中心一期项目51.93万平方米,建筑面积63万平方米,投资31亿元,至年末建成综合交易区23万平方米、会展综合区10万平方米、其他商业配套区30万平方米,建设规模在自治区农批市场中排名第一,8月3日正式开业。有交易档口约1800个(其中水果档口500个、蔬菜档口450个、活禽档口420个、粮油档口200个、干杂档口150个),年内交易量19.96万吨,交易额15.89亿元。广西海吉星农产品国际物流中心主要交易品类有水果、蔬菜和冻品,其中水果市场占有率98%以上,全自治区市场占有率65%,交易量223万吨、交易额134亿元。广西五洲金桥农产品批发市场开展农产品上下游业务,建设五洲电商交易平台,构建高端食品、农产品线上交易和线下融合,打造农村电商精准扶贫公共服务中心,交易量116.80万吨、交易额46.72亿元。广西万乡河农产品冷链配送中心开业。广西(中国－东盟)粮食物流产业园五象粮油食品加工仓储基地拱板平房仓6个、中转仓4个、仓储检测车间1个建成投入使用。 (潘贤新)

【服务中小商贸流通企业】 2019年,南宁市“两台一会”(中小企业服务中心为融资平台、南宁市南方担保公司为担保平台,南宁市企业信用协会为推介平台)给予中小商贸流通企业助保贷累计发生额15.85亿元,共248笔,服务企业110户。中小商贸流通企业助保金贷款余额3.64亿元。委托信用评级专业机构开展信用评级,走访调研企业172家,完成评级报告50份并通过专家评审。建立企业信用分类管理、向社会推介诚信典型。通过公共平台整合知识产权代理专业机构,开展中小商贸流通企业商标注册代理专业服务,举办培训普及企业知识产权,知识产权累计完成880件,服务企业550家。

(周　旻)

【批发与零售业】 2019年,南宁市批发和零售业新登记4.68万户,注册资本(金)119.31亿元、4386.38万美元。累计30.45万户,注册资本(金)3017.26亿元、6.81亿美元。其中,内资(非私营)企业4225户,注册资本(金)127.06亿元;私营企业10.04万户,注册资本(出资)2625.12亿元;外商投资企业637户,注册资本(认缴出资)6.81亿美元;个体工商户19.93万户,资金数额265.08亿元。在广西投资集团银海铝业有限公司、广西物资集团有限责任公司、广西北港资源发展有限公司、广西交投商贸有限公司、广西铁投商贸集团有限公司等龙头企业拉动下,批发业销售额保持平稳较快增长,比上年增长11.40%;零售业销售额增长10.42%,上半年零售增长较慢,二季度新增入库的京东达资和中石化合资公司提供强劲支撑,三季度、四季度实现较快增长。

(谢应辉　曾维一)

电子商务

【概　况】 2019年,南宁市重点企业电子商务交易额3506.70亿元,比上年增长20.92%。农村电子商务交易额超30亿元。推进中国(南宁)跨境电子商务综合试验区建设,京东南宁电子商务产业园等一批电子商务重大项目开工建设。横县、宾阳县、上林县、马山县、隆安县5个县实现国家电子商务进农村综合示范全覆盖,建成县级电商服务中心7个,农村电商产业园6个,完成村级服务点(体验店)2300个,农村电商覆盖率90%;推进中国(南宁)跨境电子商务综合试验区建设，京东南宁电子商务产业园等一批电子商务重大项目开工建设。

【跨境电商】 2019年，南宁市推进中国(南宁)跨境电子商务综合试验区建设。实现跨境电商零售进出口业务量3489万单。出台《南宁市关于加快中国(南宁)跨境电子商务综合试验区建设支持政策》，建成跨境电商大数据中心、监管中心、直购中心、公共保税仓等重点项目，建成2.50万平方米跨境电商保税仓储和3000平方米企业办公区，完成线上“单一窗口”平台升级改造，提高海关查验效率。百世物流、海外仓、速博科技等50余家企业签约入驻南宁综合试验区，与阿里巴巴集团达成战略合作在南宁设立LAZADA(来赞达)跨境电商创新服务中心。推动中越(南宁至河内)跨境电商班列、南宁至胡志明航空货运航线、中越直通车运载跨境电商货物通道等海、陆、空跨境电商通道建设项目。

【农村电商】 2019年，南宁市推进农村电子商务公共服务体系建设。农村电子商务交易额超30亿元，其中农产品网络零售额16亿元。隆安县获2019年度国家电子商务进农村综合示范县。5个县实现国家电子商务进农村综合示范全覆盖，建成县级电商服务中心7个(兴宁区、西乡塘区、邕宁区、横县、宾阳县、上林县、马山县各1个)、农村电商产业园6个(横县3个、宾阳县2个、上林县1个、隆安县1个)，完成村级服务点(体验店)约2300个，农村电商覆盖率90%。开展农村电商培训7053人次。引导示范县打造、培育网销农特产品品牌，如横县茉莉花、木瓜丁、甜玉米，宾阳旱藕粉、上林大米，马山黑山羊、里当鸡等。 (沈思明)

特殊商品经营

【食盐专营】 2019年，广西盐业集团有限公司南宁分公司(南宁市盐务管理局)设综合办公室、计财科、市场经营科、资产管理科，在职55人，下辖黎塘支公司。盐品购进3.13万吨，销售3.08万吨(直接食用盐销售2.23万吨、加工用盐销售6307吨、小工业盐销售2146吨)，销售收入5688万元，资产租赁收益291万元，利润2520万元。有配送客户7047个零售终端客户5795个、消费终端客户287个、加工用盐客户413个、农牧盐客户110个、小工业盐客户442个。联合南宁市市场监督管理局开展食盐质量安全专项整治，对食盐批发企业、食品加工用盐单位、中大型超市、集贸市场、农村食盐销售网点以及宾馆饭店、旅游景点、饮食摊点、机关学校食堂、建筑工地食堂等重点场所、重点环节开展拉网式联合执法，发放宣传资料7万份。 (蓝雪萍)

【烟草专卖】 2019年，南宁市烟草专卖局(公司)辖(设)12个区县烟草专卖局(营销部)，从业人员895人。税利22.77亿元，增长3.63%；总资产20.45亿元。获广西烟草商业2019年度“市场监管突出贡献奖(二等奖)”“品牌培育突出贡献奖(三等奖)”。推动现代终端升级，累计建设现代终端7044户。推进卷烟消费环境建设，建设室内吸烟室9个，室外吸烟区77个，吸烟点891个，消费体验区1001个。提升物流管理，建立203项物流定额指标体系。搭建智能配送管控平台。优化配送线路，合并上林、宾阳中转站，减少线路15条。查处涉烟案件2407起，其中百万元以上案件25起；查获非法卷烟1.18亿支；查获烟叶烟丝7.74吨；移送公安机关追刑案件131起，拘留88人，逮捕64人，判刑17人。构建专卖三级计划管理模式。推进自律互助小组建设，示范小组覆盖率13.20%。抓好明码实价工作，全市条价吻合率95%。开发执法文书智能管理系统和手机APP。推进“互联网+政务服务”，实现零售许可证网上申请，业务办结时长缩短至5个工作日。 (黄建超)

【成品油经营】 2019年，南宁市有成品油批发企业12家，加油站386座(中石化南宁分公司加油站156座、中石油南宁分公司加油站62座、其他国有控股成品油企业加油站44座、社会办加油站124座)。成品油销售量154.89万吨(汽油76.07万吨、柴油48.84万吨、煤油29.98万吨)，比上年增长11.89%。中石化南宁分公司油品营业额80.29亿元，非油品1.80亿元。新发展项目3个(武鸣标营、罗文、秀厢)，其中在建2个(罗文、秀厢)，试营业1座(武鸣标营)，智慧综合改造完工投入运营2个(竹溪站、机场园区3号站)。完善加油站服务功能和消费环境，9月Café Amazon中国南宁竹溪加油站分店开业。全年未发生安全环保上报事故、质量等级责任事故、重大维稳事件、重大舆情事件。 (兰 贞)

【烟花爆竹经营】 2019年，南宁市供销社系统仅有市本级的南宁市鸣欢烟花爆竹有限公司开展烟花爆竹经营配送业务，销售燃放类烟花爆竹商品18大类100多个品种。春节起，全市范围包括各县县城禁止烟花爆竹燃放活动，以及受社会经营企业冲击，烟花爆竹经营销售出现大幅度下降。烟花爆竹销售2.02亿元，比上年下降3.44%。 (覃著辉)

农资与农副产品经营

【概 况】 2019年，南宁市供销合作联社(简称“市供销社”)设理事会办公室、人事科、合作指导科、经济发展科、财会资产科、社有企业管理科、监事会办公室(审计科)和机关党委，编制30名，在编27人；有南宁市供销投资有限公司、南宁市桂果香果品有限公司、南宁市冠腾综合贸易公司、南宁市鸣欢烟花爆竹有限公司、南宁市供销电子商务有限公司5家出资企业，南宁市冠邕农资有限责任公司、南宁冠昌资产经营有限责任公司并入南宁市供销投资有限公司。区县供销合作联社12个，县级社有企业34家、基层供销合作社78个。商品购进118.08亿元，比上年增

2019年12月31日，隆安震东新区农村电商服务中心揭牌正式运营 市商务局提供

长 16.13%。商品销售 138.68 亿元，增长 17.91%。其中，电子商务销售 2.14 亿元，增长 56.16%。利润 5561 万元，增长 9.45%。收购蚕茧、马铃薯、木薯、辣椒等农副产品 25.06 亿元，增长 20.50%。获自治区供销合作社系统综合业绩及改革发展创新争优考核一等奖。主要存在综合改革效果不够凸显；“新网工程”项目推进缓慢；土地确权登记、社保基金欠费、社员股金举债抵押等历史遗留问题阻碍供销社改革发展；兴宁、江南、青秀、西乡塘 4 个城区组织机构未能独立设置，影响基层工作落实等问题。

【农资商品供应】 2019 年，市供销社系统做好农资供应淡季储备，保障农业生产用肥、用药、用膜需求，配合开展农资商品打假。全系统农资销售 48.88 亿元，比上年增长 15.41%；化肥销售 149.98 万吨，增长 9.17%；农药 1.40 万吨，增长 1.56%；农膜 3301 吨，增长 4.78%。

【农资再生资源回收】 2019 年，市供销社继续实施废弃农资包装物回收和集中处置扩大试点。印发《南宁市 2019 年废弃农资包装物回收和集中处置财政资金计划》，落实财政补助资金 836 万元；初步建成废弃农资包装物回收体系，试点区县设置回收网点 216 个，建成中转仓 15 个，集中仓 4 个（峦城、南阳、中和、那马）；试点区县回收废弃农药包装物瓶（袋）271.40 吨，其中横县 176 吨、青秀区 45 吨、良庆区 33.60 吨、邕宁区 16.80 吨，回收率 80% 以上。全系统完成再生资源回收 1.68 亿元，比上年增长 19.18%。

【新网工程建设】 2019 年，市供销社系统实施“新网工程”建设项目 3 个（武鸣区两江镇供销合作社那汉分社综合楼改造一期工程、武鸣区灵马镇供销合作社副食品综合楼改造、武鸣区罗波镇供销合作社天马农资配送站），总投资 601 万元，安排财政补助资金 230 万元，完成投资 625 万元，3 个项目竣工。推进供销冷库项目建设 4 个（横县云表供销合作社地头冷库、横县镇龙供销合作社地头冷库、横县校椅供销合作社化肥仓加工冷藏建设、横县峦城供销合作社冷库），总建设规模 900 立方米，投资 240 万元，获补助资金 136 万元。至年末，4 个供销冷库项目竣工。

（覃著辉）

粮食和物资储备

【概　况】 2019 年 3 月 6 日，南宁市粮食和物资储备局（简称“市粮食和储备局”）正式挂牌成立，设办公室（法规体改科）、物资储备与粮食产业发展科、规划建设与安全仓储科、执法督查科和机关党委；行政编制 18 名、在编 23 人，后勤服务人员控制数 2 名、在编 2 人。二层机构有正科级参照公务员法管理事业单位南宁市粮油质量监督检验中心、南宁市粮食流通监督检查支队，分别有编制 10 名，在编 10 人；南宁市粮食行业协会。全市有归口粮食和物资储备部门管理、独立核算的国有（控股）粮食和物资储备企业 36 家，从业人员 664 人。粮食企业总资产 22.87 亿元，总负债 18.39 亿元，资产负债率 80.41%。国有（控股）粮食企业购进粮食 57.19 万吨，销售粮食 57.89 万吨。10 月，南宁市储备粮管理有限责任公司生产的“桂井”牌金泰银针大米在安徽省合肥市举办的第十七届中国国际粮油产品及设备技术展示交易会上获金奖。至年末，粮食库存 14.48 万吨，国有（控股）粮食企业实现粮油商品（产品）销售收入 16.30 亿元。主要存在机构改革后粮食和物资储备行政管理机构力量薄弱，区县粮食和物资储备行政管理机构设置及人员配备与工作任务不匹配，粮食和物资储备改革发展压力大；受非洲猪瘟疫情影响，养殖业粮食转化用粮购销量大幅度下降、饲料加工企业利润降低；粮食和物资储备基础设施建设滞后；粮食产业化经营程度低等问题。

【粮食安全保障】 2019 年，市粮食和储备局做好粮源筹措、调拨、运输、加工和供应，增加市场粮食投放量，适时轮换销售各级储备粮，通过本地粮食收购和自治区外粮食采购，满足市场需求，保障粮食安全。全市国有粮食企业、重点非国有粮食经营企业购进粮食 410.89 万吨，销售（转化）粮食 415.50 万吨，粮食实现总量、购销、品种供求平衡，市场供应、粮食价格基本稳定。粮食流通基础设施建设项目 28 个，完成投资 1.02 亿元。其中，粮食仓储设施项目建设 8971.20 万元，新建成粮食仓容 12.68 万吨，“危仓老库”（不符合安全储粮标准的危险仓房，超过 30 年以上的老仓库）维修改造项目 216.10 万元，维修改造仓房 2.79 万吨。南宁市储备粮管理有限公司五象粮食储备库仓房实现气调储粮绿色保管技术。在横县、上林县、马山县、隆安县、武鸣区、邕宁区、市储备粮管理有限责任公司储备粮库点各新建库区网络系统（包括库区无线网络覆盖）1 套、安全防护体系 1 套，实现仓容粮库智能化管理。组织 178 人次对全市粮库（点）储粮和生产安全进行事故隐患排查 4 次，整治隐患 48 处。举办粮食行业安全生产大讲堂活动 1 期，在市储备粮管理有限责任公司五象粮食储备库开展火灾事故应急消防演练 1 次。

【粮食产业化经营】 2019 年，市粮食和储备局组织粮食企业发展粮食产业化经营，实施“优质粮食工程”项目，参与优质稻产业示范区建设，在主产粮区县选育、引进米质优、产量高且适合本地口味、适销对路的优质稻新品种，建立优质稻生产、加工基地。参与“中国好粮油”行动，加入“广西香米”产业联盟创建及“广西香米”区域公用品牌建设，开展粮油精加工、深加工，打造“广西香米”区域“南宁香米”品牌。市储备粮管理有限责任公司参与“宾阳古辣万顷香米产业示范基地”和上林县、隆安县优质稻生产基地建设，采取“公司＋科研＋基地＋合作社”的经营模式，实行产、供、销、加工的粮食产业化经营链；开展“互联网＋粮食”桂井粮油电商线上销售，利润 462.58 万元；开展荷花香稻、桂香油粘稻、金泰银针稻、壮锦香稻等“桂井”牌新品种系列植推广。市军粮供应站加强粮油科技创新，加工生产的“万田”牌系列优质米、面、油，粮油销售收入 7374 万元，利润 268.16 万元。全市粮食和物资储备部门参与优质稻产业化经营种植面积 10.25 万公顷（签订“订单”面积 2.31 万公顷），订单收购农民优质稻 10.11 万吨，加工销售优质米 7.08 万吨，利润 1053.75 万元；区县粮食产业化经营，江南区利润 18.98 万元、青秀区 5.12 万元、邕宁区 1.45 万元、武鸣区 29.54 万元、横县 19.72 万元、宾阳县 89.60 万元、上林县 151.63 万元、马山县 6.97 万元。

【全国政策性粮食库存数量和质量大清查】 2019 年，南宁市根据国务院办公厅《关于开展全国政策性粮食库存数量和质量大清查的通知》，成立市政策性粮食数量和质量大清查工作协调领导小组办公室，对辖区内粮食企业开展政策性粮食库存数量和质量大清查。3 月 20 日至 4 月 30 日，纳入清查范围的 38 家报账单位对粮食库存进行自查。5 月 9 日至 25 日，市大清查协调领导小组办公室从中储粮集团广西公司、农发行南宁分行、区县大清查协调小组办公室以及粮食企业抽调检查人员 37 人，采取“统一抽调、混合编组、集中培训、综合交叉、本地回避”原则，分成 3 个普查组，按照“有仓必到，有粮必查，有账必核，查必彻底”要求，进驻普查。5 月 27 日至 6 月 2 日，自治区政策性粮食库存数量和质量大清查联合检查组，对南宁市辖区自查、普查情况进行复查。复查认定：南宁市辖区大清查时点粮食库存实际数与检查时点统计账面库存数差率 0.002%,在国家规定差率范围内,账实相符、账账相符,库存数量真实准确;纳入大清查范围中央和地方储备粮实际轮出轮入数量均按规定轮换,轮入品种、数量、年限、储存地点、质量均符合轮换计划要求;粮食企业占用农发行各项粮食信贷资金流向清楚,库贷挂钩一致,无挪用农发行贷款现象;辖区内粮食企业申报财政补贴款项计算合理,依据正确,数据真实,没有发现套取财政补贴资金现象。

【储备粮订单收购政策实施】 2019 年,自治区下达南宁市储备粮订单收购计划。落实到户的稻谷收购数量一般每户在 500 千克以上,对有订单收购计划的村屯单户售粮数量不足 500 千克的,允许周边户联合推选一户代表与村委会签订售粮计划,每个联合户不宜超过 10 户农户。新型粮食生产经营主体根据种植稻谷面积产量情况自主申报,乡镇政府审核公示,由粮食收储企业与稻谷生产者签订《储备粮订购书》。收购稻谷的品种、价格:普通早籼稻每千克 2.40 元(按国家规定的 2019 年早籼稻最低收购价格),优质早籼稻(含专用稻)每千克 2.62 元,晚籼优质稻每千克 3 元。储备粮稻谷订单收购价格补贴标准:普通稻谷每千克补贴 0.20 元,优质稻每千克补贴 0.38 元。粮食和物资储备部门累计收购储备粮订单完成任务 97.97%,其中武鸣区、宾阳县、上林县完成 100%,邕宁区完成 99.50%,横县完成 91.80%,隆安县完成 78.80%,青秀区完成 68.90%。全市发放储备粮订单收购补贴资金 4403.38 万元,惠及种粮农户 3.56 万户。

【粮食流通监督检查】 2019 年,市粮食和储备局开展粮食流通监督检查 238 次,投入经费 35 万元,出动检查人员 1370 人次,检查粮食经营企业 373 个(次)。开展粮油质量安全专项监测 12 批次,抽检粮油样品 500 份(大米 229 份、稻谷 174 份、玉米 60 份、食用植物油 37 份)。开展全市粮食收购政策执行情况专项检查,检查承担储备粮订单粮食收购任务的 3 区、4 县(青秀区、邕宁区、武鸣区、横县、宾阳县、上林县、隆安县)落实储备粮订单收购政策情况。对 8 家粮食经营企业开展粮食收购资格核查,核查经营场所是否与申办粮食收购许可证时条件相一致,粮油质量检测仪器设备是否符合要求,粮食经营台账是否建立,报表是否按时报送。对纳入粮食流通统计范围 64 家粮企业,按“双随机”(随机抽取检查对象、随机选派执法检查人员)方式,开展粮食统计制度执行情况专项检查,抽查企业 20 家。开展军粮供应政策执行情况检查 4 次,军粮供应质量安全大检查 2 次。

【粮油食品饲料加工】 2019 年,南宁市纳入市粮食和物资储备局日常统计范围粮油加工企业 111 家(大米加工企业 61 家、食用植物油加工企业 3 家、饲料加工企业 45 家、酒精企业 2 家)。按企业性质类型分:国有及国有控股粮食企业 7 家、民营企业 104 家(外商及中国港澳台商投资企业 5 家)。粮油加工生产能力分别为日处理稻谷 5946 吨、日处理花生 10 吨、日调配制成调和油 33 吨、日灌装小包装油脂 220 吨、日饲料生产能力 2.19 万吨。加工转化产品产量:大米 29.19 万吨、精炼食用植物油 8571.80 吨、饲料 378.44 万吨。粮油加工企业资产总额 106.82 亿元,其中大米加工企业 19.72 亿元、食用植物油加工企业 1.08 亿元、饲料加工企业 86.02 亿元;工业总产值 138.96 亿元,其中大米加工企业 18.29 亿元、食用植物油加工企业 0.50 亿元、饲料加工企业 120.17 亿元;销售收入 144.32 亿元,其中大米加工企业 30.06 亿元、食用植物油加工企业 1.26 亿元、饲料加工企业 113 亿元;利润 8.15 亿元,其中大米加工企业 1.30 亿元、食用植物油加工企业 0.01 亿元、饲料加工企业 6.84 亿元。

【粮食政策法规宣传】 2019 年,南宁市结合《中华人民共和国食品安全法》,组织开展粮食政策法律法规宣传,投入经费 21.60 万元,发放宣传资料 2.60 万份,悬挂横幅 102 幅,出版板报 85 版。6 月 26 日,市粮食和储备局在新阳路 62 号“放心粮油”配送中心开展 2019 年“全国食品安全宣传周 · 粮食质量宣传日”主题活动,展示“广西香米”区域“南宁香米”品牌等“放心粮油”产品,发放宣传资料 6900 份,设置粮油食品安全展板。南宁市粮油质量监督检验中心派专家就粮油质量安全、粮油消费安全等问题,现场接受市民咨询。在邕 3 家“放心粮油”生产、加工、销售企业签订“放心粮油”质量安全承诺书。10 月 16 日,组织直属企事业单位举办第 38 个世界粮食日和粮食安全系列宣传周活动。

【物资储备】 2019 年,南宁市本级有猪肉储备企业 10 家(生猪活体储备企业 7 家、冻猪肉储备企业 3 家)。为应对非洲猪瘟疫情影响,南宁市增加应急储备冻猪肉 830 吨,年末储备猪肉库存 2830 吨(生猪活体储备 3.50 万头、冻猪肉储备 1080 吨),完成自治区下达储备任务 100%。市粮食和储备局会同市财政局修订《南宁市生猪活体储备管理实施办法》《南宁市储备冻猪肉管理办法》,开展储备猪肉检查 7 次(生猪活体检查 3 次、冻猪肉检查 4 次),检查结果表明市本级储备猪肉数量真实、质量合格、储存安全。市本级水泥储备 60 吨,2 家承储企业各承储 30 吨。

(陆兆强)

2019 年 10 月,南宁市储备粮管理有限责任公司生产的“桂井”牌金泰银针大米在安徽省合肥市举办的第十七届中国国际粮油产品及设备技术展示交易会上获金奖

市粮食和储备局提供

物流业

【概　况】 2019 年,南宁市培育物流龙头企业、推动现代物流产业发展。全市物流业货运总量 4.13 亿吨,比上年增长 7.70%;新增 AAA 级以上物流企业 8 家,累计 33 家。中新南宁国际物流园展示中心二期建成使用,新中智慧园试运营,推进南宁新中保税智慧园项目建设。推进

流通领域现代供应链体系建设，第一批和第二批三条供应链项目计划和扶持资金下达，完成第一批供应链项目中期评估。中越跨境集装箱班列（南宁至河内）年内开行 111 列；10 月 15 日，广西第一条直飞东盟的国际货运航线“南宁至胡志明市”往返全货机国际航线正式开通。5 月，举办 2019 第六届南宁物流周活动。年内，作为中国糖业博览会一部分的物流展会在会展中心举办，举行糖业企业和物流企业对接会，国内外 200 家物流企业参加。

【物流园区】 2019 年，南宁市物流园区建设发展较快，主要有中国－东盟国际物流基地，南宁空港物流基地，中新南宁国际物流园，南宁国际铁路港，沙井、火车东站物流基地或集聚区。

中国－东盟国际物流基地　位于五象新区西南部，规划面积 29.01 平方千米，主要发展现代物流、保税物流、电子商务、大数据等产业，布局有南宁综合保税区、中国－东盟电子商务产业园等功能组团。年内，中国－东盟国际物流基地引进仓储物流项目 1 个，计划总投资 3 亿元。招商局物流集团广西物流中心、广西南宁中央直属食糖储备库、钜荣汽车园全部或部分建成投入使用，中新南宁国际物流园新中智慧园试运营，推进南宁国际综合物流园三期（西南超市仓储配送中心）、南宁综保区汇通产业园等项目建设。

南宁空港物流基地　位于南宁空港经济区内，总用地 4.40 平方千米，打造集“物流、仓储、保税、包装加工、国际贸易”等功能为一体的空港物流圈。至年末，安港、民生电商等项目投入使用，引进唯品会、邮政陆运中心、顺丰、宇培、京通易购、安港、民生 7 个重点空港物流产业项目；临空高新技术产业园引进日永光学、奇绩医药、科林半导体、聚晟行车记录仪、源美散热模、垠电电子、桂宁电器、夸特纳斯、永恒兴电子、维创达手机、鸿安电子、仁荃电子、云端显示器、旦尚皇蛋黄酥、鑫闽网络科技、九微电子、禾沣智能、庞博生物、中粤智能 19 个制造业项目。

火车东站物流集聚区（南宁农产品交易中心）　位于南宁火车东站东北面，总规划面积 2 平方千米。一期建成农产品商贸物流区、冷链物流区、仓储配送区、综合服务区、会展物流区等单体建筑 27 个。8 月 3 日，正式开业，以水果、蔬菜交易为主，粮油、干杂副食交易为辅。全年进出场货物总量 10 万吨，禽类销售总量 2471 万羽，交易额 12.28 亿元。

沙井物流集聚区（南宁江南工业园区）　位于南宁市西南沙井片区，规划面积 23.90 平方千米。依托沙井铁路枢纽地位，整合利用原有储运资源，建设现代公铁联运物流基地，发展铁路货运集散、集装箱中转、产品加工、转运，拓展配送功能。至年末，入驻物流仓储企业 20 多家。

中新南宁国际物流园　位于中国（广西）自由贸易试验区南宁片区，运营主体为广西新中产业投资有限公司。占地 2.85 平方千米，规划总建筑面积 320 万平方米，总投资超过 100 亿元。至年末，完成供地 1.07 平方千米，累计投资 26.26 亿元，在建建筑面积 44 万平方米。引进万科 / 万纬物流、复星国药、太古冷链、百世汇通、信泰云链等品牌企业。5 月，“中国—东盟多式联运联盟”落户南宁，成立东盟货运物流联合总会广西代表处。9 月，“新中智慧园”2 号库建成并开始试运营。10 月第七届中国－中亚合作论坛期间，中新南宁国际物流园与中亚的物流企业（协会）签署《成立中国（广西）－中亚多式联运联盟谅解备忘录》。

南宁国际铁路港　位于南宁市西南部，邻南宁绕城高速，距城市快速环道 2.50 千米。规划用地 3.76 平方千米，规划总运量 2000×104 吨，园区形成“一核两港七区”的总体功能布局，“一核”为商务核心区，以社会物流服务为着眼点，打造项目商业服务核心品牌；“两港”分别为铁路港和公路港，铁路港以集装箱作业为主，公路港以多式联运为主；“七区”分别为冷链物流区、口岸物流区、农产品物流区、汽车物流区、钢材物流区、城市配送区和生活服务区。至年末，项目一期除小汽车物流区、冷链物流区以外的工程正式运营。

【现代物流企业】 2019 年，南宁市新增国家 A 级物流企业 9 家（国家 AAA 级以上 8 家），其中 AAAAA 级物流企业 1 家（广西桂物储运集团有限公司），AAAA 级物流企业 2 家（广西北部湾弘信供应链管理有限公司、广西中外运久运物流有限公司），AAA 级物流企业 5 家（广西外运南宁集装箱汽车运输公司、广西外运南宁储运公司、广西吉祥中通快递有限公司、广西凯轮物流有限公司、广西南宁安博物流有限公司）；累计国家 AAA 级以上物流企业 33 家。

【第六届南宁物流周】 2019 年 5 月 24 日至 29 日举办，主会场设在南宁国际会展中心，南宁市商务局、南宁市邮政管理局联合主办，主题为“商贸链物流，跨境通全球”，活动包含物流论坛、企业交流、参观考察、“供应链创新与应用”大学生创新创业大赛。5 月 24 日，开幕式在南宁国际会展中心举办。来自自治区内外的物流企业、快递企业、商贸和制造企业代表，商协会代表，供应链金融领域专家学者及相关部门 400 多人参加。各领域专家学者就流通领域供应链建设、跨境电商机遇与挑战、新能源助力物流降本增效、物流行业安全发展法律大数据等在开幕式论坛上进行探讨交流，对南宁市 2018 年新增的 8 家 AAA 级以上物流企业进行颁奖。（尹　钊）

社会服务业

【租赁与商务服务业】 2019 年，南宁市新登记 616 户，注册资本（金）207.79 亿元、53.87 亿美元。累计 5.96 万户，注册资本（金）5457.56 亿元、61.63 亿美元。其中，内资（非私营）企业 1781 户，注册资本（金）538.23 亿元；私营企业 4.77 万户，注册资本（出资）4907.15 亿元；外商投资企业 335 户，注册资本（认缴出资）61.63 亿美元；个体工商户 9774 户，资金数额 12.18

2019 年 5 月 24 日至 29 日，第六届南宁物流周举办。图为活动现场　　市商务局提供

亿元。

【居民服务与其他服务业】 2019年,南宁市新登记1892户,注册资本(金)74.70亿元、744.50万美元。累计55326户,注册资本(金)213.36亿元、2794.22万美元。其中,内资(非私营)企业364户,注册资本(金)37.58亿元;私营企业5942户,注册资本(出资)125.35亿元;外商投资企业31户,注册资本(认缴出资)2794.22万美元;个体工商户48989户,资金数额50.43亿元。

【卫生与社会工作经营性服务业】 2019年,南宁市新登记63户,注册资本(金)1.27亿元、8.59亿美元。累计2663户,注册资本(金)79.14亿元、9.07亿美元。其中,内资(非私营)企业69户,注册资本(金)23.33亿元;私营企业595户,注册资本(出资)53.15亿元;外商投资企业7户,注册资本(认缴出资)9.07亿美元;个体工商户1992户,资金数额2.66亿元。

(谢应辉)

【家庭服务业】 2019年,南宁市家政服务业企业约2700家,从业人员5万人。其中,注册资本超过10万元的家政服务业企业近20家,超过50万元的5家;年均经营收入超过10万元的家政服务业企业35家,超过50万元的3家。全市家政服务业服务扩展至10多个门类60多个项目,在传统的保姆服务、保洁服务、维修服务、搬家服务基础上,衍生家庭管家、月子中心、照料中心、托管中心、家具家电保养等新型服务业态。有南宁市家庭服务行业协会1家,会员单位135个,开展家政行业自律,规范行业行为,家政服务业知识和技能培训,家政信息、法律和经营等咨询服务。南宁市出台《南宁市2019年大健康产业重点任务工作方案》《南宁市加快服务业发展实施方案》《关于进一步做好就业困难人员就业再就业工作的通知》,对符合条件的,吸纳建档立卡贫困家庭劳动力、困难人员就业的家庭服务业企业给予社会保险费补贴、一次性带动就业奖补等政策扶持。行业龙头企业南宁市旭东社区服务有限公司被评为广西五一巾帼标兵岗、全自治区再就业先进企业、全国妇女创业培训基地、自治区家政服务工程定点培训机构;南宁市南方家政家庭服务有限公司被评为全国巾帼家政培训示范基地、全国家政服务“千户百强”单位、全国巾帼建功先进集体、中国社会组织评估等级AAAAA单位、广西优秀劳务品牌、广西家政服务品牌、广西百姓放心消费口碑品牌;南宁康之桥护理服务有限公司被评为全国城乡妇女岗位建功先进集体、广西城乡妇女创业就业培训示范基地;八桂女子就业服务中心被评为全国民办非企业单位自律与诚信建设先进单位、全国家庭服务行业先进单位。

(姚宗秀)

【养老服务业】 2019年,南宁市市本级采用ppp模式投资4.90亿元建设南宁市第二福利院,床位2000张。社会福利院提升改造工程列入亚洲开发银行支持项目,养老床位750张。推进15个区县(开发区)各新建一所300至500张床位的公办示范性养老福利机构,至年末,建成公办示范性养老福利机构6家(广西－东盟经开区社会福利院、宾阳健康养生城、青秀区福利养老院、西乡塘区坛洛镇农村养老服务中心、马山县白山镇农村养老服务中心、江南区民政综合园),其中广西－东盟经开区社会福利院、宾阳健康养生城、青秀区福利养老院3家投入运营;在建9家。新建社区日间照料中心17个,累计建设社区日间照料中心132个、城市养老服务中心项目23个,社区覆盖率66%。

(黄欣荻)

【拍卖业】 2019年,南宁市有合法拍卖企业162家,从业人员367人,其中拍卖师92人。主要经营项目有工商行政管理、海关和司法机关等罚没的物品、抵债物品、无主物品、闲置物品、积压物品、生活资料、艺术品、房地产、无形资产、银行不良资产、土地使用权、生产经营权、股权、市政设施广告经营权等。拍卖总场次555场,成交总额60.51亿元,其中房地产成交额4.93亿元,土地使用权成交额42.15亿元,机动车成交额0.40亿元,农副产品成交额0.18亿元,股权、债权、产权成交额5.53亿元,文物艺术品成交额913.47万元。

(周 旻)

住宿与餐饮业

【概 况】 2019年,南宁市住宿与餐饮业新登记2.27万户,注册资本(金)57.42亿元、323.88万美元。累计7.04万户,注册资本(金)179.13亿元、8873.37万美元。其中,内资(非私营)企业251户,注册资本7.25亿元;私营企业4261户,注册资本(出资)87.24亿元;外商投资企业128户,注册资本(认缴出资)8873.37万美元;个体工商户65788户,资金84.64亿元。住宿业营业额比上年增长5.80%,整体低位运行,逐季呈小幅提升趋势。餐饮业营业额增长13.62%,餐饮消费水平不断升级,呈逐季增长趋势。

【酒店住宿类型】 2019年,南宁市有星级酒店26家,其中五星级2家、四星级13家、三星级11家。高档酒店有广西沃顿国际大酒店、红林大酒店、南宁富力万达文华酒店、南宁富力万达嘉华度假酒店、国悦·九曲湾温泉别墅度假酒店、南宁会展豪生大酒店、南宁伟鑫万豪酒店、南宁邕江宾馆、南宁饭店、南湖名都大酒店等。经济型商务酒店有如家酒店、城市便捷酒店、7天连锁酒店、锦江之星连锁酒店、汉庭快捷酒店、格林豪泰酒店、维也纳酒店、雅斯特酒店等全国连锁酒店,精通酒店、格子微酒店、星波便捷酒店、好来登酒店等本地连锁酒店,其他零散经营门店分布各处。南宁的民宿业渐成规模,分布于各商圈、旅游景点附近,较热门的有南宁云舍度假村,西乡塘青瓦房古村落,武鸣伏唐山庄、伊岭岩岩舍、石头寨,马山加国农居、中凯农舍、南院艺宿等。

【民 宿】 2019年,南宁民宿业发展较快,民宿数量过百家,利用当地民居等相关闲置资源,经营用客房不超过4层、建筑面积一般不超过800平方米,主人参与接待为游客提供体验当地自然、文化与生产生活方式。有乡村体验型、古村古镇型、景区依托型、森林度假型、都市时尚型5种,符合或较为接近《旅游民宿基本要求与评价》(LB/T065-2019)旅游民宿概念的旅游民宿有36家。古镇民宿有宾阳县九月的房子客栈。乡村民宿有江南区的朴宿泳池设计民宿,青秀区的吾未居地中海民宿、八间房酒店,武鸣区的石头寨,南宁经济技术开发区的云舍度假村落,宾阳县的和清莲民宿,马山县的桔子红了、南院艺宿、水锦顺庄庄园、水锦顺庄四合院民宿、中凯农舍、加国农居、田舍·客栈、欢雅娜等。城市民宿有青秀区的回舍客栈、乐壳酒店等。森林民宿有上林县的福源之家、四季云端客栈、明园度假农庄、以观云栖精品民宿、紫云山庄、云山水色民宿、云水阁度假屋客栈、云松山宿民宿、怡和度假山庄、山水居客栈等。都市民宿有兴宁区的安驿宾舍客栈。景区民宿有西乡塘区老木棉匠园艺术客栈、九碗顺庄民宿等。主要存在精品民宿数量少、基础设施建设不足、文化植入不深、服务质量不高、行业监管环节薄弱等问题。

(姚宗秀)

【桂菜经营】 2019年,南宁市餐饮业经营的桂菜系列主要由桂北风味菜、桂东南风味菜、桂西风味菜、滨海风味菜和少数民族风味菜,以及各种风味小吃组成,桂菜有微辣、带甜、有酸、新鲜的特色,风味独特,别具一格。南宁、梧州、玉林等地方风味菜讲究鲜嫩爽滑、用料多样,常以岭南

2019 年，马山县古零镇三甲屯的南院艺宿一景　　回南天提供

瓜果入菜，如玉林三宝（牛巴、牛腩、牛肉丸）、菠萝焗饭，梧州纸包鸡，南宁腰卷、邕州鱼角、猪肚鸡、荔浦芋头鸭等；少数民族风味菜多就地取材，讲究实惠，制法独特，具有浓郁的乡土气息，如客家皇蒸鸡、壮乡田螺猪手等；桂北（桂林、柳州等地）风味菜品味醇厚、色泽浓重，擅长以山珍野味入菜，如桂林黄焖鸡、“酿三宝”等。桂菜原料采用鱼、鸡、虾、蟹、猪、牛、羊等，素料有芋头、马蹄、莲藕、竹笋等，在佐料上采用豆腐乳、辣椒酱、白酒、黄皮酱、柠檬等，烹调方式采用扣、蒸、炖、酿、焖、炒、炸，成为清甜、鲜香、脆嫩风味特色。成菜讲究粗物细作、形量协调，形成香气蕴藉、色彩清丽的广西风味菜。代表菜有巴马烤整猪、苗家竹板鱼、侗乡竹笋肉、瑶山泥巴鸡、壮家粉芭肉、毛南烤香猪、京族花衣蜇皮、脆皮扣肉、脆皮狗肉、白切狗肉、纸包鸡等。南宁市较有特色的桂菜经营餐馆主要有明园新都大酒店、荔园山庄、南宁饭店、味江南邕城家宴、甘家界柠檬鸭、南宁肥仔饭店、瑶王府、小南国、老友王、味道制造、漓雨村私房菜、八桂坊、金龙寨、明桂御膳坊、邕城小福楼、沙头醋血鸭馆、阿谋美食、诚如金餐厅、桂林仔、文家油茶、桂小厨、桂嘢新派广西菜餐厅等。

【传统食品】 2019 年，南宁市主要有老友粉、生榨米粉、粉饺、脆皮扣、佛手酥、油炸粽、锅烧牛杂粉、糯米水圆、绿豆大肉粽、蕉叶糍等传统食品，富于地方特色。

老友面（粉） 制作方法：先将精面粉加适量水和鸡蛋反复搓揉，用竹杠反复压打成面片，精切成细条（现在用机器压榨成湿面条，极少有人工制作），再以爆香的蒜泥、豆豉、辣椒、酸笋、碎肉、醋、骨头汤等配料与之烹煮而成。

米　粉　制作方法：选用大米淘净浸透加水磨浆，掺入用开水冲兑的适量熟浆拌匀（或用适量米饭与米一同磨浆）放入金属托盘（米浆仅铺过盘底），蒸成薄片，折叠切成条，叫作切粉；在舀米浆入托盘后加入碎肉、葱花、香菇末、碎虾米等配料，蒸煮后卷成筒状称卷筒粉，在梧州及广东一带叫肠粉；将用布滤干成粉团的米浆煮至五成熟，放在石臼中舂成软硬适度有韧性的稠浆（现代多用机械搅拌）用粉榨器就着沸水锅压榨入锅煮熟，叫生榨粉。干捞粉制作方法：取切粉置于捞篱内放入开水锅中氽一下，装碗后加入叉烧或牛锅烧、焯过水的绿豆芽、炸黄豆或炸花生仁，淋上用 10 多种配料熬成的酸甜卤水及少许熟花生油拌匀即可食用。

宾阳酸粉　宾阳县传统小吃。制作方法：精选上好的晚稻大米，经 24 小时浸泡并淘洗，用土制的石磨磨浆。经过 7 天时间反复的漂浆，其间，根据气温的不同进行不定时换水。蒸制时采用大铛木盖浮托法蒸米粉，蒸熟一条折叠一条并抹上一层花生油。配菜有叉烧、炸波肉、炸牛肉巴、炸灌风肠、炸花生或黄豆和腌制的新鲜黄瓜。用纱布包好陈皮、八角、葱条等 10 多种香料，加水、盐、蚝油、味精等煮制卤水，再用糖、盐、米醋调制糖醋至酸甜适口。切好米粉放在碗内，叉烧等配料平摊在米粉上，再放些鲜红的生辣椒和蒜茸、香菜，浇上卤水及糖醋，加些花生油即成。

八仙粉　制作方法：选用带有韧性的新鲜切粉，煮粉前先在热锅里盛入大半碗猪骨熬成的上汤，汤沸后放入鱼饺、肉片、熟鹌鹑蛋、香菇、黄花菜、鱿鱼、鸡肉丝、瘦猪肉片、鱼片、新鲜嫩蔬菜等各两三件，猛火煮沸片刻，再倒入 200 克切粉，待锅中汤水再沸后加少许香葱、香油、盐、味精等调味，即可装碗食用。

炖粉糕　制作方法：将大米淘净，兑水磨成米浆，分成几盆调入可食用的红、黄色素，用浅陶盆置锅中分层匀入米浆，先蒸一层原色米浆，待第一层蒸熟后，再依次分别加入黄色、红色米浆，反复依次加入各色米浆，每层约 0.20 厘米厚直至蒸满盆，在面上洒入些碎肉、花生仁、葱花即可，称夹层炖粉糕。

凉　粉　制作方法：将凉粉果中的白色粉粒加工榨出液体，加热冷却后形成晶莹透明的晶体，将熬过的红糖水加入，捣碎晶体作凉拌吃。

粉　虫　制作方法：用黏米洗净浸透、磨成稀稠适宜的米浆，滤成湿粉团置锅内煮至半熟，起锅揉搓至软硬适度有韧性的粉团，然后搓成条状，扯下小段在专用竹箕背搓几下，成虫状，置于蒸笼蒸熟。

粉　饺　制作方法：选用黏米浸透磨成稀稠适度的米浆，滤成湿粉团置沸水中煮至半熟，加入适量薯粉（生粉），将粉团反复搓揉至有韧性，搓成条状擀成薄片饺皮，包入拌食盐、香油、味精、五香粉的碎猪肉、虾米、香菇、马蹄或凉薯末合成的馅心，置托盒蒸熟。食用时配以黄皮酱、海鲜酱、豉熟油及少许葱花、芫荽之类的佐料。

粉　利　制作方法：将浸透的大米加水磨成浆，滤成湿米粉，搓揉成团，放入沸水锅蒸至半熟，置于案板揉搓至有韧性，搓成直径 4.50 厘米的圆条状，切成段，置笼屉蒸熟。蒸熟的粉利须入水保存，以防干裂。食用时切成片，配以各种肉类制成“炒粉利”“粉利汤”，亦可作打火锅的食材。

油炸粽　制作方法：将糯米淘洗浸透，捞起沥干，取 100 克～150 克加少许绿豆，用粽叶包成长 12 厘米、宽 7 厘米、厚 5 厘米扁形粽子，置锅中煮熟，然后捞起晾干，剥去粽叶，放到烧滚约 180℃的油锅内炸至外皮色泽金黄即可。

蕉叶糍　制作方法：选用糯米淘净浸透磨浆，用布袋滤干成湿粉团，经搓揉捏成长条状，用经热水烫软洗干净并刷上食油的芭蕉叶把粉团包好，置蒸笼蒸约 20 分钟即可食用。可制成咸味、甜味 2 种。做甜味的方法是将糖煮成浓浆，加入猪油与湿米粉搓匀；咸味的即在湿粉中加入些许盐搓匀，或包入炒干的横县头菜末、碎猪肉、花生之类的咸馅。

艾　糍　也称艾粑粑。制作方法：摘下野生的艾草或白头翁草嫩叶用石灰和水浸泡两三天以去污（白头翁草洗净即可)，然后洗净捞起剁碎(越碎越好)，加入赤砂糖和水，煮艾叶或白头翁草碎成糊，将其和入糯米粉中，艾糍外衣即成；炒花生仁舂碎后拌入赤砂糖和炒过的白芝麻(味甜而不腻且香)作馅；将馅包入已和好的艾叶糊的面团中(像包汤圆一样)压扁，把摘来的新鲜柚子叶或芭蕉叶剪成巴掌大小洗净(再放些油入热水中略煮更好)，再给每个包好的艾糍附上一小片柚子叶或芭蕉叶，环状放入蒸笼蒸15分钟～20分钟即可食用。

凉　粽　制作方法：将糯米浸透，拌入少许枧水，用几张竹叶包成条状，用细线捆扎牢，置沸水锅煮熟。食用时除去竹叶，蘸以糖浆。

猪肉绿豆粽　制作方法：将去皮肥猪肉洗净切条，加入佐料腌制半天待用；绿豆磨碎淘洗去皮，选用大糯米淘净沥干，将粽叶若干张洗净摊开，放上适量糯米，在中间开凹沟，放入绿豆和一条腌制猪肉，再盖一层绿豆，加一层糯米覆盖好豆、肉，然后包起，中部微突隆，用粽绳扎牢，置沸水锅中煮半天左右即可。

五色糯米饭　制作方法：分别将旱米果、香饭花或姜葱、枫叶或枫树皮、红蓝草捣烂加水加热制成大红色、黄色、黑色、紫红色液体，将糯米分别浸泡在各色液体中，待米粒通体染上颜色后滗去余汁，分别入甑蒸煮，出甑后再将各色熟饭放入大铁锅中搅匀，便呈黑、红、紫、黄、白5种色彩。

黄花饭　制作方法：先将黄花树的黄花置锅中加水煮沸，水变黄，滤去渣，留水蒸饭即成黄花饭。

豆蓉糯米饭　制作方法：摊档主将大口陶盆放在箩中，盆内盛满糯米饭，饭旁放着绿豆蓉；不论冬夏，盆底均置一炭炉，盆上放着一钵油炸糯米锅巴，另一钵则放着一块块卤熟的半肥瘦肉或腊肠。出售时档主用双手将糯米饭捏好，夹入绿豆蓉、油炸锅巴或猪肉或腊肠在糯米饭中间，捏成饼状，沾上香酥芝麻、葱花、生晒豉油，放在一块清洁的荷叶上，顾客即可拿着食用。

瓦煲饭　制作方法：选优质米入沙煲，采用转炉煮饭，炉的一半有火，一半无火。先用猛火烧沸，然后转到无火焗饭。焗饭时，将配好佐料的肉类菜蔬，铺陈于饭面，饭熟菜熟。

八宝饭　制作方法：选用优质的香糯浸洗后用竹箕滤干水，置蒸笼或饭甑蒸熟，倒在盘里加些猪油、白糖拌匀，然后将少许蜜枣、杏仁、莲子、冬瓜糖、桂圆肉、葡萄干、蜜饯等干果放入碗内摆好，再将一些干果拌入饭中，盛入碗里压实，中间压成窝状，放些豆蓉馅，再用糯饭盖住压平，重新置蒸笼内蒸三四十分钟即可。食用时把碗里的八宝饭扣于碟中，浇上少许用糖和菱粉调制的芡汁。

酿苦瓜　制作方法：选用中粗直的青嫩苦瓜，洗净切成每节长圆寸的瓜筒，掏出瓜瓤，将猪肉与花生仁剁成肉泥，与浸透的糯米、猪油、盐、香葱、香料拌匀作馅，填入瓜筒中，置锅中蒸熟即可上碟食用。

炒田螺　制作方法：将田螺置清水盘中养数日，常换水，让田螺吐尽泥污，然后洗净外壳的泥苔，用刀敲碎螺尾顶尖，剥去螺盖后入锅，加入少许食油、姜、盐、酒等配料爆炒片刻，以除去腥味，再加些水煮至熟透，最后加入紫苏、假蒌、香葱、蒜苗、酸笋、啤酒及适量油、盐调味拌匀，便可上桌食用。

粥　品　制作方法：选用上好大米，明炉微火煮至米烂待用。食用时可根据口味，明火现煮配制成猪肉粥、牛肉粥、鸡肉粥、鱼片粥、猪杂粥、鸡杂粥、皮蛋瘦肉粥、三鲜粥、猪红粥等，上碗时加入姜丝、葱花、胡椒粉即成为美味粥品。

鱼　扣　邕宁区蒲庙镇那路村一道传统的特色菜肴。制作方法：选择500克左右的鲮鱼做原料。将活鱼洗净，去头、去皮，取鱼肉，把鱼肉剁成泥(也可用绞肉机绞)倒入盆里摔打20分钟后(以把一小块鱼泥投入水中能浮上来即可)，加入适量的食盐、胡椒粉，拌均匀后待用(用作包鱼扣的皮)。接着制作鱼扣馅。鱼扣馅使用瘦猪肉、虾米、香菇、马蹄、花生、芝麻、头菜、葱等8种材料。把花生、芝麻用文火炒香，把其他馅料剁碎，加入适量的生粉和少许鱼肉泥(使蒸熟的鱼扣切开时馅不容易散开)及舂碎的花生、芝麻，搅拌均匀后即成鱼扣馅，把馅包入先前制作好的鱼肉泥中即制成鱼扣(包好的鱼扣形状像只大包子)，再把鱼扣放入烧开的锅里煮30分钟，待鱼扣从锅底浮到水面即可捞起，趁热滴上几滴老抽抹匀，冷却后，将鱼扣放入油锅里炸至表面金黄后捞起冷却，切成片状装盘，再放入蒸笼蒸20分钟即可以上桌(蒸得越软越好吃)。

脆皮扣　良庆区、邕宁区的特色菜肴。制作方法：选上好皮薄的五花肉1000克，清洗干净，改刀切成500克一块的大块，取干净的锅，放入改刀后的五花肉，加入冷水，放入姜块葱条和酒，猛火烧开，改小火煮20分钟，捞出放在盘中，然后在肉皮上均匀地抹上盐和大红浙醋；取炒锅，垫上锅箅，将抹好醋的肉皮向下放到锅中箅子上。然后倒入花生油，至浸到猪皮但不超过猪皮为好，盖上锅盖，大火烧制，待油发出爆炸声后，关至中小火，炸40分钟，待皮炸到金黄时即可捞出，切片食用。

高峰柠檬鸭　起源于武鸣区一带的一道特色菜，尤以武鸣区高峰境内酒家饭店最优故得名。制作方法：将鸭宰后洗净、去内脏切成块，入锅用猛火炒至六成熟，再将切成丝的酸辣椒、酸姜、酸柠檬、酸藠头、酸梅、生姜、蒜泥等佐料入锅同炒，拌匀后改文火至八成熟后加入豆瓣酱同炒至熟透，淋上适量香油即可出锅上碟。

横县鱼生　横县传统食俗。制作方法：将1.50千克～2.50千克重的活鲩鱼杀死去皮，把鱼两侧面的肉削除出来，用卫生纸包好吸干水分，将鱼肉切成“双飞”薄片，摆在盘里。然后用冷开水将生姜、紫苏、鱼腥草、柠檬叶、大头菜、洋葱等佐料洗干净，甩干水分后切成细丝，指天椒、蒜瓣、酸藠头等切成片。将酱油、花生油、酸醋、胡椒粉等放入小碗拌匀作调料。食用时各取少许青料、姜丝、花生米、酸藠头，连同蘸了调料的鱼生片一起吃。

酸　肉　壮族传统食品。制作方法：把猪肉(最好是五花肉)的皮面置锅中煮成金黄色，加入蒸熟的玉米粉(小米粉更好)、精熟盐(每千克猪肉掺60克～70克，以不太咸为宜)，经反复搓揉，至肉变软后

扣肉　回南天提供

置瓷罐中密封，两个星期后肉即变酸，便可吃用。酸肉有2种吃法：一是切片后即吃；二是把黄豆或玉米炒熟和酸肉一起吃。

羊 酱 又叫"羊精""羊瘪"。制作方法：羊杀好后，将羊的一段细嫩的小肠割下，分绑两头，入锅用油煎至小肠爆裂、黄熟，内容物溢出后，加水煮10分钟，将小肠捞起滴水沥干，切成小块，再放入锅中，配以适量的羊血和剁碎的羊肉、羊杂以及盐、姜、辣椒等佐料制成。

羊 红 制作方法：用刚宰杀的黑山羊鲜血和炒好的羊内脏（俗称"羊下水""羊杂"），加上香菜、花生等佐料制成。

清水羊肉汤 马山县特色菜。制作方法：将黑山羊羊肉砍块，放入有清水的锅中烧开去除血水，沥水后用清水洗净，再倒进放有枸杞、花菇、红枣、生姜等开沸的锅中煮熟后，蘸料汁即可吃。蘸料以新鲜香椿嫩芽为主料。

腊 肉 南宁传统风味食品。制作方法：冬天腊月时人们将新鲜猪肉搓适量的盐放在盘里腌到农历二月，用菜叶清洗除去肉表里油腻盐质，然后串挂起来，风干即成腊肉。

糯米血肠 壮族普遍喜爱的传统食品，壮语称为"楞棒"。制作方法：把蒸到半熟的大米或糯米趁热拌上鲜猪血以及各种香料，紧紧灌入洗干净的猪肠内封口蒸熟即成。食用时可切成片，或用油煎炸，或用甑蒸热。（书 弄）

【时尚餐饮】 2019年，越来越多北上广深知名餐饮进入南宁，如奈雪的茶、西贝、杨国福麻辣烫、瑞幸咖啡等；本土一些做得好的餐饮品牌如桂小厨、漓江小聚等下沉到自治区内三线、四线城市如柳州、玉林、百色等地。2020年1月6日，由南国早报·南国微生活和南宁餐饮行业协会共同举办的南宁食尚巅峰盛典在南宁水明漾宴会中心举行，会上发布《2019南宁餐饮白皮书》，颁发"2019年度必吃餐饮品牌""2019人气餐饮品牌""2019餐饮老品牌"以及"人气商业体"等13个"食尚新榜"奖项，52个餐饮品牌获奖。"2019年度南宁新势力餐饮品牌"：广雅茶楼、汤舍、熹雨阁、苏梅新厨东南亚餐厅、苗小串、大金刚韩国料理、刃阵烧鸟酒场、大社烧肉、喜佐烧肉。"2019年度南宁餐饮老品牌"：万国酒家。"2019年度南宁必吃米粉品牌"：三品王、粉之都、韵品香小锅米线·台湾排骨饭、螺公堂、柳螺香。"2019年度南宁必吃火锅品牌"：珍宝轩海鲜火锅、大龙燚火锅。"2019年度南宁必吃宵夜"：今邕烧烤、威记烧嘢。"2019年度南宁人气餐饮品牌"：五条友烧烤大趴、胖雄烤肉、有间虾铺、路易十三西餐厅、玛嘉莲玛记瓦煲奶茶、爸爸炒料牛排老火锅、饭桌故事、大满足、蛙小帅、漓江小聚民族餐厅。"2019年度南宁人气茶饮品牌"：阿嬷手作、萃茶师。"2019年度南宁人气酒吧品牌"：醉先生 Tispy Bar。"2019年度南宁必吃餐饮品牌"：勇品花胶鸡火锅餐厅、帕蓝9·泰国菜餐厅、一握一把盐、探蟹街、德林阁、蚝美人、芭蕉缘、三个椰子原生态椰子鸡。"2019年度南宁人气餐饮连锁"：胡桃里、茶道夫、三滚粥城、广雅云吞、谷膳闽味台湾卤肉饭、钟姐炖品、香港薛大嘴钵仔饭佛跳墙、大满贯DAMANGUAN、螺公堂。

（姚宗秀）

对外及对中国港澳台地区经济贸易

【概　况】 2019年，南宁市外贸进出口747.79亿元，在自治区排第三位，比上年增长1%。其中，出口363.91亿元，增长2.50%；进口383.88亿元，下降0.30%（受中美经贸摩擦影响，南宁富桂精密工业有限公司进出口下降39.70%，比上年同期减少151.10亿元，若剔除富桂精密的因素，2019年南宁市外贸进出口可实现44.70%的增长）。新增对外贸易经营者备案企业707家，有进出口实绩企业874家，其中进出口值1亿元以上企业50家，出口5000万元以上企业53家，进口5000万元以上企业41家。商务口径实际利用外资3.10亿美元。

【贸易往来】 2019年，南宁市与全球205个国家和地区开展贸易往来。与亚洲进出口557.92亿元，比上年增长10.70%，占全市与全球贸易进出口74.60%；与北美洲进出口69.81亿元，下降39.80%，占9.30%；与欧洲进出口37.40亿元，增长35%，占5%；与非洲进出口35.34亿元，下降8%，占4.70%；与大洋洲进出口33.57亿元，下降16，占4.50%；与拉丁美洲进出口12.82亿元，下降8.50%，占1.70%。与美国进出口66.50亿元，下降39.80%，跌出前三名。与前三贸易伙伴东盟、中国香港地区、中国台湾地区贸易往来合计470.98亿元，占63%。

【出口贸易】 2019年，南宁市出口贸易值363.91亿元，比上年增长2.50%。出口额较大的商品有电器及电子产品、计算机与通信技术、贵金属或包贵金属的首饰、集成电路、扬声器、自动数据处理设备及其部件、未锻轧的铝及铝材、灯具照明装置及零件、医疗仪器及器械等。主要销往至美国、越南、泰国、澳大利亚、伊朗、日本、韩国、英国、墨西哥等国家和中国香港、中国台湾地区。

【进口贸易】 2019年，南宁市进口贸易值383.88亿元，比上年降低0.30%。进口额较大的商品有电器及电子产品、集成电路、铁矿砂及其精矿、锰矿砂及其精矿、煤及褐煤、钢坯及粗锻件、感光材料、感光材料、通断保护电路装置及零件、机械设备等。主要进口至南非、澳大利亚、马来西亚、韩国、日本、越南、美国、印度尼西亚等国家。

【对外贸易活动】 2019年，南宁市组织广西神塔机械设备有限公司、广西怡凯家居用品有限公司等82家企业参加第125届、第126届中国进出口商品交易会（广交会），设展位263个，参展商品有家居用品、大型机械及设备、化工产品、汽车配件、纺织原料面料、箱包、编织及藤铁工艺品等。5月24日至29日，广西国际博览集团有限公司在缅甸仰光MEP会展中心举办2019中国－缅甸（仰光）产品展览会。南宁市组织南宁有杉电子商务有限公司、广西和德华农资有限公司、广西食品机械协会、广西新途机电有限公司、广西郝杞源商贸有限公司、桂坊日用品经营部、广西建树建筑工程集团、广西食品和包装机械工业协会、广西三个老板食品有限公司9家企业参展。参展产品有复混肥料、尿素、钾肥、磷肥、化肥原料及产品、木薯片、淀粉（非食用）、家用电器、通讯器材、电子产品、计算机软硬件及配件、机电设备、消防设备、安防器材、工程机械设备及配件、照相器材、健身器材、音响设备等。7月9日至14日，中国－东盟博览会秘书处、广西壮族自治区商务厅、广西国际博览集团有限公司在印尼雅加达国际展览中心举办2019中国－东盟博览会印尼展。南宁市有广西郝杞源商贸有限公司、广西广宁工业科技有限公司、南宁有杉电子商务有限公司、广西三个老板食品有限公司、广西工博电子商务有限公司、南宁宇治园茶业有限公司、广西和德华农资有限公司7家企业参展。参展产品有食品、农副产品、纸品、铁工艺品、乳制品、家居用品的设计、日用百货、家用电器、电子产品、机电设备、工艺礼品、玩具、体育用品、办公用品、塑料制品、饲料、茶叶、茶粉、咖啡豆、茶饮料、复混肥料、尿素、钾肥、磷肥、化肥原料及产品。8月初，自治区商务厅在日本举办2019年中国广西（日本）商品博览会。南宁市组织广西蜜博士蜂业有限责任公司、南宁鼓峰工贸有限公司等23个企业参展。参展产品有蜂蜜、时装衣架、防滑垫、纺织面料、园林工艺品、铁制花盆、木制花盆、藤编类家居制品、园林工艺品、陶瓷餐具、皮制劳保手套、甘蔗浆模压纸餐具等，现场成交订单100.06万美元，达成意向成交228.70万美元。11月5日，第二届中国国际进口博览会在上海开幕，副市长伍娟率南宁交易分团参会，在7日举行的中国(广西)扩大进口政策说明会上就金融门户开放、中国－东盟信息港、中新南宁国际物流园及广西自贸试验区南宁片区政策优势向与会客商推介。南宁交易分团有273家企业、行业协会、政府部门、相关单位的534名专业观众观展、洽谈、采购。现场意向成交企业42家，意向成交金额8.84亿美元，涉及商品(服务)种类包括家居用品、食品及农产品、休闲食品、饮料及酒类、调味品、肉制品、餐厨用品、个人护理及美妆产品、材料加工及成型装备、医疗器械、零配件及附件、汽车零部件、交通运输设备、金融服务等。　(王聪仁)

【加工贸易】 2019年，南宁市加工贸易进出口516.06亿元，比上年下降4.51%。占全自治区加工贸易进出口比重63.50%，上升4.59个百分点，在自治区排名第一；占全市对外贸易进出口比重69%。其中，出口267.98亿元，下降5.51%；进口248.08亿元，下降3.40%。4家加工贸易企业(广西桂芯半导体科技有限公司、广西格思克实业有限责任公司、广西拓航科技有限公司、广西蓝水星智能科技有限公司)入选2019年自治区新增认定战略性新兴产业企业，网络通讯产品、电子声学产品占据全球市场份额。引进加工贸易新项目10个，其中达到自治区加工贸易产业重点项目5个。　(李　锋)

【与中国港澳台地区经济贸易】 2019年，南宁市对中国香港地区贸易往来252.97亿元，比上年增长10.30%。对中国台湾地区贸易往来107.09亿元，增长55.70%。对中国澳门地区贸易往来5665万元，增长5.50%。商务口径实际利用港澳资3.03亿美元。　(王聪仁)

表14　　2019年南宁市对外贸易主要进出口企业情况表

排名	名　称	累计进出口值(万元)	比上年同期增长(%)	累计出口值(万元)	比上年同期增长(%)	累计进口值(万元)	比上年同期增长(%)
1	南宁富桂精密工业有限公司	2296207.83	−39.69	1257960.87	−36.58	1038246.95	−43.07
2	南宁市和正顺兴珠宝有限公司	885770.85	14.38	454114.93	20.85	431655.92	8.29
3	广西格思克实业有限责任公司	444936.22	49.36	219606.64	49.97	225329.57	48.78
4	广西北港资源发展有限公司	412720.35	15.82	0	—	412720.35	15.82
5	广西桂芯半导体科技有限公司	316401.39	—	156532.79	—	159868.60	—
6	广西迪斯奥光电科技有限公司	300915.36	102	149500.79	97.42	151414.56	106.74
7	广西拓航科技有限公司	191054.06	14.60	95423.87	4.06	95630.19	27.48
8	广西柳钢国际贸易有限公司	173601.41	−17.24	0	—	173601.41	−17.24
9	广西蓝水星智能科技有限公司	171279.02	57589.71	53503.05	24927.79	117775.97	141589.81
10	广西铁投商贸集团有限公司	141766.69	30.22	0	—	141766.69	30.22
11	广西创盈联科电子有限公司	121149.01	—	51162.08	--	69986.93	—
12	瑞声科技(南宁)有限公司	114172.14	66822.94	75565.63	44193.41	38606.52	—
13	南宁烯宝声电子科技有限公司	112889.33	—	52998.17	—	59891.16	—
14	广西建工集团第一安装有限公司	90346.07	175.04	90288.19	187.63	57.88	−96.03
15	丰达电机(南宁)有限公司	79137.88	−20.70	57489.57	−22.92	21648.30	−14.14
16	广西南大门跨境电商运营有限责任公司	65982.06	198074.69	65840.26	—	141.81	325.91
17	广西齿贝美科技发展有限公司	65497.14	—	27865.11	—	37632.03	—
18	广西巨星医疗器械有限公司	63599.55	4848.71	380.51	3520.94	63219.05	4859.66
19	广西金运进出口贸易有限公司	57267.56	19.12	819.05	—	56448.51	17.41
20	广西交投商贸有限公司	55671.52	−7.70	0	—	55671.52	−7.70

说明：进出口前20名企业进出口合计金额6160365万元，占全市进出口金额82.40%

表 15　　2019 年南宁市对外贸易进出口主要国别（地区）情况表

名称	进出口		出口		进口		累计比上年同期增长%		
	累计金额（万元）	比重 %	累计金额（万元）	比重(%)	累计金额（万元）	比重(%)	进出口	出口	进口
总额	7477891		3639055		3838836		1.00	2.50	−0.30
亚洲	5579220	74.61	2699637	74.19	2879583	75.01	10.70	12.30	9.30
北美洲	698128	9.34	574418	15.78	123711	3.22	−39.80	−33.30	−58.60
欧洲	373984	5.00	217619	5.98	156365	4.07	35.00	40.00	28.60
非洲	353357	4.73	15785	0.43	337572	8.79	−8.00	−13.10	−7.70
大洋洲	335749	4.49	71685	1.97	264064	6.88	−16.00	9.60	−21.00
拉丁美洲	128194	1.71	59629	1.64	68565	1.79	−8.50	28.60	−26.80
东盟	1109242	14.83	506872	13.93	602370	15.69	23.70	89.10	−4.10
欧盟	307325	4.11	199266	5.48	108059	2.81	43.40	37.60	55.50
美国	665036	8.89	554262	15.23	110774	2.89	−39.80	−34.50	−57.30
越南	431901	5.78	301160	8.28	130741	3.41	114.40	98.30	163.80
澳大利亚	319997	4.28	69272	1.90	250725	6.53	−15.70	8.70	−20.60
南非	277263	3.71	6582	0.18	270681	7.05	7.90	42.10	7.30
泰国	216043	2.89	141356	3.88	74688	1.95	19.20	117.40	−35.80
马来西亚	194828	2.61	14894	0.41	179935	4.69	−18.00	8.90	−19.60
日本	191793	2.56	48194	1.32	143599	3.74	4.20	−19.80	15.80
韩国	186337	2.49	37600	1.03	148737	3.87	−7.40	−11.20	−6.40

编辑　姚宗秀

综 述

【概 况】 2019年，南宁市投入重大交通基础设施建设经费149.83亿元，参与西部陆海新通道、西江黄金水道建设，建设大湄公河次区域国际道路运输线路，开通南宁至越南铁路冷链运输线，开行南宁至越南海防货运直通车；开行南宁至香港直达动车、桂林经南宁至丽江动车。建成贵港至隆安高速公路南宁段、南宁经钦州至防城港改扩建高速公路、南宁绕城高速西段玉洞至安吉路面改造、那容至南宁东收费站段改扩建、南宁轨道交通3号线、凤岭综合客运枢纽等重大项目，吴圩机场高速公路纳入自治区高速公路网。开通南宁至东盟国家全货机航班，航空通航国内航线166条，通航城市92个，通航国际(地区)航线30条，通航城市26个。发展智慧交通，推进快速公交及公交专用道网络建设，优化城市路网体系，运营快速公交1号、2号线，推进3号线建设；出台自治区首个网约车管理地方法规；加快建设轨道交通2号东延线、4号线一期工程、5号线一期工程，开通试运营轨道交通3号线，优化接驳轨道交通公交站点；加强轨道交通1号、2号、3号线运营管理，轨道交通单日客流量突破百万人次，轨道交通站点和公交站点衔接率超90%。年内，境内铁路旅客发送量3731.59万人，比上年增长1.06%；货物发送量206.61万吨，下降5.17%。公路客运量4972万人，下降4.31%，公路货运量3.69亿吨，增长7.53%。水路货运量4221.40万吨，增长9.54%，货运周转量284.59亿吨千米，增长16.19%；集装箱吞吐量1.34万标准箱，增长39.99%。航空旅客吞吐量1576.25万人次，增长4.45%，货邮吞吐量12.23万吨，增长3.61%。城市公共交通(轨道交通、公共汽车)客运量5.89亿人次，增长7.09%。

【交通投资】 2019年，南宁市完成重大交通基础设施项目投资149.83亿元。铁路方面，南宁至崇左城际铁路南宁段完成投资19.42亿元，占年计划123.67%；贵阳至南宁铁路完成投资31.16亿元，占年计划109.80%；南宁至玉林城际铁路开工建设；南宁至凭祥铁路扩能改造正式启动，开展预可研招标。公路方面，建设高速公路项目9个，完成投资95.24亿元，其中建成贵港至隆安高速公路项目(南宁段)，完成南宁经钦州至防城港改扩建工程、南宁绕城高速西段玉洞至安吉路面改造工程、那容至南宁东收费站改扩建工程，开工六景至宾阳高速公路、吴圩机场至隆安高速公路、沙井至吴圩高速公路，续建柳州经合山至南宁高速公路项目(南宁段)、大塘至浦北高速公路项目(南宁段)、隆安至硕龙高速公路。水路方面，优化《南宁港总体规划修编》，报交通运输部审批；完成西津水利枢纽二线船闸工程进度67.30%。航空方面，开工建设南宁国际空港综合交通枢纽工程；修编南宁吴圩国际机场总体规划，获国家民用航空局出具南宁吴圩国际机场第二跑道及配套设施建设工程项目行业意见；完成南宁伶俐通用机场一期可行性研究报告批复、初步设计批复、民航工程施工图审查等，取得规划用地许可证。

【综合交通运输】 2019年，南宁市加强立体交通体系研究，出台《南宁市公共交通规划(2019—2030)》《南宁市水运发展规划(2020—2035)》《南宁市公路货物运输量统计研究应用》《2019年南宁市综合交通运输发展年报》，制定强枢纽工作实施方案，报批《南宁港总体规划修编》环评报告；开展"十四五"综合交通运输规划、平陆运河(横县平塘江口至灵山县陆屋镇)前期研究；结题《南宁市农村交通基础设施调查》课题。构建铁路、公路、水路、航空和城市公共交通综合交通运输体系，加强公铁联运和跨境运输，首开南宁至香港直达动车，实现南宁至凭祥至河内、南宁至东兴/芒街至海防跨境运输线路一站直达，耗时和费用节省30%；推行道路货运无车承运人试点，推进网络平台货运经营基础工作，启动大湄公河次区域国际道路运输(中国至老挝至越南)线路，新开通南宁至越南铁路冷链运输线路，配合推进"贯通欧亚大陆的公铁联运冷链物流通道示范工程"。开通南宁至胡志明往返货运包机航线，航空货运班线增至国内2条、国际3条，南宁吴圩国际机场东盟航线旅客吞吐量首次突破100万人次。推进水铁联运，打造"港站一体化"、车船直取、无缝对接运营模式，完成水铁联运量15.10万吨，建成南宁港一期锚地，水路客运周转量完成132.47万人千米。建成凤岭综合客运枢纽站、轨道交通3号线并开通试运营，实现动车、地铁、大巴、公交零距离换乘。

【交通营商环境】 2019年，南宁市完善市民中心交通运输服务窗口及网上政务服务办理流程，梳理认领监管事项127项、服务事项73项，实现90%以上公共服务事项"跑一次"办结。落实使用ETC(电子不停车收费系统)优惠5%高速公路通行费、货车城市道路和桥梁通行费减免50%政策，完成取消高速公路省界收费站配套工作，提前2年多停止征收城市路桥通行费，依法取消4.50吨及以下普通货运车辆道路运输证和驾驶员从业资格证；推行普通货运车辆年审网上办理，实现道路货运车辆综合性能检测全国通检。驾培市场整体实现“先培训后付费”，船舶市场实惠一次性办结二手船过闸申请。强化出租汽车行业管理、企业和从业人员考核、网约车新政执行，持证网约车平台公司增至10家，持证网约车增至1.32万辆，持证网约车驾驶员增至2.75万人。

【春运旅客运输】 2019年春运期间，南宁市客运运力供给充足，车辆档次提升、应急运力储备到位，未发生旅客滞留情况。中国铁路南宁局集团有限公司日均开行动车250.5对，开行比例82.30%；发送旅客1408万人次(日均35.20万人次)，比上年增长86.6万人次，增幅6.60%；2月11日(农历正月初七)为单日客流最高峰，超过49万人次；南宁东站发送旅客229.80万人次，居自治区各站首位。城市客运接送乘客6838.20万人次，日均171万人次。其中，公共汽车日均发车3097辆2.51万班次，客运量3156.29万人次(下降2.31%)；出租汽车客运量1495.82万人次(巡游出租车821.23万人次)，上升14.18%；轨道交通开行2.59万列，运行图正点率100%，客运量2186.09万人次，日均54.65万人次(增长11.53%)。客运班车日均投放客车3703辆(日均加班43辆、日均包车2辆)、座位15万个，累计开行25.47万个班次(加班2118个班次、包车93个班次)，客运量363.21万人次，下降2.87%。南宁吴圩国际机场增开南宁至南昌、郑州、博鳌等城市航线，柬埔寨西哈努克港、印度尼西亚雅加达等国际城市航班；配置自助值机设备、行李拖运车及“无纸化”登机服务，开设老弱病残孕等特殊旅客专用安检通道，提供一路通特色服务，增设微信自助班线售票机3台，提供“民族服饰送祝福”“新春送祝福”等新春特色服务；保障进出港航班1.32万架次，增长0.40%；运送旅客189.20万人次，增长6.10%；高峰日运送旅客5.40万人次，航班起降361架次。

【交通运输安全生产】 2019年，中国铁路南宁局集团有限公司以列车安全为核心，落实《广西壮族自治区铁路安全管理条例》《深入推进高速铁路生产生活一体化的实施意见》《高铁综合维修车间维修天窗管理补充办法(试行)》等制度，无铁路交通一般及人身伤亡事故发生，管内南宁站无责任行车事故累计天数超过1万天。南宁市交通运输局加强道路运输车辆路检路查执法力度，检查企业216家次，检查南宁绕城高速公路及其涉路施工单位安全生产31次，发现并整改问题227项，跟踪监督跨年度建设项目2个。开展水路运输安全检查23次，检查港航企业33家次、渡口15处次、渡船51艘次，发现问题39个，整改完成率72%。通过南宁市安全生产综合信息平台，每月查报38家港航企业安全隐患，自查事项5万项，发现隐患134处，整改100%。南宁吴圩国际机场建立健全安全生产责任体系，出台《南宁机场安全绩效管理规定》《南宁机场安全生产监督检查管理规定》《南宁机场危险品航空运输安全管理体系》，落实安全责任，无机场保障原因造成的飞行事故，无重大、特大航空地面事故。

铁路运输

【概 况】 2019年，南宁市境内铁路有湘(湖南)桂(广西)、黎(塘)湛(江)、南(宁)昆(明)、邕(南宁)北(海)、南(宁)防(城港)、黎(塘)钦(州)、南(宁)广(州)、云(云南)桂(广西)、柳(州)南(宁)客运专线9条通车铁路(湘桂、黎湛、南昆3条铁路为国家铁路，南广、南防、黎钦、邕北、云桂5条铁路和柳南客运专线为合资铁路)，境内铁路总里程775.90千米(不含复线，湘桂铁路175.40千米、黎湛铁路12.50千米、南昆铁路75千米、南广铁路119.50千米、南防铁路75.50千米、黎钦铁路44.60千米、邕北铁路66.30千米、云桂铁路101千米、柳南客运专线106.10千米)。铁路职能机构、单位：中国铁路南宁局集团有限公司(简称“南宁局集团公司”)及其经营管理职能机构27个，生产机构1个，附属机构29个，党群部门9个；公安部门驻南宁机构2个；南宁局集团公司驻南宁下属单位26个，其中运输单位11个(南宁车站、南宁客运段、南宁车务段、南宁货运中心、南宁机务段、南宁车辆段、南宁南车辆段、南宁工务段、南宁电务段、南宁供电段、南宁通信段)，运输辅助单位2个(物资供应段、房产生活段)，非运输单位13个(国际物流公司、铁路旅游公司、建筑公司、铁路建设公司、工程项目公司、天道信息公司、信息所、科研所、质监所、南宁铁路工程建设指挥部、广西沿海铁路公司、新闻影视融媒体中心、机关服务所)；有职工3.08万人。境内发送旅客3731.59万人，比上年增长1.06%；发送货物206.61万吨，到达货物378.88万吨；客货运输收入42.30亿元。南宁车站保持“全国文明单位”称号，南宁机务段、南宁车辆段南宁动车所专项修组被人力资源和社会保障部、中国国家铁路集团有限公司授予“全国铁路先进集体”称号，南宁通信段获“2019年中国国家铁路集团有限公司先进党组织”称号，物资供应段保持“自治区精神文明单位”称号，南宁供电段获“2019年广西五一劳动奖”，信息所“客运售票仿真培训考试系统”“铁路限界管理及超限超重货物运输辅助决策系统”获2018年度中国铁道学会科学技术三等奖，“LGP-10KV机车软接地故障查询装置”获2019年度中国铁道学会科学技术三等奖。主要存在安全基础短板，管理环节薄弱等问题。

【铁路旅客运输】 2019年，南宁局集团公司图定客运列车176对，其中动车组列车143对(直通78.5对、管内64.5对，G字头动车18对、D字头动车124对、C字头动车1对)，普速列车33对(直通22对、管内11对)，开行周转区段92个；安全运送旅客1.38亿人，比上年增加1199.10万人，增长9.52%；完成列车总工作量104.73万千辆千米，增加11.74%；完成重点任务或重要旅客运输1012趟次7386人次，担当专运任务39趟次，实现零差错；无一般及以上责任行车事故，实现连续安全行车27年。南宁市境内铁路图定客运列车359.5对(动车组列车294.5对、普速列车65对)；旅客发送量3731.59万人，增长1.06%；客运收入36.48亿元，增长7.39%。国庆节当日旅客发送量20.45万人次，为年度单日峰值。打造刘三姐服务品牌群，建设“刘三姐号”主题文化列车、“刘三姐动车组亲情服务驿站”等服务品牌，开展“服务意识”大讨论，进行场景模拟演练，编制列车服务标准用语等；开展列车基础工作专项整治，检查列车562趟次，发现并整治问题1754个，收到表扬1861件(国铁集团834件、集团公司891件、下属单位136件)，获媒体表彰报道443篇(人民铁道报25篇、中央传统媒体57篇、中央网络106篇、网评22篇、南宁铁道报196篇、中国铁路微信公众等新媒体37篇)。境内最大客运站南宁车站(南宁站、南宁东站)，全年旅客发送量3495万人，占境内总数93.66%；增长6.69%，高于平均值5.60个百分点；收入36.47亿元，增长7.50%。南宁车站根据市场调整售票策略，调价列车席位利用率由33%升至45%；与凤岭客运站、南宁轨道交通地产物业、南宁轨道交通火车东站联动建设“畅通工程”，解决旅客换乘难题；打造南宁东站“爱心联盟”，开展“爱心接力”52次，获旅客来信来电表扬242次、锦旗38面。

2019 年 7 月 10 日，南宁东至香港动车首发。图为乘客登车前留影 徐海涛提供

【铁路货物运输】 2019 年，南宁局集团公司营销走访港口、客户 72 家，开展专项市场调查 12 项，锁定公路转铁路项目 5 项，增量突破 70 万吨；启用覃塘石料战略装车点，实现石料增幅 50%；参与南宁国际铁路港、国铁凭祥口岸物流中心项目建设，协调解决瓶颈问题 126 个；新开行凭祥至上海（闵行）、凭祥至武汉滠口冷链班列；依托电子产品、零配件、机械设备等货源拉动中越跨境班列增长 26%。货物发送量 636.20 万吨，比上年增加 31.20 万吨，增长 5.16%；收入 8.51 亿元，增加 2082 万元，增长 2.51%。南宁市境内货物发送 206.61 万吨，减少 11.27 万吨，下降 5.17%；货物到达量 378.88 万吨，增加 20.87 万吨，增长 5.83%；收入 42.30 亿元，增加 2.72 亿元，增长 6.86%。

表 16 2019 年南宁市境内火车站运输完成情况表

车　站	旅客发送量（万人）	货物发送量（万吨）	货物到达量（万吨）	运输收入（万元）
南　宁	3495.00	0.09	0.10	364760.48
南宁南		39.26	211.35	24808.45
南宁西	2.72			117.50
黎　塘	21.20	119.07	98.55	15114.79
宾　阳	170.00			9441.80
六　景		14.65	30.98	2219.49
邕　宁		0	0.01	0.03
屯　里		30.12	30.63	2757.87
金鸡村		0.02	1.26	0
隆　安		3.40	6.00	828.00
隆安东	42.67			2996.10

【铁路建设】 2019 年，南宁局集团公司完成铁路基建项目投资 16.30 亿元。其中，贵南铁路引入南宁枢纽工程 6 亿元（累计 9 亿元），占总投资 14.74%，完成征地 90%、房屋拆迁 66%；云贵铁路引入南宁枢纽工程完成 10.30 亿元。基本完成南（宁）崇（左）铁路工程崇左段征地拆迁，南宁段完成征地 93%、拆迁 94%，累计完成自治区投资 49.70 亿元，占静态总投资 29%。完成更新改造工程投资 4951 万元。

【铁路运输维护】 2019 年，南宁局集团公司管内铁路运输维护由驻南宁下属单位负责。南宁机务段配属机车 369 台（内燃机车 143 台、电力机车 226 台），机车整备 4.42 万台次。机车总走行 8.26 万千机千米，牵引总重 842.10 亿吨千米，机车日走行 512 千米，日产量 118.30 万吨千米，技术时速 54.60 千米，平均每列牵引总重 3126 吨。完成电力机车中修小修辅修 445 台、内燃机车小修辅 337 台。南宁车辆段配属动车组 134 组（南宁动车所配属 89 组），图定开行动车组 145.5 对，走行 6.89 万千组千米；配属客车 1573 辆，代管邮政车 4 辆，担当图定客车 32 对 75 组（跨局 22 对 66 组、管内 10 对 9 组），开行临客 309 列 4522 辆、旅游专列 24 列 259 辆，走行 567 万千辆千米。维修客车 2100 辆，其中段修 766 辆，外委维修 113 辆，A1 修（提速列车走行 20 万千米或 1 年进行的维修）1231 辆。南宁南车辆段管辖区段 1789 千米，完成段修机车 7830 辆，比上年增长 9.30%；临修机车 6596 辆，增长 13%；整治破损车辆 4515 辆，增长 55%；列检 9.28 万列、441.02 万辆，配合完成沿线解备作业 2.95 万辆。南宁工务段管辖正线 1626.50 千米（普速铁路正线 916.77 千米、高速铁路正线 709.73 千米），站段岔特线 568.184 千米，道岔 1806 组，桥梁 537 座，隧道 56 座，涵渠 2915 座。完成线路大型机械维修 316.89 千米、其他维修 47.90 千米，道岔大型机械维修 24 组、其他维修 178 组，桥梁维修保养 32 座、隧道 1 座；更换砼枕 2.58 万根、更换钢轨 12.20 千米，处置伤轨 530 处，清挖翻浆 2627 孔，拔锚锈蚀螺栓 2.40 万颗；工电联合整治道岔 1309 组，无缝线路应力放散 25.02 千米，补砟 1.92 万立方米，更换桥梁步行板 1664 块，抽换失效桥枕 219 根，铺设水沟盖板 9874 块。高速铁路线路动检车设备优良率 100%，普铁线路轨检车优良率 97.66%。南宁电务段管辖信号线路 2394.31 千米（普通铁路 1635.08 千米、高速铁路 759.23 千米），186 个站场信号设备，区间信号设备、机车信号设备、微机监测设备、列车监控装置等。维护长途光缆 4121.41 千米，长途电缆 893.74 千米，地区光电缆 2668.62 千米，无线漏泄同轴电缆 195.39 千米；维护、保障光传送网设备、数字传输设备、接入网设备、数字调度设备、铁路数据网设备、基站设备、直放站设备、铁路现场应急通信设备 1679 台套，动车车载无线通信设备 219 套，无线列调固定设备 792 台套，通信机房 495 个；维护监控通信铁塔 429 座、综合视频监控点 447 处；排查终端设备网络安全隐患 1174 台，发现处理问题 68 个，整治高速铁路轨道电

2019 年 8 月 15 日，南宁工务段职工在南(宁)钦(州)动车走行线右线行车空档期更换钢轨
徐海涛提供

路分路不良区段 47 个，整治道岔 2019 组，超期或工程伤损等光电缆 93.15 千米；整治车载设备 24 次，调阅分析数据 36721 组，处置故障隐患 391 件。南宁供电段承担 2396.30 千米铁路牵引供电及生产供水供电任务，净水合格率 100%，消毒水合格率 100%。

【铁路安全】 2019 年，南宁局集团公司以列车安全为核心，落实《广西壮族自治区铁路安全管理条例》《深入推进高速铁路生产生活一体化的实施意见》《高铁综合维修车间维修天窗管理补充办法(试行)》等制度，印发《推进运输站段标准化规范化建设指导意见》，封闭管内时速 120 千米以上铁路，重点加强南昆客专、南广铁路 2 条达速铁路安全建设；制订段、场站等重要节点、重点环节安全措施、列车维修规范等，严控动货混跑车站调车作业、站场间跨场进路不能触发等高速铁路风险；针对春运、节假日、调图过渡期、汛期等重点时期，动态研判客车安全风险，制订措施进行管控。与广西消防救援总队签订《战略合作框架协议》，开展消防检查和救援演练及培训。采取动态设备检测和静态专业检查相结合办法，每月开展安全综合平推检查，并按检查结果、安全评估、点评进行整治；每月召开安全突出隐患排查整治专题分析会，动态梳理突出隐患形成责任清单，督导整治安全隐患。全年无铁路交通一般及人身伤亡事故发生，南宁站无责任行车事故累计天数超过 1 万天。　(徐海涛)

公路运输

【概　况】 2019 年，南宁市交通运输局(简称“市交通运输局”)设办公室、政策法规科、规划计划科、财务科、综合交通科、政务服务科、道路运输管理科、水运管理科、公共交通管理科、出租交通管理科、公路建设管理科、安全监督科、科教信息科、人事科、机关党委，设在单位南宁市交通战备办公室，行政编制 76 名(市交通战备办公室 4 名)、在编 68 人，后勤人员控制数 5 名(市交通备战办公室 1 名)、在编 6 名(机构改革人员未调整到位)。辖副处级事业单位 5 个(市公路发展中心、市港航发展中心、市道路运输发展中心、市交通运输综合行政执法支队、市交通运输信息中心)，事业编制 474 名、在编 227 人，后勤控制数 18 名、在编 8 人。管辖农村公路 1.02 万千米，其中国道 21.56 千米、县道 1653.93 千米、乡道 2481.87 千米、村道 6070.62 千米。构建以高速公路为主骨架，国道、省道公路为干线，沟通周边各省，连接境内城镇村屯、江河港口的运输网络，建成公路主枢纽客运系统，建制村(含农林场)通公路率 100%。有道路客运企业 25 家(一级 4 家、二级 4 家、三级 7 家、四级 2 家、未定级 8 家)，营运客车 3392 辆，等级客运站 65 个(一级 7 个、二级站 13 个、三级站 9 个、四级站 26 个、五级站 6 个、未评级客运部 4 家)，县城均有二级客运站，部分乡镇建有等级客运站。有公路客运班线 1709 条，涵盖自治区内各市县及周边省市，开通南宁至越南河内、下龙湾、海防等地国际客运班线。有货运经营业户 1.22 万户，其中危险货物运输企业 37 家，普通货运企业 2822 家；登记在册 4.5 吨以上营运货车 3.90 万辆(1 月 1 日起，4.50 吨以下货运车辆无须办理道路运输经营许可证、从业资格)，从业人员 1.97 万人。全市营业性道路运输客运量 4972 万人，比上年下降 4.31%；客运周转量 89.36 亿人千米，下降 5.02%。公路货运量 3.69 亿吨，增长 7.53%；货运周转量 657.67 亿吨千米，增长 6.79%。主要存在公路路网结构不完善，市、县、乡镇、村路网联接不够便捷等问题。

【高速公路建设】 2019 年，南宁市境内高速公路建设项目 9 个，完成投资 95.24 亿元，占年计划 101.28%。其中，新开工六景至宾阳高速公路完成 5.05 亿元、吴圩机场至隆安高速公路完成 10.90 亿元、沙井至吴圩高速公路完成 7.70 亿元，分别占年计划 101.10%、108.99%、110%；续建柳州经合山至南宁高速公路项目(南宁段)、大塘至浦北高速公路项目(南宁段)、那容至南宁东收费站改扩建工程、南宁绕城高速西段玉洞至安吉路面改造工程、隆安至硕龙高速公路，分别完成投资 25.11 亿元、5.30 亿元、2.36 亿元、5.54 亿元、0.50 亿元，分别占年计划 100.44%、100.38%、118.10%、100%、12.82%；竣工贵港至隆安高速公路项目(南宁段)，完成投资 32.74 亿元，占年计划 100%。

【农村公路建设】 2019 年，自治区交通运输厅下达南宁农村公路建设项目 230 个(新建 194 个、续建 36 个)，建设里程 1241.10 千米，桥梁 789 延米，计划总投资 29.03 亿元，年计划投资 8.01 亿元，实际开工项目 227 个(新建 193 个、续建 34 个)，完成投资 6.56 亿元(新建项目 3.48 亿元、续建项目 3.08 亿元)。其中，乡乡通二级或三级农村公路项目 13 个，建设里程 246.30 千米，计划总投资 15.83 亿元，年计划投资 3.04 亿元，实际开工 13 个(完工 1 个)，完成投资 1.61 亿元；窄路加宽工程项目 98 个，建设里程 478.16 千米，计划总投资 1.27 亿元，年计划投资 1.14 亿元，实际开工 98 个(完工 93 个)，完成投资 1.20 亿元；畅返不畅整治工程项目 57 个，整治里程 184.25 千米，计划总投资 2.04 亿元，年计划投资 1.91 亿元，实际开工 57 个(完工 56 个)，完成投资 1.73 亿元；农村公路县乡联网路项目项目 15 个，建设里程 193.70 千米，计划总投资 7.60 亿元，年计划投资 1.18 亿元，实际开工 14 个(完工 4 个)，完成投资 1.28 亿元；建制村通硬化路项目 7 个，建设里程 44.72 千米，计划总投资 3615 万元，实际开工 7 个(完工 6 个)，完成投资 1644 万元；渡改桥和新建桥梁项目项目 6 个，建设桥梁 789 延米，计划总投资 1.40 亿元，年计划投资 2339 万元，实际开工 4 个(完工 2 个)，完成投资 525 万元；村际联网(以奖代补)项目 33 个，建设里程 91.64 千米，年计划投资 5048 万元，

2019年12月12日，南宁绕城高速公路西段五洞至安吉路面改造工程建成通车

覃启明 摄

实际开工并完工33个，投资5048万元。市本级安排非贫困村通屯道路建设项目264个，建设里程346.32千米，计划总投资2.47亿元，实际开工152个(完工118个)，完成投资1.68亿元、完成率68.20%。

【农村公路养护】 2019年，南宁市农村公路养护里程1.26万千米，县道优良路率54.02%，乡道优良路率42.14%，村道优良路率37.93%，完成自治区公路管理局下达任务。自治区交通运输厅下达养护工程项目(含续建)175个，总投资1.40亿元，完工163个，完成投资1.05亿元。其中，2019年养护工程计划项目158个，计划投资1.13亿元，完工146个，完成投资8454万元；续建项目17个，完工17个，完成投资2072万元。上林县、良庆区分获2019年"四好农村路"自治区示范县称号、2019年"四好农村路"自治区达标县称号。

【站场基础设施建设】 2019年，南宁市继续推进武鸣区城南客运站项目建设(按一级客运站建设，总建筑面积1.88万平方米，计划投资9499万元)，完成投资6921万元，建成主楼；开工建设建设站前广场、客运停车区、附属设施。建成南宁凤岭综合客运枢纽站一期工程，累计投资9.70亿元，1月18日开业运营；开工建设二期工程。建成农村便民候车亭15个。

【路政管理】 2019年，南宁市查处交通违法案件6365起，比上年增长3.11%。其中，非法营运案件3448起(小轿车、小型普通客车1074起，不合规网约预约出租汽车951起，克隆出租汽车194起，两轮电动车1075起，两轮摩托车87起，无证运输危险品车辆53起，无证经营客运车辆14起)，增长46.97%；其他案件2917起[超限超载601起，一年内超限运输3次(车、人)55起，企业一年内超限运输超过10%1起，巡游车违规406起，网约车违规30起，客车违规465起，货运违规186起，危货车违规7起，地铁口违停1153起，安全生产执法案件13起]，减少23.78%。市交通运输综合行政执法支队采取点面结合、错峰执法、联合执法等方式，进驻公路客运站、火车站、吴圩国际机场开展"5+2""白＋黑"执法，查处非法营运类案件3448起，罚没金额2083.47万元，依法集中销毁逾期未处理非法营运车辆675辆。严查重管"两客一危"(从事旅游的包车、三类以上班线客车，运输危险化学品、烟花爆竹、民用爆炸物品的道路专用车辆)车辆，查处客车违规经营案件479起，危险品运输车辆违规经营案件60起。联合交通警察部门、自治区高速公路管理局、自治区桂西公路发展中心等单位，采取定点和流动相结合方式开展专项治超行动，出动执法人员2.90万人次，检查车辆9.50万辆，查处货车超限超载违法行为9266起，其中"百吨王"(车货总重达100吨以上的公路货运车辆及严重超限超载的城市工程运输车辆)395辆、卸载货物13.56万吨、罚款876.83万元。开展治超后续处理，责令停止经营6起；刑事拘留暴力抗法人员2人，列入严重违法失信责任主体名单；查扣超限超载车辆信息录入自治区路政系统并抄报市诚信系统。联合市公安局、市城管综合执法局、城区等单位在邕武路、友谊路两个扬尘治理联合执法卡点24小时值守，查处超限超载违法行为321起，其中"百吨王"9辆、卸载货物1.18万吨。路巡路查南宁绕城高速公路，处置公路路产补偿案件5起，补偿收费2.50万元。

【公路安全生产】 2019年，南宁市发生道路运输事故104起(客运10起、货运94起)，比上年下降7.96%；死亡116人(客运9人、货运107人)，下降1.70%；受伤21人(客运4人、货运17人)，下降76.14%。市交通运输局加强道路运输车辆路检路查执法力度，检查道路运输企业216家次，检查南宁绕城高速公路及其涉路施工单位安全生产31次，发现并整改问题227项，跟踪监督检查跨年度建设项目2个。开展道路运输安全隐患大排查大整治百日攻坚活动，检查运输企业117家，查处案件13起。

【公路应急管理】 2019年，南宁市完善道路交通应急预案及措施，落实应急救援队伍和物资保障，保养应急抢险车辆及机械设备，落实信息报送制度，完善领导带班24小时值班制度。9月6日，在广西交通职业技术学院四塘校区练车场组织开展2019年南宁市道路危险货物运输突发事件应急演练，"两客一危"道路运输企业、重点普货运输企业安全人员150余人参加。9月25日，在西乡塘区石西至下灵公路开展公路防汛应急演练，参训60余人。

【交通运输行业质量信誉考核】 2019年，南宁市考核152家道路客货运输企业2018年度质量信誉，评为AAA级76家、AA级47家、A级4家、B级25家。其中，客运企业26家，获AAA级25家、AA级1家；危险货物运输企业37家，获AAA级13家、AA级24家；普通货物运输企业89家，获AAA级38家、AA级22家、A级4家、B级25家。考核110家驾校质量信誉，评为优秀18家、良好42家、合格43家、不合格7家，未递交考核材料或不参加考核7家。纳入年度考核范围的维修企业341家(一类37家、二类304家)，评为AAA级151家、AA级72家、A级30家、B级28家、不合格7家，经营许可证过期未备案企业30家，注销企业许可1家，未参加考核企业22家。

【公路运输市场监管】 2019年，市交通运输局升级改造南宁市道路运输动态监管平台，新增主动安全智能防控接入与应用、地图应用支持等功能，实现原始轨迹数据分析、分路段超速判断、实时报警等；利用平台动态监管道路运输企业，督促企业及时发布每月通报、每周总结和每日动态信息；定期将不入网、长期未在线车辆信息提交市交通运输综合行政执法支队依法查处。升级改造综合性能检测机构24家，实现安检、综检"两检合一"及综合性能检测联网要求。推进维修企业自有信息平台与全国平台对接，完成一类、二类维修企业系统对接288家，其中一类维修企业接入完成率80.95%、二类维修企业接入完成率73.84%。

【运政投诉处理】 2019年，南宁市交通运输行政复议案件29件(维持决定17件、申请人自行撤诉5件、未审结7件)，办理行政诉讼案件12件(判决胜诉11件、未审结1件)，申请法院行政强制执行2件。受理市长热线、12328、网上留言等渠道投诉、举报案件1957件，办结1870件，未办结87件。依法举行听证会6次，均处理反馈。

【驾驶员培训】 2019年，南宁市有驾驶员培训机构135家(市区105家、县域30家，一级驾培机构10家、二级44家、三级81家，教练员6576人，教练车5829辆)，全部使用计时培训系统开展教学。参加驾驶员从业资格证考试5952人次，通过考试3909人。市交通运输部门举办道路客货运输从业资格便民考试，参加2606人；上线官方“南宁驾培”APP，实现线上报名学车、线上查询与选择教练、线上预约、科目一理论学习、模拟考试、先培训后付费、按学时支付、投诉与评价等功能；开展从业资格考试网上服务，网上报名4602人次。开展驾驶员培训考试数据对比审核6次，下发责令整改通知书60余家次，约谈驾培机构90余家次；引进驾驶培训监管计时服务平台4家，累计接入南宁市驾驶培训监管服务平台5家。 (侯宗豪)

2019年1月19日，邕江亭子码头正式开放。图为亭子码头俯瞰　　潘浩　摄

水路运输

【概　况】 2019年，南宁市水路基础建设完成投资5.50亿元，其中西江黄金水道基础建设项目5.16亿元，社会交通运输固定资产(新购18艘船舶)投资3443万元。有水路运输企业53家，其中经营沿海运输企业9家、内河省际运输39家(持有港澳航线运营资质企业6家)、区内运输企业4家；有港口企业21家，水路运输辅助企业47家(船舶管理业5家、船代货代企业42家)。有运输船舶(含货船和客船)1057艘，载货吨151.28万吨，客船载客额439人次；货船平均净载重量每艘1435.30吨，比上年增长4.80%。参加驾驶核查企业52家(广西横县四官航运公司因改制未参加核查)，参加率98.11%；合格52家、占98.11%。应核查船舶965艘，参加核查936艘，核查率96.99%；合格936艘，占应核查船舶总数96.99%。完成货运量4221.40万吨，增长9.54%；货运周转量284.59亿吨千米，增长16.19%；港口吞吐量796.40万吨，增长8.15%；集装箱吞吐量13397标准箱，增长39.99%；水路客运周转量完成132.47万人千米。主要存在水运行业总体处于小、散、弱格局，发展不够完善等问题。

【水路运输基础设施建设】 2019年，南宁市优化《南宁港总体规划修编》，报交通运输部审批；编制完成金鸡滩水利枢纽二线船闸工程、百龙滩船闸扩能工程可行性研究报告等前期工作4项。继续推进水路运输基础设施建设，建成亭子码头，投入试运营；竣工验收民生旅游码头、南宁港一期锚地疏浚工程；完成南宁港中心城港区青秀山上落点工程项目水工部分，完成陆域部分工程量90%；完成西津水利枢纽二线船闸项目工程67.30%，其中土石方开挖累计完成1393万立方米，完成95.60%。

【水路运输监管】 2019年，南宁市审定百龙滩电厂船闸、大化电厂船闸、乐滩水电站船闸、岩滩升船机、桥巩水电站船闸停航维修计划及时间，停航前30日通过《广西日报》、自治区北部湾港口管理局门户网站向社会公告。市交通运输局开展左江航道日常巡查25次，养护示位标34座、鸣笛标4座、4.80米侧面标36座。开展堆场扬尘污染治理，出动巡查车49辆次、巡查人员163人次，巡查港口码头堆场166个次，查处左右江非法码头装卸作业点45处。督促南宁永浩航运有限公司、广西泓鑫物流有限公司、广西金航水上运输有限公司、广西南宁桂丰运输有限公司、南宁邕航船务有限责任公司、广西横县海泰航运有限责任公司6家整改管理漏洞，督促南宁聚泽置业有限公司、南宁旅游发展有限公司整改水上旅游项目安全隐患。

【水路运输安全生产】 2019年，南宁市开展水路运输安全检查23次，检查港航企业33家次、渡口15处次、渡船51艘次，发现问题39个，现场整改11个，限期整改28个，整改完成率72%。通过市安全生产综合信息平台，每月查报38家港航企业安全隐患，累计自查事项5万项，发现隐患134项，整改134项，整改完成率100%。开展汛前航道巡查，巡查通航里程160余千米，巡查港口码头4座，检查营运船舶靠泊锚固情况30艘，发现自然岸坡塌方6处，加固装卸吊机20台，督促2家旅游客运企业停航。完成渡船缺锚整改2艘，设置渡口警戒水位线和停航封渡线1处，封渡停航1处。开展安全生产法律法规及减灾防灾知识培训会1期，培训87人；组织隆安县、横县开展水上安全管理培训，培训45人。指导南宁港开发投资有限公司、广西兴桂物流有限责任公司实施安全生产标准化二级达标。

【水路运输服务】 2019年，南宁市向交通运输部审核报转2家申报沿海省际危货运输运力综合评审材料。市交通运输局联合广西艾瑞西江信息科技有限公司、广西金融投资集团有限公司举办2019北斗智能过闸暨西江通物流电商平台推介会，推介北斗智能过闸系统、西江通物流电商平台、北斗增值业务普惠金融等业务(北斗智能过闸系统能够实现西江流域船舶过闸不停船报到、不上岸缴费；西江通物流电商平台可以借助互联网、大数据信息技术，实现一站式智能物流运输服务、船货交易服务和供应链综合服务；北斗增值业务普惠金融能够为航运企业拓宽融资渠道)，50多家航运企业、150余人参加推介会。

【水上应急搜救】 2019年，南宁市开展港口和船舶污染物防治和应急处置，建成污染物垃圾回收船2艘；在横县举办南宁市(市县级)交通战备干部和专业保障队伍骨干军事训练、演练活动，租用船舶1艘，参加51人(市县交通战备人员27人，船舶运输、港口装卸专业保障队伍24人)；在民生旅游码头开展2019年南宁市水运突发事件应急演练，参加44人。

(侯宗豪)

航空运输

【概　况】2019年，广西机场管理集团有限责任公司南宁吴圩国际机场(简称“南宁吴圩国际机场”)设办公室、党群工作部、规划经营部、服务营销部、安全监察部(航务管理部)、基建设备部、人力资源部、财务部、安全检查站、地勤服务部、候机楼管理部、运行指挥中心、修缮动力部、航空信息部、地面运输部、消防安保部、广西民航国际旅游有限公司、广西翔飞航空食品有限公司，有员工2577人。加强安全生产管控，推进基础设施设备建设，提升服务质量，运输生产稳中有进，保障航班起降11.47万架次(运输起降11.39万架次)，比上年增长1.04%(运输起降增长0.79%)；旅客吞吐量1576.25万人次，增长4.45%；货邮吞吐量12.23万吨，增长3.61%；收入9.41亿元，增长7.30%；完成预算口径利润4.02亿元，占年任务100.03%。广西民航国际旅游有限公司被中国民用航空局授予“2018年重大活动民航运输保障工作先进集体”称号；南宁机场“蓝凤凰”扶贫济困志愿服务项目获全国民航团委主办的“民航强国梦·青年志愿行”第二届民航青年志愿者服务项目大赛决赛铜奖；安全检查站“朱槿队”被全国民航团委评为“全国民航青年安全生产示范岗”；南宁机场被自治区市场监督管理局授予“2018年度守合同重信用企业”称号，地勤服务部轮档大队、引导大队分别获2018年度民航广西辖区维修系统“明星班组奖”“十佳优秀班组”称号。主要存在保障能力相对不足、发展运输生产能力不强、生产发展增速放缓等问题。

【机场安全管理】2019年，南宁吴圩国际机场建立健全“党政同责、一岗双责、齐抓共管、失职追责”的安全生产责任体系，与基层单位签订安全责任书，层层落实安全责任。出台《南宁机场安全绩效管理规定》《南宁机场安全生产监督检查管理规定》《南宁机场危险品航空运输安全管理体系》，优化安全绩效项目、目标及告警值，强化班组管理，实行内部评审。开展动态检查管理19个专业1000余项。开展安全管理人员资质培训60余人次；进行安全操作流程考核，参训率、考核率、通过率均100%。加强净空管理，编制净空一体化图、净空审核软件和噪声一体化图，开展净空巡视57次、专项整治4次、宣传7次，审核涉及净空限高项目20余个。开展安全大检查100余次，开展低温雨雪冰冻灾害天气客运滞留人员疏散应急演练1次。机场消防支队每周开展随机拉动演练；参加2019年自治区消防大比武企业专职消防队业务竞赛，获团体第一名。保障“两会”、庆祝中华人民共和国成立70周年活动、“环广西公路自行车世界巡回赛”、广西第21批援尼日尔、第13批援科摩罗医疗队等重大航空运输保障任务，无机场保障原因造成飞行事故，无重大、特大航空地面事故。

【航空市场经营】2019年，南宁吴圩国际机场优化航线网络结构，南宁至香港航班增至每周8班，南宁至澳门航班恢复每日1班；首航南宁至(老挝)琅勃拉邦航线，新增北京至大兴、南宁至珠海至阜阳、南宁至临汾至呼和浩特、南宁至达州至西安等航线，首次通航北京大兴机场及临汾、达州2市。与桂林航空有限公司首次合作，开通南宁至徐州航班，实现自治区内2家航空公司(广西北部湾航空有限责任公司、桂林航空有限公司)均开通南宁机场航班。通航航线196条，通航城市118个。其中，国内航线166条，通航城市92个；国际(地区)航线30条，通航城市26个。旅客吞吐量1576.25万人次，比上年增长4.45%；单日旅客吞吐量5.40万人次，比上年增长近1%；国际旅客吞吐量144.16万人次，增长29.45%；货邮吞吐量12.23万吨，增长3.61%；收入9.41亿元，增长7.30%；预算口径利润4.02亿元，占年任务100.03%。

【民航服务】2019年，南宁吴圩国际机场增开C5、C6滑行道，增设进出机坪常用联络通道2条，累计4条；推进机场协同决策系统、平行显示系统等技术应用，提升机坪管制效率；出台《提升航班正常管理办法》《航班放行正常工作考核实施办法》，健全航班正常考核工作机制，航班放行正常率84.31%，增长4.29%。开展“民航服务质量重点攻坚”专项行动，通过线上线下联动、新媒体传统媒体衔接等方式多渠道宣传推广“无纸化”便捷乘机；推进自助式服务，在候机楼安装自助值机设备32台，自助行李托运设备2台，自助查询终端机17台，同时改造自助值机流程，缩短自动值机、查询时间；推出智慧安检、人脸识别验证、红外线报警、双视角X光机、爆炸物自动检测等设备；提升旅客中转服务质量，完善旅客服务、行李装卸、信息调度等多方联动机制，改造升级中转服务大厅，增设中转休息区2个面积约200平方米；改进餐饮服务，将“同城同质同价”条款纳入机场招商合同条款，签订合同的商铺10家，全部标示“同城同质同价”标识；布设候机楼无线局域网接入点193个，实现候机楼Wi-Fi服务、5G信号全覆盖；修订顾客投诉、表扬管理办法，加强服务投诉处置，轻微投诉下降34%，好人好事671件，增加10倍；规范客票销售及退改签，推广二维码查询客票信息，全程监控售票过程；推出航班延误操作系统，启用电子临时乘机证明终端9台，提供航班动态、天气查询服务；配备行李转盘监控系统，实现行李分拣区监督，行李差错率低于万分之二。推进品牌服务，开设全国首家医疗急救开放体验区、广西机场首个5G智慧体验区，开通南宁首个“空铁公联程联运”城市候机楼；嘉旸碧天酒店品菽·概念书屋入选自治区新闻出版局主办的“八桂特色书店”。(陈　雄)

邮　政

【概　况】2019年，南宁市邮政管理局(简称“市邮政管理局”)设办公室、普遍服务科(机要通信科)、市场监管科，编制12名，在编11人。中国邮政集团公司南宁市分公司(简称“中国邮政南宁市分公司”)，设综合职能部门6个，市场经营部门2个，经营支撑部门3个，直属单位3家(城区营业局、郊区分局、广西鑫达保安押运服务有限公司南宁市分公司)，区县分公司6家(武鸣区分公司、横县分公司、宾阳县分公司、上林县分公司、马山县分公司、隆安县分公司)，有员工3089人。全市有许可快递企业240家，分支机构685个。邮政业务总量71.38亿元(邮政普遍服务13.10亿元)，比上年增长39.83%(邮政普遍服务增长41.92%)，增速排省会城市第四位；收入54.27亿元，增长25.49%，增速排省会城市第八位，收入及增幅排自治区各市首位。中国邮政南宁市分公司被中国交通企业管理协会评为“2019年度全国交通运输党建文化建设优秀单位”“2019年度全国交通运输廉政文化建设优秀单位”，被中国邮政集团公司评为“2018年度全国邮政用户满意企业”，被南宁市委、市政府授予“首府南宁2015—2017年创建全国文明城市工作先进单位”称号。主要存在面临能力与充分竞争中生存发展相矛盾的问题。

【邮政寄递】2019年，中国邮政南宁市分公司完成寄递1.17亿件、比上年增长

13.36%，收入3.47亿元、增长25.68%；函件业务1843.32万件，增长3.79%；包裹16.59万件，增长76.30%。设邮政营业网点197个、邮政储蓄网点118个，城市投递段道698条1.38万千米(单程)，农村投递段道362条1.10万千米(单程)，覆盖全市域。设寄递包装废弃物回收装置29处，寄递业务热敏单使用率99.43%，提升近32个百分点。推进“科技兴邮”战略，更新、新增新能源投递车辆430辆，新装车载北斗定位系统1501套，实有投递汽车462辆、电动投递三轮车1282辆、投递摩托车161辆。发挥“智慧邮筒”服务质量监督检查系统功能，研发“损益核算计算器”微信小程序等高效信息系统11个，设立集中监控班组，加强质量管控，实现“不误全网、重要节点不爆仓”。以“商函+新媒体平台”融合发展模式推动函件业务转型，争取红色党建广告制作业务，承办自治区妇联广西妇女事业发展辉煌70周年成就展、横县茉莉花文化节、马山县就业中心人才招聘会。

【报刊图书发行】 2019年，中国邮政南宁市分公司完成邮政报纸业务5911.95万份、比上年下降2.80%，杂志业务483.46万份、下降14.64%，报刊业务收入增长9.60%。开展专项营销活动，重点开发校园报刊、畅销报刊、精品图书、政务图书等市场，开展“我爱我的祖国”全民阅读图书巡展活动。与郑州知阅文化传播有限公司在江南区普罗旺斯小区、横县打造“阅玲珑”儿童阅读成长中心，打造集绘本书籍借阅和销售、名家讲座、亲子故事会、创意课程讲授等多功能服务于一体综合服务平台，配置图书4000余册，参与阅读3500余人。

【邮票代发与集邮】 2019年，市集邮协会在册会员8703名。中国邮政南宁市分公司与自治区林业局联合举办“植树节设立40周年暨2019年全民义务植树系列宣传活动”，发布《中国植树节》纪念邮票；与漓江书院联合举办“悦读经典”读书分享会，发布《中国古典文学——西游记(三)》邮票；与广西科技馆联合举办《建国70周年》纪念邮票首发暨集邮展览。关注重点大事件，推出南宁地铁3号线开通纪念邮册、南宁市图书馆新馆落成纪念邮折。与桂饼文化博物馆联合打造集邮文创新阵地——桂饼文化博物馆南宁分馆&邮礼文创馆。

【邮政代理金融】 2019年，中国邮政南宁市分公司完成汇兑业务15.75万笔，比上年下降37.15%。邮政代理金融业务收入增长7.73%。布放智能柜员机117台，分流窗口重点业务率78.58%。推动移动支付场景建设，建设移动支付商圈示范点12个，云闪付拓展户、快捷支付绑卡户、商户拓展户等位居自治区邮政企业前列。10月24日，成立中邮保险中心，年内完成保险业务81笔，承保金额6089万元。

【邮政商务服务】 2019年，市邮政管理局实施“邮政在乡”工程，完善县、乡、村三级物流配送体系，助力脱贫攻坚和乡村振兴战略，直接服务上林、马山、隆安3个国定贫困县。中国邮政南宁市分公司设“村邮乐购”电商服务网点1438个，新加载邮件自提点45个、新增市区代征税网点11个、警邮便民服务点7个。邮政农特产品进城销售1728吨，交易额3357万元；邮发外销杧果、沃柑、百香果、火龙果、甜玉米等农产品快件1.50亿件，解决宾阳县槟榔芋滞销难题；“快递+沃柑”品牌销售沃柑超过2000万件，带动社会销售超15亿元，入选国家邮政局快递服务现代农业产品金牌项目。

【快递业务】 2019年，南宁市有许可快递企业240家，分支机构685个。快递业务完成2.98亿件、比上年增长18.80%，收入39.67亿元，增长26.82%。其中，同城业务6161.24万件(占总数20.66%)，增长10.31%；异地业务2.35亿件(占78.76)，增长21.54%；国际及中国港澳台地区业务172.43万件(占0.58%)，下降9.67%。中国邮政南宁市分公司推进邮速揽投网整合改革，重组南宁同城集散网，建成广西财经学院相思湖校区校园快递服务中心，建设覆盖城乡并有效运营的投交平台邮件自提点213个；选取上林为自提网络建设试点，建设邮乐购自提点45个、社会自提点3个；设置“中邮速递易”智能包裹柜格口2.30万个，月均辅助投递邮件10.82万件；按道段配置车辆，投递员手执终端人手1台；开通快递包裹陆运专线14条(自治区内8条、区外6条)。快递业务增长36.40%，市场占有率14%，位居全国省会城市第三。

【邮政客户服务】 2019年，市邮政管理局通过“12305”邮政行业消费者申诉电话和国家邮政局申诉网站受理、结案消费者申诉3199起，比上年下降71.18%。其中，邮政服务181起、占总数5.66%，快递业务3018起、占94.34%。处理有效申诉(确定企业责任的)167起，下降66.60%。其中，邮政服务17起、下降73.02%，快递业务150起，下降65.68%。调解处理消费者申诉，为消费者挽回经济损失28.97万元，消费者对邮政管理部门处理工作满意率100%，对企业处理工作满意率99.10%。中国邮政南宁市分公司开展普遍服务工作达标集中整治行动、百日专项整治暨服务质量推进年活动，营业网点正常运营率、乡镇网点覆盖率、建制村直接通邮率、工单处理满意率、申诉满意率指标均100%，邮政普遍服务综合满意度89.07%，大客户综合满意度91.84%。

【邮政行政执法】 2019年，市邮政管理局采取“双随机”办法(随机抽组执法人员、随机抽检检查对象)，检查企业及分支机构605家次，出动人员1838人次，下达责令改正通知书31份，约谈企业6家，停业整顿企业2家，立案并行政处罚24起。（钟　哲　谢世思）

编辑　卢景林

2019年10月1日，中国邮政发行《中华人民共和国成立七十周年》纪念邮票小型张(图为小型张样票)

谢世思提供

会展业

综 述

【概 况】 南宁市有南宁国际会展中心、南宁华南城、广西展览馆、广西农业会展中心等专业会展展馆。2019 年,全市规模以上备案展会总数 95 场。南宁国际会展中心经过 3 次扩建,展馆总建筑面积 60 万平方米,展览面积 10 万平方米,可搭建国际标准展位 6000 个,承接展览项目 95 个、会议 580 场,其中超 1 万平方米以上展会 48 个,承接主要展会有第 7 届南宁年货博览会、2019 广西迎春花市、2019 中国糖业博览会、2019 第八届南宁国际汽车展览会、第 23 届南宁国际学生用品交易会暨 2019 中国·东盟(南宁)国际教育展览会、2019 广西设计周 X 青秀创意设计大会、第二届中国全民阅读年会暨 2019 广西书展、第八届广西教育装备展示会、第 16 届中国 - 东盟博览会、“不忘初心,牢记使命”南宁市“织密红色经纬,建强壮乡首府”主题活动暨首府党(团)员志愿者服务东博会和庆祝中华人民共和国成立 70 周年誓师大会、2019 南宁体育产业博览会等。南宁华南城会展中心是南宁华南城园区配套场馆之一,总建筑面积 1.50 万平方米,为三层钢混结构建筑,由会展场馆、会展办公区等组成,首层为展览馆,面积 1.04 万平方米,可容纳标准展位 614 个,承接展览项目 24 个(1 万平方米以上展会活动 12 个),主要有东博会轻工展、华南汽车展、动漫系列展、华南城新春年货节、广西艺考(绘画)场地、农民工技能大赛、其他品牌商业推广宣传活动等。广西农业会展中心是南宁农产品交易中心的核心功能板块之一,总建筑面积 6 万平方米,布展面积 1.20 万平方米,可搭建国际标准展位 700 个。自 2018 年年末建成试业至 2019 年年末,先后承接展览项目 3 个、会议 8 场,其中超 1 万平方米以上展会 2 个,主要展会有 2018 中国甘蔗机械化博览会、2019 第 33 届砖头汽车展暨广西农业会展中心夏季车展、2019 中国 - 东盟博览会农业展、2019 中国 - 东盟博览会农业展系列峰会等。

2019 年 7 月 27 日至 28 日,南宁方圆荟·会展购物中心正式开业运营　　吴志勇　摄

【会展场馆建设】 2019 年,南宁国际会展中心实施“会展城”升级战略,新增南宁方圆荟·会展购物中心,面积 10 万平方米,其中地上 7 层、地下 1 层,车位 113 个,7 月 27 日至 28 日正式开业运营,是广西国际博览集团“会展首席运营商,广西最佳会展主办商”战略定位实施的品牌商业工程,依托“一带一路”大门户、东盟大市场、中国 - 东盟博览会大品牌,形成会展商圈闭环,打造集会展会议、体验式商业、休闲娱乐、国际购物、体育文化于一体的“地标式展贸综合体”,形成以“会展城”为核心的现代服务业集聚区。会展城·体育汇位于南宁国际会展中心 E 区综合展厅,总建筑面积 1.20 万平方米,楼层为地上一层,层高 18 米,地下 2 层 1300 个车位,10 月 13 日正式对外开放。会展城·体育汇是长期经营的体育主题综合体,每年 9 月闭馆配合中国 - 东盟博览会召开,其余 11 个月正常营业。广西农业会展中心展馆 8 月完成会议室改造建设工程,将原 C3# 楼三层 A3 展厅改造为专业会议室 3 个,分别可容纳参会人员 400 人、200 人、160 人,会议室配套建设同声传译室、网络接入端口、LED 大屏幕等国际会议所需设施设备;开展贵宾室升级改造工程,将原有部分配套办公室改造为可满足较高规格使用要求的贵宾接待室 3 个,内置热水设备、消毒柜、操作间等设施设备;开展配电增容改造工程,对会展综合配套展馆 C1# 楼一层进行升级,达到农业展每平方米 0.15 千瓦的配电保障需求。 (张　豪)

重要展会

【第三届广西柑橘大会】 2019年1月4日至6日在南宁国际会展中心举办。中国柑橘学会、广西柑橘类种植行业协会主办，广西壮果汇农业科技有限公司承办，展览面积1.07万平方米，设柑橘新品种、柑橘健康种苗，柑橘园专用机械设备(除草、喷药、耕整、施肥、运输等专用机械、园林工具)，橘园水肥一体化技术和设备，柑橘专用大量元素肥、有机肥、特肥、叶面肥，柑橘化学农药、生物农药，柑橘包装印刷设备、包装机械、包装物料、包装箱设计，柑橘鲜果分选加工设备、冷冻贮藏保鲜技术设备，广西各地优势柑橘产品、规模种植基地优质产品，农业信息化技术、设备9大类展销主题。其间，举办柑橘技术培训班、柑橘产销对接洽谈会、柑橘产业发展峰会、广西柑橘产品优质金奖颁奖仪式，发起柑橘绿色生产倡议，发布广西柑橘产业白皮书。

【第7届南宁年货博览会】 2019年1月16日至31日在南宁国际会展中心举办。深圳市华巨臣实业有限公司主办，展览面积1.50万平方米，设展位1000个，品牌商家600家参加。涉及食品、酒、服装、茶叶、珠宝首饰、工艺礼品、文化艺术品等行业，黄记玥亮、徐福记、金姐大粽、竹楼香黄酒、黄家月食品、陆宝食品、横县新华食品、壮乡人蜂蜜、北海肥佬食品等品牌商家及广西名优特产农产品参展。

（雷　燕）

【2019年首届广西老品牌博览会】 2019年1月19日至22日在华南城会展中心举办。中国商业联合会中华老字号工作委员会、中国国际贸易促进委员会中华老字号国际交流中心、中国国际贸易促进委员会商业行业委员会、广西国际商会、广西日报传媒集团、南宁华南城有限公司主办。设国际展区、国内展区、广西展区、非遗展区、米粉美食展区、水果展区、新春年货7个展区。展览面积2万平方米，参展商400余家，100多个老字号老品牌产品参展，有食品、农副产品、水果、工艺品、陶瓷、酒类、茶、餐饮、饮料、珠宝、调味品、药品、保健品等各类老字号、老品牌、新锐品牌。其间，举办商务配对会、老品牌论坛、高端食材品鉴会、“老品牌新鲜事”抖音大赛、广西花样嗦粉PK大赛等活动。

（班彩梅）

【2019年春季全区人才交流大会】 2019年2月23日在南宁国际会展中心举行。广西壮族自治区人力资源和社会保障厅主办，设展厅10个、展位1600个，参会单位912家，提供工作岗位5.20万个，招聘需求比上年增长26.80%，到场求职者超过8万人。销售类提供岗位8753个，占总数16.80%；市场策划、行政文职、财务、客服、技术支持类等提供岗位8340个，占16.04%；建筑、工程类提供岗位5975个，占11.49%；生产制造、技工类等提供招聘岗位3881个，占7.46%；房地产策划、房地产项目管理、房地产销售(置业顾问)等房地产类提供岗位3103个；文教科研类提供岗位2441个。

【2019年中国饲料工业展览会】 2019年4月18日至20日在南宁国际会展中心举办。中国饲料工业协会、全国畜牧总站联合主办，主题“转型升级绿色发展”，展览面积5.80万平方米，设广西优秀饲料企业历程展示区、饲料生产企业展示区、“一带一路”东盟展示区、广西优质畜产品展示区、新书作者现场签售、休闲阅读区、交流沟通区7个展示区。来自美国、加拿大、意大利、澳大利亚、瑞典、英国、法国、日本、韩国、东盟等20多个国家和中国台湾地区的511家农牧企业参展，展位2359个。广西组织区内外44家饲料养殖及终端产品企业以“参展参会＋广西优质畜产品品鉴”形式参加。

【2019第八届南宁国际汽车展览会】 2019年6月14日至17日在南宁国际会展中心举办。中国－东盟博览会秘书处、尚格会展股份有限公司主办，南宁尚格会展服务有限公司承办，展览面积3万平方米；设10大展馆，90余个汽车品牌1000款车型参展。其间，举办动漫活动、街舞比赛、林志颖战车展示、网红直播、大型公益“爱的后备厢”等活动。

【第23届南宁国际学生用品交易会暨2019中国·东盟(南宁)国际教育展览会】 2019年7月19日至21日在南宁国际会展中心举办。南宁市人民政府、中国国际贸易促进委员会广西分会主办，广西教育装备行业协会、南宁市教育局、南宁市人力资源和社会保障局、南宁市文化广电和旅游局、南宁国际会议展览有限责任公司、南宁国际学生用品交易展览有限责任公司、广西东博会国际会展有限公司承办，主题“与世界共成长”。设教育装备、学生暑假促销节、“大地飞歌”中国－东盟国际青年文化创意博览会、大学生就业创业、出国留学、培训6个主题展区。展览面积1.88万平方米，参展商家356家，展位640个，展示国内电子教育仪器、网络远程教育设备、教学实验设备、教学办公用品等教学仪器。其间，举办行业论坛、商务洽谈会、项目签约、少儿表演、教育项目展示、爱心捐赠等活动。

【2019广西商品交易会暨“桂字号”系列产品展销会】 2019年7月27日至29日在南宁国际会展中心举办。广西壮族自治区商务厅、广西壮族自治区农业农村厅主办，广西国际博览集团承办，主题“推动桂品出乡助力脱贫攻坚”，展览面积1.80万平方米，设农业特装展区、农产品展区、水产品3个展区，展示广西水果、蔬菜、畜牧、水产品等优质产品。有农业产业化龙头企业600家、大型农产品生产基地、广西特产核心品牌企业、贫困县特色农产品销售企业及种植、养殖、生产、加工基地代表参展，展示名优农特产品1500种。同期举办农批电商企业专场采购会、大型商超采购说明会、贫困地区农产品

2019年7月27日至29日，2019广西商品交易会暨“桂字号”系列产品展销会在南宁国际会展中心举办　　雷燕　摄

“五进”专场推介会,区内外知名农产品批发市场400多家、大型连锁商超、中央厨房企业、农产品供应链企业采购商参加洽谈对接,达成采购金额9.80亿元。

【第一届中国－东盟人工智能峰会暨中国－东盟信息港合作伙伴签约仪式】2019年9月7日至9日在南宁国际会展中心举行。中国国际贸易促进委员会、广西壮族自治区人民政府、新华通讯社、北京理工大学主办,广西壮族自治区大数据发展局、中国经济信息社、中国国际贸促会广西分会、华为技术有限公司、阿里云计算有限公司、浪潮集团有限公司、科大讯飞股份有限公司、广西中科曙光云计算有限公司、深圳市商汤科技有限公司承办,中国－东盟中心、广西壮族自治区外事办公室、广西国际博览事务局、广西国际博览集团有限公司、广西人工智能学会协办,主题“共驱AI,赋能未来”,展厅面积1.30万平方米,参加开幕式约1200人。开幕式当日,举行中国－东盟信息港合作伙伴签约仪式、中国－东盟金融服务平台启动仪式、“空天地一体化新型智慧城市”合作项目发布、“天池大赛——数智广西·全球数据智能大赛”颁奖仪式、人工智能新品发布会等活动。其间,通过阿里云、华为、浪潮、中科曙光、商汤科技公司分别承办的智能时代与算、5G技术、智慧政府、智能制造、智慧新生活5个分论坛进行专题研讨交流。举办“人工智能产品展”。签约项目82个,总投资300多亿元。

【第二届中国全民阅读年会暨2019广西书展】2019年10月25日至28日在南宁国际会展中心举办。广西书展组委会主办,广西出版传媒集团有限公司承办,广西新华书店集团股份有限公司、广西书刊发行业协会协办。主题“八桂书香 共圆梦想”,展览面积1.16万平方米,设接力出版社展区、主题出版物展区、百佳优秀出版社展区、中国出版集团展区、桂版展区、特色书店展区、港澳台及外文图书展区、海豚传媒展区、特色综合展区、特价图书展区10个特色区域,邀请国内出版单位100多家、东盟国家出版机构、中国港澳台地区出版商与经销商、区内外民营书商参展,展出最新出版图书12万种。其间,开展文化名人进广西、“广西人读广西书”名家签售及读者交流会、朗读者大赛、朗读亭阅读体验、数字阅读体验、机器人体验、新书发布等50多场文化交流活动。同期举办第二届中国全民阅读年会、中国－东盟少儿出版阅读论坛。

【2019(第十届)中国－东盟矿业合作论坛暨推介展示会】2019年11月14日至17日在南宁国际会展中心举办。自然资源部、广西壮族自治区政府主办,自然资源部国际合作司、中国地质调查局、广西壮族自治区自然资源厅、广西壮族自治区地质矿产勘查开发局承办,主题“深化矿业互利合作,促进经济共赢发展”,展览面积1.30万平方米,中国和东盟各国及“一带一路”其他沿线国家参展企业400多家,展示地质勘查与矿业开发领域的新技术、新成果、新信息、新仪器装备以及珠宝玉石、首饰、晶体矿物、观赏石等。同期举办矿山新技术、矿山机械展览会和中国－东盟地调局长圆桌会议、矿业可持续发展政策与实践研讨会等20余项活动。签约项目12个,签约金额52.88亿元。

(雷　燕)

2019年11月29日至12月1日,2019南宁体育产业博览会在南宁国际会展中心举办。图为开幕式　雷燕　摄

【2019首届世界米粉大会】2019年11月16日至18日在南宁国际会展中心举行。中国－东盟博览会秘书处、世界中餐业联合会、中国食品和包装机械工业协会、中国粮油学会米制品分会、广西国际博览集团共同举办,主题为“米粉,向世界出发”。中外机构、企业300家参展参会,展览规模1.50万平方米,集中展示原材料、米粉制品、加工机械等米粉全产业链。举办2019首届世界米粉大会主论坛暨颁奖盛典,第十三届中国米粉、粉丝产业发展大会,世界中餐企业家峰会,米粉行业贸易对接及米粉产业园区推介会等;举办中国特许经营大师李维华《大特许时代的中国特许经营思想》讲座、米粉嘉年华、烹饪大赛、“我的家乡·我的米粉”短视频大赛等线上线下互动活动。其间,世界中餐业联合会为超30家米粉相关企业颁发2019首届世界米粉大会“影响力品牌”“米粉产业优秀合作伙伴”“创新特色米粉餐厅”等荣誉。

(金　尼)

【2019南宁体育产业博览会】2019年11月29日至12月1日在南宁国际会展中心举办。南宁市体育总会主办,南宁市体育产业协会承办,南宁市体育管理培训中心、南宁市体育产业发展服务中心、南宁市社会体育发展中心协办,主题“全民运动,你我同行”。展览面积1.50万平方米,设特装展位10个、标准展位134个,有区县体育发展成果展示、体育用品展览、体育产品特卖区、运动集市、国民体质监测、体育时装秀等活动。现场设置青少年铁笼三人足球邀请赛、“小篮球大梦想杯”篮球邀请赛、南宁市传统武术精英赛、遥控车辆模型挑战赛、NNS极限滑板挑战赛、跳绳比赛、第十二届轮滑公开赛、中国－东盟电子竞技大赛、中国－东盟电子飞镖大赛九大赛事专区。同期举办2019年南宁市加快体育产业发展促进体育消费工作部门联席会议,43个联席会议成员单位130余人参加。

【2019第十二届中国－东盟(南宁)国际汽车展览会暨新能源智能汽车展览会】2019年12月5日至9日在南宁国际会展中心举办,中国－东盟博览会秘书处、中国机械国际合作股份有限公司、南宁尚格会展股份有限公司主办,展览面积约6万平方米,200家展商、近100个国内外主流汽车品牌参展,展示乘用车、新能源车、房车、二手车、智能汽车、电动车、商用车及汽车后市场等。其间,举行东盟时尚周/旗袍主题秀、战马电竞COS潮流文化节、潮童摩登大典、2019年广西年度车型颁奖典礼、950大海脱口秀、无人驾驶泊车大赛等活动。人流量5.70万人。

【2019南宁中外商品博览会暨全国品牌服装展】 2019年12月14日至24日在南宁国际会展中心举办。四川省商务厅、四川省经济和信息化厅、四川省农业农村厅、四川省工商联支持，四川省供货商商会、四川省市场营销协会主办，四川省博览经济发展有限公司承办，主题“深化合作、共融发展”，展览面积1.10万平方米，设境外商品区、品牌服装家居工艺品区、地方名优特产区、国际美食区，展示18个国家和地区、国内20个省市及中国台湾地区约800家企业的名优食品、工艺品、箱包、土特产、品牌服装服饰、生活家居、国际美食、特色小吃等产品。同期举办“四川扶贫”好产品迎春年货大集(南宁站)，主题“扶贫产品旺市场、迎春年货促消费”，展销名优川货。 （雷 燕）

表17 2019年南宁市备案展会情况表

时 间	展会名称	展览面积（平方米）	主办单位	展会地址
1月4日至6日	第三届广西柑橘大会	6700	广西壮果汇农业科技有限公司	南宁国际会展中心
1月11日至13日	2019南宁第33届华南购车节	5000	长沙车讯网络科技有限公司	南宁华南城
1月11日至2月1日	广西展览馆年货会老百姓的年货会	5700	上海伟灵展览策划有限公司	广西展览馆
1月12日至2月1日	2019南宁新春年货购物节	4000	台州市丰源展览展销有限公司	江南万达停车场
1月16日至31日	第7届南宁年货博览会	15700	深圳市华巨臣实业有限公司	南宁国际会展中心
1月19日至22日	2019年首届广西老品牌博览会	7000	广西国际商会	南宁华南城
1月19日至27日	南宁华南城2019年新春产品展销会	4800	南宁华南城有限公司	南宁华南城
1月21日至28日	2019年(邕宁区)迎春商品展销会	1000	南宁市贞名文化传播有限公司	邕宁区那元路康岭花城对面空地
1月24日至2月1日	2019年广西迎春花市	18000	广西壮族自治区林业局、广西国际博览事务局、广西国际博览集团有限公司	南宁国际会展中心
1月25日至27日	南宁ACC动漫展	10000	长沙漫城文化传媒有限公司	南宁华南城
2月3日至22日	2019年园博园前门街年货节	800	广西南宁市睿象项目管理有限公司	园博园前门街
2月5日至11日	2019南宁青秀山迎春赏花美食汇	400	广西南宁智亚文化传播有限公司	青秀山风景区
2月10日至11日	第十四届(2019)月邪动漫冬季盛典	26660	南宁良牙文化传播有限责任公司	南宁国际会展中心
2月16日至18日	第23届广西婚纱、婚宴及结婚服务博览会	3000	广西沃顿国际大酒店	广西沃顿国际大酒店
2月28日至3月3日	2019三月春季台铃电动车促销专场	3000	南宁市硕元衔城商贸有限责任公司	广西展览馆
3月1日至3日	第5届广西新喜爱婚博会	2000	南宁市水明漾餐饮投资股份有限公司	江南区亭洪路百益·上河城
3月8日至10日	2019三月春季台铃电动车促销专场	3000	南宁市硕元衔城商贸有限责任公司	广西展览馆
3月8日至10日	2019南宁第34届华南购车节	5000	长沙车讯网络科技有限公司	南宁华南城会展中心
3月15日至17日	2019第三十五届广西婚庆文化博览会	2800	南宁市好友缘国宴饭店有限公司	南宁国际会展中心
3月15日至17日	2019第七届广西汽车交易会	18000	中国至东盟博览会秘书处、尚格会展股份有限公司	南宁国际会展中心
3月16日至4月2日	2019时尚服装暨名优特产博览会	4800	台州市丰源展览展销有限公司	广西展览馆
3月21日至23日	2019年广西装配式建筑展览会	11560	广西装配式建筑发展促进会	南宁国际会展中心
3月22日至24日	第三十届北部湾广西医疗器械及智慧安防产品展览会	14000	广西南宁力帮展览有限公司	南宁国际会展中心
3月22日至24日	2019年第二十届广西广告展览会	20000	广西机械工程学会	南宁国际会展中心
3月23日至24日	2019年金大陆春季婚博会	1500	南宁市金鹿海鲜世界	西乡塘区北湖北路48号

续表 17

时 间	展会名称	展览面积（平方米）	主办单位	展会地址
3 月 29 日至 31 日	2019 三月春季台铃电动车促销专场	3000	南宁市硕元衔城商贸有限责任公司	广西展览馆
3 月 30 日至 4 月 8 日	2019 第五届华南城三月三民俗文化展示会	3000	南宁华南城有限公司	南宁华南城
4 月 6 日至 8 日	南宁 ACC 动漫展	10000	长沙漫城文化传媒有限公司	南宁华南城
4 月 12 日至 14 日	2019 四月夏季台铃电动车促销专场	3000	南宁市硕元衔城商贸有限责任公司	广西展览馆
4 月 18 日至 20 日	2019 中国饲料工业展览会	57280	全国畜牧总站	南宁国际会展中心
4 月 19 日至 21 日	2019 南宁第 35 届华南购车节	5000	长沙车讯网络科技有限公司	南宁华南城
5 月 1 日至 4 日	2019 北部湾（南宁）第十九届汽车展暨北部湾（南宁）五一车展	18000	广西汽车流通协会	南宁国际会展中心
5 月 11 日	南宁招聘网 2019 年夏季大型综合人才招聘会	2400	广西南宁领航人力资源有限公司	广西科技馆
5 月 11 日至 12 日	第六届孕博会	3500	南宁格林斯堡文化传媒有限公司	南宁国际会展中心
5 月 16 日至 22 日	2019 年全国科技活动周广西活动暨第二十八届广西科技活动周·广西创新驱动发展成果展（“两周一展”）	15960	广西壮族自治区人民政府	南宁国际会展中心
5 月 17 日至 19 日	易车鲨鱼车展—南宁站	5000	南宁贰拾陆度广告有限公司	南宁华南城会展中心
5 月 18 日至 20 日	2019 年广西（南宁）房地产博览会	20000	广西日报传媒集团	南宁国际会展中心
5 月 24 日至 26 日	2019 砖头汽车第 33 届广西农业会展中心夏季车展	10000	广西砖头网络科技有限公司	广西农业会展中心
5 月 24 日至 26 日	2019 年中国糖业博览会暨世界糖业研讨会	30000	中国糖业协会、广西壮族自治区糖业发展办公室	南宁国际会展中心
5 月 31 日至 6 月 2 日	2019 南宁第 36 届华南购车节	5000	长沙车讯网络科技有限公司	南宁华南城会展中心
6 月 8 日至 9 日	南宁微光国际动漫展	5000	长沙微漫科技有限公司	南宁华南城会展中心
6 月 14 日至 17 日	2019 第八届南宁国际汽车展览会	50000	中国－东盟博览会秘书处、尚格会展股份有限公司	南宁国际会展中心
6 月 21 日至 22 日	南宁招聘网第 75 届—76 届大型综合人才招聘会	875	广西南宁领航人力资源有限公司	广西展览馆
6 月 22 日至 23 日	第 23 届广西婚宴·婚纱及结婚服务博览会	2000	广西沃顿国际大酒店有限公司	广西沃顿国际大酒店
6 月 22 日至 24 日	2019 第二届广西（南宁）门窗博览会暨定制家居展	9000	南宁易之泓展览策划有限公司	南宁国际会展中心
6 月 24 日至 27 日	广西 2019 年普通高校招生咨询会	15800	广西壮族自治区招生考试院	南宁国际会展中心
6 月 29 日至 30 日	第六届广西新喜爱婚博会	1500	南宁合乐汇庆典策划有限公司	江南区亭洪路 45 号
7 月 5 日至 7 日	2019 中国－东盟博览会动漫游戏展	10000	中国－东盟博览会秘书处、广西壮族自治区文化和旅游厅、广西壮族自治区商务厅、广西壮族自治区广播电视局、广西国际博览集团有限公司	南宁国际会展中心

续表 17

时　间	展会名称	展览面积（平方米）	主办单位	展会地址
7月5日至8日	2019中国－东盟博览会文化展	30000	中国－东盟博览会秘书处、广西壮族自治区文化和旅游厅、广西壮族自治区广播电视局、广西国际博览集团有限公司	南宁国际会展中心
7月12日至14日	2019南宁第37届华南购车节	5000	长沙车讯网络科技有限公司	南宁华南城会展中心
7月12日至14日	2019年第三届广西装备制造业博览会暨第九届广西太阳能热泵及空调净化设备展览会	5000	广西机械工程学会、广西太阳能协会	南宁国际会展中心
7月13日至14日	第三十六届广西婚庆文化博览会	1500	南宁市好友缘国宴饭店有限公司	青秀区民族大道148号好友缘酒家皇冠店3楼皇冠厅
7月19日至21日	第23届南宁国际学生用品交易会暨2019中国·东盟（南宁）国际教育展	35000	南宁市人民政府、中国国际贸易促进委员会广西分会	南宁国际会展中心
7月19日至21日	第17届广西食品糖酒、餐饮美食博览会暨2019中秋月饼品牌展示会	11560	广西食品工业协会、南宁环博会展服务有限公司	南宁国际会展中心
7月25日至27日	农资与市场赋能大会	8100	名品（郑州）广告文化传播有限公司	南宁国际会展中心
7月26日至28日	2019美好生活节暨第二届广西广电家博会	9180	广西广播电视台	南宁国际会展中心
7月27日至28日	第十四届（2019）月邪动漫冬季盛典	30860	南宁良牙文化传播有限责任公司	南宁国际会展中心
7月27日至29日	2019广西商品交易会暨“桂字号”系列特产展销会	18000	广西壮族自治区商务厅、广西壮族自治区农业农村厅	南宁国际会展中心
8月1日至3日	中华护理学会第15届全国消毒供应中心发展论坛	4000	中华护理学会	南宁国际会展中心
8月10日至11日	2019南宁“冰价”汽车博览会	5000	广西砖头网络科技有限公司	南宁华南城会展中心
8月25日	2019久盛地板825·潮品季促销活动	600	久盛地板有限公司	南宁国际会展中心
8月25日	2019年方太825幸福厨房狂欢节	2600	宁波方太营销有限公司南宁服务部	南宁国际会展中心
8月30日至9月2日	2019广西工艺美术作品旅游工艺品暨大师精品展览	8100	广西壮族自治区工业和信息厅、广西壮族自治区文化和旅游厅、广西壮族自治区二轻联社	南宁国际会展中心
9月7日至8日	2019尚格（南宁）·痛车展暨建行购车节	9000	尚格会展股份有限公司	南宁国际会展中心
10月5日至6日	2019climax动漫游戏嘉年华	8100	南宁曦景商贸有限责任公司	南宁国际会展中心
10月5日至7日	2019第八届广西汽车交易会	30000	中国至东盟博览会秘书处、尚格会展股份有限公司	南宁国际会展中心
10月17日至22日	中国黑山羊之乡马山第十三届文化旅游美食节	10000	马山县委、马山县人民政府	马山县人民广场
10月25日至27日	2019南宁金秋汽车博览会	5000	广西砖头网络科技有限公司	南宁华南城会展中心
10月25日至27日	2019广西工业和信息产品展示会	17496	广西壮族自治区工业和信息化厅	南宁国际会展中心
10月25日至28日	2019广西设计周X青秀创意设计大会	6480	南宁市青秀区人民政府	南宁国际会展中心
10月26日	南宁招聘网2019年秋季大型综合人才招聘会	2400	广西南宁领航人力资源有限公司	广西科技馆
10月26日至27日	广西第七届孕博会	6000	南宁格林斯堡文化传媒有限公司	南宁国际会展中心

续表 17

时　间	展会名称	展览面积（平方米）	主办单位	展会地址
11月1日至2日	2019年“全国安全用药月”广西科普宣传活动	2000	广西药品监督管理局	广西科技馆
11月1日至25日	2019时尚服装暨南北特产博览会	4500	台州市丰源展览展销有限公司	兴宁区民主路12号
11月2日至3日	南宁布谷鸟动漫展	5000	桂林优致传媒有限公司	南宁华南城会展中心
11月6日至10日	第四届广西新能源汽车电动(摩托)车博览会	18760	广西电动车行业协会	南宁国际会展中心
11月8日至10日	2019东南亚广西钓具用品博览会	3000	广西国际商会	南宁华南城会展中心
11月8日至10日	2019南宁第37届华南车展	5000	长沙车讯网络科技有限公司	南宁华南城会展中心
11月8日至11日	第九届中国(南宁)国际茶产业博览会暨紫砂、陶瓷、茶具用品展	20000	深圳市华巨臣实业有限公司	南宁国际会展中心
11月15日至17日	2019广西名优产品与服务博览会2019广西品牌博览会	11560	南宁环博会展服务有限公司	南宁国际会展中心
11月15日至17日	第二届茅粉节	18000	广西茅联酒业有限公司	南宁国际会展中心
11月16日至18日	2019首届世界米粉大会	15000	中国－东盟博览会秘书处、世界中餐联合会、中国食品和包装机械工业协会、广西国际博览集团有限公司	南宁国际会展中心
11月18日至20日	2019中国·广西口腔医疗设备与器材展览会	4200	广西口腔医学会、南方牙科联盟	南宁国际会展中心
11月23日至25日	2019中国－东盟博览会林产品及木制品展	20000	中国－东盟博览会秘书处	南宁国际会展中心
11月29日至12月1日	2019第十四届南宁(东盟)国际试听展	5000	南宁市浩声智能科技有限公司、广西中华文化促进会	兴宁区新民路38号明园新都酒店
11月29日至12月1日	2019南宁体育产业博览会	15060	南宁市体育总会	南宁国际会展中心
12月5日至9日	2019第十二届中国－东盟(南宁)国际汽车展览会暨新能源·智能汽车展/房车露营展	57000	中国－东盟博览会秘书处	南宁国际会展中心
12月7日至2020年1月1日	2019秋冬品牌服装皮草羊绒(南宁)购物节	4700	上海伟灵展览策划有限公司	广西展览馆
12月8日	南宁婚博会	330	南宁市好友缘国宴饭店有限公司	好友缘酒家皇冠店
12月13日至15日	201912月台铃电动车促销专场	3000	南宁市奥铃斯城商贸有限责任公司	广西展览馆
12月14日至12月24日	2019南宁中外商品博览会暨全国品牌服装展	10700	四川省供货商商会	南宁国际会展中心
12月16日至12月25日	2018年(邕宁区)冬季服装商品展销会	1200	南宁巨东展览有限公司	邕宁区那元路康岭花城对面空地
12月19日至12月21日	2019广西南宁美容化妆用品养生博览会	4200	贵州华夏至美展览有限公司	南宁国际会展中心
12月28日至12月31日	广西职工技术创新成果展示交流活动	10000	广西总工会	南宁国际会展中心
12月29日至2020年1月1日	2019南宁欢乐消费季暨北部湾(南宁)嘉年华汽车展	10000	广西汽车流通协会	南宁国际会展中心

编辑　班彩梅

综　述

【概　况】 2019年，南宁市接待旅游总人数1.53亿人次，比上年增长16.11%；旅游总消费1725.24亿元，增长24.34%。其中，接待国内旅游者1.52亿人次，增长16.15%；国内旅游消费1699.02亿元，增长24.16%；接待入境旅游者68.99万人次，增长7.07%；国际旅游消费3.80亿美元，增长31.37%。全市有国家AAA级以上旅游景区72家（新增、升级AAAA级6家，AAA级7家），广西全域旅游示范区2家，广西特色旅游名县3个（新增1个），广西星级乡村旅游区67家（新增5家），广西休闲农业与乡村旅游示范点2家，广西星级农家乐122家（新增8家），旅游星级饭店52家（新增2家）。南宁吴圩国际机场开通国际（地区）航线27条，通航城市26个。吴圩国际机场旅客吞吐量1576.25万人次。其中，国际地区旅客吞吐量144.16万人次，增长29.45%。南宁市在腾讯、新华社瞭望智库联合发布的2019中国城市夜经济影响力报告中排第13名。北部湾（广西）旅游联盟宣传推广活动在2019中国旅游产业发展年会上获“中国旅游风云榜旅游影响力推广活动TOP10”。主要存在文化旅游融合度不高，探索培育“文化＋旅游”新业态力度有待加强；文旅产品知名度不高，有国际影响力的文化旅游资源开发不够，缺乏大的游乐项目和竞争力强的文旅产品；文旅基础设施不够完善，尤其景区、景点停车场及旅游交通建设仍显不足；文旅企业竞争力不强，多以中小企业为主等问题。

（邹仲卿）

【旅游资源】 2019年，南宁市旅游资源分布广、种类齐、数量多，相对集中在市区和县域附近。主要有新会书院、两湖会馆、粤东会馆、扬美古镇、鼓鸣寨、霞客桃源壮乡旅游度假区等历史景点；智城碑、六合坚固大宅颂碑、青秀山摩崖石刻、青龙崖石刻、灵水石刻、起凤山石刻、凿字山石刻、六公祠碑石刻、雷婆岭摩崖石刻等古代摩崖石刻和古碑石刻；徐汉林红色教育基地示范点、昆仑关旅游风景区、邓颖超纪念馆等爱国主义教育基地；云顶观光、民歌湖，嘉和城、融晟天河・海悦城、万达茂、华南城、百益・上河城等现代城市景观；广西科技馆、广西民族博物馆、南宁博物馆、南宁海王生命与健康科普馆、广西规划馆等科普教育场馆；南宁园博园、青秀山风景旅游区、动物园、凤岭儿童公园、人民公园、南宁海底世界、新秀公园、江南公园、狮山公园、广西药用植物园、金花茶公园、花卉公园等游园胜地；顶蛳山田园风光、金花茶业工业旅游园、那贵坡樱花园、广西八桂田园、乡村大世界、花花大世界等市郊田园风光；三甲攀岩小镇、小都百景区等具有民族文化特色的体育旅游景点；良凤江森林旅游区、凤凰谷、那考河湿地公园、横县西津国家湿地公园沙埠景区等森林湿地景观；南湖、金莲湖、云里湖、西津湖、不孤湖、大龙湖等湖泊景观；水锦・顺庄、龙门水都、九龙瀑布、大王滩风景区等峡谷溪水瀑布景观；弄拉旅游景区、白鹤观旅游度假区、灵阳寺等佛道文化旅游景点；九曲湾温泉，花雨湖生态休闲旅游等生态休闲景区；大明山风景旅游区、伊岭岩、金伦洞、龙虎山、芦仙山、蒲津公园等喀斯特地貌景观；明阳向阳红现代农业庄园、广西香流溪谷农业生态旅游区、美丽南方・老木棉匠园、中华茉莉园景区、顺来茉莉花茶展览馆、莲塘圣茶谷景区、万古茶园景区、福瑞生态休闲农场、禾田农耕文化园、古朗瑶乡金银花公园、古辣稻花香里旅游区等现代农业文化旅游景区。保留有“三月三”歌圩、炮龙节、春牛舞、师公戏、打扁担舞、壮族三声部民歌和那桐农具节、那僚庙会、关公磨刀诞等壮族风情和地方文化习俗。

（凌红俏）

【重大旅游项目】 2019年，南宁市在建重大文旅项目32个。南宁市文化广电和旅游局（简称“市文广旅局”）服务联系上林县大庙江生态旅游景区、上林县鼓鸣寨养生旅游度假基地（一期）、南宁水锦・顺庄旅游综合开发、茉莉小镇文化旅游、南宁圣名岭东盟文化旅游度假区（一期）、南宁牛湾文化旅游岛、南国乡村・农村综合旅游景区（一期）、南宁・桃李春风・健康颐养文旅重大旅游项目8个，完成投资7.13亿元。万有（南宁）国际旅游度假区项目签约落地，总投资500亿元。推进融晟天河・海悦城、南宁牛湾文化旅游岛、上林县大庙江生态旅游景区等19个自治区重大文化旅游项目，完成投资46.95亿元。

（黄小芸）

【全域旅游】 2019年，南宁市持续推进创建全域旅游示范区、广西特色旅游名县、国家中医药健康旅游示范区建设。南宁市有全域旅游示范区创建单位10个，其中南宁市、上林县被国家旅游局列入国家全域旅游示范区创建单位，青秀区、江南区、武鸣区、兴宁区、西乡塘区、宾阳县、横县、良庆区8个区县列为自治区级全域旅游示范区创建单位（青秀区、兴宁区2018年成功创建自治区级全域旅游示范区）。市文广旅局推进创建国家中医药健康旅游示范区，打造环绿城马上大（马山、上林、大明山）、环青秀山观光游、环大明山养生游、昆仑大道康养游等康养旅游线路6条，组织评选南宁市中医药健康旅游十大品牌,成立中国－东盟传统医药交流合作中心,加大与东盟国家的传统医药合作,广西中医药大学累计为40多个国家培养中医留学生和进修生2500多名。广西壮族自治区药用植物园、广西国际壮医医院、广西中医药大学、紫薇庄园、上林县霞客桃源景区壮乡旅游度假区5家基地(公司)被确定为"广西首批中医药健康旅游示范基地"。(凌红俏)

【文旅营商环境优化】 2019年,南宁市制定《南宁市优化营商环境攻坚突破年基本公共服务(公共文化体育)指标实施方案》,扶持文艺团队开展乡村文化活动6284场,完成演出任务109%,超额完成演出524场,惠及观众304.80万人次。深入开展"多证合一、一照一码"商事登记制度、"一事通办"改革,推行依申请政务服务事项网上办理、一站式办结,全市文化和旅游公共服务办事项目实现"最多跑一次"或"一次不用跑",项目完整率、执行率、群众满意率100%。完善联合执法机制,持续开展文化广电和旅游市场专项整治。(彭昀)

【智慧旅游】 2019年,南宁市旅游产业大数据展示系统为全市旅游产业的运行监测、景区规划、旅游公共服务、旅游营销、旅游统计业务提供数据支撑。9月15日,乐游南宁APP、乐游南宁小程序正式上线运行,围绕南宁旅游六大要素游、娱、购、住、食、行,整合和共享原有系统的数据,为游客提供厕所、停车场、旅游景点、酒店、文化公共服务等咨询服务,提供景区语音导览、线路、门票、直通车等在线预订,为游客提供一站式旅游服务,实现"一部手机游南宁",项目总投资150万元。

(黎国华　凌红俏)

【境外旅游推介】 2019年8月20日至29日,市文广旅局赴新西兰、斐济、澳大利亚参加文化和旅游部组织的2019"美丽中国·璀璨文化"大洋洲推广活动。借助文化和旅游部平台,通过参加现场推介会、播放南宁旅游宣传片、发放南宁旅游宣传资料及上林渡河公玩偶等方式,宣传南宁特色文化旅游资源和路线,加大对大洋洲旅游客源地的宣传推广力度,打造区域性国际旅游目的地。9月9日至13日,市文广旅局赴俄罗斯参加莫斯科休闲旅游展,推介南宁市旅游资源、精品旅游线路。(吴小雪)

景区景点

【概　况】 2019年,南宁市国家AAA级以上旅游景区72家,其中AAAAA级旅游景区1家(青秀山风景名胜旅游区),AAAA级34家(新增、升级南宁市金花茶公园、广西百益上河城旅游景区、蒲津公园、融晟天河海悦城、花雨湖生态休闲旅游区、古辣稻花香里旅游区6家),AAA级37家(新增、升级横县顺来茉莉花茶展览馆、南宁市江南公园、芦仙山风景区、美丽南方·老木棉匠园、南宁市花卉公园、南宁博物馆、大明山汉江欢乐谷7家)。继上林县、马山县后,邕宁区成功创建广西特色旅游名县。年内,在建重大文旅项目32个,其中万有(南宁)国际旅游度假区、上林县大庙江生态旅游景区、南宁牛湾文化旅游岛等,投资总额近2200亿元。3月,邕江夜游实现常态化运营,2条夜游航线每晚运行5个航次,月均接待游客近万人。

【青秀山旅游风景区】 位于青秀区凤岭南路6号,海拔82米~289米,占地13.54平方千米。2019年,南宁市青秀山风景名胜旅游区管理委员会(简称"青秀山管委会")设党政办公室、人事劳动和社会保障局、财政局、风景园林管理局、旅游和经济发展局、建设局、安全生产监督管理局;有后勤服务中心、城市管理综合行政执法队、建设工程和园林绿化所、南宁市五象岭森林公园、南宁园博园管理中心(南宁市热带植物研究所)5个事业单位,青秀山风景名胜旅游开发有限责任公司1家企业单位;行政编制50名、在编42人,事业编制181名、在编142人。派驻机构有市税务局青秀山风景区分局、市自然资源局青秀山风景区分局、市生态环境局青秀山风景区分局、市市场监督管理局青秀山风景区分局、市公安局青秀山风景区分局。5月,在2019年"我是生态环境讲解员"活动中被中国环境科学学会评为"优秀组织单位"。6月,被住房和城乡建设部评为"第十二届中国(南宁)国际园林博览会表现突出单位"。11月,被全国自然教育总校评为"第二批全国自然教育学校(基地)"称号;2019年开展主题科普教育活动120多场,参与人数3万人次;开展科普进校园活动42场,惠及学生3400余人次。有千年苏铁园、兰园、樱花园、竹园、雨林大观、观音禅寺、状元泉、董泉、龙象塔、棕榈园、抗日学生军纪念碑、桃花岛、广西珍贵树种展示园、桂花园、水月庵、中泰友谊园等50多个景点。完成森林植物园区新增绿化面积7.20公顷,完成竹园、青少年拓展基地、叶子花园等项目工程建设。完成森林植物园工程土地征收12.40公顷,超额完成年度10公顷征地任务。完成园艺场房屋93户及地上附着物补偿。完善樱花园基础配套设施,东门、叶子花园、竹园、青少年科普研学基地建成开放,新增游览面积200公顷。完成北门区西侧文化展示风情街建筑7栋,水泵房、垃圾站基础建筑主体50%,完成投资380万元。完成东门区项目地下停车场及主门区建筑建设,完成投资9228万元。完成叶子花园土石方、道路、铺装、景石安置、绿化等建设,完成投资1899万元。完成竹园道路、桥梁、铺装、景石安置、配套建筑主体建设,完成投资6163万。完成青少年拓展基地拓展设施及配套服务设施建设,完成投资1857.60万元(年内投资1358万元)。举办2019年青秀山新春系列活动、青秀山风景区第二十五届桃花艺术节、青秀山第三届读书文化节、青秀山第二届丰收节、青秀山第三届重阳登高节、青秀山第四届菊花展、青秀山"迎中秋·庆国庆"大型灯展。至年末,景区财政收入5.91亿元、支出6.53亿元,景区各类经营收入

2019年9月6日至10月31日,青秀山风景区举办"庆祝中华人民共和国成立70周年暨迎中秋"青秀山灯展　潘浩　摄

1.20亿元;接待游客400万人次,比上年增长15%。（何晓吟）

【广西大明山保护区】位于广西中部偏南,横跨南宁市武鸣、上林、马山“两县一区”,总面积1.70万公顷,主峰龙头山海拔1760.40米,为桂中第一峰。2019年,广西大明山国家级自然保护区管理局(南宁大明山风景旅游区管理委员会)简称“广西大明山管理局(南宁大明山管委会)”,设党政办公室、财务科、规划建设科、科学研究科、旅游发展科、经营管理科、资源保护科、安全生产监督科、人事科、宣传法规科、综合管理科、接待办公室、防火站(西燕护林防火站、天坪护林防火站、铜矿护林防火站、汉江护林防火站),事业编制193名,在编183人(参照公务员法管理事业编制43名、在编38人,后勤服务人员控制数10名、实有16人)。大明山保护区森林覆盖率保持98.90%,公益林管护率、保持率及森林病虫害防治监测率均保持100%。保护区安装93台红外线相机,监测到动物35种,其中国家一级保护动物3种(黑叶猴、熊猴、金斑喙凤蝶),二级保护动物5种(藏酋猴、中华鬣羚、斑灵狸、短尾猴、白鹇)。完成大明山矿区、大明山欢乐谷漂流项目保护区内相关设施拆除整改;拆除水电站15座,其中完成植被恢复6座。查处非法进入保护区行为6起,处罚15人次,罚款6800元。大明山风景旅游区是国家AAAA级旅游景区,开发有览胜之旅(有鱼跃龙门、山花浪漫、大地峰林、观雪亭、云龙佛光、橄榄大峡谷景点)、养生之旅(有不朽古松、神女披纱、化石铁杉、养生台、秀峰古隘、仙人台、天然氧吧、骆王点兵、滴水花瓶、金龟瀑布景点)、休闲之旅(沿着龙湖仙境步行游览观赏)、神奇之旅(有爱心草坪、天书草坪、北回归线科普廊、观阳亭、北回归线标志塔、腾龙叠水、玉脉石英景点)、仙境之旅(有天然药浴谷、杜鹃花长廊、高山望兵、飞鹰峰、龙母恬睡、梦想成真石、虎猴相伴、骆越王庙景点)5条游览线路。开通安吉客运站、东站(凤岭客运站)至大明山专线直通车。建成大门区及天坪区2个游客服务中心,配备电子票务系统、电脑触摸屏、游客咨询台、休息座椅和宣传架等设施,为游客提供大明山“吃住行游购娱”旅游服务信息。设置土特产销售点3个(游客服务中心便利店、武鸣十六公里店、上林天坪店),推出山珍系列(灵芝、鸡汤、野山菌、香菇、娃娃鱼、重阳笋等)、养生系列(蜂蜜、野杨梅酒、桑葚酒、旱藕粉、灵芝酒、百香果蜂蜜汁)、野菜系列(野韭菜、艾菜、酸麦菜、农家豆腐等)等特色产品。7月,被中国气象协会评为“中国天然氧吧”;11月,被广西森林旅游资源开发利用与服务质量评定专家委员会评为“广西森林体验基地”。“国家森林康养基地”品牌、《南宁市大明山保护总体规划》通过专家评审,《武鸣区两江镇总体规划(2017—2030)》完成报批稿编制。《广西大明山常见植物图谱》出版。景区开发建设项目84个(续建46个,开展前期工作38个),累计完成投资3000多万元。依托大明山周边地区丰富的壮族歌圩文化资源和特产资源,每月1日分别举行以“唱颂新时代·喜庆嘉年华”“金猪欣纳福·歌会喜迎春”“大地送春归·飞歌迎福到”为主题的歌圩活动。11月30日至12月1日,举办广西大明山首届滑翔伞锦标赛;12月7日,举办2019“飞越大明山”户外运动大会等山地运动。至年末,接待游客9.64万人次,旅游总收入1700万元。（马佳钰）

【昆仑关风景区】位于兴宁区昆仑镇,距离南宁市区56千米。2019年,南宁昆仑关战役遗址保护管理委员会(南宁昆仑关旅游风景区管理委员会)简称“南宁昆仑关遗址保护管委会(南宁昆仑关管委会)”,设办公室、文物保护开发科、旅游发展科、规划建设科,事业编制14名、在编12人,后勤服务人员控制数2名、在编2人。有南宁昆仑关战役旧址博物馆1个事业单位,事业编制5名、在编4人,后勤服务人员控制数1名、在编1人;南宁昆仑关文化旅游有限公司1家企业。征集文物藏品(含资料)43件(套)。赴台湾进行抗战历史文化交流,收集历史报刊《中央日报》1939年11月16日至1940年1月30日对昆仑关战役每日战况的新闻报道76份(电子图片);购买历史照片50张及《陈诚先生书信集》《黄旭初回忆录》《中国远征军》等书籍资料19本(套)。有南牌坊、331级花岗岩台阶、阵亡将士纪念塔、烈士公墓、纪战碑亭、北牌坊、日军少将中村正雄墓、草帽山工事遗址、古关楼、古驿道、昆仑关战役博物馆、石景碑林园等景点。设重温抗战精神、重走英雄之路、重访雄关漫道3条旅游路线。博物馆是广西首家抗战专题博物馆,设序厅、中国人民抗战展厅、昆仑关战役展厅、广西与抗战展厅、缅怀英烈展展厅等5个展厅及3D影厅1个,推出“血色雄关民族魂”专题展,展示1000组珍贵文物及历史照片和30多分钟真实的历史影像史料,翔实、全面、生动地再现和反映中国抗战史缩影,昆仑关战役及广西与抗战的历史。景区总体规划最终成果、昆仑关军事历史文化旅游产业示范区概念性规划和可行性研究报告、景区游客服务中心兼博物馆附属馆项目设计方案通过评审。昆仑关战役旧址项目子项安防监控系统工程、文物修复工程通过自治区文物局现场验收,子项消防系统工程通过消防检测。与台湾旺旺中时媒体集团合作,借助“金犊奖”平台,首次设立昆仑关抗战参评主题。9月29日,自治区首个海峡两岸交流基地在南宁昆仑关战役旧址设立。12月8日,兴宁区昆仑关军事主题文旅小镇被自治区住房城乡建设厅、自治区发展改革委、自治区财政厅公布列入第二批广西特色小镇培育名单;13日,南宁市国防教育训练基地项目爱国主义教育和国防教育功能落户昆仑关旅游风景区;18日,举办纪念南宁昆仑关大捷80周年系列活动,其间,开展海峡两岸交流基地授牌仪式、民革党员教育基地揭牌仪式、纪念昆仑关大捷80周年植树活动、纪念昆仑关大捷80周年书画展、纪念昆仑关大捷80周年座谈会、纪念昆仑关大捷80周年活动专场演出舞剧等;31日,南宁昆仑关旅游风景区管理

2019年11月30日至12月1日,大明山风景旅游区举办广西大明山首届滑翔伞赛。图为活动现场　李龙　摄

2019年6月14日，2019南宁昆仑关民俗文化旅游节在昆仑关风景区举办。图为开幕式非遗表演节目——瑶山祈福　　黄小录　摄

委员会被自治区精神文明建设委员会办公室授予“广西壮族自治区文明单位”称号。年内，举办2019年南宁昆仑关民俗文化旅游节、“5·18”博物馆日、“7·7”抗战纪念、“9·3”中国人民抗日战争暨世界反法西斯战争胜利74周年、烈士纪念日等活动。全年接待游客29.38万人次，比上年增长31.40%；旅游收入233万元，增长50.60%。　　（杜　芳）

【南宁市金花茶公园】 位于青秀区葛村路3-5号，占地23.78公顷，1995年12月建成开放。是全国首家以种植“茶族皇后”——金花茶、山茶等茶科植物为主的茶花专类园。公园突出金花茶特色，以植物造景为主，建筑为辅，划分为金花茶基因库、金花茶故乡、茶花精品区、四季茶花区、健身中心区、儿童娱乐区、科普活动区等10大景区。茶花观赏区种植金花茶、山茶、油茶、茶梅等320多种（含原种、变种及品种）1.25万株。观赏区有“百品茶魂”“古磨水情”等多个反映茶花文化韵味和民族风情的园林景点，有知春廊、连理亭、故乡风情苑等园林建筑小品。2019年10月，被自治区旅游资源规划开发质量评定委员会评为国家AAAA级旅游景区。

【南宁花雨湖生态休闲旅游区】 位于青秀区南阳镇，规划总面积333.33公顷，计划投资12.30亿元。2016年5月1日正式对外开放。园区以东南亚花卉、果蔬种植为基础，引入“民宿度假”旅游方式，以“梦幻花雨、梦境庄园”为主题，生态休闲、庄园度假、观光游憩为主，融合文化体验、农耕研学、瓜果采摘、餐饮购物等。主要旅游项目有百花园、樱花峪、百鸟园、射箭俱乐部、皮划艇俱乐部、长乐岛、枫铃岛、桃花园、儿童科普乐园、广西最美玫瑰花园、儿童DIY体验区、七彩花海、开心农场、水上乐园、青少年体育营地、水果采摘园。景区采用“景镇联合、景村一体、景产联动”的旅游发展模式。2019年11月，被自治区旅游资源规划开发质量评定委员会评为国家AAAA级旅游景区。至年末，旅游收入1127.67万元，接待游客25.73万人次。

【百益·上河城】 位于江南区亭洪路45号，占地7公顷，总建筑面积10万平方米。2018年12月31日正式开街，以原“南宁绢纺厂”建筑为载体，秉承“存表去里、修旧如旧、翻新创新”设计理念，通过工业历史文化遗址保留、艺术展览、文化交流互动等形式，改造成集文化创意园区、展览演艺、小剧场、工业文化长廊、非遗生活馆、艺术酒店、音乐酒吧、创意零售、特色餐饮等于一体的情景式文化体验创意街区，塑造注重场所精神的24小时开放式街区，成为南宁市“网红拍照圣地”。2019年10月，被自治区旅游资源规划开发质量评定委员会评为国家AAAA级旅游景区。至年末，接待游客70万人次。

【融晟天河·海悦城】 位于江南区沙井大道39号，占地10.67公顷，建筑面积33万平方米。2018年8月18日正式运营，是融晟集团打造集希尔顿酒店、极地海洋世界、室内冰雪水世界、特色文化场馆、购物、美食于一体的大型文旅项目。场馆内有鲸鲨、白鲸、海豚、海狮、海豹、北极狼、北极狐、北极熊、南极企鹅等多种极地动物；有珍稀鱼类、海洋生物1.60万尾，是西南地区最大的海洋世界，广西海洋动物和海洋文化科普基地。2019年10月，被自治区旅游资源规划开发质量评定委员会评为国家AAAA级旅游景区。至年末，接待游客500万人次。

【蒲津公园】 位于邕宁区蒲庙镇蒲津路65号，始建于1937年（民国26年），重建于1982年春，总面积10.67公顷。2009年10月1日免费开放。由公鹅岭、金枕峰、银枕峰3座山峰组成，是天然石山公园。有银峰阁、长廊亭、财神爷、灵龟殿、观音池、桃花园、猴子园等景点。公园小巧玲珑，怪石嶙峋，树木繁多，鸟声不绝，是天然氧吧。2019年10月，被自治区旅游资源规划开发质量评定委员会评为国家AAAA级旅游景区。至年末，接待游客63.20万人次。

【古辣稻花香里旅游区】 位于宾阳县古辣镇内，总面积72.43公顷。以蔡氏古院景

2019年，江南区百益·上河城的涂鸦　　江南区志办提供

区为核心，融合周边古建筑、古村落、田园风光为一体。由入口综合服务区、历史文化体验区、生态农业示范区组成。旅游核心区有水中游览（沿途有南迎码头、东启码头、怀中码头、西接码头、北集码头，泛舟游湖，穿八桥游水乡）、陆路游览（有稻田景观艺术园、蔡氏古院、米酒巷、茶坊巷、客栈巷、编艺巷、稻香广场、美食广场、后苑桃李、乡野童趣、竹篱柴扉、福禄寿堂、向阳活动中心、古南门）2条游览线路。景区内小桥流水、青砖巷道、古树庭院，村外大片农田围绕，形成广西独一无二的水乡。2019年11月，被自治区旅游资源规划开发质量评定委员会评为国家AAAA级旅游景区。年内，接待游客6.35万人次，旅游收入29.10万元。（凌红俏）

旅游市场开发

【市场交流合作】2019年，市文广旅局在广西广播电视台综合旅游频道、广播电台开展广西北部湾旅游宣传，构建大南宁旅游圈。9月3日，参加在贵阳举行的昆明、南宁、贵阳、红河、桂林、黔南"3+3"政协跨区域协商会议，宣传推介南宁文化旅游发展情况。10月17日至19日，赴桂林参加第五届粤桂滇黔高铁经济带合作联席会21市（州）"旅游+"展，获最佳组展奖。10月至12月，组织北部湾（广西）旅游联盟成员单位赴东北沈阳、哈尔滨、长春开展2019"山水暖你壮乡等你——冬游广西"活动，赴四川成都开展冬游北部湾专场推介活动，赴海南参加海南世界旅游休闲博览会。

【区域旅游合作】2019年，南宁市依托邕港澳区域联盟、粤桂滇黔高铁经济带、北部湾（广西）、北部湾（中国）旅游联盟及昆明、贵阳、南宁3市旅游合作等开展城际旅游交流活动，利用省会城市圈的辐射效应吸引"圈内"游客来邕旅游。北部湾（广西）旅游联盟宣传推广活动获中国旅游行业最高奖——"中国旅游风云榜旅游影响力推广活动TOP10"。4月10日至5月30日，北部湾（广西）旅游联盟联合南方卫视，邀请中国新闻社、《中国旅游报》《南方日报》《香港商报》《香港大公报》《澳门濠江日报》、四川电视台、贵州电视台、重庆电视台等中央、省、市52名主流媒体记者、网络大咖组成采风报道团，开展"全国媒体看广西北部湾"大型采风报道、"秀美南疆　浪漫滨海"广西北部湾旅游宣传展播等活动，通过电视、报纸、电台、网络、新媒体等渠道，以新闻报道、专题报道及网络专版等形式，推广北部湾旅游资源及旅游线路产品。展播期间，影响人数9700万人次。（凌红俏）

【旅游促销宣传】2019年，市文广旅局利用传统媒体、新媒体、户外硬广告等传媒渠道推广南宁文化旅游整体形象及精品旅游线路产品。在《中国旅游报》《广西日报》《南宁日报》、南方卫视、广西广播电视台、南宁广播电视台及其融媒体平台开设南宁文化旅游专版、专栏，宣传南宁文旅融合、"三创"（创业、创新、创优）工作，推广南宁旅游精品线路。利用广西综艺旅游频道《书记县长当导游》《舌尖之旅》栏目推广县域文旅发展，在南宁都市生活频道开设《周末去哪儿》栏目，介绍南宁的节庆活动、美食美景。借助Facebook、Twitter、携程、旅游OTA平台开展线上线下联合宣传促销。利用南宁旅游微博、微信、抖音发送南宁文旅宣传信息6000多条，阅读量、播放量7000万人次。通过中国移动手机用户终端向外地到邕旅客发放问候短信1500万条，借助中国铁路12306官方订票平台，对乘坐高铁到邕游客发布图文并茂的12306行程短信10万条。在南宁—北京高铁、南宁—广州高铁（包括高铁车身及高铁车厢内视频宣传资源）、北部湾航空客机、南宁地铁1号线、南宁东站大型灯箱、南宁机场候机楼大型灯箱投放"中国绿城"硬广告，还在南宁、广州、昆明、长沙等客源地城市双层公交巴士、出租车顶屏、高铁站灯箱、地铁视频等广告媒体动态发布南宁旅游信息。参加北京国际旅游博览会、2019广东国际旅游产业博览会、第六届四川国际旅游交易博览会、2019亚洲文化旅游展、2019中国国际旅游交易会等国际、国内文化产业博览会等旅游专业展会活动8次；赴佛山、茂名、深圳、哈尔滨、沈阳、长春、成都举行南宁、广西北部湾文旅国内推介会7场；组织境内外旅行商、媒体记者到邕开展踩线采风体验活动4批次，全方位宣传推广南宁文旅产品。全年出版《南宁旅游》杂志6期。（赵婷婷）

旅游活动

【概　况】2019年，南宁市加大本土文化旅游节庆品牌打造，形成"一地一品牌，一月一节庆"旅游节庆活动27个。1月，2019南宁旅游开年暨亭子码头正式开放仪式。2月，2019年青秀山新春系列活动、宾阳县"百龙舞宾州"炮龙节、2019园博园（邕宁）"邕容华桂·福如灯海"元宵灯光艺术节。3月，青秀山第二十五届桃花艺术节。4月，2019年中国壮乡·武鸣"壮族三月三"歌圩暨骆越文化旅游节。5月，2019年隆安"那"文化旅游节、2019年中国旅游日南宁主会场暨上林生态旅游养生节。6月，2019年南宁昆仑关民俗文化旅游节；方特东盟神画、万达茂、极地海洋世界、龙门水都等景区推出夜场活动，方特东盟神画针对暑期旅游市场策划推出"泼水狂欢节"大型主题活动。7月，2019年大明山清凉避暑节暨歌圩歌王争霸赛。8月，2019年中国（横县）茉莉花文化节。9月，"庆祝中华人民共和国成立70周年暨迎中秋"青秀山灯展、江南区平话文化旅游节、2019年南宁国际民歌艺术节"绿城歌台"西乡塘区歌台暨香蕉文化旅游节、美丽南方休闲农业嘉年华开幕式、2019

2019年2月15日晚，宾阳炮龙节在宾阳县炮龙广场举行。图为百龙舞宾州活动

宾阳县文化广电体育和旅游局提供

年南宁国际民歌艺术节“绿城歌台”良庆区歌台暨“嘹啰山歌”民俗文化旅游节、2019年南宁国际民歌艺术节“绿城歌台”暨兴宁区文化旅游购物节。10月，大明山山地养生旅游节、南宁市青秀区创意生活节、2019“邕宁味道”生榨米粉文化旅游美食节。11月，青秀山第四届菊花节、中国黑山羊之乡——马山第十三届生态文化旅游美食节。12月，2019南宁购游节、昆仑关大捷80周年纪念活动。11月1日至12月31日，开展主题为“冬游广西乐在南宁”的“品美食、赏文创、看大戏、游绿城、欢乐购”系列文旅活动，推出文艺演出75场、旅游节庆活动18个、旅游美食节7个，打造三街两巷、中山路美食街、邕江夜游、方特东盟神画夜场等夜间经济“网红地标”。活动在新浪微博微话题阅读量超12亿次，点评量超40万条。 （赵婷婷）

【2019年宾阳炮龙节】 2019年2月14日至15日（农历正月初十至正月十一）在宾阳县城举行。举办非遗文化展演、民俗文艺表演、开幕式文艺晚会、舞炮龙、书画摄影展、名特优产品电商推介会暨古辣香米文化节、投资推介会暨项目签约、体育庙会、文化旅游等活动。14日，宾阳炮龙、彩凤、仙马、油纸伞、旗袍秀、露圩打钱尺、采茶戏、丝弦戏、游彩架、石村高跷等非物质文化遗产和民俗文艺表演等活动在宾阳县炮龙广场举行。15日晚，在炮龙老庙进行炮龙开光仪式，主观礼台活动点设在宾阳县城炮龙广场，县城炮龙广场6条龙和城区各街道99条炮龙舞炮龙。其间，举办2019年炮龙节投资推介会暨项目签约仪式，签约投资项目3个，计划总投资6.04亿元。接待游客44.16万人次，旅游收入2.34亿元。 （朱 雨）

【武鸣“壮族三月三”歌圩暨骆越文化旅游节】 2019年4月6日至8日在武鸣区举办，主题为“壮族三月三·八桂嘉年华·古韵骆越风”。举行开幕式、《壮乡欢歌》文艺演出、第十一届广西歌王大赛——“灵水歌圩”斗歌盛会、壮语歌曲演唱大赛、非遗项目展示、“壮乡歌海”、第33届武术散打擂台赛、民族体育竞技、民族体育趣味活动、大伍屯脚斗士、伏唐屯斗鸡斗鸟等活动。接待游客21.56万人次，旅游收入286.40万元。 （凌红俏）

【上林生态旅游养生节】 2019年4月20日至5月31日，2019“中国旅游日”南宁主会场暨上林生态旅游养生节在上林县举办，主题为“长寿之乡向世界发出邀请——上林欢迎您”。举办2019年“中国旅游日”南宁主会场暨上林生态旅游养生节开幕式、醉氧运动大会体育活动、产业扶贫成果展示暨美食体验、旅游宣传推介活动，招商活动，主要景区、乡村旅游区特色展示7大板块34项活动。其间，举行万名省外游客乐游上林、百名媒体记者集中采访活动、“壮族老家·养生上林”全国摄影作品展、世界长寿之乡新闻发布会等活动；开展重点项目开竣工仪式、上林健康产业招商推介会、“三大攻坚突破年”（重大项目建设攻坚突破年、优化营商环境攻坚突破年、产业大招商攻坚突破年）系列走访活动。5月19日，举行上林产业大招商推介会暨项目签约仪式，签约项目3个，总投资1.38亿元。19日至20日，接待游客13.48万人次，旅游总消费1.52亿元。 （樊守辉）

【隆安“那”文化旅游节暨“四月八”农具节】 2019年5月10日至12日在隆安县蝶城文化广场举办。举行“那”文化展演、非物质文化遗产大展演、“那”文化民俗风情晚会、“那”产品展销会、“那”美食展销、“那”农耕生态体验、“那”猕猴宝宝抢先看、“四月八”农具节文体活动。在主要旅游景点设活动分会场，有龙虎山山歌排歌对唱、金穗生态园景区旱地插秧、耕田犁地等农耕活动。其间，与广东省化州市开展粤桂文化扶贫交流活动。

2019年10月17日至22日，2019中国黑山羊之乡——马山第十三届文化旅游美食节在马山县城、环弄拉生态旅游区举行。图为美食节开幕式 陆丽红 摄

【2019年中国（横县）茉莉花文化节】 2019年8月31日至9月2日在横县举行，主题为“绿色引领，健康美丽”。举行“小小茉莉花记者”新闻写作以及茉莉花绣球制作比赛、茉莉花采摘比赛、楂僧村“啃玉米”主题活动、镇龙乡“壮乡情”森林旅游文化节、茉莉花节“闻香之旅·赏花品果”主题活动、“茉莉闻香之旅·寻根茉莉王”“茉莉闻香之旅·醉香花城”抖音大赛等活动。其间，举办“2019年国际茉莉花（茶）形势分析会暨国际花茶经贸合作圆桌会议”“茉莉花文化大典”“世界茉莉花产业发展高峰论坛”“世界茉莉花产业博览会”等系列主题活动。被国际花园中心协会授予“世界茉莉花都”称号。接待游客49.27万人次，旅游收入3.82亿元。

【马山第十三届文化旅游美食节】 2019年10月18日在马山县举办，主题为“奔跑祥寿马山、乐游鼓乡歌海”。举办第十三届文化旅游美食节、脱贫攻坚山歌擂台赛、2019年环广西公路自行车世界巡回赛（南宁—弄拉景区赛段）、中国山地马拉松系列赛2019中国－东盟山地马拉松赛暨“奔跑吧广西”生态马拉松系列赛（马山站）、庆祝新中国成立70周年·广西第十四届运动会火炬传递（南宁马山站）、“共筑梦想·爱在马山”扶贫慈善公益晚会等体育赛事和群众文化活动。通过“体育+”县域经济模式，展示马山优越的生态环境和丰富的文化旅游资源。扶贫合作项目推介会成功签约投资项目4个，计划总投资6.96亿元。接待游客22.30万人次，旅游收入1205万元。 （凌红俏）

【青秀创意生活节】 2019年10月25日至28日在南宁国际会展中心设主会场。以“创意”为主线，采用“政府主导、企业参与、市场化运作”的模式办节，引导产业跨界融合，营造衣、食、住、行、购、游、娱一体的全域旅游消费环境。举办生活节开幕式、青秀绿野音乐节、5G生活展、青秀区中小学创意科技展、广西设计周X青秀创意设计大会、中国－东盟礼仪大赛广西壮族自治区总决赛、舞动广西“青秀杯”舞蹈总决赛、非物质文化遗产戏曲日等活动。生活节与消费购物季活动结合，开展“愈夜愈美丽”“食在青秀”“住在青秀”“好物购购购”“好车买回家”等主题活动。活动累计人流12.90万人次。

（雷凤麒）

旅游行业管理

【概　况】 2019年，南宁市做好重点场所文明旅游宣传，发放宣传资料2万份。组织旅行社开展“为中国加分绿色出行”文明旅游公益行动启动仪式。开展重要节日文明旅游和督促指导，对20多家旅游企业开展文明旅游宣传、导游领队履行职责到位等督查。开展文化和旅游安全生产专项整治、“防风险保平安迎大庆”消防安全检查、汛期安全隐患排查、2019年文化和旅游安全应急管理培训、应急演练等工作。组织红色旅游景区讲解员、导游13人参加2019年自治区红色故事讲解员技能培训班、延安精神与红色文化创作人才培训班、全国红色旅游专题培训班。举办农村党员暨乡村旅游扶贫致富带头人、创建广西全域旅游示范区业务等培训班1期，培训58人。组织选手参加第四届全国导游大赛，南宁市旅游协会导游李想获大赛铜奖。年内，加大文旅市场检查力度，检查经营单位1.83万家次，出动检查人员4.59万人次，立案调查266件，办结案件270件，警告143家次，责令停业16家次，吊销许可证5家，取缔37家，罚款金额129.87万元。旅游投诉398起，受理率100%，办结率100%。

（凌红俏）

【旅游饭店管理】 2019年，南宁市组织星评员对12家酒店的软硬件设施和服务工作进行全面评估，其中宾阳黎都大酒店、宾阳花园大酒店、广西宾阳县金世纪大酒店、广西新华大酒店、南宁华星酒店、广西天妃商务酒店、广西满江红大酒店、南宁威宁生态园乡村大世界、广西红林大酒店等星级旅游饭店通过复核，南宁麦尔顿酒店、南宁铁道饭店放弃评星复核，南宁教育宾馆未达标。指导南宁市三丰酒店、广西榕华酒店创建三星级旅游饭店，南宁富力万达嘉华度假酒店、广西荔园维景国际大酒店创建绿色饭店，4家酒店通过评星工作。至年末，南宁市有旅游星级酒店51家，其中五星2家、四星13家、三星32家、二星4家。年内，举办2019年南宁市旅游饭店行业职业技能大赛，设中式铺床、中餐宴会摆台、西餐宴会摆台、鸡尾酒调制、外语水平测试、理论考试项目6个，27家单位91人参加；仅抖音平台数据，就有超241.60万次观看，2.29万人点赞收藏。

【旅行社管理】 2019年，南宁市有旅行社151家，其中出境资质旅行社39家、一般旅行社112家；旅行社分支机构271家，其中分社76家、门市部195家。南宁市加强“全国旅游监管服务平台”推广应用，全市旅行社使用覆盖率100%，推广使用旅游电子合同，帮助旅行社加强合同管理、科学统计分析、降低人力财力成本。组织开展全国旅游监管服务平台推广应用工作培训班、南宁市旅行社行业整治再动员再部署推进会、市场行业标准宣贯暨文明旅游工作培训班，参加培训旅行社负责人150余人。指导督促旅行社建立健全内部管理制度，完善业务运行机制，强化安全生产，规范门市、广告管理。

【旅游市场整治】 2019年，南宁市整治规范旅游市场秩序，在元旦、春节、劳动节、国庆节等系列旅游市场开展执法检查专项保障行动6次，涉及1.46万人次。组织开展2019年文化和旅游市场秩序、旅游大巴一日游、边境旅游市场秩序等专项整治行动5次，涉及1.02万人次。联合市公安局、市市场监管局、市交通运输局等部门，打击各种线上线下文化和旅游市场经营违法行为，办结旅游案件21起，其中涉及导游案件4起、涉及旅行社17起。办结的南宁市逍遥国际旅行社有限公司未经许可经营出境旅游业务案被评为年度全国文化市场综合执法重大案件，罚没金额91.22万元。

【诚信体系建设】 2019年，南宁市有旅行社、导游人员信用信息3500余条纳入南宁市公共信用信息管理系统；梳理出“双公示”（行政许可、行政处罚等信用信息作出决定后上网公示）目录102条；全市旅行社旅游服务质量保证金存缴率100%，合计金额8352.80万元；对南宁市欧迪餐饮娱乐会所、广西南宁运通国际旅行社有限责任公司等10家旅行社开展旅游市场跨部门“双随机”（随机抽取检查对象，随机抽取执法检查人员）抽查，发现存在业务档案保存不全等问题企业3家，未发现问题企业7家。

（刘秋园）

2019年南宁市AAA级以上景区（点）

AAAAA级景区（点）：南宁青秀山风景旅游区

AAAA级景区（点）：南宁嘉和城景区、南宁九曲湾温泉景区、广西八桂田园、南宁市动物园、广西药用植物园、南宁大明山风景旅游区、广西科技馆、广西民族博物馆、南宁市乡村大世界景区、南宁市武鸣区伊岭岩景区、南宁市良凤江森林旅游区、广西规划馆景区、南宁市民歌湖景区、隆安县龙虎山旅游景区、南宁市凤岭儿童公园、南宁马山金伦洞景区、上林县金莲湖景区、南宁市人民公园、南宁花花大世界景区、南宁昆仑关旅游风景区、南宁上林县大龙湖景区、九龙瀑布景区、水锦·顺庄、龙门水都景区、广西马山弄拉旅游景区、南宁园博园景区、南宁万达茂景区、南宁市那贵坡樱花园、南宁金花茶公园、广西百益·上河城旅游景区、邕宁区蒲津公园、融晟天河·海悦城、青秀区花雨湖生态休闲旅游区、古辣稻花香里旅游区

AAA级景区（点）：横县西津湖景区、南宁市大王滩风景区、南宁市凤凰谷景区、南宁海底世界景区、南宁金湖地王云顶观光旅游景区、宾阳县白鹤观旅游度假区、南宁市华南城景区、上林县鼓鸣寨养生旅游度假区、上林县禾田农耕文化园、上林县霞客桃园壮乡旅游度假区、南宁市江南区扬美古镇景区、横县中华茉莉园景区、上林县云里湖景区、上林县万古茶园景区、横县莲塘圣茶谷景区、兴宁区狮山公园、广西农垦明阳向阳红现代农业庄园、南宁海王生命与健康科普馆、广西金花茶业工业旅游园、横县西津国家湿地公园沙埠景区、马山县三甲攀岩小镇、马山县小都百旅游景区、马山县灵阳寺旅游景区、马山县古朗瑶乡金银花公园、南宁市新秀公园、顶蛳山田园风光区、福瑞生态休闲农场、广西香流溪谷农业生态旅游区、徐汉林红色教育基地示范点、南宁不孤湖景区、横县顺来茉莉花茶展览馆、南宁市江南公园、芦仙山风景区、西乡塘区美丽南方·老木棉匠园、南宁市花卉公园、南宁博物馆、大明山汉江欢乐谷

表 18

2019 年南宁市三星级以上酒店情况表

名 称	星 级	地 址	名 称	星 级	地 址
广西沃顿国际大酒店	五星	青秀区民族大道东段 88 号	南宁简约酒店	三星	青秀区桂春路 11-1 号
广西红林大酒店		青秀区民族大道 129 号	宾阳花园大酒店		宾阳县广场路小区广场南路地段
南宁明园饭店	四星	兴宁区新民路 38 号	广西宾阳县金世纪大酒店		宾阳县商贸城城中大道西排 21 号
广西路桥瑞丰大酒店		兴宁区中华路 17 号	宾阳黎都大酒店		宾阳县黎塘镇金龙大道 2 号
广西南宁凤凰宾馆		兴宁区朝阳路 63 号	南宁市银林山庄		西乡塘区邕武路 23 号
南宁圣展酒店		青秀区金湖路 49 号	横县横州国际大酒店		横县横州镇茉莉花大道
南宁喜相逢大酒店		青秀区长湖路 28 号	南宁手球训练基地上林大明山景兴山庄		大明山风景旅游区
南宁市世纪君悦大酒店		青秀区金湖路 71 号	上林圣龙大酒店		上林县政府路 30 号
南宁景都国际大酒店		青秀区茶花园路 31-1 号	上林翔源大酒店		上林大丰镇明山大道
南宁邕州饭店		兴宁区新民路 59 号	马山县易珑山庄		马山县金伦大道 666 号
广西相思湖国际大酒店		西乡塘区大学东路 188 号	南宁威宁生态园乡村大世界		兴宁区邕宾路三塘镇
广西怡养花园大酒店		兴宁区长岗路 189 号广西药用植物园内	南宁市江南宾馆		江南区星光大道 40 号
上林(天龙湾)曼悦酒店		上林县大丰镇林康路 17 号	马山汇龙大酒店		马山县白山镇金伦大道 593 号
金旺角国际大酒店		青秀区民族大道 182 号	名洋国际大酒店		邕宁区龙亭路 8 号学术交流中心 1 楼
南宁国宾美景养生酒店		青秀区桃源路 63 号	南宁市湘鸿大酒店		邕宁区龙岗大道龙华路 58 号
广西满江红大酒店	三星	青秀区祥宾路 63 号	广西马可波罗假日大酒店		青秀区金湖南路 37 号
南宁万兴酒店		兴宁区北宁路 42-1 号	广西艾美酒店		青秀区教育路 4-1 号
南宁市银河大酒店		兴宁区朝阳路 84 号	广西南宁沃沃商务酒店		江南区五一路 150 号
广西新华大酒店		青秀区民族大道 69 号	南宁市三丰酒店		邕宁区龙亭路 8 号南宁学院内
广西雅金大酒店		青秀区桃源路 43 号	广西榕华酒店		江南区富乐西路 5 号综合楼
广西绿都大酒店		青秀区七星路 133 号	南宁麦尔顿酒店		青秀区茶花园路 8 号综合楼
南宁华星酒店		青秀区七星路 125 号	广西南宁百利佳宾馆		青秀区桃源路 57 号
广西发改委培训中心		青秀区葛村路 1 号	南宁市园湖饭店		青秀区园湖北路 27 号
南宁大王滩度假村		良庆区那马镇南宁大王滩风景区内	南宁市教育宾馆		青秀区桃源路 64 号
广西天妃商务酒店		西乡塘区明秀东路 238 号	南宁市铁道饭店		西乡塘区中华路 84 号
南宁市状元坡宾馆		西乡塘区秀灵路 77-1 号			

编辑　班彩梅

信息化

综 述

【概 况】 2019年，南宁市作为全国首批开展第五代移动通信网络试点城市，促进5G（第五代移动通信技术）发展，助力数字南宁建设。建成5G基站1741个，数量居自治区首位，覆盖民族大道、火车站、机场、高校园区等区域；南宁市无线电监测中心（简称"市无线电监测中心"）清理5G系统频率，建立包括3大运营商和各有关单位在内的5G建设协调联络机制，为5G网络正常使用提供保障。发展数字经济，引进华为技术有限公司、浪潮集团有限公司等信息技术企业、大数据运用企业入驻，浪潮集团东盟运营总部及产业基地、滴滴南宁区域总部等项目落户；数字经济产业签约项目27个，投资金额超167亿元。与华为技术有限公司签署战略合作框架协议，在5G领域研究、新型智慧城市建设、信息服务、大数据应用等方面开展合作；中国－东盟信息港南宁核心基地引入知名数字经济企业入驻，筹建数字经济项目108个，并形成数字产业集聚区和行业微集群。继续进行数字政府建设和智慧城市建设，升级、新建一批便民应用与信息化平台，将信息化手段应用在城市治理、行业监管、政务服务、便民服务等方面。 （班 铭）

【数字南宁建设】 2019年6月10日，南宁市印发《中国－东盟信息港南宁核心基地建设方案（2019—2021年）》，部署中国－东盟信息港南宁核心基地未来三年重点建设工作；安排2019年智慧城市建设项目54个，投资9000万元。推进中国－东盟信息港南宁核心基地建设，引进华为技术有限公司、浪潮集团有限公司、科大讯飞股份有限公司、奇安信科技集团股份有限公司等信息技术企业、大数据运用企业入驻南宁。5月5日，自治区党委常委、市委书记王小东带队赴深圳开展招商活动，与瑞声科技、龙旗信息签约总投资60亿元的合作项目。开展智慧城市合作交流。6月25日，市政府和中国－东盟中心联合举办"中国－东盟智慧城市合作交流会"，推动新型智慧城市"南宁模式"走向东盟；9月10日至11日，市发展改革委主办的2019年中国－东盟新型智慧城市协同创新大赛决赛在南宁举办，13个项目获奖。9月26日至28日，"2019中欧绿色智慧城市峰会"在南宁召开，中欧城市与企业代表300余人参会，共同发布《中欧绿色智慧城市南宁共识》，20多个城市被评为中欧绿色智慧优秀城市，南宁市被评为荣誉城市。10月18日，在南宁举办的第七届中国－中亚合作论坛上，南宁市与马来西亚霹雳州、泰国孔敬市分别签订《智慧城市伙伴关系合作备忘录》。完善便民服务应用，优化政务服务办事流程。"爱南宁APP"实现城市服务超100个，注册用户350万，日均启动次数超57万次，服务超1.30亿人次，平台交易金额超2亿元；"一码通城"覆盖全市公共交通、热门旅游景区，新增市图书馆、电子健康卡、长者食堂、便利店等应用场景。智慧人社整合优化社保、就业业务流程，创新应用30多项，"零跑腿"服务202项，获人力资源和社会保障部在全国推广；7月5日，全国首个智慧人社联合创新实验室在南宁揭牌；"互联网＋南宁不动产登记"被自然资源部定义为"南宁样本"在全国推广。 （市大数据发展局）

【互联网服务】 2019年，南宁市固定互联网宽带接入用户298.90万户，其中光纤到户／光纤到办公室（FTTH/FTTO）用户265.56万户、占88.85%。移动电话

2019年9月2日至6日，市大数据发展局在北京大学举办数字经济专题研讨班

唐国玉 摄

用户 1075.88 万户，比上年增长 3.20%。有网站 2.11 万个，其中出版类网站 5 个，药品和医疗器械类网站 32 个，文化类网站 7 个，广播电影电视节目类网站 4 个，新闻类网站 11 个，其他类型网站 2.10 万个；按主办者性质分，政府机关备案网站 171 个，事业单位备案网站 422 个，企业备案网站 1.62 万个，个人备案网站 3920 个，其他类型网站 479 个。经营互联网信息服务业务企业 504 家，经营互联网数据中心业务、互联网接入服务业务、国内互联网虚拟专用网业务、在线数据处理与交易处理业务企业 200 家。

（广西通信管理局）

【信息安全】 2019 年 6 月，南宁市开展关键信息基础设施网络安全自查；8 月 26 日至 30 日，中国共产党南宁市委员会网络安全和信息化委员会办公室（简称“市委网信办”）联合南宁市公安局网络安全保卫支队，抽查市直单位的三级等保系统和县级融媒体中心 20 家，检出问题后形成检测报告，要求相关单位整改。9 月，南宁市大数据发展局（简称“市大数据发展局”）开展政务网络安全监督检查，现场检查 88 个单位、176 个系统，发现网络安全风险后敦促整改；市大数据发展局继续引入网络安全专家顾问团队，协助开展关键信息基础设施风险评估、大数据网络安全工作咨询、网络安全应急管理与响应、网络安全宣传与培训、大数据网络安全形势调研等；完成政府网站集约化平台、政务云网络等关键信息基础设施基于网络安全等级保护制度 2.0 要求的测评；组织区县（开发区）对规模以上工业企业开展工业控制系统信息安全自查，市工信局聘请专业网络安全机构协同抽查 16 家，反馈网络安全相关问题并出具整改报告。6 月，南宁市重点行业网站安全监测预警平台二期项目建成并上线运行，为各企业提供网络安全云安全服务，远程监测预警服务的重点行业企业增至 500 家；启动智慧南宁一体化网络安全项目前期咨询设计。完成中华人民共和国成立 70 周年庆祝活动网络安全保障监测。6 月 20 日，市委网信办在南宁永凯春晖酒店组织网络安全员培训，培训 200 多人。9 月，国家网络安全宣传周期间，市委网信办承办国家网络安全宣传周广西活动开幕式及网络安全成就展，获 2019 年国家网络安全宣传周活动先进单位；组织个人信息保护专题讲座 20 场，开展网络安全进社区、农村、企业、机关、校园、家庭等活动 280 场次，受众 12.28 万人次。

（吴廷才　市大数据发展局　市工信局）

信息化建设

【概　况】 2019 年 3 月 6 日，南宁市大数据发展局挂牌成立，负责统筹协调推进南宁市数字化转型、大数据资源管理和发展数字经济等工作，设在市发展改革委。设规划与投资管理科、数字产业发展科、数据资源与安全管理科、电子政务科，行政编制 18 名、在编 14 人；局属参照公务员法管理事业单位南宁市信息网络管理中心（南宁大数据统筹管理中心），事业编制 35 名、在编 30 人，后勤服务人员控制数 4 名、在编 2 人。年内，建设 5G 基站 1741 个，数量居自治区首位；推进电信普遍服务试点建设，建成 4G（第四代移动通信技术）基站 95 个；推动光纤向自然村延伸，自然村光纤接入通达率 87.77%。完善电子政务基础设施支撑体系建设，推进政务数据“聚通用”，推广使用广西数字政务一体化平台（南宁平台），政务服务事项集约化办理；升级、新建信息化平台、应用，将信息化手段应用于城市治理、食品监管、就医购药、便民服务等方面，为市民生活办事提供便利，其中“爱南宁 APP”便民应用增至 100 多项。建设中国－东盟信息港南宁核心基地，引入大数据、互联网服务、智能电子设备生产企业落户。南宁市两化融合发展水平指数 90.11，比上年增长 2.42%。区县在已有基础上根据当地特色和需求利用信息化手段发展产业经济，横县建成现代农业产业园茉莉花生产数字化试点项目，横州镇被列入 2019 年淘宝镇名单、横县电子商务产业园孵化中心入选农业农村部“全国农村创新创业孵化实训基地”推介名单。主要存在政务数据共享开放难度大，数据资源的应用情况不理想；政府资金投资压力大；信息化项目建设模式和筹资渠道单一；数字产业发展相关政策还不完善、不健全，数字经济招商工作进展较慢等问题。

（班　铭　市大数据发展局）

【信息基础设施建设】 2019 年，南宁市有移动电话基站 4.21 万个，其中 4G 基站 2.92 万个，5G 基站 1741 个；互联网宽带接入口 719.44 万个，其中光纤到户 / 光纤到办公室端口 519.88 万个；互联网出口总带宽 4660 千兆字节；城市光网覆盖率 99% 以上。4G 网络实现行政村全覆盖，自然村覆盖率 91.70%。推进 2019 年电信普遍服务试点，向工业和信息化部申报建设 4G 基站 256 个，获批 123 个（中国电信广西分公司承建 61 个、移动南宁分公司承建 62 个），至年末建成 95 个。10 月，市政府印发《关于印发南宁市加快 5G 建设和应用工作方案的通知》，市工信局开展 5G 基础设施规划编制、推动公共设施开放共享和 5G+ 智能制造等前期调研，协调运营商在全市开展 5G 基站建设，开通 5G 基站 1741 个，主要分布在民族大道、火车站、机场、高校园区等区域，完成地铁一号线朝阳广场站、火车站、万象城站、金湖广场站 4 个站台的 5G 室内分布系统建设。推动光纤向自然村延伸，421 个贫困村完成 123 个 50 户以上的自然村光纤引入。自然村光纤接入通达率 87.77%，其中 50 户以上自然村光纤接入通达率 97.37%。

（彭志荣）

【信息化与工业化融合】 2019 年，南宁市两化融合发展水平指数 90.11，比上年增长 2.42%。其中，信息化专项规划普及率增长 84.23%，MES（制造企业生产过程执行管理系统）普及率、SCM（供应链管理系统）普及率等接近或低于自治区平均水平。南宁市有国家级信息化和工业化深度融合示范企业 1 家（南宁糖业股份有限公司），工信部两化融合管理体系贯标试点企业 11 家（广西皇氏甲天下乳业股份有限公司、南宁糖业股份有限公司、中建泓泰通信工程有限公司、广西中烟工业有限责任公司、南宁富桂精密工业有限公司、广西田园生化股份有限公司、南宁燎旺车灯有限责任公司、南宁八菱科技股份有限公司、广西博世科环保科技有限公

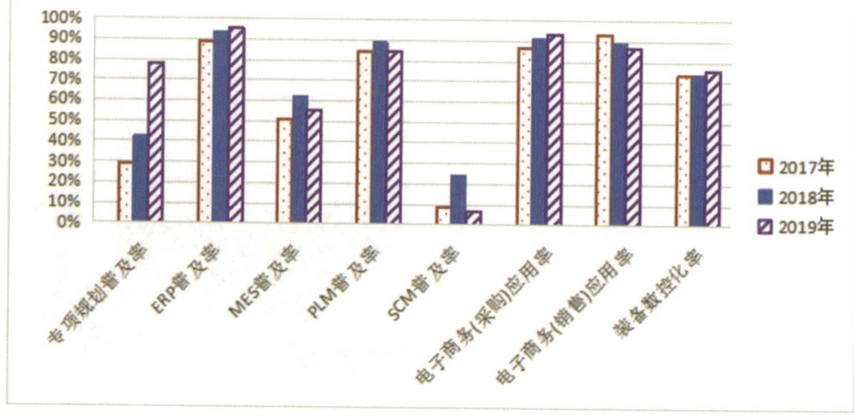

图 1　2017 年至 2019 年南宁市两化融合应用水平图

司、广西南宝特电气制造有限公司、南南铝业股份有限公司),国家两化融合管理体系贯标咨询服务机构4家(广西领智信息科技有限公司、南宁两化融合信息科技有限公司、广西力行能源管理科技有限公司、广西博士海意信息科技有限公司)。广西建工集团智慧制造有限公司、南宁富桂精密工业有限公司、广西丰林木业集团股份有限公司、广西福之凯家居有限责任公司、南宁青岛啤酒有限公司5家企业入选2019年广西智能工厂示范企业。南宁富桂精密工业有限公司“机构厂智能工厂建设及信息化升级项目”、广西轩妈食品有限公司“轩妈ERP订单管理和智能溯源系统建设项目”、一铭软件股份有限公司“引入安卓生态的国产Linux桌面系统”等8个两化融合重点项目获自治区专项资金支持。 (陈佐皓)

【数字政府建设】 2019年,南宁市电子政务机房按照B级电子信息系统机房标准建设,面积2000平方米,机柜324个,托管服务器等设备1390台。市电子政务网覆盖市、区县(开发区)、乡镇(街道)、村(社区)并与自治区外网互联互通。市电子政务云平台有虚拟机1693台,新增345台,回收50台;部署应用系统134个,清理下线信息系统6个。市政务数据共享交换平台为75个部门提供政务数据资源目录发布、数据资源挂接、数据共享应用等数据服务,挂载资源目录2202条,库表数据总量1.83亿条。11月20日,南宁市政府网站集约化建设项目通过竣工验收,集约化管理市直部门、区县、派出机构、重要机构及党群部门等109个单位二级网站及分站点。升级完善南宁市电子政务移动办公系统和会议管理系统,优化机关业务流程,简化办事程序,实现移动办公。12月,推广使用广西数字政务一体化平台(南宁平台),政务服务事项做到“应上尽上,全程在线”。市政府门户网站在2019数字政府服务能力暨第十八届中国政府网站绩效评估省会城市网站中排名第五,在2019年自治区政府网站绩效评估中排名第一,实现“四连冠”;“创新全链条审批服务开启办事创业‘一事通办’新模式”获2019年中国政府信息化管理创新奖。

【智慧城市建设】 2019年,南宁市审核市财政投资信息化项目44个。“爱南宁APP”新增便民应用40多项,涵盖政务服务、城市生活、交通出行、卫生健康等领域,注册用户超350万,日活跃用户57万,“一码通城”刷码量超1.19亿人次;6月25日,“爱南宁APP”东盟版正式发布,其中“一码通城”应用新增公交、图书馆、门禁等应用场景。10月17日,南宁市牛羊肉追溯体系及肉菜流通追溯体系升级项目通过竣工验收,覆盖322家单位(新增试点企业180家),全面推行追溯信息二维码查询和追溯数据网络传输,优化子系统操作流程。10月18日,南宁市扬尘治理视频综合管理系统(一期)通过竣工验收,整合全市在建工地、采石场、搅拌站、消纳场、扬尘污染联合执法卡点及主要运输道路等监控视频资源1300多路,覆盖扬尘产生源头、执法卡点和运输道路,汇集环保在线监控、建筑垃圾运输车定位信息等数据,将交警、环保、城管等相关职能部门行业监管信息资源汇入扬尘治理系统。10月24日,南宁市智慧社保“诊疗一卡通”升级项目通过竣工验收,增加入院办理、线上门诊取号、挂号医保支付等线上就医功能,强化参保信息查询、医保就医记录、医保支付等线上医保功能;与广西民族医院、广西医科大学附属肿瘤医院、横县人民医院等25家二级及以上医院完成HIS系统(医院信息系统)对接;3个一卡通数据节点内存扩容至256吉字节。10月30日,南宁市智慧气象核心技术支撑平台项目通过竣工验收,包括气象资料网格化处理系统、网格化数据释用系统、气象产品自动化生成系统、气象产品制作修订系统、短时临近天气预报服务系统和气象智能客服机器人6个部分。建设三医联动平台。11月12日,以市第二人民医院为试点的“处方共享购药”应用上线发布,群众授权后医院开具的电子处方外延到药店,作为凭据购买处方药,市第二人民医院、广西医科大学第二附属医院已开通,广西医大大药房、南宁一心医药、桂中大药房、友和古城大药房、康全药业等药店接入处方共享平台。12月27日,南宁市电子健康卡正式启用,市民可在“健康南宁公众服务”微信公众号或“爱南宁APP”上申领,可在13家市级医院完成挂号、候诊、取药、付费等医疗服务。建成市公安局出入境基础数据应用平台项目,南宁市户籍居民及在南宁市工作生活的非南宁市户籍居民可就近办证、自助办证、免费照相等。建成“互联网+自助办税”系统,被国家税务总局评为“互联网+税务”应用软件类可复制可推广优秀项目。

【数字经济建设】 2019年,南宁市数字经济产业签约项目27个,投资金额超167亿元,浪潮集团东盟运营总部及产业基地、宝德计算机生产基地、滴滴南宁区域总部等项目落户。以中国电信东盟国际信息园、中国移动(广西)数据中心、南宁五象远洋大数据产业园等项目引领,打造大型以及超大型数据中心核心集聚区,在南宁建设数据中心机房的企业数量占自治区总量23.53%,标准机架占54.49%;20家企业获“第一批数字广西建设标杆引领重点示范项目(企业、平台)”称号。南宁市农业大数据基地投入运营,武鸣沃柑产量、价格指数模型初步构建,横县现代农业产业园茉莉花生产数字化试点项目基本建成;对接中国－东盟(华为)人工智能创新中心,为南南铝业股份有限公司、广西慧云信息技术有限公司、巨象数字等企业提供“AI+”(人工智能+)解决方案;南宁市与华为公司签署华为软件开发云服务合作协议,成立华为(南宁)软件开发云创新中心,为全市157家企业、6所高校发放云资源补贴3024.43万元,推动软件产业发展。

【区县信息化建设】 2019年,南宁市12个区县、3个开发区完善通信基础设施建设,平均网络信号覆盖率90%以上,村级最大带宽200兆以上;完成电子政务外网建设,辖区部门和乡镇全部连通;完成政府网站集约化建设,均接入广西政务一体化平台、政务数据共享交换平台,实现政务数据互通共享。江南区推进东盟硅谷科技园——三创加速中心建设,孵化企业14家,在驻企业10家。12月20日,武鸣区数字武鸣地理空间框架建设项目完成验收,完成一套机制、一个数据库、一个公共服务平台和多个示范应用系统,推动城区地理信息广泛应用,促进政府信息数据共建共享。横县现代农业产业园茉莉花生产数字化试点项目建设基本完成,总投资410万元,占地66.67公顷(茉莉花生产数字化设施种植基地0.67公顷、茉莉花生产数字化标准种植基地0.67公顷、茉莉花生产数字化大田种植监测基地65.33公顷),通过传感器技术实时获取室内室外环境参数,通过大数据分析,研究出更适宜茉莉花栽培管理的生长条件;继续依托“全国电子商务进农村综合示范”项目,横县横州镇被列入阿里研究院发布的2019年淘宝镇名单、横县电子商务产业园孵化中心入选农业农村部“全国农村创新创业孵化实训基地”推介名单;至年末,横县有网商(利用互联网作为企业或个人商业经营平台,进行采购、销售、企业产品展示信息发布等企业日常经营活动,并以此作为企业主要经营手段的企业家或商人)4791家,新增400多家;电子商务交易额42.15亿元,比上年增长18.75%;网络零售额13.89亿元,增长25.93%。上林县创建电子商务进农村综合示范县,有农村电商服务点258个;推广远程教育,建成终端站点150个;建设就业信息平台,录入个人基本信息6584

项。隆安县推进农业农村数字化建设,建设益农信息社县级运营中心1个,益农信息社标准站、益农信息社专业站、益农信息社简易站各118个,覆盖行政村118个;电子商务村级服务点635个,电商覆盖率98.47%。

【中国-东盟信息港南宁核心基地建设】2019年6月3日,南宁市出台《中国-东盟信息港南宁核心基地建设方案(2019—2021年)》。至年末,筹建数字经济类项目108个,竣工项目32个,在建项目35个,完成投资301.87亿元,初步形成五象新区、南宁高新区、青秀区等数字产业集聚区,南宁核心基地基本框架初具规模。其中,五象新区数字产业项目库项目增至58个,中银香港东南亚业务运营中心、启迪之星"一带一路"孵化基地、中国-东盟检验检测认证高技术服务集聚区(一期)等项目竣工;南宁·中关村创新示范基地形成"一基地、一园区"新布局,东软集团、东华软件股份公司等118家数字经济企业入驻,聚集广西捷佳润科技股份有限公司、广西慧云信息技术有限公司等代表企业,形成数字农业微集群;中国-东盟新型智慧城市协同创新中心聚集科大讯飞股份有限公司、华为技术有限公司、中科通信有限公司等23家企业(机构),形成多平台、多中心整体架构,多园多区建设模式日益完善。

(市大数据发展局)

软件和信息技术服务业

【概 况】2019年,南宁市软件和信息技术服务业主营业务收入217.77亿元(不含3大运营商),比上年增长62.45%;主营业务收入超亿元企业21家,主营业务收入196.03亿元,占行业主营业务收入90.01%,其中数字广西集团有限公司、润建股份有限公司、广西广播电视信息网络股份有限公司、广西交通科学研究院、广西壮族自治区通信产业服务有限公司等行业重点企业主营业务收入占行业主营业务收入65.62%。南宁市在软件开发运用、两化融合、电子信息服务和集成等方面规模居自治区之首。

【软件产品研发】2019年,南宁市软件和信息技术服务业企业数量、技术水平和收入均居自治区前列,软件产品开发及销售占主营业务收入超30%以上,大数据采集服务占40%以上。软件和信息技术服务业企业的软件产品主要以应用软件(系统)为主,其中一铭软件股份有限公司的服务器操作系统,广西桂能软件有限公司的CAD系列设计软件,广西德意数码股份有限公司的软件中间构件、税控系统,广西宏智科技有限公司的糖厂生产智能信息平台,广西海蓝数码科技有限公司的海量图文数据处理系统等产品达国内先进水平,企业产品销售收入占企业主营业务收入80%以上。

【软件公共服务体系建设】2019年,南宁市尔松科技有限公司、广西南宁晃捷电子科技有限公司、广西思伦捷信息科技有限公司、南宁慧视科技有限公司、润建通信股份有限公司、广西宝信迪科技有限公司、中国-东盟信息港股份有限公司、广西天道信息技术有限公司8家入围《2018年度南宁市规模以上其他营利性服务业符合奖励企业名单》,企业奖励资金40万元拨付完毕。南宁市通过"助保贷""惠企贷"两种模式解决中小企业融资难、融资贵问题,南宁慧视科技有限责任公司、南宁腾桂工贸有限公司、广西翌港供应链管理有限公司、广西耀明科技有限公司、南宁一站网网络技术有限公司5家软件和信息技术服务业企业进入助保金池,申请助保贷或风险补偿超1000万元。

【产业集聚区建设】2019年,南宁市软件和信息技术服务业产业集聚能力增强,形成南宁高新区、青秀区和五象新区主要集聚区。加快中国-东盟信息港南宁核心基地建设,引进大数据、云计算、物联网、北斗、信息安全等新一代信息技术企业落户五象新区,打造完整的软件研发、生产和服务体系。发挥南宁国家火炬软件产业基地区位优势和后发优势,推进南宁软件园发展,支持南宁·中关村创新示范基地、南宁创客城等"互联网+"众创平台建设。年内,五象新区的数字广西集团有限公司、云宝宝大数据产业发展有限责任公司,南宁高新区的广西西能自动化设备工程有限公司、广西泰盈信息技术有限公司、广西海颐软件有限公司、广西滴滴出行科技有限公司、广西南方天网电子科技有限公司,青秀区的广西金庚科技有限责任公司、中移铁通有限公司广西分公司,江南区的研祥智谷产业园的南宁市研祥特种计算机软件有限公司10家企业被纳入规模以上信息服务业企业。

(谢永靖)

通信业

【概 况】2019年,南宁市电信业务总量768.20亿元,比上年增长72.90%。有中国电信股份有限公司南宁分公司(简称"电信南宁分公司")、中国移动通信集团广西有限公司南宁分公司(简称"移动南宁分公司")、中国联合网络通信有限公司南宁市分公司(简称"联通南宁分公司")3家通信运营商,通信主营业务收入83.12亿元。其中,电信南宁分公司主营业务收入约27.71亿元,比上年增长3.64%;移动南宁分公司主营业务收入42.39亿元,增长3.80%;联通南宁分公司主营业务收入13.02亿元,增长3.74%。3月10日,全国首个5G独立组网商用版城市核心区试验网在南宁开通,并开通中国电信首辆5G线路公交车供市民免费乘坐。6月6日,工信部向中国电信、中国移动、中国联通和中国广电发放5G商用牌照,电信南宁分公司、移动南宁分公司、联通南宁分公司年内陆续推出5G套餐。11月27日,工信部宣布携号转网正式在全国提供服务,南宁市固定电话用户和移动电话用户可在变更运营商时保留原号码。

(班 铭)

【中国电信股份有限公司南宁分公司】2019年,电信南宁分公司设市场部、客户经营部、客户服务部、渠道运营部、政企客户部、网络运营部、企业信息化中心、工会、办公室、财务部、人力资源部、采购供应中心、纪律检查委员会办公室、党群工作部(企业文化部)、安全管理部(信息安全管理部);下辖兴宁区、江南区(五象新区)、青秀区、西乡塘区、邕宁区(城郊)、武鸣区、横县、宾阳县、上林县、马山县、隆安县11个区县分公司。有员工3584人,其中合同制员工1355人。主营业务收入27.71亿元,比上年增长3.64%;净利润5.43亿元。移动用户279.68万户,净增24.86万户;宽带用户129.24万户,净增5.72万户,宽带业务满意度行业排名第一;固定电话用户51.26万户。通过提升市场竞争力、发展分期付费用户、提升升档用户占比等方式控制套餐降档用户,畅享套餐带动用户的平均流量和积分提升,5G高价值套餐和携号转网用户数量提升。以千兆宽带和全屋Wi-Fi(无线网络)作为主要推荐产品,推进千兆小区网络覆盖;发展天翼看家、家庭云、小翼管家等智慧家庭业务。发展广泛性分销渠道、开展商超联名促销活动,翼支付活跃商家超2万家,翼支付活跃用户75万户;翼支付个人账户消费额提升1.20倍,天翼PLUS会员数量排名自治区第二。固定资产投资3.93亿元,有FTTH端口总量284.42万个,新增端口26.58万个,覆盖行政村99.71%;新建4G网络室外宏基站995个,开通室内分布系统站点698个;开通5G

网络室外宏基站454个，开通室内分布站点32个。室内分布系统工程、4G扩容、4G优化补点项目均提前或超额完成，5G基站建设开通数量占自治区总量37%。1月18日，成立南宁飞翼无人机创新工作室，负责制定南宁飞行航线、制订南宁飞行计划和超视距无人机管理规程等，为电信线路维护人员提供无人机巡线服务，成员主要来自网络运营部、线路维护中心长途线路局。4月4日，电信南宁分公司与广西日报传媒集团合作，采用5G网络直播“壮族三月三·八桂嘉年华”活动。连续三年获自治区电信职业技能竞赛团体一等奖。主要存在千兆宽带及智慧家庭业务未达年度指标；转型业务发展不足，云业务未形成规模发展；改革创新落地执行有偏差，新政策出台后未及时培训，实行小CEO承包后，针对异网用户触点销售探索创新不足，携号转网成效不明显，自有渠道与代理伙伴协同发展关系未理顺等问题。（许辉坚）

【中国移动通信集团广西有限公司南宁分公司】 2019年，移动南宁分公司设综合部、人力资源部、财务部、市场经营部、政企客户部、客户服务部、工程建设部、网络部、党委办公室（党群工作部兼扶贫办公室）、纪委办公室、工会，分管东区、西区、邕城、武鸣、横县、宾阳、上林、马山、隆安9个分公司，有员工1813人。自有渠道60个、社会渠道1100个。业务收入42.39亿元，比上年增长3.80%，向地方缴纳税收超1亿元。移动客户规模566.94万户，网络覆盖率超99.99%，交换机容量约28万爱尔兰。有移动基站2.61万个，移动通信网络覆盖行政村100%，覆盖自然村91.70%。拓展政府、教育、交通物流等行业，通过ICT（信息与通信技术）集成项目带动信息化收入增加；与市市场监管局合作“明厨亮灶”项目，在3500所学校新建视频监控1.05万路；建设马山县公安局扶贫搬迁小区监控系统，搭建各类监控前端点位500多路；建设“平安武鸣”项目，搭建视频专用传输网络500多路；与兴宁区教育局、青秀区教育局共建教育子网、市第十四中学智慧校园项目；与广西医科大学附属肿瘤医院、南宁市妇幼保健院等医院完成影像云、互联网电视、网络专线等业务签约。5G信号覆盖主城区，打造民族大道、火车东站等精品区域，完成重点单位的5G室内分布覆盖。提前完成40个汇聚机房配套建设，SPN（切片分组网）设备开通率居自治区前列。开展综合整治骚扰电话、不良信息治理、系统病毒治理、防范打击电信诈骗治理等专项行动，关停疑似诈骗号码约2800个。开展“降本增效”专项行动，节约成本3995万元，有线业务备用物品和备用零件库存下降78%。移动南宁分公司团队被评为2019年通信行业优秀质量管理小组、中国移动优秀质量管理小组、自治区级质量管理小组金奖和质量信得过班组金奖。主要存在高质量发展能力有待加强，市场营销资源使用效能有待提升，管理模式尚需提高等问题。（林　荣）

【中国联合网络通信有限公司南宁市分公司】 2019年，联通南宁分公司设财务部、党群工作部（党委宣传部）、人力资源部（党委组织部）、派驻纪检组、办公室（工会兼党委办公室）、营销部、政企客户事业部、网络部、综合服务支撑中心、客户服务中心、网络优化中心、网络维护中心。下设44个划小单元。有员工1206人，其中合同制员工441人、第三方派遣人员765人。主营业务收入13.02亿元，比上年增长3.74%。发展移动用户82.57万户、宽带用户7.52万户；建设有效渠道232家，百户渠道18家；异业渠道中电动车行业场景发展用户4230户，地铁站高频场景发展用户5991户；线上渠道订单量25.26万，创新“电话购”本地引流订单交付模式，发展用户1.81万户；自营渠道发展终端合约8.10万户，维系产品年累计收益2177万元。政企业务完成收入2.32亿元，签约百万级重大项目20个。签约南宁市智慧消防——电动车棚消防监控项目，公共电动车停放点防火安全智能监控覆盖车棚1500个；签约隆安县中小学智慧校园项目15个；与兴宁区3个街道办建成智慧社区项目，将服务逐步延伸至群众衣食住行游娱购。投资建设商务楼宇资源100余栋，发展商务宽带1万余条。规范名单制客户系统管理，为名单制客户860个提供3000余条固网专线、电路等服务。新增4G基站1709个、覆盖楼宇1105栋，4G人口覆盖率较1月提升7个百分点，完成千兆示范小区建设6个。完成全国“两会”、中华人民共和国成立70周年大庆、中国－东盟博览会等59项重大活动网络保障。通过共建共享开通5G基站186个，覆盖南宁东站、南宁吴圩国际机场、五象新区总部基地中央商务区、朝阳商圈、民族大道沿线、龙岗新区、广西民族大学等重要交通枢纽、城区热点区域和县城部分区域。用户投诉量下降49.23%，工信部申诉量下降36.80%。主要存在高质量发展能力不强，经营效益亟待提升，网业联动不够充分，微观主体活力动力不足等问题。（黄思敏）

【全国首个5G独立组网商用版城市核心区试验网开通】 2019年1月，中国电信股份有限公司广西分公司在南宁启动全国首个5G独立组网商用版城市核心区试验网项目；2月2日开通首个SA（独立组网）标准5G站点，2月底全线开通；3月10日召开媒体发布会，正式宣布全国首个5G独立组网商用版城市核心区试验网在南宁市开通。试验网采用世界最新的SA标准，使用华为公司5G技术与设备，网络平均下载速率每秒920兆比特，峰值下载速率每秒1.80千兆比特。传输速率较4G无线网络提升10倍～100倍，用户峰值速率每秒10千兆比特；时延降低5倍～10倍，达到毫秒级别；连接设备密度提升10倍～100倍，每平方千米可连接设备100万个以上，街灯、红绿灯、电表、水表、监控摄像头等均可接入5G网络。线路总长16千米，呈U形布局，覆盖民族大道沿线（西起共和路，东至埌东客运站），贯穿朝阳商圈、民族广场、金湖广场、南宁国际会展中心、东盟商务区

2019年6月21日，南宁市青秀区党委、政府与联通南宁分公司建设开发的“手上青秀”APP正式上线。图为联通南宁分公司工作人员为客户进行使用讲解　　杨敏卓　摄

等核心区域，并分别向北延伸至南宁火车站、南宁火车东站。3月10日至6月末，中国电信首辆5G线路公交车在民族共和路口至埌东客运站设站点20个，提供免费乘坐服务、免费体验5G应用。

（许辉坚）

无线电管理

【概　况】 2019年9月，南宁市无线电管理处更名南宁市无线电监测中心，职能不变；设监测科、综合科、业务科、财务科，事业编制9名、在编7人。全年监测时间3.14万小时，查处"黑广播"19起，为各类考试提供无线电安全保障25次。开展辖区内无线电发射设备网上备案，完成238家公司销售备案及2.05万个无线电发射设备型号登记。促进5G商用，助力数字经济发展。主要存在工作人员严重不足的问题。

【无线电监测】 2019年，市无线电监测中心继续执行固定监测站、移动监测站相结合的日常监测制度，每月按计划使用固定站、小型站、移动站等监测设备完成监测任务，对监测数据归档整理。日常无线电监测3.14万小时。1月至5月，开展无线电监测能力专项行动，完善监测工作制度，规范监测流程，检测监测数据分析处理能力上的差距。11月中旬，抽调技术人员4人，前往百色市龙邦、岳圩、平孟等边境口岸，开展无线电环境监测。

【无线电频率台站管理】 2019年，市无线电监测中心简化行政许可流程，整理出"行政许可事项无线电频率使用""无线电台(站)的设置"等优化措施9项。受理办理行政许可审批157项，20个工作日内办结率100%，无投诉事件。其中，通过行政许可呼号申请34项，指配呼号34个；频率申请26项，指配频率每组34个；设台申请97项，新设电台3458台。受理干扰申诉10起，主要涉及航空、铁路、通信运营商，均在5个工作日内安排查找。建立并负责维护更新南宁市3000兆赫～5000兆赫频段无线电台站保护清单，协调运营商退出2600兆赫频段。清理5G系统频率，开展5G基站和C波段卫星地球站干扰协调，建立包括3大运营商和各有关单位在内的5G建设协调联络机制。

【无线电安全保障】 2019年，市无线电监测中心完成全国"两会"、2019年"苏迪曼杯"世界羽毛球混合团体锦标赛、第16届中国－东盟博览会、2019年环广西公路自行车赛(南宁段)4项重大无线电安全保障任务。5月17日至26日，"苏迪曼杯"世界羽毛球混合团体锦标赛举办期间派出赛事直播保障人员36人次、出动移动监测车8辆次、便携式测向设备6套，协调解决通信运营商5G信号干扰1起。9月，第16届中国－东盟博览会暨中国－东盟商务与投资峰会召开期间，派出无线电移动监测车3辆、12人进行无线电安全保障。

（覃　巍）

编辑　班　铭

2019年3月10日，南宁开通全国首个5G SA商用版城市核心区试验网。图为解说员在5G精品路线公交车上向媒体介绍5G应用

黄祯光　摄

2019年5月29日，市无线电监测中心工作人员在南防铁路大王滩站排查干扰

陈明　摄

金融业

综　述

【概　况】2019年，南宁市金融工作办公室（简称“市金融办”）设综合科、银行保险科、资本市场科、地方金融科、改革发展科，行政编制20名、在编20人，后勤控制数2名、在编2人。参照公务员法管理事业单位：南宁市金融行业服务管理办公室，编制15名，在编12人。南宁市围绕服务实体经济、防控金融风险、推进金融改革开放三项重点任务，把推进面向东盟的金融开放门户南宁核心区建设作为落实强首府战略的重要抓手，开展金融产业招商，加快推动金融业务创新，提升金融基础配套，优化金融营商环境，促进首府金融提质增效，金融中心综合竞争力不断提高。12月19日，中国（深圳）综合开发研究院发布第十一期“中国金融中心指数”，南宁市在全国31个金融中心排名24，较上期提升6个名次。全市金融业增加值比上年增长7.1%，对经济贡献率17.3%。年末，人民币存贷款余额24682.67亿元，比上年增长11.67%。其中，存款余额10718.32亿元，增加658.99亿元，增长6.19%；贷款余额13964.35亿元，增加1873.20亿元，增长15.87%。新增资本市场直接融资813.27亿元，增长50.79%。保费收入211.52亿元，比上年增长4.9%。小额贷款公司贷款余额406.03亿元，增长0.80%；融资担保公司担保余额504.99亿元，增长66.92%。主要存在民营企业、小微企业融资难融资贵，地方金融风险隐患长期存在等问题。

【农村金融改革】2019年，南宁市推动更多金融资源配置到农村重点领域和薄弱环节满足乡村振兴金融需求，加大“三农”（农业、农村、农民）信贷投放力度，全市涉农贷款余额2181.82亿元，增加199.52亿元。持续推广百色市田东县“农金村办”模式，区县与辖区涉农金融机构合作在1300个建制村（不含社区中建制村）设立“三农金融服务室”，建制村覆盖面100%，协助金融机构为农户提供存取款、贷款、保险等金融服务，宣传金融法律法规和金融基本知识。持续开展农村信用“四级联创”（创建信用户、信用村、信用乡镇、信用县），累计创建信用户69.69万户、信用村700个、信用乡镇57个，创建面分别为58.40%、53.85%、55.88%。完善农村信用信息系统，完成农户基础信用信息数据录入106.52万户，入库率89.26%。全市政策性农业保险完成保费收入18161.97万元，比上年增长2.37%。其中，中央险种保费收入15437.42万元，增长2.85%；自治区险种保费收入2605.76万元，减少0.78%；县级特色险种保费收入118.80万元，增长11.67%。

【多层次资本市场】2019年，南宁市加快发展多层次资本市场，支持企业通过资本市场直接融资，全市新增资本市场直接融资813.27亿元，增长50.79%，占自治区61%。其中，驻邕国有企业债券融资803.99亿元，增长56%。6月24日，南宁轨道交通集团有限责任公司主体信用评级被远东资信评估有限公司评定为AAA等级，为南宁市首家AAA等级市属国有企业。制定《南宁市企业上市（挂牌）“三大工程”实施方案》，召开2019年企业上市（挂牌）“三大工程”[企业（挂牌）培育、企业上市攻坚、上市公司质量提升工程]重点企业融资对接暨政金企座谈会，举办资本市场专题培训13场（次），培训上市公司、重点拟上市企业、平台公司等450余家（次）；在区县（开发区）举办“资本市场启程”全覆盖轮训，开展培训10场次，培训企业250余家（次）；组建由天风证券股份有限公司广西分公司、中汇会计师事务所、北京德恒（成都）律师事务所9位专家学者组成的上市（挂牌）后备企业专家服务团队，为重点拟上市企业和上市（挂牌）后备库企业开展分行业培训辅导、企业诊断、专项调研等服务。新增新三板挂牌企业1家（广西辽大农业科技集团股份有限公司），完成广西证监局首次公开发行股票辅导备案企业2家（广西森合高新科技股份有限公司、南宁汉和生物科技股份有限公司）；有上市（挂牌）企业44家，占自治区40%。南宁市创业投资引导基金累计完成项目投资1.71亿元，新增投资项目7个，新增投资金额8994.50万元；打造南宁市创新创业项目投融资路演大赛、海（境）外人才创新大赛、邕城创投会、“槿英汇”路演、“邕城创客行”投融资路演等路演活动品牌。在自治区率先设立天使投资基金，总规模2亿元，首期规模5000万元，重点支持种子期、初创期、成长期科技型创新创业企业发展。

【金融招商】2019年，南宁市围绕建设面向东盟的金融开放门户核心区，到东盟国家、中国香港地区、中国澳门地区、北京、上海、深圳等地开展金融招商，拜访、接待金融监管部门、境内外金融机构100余家（次），引进金融企业（项目）23个。5月，南宁市金融招商代表团随自治区经贸文化代表团到新加坡、中国香港地区、中国澳门地区推介面向东盟的金融开放门户南宁核心区，在2019广西对接粤港澳大湾区——走进香港推介会上，市政府与中国银行（香港）有限公司签订中银香港东南亚业务营运中心项目战略合作协议。第八届中国（广州）国际金融交易博览会期间，举办面向东盟的金融开放门户南宁核心区首场专题推介会。7月,自治区党委、政府在北京召开共同推进广西建设面向东盟的金融开放门户座谈会上,市政府与中国工商银行股份有限公司广西分行、中国银行股份公司广西分行、交通银行股份有限公司广西分行3家金融机构签订中国－东盟金融城落户五象新区合作意向书。中银香港东南亚业务营运中心、中国太平保险集团有限责任公司东盟保险服务中心、渤海银行股份有限公司南宁分行、国任财产保险股份有限公司广西分公司、中邮人寿保险股份有限公司广西分公司、建信人寿保险股份有限公司广西分公司、五矿证券有限公司广西分公司等23家重点金融机构(企业)落户南宁。

【金融环境优化】 2019年,南宁市出台《加快建设广西面向东盟的金融开放门户南宁核心区的若干措施》等扶持政策,向50多家企业拨付市本级金融产业奖励资金2578.44万元,用于引进金融企业、吸引优秀金融人才、鼓励和支持金融企业开展平台建设及产品、业务、模式创新,营造金融开放环境。制定《南宁市优化营商环境攻坚突破年获得信贷指标实施方案》《南宁市优化营商环境获得信贷指标百日攻坚实施方案》,以小微企业1000万元以下额度抵押贷款办理为突破口,整改办理环节多、消耗时间长、申请材料繁等突出问题,普惠型小微企业抵押贷款业务办理环节优化至4个工作日以内,平均办理时间(含抵押登记办理时间)8个工作日内。

【金融风险防控】 2019年,南宁市防范和处置非法集资领导小组办公室受理非法集资举报线索96条,梳理移交公安机关72条。发放非法集资举报奖励9956元。持续开展防范非法集资宣传教育进社区系列活动,驻市金融机构开展入社区活动1100余场次。5月,开展防范和处置非法集资集中宣传月活动,印刷海报、展板、横幅1490多版(条),发放传单、手册、购物袋等宣传品近19万份。开展涉嫌非法集资风险专项排查活动,排查企业4844家,涉及民间投融资中介机构、互联网金融行业等8个重点领域,发现存在非法集资风险企业16家。开展涉嫌非法集资广告资讯信息排查清理活动,现场检查广告、信息1.22万条,涉及广告经营(发布)者1129家;非现场监测广告、资讯信息2245次,查处、清理涉及广告资讯信息1.02万条。以退出为主要方向化解网络贷款机构风险,制定工作清单并督促推进,落实"三降"(降机构、降余额、降人数)要求,推进网络贷款机构风险出清。

【政金企融资对接】 2019年,南宁市完善政金企融资对接机制,组织行业主管部门开展政金企融资集中对接活动19场次,对接企业472家,涉及金额超690亿元。2月25日,自治区举行2019年服务业和农业高质量发展银企对接自治区集中签约活动,36家市属企业参加,签约授信金额132.17亿元。3月12日,南宁市召开2019年服务业和农业高质量发展银企对接集中签约活动暨政银企座谈会,现场签约金额30亿元。设立南宁市企业融资服务中心,集聚驻市银行机构8家、融资担保公司2家、小额贷款公司1家,累计受理融资申请368项,涉及金额23.89亿元,帮助216家企业融资14.61亿元;设立南宁股权融资服务中心,与广西锦蓝投资管理中心等9家股权投资机构建立合作关系,举办3期"邕城创投会"项目路演和投资讲座活动,为广西臻笛生物科技有限公司等19家初创型、成长型企业提供股权融资资源对接、行业政策解读等股权融资服务。

【政府性融资担保体系建设】 2019年,南宁市小微企业融资担保有限公司有合作银行16家,获银行准入授信44亿元;开展"4321"新型政银担保业务发生额12.33亿元,增长185%,平均担保费率1.32%(含0.45%代收再担保费),业务覆盖15个区县(开发区)。年末在保余额11.47亿元,增长167.37%。

【金融开放门户南宁核心区建设】 2019年,南宁市人民政府与自治区地方金融监管局联合印发《广西建设面向东盟的金融开放门户南宁核心区规划(2019—2023年)》,提出建设核心区"123456"金融工程(打造面向东盟的金融开放门户南宁核心区,争创2个试验示范区,建设区域性人民币离岸金融中心、区域性货币交易清算中心、跨境投融资服务中心3大中心,打造金融后台服务基地、财富管理服务基地、金融信息服务基地、金融交流培训基地4大基地,形成中国－东盟大宗商品现货交易市场、中国－东盟黄金产业交易市场、中国－东盟区域股权投资市场、中国－东盟区域产权交易市场、中国－东盟资本培育服务市场5大市场,完善楼宇供需、中介服务、征信服务、生活服务、人才支撑、营商环境6大配套)形成"一轴两翼,一城四区"(五象新区核心区主干道路平乐大道及两侧区域;中国－东盟金融城,金融总部集聚区、金融信息服务区、金融营运服务区和科技金融产业区)的金融产业发展格局,打造中国－东盟金融城。出台《加快建设广西面向东盟的金融开放门户南宁核心区的若干措施》等支持政策,在税收政策、落户奖励、创办"零费区"(符合南宁片区发展定位的现代金融、智慧物流、数字经济、文化传媒等现代服务业,以及新兴制造业企业,除国家法律法规规定的行政事业性收费外,在南宁市权限范围内可以免收的行政事业性收费一律免收)、财政奖励、土地政策和租购补助、人才政策以及生产要素等方面形成完备的政策体系。制定《建设面向东盟的金融开放门户南宁核心区实施方案》《南宁市创建保险创新综合试验区若干重点工作任务措施》等配套方案,梳理金融开放门户南宁核心区建设事项121个,确定金融改革创新清单。中银香港东南亚业务营运中心、中国太平保险集团有限责任公司东盟保险服务中心开业;9月,中国－东盟(南宁)金融服务平台正式上线,推动金融机构开展金融创新业务50余项,跨境人民币结算量663.11亿元,增速224.34%。中国－东盟金融城入驻持牌金融机构和

2019年11月16日至17日,2019亚信金融峰会在广西南宁荔园山庄国际会议中心举行。图为全国第十二届政协副主席陈元发表主旨演讲　　市金融办提供

重点金融企业39家，累计60家。加快基础设施建设，中国邮政储蓄银行、兴业银行等项目建设进入装修阶段，在建117栋高层建筑完成封顶99栋。

【2019亚信金融峰会】 2019年11月16日至17日，2019年亚信（亚洲相互协作与信任措施会议）金融峰会在南宁举办，市政府与中国开发性金融促进会共同主办，主题“推动亚信金融务实合作”，参会500多人。主论坛讨论区块链、5G与产业创新等议题；设置亚信金融暨亚信金融智库国际圆桌会、产融对接会2个平行论坛，讨论如何推进亚信金融务实合作、金融开放带来的机遇与挑战、科技重塑全球经济结构重塑金融生态圈、产业升级与金融创新等议题。发布《2019亚信金融峰会南宁倡议》，成立亚信金融智库。

（陈　威）

银　行

【概　况】 2019年，南宁市驻市银行业金融机构50家，其中政策性银行3家（国家开发银行、进出口银行、农业发展银行），国有商业银行5家（工商银行、农业银行、中国银行、建设银行、交通银行），股份制商业银行10家（光大银行、浦发银行、华夏银行、兴业银行、中信银行、招商银行、民生银行、广发银行、平安银行、渤海银行），城市商业银行3家（广西北部湾银行、柳州银行、桂林银行），外资银行4家（星展银行、南洋银行、汇丰银行、东亚银行），资产管理公司4家（华融资产管理股份有限公司、长城资产管理股份有限公司、东方资产管理股份有限公司、信达资产管理股份有限公司），非银行业机构3家（北部湾金融租赁有限公司、南方电网财务有限公司广西分公司、广西交通投资集团财务有限责任公司），农村商业银行3家（隆安农村商业银行、马山农村商业银行、上林农村商业银行），农村信用合作联社6家（广西农村信用合作联社、南宁市区农村信用合作联社、南宁市邕宁区农村信用合作联社、南宁市武鸣区农村信用合作联社、横县农村信用合作联社、宾阳农村信用合作联社），村镇银行8家（南宁江南国民村镇银行、南宁隆安长江村镇银行、南宁马山长江村镇银行、广西上林国民村镇银行、南宁兴宁长江村镇银行、南宁武鸣漓江村镇银行、宾阳北部湾村镇银行、广西横县桂商村镇银行），邮政储蓄银行1家（邮政储蓄银行广西壮族自治区分行）。南宁辖区银行业金融机构营业网点1250个，从业人员2.35万人。银行业金融机构总资产1.93万亿元，比年初增长6.33%。存款余额1.08万亿元，增长5.89%；贷款余额1.44万亿元，增长14.82%。

【中国人民银行南宁中心支行】 2019年，中国人民银行在南宁市设分支机构7个（南宁中心支行，武鸣支行、宾阳县支行、横县支行、隆安县支行、马山县支行、上林县支行）。全市金融机构本外币存款余额10785亿元，比年初增加633.59亿元，增长5.89%，增速下降1.41个百分点；本外币贷款余额14420.77亿元，增加1821.79亿元，增长14.82%，增速下降0.61个百分点。扩大人民币跨境投融资渠道，南宁6家企业获境外银行融资8.61亿元。跨境人民币结算总量663.11亿元。中国－东盟金融城新增入驻金融机构39家，累计60家。办理外汇行政许可业务382件。实现跨国公司跨境资金集中运营新旧政策过渡，完成重新备案企业2家，指导企业重新签订外债框架协议154.57亿美元、境外放款框架协议18亿美元。启动跨境金融区块链服务平台试点，为17家企业办理21笔跨境贷款签约登记，金额8.12亿美元，实际流入外债资金7.72亿美元，企业跨境融资规模创历史新高。开展个人境外投资、银行专项检查、打击地下钱庄和非法网络炒汇等专项行动，协调通信管理局关停网络炒汇平台5个。全市经常项目下（国际收支中经常发生的交易项目）涉外收支91.23亿美元。发行非金融企业债务融资工具545.60亿元，占自治区82.34%。签发银行承兑汇票1246.46亿元，比上年同期增长49.78%。金融机构办理票据贴现833.94亿元，增长35.88%。银行结售汇总计94.50亿美元，增加7.43%；产生结售汇逆差49.39亿美元，增加41.87%。加强金融支持民营、小微企业力度，民营企业贷款1375.95亿元，增长23.41%；新增277.64亿元，增加197.83亿元，增量占全部企业贷款27.63%，提高12.61个百分点；小微企业贷款余额1481.06亿元，增长11.06%；小微企业贷款余额占各项贷款10.27%。加大对小微企业支持，办理再贷款、再贴现增加资金509.21亿元。支持小微企业再贷款余额35亿元，增长105.88%；再贴现余额140.46亿元，增长11.77%，再贴现投向小微企业占44.70%，提高2.66个百分点。加强金融支持“三农”（农业、农村、农民），涉农贷款余额2181.82亿元，增长8.40%；余额比年初新增199.52亿元；支农再贷款余额1.30亿元。运用扶贫再贷款发放贷款定价，创新再贷款“先贷后借”管理模式，金融精准扶贫贷款余额793.23亿元，比年初增长12.05%；累计发放243.18亿元，投放量同比减少8.30%。带动服务贫困人口1122.57万人次。确保金融稳定运行，引导农村合作金融机构加入银行间市场，拓宽资本补充渠道；银行业法人金融机构不良贷款率同比下降1.57个百分点；推进银行债转股市场化，降低企业杠杆率。提升金融服务能力，提高征信供给和社会信用服务能力，增加查询点24个、累计36个，增配查询机26台、累计41台，农户信用信息系统覆盖全市，月均提供征信查询逾80万次。运用中征应收账款融资服务平台促成融资40.32亿元，累计113.94亿元。6月10日，取消企业银行账户许可，企业开立、变更、撤销基本存款账户、临时存款账户，由核准制改为备案制。南宁大小额支付系统稳定运行，处理业务6095.43万笔、金额25.01万亿元，资金净流出9053.12亿元。云闪

2019年11月13日，广西金融服务广西实体经济高质量发展暨支持重点领域推进会在南宁举办

中国人民银行南宁中心支行提供

付 APP 南宁注册用户 160 万户，改造完成 19 个综合性商圈移动支付受理环境。建成农村普惠金融服务点 1603 个、金融服务进村示范点 101 个。国库集中支付电子化全覆盖，办理国库收支 4269.04 亿元，同比增长 14.10%。12363 投诉咨询平台受理有效金融消费投诉 639 笔，季度平均办结率 90% 以上，接到咨询 5250 笔。甄别、处置涉嫌违规金融广告 42 条。

（王海全　易昌军）

【中国工商银行股份有限公司南宁分行】2019 年，中国工商银行股份有限公司南宁分行辖支行 12 家(民族支行、琅东支行、南湖支行、共和支行、新城支行、江南支行、高新支行、五象支行、武鸣支行、横县支行、宾阳县支行、隆安县支行)，经营性网点 115 个，员工 2260 人。本外币存款余额 1233.41 亿元，比年初增加 68.26 亿元，其中储蓄存款余额 552.53 亿元、增加 40.57 亿元，对公存款(不含同业)余额 642.49 亿元、增加 24.46 亿元；本外币贷款余额 1226.11 亿元、增加 98.84 亿元。发放地方民生工程项目贷款 177.85 亿元，发放棚户区改造贷款 20.39 亿元，发放南宁市黑臭水体整治系列项目贷款 11.02 亿元；公共设施、交通运输、文化产业等地方重点行业贷款增加近 60 亿元。跨境人民币结算量 495 亿元，增加 385.22 亿元，市场占比 76.88%。普惠金融超额完成两项监管口径(人民银行定向降准口径、银保监口径)任务，贷款余额均比上年增长近 10 亿元；发挥工行普惠网络产品优势，线上贷款发放占普惠贷款发放额 75%。按揭贷款余额增长近 50 亿元，二手房贷款发放量为上年的 2.74 倍。办理安装 ETC(不停车电子收费系统)业务 27.70 万户。对外投产工银融 e 点智慧餐饮管理系统、人人优泊公司智慧停车“工行—优泊钱包”、宾阳城建集团智慧物业等项目。以银政金融、社区金融、行业金融等创新理念，参与自治区、市人力资源和社会保持局灵活就业、市自然资源局不动产登记共享平台、中烟公司银企互联、住房公积金资金管理等政企系统平台合作开发。（尹湘竹　王庆林）

【中国农业银行股份有限公司南宁分行】2019 年，中国农业银行股份有限公司南宁分行辖一级支行 14 个(城区 8 个、县域 6 个)；有营业网点 152 个(城区 101 个，县域 51 个)，员工 2247 人。本外币贷款余额 1018.50 亿元，比年初增加 128.46 亿元；本外币存款余额 1039.92 亿元。发放人民币贷款 345.50 亿元，增加 27.56 亿元，增幅 8.70%。重点支持水利建设农村电网改造工程、电网改造升级工程、贵港至隆安高速公路、玉林至湛江高速公路、荣和五象学府、河池至百色高速公路、邕江综合整治与开发利用、南宁轨道交通五号线等 36 个重点项目，资金投放 52.20 亿元。各项贷款余额首次突破千亿元、增量突破百亿元，其中实体贷款余额 642.02 亿元、增加 70.97 亿元，投放实体贷款 237.72 亿元。制定《南宁分行优化营商环境获得信贷指标百日攻坚行动工作方案》，优化业务流程，建立限时办结制度，贷款业务办理环节从 9 个优化到 4 个；贷款申请资料从 16 项精简压缩至 6 项。普惠金融多项主体指标分别完成银保监会、中国人民银行两口径普惠金融领域贷款全年计划 141.18%、238.85%，“两增两控”［单户授信总额 1000 万元以下(含)的小微企业贷款同比增速不低于各项贷款同比增速，贷款户数不低于上年同期水平；合理控制小微企业贷款资产质量水平和贷款综合成本］监管全面达标。邕宁、隆安、上林、马山 4 家贫困区县支行金融扶贫贷款增量 24 亿元(对应自治区分行指标“54 家贫困县区支行扶贫贷款增量”，考核口径为各项贷款，含邕宁支行)，完成年计划 370%；隆安、上林、马山 3 家贫困县扶贫贷款增量 8.90 亿元，完成年计划 156%；深度贫困地区贷款增量 3 亿元，完成年计划 271%；精准扶贫贷款增量 2.70 亿元，完成年计划 155%；新口径下带动建档立卡贫困人口增量 1.43 万人，完成年计划 239%。全年投放农业产业化龙头企业贷款 9.75 亿元，糖林特色产业贷款 9.50 亿元。优化网点布局，低效网点撤并 6 个，网点总量压缩至 152 个，面积压降率 5.11%。打造智能化运营模式，推广上线掌上银行扫码收费项目，创新柜面收费方式；推广新一代超级柜台对公账户智能综合服务系统，实现对公开户业务线上线下“端到端”流程一体化。辖区投产现金票据超级柜台 64 台，超级柜台对柜面业务替代率 97%。辖区网点四季度总行检查综合得分排名保持自治区第一位。网点客户等候时长平均 9.67 分钟，减少 3.38 分钟，保持自治区前列水平。（曾　敬）

【中国银行股份有限公司南宁分行】2019 年，中国银行股份有限公司南宁分行辖邕城、西乡塘、青秀、江南、武鸣 5 家管辖支行，宾阳、横县 2 家县支行；南宁分行直管 1 家经营性支行，有网点 59 个、员工 1117 人。本外币贷款余额 867.05 亿元，比上年增加 146.54 亿元，其中公司贷款余额 496.99 亿元，增加 88.02 亿元；本外币日均贷款余额 792.12 亿元，增加 129.62 亿元。本外币存款余额 720.08 亿元，增加 34.37 亿元；本外币日均存款余额 670.13 亿元，增加 21.72 亿元；资产不良率 0.54%。国际贸易结算业务量完成 25.15 亿美元，市场份额 24.01%；跨境人民币业务量完成 29.87 亿元，市场份额 16.96%。新增信用贷款总量 104 亿元，投放 59.50 亿元支持公路、轨道交通(南宁轨道交通 2 号线东延线工程项目)和生态环保(绿色智能制造环保设备生产项目)等重大基础设施项目建设；投放民营企业贷款 56.31 亿元，增加 25.56 亿元、增长 83.13%，重点支持信息科技、环保、酒店等领域龙头企业发展。推动普惠金融业务发展，贷款户数 2283 户，新增 798 户；贷款 20.55 亿元，增长 71.06%；中国人民银行普惠金融定向降准贷款 23.20 亿元，增加 8.48 亿元。信用卡新增有效发卡 6.33 万张，新增有效客户 3.59 万户；信用卡消费额 94.88 亿元，增长 11.54%；信用卡分期交易额 12.31 亿元，增长 2.36%；中银智慧付新增商户 2107 户，增长 86.46%；

2019 年 11 月 22 日，中国银行广西自贸区南宁片区支行成立。图为支行大堂经理为客户解答业务问题　郑佳　摄

全量收单金额169.15亿元，收单交易笔数892万笔；银行卡非息收入1.60亿元，增长21.54%。推进网点智能化转型，实现智能柜台网点全覆盖，移动版智能柜台配比率54.38%。加强市场研究及产品设计，落地工程车贷款、沃柑贷款业务，投放沃柑贷款1525万元、工程车贷款8899.40万元。11月22日，成立中国(广西)自由贸易试验区南宁片区首家以自贸区命名的支行——中国银行广西自贸区南宁片区支行。8月26日，办理首笔越南非边境地区跨境贸易人民币付款业务；落地永续中票承销、境外债发行业务；首发广西"单一窗口"金融保险服务平台线上电子汇总征税保函业务；办理广西首笔预售资金监管银行保函业务4582万元。堵截欺诈客户事件6起，堵截金额33.25万元；堵截假币案件2起。中国银行南宁市江南支行营业部获中国银行业文明规范服务"百佳单位"四星级网点称号。

（黎哲辛）

【中国建设银行股份有限公司广西壮族自治区分行】2019年，中国建设银行股份有限公司广西壮族自治区分行有经营机构370个，员工7001人，其中南宁辖区经营机构112个、员工2627人。一般性存款日均余额3251.19亿元，比年初增加230.95亿元。其中，对公存款日均余额1695.10亿元、个人存款日均余额1556.09亿元。各项贷款余额2978.11亿元，增加309.58亿元。其中，对公贷款余额1623.92亿元、个人贷款余额1354.18亿元。中间业务收入27.43亿元。提供综合金融服务超过1800亿元，重点支持云桂铁路(南宁—昆明)、南宁城区棚户区改造、柳(州)南(宁)高速公路改扩建、南宁地下综合管廊、广西农村电网改造等重大项目；支持西部陆海新通道、工业高质量发展战略，基础设施领域贷款投放313亿元；支持铝工业、汽车制造业、制糖业等传统优势产业转型升级，投向制造业贷款169亿元；支持新信息技术、新材料等战略性新兴产业发展，投放贷款169亿元；支持广西与东盟国家经贸合作，提供信贷支持折合人民币20亿元；践行绿色金融助推生态环境改善，投放绿色信贷37.31亿元，包括广西华电南宁华南城分布式能源项目、南宁轨道交通、蓉茉大道污水管等重点项目；支持民营、小微企业发展，向民营企业投放贷款341亿元，其中向小微民营企业投放贷款232亿元；首次办理跨境劳务人员储蓄卡，实现南宁自贸区跨境劳务金融服务突破；办理跨境金融区块链服务平台首笔业务；作为第一主承销商，累计承销广西地方政府债券172亿元，认购广西地方政府债券比例16.27%。推进住房租赁业务，投放公司类客户住房租赁贷款1.50亿元，支持建设1210套租赁住房，完成3个"建融家园"项目挂牌；存入房源1073套，其中租出483套。挂牌建行大学广西区分行分校、建行大学广西壮族自治区分行员工成长学院、建行大学广西壮族自治区分行乡村振兴学院，创立产教融合讲习所7个，开展"金智惠民"培训200余期，培训小企业主、农民、退役军人、学生等1.50万人次；履行社会责任，"劳动者港湾"累计服务公众101万人次。依托金融科技，加强业务创新，上线覆盖银医、银校、财政、公积金、社保、ETC等重要领域的应用80项。为351个营业网点1582台智慧柜员机开通政务服务功能，打造百姓身边的"政务大厅"；推出"惠市宝"专业结算综合服务平台，其中南宁淡村农贸市场智慧农贸圈链平台被自治区文化和旅游厅指定为"一部手机游广西"项目独家合作银行；新增发行ETC记账卡134万张。创新普惠金融业务，向乡村延伸金融服务，设立"裕农通"普惠金融服务点1.55万户，实现自治区建制村全覆盖；推出"乡村土地综合整治贷""蜜农贷""扬翔扶贫贷""边贸市场贷"等产品，支持贫困地区特色产业及基础设施、乡村土地整治建设；开展电商扶贫，组织自治区内扶贫商户102户加入"善融商务"平台，为贫困地区农产品搭建线上销售桥梁。中国建设银行南宁高新支行获"新中国70年企业文化建设优秀单位"奖；南宁高新支行营业部、南宁民主支行营业部等网点获中国银行业文明规范服务五星级网点。

（刘轶菲）

2019年，中国建设银行股份有限公司广西壮族自治区分行设立"裕农通"普惠金融服务点1.55万户，实现自治区建制村全覆盖。图为建行南宁园湖支行员工在青秀区刘圩镇"裕农通"服务点与业主合影　谢蔚提供

【广西北部湾银行】2019年，广西北部湾银行设一级分支机构21家，其中南宁辖区10家、辖区外10家、专营机构1家(小企业金融服务中心)；发起设立村镇银行3家；营业网点149个，其中同城支行80家、县域支行31家、社区支行19家、小微支行6家、村镇银行营业网点13家；新开业机构30个，县域机构覆盖率由上年16.90%提至47.89%。从业人员2795人。资产总额2344.63亿元，比年初增加453.16亿元、增长23.96%；存款余额1681.15亿元，增加438.87亿元、增长35.33%；贷款余额1216.29亿元，增加277.72亿元、增长29.59%。营业收入100亿元，增加22.80亿元、增长29.54%；利润总额15.16亿元，增加2.84亿元、增长23.04%；净利润11.67亿元，增加2.29亿元、增长24.44%。缴纳税金7.36亿元，增长16%。南宁辖区存款余额1112.77亿元，增加283.11亿元，增长34.12%；贷款余额754.47亿元，增加147.66亿元，增长24.33%。手机银行用户109.83万户，增加37.44万户，增长52.45%；网上银行用户111.80万户，增加24.08万户，增长28.31%。投放1200亿元支持实体经济，新投放140多亿元发展债权融资计划等投行业务，购买地方债64.10亿元。发行同业存单484.30亿元，发行绿色金融债30亿元、二级资本债20亿元，累计申请央行资金123.89亿元(支小再贷款32亿元、常备借贷便利68.20亿元、再贴现23.69亿元)。参加自治区、市、县三级政金企(政府、金融机构、企业)融资对接机制和服务工业、农业、服务业高质量银企对接活动，新对接工业企业项目105个、授信152.96亿元，投放113.27亿元；对接农业、服务业企业502家，放款484家、166.46亿元。投放近30亿元支持广西建工集团、广西金融投资集团、广西旅游发展集团有限公司、广西林业集团有限公

2019年,广西北部湾银行成为自治区第一家正式上线平台代发农民工工资的合作银行。图为南宁市吉祥凤景湾二期项目部农民工新开立的“桂建通”农民工工资联名卡　陆建伟　摄

司、广西物资集团有限责任公司等企业开展智能改造、产业结构升级、业务发展转型、科技创新、金融服务提升;支持南宁五象新区建设投资有限责任公司、南宁市城市建设投资发展有限责任公司、南宁交通投资集团有限责任公司、南宁新技术产业建设开发总公司、南宁威宁投资集团有限责任公司等南宁市重点平台公司;服务五象总部基地建设、轨道交通建设、工业智能化、国际物流园区建设等重要民生工程项目,支持打造面向东盟的金融开放门户核心区和国际陆海贸易新通道重要节点。累计对地方平台、自治区直属、南宁市直属企业发放贷款187.21亿元;支持糖业及涉糖行业授信总额28.11亿元,贷款余额25.23亿元、增加12.44亿元、增长98.09%。在全国率先办理越南边民开户并开办代发境内越南务工人员工资业务;与交通银行离岸中心推进全口径跨境融资合作,开创美元债直接投资模式,投资金额8000万美元,助推优势企业走出去;深化东盟同业合作,与越南工商银行、东方银行、西贡商信银行的边境分行签订边贸结算合作协议并互开账户、开展合作,境内外代理行扩大至217家。成为柬埔寨加华银行人民币境内清算行;签订泰国开泰银行泰铢代理结算协议,发生广西地方银行首例客户泰铢汇款业务。开展区块链业务试点,开办首笔应收账款贸易融资区块链业务,办理首笔广西壮族自治区内跨境人民币支付结算便利化业务。完善跨境电子结算系统和国际结算系统,完成国际结算量32.39亿美元,增长67%。启动“百行进万企”融资对接,申请支持小微企业再贷款35亿元。持续发展“方案制”产品,重点推出供应链金融类产品,累计开发95个“方案制”产品,发放贷款25.85亿元。通过银税互动平台发放贷款42.83亿元,其中纯线上贷款5.97亿元;再担保业务完成7.40亿元。小微贷款余额94.83亿元,增加25.10亿元,增长31.13%;贷款户数1.35万户,增加245户。推出个人大额存单,发行“拥军优抚卡”等存款和银行卡产品;为自治区第一家正式上线平台代发农民工工资的合作银行,“桂建通”农民工工资联名卡新发卡17.75万张,绑卡16.47万张;金融社保卡新发卡13.75万张,存款余额2.13亿元、增加1.44亿元。上线公积金秒贷业务,发放贷款1.30万笔,授信金额16.26亿元,贷款余额6.24亿元。获全国“十佳普惠金融城商银行”称号;在英国《银行家》(The Banker)杂志“2019全球银行1000强”中,广西北部湾银行排名第460位,居中国银行业第77位;被《银行家》杂志评为全国“最佳进步城市商业银行”;获全国企业文化建设优秀成果一等奖,被中国地方金融论坛评为全国十佳城商行。

(曾令俐　覃莹莹)

【南宁市区农村信用合作联社】2019年,南宁市区农村信用合作联社有营业网点65个,离行式自助服务区(点)84个,员工693人。资产总额498.24亿元,比上年增加48.94亿元,增长10.89%。存款余额418.95亿元,增加28.05亿元,增长7.18%。其中,储蓄存款余额211.04亿元、对公存款余额207.91亿元。贷款余额356.62亿元,增加29.20亿元,增长8.92%。其中,涉农贷款余额97.88亿元、小微企业贷款余额145.10亿元。财务总收入20.47亿元,增加2.09亿元,增长11.37%。纳税1.17亿元,多次获税务部门评为纳税信用评价“3连A企业”。办理广西农合机构首张电子银承汇票承兑业务、首笔电子银承汇票人民银行再贴现回购业务、首笔电子银承汇票直贴业务;在广西农合机构中率先开通泰铢外汇结算业务,能办理美元、欧元、英镑、日元、港元、澳元、泰铢7种外币结算业务。在支持地方经济方面,南宁市区联社与自治区内糖业企业合作,以增加授信额度方式支持糖业企业技术改造、“双高”(产量高、含糖量高)基地建设,助推糖业“二次创业”。给予制糖行业企业总授信超39亿元,用信余额36.65亿元。获中国银行业协会评定“五星级”网点1家(江南万达分社)、“四星级”网点2家(南宁市区农村信用合作联社营业部、云景信用社)。

(莫亦滨)

【国家开发银行广西壮族自治区分行】2019年,国家开发银行广西壮族自治区分行有员工212人。资产总额3761亿

2019年,国家开发银行广西壮族自治区分行支持的“双百双新”项目——广西南南铝加工有限公司高端高精铝材重大短板及配套建设项目中厚板辊底炉生产线有序生产

国家开发银行广西壮族自治区分行提供

元，表内贷款余额3387亿元，比上年增长5.20%。其中，人民币贷款余额3062亿元，增长7%；不良贷款率0%。社会融资总量超1000亿元，其中开发性金融业务占96%，重点投向扶贫、棚户区改造、交通基础设施、电力和制造业等领域。在广西金融同业市场的本外币贷款、外汇贷款、扶贫贷款、棚改贷款、专项建设基金、重大项目、助学贷款等多个领域保持市场份额首位。发挥开发性金融融智服务优势，开展对乡村振兴、口岸经济和面向东盟的金融开放门户等重点发展行业领域研究。发放交通领域贷款252亿元，重点支持云桂铁路（南宁—昆明）等重大项目建设；发放制造业贷款54亿元，支持广西南南铝加工有限公司、广西玉柴机器集团有限公司、广西建工集团有限责任公司、广西汽车集团有限公司等重点企业发展，推动企业产业转型升级和新旧动能转化；发放新型城镇化贷款46亿元；发放绿色贷款95亿元，发放水利贷款33亿元，重点支持大藤峡水利枢纽、国家储备林和黑臭水体治理等重点绿色项目。发放扶贫贷款239亿元，实现贫困县全覆盖；发放生源地信用助学贷款33.51亿元，惠及贫困学生约45万人；支持数字广西"广电云"村村通户户用工程项目，加快农村信息基础设施建设；加强普惠金融服务，发放民营企业专项贷款28亿元，累计36亿元，惠及民营企业470家；发放转贷款37亿元（其中扶贫转贷款6亿元），惠及中小企业1767家，覆盖广西27个国家级贫困县（南宁市3个）。服务"一带一路"建设，推动建设面向东盟的金融开放门户，签订柬埔寨金西高速公路项目7.52亿美元和斯里兰卡人民银行2018年综合授信项目2亿美元合同，签约成果被列入第二届"一带一路"国际合作高峰论坛成果清单。累计完成"一带一路"专项贷款签约230亿元，发放境外人民币贷款15.46亿元，重点支持斯里兰卡科伦坡港口城基础设施等当地重大项目建设。（赵晓颖）

【中国进出口银行广西壮族自治区分行】 2019年，中国进出口银行广西壮族自治区分行在南宁市设经营机构1个，员工44人。本外币贷款余额255.92亿元，比年初增加80.18亿元，增长46%。资产质量持续保持"零不良、零关注"状态，累计上缴税款5933万元。发挥逆周期调控作用，支持稳外资稳外贸，外贸产业贷款余额176.09亿元，占全部贷款68.81%，外贸产业贷款为最主要的贷款投放形式，支持广西百强进出口企业扩大进出口规模，扶持受中美贸易摩擦影响的困难企业发展；推动服务制造业转型升级，制造业贷款余额82.51亿元，占全部贷款32.24%，占比为自治区同业最高；支持广西制造业龙头企业发展，支持"双百双新"（投资超过百亿元，产值超过百亿元的重大产业项目，新产业、新技术项目）"引资入桂"转型升级产业集群落地。推动面向东盟金融开放门户建设，投放面向东盟贷款余额50亿元，占"一带一路"贷款余额62%；投向南宁、钦州、防城港等面向东盟重点地区贷款余额164.75亿元，增长37.79%；服务强首府战略，投向南宁市贷款余额104.91亿元，增长20.75%；支持广西自贸区南宁片区、南宁港等重点项目建设，服务南宁扩大开放，推动经济转型升级；支持西部陆海新通道建设，西部陆海新通道相关交通运输领域贷款余额46.46亿元，增长45.47%。提高普惠金融服务覆盖率、可得性和满意度，小微企业转贷款余额12亿元，新增7亿元，累计支持240余家小微企业发展，带动就业数万人；民营企业贷款余额23.15亿元，新增12.50亿元；涉农贷款余额13.29亿元，新增6.65亿元；精准扶贫贷款2亿元，通过"公司＋基地＋农户"等模式，带动农户脱贫致富。（蒋　涛）

【交通银行广西壮族自治区分行】 2019年，交通银行广西壮族自治区分行有人工网点65个，自助设备621台，员工1922人，其中南宁辖区人工网点25个、员工833人。本外币资产总额1013.98亿元，比年初增长12.04%；本外币社会融资总量1438亿元，增加147亿元，增长11.39%；存款余额1041.71亿元，贷款余额879亿元；不良贷款余额6.08亿元，不良率0.69%。发行信用卡18.35万张，消费额1121.46亿元。支持制造业升级，围绕"双百双新"产业项目建设，支持钢铁、铝等传统制造业转型升级，累计为广西糖业集团有限公司、南宁糖业股份有限公司等现代农业、粮油加工、制糖、钢铁、有色金属等行业111家工业企业客户提供授信支持，授信总额436.26亿元。7月，与南宁市政府签订《共同推进建设面向东盟金融开放门户南宁核心区合作协议》，通过建立顶层战略合作关系，为建设面向东盟的金融开放门户提供支持。依托交通银行沿边跨境贸易金融服务中心（南宁）优势，为金融机构、企业提供资产证券化服务及资本市场、债券市场投资、境外上市、境外发债、跨境收购兼并、私募股权投资跨境结算和投融资等服务，累计向自治区内企业提供本外币融资支持228.40亿元，实现国际结算量224.28亿元，跨境人民币贸易结算量41.13亿元。发展绿色金融，发放绿色信贷贷款余额45.56亿元、增长81.88%，绿色信贷余额占比10.32%、提高4.46个百分点，重点用于支持水污染治理、固废处理、大气污染治理及配套服务等领域及生态环保、低碳经济、循环经济等领域优质企业。上线新版手机银行，开通全流程电子化商户开户服务功能，推出扫码缴费服务。交通银行南宁桂雅支行被中国银行业协会评为中国银行业文明规范服务百佳示范单位。（马　博）

【中国光大银行股份有限公司南宁分行】 2019年，中国光大银行南宁分行有营业网点26个、社区支行6家，员工821人。资产总额494.70亿元；一般性存款余额461.60亿元、比年初增长2.81%，其中机构存款超100亿元；贷款余额472.10亿元、增长5.62%，其中个人贷款余额207.80亿元、增长14%；营业收入25亿元，增长20.30%。财富管理持续转型，资产管理规模首次突破200亿元；创设广西市场首笔信用风险缓释凭证业务，投资广西首单绿色资产证券化产品、首单扶贫资产证券化产品；获广西职业年金托管银行资格；上

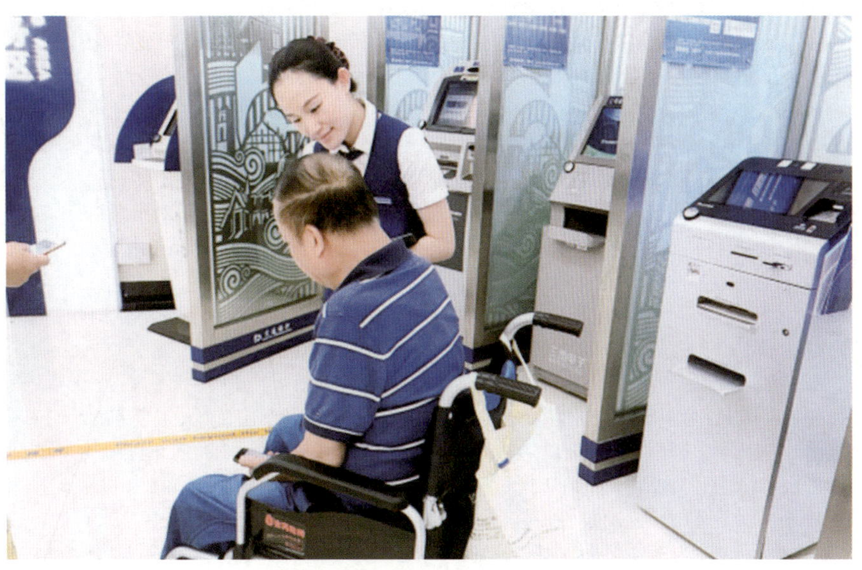

2019年5月19日，交通银行南宁桂雅支行员工为特需客户服务　　叶冬萍　摄

线广西社保云缴费项目,服务覆盖全广西4000万人,完成缴费3738万笔,缴费金额87亿元;累计发行信用卡226万张,信用卡交易额超1000亿元。加大制造业信贷投入,制造业贷款余额41.19亿元,占对公表内贷款总规模16.75%;支持糖业二次创业,为糖业产业链、糖企战略重组提供金融服务,糖业贷款余额超20亿元;推动铝产业二次创业,重点支持南南铝业股份有限公司等骨干企业铝精深加工和高性能铝合金项目;支持电子信息、先进装备制造、生物医药三大新兴产业发展,支持推动中国－东盟信息港股份有限公司、广西博世科环保科技股份有限公司博等重点企业产业项目建设;支持电子信息、先进装备制造、生物医药三人自治区重点产业发展,与56户企业签约,授信超30亿元。发展普惠金融,普惠型小微企业贷款余额5.36亿元,增长48.52%;支持上林县协鑫新能源发电厂项目建设,惠及1300多户贫困户。发挥中国光大集团股份公司金融全牌照(含银行、信托、金融租赁、第三方支付、公募基金、基金子公司、基金销售、基金销售支付、券商、期货、保险、融资租赁、典当、小额贷款公司、融资担保公司牌照)综合金融、产融结合和陆港两地服务优势,发展跨境业务,办理跨国公司跨境资金运营项下"阳光债换宝"业务近10亿元,为企业提供低成本跨境融资服务;形成自贸结算、融资、财富管理等为一体的"阳光自贸通"产品体系,涵盖本外币,可满足中国(广西)自由贸易试验区南宁片区企业融资需求;联动卢森堡分行、悉尼分行等境外机构,推广海外代付、福费廷等跨境业务,将境外低成本资金"引进来";在对外投资、对外承包工程和国际产能合作等方面对接"走出去"企业金融需求;推动南宁分行总部落户南宁五象新区。南宁分行营业部被中国银行业协会评为中国银行业文明规范服务百佳单位,南宁桃源支行被中国银行业协会评为2019年度中国银行业协会文明规范服务五星级营业网点。(黄永辉)

【兴业银行股份有限公司南宁分行】2019年,兴业银行股份有限公司南宁分行有营业网点30个,其中分(支)行22家、社区支行8家;员工825人。南宁辖区有分(支)行14家、社区支行4家,员工568人。广西全辖资产总额691.08亿元,比年初增加79.09亿元,增长12.92%;负债总额679.14亿元,增加76.31亿元,增长12.66%。其中,南宁辖区资产总额417.04亿元,增加44.61亿元,增长11.98%;负债总额413.01亿元,增加43.2亿元,增长11.68%。广西全辖一般性存款余额512.07亿元,增加33.91亿元,增长6.62%。南宁辖区一般性存款余额266.62亿元,增加14.88亿元,增长5.91%。其中,企业存款余额205.62亿元,增加3.83亿元;零售存款余额61亿元,增加11.05亿元。广西全辖贷款余额525.61亿元,增加56.90亿元。南宁辖区贷款余额284.84亿元,增加34.12亿元。其中,公司贷款(含贴现)余额179.08亿元,增加12.72亿元;个人贷款余额105.76亿元,增加21.40亿元。通过内保外贷(境内银行为境内企业在境外注册的附属企业或参股投资企业提供担保,由境外银行给境外投资企业发放相应贷款)、跨境结算、项目贷款、财务顾问等服务,加强糖业、铝业、冶金、机械四大"二次创业"重点领域及"双百双新"、西部陆海新通道建设等重大项目信贷投放力度;相关业务贷款余额65.17亿元。推广"兴业管家"、上线"兴e贴""兴业小微线上融资系统",解决民营和小微企业"融资难""融资贵"难题;办理贴现、再贴现金额176亿元、86亿元,分别增长142%、96%。其中,南宁市辖区办理贴现、再贴现金额34.23亿元、58.33亿元,分别增长58.30%、48.84%;以搭建合作业务平台促进同业业务转型,推动广西农信社"财富云"项目一期上线,柜面销售金额突破7000万元;累计发放信用卡100多万张;发展私人银行业务,提供健康管理、医疗美容、出国留学、家族信托等服务,私人银行客户约480户,客户资产规模近65亿元。推进金融科技与业务发展融合,大数据信息平台、社保税银交互业务系统等10个项目开发投产;债券承销15只83.80亿元,承销数和金额均位列自治区中国银行间市场第一;债券投资规模95.108亿元,居自治区商业银行首位;成为自治区首批地方专项债柜台销售试点银行;首次以主承销商身份参与承销的金融债——广西北部湾银行股份有限公司小型微型企业贷款专项金融债券获中国人民银行许可批复;主导落地兴银－华金新发展小贷扶贫资产支持专项计划,成为首单自治区级扶贫资产证券化项目;入选自治区首批再贴现示范行和示范区主办行。南宁东盟商务区支行被中国银行业协会评为五星级网点。(莫维亚)

【华夏银行股份有限公司南宁分行】2019年,华夏银行股份有限公司南宁分行辖属机构网点12个(同城支行8个、异地分支行4个),员工549人。资产总额254.52亿元,存款余额183.63亿元,贷款余额228.57亿元。通过"传统＋新兴业务"模式,为企事业单位、个人提供融资支持超2400亿元;支持建设面向东盟金融开放门户,重点支持中国(广西)自由贸易试验区南宁片区、西部陆海新通道、"强首府"战略,累计为南宁五象新区投放贷款14.35亿元。运用"商行＋投行"模式,承销地方债28.89亿元。引进华夏银行总行理财资金、金融市场自营资金、外地非银同业资金超过100亿元,通过表内融资、债券承销、资金托管、资金监管等方式加大对广西投资集团有限公司、广西交通投资集团有限公司、广西北部湾投资集团有限公司等企业融资支持。推出亚洲结算服务,制定"亚洲美元汇款直通车"服务,满足企业对结算速度、费用、增值服务等需求,2017年开办以来累计办理业务量超3亿美元。实施金融科技战略,结合地方政府建设"数字政务""数字经济"契机,运用平台通宝、账务通、招标通等产品,推动政府政务平台、区域级、行业级产业互联网平台建设,搭建消费互联网金融合作生态;与数字广西集团有限公司、中国－东盟信息港股份有限公司等建立战略合作关系;上线广西政务一体化网上预约开户项目,成为首批入驻广西政务一体化平台的商业银行之一,提高企业基本户开通效率。支持民营企业和小微企业发展,对接"双百双新"产业项目、"民微首贷"提升计划、"百行进万企""银税互动"、金融扶贫等,推出"教育贷""餐饮贷""甜蜜贷""华夏快贷"等产品,覆盖衣、食、住、行等行业,解决民营小微企业"融资难""融资贵"问题,累计为自治区近9100户小微企业,提供结算、网上银行、代发工资及授信融资等服务,信贷资金313亿元。关注农民工切身利益,自2018年获广西建筑农民工实名制管理公共服务平台服务资格以来,累计开立农民工"桂建通"卡2.97万张,代发专户92户。(范慧玲)

保　险

【概　况】2019年,南宁市有法人保险公司2家(北部湾财产保险股份有限公司、国富人寿保险股份有限公司总公司),自治区级保险分公司、支公司66家,其中驻市财产保险公司39家、人寿保险公司27家。保险公司地市级分公司和中心支公司20家,支公司及营业部137家,营销服务部189家;保险代理公司法人机构17家、分支机构74家,保险经纪公司分支机构38家,保险公估公司法人机构1家、分支机构7家。

【保险经营】2019年,南宁保险业实现原保险保费收入212.36亿元,比上年同期增长3.94%,占自治区总保费31.90%,居自治区首位。其中,财产保险公司保费收入91.49亿元,增长6.36%;人身险公司保费收入120亿元,增长2.04%。南宁保险业为社会提供风险保障25.60万亿元，增长48.84%。南宁保险业支付赔款、给付保险金72.50亿元，其中财产险公司赔付支出52.10亿元，人身险公司支付赔款、给付保险金20.40亿元。推进商业车险自主定价改革，商业车险保障水平增长74.55%，商业车险车均保费较改革前下降35.90%。机动车辆保险保费收入47.88亿元，下降7.73%，在财产险公司保费中占比降至52.34%。非车财产险保费收入43.61亿元，增长27.79%。保证保险、责任保险、农业保险位列前三大非车险种，增速分别为40.69%、27.52%、24.03%。南宁市连续两年落实国家提高大病保险筹资标准增资(2018年每人20元、2019年每人15元)要求，承保人数585.87万人，赔付22.10万人次，赔付总额4.91亿元，实现“一站式结算”、跨省异地就医一站式赔付服务。 (申 婧)

2019年驻南宁市保险公司名录

财产保险公司(39家)：北部湾财产保险股份有限公司、中国人民财产保险股份有限公司广西壮族自治区分公司、中国太平洋财产保险股份有限公司广西分公司、中国平安财产保险股份有限公司广西分公司、华安财产保险股份有限公司广西分公司、天安财产保险股份有限公司广西壮族自治区分公司、中国大地财产保险股份有限公司广西分公司、安邦财产保险股份有限公司广西分公司、都邦财产保险股份有限公司广西分公司、阳光财产保险股份有限公司广西分公司、渤海财产保险股份有限公司广西分公司、太平财产保险有限公司广西分公司、永诚财产保险股份有限公司广西分公司、华泰财产保险有限公司广西分公司、鼎和财产保险股份有限公司广西分公司、安盛天平财产保险股份有限公司广西分公司、中国人寿财产保险股份有限公司广西壮族自治区分公司、阳光财产保险股份有限公司南宁中心支公司、鼎和财产保险股份有限公司南宁中心支公司、安邦财产保险股份有限公司南宁中心支公司、中国人寿财产保险股份有限公司南宁市中心支公司、渤海财产保险股份有限公司南宁中心支公司、紫金财产保险股份有限公司南宁中心支公司、中银保险有限公司广西分公司、紫金财产保险股份有限公司广西分公司、北部湾财产保险股份有限公司广西分公司、中华联合财产保险股份有限公司广西分公司、华农财产保险股份有限公司广西分公司、永安财产保险股份有限公司广西分公司、中国出口信用保险公司广西分公司、国任财产保险股份有限公司广西分公司、北部湾财产保险股份有限公司南宁分公司、中国人民财产保险股份有限公司南宁市分公司、中国太平洋财产保险股份有限公司南宁中心支公司、中国平安财产保险股份有限公司南宁中心支公司、中国大地财产保险股份有限公司南宁中心支公司、天安财产保险股份有限公司南宁中心支公司、太平财产保险有限公司南宁中心支公司、永诚财产保险股份有限公司南宁中心支公司

人寿保险公司(27家)：国富人寿保险股份有限公司、中国人寿保险股份有限公司广西分公司、中国太平洋人寿保险股份有限公司广西分公司、中国平安人寿保险股份有限公司广西分公司、新华人寿保险股份有限公司广西分公司、泰康人寿保险有限责任公司广西分公司、平安养老保险股份有限公司广西分公司、太平人寿保险有限公司广西分公司、中国人民人寿保险股份有限公司广西分公司、信诚人寿保险有限公司广西分公司、民生人寿保险股份有限公司广西分公司、合众人寿保险股份有限公司广西分公司、富德生命人寿保险股份有限公司广西分公司、阳光人寿保险股份有限公司广西分公司、泰康养老保险股份有限公司广西分公司、太平养老保险股份有限公司广西分公司、农银人寿保险股份有限公司广西分公司、工银安盛人寿保险股份有限公司广西分公司、国富人寿保险股份有限公司广西分公司、中邮人寿保险股份有限公司广西分公司、建信人寿保险股份有限公司广西分公司、中国人寿保险股份有限公司南宁分公司、中国人民人寿保险股份有限公司南宁分公司、中国太平洋人寿保险股份有限公司南宁中心支公司、新华人寿保险股份有限公司南宁中心支公司、太平人寿保险有限公司南宁中心支公司、富德生命人寿保险股份有限公司南宁中心支公司

证　券

【概　况】2019年，南宁市有证券分公司27家，比上年减少1家(1月，五矿证券南宁金湖路证券营业部转为五矿证券广西分公司；3月，大通证券广西分公司撤销；6月，方正证券南宁分公司转为方正证券南宁衡阳西路证券营业部；11月，方正证券南宁分公司成立，西部证券南宁分公司撤销)；证券营业部69个，减少1个(9月，广州证券南宁金湖北路证券营业部撤销)；基金管理公司1家(国海富兰克林基金管理有限公司)；全市证券经营机构代理证券交易总额18243.78亿元，增长22.06%，从业人数2484人。有期货分公司3家、期货营业部21家；全市期货经营机构实现营业收入2699.13万元，减少17.60%，从业人员172人。有A股上市公司14家，营业收入361.27亿元，增加10.01亿元，从业人员3.12万人。

【期货经营】2019年，南宁市有期货分公司3家(国海良时期货有限公司广西分公司、华信期货股份有限公司华南分公司、中信期货有限公司广西分公司)，期货营业部21家。代理期货交易量2431.83万手，比上年增长7.97%；代理期货累计成交额14022.82亿元，增长10.12%；投资者开户数3.60万户，增长1.40%；营业收入2699.13万元，减少17.60%，净利润-1966.34万元。

【上市公司】2019年，南宁市有A股上市公司14家，与上年持平，分别为广西绿城水务股份有限公司、南宁八菱科技股份有限公司、百洋产业投资集团股份有限公司、南宁百货大楼股份有限公司、广西五洲交通股份有限公司、南宁糖业股份有限公司、广西桂冠电力股份有限公司、广西丰林木业集团股份有限公司、南宁化工股份有限公司、广西博世科环保科技股份有限公司、皇氏集团股份有限公司、阳光新业地产股份有限公司、广西广播电视信息网络股份有限公司、润建通信股份有限公司。上市公司营业收入361.27亿元，净利润36.87亿元，平均每股收益0.20元，平均净资产收益率7.89%；年末总股本166.09亿股，增长13.04%；总市值905.03亿元，增长8.00%；总资产1187.51亿元，增长3.95%；总股本、总市值、总资产分别占广西全部38家A股上市公司37.12%、31.30%、28.02%。

【证券机构经营】2019年，南宁市有基金管理公司1家(国海富兰克林基金管理有限公司)，证券分公司27家(国泰君安股份有限公司广西分公司、太平洋证券股份有限公司广西分公司、国信证券股份有限公司广西分公司、申万宏源证券有限公司广西分公司、中国银河证券股份有限公司广西分公司、海通证券股份有限公司广西分公司、招商证券股份有限公司广西分公司、国开证券有限责任公司广西分公司、世纪证券有限责任公司广西分公司、东北证券股份有限公司广西分公司、兴业

证券股份有限公司广西分公司、安信证券股份有限公司广西分公司、平安证券股份有限公司广西分公司、九州证券股份有限公司广西分公司、中泰证券股份有限公司广西分公司、广州证券股份有限公司广西分公司、天风证券股份有限公司广西分公司、长江证券股份有限公司广西分公司、中信证券股份有限公司广西分公司、粤开证券股份有限公司广西分公司、西南证券股份有限公司广西分公司、华福证券有限责任公司广西分公司、国盛证券有限责任公司广西分公司、申港证券股份有限公司广西分公司、民生证券股份有限公司广西分公司、五矿证券有限公司广西分公司、方正证券南宁分公司)，证券营业部69个。投资者开户数231.75万户，比上年增长7.50%；托管证券市值1375.55亿元，增加25.67%。证券经营机构全年代理证券交易总额18243.78亿元，增长22.06%。其中：A股交易12735.34亿元，B股交易2.14亿元，基金交易1092.87亿元，债券交易108.61亿元，债券融资回购35.58亿元，债券融券回购4237.36亿元，其他证券交易31.88亿元。南宁市基金管理公司管理基金产品32只，其中股票型基金5只、混合型基金13只、债券型基金2只、货币市场基金8只、QDII基金4只(在一国境内设立，经该国有关部门批准从事境外证券市场的股票、债券等有价证券业务的证券投资基金)，基金总份额236.58亿份，基金资产净值277.71亿元；基金管理公司总资产8.85亿元，增加12.60%；净利润1.05亿元，增加61.54%。（蒋倩怡）

表19　　2019年南宁市A股上市公司情况表

序号	公司名称	总股本（亿股）	总市值（亿元）	总资产（亿元）	净资产（亿元）	营业收入（亿元）	净利润（亿元）	每股收益（元）	净资产收益率（%）
1	阳光新业地产股份有限公司	7.50	36.97	57.82	35.14	2.43	−0.65	−0.11	−2.79
2	南宁糖业股份有限公司	3.24	19.44	53.42	1.47	36.63	0.18	0.10	58.52
3	皇氏集团股份有限公司	8.38	36.86	49.46	24.56	22.53	0.86	0.06	2.26
4	南宁八菱科技股份有限公司	2.83	39.04	27.10	17.47	7.51	−4.06	−1.53	−24.52
5	百洋产业投资集团股份有限公司	3.49	20.96	29.65	14.03	28.44	−2.83	−0.72	−16.30
6	润建通信股份有限公司	2.21	61.15	49.37	29.17	37.17	2.46	1.04	8.40
7	广西博世科环保科技股份有限公司	3.56	37.22	91.82	19.98	32.44	2.78	0.79	17.01
8	广西桂冠电力股份有限公司	78.82	385.45	439.57	171.26	90.43	23.99	0.27	14.79
9	南宁化工股份有限公司	2.35	16.18	4.01	3.23	6.69	0.07	0.03	2.08
10	广西五洲交通股份有限公司	11.26	50.88	109.42	42.56	21.47	8.64	0.78	22.24
11	南宁百货大楼股份有限公司	5.45	52.72	18.93	10.25	18.58	0.05	0.01	0.47
12	广西广播电视信息网络股份有限公司	16.71	64.17	91.07	37.91	22.30	1.10	0.07	2.94
13	广西绿城水务股份有限公司	8.83	51.57	126.12	41.96	15.23	2.63	0.33	7.06
14	广西丰林木业集团股份有限公司	11.46	32.42	39.75	28.09	19.43	1.67	0.15	6.26

2019年南宁市证券、期货营业部名录

证券营业部(69家)：方正证券股份有限公司南宁衡阳西路证券营业部、国海证券股份有限公司南宁凤凰路证券营业部、国海证券股份有限公司南宁东葛路证券营业部、国信证券股份有限公司南宁东葛路证券营业部、湘财证券股份有限公司南宁东葛路证券营业部、太平洋证券股份有限公司南宁凯旋路证券营业部、南京证券股份有限公司南宁竹溪大道证券营业部、申万宏源证券有限公司南宁英华路证券营业部、中信建投证券股份有限公司南宁中文路证券营业部、中银国际证券股份有限公司南宁金湖路证券营业部、浙商证券股份有限公司南宁金湖路证券营业部、中国银河证券股份有限公司南宁园湖南路证券营业部、海通证券股份有限公司南宁民主路证券营业部、招商证券股份有限公司南宁民族大道证券营业部、国海证券股份有限公司南宁滨湖路证券营业部、国海证券股份有限公司南宁双拥路证券营业部、国海证券股份有限公司南宁西江路证券营业部、国海证券股份有限公司南宁友爱路证券营业部、山西证券股份有限公司南宁长湖路证券营业部、申万宏源证券有限公司南宁长湖路证券营业部、国盛证券有限责任公司南宁汇春路证券营业部、广发证券股份有限公司南宁凤翔路证券营业部、长城证券股份有限公司南宁民族大道证券营业部、东北证券股份有限公司南宁东葛路证券营业部、东海证券股份有限公司南宁东葛路证券营业部、光大证券股份有限公司南宁金浦路证券营业部、国泰君安证券股份有限公司南宁民族大道证券营业部、长江证券股份有限公司南宁双拥路证券营业部、东方证券股份有限公司南宁金湖路证券营业部、国海证券股份有限公司南宁新民路证券营业部、华泰证券股份有限公司南宁中泰路证券营业部、招商证券股份有限公司南宁金湖路证券营业部、大通证券股份有限公司南宁金湖路证券营业部、国联证券股份有限公司南宁民族大道证券营业部、中泰证券股份有限公司南宁金湖路证券营业部、东兴证券股份有限公司南宁祥宾路证券营业部、国海证券股份有限公司南宁金湖路证券营业部、华林证券有限责任公司南宁金浦路证券营业部、国海证券股份有限公司南宁鲁班路证券营业部、中航证券有限公司南宁中柬路证券营业部、国金证券股份有

限公司南宁民族大道证券营业部、华福证券有限责任公司南宁民族大道证券营业部、国海证券股份有限公司南宁合作路证券营业部、国海证券股份有限公司南宁枫林路证券营业部、恒泰证券股份有限公司南宁民族大道证券营业部、国海证券股份有限公司南宁仙葫大道证券营业部、国融证券股份有限公司南宁金湖路证券营业部、财富证券有限责任公司南宁金湖路证券营业部、国海证券股份有限公司南宁市教育路证券营业部、国海证券股份有限公司南宁横县茉莉花大道证券营业部、国海证券股份有限公司南宁宾阳县财政路证券营业部、国海证券股份有限公司南宁香山大道证券营业部、国海证券股份有限公司南宁佛子岭路证券营业部、国海证券股份有限公司南宁白沙大道证券营业部、国海证券股份有限公司南宁英华路证券营业部、国海证券股份有限公司南宁民族大道证券营业部、华融证券股份有限公司南宁民族大道证券营业部、国泰君安证券股份有限公司南宁双拥路证券营业部、国海证券股份有限公司南宁燕敦路证券营业部、联储证券有限责任公司南宁东葛路证券营业部、上海华信证券有限责任公司南宁金湖路证券营业部、天风证券股份有限公司南宁东葛路证券营业部、银泰证券有限责任公司南宁亭洪路证券营业部、安信证券股份有限公司南宁民族大道证券营业部、西藏东方财富证券股份有限公司南宁民族大道证券营业部、华金证券股份有限公司南宁金湖路证券营业部、万联证券股份有限公司南宁枫林路证券营业部、万和证券股份有限公司南宁中柬路证券营业部、华创证券南宁民族大道证券营业部

期货营业部(21家)：国海良时期货有限公司南宁营业部、华泰期货有限公司南宁营业部、宝城期货有限责任公司南宁营业部、海通期货股份有限公司南宁营业部、混沌天成期货股份有限公司南宁营业部、宏源期货有限公司南宁营业部、广发期货有限公司南宁营业部、光大期货有限公司南宁营业部、中粮期货有限公司南宁营业部、国联期货股份有限公司南宁营业部、弘业期货股份有限公司南宁营业部、海航东银期货股份有限公司南宁营业部、瑞达期货股份有限公司南宁营业部、倍特期货有限公司南宁营业部、北京首创期货有限责任公司南宁营业部、民生期货有限公司南宁营业部、新晟期货有限公司南宁营业部、东兴期货有限责任公司南宁营业部、银河期货有限公司南宁营业部、上海东证期货有限公司南宁营业部、华金期货有限公司南宁营业部

小额贷款　融资担保　典当

【概　况】 2019年，南宁市有小额贷款公司108家、融资担保公司35家、典当行71家，从业人员3369人。小额贷款公司全年收入37.29亿元，与上年基本持平，缴税总额2.94亿元，利润18.00亿元。融资担保公司全年总担保余额504.99亿元，增长66.92%；总代偿余额29.65亿元，增长12.95%。典当余额4.45亿元，增长6%。主要存在小额贷款公司盈利能力下降，运行风险较大；融资担保行业代偿风险增加等问题。

【小额贷款】 2019年，南宁市有小额贷款公司108家，比上年增长0.93%；注册资本181.47亿元，下降0.38%；贷款余额406.03亿元，增长0.80%；发放贷款174.04亿元，下降18.05%。4项指标分别占自治区28.50%、54.98%、74.26%、77.62%，从业人员1564人。全市小额贷款公司营业收入37.29亿元、增长0.18%，缴税总额2.94亿元、下降46.53%，利润18.00亿元、下降15.67%。新增1家（南宁市鼎立小额贷款有限公司），注销1家（南宁市创景小额贷款有限公司），迁入1家（南宁市金物小额贷款有限责任公司）。有县域小额贷款公司5家，注册资本1.30亿元，贷款余额1.70亿元、增长0.96%，发放贷款911万元、下降63.80%。在自治区小额贷款公司2018年年度考核评价中，被评为A类以上小额贷款公司12家，占自治区29%。其中，4家被评为AA级。

【融资担保】 2019年，南宁市有融资担保公司35家，注册资本124.45亿元，从业人员1576人，在保余额504.99亿元，比上年增长66.92%，担保放大倍数3.56；净利润1.87亿元，增长57.14%。获自治区地方金融监管局批准换发《融资担保业务经营许可证》23家，其中市属国有担保公司4家，注册资本11.75亿元，在保余额33.19亿元，担保放大倍数2.58。

【典　当】 2019年，南宁市注册典当行71家，新增2家（广西开元典当有限公司、北海中泰创展典当有限公司南宁分公司）；注册资本7.75亿万元，从业人员229人。发生典当业务3126笔，典当总额7.80亿元，比上年增长7.20%；典当余额4.45亿元，增长6%；利息收入1583.58万元，增长6.7%；缴纳税金30.77万元，增长312%。

【地方金融监管】 2019年，市金融办对小额贷款公司、融资担保公司、典当行等地方金融组织开展行政检查抽查149家次（小额贷款公司110家次、融资担保公司32家次、典当行7家次），约谈重点监管企业43家次。通过国家企业信用信息公示系统部门协同监管平台，公示行政检查抽查信息149家次，通过市金融办门户网站公示“小额贷款公司设立、变更、终止”审批结果信息28条。

（陈　威）

2019年南宁市融资担保公司、小额贷款公司、典行公司名录

市融资担保公司(35家)：广西铁投吉鸿融资担保有限公司、广西中小企业融资担保有限公司、广西农垦融资担保有限公司、广西北部湾泛鑫融资性担保有限公司、广西投资集团融资担保有限公司、广西农业信贷融资担保有限公司、广西再担保有限公司、南宁市南方融资担保有限公司、南宁市小微企业融资担保有限公司、南宁联合创新融资担保有限公司、广西恒大融资性担保有限公司、广西中港兴融资担保有限责任公司、广西泓浩容大融资担保有限公司、广西南大融资性担保有限公司、广西保捷信用担保有限责任公司、广西广信融资担保有限公司、广西恒润融资担保有限公司、广西联成融资性担保有限公司、广西泰盛融资性担保有限公司、广西丰瑞融资性担保有限公司、广西昊业融资担保有限公司、广西广投融资担保有限公司、广西澳亚融资性担保有限公司、广西信利融资性担保有限公司、广西中汇通融资性担保有限责任公司、南宁市骏通融资性担保有限公司、广西中悦融资担保有限公司、广西联晟融资担保有限公司、广西若森融资担保有限公司、瀚华担保股份有限公司广西分公司、鼎盛鑫融资担保有限公司南宁邕城分公司、宾阳县农业信贷融资担保有限公司、平安普惠融资担保有限公司广西分公司、广西顺宁融资担保有限责任公司、南宁市汇铭融资担保有限公司

小额贷款公司(108家)：南宁市兴宁区桂嘉汇小额贷款有限责任公司、南宁市益生小额贷款股份有限公司、南宁市信义小额贷款股份有限公司、南宁市联众小额贷款股份有限公司、南宁市蓝天小额贷款有限公司、南宁市汇潮小额贷款有限责任公司、南宁市利丰小额贷款股份有限公司、南宁市四方小额贷款股份有限公司、南宁市保通融小额贷款有限责任公司、横县鑫翰小额贷款有限责任公司、南宁市华信小额贷款有限公司、南宁市电科小额贷款有限公司、南宁市崟洋小额贷款股份有限公司、南宁市金通小额贷款有限公司、南宁市恒隆小额贷款股份有限公司、南宁市现代联华小额贷款有限公司、南宁市东汇小额贷款有限责任公司、南宁市益信小额贷款股份有限公司、南宁市昊中小额贷款有限公司、南宁市瀚华小额贷款有限公司、南宁市民泰小额贷款有限公司、南宁市长荣小额贷款股份有限公司、南宁市恒通小额贷款股份有限公司、南宁市友资小额贷款有限责任公司、南宁市长通小额贷款股份有限公司、南宁市邦信小额贷款有限责任公司、南宁市金石小额贷款股份有限责任公司、南宁市融易小额贷款有限责任公司、南宁市五千年小额贷款有限公司、南宁市金沙小额贷款有限公司、南宁丽原小额贷款有限公司、南宁市吉信小额贷款有限责任公司、南宁市尚银小额贷款有限公司、南宁市广达小额贷款股份有限公司、南宁市鑫正小额贷款有限公司、南宁市名邦小额贷款有限责任公司、马山县晨丰小额贷款有限公司、南宁市利和小额贷款有限责任公司、南宁市诚海小额贷款有限公司、南宁市北港小额贷款股份有限公司、南宁市海利通小额贷款股份有限公司、南宁市城投小额贷款有限责任公司、南宁市五丰小额贷款有限公司、南宁市万融小额贷款有限责任公司、南宁市武鸣县南方明珠小额贷款有限公司、南宁市佳信小额贷款有限公司、南宁市广丰小额贷款股份有限公司、南宁市至诚小额贷款有限公司、南宁市达利行小额贷款股份有限公司、南宁市恒富小额贷款有限责任公司、南宁市兄弟小额贷款有限公司、南宁市融达小额贷款有限责任公司、南宁市安美小额贷款有限公司、南宁市汇博小额贷款有限公司、南宁市乘数小额贷款有限公司、南宁市宝信小额贷款有限责任公司、南宁市恒丰小额贷款有限责任公司、南宁市粤桂小额贷款有限公司、南宁市久瑞小额贷款股份有限公司、南宁市新长丰小额贷款股份有限公司、南宁市天诚小额贷款股份有限公司、南宁市湘桂小额贷款有限公司、南宁市楚商巨金小额贷款有限公司、南宁市广源小额贷款有限责任公司、南宁市五象小额贷款有限公司、南宁市海富小额贷款有限公司、南宁市君信小额贷款有限公司、南宁市驰程宝资小额贷款有限责任公司、南宁市鹏祥小额贷款有限公司、南宁科信小额贷款有限公司、南宁市聚兴小额贷款有限责任公司、南宁市富峰小额贷款有限责任公司、宾阳县兴民小额贷款有限责任公司、南宁市爱代小额贷款股份有限公司、南宁市浩成小额贷款有限公司、南宁市富憬时贷小额贷款有限公司、南宁市荣荣小额贷款有限公司、南宁市三月花小额贷款有限公司、横县信益小额贷款有限公司、南宁市银润小额贷款股份有限公司、南宁市融开鑫小额贷款有限公司、南宁市麦子小额贷款有限责任公司、南宁市国信财富小额贷款有限公司、南宁市亚联财小额贷款有限公司、南宁市大都小额贷款有限公司、南宁市骏杰小额贷款有限公司、南宁市钱塘小额贷款有限公司、南宁市致同小额贷款有限公司、南宁市冠宇小额贷款股份有限公司、南宁市鑫源小额贷款有限责任公司、南宁市金钱天下小额贷款有限公司、南宁市桂冠小额贷款有限公司、南宁市鑫视小额贷款有限公司、南宁市瑞信小额贷款有限公司、南宁市宝资天小额贷款有限公司、南宁市海源小额贷款有限公司、南宁市中铁鑫昱小额贷款有限责任公司、南宁市永润小额贷款有限公司、南宁市茂晨小额贷款有限责任公司、南宁市新发展小额贷款有限公司、南宁市金国小额贷款股份有限公司、南宁市华南城小额贷款有限公司、上林县信赢小额贷款有限责任公司、南宁市嘉和小额贷款有限责任公司、南宁市金物小额贷款有限责任公司、南宁市华盈小额贷款有限公司、南宁市厚泽小额贷款有限公司、南宁市鼎立小额贷款有限公司

典当公司(71家)：广西融资典当有限责任公司、南宁市银源典当有限责任公司、南宁市桂银典当有限责任公司、南宁市桂泰典当有限责任公司、南宁市利得兴典当有限责任公司、南宁市朝阳典当有限责任公司、南宁市华盛典当有限责任公司、南宁市泰金典当有限责任公司、广西南宁桂金典当有限责任公司、南宁市荣利典当有限责任公司、南宁市杭利典当有限责任公司、南宁市广泰典当有限责任公司、南宁市金利典当有限责任公司、广西红虹典当有限公司、广西兴和源典当有限公司、广西久颂典当有限公司、广西邦民典当有限公司、南宁鑫镨典当有限公司、广西八桂通典当有限责任公司、广西宝象典当有限公司、广西德鑫典当有限责任公司、广西东方典当有限公司、广西盛世典当有限责任公司、广西金宝典当有限责任公司、广西南宁市益进典当有限公司、广西金控典当有限公司、广西财富典当有限公司、广西金泰诚典当有限公司、广西信邦典当有限公司、广西南宁帮得典当有限公司、广西金麒麟典当有限公司、广西汇通典当有限责任公司、广西恒丰典当有限责任公司、广西汇泰典当有限公司、广西华隆典当有限责任公司、南宁市龙和典当有限公司、南宁银港典当有限责任公司、广西中汇典当有限公司、广西擎天典当有限公司、广西立德典当有限公司、广西创丰典当有限公司、广西南宁市燕云楼典当有限责任公司、广西群鑫典当有限责任公司、南宁市汇泓典当有限责任公司、广西润晟典当有限公司、广西盛凯典当有限公司、广西友水典当有限责任公司、广西宝筹典当有限公司、广西万汇典当有限公司、广西八号典当有限公司、广西百升典当有限公司、广西宝德赢典当有限公司、广西昌易典当有限责任公司、广西万众典当有限公司、广西华来利典当有限公司、广西施马辉典当有限公司、南宁海资通典当有限公司、广西鑫利典当有限公司、广西鑫森典当有限责任公司、广西助兴典当有限公司、广西大钱门典当有限公司、广西乾元典当有限公司、广西中财典当有限公司、广西长隆典当有限公司、广西广衍典当有限公司、广西鸿源典当有限责任公司、广西金久典当有限公司、广西利巢典当有限公司、广西万合典当有限责任公司、北海中泰创展典当有限公司南宁分公司、广西开元典当有限公司

编辑　唐　娟　班彩梅

综合经济管理与监督

综　述

【经济领域改革】 2019年，南宁市持续推进供给侧结构性改革，淘汰落后和化解过剩产能，清算注销“僵尸企业”（丧失自我发展能力，必须依赖政府补贴或银行续贷来维持生存的企业）1家，向法院申请破产11家，吸收合并18家，完成6个木薯淀粉酒精落后产能项目现场核查验收；商品房库存周期13.67个月，保持在合理周期内；支持实体经济发展，为企业降本减负超110亿元；市本级安排7.08亿元重点支持西部陆海新通道基础设施项目，补齐交通运输短板。推进国资国企改革，完成南宁威宁集团重组大地飞歌集团，使文化体育板块资源向优势企业集中。推进财税体制改革，落实个人所得税专项附加扣除等减税降费优惠政策，国有资本收益上缴比例提高至20%，推进事业单位政府购买服务改革试点。深化投融资改革，支持企业通过资本市场直接融资，新增资本市场直接融资813.27亿元，增长50.79%，占自治区61%；中国－东盟（南宁）金融服务平台正式上线，跨境人民币结算量663.11亿元，增速224.34%；成立南宁金融城投资运营有限公司，推动形成“政府＋运营公司＋第三方机构”多方联动机制和管理模式，优先将资金、人才等资源要素集聚中国－东盟金融城；推动更多金融资源配置到农村重点领域和薄弱环节，全市涉农贷款余额2181.82亿元。完成自治区级、市级和县级农村集体产权制度改革试点工作和农村集体资产清产核资工作，探索开展“三变”改革（农村资源变资产、资金变股金、农民变股东的改革），全年村级集体经济收入5万元以上的建制村（农村社区）1071个。深化“放管服”（简政放权、放管结合、优化服务）改革，在自治区率先推行使用广西企业开办“一网通”（南宁）平台，实施公章刻制、税控盘、证照寄递费用“政府补贴”政策，实现“零成本”开办企业；在中国（广西）自由贸易试验区南宁片区推行“证照分离”改革全覆盖试点。全市新增市场主体14万户，增长20.15%；新设立企业5.07万户，增长22.71%。（刘　巧　金　尼）

【防范化解经济领域重大风险】 2019年，南宁市制定执行防范化解政府隐性债务风险实施方案，推进隐性债务存量化解，市财政安排79.72亿元确保政府债务按时还本付息；实施政府债务全口径预算管理，核减延续性项目的2019年预算安排资金2.53亿元；推进公共资产负债管理智能云平台优化升级，市属国有及国有控股企业312家的财务、资产数据纳入系统管理，全面动态反映企业资产负债情况。市税务局在自治区率先推行风险管理一体化试点，形成“集中分析、分级推送、专业应对”风险管理模式；构建发票风险实时监控等风险模型141个，围绕发票虚开、房地产业、减税降费等推送风险任务137批次，涉及风险企业1.11万户，查补入库税款2.51亿元。落实“房住不炒”要求，保持调控政策连续性稳定性，商品房销售面积增长3.4%、销售额增长11.7%。市金融办行政检查抽查小额贷款公司、融资担保公司等地方金融组织149家次，约谈重点监管企业43家次。严厉打击非法集资，着力压降网贷风险，市防范和处置非法集资领导小组办公室受理非法集资举报线索96条，梳理移交公安机关72条；开展涉嫌非法集资风险专项排查活动，发现存在非法集资风险企业16家，排查清理涉嫌非法集资广告资讯信息1.02万条；按降机构、降余额、降人数要求，推进网络贷款机构风险出清。强化信贷供给，银行业南宁辖内小微企业各项贷款余额511亿元，扶贫小额信贷余额64.21亿元；南宁保险业为社会提供风险保障25.60万亿元，增长48.84%。

【财税营商环境优化】 2019年，南宁市落实积极的财政政策，实施更大规模减税降费政策。市财政安排现代工业发展资金10亿元，促进工业加快转型升级；安排服务业发展资金3.91亿元，重点支持中国（广西）自由贸易试验区南宁片区建设；安排3.10亿元扶持农业品牌培育提升、“菜篮子”工程等项目。落实取消、停征、免征、降低收费标准及扩大免征范围的行政事业性收费和政府性基金8项，停止收取并集中清退历年政府采购各类保证金1.30亿元。发挥财政资金杠杆作用，降低企业融资成本，“两台一会”（市中小企业服务中心融资平台、市南方担保公司担保平台，市企业信用协会）财政配套资金7.19亿元，平台累计完成投融资贷款230.69亿元，服务企业908家；推进南宁产业发展基金运作，新增子基金1支（南宁民生电子信息产业投资基金），累计子基金3支，南宁产业发展基金母基金实际出资3.65亿元，撬动金融机构和社会资本投资20.69亿元。市税务局推出办税事项“一次办”“网上办”“掌上办”“就近办”“马上办”“容缺办”清单562项；率先在自治区推行发票申领“智能审、自动核、免费寄”，发票首次申领即时办结率100%；简易注销企业类型扩围至6类，注销清税即时办结面扩大至90%；受理电子税务局业务41.98万笔，人工客服解答咨询6.77万人次，智能客服解答18万人次；与21家金融机构开展“银税互动”合作，帮助企业将纳税信用转化为融资信用，

"诚信易贷"平台累计授信金额178.26亿元,惠及纳税人2.30万户。

(马利芳　黄舒爽)

国有资产监督管理

【概　况】2019年,南宁市机构改革,市政府国有资产监督管理委员会的国有企业领导干部经济责任审计、国有企业监事会的职责划入市审计局。南宁市人民政府国有资产监督管理委员会(简称"市国资委")设办公室(党委办公室)、党建工作科、宣传工作科、政策法规科、财务监管科、考核分配科、产权与收益管理科、改革与规划发展科、综合管理科、监督检查科、法人治理管理科、机关总支(人事科),编制52名,在编47人。主管、监管南宁城市建设投资集团有限责任公司、南宁威宁投资集团有限责任公司、南宁建宁水务投资集团有限责任公司、南宁交通投资集团有限责任公司、南宁轨道交通集团有限责任公司、南宁产业投资集团有限责任公司、南宁农工商集团有限责任公司、南宁金融投资集团有限责任公司。8大集团公司营业收入185.15亿元,利润15.32亿元,国有资产保值增值率101.55%。国有资产总额3172.75亿元,比上年增长10.05%;净资产1230.13亿元,增长16.23%。市国资委推进公共资产负债管理智能云平台迭代优化升级,市属国有及国有控股企业的财务、资产数据纳入系统管理;启动市属国有企业发展混合所有制经济对策课题研究,推动国有资本向战略性新兴产业、现代服务业、基础设施等关键领域集中;改进国有企业法人治理结构,实施企业负责人薪酬制度改革;支持、指导企业开展多渠道融资,监管企业融资到位244.72亿元,融资服务平台为企业节约融资成本4.90亿元。建立国有企业人才工作目标考核机制,制定《南宁市国资委监管企业高层次创新人才薪酬制度改革试点方案》,引进人才350余人;实施南宁市属国有企业领导人才教育基地建设项目,开展企业人才培训6期,培训600余人次。编发《国资要情》12期,在《南宁日报》国企风采专栏发表文章30多篇;运用"南宁市国资委"微信公众号、企业门户网站55个、微信微博公众号120个宣传南宁国资国企开拓进取故事。主要存在国有企业转型升级较缓慢,主业和品牌优势不够突出,创新发展能力不强;部分企业大量资产无法产生效益或为低效益的非经营性资产,难以有效盘活利用;部分企业投资管理、财务管理和合同管理不规范,对下属子企业管控不到位;国有资产管理以管资本为主的职能转变步伐比较慢,下放给企业的权力未落实到位等问题。

【国资国企改革与发展】2019年,市国资委优化拓展国资一体化系统,将市属国有及国有控股企业312家的财务、资产数据纳入系统管理,实现全面动态反映企业资产负债情况;启动智慧国资全面升级项目,制定升级方案,开展公开招标采购。融资服务平台签约项目87宗,总金额444.77亿元,为企业节约融资成本4.90亿元;产权信息平台交易项目188宗,成交项目挂牌总金额12.68亿元,实现溢价1.80亿元,增值率14.30%。启动市属国有企业发展混合所有制经济对策课题研究,深入企业调研,解读、宣传混合所有制改革政策精神,新增混合所有制、股权多元化企业6家。完成广西赖氨酸厂等4家企业1886名职工安置并进入破产程序,基本完成退休人员社会化管理、"三供一业"(企业供水、供电、供热,物业管理)分离移交等国有企业剥离社会职能的任务。完成广西投资集团银海铝业有限公司对广西南南铝加工有限公司的增资重组、广西农村投资集团有限公司对南宁糖业股份有限公司的战略重组,授权广西国际博览集团有限公司运营、管理南宁国际会展中心;推进南宁威宁集团重组南宁大地飞歌集团,使文化体育板块资源向优势企业集中;深化国有资本授权经营体制改革,推进南宁威宁集团改组国有资本运营公司试点。利用广西南宁凤凰纸业有限公司土地收储资金,与汇达资产托管公司合资设立注册资本13.50亿元的新兴产业资本管理基金;与自治区内外大型企业合作,支持企业投资新能源汽车、铁路建设、邕江水上旅游客船等项目。加快市本级国有大宗土地、房屋资产有效盘活利用,完成463.53公顷土地、6.12万平方米房产确权办证;将12宗46.93公顷轨道交通沿线土地作价注入南宁轨道交通集团,增加集团资本金41.48亿元。建立招商引资项目库,牵头开展招商引资活动12次;支持、指导企业开展多渠道融资,监管企业融资到位244.72亿元,完成总投资338.23亿元。

【国资监管】2019年,市国资委对企业实行清单管理,将30项审批核准事项列入清单,凡未列入清单的事项,原则上由企业自主决策,进一步厘清市国资委与企业权责边界;出台《南宁市人民政府国有资产监督管理委员会履行出资人职责企业担保管理办法》《南宁市国资委关于规范监管企业实施企业年金的意见》《南宁市国资委监管企业工资总额管理办法(试行)》等,规范企业担保行为,促进企业深化内部收入分配制度改革;落实《关于进一步完善国有企业法人治理结构的实施意见》,制定《南宁市国资委直管企业董事会换届工作方案》,完成市属国有企业新一届董事会换届工作;开展2018年度企业负责人经营业绩考核、2016—2018年企业负责人任期经营业绩考核,不同类别企业实行与企业功能性质相适应的差异化薪酬分配办法;修订《南宁市国资委履行出资人职责企业投资管理办法》,制定投资负面清单,启动13个投资项目的后评价工作;建立企业违规经营投资责任追究报告制度,推动企业及时发现、处置问题;配合市人大常委会对市国有资产管理情况专题调研,牵头完成企业国有资产管理情况专项报告。市本级国有资本经营预算收入6.30亿元,增长330.21%;市本级国有资本经营预算支出0.54亿元,增长50.30%。市财政局完成企业国有资产报告、金融企业国有资产报告、行政事业单位国有资产报告、自然资源国有资产报告4个专项报告组成的全市国有资产综合分析报告;批复市直各单位部门国有资产处置申请报告130批次,涉及金额1.27亿元,其中车辆报废处置48批次103辆,涉及金额2463万元;督促市本级各行政事业单位的国有资产处置收入上缴国库,实行"收支两条线"管理;开展经营性国有资产摸底调查,做好南宁市本级党政机关、事业单位经营性国有资产集中监管前期准备工作。

【国企社会责任】2019年,市国资委监管企业发挥国企在重大项目投资建设、民生服务保障、产业帮扶等领域的主力军作用,推进南宁农产品交易中心二期项目、邕江上游引水工程、黑臭水体治理等一批重点项目建设,南宁市江南污水处理厂水质提标及三期工程等区市层面统筹推进重大项目竣工,邕江水利枢纽5台发电机组实现并网发电,南宁国际铁路港项目一期工程及T1、T2航站楼收费站工程投入运营,凤岭北路、茶花园路、金湖北路等道路主线通车,轨道交通3号线开通试运营;南宁威宁集团负责建设的南宁东盟文化产业研发大厦(市民中心)、南宁市图书馆,及南宁城投集团所属纵横公司负责建设的青山大桥、良庆大桥获2018—2019年度国家优质工程奖;南宁威宁集团负责建设的广西文化艺术中心项目获2018—2019年度第二批中国建设工程鲁班奖。南宁建宁水务集团累计供水5.48亿立方

2019 年 11 月 19 日，南宁威宁集团负责建设的广西文化艺术中心项目获 2018—2019 年度第二批中国建设工程鲁班奖　　潘浩　摄

米，处理污水 3.98 亿立方米，水质合格率 100%；轨道交通实现客运总量 2.74 亿人次，票务收入 5.87 亿元；网约定制公交车线路 10 条投入试运营；民生旅游码头、亭子码头投入运营，邕江夜游项目累计发送客流量 6.71 万人次。市属国有企业结对帮扶 23 个深度贫困村发展村集体经济，落实产业帮扶项目 77 个，投入产业项目资金 2056.25 万元。　　（秦　庆）

财　政

【概　况】 2019 年，南宁市财政局（简称“市财政局”）、兴宁区、江南区、青秀区、西乡塘区、邕宁区、良庆区、武鸣区、横县、宾阳县、上林县、马山县、隆安县、南宁高新技术产业开发区、南宁经济技术开发区、广西－东盟经济技术开发区、青秀山风景名胜旅游区 16 个区县（开发区）财政局，在职干部 1889 人。其中，市财政局 276 人、区县（开发区）1613 人；大学专科以上 1783 人，占总人数 94.39%；具有专业技术职称 777 人，占 41.13%；中共党员 1017 人，占 53.84%。市财政局设办公室、综合科、预算科、国库科、政府债务管理科、行政政法科、教科文科、经济建设科、城市建设科、工业交通科、社会保障科、自然资源和生态环境科、农业科、基层财政财务管理科、国外贷款管理科、金融科、会计管理科、法规科、政府采购监督管理科、资产管理科、财政监督科、人事科，核定行政编制 116 名、在编 103 人，后勤服务控制数 12 名、在编 7 人。有直属副处级参公事业单位 5 个：南宁市政府非税收入结算中心，核定事业编制 20 名、在编 16 人，后勤服务控制数 4 名、在编 3 人；南宁市民族经济发展资金管理局，核定事业编制 37 名、在编 26 人，后勤服务控制数 2 名、在编 1 人；南宁市财政预算绩效考评中心，核定事业编制 19 名、在编 11 人，后勤服务控制数 1 名、在编 1 人；南宁市财政国库支付中心，核定事业编制 40 名、在编 36 人，后勤服务控制数 5 名、在编 2 人；南宁市财政投资评审中心，核定事业编制 47 名、在编 44 人，后勤服务控制数 5 名、在编 5 人。直属正科级参公事业单位 2 个：南宁财政稽查大队，核定事业编制 14 名、在编 12 人，后勤服务控制数 1 名、在编 1 人；南宁市财政局预算编审服务中心，核定事业编制 9 名、在编 7 人，后勤服务控制数 1 名、在编 1 人。直属正科级公益一类事业单位 3 个：南宁市财政政策研究室，核定事业编制 7 名、在编 5 人，后勤服务控制数 1 名、在编 0 人；南宁市财政信息中心，核定事业编制 8 名、在编 6 人，后勤服务控制数 1 名、在编 0 人；南宁注册会计师管理中心，核定事业编制 3 名，在编 2 人。直属正科级事业单位 2 个：南宁市会计管理公司，核定事业编制 5 名，在编 0 人；广西中华会计函授学校南宁市分校，核定事业编制 5 名，在编 0 人。全市组织财政收入 800.69 亿元，增长 6.30%，首次突破 800 亿元大关，占自治区财政收入 27%；非税收入占一般公共预算收入 26.88%，下降 0.30%。上级转移支付资金 297.21 亿元，增加 11.98 亿元；新增政府债券资金 65.40 亿元，增长 14.60%。全市盘活财政存量资金 27.75 亿元；政府资源资产收入 30.44 亿元；压减一般性支出 5.57 亿元，压减率超过 6%。全市预算执行进度加快，总体支出进度超过 95%。主要存在受经济形势影响财政收入增速放缓；盘活存量资金空间逐年缩小，支出刚性需求不断加大，财政收支平衡压力加剧；专项资金重分配轻管理，偏离绩效目标和绩效不高问题仍需加强改进；政府债券资金使用效益有待进一步提高等问题。

【财政收入】 2019 年，南宁市一般公共预算总收入 907.00 亿元。其中，一般公共预算收入 370.93 亿元（税收收入 271.21 亿元，增长 3.76%；非税收入 99.72 亿元，增长 2.20%），完成年初预算 98.80%，增长 3.34%；上级补助收入 300.55 亿元，增加 13.61 亿元；上年结余收入 34.34 亿元；调入资金 138.88 亿元；债务转贷收入 34.11 亿元；动用预算稳定调节基金 28.19 亿元。非税收入 99.72 亿元中，专项收入 31.54 亿元，减少 7.43 亿元，下降 19.08%；行政事业性收费收入 12.90 亿元，减少 1.51 亿元，下降 10.46%；罚没收入 8.40 亿元，增加 1.80 亿元，增长 27.23%；国有资本经营收入 5.60 亿元，减少 2.25 亿元，下降 28.69%；国有资源、资产有偿使用收入 30.45 亿元，增加 13.26 亿元，增长 77.16%；

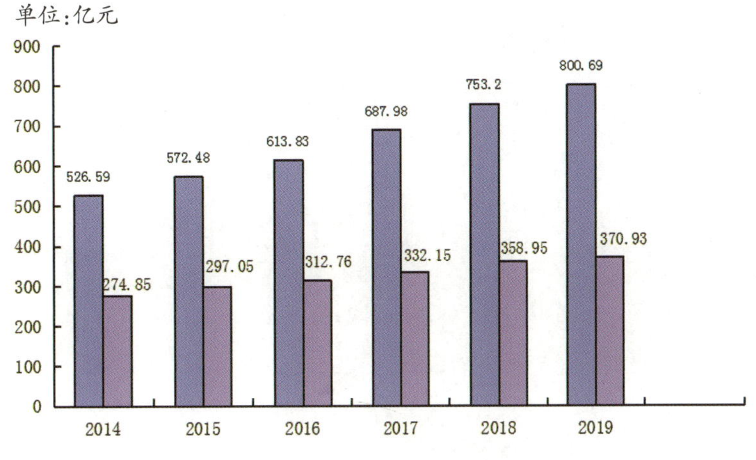

图 2　2014 年至 2019 年南宁市财政收入趋势图

南宁年鉴

捐赠收入 0.19 亿元，增加 0.04 亿元，增长 28.27%；政府住房基金收入 3.13 亿元，减少 3.16 亿元，下降 50.23%；其他收入 7.51 亿元，增加 1.41 亿元，增长 23.02%。市本级一般公共预算总收入 655.99 亿元。其中，一般公共预算收入 199.57 亿元（税收收入 135.19 亿元，下降 3.89%；非税收入 64.38 亿元，下降 6.50%），完成年初预算 92.97%，下降 4.75%。下降主要原因是现行财政体制下，减税降费政策和部分税种纳税期调整对市本级收入影响较大；上级补助收入 300.55 亿元；上解收入 21.02 亿元；上年结余收入 14.64 亿元；调入资金 69.10 亿元；债务转贷收入 34.11 亿元；动用预算稳定调节基金 17 亿元。

【财政支出】 2019 年，南宁市一般公共预算总支出 876.27 亿元。其中，一般公共预算支出 789.19 亿元，上解支出 13.60 亿元，安排预算稳定调节基金 39.94 亿元，地方政府一般债务还本支出 33.54 亿元。收支相抵，年终结余 30.73 亿元。南宁市一般公共预算支出完成调整预算 96.25%，增长 13.07%。重点用于卫生健康支出 76.92 亿元，完成调整预算 98.24%，增长 9.20%；教育支出 140.86 亿元，完成调整预算 98.10%，增长 8.74%；科学技术支出 10.67 亿元，完成调整预算 99.02%，增长 35.87%；农林水支出 79.48 亿元，完成调整预算 90.69%，增长 16.49%；社会保障和就业支出 92.47 亿元，完成调整预算 97.71%，增长 24.28%。市本级一般公共预算总支出 645.64 亿元。其中，一般公共预算支出 282.61 亿元，上解支出 13.61 亿元，补助下级支出 283.03 亿元，安排预算稳定调节基金 25 亿元，地方政府一般债券转贷支出 10.31 亿元，地方政府一般债务还本支出 31.08 亿元。收支相抵，年终结余 10.35 亿元。市本级一般公共预算支出完成调整预算 96.47%，增长 9.93%。重点用于教育支出 34.91 亿元，完成调整预算 96.60%，增长 7.19%；文化旅游体育与传媒支出 7.84 亿元，完成调整预算 93.17%，增长 29.96%；社会保障和就业支出 28.54 亿元，完成调整预算 96.54%，增长 28.72%；城乡社区支出 79.70 亿元，完成调整预算 97.40%，增长 39.95%。市本级一般公共预算安排预备费 2.60 亿元，动用 1.67 亿元，主要用于地质灾害应急治理工程。其中，凤岭北路和翠竹路南段边坡治理工程 1.12 亿元、南广铁路部分路段地质灾害治理工程 0.12 亿元、广西军区装备部营地周边地质灾害治理工程 0.04 亿元、非洲猪瘟应急防控经费 0.10 亿元、生猪生产应急保障经费 0.20 亿元、手足口病防控经费 0.03 亿元、柑橘黄龙病防控经费 0.06 亿元。市本级一般公共预算安排“三公”经费合计 0.63 亿元。其中，公务接待费支出 0.14 亿元、因公出国（境）经费支出 0.13 亿元、公务用车购置及运行维护费支出 0.36 亿元。市本级对区县税收返还和转移支付支出 283.03 亿元，增长 5.4%。其中，税收返还 19.22 亿元，增长 0.03%；一般性转移支付 196.82 亿元，增长 28.70%；专项转移支付 66.99 亿元，下降 30.51%。

【市本级预算稳定调节基金】 2019 年，南宁市动用预算稳定调节基金 17 亿元，其中预算稳定调节基金 15 亿元用于市本级一般公共预算支出，安排 2 亿元用于南宁教育园区、五象新区新建学校等教育基础设施建设后，预算稳定调节基金余额 0.21 亿元。年底补充预算稳定调节基金 25 亿元后，市本级预算稳定调节基金余额 25.21 亿元。

【政府性基金预算】 2019 年，南宁市政府性基金预算总收入 701.88 亿元。其中，当年政府性基金预算收入 543.18 亿元，完成调整预算 113.00%，增长 14.00%；上级补助收入 7.22 亿元；上年结余收入 89.68 亿元；债务转贷收入 61.80 亿元。全市政府性基金预算总支出 607.84 亿元。其中，当年政府性基金预算支出 425.69 亿元，完成调整预算 84.95%，增长 3.11%；上解支出 39.51 亿元；调出资金 132.25 亿元；地方政府专项债务还本支出 10.39 亿元。收支相抵，年终结余 94.04 亿元。结余较大的主要原因是部分土地出让收入集中在年底入库，无法在当年形成支出。市本级政府性基金预算总收入 611.47 亿元。其中，当年政府性基金预算收入 468.32 亿元，完成调整预算 117.23%，增长 10.18%；上级补助收入 8.60 亿元；上年结余收入 72.75 亿元；债务转贷收入 61.80 亿元。市本级政府性基金预算总支出 542.26 亿元。其中，当年政府性基金预算支出 260.50 亿元，完成调整预算 94.04%，下降 6.79%；上解支出 39.51 亿元；补助下级支出 153.36 亿元；调出资金 62.71 亿元；债务转贷支出 16.90 亿元；地方政府专项债务还本支出 9.28 亿元。收支相抵，年终结余 69.21 亿元，结余较大的主要原因是部分土地出让收入集中在年底入库，无法在当年形成支出。

【国有资本经营预算】 2019 年，南宁市国有资本经营预算总收入 7.37 亿元。其中，当年国有资本经营预算收入 6.71 亿元，增长 336.13%，增长的主要原因是广西南宁凤凰纸业有限公司资产处置收益 5 亿元，2018 年无此因素；上年结余收入 0.66 亿元。全市国有资本经营预算总支出 7.36 亿元。其中，当年国有资本经营预算支出 0.71 亿元，完成调整预算 92%，增长 77.54%，增长的主要原因是增加国有企业注册资本金支出 0.46 亿元；调出资金 6.65 亿元，将国有资本经营预算调入一般公共预算统筹安排。收支相抵，年终结余 0.01 亿元。市本级国有资本经营预算总收入 6.93 亿元。其中，当年国有资本经营预算收入 6.30 亿元，增长 330.21%，增长的主要原因是广西南宁凤凰纸业有限公司资产处置收益 5 亿元，2018 年无此因素；上年结余收入 0.63 亿元。市本级国有资本经营预算总支出 6.93 亿元。其中，当年国有资本经营预算支出 0.54 亿元，完成调整预算 94.55%，增长 50.30%，增长的主要原因是增加国有企业注册资本金支出 0.46 亿元；调出资金 6.39 亿元，将国有资本经营预算调入一般公共预算统筹安排。收支相抵，年终无结余。

【社会保险基金预算】 2019 年，南宁市

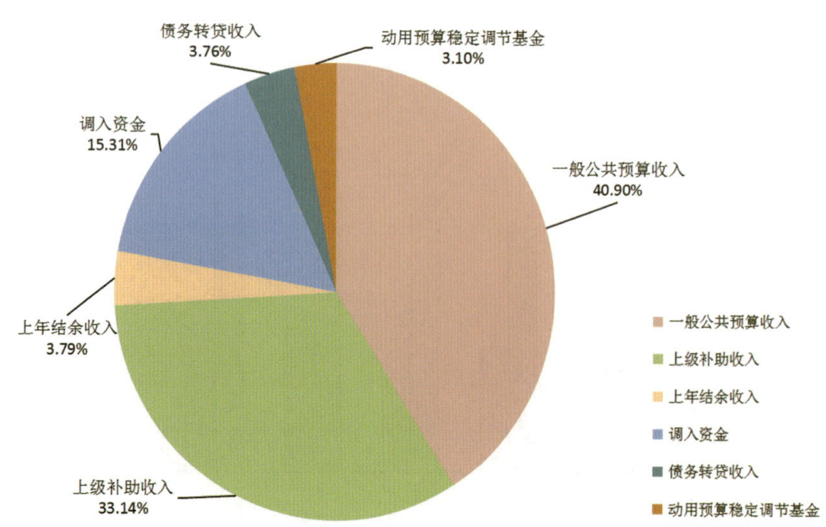

图 3 2019 年南宁市一般公共预算总收入各占比情况图

社会保险基金预算总收入165.93亿元，完成调整预算111.73%，下降4.67%，下降主要原因是2018年机关事业单位养老保险收入包括改革过渡期清算收入，2019年无此因素；落实降低社会保险费率政策。南宁市社会保险基金预算总支出149.80亿元，完成调整预算107.67%，下降1.42%，下降主要原因是2018年机关事业单位基本养老保险支出包括改革过渡期清算支出，2019年无此因素。收支相抵，当年结余16.13亿元，年末滚存结余192.95亿元。市本级社会保险基金预算总收入120.16亿元，完成调整预算113.41%，增长4.81%。其中，机关事业单位基本养老保险基金收入14.41亿元，下降20.06%，下降主要原因是2018年包括改革过渡期清算收入，2019年无此因素；城镇职工基本医疗保险基金（含生育保险）收入52.97亿元，增长22.83%，增长主要原因是参保人数与缴费基数的正常增长；城乡居民基本医疗保险基金收入45.86亿元，增长10.45%；工伤保险基金收入1.97亿元，下降38.14%，下降主要原因是落实降低社会保险费率政策；失业保险基金收入4.95亿元，增长17.10%，增长主要原因是参保人数与缴费基数的正常增长。市本级社会保险基金预算总支出106.06亿元，完成调整预算106.28%，增长18.99%。其中，机关事业单位基本养老保险基金支出12.28亿元，下降41.71%，下降主要原因是2018年包括改革过渡期清算支出，2019年无此因素；城镇职工基本医疗保险基金（含生育保险）支出38.42亿元，增长34.18%，增长主要原因是群众就医需求持续增加；城乡居民基本医疗保险基金支出49.64亿元，增长58.48%，增长主要原因是实施城乡居民基本医疗保险支持精准脱贫系列政策，及大病保险支出和群众就医需求增加；工伤保险基金支出1.57亿元，增长40.77%，增长主要原因是工伤保险保障范围扩大；失业保险基金支出4.15亿元，增长21.82%，增长主要原因是落实困难企业稳岗返还补贴等稳就业政策力度加大。收支相抵，当年结余14.09亿元，年末滚存结余164.78亿元。

【政府债务】 2019年，自治区政府批准核定下达南宁市政府债务限额1191.55亿元（一般债务限额675.72亿元、专项债务限额515.83亿元），其中市本级（含城区、开发区）政府债务限额1107.61亿元（一般债务限额605.76亿元、专项债务限额501.85亿元）。南宁市政府债务余额1068.01亿元（一般债务余额607.85亿元、专项债务余额460.16亿元），其中市本级（含城区、开发区）政府债务余额988.62亿元（一般债务余额541.55亿元、专项债务余额447.07亿元）。全市各级政府债务余额均控制在限额以内。

【地方政府债券】 2019年，自治区政府批准核定转贷南宁市地方政府一般债券34.11亿元；核定转贷市本级（含城区、开发区，下同）地方政府一般债券26.15亿元，其中再融资一般债券22.99亿元、新增一般债券3.16亿元。市本级再融资一般债券22.99亿元，用于偿还2019年到期的政府一般债券本金22.54亿元，转贷城区、开发区再融资一般债券0.45亿元；市本级新增一般债券3.16亿元，主要用于五象新区玉洞片区路网一期工程0.2亿元、建兴路北延长线工程0.33亿元、环城高速公路东环改造二期工程（安吉大道立交—三岸大桥北）0.33亿元、张村至六景二级公路一期工程0.4亿元，转贷城区、开发区新增一般债券1.9亿元。自治区政府批准核定转贷南宁市2019年地方政府专项债券61.80亿元；核定转贷市本级2019年地方政府专项债券58.25亿元，其中再融资专项债券6亿元、新增专项债券52.25亿元；市本级再融资专项债券6亿元，全部用于偿还市本级2019年到期的政府专项债券本金；市本级新增专项债券52.25亿元，主要用于市本级棚户区改造项目27.20亿元、土地储备项目7.50亿元、南宁市属公立医院建设项目4.20亿元，转贷城区、开发区新增专项债券13.35亿元。全市政府债务还本支出43.55亿元，其中一般债务还本支出33.16亿元、专项债务还本支出10.39亿元；市本级政府债务还本支出40.36亿元，其中一般债务还本支出31.08亿元、专项债务还本支出9.28亿元。全市债务付息支出36.17亿元，其中一般债务付息支出21.45亿元、专项债务付息支出14.72亿元；市本级债务付息支出29.58亿元，其中一般债务付息支出17.34亿元、专项债务付息支出12.24亿元。以上到期债务本息均已如期偿还，全市未发生政府债务违约行为。

【产业发展资金支持】 2019年，南宁市投入现代工业发展资金10亿元，促进工业加快转型升级，一批龙头企业产能逐步释放，电子信息、先进装备制造、生物医药三大重点产业对工业增长的支撑作用不断增强。滚动安排工业用地储备资金7亿元、工业园区基础设施建设资金3亿元，助力工业园区充分发挥集聚效应。市本级投入服务业发展资金3.91亿元，重点支持自贸试验区南宁片区建设，提升数字经济新高度，推进智慧城市、中国－东盟信息港、中新南宁国际物流园等项目建设。市本级投入3.10亿元扶持农业品牌培育提升、“菜篮子”工程、粮食安全保障项目，推进现代特色农业示范区和田园综合体建设，强化动植物疫病防治，加快恢复生猪生产。市本级投入农村综合改革各项资金1.78亿元，其中投入农村公益事业0.2亿元、“美丽乡村”建设0.06亿元、扶持非贫困村村级集体经济1.52亿元。市本级投入科技经费3.36亿元，力促科技计划和创新驱动精准聚焦重点产业发展。市本级投入天使投资基金首期资金0.5亿元，着力解决企业在科技成果转化、孵化和初创期的融资难题，以金融手段助推科技成果转化。支持实体经济发展，全市为企业降本减负超110亿元。运用财政金融手段，通过中小企业贷款平台引导金融机构解决企业流动资金贷款35.50亿元，助力中小企业可持续发展。安排高层次人才专项资金1.1亿元，吸引和集聚高层次人才来邕创新创业。

【“三大攻坚战”资金支持】 2019年，市财政采取举措支持打好三大攻坚战。脱贫攻坚方面，全市筹措各级财政扶贫资金33.78亿元，支出33.10亿元，支出率97.99%；加大财政涉农资金统筹整合力度，市本级财政资金向深度贫困地区倾斜。污染防治方面，筹集黑臭水体治理资金87亿元用于河流流域治理、雨污管网改造、水质提升等项目建设，南宁市入围全国城市黑臭水体治理示范城市；投入大气污染防治资金2.54亿元，用于落实工业企业使用清洁能源补助和新能源汽车推广，支持建设扬尘污染治理系统，打赢打好蓝天保卫战；投入土壤污染防治资金2.04亿元，做好垃圾无害化处理、工业固体废物处理，加强土壤污染监测。风险防范方面，筹措79.72亿元确保政府债务按时还本付息，维护政府信誉；完善政府债务风险监测机制，守住不发生系统性金融风险底线。

【民生保障与改善】 2019年，南宁市民生支出624.39亿元，增长15.63%，占一般公共预算支出79.27%。投入141.16亿元加快教育基础设施建设，建成使用公办中小学校35所、幼儿园20所，新增学位6.60万个。投入76.91亿元支持卫生健康事业发展，主要落实城乡居民基本医疗保险补助30.61亿元，推进医保支付方式改革等；投入11.48亿元促进公共卫生服务均等化，加快建设“健康南宁”，促进医疗卫生领域集团化发展，支持公立医院及基层医疗卫生机构建设，建成智慧健康信息化工程，方便群众就医。投入社会保障和就业资金92.45亿元，主要落实行政事业单位养老待遇支出43.05亿元、城乡居民基本养老保险补助10.72亿元、城乡低保补助资金和特困人员救助资金6.30亿元，落实就业补助资金3.35亿元、城镇新增就业7.52万人。投入11.75亿元支持文化旅游体育与传媒发展，主要用于公共文化服务体系建设，打造本地优秀剧目、推进文化惠民工程，重点支持南宁市庆祝中华人民共和国成立70周年系列文化活动；助力特色旅游品牌建设，推动全域旅游发展；支持苏迪曼杯世界羽毛球混合团体锦标赛等重大国际体育赛事开展。统筹各级财政资金106.01亿元支持南宁市及南宁市承办的自治区为民办实事工程。投入各级财政资金1.40亿元支持生猪稳产保供，家禽、牛羊肉等替代品生产，保障市场供应和物价平稳。

【城市建设资金支持】 2019年，南宁市筹集各类资金495亿元，推进公路、铁路、轨道交通、黑臭水体治理及老城区改造等重点项目建设。筹集129.48亿元用于轨道交通、南宁吴圩国际机场综合交通枢纽项目建设，轨道交通3号线顺利建成通车；筹集11.22亿元用于支持贵南铁路、南崇铁路、南玉铁路等高铁建设；筹集6.64亿元用于推进南宁至大王滩二级公路、六景至宾阳等一批高速公路建设，实现风岭北路主线等一批城市道路建成通车。筹集1.21亿元用于“老南宁·三街两巷”历史文化街区改造，保护、传承老南宁的历史脉络，实现商业与历史的融合。推动政府和社会资本合作(PPP)模式，引导社会资本参与文化教育、医疗、养老、交通、水环境治理等公共基础设施和民生事业建设，南宁市落地PPP项目26个，总投资327.10亿元，其中社会资本投资281.02亿元，占项目总投资85.91%。市本级投入1.86亿元用于城市公园及绿地管护，深化国家森林城市和生态园林城市建设，提升“中国绿城”品质。

【国有资产管理】 2019年，市财政局加强国有资本经营预算管理，市本级国有资本经营预算收入6.30亿元、增长330.21%，支出0.54亿元、增长50.30%。开展南宁市国有资产报告编制，完成由企业国有资产报告、金融企业国有资产报告、行政事业单位国有资产报告、自然资源国有资产报告4个专项报告组成的全市国有资产综合分析报告。加强行政事业单位国有资产处置审核(批)，收到市直部门请求处置国有资产申请报告130批次、涉及金额1.27亿元，批复处置130批次、涉及金额1.27亿元，其中车辆报废处置48批次103辆，涉及金额2463万元。加强国有资产处置收入管理，实行“收支两条线”管理，上缴国库的国有资产处置收入4301.97万元、出租出借收入5027.54万元。开展经营性国有资产摸底调查，做好市本级党政机关和事业单位经营性国有资产集中监管前期准备工作。

【投资评审管理】 2019年，市财政局开展财政投资评审，接收报审项目602项，审结项目527项，审结率87.54%；审核项目金额125.39亿元，审定金额106.65亿元，审减金额18.74亿元，审减率14.95%。开展南宁市朝阳溪河道综合整治工程、那平江流域治理工程(一期)、亭子冲流域治理工程及机场高速公路新建T2航站楼收费站工程等项目招标控制价评审，累计完成招标控制价评审项目198项，审核金额80.73亿元，审定金额70.79亿元，审减金额9.94亿元，审减率12.31%。完成南宁园博园——宜居城市馆展陈工程、仙葫大道(蒲庙大桥—高速公路桥)道路维修工程、“三街两巷”项目金狮巷保护整治改造(一期)工程等112个项目预算评审，审核金额27.01亿元，审定金额23.23亿元，审减金额3.78亿元，审减率13.99%。做好财政投资项目施工、勘察、设计等合同审核备案，累计审核及备案合同、协议147项，审核金额3254.30万元，审定金额3153.96万元，审减金额100.34万元，审减率3.08%。对邕江综合整治和开发利用工程(南岸：清川大桥—五象大桥)项目、江南大道(西园段)项目、南宁西园饭店片区旧城改造项目涉及南宁西园饭店特殊装修等由于规划调整造成损失的项目等51项拆迁补偿项目评审，涉及金额12.73亿元。

【政府采购监督管理】 2019年，南宁市完成政府采购预算金额152.62亿元，比上年减少329.69亿元，下降68.36%；实际采购金额140.12亿元，减少322.28亿元，下降69.70%；节约采购资金12.50亿元，减少7.40亿元，下降37.19%；资金节约率8.19%。持续深化政府采购改革，印发《南宁市财政局关于推进政府采购“放管服”工作和深化改革有关内容的通知》，明确对市本级政府采购货物类、服务类项目和适用《中华人民共和国政府采购法》及其实施条例的政府采购工程以及与工程建设相关的货物、服务类项目，停止收取投标保证金、履约保证金和质量保证金，同时取消政府采购项目在市公共资源交易平台网上报名环节；出台《南宁市财政局关于汇编促进政府采购公平竞争政策的通知》，将编制采购文件时在资格条件、采购需求、评分办法和评分标准等条款设置中常出现的妨碍公平竞争的内容及政策依据进行整理汇总；出台《南宁市财政局关于开展政府采购支持中小微企业信用融资工作的通知》，决定在市本级开展政府采购支持中小微企业信用融资，缓解中小微企业融资难、融资慢、融资贵问题。

【财政监督】 2019年，南宁市完成检查项目8项，检查单位6.09万户，查出财政违规金额4.27亿元，责成纠正违规金额4.27亿元。开展惠民惠农财政补贴资金“一卡通”和减税降费政策措施实施效果专项治理，开展脱贫攻坚扶贫资金检查“回头看”“小金库”“三公”经费、会计信息质量等政策落实情况的监督检查，向市纪委监委移送问题线索11条，严肃财经纪律，维护财政资金安全。市财政局发挥人大审查、审计监督、财政监督等对财政管理的纠偏和引导作用，提升预算绩效管理水平，首次开展财政支出政策绩效评价试点，委托第三方评价机构对《南宁市商贸服务业发展专项资金管理办法》开展绩效评价；完善绩效管理结果运用体系，综合运用再评价结果，避免低效无效支出；强化预算绩效监督，将轨道交通运营补贴等5个预算项目的绩效再评价提交市人大常委会审议。强化政府采购监管，做好日常监管，持续深化“放管服”改革，提高采购效率和监管能力。

【财税体制改革】 2019年，市财政局坚持深化改革与强化管理同步推进，加快推进财税体制改革，切实推进深化增值税改革、个人所得税专项附加扣除等减税降费优惠政策落地。出台基本公共服务领域、医疗卫生领域市以下财政事权和支出责任划分改革实施方案，确定保障标准和支出分担比例。深化预算管理改革，推进全口径政府预算管理，强化“四本预算”统筹衔接；加强财政政策逆周期调节工具运用，注重跨年度预算平衡；健全国有资本预算管理体系，国有资本收益上缴比例从2018年的18%提高至20%；全面贯彻落实向人大常委会报告国有资产管理情况制度。推进政府预决算公开，在全面规范各级财政预决算和部门预决算公开主体、时限、渠道基础上，完善预决算公开统一平台，使公开平台的分类分级内容具体、层次分明、查阅信息方便。深化政府购买服务改革，全市纳入政府购买服务预算管理项目2134个，预算金额19.27亿元，推进事业单位政府购买服务改革试点，支持事业单位分类改革和转型发展，增强事业单位提供公共服务能力。创新地方政府债务管理方式，拓展升级南宁市公共资产负债管理智能云平台内涵、外延，打造全新财政地图类产品，促进平台持续发挥作用。 (马利芳)

税务

【概　况】2019年，国家税务总局南宁市税务局（简称“市税务局”）设办公室、法制科、货物和劳务税科、企业所得税科、个人所得税科、财产和行为税科、社会保险费和非税收入科、收入核算科、纳税服务科、征收管理科、国际税收管理科、税收经济分析科、税收风险管理局、财务管理科、督察内审科、人事教育科、考核考评科、机关党委、老干部科、系统党建工作科、纪检组、纳税服务中心（税收宣传中心）、信息中心、机关服务中心，稽查局、第一稽查局、第二稽查局、第三稽查局、第一税务分局（重点税源企业税收服务和管理局）、第二税务分局（车辆购置税征收管理分局）6个派出机构，区县（开发区）税务局16个，税务所（税务分局）61个，全市有税务人员5272人，其中在编2647人。全市有登记纳税人46.47万户，其中单位纳税人26.94万户、个体工商户19.26万户、临时税务登记纳税人0.27万户。市税务局组织税务总局考核口径收入730.53亿元，增长6.44%；自治区政府考核口径收入713.30亿元，增长6.91%；市政府考核口径收入712.09亿元，增长6.96%。主要存在税收治理水平与税收现代化要求存在差距；税收共治效能偏低，协税护税职责不够明晰，数据管理孤岛还没有打破；纳税服务质效与纳税人、缴费人期待存在差距等问题。

【税收收入】2019年，市税务局负责全市增值税、消费税、车辆购置税、企业所得税、个人所得税、资源税、环境保护税、城镇土地使用税、城市维护建设税、房产税、印花税、土地增值税、车船税、烟叶税、耕地占用税、契税16个税种和社会保险费、教育费附加、工会经费、残疾人就业保障金、地方教育附加、文化事业建设费等收费、基金征收管理。市税务局组织税务总局考核口径收入730.53亿元、增收44.20亿元、增长6.44%，增速比上年同期下降3.32%；自治区政府考核口径收入713.30亿元、增收46.08亿元、增长6.91%，增速下降1.64%；市政府考核口径收入712.09亿元、增收46.34亿元、增长6.96%，增速下降1.58%。其中，自治区政府考核口径收入增速分季度看，全市税收收入累计增幅分别为8.10%、7.10%、6.60%、6.90%，高于全自治区平均季度累计增幅，呈逐步放缓态势。中央级税收收入完成343亿元、增收31.90亿元、增长10.20%、增收贡献率69.23%，地方级税收收入完成370.29亿元、增收14.20亿元、增长4.0%、增收贡献率30.82%。国内增值税、国内消费税、企业所得税收入分别完成290.34亿元、69.64亿元和170.63亿元，增长6.49%、25.54%和23.75%，3个税种合计增收64.60亿元；房产税收入20.27亿元、城镇土地使用税收入6.20亿元，分别增收9.71亿元、1.86亿元，增长92%、42.76%；耕地占用税、环境保护税、车船税、城市维护建设税、印花税、车辆购置税，分别增长35.90%、29%、13%、9.11%、2.07%、0.88%。个人所得税收入40.05亿元，减收19.82亿元，下降33.11%；契税27.03亿元，减收13.08亿元，下降32.60%；土地增值税、资源税，分别下降8%、4.12%。第一产业税收收入8485万元，增长2.30%；第二产业税收收入220.98亿元，增长17.90%；第三产业税收收入490.56亿元，增长2.70%。第二产业中，工业税收收入150.91亿元，增长25.20%。其中，采矿业税收下降43.60%，制造业税收增长31.60%（烟草制品业税收收入77.31亿元、增收15.36亿元、增长24.80%），电力热力燃气及水的生产和供应业税收下降9.90%。第三产业中，房地产业税收收入209.41亿元、增收16.05亿元、增长8.30%，批发零售业税收收入91.90亿元、增收2.82亿元、增长3.20%，金融业税收收入78.67亿元、增收3.51亿元、增长4.70%，居民服务和其他服务业、卫生和社会工作、教育业、住宿和餐饮业、文化体育和娱乐业、公共管理社会保障和社会组织、科学研究和技术服务业税收负增长，分别下降49.90%、41.40%、38.10%、27%、17.20%、7.10%、5.90%。按市政府考核口径收入，全市16个征收单位中收入实现正增长10个，其中江南区税务局、青秀山风景区税务局、邕宁区税务局、良庆区税务局累计收入增幅超过20%，分别为49.30%、22.60%、24.30%、25.60%；兴宁区税务局、青秀区税务局、高新区税务局、横县税务局、宾阳县税务局、隆安县税务局6个减收，分别下降1.00%、13.20%、20.50%、0.60%、3.20%、8.10%。

【减税降费】2019年，南宁市累计新增减税96.55亿元，占自治区新增减税32.87%，涉及减免纳税人252.20万户次。5月至12月，税务征收机关事业单位基本养老保险单位缴纳部分名义降率减费额4.66亿元（按现行缴费基数计），实际费额比上年同期减少0.56亿元，下降2.90%，月均享受降率政策户3777户。受理资源税、城市维护建设税、房产税、城镇土地使用税、印花税（不含证券交易印花税）、耕地占用税和教育费附加、地方教育费附加“六税两费”减免政策退税超过8.33万笔，累计退税额909.51万元；为200户纳税人办理增值税留抵退税，退税额12.12亿元。

【税收征管】2019年，市税务局在自治区率先上线无纸化退税系统，实现退税全流程“申请无纸化、流程标准化、审核智能化、推送电子化”，办理退税11.95万笔，退税额35.51亿元，其中出口退税2973笔，退税额7.82亿元；完成金税三期系统并库，确保电子税务局、核心征管、移动办税系统、短信平台4大系统平稳运行。加强行业税收管理，以“大数据+信息管税”为基础，对房地产企业按项目进行全流程全税种控管，制定房地产行业税收管理规范和操作指引，自行研发《房地产行业税收管理系统》。开展房地产专项检查，立案检查房地产企业18户，查结13户，查补税款、滞纳金、罚款3192万元；参与全市商品房销售专项整治，联合调查楼盘80个，查处、纠正商品房销售过程暗中加价、炒买炒卖、违规预售、偷税漏税等行为。在自治区率先推行风险管理一体化试点，配套出台相关制度5个。构建发票风险实时监控等风险模型141个，围绕发票虚开、成品油行业、房地产行业、减税降费、扫黑除恶等，推送各级发起风险任务137批次，涉及风险企业1.11万户，查补入库税款2.51亿元，滞纳金2668.38万元。

【社会保险费征管】2019年，市税务局与社保、医保、财政等部门建立共联共治新机制，确保社保费、非税收入征管职责划转平稳推进，主动承接自治区税务局缴费人端缴费、年金托收、社保费电子完费证明等试点工作，开出全国首张机关事业单位社保费电子完费证明。拓展城乡居民社保费征缴渠道，在全市各区县500家金融服务点实现社保缴费业务，完成1650台移动POS机（刷卡机）投放，实现乡村新增POS机全自治区布点最多、完成最快，最早实现城乡居民社保费缴费、证明开具事项全市通办。全年组织社会保险基金收入92.57亿元。

【非税收入征管】2019年，市税务局开展国有资本经营预算收入征收，通过户籍状态核实、金三系统项目配置、做好催报催缴等措施夯实征管基础；通过对国有资本经营预算收入业务知识及系统操作培训，提高基层征管人员操作能力、业务水平；全年实现国有资本经营预算收入征收14.09亿元，其中自治区级单位入库7.38亿元、市本级单位入库6.30亿元、区县级

表 20　　2019 年南宁市税务局分税种收入统计表

项　目	累计收入（万元）	占总口比例（%）	上年同期（万元）	增减额（万元）	比上年同期增长（%）
税务总局考核口径收入	7305318		6863288	442030	6.44
自治区政府考核口径收入	7132983		6672170	460813	6.91
南宁市政府考核口径收入	7120906		6657491	463415	6.96
一、税收收入合计	7305318		6863286	442032	6.44
1. 国内增值税	2903432	39.70	2726559	176873	6.49
2. 国内消费税	696381	9.50	554724	141657	25.54
3. 企业所得税	1706267	23.40	1378838	327429	23.75
4. 个人所得税	400504	5.50	598749	−198245	−33.11
5. 资源税	11189	0.20	11670	−481	−4.12
6. 城市维护建设税	248199	3.40	227468	20731	9.11
7. 房产税	202690	2.80	105566	97124	92.00
8. 印花税	79789	1.10	78172	1617	2.07
9. 城镇土地使用税	62001	0.80	43430	18571	42.76
10. 土地增值税	322679	4.40	350852	−28173	−8.03
11. 车船税	67404	0.90	59638	7766	13.02
12. 车辆购置税	283540	3.90	281073	2467	0.88
13. 烟叶税					
14. 耕地占用税	46767	0.60	34414	12353	35.90
15. 契税	270346	3.70	401104	−130758	−32.60
16. 环境保护税	3514	0.00	2725	789	28.95
17. 营业税	616	0.00	8304	−7688	−92.58
二、成品油消费税退税					
三、出口退税合计	−157830		−99027	−58803	−59.38
四、社会保险基金收入合计	925703			925703	
五、非税收入合计	905368		339802	565566	166.44
1. 教育费附加收入	111254		101235	10019	9.90
2. 地方教育附加	71282		66766	4516	6.76
3. 文化事业建设费收入	4411		5905	−1494	−25.30
4. 税务部门罚没收入	972		2201	−1229	−55.84
5. 残疾人就业保障基金	63882		53122	10760	20.26
6. 废弃电器电子产品处理基金收入					
7. 农网还贷资金收入	259707			259707	
8. 大中型水库移民后期扶持基金收入	75108			75108	

续表 20

项 目	累计收入（万元）	占总口比例（%）	上年同期（万元）	增减额（万元）	比上年同期增长（%）
9. 中央大中型水库库区基金收入	2476			2476	
10. 可再生能源发展基金	171317			171317	
11. 国有资本经营收入	140946		76487	64459	84.27
12. 地方水利建设基金(防洪工程维护费)	4048		33301	−29253	−87.84
13. 价格调节基金	−53		785	−838	−106.75
14. 免税商品特许经营费收入	18			18	
六、其他收入合计	47121		58198	−11077	−19.03
1. 工会经费收入	47121		58198	−11077	−19.03
2. 职业年金					

表 21　　2019 年南宁市税务局各征收单位市政府口径收入进度表

征收单位	2019 年(万元)	2018 年(万元)	比上年同期增减额(万元)	增减率(%)
全市合计	7120906	6657491	463415	7.00
兴宁区税务局	542236	547669	−5433	−1.00
江南区税务局	367426	246111	121315	49.30
青秀区税务局	1105836	1274134	−168298	−13.20
青秀山风景区税务局	1200143	978639	221504	22.60
西乡塘区税务局	1261522	1104405	157117	14.20
邕宁区税务局	240200	193308	46892	24.30
良庆区税务局	787364	626712	160652	25.60
武鸣区税务局	157520	154812	2708	1.70
高新技术产业开发区税务局	463317	583109	−119792	−20.50
经济技术开发区税务局	462017	420808	41209	9.80
广西－东盟经济技术开发区税务局	131287	117315	13972	11.90
横县税务局	153344	154220	−876	−0.60
宾阳县税务局	136390	140940	−4550	−3.20
上林县税务局	39389	38985	404	1.00
马山县税务局	29569	29179	390	1.30
隆安县税务局	43346	47144	−3798	−8.10

单位入库 0.41 亿元。做好残保金征收，设置残保金非税风险分析指标，将采集的信息资料、政策规定、金三系统征收信息资料等按相关逻辑关系进行对比分析，形成风险工作台账及时处理。联合财政、残联部门研究逾期不缴残保金单位的追缴对策，以行政事业单位为切入点，采取措施提高残保金缴费遵从度。组织非税收入 90.54 亿元。

【依法治税】 2019 年，市税务局落实《税收征管操作规范》，统一逾期申报处罚标准，规范税费业务办理；全面推行“三项制度”（行政执法公示制度、执法全过程记录制度、重大执法决定法制审核制度），清理、修订税收规范性文件 5 份；依法审理市稽查局提请的重大税务案件 742 件，受理税务行政复议案件 8 件、税务行政应诉案件 5 件；完善综合治税工作机制，各成员单位向税务部门提供涉税信息 80 余万条，通过综合治税入库税

2019 年 4 月 25 日，市税务局在广西大学举办个人所得税税收政策宣讲会

市税务局提供

款 20.70 亿元。

【税务稽查】 2019 年，市税务局推行“双随机、一公开”监管模式，立案检查 797 户，查补税款、滞纳金、罚款 6.22 亿元；联合公安、海关、人民银行开展打虚打骗 2 年专项行动，查处涉嫌虚开骗税企业 811 户，涉及发票 3.80 万份、金额 19.89 亿元、税额 2.96 亿元，配合公安部门捣毁窝点 2 个、虚开发票团伙 1 个；配合开展扫黑除恶专项斗争，立案调查涉黑涉恶案件 50 件，查补税款 7369.85 万元，罚款 8902 万元；继续推动守信联合激励和失信联合惩戒措施，认定税收违法“黑名单”622 件。

【纳税服务】 2019 年，市税务局优化“三项服务”（发票申领、企业开办、不动产交易税收服务），在自治区率先推行发票申领“智能审、自动核、免费寄”，发票首次申领即时办结率 100%，增量升位申请即时办结率 98%；企业开办税务环节材料从 12 项压缩至 5 项，电子税务局 30 分钟办结、手机 APP 最快 5 分钟、一般办结 10 分钟；不动产交易税收服务管理升级，首创“24 小时不打烊”服务模式，实现线上业务办结 5 分钟，线下业务 30 分钟；6 月 24 日在市税务局召开自治区税务系统深化“三项服务”现场推进会。成立信息化支持团队，受理电子税务局业务 41.98 万笔，线上人工客服解答咨询 6.77 万人次，智能客服解答 18 万人次；丰富“南宁税务服务号”微办税功能，融入南宁智慧城市服务生态圈，打造 4 大类 17 项便民办税功能的“智慧税务”入驻“爱南宁 APP”，使用总量超过 21.10 万户次。与市场监督、公安等部门联合进驻全市 17 个企业开办联办点，打造企业开办“一站式”服务专区，全流程办结时间从 3 天缩短至 1 小时。开展“便民办税春风行动”，出台 4 大类 27 项便民办税举措，推出南宁市办税事项“一次办”“网上办”“掌上办”“就近办”“马上办”“容缺办”清单 562 项；推行简易注销措施，简易注销企业类型由 3 类扩围至 6 类，注销清税即时办结面由 30% 扩大至 90%，实现 5 分钟内办结。推进纳税信用体系建设，在自治区率先推出 17 项纳税信用“3 连 A”企业激励措施，全市 1115 户企业获该项荣誉；与 21 家金融机构开展“银税互动”合作，“诚信易贷”平台累计授信金额 178.26 亿元，惠及纳税人 2.30 万户。

【税收宣传】 2019 年，市税务局打造线上“老友学堂”精品培训视频，分类分专题对热点内容进行政策解读、办税操作讲解；开展培训直播（录播）9 场，累计网络观看直播人数 30.80 万人次；制作、推出“老友学堂”精品培训视频 28 期，总阅读量 3.26 万人次。4 月 1 日，开通南宁税务“老友号”咨询辅导专线 17 条，日均接听咨询电话 550 个；至年末，“老友号”配置座席 40 个，受理涉税事项 14.97 万件，接通率 95.46%。在《南国早报》《南宁日报》和南宁手机台开设《老友说税》专栏，推出《老友说税》24 期，在广西私家车 930 广播电台播出广播情景剧《优化营商环境　落实减税降费之办税那些事》5 期。向全市 44.12 万纳税人、19 万缴费人进行税务辅导、培训、宣传。其中，辅导纳税人 5.67 万人次，举办现场培训 650 场，推送微信、短信 3900 万条，发放宣传资料 61 万册。设立“小微企业优惠政策咨询专窗”34 个。（黄舒爽）

金融监管

【概　况】 2019 年，中国银行保险监督管理委员会广西监管局（简称“广西银保监局”）引领银行业、保险业金融机构服务实体经济、深化金融改革、有效防控金融风险，增强民生保障，维护金融市场安全稳定运行。南宁辖内贷款比年初增长 1821.79 亿元。向南宁辖内 16.65 万户贫困户发放扶贫小额贷款，扶贫小额信贷余额 64.21 亿元。渤海银行南宁分行开业，中银香港东南亚业务营运中心正式启用。推动大病保险保障水平普遍提高，南宁市连续 2 年落实国家提高筹资标准增资要求，向 22.10 万人次赔付总额 4.91 亿元，实现“一站式结算”、跨省异地就医一站式赔付服务。推进学平险条款改革向纵深发展，指导行业对学平险条款进行调整优化，提高学平险条款的规范性、合理性。成立防范和打击非法集资、非法放贷、金融诈骗等非法金融活动工作领导小组，加强与地方处非、市场监管等职能部门和司法机关会商研究线索，处置非法金融活动。以“消除监管真空，避免重复监管”为主题与人民银行南宁中心支行签订监管联动框架协议，为服务实体经济、促进金融创新开放营造良好环境。推动金融消费者权益保护，12378 银行保险消费投诉维权热线广西分中心接听电话 2.24 万个，比上年增长 107.20%，消费者满意度 98.62%。组织银行、保险机构到企业、进校园、走社区、入乡村，举办现场宣传活动，建立金融知识普及教育常态机制。

【银行业监管】 2019 年，广西银保监局出台金融支持西部陆海新通道建设、工业强桂战略、民营企业和小微企业发展等意见，督促银行机构充分调动信贷、债券等资金，为“六稳”（稳就业、稳金融、稳外贸、稳外资、稳投资、稳预期）提供金融支撑。南宁辖内贷款较年初增长 1821.79 亿元，重点投向基础设施、制造业和新兴产业等领域。组织银行业开展优化营商环境获得信贷百日攻坚行动，银行业精简、降低服务收费项目 119 项；开展 1000 万元以下抵押贷款平均办理环节、办理时间及申贷材料压缩精简，全面完成“468”（1000 万元以下额度抵押贷款余额平均办理环节优化至 4 个、申办材料精简至 6 项、办理时间压缩至 8 个工作日内）目标。印发金融支持小微民营企业发展指导意见，推动 18 家银行机构在区一级设立普惠金融机构，联合相关单位开展信贷融资支持民营和小微企业“百千万”工程、“民微首贷”

提升计划、金融服务民营企业纾难解困等专项行动；深化"银税互动"合作机制，实现守信纳税人全覆盖；推动地方设立民营、小微企业首贷续贷中心。年末，银行业南宁辖内小微企业各项贷款余额511亿元，实现贷款、户数"两增"目标，小微贷款增速高于各项贷款增速23.86个百分点。支持打赢脱贫攻坚战，持续推动基础金融服务下沉，实现银行基础服务行政村覆盖率100%。搭建扶贫小额信贷、产业扶贫贷款、易地扶贫搬迁贷款和保险资金支农支小"四驾马车"拉动资源投放机制，在资金政策、产业开发和扶贫搬迁等方面全面发力。全年向南宁辖内16.65万户贫困户发放扶贫小额贷款，年末扶贫小额信贷余额64.21亿元。以面向东盟金融开放门户为抓手，提出推动机构设立、业务创新措施30条，助推南宁作为金融开放门户核心区建设；将门户建设与中国(广西)自由贸易试验区结合，梳理提出金融开放创新措施6条，精简市场准入流程。

【保险业监管】 2019年，广西银保监局加大金融开放力度，推进中国(广西)自由贸易试验区和面向东盟金融开放门户建设，推动8家保险公司总部就金融开放门户建设与自治区政府建立战略合作关系；推动国任财险广西分公司、中邮人寿广西分公司、建信人寿广西分公司开业，太平保险集团东盟服务中心正式启用；推动人保财险广西分公司与越南保险公司开展跨境保险合作，中国人寿财险广西分公司签发首笔境外保险保单。举办第5届中国－东盟保险合作与发展论坛，围绕"服务亚洲区域保险深度合作，开创面向东盟保险开放新局面"主题，在亚洲范围内持续开展监管交流和保险业务合作。支持乡村振兴战略，精准支持打赢脱贫攻坚战，持续推动基础金融服务下沉，实现保险基础服务乡镇覆盖率达99.10%。落实国家防控非洲猪瘟疫情稳定生猪产业部署，指导广西保险业支持做好稳定生猪生产保障市场供应，联合自治区财政厅提升能繁母猪保险金额至1500元，育肥猪保险金额至800元，累计承保生猪1784万头，支付保险赔款11.10亿元。联合自治区政府相关部门印发政策文件，对深度贫困县再降费率、提保额。防范非正常给付退保引发群体性事件风险，持续开展风险监测预测，对出现"异常""警惕"等苗头性风险点公司进行提示，对高风险公司进行监管谈话及窗口指导。 (申　婧)

海　关

【概　况】 2019年，中华人民共和国南宁海关(简称"南宁海关")设、处、室18个，下设处级海关23个、风险防控分局1个；缉私局(副厅级)有内设机构11个，下辖处级缉私分局11个，管理事业单位15个，干部职工2851人(海关关员2141人、缉私警察447人、事业单位编制人员263人)。南宁海关关区地处沿海、沿边、沿江，海岸线1595千米，陆路边境线1020千米，直达港澳内河600千米，辖区有口岸26个、边民互市贸易区(点)26个。全年监管进出口货物1.23亿吨，比上年增长3.10%；进出口货物货值5783.10亿元，增长16.10%；监管邮递快件物品737.80万件；落实国家边民互市政策，推动互市贸易转型升级规范发展；强化稽查后续监管，追补税1518.59万元，增长73.20%；入库税收275.63亿元，完成税收目标；开展"国门利剑2019""蓝天2019"联合专项行动，立案查办走私违法犯罪案件2361起，案值119.52亿元，涉税13.89亿元，分别增长34%、1.72倍、2.8倍。主要存在关区关检业务有待进一步深度融合，"6+14"改革相关配套制度建设有待进一步完善，在政策研究、立法建议等方面有待进一步加强等问题。

【海关监管科技运用】 2019年，南宁海关出台关区科技兴关三年规划，明确信息化系统重点建设项目45项。成立海关边境贸易信息化应用创新实验室，组建科研团队，开展区块链技术、大数据建模技术、陆路边境慧眼智控管理等前沿研究。关区实验室检测能力扩项2043项，总项数超1.30万项；非洲猪瘟、固废实验室检测能力达全国先进水平。在全国海关科技实验室系统岗位练兵技能比武决赛中获"洋垃圾"鉴定团体二等奖，走私物品鉴定团体二等奖、个人一等奖。关区获总署科技专项奖励11人次。持续加大视频监控运维投入，视频平均在线率保持在97%以上。自主研发互市2.0系统，实现检验检疫作业全部嵌入，互市通关时间压缩超75%；利用5G技术实现无人机水尺鉴重远程作业，每票平均节约通关时间2小时；采用区块链数据交换技术，实现与中检集团的商品溯源联网认证；加大科技设备投入及应用，增加H986(海关大型集装箱检查系统)设备7台，增配CT机、人体毫米波、物项识别仪等高科技监管设备，有效提升监管智能化水平。

【物流监管】 2019年，南宁海关实施边境陆路口岸进口"提前审结、卡口验放"模式改革，陆路口岸区域作业环节由8个压缩至3个，货物放行时间由2小时～3小时缩短为10分钟，友谊关口岸智能卡口通道由满足3类业务(直通、空车、直通转关模式)拓展至8类业务(直通、卸货、直通转关、卸货转关、空车、跨境电商、保税、邮件模式)，其中卸货、卸货转关、跨境电商、保税模式为全国首创实现，日均通关能力由800辆提升至1600辆，口岸区域作业费用减少逾9成。以"智慧监管"为目标，强化智能判图应用，对关区在用的货运、互市现场10台H986设备，实现集中审像、智能审图全覆盖，完成毫米波人体快检仪等新设备安装应用。推进二级、三级监控指挥中心实体化运作，完善口岸监管业务运行监控机制。成立两级机动查验队伍，建立分片区集约化管理运行机制，运用机动查验和复查复验手段，发挥查验管控集约化效应。广西进口整体通关时间12.86小时，快于同期全国39.98小时平均水平；出口整体通关时间1.51小时，快于同期全国4.0小时平均水平；通关速度全国排第五。

【边境贸易监管】 2019年，南宁海关实施边民互市商品落地加工改革，推行"边民合作社＋边境落地加工"，实行集中申报、直通式通关等便利化措施。推进边民互市贸易规范管理，自主研发互市2.0系统。严格检疫准入与许可证审批管理，建立健全越南官方证书真伪核查机制，建立互市商品溯源体系，加强对货物包装标签标识信息核查，完成关区互市区(点)海关监管作业场所达标验收、注册登记。对尚未列入总署准入目录的20种越南水产品、21种中药材品种，组织开展风险分析并报备海关总署。广西边民互市贸易进出口395.30亿元，比上年下降27%。其中，进口373.30亿元，下降28.40%；出口22亿元，增长9.90%。

【行邮物品监管】 2019年，南宁海关推进邮递物品智能化监管改革，按照"顺势监管"原则优化作业流程，合理设置现场作业区域，并配置CT机、智能邮件分拣线等软硬件设施，应用信息化管理系统，推进智能审图，提升通关效率、群众满意度。9月21日至24日，南宁海关简化手续，优化通关流程，实现展品通关"一次申报、一次查验、一次放行"；对驻会海关监管作业场所和办公用房进行整合，提供一站式通关服务；优化调整《南宁海关服务中国－东盟博览会十项长期便利措施》。第16届中国－东盟博览会受理海运货柜15个、空运货柜2个及134个展商手提货物的申报，有1.40万件、货值124万美元，增长78%。

【征收税款】 2019年，南宁海关实施减免税集约化改革，强化进出口原产地管理，深入推进关税保证保险试点，拓展应用范围和形式，参与试点保险公司由3家扩大至

8家。推动税政调研，为广西企业纾难解困，接收企业建议27项，整理上报调研课题13项，其中2项降低暂定关税率建议被国务院关税税则委员会采纳并纳入《2020年关税实施方案》，涉及胶片大轴等广西重点扶持产业，每年为企业直接降低税负5200多万元。全年集中审核减免税证明908份，审批减免税货值18254.38万美元，比上年同期分别增长16.26%、32.63%；累计入库税收275.63亿元（关税19.83亿元、进口环节税255.80亿元），累计进口享受协定税率货物50.61亿美元，关税优惠31.88亿元，签发出口原产地证10.76万份，为出口企业减免关税约1.68亿美元。

【打击走私】 2019年，南宁海关立案查办象牙等濒危物种走私案件148起，查获涉案象牙9.67吨、穿山甲鳞片11.9吨、海马干17.62万只、穿山甲611只及一批其他濒危物种，查获象牙数量位列全国海关第一，立案侦办象牙走私犯罪案件数量为全国海关第二。立案查办洋垃圾案件54起，涉案洋垃圾1.77万吨。深入开展“国门利剑2019”“蓝天2019”联合专项行动，立案查办走私违法犯罪案件2361起，案值119.52亿元，涉税13.89亿元，比上年同期分别增长34%、1.72倍、2.8倍；立案侦办“GN(案件号)”系列走私大要案33起，获批海关总署缉私局挂牌督办案件29起，挂牌数量为全国海关缉私部门第二。全国海关反走私绩效评估全国海关排名第三，各项指标均处于绿区。

【检验检疫】 2019年，南宁海关初步建立进出口商品质量安全风险预警体系，与20个地方单位建立风险信息互通联络机制。建立进出口危险品危险特性集中研判工作新模式，11月，在柳州首次组织开展危险化学品安全应急演练，有业务骨干70名参加演练。利用5G技术实现无人机水尺鉴重集中研判和远程指挥，使用无人机、无人艇进行水尺鉴定600余次，节约拖船租用费用60万元，压缩通关时长1200小时以上。严把进出口商品质量安全关和贸易欺诈，不合格危化品检出率10.30%、比上年同期提升逾1倍，“口岸天平”行动为企业挽回经济损失约1.90亿元。卫生检疫开发关区建立“全球传染病疫情监测预警平台”，实现对全球传染病疫情的收集、分析评估、预警。加强对埃博拉出血热、鼠疫等重点关注传染病检疫查验，检疫查验出入境人员1474万人次，分别增长36.73%、31.36%，其中检出登革热病例13例，为历年来新高。强化口岸封堵，严防非洲猪瘟疫情传入，对来自非洲猪瘟疫区的入境肉类、运输工具、旅客行李、快件邮件和跨境电商物品实施100%查验，对查获的猪肉及其制品100%采样检测并作销毁处理，累计截获疫区猪肉及其制品865批次、1134.71千克，检出非洲猪瘟病毒核酸阳性29批次，截获率排全国第一，确保广西无输入性非洲猪瘟疫情发生。严把国门生物安全关，截获有害生物种数、次数分别排名全国海关第六、第五。加强口岸食品卫生监督，检出不合格不准入境食品129批次，增长21.70%。

【风险管理】 2019年，南宁海关风险防控更加精准有效，查获固体废物伪瞒报案件31起、3.93万吨。针对重大安全准入风险进行重点防控，对辣椒干走私风险、中美贸易摩擦、危化品风险等17个重大安全准入风险进行研判，首次布控查获运渠道进口食糖伪瞒报案件3起、675吨。快件、跨境电商渠道风险防控取得实效，在跨境电商领域成功打掉两个涉嫌利用跨境电商交易平台走私团伙，案值2.76亿元，偷逃税款4922.24万元。牵头与自治区税务局等12家单位建立广西口岸风险联合防控新机制。建立边境口岸风险防控质量管理新体系，利用“大数据+区块链”建成南宁海关风险防控质量管理体系大数据应用平台。

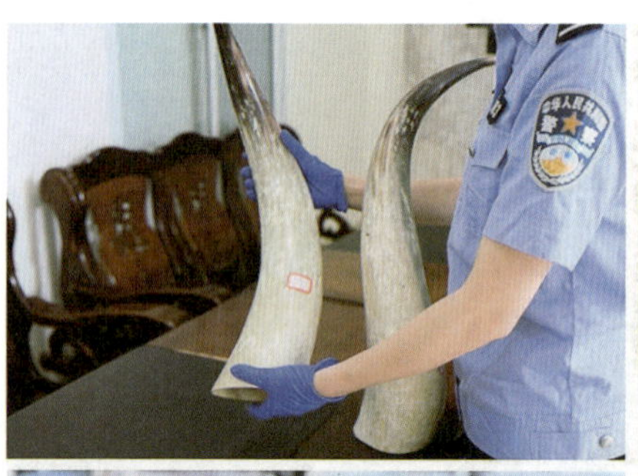

2019年7月22日，南宁海关联合新加坡海关、国家公园局破获特大濒危物种制品走私案，查获走私象牙8.795吨、穿山甲鳞片11.9吨　　南宁海关提供

【海关后续监管】 2019年，南宁海关办结核查作业631起，比上年增长6.2倍，核查查发率66.20%，增长22.5%；核查追补税1518.59万元，增长73.20%。落实企业便利化措施，申请“多证合一”（申请人办理工商注册登记时，需要同步办理《报关单位注册登记证书》的，应按照要求勾选进出口货物收发货人的备案登记，并补充填写相关备案信息。市场监管部门按照“多证合一”流程完成登记，并在总局层面完成与海关总署的数据交换。海关确认接收到企业工商注册信息和商务备案信息后即完成企业备案，企业无须再到海关办理备案登记手续）企业近800家，助推广西成为全国首批实现注销便利化的省区，落实高级认证企业差别化查验措施，高级认证企业进口通关时间快于全国平均水平。强化企业信用管理宣传培育，举办AEO(经认证经营者)政策宣讲会20场，企业参加有800多家次企业参加。落实社会信用体系联合激励和惩戒措施，向安全、税务、市场监管、工信、商务等部门核实、推送企业信用问题3336家，按规定下调6家企业信用等级。

【海关统计与研究】 2019年，南宁海关开展统计业务集中改革，实现隶属海关统计队伍重组、数据审核集中化和专业化，释放60%人力资源；夯实统计数据基础，开展统计数据集中审核自查，审核统计数据记录300万条，审核数据及时性、完整性均100%，准确性99%；强化统计调查职能，完成35家关区出口先导指数样本企业轮换、20家关区涉美贸易企业统计调查，开展问卷调查362家次。加强政策研究分析，撰写统计监测预警分析专题220篇，编发《南关政研参考》30期，撰写《西部陆海新通道对广西外贸发展促进作用研究》获自治区领导重视；成立东盟贸易分析研究中心，编报《东盟贸易分析研究专报》20期；加强与广西社会科学院等外部智库合作，开展关区特色课题研究。

（孙晓媚）

口岸管理

【概　况】 2019年，南宁市境内口岸有

2019 年 3 月 10 日，中新南宁国际物流园的规划建设展示中心建成使用　　胡光磊　摄

南宁吴圩国际机场空运口岸(国家质量监督检验检疫总局批准进境食用水生动物指定口岸)。南宁市口岸办公室(简称“市口岸办”),设口岸规划科、口岸管理科。南宁口岸进出口货物 2.20 万吨，比上年减少 36.59%;出入境集装箱 2222 箱次，减少 65%;空港口岸出入境 158 万人次，增长 29.5%;运行国际航线 26 条，涵盖东盟 10 国、日本等国家;运行航班 1.10 万次，增长 20.80%。主要存在南宁空港货运量较少(全年进出口货运量仅 2686.38 吨)等问题。

【通关便利化改造】 2019 年，南宁机场新航站区联检单位备勤楼建设项目完工并投入使用，南宁吴圩机场海关入驻办公。南宁机场国际物流单一窗口服务中心完工并投入使用、海关监管仓项目(含出口监管仓及进口保税仓、国际快件监管中心 / 跨境电商直购监管中心、多式联运中心三个子项目)主体工程均完工并通过土建工程验收。根据海关总署第 68 号、69 号令对海关监管场所设置标准进行完善。

【南宁综合保税区】 2019 年，中新南宁国际物流园位于中国(广西)自由贸易试验区南宁片区内，是广西推进中新互联互通、西部陆海新通道建设重点项目。项目占地 284.86 公顷，规划总建筑面积 320 万平方米，总投资超过 100 亿元，完成供地 106.73 公顷，累计完成投资 26.26 亿元，建筑面积约 44 万平方米;引进万科 / 万纬物流、复星国药、太古冷链、百世汇通、信泰云链等企业。5 月，“中国－东盟多式联运联盟”落户南宁，成立东盟货运物流联合总会广西代表处。9 月，“新中智慧园”E 地块 2 号库建成并试运营。10 月，在南宁举办第七届中国中亚合作论坛期间，中新南宁国际物流园与中亚物流企业(协会)签署《成立中国(广西)－中亚多式联运联盟谅解备忘录》，为发展跨境多式联运提供更多机遇和平台。

(莫荣旭　尹　钊)

海事管理

【概　况】 2019 年，中华人民共和国南宁海事局(简称“南宁海事局”)机关设办公室、装备信息处、党群工作部(纪检监察处)、财务会计处、执法督察处、船舶督察处、船员管理处、通航管理处(指挥中心),有政务中心、海巡执法支队 2 个办事机构，后勤管理中心 1 个事业单位，下设横县、邕江、隆安、崇左 4 个海事处，编制 99 名(事业编制 4 名),在编 91 人。辖区内有河流 12 条，通航里程 1111 千米(干流 784 千米、支流 327 千米),有南宁港、崇左港 2 个口岸(南宁港为国家二类开放口岸，设有中心城港区牛湾作业区、六景港区、横县港区、隆安航区;崇左港为非开放口岸),有船水库 14 座，渡口 137 道(南宁市 85 道、崇左市 52 道),装卸码头(含自然坡岸)90 个，跨航道桥梁 57 座，枢纽、船匣 5 座，过江管线 129 条，取水口 25 处;有运输企业 61 家(海运公司 9 家、内河航运公司 52 家),其中纳入安全管理体系管理公司 7 家，登记在册内河船舶 3427 艘、海船 60 艘，注册船员 1.09 万人，砂石船 138 艘，渡船 882 艘。年内，陆上巡察 2369.50 小时 5.62 万千米，水上巡航 1816.50 小时 1.92 万海里，检查船舶 3009 艘次、渡口 796 道次、水库 30 座次，检查水工项目 101 个，完成政务办理事项 1.27 万件，辖区港口货物吞吐量 1990.90 万吨，客运量 508.80 万人次。南宁海事局保持“全国交通运输文化建设卓越单位”称号。主要存在相关单位、企业安全主体责任未充分落实;电子政务服务与群众期待存在差距，业务监管品牌影响力有待加强;科技手段应用仍是短板，“智慧海事”“云海事”等现代化监管手段与全国先进局相比落后甚远，以信息化手段解放人力、替代“汗水型”监管成效不明显，未能形成对一线执法的精准指导和有力支撑等问题。

【通航管理】 2019 年，南宁海事局完善“12365”(举报投诉处理、咨询服务、信息传递等功能为一体的综合服务平台)巡航执法模式，编制《现场巡航与电子巡航有效结合工作指南》,加强电子巡航与现场处置联动，实现电子巡航执法闭环管理，查处超载、渡船渡运秩序混乱、船舶碍航等违法行为 29 起。结合渡运安全月、安全生产月等专项活动，开展季度干线巡航执法，出动执法人员 1459 人次，巡察车 533 辆次，巡察时间 2369.50 小时，巡察里程 5.62 万公里;出动执法人员 1764 人次，巡航船 522 艘次，巡航时间 1816.50 小时，巡航里程 1.92 万海里;检查各类船舶 3009 艘次，渡口 796 道次，水库 30 座次，检查水工项目 101 个(次),发布水上交通临时管制 13 次;实施海事行政处罚 252 起，罚款 82.60 万元，处罚金额增长 25.60%,处罚种类由 6 类扩展为 26 类。开展水上交通安全风险管控现场调研和课题研究，排查评估列出 9 大类风险点 185 个，建立清单实施分级防控和“隐患清零”,落实风险管控和隐患治理双重预防机制，开展隐患排查和风险防控百日行动，完成隐患治理 25 项，一般等级及以上水上交通事故为“零”,比上年下降 100%。开展长期脱管船舶专项整治活动，排查摸底整治范围内脱管船舶 526 艘，完成整治船舶 309 艘(注销 208 艘、实施现场监督 / 安检 / 进出港报告 53 艘、已报停航及提交安全承诺书 48 艘),上报公示脱联船舶 94 艘，拆解、报废、转卖异地等仍未办理注销的船舶 123 艘。启动“平安邕江、绿色水城”共建行动，与辖区 5 座船闸签订合作共建协议，启动在邕江实施污染物“船上储存，交岸处置”的零污染排放区工作，推动水上安全管理由单元管理向多元共治转变;推动属地政府开展养殖网箱专项整治，实现辖区左右江约 5 万个网箱基本拆除完毕，横县干流通航水域共拆除养殖网箱约 2.84 万个。

【船舶监督管理】 2019年,南宁海事局开展航运公司安全管理年活动,推动航运公司安全诚信经营,重点培育"安全诚信公司""安全诚信船舶"。9月,南宁籍船舶"凯航5"被海事局评为"安全诚信船舶",南宁籍船舶首次获"安全诚信船舶"称号。对南宁、崇左61家航运公司开展89次周期检查,辖区船舶被滞留艘数下降50%,成功申请脱离重点跟踪船舶3艘,全年没有新增重点跟踪船舶。开展安全管理体系审核,组织审核公司9家次,签发国内符合证明签注5本,签发国内符合证明1本,签发国内临时符合证明1本,审核船舶20艘次(委托审核1艘次),签发临时安全管理证书4本,安全管理证书8本,中间审核签注8艘次。推进船舶大气污染防治,组织船舶燃油质量监督检查调研,形成内河船舶燃油质量监督管理流程标准,累计开展船舶燃油检查310艘次,使用快速检测仪检测船舶133艘次,送检测机构检测221艘次。开展船舶水污染防治,对688艘次船舶进行现场监督检查,检查内容4785项,缺陷数量171项;对354艘次船舶开展船舶安全监督检查,滞留船舶2艘;对到港油船和散装液体化学品船作业现场实施专项监督检查27艘次,到港检查率100%;到港船舶防污文书专项检查193艘次;建立防污染设施设备,不达标船舶档案10艘。

【船员管理】 2019年,南宁海事局组织各类船员考试52期,实施考试1726人次,实施船员培训监督检查52次。开展船员现场主要航行设备、应急设备操作实操性检查及船员违法记分,实施船员实操性检查235人次,船员违法记分42人次。

2019年9月17日,南宁海事局出动公务船艇在邕江开展巡航　　南宁海事局提供

开展典型事故案例"双进"活动,典型事故案例进船员培训课堂52次,涉及船员1300余人。完成广西船员实操考试规程修改,制定广西内河一类、二类轮机专业实操考试规范、评分标准。

【海事服务】 2019年,南宁海事局依托海事"一网通办"平台,南宁辖区船舶登记业务全面转向网申,签发广西区内首本不值班船员适任证书。船舶无线电行政许可工作施行100%无纸化办理。完成政务办理事项1.27万件,按时办结率100%,有效投诉0件,行政审批违规率为零。完成规费征收23.15万元。完成第16届中国-东盟博览会、中国-东盟商务与投资峰会期间水上安保;保障"三月三"等民俗节日期间重大涉水活动和第15届中国-东盟国际龙舟邀请赛安全举办;协助做好广东省政府参事室现场调研邕江综合整治工作;为18个水工项目及水上活动提供专业指导和服务。开展水上交通安全知识进校园活动。承办广西海事局在南宁市滨湖路小学开展水上安全知识进校园活动,挂牌成立自治区第一所少年海事学校。到辖区7所(次)学校开展7次宣讲活动,进社区开展宣讲活动1次,开展水上安全实践活动5场,参加活动师生及社会群众6000多人,发放水上安全知识读本2000余本,发放资料5000多份;开展海事船舶开放活动6次;电视和新闻报刊播(刊)发宣传报道约20篇(次)。

【水上应急搜救】 2019年,南宁海事局协调处置航标漂移事件2次。辖区发生水上交通险情9起,组织开展水上搜救行动9次,遇险人员26人,获救人员25人,搜救成功率96.15%,遇险船舶11艘次,获救船舶11艘次,搜救成功率100%。

(覃慧宇)

编辑　覃涓铌　唐祯麟　郑小娟

新区 开发区

综 述

【概 况】 2019年，南宁市有新区1个（五象新区）；开发区（工业园区）15个，其中国家级开发区3个（南宁高新技术产业开发区、南宁经济技术开发区、广西－东盟经济技术开发区），自治区级开发区4个（广西良庆经济开发区、南宁六景工业园区、南宁江南工业园区、南宁仙葫经济开发区），依法享受自治区级经济开发区政策开发区1个［隆安华侨管理区（隆安县宝塔医药产业园区）］，区县工业园区（集中区）7个（南宁市兴宁产业园区、南宁市西乡塘产业园区、南宁市邕宁新兴产业园区、南宁市伊岭工业集中区、宾阳县黎塘工业园区、上林县象山工业园区、马山县苏博工业园区）。南宁五象新区完成投资501.03亿元；引进投资额5000万元以上项目25个，计划总投资452亿元；有新开工项目189个，在建项目643个，竣工68个。全市开发区（工业园区）有规模以上工业企业837家，比上年增加28家；规模以上工业总产值下降0.10%，占全市规模以上工业总产值75.62%；规模以上工业增加值下降2.54%。主要存在产业核心竞争力不强，工业稳增长基础不牢，部分园区用地指标紧缺、融资困难等问题。

【营商环境优化】 2019年，南宁五象新区在全市率先试行产业项目“带方案出让”模式，简化备案类、核准类建设工程项目办理环节，推行“多窗口合一”改革，初步建立多规合一数据系统；南宁高新区推进“减证便民”，企业开办手续最快18分钟完成，实行企业登记全程电子化，实现“最多跑一次”“一次不用跑”；南宁经开区推行“证照分离”改革，探索工业项目并联验收模式，主动、加量、个性化地进行全方位服务，提升服务企业项目效率和质量；广西－东盟经开区实现服务事项集中办理，压缩建设工程项目审批时限。出台促进工业稳增长措施，推动龙头企业加快发展、支持电子信息产业无尘车间建设、加大工业技改支持、保障重大工业项目用地、鼓励建设高标准工业标准厂房等。统筹联动企业技术改造项目投入、融资、技术改造补助等环节，为企业解决技术改造资金问题。利用开发区（工业园区）基础设施建设滚动资金及工业用地储备资金支持基础设施建设项目31个、新征37个工业项目用地储备435.87公顷；支持园区提档升级，南宁市邕宁新兴产业园区12月获批自治区A类产业园区。

【招商引资】 2019年，南宁市开发区（工业园区）引进制造业项目103个，合同投资额215亿元，亿元以上项目投资额145亿元，占总投资额67%；年内引进并开工建设项目数占引进总项目数68%，开工项目合同投资额占总投资额65%。引进浪潮集团安全可靠产业华南生产基地项目、世纪联合智慧显示器制造项目、瑞声光学模组及南宁瑞声—龙旗AI可穿戴设备合作项目、李宁高端运动装备制造项目、广西路远智能自动装备项目等知名企业和重大项目。南宁五象新区建设面向东盟的金融开放门户南宁核心区，中银香港东南亚业务运营中心、中国太平保险集团东盟保险服务中心揭牌运营，广西北部湾产权交易中心、广西黄金公司入驻。南宁高新区南宁·中关村科技园入驻产业项目17个，南宁·中关村创新示范基地新增行业重点企业33家。

【园区特色产业发展】 2019年，南宁市出台开发区（工业园区）产业引导办法，指导园区产业差异化、特色化发展。南宁高新区新一代信息技术、大健康、智能制造产业规模以上工业总产值占总量68%；南宁·中关村创新示范基地新增入孵创新团队87家。南宁经开区生物医药、电子信息、轻工食品、机电装备产业规模以上工业总产值占总量64%。广西－东盟经开区食品加工、生物制药、环保家居制造产业规模以上工业总产值占总量56%。江南工业园区电子信息与铝加工产业规模以上工业总产值占总量95.39%。六景工业园区电力化工、建材、农林产品加工、造纸及纸制品等产业规模以上工业总产值占总量67%。邕宁园区新能源汽车、轨道交通、铝精深加工产业规模以上工业总产值占总量75%。

【国家自主创新示范区创建】 2019年，南宁市持续推进南宁·中关村创新示范基地（含相思湖区）建设，新增行业重点企业33家，累计入驻90家；新增入孵创新团队87家，累计入孵170家。提升京桂协同创新层次和水平，加快产业聚集，强化企业培育，扩大合作交流，和德科创中心基本建成，清华力合科技园开工建设。以色列纳安丹吉、东软集团、东华软件、滴滴出行、创业黑马、盛世投资等国内外行业领军企业入驻，创新主体数260家。引进中国工程院院士1名、国家级高层次人才6名，培育国家“万人计划”专家3名、“八桂学者”3名；与30多所高校建立合作，培养大数据、人工智能等新一代信息技术人才7500多名。通过创新示范基地投融资平台为企业提供3.50亿元融资服务，中关村企业累计在广西设立分支机构972家，投资总额160亿元。举办以创新中国行、邕城创新汇等为代表的创新活动150多场，参与2万多人，推动双创资源在南宁高新区集聚。 （黄向荣）

五象新区

【概　况】南宁五象新区地处邕江之南,东至八尺江,西邻水塘江,北面邕江,南望北部湾,规划面积近200平方千米,涉及邕宁区、良庆区。广西南宁五象新区规划建设管理委员会(简称“南宁五象新区管委会”)为正厅级行政单位,设办公室、财政局、国土局、规划建设局、经济发展和投资促进局、生态和环境保护局,有直属参照公务员法管理事业单位4个(广西南宁五象新区后勤服务中心、广西南宁五象新区房屋征收补偿和征地拆迁中心、广西南宁五象新区建设管理监察大队、广西南宁五象新区建设工程质量安全服务站),直属全额拨款事业单位1个(广西南宁五象新区综合服务中心),管理国有企业1家(南宁五象新区建设投资有限责任公司);编制129名,在编115人,其中管委会编制51名,在编49人。2019年,完成投资501.03亿元、比上年增长19.28%,其中重点产业项目完成投资428.43亿元、增长37.43%。引进投资额5000万以上项目25个,计划总投资452亿元;实际到位资金133.40亿元,实际到位外资(商务部口径)7365万美元。公开“招拍挂”出让面积170.52公顷,成交金额216.99亿元。累计引进全球最具价值品牌百强10个、世界500强企业34家、国内500强企业28家;新增入驻金融机构(企业)39家、累计60家,其中总部及省级(一级)分支机构27家。主要存在产业发展用地空间亟须拓宽,高层次专业人才较为紧缺等问题。

【营商环境优化】2019年,南宁五象新区在南宁市率先试行产业项目“带方案出让”模式,实现产业项目“拿地即发证”改革;备案类、核准类建设工程项目办理环节分别简化至10个、12个,申请材料分别简化至28项、41项,主线流程办理时限对照南宁市目标分别减少31.90%、28.30%。推行“多窗口合一”改革,完善“前台综合受理、后台分类审批、综合窗口出件”“部门协同办理、集成服务”等高效模式。统筹布局“五象新区综合一张图”系统建设,初步建立多规合一数据系统,提升辅助规划编制和项目策划等功能。精简第三方技术审查范围和内容。

【招商引资】2019年,南宁五象新区成立重点产业大招商工作领导小组,整合新区管委会、属地城区和五象投资公司招商资源,建立联合招商和项目联合服务机制,壮大招商队伍。赴北京、上海、深圳、杭州等地招商;参加第八届中国(广州)国际金融交易博览会,推介南宁核心区;拜访、对接浪潮集团等企业120多家。研究制定配套政策,先行先试产业用地、创新扶持、人才引进等政策,出台实施《金融开放门户南宁核心区高层次金融人才公寓建设方案》等优惠政策,在广西自由贸易试验区三个片区中率先出台支持加快建设自贸区片区的政策。全年引进投资额5000万元以上项目25个、计划总投资452亿元;实际到位资金133.40亿元,实际到位外资(商务部口径)7365万美元。

【项目建设】2019年,南宁五象新区公开“招拍挂”出让面积170.52公顷,成交金额216.99亿元。完成投资501.03亿元,其中重点基础设施项目投资72.60亿元。新开工项目189个、竣工68个,其中新开工建筑面积1117万平方米;在建项目643个,在建面积4009万平方米。新建、续建市政道路项目60个,桥梁立交项目5个;地铁3号线开通运营,完善道路交通网络系统;新建、续建市政配套项目22个,完成污水管网建设350千米,启用歌海站等变电站3座,累计建成综合管廊40.36千米。市第一中学五象校区、五象新区第四实验小学、第一实验幼儿园、第二实验幼儿园等教育项目启用,累计建成中小学校31所;第二社会福利院一期项目启用,南宁市儿童医院、广西前海人寿医院项目进行装修,明安医院项目主体封顶;蟠龙西、龙岗东2个邻里中心启用,加快建设6个邻里中心。五象新区第四实验小学2018年7月开工建设,2019年9月建成招生,占地3公顷,建筑面积3.30万平方米,总投资1.49亿元,设教学班36个、学位1620个。广西前海人寿医院2018年1月开工建设,计划投资14亿元,占地8.10万平方米,建筑面积22.59万平方米,床位1000张。南宁五象远洋大数据产业园2019年1月开工建设,占地8.40公顷,建筑面积29.80万平方米,计划总投资25亿元;项目展示中心建成,A1数据中心厂房主体封顶,进入内部装修和设备安装阶段,项目二期开展前期准备工作。

【产业发展】2019年,南宁五象新区重点产业项目完成投资428.43亿元,比上年增长37.43%。现代金融业发展方面,新增入驻金融企业39家,累计60家;中银香港东南亚业务营运中心、中国太平保险集团东盟保险服务中心等企业正式运营;建设保险创新综合试验区、离岸金融中心及金融后台服务基地、区域产权交易市场、黄金产业交易市场。现代信息产业发展方面,发展数字经济,中国－东盟信息港南宁核心基地入库重点项目近60个,基本完工项目24个,在建项目15个,计划总投资436亿元,累计完成投资248亿元。科大迅飞等20多家企业入驻中国－东盟新型智慧城市协同创新中心,中国－东盟(华为)人工智能创新中心等38家企业入驻广投数字经济示范基地,中国－东盟检验检测认证高技术服务集聚区6个东盟中心建成启用;中国－东盟地理信息与卫星应用产业园(地理信息小镇)、中国移动(广西)数据中心等数字经济项目加快建设,浪潮集团东盟运营总部(浪潮·云创谷)等项目进行前期工作。战略性新兴产业发展方面,以新兴产业园为载体,国人通信科技城等项目开工建设,南南铝项目二期投产,南南电子汽车新材料精深加工技术改造、申龙新能源客车及物流车生产基地建设加快推进。现代物流业和电商经济发展方面,招商局集团广西物流中心建成启用,五象粮油食品加工仓储基地进入竣工验收阶段,南宁国际综合物流园三期(西南超市仓储配送中心)等项目加紧建设,中国－东盟供销云仓储智能信息园、广西(中国－东盟)粮食物流产业园等项目加快推进前期工作。9月18日,中国太平保险集团有限责任公司东盟保险服务中心成立并正式运营,为中国太平保险集团面向东盟市场开展跨境业务、建立合作关系的境内国际化平台;推动保险、养老、投资等方面业务合作,为中资企业参与东盟国家基础设施建设、技术合作、经贸服务、人文交流等活动提供风险指引等,承保越南、新加坡、泰国3个国家的重大项目10个,提供73.10亿元的国际化风险保障,累计承保金额32.60亿元。9月21日,中银香港东南亚业务营运中心揭牌并正式运营,为中国银行(香港)有限公司全资附属公司;主要为中国银行(香港)有限公司(包括中银东南亚分支机构)提供银行营运服务支持,贯彻中国银行集团区域化发展战略部署,协助拓展整合东南亚业务,主要接办支票处理、信用卡开户资料处理、客户资料修改等业务,日均业务处理8000笔～10000笔,交易量约100亿美元。

【广西自贸试验区南宁片区】2019年8月30日,中国(广西)自由贸易试验区南宁片区揭牌运营。南宁片区建设对标国际先进水平,充分利用面向东盟的金融开放门户等多个国家级平台叠加优势;南宁市印发实施《加快建设中国(广西)自由贸易试验区南宁片区支持政策》,在简政放权、财税、融资、人才、创办“零费区”等方面给予最大政策优惠,发挥政策先行先试优势吸引企业落户。年内,新增企业1863家,其中外资企业17家、世界500

强企业3家、中国500强企业1家，引进投资额亿元以上区外境内项目13个、投资额97.60亿元，实际利用外资4278万美元。完成改革任务32项，形成"'互联网+'不动产登记模式"等7项可复制推广的制度创新举措。优化南宁片区营商环境，推进南宁片区综合服务大厅建设，打造"一窗一事全办好"的政务服务生态系统，将项目审批等327个企业办理频次高的服务事项进驻南宁片区综合服务大厅，其中275个关联事项实现"一窗受理，并联审批"，审批环节、材料、时限平均减少三分之一，部分事项审批比法定时限压缩75%以上；设政策兑现服务专窗、企业投融资服务专窗；在全国率先启动覆盖建设项目审批全流程的建设项目"多测合一"改革，实现"多测合并、联合测绘、成果共享"；申请219项（按大项统计）自治区级行政权力和公共服务事项下放南宁片区，加快推进简政放权。

【广西建设面向东盟的金融开放门户南宁核心区】 2019年，南宁市加快推进广西建设面向东盟的金融开放门户南宁核心区建设，印发实施《广西建设面向东盟的金融开放门户南宁核心区规划(2019—2023年)》《加快建设广西面向东盟的金融开放门户南宁核心区若干措施》《广西建设面向东盟的金融开放门户南宁核心区实施方案》等配套文件，确定金融改革创新清单。新增入驻金融企业39家，其中中银香港东南亚业务运营中心、中国太平保险集团东盟保险服务中心揭牌运营；交通银行广西分行联动境外机构完成首笔跨境资产转让业务，中国银行首笔"中越通汇达"实现首笔跨境贸易人民币付款业务，保险创新综合试验区、离岸金融中心及金融后台服务基地建设取得成效；广西北部湾产权交易中心、广西黄金公司入驻，加快推进区域产权交易市场、黄金产业交易市场。探索中国－东盟金融城管理模式，组建中国－东盟金融城市场化运营主体，注册成立南宁金融城投资运营有限公司。核心区空间布局基本完成，中国邮政储蓄银行、兴业银行等项目进入装修阶段；中国－东盟金融城117栋高层建筑累计封顶99栋、封顶率84.61%，竣工启用57栋、竣工率48.72%。

【绿色生态建设】 2019年，南宁五象新区继续推进绿色生态示范区建设，完成绿色建筑项目立项登记及批复建筑面积1038.72万平方米，核心区新建绿色建筑比例保持100%。推进五象湖一湖、蟠龙片区水系整治工程，组织开展内河流域河长巡河6次，集中整治错混接点及黑臭水体。推进玉洞大道南北侧道路园林绿化项目建设，新增绿地面积102.50公顷，打造独具特色的园林绿化景观。整治建设施工扬尘污染，可吸入颗粒物(PM10)、细颗粒物(PM2.5)平均浓度分别为每立方米53微克、33微克，环境空气优良率88%，其中PM10平均浓度同比下降5.40%。

【筹融资保障】 2019年，南宁五象新区加强筹融资管理，提高国有资产使用效率。落实南宁五象投资公司9.90亿元棚户区改造融资资金，批复南宁五象投资公司向北京金融资产交易所有限公司备案发行25亿元债券融资计划、向南宁市区农村信用合作联社申请8亿元授信额度等，开展中国－东盟地理信息与卫星应用产业园1号楼资产与自治区自然资源厅土地划转，完成中国－东盟新型智慧城市协同创新中心项目专项建设经费6000万元注入南宁五象投资公司。

2019年，中国－东盟金融城空间布局基本完成，金融机构陆续入驻

南宁五象新区管委会提供

【安置工作】 2019年，南宁五象新区完成征地结算1022.92公顷；房屋签约100.42万平方米。保障安置房项目建设用地，出让安置用地55.63公顷，可安置人口8500多人；新建成交付安置房5902套、占历年交付总量24.70%，可安置人口8900多人、占总量28.14%，实际安置人口6300多人、占26%。 （南宁五象新区管委会）

南宁高新技术产业开发区

【概　况】 南宁高新技术产业开发区（简称"南宁高新区"）1988年创建，1992年经国务院批准为国家级高新技术产业开发区。2019年，托(代)管心圩、安宁2个街道，分心圩片区、安宁片区、相思湖片区、南宁综合保税区、武鸣产业园5个片区（产业园），人口约42万人（含常住人口、流动人口）。南宁高新区党工委、管委会为自治区党委、自治区人民政府派出机构，由南宁市管理。南宁高新区党工委与南宁高新区管委会合署办公，为副厅级单位。市委、市政府授予南宁高新区党工委、管委会行使市级管理权限。设办公室、人力资源和社会保障局、财政局、经济发展局、投资促进局、建设房产局、安全生产监督管理局、社会事业局、城市管理局，另设机关党委（党工委办公室）和纪检监察室，同时管理南宁综合保税区管理委员会；编制101名，在编90人。2019年工业总产值347.30亿元，比上年增长2.51%；规模以上工业产值341.58亿元，增长2.54%；规模工业增加值89.08亿元，下降4.60%；财政收入47.46亿元，增长3.47%；固定资产投资155.33亿元，增长15.30%；社会消费品零售总额111.92亿元，增长7.10%。在2019年全国国家高新区综合评价中，南宁高新区综合排名47位，提升7位。新增规模以上工业企业、资质等级建筑业企业、限额以上批零住餐企业、限额以上服务业企业82家，其中新建投产工业企业16家、规模以下转规模以上工业企业13家、商贸28家、服务业18家、房地产5家、建筑业2家。主要存在产业核心竞争力不强，推动高质量发展措施需完善，创新创业氛围不够浓厚，营商环境需优化等问题。

【营商环境优化】 2019年，南宁高新区推进多项"减证便民"举措，企业开办手续最快18分钟完成，用水、用电、用气报装办理时间比南宁市百日攻坚预期目标要求提升37.50%、75%、37.50%。高新区市

场监管部门实行企业登记全程电子化,引导企业网上登记,实现“最多跑一次”“一次不用跑”。为现场申请开办企业提供全程“一对一”保姆式服务,帮助企业完成网上登记申请。设置自助服务区,配备电脑、专人指导企业全程电子化办理业务。在政务服务中心设立印章刻制工作专区,最快15分钟内完成刻制;为新开办企业免费制作印章,提供营业执照、印章、审批证件、发票免费寄递服务。对新设企业登记进行闭环管理,利用网络同步推送数据信息,实现登记电子化无缝对接。通过政企通平台为30家(项)企业、项目解决问题74个。为企业申请政策资金3.98亿元。根据市直部门开展的优化营商环境调研问效及调查评价结果,高新区营商环境综合评价排名南宁市前列,并多次获新华网、《广西日报》《南宁日报》、南宁电视台等媒体报道。

【招商引资】 2019年,南宁高新区招商引资到位资金114.87亿元,完成任务101.65%;商务部直接利用外资9269.38万美元,完成任务308.98%。依托南宁·中关村科技园、南宁综保区、武鸣产业园,签约浪潮集团、世纪联合、联东U谷、九州通、大参林大健康产业园等38个(按南宁市折算数为56个)5000万元以上项目,计划总投资近百亿元。有广西新升轻质铝镁新材料有限公司、广西九州通医药有限公司、东盟国际运输枢纽、广西大参林连锁药店有限公司、联东U谷、万纬南宁金海物流园项目二期、南宁智造中心、东鹏饮料南宁生产基地二期、和泰智能电气、广西南宁当代丰耘投资管理公司、南宁相思湖投资公司、广西新中产业投资有限公司12个企业通过土地公开招拍挂取得项目用地92.40公顷,完成任务180.47%。引进深圳国千科技有限公司、深圳爱充充科技有限公司、浪潮集团、深圳市日行光学科技有限公司、深圳市品一通科技有限公司、东洋环球等111个公司租赁、购买高新区招商载体(含标准厂房、办公场地)31.73万平方米,完成任务105.76%。

【项目建设】 2019年,南宁高新区43项自治区、市层面统筹推进重大项目完成投资34.92亿元,开工、竣工44个。推进基础设施项目建设118个,建成道路19条、污水管网15.20千米。新增规模以上工业企业16家,累计199家;47家亿元以上企业实现产值295.79亿元,比上年增长18.22%,拉动规模以上工业产值增长13.85%,广西桂芯半导体科技有限公司、东鹏饮料公司等企业产值增速超200%。开展“双百双新”项目申报,列入自治区“双百双新”项目7个、南宁市“双百双新”项目15个。帮助广西博世科环保科技股份有限公司等54家重点工业企业扩能增产。新登记市场主体9321户,增长17.57%;注册资金574.57亿元,增长92.68%。新签5000万元以上且开工项目20个,包括广西智能仪表生产基地、美斯达履带生产、诚益石墨烯静电式扬声器加工贸易、东洋电子工业内窥镜、国千科技、株洲中车时代电气、南宁众册生物、畅辰口腔、正柴发动机、联东U谷、和泰智能电气等项目,完成任务200%。

【开放合作】 2019年,南宁综合保税区实现进出口总额35.56亿美元,比上年增长54.01%;监管保税货物值1.78亿美元,在全国73个综保区中排名第17位。累计入驻企业107家,南宁烯宝声电子科技有限公司、广西创盈联科电子有限公司等投产并列入规模口企业。完善基础设施和配套设施,金海路二期基本完工,华海路二期、海德路二期等道路建设有序推进。打造中国(南宁)跨境电子商务综合试验区核心园区。南宁综保区跨境电商全年进出口业务量突破3000万单,南宁跨境电商综试区位居全国37个跨境电子商务综合试验区前列。中新南宁国际物流园入选自治区“双百双新”项目,项目一期70.93公顷周边道路建成通车,展示中心、新中智慧园综合库运营。

【科技创新】 2019年,南宁高新区重新修订印发《南宁高新区管委会促进企业创新发展若干政策》,兑现政策资金3265.6万元;制定《关于支持打造高端人才引领型特色载体推动中小企业创新创业升级专项资金使用管理办法》。广西申能达科技企业孵化器被认定为国家级孵化器,南宁·中关村创新示范基地科技企业孵化器被认定为自治区级孵化器。与武汉大学组建武汉大学广西节能环保研究院,引进深圳清华研究院下属力合集团建设力合(南宁)创新中心;与广西民族大学合作建设“广西海洋生物资源产业化技术研究院”项目落地高新区生物产业孵化园,与广西绿友农生物科技股份有限公司等多家生物技术企业开展产学研合作。全年完成“千企技改”项目37家;高新技术企业累计351家;南宁汉和生物科技股份有限公司、广西筑波智慧科技有限公司、广西讯驰信息科技有限公司被评定为广西瞪羚企业,累计培育广西瞪羚企业13家;科技成果转化28项,超额完成7项。新增国家认可实验室2家(广西益谱检测技术有限公司、广西吉锐安全技术有限公司),新增国家级企业技术中心1家(广西博世科环保科技股份有限公司),广西璞缔恩威生物技术有限公司建设CMA(中国计量认证)动物疫病检测领域专业兽医学实验室。在生物工程技术中心新组建分子生物检测公共技术服务平台,获2019年中央引导地方科技发展专项资金支持60万元。黑马城市学院·南宁分院一期、二期累计向南宁·中关村创新示范基地输送加速企业5个。举办“槿英汇”创新创业项目常态化路演13期,为企业提供融资和市场订单对接撮合、商业计划书辅导、创业诊断等服务。6月28日,南宁高新区打造特色载体工作被科技部评为优秀等级,获第二笔国家双创升级项目全额资金1500万元。7月1日,南宁高新区获批国家知识产权示范园区;全年发明专利申请2115件,占全市42.21%;发明专利授权667件,占全市46.35%;累计有效发明专利4038件,占全市51.68%。

【产业发展】 2019年,南宁高新区形成新一代信息技术、智能制造、生命健康三大主导产业,是南宁市乃至广西发展高新技术产业的重要组成部分。南宁高新区三大主导产业现有规模以上工业企业125家,工业产值比上年增长4.41%,占总产值68.06%。其中,新一代信息技术产业27家,工业产值增长11.75%,占总产值30.05%;大健康产业37家,工业产值增长29.85%,占19.28%;智能制造业61家,工业产值下降20.11%,占18.74%。新一代电子信息产业有南宁歌尔电子有限公司、丰达电机(南宁)有限公司、广西鸿盛达科技有限公司、胜美达电机(广西)有限公司等企业;智能制造有南宁燎旺车灯股份有限公司、南宁八菱科技股份有限公司、广西博世科环保科技股份有限公司等企业;生命健康有广西田园生化股份有限公司、广西太古可口可乐饮料有限公司、培力(南宁)药业有限公司等企业。

【南宁·中关村科技园】 2019年,南宁·中关村科技园累计入驻产业项目17个,百亿电子信息产业园初步形成,浪潮集团、瑞声科技、世纪联合等重点项目开工建设,其中智能数控机械加工装备及PC生产基地、万德铝模装配式建筑生产基地2个项目5月竣工投产。南宁·中关村科技园一期1.77平方千米基本完成主次干道建设,初步形成四纵三横的路网格局,推进二期1.50平方千米道路建设前期工作,连畴路、西津路、连畴立交建成通车,科技园连接绕城高速,产业布局加快。

【南宁·中关村创新示范基地】 2019年,南宁·中关村创新示范基地(含相思湖区)新增行业重点企业33家,累计入驻90家;新增入孵创新团队87家,累计入孵170

NANNING YEARBOOK

2019年4月20日，2019创新中国行走进南宁——南宁·中关村协同创新合作交流会在南宁·中关村创新示范基地举行　　南宁高新区管委会提供

家。广西卡迪亚科技有限公司、广西蓝合创讯数据科技有限公司、纳安丹吉（中国）农业科技有限公司等建成投产，引进中国工程院院士1名、顶尖人才6名，培育国家"万人计划"专家3名、"八桂学者"3名。4月20日，2019创新中国行走进南宁——南宁·中关村协同创新合作交流会在南宁·中关村创新示范基地举行，签约入驻企业20家。

【南宁高新区武鸣产业园】 2019年，南宁高新区武鸣产业园实现规模以上工业总产值21.58亿元，比上年增长30.57%；签约力山纸业、福美耀节能门窗、吉祥铝业等项目，计划总投资18.20亿元。全年新增规模以上工业企业4家，其中新建入规企业1家、规模以下转规模以上企业3家；完成固定资产投资5.45亿元；土地有序开发利用。南宁高新区与武鸣区签订合作协议，明确园区范围、合作期限、双方职责权利等合作内容。（黄　敏）

南宁经济技术开发区

【概　况】 南宁经济技术开发区（简称"南宁经开区"）1992年创建，2001年5月经国务院批准为国家级经济技术开发区。2019年，代管那洪街道、金凯街道，托管吴圩镇，辖区总面积504平方千米，人口约30万人；由中心区、吴圩空港经济区组成。中心区主要由金凯工业园、银凯工业园、北部湾现代产业园、南宁生物医药产业园、中央商住区构成，产业有生物医药、电子信息、食品加工、机械装备制造等，其中发展重点是电子信息、生物医药产业；吴圩空港经济区重点引进发展空港商务、空港物流、航空维修制造、临空高新技术产业等。南宁经济技术开发区管理委员会为南宁市人民政府派出机构，正处级，设党政办公室、劳动人事局、财政局、招商局、建设发展局、经济发展局、社会事业局、城市管理局、安全生产监督管理局，编制70名，在编63人。直属事业单位15个（不含学校），编制174名（含后勤服务控制数），在编146人（含后勤服务人员）。财政收入44.14亿元，比上年增长6.79%；规模以上工业总产值216.74亿元，增长4.73%；规模以上工业增加值42.10亿元，下降9.40%；固定资产投资146.63亿元，增长19.60%；工业投资完成35.21亿元，增长4.11%；社会消费品零售总额110.72亿元，下降2.90%；实际到位资金125.13亿元；商务部口径直接利用外资完成4500万美元。主要存在工业稳增长基础不牢，规模以上企业中产值下降占48.34%；传统低端产业比重过高；项目储备和投资拉动不足；产业项目发展空间受制约，无法满足重大招商引资项目落地建设需求；水田占补平衡指标难以及时有效解决等问题。

【营商环境优化】 2019年，南宁经开区推进吴圩空港经济区基础设施建设，吴圩镇3号、5号、7号、9号、14号道路建成通车，完成场地平整66.67公顷；吴圩空港经济区起步区征地239.73公顷，完成绿化提升工程项目8个，建成学校项目5个、医疗卫生项目1个，受益群众约11万人。征地拆迁公司化运作，完成集体土地征收652公顷，拆迁房屋及建筑物33万平方米，保障自治区本级国有土地收储盘活、南崇铁路、沙吴高速和新扶公路等自治区、南宁市重点项目建设。出让住宅用地42.34公顷，完成出让任务504%；出让非住宅用地71.80公顷，完成出让任务164%；成交金额35.77亿元。通过企业转让、增资技改等方式完成20.33公顷低效工业用地的盘活利用，规划建设高规格标准厂房15万平方米。持续开展优化营商环境攻坚突破年活动，继续推进审批改革。全面推行"证照分离"改革工作，办理告知承诺事项441件，优化准入服务事项2922件；探索工业项目并联验收模式，验收时限从36天减至13天，备案类工程报建从45个工作日减至17.5个工作日，材料清单从49份精简到20份，办理环节从13个减至8个。持续培育"妈妈式"服务企业品牌，主动、加量、个性化地进行全方位服务，提升服务企业项目效率、质量；通过"妈妈式"服务，瑞声科技公司增加投资，布局光学模组等项目，总投资由30亿元增至80亿元。

【招商引资】 2019年，南宁经开区新签约5000万元以上项目50个，总投资134.05亿元。实际到位资金125.13亿元，直接利用外资4500万美元。其中，引进瑞声光学模组项目、南宁瑞声－龙旗AI可穿戴设备合作项目、金蓉颗粒研发生产基地项目、京通易购（南宁）智慧物联网运营结算中心项目、夸特纳斯（南宁）国际食材集采集配加工中心项目、日永光电智能影像半导体生产基地项目6个总投资10亿元及以上重大产业项目。入驻电子信息、生物医药等战略性新兴产业企业59家，占规模以上工业产值19.89%。集聚电子信息产业工业项目24个，投产后可实现工业产值500亿元。培育和引进高新技术企业，实施高新技术企业倍增计划，高新技术企业净增加24家，累计92家。

【项目建设】 2019年，南宁经开区开工项目67个，完成投资19.65亿元；在建项目103个，完成投资41.85亿元；竣工项目74个，完成投资22.35亿元。其中，工业新开工项目46个，完成投资11.35亿元；在建工业项目70个，完成投资24.86亿元；竣工工业项目40个，完成投资10.34亿元。投资1亿元以上主要项目：广西南宁柳药药业有限公司中成药、西药生产项目，位于防城港路，投资2.10亿元，占地4.40公顷，建设年产片剂不少于10亿片、胶囊剂不少于10亿粒生产线，1月15日竣工。广西科林半导体有限公司科林半导体封装检测产业园项目，位于明阳工业区园艺一路52号，投资2亿元，主要生产Flash芯片、存储卡、黑胶体等产品，1月15日开工建设，11月27日竣工投产。深圳厚德深邦智能音箱、智能穿戴4G手表、智能蓝牙耳机生产项目，位于国凯大道东一支路8号，投资1亿元，使用工业标准厂房约1.75万平方米,3月28日开工建设。维易通智能手机及马达电子消费类产品生产项目,位于明阳工业园园艺一路52号,投资2.05亿元,使用中心区及明阳工业园标准厂房1.58万平方米,建设4条线圈加工生产线、4条转子注塑中心线、6条转子形成线、8条马达自动生产线(半成品和成品)、6条OME组装线、1条SMT贴片线,年产智能手机80万台、马达6000万个,3月28日开工建设。广西千美树木业有限公司年产3万立方米环保高端生态板项目,位于明阳工业区园艺一路62号,占地1.26公顷,投资1亿元,建设生产车间、宿舍办公楼、锅炉房、烘干房等单位及8条生产线,3月28日开工建设。民生电商(南宁)现代金融物流产业园项目,位于友谊路南侧光明路西面,占地7.17公顷,投资3亿元,建设民熙金融物流园华南区管理总部、多温层储藏冷库、城市配送分拣中心及物流仓储设施、标准化国际商业保理物流仓储设施、民生跨境电商平台、现代物流分拨中心等,5月28日竣工(2017年9月开工建设)。南宁宇通客车配件及总部基地项目,位于金凯路96号见隆工业园,占地2.48公顷,投资2亿元,建设高档客车配套座椅、客车配件生产线及客车技术服务基地,5月28日竣工。广西万利丰科技有限公司年产3000万套智能手机终端项目,位于洪胜路5号丽汇工业园3号厂房,投资2亿元,建设4条全自动高速贴片生产线、无尘净化生产车间、海关监管仓、贵重材料仓、研发实验室、仓库等,主要生产手机、平板电脑、智能手表主板等,6月28日竣工。广西华宁建建筑科技有限公司新型环保节能墙体材料生产项目,位于国凯大道东一支路8号,占地4.13公顷,投资1.39亿元,年产ZD保温砌块80万平方米,6月28日竣工。广东一力集团制药股份有限公司南宁药品生产基地项目,位于龙锦路5号,占地2.91公顷,投资5亿元,年产口服液、合剂9000万支,酊剂1.70亿支,胶囊剂15.50亿粒,片剂13亿片,颗粒剂11.20亿袋,7月25日开工建设。顶米智能终端产品生产项目,位于洪胜路11号,投资2亿元,总建筑面积1.38万平方米,建设4条SMT贴片生产线、8条组装生产线、2条配件全自动生产线、2条全自动包装生产线、模具注塑生产线等,7月25日开工。广西南佳电线电缆有限公司年产8500千米电线电缆项目,位于明阳工业园兴明路,占地2公顷,投资1亿元,建设车间、办公楼、综合楼等,购置成缆机、塑料挤出机、框式绞线机等设备,7月25日开工建设。广西医疗器械检测中心项目,位于国凯大道东19号金凯工业园,规模1.12万平方米,投资1.30亿元,建设通用实验室5个、专业实验室10个、EMC实验室1个,检验能力覆盖95%的自治区生产医疗器械品种,7月25日竣工。瑞声科技南宁产业园精密模组制造项目,位于国凯大道二支路,投资30亿元,经营精密加工件、摄像模组、5G射频模组、无线充电模组、导轨等精密装备的研发、生产及销售业务,9月5日竣工。广西苏骏泽电子科技有限公司电子薄膜模切产品和散热模组产品生产项目,位于明阳工业园A区,建筑面积7700平方米,投资1.15亿元,规划安装4条冲切线、8条平刀线、2条圆刀线、4条新型散热模组产品等生产线,9月5日开工建设。南宁埌电智能科技有限公司电子产品天线、智能充电桩生产项目,位于明阳工业园A区,建筑面积7700平方米,投资1.10亿元,规划安装4条LDS激光线、6条FPC组装线、4条天线组装及6条充电桩生产线等,年产FPC天线500万条、LDS产品100万件及智能充电桩30万个,9月5日开工建设。南宁瑞声–龙旗AI可穿戴设备合作项目,位于高岭路100号,租用2万平方米标准厂房,投资10亿元,11月27日开工建设。广西农垦明阳工业区B区标准厂房项目,位于明阳工业区园艺一路52号,占地3.32公顷,建筑面积5.92万平方米,投资1.50亿元,建设7栋3层标准厂房、1栋11层高层厂房、1栋6层宿舍楼和配套设备用房,11月27日开工建设。广西沃利特科技有限公司智能灯具、LED灯具、智能驱动集成电源生产项目,位于洪历路21号泉港创业园,投资1.50亿元,使用工业标准厂房1.17万平方米,建设高速贴片机、AOI检测仪、注塑机、光谱测试仪等设备,11月27日开工建设。广西中鹏电子有限公司智能行车记录仪、运动相机及数码配件生产项目,位于吴圩镇芳华路3号,投资1.50亿元,使用工业标准厂房1.20万平方米,建设10台自动化模具注塑机、4条智能行车记录仪组装线、4条运动相机组装线、4条充电器、数据线、耳机、配件生产线,11月27日开工建设。隆宝裕钢材构件制造加工项目,位于明阳工业园区明阳一路58号,占地3.29公顷,建筑面积5万平方米,投资1.40亿元,建设钢材构件生产标准厂房4栋及配套设施,年产5.70万吨全钢附着式升降脚手架,11月27日开工建设。瑞声科技东盟研发中心暨精密制造产业园项目,位于高岭路与沛友路交叉路口附近,投资20亿元,瑞声科技东盟研发中心是瑞声科技公司区域核心研发总部,瑞声科技精密制造产业园主要生产精密结构件、汽车精密加工件、5G射频模组等高端元器件,12月20日开工建设。

【产业发展】 2019年,南宁经开区电子信息、生物医药、机械装备制造、食品加工等主导产业完成规模以上工业总产值138.19亿元。开竣工重大项目33项,总投资113.45亿元。列入2019年自治区级、市级层面统筹推进重大项目38项。列入自治区级层面统筹推进重大项目有瑞声科技南宁产业园项目、南宁空港经济区产业配套基础设施工程、科林半导体封装检测产业园项目、千美树木业年产3万立方米环保高端生态板项目、南宁生物医药产业园二期基础设施建设工程、南宁三燃液化气有限公司储灌容检厂搬迁项目6个;列入市级层面统筹推进重大项目有南宁市南佳电线电缆有限公司电线电缆生产项目、广西现代教育文化发展有限责任公司广西现代教育文化产业园项目、一力集团南宁药品生产基地项目、建设兽用CT及兽用智能DR生产项目、维易通智能手机及马达电子消费类产品生产项目等32个;总投资226.70亿元,年计划投

2019年5月28日,民生电商(南宁)现代金融物流产业园项目竣工　　陈羽　摄

资 29.06 亿元,完成投资 38.65 亿元。其中新开工项目 15 个、竣工项目 7 个,开工、竣工率均 100%。列入 2019 年自治区、市领导联系重大项目 5 个:南宁空港经济区申报国家临空经济示范区、吴圩空港经济区开发建设工程、瑞声科技南宁产业园精密模组制造项目、南宁生物医药产业园二期基础设施建设工程、南宁三燃液化气有限公司储灌容检厂搬迁项目。总投资 59.41 亿元,年计划投资 3.90 亿元,完成投资 8.28 亿元。新增广西广投天然气管网有限公司、广西顶米科技有限公司、广西维易通科技有限公司、广西益生宜居建材科技有限公司、广西道纪医疗设备有限公司等 22 家规模以上工业统计企业。

【临空生态综合示范带】 2019 年,南宁经开区临空生态综合示范带位于 027 县道沿线,北靠吴圩机场,东临明阳工业园,距吴圩镇区约 8 千米,沿线长 10.30 千米,片区面积 20.60 平方千米。引进广西朝辉花卉产业有限责任公司、广西林业集团、广西鼎旭同辉农业投资有限公司等龙头企业,示范带内花卉、瓜果、光伏等特色产业成效明显。南宁经开区按照"六美"(环境美、村庄美、生态美、产业美、风情美、乡风美)建设标准,突出"生态、休闲"主题,以桂台花卉产业园、向阳红沃柑基地为产业支撑,打造平山坡和那助坡示范村屯 2 个。完善示范带景观标识,串联沿线村屯和旅游景点,带动沿线村庄产业发展。提升临空生态综合示范带道路交通环境,投资 397 万元修缮 027 县道吴圩镇坛白村强邕坡至茶柳坡方向 11.40 千米公路路段;完成吴圩镇坛白村强邕坡、那料坡 2 个市级生态宜居基本整治村屯建设任务。（冯梅丽）

广西－东盟经济技术开发区

【概　况】 广西－东盟经济技术开发区(简称"广西－东盟经开区")与南宁华侨投资区、广西国营武鸣华侨农场实行三块牌子、一套人员,2013 年 3 月国务院批准升级为国家级经济技术开发区。2019 年,区域总面积 180 平方千米;有农业单位 9 个,生产队 117 个,社区 2 个,总人口 6.50 万人,其中归侨、侨眷 7600 多人。广西－东盟经开区管理委员会(南宁华侨投资区管理委员会)为市政府派出机构,与党工委及广西国营武鸣华侨农场合署办公,正处级,设党政办公室、人力资源和社会保障局(与人才交流服务中心、社会保障管理服务中心合署办公)、纪检监察局、财政局(与国库集中支付中心合署办公)、经济发展局(与统计普查中心合署办公)、投资促进局、城市和农林水利局(与动物疫病预防控制中心、林业工作站合署办公)、建设局(与建设工程质量监督分站合署办公)、规划管理局、安全生产监督管理局(与安全生产监察大队合署办公)、社会事务管理局、食品药品监督管理局(与食品药品稽查大队合署办公)、卫生和计划生育局(与疾病预防控制中心、人口和计生服务所合署办公)、教育文体局、党群侨务局、绩效考评和督查局、行政审批局、审计局(评审中心)、房屋征收补偿和征地拆迁办公室、土地储备中心、城市管理综合行政执法队、市政环卫管理站、机关事务管理局。机关公务员编制(含纪检监察组)90 名,在编 79 人;参照公务员法管理事业单位 9 个,编制 102 名,在编 71 人;直属事业单位 9 个,编制 58 名,在编 44 人。入驻企业 700 多家;工业企业 383 家,其中规模以上工业企业 116 家;财政收入 13.94 亿元,比上年增长 7.70%;固定资产投资 52.36 亿元,增长 19.37%;实际到位内外资 87.47 亿元,其中直接利用外资 2260 万美元,进出口总额 22.80 亿元;其他营利性服务业收入 370 万元,增长 40.15%;社会消费品零售总额完成 4.36 亿元。华侨城社区获评 2019 年度全国综合减灾示范社区,宁武农场外张队、里建农场定斜队获评自治区"绿色村屯"称号,广西－东盟经开区获南宁市"美丽县城"优胜奖评比第一名。主要存在好项目、大项目招引难,筹融资困难等问题。

【营商环境优化】 2019 年,广西－东盟经开区投入资金 8.71 亿元建设城建项目 61 个,完成市政道路维修、交通信号灯、雨污分流整改、公厕项目等;投入 2500 万元推进教育民生项目 8 个,第二小学教师周转房等投入使用项目 5 个。开展优化营商环境重点指标百日攻坚行动,企业开办等 8 项营商环境重点指标全部达标,建设工程项目审批全流程时限由 1 年压缩至 60 个工作日。扩容升级行政审批大厅,实现服务事项集中办理 472 项。组成 7 个党政领导服务企业工作组走访服务企业 135 家,累计解决企业经营难题 138 个,解决率 97.82%。出台《推动工业高质量发展的若干措施(2019—2020 年)》,从 15 个方面支持和服务企业,实行"三清单一机制",培育工业企业上规入统 21 家。出台《企业人才引进的若干规定》,成立高层次人才一站式服务中心,服务高层次人才 24 人次,获批市级高层次 C 类、E 类人才 7 人。财政拨付企业技改、能源补助、强优企业奖励等资金 1.88 亿元,落实企业职工基本养老保险单位缴费补贴资金 1858.8 万元,减免增值税、个人所得税等税款 1.95 亿元;节约 62 家参与电力市场化交易企业用电成本 2165.96 万元。

【招商引资】 2019 年,广西－东盟经开区组建华聚招商公司,实施市场化运作机制,创立食品加工产业联盟推进"以商招商",吸纳成员企业 60 多家,协助引进项目 30 多个;整合资源推进"零土地"招商,引进项目 7 个,盘活闲置厂房 1 万平方米。开展"产业大招商攻坚突破年"活动,李宁集团广西供应基地启动,引进李宁体育(香港)有限公司高端运动装备制造项目等项目 122 个,总投资 60.95 亿元,其中超亿元项目 7 个、超 5000 万元项目 33 个,租赁标准厂房项目 94 个、租赁面积 37 万平方米。

【项目建设】 2019 年,广西－东盟经开区开展"重大项目建设攻坚突破年"活动,完成征地 217.21 公顷,拆除房屋面积 11.47 万平方米;出让土地 39 宗 105.02 公顷,通过收储、新引入市场主体改造开发等方式盘活低效工业用地 10.59 公顷。南宁嘉能可食品股份有限公司饮料生产、广西商泰生物工程有限公司功能性饲料预混剂生产等 38 个项目开工建设,南宁三祥热电有限公司热电联产、广西李宁体育用品有限公司服装和鞋业生产等 17 个项目竣工投产;推进南宁教育园区基础设施建设项目(三期)、自治区社会化养老服务试点项目——广西和正康乐城二期项目(颐养公寓及部分配套)等 3 项自治区层面、28 项市层面统筹推进重大项目开工率 100%,完成投资 28.60 亿元,完成年度计划 100.28%。1 月,为民办实事项目的南宁市智慧养老服务平台广西颐养自在通中心站点投入运营,总投资 205 万元,实现社区居家养老服务平台和南宁市养老服务监管平台数据对接,配备智能化体检仪器 1 台,上门签约"五类"老人(60 周岁及以上城市散居特困老人、城市失独老人、城市低保对象、城市享受定期抚恤或定期生活补助的重点优抚对象、85 周岁及以上城市高龄老人)167 人,签约率 88.80%;为 616 人提供家政、关爱、健康、理疗等智慧养老服务,其中服务"五类"老人 868 小时。5 月 22 日,李宁集团－广西供应基地启动仪式在广西－东盟经开区举行,项目总投资 20.20 亿元,其中广西李宁体育用品有限公司年产 500 万双运动鞋项目投资 4 亿元、广西宁泰服装有限公司高端服装生产项目投资 1.20 亿元、李宁高端运动装备制造项目投资 15 亿元;年内,广西李宁体育用品有限公司年产 500 万双运动鞋项目、广西宁泰服装有限公司高端服装生产项目竣工投产。

【产业发展】 2019年,广西－东盟经开区有工业企业383家,其中规模以上工业企业116家,规模工业总产值100.89亿元,比上年增长1.75%。有食品加工企业82家,其中规模以上企业26家,产值占规模以上工业总产值47.40%;生物医药企业24家,其中规模以上企业7家,产值占1.38%;环保家居制造企业35家,其中规模以上企业16家,产值占6.14%;制鞋企业6家,其中规模以上企业2家,产值占1.05%;纸制品企业20家,其中规模以上企业10家,产值占10.17%;其他行业企业216家,其中规模以上企业55家,产值占33.89%。有服务业企事业单位403家,其中规模以上企业6家(广西精英人力资源有限公司、广西南宁远哲信息咨询有限公司、广西绿邦安全教育投资有限公司、太和自在城股份有限公司、南宁双汇物流有限公司、广西物产桂储有限公司),营业收入3.78亿元,增长56.40%。有交通运输、仓储和邮政业39家,住宿和餐饮业24家,信息传输、软件和信息技术服务业14家,金融业5家,房地产业85家,租赁和商务服务业99家,科学研究和技术服务业51家,水利、环境和公共设施管理业2家,居民服务、修理和其他服务业12家,教育机构37家,卫生和社会工作机构9家,文化、体育和娱乐业7家,公共管理、社会保障和社会组织机构19家。

【科技创新】 2019年,广西－东盟经开区新增认定高新技术企业16家,累计有高新技术企业34家;科技型中小企业14家。完成科技成果转化4项,累计有效发明专利155件,比上年增长65%。南宁多灵生物科技有限公司获广西技术先进型服务企业培育入库;2家科技企业获第八届中国创新创业大赛总决赛"优秀奖",其中南宁多灵生物科技有限公司获广西生物医药行业首个"全国优秀企业"奖;南宁华侨投资区农业科学研究所"'四季蜜芒'的选育及其反季节栽培技术的创制与应用推广项目"、广西里建桂宁种猪有限公司"猪重要疫病快速检测方法研究及净化技术集成创新与应用项目"、广西晨康力食品股份有限公司"基于广西地方猪种的优质肉猪配套选育项目"3项企业科技成果获广西科学技术进步奖二等奖,广西美泉新农业科技有限公司"特色优质芋头新品种选育及提质增效技术创新与应用推广项目"获广西科学技术进步奖三等奖。

【现代特色农业示范区建设】 2019年,广西－东盟经开区有现代特色农业示范区4个,其中自治区级示范区3个[广西－东盟经开区宁武都市农业(核心)示范区、

2019年,李宁集团－广西供应基地年产500万双运动鞋项目生产车间一角

广西－东盟经开区管委会提供

广西－东盟经开区特色农业核心示范区、广西－东盟经开区沃柑产业核心示范区],县级示范区1个(广西－东盟经开区武帽农场西甜瓜产业示范区)。建成广西－东盟经开区特色农业核心示范区广西勇越生态农业有限公司道路、冷库和大门建设,沃柑产业核心示范区水肥一体化及道路建设4个项目。广西－东盟经开区沃柑产业核心示范区被评为自治区三星级示范区。

【南宁教育园区(西片区)建设】 2019年,广西－东盟经开区推进南宁教育园区(西片区)建设,完成基础设施建设投资2.95亿元,累计投资13.24亿元,其中开工建设13条道路(总长25.62千米)完成投资1.05亿元,新庆南路(里建大道—发展大道)、宝源南路(里建大道—发展大道)、永和南路、里建大道东延长线4条道路竣工,宝源南路、永和南路2条道路通车。累计筹措到位建设资金27.62亿元。其中,上级资金4.43亿元、银行贷款7.1亿元、入园院校缴纳的征地预付款及履约保证金16.09亿元。累计入园院校11所,开工建设8所(新增开工广西幼儿师范高等专科学校新校区、广西国际商务职业技术学院新校区2所),实现单体落地6所,其中广西机电工程学校具备招生办学条件。广西职业技能公共实训基地累计完成投资4.10亿元,建成建筑面积7.40万平方米,一期项目投入使用。

【侨务及涉港澳事务】 2019年,广西－东盟经开区登记涉侨人员2771户约7600人,侨资企业2家。开展基层侨联换届工作,指导5个基层侨联分会完成换届。落实惠侨政策,为困难归侨侨眷、侨务工作积极分子、困难侨眷学生308人发放慰问金、救助金、助学金等23.58万元。接待中国侨联、印尼桥胞(中国)联合总会、容县侨联等调研考察22批263人次。

【社会事业发展】 2019年,广西－东盟经开区民生支出4.70亿元,占一般公共预算支出56.16%。发放城乡最低生活保障金202.11万元,受惠594人次;发放特困人员救助金12.34万元,受惠9人次;发放城乡医疗救助金11.61万元,受惠269人次;发放优抚对象足额恤金、生活补助47.80万元,受惠151人次;发放军队退休干部、军烈属、参战退役军人、老战士、伤残军人等慰问金及物资价值49.75万元,受惠760人次;发放孤儿养育金1.76万元,受惠2人次;发放困难残疾人护理补贴13.90万元,受惠206人次;发放重度残疾人护理补贴30.40万元,受惠346人次;发放高龄补助金151.2万元,受惠1452人次;发放教育资助金77.71万元,惠及学生1035人次。参加城乡居民医疗保险2.51万人,家庭医生签约率51.43%。安排专项资金344.50万元对口帮扶邕宁区、定点帮扶武鸣区贫困村发展和建设,安排资金60.74万元帮扶那珠辖区困难群众;建成棚户区改造项目安置房1579套;华侨农场第二批农场综合改革房屋搬迁完成安置房交付使用1740套,推进第三批农场综合改革房屋搬迁。

(邓秋秋　陆金宝　蒙　昕)

南宁六景工业园区

【概　况】 南宁六景工业园区(简称"六景工业园区")2002年2月创建,12月被自治区政府批准为自治区级开发区;

2010年1月被自治区政府列入广西北部湾经济区14个重点产业园区之一。位于横县六景镇，由六景园区、那阳集中区2个片区组成，规划面积72.61平方千米(六景园区48平方千米、那阳集中区24.61平方千米)，已开发面积21.87平方千米(六景园区17.55平方千米、那阳集中区4.34平方千米)。2019年，六景工业园区建有10万平方米标准厂房；引进企业9家、累计110家，建成投产4家、累计60家；主要产业有工业、物流业、仓储业和商住业，主要工业产品有电力、纸浆、机制纸、钢结构厂房(办公楼)、输电(通信)线路铁塔、通风设备、白蚕丝、蚕丝被、中成药、饲料等。那阳集中区有规模以上工业企业7家，主要产业有建材、农林产品加工，主要产品有糖浆纸、建材、矿产品等。南宁六景工业园区管理委员会为正科级事业单位，实行“大部制”改革，设综合部、投资发展部、规划和土地管理部、那阳集中区办公室，编制64名，在编47人。工业总产值177.10亿元，比上年增长3.29%；规模以上工业总产值173.28亿元，增长4.28%；财政收入9.56亿元，增长13.45%；固定资产投资18.20亿元，增长12.14%。主要存在土地存量不足、用地指标紧缺及资金缺口大、融资困难、基础设施建设相对滞后、产业集群化发展程度不高等问题。

【营商环境优化】 2019年，六景工业园区培育南宁双胞胎饲料有限公司、横县漓源饲料有限公司、广西龙玻节能玻璃科技有限公司、广西景典装配式建筑有限公司、广西宏瑞泰纸浆有限责任公司、南宁市惠众化工有限公司6家企业为入规模统计企业；新增南宁双胞胎饲料有限公司、横县漓源饲料有限公司、广西景典装配式建筑有限公司为规模以上工业企业，新增产值12.29亿元。支持企业转型升级，协助企业申报技改项目扶持资金，指导南宁香兰纸业有限公司、广西嵘兴中科发展有限公司、南宁市圣大纸业有限公司、广西广联饲料有限公司、广西浩林纸业有限公司、广西横县江南纸业有限公司、国电南宁发电有限责任公司、广西集盛纸品有限公司、广西加泽科技有限公司等技术改造；对接上级工信、财政部门，向企业宣传惠企政策，指导广西横县江南纸业有限公司、国电南宁发电有限责任公司、南宁市圣大纸业有限公司、南宁香兰纸业有限公司、广西嵘兴中科发展有限公司、广西广联饲料有限公司等申报技改项目扶持资金。培育广西维一防腐科技有限公司通过广西高新技术企业认定，保有6家；指导广西南宁都宁通风防护设备有限公司通过南宁市企业技术中心认定，保有5家。降低企业生产要素成本，获市场准入企业34家、参与交易企业32家申报电量1.52亿千瓦时，结算电量1.51万千瓦时，节省1295万元；推进增量配电业务试点项目，被确定为全国第二批增量配电业务改革试点单位，南方电网南宁市供电局、国电南宁发电有限责任公司、广西横县六景工业园区投资发展有限公司合作成立广西景诚能源有限责任公司，获电力业务许可证。

【招商引资】 2019年，六景工业园区签订投资项目23个，签约总投资19.61亿元。其中：进驻标准厂房项目11个，总投资6.13亿元；新增用地项目4个，总投资3.34亿元；利用原有土地和法院拍卖用地进行项目建设8个，总投资10.14亿元。进驻标准厂房项目分别为年产11万吨钢结构件加工项目，租赁广西景兴产业开发建设有限公司轻钢结构标准厂房7.02万平方米，投资7000万元；年产200万个自动化钢瓶生产项目，租赁凯威标准厂房1.30万平方米，投资9500万元；年产8000吨新型软包装袋生产项目，租赁和凯科技园5832平方米，投资1.21亿元；年产4万件家具制造生产项目，租赁和凯科技园标准厂房3888平方米，投资5000万元；年产1万吨高级生活用纸后加工生产项目，投资5200万元；年产1000吨中药饮片项目，租赁和凯厂房3888平方米，投资1000万元；年产2万吨食糖制品深加工项目，租赁和凯厂房3888平方米，投资5000万元；气模及户外游乐产品制造项目，租赁春江公司内厂房1000平方米，投资1200万元；防火窗、防火门与新型防火系统产品项目，租赁凯威标准厂房4000平方米，投资5000万元；年产2万吨高分子柔性地面材料项目，租赁新久阳标准厂房2900平方米，投资5205万元；年产2000万个塑料方桶生产线项目，利用华冠公司厂房5745平方米，投资0.51亿元。新增用地项目分别为中石化管道天然气六景接气工程项目，占地0.50公顷，投资5300万元；年产5000吨高档生活用纸项目，占地0.35公顷，投资3250万元；广西－千里马临工机械再制造产业园项目，占地3.33公顷，投资1.50亿元；年产4万樘人防工程新型材料轻质防护密闭门生产项目，占地3.13公顷，投资9800万元。利用原有土地和法院拍卖用地进行项目分别为广联公司年产24万吨猪饲料项目，用地1.33公顷，投资6200万元；集盛纸品公司纸制品产业园项目，用地1.33公顷，投资3.53亿元；新久阳公司标准厂房建设项目，投资5100万元；凯威公司展威产业园标准厂房建设项目，投资6500万元；邕江造船公司标准厂房建设项目，投资3000万元；嵘兴中科公司年产7万吨生活用纸生产项目，投资3亿元；技改年产30万吨硫铝酸盐特种水泥项目，投资5500万元；香兰纸业公司新增年产5万吨生活用纸及后加工生产项目，取得拍卖用地2.80公顷，投资9800万元。

【项目建设】 2019年，六景工业园区完成项目建设投资18.20亿元，其中开工项目7个，续建项目3个，竣工项目3个。3月，广西广联饲料有限公司熟化猪饲料生产线扩建项目开工，总投资6200万元，基本建成车间主体、生产主设备、办公楼、豆粕散料仓及成品库，项目工程进入收尾阶段；南宁香兰纸业有限公司扩建年产5万吨生活用纸及后加工生产项目开工，用地2.80公顷，总投资9800万元，完成土地平整，建设标准厂房。4月，广西跨洲贸易有限公司标准厂房建设项目开工，占地2.27公顷，总投资7000万元，完成土地平整、基坑开挖等。7月，国电南宁发电有限责任公司#1、#2机组烟气超低排放改造项目开工，总投资2.87亿元，完成#1机组脱硫二级塔筒体安装、脱硝催化剂采购、SNCR尿素车间厂房主体结构等。8月，横县万力隆皮业有限责任公司异地搬迁技术改造项目开工，占地4.67公顷，总投资1.12亿元，完成厂区地质勘查、场地平整、围墙建设等；广西正华包装有限公司年产8000吨新型软包装袋生产线建设项目开工，总投资1.21亿元，完成厂房装修、部分设备安装调试、试生产等。12月，电子五金制品项目开工，占地1.33公顷，投资6000万元，完成土地平整、污水池基坑开挖。3月，漓源年产36万吨生物饲料、4万吨预混合饲料生产项目，占地3.13公顷，投资1.60亿元，竣工投产；12月，广西嵘兴中科发展有限公司年产2.50万吨高档生活用纸二期技改项目，投资5500万元，竣工投产；10月，广西加泽科技有限公司年产5万吨柴油尾气处理液项目，投资5000万元，竣工投产。

【产业发展】 2019年，六景工业园区有企业138家，其中规模以上工业企业53家，工业总产值177.10亿元；电力化工、机械装备制造、造纸及纸制品、建材、农林产品加工5大支柱产业总产值166.41亿元，占园区工业总产值91.79%。国电南宁发电有限责任公司、广西金龙钛业股份有限公司等电力化工产业重点企业11家(规模以上工业企业9家)，产值40.31亿元，比上年下降1.85%；广西景典钢结构有限公司、广西南宁都宁通风防护设备有限公司等机械装备制造产业重点企业18家

2019 年，位于六景工业园区的国电南宁发电有限责任公司技术人员在中控中心工作
阮玲玲 摄

(规模以上工业企业 7 家)，产值 27.60 亿元，增长 0.43%；广西永凯糖纸有限责任公司、广西天力丰生态材料有限公司等造纸及纸制品产业重点企业 23 家(规模以上工业企业 13 家)，产值 20.39 亿元，下降 5.48%；广西金鲤水泥有限公司、广西德源冶金有限公司等建材产业重点企业 17 家(规模以上工业企业 10 家)，产值 38.70 亿元，增长 3.54%；广西立盛茧丝绸有限公司、广西广联饲料有限公司等农林产品加工产业重点企业 18 家(规模以上工业企业 11 家)，产值 39.41 亿元，增长 26.06%。
(阮玲玲)

南宁仙葫经济开发区

【概　况】 南宁仙葫经济开发区(简称“仙葫开发区”)1994 年 4 月创建，2006 年 3 月获国家发展改革委批复为自治区级开发区；地处民族大道东段，分为五合工业园、五合大学城、伶俐工业园区、中国－东盟(南宁)现代农业园 4 个园区。2019 年，辖区土地行政区域面积 96.17 平方千米，其中重点开发面积 66.35 平方千米；核心区规划面积 18 平方千米，实际开发面积 11.31 平方千米，驻区工业、学校、商贸业等单位 102 家。辖蓉茉、通福、金葫、盘古、龙祥、江湾、那舅、五合、莫村、德福 10 个社区(村)，总人口约 18 万人(含流动人口)。南宁仙葫经济开发区管理委员会为正科级参照公务员法管理事业单位，设党政办公室、投资促进局、经济发展局、住房城乡建设和安全生产监督管理局、城乡管理与执法局、社会事务管理局，编制 38 名，在编 33 人。下辖城乡管理办公室、财政所、卫生和计划生育服务所、劳动保障事务所、工业园区管理办公室、征地拆迁补偿办公室 6 个事业单位，编制 75 人，在编 62 人。规模以上工业企业 16 家(产值亿元以上企业 5 家)，规模以上工业总产值完成 22.47 亿元、比上年增长 109.09%，规模以上工业增加值完成 6.39 亿元、增长 132.40%；固定资产投资 37.69 亿元、增长 27.25%，工业投资 9.99 亿元、增长 18.20%；规模以上工业税收收入 0.38 亿元，增长 213.05%；社会消费品零售总额 3.72 亿元，减少 17.70%。仙葫开发区工业园区工业总产值 9.07 亿元，规模以上工业总产值 8.94 亿元。主要存在事权、财权受限；干部队伍结构不合理，缺乏专业人才；农民安置工作滞后，土地纠纷多，群众反映强烈；基础设施投入不足；辖区投资结构单一，成分不合理，企业规模偏小、产业级能与规模效应不强，产业结构亟待优化升级等问题。

【营商环境优化】 2019 年，仙葫开发区投资 2.58 亿元建设基础设施，建成伶俐高速公路出入口至纬三路 6 标与 034 县道交汇处道路提升工程，江南 8 号路(北段南侧)建成通车。引进物联网城市公共安全数据运营平台及电气产品产业化项目，提升城区、开发区经济社会发展和科研能力。跟踪服务新开工重大项目，促使南宁大健康特色小镇项目、广西经贸职业技术学院项目、南宁牛湾文化旅游岛项目、南宁市荣和东悦房地产开发有限公司项目、广西滨江之星企业管理有限公司项目开工建设。提供城乡建设制度保障，制定印发《仙葫开发区“美丽青秀·幸福乡村”活动实施方案》及配套文件、《仙葫开发区乡村风貌提升三年行动实施方案》《仙葫开发区开展农村人居环境整治村庄清洁行动工作方案》，对辖区河流采取网格化管理，每日巡查 1 次。园区项目建设征地 67.62 万平方米，累计征地 371.24 万平方米；房屋拆迁签约面积 4.50 万平方米，拆除建(构)筑物 10.21 万平方米。监测地质灾害隐患点 13 个，保障企业安全生产。开展预防非职业性一氧化碳中毒宣传教育，检查燃气站 49 家(次)，入户走访居民 9622 户。组织 430 多人次对 1 家非煤矿山、6 家加油站、7 家燃气站、1 家 KTV、1 家电影院、4 家综合农贸市场、16 家建筑工地及企业、超市、旅馆、铺面等 500 多处人员密集场所开展重点行业领域检查。

【招商引资】 2019 年，仙葫开发区招商引资实际到位资金 15.60 亿元，比上年增长 54.46%。引进项目 2 个，投资 31.48 亿元。其中，广西五毛物联网科技有限公司投资 2.50 亿元、中海半山壹号投资 28.98 亿元。固定资产投资项目 71 个(新增 28 个)，其中 5000 万元以上新增项目(含房地产)15 个，累计投资 37.69 亿元，新增投资 8.07 亿元，增长 27.25%。广西德福旅游康养暨现代农业庄园计划投资 200 亿元，累计投资 9150 万元；广西建工集团南宁装配式建筑产业基地项目计划投资 10.90 亿元，累计投资 2.12 亿元；中海半山壹号计划投资 28.98 亿元，累计投资 10.32 亿元；荣和邕江山房项目计划投资 24 亿元。

【项目建设】 2019 年，仙葫开发区有固投资产投资项目 71 个(新开工 28 个、续建 43 个)，完工 2 个，完成投资 37.69 亿元。广西德福旅游康养暨现代农业庄园项目，新建木屋和部分道路设施、消防系统用房、智能化系统、外部水电接入工程等；广西建工集团南宁装配式建筑产业基地项目规划占地 23.38 公顷，划分 2 个生产板块，其中混凝土预制构(PC)生产项目占地 11.33 公顷、ALC 加气板生产项目占地 10.67 公顷；南宁大健康特色小镇项目规划建设医药、医疗器械及健康食品科研孵化中心、科技企业总部及标准生产厂房和相关产业配套，进行前期土地出让；广西美斯达工程机械设备有限公司履带移动式破碎筛分设备项目从事履带移动破碎筛分设备研发、生产、销售经营，一期已建成投产，规划筹备二期建设；斐讯通信南宁产业基地(一期)规划占地约 20 公顷的上海斐讯通信南宁电子生产基地项目完成大部分主体建设；广西景和停车设备有限责任公司停车设备生产项目规划占地 2.13 公顷，集设计、制造、改造、安装售后服务一体化，年产 1 万泊位机械式停车设备；合众新能源汽车年产 10 万辆纯电动乘用车项目完成土地招拍挂；广西美斯

2019 年 6 月 28 日，广西建工南宁装配式建筑产业基地开工现场会在仙葫开发区举行

吴阳阳　摄

达投资有限公司数字化智能工厂项目完成土地招拍挂并取得土地不动产证；霖峰牛湾文旅岛项目规划集高端商贸、特色旅游、休闲度假、居住为一体，打造面向东盟国际性现代高端服务产业集聚区，进行前期征地拆迁；12 月，凯利酒店改建工程竣工，完成投资 1250 万元；中国农业银行股份有限公司南宁邕宁支行营业业务用房项目竣工，完成投资 1333 万元。

【五合大学城】 2019 年，五合大学城总规划面积 21.50 平方千米，办学总规模 10 万人，有院校 9 所。其中，南宁师范大学在校生 1.57 万人，开设历史学、法学、社会工作、思想政治教育、数学与应用数学，统计学类、计算机科学与技术、软件工程、教育技术学、学前教育、教育学、应用心理学、公共事业管理、特殊教育、体育教育、社会体育指导与管理等专业；南宁市第六职业技术学院在校生 4530 人，开设信息技术、商贸旅游、财经、文秘、机电、艺术等 7 大类 17 个专业方向，其中电子商务、会计、计算机及应用专业为自治区级示范专业，现代物流管理、旅游服务管理、高星饭店运营与管理、制冷和空调设备运用与维修专业、金融会计等专业为自治区特色专业；广西中医药大学在校生 1.40 万人，开设中医学、针灸推拿学、壮医学、临床医学、口腔医学、康复治疗学、医学检验技术、护理学、中药学类、药学类、临床药学、市场营销（医药营销方向）、公共事业管理（卫生方向）、应用心理学（医学心理学）、食品质量与安全等专业；广西中医药大学赛恩斯新医药学院在校生 1.03 万人，设医学系、医学技术系、护理系、药学系、公共管理系 5 个系部，开设中医学、针灸推拿学、护理学、中药学、药学、药物制剂、康复治疗学、医学检验技术、医学影像技术、口腔医学技术、食品质量与安全、市场营销 12 个专业，其中中医学、针灸推拿学专业为广西民办高校重点专业，护理与养生类为广西新建本科学校转型发展试点专业群，药学专业为广西高校特色专业及课程一体化建设项目；广西政法管理干部学院在校生 8620 人，开设行政执行、贸易法律及应用、涉外法律及应用、东盟法律及应用、社区管理与服务、营销与策划、计算机网络技术等 39 个专业；国家法官学院广西分院主要负责组织国内法官教育培训和开展援外法官研修、组织学术研讨、学术论文评比及法官培训；广西外国语学院在校生 1.66 万人，有 11 个教学单位，开设泰语、越南语、柬埔寨语、印度尼西亚语等 32 个本科专业；广西二轻高级技工学校在校生 5000 人，开设幼儿教育、计算机应用与维修、工艺美术、烹饪、汽车维修、酒店服务、电气自动化设备安装与维修、制冷设备运用与维修、数控加工、工业机器人应用与维护等专业；国家检察官学院广西分院（培训基地）举办培训班 60 期，培训约 5000 人次。

（仙葫开发区管委会）

南宁江南工业园区

【概　况】 南宁江南工业园区（简称“江南工业园区”）前身是 2003 年 7 月创建的南宁经济技术开发区铝工业园区；2006 年 3 月更名南宁江南工业园区，4 月升格为自治区级开发区，分沙井分区、富宁经济园、石柱岭铝加工产业园 3 个区块。重点发展铝精深加工、电子信息及相关配套产业、现代会展业、清洁能源等。2019 年，南宁江南工业园区管理委员会为正科级参照公务员法管理事业单位，与南宁江南工业园区党工委合署办公，设党政办公室、财政局、建安管理局、经济投资促进局、社会事业局，编制 25 名，在编 21 人。工业总产值 503.11 亿元，比上年下降 15.13%。其中，规模以上工业总产值 499.88 亿元、下降 14.99%。规模以上工业增加值 37.51 亿元、下降 20.31%。固定资产投资 63.17 亿元、增长 4.29%。其中，工业投资全年完成 5.95 亿元、下降 3.80%。园区税收 12.34 亿元、增长 25.28%。其中，规模以上工业税收 3.54 亿元、增长 50.67%。主要存在园区企业订单减少，电子信息产业产能下降，使规模以上工业总产值增速下降；标准厂房项目空置率高，去库存压力较大；工业用地严重不足，可供企业承载发展的空间减少等问题。

【营商环境优化】 2019 年，江南工业园区完成市政基础设施投资 5.92 亿元，下降 47.36%。推进定津北侧规划路、邕津路、贵和路（下津路—沙滨路）、贵义路（下津路—沙滨路）、华府路（仁和路—同乐大道）、华府路（同乐大道—三津大道）、乐贤路保障房东侧 2 号路、石牌路（同乐大道—联津路）、沙滨路工程（三津大道—沙井大道）市政道路建设，完成亭洪路延长线跨铁路桥建设，亭洪路延长线（南建路—壮锦大道）全线通车。推进马巢河—凤凰江连通渠道、马巢河—凤凰江（同乐路—新村大道）连通运河综合整治工程、马巢河—凤凰江（罗文大道—沙井亭洪立交）连通运河综合整治工程、马巢河—凤凰江（罗文大道—沙井亭洪立交）连通渠桥梁工程内河施工及市政排水管网建设，打通定津路—同乐大道污水连接管道施工，提升片区排水能力。健全电力配套设施，完善智和路（三津大道—同乐大道）段电力管沟及清川变电站 01、04 线，苏坡变电站 05、06 线 4 条 10 千伏公共线路出线，推进智兴路一带房地产项目用电建设。协助推进南宁江南区智兴路初级中学、南宁市江南区沙井小学、南宁市江南区人民医院、江南区民政综合园等项目建设。

【项目建设】 2019 年，江南工业园区新开工项目 6 个，完成投资 35.88 亿元；续建项目 33 个，完成投资 26.54 亿元；竣工项目 2 个，完成投资 7540 万元。5 月，华南城 1668 创业园 1 区开工，位于沙井大道 56 号、占地 3.87 万平方米、总投资 2.7 亿元；盛天·锦悦江南项目开工，位于白沙大道 128-8 号、占地 2.27 万平方米、总投资 8.39 亿元。6 月，龙光·江南院子项目开工，位于智和路 6 号、占地

12.87万平方米、总投资20.63亿元;中建·邕和府项目开工,位于下津路68号、占地12万平方米、总投资31亿元。10月,广西路远智能自动装备项目(一期)开工,位于定秋路58号、占地11.60万平方米、总投资10亿元。12月,中南·春风南岸项目开工,位于江南大道仁义段113号、占地5.93万平方米、总投资14亿元;广西机场管理集团有限责任公司综合楼项目竣工,位于壮锦大道24号、占地4400平方米、总投资4.72亿元;天健·西班牙小镇项目竣工,位于江南区智兴路3号、占地6.90万平方米、总投资8亿元。

【招商引资】 2019年,江南工业园区新建成标准厂房83万平方米,新增38家企业入驻富宁标准厂房、泉港电子信息标准厂房、广西－东盟国际医疗健康电子信息科技综合产业园、产投江南企业公园4个标准厂房,认购面积4.52万平方米,其中电子信息产业及配套29家、医疗健康产业2家、其他产业7家。引进项目11个:物联网技术产业化基地项目、震雄机械制造项目、雷盟科技磷酸铁锂电池组、王子新材料彩印、常润五金模具生产制造、领志科技智能装备、南宁市下一代互联网IPV6项目一期、中铁二局仓储物流项目、桂林电子科技大学南宁产教融合基地、IHG旗下假日酒店、美江·商业广场项目。

【产业发展】 2019年,江南工业园区有规模以上工业企业33家,新增5家,完成规模以上工业总产值499.88亿元,下降14.99%。电子信息、铝加工两大主导产业实现工业总产值477.09亿元,其中电子信息产业实现工业总产值446.21亿元、下降8.82%,铝加工产业实现工业总产值30.88亿元,下降61.20%。富士康科技集团南宁科技园从中国台湾地区购进集成电路、印刷电路板,出口欧美国家机顶盒、无线网桥等产品;南宁东洋塑胶制品有限公司从中国香港地区进口塑胶原料,出口越南通信产品外壳。南南铝加工公司获"第四届自治区主席质量奖",富士康三创加速中心获自治区众创空间认证。

(韦　佳)

广西良庆经济开发区

【概　况】 2007年3月,南宁市大沙田经济开发区、邕宁沿海经济走廊开发区整合成立广西良庆经济开发区(简称"良庆经开区"),为自治区级开发区。2019年,区域面积2.63平方千米,分为5个区块:区块1面积0.08平方千米,东起青龙岗墓园,南靠五象大道,西至东风路,北临邕江;区块2面积0.38平方千米,东起青龙岗墓园,南靠五象岭,西至东风路,北临五象大道;区块3面积0.81平方千米,东起良庆区玉洞村了蕾坡,南靠南坛高速公路,西至良庆区洞村蕾扫岭,北临建业路;区块4面积1.15平方千米,东起华兴路,南靠云桂铁路花油山隧道,西靠良庆区平乐村削济山、大刀岭,北临南宁市平乐水泥厂;区块5面积0.07平方千米,东起华兴路,南至良庆区平乐村亭子岭,西靠良庆区平乐村削济山、大刀岭,北临云桂铁路花油山隧道。广西良庆经济开发区管理委员会为良庆区政府派出机构,副处级,与良庆经开区党工委合署办公,设党政办公室、经济发展局、建设局、人事劳动和社会保障局、财政局、招商局、安全生产监督管理局;事业单位3个(房屋征收补偿和征地拆迁办公室、投资服务中心、机关事务管理局)。编制67名,在编61人。有规模口统计企业64家,规模以上工业总产值68.09亿元,比上年下降6.70%;规模以上工业增加值19.16亿元,下降15.30%;工业投资12.06亿元,增长7%;财政收入6.69亿元,增长0.56%;工业税收2.24亿元,增长22.80%;实际到位资金82.55亿元,增长16.89%,完成率100.06%;商务部口径实际利用外资800万美元,完成率129.03%。主要存在指标增长乏力;企业减产、停产较多;部分项目未能按期开工建设;园区产业结构不够优化,企业体量较小、自主创新能力不强,产品附加值不高,市场占有率较低,整体竞争力不强等问题。

【营商环境优化】 2019年,良庆经开区协调解决广西恒得润生物科技有限公司产能扩建用地问题、开通银海大道西片区公交路线2条解决银海大道西片区企业员工及周边群众出行问题、亮岭路片区项目施工用水和企业生活用水问题、中储粮公司用电增容问题;协助4个标准厂房项目招商等。重点服务列入自治区"双百双新"产业项目的广西昌弘制药有限公司五象智谷园一期——高新技术产业化工程(中药民族药大品种培育)项目,协调市自然资源局为企业项目建设预审。推进南宁珀源能源材料有限公司、广西桂润环保科技有限公司、南宁东恒华道生物科技有限责任公司、广西昌弘制药有限公司、广西恒得润生物科技有限公司、广西中久电力科技有限责任公司、广西福之凯家居有限责任公司7家企业转型升级和技术改造。引导广西桂润环保科技有限公司加强研发基地建设,增加生产线,补强产业链,实现企业研发、生产、施工、服务综合经营;引导广西福之凯家居有限公司联合媒体、行业顶尖企业等多平台,引进公司上下游企业形成产业链。指导企业进行养老补贴资金申报,分3批次完成园区内工业企业5%养老补贴审批发放,惠及企业159家,发放补贴金额910万元;督促3个社保欠费企业补缴社保费用。为划入自贸区范围的32家规模以上企业政策宣传和动员换证。统计调减基数企业20家。

【项目建设】 2019年,良庆经开区建设项目24个,其中工业项目17个,仓储、物流和商贸项目7个。其中,广西中久电力科技有限责任公司、广西钜荣汽车销售服务有限公司、南宁市红林食品有限公司、广西金富弘投资有限公司、广西屹桂混凝土有限公司、广西旅发铁建商品混凝土有限公司(原城投公司)、南宁华润良庆混凝土有限公司7家企业竣工投产;南宁市道顺贸易有限公司完成主体建设;广西生凰投资有限责任公司、广西锦图投资有限公司、南宁市国圳投资有限公司等进行主体建设;南宁时丹达实业有限公司、广西拓康科技有限公司、广西金华康投资有限公司(原国康力公司)、广西万寿堂药业有限公司4家企业进行前期准备工作。开展南宁现代工业产业园一期8条道路前期工作,完成项目建议书编制并获审批;完成二期控制性详细规划初次评审。与大沙田供水公司、南方电网公司、良庆土地储备分中心及城区征地拆迁办等对接,协调解决项目供水、用电及征地拆迁涉及通信、国防光缆和坟墓迁移等问题。

【产业发展】 2019年,良庆经开区形成有色金属、建材、制药、农副产品加工四大主导产业,规模以上工业总产值68.09亿元,比上年下降6.70%;规模以上工业增加值19.16亿元,下降15.30%。新增产值超亿元强优工业企业2家,其中新增产值1亿元~3亿元1家(南宁扬翔农牧有限公司),新增产值5亿元~10亿元1家(广西盛东混凝土有限公司)。新纳入规模口统计企业4家(南宁扬翔农牧有限公司、广西通锐柏娇混凝土有限公司、南宁市鼎隆食品厂、广西福之凯家居有限责任公司),累计64家,超额完成上级下达的"小升规"(鼓励小微企业规范升级为规模以上企业)任务。

(蒋　惠)

编辑　唐　娟　梁富鑫

城市建设与管理

综　述

【城市品质提升】 2019年，南宁市统筹推进重大项目计划开工178个(含提前开工数)、开工167个，计划竣工106个(含提前竣工数)、竣工101个。清川立交桥2条主线通车，北路延长线一期工程、蓉茉大道延长线凤岭北路(快环—高坡岭路)等项目稳步推进，打通银杉路(佛子岭路—凤岭北路辅道)、高坡岭路(凤岭北段—仙葫段)、茶花园路东延长线(长湖路—东葛路段)、金湖北路(贤宾路—滨湖北路段)、亭洪路延长线(规划一路—壮锦大道)5条断头路。建成竹溪大道广源国际社区、沙井大道市三十四中、邕武路主线南段、大学西路西乡塘小学等11座人行过街天桥，完成滨湖路埌东六组菜市人行过街天桥电梯安装。新建供水管道75千米、迁改25千米，完成邕武路供水加压站、坛兴路供水加压站、南站西供水加压站技改一期工程建设并通水运行。江南污水处理厂水质提标及三期工程、埌东污水处理厂四期工程、三塘污水处理厂水质提标及二期工程、心圩江下游污水处理厂、水塘江污水厂、西明江污水处理厂通水调试。地下综合管廊建成管廊主体66.18千米、运营管理33.32千米、入廊管线136.56千米(含电力、给水、通信、污水)。新增市政燃气主干支管55千米，吴圩镇、三塘镇、金陵镇大林新村实现点火通气，伶俐、那马、坛洛等18个乡镇启动管道燃气宣传开发及施工，除马山县外天然气“县县通”工程全部完成。棚户区改造开工建设9050套(含货币化安置户数)，基本建成1.01万套。“三街两巷”核心区一期当阳街片区正式开业。“出行南宁”APP新增智慧加油加气、智慧停车、出行消费、网约定制公交(定制专属直达专线)、长途客运5大功能。轨道交通3号线通车。

【城市管理精细】 2019年，南宁市开展“城市精细化管理年”活动。兴宁区二塘建筑垃圾破碎循环利用试验基地正式运营，双定循环产业园项目开工建设，生活垃圾分类覆盖居民99.61万户。“爱南宁APP”应用汇聚全市47个部门信息服务资源，上线应用超100项，实现“一码通城”。排查出雨污管网错接混接点8545个，完成改造3721个；完成市政污水管网建设255千米；新(改、扩)建的6个污水处理厂通水试运行，新增污水处理能力每日46万吨。开展河道堤防陆上巡查280人次、邕江水上巡查8次，现场制止违法违规行为32起，处理违法侵占堤防用地事件3起。清退不合规出租车，引导驾驶员合法合规经营，组织出租汽车企业做好车辆技术档案建立，对车辆审验及技术等级记录进行审验，审验巡游车6770辆、网约车3019辆。立案查处乱摆卖2910起、车辆违停3.22万起、焚烧垃圾14起、餐厨垃圾12起、围挡乱象296起、户外广告案件134起、园林绿化类17起。组织属地部门针对铁路部门排查的《南宁市高铁环境问题排查整治总情况表》开展集中整治，完成自治区挂号的559处隐患点整治和销号任务(红线内156个、安保区内135个、安保区外268个)，实现红线内影响铁路运输安全的隐患全部清零。开展朝阳广场噪音集中整治26次，劝导噪音扰民行为290余次，清理歌摊，广场舞团体从10余个减少至2个～3个。“慧眼”系统一期竣工验收，在系统建设上持续加强扬尘源头全过程可视化监控，通过即时督促整改、实地巡查等方式，提高源头监控点在线率，在平台运用提升上梳理需求清单，完善各部门信息数据资源接入与共享；强化数据分析，细化扬尘视频案件类型，将扬尘相关案件纳入市“大行动”考评，加强结果应用。立案城市管理问题51.62万件，通过城市管理问题派遣、处置督办、协调整改等方式，推动问题整改。开展专项督查，督促城区(开发区)及相关部门、单位加强管理，快速发现、处理存在问题，日常督查检查发现及督办问题1.06万处，整改1.01万处。完善及推进数字城管系统运行，考评城区(开发区)、市直部门及市属重点平台公司12次，受理“美丽南宁·整洁畅通有序大行动”暨扬尘污染治理专项考评数据73.28万条(含关联数据)，审核申诉数据7.40万条，参与申诉仲裁陈述12次。南宁市城市管理监督评价中心受理数字城管案件51.62万起，比上年减少3.43%；立案40.55万起，减少6.56%；接收立案派遣处理案件38.38万起，发出督办函850份，协调解决责任不清案件720起，召开现场协调会13次。“12319”城市管理监督热线接到市民来电4.63万个，受理立案1.68万起。使用桥梁安全监控系统实时监控跨江桥梁15座，使用桥梁健康监测系统收集桥梁主要结构与构件参数。　　　　（李　康）

重点工程建设

【概　况】 2019年，南宁市统筹推进重大项目计划开工178个(含提前开工数)，开工167个，开工率93.82%。其中，自治区层面重大项目计划开工53个(含提前开工数)，开工52个，开工率98.11%。计划竣工106个(含提前竣工数)，竣工101个，竣工率95.28%。其中，自治区层面重大项目计划竣工9个(含提前竣工数)，竣工 9 个,竣工率 100%。城建计划项目 765 个(前期项目 310 个、建设项目 439 个、电网专项 1 个、经费开支项目 12 个、配套资本金项目 3 个),年计划投资 344.75 亿元,其中建设项目计划投资 325.68 亿元,完成投资 333.94 亿元,完成计划 102.53%(新建项目完成投资 55.59 亿元,完成计划 74.96%;续建项目完成投资 265.25 亿元,完成计划 111.25%;电网专项完成投资 13.10 亿元,完成计划 100%)。自治区层面和市级层面统筹推进重大项目 618 个,年计划投资 801.17 亿元,完成投资 950.56 亿元,完成计划 118.65%。

【自治区与市级层面统筹推进重大项目】 2019 年,南宁市有自治区与市级层面统筹推进重大项目 618 个,完成投资 950.56 亿元,完成计划 118.65%。自治区层面重大项目 128 个,年计划投资 218.41 亿元,完成投资 299.20 亿元,完成计划 136.99%。其中,茉莉小镇文旅、广西路远智能自动装备、宾阳亿联建材家居五金城等新开工项目 50 个,广西横县新威林板业有限公司年产 22 万立方米定向刨花板生产线、宾阳马王风电场、南宁蒲津路改造工程二期等竣工项目 7 个,武鸣区流域水环境综合整治、南宁市陈村水厂三期工程、东盟国际生物科技谷等续建项目 37 个,宾阳县芳雷水库工程、南宁市特色农业优质黄羽肉鸡生产基地建设、南宁红星美凯龙家居博览中心等完成重点前期工作项目 34 个。市级层面重大项目 490 个,年计划投资 582.76 亿元,完成投资 651.36 亿元,完成计划 111.77%。

【重大项目竣工】 2019 年,南宁市重大项目计划竣工 106 个(含提前竣工数),竣工 101 个,竣工率 95.28%。自治区与市级层面统筹推进重大项目,南宁轨道交通 3 号线一期工程(科园大道—平乐大道)、广西横县新威林板业有限公司年产 22 万立方米定向刨花板生产线项目、广西一遍天原种猪有限公司种猪产业园优质种猪推广示范项目、南宁浮法玻璃有限责任公司浮法玻璃生产线整体搬迁升级改造项目、智能数控机械加工装备及 PC 生产基地、南宁大明山朝阳林区防火道路工程、南宁市江南污水处理厂水质提标及三期工程等项目竣工。城建重大项目,T1、T2 航站楼收费站工程投入运营,清厢快速路地面系中华路段基本通车,轨道交通 3 号线沿线道路维修整治工程建成通车,凤岭北路、茶花园路、金湖北路等道路主线通车。

(罗　茜　梁尹彦)

城市基础设施建设

【概　况】 2019 年 3 月,南宁市住房和城乡建设局(简称"市住建局")挂牌成立。将市城乡建设委员会、市住房保障和房产管理局的职责,市城市管理局地下管廊、雨水和雨污合流等地下设施的建设、运行和维护监管,消防部门建设工程消防设计审查验收等管理职责整合,组建市住房和城乡建设局,为市政府工作部门;不再保留市城乡建设委员会、市住房保障和房产管理局。市住建局设办公室、法制宣传科、规划发展改革科(政策研究室)、建筑市场管理科、公用事业一科、公用事业二科、公用事业三科、村镇建设科、建设工程招投标监管科、标准定额科、房屋建筑质量安全监管科、市政设施工程质量安全监管科、工程管理科、科学技术科(工程建设抗震办公室、总工程师办公室)、建筑工业化发展科、城市更新管理科、房屋征收与补偿管理科、住房保障管理科、住房制度改革管理科、房地产市场监管科、物业与资金管理科、房屋使用安全监管科、消防管理科、信访督查科、财务科、人事科及机关党组织、离退休人员工作科,行政编制 136 名,在编 128 人。二层事业单位有 12 个:市建筑质量安全管理中心,编制 156 名,在编 131 人;市城乡建设信息中心,编制 25 名,在编 20 人;市建筑科学研究设计院,编制 23 名,在编 8 人;市城市建设档案馆,编制 33 名,在编 30 人;市勘察测绘地理信息院,编制 120 名,在编 83 人;市房屋产权交易中心,编制 70 名,在编 60 人;市保障住房建设管理服务中心,编制 213 名,在编 165 人;市保障住房资格审核和管理中心,编制 30 名,在编 28 人;市房屋安全鉴定所,编制 15 名,在编 12 人;市白蚁防治所(市白蚁防治质量检测中心),编制 43 名,在编 30 人;市房产信息管理服务中心,编制 13 名,在编 9 人;市房产资金管理中心,编制 20 名,在编 18 人。南宁市加快城市基础设施建设,城市建设计划项目完成投资 333.94 亿元,完成计划 102.53%。清川立交桥两条主线通车,凤岭北路(厢竹大道—凤北立交)主线通车,推进建兴北路延长线一期工程、蓉茉大道延长线建设。打通或拓宽高坡岭路、银杉路等 5 条城市道路。完成竹溪大道广源国际社区、邕武路主线南段等 12 座人行过街天桥建设。投入运营管廊长 33.32 千米,入廊管线总长 136.56 千米。轨道交通项目建设超额完成年度投资计划,南宁轨道交通 3 号线一期工程建成通车,推进轨道交通 2 号线东延线、4 号线、5 号线一期工程项目建设,加快轨道小镇开发建设。

(潘　欣　梁尹彦)

【打通"断头路"项目】 2019 年,南宁市打通金湖北路、高坡岭路、银杉路、茶花园路东延长线、亭洪路延长线 5 条断头路。亭洪路延长线分南建路—规划七路(已通车)、规划七路—壮锦大道(已通车)、壮锦大道—规划四路、规划四路—规划一路 4 段,全长 5 千米,其中亭洪路延长线(规划一路—壮锦大道)道路主线 6 月 30 日通车。银杉路(佛子岭路—凤岭北路辅道)连接月湾路、佛子岭路、凤岭北路,宽 18 米,7 月通车。高坡岭路(凤岭北段—仙葫段)起点仙葫大道,连接南宁东站,7 月 26 日仙葫大道至大渌岭路路段通车。茶花园路东延长线(竹排冲茶花桥—中兴大道)起点长湖茶花园路口,终点东宁路,与中兴大道连接,长 1947.12 米,道路红线宽 40 米,其中茶花园路东延长线(长湖路—东葛路延长线)道路主线 12 月 30 日通车,从茶花园路可直达东葛路进入茅桥片区。金湖北路延长线(长湖路—滨湖北路段)起点长湖路,终点滨湖北路延长线,长 1680 米,长湖路—贤宾路段道路红线宽 40 米,贤宾路—滨湖北路延长线道路红线宽 24 米,设拼宽桥 1 座、地道 2 座,12 月 30 日通车,金湖北路、贤宾路、滨湖北路形成路网循环圈。

【凤岭北路(厢竹大道—凤北立交)通车】 2019 年 12 月 30 日,凤岭北路(厢竹大道—凤北立交)主线全幅通车。起点接清厢快速路,终点至凤北立交,全长 3.50 千米,道路红线宽 68 米,双向 6 车道,道路等级为城市快速路。凤岭北路项目 2013 年 11 月开工建设,2017 年 9 月从清厢快速路到凤竹立交段长 1.30 千米道路通车,因凤岭北路土方工程量巨大、项目沿线高边坡发生地质灾害等原因,凤岭北路剩余 2.20 千米道路(厢竹大道—凤北立交)2019 年 6 月 30 日实现北半幅通车,12 月 30 日主线全幅通车。

(姚宗秀)

【人行过街天桥建设】 2019 年,南宁市将新建或改建 12 座人行天桥列入为民办实事市政惠民项目,建成竹溪大道广源国际社区、沙井大道市三十四中、邕武路主线南段、大学西路西乡塘小学及快速公交简称"BRT" 2 号线站点配套建设的 B8、B9、B10、B12、B13、B15、B17 站 11 座人行过街天桥,滨湖路埌东六组菜市人行过街天桥完成电梯安装。

(潘　欣)

【铁路建设】 2019 年,贵阳至南宁高速铁路项目南宁段完成投资 31.16 亿元(工程

2019 年 12 月 30 日，凤岭北路(厢竹大道—凤北立交)主线通车　　潘浩　摄

投资 24.79 亿元、征拆投资 6.37 亿元)，完成年计划 109.80%。其中，正线段累计完成路基 304 万立方米，大中桥梁 2.69 万延米，隧道 9363 延立方米；枢纽段累计完成路基 236 万立方米，桥梁 1233 延米，涵洞工程 242 横延米。南宁至崇左城际铁路项目南宁段完成投资 19.41 亿元(工程投资 16.35 亿元、征拆投资 3.06 亿元)，完成年计划 123.63%。其中，南宁段累计完成线位清表 31.80 千米(累计完成 82%)，拌和站 6 处及中心实验室 3 处(累计完成 100%)；三电迁改 596 处(累计完成 70%)；桥梁桩基 2257 根(累计完成 74.09%)；隧道 980 延米(累计完成 8.4%)，岩溶注浆钻孔 5284 孔(累计完成 98.32%)。南宁至玉林城际铁路项目南宁段完成投资 6.30 亿元，完成年计划 105%，项目可研报告、环评报告、规划选址、项目初步设计获批，12 月完成施工招标；12 月 5 日沿线青秀区、横县启动征拆。南宁国际铁路港项目一期工程用地让地施工，一期工程投入运营。

(梁尹彦)

【县城道路建设】 2019 年，横县建设三年计划启动，大竹小学北面市政道路、中医院东面道路、碧桂园北面道路等市政道路项目加快推进。宾阳县开展县城东环路黎塘转盘至马潭路口段改造工程、东环路美食街至宾州镇政府段改扩建工程等 6 个重大道路建设，完成中山路(风景路至宾莲路段)、育才路、和宾路西段、育秀路、经一路(棚改 A 区段)等道路建设。上林县澄江河堤路园市政工程项目、食品公司西部区域市政道路工程项目可施工面完成建设。马山县威马大道东段道路改扩建工程通车，合作片区易地扶贫搬迁配套产业道路完成 2 号、4 号、5 号路工程建设。隆安县实施文塔路改造，新建改扩建广场路、民安街延长线、隆南大道铁路桥至消防站段等 9 条道路。

【城镇基础设施建设】 2019 年，横县完成“光韵横州香飘世界”亮化工程、江滨公园提升工程等建设项目，县城 3 号、4 号公交线路开通运行，324 国道横县南绕城线项目、六景至宾阳高速公路开工建设，完成便民候车亭建设项目 7 个、通屯道路项目 10 个、行政村通客车任务 17 个。宾阳县开展思远路、永武路、祥和路路灯改造安装，完成 322 国道沿线(思陇段)景观提升工程、东环路(美食街至宾州镇政府)迁移树木工程 4 个绿化工程建设，建成露圩、王灵、中华 3 个乡镇污水处理厂。上林县污水管网设计施工(EPC)总承包工程、丰岭路加油站至北归大道荷花池污水管道工程竣工验收，上林锦绣生态湖市政景观工程基本完工(因征地问题尚未解决，影响部分建设区域)，持续推进上林县智慧型路灯建设项目、大丰街上林中学至一桥排水管工程、上林县云灵高速路口、莲花路口景观提升工程项目、创建“十三五”无障碍环境示范县项目。马山县完成原金伦中学至西华道路工程建设；实施姑娘江边城南桥往城西桥两岸亮化、绿化工程，完成投资 200 万元；实施县城镇北东一巷排污排水、路灯安装、路面修复工程，完成投资 160 万元；实施合作板伏易地扶贫搬迁安置点污水管网工程，完成铺设管道 5.20 千米；建成古零镇污水处理厂项目。隆安县实施震东扶贫生态移民与城镇化结合示范工程，建成安置小区 3 个，5847 户 2.44 万人搬迁入住；粤桂小学、体育活动中心、震东社区党群中心投入使用，西宁水厂供水管网铺设完成。

(横县、宾阳县、上林县、马山县、隆安县地方志办公室)

城市公用事业

供水排水

【城市供水】 2019 年，南宁市供水量 5.67 亿立方米(不含南湖补水量)，比上年增长 3.52%；售水量 4.95 亿立方米(不含南湖补水量)，增长 13.56%；自来水管网压力综合合格率 100%，自来水水质综合合格率 100%；在用居民用户 38.98 万户，增长 2.88%；在用营业(含特种用水)用户 1.11 万户，增长 4.23%；在用工业(含建筑用水)用户 3182 户，增长 12.20%。

【供水设施建设】 2019 年，南宁市完成邕武路供水加压站、坛兴路供水加压站、南站西供水加压站技改一期工程建设并通水运行，完成供水管道新建 75 千米、迁改 25 千米。发现并修复供水管道漏损点 50 处，挽回水量每日 4.80 万吨。

【城市污水排放】 2019 年，南宁市污水排放量 4.07 亿立方米，污水处理量 4.04 亿立方米。江南污水处理厂水质提标及三期工程、埌东污水处理厂四期工程、三塘污水处理厂水质提标及二期工程、心圩江下游污水处理厂、水塘江污水厂、西明江污水处理厂实现通水调试。

【城市排水管网建设】 2019 年，南宁市完成市政污水管网建设 255 千米。完成排水管网普查 5000 千米，普查发现 8545 个错混接点并完成改造 3721 个。安排整治市政道路污水管断头点 430 处，完成断头点整治 118 处。实施大学路、安吉大道、银海大道等主干管网和东盟商务区、埌西片区雨污管道清淤修复，修复 35 处。

(潘　欣)

供　气

【天然气供应】 2019 年，南宁市新增市政燃气主干支管 55 千米，完成投资 1705 万元。完成小区庭院管网建设 398 千米，投资额 1.39 亿元，建成绿城·春江明月、紫兰公馆、南宁龙光玖珑府、江宇阳光城、檀府印象檀熙等小区管网。累计敷设城市高压管网 110.51 千米、市政中压燃气主干支管 934.04 千米、小区庭院管网 4835 千米，工业煤改气项目 91 个，投资额 1061 万元。完成管道迁改 5.71 千米，轨道交通 3 号线 3 个站点附属结构管线迁改0.21千米,轨道交通4号线5个站点附属结构管线迁改1.39千米,轨道交通5号线5个站点主体结构和附属结构管线迁改0.88千米。年销售管道燃气2.83亿立方米,比上年增长9.72%,开通居民用户86.80万户,增加10.23万户,增长13.36%;在用商业用户和非营业用户4516家,增长16.60%;在用工业用户163家。吴圩镇、三塘镇、金陵镇大林新村实现点火通气,伶俐、那马、坛洛等18个乡镇镇区及坛洛镇金光农场启动管道燃气宣传开发及施工。除马山县外天然气"县县通"工程全部完成。

【液化石油气供应】 2019年,南宁市瓶装液化石油气储气能力2708.86立方米,供气总量10.72万立方米,销售气量10.71万立方米,其中居民家庭5.61万立方米,用气户50.04万户,用气人口128.56万人。 (潘 欣)

公共交通

【概 况】 2019年,南宁市有公交企业8家,在营公共汽车3589辆(4629.40标台),其中空调公交车3554辆、占总数99.02%,清洁能源与新能源公交车3160辆、占88%;公交线路208条,总长4261.31千米,公交场站总面积76.74万平方米,万人公交拥有量14.60标台,公交站点500米覆盖率99.60%;公交客运量累计3.26亿人次,日均公交客运总量89.21万人次,比上年下降3.20%(不含武鸣区)。有巡游出租汽车企业12家,从业人员1.30万人,比上年增加2000人,驾驶员单班收入增长4.79%,双班收入减少1.91%。出租汽车日均行驶里程每车272.47千米,日均有效里程每车164.87千米,日均实际载客次数每车24.93次,总客运量8359.37万人次,增加298.71万人次,增长3.71%。网络预约出租汽车企业10家,总客运量8651.05万人;办理网约车营运证车辆1.32万辆,网约出租车驾驶员证2.75万人。主要存在城市路网不够完善、公交线网覆盖存在较多盲区、公交分担率较低、竞争力不足等问题。

【城市公共汽车营运管理】 2019年,南宁市继续引入第三方考核机构考核公交行业所有公交线路服务质量,完成BRT1号线3次运营期考核,等级为优秀;完成BRT2号线3次运营期考核、3次建设期考核,等级为优秀。组织开展公交行业路检路查1700多次,发现存在问题车辆140余辆次,全部责令限期整改。

【出租汽车营运管理】 2019年,南宁市按规定清退不合规车辆,引导驾驶员合法合规经营,通过车辆"油改气"、车辆更新的方式推广油气双燃料出租汽车、纯电动出租汽车,所有在营出租汽车均为清洁能源车辆,其中纯电动出租汽车350辆。申请出租汽车驾驶员注册1.45万人次,其中巡游车驾驶员1.37万人次申请注册、通过1.33万人次;网约车驾驶员727人申请注册并通过,其中神州优车平台423人、首汽约车平台220人、万顺叫车平台84人;组织考试139场,获出租汽车驾驶员从业资格1.65万人次,其中获巡游车驾驶员资格3040人、网约车驾驶员资格1.34万人。组织出租汽车企业做好车辆技术档案建立,对车辆审验及技术等级记录进行审验,审验巡游车6770辆、网约车3019辆。

【城市公共交通基础设施建设】 2019年,南宁市完成公交站点改造15个,新建智能公交电子站牌40套,优化升级智能公交电子站牌前端设备和管理后台450套,完善公交候车亭运营管理系统并投入使用;新购新能源公交车辆200辆,投放运营;安装新能源公交车充电桩及配套设施206个,超额完成充电桩建设任务。加快BRT2号线甩项部分工程建设,完成建设产值3840万元,累计完成建设产值9.58亿元,完成总投资额95.20%。推进玉洞大道(新良路口—八尺江大桥)辅道交通工程、B12站天桥、B11站点、B8连接轨道地下通道等项目建设。

【"出行南宁"APP便民新功能上线】 2019年7月25日,南宁交通投资集团有限责任公司在南宁国际会展中心举行"出行南宁"APP上线一周年暨新功能发布会,介绍"出行南宁"APP新增5大功能:智慧加油加气、智慧停车、出行消费、网约定制公交(定制专属直达专线)、长途客运。"出行南宁"APP上线一周年注册用户超过50万人次,日均扫码量5万人次,改变传统乘坐公交车支付方式,增加扫码支付功能。开展"1分钱乘公交""5折乘公交"等推广活动,倡导绿色低碳出行。

【网约定制公交线路试运营】 2019年,南宁市网约定制公交运营通过开展网约公交出行需求调查、与相关单位出行需求进行对接,结合线上调查问卷的情况,制定新网约定制公交线路5条,分别为网约巴士4号线(WD4)(南宁剧场—盛邦珑湖)、网约巴士5号线(WD5)(西乡塘客运站—月禾江北路口)、网约巴士6号线(WD6)(安吉客运站—市公安局东盟经开区分局)、网约巴士8号线(WD8)(凤岭佳园—市政府)、网约巴士9号线(WD9)(凤岭在水一方—市自然资源局)。市民可通过"出行南宁"APP购票,在APP上可查询公交线路的起止点和途经站点、何时何地上车、大概行车时间。市民朋友购票后,在乘车时打开"出行南宁"APP出示电子票即可。

【文明交通】 2019年,市交通运输局组织市轨道交通集团、市公交企业8家、出租汽车企业11家、网约车企业3家和市出租汽车协会,联合开展"爱心送考"活动,免费接送考生5.36万人次,比上年增长27.60%。开展"文明行车·礼让斑马线"活动,礼让率99%;开展"公交出行宣传周"系列活动,推行多种具有"特色公交服务"的运营模式。 (侯宗豪)

轨道交通建设运营

【概 况】 2019年,南宁轨道交通集团有限责任公司(简称"南宁轨道交通集团")设总工办、安全质量监督部、合约法规部、法律事务部、资源管理部、企业发展部、财务管理部、人力资源部、信息中心、后勤服务中心、综合办公室、投资开发公司未审计项目工作组、审计部、监事会工作部、党群工作部、工会、团委、纪检监察部;有分公司3家(建设分公司、运营分公司、资源开发分公司)、全资子公司3家(南宁轨道地产集团有限责任公司、南宁轨道交通二号线建设有限公司、南宁轨道交通五号线建设有限公司)、控股子公司3家(南宁轨道江南混凝土有限公司、南宁轨道交通四号线建设有限公司、南宁轨道交通二号线东延工程建设有限公司)、参股公司8家(南宁轨道交通三号线建设有限公司、南宁中车轨道交通装备有限公司、南宁中铁广发轨道装备有限公司、南宁市市民卡信息服务有限责任公司、广西南宁机场综合交通枢纽建设有限公司、广州城市轨道交通培训学院股份有限公司、云宝宝大数据产业发展有限责任公司、广西交控智维科技发展有限公司)、培训中心1家;员工7269人。营业收入16.48亿元;利润2.86亿元,比上年增长10.80%;上缴税费2.72亿元;固定资产投资101.19亿元,完成计划106.40%;融资总额83.31亿元,完成计划134%。2016年下达作价出资计划以来累计注入土地12宗50.18万平方米;续建地块4个,续建面积45.58万平方米;开盘推售项目2个,实现销售回笼8.27亿元。房地产项目实现利润1.78亿元,销售面积9.75万平方米;地铁附属资源营业收入0.92亿元。主要存在轨道沿线土地利用慢、未形成轨道交通投融资

"借、用、还"平衡的良性循环等问题

【轨道交通线网规划】 2019年，南宁市城市轨道交通线网进行调整，远景线网由10条线路组成，总长377.10千米，呈"网格放射线"状结构，中心城线网整体形态由"四横四纵""四主四辅"8条线构成，1号、2号、3号、4号线为主干线路、5号、6号、7号、8号线为辅助线路，新规划机场线、武鸣线2条市域线。其中，1号线(石埠—南宁东站)，全长32.10千米，设站25座；2号线(六晚—西津)，全长36.90千米，设站29座；3号线(科园大道—那马)，全长40.20千米，设站28座；4号线(相思湖北—仙葫)，全长38.40千米，设站28座；5号线(那丹—四塘)，全长40千米，设站26座；6号线(石埠南—六律)，全长36.70千米，设站27座；7号线(罗文大道—六村)，全长32.10千米，设站24座；8号线(那莲—那井)，全长26.70千米，设站18座；机场线(机场—南宁东站)，全长46.50千米，设站15座；武鸣线(安吉客运站—玩美世界)，全长48.50千米，设站14座。

(陶丽莎)

【轨道交通建设】 2019年，南宁轨道交通项目按"四线同建"的规模推进，在建线路有3号线一期、4号线一期、5号线一期工程、2号线东延工程，全长79千米，总投资594.08亿元。3号线一期(科园大道站—平良立交站)工程概算206.81亿元，完成投资22.61亿元、完成年计划102.31%，全长27.96千米，设车站23座，首次在青秀山站采用明暗挖结合施工手段，在金湖广场站采用通道换乘方式，首次下穿在运营地铁线路建设，5月7日完成13项专项验收批复，5月10日通过试运营基本条件评审，6月开通试运营。4号线一期(洪运路站—龙岗站)工程概算173.30亿元，完成投资32.52亿元、完成年计划110.57%，全长24.60千米，设车站19座，主体围护结构完成96%，土方开挖完成97.10%，主体结构完成97%，区间盾构完成89%，附属工程完成70%，机电安装及装修工程完成65%；西段实现短轨通，机电安装及装修工程累计完成65%；计划2020年年底开通试运营。2号线东延线二期(玉洞—坛兴村)工程概算48.98亿元，完成投资14.57亿元、完成年计划137.58%，全长6.30千米，设车站5座，完成土方开挖、主体结构、区间工程，附属结构累计完成94.40%，全线短轨通，机电安装及装修工程累计完成40%；计划2020年末开通试运营。5号线一期(那洪—金桥客运站)工程概算164.99亿元，完成投资14.57亿元、完成年计划137.58%，全长20.38千米，设车站17座，完成围护结构，土方开挖累计完成97%，主体结构累计完成94%，区间盾构累计完成78%，附属工程累计完成11%；计划2021年开通试运营。加快轨道小镇开发建设，成立南宁轨道小镇开发建设工作领导小组，机场线新营房地块、屯里地块和轨道交通2号线东延线地块首批3个轨道小镇选址完成，初步确定开发建设实施方案，推进新一轮轨道小镇(2020—2035)选址研究。

(陶丽莎 梁尹彦)

【轨道交通3号线通车】 2019年6月6日，南宁市轨道交通3号线通车现场会在五象新区总部基地站举行。运营线路贯穿市区西北至东南方向骨干线，北起科园大道站，南至平良立交站，线路长27.90千米，设车站23座，线路平均站间距1235米，设置心圩车辆段1座，荔园主变电所、秀灵主变电所2座，控制中心1座(与南宁市轨道交通线网中心共用)，车辆采用4动2拖6辆编组B型车，最高运行速度每小时80千米，配置列车28列，座席232个，定员载客1470人，最大载客量2088人。运营时间6:30—23:00，每趟车间隔时间8分钟，单程48分钟。站内装饰以"魅力东盟绽放绿城"为主题，以"绣锦紫"为线路色。单程票采用筹码式，支持手机二维码、手机闪付、市民卡、银联IC卡等购票方式，全程票价6元。3号线通车后，全市轨道交通运营里程81.20千米，运营车站66座，换乘站4座，南宁城市轨道交通形成三线运营网络框架新格局。(市交通运输局)

【轨道交通运营】 2019年，南宁轨道交通开通运营中的轨道交通线路有1号、2号、3号线，线路总长81千米，线网总运营里程772万列千米，列车正点率99.98%，运行图兑现率100%，列车服务可靠度每次386.16万列千米，有效乘客投诉率每百万人次0.09次。客运总量2.74亿人次，日均客运量79.99万人次，单日最高客运量116.57万人次。其中，1号线运营里程397万列千米，列车正点率99.98%，运行图兑现率100%，客运总量1.64亿人次，日均客运量44.90万人次，比上年增长15.81%，单日最高客运量68.74万人次；2号线运营里程218万列千米，列车正点率99.99%，运行图兑现率100%，客运总量0.86亿人次，日均客运量23.47万人次，增长18.84%，单日最高客运量46.07万人次；3号线运营里程157万列千米，列车正点率99.99%，运行图兑现率100%，客运总量0.24亿人次，日均客运量11.62万人次，单日最高客运量16.61万人次。

【研究生联合培养基地】 2019年1月7日，南宁轨道交通集团与广西大学、广西建筑科学研究设计院举行三方座谈会，会后举行研究生联合培养基地授牌、校外兼职研究生导师受聘仪式。南宁轨道交通集团与广西大学、广西建筑科学研究设计院联合申报"土木工程学科研究生联合培养基地"获广西壮族自治区学位委员会、广西壮族自治区教育厅批复。基地以南宁轨道交通集团和广西建筑科学研究设计院为依托，以广西大学研究生教育为中心，构筑形成的产、学、研"三位一体"的土木工程高层次创新创业人才培养平台。基地采取校企共建模式，即"高校+企业+项目"的模式，以校企共建研究生联合培养基地为平台，以高校、企业联合的科研项目为纽带，共同申报和承担科研项目，构建分工明确、优势互补、通力合作的"双师型"(具有较高教育水平和较强职业技能，具备教师专业技术资格证书和相应职业资格证书或技术等级资格证书的复合型专业人才)团队，实现人才培养

南宁年鉴

2019年6月6日，南宁市轨道交通3号线建成通车。图为开通仪式现场 陶丽莎提供

与行业、企业人才需求之间的衔接。

（陶丽莎）

管廊管道

【城市地下综合管廊建设】 2019年，南宁市有26个地下综合管廊项目开工建设，建设规模76.29千米，计划投资72.02亿元，累计建成管廊主体66.18千米，完成投资56.03亿元，投入运营管理管廊33.32千米，入廊管线总长136.56千米(含电力、给水、通信、污水)。管廊有偿使用收费776.81万元(入廊费615.92万元、日常维护费160.89万元)。

【管廊管道维护保养】 2019年，南宁市管廊管道维护保养由南宁城建管廊建设投资有限公司负责，对佛子岭路综合管廊每周定期开展日常巡检及重大节假日安全巡查，通过提前介入管理，发现管廊设计与建设阶段存在的部分二层设备舱与吊装口之间完全分隔封堵、高压舱各防火分区防火分隔墙预留电缆穿线位置宽度不等的问题，提出整改要求，建设业主督促施工单位整改。参与凤岭北片区(凤凰岭路、凤岭北路、高坡岭路综合管廊)、五象片区(五象核心区管廊一期工程、金良路、平乐大道、良玉大道综合管廊)7条综合管廊项目(甩)项验收，督促建设业主及施工单位对质量问题排查核实，发现未安装永久用电箱变、部分风机与照明等设备故障、部分支架未安装未做好防腐除锈措施等问题，提出整改要求，建设业主督促施工单位整改。开展已竣工验收的长虹路综合管廊及箱式变电箱的移交办理手续，待建设业主完成机电设备及廊内相关问题整改工作后移交。11月1日，《南宁市地下综合管廊管理条例》施行。

（邓小祎）

城市防洪

【概　况】 2019年，南宁市邕江防洪排涝工程管理中心(简称“市防洪中心”)有事业编制154名、在编125人(高级专业技术职务任职资格5人、中级19人、初级27人)，后勤服务人员控制数21名、在编20人。南宁市建成及在建防洪堤106.08千米。其中，建成并移交运管单位45.42千米(五十年一遇洪水标准38.75千米、二十年一遇洪水标准6.67千米)，附属设施交通闸29座，穿堤管37条，护岸19.37千米；建成未移交运管单位及在建60.66千米(五十年一遇洪水标准48.13千米、二十年一遇洪水标准12.53千米)，分别为仙葫半岛堤、邕宁堤、五象堤、龟山堤、石埠堤、柳沙滨江堤等。建成排涝泵站28座，其中，移交运管单位21座(投运机组102台，总装机容量容量4.14万千瓦、总排涝流量每秒382.16立方米)、项目业主管理7座。建成防洪排涝闸44座(移交运管单位23座，项目业主管理21座)。抵御超设防洪水4次。主要存在泵站设备老化、人员经费不足、原有防洪设施不满足发展需要等问题。

【河道管理】 2019年，市防洪中心配合开展“中国水周”“世界水日”专项活动，新增设置排涝出水口安全警示牌29块(处)，维修标志标牌55块(处)，恢复设置标志标牌19块(处)，拆除失效标志标牌16块(处)。开展河道堤防陆上巡查280人次、邕江水上巡查8次，现场制止违法违规行为32起，处理违法侵占堤防用地事件3起，张贴违法告知单60份，处理数字化城市管理投诉案件15件、市长热线案件6件。协助南宁市水利局做好涉及河道管理审批事项4项，完成涉及河道行政审批事项的前期调查及预审6项，现场协调处理涉及河道管理的事务26次，对外发文(函)等30份，督促整改并消除防汛安全隐患30处。

【防洪工程建设】 2019年，市防洪中心完成邕江以南、邕江以北管理所运维项目，堤坡草皮养护项目，可利江防洪闸除险加固工程，泵站蓄水试机方案，石巷口、二坑口泵站渗水维修工程等有关初设、施工图设计、上控价编制、实施方案编制、报批以及施工定点采购手续，完成2019年泵站防雷检测及问题整改项目、堤防及泵站白蚁防治、白沙防洪堤顶路面维修工程，完成邕宁水利枢纽防洪排涝专项防洪闸等设施设备、石灵河等4座泵站、邕江综合整治和开发利用工程涉及水利工程项目等移交接收。配合城区政府开展石巷口泵站、临胜泵站拆除前期工作。协调推进富德村回建小区国有土地使用权调拨手续、富德村回建小区不动产证、亭子6户回建房房产证手续、沙江排涝泵站竣工验收备案和档案移交等工程项目遗留问题处理。完成防洪仓储用地边坡防护工程、2018年度泵站园林化项目、2018年度泵站外墙美化改造工程项目结算审定，完成江南堤路园工程(三津—南站南侧)送审资料整理、审计资料预审。

【防洪设施维修与保养】 2019年，市防洪中心完成泵站大修工程及7个泵站、3个水闸的社会化服务队伍招标采购。组织试关闭防洪闸、排水闸、交通闸；维修、保养水泵机组、启闭机、厂房吊车、电动葫芦等机械设备170台次；维护试运行防洪闸门19扇次；演练试关闭交通闸17座次；检测、维护高低压配电盘306面次；检测、摇测电动机绝缘阻值136台次；维护、检测电力变压器18台次；检修各泵站照明线路，更换一批照明灯具。汛前、汛中坚持每星期对具有盘机条件的机组盘机1次；每月对机械设备试运行操作1次；检查穿堤管进出水口37处。统计邕江两岸防洪闸，建立档案。

【防洪信息化建设】 2019年，市防洪中心落实泵站自动化设施设备、视频监控设施、集水井自动抽排系统、水文遥测分析系统等检测和日常维护、防洪信息自动化服务采购。推进年度重点项目“邕江防洪排涝工程监控与调度系统升级改造暨南宁市邕江防洪排涝闸改造加固项目”，完成软件系统和硬件部分深化设计，硬件

2019年7月23日，市邕江防洪排涝工程管理中心工作人员保养应急泵站排水闸

蒋蓉提供

设备采购到位，软件部分7个系统模块进行深入开发，主体工程完工，处于调试测试阶段。

【防洪排涝】 2019年，市防洪中心出台《2019防洪预案》，结合邕宁水利枢纽提升市区邕江水位后的新常态和充分考虑老口、邕宁水利枢纽建成后的调洪作用，优化防洪组织体系，增强预案的可执行性，确保防洪工作正常运转。进行全员防洪值班4次，投入人员1378人次，出动车辆(船只)72辆(艘)次，投入运行泵站46座次、运行机组339台次、运行时间466.13小时、总抽排水量809.64万立方米，关闭防洪闸45座次、交通闸10座次、穿堤管44处次，确保市区防洪安全。

（蒋　蓉）

旧城改造

【棚户区改造】 2019年，南宁市棚户区改造开工建设9050套(含货币化安置户数)，开工率100%；基本建成1.01万套，完成任务率101%。申请发行2个批次9个项目28.20亿元棚户区改造项目专项债券。完成自治区危旧房改住房改造国家开工任务2712套，完成率100%；完成自治区新增危旧房改住房改造开工任务2435套，完成率100%。

【“三旧”改造】 2019年，南宁市完成14个旧改项目土地出让(青秀区2个、西乡塘区6个、江南区4个、兴宁区2个)，土地出让金57亿元。完成房屋征收面积40.03万平方米。完成8个旧改项目房屋征收成本核算，涉及资金16.76亿元。11月8日，市政府印发《南宁市加快推进旧城区改造工作实施办法》。（潘　欣）

【“三街两巷”核心片区当阳街片区开业】 2019年11月15日，南宁市“三街两巷”核心区一期当阳街片区正式开业，“三街两巷”核心区一期建设任务全部完成。“三街两巷”核心区一期项目是南宁市创建国家历史文化名城的重点项目，入选第三批自治区级历史文化街区，项目涉及当阳街、民族大道、民生路、兴宁路等道路围合的城市中心传统街区，总投资23亿元，分两期建设，其中当阳街片区总建筑面积2.44万平方米。（威宁集团）

市政市容管理

【概　况】 2019年，南宁市开展扬尘污染治理、“美丽南宁·整洁畅通有序大行动”“城市精细化管理年”等专项整治行动，出动环卫工人128万人次、车辆84万辆次，洒水降尘用水量517万吨，道路保洁面积7600万平方米。维修市政道路26.15万平方米、人行道路面12.06万平方米、桥梁伸缩缝4.90万米。路灯平均亮灯率99.60%，照明设施完好率96.50%。建成生活垃圾转运站3座、公厕18座，无害化填埋生活垃圾57.85万吨，焚烧处理生活垃圾79.14万吨，收运处理餐厨垃圾10.41万吨，保持城市生活垃圾无害化处理100%。南宁市智慧环卫信息管理(一期)项目基本完成软硬件搭建。主要存在市政基础设施维修养护经费投入偏低、市场化不足、市容管理边界不清、终端处理设施欠缺等问题。

【市政设施管理】 2019年，南宁市维修市政道路26.15万平方米、人行道路面12.06万平方米，疏通排水管道2.35万米，桥梁日常养护638座。完成葫芦鼎大桥(安装隔音屏130米、面积325平方米)、青竹立交桥(安装隔音屏230米、面积690平方米)、长湖立交桥(安装隔音屏448.10米、面积1464.30平方米)、永和大桥(安装隔音屏205米、面积615平方米)增设隔音降噪设施工程；完成南湖大桥病害综合整治及白沙大桥综合整治工程；使用桥梁安全监控系统实时监控跨江桥梁15座；使用桥梁健康监测系统收集桥梁主要结构和构件参数，维护桥梁安全。更换南宁市27条主要城市道路中存在安全隐患的井盖1016块。完成植物泵站配电设备更换及南环泵站电路双回路供电改造工程。安装路灯道路635千米(市管道路255条)，路灯6.65万盏，城市道路装灯率100%，路灯平均亮灯率99.61%，照明设施完好率96.50%；出动车辆2.64万辆次、工作人员7.18万人次，巡查道路7.53万条次，处理路灯故障点1.87万处，更换故障路灯1.55万盏次，维修线路故障2192处，维修故障及维护箱式变压器3250台次，清洗路灯设施2681杆次。景观亮化楼宇2000栋，其中市管楼宇505栋、城区管理楼宇1353栋，列入重点保障的楼宇1603栋；亮化公共景观亮化节点51个(含民歌湖竹排冲)，纳入城市照明自动监控系统管理的终端1813台，亮化设施46.42万套；完成邕江综合整治沿岸灯光亮化、南宁市照明监控终端升级改造、2018年道路照明设施维修改造、南湖—竹排冲亮化设施维修改造、机场高速高压线改接维修改造、2019年道路照明增亮等工程项目建设。

【环境卫生管理】 2019年，南宁市有环卫人员1.51万人，环卫专用机动车辆1062辆，大型生活垃圾无害化终端处理设施1座(南宁市平里静脉产业园)，生活垃圾中转站57座，市政环卫管理公厕242座；城市道路清扫保洁面积每月7711.49万平方米(相对固定值)，城市道路机械清扫面积每月4761.83万平方米(相对固定值)，城市道路洒水降尘面积每月28.33万平方米。

【生活垃圾分类试点与处置】 2019年，南宁市按“大分流、小分类”原则，完善垃圾分类相关法规规章，启动县级生活垃圾分类工作，实施相关企业生活垃圾强制分类，开展垃圾分类示范片区建设，开展住宅小区垃圾分类，加快生活垃圾分类收运体系和终端处理设施建设。建立党委统一领导、党政齐抓共管的工作机制，建立生活垃圾分类工作例会制度、信息报送制度，理顺市、区、街道、社区四级工作管理

2019年11月15日，南宁市“三街两巷”核心区(一期)当阳街片区建成开业。图为开业活动现场　梁枫　摄

2019 年 7 月 19 日，良庆区环卫工人对南宁大桥进行夜间清扫作业

市市政园林局提供

机制，强化督查考评，推进四级联动；编制《南宁市生活垃圾分类管理条例(草案)》，出台《南宁市 2019 年城市生活垃圾分类工作行动计划》《南宁市大件垃圾收运和处置实施方案》《南宁市易腐垃圾收运和处置实施方案》等政策文件；打造市级垃圾分类示范点，扩大示范片区范围，在城区(开发区)形成 5 个～8 个垃圾分类典型案例；在 1583 个党政机关单位、1405 所中小学幼儿园开展生活垃圾分类强制工作，覆盖居民 99.61 万户，达标 85.14%，示范社区覆盖率 84.80%；开展生活垃圾分类“四进”(进社区、进学校、进公园景区、进重点行业)活动和宣传教育，协调媒体刊发稿件、资讯 900 篇次，号召党员干部 4.72 万人次参与垃圾分类；开展主题宣传活动达 4357 场次，开展入户宣传 312 万多次；在商超农贸、物业公司、党政机关等行业开展垃圾分类培训 100 多场次。按“四分类”(厨余垃圾、可回收物、有害垃圾、其他垃圾)标准，组织上门宣传并开展桶边督导，推进收集容器的规范化改造，完成垃圾桶标识更新 1 万个；更新配置收运车辆标识，更新厨余垃圾运输车 70 辆、有害垃圾运输车 10 辆、可回收物运输车 11 辆、其他垃圾清运车 2174 辆；有小型垃圾转运站 3 座，压缩站 52 座。建成厨余垃圾就地处理点 12 个，日处理能力 120 吨；回收利用量废金属 0.87 万吨、废纸 0.80 万吨、废塑料 0.68 万吨、废钢铁 21.43 万吨，其他 0.91 万吨；收集有害垃圾 2.66 吨，对接工业源危险废物处置企业 6 家，建成有害垃圾暂存点 10 个。在住房和城乡建设部 2019 年第一、第二、第三、第四季度生活垃圾分类工作情况通报中，南宁市分别位列全国 46 个城市的第十五名、十六名、十四名、十四名。

【建筑垃圾治理试点】 2019 年，南宁市持续推进建筑垃圾资源化利用，形成政府引导、社会投资、循环利用、环境改善的建筑垃圾治理新机制。抽查建筑垃圾消纳场 75 次，检查消纳场 57 个，使用无人机拍航监测 180 次，发现超高超范围弃土等问题 58 处，下发整改通知 58 份；全市建筑垃圾资源化利用项目 26 个，年建筑垃圾资源化利用率 20%。9 月，南宁市首个建筑垃圾资源化利用设施——兴宁区二塘建筑垃圾破碎循环利用基地运营。采用“互联网 + 建筑垃圾处置运营”的模式加强部门信息沟通和信息共享，为群众、企业提供合法工地、消纳场、运输车队等审批信息，渣土运输及出售、车辆维修及司机招聘等行业信息，链接南宁市城市管理监督评价中心 12319 扬尘撒漏举报系统、交警 12123 交管服务平台查询车辆违章信息，做到“一个网站联动一个行业”。11 月 20 日至 21 日，住建部专家组到南宁市开展建筑垃圾治理试点工作调研评估，对南宁市建筑垃圾治理成果给予肯定。

【重大活动社会氛围营造】 2019 年，南宁市市政园林局在泛珠三角区域合作会议、中国－东盟博览会、中国－东盟商务与投资峰会、庆祝中华人民共和国成立 70 周年等重大活动期间，在重点道路及主要出入口设置灯杆 POP 旗(商业销售中的一种店头促销工具)、桥体广告、平面广告等，营造社会氛围。其中，8 月 26 日至 9 月 8 日，在竹溪大道、白沙大道等路段设置泛珠三角区域合作会议宣传灯杆 POP 旗 2287 杆、机场高杆广告 7 杆、立式 POP 旗 40 杆、桥体广告 2 处、平面广告 1 处 403 平方米，项目 8 月 27 日开标，9 月 2 日完成，9 月 8 日拆除；9 月 7 日至 24 日，在竹溪大道、白沙大道、机场高速、壮锦大道等路段设置中国－东盟博览会及商务与投资峰会宣传灯杆 POP 旗 2562 杆，在重点路段设置高杆广告、跨路天桥广告、平面广告 59 块，项目 9 月 2 日开标，9 月 19 日完成，9 月 24 日拆除；9 月 10 日至 10 月 25 日，在全市 23 条主要道路设置中华人民共和国成立 70 周年宣传灯杆 POP 旗 4413 杆、机场高杆广告 7 杆、桥体广告 5 处、平面广告 2413 平方米，项目 9 月 3 日开标，9 月 28 日完成，11 月 3 日拆除。组织户外 LED 电子屏业主投放庆祝中华人民共和国成立 70 周年、《中华人民共和国反间谍法》、2019 格力－环广西公路自行车世界巡回赛、《向人民承诺——电视问政》等公益广告 35 期。（易贝贝）

城市管理综合执法

【概　况】 2019 年 2 月 28 日，南宁市城市管理综合行政执法局(简称“市城管综合执法局”)挂牌成立，设办公室、政策法规科、督察科、考评科、执法监督一科、执法监督二科、队伍管理科、科技信息科、计划财务科、人事科，编制 40 名、在编 24 人，后勤服务人员控制数 4 名、在编 4 人。二层机构 2 个：南宁市城市管理综合行政执法支队，编制 195 名、在编 179 人，后勤服务人员控制数 15 名、在编 15 人；市智慧城管信息中心，编制 20 名、在编 15 人。代管南宁市城市管理监督评价中心(南宁市城市管理指挥中心)，设综合科、派遣科、呼叫科、指导协调科、考评监督科、技术科、监督员管理科，编制 48 名、在编 45 人，后勤服务人员控制数 5 名、在编 5 人。南宁市坚持和固化“大行动”机制，构建高位指挥、高位组织、高位协调、综合执法的南宁市特色城市治理机制，加强“五乱”(广告乱贴、摊点乱摆、车辆乱停、垃圾乱扔、工地乱象)专项整治，开展高铁沿线环境综合治理、邕江沿岸公园管理、朝阳广场噪音整治、城市黑臭水体整治等工作，获广西 2018 年度宜居城市综合奖、城市宜居指数位列自治区第一，入围 2019 中国青年理想城百强第 35 名，在 2019 年中欧智慧城市优秀案例评选中获评荣誉城市。主要存在城市精细化管理水平不足、执法专业化水平不高等问题。

【市容环境整治】 2019 年，南宁市加强市容环境整治，立案查处乱摆卖案件 2910 起、车辆违停案件 3.22 万起、焚烧垃圾案件 14 起、餐厨垃圾案件 12 起、围挡乱象案件 296 起、户外广告案件 134 起、园林绿化类案件 17 起。规范共享单车管理，先后约谈擅自违规投放“哈罗”“青桔”共享单车的企业4次，组织开展集中整治共享单车行动，出动执法人员18.74万人次、执法车4.02万辆次，整治共享单车51.61万辆，处罚金额12.93万元。

【重大活动市容保障】 2019年，南宁市做好重大活动市容保障工作，发现施工乱象、路面污染、“五乱”、市政设施破损、物料乱堆放、卫生死角等问题240余起，发出督办函30份，督促、指导属地城区（开发区）、责任单位按时间节点整改问题，并跟踪落实整改情况，确保活动沿线及重要场所周边市容环境，完成“中国杯”国际足球锦标赛、第16届中国－东盟博览会和中国－东盟商务与投资峰会、环广西公路自行车世界巡回赛及中华人民共和国成立70周年等重大活动的市容保障工作。

【高铁沿线环境及安全隐患综合治理】 2019年，南宁市印发《南宁市高速铁路沿线环境及安全隐患集中整治大会战实施方案》，组织属地部门针对铁路部门排查的《南宁市高铁环境问题排查整治总情况表》开展集中整治，完成自治区挂号的559处隐患点的整治和销号任务（红线内156个、安保区内135个、安保区外268个），实现红线内影响铁路运输安全的隐患全部清零，实现自治区提出的12月20日前全面完成高铁用地红线范围内的外部环境安全隐患清理整治目标。

【朝阳广场噪音整治】 2019年，南宁市整合各部门的执法力量，开展朝阳广场噪音集中整治行动，对从事经营性行为的歌摊、乐器摊进行清退，杜绝大噪音大分贝音响进入广场。开展联合整治26次，劝导噪音扰民行为290余次，清理歌摊30余摊，广场舞团体从10余个减少至2个～3个。

【智慧化城市管理】 2019年，南宁市加快智慧化城市管理建设。完成“慧眼”系统一期竣工验收，在系统建设上持续加强扬尘源头全过程可视化监控，通过即时督促整改、实地巡查等方式，提高源头监控点在线率，在平台运用提升上梳理需求清单，加强与市大数据发展局对接，完善各部门信息数据资源接入和共享；强化数据分析，细化扬尘视频案件类型，将扬尘相关案件均纳入到市“大行动”考评，加强结果应用。加快市、县数字城管平台建设，优化案件流转、处置流程、制度建设。

【“美丽南宁·整洁畅通有序大行动”开展】 2019年，市“大行动”办组织召开城市治理方面专题会、现场会86场次，协调城区（开发区）、市直各有关部门97次，推动大气污染防控、高铁沿线环境及安全隐患集中整治大会战、朝阳广场噪音治理、黑臭水体治理等热点难点问题的解决。持续强化考评结果运用和奖惩激励，倒逼城市治理工作落实落细。修订“大行动”考评细则，结合机构改革有关情况，优化城区工作和行业主管的连带扣分体系、量化考评指标。立案城市管理问题51.62万件，通过城市管理问题派遣、处置督办及协调整改等方式，推动问题整改。开展专项督查，督促城区（开发区）及相关部门、单位加强管理，快速发现、处理存在问题，全年日常督查检查发现和督办问题1.06万处，整改1.01万处，整改完成率95%。

2019年2月1日，市城市管理监督评价中心组织召开东葛路线缆问题现场协调会

易多发 摄

【“两违”整治】 2019年，南宁市按照住建部“五年行动计划”的部署安排，落实网格责任，加强巡查，快查快处遏制“两违”（违法用地、违法建设）行为，持续推进专项整治，清理、拆除“两违”建筑7550处（栋），拆除违法建设面积429.98万平方米，清理违法用地面积444.65万平方米，完成年度任务131.90%。

（市城管综合执法局）

【城市管理监督评价】 2019年，南宁市城市管理监督评价中心（简称“市城管监督评价中心”）完善及推进数字城管系统运行，考评城区（开发区）、市直部门及市属重点平台公司12次，受理“美丽南宁·整洁畅通有序大行动”暨扬尘污染治理专项考评数据73.28万条（含关联数据），审核申诉数据7.40万条，参与申诉仲裁陈述12次。受理数字城管案件51.62万起，比上年减少3.43%；立案40.55万起，减少6.56%。接收立案派遣处理案件38.38万起。发出督办函850份。协调解决责任不清案件720起，召开现场协调会13次。“12319”城市管理监督热线接到市民来电4.63万个，受理立案1.68万起。主要存在数字城管部件权属信息有待完善，考评基础数据更新及时性需要加强，监督员巡查工作网格需要优化，数字城管及“12319”服务热线公众认知度不高等问题。 （市城管监督评价中心）

【案例选介】 2019年，市城管综合执法局受理未取得施工许可证擅自施工案、房屋建筑使用者在装修过程中擅自变动房屋建筑主体和承重结构案等案件。

未取得施工许可证擅自施工案 2018年9月21日，市城管综合执法局收到南宁市城乡建设委员会移交案件线索函，江苏某建筑集团股份有限公司负责施工的恒大绿洲3#—5#楼及地下室工程未取得施工许可证，自2018年4月10日至5月29日擅自施工，经调查情况属实。2019年1月15日，市城管综合执法局对江苏某建筑集团股份有限公司作出处罚决定，处以罚款1万元，对项目负责人处以罚款650元。

房屋建筑使用者在装修过程中擅自变动房屋建筑主体和承重结构案 2019年4月22日，市城管综合执法局收到融创物业管理有限公司南宁分公司投诉，称南宁市西乡塘区永和路17号瀚林锦城1栋207号商铺的业主周某某在装修207号商铺过程中违规打穿楼板，影响建筑结构和使用安全，经调查情况属实。7月9日，市城管综合执法局对周某某作出处罚决定，处以罚款5万元。

（市城管综合执法局）

编辑 姚宗秀 李 康

教　育

综　述

【概　况】 2019年，南宁市委组建市委教育工作委员会，作为市委派出机构，与南宁市教育局（简称"市教育局"）合署办公；组建市委教育工作领导小组，作为市委议事协调机构。根据《中共南宁市委办公室　南宁市人民政府办公室关于印发〈中共南宁市委教育工作委员会　南宁市教育局职能配置、内设机构和人员编制规定〉的通知》，中共南宁市委教育工作委员会、市教育局设立办公室、教育工委组织部、教育工委宣传部、政策法规科、招生考试科、人事科（教师工作科）、计划财务基建科、基础教育科（市语言文字工作委员会办公室）、职业教育与成人教育科、体育卫生与艺术教育科、学校安全稳定工作科、市人民政府教育督导委员会办公室、市委教育工作领导小组办公室秘书科；编制52名，在编48人。有直属二层机构8个：南宁市招生考试院、南宁市教育科学研究所、南宁市现代教育技术中心、南宁市职业教育中心、南宁市中小学校外教育活动中心、南宁市中小学卫生保健中心、南宁市教师培训中心、南宁市学生资助管理办公室（南宁市教育基金会）；编制168名，在编152人。全市有幼儿园、中小学、中等职业学校3290所，在校生160.41万人，专任教师8.88万人。其中，幼儿园1804所，在园幼儿32.56万人，专任教师1.62万人；小学1106所，在校生73.09万人，专任教师4万人；初中263所，在校生29.97万人，专任教师2.03万人；普通高中79所，在校生15.17万人，专任教师9767人；中等职业技术学校28所，在校生9.47万人，专任教师2259人；特殊教育学校10所，在校生0.14万人，专任教师303人。师生比例：幼儿园4.98%，小学5.48%，普通初中6.76%，普通高中6.44%，中等职业学校2.39%（不含非全日制学生）。少数民族在校生比例：幼儿园53.01%，小学55.85%，普通初中57.84%，普通高中54.58%，特殊教育52.13%。学前教育三年毛入园率96.83%、九年义务教育巩固率97.50%、高中阶段毛入学率95.90%。11月1日，南宁市励志专门学校正式招生，是自治区第一所公办专门学校，主要职责是对有严重不良行为的未成年人开展教育矫治，第一批学员共招生40人。主要存在教育发展仍不够均衡，全市公办幼儿园紧缺、个别区县依然存在"大额班"现象等问题。

【教育经费投入】 2019年，南宁市教育经费总收入193.19亿元，比上年增加21.79亿元，增长12.72%。其中，公共财政预算教育经费162.95亿元、增加20.09亿元、增长14.06%。教育经费总支出198.14亿元，增加24.46亿元，增长14.25%。国家、自治区下达城乡义务教育阶段专项补助资金8.78亿元；全市义务教育阶段学校学生享受"两免一补"（免学杂费、免教科书费、补助寄宿生生活费）国家免除学杂费政策，96.85万名城乡义务教育阶段学生享受国家免除学杂费政策和免费教科书，核拨义务教育生均免杂公用经费7.52亿元。市本级预算内生均学生公用经费定额：幼儿园每生每年500元，小学每生每年360元，初中每生每年400元，高中每生每年500元，中等职业学校每生每年600元。

【教育政策研究与安全法治建设】 2019年，南宁市发布《南宁教育现代化2035》，印发《南宁加快推进教育现代化实施方案（2018—2022年）》规划文件，明确未来15年首府教育中长期发展目标、近期

2019年3月，市教育局在市第十七中学创新开展校园及周边立体化动态管控校警联动体系建设试点　　市教育局提供

5年的教育改革方向。市政府出台《南宁市关于学前教育深化改革规范发展的实施意见》《南宁市职业教育改革实施方案》《南宁市深化产教融合实施方案》，市教育局出台《南宁市推进落实教育信息化2.0行动计划实施方案》，形成综合配套的教育改革制度体系。《南宁市中小学校幼儿园用地保护条例》7月1日起施行。组织参加自治区第四届全国学生“学宪法 讲宪法”法治演讲比赛，市南湖小学梁莫涵彬、市第三中学宫赫获演讲比赛一等奖，市第四中学黄茗月、广西机电工程学校黄嘉华获三等奖。全市中小学法治教师(辅导员)900人参加《广西壮族自治区〈青少年法治教育大纲〉实施办法》宣讲会培训。评选2019年中小学法治教育市级优秀教案一等奖7个、二等奖14个、三等奖28个。市检察院、市教育局在市仙葫学校举办“法治进校园”全市巡讲团巡讲活动启动仪式，利用开学第一课、宪法宣传日等开展“法治进校园”巡讲活动。市中级人民法院、市教育局在广西电视台录制“法律同行 助力梦想”走进校园大型法治宣传教育活动。市教育局、市公安局联合开展2019年“护校安园”行动，警校联动净化校园周边环境，将周边治安复杂重点管控学校纳入网格化重点巡逻巡查。组织开展“全国中小学生安全教育月”“安全生产月”及“5·12”防灾减灾日等安全教育活动，加强中小学开展防溺水“八个一”安全宣传教育活动，组织全市学校安全防范综合应急示范演练观摩活动2次。市教育局代表队在2019年自治区中小学生禁毒知识竞赛中获三等奖。

【促进教育公平】 2019年，市教育局下达春、秋学期营养改善计划专项资金3.26亿元，惠及横县、宾阳县、上林县、马山县、隆安县及武鸣区农村义务教育学校(含教学点)1403所、学生44.07万人。建成投入使用市第一中学五象校区、青秀区第一初级中学、良庆区金龙小学、隆安县第五小学等35所公办中小学校，新增学位5.77万个；建成市教育局直属第一幼儿园、西乡塘区兴贤幼儿园、邕宁区蒲庙镇中心幼儿园、上林县明澄幼儿园等20所幼儿园，新增学位8640个。投入资金27.57亿元推进“全面改薄”(全面改善贫困地区义务教育薄弱学校基本办学条件)项目，开工2499个，竣工2467个、竣工率98.7%。投入助学资金(含奖学金、贷学金)8.94亿元，受惠学生75.58万人次，其中资助建档立卡贫困户学生30.50万人次，发放、拨付建档立卡贫困户学生免、助、奖学金2.29亿元。受资助学生3名参加自治区“感恩祖国·助学筑梦·励志成长”主题演讲比赛分别获高中组一等奖、中职组二等奖。发放《致毕业生家长一封信》《求学·助学助考手册》等资助政策宣传资料21.10万份。研发推行“南宁市学生资助信息管理平台——大数据比对功能”，将教育系统学籍、扶贫、民政、工会等部门数据整合，形成完整应用体系。市区29所义务教育阶段学校与区县35所学校结成帮扶对子，市级直属学校14所与县级普通高中19所结成帮扶对子。投入255万元推进学校“明厨亮灶”为民办实事项目，完成公办学校100%、民办学校80%的“明厨亮灶”建设任务。马山县、上林县、隆安县32个乡镇公办中心幼儿园覆盖率100%。选派教师57人到马山县、上林县、隆安县开展支教。在马山县、上林县、隆安县、邕宁区举办青壮年普通话培训班，培训460人。劝返辍学人员1297人(含复辍)，其中建档立卡户子女249人。广东省茂名市派出教师138人次到隆安县、马山县、上林县支教，南宁市选派教师282人次到茂名市跟岗、考察学习，两市开展教研交流、互访20余次，参与活动教师超600人次，两市26所学校结成结对帮扶学校。广东省、茂名市投入财政资金5981.05万元，用于上林、马山、隆安3县的教育项目。

【教师队伍建设】 2019年，南宁市中小学教师公开招聘1883个岗位、招聘2702人，其中区县设免笔试岗位136个、招聘149人。市本级投入1886.90万元提高高三教师绩效增量。市本级拨付专项资金373.32万元落实乡村教师支持计划，受益教师6222人。2018—2019学年南宁市支教考核期满286人，走教考核期满307人。全年培训中小学校长、管理干部144人。全市校级领导398人、专任教师4091人参与交流轮岗，其中骨干教师1730人。全市中小学教师系列正高级教师评审通过20人、副高级教师3919人、一级教师1915人、二级教师1431人、三级教师15人；中等职业学校教师系列正高级讲师评审通过2人；中小学实验系列高级实验师评审通过2人、实验师19人、助理实验师9人。全市获评全国模范教师2人、全国优秀教师2人、自治区特级教师26人、自治区优秀教师22人、自治区优秀教育工作者6人、广西教学名师11人。新成立特级教师工作室7个、南宁市中小学名师工作室5个。市级评选表扬优秀教师300人、优秀班主任250人、优秀教师工作者50人，确定教坛明星领航工程培养对象89人，教学骨干育秀工程培养对象200人。市教育局印发《南宁市教坛明星学科带头人教学骨干选拔管理办法》《南宁市特级教师工作室考核实施方案》，完善健全教师培养新机制。选派中小学教师12人参加“国培计划”(国家级培训计划)示范性项目，778名教师参加“国培计划”自治区统筹项目，投入经费996.34万元组织教师3564人参加市统筹项目。分学科分组对12个区县24所帮扶学校开展“南宁名师走进乡村学校”帮扶送教送培活动，培训教师1.27万人次。投入教师培训经费1756.63万元，安排“乡村教师春雨工程”“南宁市新教师培训”等项目16个。推进“南宁市教师网络研修社区”项目，助力青年教师1600人通过网络研修、主题性听评课等活动提升教学水平。南宁市教师在自治区2019年师德师风演讲比赛中获一等奖1人、二等奖1人、三等奖2人。教师获全国小学英语教师教学基本功大赛、小学语文教师素养大赛广西赛区选拔赛一等奖4个、二等奖4个，2019年自治区中小学、幼儿园教师教学技能大赛一等奖4个、二等奖1个、三等奖2个，2019年自治区幼儿园教师风采大赛团队一等奖2个、二等奖2个、三等奖5个、单项奖6个。

【学生综合素质提升】 2019年，南宁市有幼儿园10所、中小学校12所入选全国“足球特色幼儿园”、全国青少年校园“足球特色学校”。组织8.60万名考生参加2019年学业水平体育与健康测试。组织2803名中小学生参加全国学生体质与健康调研及国家学生体质健康标准抽查复核、调研和学生民族状况调查。组织学生参加全国象棋特色学校比赛，获一等奖2个、二等奖1个；参加全国啦啦操大赛，获冠军15个、亚军6个、季军4个、最佳服饰奖1个、最具人气奖1个。举办庆祝中华人民共和国成立70周年暨南宁市第二十一届中小学艺术节，举办第十八届教育系统迎春艺术作品展暨首届师生艺术实践工作坊展，开展“童心向党·我和祖国共成长”文艺会演。南宁市参加第六届全国中小学生艺术展演获优秀组织奖4个、一等奖5个、二等奖5个、三等奖1个。良庆区南晓镇中心学校等5所学校获评“全国中华优秀文化艺术传承学校”。南宁市第九中学代表南宁市参加广西第一届中学生合唱节展演获一等奖第一名。南宁市第二十九中学参加全国班级合唱比赛获二等奖。南宁市第三中学、南宁市第十四中学获第三届广西青少年学生“爱我国防”主题演讲大赛二等奖。组织代表队参加2019年广西中小学电脑机器人竞赛，获一等奖5个、二等奖2个、三等奖3个；获第18届广西青少年机器人竞赛暨东盟国家青少年机器人邀请赛冠军6个；获2019年世界机器人大赛全球总决赛一等奖1个、二等奖3个，VEX-IQ项目技能赛亚军、最佳风采奖；获2019第十届亚洲青少年机器人锦标赛 VEX-IQ 项目技能赛冠军、亚军。

【教育督导】 2019 年,南宁市开展市、区县政府履行教育职责评价,实地核查 15 个区县(开发区),抽查学校(含幼儿园)51 所,发放调查问卷 1.26 万份。江南区等 7 个区县通过市级高中阶段教育评估验收,南宁市提前一年通过自治区评估验收。组织 12 个区县开展通过县域义务教育均衡发展水平国家评估认定后的“回头看”整改。编印南宁市中小学(幼儿园)责任督学工作手册,规范责任督学每月入校督导各环节。课题《教育督导助推教育教学改革评价的实践研究》获广西基础教育教学改革质量提升项目立项。兴宁区完成 2019 年国家义务教育质量监测。开展学生欺凌综合治理落实情况调查、幼儿园“小学化”专项治理情况督查、义务教育学区制管理改革评估、高中学业水平考试交叉巡考等专项督导检查。查处涉及教育乱收费信访件 60 起,办结 60 件。

【语言文字工作】 2019 年,南宁市组织中小学生 360 人参加 2019 年全国经典诵写讲大赛,五象第二实验小学罗艺获三等奖。市第二十六中学参加全国第三届“人教杯”经典诵读大赛获中学组一等奖。开展南宁市校园中华经典诵读比赛,评出一等奖 10 个、二等奖 22 个、三等奖 31 个、优秀奖 58 个,优秀指导教师 73 人,优秀组织奖 22 个;自治区经典诵读总决赛获一等奖 2 人、二等奖 4 人、三等奖 3 人。通过网络现场直播 2019 年南宁市中小学生汉字听写大赛,超 250 万人观看,横县民族中学、市民主路小学分别获初中组、小学组一等奖;横县民族中学获广西汉字听写大赛二等奖。开展第 22 届全国推广普通话宣传周宣传活动,印发资料 5000 份。到邕宁区那楼镇举办“普通话+技能”培训班,贫困人员 120 人参加培训。开展“送教下乡”“手拉手学习普通话”推普课堂,印发学习手册 7373 册,培训学前教育教师 4510 人。全年推普脱贫送测总量 1.89 万人次,培训教师、基层干部 1150 人。组织参加国家、自治区、南宁市举办的语言文字工作中小学骨干校长、教师培训 360 人。完成对上林县、武鸣区的语言文字工作市级督导评估。完成横县、宾阳县、马山县、上林县、隆安县、武鸣区等区县的普通话普及情况调查。

【教育科研】 2019 年,南宁市开展首届南宁市基础教育教学成果等次评定,评出特等 3 个、一等 18 个、二等 44 个、三等 37 个。全市在广西基础教育教学改革质量提升项目中获立项 65 项。获自治区教育科学“十三五”规划课题立项重大决策课题 1 项、A 类重点课题 8 项、B 类重点课题 18 项、C 类一般课题 17 项。2019 年度广西职业教育教学改革研究项目南宁市获重点项目立项 5 项,一般项目立项 28 项。组织开展南宁市中小学第十一届、幼儿园第十届心理辅导课评比暨心理健康教育教师专项技能评比活动,评出一等奖 17 节、二等奖 41 节、三等奖 43 节。南宁沛鸿民族中学、南宁外国语学校获评自治区心理健康教育特色学校,市滨湖路小学等 10 所学校申报的心理健康教育特色活动获评自治区心理健康教育特色活动。市第十四中学等 10 个单位申报的家庭教育案例获评自治区优秀家庭教育案例。实施《南宁市普通中学提升教育教学质量指导意见(试行)》,举办高中学科核心素养评价技术高级研修班,编印《2019 届普通高中毕业班学科备考工作计划暨近 5 年高考试题分析》。组织参加南宁市“一师一优课、一课一名师”活动。年内,全市晒课数 7089 节,获部优数 118 节、省优数 259 节、市优数 466 节,三项数据居自治区首位。完成“广西初中课程资源库建设”“广西基础教育课程资源库建设”任务。市中小学体育学科获中国教育学会主办的全国学科教学现场展示 1 节(市第十九中学韦莉娟)和网络平台在线展示 7 节课的优异成绩。《基于高中音乐模块教学的创新教研模式研究》获由教育部举办的第六届中小学生艺术展演优秀创新案例一等奖,入选第二届中国音乐教育大会宣读活动。参加广西优质课比赛音乐教师 4 人,获 等奖 3 人、二等奖 1 人,参加广西首届普通高中优质课比赛美术教师 5 人,获一等奖 3 人、二等奖 1 人、三等奖 1 人。

【教育信息化建设】 2019 年,南宁市已接入互联网的学校(不含教学点)1413 所,接入率 100%。实现多媒体教室全覆盖学校 1331 所,占全市中小学校总数 95.62%,全市 100% 实现数字教育资源全覆盖教学点 776 个。投入 2340 万元为区县装备自动化录播教室 48 间、移动录播教室 27 间,为区县 35 所学校教室实施灯光改造工程 800 间。南宁市试点将多媒体教室升级为可以互动的在线课堂教室,采取一对一、一拖二、一拖三的教学帮扶模式,探索解决欠发达地区学校课程“开不齐、开不足、开不好”问题及城乡优秀师资不足、配置不均衡等问题。市教育云平台正式启用,实现教育信息基础设施和信息资源共建与互联,实现管理数据和教学资源互通与共享。建设校园“一卡通”,探索中小学“走班制”教学管理办法,建设智慧校园试点学校。确定智慧安防示范校建设,启动智慧校园试点 9 所。投入 900 万元完成市第四十二中学等 10 所学校安防监控系统的升级改造。投入经费 25 万元开发南宁市学校传染病防控信息管理系统。组织参加 2019 年自治区中小学息技术与学科教学深度融合优质课观摩展示活动,获一等奖 11 节、二等奖 4 节、三等奖 1 节,获奖率 100%。

【教育交流与合作】 2019 年,南宁市组织教育管理干部 6 人赴中国香港、英国学习教育信息化理念,组织 6 人赴芬兰、瑞典学习推进教育现代化经验和做法、基础教育管理体制改革等方面的经验,组织 3 人赴瑞士学习职业教育经验。市第四职业技术学校主办广西现代职业教育“高质量发展”国际交流论坛,邀请德国、英国职业教育专家参加。市第四职业技术

2019 年 10 月,南宁市代表队参加第十届亚洲青少年机器人锦标赛,获 VEX-IQ 项目技能赛冠军、亚军。图为南宁市获奖队伍合影　　市教育局提供

学校、市第六职业技术学校分别接待澳大利亚班达伯格艺术团、泰国班颂德皇家师范大学代表团、英国韦克菲尔德学院校董和西约克郡韦克菲尔德市议员一行到校开展考察交流。南宁市接待意大利克雷马市卢卡国立高中代表团、澳大利亚班达伯格市圣卢克学校校长代表团等来访团体;市天桃实验学校银杉校区山歌陶笛队赴奥地利维也纳参加“一带一路”艺术节获最高等级A级。

【招生考试】 2019年,南宁市教育局印发《关于规范2019年直属民办初中学校招生工作的通知》。全市招收小学一年级新生14.69万人,初中一年级新生10.53万人,义务教育免试就近入学比例100%。全市义务教育学校接收随迁子女入学15.30万人,接收总数约占自治区三分之一。对市区5.60万名初中新生(本市户籍学生4.50万人、进城务工人员随迁子女1.10万人)提交的信息数据进行大数据分析,免试就近分配适龄学生入学。全市8.59万人参加中考,其中市区有4.31万人参加中考和高中阶段录取。全市(含各县)普通高中实际招生5.50万人,完成自治区普通高中招生任务比例111%。完善异地升学考试政策,保障符合条件的随迁子女在南宁市顺利参加中考、高考。全市各级各类考试接受考生报考30多万人次。其中,报名参加全国普通高考人数8.48万人,参加普通高考统考人数4.98万人;成人高考报名总人数2.16万人,成人高考报考高中起点升本科人数850人,高中起点升专科人数9293人,专科起点升本科人数1.14万人;报名参加中考总人数8.59万人;报考高等教育自学考试1.03万人,报考科目2.45万科。6月,高中学业水平考试报考24.01万科;12月,高中学业水平考试报考25.33万科;2020年硕士研究生招生考试,3313人报考。报考广西中小学教师公开招聘考试笔试总人数1.82万人。3月,报考全国中小学教师资格考试笔试总人数9380人;11月,报考1.30万人。

【社区教育】 2019年,南宁市15个区县(开发区)全部启动社区教育,开展社区教育活动8545次,参加居民70.27万人次。举办2019年全民终身学习活动周,举办公益培训活动项目330多个、500余期,培训2万余人,宣传发动居民近10万人次。组织参加第五届“NERC杯全国社区教育优秀微课程评选活动”,作品获奖2个。完成广西职业教育教学改革重大招标课题《社区教育理论与实践研究》、中共南宁市委教育工作委员会重点调研课题《社区教育融入社会治理的情况》课题研究。南宁市文学社区教育基地“绿城公益文学讲堂”、南宁市社区教育学院“幸福摄影系列课程”获评2019年全国“终身学习品牌项目”,青秀区刘锦尧、邕宁区张增补获评2019年度全国“百姓学习之星”;南宁市第一职业技术学校“美妆学堂”、江南区江南街道新锦社区“七彩学堂”等5个活动项目获评2019年广西“终身学习品牌项目”,市社区教育学院学员冯诗斌、朱江红、陈琦3人获评2019年广西“百姓学习之星”;邕宁区蒲庙镇“红星学堂”、良庆区“阳光青少年足球训练营”获评2019年度“市级终身学习品牌项目”。年内,青秀区社区教育实验区活动服务15.95万人次,乡镇(街道)、社区开展培训项目;青秀区“和谐之家”家长学校公益培训,惠及家长3.50万人次;开展“南湖动·静”社区教育成果系列展演活动,收到作品800余个;西乡塘区开展培训学习756次,培训5.07万人次。

【民办教育】 2019年,南宁市有民办学校1785所(幼儿园1636所、小学50所、初中63所、高中22所、中等职业学校14所)。全市民办学校有学生40.95万人、专任教师2.03万人。4月,市政府印发《南宁市关于鼓励社会力量兴办教育促进民办教育健康发展实施方案》,完善民办教育保障政策。开展民办学校年度检查,完善民办学校年度检查制度。开展民办学校规范办学防范化解风险问题专项调研,对民办学校党建工作、招生和学籍管理、收费管理等内容开展重点督查,促进民办教育规范健康发展。下达“民办中等职业学校奖补资金”300万元。

【校外培训】 2019年,南宁市有校外培训机构1140所。校外培训机构治理工作纳入自治区和南宁市“不忘初心、牢记使命”主题教育专项整治解民忧十件实事。南宁市多次开展校外培训机构专项督查,指导各区县开展校外培训机构专项治理及“回头看”活动,公布校外培训机构黑白名单,加强校外培训机构服务平台使用管理。教育、市场监督、公安、民政、住建、消防等部门开展联合执法,重点整治校外培训机构重大安全隐患、中小学在职教师在校外培训机构违规兼职行为、证照不全、违规办学、超前超标培训、培训结果与学校招生入学挂钩、收费不规范、招生简章和广告虚假宣传等问题。全市开展校外培训机构联合执法检查55次,日常巡查126次,摸排校外培训机构1140所(学科类校外培训机构484所),发现存在问题机构221家,完成整改198家,学科类校外培训机构办学行为合格率95%。

基础教育

【学前教育】 2019年,南宁市有多元普惠幼儿园681所(新增118所),市本级下达2019年多元普惠幼儿园生均补助经费6979.84万元。移交教育行政部门的住宅小区配套幼儿园24所(累计45所)。通过市级示范幼儿园验收评估幼儿园7所,通过市级示范幼儿园复查评估幼儿园21所。全市有自治区级示范性幼儿园62所,市级示范性幼儿园173所。承办自治区2019年“科学做好入学准备”学前教育宣传月启动仪式,在全市范围内开展幼儿园“小学化”专项治理,防止和纠正“小学化”倾向。学前教育三年毛入园率96.83%,普惠性幼儿园覆盖率76%。

【义务教育】 2019年,南宁市印发《南宁市人民政府教育督导委员会办公室关于开展义务教育学区制管理改革评估工作的通知》,对全市192个学区开展改革评估。落实消除义务教育学校大班额、大通铺专项规划,全市基本消除66人以上超大班额,56人及以上大班额比例控制在5%以内。贯彻落实《南宁市人民政府关于做好中小学生校内课后服务工作的实施意见》,在13个区县(开发区)273所义务教育阶段学校试点开展校内课后服务,服务范围涵盖午托、科学普及教育、体育艺术活动、民族民俗文化等课后兴趣课程,惠及14.86万学生。

【普通高中教育】 2019年,南宁市建成自治区示范性普通高中25所、自治区特色高中2所。南宁市第四中学获评自治区示范性普通高中立项建设学校,上林县城关中学获评自治区一星级特色普通高中。2019年高考,南宁市获广西理科总分、高考体育总分、高考艺术类总分三个第一名,获自治区单科第一名48人次,全市一本上线人数8645人,本科以上上线人数3.04万人,高职高专上线人数4.33万人。南宁市高中阶段教育提前1年通过自治区评估验收,成为广西首个实现普及高中阶段教育的设区市,普及高中阶段工作经验获评教育部基础教育典型案例。

【特殊教育】 2019年,南宁市配合教育部在南宁市开展《残疾人教育条例》立法后实施情况评估调研。组织教师142人到深圳市、厦门市参加特殊教育专题培训。组织南宁市特殊教育课堂教学比赛,评出一等奖4人、二等奖8人、三等奖12人、优秀组织奖17名。推荐教师7人参加广西特殊教育课堂教学比赛活动,获一等奖 1 人、二等奖 2 人、三等奖 2 人,获奖率 71.4%。组织特殊教育工作专项培训、送教下乡活动,参训教师约 700 人。在市特殊教育学校、市培智学校、市孤残儿童特殊教育学校分别成立特殊教育资源中心。15 个区县(开发区)分别成立残疾人教育专家委员会。

【民族教育】 2019 年,南宁市有 9 所学校被确定为自治区第二批民族文化教育示范学校立项建设单位。组织全市中小学校开展“壮族三月三·八桂嘉年华”文化旅游消费品牌活动。有 8 所学校 43 名学生在第三届自治区小学生壮语标准语才艺表演赛中获一等奖 5 人、二等奖 18 人、三等奖 20 人。接待中国台湾地区、云南省等参访团到市沛鸿民族中学、市新兴民族学校、武鸣区民族中学和庆乐小学等学校开展少数民族教育调研。

【中小学德育教育】 2019 年,南宁市中小学校开展爱国主义教育活动、缅怀革命先烈活动、红色教育研学旅行活动、“扣好人生第一粒扣子”等系列活动。市教育局制定《南宁市加强中小学生心理健康教育工作实施方案》,组织 2019 年南宁市家庭教育主题活动、“5·25”心理健康文化节活动、南宁市第十三个心理健康教育月活动。组织编写中小学幼儿园垃圾分类知识读本,免费发放。联合主办“‘邕’有垃圾分类‘城’就美丽南宁”垃圾分类进校园活动,举办中小学生活垃圾分类工作推进会暨工作成果展示会。开展中小学携带智能手机进校园管理工作调研活动。开展“爱邕江·爱南宁”保护母亲河志愿活动。154 所学校入选第二批南宁市文明校园。印发《南宁市教育局关于推进德育品牌学校创建的实施方案(试行)》,推进德育系统化、课程化。

中等职业教育

【概 况】 2019 年,南宁市有自治区级以上示范职业学校 13 所,其中国家中等职业教育改革发展示范学校 5 所(市第一职业技术学校、市卫生学校、市第六职业技术学校、市第四职业技术学校、横县职业教育中心),广西中等职业教育示范特色学校 8 所。全市中等职业学校设专业大类 18 个、专业 84 个。中职毕业生就业率 97.47%。南宁市成立商贸旅游、电气技术、信息技术、交通运输、文化艺术体育、加工制造 6 大职业教育专业集团,集聚市内外中高职院校及本科院校 79 所、政府部门 12 个、行业协会 17 个、科研机构 11 个、企业 110 家,探索“冠名班”“订单班”等人才培养模式。南宁市被评为广西首批“职业教育改革成效明显市”,获自治区财政奖励 1000 万元。

【技能比赛】 2019 年,南宁市代表队在 2019 年全国职业院校技能大赛中获一等奖 1 个、二等奖 4 个、三等奖 8 个。在 2019 年广西职业院校技能大赛中,南宁市获一等奖 46 个、二等奖 79 个、三等奖 68 个,获奖成绩连续 9 年保持自治区首位。举办全市中职学校学生技能大赛,28 所中职学校 2528 名学生参赛,评出一等奖 131 个、二等奖 345 个、三等奖 493 个。举办全市中职学校教师专业技能基本功比赛,设置 13 个专业类别的 23 个比赛项目,来自 22 所市属职校、12 所驻邕区直中专的 630 名教师参赛。举办全市中职学校文化课教师教学技能比赛,设置 6 个学科比赛项目,来自 15 所市属职校、8 所驻邕区直中专的 141 名教师参赛。举办秋季学期全市中职学校专业技能教学观摩交流研讨活动 3 场,近 180 人参加。

【招生与就业】 2019 年,南宁市中等职业学校完成全日制招生 3.02 万人,完成率 126%;完成非全日制招生 9694 人,完成率 108%;中职送生 3.11 万人,完成率 111%。全市中等职业学校毕业生 1.85 万人,就业学生 1.81 万人(直接就业 8661 人、直接升学 9415 人),就业率 97.47%,比上年提升 0.87%。就业分布最多在第三产业,其次是第二产业;就业专业人数多的专业类别依次为交通运输类、旅游服务类、财经商贸类、医药卫生类、信息技术类、教育类、加工制造类。直接就业学生中对口就业 4077 人,对口就业率 47.30%,直接就业学生平均起薪 2579 元。升入高职、本科院校毕业生 9415 人,占毕业生总数 51%,比上年多 4699 人。

【校企合作】 2019 年,市第一职业技术学校、市第四职业技术学校、市第六职业技术学校入选自治区现代学徒制试点单位,推进学徒制培养,探索建立校企联合招生、联合培养、双主体育人长效机制。开展年度中职学校教学诊改工作市级全覆盖复核,19 所学校通过,5 所学校待改进;举办诊改信息化建设成果展示,将样本校项目展示交流活动向县级职校、民办职校延伸,整体推进中职学校教学诊改工作。 (叶 康 王红杏)

2019 年 3 月,南宁市第六职业技术学校学生参加 2019 年广西职业院校技能大赛模特表演——礼仪技能团体表演赛获一等奖。图为参赛队员合影 市教育局提供

高等教育

南宁学院

【概 况】 南宁学院是南宁市人民政府、中国国民党革命委员会广西壮族自治区委员会合作共办的国有民办本科高校,是国家应用技术大学试点高校,首批广西新建本科学校转型发展试点学校,自治区首批深化创新创业教育改革示范高校,全国非营利性民办高等学校联盟盟员,经教育部批准可向中国港澳台地区招收本科生。位于市龙亭路 8 号,占地 75.21 万平方米,建筑面积 43.02 万平方米,其中教学行政用房 23.09 万平方米。2019 年,学院有教职工 860 人(专任教师 512 人、外聘教师 348 人),专任教师具有副高级及以上职称 209 人,占专任教师 40.80%;硕士研究生及以上学历 319 人,占 62.30%;“双师双能型”(有较高的教育教学水平和较

强的专业操作示范技能，具备教师专业技术服务资格证书和相应职业资格证书或技术等级资格证书的复合型专业人才）教师175人，占专任教师33.91%。在全国15个省（自治区）录取新生4174人，其中本科3600人，预科36人，专科1262人。全日制在校生1.43万人，其中本科生1.24万人。2019届毕业生总数3780人，毕业生初次就业率94.43%，其中本科就业率94.46%。教学科研仪器设备总值1.67亿元，有智能交通实验室、VBSE跨专业综合实训室等实验实训室196个，校外实习基地120个，馆藏纸质图书130.86万册。学院设党群机构8个（党委办公室、党委组织部、党委宣传部、党委统战部、党委学工部、纪检监察室、工会、团委），教学与教辅机构14个（机电与质量技术工程学院、土木与建筑工程学院、交通学院、信息工程学院、管理学院、艺术设计学院、会计与审计学院、高博软件学院、马克思主义学院、通识教育学院、创新创业学院、继续教育学院、网络信息中心、图书馆），行政机构12个［学校办公室、人事处、教务处、学生工作处、财务处、后勤基建处、产学研处、发展规划处、质量评估办公室、招生就业办公室、审计处、国际交流处（港澳台事务办公室）］。学院获批为自治区级首批深化创新创业教育改革示范高校；被评为广西普通高校毕业生就业创业工作先进集体。组织开展2019暑期"三下乡"（文化、科技、卫生下乡）社会实践活动，获批全国重点实践团队1个、自治区级重点实践团队9个。编印出版《应用型课程改革新体验——南宁学院走应用技术大学之路论集2018》《南宁学院年鉴2017》。主要存在师资队伍综合素质和能力仍需提高，学科领军人才、博士、教授还需大力引进，科研水平和服务能力需要提升，管理制度、行政系统管理有待继续完善等问题。

【教育教学】 2019年，学院获批新增智能制造工程、智能科学与技术本科专业2个；组织申报数字经济、人工智能、机器人工程3个2020年本科新专业；认定机械设计制造及其自动化、通信工程、工商管理为第二批专业认证试点专业；质量管理工程专业获批自治区一流本科专业；组织质量管理工程、物联网工程、工艺美术3个新专业参加2019年教育厅新设本科专业评估。学院获批自治区级本科教改项目16项、自治区级职业教改项目2项；产教融合教育改革成果《"多元合作、深度融合"推进应用型高校人才培养模式转变的探索实践》、创新创业教育改革成果《应用型高校"五位一体"创新创业教育生态系统构建的探索与实践》分别获自治区级教学成果奖一等奖、二等奖。新组建跨学院、跨专业的应用型教学模式改革的教学团队13个；《社会实践》《现代交换技术》《土木工程材料》《数据库原理》《电工电子技术》5门课程获批为2019年自治区级一流本科课程，其中《社会实践》《现代交换技术》《土木工程材料》获准参评国家级一流本科课程。立项建设校级教改项目29个、校级专创融合课程教学改革项目13个、校级"课程思政"示范课程建设项目11个、校级教育教学软件项目21个。建设应用型示范课程100门，其中已进行网络上线95门。制定《南宁学院本科教育质量提升行动实施方案(2018—2022)》。获批2019年全国大学生创新创业计划训练项目130项（国家级43项、自治区级87项）。《南宁学院创业指导特色教材建设研究》获批2019年全国高校就业创业特色教材课题。获批教育部产学合作协同育人项目2项。成立"斯坦福－南宁学院创新创业课程实验中心"，首批录取11名校内导师11人。新增国际认证TRIZ（发明问题解决理论）一级创业导师28人，新增加入导师库知名企业家、创业者24人。新建"六创空间""创新创业生态基地"两大校内综合实践平台；新建"不惑青春"英雄精神体验传承基地。学院学生参加学科赛事获国家级奖项22项、省部级138项，其中第五届中国"互联网＋"大学生创新创业大赛获国家银奖1项、铜奖2项，自治区级金奖8项、银奖5项、铜奖33项，全国大学生数学建模竞赛获全国二等奖1项，全国大学生广告艺术大赛获国家二等奖2项、三等奖4项，全国大学生智能汽车竞赛获国家二等奖1项，全国大学生机器人大赛RoboTac（机器人战术）获国家三等奖1项。

【师资队伍建设】 2019年，学院举办师德师风讲座、师德模范沙龙，评选校级师德标兵6人，教师董艳获"全国优秀教师"称号并入选广西思政杰出人才骨干教师第一批支持计划。新聘教职工176人（副高及以上职称48人、硕士以上学位108人、专任教师119人）。获高校教师系列职称晋升教师60人（晋升教授4人、副教授31人）。通过非高校教师系列职称评审教师32人（副高以上25人）。认定"双师型"教师86人。获批2019年西部地区人才培养特别项目教师2人。制订《"双师型"教师培养培训基地建设方案》《南宁学院教学新秀、教学能手、教学名师评选与奖励办法》。推出"教学午餐会"教师教学研讨新形式。完成第四批青年助教考核、第六批青年助教培养。立项资助教师教学发展基金项目15个。组织931人次外出学习培训，获加拿大ISW（加拿大高校教师专业发展的基础性培训项目）委员会认证的ISW结业证书13人、FDW（教学技能引导员工作坊）结业证书11人。学院教师在自治区高校青年教师教学竞赛等教学竞赛中获一等奖1项、二等奖4项、三等奖6项；在全国第十期应用型课程建设大课堂说课比赛获一等奖1项、三等奖1项。

【科研与社会服务】 2019年，学院发布《南宁学院科研奖励条例》《南宁学院纵向科研项目经费管理办法（试行）》《南宁学院横向科研项目及经费管理办法（试行）》等科研管理制度。新增中国－东盟综合交通国际联合实验室省级部科研平台1个、校级科研平台7个。获批校外科研项目43项（省部级1项、厅级37项、市级4项、横向科研项目1项），获进校科研经费162.50万元；资助校级类科研项目立项108项，资助金额164.20万元。教师发表论文476篇，其中核心论文66篇，SCI（美国《科学引文索引》英文简称）、EI（《工程索引》英文简称）收录6篇，编写出版著作10部。师生申请专利872件（发明专利249件、实用新型专利396件、外观专利227件），新增授权发明专利39件、成果登记35件。举办和参加学术交流活动73次；组织开展科研服务地方活动18次；组织工艺美术、旅游规划、陶瓷、畜牧、食品等领域的大师、专家及技术团队成员赴广西灵山三科现代农副产品有限公司、横县峦城镇杨村、上林县广西山水牛畜牧业有限责任公司开展产学研合作、实习实训基地建设调研及畜牧类科技服务；赴广西南南铝加工有限公司开展调研；与广西山水牛畜牧业有限责任公司合作共建的"广西山水牛星创天地科技扶贫创新创业与服务示范""广西山水牛星创天地建设示范科技基地"分获广西壮族自治区科学技术厅、市科学技术局立项支持。

【产教融合】 2019年，学院优化学校产教融合机制，出台《南宁学院关于推进产学研合作实施意见（试行）》《南宁学院产教融合校企合作委员会章程》，成立产教融合校企合作委员会，基本形成学校—学院—教师三级组织机构和运行机制。承办广西高校首届产教融合校企合作对接会，600余人参加。获南宁市政府国有资产监督管理委员会拨款1400万元支持建设智能制造研创中心。与交控科技股份有限公司、广西启迪之星科技有限公司等多家单位签订产学研合作协议。学院"教育部－中兴通讯ICT产教融合创新基地"项目建设作为优秀案例入选教育部规划建设发展中心案例集；基于"需求驱动"模式建设成果，获批与西南交通大学、同济大学、交控科技股份有限

2019年9月20日，自治区服务西南陆海新通道建设项目"中国－东盟综合交通国际联合实验室"落户南宁学院　　南宁学院提供

公司联合共建中国－东盟综合交通国际联合实验室。

【思想政治教育】 2019年，学院开展思政课教师"周末理论大讲堂"活动21期；开展纪念"五四"运动100周年"新时代·新青年·新使命"主题演讲比赛、"风雨桥畔"第二课堂系列活动讲座等。继续推进"一心四环"思政课程体系、"三全育人"体系建设。入选广西思政杰出人才骨干教师第一批支持计划的教师1名。学院在2019年自治区思想政治理论课教师"精彩一课"教学比赛中获二等奖1项、三等奖4项。开展"五个一工程"［一部好的戏剧作品，一部好的电视剧（或电影）作品，一部好的图书（限社会科学方面），一部好的理论文章（限社会科学方面），一首好歌］主题班会金课等，2名教师获第八届广西高校辅导员素质能力大赛三等奖2项。推进志愿服务项目品牌建设，与广西民族博物馆、市群众艺术馆等单位共建"不孤"志愿服务基地。

【交流与合作】 2019年，学院出台《南宁学院外事工作管理规定》。与法国布雷斯特高等商学院签订合作备忘录；举办桂港现代汽车技术服务研讨会；接待马来西亚吉隆坡建设大学、中国香港能仁学院、中国香港职业训练局中国区代表和广西壮族自治区党委统战部广西归国留学人员、商业界人士联合会国际部负责人等来访；组织教师10人赴中国台湾朝阳科技大学、德明财经科技大学开展教学管理培训，学生2人赴马来西亚北方大学进行短期交流学习。在第7届中国－东盟技术转移与创新合作大会上与泰国院校等单位签订中国－东盟综合交通国际联合实验室共建协议。　　（邝天宇）

南宁职业技术学院

【概　况】 南宁职业技术学院是市政府举办，广西壮族自治区人民政府办公厅、市政府共建的全日制综合性高等职业院校。前身是1984年创建的南宁职业大学，2009年成为全国首批、自治区首家国家示范性高等职业院校。占地109.80公顷，建筑面积52.15万平方米。2019年，入选国家"双高"（中国特色高水平高职学校和专业建设）计划名单，是广西唯一入选高水平学校建设单位的高职院校。学院在职教职工837人（专任教师730人、行政教辅人员107人），外聘教师504人。具有高级专业技术职务任职资格教师195人，占专任教师26.71%；硕士以上学位教师474人，占64.93%；"双师型"教师621人，占85%。有享受国务院特殊津贴专家1人、国家教学名师1人、国家"万人计划"教学名师1人、第五届黄炎培职业教育奖杰出教师1人、全国模范教师2人、全国优秀教师1人、自治区级教学名师3人、广西十百千人才工程人选1人、广西优秀专家1人、八桂名师1人、广西高等学校卓越学者1人、广西知识产权（专利）领军人才1人、自治区优秀教师1人、广西高层次人才3人、南宁市特聘专家3人；国家级教学团队1个、自治区级教学团队7个、广西高等学校高水平创新团队1个。全日制在校生1.86万人，招录新生6787人，2019届毕业生5691人。举办大型招聘会4场、专场招聘会160多场，初次就业率93.80%。搭建广西桂疆源农业科技开发有限公司等校外实践育人基地25个；组建国家级重点团队3支、国家级专项重点团队4支、自治区级重点团队11支、校级重点团队13支。学院设教辅职能部门18个［办公室（督查室）、党委组织部（统战部、学院人事处）、党委宣传部（学院宣传中心）、纪委办公室（监察室）、学生工作部（学生工作处、留学生处）、教务处（教学督导委员会办公室）、科技处（高职教育研究所）、后勤管理处（保卫处）、国际交流中心、财务处、招生就业处、现代教育技术中心、图书馆、工会、团委、审计办公室、教育发展与质量管理办公室、资产与招标管理办公室］，教学部门12个［机电工程学院、建筑工程学院、旅游学院、商学院、财经学院、国际学院、信息工程学院、艺术工程学院、健康与传媒学院、高等职业技能培训学院（市社区教育学院）、思想政治理论教学部、基础教学部］，校办企业2个（实业开发中心、广西南职教育科技有限公司）。设高职专业53个，比上年减少5个。入选"2019亚太职业院校影响力50强"；在全国高职高专校长联席会议2019年年会上入选"2018年高等职业院校教学资源50强"。主要存在与国内外高水平高职院校相比，在办学活力、核心竞争力、国际影响力等方面还存在差距等问题。

【教育教学】 2019年，学院设招生专业53个，涵盖建筑室内设计、软件技术、智能制造、新能源汽车、智慧金融（智慧财经）、现代物流、传媒、健康旅游（酒店管理）、国际服务、艺术设计10个专业群。入选中国特色高水平高职学校和专业建设计划建设单位、广西高水平高职学校和高水平专业建设计划建设单位，其中建筑室内设计专业群、软件技术专业成群为国家级、自治区级高水平专业群建设项目。学院获全国1+X证书试点项目7个（建筑信息模型、物流管理、智能新能源汽车、工业机器人操作与运维、智能财税、传感网应用开发、云计算平台运维与开发）；获国家级现代学徒制试点专业4个、自治区级现代学徒制试点专业7个。拥有国家精品专业2个、国家示范重点建设专业6个，中央财政支持建设专业2个，自治区职业教育示范特色专业及实训基地建设6个、自治区职业教育专业发展研究基地3个。建有国家级精品课程9门、国家级精品共享课7门、自治区级精品课程25门。《基于少数民族优秀传统文化传承创新的"非遗工坊"模式探索与实践》《高职校企合作、工学结合的课程体系改革与实践》《室内设计技术专业"工教结合先导工学结合"人才培养模式的创新与实践》《服务欠发达地区产业升级的高职重点专业建设》4项成果获国家级教学成果二等奖。学院教师在2019年广西职业院校教师教学能力大赛中获一等奖5项、二等奖5项、三等奖7项；在第十八届广西高校教育教学信息化大赛中获一等奖5项、二等奖4项、三等奖3项。组织师生参加2019年全国职业院校技能大赛、全国大学生工业设计大赛、2019年广西高职院校技能大赛等竞赛13项，其中在全国职业院校技能大赛中获二等奖3项、三等奖7项，在广西高职院校技能大赛中获一等奖9项、二等奖16项、三等奖19项。

【思想政治教育】 2019年，学院组织开展庆祝中华人民共和国成立70周年“我和我的祖国”系列主题宣传教育活动。开展“身边的榜样”师德师风先进典型事迹宣传，推行师德考核负面清单制度。构建“立体多维、知行合一”的高职思想政治理论课教学体系，创新“互联网+”思政课立体互动式教学新模式；推动习近平新时代中国特色社会主义思想进教材、进课堂、进头脑，建立具有高职院校特点的思政课教学资源库。

【科研与社会服务】 2019年，学院教职工获校外课题立项77项，结题77项；校内课题立项100项，结题51项。获外来资助科研经费29.50万元，学院配套科研经费197.50万元。教职工编写、出版学术专著10部，发表学术论文174篇(核心期刊30篇)，获专利授权99项。技术服务产生经济效益3329.75万元。《南宁职业技术学院学报》“饮食文化研究”栏目在全国高等学校文科学报研究会举办的2019年第六届高校社科期刊评优活动中被评为“全国高校社科期刊特色栏目”，被广西学报研究会评为“2018—2019年度广西优秀学报”。承办全国职业院校帮扶深度贫困县脱贫攻坚经验交流会，学院产业扶贫案例获2019年全国职业院校乡村振兴协作联盟优秀扶贫工作案例二等奖，《在脱贫攻坚第一线挥洒汗水——记南宁职业技术学院驻上林县脱贫攻坚先进集体》入选2019年全国职教扶贫精选案例。全年开展社区教育培训项目30多个，举办社区教育培训班776期，培训学员1.60万人次，社区教育培训项目收入23万元。完成社区教育学员实名登记3000多人，是全市首个开展社区教育市民学员登记的单位。学院“幸福摄影系列课程”社区教育培训项目获评“2019年全国终身学习品牌项目”。开展对外职业技能培训，培训1.30万人次。举办用友NC系统操作、卓惠岗前培训、健康管理师、中国机器人运动等级考试等培训班，培训近2000人次。岗前就业培训班培训学员21万人次。学院运营的广西职业技能公共实训基地与多所院校、企业合作，举办现代制造和现代控制技术等技能培训22期，培训6.80万人次。全年社会培训31万人次。

【校企合作】 2019年，学院修订完善《南宁职业技术学院校企合作管理办法》《南宁职业技术学院产业学院管理办法》。推进“一专一企，一院一体”(每个专业至少有1个合作企业，每个学院至少合作1个龙头企业或者共建1个协同创新基地)建设，全校53个专业“一专一企”完成率100%，新增合作企业28家，与华为公司、奇安信公司、富士康科技集团、万豪集团、迪士尼公司、广西电视台、广西北部湾银行等知名龙头企业合作。建立“国家—省级—校级”三级现代学徒制培养体系，投入相应经费对国家试点专业4个、自治区试点专业7个、校级现代学徒制试点专业11个进行试点支持，4个国家级试点专业通过验收。建成广西民族技艺职教集团、广西人工智能职教集团、南宁职教集团，其中广西民族技艺职教集团被评为自治区示范性职教集团。通过校企合作共建校外实习实训基地164个，企业投入金额4000多万元；与企业合作开发课程150多门、编写教材40多部；合作进行技改和产品开发100多项，合作获得专利授权、软件著作权登记40多件。

【交流与合作】 2019年，学院与德国FESTO(费斯托)共建中德双主体行业学院，与德国东图林根州手工业行会(HWK)合作建设海外培训考试认证中心，与马来西亚跨境电商协会共建马来西亚国际实习基地等国际交流合作平台，与肯尼亚、乌干达、坦桑尼亚等非洲国家院校开展专业合作，在老挝、越南成立南宁职业技术学院办学点(分校)等。与老挝巴巴萨技术学院共建中老国际职业教育培训基地，联合培养人才，组建跨国专业指导委员会，帮扶建设专业6个，实现职教标准输出。接待来自16个国家和地区代表共21批次来访。完成桂港现代职业教育发展中心中外合作办学机构在教育部的备案，取得举办专科层次学历教育合作办学资质；召开桂港现代职业教育发展中心工作会议6次，举办广西职业院校师资培训、中国－东盟学生技能竞赛、桂菜文化品鉴、桂港青少年文化交流活动等活动8批次。承办2019中国－东盟职业教育联展暨论坛产教融合对话会。实现招收学历留学生零的突破，招收学历留学生98人，全年累计招收长期留学生374人。选送到泰国、越南、中国台湾地区交换学习学生106人；接收泰国曼谷北部大学、泰国帕纳空皇家理工大学等院校师生31人到校进行短期语言文化学习；为老挝巴巴萨技术学院培训服装设计、电子商务、物流技术、汽车维修、酒店管理等专业教师14人。

(苏婷婷)

2019年11月17日，南宁职业技术学院举行2019级新生军训总结汇报大会

伍海清　摄

广西南宁技师学院

【概　况】 广西南宁技师学院是南宁市人力资源和社会保障局管理的唯一一所国家级重点技工院校。占地29.48公顷，建筑面积23.72万平方米。2019年，有教职工710人，其中高级、中级专业技术职务任职资格220人，“双师型”专任教师240多人，技师、高级技师120多人，占专任教师总数48%；有在校生1.20万人(年内招录新生4315人)，2019届毕业生2959人。举办专场招聘会137场，初次就业率98.30%。学院设管理机构9个[学院办公室、党委办公室、学生工作科(团委)、教务科、科研管理科、后勤管理科、人事教育科、财务科、招生就业指导办公室]，教学机构7个(机械制造加工系、汽车技术与运用系、医药化工系、机电工程系、商贸服务系、信息技术系、非学历培训管理科)；专

业40多个。建有实训车间154间,实训教学仪器设备实习工位总数5066个,总值9881万元;培训设备213台(套),总值520.52万元。学院有国家级、自治区级高技能人才培训基地各1个,自治区中等职业教育示范特色专业及实训基地2个,国家级技能大师工作室1个、自治区级技能大师工作室1个、南宁市技能大师工作室2个。有全国优秀教师1人、全国技术能手1人,自治区专业带头人7人、自治区技术能手6人,南宁市技术能手15人、南宁市首席技师9人、南宁市教学骨干4人,"南宁市五一劳动奖章"获得者1人。

【教育教学】 2019年,学院的工业机器人应用与维护专业是在建的自治区特色示范专业(建设期2019—2020)。投入资金420万元,增设机器人综合应用实训中心、工业机器人离线编程实训室、工业机器人创新应用实训室,实训基地融入机电一体化、电气自动化设备安装与维修、电子技术应用、工业机器人等相关专业,形成智能制造技术专业群。学院教师参加"请进来""走出去"师资培训1000多人次,累计天数2200多天。学制生参加职业技能鉴定3781人,考试合格3646人,其中专项职业能力202人、初级工1721人、中级工1299人、高级工424人,考试合格率96.43%。学院承办2019年南宁市教师比赛项目3个,学生技能比赛项目7个;教师参加各级技能比赛,获国家级三等奖2人,获自治级一等奖1人、二等奖27人次、三等奖19人次,市厅级奖88人次;学生参加各级技能比赛,获省部级一等奖12人次、二等奖23人次、三等奖45人次,市厅级奖196人次,有学生3名代表广西参加国家级比赛。

【思想政治教育】 2019年,学院开展"不忘初心、牢记使命"主题教育,创新党建载体,推进"匠心铸师魂·校园党旗红"党建品牌建设;开展中国共产党成立98周年、中华人民共和国成立70周年节庆活动;开展"党建带扶贫·扶贫促党建"活动;开展"职业教育活动周"活动。开展开学第一课主题活动2次。7月,组织学生参加"世界青年技能日"活动。开展学生思想政治教育,针对学生所处的道德养成阶段和年龄特点,将课堂德育与校园和常规大型主题活动相结合,每年开展"诚实与守信""爱心与奉献""明理与感恩""青春与责任""生命与安全""服务与实践""立志与成才""爱国与守法""运动与健康""收获与展望"为主题的主题班会活动;开展民族团结进步主题教育活动和学雷锋活动,完善全员育人、全过程育人、全方位育人的"三全育人"思政工作新格局,丰富校园文化内容,广泛开展第二课堂活动,提升学生思想政治教育工作质量。

【科研与社会服务】 2019年,学院教职工获校外课题立项14项,结题5项;校内课题立项18项,结题11项。获外来资助科研经费1万元,学院配套科研经费33.50万元。教职工编写出版教材15本,发表论文65篇,获专利授权6项,获广西职业教育自治区级教学成果奖一等奖2项、二等奖1项。开展企业在岗职工技能提升专项行动,举办自治区"双千结对"(千所培训机构与千家以上企业建立结对培训机制)、南宁市"双百结对"(百所培训机构与百家以上企业建立结对培训机制)岗位技能提升培训等职工技能培训班。承办南宁市"双百结对"岗位培训现场签约活动暨职业技能提升行动服务月启动仪式。组织企业在岗职工2691人参加电工、焊工、制冷工、汽车维修等技能提升培训,129人参加班组长能力提升培训,1029人参加特种作业、设备人员操作技能培训。完成1698名劳动预备制学员、164名"两后生"(初中、高中毕业未能继续升学的贫困家庭中的富余劳动力)学员培训,通过职业技能鉴定考试取得初级工职业资格证书;举办南宁市首个企业新型学徒制培训班,44名"两后生"学员在南宁饭店参加企业新型学徒制培训,就读学院非全日制二年制技工教育。承办南宁高新区工会"送培创"培训,培训企业就业农民工300人;组织毕业生817人参加职业技能培训;组织高级工毕业班学员427人参加SYB(创办你的企业)创业培训。全年非学历培训7183人。

【校企合作】 2019年,学院制订校企合作"一专一企"(一个专业对接一家企业)实施计划。与富士康科技集团南宁科技园、广西汽车集团有限公司、广西南南铝加工有限公司、广西玉柴机器股份有限公司、浙江吉利控股集团有限公司、南宁饭店等区内外企业建立校企合作关系,共同制定人才培养方案,邀请企业派出技术人员到学校开展教学活动、共建实训基地、共同研发新产品,通过订单班方式深化校企合作。学院开设订单班13个,学生600多人。学院对马山县、平果县、靖西市804名"两后生"开展职业技能培训,实施校企合作安置。先后安置600多名"两后生"到广西南南铝加工有限公司、南宁饭店、广西瑶王府餐饮管理有限公司、深圳中兴创新材料技术有限公司等企业就业。另有100多名"两后生"转为学历生。

【交流与合作】 2019年,学院与广西机电职业技术学院、南宁职业技术学院开展大专层面合作办学,设工业机器人技术、数控技术、汽车制造与装配技术、汽车检测与维修技术4个专业、学生200人。机械系中德(巴伐利亚合作项目)模具制造专业德国专家Kurt Marquardt到校指导工作;结束与上海巴伐利亚职业培训咨询有限公司的合作,进入本土化推广阶段;2017级进行德国工商大会上海代表处模具机械工AHK毕业考试1,2016级进行德国工商大会上海代表处模具机械工AH毕业考试2,通过率100%;中德(巴伐利亚合作项目)模具制造专业邓瑞强、李文伟2名教师参加德国工商大会双元制培训师资格培训,获双元制培训师资格。 (邱思琳)

老年教育

【概　况】 2019年,南宁市有老年大学1所,为多学科、多层次、多功能的市级老年教育中心。校园为园林式庭院,占地1.83万平方米,总建筑面积8765平方米,教学场所面积3000多平方米,有专用教室18间、多功能厅1间;每个教室均按照教学功能配备教学设备,实现老年教学设施现代化。校园设教学区、活动区、休闲区、餐厅、诊疗中心。聘用教师70人。有校学联会、系学联会、班委会,艺术团、书画研究会、诗词研究会、摄影协会等社团。

【教育教学】 2019年,市老年大学设歌唱表演、合唱表演、独唱表演、民族舞、现代舞、芭蕾形体、体育舞蹈、钢琴、电子琴、二胡、古筝、琵琶、民管乐、小提琴、计算机操作、PS修图、影音制作、行书、隶书、楷书、草书、文学、摄影技术、摄影创作、摄影作品后期制作、朗诵、工笔画、水彩画、花鸟画、山水画、美术创作、油画、手工剪纸、英语、粤曲、京剧、时装表演、太极拳、饮食养生保健、中医按摩推拿针灸、母婴护理、健身瑜伽、舞韵瑜伽等专业60个。秋季学期有教学班193个、学员5359人次。评选优秀班长、优秀学员362人。

【校园文化建设】 2019年,市老年大学利用"南宁市老年大学"微信公众号刊载学员活动信息6篇。出版第29期校刊,征集文稿26篇、诗词4篇、书画作品8幅、摄影作品15幅。组织举办教学成果展示会9场。母婴班、手工班8名师生自发组织参加嘉宾社区举办的"3月学雷锋志愿服务一条街"活动。组织开展"讲好老年大学"诵读会。出版建校30周年校庆专刊2期;开展系列校庆庆典、"讲好我和老年大学故事"演讲会、文艺会演、书画摄影手工作品展。 (市老年大学)

编辑　班彩梅

科学技术

综　述

【概　况】 2019年，南宁市科学技术局（简称“市科技局”）、南宁市外国专家局（简称“市外国专家局”）设办公室、政策法规与社会发展科、发展规划与监督科、资源配置与管理科、高新技术科、农业农村科技科、成果转化与区域创新科、外国专家服务与引进智力科（科技人才工作科）、机关党委，编制33名，在编31人。二层事业单位有市科学技术情报研究所（市生产力促进中心），编制18名，在编17人；市科技成果转化服务中心，编制12名，在编15人。南宁市加快科技体制改革，出台激励研发经费投入、科技项目管理、创新平台建设等政策措施，提升科技创新创造效能，获国家科学技术奖2项、广西科学技术奖42项，全市科技进步贡献率58.80%，高新技术企业保有量990家，占自治区总量41.44%；建设创新平台，新增国家企业技术中心2家、国家级科技企业孵化器1家，引进知名高校分支机构和新型产业技术研究机构6家；引进国家级人才5名；推进科技成果转移转化，完成重大科技成果转化项目103项；发展农业科技，创建首家国家级农业科技园，选派320名科技特派员进村助力脱贫攻坚战和乡村振兴；实施市本级科学研究与技术开发计划项目272项，年增产值20.54亿元、利税3.37亿元，节创汇785万美元。主要存在科技研发投入强度不够，关键核心技术存在短板，科技体制机制改革有待深化，科技成果转移转化、科技服务有待优化，科技创新平台、科技型企业数量偏少质量不高，科技创新人才匮乏等问题。

【科技体制改革】 2019年，南宁市实施《南宁市科技项目经费后补助管理办法》，激励企业先行投入科技创新项目；出台《南宁市激励企业加大研发经费投入财政奖励实施办法》，奖励、补助企业技术创新，最高资助资金450万元。出台《南宁市新型产业技术研究机构建设三年行动计划(2019—2021年)》，建设以支撑产业高质量为重点的创新平台、新型产业技术研究机构5家。市科技局开展依托第三方专业机构管理科技项目试点，管理科技项目370项。

【科技支撑产业高质量发展】 2019年，南宁市实施创新驱动发展战略，落实“三百二千”创新工程(突破100项以上重大技术、创建100个以上国家级创新平台、引育100个以上高层次创新人才和团队，新增1000家以上高新技术企业、转化1000项以上重大科技成果)，下达市本级科技项目270项，其中重大科技专项12项，自治区级科技项目34项。创建国家级平台，新增国家企业技术中心2家，国家级科技企业孵化器1家、获国家级众创空间入库培育资格2家；加快技术市场发展，新增国家转移示范机构分支机构1家、自治区级技术转移示范机构8家，累计自治区级以上技术市场中介机构64家。实施顶尖人才“突破计划”，引进中国工程院院士创办企业并给予资助1000万元。落实高新技术企业认定后补助、企业研发费用加计扣除等政策，获国家高新技术企业认定364家，累计990家，增长32%，占自治区高新企业总数41.44%。支持科技成果参奖激励，获国家科学技术奖2项、广西科学技术奖42项；落实重大科技成果转移转化项目103项，发放科技成果转移转化应用后补助153.90万元。

科技创新体系建设

【概　况】 2019年，南宁市实施创新驱动发展战略，完善缓解科技型企业融资压力的科技创新券、科技信贷风险资金池、科技保险和支持创新创业的天使基金等政策，加强科技创新体系建设，引进建设新型产业技术研究机构5家，新增国家企业技术中心2家，新增国家级孵化器1家；新增高新技术企业299家，累计990家，比上年增长32%，占自治区总数41.44%。创建以沃柑为主的柑橘产业国家级农业科技园区1个，获自治区认定的星创天地6家，新增科技扶贫示范基地3家。南宁·中关村创新示范基地创新引领示范效应提升，举办第四届南宁市创新创业大赛等品牌创新创业活动。

【科技创新企业培育】 2019年，南宁市实施科技型中小企业创新资金项目、高新技术企业认定后补助、企业研发费用加计扣除等政策，落实2018年度高新技术企业认定后补助奖励2055万元，惠及企业411家。通过高新技术企业认定364家，年净增299家，累计990家，增长32%，占自治区总数41.44%。进入广西“瞪羚企业”培育库18家；新增广西“瞪羚企业”6家，累计19家，占28%。国家科技型中小企业入库培育503家，占34%。

【创新平台建设】 2019年，南宁市设立新型产业技术研究机构重大科技专项，引进建设新型产业技术研究机构5个(沈阳化工大学绿色功能分子产业南宁研究院、武汉大学广西节能环保产业技术研究院、南宁吉锐生物医药研究院、桂林电子科技大学产教融合基地)，南宁市轨道交通产业技术研究院投资4.50亿元(政府出资入股8985万元);继续支持落地的新型产业技术研究机构建设,广西先进铝加工创新中心开发的国内首条自主铝材热处理型材辊底炉生产线试产成功,列入工信部重大短板装备;南宁华数轻量化电动汽车研究院铝制轻量化白车身智能生产线,投资2700万元。新增国家企业技术中心2家(广西博世科环保科技股份有限公司技术中心、广西路桥工程集团有限公司技术中心),全市国家级创新平台累计8家;通过自治区级企业工程技术研究中心验收5家,市级工程技术研究中心12家。引进深圳清华大学研究院运营单位力合科创集团建设南宁力合科技创新中心,与清华大学深圳国际研究生院签署战略合作协议,实现南宁市与"985"高校、国家科研院所分支机构合作的零突破。引进华中科技大学南宁光电子产业园项目落户五象新区。加快南宁·中关村创新示范基地创新载体建设,与南宁·中关村创新示范基地结对加快基地创新载体建设,引进新型产业技术研究机构3家、落地海(境)外人才创新创业大赛获奖项目2项、引进国家级人才4名。南宁·中关村创新示范基地投融资平台累计为企业提供融资服务2.11亿元,基地入驻重点行业企业90家,入孵创新企业170家,与30余所高校建立合作关系。

【创业平台建设】 2019年,南宁市投入孵化平台补助资金1185万元,新增国家级孵化器1家、国家级众创空间入库培育机构2家;新增自治区级孵化器2家、自治区级众创空间备案6家。举办第四届南宁市创新创业大赛、"邕城创客行"常态化路演等品牌创新创业活动,为超过600家科技企业和科技人才创业团队提供项目路演和融资对接平台,获中国创新创业大赛优秀企业奖5家(广西冠标科技有限公司、广西徐沃工程机械设备有限公司、南宁多灵生物科技有限公司、曼彻彼斯高新技术 有限公司、广西桂仪科技有限公司),获广西赛区一等奖企业1家。

【农业科技平台创新】 2019年,南宁市申报创建以沃柑为主的柑橘产业国家级农业科技园区1项。鼓励、支持科技型企业建设星创天地,新增自治区认定的星创天地6家,累计32家(科技部备案7家);实施市级"星创天地科技创新创业与服务示范"专项7项。设立专项支持贫困地区的技术创新和成果转化推广,在贫困地区实施科技扶贫专项项目25项,投入科技经费1000万元,新增科技扶贫示范基地3家,科技扶贫示范基地15家。选派科技特派员302人进村开展技术培训610场次,培训农民2万人次。

【科技金融创新】 2019年,南宁市实施科技创新券补助,遴选确定创新券运营机构13家,发放科技创新券100万元。建设科技信贷风险资金池,获直接贷款企业25家,贷款额3.84亿元。推进科技保险试点,受理科技保险保费补贴申请企业13家,保费514.15万元,财政拟补贴124.20万元。市科技局与南宁高新区、力合科创集团有限公司共同设立天使基金,规模2000万元(市科技局出资1000万元),投资南宁市和力合落地公司运营的孵化器及众创空间的孵化项目。

科学研究与技术开发

【概　况】 2019年,南宁市实施本级科学研究与技术开发计划项目272项(科技重大专项12项、重点研发计划项目108项、技术创新引导专项40项、科技基地专项50项、科技型中小企业技术创新资金项目59项、其他项目3项),总投资5.07亿元(财政科技经费9600.90万元)。项目年增产值20.54亿元、利税3.37亿元,年节创汇785万美元。

【重大专项】 2019年,南宁市围绕电子信息制造、生物医药、特色农业、生态环保等创新发展名片组织实施科技重大专项12项。其中,有两项为拨付2017年重大项目尾款,总投资0.91亿元(财政科技经费990万元);按项目领域分,实施工业项目6项,投资4812万元(财政科技经费380万元);农业项目5项,投资1810万元(财政科技经费370万元);生态环保产业项目1项,投资1864万元(财政科技经费80万元);民生类项目2项,投资662万元(财政科技经费160万元)。完成或实现初步成效的重大专项:完成"电子外观件用高端铝合金新材料的关键技术开发"项目,解决国内电子产品行业用高端铝合金板材、带材、型材的制备技术难题和产业国产化问题;完成"新型SUV汽车F507系列LED汽车灯具研发与产业化"项目,获授权实用新型专利7件、外观设计专利2件,形成年产13万套新型SUV汽车F507系列车灯的产能,累计销售收入超1.65亿元;推进实施"柑橘塔式自动化节水灌溉系统研究与示范"项目,研究推广适合大面积柑橘园的塔式自动化节水灌溉系统;推进实施"广西艾滋病临床医学研究中心培育建设及相关研究"项目,建立艾滋病标本库和实验室,开展艾滋病干预研究5项,探索艾滋病患者晚期免疫治疗新方法、机会性感染检测新技术。

【重点研发计划】 2019年,南宁市实施重点研发计划项目108项,总投资2亿元(财政科技经费2394万元)。优势特色农业方面,围绕"10+3"(粮食、糖料蔗、水果、蔬菜、花卉苗木、桑蚕、食用菌、生猪、草食动物、罗非鱼10大种养产业,富硒农业、有机农业、休闲农业3个新型产业)特色农业产业,下达农业科技项目61项,科技经费1445万元,推广农业新品种19个、新技术39项、新产品12项。民生领域,重点实施"南宁市控制重型地中海贫血胎儿出生干预模式研究""城市轨道交通主动防撞系统技术研究""半柔性路面在市政道路中应用关键技术研究"等项目。

【技术创新引导专项】 2019年,南宁市实施技术创新引导专项40项,总投资5818.43万元(财政科技经费3036.90万元),项目年新增产值2.75亿元,利税4252.10万元,年节创汇75万美元。其中,高新技术企业认定后补助1项,奖励新认定的高新技术企业411家,资金2055万元;其他项目39项,资金981.90万元。

【科技基地专项】 2019年,南宁市实施科技基地专项50项,总投资6209.90万元(财政科技经费2095万元),主要项目有科技创新创业平台建设、"星创天地"建设示范、科技特派员创新创业与科技服务、"邕城创客行"科技创新创业路演、创新小镇培育试点等。

2019年7月5日,广西南南铝加工有限公司承担的南宁市工业重大科技项目"电子外观件用高端铝合金新材料的关键技术开发"通过验收　　市科技局提供

【科技型中小企业技术创新资金项目】2019年，南宁市围绕电子信息、光机能、农业科技、生物医药等领域实施科技型中小企业技术创新项目59项，总投资9746.08万元，财政科技经费885万元，年增产值2.14亿元，年增利税7254.18万元。支持“基于移动互联网智慧公寓管理系统的研发与应用”等项目实施应用。

【国内首条自主铝材热处理型材辊底炉生产线试产】2019年11月13日，国内首条自主铝材热处理型材辊底炉生产线在南宁市试产，为南宁市列入工信部高端高精铝材首台套重大短板装备项目，填补国内高端高精铝材热处理淬火装备的空白，达到国内领先、国际先进水平。项目建设期5年(2019年至2022年)，广西先进铝加工创新中心牵头，广西南南铝加工公司、南南铝业股份有限公司、东北大学共同承担。

科技人才引育

【概　况】2019年，南宁市加快建设科技创新领军人才和高技能人才队伍，引进国家级人才5名，引进A类、B类外国人才67名。实施创新创业人才激励和吸引政策，出台《南宁市顶尖人才“突破计划”申报指南》《南宁市优秀青年科技创新创业人才培育项目管理办法》，举办第二届南宁市海(境)外人才创新创业大赛。加快培养一线创新人才和青年科技人才。

【国内科技人才引育】2019年，南宁市实施顶尖人才“突破计划”，制定《南宁市顶尖人才“突破计划”申报指南》，对院士人才来邕创业给予1000万元资助，赋予自选课题、自定技术指标等科研自主权。引进中国工程院院士项目，成为南宁市引进的首个顶尖人才“突破计划”项目。依托新型产业技术研究机构和知名高校分支机构，引进国家顶尖专家2名、国家重点实验室主任1名、国务院特殊津贴专家1名。加快培育青年人才，出台《南宁市优秀青年科技创新创业人才培育项目管理办法》，实施培育项目18项，资助经费675万元，南宁市优秀青年科技创新创业人才培育项目入选广西北部湾经济区发展专项资金(重大人才)项目投资计划并获批专项经费100万元。

2019年6月26日，第二届南宁市海(境)外人才创新创业大赛在南宁·中关村创新示范基地启动　　广西启迪科技城发展有限公司提供

【外国专家引进】2019年，南宁市加快海(境)外人才引进，举办第二届南宁市海(境)外人才创新创业大赛，获奖项目在南宁注册企业3家，办理注册前期手续2家，表达落户意向20家。落实海外人才“百人计划”，实施引进国(境)外技术、管理人才项目4项。引进A类、B类外国人才67名。申报自治区科技厅“外专聚桂”项目、“百名东盟杰出青年科学家来华入桂工作计划”“先进制造工艺技术应用”赴美国培训项目，资助创新创业发展；参与第十七届中国国际人才交流大会、“中欧科研快车”2019年科技创新合作系列宣讲活动(南宁站)等国际人才交流活动。

科技合作与交流

【概　况】2019年，南宁市参与“一带一路”、粤港澳大湾区建设等国际国内科技合作展会5场次，促成科技合作(含意向)58项。支持鼓励企业外向布局并建立国际科技合作基地，新增认定南宁市国际科技合作基地5家。加快推进产学研科技合作科技成果转移转化，实施产学研合作项目69项，科技经费投入1965万元；实施国际科技合作项目5项，科技经费投入120万元。

【国际科技合作与交流】2019年，南宁市参加中国(深圳)国际高新技术成果交易会科技合作对接展会5场次，促成科技合作(含意向)58项。开展第16届中国－东盟博览会科技合作活动，签约新型产业技术研究机构3家、高水平孵化平台1家。推进国际科技合作基地建设，新增认定南宁市国际科技合作基地5家(国际技术转移中心3家，国际科技合作示范基地2家)。支持信息技术、现代农业等领域的国际科技合作项目5项。

【区域科技合作与交流】2019年，南宁市推进南宁·中关村创新示范基地建设，引进新型产业技术研究机构3家、落地海(境)外人才创新创业大赛获奖项目2项。引进沈阳化工大学绿色功能分子产业南宁研究院、武汉大学广西节能环保产业技术研究院、南宁吉锐生物医药研究院等新型产业技术研究机构4家。引进深圳力合科创集团南宁力合科技创新中心、桂林电子科技大学南宁产教融合基地，与清华大学深圳国际研究生院签署战略合作协议，实现南宁市与“985”高校、国家科研院所分支机构合作零的突破。引进华中科技大学科技园南宁光电子产业园项目落户五象新区物流园东片区。

【产学研合作】2019年，南宁市与同济大学、江苏大学、东北大学、西北农林科技大学、桂林理工大学、广西大学、南宁学院开展产学研合作，在南宁市重点产业等领域实施产学研合作项目69项，投入经费1965万元。组织洽谈对接，与中国科学院、西南交通大学、沈阳化工大学等10余家知名高校院所建立合作意向，构建产业技术创新战略联盟。

表22　　2019年南宁市产学研合作项目(69个)情况表

项目名称	承担单位
Al-Mg-Si系铝合金汽车板气垫式连续热处理关键工艺技术研究及产业化示范应用	广西先进铝加工创新中心有限责任公司、东北大学
主产地产品供应链共享经济平台技术攻关与应用示范	南宁师范大学、广西北部湾弘信供应链管理有限公司

续表 22

项目名称	承担单位
广西—东盟农业科技园区建设——无抗高效酵素饲料在低脂型肉猪生产中的研究与应用推广	南宁大北农饲料科技有限责任公司、南宁学院
武鸣区农业科技园区建设——沃柑保鲜工艺关键技术的研究与示范	广西南宁市武鸣嘉沃农业专业合作社、广西民族大学
努比黑山羊选育提高及产业化开发关键技术研究与集成示范	广西武鸣绿世界生态农业投资有限公司、自治区畜禽品种改良站
基于GIS和BIM技术的城建大数据平台研究	南宁市城市建设档案馆、南宁市勘察测绘地理信息院
沃柑产业指数大数据平台的研发与应用示范	南宁金控大数据服务有限公司、南宁市农业信息中心、国信优易数据有限公司、广西鸣鸣果业有限公司
高纯超微细磷酸铁关键技术开发及产业化	广西新晶科技有限公司、广西大学
镁铝层状双氢氧化物协同氧化锑复配阻燃产品的开发	广西华锑科技有限公司、桂林理工大学
基于高分辨率PS-InSAR的城市基础设施形变监测及安全评估研究	南宁市勘察测绘地理信息院、南宁市城市建设投资发展有限责任公司、北京东方至远科技股份有限公司
基于“无人机+LiDAR”技术的林业资源调查关键技术研究与应用示范	广西景航无人机有限公司、自治区林业科学研究院
蛋黄酥新工艺及生产系统关键技术研发与示范	广西朗盛食品科技有限公司、广西民族大学
广西南宁市中药材检测科技创新示范中心	广西南宁新桂检测有限公司、自治区食品药品检验所
南宁软件园VR技术公共服务平台	南宁高新技术产业开发区软件园管理服务中心、广西卡斯特动漫有限公司、南宁九金娃娃动漫有限公司
沙井电子信息创新小镇——基于IOT与BLE室内定位技术的智慧停车应用示范项目	广西银江智慧城市技术有限公司、江苏大学
桂浙优9号优质杂交水稻新品种繁育与示范推广	广西万禾种业有限公司、南宁市农业科学研究所
球状小冬瓜相关性状遗传及新品种选育	南宁科农种苗有限责任公司、广西大学
十字花科蔬菜主要害虫——黄曲条跳甲绿色防控技术研究	南宁市农业科学研究所、广西百圣美川农业科技有限公司
益生菌发酵饲料生产关键技术研发及产业化	广西康佳龙农牧集团有限公司、南宁市新科健生物技术有限责任公司、广西大学
香蕉枯萎病综合防控技术中轮作模式的研究与应用	自治区农业科学院生物技术研究所、广西壮乡美农业科技有限公司
沃柑绿色高效栽培关键技术研究与示范	广西乐土生物科技有限公司、广西大学、广西大凌武农业开发有限公司武鸣分公司
锦葵科木槿属优异种质资源收集与品种选育	南宁市园林科研所、广西槿汇岭南园林科技有限公司
高产高繁黄颡鱼专门化品系工厂化繁育技术研究	自治区水产科学研究院、广西南宁宏大恒洋水产科技有限公司
黄颡鱼—鱼稻共作生态种养关键技术研究与示范	自治区水产科学研究院、广西南宁司百客生物科技有限公司
利用猪粪与秸秆生产高蛋白饲料虫黑水虻及其应用的研究	广西南宁珏顺商贸有限公司、广西大学
基于多光谱图像的蔗甘菊监测平台及关键技术研究	广西大学、广西绿梵机械科技有限责任公司、西北农林科技大学
微生物技术应用于“牛粪—蚯蚓—芽苗菜”生态循环模式研究与示范	广西颜合农业科技有限公司、广西四季沣禾农业科技有限公司、广西大学
广西山水牛星创天地建设示范	广西山水牛畜牧业有限责任公司、南宁学院
西乡塘区富硒农业星创天地建设示范	广西习缘辣木有限公司、自治区农业科学院农业资源与环境研究所
绿园农庄果蔬产业星创天地建设示范	广西绿园农庄农业科技有限公司、广西大学
沃柑栽培技术集成在扶贫产业化推广应用	南宁市农业科学研究所、广西沃埔农业科技有限公司
肉鹅养殖环境控制及粗饲料利用关键技术的研究与应用	广西隆安县鑫禾农业投资有限公司、广西大学
广西野生地被植物引种与栽培技术研究	广西大学、广西七色草科技有限公司

续表 22

项目名称	承担单位
上林县贫困地区晚熟柑橘生产关键技术集成与应用示范	广西安林投资有限公司、自治区农业科学院园艺研究所
富硒粉葛品种筛选及标准化生产技术研究与示范	自治区农业科学院经济作物研究所、广西九海农业发展有限公司
百香果产期调节栽培技术研究与应用示范	自治区农业科学院植物保护研究所、南宁市百果香农业投资有限公司、广西易多收生物科技有限公司
意大利地中海水牛改良本地水牛及提高繁殖率关键技术研究	广西华胥水牛繁育有限公司、广西大学
华灵黑山羊富硒生态养殖关键技术研究与示范	南宁科惠农牧专业合作社、自治区农业科学院植物保护研究所
峦城镇方村富硒甘薯产业示范基地建设	横县峦城镇方村淳茹红薯种植专业合作社、自治区农业科学院经济作物研究所
资源化利用农林废弃物开展优质杏鲍菇标准化生产技术集成研究与示范	广西绿霖食用菌科技有限公司、广西科学院生物研究所
废弃农药包装物光催化无害化处理技术的研究与应用	南宁市农产品质量安全检测中心、广西大学、宾阳县武陵镇云梯村村民合作社
新型便携式全自动溯源追踪水样抽滤采集设备技术研究与应用示范	广西轩仪科学仪器有限公司、广西大学
治疗类风湿新药蠲痹颗粒的研制及产业化	广西中医药大学制药厂、广西中医药大学
广西三种特色植物保健产品研究开发及产业化	广西本草坊保健品有限公司、广西中医药大学
健脾消积颗粒医疗机构制剂的研制开发	自治区肿瘤防治研究所、自治区中医药研究院、广西医大仙晟生物制药有限公司
治疗膝关节炎壮药骆艾愈巴布剂的研制与开发	广西中医药大学、广西中医药大学制药厂
优势中成药华佗风痛宝片的二次开发研究	广西白云山盈康药业有限公司、自治区中药研究院
道地药材百部种质资源评价与良种快繁技术研究、药源基地建设	广西仕嵘林业科技有限公司、广西中医药大学
吴茱萸规范化生态种植和绿色加工技术体系研究	马山县周鹿镇银农种养专业合作社、自治区药用植物园
调节 ETR 介导的壮药滇桂艾纳香治疗 ODUB 的机制研究	广西食品药品检验所、广西万寿堂药业有限公司
城市轨道交通主动防撞系统技术研究	南宁轨道交通集团有限责任公司、广西大学、株洲中车时代软件技术有限公司
预制装配式管廊设计、施工和验收关键技术研究	广西路桥工程集团有限公司、华蓝设计(集团)有限公司、南宁城建管廊建设投资有限公司、广西大学
新型超大跨径组合梁桥波折钢腹板的研发及设计理论	广西翔路建设有限责任公司、同济大学、广西交通科学研究院有限公司
物联网技术下的宠物犬信息管理的应用研究	广西金普威信息系统有限公司、南宁市公安局西乡塘分局
中老马特色淡水鱼技术转移研究——罗非鱼“走出去”及忘不了鱼“引进来”	广西美大水科生态科技有限公司、自治区水产科学研究院
零排放生态牛舍关键技术的研究与应用示范	广西四野牧业有限公司、广西大学
交流配电线路故障综合分析系统(含 20kV,10kV)的开发与应用	广西电友科技发展有限公司、广西大学
基于手机监控的“半径法”间接式胎压预警器开发	南宁学院、南宁市齐辉电子科技有限公司
隆安农之源科技扶贫示范基地建设	广西农之源农业投资有限公司、自治区农业科学院园艺研究所
集装箱陆基循环流水养殖模式研究与示范	广西微自然生物科技集团有限公司、自治区水产科学研究院
马山县高效、高品质生态养殖创新创业科技示范基地建设	马山县林圩镇盛源养殖专业合作社、广西大学新农村发展研究院
马山县韭菜花产业扶贫基地建设与示范	马山县嘉乐种植专业合作社、广西大学
基于韭菜苔的三产融合休闲农业示范区建设研究与实践	广西农业职业技术学院、马山县徐柏种植专业合作社
马山黑山羊快速繁殖技术推广和产业化示范区建设	广西鑫保利农业发展有限责任公司、广西大学

续表 22

项目名称	承担单位
上林县香茅草高效栽培技术示范	上林县港贤镇一日闲生态农产品种养农民专业合作社、自治区林业科学研究院
上林县贫困村特色果蔬新品种引进及标准化生产示范	广西上林县菁萃农业开发有限公司、自治区农业科学院园艺研究所
上林县生态渔业养殖转型增效关键技术研究与应用示范	百洋产业投资集团股份有限公司、上林县三力农业种养农民专业合作社
互联网 + 职业教育精准扶贫信息服务平台开发及应用示范	南宁职业技术学院、南宁市农业信息中心
“保酶除酵”在蜂蜜浓缩工艺技术规程中的研究	南宁市全健蜜蜂养殖场、自治区中医药研究院

科技成果与应用

【科技成果登记】 2019 年，南宁市获自治区科技成果登记项目 472 项，其中工业类 173 项、农业类 123 项、社会发展类 176 项。全市输出类技术合同登记 1421 项，合同成交金额 29.85 亿元，技术交易额 16.01 亿元；吸纳类技术合同登记 2284 项，成交额 18.01 亿元，技术交易额 98.07 亿元。

【科技成果获奖】 2019 年，南宁市获国家科学技术奖 2 项，其中“大型二氧化氯制备系统及纸浆无元素氯漂白关键技术及应用”获国家技术发明奖二等奖（广西大学教授王双飞为第一完成人），实现近 20 年来南宁市获国家技术发明奖零的突破；“防治农作物主要病虫害绿色新农药新制剂的研制及应用”获国家科学技术进步奖二等奖（广西田园生化股份有限公司参与完成）。获自治区级科学技术奖 42 项，其中技术发明类二等奖 3 项、三等奖 5 项，科技进步类一等奖 2 项、二等奖 15 项、三等奖 17 项。按类别分：工业类 25 项，农业类 10 项，社会发展类 7 项。

【科技成果转化与示范推广】 2019 年，南宁市建设提升国家科技成果转化服务（南宁）示范基地，更新科技成果和政策等信息 1.65 万条，微信公众号发布前沿资讯、推荐成果 2870 篇。开展科技成果对接路演活动 6 场，促成合作项目 2 项，合同金额 310 万元；开展科技成果政策等内容培训活动 6 场，培训 1.14 万人次；在公交地铁媒体开展技术合同登记专题宣传 2 期次 7 个月，印发宣传册 2000 册，受众 20 万人次。落实广西科技成果转化大行动项目 103 项，技术交易额 17.10 亿元，其中 100 万元以上重大项目 55 项，技术交易额 16.91 亿元。

表 23　2019 年南宁市获国家科学技术奖情况表

奖项名称与等级	名　称	主要完成单位或个人
国家科学技术发明奖二等奖	大型二氧化氯制备系统及纸浆无元素氯漂白技术及应用	广西大学教授王双飞、北京林业大学孙润仓、广西博世科环保科技股份有限公司杨崎峰、广西大学聂双喜、广西博世科环保科技股份有限公司詹磊、广西大学覃程荣
国家科学技术进步奖二等奖	防治农作物主要病虫害绿色新农药新制剂的研制及应用	广西田园生化股份有限公司贵州大学、中国农业大学、全国农业技术推广服务中心、农业农村部农药检定所、江苏耕耘化学有限公司

表 24　2019 年南宁市获广西科学技术发明奖情况表

等　级	名　称	主要完成单位
二等奖	深埋地下工程岩爆灾害试验装备与动态调控关键技术	广西大学、中国科学院武汉岩土力学研究所、广西水利电业集团新疆克州水利发电有限公司、龙滩水电开发有限公司龙滩水力发电厂、中铁十二局集团有限公司
	自然场景图像处理关键技术研究及应用	南宁师范大学、同济大学、北京易华录信息技术股份有限公司
	城市轨道交通列车节能优化控制与多车协同调度技术及应用	广西大学、株洲中车时代电气股份有限公司、南宁轨道交通集团有限责任公司、南宁中车轨道交通装备有限公司
三等奖	高铁泥化氧化锌矿浮选溶液化学调控关键技术开发与应用	广西大学、广西北山矿业发展有限责任公司、广西化工研究院有限公司、中国科技开发院广西分院
	富含高氮和中微量元素缓释水溶肥生产技术研究与推广应用	南宁汉和生物科技股份有限公司
	水性涂料用超微细磷硅酸铝钙的研制与应用开发	广西新晶科技有限公司、广西化工研究院有限公司、广西三晶化工科技有限公司
	结构微应变高精度测试技术与设备	广西交通科学研究院有限公司、广西大学、广西路桥工程集团有限公司、广西瑞宇建筑科技有限公司
	公路小桥涵水毁防治新技术研发及工程应用	广西大学、广西翔路建设有限责任公司、广西交通科学研究院有限公司

表 25　　2019 年南宁市获广西科学技术进步奖情况表

等　级	名　称	完成单位
一等奖	高精度北斗时空服务网络关键技术及应用	桂林电子科技大学、北方激光研究院有限公司、柳州欧维姆结构检测技术有限公司、深圳思凯微电子有限公司、郑州轻工业学院、自治区遥感中心、广西西江开发投资集团有限公司、中电科东盟卫星导航运营服务有限公司、广州中海达卫星导航技术股份有限公司
	南宁强透水复杂地层地铁深大基坑设计施工关键技术创新与应用	南宁轨道交通集团有限责任公司、同济大学、广东省基础工程集团有限公司、中铁隧道集团有限公司、北京城建勘测设计研究院有限责任公司、广州地铁设计研究院股份有限公司、广西交通设计集团有限公司、广西大学、中建广西投资发展有限公司
二等奖	配电网状态感知、故障自愈及清洁能源接入控制关键技术与应用	广西电网有限责任公司电力科学研究院、广西电网有限责任公司南宁供电局、广西大学、南方电网科学研究院有限责任公司、广东电网有限责任公司电力科学研究院、广州思泰信息技术有限公司、广东电网有限责任公司中山供电局
	电网运营数据驱动提升供电可靠性和客户满意度关键技术及应用	广西电网有限责任公司电力科学研究院、清华大学、广西电网有限责任公司、深圳市康拓普信息技术有限公司、宁波理工环境能源科技股份有限公司
	大型机场航站楼建造关键技术及应用	中国建筑第八工程局有限公司广西分公司、广西建工集团第五建筑工程有限责任公司、广西大学、云南省地震工程研究院、西安建筑科技大学
	海洋承灾体监测预警关键技术与大规模应用	南宁师范大学、国家海洋信息中心、北京大学、自治区海洋研究院、桂林电子科技大学、广东科迪隆科技有限公司
	基于态势感知的网络安全智能防御系统的研制与工程应用	广西电网有限责任公司电力科学研究院、华北电力大学(保定)、广西电网有限责任公司南宁供电局、中电运行(北京)信息技术有限公司、广西大学、广西电网有限责任公司桂林供电局、北京奇安信科技有限公司
	硬岩地层地铁浅埋下穿文保建筑群及紧贴既有地下结构爆破施工关键技术	广西大学、中铁四局集团有限公司、宁波工程学院、中铁十局集团第五工程有限公司、中铁隧道局集团有限公司、中铁隧道集团四处有限公司
	"四季蜜芒"的选育及其反季节栽培技术的创制与应用推广	广西大学、广西百色市现代农业技术研究推广中心、广西壮乡河谷农业科技有限公司、南宁华侨投资区农业科学研究所
	免人工授粉火龙果新品种选育及优质高效栽培技术研究与应用	自治区农业科学院园艺研究所、南宁振企农业科技有限公司、博白县东平镇新业火龙果种植专业合作社、广西南宁市黄龙果业科技有限责任公司、广西农业职业技术学院
	猪重要疫病快速检测方法研究及净化技术集成创新与应用	自治区兽医研究所、南宁市牧泰智能科技开发有限公司、广西农垦永新畜牧集团有限公司良圻原种猪场、广西一遍天原种猪有限责任公司、广西农垦永新畜牧集团西江有限公司、广西农垦永新畜牧集团金光有限公司、广西里建桂宁种猪有限公司
	基于广西地方猪种的优质肉猪配套选育及生产关键技术创新与推广应用	自治区畜牧研究所、中国农业科学院北京畜牧兽医研究所、广西神龙王农牧食品集团有限公司、广西红谷农业投资集团有限公司、广西晨康力食品股份有限公司
	香蕉成熟调控与深加工关键技术创新与应用	自治区农业科学院农产品加工研究所、江南大学、自治区农业科学院生物技术研究所、广西铂洋果业科技有限公司
	沿海湿热地区耐久性沥青路面提升技术及工程应用	广西交通投资集团有限公司、长安大学
	富水软弱地层隧道突水塌方重大地质灾害防控理论与关键技术	广西交通投资集团有限公司、山东大学、广西信达高速公路有限公司、中铁五局集团第二工程有限责任公司、中铁工程设计咨询集团有限公司
	大新锰矿产状复杂矿段分区协同开采关键技术	中信大锰矿业有限责任公司、广西大学
	广西艾滋病综合防治和诊断治疗的基础与临床系列研究	南宁市第四人民医院
三等奖	感温优质高产抗病两系杂交水稻新品种选育及推广应用	广西恒茂农业科技有限公司、国家杂交水稻工程技术研究中心清华深圳龙岗研究所、广东和丰种业科技有限公司
	钢—混凝土组合梁受力性能提升与抗灾变技术应用	广西大学、广西交通科学研究院有限公司、广西交通设计集团有限公司、广西翔路建设有限责任公司
	特色优质芋头新品种选育及提质增效技术创新与应用推广	自治区农业科学院生物技术研究所、荔浦市蔬菜技术指导站、八步区农业科学研究所、广西美泉新农业科技有限公司
	城郊型蔬菜绿色优质高效生产关键技术集成创新与应用	自治区农业科学院蔬菜研究所、桂林市蔬菜研究所、广西博元生态农业科技有限公司、广西南宁绿田园农业科技有限公司、广西百圣美川农业科技有限公司

续表 25

等 级	名 称	完成单位
三等奖	广西特色作物富硒关键技术创新与应用	自治区农业科学院农业资源与环境研究所、苏州硒谷科技有限公司、南宁市博发科技有限公司
	水稻除草药肥 0.42% 苄嘧 • 苯噻酰颗粒剂的研制与应用	广西乐土生物科技有限公司
	广西食蟹猴实验动物健康养殖疾病防控关键技术创新与应用	自治区兽医研究所、广西桂东灵长类开发实验有限公司、广西花花大世界生物科技有限公司
	光伏发电—空气能热泵—密集烤房三位一体烘烤设备创新研究与应用	广西中烟工业有限责任公司、湖南农业大学
	机械活化固相反应制备醋酸酯淀粉的方法	玉林师范学院、广西农垦明阳生化集团股份有限公司、广西交通职业技术学院
	发电机组涉网控制系统精细化建模与优化关键技术及应用	广西电网有限责任公司电力科学研究院、南方电网科学研究院有限责任公司、武汉大学、中国大唐集团有限公司广西分公司、华中科技大学
	人工智能在不动产登记领域的关键技术研究与应用	南宁市国土测绘地理信息中心
	电梯能效测评与节能改造关键技术创新及装置	自治区特种设备检验研究院、大连恒亚仪器仪表有限公司、南宁市精工电梯制造有限公司
	高速公路网智能化养护管理成套技术及示范应用	广西交投科技有限公司、中公高科养护科技股份有限公司(北京)、广西交通投资集团有限公司
	新型高效超磁分离一体化污水处理关键技术及产业化应用	自治区环境保护科学研究院、广西全圆环保科技有限公司、自治区环境保护产业协会
	危险废物综合处置关键技术及标准研究与应用	自治区环境保护科学研究院、中节能(广西)清洁技术发展有限公司、自治区固体废物和化学品环境管理中心、中节能清洁技术发展有限公司
	广西喀斯特土地变化与石漠化治理模式优化	南宁师范大学、自治区林业勘测设计院
	基于城市应急联动平台的三级院前医疗急救体系建设及应用	南宁急救医疗中心

科学技术普及

【概　况】 2019 年,南宁市开展文化科技卫生“三下乡”活动、全国科技活动周广西活动暨第二十八届广西科技活动周·广西创新驱动发展成果展、十月科普大行动等活动,开展科普活动 48 场次,展出展板 550 多块,发放宣传册 15 万册,受益 20.15 万人。科技特派员 302 名进村入户开展科技培训、指导 153 场,服务群众 5200 人次,服务种养基地 61 家、农村合作组织 58 家、种养大户 80 家、新型经营主体 158 个,解决技术问题 81 项。

【科技下乡活动】 2019 年,南宁市发挥文化科技卫生“三下乡”活动的品牌效应,选派 302 名科技特派员进驻贫困村开展技术指导和科技培训,解决关键技术问题 81 个,指导服务科技种养基地 61 家、农村合作组织 58 家,培训联系科技示范户、种养大户 80 户。建设科技扶贫示范基地 3 个(马山县竹鼠脱贫攻坚科技示范基地、马山县黑山羊产业科技扶贫示范基地、隆安农之源科技扶贫示范基地),累计 15 个。支持农村技术创新和成果转化推广,引进、示范推广农业新品种 90 个,引进、试验、示范推广实用新技术 15 项,研发农业新产品 12 个。实施科技扶贫项目 25 项,投入科技经费 1000 万元。利用市科普工作联席会议平台,开展科普宣传;开展“全国科技活动周南宁市活动”“十月科普大行动”等活动,加大农业农村科普知识宣传、培训和服务。

【科技培训】 2019 年,南宁市开展科技下乡服务春耕活动、产业扶贫春季和秋冬季大培训行动、“两周一展”科技特派员服务等活动。年内,举办农业技术培训 153 场次,培训贫困户 2630 户、新型经营主体 158 个;组织 6 个有县级电视台的重点区县开展电视科技培训,播放《农村科技新视界》300 多期;举办科技创新券专题培训、高新技术企业认定业务辅导、科技型中小微企业减税降费专项活动暨政策宣讲会等 8 场,现场和网络直播参与 1.10 万人。

【科普活动】 2019 年,南宁市主办科普活动 48 场次,展出科普展板 550 块,发放农业实用栽培技术书籍、科普宣传小册子及宣传单 15 万册,参与 20.15 万人次。5 月 20 日,在市科技馆举办“2019 年全国科技活动周广西活动暨第二十八届广西科技活动周·广西创新驱动发展成果展”活动启动仪式,现场以展板、实物展示、多媒体演示、宣传咨询与互动等方式,开展技术咨询、宣传和服务,集中宣传展示南宁市近年来实施创新驱动发展战略、打造南宁“六大升级工程”所取得的科技创新成就,27 家企业 68 个项目参展。

(市科技局编写组)

气　象

【概　况】2019年，南宁市气象局（简称“市气象局”）设办公室、人事教育科、业务管理科、政策法规科，下设市气象台、市气象局财务核算中心、市气象科技服务中心、市气象信息与技术保障中心、南宁国家基本气象站、南宁国家高空气象观测站、南宁国家天气雷达站、南宁国家农业气象试验站，挂牌地方机构有市人工影响天气办公室、市防雷减灾管理中心，编制82名（参照公务员法管理编17名、国家事业编55名、地方事业编10名），在编70人（参照公务员法管理14人、国家事业编49人、地方事业编7人）。辖区县气象局7个（横县、宾阳、上林、马山、隆安5县气象局及武鸣、邕宁2城区气象局），编制90名（参照公务员法管理编27名、国家事业编34名、地方事业编29名），在编70人（参照公务员法管理23人、国家事业编27人、地方事业编20人）。年内，气象部门开展天气监测预报，提前准确预报重大天气过程，启动暴雨天气应急响应5次；开展人工影响天气作业52次，发射人工增雨火箭弹198枚；开展防雷装置安全专项检查2次，检查企业（场所）585家；参与“两会”接待宾馆饭店安全生产联合检查，限期整改防雷安全隐患宾馆饭店7家；开展科普活动14场，参与4000余人，发放科普材料4000余份，媒体宣传报道11次；气象基础业务考核指标达优秀标准，地面气象观测业务综合指数100%。被中国气象局授予全国气象部门“优秀公务员集体”称号，市气象台被全国妇联授予“全国巾帼文明岗”。主要存在气象现代化建设水平与全国先进省会城市有差距、基层台站发展不平衡、人才建设与技术创新不足、群众满意度不够高等问题。

【气象设施建设】2019年5月23日，市政府、自治区气象局召开“2019年全面推进南宁市气象现代化合作联席会议”，推进“十三五”规划重点工程建设，部署2019年至2022年气象现代化高质量发展重点任务。年内，市气象局完成南宁气象业务综合楼改造工程，基本完成人工影响天气基地场地平整，加快国家天气雷达站搬迁；推进横县、武鸣区气象业务楼建设，完成上林观测站新址正式业务运行。有国家地面观测站8个、国家高空气象观测站1个、国家天气雷达站1个、风廓线雷达站1个、国家农业气象试验站1个、国家应用气象观测站1个、酸雨观测站2个、辐射观测站1个、雷电观测站1个、卫星接收站8个、地基导航卫星水汽探测系

2019年5月13日，中国气象局气象干部培训学院主办的国际短期气候预测与防灾减灾应用培训班在南宁市气象局开展现场教学　　市气象局提供

统基准站（GNSS/MET）1个、国家空间天气观测站1个、自动土壤水分观测站4个、大明山生态立体观测站1个、大气负氧离子观测站4个、石漠化监测站1个、农田小气候站6个、回南天观测站8个。

【决策气象服务】2019年，市气象局做好第十二届中国（南宁）国际园林博览会、“中国杯”国际足球锦标赛、“苏迪曼杯”世界羽毛球混合团体锦标赛、“环广西”国际自行车巡回赛南宁站、“两会”、庆祝中华人民共和国成立70周年等重大活动气象保障服务，准确预报重大天气过程。发布决策气象服务材料231期（《重大气象信息专报》8期、《气象服务信息》102期、《专项气象服务》121期），提供决策气象短信251条，接收近60万人次。

【公众气象服务】2019年，市气象局适应机构改革与职能调整的变化，更新气象灾害预警接收号码近4000个；建立气象研判应对重大突发事件工作机制，及时准确提供灾害性天气预警服务，预警定向发布至乡镇；通过广播电视、手机短信、气象微博、微信、网站、电子显示屏、农村预警大喇叭等向社会公众发布预警信号906次，其中暴雨红色预警37次，冰雹预警信号18次，大风黄色预警信号6次，公众预警短信接收1000万人次。首席预报员接受新闻媒体采访近90次，与南宁广播电台进行专家连线11次，在《南宁晚报》刊登天气文章200多篇。南宁气象微信粉丝增至23万，增长75.50%；“江南发布”公众号接入天气预报共享微页面，年查询量350万次。官方微博“天气速报”话题累积阅读量1487万次。

【人工影响天气作业】2019年，南宁市强化人工影响天气作业安全，市政府分别与自治区人工影响天气办公室、设有气象局的7个区县签订《2019年人工影响天气工作安全责任书》。开展增雨防雹、除尘降霾、蓄水抗旱、改善江河水质等人工影响天气作业52次，发射人工增雨火箭弹198枚。

【气象科普宣传】2019年，市气象局开展气象科普活动14场，参与4000余人，发放科普材料4000余份，媒体宣传报道11次。3月，与市科协、《南宁晚报》、广西文化艺术中心等单位联合举办南宁市第一届“气象小主播”大赛，近400名学生参赛，40名优秀“小主播”参与天气节目录制和公众开放日讲解；联合市民族东小学、南宁晚报小记者团开展青少年气象“职业体验”活动。5月，作为中国气象局气象干部培训学院主办的国际短期气候预测与防灾减灾应用培训班现场教学点之一，接受朝鲜、俄罗斯、泰国、刚果（布）等10个国家和地区15名学员考察参观。6月至9月，与市教育局、市科协、《南宁晚报》联合举办“珍爱生命、远离溺水”防溺水气象防灾知识有奖问答活动，600多所学校6.30万学生参加，《广西日报》、广西电台930、广西新闻网、《南宁日报》《南宁晚报》等媒体报道10余次。参加全国首届气象短视频创作大赛，选送作品2件，获二等奖1项、优秀奖1项。参加全国气象科普讲解比赛，获优秀奖1项；参加广西气象科普讲解比赛，获二等奖1项。　（张　薇）

水　文

【概　况】2019年，南宁水文中心（2019

年7月18日由南宁市水文水资源局更名，加挂南宁水环境监测中心牌子)是自治区水文中心管理的公益一类事业单位，副处级，参照公务员法管理；设办公室(人事科)、计划财务科、水情科、站网监测科、基建科、水质监测科，编制70名，在编65人，其中高级工程师9人、工程师18人。辖南宁、隆安、武鸣、上林、宾阳、横县、马山等7个水文中心站，南宁、隆安等20个水文站，邕宁、峦城等17个水位站，238个雨量站，31个水质监测站，3个泥沙站，2个墒情站，4个地下水站和7个蒸发站。围绕“水文基础补短板、水文系统强服务”工作主线，拓展防汛抗旱水文测报，提前谋划和统筹落实汛前准备，水文监测备汛工作完成率100%，获水利部肯定；做好水文监测服务，及时准确向自治区水文中心、市防汛办报送水雨情信息199.20万条，报汛大型、中型水库站水情信息1.90万份，向社会公众发布水情预警预报短信16万条、台风水情或洪峰预报156次、洪水预警32次，洪峰预报合格率100%，水情预警合格率96.90%；开展重点水功能区、城市饮用水源地、跨设区市界河流交接断面水质监测，监测水功能区30个、城市重要饮用水水源地1个、跨设区市界河流交接断面6个，水功能区水质为Ⅱ类～Ⅳ类，水质达标率96.70%，城市饮用水水源地水质为Ⅱ类～Ⅲ类，水质合格率100%，跨设区市界河流交接断面水质为Ⅰ类～Ⅲ类，水质达标率100%；加强水文科研与成果应用，率先在自治区水文系统开发河道洪水演进三维虚拟仿真系统，在邕江沿线10多个重要断面拓展运用洪水水面线研究成果。主要存在改革力度不够，水文测报服务工作急需加强，干部队伍素质、业务能力需要进一步提升等问题。

【水文与汛期洪水特点】 2019年1月至3月，南宁市辖区降水量比历年均值偏多33%。4月至9月汛期，降水877.40毫米～1050.70毫米，比历年均值偏少16.40%，属正常偏枯年景。全市入汛时间较早，结束时间提前，4月1日部分中小河流即达到年度最高水位，9月上旬后江河再无明显涨水过程。受台风影响少，主要江河无特大洪水，8月上旬受第7号台风“韦帕”影响，8月3日16时主干流郁江控制站南宁水文站起涨水位67.39米，流量每秒2620立方米；8月6日21时洪峰水位72.09米(低于警戒水位0.91米、低于多年均值0.29米)，流量每秒8090立方米，次洪涨幅4.70米，洪水相当于2年一遇；7月7日，受局部强降雨影响局部小流域发生10年至20年一遇较大洪水，其中兴宁区四塘河凤凰谷河段起涨水位95.51米，洪峰水位99.48米，涨幅3.97米，洪水相当于20年一遇，上林县狮螺河、宾阳县南河出现10年来最大洪水。洪水场次较少，时空分布不均匀，大部分江河洪水场次少于历年平均6场～8场，主要控制站次洪涨幅超1米的有右江隆安站4场、武鸣河武鸣站6场、东班江露圩站4场、镇龙江镇龙站2场、清水河上林站3场、邹圩站4场、郁江南宁站4场。

【水文监测】 2019年，南宁水文中心做好汛前准备，检查完成监测备汛、水情备汛、安全生产等25个大项142个子项工作。启动水文测报Ⅳ级应急响应37次，派出应急监测组38个，监测29条河流34站点84站次，其中8个超警戒水位水文站(全年超警戒水位水文站9个)实测流量23测次，28个水文(位)站完成警戒水位以上水位流量关系定线。开展水位、流量、泥沙、降雨、蒸发、地下水、墒情等监测，其中南宁、邹圩、上林、隆安、镇龙5个水文站施测流量197测次；30个水文(位)站施测流量149测次；南宁、邹圩2个水文站施测输沙率22测次，施测单沙962测次；丁当、都结2个墒情站观测墒情，观测仪器运行正常；武鸣灵水、武鸣甲泉、宾阳帽子泉、马山弄逼4个地下水站观测地下水，观测仪器运行正常。辖区水文(位)站流量巡测346站次，为洪水预报积累率定水位流量关系数据。

【水文资料整编】 2019年，南宁水文中心依托“广西水文云”平台，将7个中心站水文监控数据、年度水文资料等整编成完整的水文资料成果，提供线上雨情、水情、水质服务。审查整编水文资料项目17项238站次，错情率低于万分之一；向自治区水文中心报送整编成果，其中有7个站年水位资料、8个站年流量资料、3个站年泥沙资料、46个站年降水量资料、3个站年水温资料，6个站年蒸发量资料，3个站年岸温资料；把中小河流30个专用水文(位)站、182个雨量站资料整编成果录入广西水文数据库。完成年度水资源公报资料统计、河流泥沙公报资料统计。

【水文情报预报】 2019年，南宁水文中心提前谋划、统筹落实汛前准备，水文监测备汛工作完成率100%，得到水利部肯定。严格执行汛期24小时值班制度，加强汛期值班管理，启动Ⅳ级应急响应37次。与市气象局、市水利局、市应急管理局、市自然资源局等单位加强信息沟通，参加市政府汛期汛情日会商研判，及时评估雨水情风险。采取“一张纸”专报、“一键式”短信快报等方式，发布会商报告106期(汛期每天1期)，报送水情信息专报18份，水情快报57份，水情纸质信息报送213份；向自治区水文中心、市防汛办等单位发送水雨情信息199.20万条，其中30分钟内到报190.30万条，到报率95.60%；报汛大型和中型水库站水情信息1.90万份，30分钟到报1.85万份，到报率97.40%；通过自治区12379预警平台向社会公众发布水情预警预报短信16万条、台风水情或洪峰预报156次、洪水预警32次，高洪以上洪峰预报合格率100%，水情预警发布率100%，水情预警合格率96.90%。

2019年5月30日，南宁市水文水资源局(南宁水文中心前身)技术人员利用横式采样器监测郁江泥沙含量　　南宁水文中心提供

表 26　　2019 年南宁市江河主要控制站汛期(4 月至 9 月)最高水位统计表　　单位：米

江 河	站名称	月 份						年度最高水位	年最高水位多年均值	2018 年最高水位	警戒水位
		4	5	6	7	8	9				
镇龙江	镇 龙	126.31	126.79	126.67	127.39	126.60	126.42	127.39	127.89	126.70	129.0
东班江	露 圩	70.92	70.79	70.42	72.86	70.82	70.12	72.86	73.04	71.81	73.9
武鸣河	武鸣(四)	97.69	97.66	99.46	100.76	99.24	99.21	100.76	101.90	99.65	103.1
右 江	隆 安	76.81	84.11	79.34	82.79	78.22	77.32	84.11	84.46	85.32	85.0
郁 江	横 县	44.99	49.02	46.54	49.46	51.34	49.79	51.34		50.50	54.0
郁 江	南宁(三)	67.56	68.99	67.65	69.83	72.09	70.33	72.09	72.47	72.27	73.0
姑娘江	马 山	162.59	162.61	163.36	162.63	162.52	162.39	163.36		164.01	164.5
清水河	邹 圩	85.94	86.49	85.27	89.12	85.39	85.20	89.12	88.95	87.43	88.0
清水河	上林(二)	107.09	107.22	106.62	108.04	106.69	106.51	108.04	108.54	108.13	108.3

【水质监测】 2019 年，南宁水文中心按照《地表水环境质量标准》(GB3838-2002)、《地表水资源质量评价技术规程》(SL395-2007)，监测 30 个重点水功能区水质，其中 18 个全国重要水功能区河长 420.30 千米，年度水质全部达标、与上年持平，12 个自治区级水功能区河长 271.80 千米，达标水功能区 11 个、河长 241.90 米，分别占总量 91.67%、89.00%，分别比上年提高 0.77 个百分点、2.80 个百分点。监测城市重要饮用水水源地(邕江)，水质为Ⅱ类～Ⅲ类，全年水质合格率 100%、与上年持平。监测 6 个跨设区市界河流交接断面(清水河南宁—来宾、乔建河崇左—南宁、八尺江防城港—南宁、右江百色—南宁、左江崇左—南宁、郁江南宁—贵港)，水质为Ⅰ类～Ⅲ类，达标率 100%、与上年持平。参与审核南宁市跨区县重点河流交接断面等 86 个断面水质监测报告。开展基层水文站动态监测河湖水质工作，定期向区县河长办提供水质信息服务。

【水文科研】 2019 年，南宁水文中心以实际观测的水文资料为主要数据源，开发河道洪水演进三维虚拟仿真系统，在邕宁水利枢纽上游河道进行应用测试。应用 2018 年“邕江南宁市城区河段洪水水面线”研究成果，将原来水文站断面水情预警预报服务拓展至邕江沿线 10 多个重要断面。与金鸡滩水电站、老口水利枢纽工程电站、邕宁水利枢纽工程电站开展河库联合预报 3 次，对邕江 69 米以上水位进行联合预报，初步形成沿河单位信息共享机制，为河库调度提供水文技术支持。

【水文基础设施建设】 2019 年，南宁水文中心固定资产投资 233 万元。编制完成并向自治区水文中心申报南宁水文巡测站技术改造、南宁水文科技示范与研究基地建设、南宁水文站提档升级改造 3 个建设项目(计划投资 1892 万元)，完成广西水环境监测中心项目(南宁水文巡测基地)设计变更、决算编制、审计工作；建成广西大江大河水文监测系统建设工程(二期)邕宁、峦城、金鸡滩电站坝下 3 个水文站，完成武鸣、横县、马山 3 个水文中心站能力提升工程、(横县)镇龙水文站低水测流堰槽水毁修复工程、广西水文防汛应急仓库楼梯屋面改造及大院环境整治工程。　　(卢　静)

社会科学

综　述

【社会科学发展】 2019 年，南宁市社会科学院(简称“市社科院”)完成年度社会科学研究重点课题 6 项，课题成果获市领导批示 15 项次。出版《创新》杂志 6 期，刊登文章 73 篇。出版《南宁蓝皮书·经济发展报告(2019)》《南宁蓝皮书·社会发展报告(2019)》，收录研究报告 54 篇，60 多万字。在《地域研究与发展》《广西日报》等报刊上发表学术论文 26 篇。接受《南宁日报》、南宁广播电视台等媒体采访近 20 次。市社科院在全国城市社科院院长联席会议上再度被评为全国城市社科院先进单位。市社会科学界联合会开展课题立项 43 项(广西特色新型智库联盟重大课题 1 项)，资助金额 19 万元。开展大型广场科普宣传活动 1 场、科普报告会 3 次、十月科普大行动开展活动 1 场、科普进社区下乡村活动 3 场次，新建科普基地 1 个。开展学术交流活动 6 场次，开展学术研讨活动 1 次。

【经济社会研究】 2019 年，第三届南宁市专家咨询委员会成立。委员会设产业发展、科技创新大数据、城市建设管理、民生与法治、金融、现代商贸物流 6 个专业咨询组，有咨询专家 70 人，其中院士 5 人、二级教授 6 人，享受国务院特殊津贴 14 人(不含院士)。落实与国务院发展研究中心经济运行监测合作机制，开展第三季度、第四季度经济运行监测调查分析；完成经济与社会发展研究重大课题 1 个、重点课题 8 个、专题调研文章 2 篇、其他调研文章 12 篇；开展优化营商环境调研问效 4 次，形成调研问效报告 4 篇，按调研发现问题部署整改。市经济发展研究中心编印《调研参阅》12 期、南宁市专家咨询委员会《专报》23 期、《简报》21 期，获市领导批示 70 人次，获国务院发展研究中心主办的 2019 年中国发展研究奖三等奖 1 项，获自治区政府政研系统“大学习大调研”活动调研成果一等奖 1 项、二等奖 1 项。

【中共地方史事业发展】 2019 年，中国共产党南宁市委员会党史研究室(简称“中共南宁市委党史研究室”)开展党史资料征集、党史课题研究和党史宣传教育，推进《中国共产党南宁历史(第三卷)》《南宁市大事记(2019 年)》编纂，指导区县党史资料征集与课题研究，出版《党史大事记(2017 年)》。审查审读党史书籍、纪念馆展陈大纲、影视作品等资料材料 20 多篇次,完成《广西党史陈列馆展陈大纲》审读,核实史实并提出意见建议;参加广西电视台《广西剿匪纪实》研讨会,提出反映南宁剿匪斗争史建议;审核李明瑞、韦拔群等革命烈士纪念馆展陈内容和解说词、共青团南宁纪念馆展陈内容、《南宁市新中国成立以来劳动模范事迹展示内容》材料;参与《南宁市第二批历史建筑保护名录》评审,参与南宁市11个爱国主义教育基地申报评审和史实审定;协助市文广旅局审核红色旅游精品路线4条;审阅《我是红人——红色故事线索征集活动》材料,为《锦绣南宁》六集城市纪录片提供党史审核意见,为《南宁红色故事》提供资料。拓展党史资政服务和宣传教育,订阅《从百年征程看初心和使命》《新中国:砥砺奋进的七十年》《强国长征路:百国调研归来看中华复兴与世界未来》3部党史书籍280套,分送在职正处级以上党员领导干部、副厅级以上离退休干部。

【地方志事业发展】 2019年,南宁市编纂出版《南宁市志(1991—2005)》《邕宁县志(1991—2004)》,整理出版旧志《宾州志》(清·光绪版);修改完善县志4部,其中《横县志(1986—2005)》通过出版社审查,《上林县志(1986—2005)》《马山县志(1986—2005)》报送出版社审查,《南宁市兴宁区志》通过审查验收。出台《南宁市推进第三轮地方志编修试点工作指导意见》,启动市本级、良庆区、隆安县第三轮修志试点,完成《南宁市志(2006—2025)》、重修《南宁市志》2部市志基本篇目设计。《南宁年鉴(2019)》出版发行,12个区县做到"一年一鉴,公开出版";开展区县年鉴框架研讨,指导区县完善2019卷年鉴篇目框架,指导《隆安年鉴(2019)》申报广西年鉴精品工程。出版《南宁地情手册(2019)》,收集并审查2018年地方志年报资料127份,出版《南宁方志》内部刊物4期。加快南宁市方志馆建设,编写布展陈列大纲初稿,邀请设计公司参与地情展厅设计;完成图书上架、电子阅览室电脑安装,开放期刊阅览室、电子阅览室;布设网络信号设备,实现Wi-Fi信号全馆覆盖。入库第二轮市志3000套,人藏书籍(含电子书)1.53万册。《南宁通史》经中华书局三审三校,广西师范大学编写组修改完善。 (方 明)

社会科学研究

【概 况】 2019年,南宁市社会科学院设办公室、经济发展研究所、社会发展研究所、城市发展研究所、农村发展研究所、东盟研究所、科研管理所、《创新》杂志编辑部,编制42名,在编35人;有专业技术人员31人,其中高级专业技术职务任职资格10人、中级15人,博士1人、硕士21人。完成社会科学研究重点课题6项,院级研究课题9项;出版《创新》杂志6期,刊发文章73篇;在《地域研究与发展》《广西日报》等发表社会科学研究论文26篇。11月,被全国城市社科院第二十九次院长联席会议评为"全国城市社科院先进单位"。主要存在科研管理体制创新力度小、科研精品力作少、社会影响力偏弱、服务决策针对性时效性不强等问题。

南宁市社会科学界联合会(简称"市社科联")有会员单位31个(区县社科联12个,市级学会8个、协会2个、研究会9个),会员2.30万人;设办公室、学会部,事业编制9名、在编9人、后勤控制编制1名、在编1人。印发《南宁市社会科学界联合会深化改革实施方案》《2019年学会管理考评细则》,推进会员单位改革。落实社科联领导定点联系制度,调研市党的建设研究会、南宁高等职业技术教育研究会,帮助市壮学学会解决工作经费13.50万元。协调、督促学会(协会、研究会)开展年检年审,学会年审率73.60%。开展较大科普宣传活动5场,科普报告会3场,调研工作、座谈会6次,新建科普基地1个;参加学术研讨活动6次,开展学术研讨活动1次;投入3万多元帮扶贫困村1个,慰问4次53户,发放慰问金1.36万元、物资价值6000元。主要存在社会科学宣传普及效果不明显、科研成果水平低转化少、学会管理欠规范、激励机制不活等问题。

【课题研究】 2019年5月,市政府确定市社科院2019年度社科研究重点课题6个(南宁市推动数字产业化发展研究、新形势下南宁市促进民营经济发展对策研究、南宁市加快打造农产品特色品牌对策研究、南宁市老旧小区概况调查及管理对策研究、扩大培育南宁市新的消费增长点对策研究、南宁市社区治安治理体系建设对策研究)。市社科院组成6个高级职称专业技术人员领衔的科研团队,开展调查研究、课题写作,形成课题成果并通过专家评审,结项课题获评优秀等次1个(南宁市老旧小区概况调查及管理对策研究),良好等次5项。立项院级课题9项(2018年南宁市经济运行分析与2019年预测、2019年南宁市社会发展形势分析及展望、南宁市各民族相互嵌入式社区建设研究、南宁市公共交通网络化资源化利用对策研究、南宁市发展贫困村集体经济研究、南宁市加强与东盟国家友好城市人文交流对策研究、提升南宁市扬尘治理"智慧化"水平对策研究、南宁市营商环境调研、南宁市学术期刊新媒体传播能力建设研究),年内全部结项,获评良好等级9个。摘选课题研究成果刊发《领导参阅》12期,获市领导批示15次。市社科联立项2019年度研究课题43项,资助金额19万元;获2019年度广西特色新型智库联盟重大课题立项1项(推动中越跨境经济合作区示范建设 打造新口岸经济的战略构想研究);结题2018年度研究课题28项。11月20日,市社科联与市委党校、市委党史研究室联合举办"庆祝中华人民共和国成立70周年南宁经济社会建设实践与成就理论研讨会",收到论文90篇,评出获奖论文60篇。

(宁春园 李国燕)

【编书办刊】 2019年,市社科院期刊《创新》常设特色栏目《城市发展研究》《中国与东盟》,常设栏目《哲学》《文化学》等,突出时代特色设专题栏目《新中国成立70周年》《五四运动100周年》《新时代科技创新》《新时代生态文明理论研究》《高质量发展》《乡村振兴》《自由贸易实验区》等,出版6期,刊发文章73篇(国家级基金项目27篇、省部级基金项目11篇、其他基金项目12篇)。出版《南宁蓝皮书·经济发展报告(2019)》《南宁蓝皮书·社会发展报告(2019)》,收录研究报告54篇,约60万字。

【理论宣传】 2019年,市社科院专家学者接受《南宁日报》、南宁广播电视台等媒体采访近20次,解读有关理论政策,引导社会舆论,传递正能量。科研人员在《地域研究与发展》《广西日报》等报刊发表社会科学研究论文26篇。(宁春园)

【社会科学普及】 2019年5月10日至16日,南宁市开展"2019年南宁市社会科学普及活动周"活动,市、区县(开发区)200多家单位开展报告会、科普讲座、知识竞赛、主题板报展、科普文艺演出、科普进社区(学校、企业)等活动,参与会员5000多人,受教育群众40万人。5月14日,在友爱广场举办以"普及社科知识,建设壮美广西"为主题的活动周启动仪式,展出展板50多块,宣传普及习近平新时代中国特色社会主义思想、中共十九大精神、中共中央总书记习近平为广西壮族自治区成立60周年题词等,学会会员、社会科学专家和工作者50多人现场开展咨询服务,受益1000多人。10月23日至24日,市社科联组织10个学会(协会、研究会)社科专家学者到马山县里当瑶族乡开展社会科学宣传普及活动,宣讲习近

2019 年 5 月 14 日，“2019 年南宁市社会科学普及活动周”在友爱广场举办启动仪式。图为工作人员（前右）向市民发放科普宣传册 市社科联提供

平新时代中国特色社会主义思想、中共中央总书记习近平在庆祝中华人民共和国成立 70 周年大会上的重要讲话精神，受教育 100 人。

【学术交流】 2019 年，市社科联外出参加学术交流活动 6 次。4 月 25 日至 26 日，组织区县社科联参加自治区市县社科联工作经验交流会、自治区市县社科联智库建设工作交流会，市社科联、西乡塘区社科联在会上作典型发言。7 月 17 日至 18 日，参加自治区社科联、广西民族大学主办的第四届中国－东盟民族文化论坛；25 日至 26 日，参加桂滇黔三省区第五届南盘江流域发展论坛。8 月 30 日至 9 月 1 日，参加全国大中城市社科联工作会议。12 月 17 日至 18 日，参加自治区社科联、北海市委、北海市政府主办的第二届北部湾城市群发展论坛；19 日，参加市政协专题研讨会。全年到访交流的有沧州市社科联、郑州市社科联，交流课题研究、学会管理、社科普及、换届工作等。

（李国燕）

党史研究

【概 况】 2019 年，南宁市有市级党史研究机构 1 个，区县机构 12 个（独立常设机构 4 个、与地方志办公室合署办公 4 个、挂牌在城区党校 4 个），在编 82 人；中共南宁市委党史研究室设秘书科、党史宣传教育科、征研一科、征研二科，编制 12 名，在编 11 人，后勤控制数 2 名，在编 1 人。中共南宁市委党史研究室推进《中国共产党南宁历史（第三卷）》《南宁市大事记（2019 年）》编纂，指导区县党史资料征集与课题研究，拓展党史资政服务和宣传教育，出版《南宁市大事记（2017 年）》，审查审读党史书籍、影视作品、纪念馆展陈大纲等资料材料 20 多篇次。主要存在编制少、部分区县机构有牌无人、业务培训少、场馆建设滞后、研究成果应用不够等问题。

【党史资料征集】 2019 年，中共南宁市委党史研究室向市直单位征集《中国共产党南宁历史（第三卷）》改革开放专题资料，牵头编写《砥砺奋进四十年 继往开来谱华章——南宁市改革开放四十年综述》。做好粤桂边根据地资料征集，赴北海、钦州、防城港征集粤桂边革命斗争史料。征集《南宁市大事记（2019 年）》、“改革开放以来的南宁”口述历史资料；指导马山县、隆安县、邕宁区开展“广西解放珍闻录”资料征集。协助自治区安全厅、市安全局开展“南宁新民主主义革命时期共产党的隐蔽战线斗争、开展统一战线工作”资料征集。梳理新民主主义革命时期广西党组织在南宁开展隐蔽战线斗争的史料，查找到云广英、谢和赓、梁寂溪、陈权、何存、梁增瑜等中共党员事迹的资料、线索。

【课题研究】 2019 年，中共南宁市委党史研究室根据自治区党委党史研究室的意见重新调整《中国共产党南宁历史（第二卷）》框架，增设突出南宁特色的专题。出版《南宁市大事记（2017 年）》，编辑完成《南宁市大事记（2018 年）》初稿。撰写《中共广西区委执政纪事（2019 年）》，指导上林县编纂《中共上林县委执政纪事（2018 年）》。加快县区党史基本著作编纂出版，审阅《中国共产党马山县历史（第二卷）》（送审稿），督促区县加快编纂《上林县大事记（1949—1958）》《隆安动态速览》，指导区县审定《上林抗战》《中国共产党马山县历史（第三卷）》《中国共产党上林历史（第二卷）》提纲。指导区县编纂党史大事记，完成《横县大事记（1949—1978）》《横县大事记（2010—2013）》《横县大事记（2016—2017）》《宾阳县大事记 2015—2019》《邕宁区大事记（2005—2015）》。做好《革命老区县发展史》编纂，完成武鸣区、上林县、马山县 3 个区县初稿审读。与市老促会、市方志办开展革命老区县发展史编纂调研，在武鸣区召开推进工作现场会。会同市乡村办、市方志办、市国家档案馆评审村史村志 394 部。

【资政服务】 2019 年，中共南宁市委党史研究室审读《广西党史陈列馆展陈大纲》并提出意见建议。参加广西电视台主办的《广西剿匪纪实》研讨，向市委报送资政信息《南宁市文化建设需重视红色资源保护开发》。审核“南宁市新中国成立以来劳动模范事迹展示内容”“我是红人——红色故事线索征集活动”，李明瑞、韦拔群等革命烈士纪念馆展陈内容及解说词，审读南宁纪念昆仑关大捷 80 周年专题展展陈大纲 3 个（戴安澜将军纪念展、广西学生军战史青春展、抗战时期的老南宁展）。参与邓颖超纪念馆、共青团南宁纪念馆展陈内容审核，参与南宁市关于“壮丽 70 年、壮美新首府”南宁市经济社会发展情况新闻发布会相关党史背景材料的审核修改，参与《南宁市第二批历史建筑保护名录》、南宁市 11 个市级爱国主义教育基地的申报评审和史实审定。协助市文广旅局审核 4 条红色旅游精品路线，为《锦绣南宁》六集城市纪录片、《南宁红色故事》节目录制提供资料、意见。

【党史国史宣传教育】 2019 年，中共南宁市委党史研究室开展“不忘初心、牢记使命”党史国史专题宣讲 50 场，受教育党员 6000 多人。组织 11 个视频节目参加“信仰伴我成长”第二届广西党史微视频大赛活动，兴宁区选送的《牛书记》获银奖。开展庆祝中华人民共和国成立 70 周年系列宣传教育活动，参加广西庆祝中华人民共和国成立 70 周年党史知识竞赛，全市参加 2.80 万人；组织开展庆祝中华人民共和国成立 70 周年征文活动，收文 40 篇，评出一等奖 2 篇、二等奖 4 篇、三等奖 5 篇；与市委党校、市社科联联合举办“庆祝中华人民共和国成立 70 周年：南宁经济社会建设实践与成就”理论研讨会，收文 90 篇，评出一等奖 5 篇、二等奖 10 篇、三等奖 15 篇、优秀奖 30 篇。做好纪念百色起义暨龙州起义90周年征文活动，收文22篇。组织撰写庆祝广西解放70周年座谈会发言材料，向自治区党委党史研究室报送材料10篇。完成《广西党史工作2019年成果图集》收集，报送图片76幅。订阅《从百年征程看初心和使命》《新中国：砥砺奋进的七十年》《强国长征路：百国调研归来看中华复兴与世界未来》3部党史书籍280套，分送在职正处级以上党员领导干部、副厅级以上离退休干部。

（林雯雯）

地方志

【概　况】2019年，南宁市有市级地方志工作机构1个，区县机构12个（独立常设机构4个、与党史研究室合署4个、挂靠区县政府办公室4个）。南宁市人民政府地方志编纂办公室（简称"市方志办"）设综合科、志书科、年鉴科、地情信息科、馆藏科和党总支部，编制19名、在编18人，机关后勤服务人员核定数2名、在编2人，具有高级、中级专业技术职务任职资格9人。市方志办完成机构改革，为南宁市人民政府直属相当正处级公益一类事业单位，原承担的部分行政职能划归市政府办公室。《南宁市志（1991—2005）》出版发行，《南宁年鉴（2019）》出版；中华书局完成《南宁通史》三审三校，由广西师范大学编写组修改完善。4月，参与市乡村办组织的南宁市村史村志联合评审，评审村史村志394部。7月，《南宁地情手册（2019）》出版，发行1000册。收集并审查2018年地方志年报资料127份。出版《南宁方志》4期。主要存在尚有4部区县志书未完成出版，《南宁方志》期刊质量有待提升，方志馆布展进展缓慢等问题。

【《南宁市志（1991—2005）》出版发行】2019年4月，南宁市地方志编纂委员会主编的《南宁市志（1991—2005）》印制出版，印数3000册，发放590册。全志5卷本700万字，包括专志47篇及总述、大事记、附录，每卷卷首设图片专辑，内文有随文插图，全志图照约1700张，统计表571个，统计图110个，客观、系统、真实地记录1991年至2005年南宁市自然、政治、经济、文化、社会发展的基本情况。

【区县志书编纂出版】2019年，市方志办到区县指导志书编修8次，指导《横县志（1986—2005）》出版前修改，4月通过出版社审查进入出版阶段；指导《上林县志（1986—2005）》《马山县志（1986—2005）》审查验收后的修改完善。6月，《邕宁县志（1991—2004）》印制出版。8月，宾阳县整理古籍旧志，出版《宾州志》（清·光绪版）。10月16日，《南宁市兴宁区志》审查验收会召开，通过审查验收。

【第三轮修志试点】2019年，南宁市在自治区率先启动第三轮新方志编修试点，开展市志基本篇目框架研究，总结首轮、第二轮修志经验与教训，做好顶层设计；启动市本级、良庆区、隆安县第三轮修志试点，出台《南宁市推进第三轮地方志编修试点工作指导意见》，组织集中讨论10余次，完成《南宁市志（2006—2025）》、重修《南宁市志》2部市志基本篇目框架。

【地方综合年鉴编纂出版】2019年12月，市方志办完成《南宁年鉴2019》编纂出版，2020年3月印刷发行800册。全书设部类35个，有图片264幅、表格61个，从经济建设、政治建设、文化建设、社会建设、生态文明建设5个方面记述2018年度南宁市自然、经济、政治、文化、社会、生态等领域的发展情况、重大成就和变化。印发《"南宁网络年鉴2019"实施方案》，首次开展"网络年鉴"编纂，实现当月编纂、实时发布。开展区县年鉴篇目框架研讨会，指导区县完善2019卷年鉴篇目框架；实地指导、检查区县年鉴业务14次，督促加快编纂进度；指导《隆安年鉴（2019）》申报广西年鉴精品工程并按专家意见完成修改。完成市本级及区县年鉴一年一鉴、公开出版。

【方志馆建设】2019年，市方志办推进方志馆建设，开展方志馆展陈前期工作，编写方志馆布展陈列大纲初稿，邀请设计公司参与地情展厅设计。布设网络信号设备，实现Wi-Fi信号全馆覆盖，市民在馆内任何区域均可使用手机、笔记本电脑等移动设备上网，在线阅读或下载市志、年鉴、期刊等地情书籍。丰富馆藏资料，入藏书籍（含电子书）1.53万册；归类整理馆藏书库，入库二轮市志3000套。完成图书上架、电子阅览室电脑安装，开放期刊阅览室、电子阅览室。

【"智慧方志"优化】2019年，市方志办优化"智慧方志"运行。南宁地情网更新信息766条（篇），志鉴动态信息68条、其他信息444条、一周大事254条。优化后的年点击量378万次、比上年增长48.34%，累计点击量1160万次。上线自治区首个智能志鉴编纂平台，优化编纂平台功能，实现"南宁网络年鉴2019"在线实时编纂。上线运行南宁虚拟方志馆，设区县概貌、自然、经济、文化、社会、生态、特色、景区景点8个板块。"方志南宁"微信公众号每工作日推介南宁地情资讯1条。扩充地情全文数据库，投资19万元收集全国获奖志书、西南地区精品志书、广西家谱电子版1622册，总收录近4000册。

【地方志行政执法检查】2019年，机构改革，南宁市地方志行政检查职能划归市政府办公室负责。12月16日至31日，市政府办公室组织开展全市地方志行政执法检查，区县、开发区、市直有关部门完成自查自纠；25日至26日，市政府办公室组织市方志办人员参加的地方志行政执法检查组到兴宁区、上林县、马山县实地检查，督促志鉴编修"两全目标"（到2020年全面完成第二轮修志规划任务，实现自治区、市、县三级综合年鉴全覆盖目标）推进，发出限期整改意见5份。

（钟婉悦）

经济与社会发展研究

【概　况】2019年，南宁市人民政府发展研究中心（简称"市发展研究中心"）设办公室、区域经济研究科、产业经济研究科、农村发展研究科、城市发展研究科、社会发展研究科、科研管理与信息科和机关党支部，事业编制33名、在编29人，后勤控制编3名、后勤控制编3人。完成经济与社会发展研究重大课题1个、重点课题8个、专题调研文章2篇、其他调研文章12篇；牵头开展优化营商环境调研问效4次，形成调研问效报告4篇，被市政府采用并制订整改清单；编印《调研参阅》12期、南宁市专家咨询委员会《专报》23期、《简报》21期，获市领导批示70次；起草重大政策文件、重要文稿20余篇，核改重要文稿20余篇；落实南宁市与国务院发展研究中心签订的经济运行监测合作机制，开展第三季度、第四季度经济运行监测调查分析；报送政务信息18条，获采用18条（自治区4条），获自治区领导批示3次、市领导批示3次；联合南宁职业技术学院开展智库联盟建设，签订框架协议。课题报告获国务院发展研究中心主办的2019年中国发展研究奖三等奖1项，2019年广西壮族自治区政府政研系统"大学习大调研"活动调研成果一等奖1项、二等奖1项。主要存在业务骨干被抽调、研究力量薄弱等问题。

【课题研究】2019年，市发展研究中心完成重大课题"南宁市与东盟三国国别经贸合作系列分析（印度尼西亚、菲律宾、新加坡）"1项，重点课题"全面落实强首府战略，提高首位度，增强辐射带动能力的对策研究”“大力发展南宁铁路保税货运，打造西部陆海新通道物流枢纽”“打造面向东盟的金融开放门户核心城市的路径与对策研究”“发展双向‘飞地经济’，引进高新技术和拓展‘南宁空间’模式研究”“南宁市扶持瞪羚企业发展对策研究”“南宁发展公园城市的规划建设方略研究”“南宁市2020全面脱贫的难点和对策研究”“污水处理厂污泥减量化和无浓液的垃圾渗滤液处理技术应用研究”8项。课题研究报告获国务院发展研究中心主办的2019年中国发展研究奖三等奖1项(2017年重大课题“广西北部湾经济区物流一体化和降成本研究”)，获2019年广西壮族自治区政府政研系统“大学习大调研”活动调研成果一等奖1项(“全面落实强首府战略，提高首位度，增强辐射带动能力研究”)、二等奖1项(“大力发展南宁铁路保税货运，打造西部陆海新通道物流枢纽”)。

【决策调研与文稿服务】　2019年，市发展研究中心围绕全市发展热点难点问题开展研究，撰写《举全市之力，以非常力度、非常措施推动强首府战略实施》《发展中国－东盟网络直播经济倒逼南宁自贸试验区建设制度创新的建议》等决策咨询文章12篇，在《调研参阅》刊发，获自治区党委常委、市委书记王小东，市长周红波等市领导批示22次，获市委市政府决策实施的调研意见5件，其中《上海自贸区核心区外高桥保税区建设对南宁的启示》经市领导批示后，9月20日由市投促局、市商务局与上海外高桥企业发展促进中心有限公司签订合作协议，共搭中国－东盟双向投资服务“南宁平台”。开展专题调研，形成《关于以国土空间规划引领新时代首府南宁高质量发展的战略思考》《关于双汇公司反映跨省“销售难”“采购难”困境问题调研情况的报告》等专题调研成果。做好重要文稿服务，牵头或参与起草2019年亚信金融峰会、《人民日报》“一撇一捺看发展”大型主题采访活动、“解放思想　改革创新　扩大开放　担当实干　加快推进中国(广西)自由贸易试验区南宁片区建设”专题研讨会、庆祝新中国成立70周年南宁市经济社会发展情况新闻发布会、南宁市“双百双新”产业项目推进会等重要文稿20余篇，核改第七届中国－中亚论坛、北部湾经济区发展成就情况新闻发布会、自治区2019年计划退出贫困县脱贫摘帽工作调度会等重要文稿材料20余篇。

【专家咨询】　2019年，南宁市专家咨询委员会专家向南宁市提出决策咨询意见23件，助推南宁市实施重大项目4个。市咨询专家王国栋领衔的广西先进铝加工创新中心有限责任公司与广西南南铝加工有限公司、南南铝业股份有限公司、东北大学、中铝洛阳铜加工有限公司、山东南山铝业股份有限公司联合向工信部申报的“高端高精铝材关键热处理重大短板装备项目”，被评为“国家重大短板装备专项工程”首个先行先试项目；1月23日，工信部、科技部、国务院国资委、国家国防科工局四部委在南宁市召开重大短板政策宣贯会，举行建立“政产学研用金”协同攻关长效机制签约仪式。市咨询专家颜永年为南宁市提出建设3D打印智能制造特色小镇的建议；8月30日，广西永年增材制造研究中心有限公司落地南宁市，为中国(广西)自由贸易试验区首批注册企业。市咨询专家沈玉龙向南宁市递交《中国－东盟投资服务中心有限公司(暂定名)可行性研究报告》，与南宁金融投资集团合资设立“南宁市爱森恩投资管理有限责任公司”。促成昆仑关文化旅游公司与上海宏豆文化传播有限公司、上海山上网络科技事务所签订《昆仑魂》影视作品委托制作协议。市咨询专家张燎提出《关于建议南宁承办2019年中柬PPP培训班的情况说明》(PPP：政府和社会资本合作模式)，11月6日柬埔寨方同意中柬PPP培训班选址南宁市，12月2日至6日中柬PPP培训班在南宁市举办，30多名柬埔寨方代表参加；提交《基建综服基地建设行动计划》，推动设立面向东盟的基础设施建设综合服务基地的运营公司。市咨询专家曹亮功带领养老事业专家3人到南宁市开展养老机构负责人培训班，培训70余人。市咨询专家张夷到南宁市举办“纪念新文化运动100周年暨新时代提振南宁文化产业”专题研讨会，参会30人。

2019年1月23日，工信部、科技部、国务院国资委、国家国防科工局四部委局在南宁召开重大短板装备政策宣贯会　　市政府发展研究中心提供

【第三届南宁市专家咨询委员会成立】　2019年11月2日，第三届南宁市专家咨询委员会成立。委员会主任由副市长伍娟担任，副主任由市政府秘书长、协助副市长分管业务工作的副秘书长、市政府发展研究中心主任担任，办公室设在市政府发展研究中心；设产业发展、科技创新大数据、城市建设管理、民生与法治、金融、现代商贸物流6个专业咨询组，分别由市发展改革委、市科技局、市住建局、市民政局、市金融办、市商务局担任组长单位。有咨询专家70人，其中院士5人、二级教授6人，享受国务院特殊津贴专家19人(含院士5人)。

【优化营商环境调研】　2019年，市发展研究中心围绕优化营商环境百日攻坚行动完成情况、优化营商环境攻坚突破年活动开展情况、“放管服”改革情况等，牵头组织7个调研问效小组开展调研问效4次，调研南宁市民中心(含自贸区服务大厅)、区县(开发区、五象新区)政务服务中心等单位，查阅台账约700个，组织企业座谈100多家，随访企业代表、窗口工作人员、办事群众200人次，形成调研问效报告4篇。市领导作出批示4篇，召集专题会议对报告反映的问题进行部署整改措施。配合市政府督查室开展全市营商环境专项调研，实地暗访南宁市民中心、青秀区、经开区等办证受理点6个，随机采访办事人员28人，发放调查问卷140份，座谈企业人员25人，形成调研报告1篇。

(林绍贤)

编辑　方　明

综述

【概 况】 2019年,南宁市机构改革,将原市文化新闻出版广电局的文化广播电视管理职责和原市旅游发展委员会的职责整合,组建南宁市文化广电和旅游局(简称"市文广旅局"),为市政府工作部门。3月6日,市文广旅局挂牌成立,设办公室、政策法规科、人事科、财务科、艺术科、公共服务科、信息科技教育科(媒体融合发展科)、宣传科、传媒机构管理科、安全传输保障科、产业发展科、资源开发科、市场管理科、市场推广科、全域旅游促进科、对外交流合作科、非物质文化遗产科、文物保护与考古科、博物馆与文物安全科,行政编制65名、在编55人,后勤服务人员编制8名、在编8人。二层机构有市文化市场综合行政执法支队、市群众艺术馆、市图书馆、市民族文化艺术研究院、市博物馆、市少年儿童图书馆、南宁孔庙管理所、市顶蛳山遗址博物馆、市旅游发展服务中心、市艺术剧院有限责任公司,在职人员596人。有市级广播电视台1家、县级广播电视台(融媒体中心)6家,从业人员1098人。有公共图书馆14家(市级馆2家、区县馆12家),增建馆外流通服务点14个(分馆7个、图书流通站6个、图书小站1个),累计馆外流通服务点204个(联合分馆35个、图书流通站129个、图书小站15个、村级中心12个、社区24小时自助图书馆11个、经典书房1个、阅读换书中心1个)。公共文化馆13家(市级馆1家、区县馆12家),增建馆外流通服务点6个(2个艺术培训示范基地、4个培训服务点)。有文物保护单位297处,其中全国重点文物保护单位6处、自治区级文物保护单位42处、市(县)级文物保护单位249处。有国家级非物质文化遗产代表性项目7项,代表性传承人5人;自治区级非物质文化遗产代表性项目139项,代表性传承人77人;市级非物质文化遗产代表性项目211项,代表性传承人181人。有文化产业示范基地(园区)114个(国家级文化产业示范基地2个、自治区级文化产业示范基地36个、自治区级文化示范园区4个、市级文化产业示范基地72个)。有互联网上网服务营业场所(网吧)365家,歌舞娱乐场所209家,游戏游艺场所13家。主要存在文旅融合度不高、文旅产品知名度不高、文旅基础设施不够完善、文旅企业竞争力不强等问题。

【文化惠民工程】 2019年,南宁市竣工村级公共服务中心示范项目82个;免费开放公共文化基础设施场所134家;建成广播电视村村通工程建设点2个;送戏下基层300场、送戏进校园129场,"传统戏曲、精品剧目进高校"演出20场;扶持乡村社区业余文艺队200支展演6284场,超额完成524场,观众305万人次。社区电影公益放映4695场,农村电影公益放映1.70万场。"送戏下基层进校园"项目选取庆祝中华人民共和国成立70周年优秀歌曲为演出主要节目、《江姐》等大型舞台精品为高校演出剧目,设置"扫黑除恶""垃圾分类""未成年人保护宣传""日常安全知识""防艾知识"等知识问答环节。提供个性化"菜单"服务,作品反映"身边事、身边人",创排演出文化惠民工程主题曲《天蓝蓝、心暖暖》,社会主义核心价值观舞蹈《和·鞋》和精准扶贫政策小品《抢地盘》。 (凌红俏)

【重大文化项目建设】 2019年,南宁市构建文化产业分级示范基地建设体系,有各级示范基地(园区)114个,其中国家级文化产业示范基地2个、自治区级示范基地36个、自治区级示范园区4个、市级示范基地72个。市领导联系重大项目8个:上林县大庙江生态旅游景区项目、上林县鼓鸣寨养生旅游度假基地项目(一期)、南宁水锦·顺庄旅游综合开发项目、茉莉小镇文旅项目、南宁圣名岭东盟文化旅游度假区项目(一期)、南宁牛湾文化旅游岛、南国乡村·农村综合旅游景区项目(一期)、南宁·桃李春风·健康颐养文旅项目,投资7.13亿元。完成融晟天河·海悦城等19个自治区重大文旅项目投资46.95亿元。升级建设百益·上河城智慧型文化创意孵化产业园、老木棉·匠园(二期)、太和自在城、广西药用植物园等项目。

【文化产业建设】 2019年,南宁市文化产业增加值127亿元,占全市GDP3.15%。广西文化创意产业大厦、南宁花雨湖文化产业示范基地、中国茉莉花茶文化产业园、广西四叶草动漫创意制作中心被命名为2019年度自治区级文化产业示范基地,百益·上河城智慧型文化创意孵化产业园被命名为2019年度自治区级文化产业示范园区。南宁市艺术剧院等15家企业纳入南宁市紧缺人才企业名录库,南宁峰值文化传播有限公司等5家企业获自治区文化产业发展资金扶持250万元。

(黄小芸)

【对外及中国港澳台地区文化交流】 2019年,南宁市赴缅甸、老挝开展文化走亲东盟行,在老挝、缅甸华人社区、高校、剧场开展戏剧展演、非遗展示、文化交流等活动,展示南宁传统文化和民族风情。市博物馆举办"走近东盟——2019新年音乐会"、《泰之美——泰国风情展》、《庆祝中华人民共和国成立70周年"百里秀美邕江"摄影大赛获奖作品展》暨《"一带一路”艺术行——俄罗斯油画名家南宁邀请展》和“博艺苑——俄罗斯风情专场音乐会”活动。9月12日至18日，2019年中国－东盟(南宁)戏剧周在南宁举办，创新设立活动主题国，邀请东盟国家使领馆代表出席开幕仪式，举办26场精彩活动，其中优秀剧目展演23场、展览1场、非遗技艺工作坊1场、大联欢1场，多名东盟国家使领馆代表参加活动，观众约3万人次。9月15日，中国－荷兰(南宁)文化交流专场在南宁举办，荷兰艺术家表演多元化现代舞，邀请观众现学现唱现跳，体验两国文化交流，观众近3000人。赴澳大利亚班达伯格参加当地政府举办的中国春节庆祝活动，演出代表团展示南宁文化技艺。出访印度尼西亚、缅甸、泰国等国家，到中国香港、中国澳门地区，增进与印度尼西亚、缅甸仰光市、泰国孔敬市和东盟有关机构文化、媒体、体育及经贸交流合作。 (凌红俏)

【工艺美术行业管理】 2019年，市二轻联社组织申报获批自治区级工艺美术大师精品创作工程创作组33个；组建南宁市工艺美术精品创作组28个，拨付精品创作补助经费近26万元；指导申报大师工作室4家；审核推荐9家大师工作室申请大师工作室建设与精品创作项目融合资金，其中2家大师工作室通过自治区二轻联社审批，获扶持资金20万元。复核2018年度南宁市工艺美术系列专业技术人员资格评审，审核通过工艺美术师6名、助理工艺美术师5名，获工艺美术中级专业技术资格2人。举办市级工艺美术班1期、县级3期，培训工艺美术行业政策法规、红陶生产工艺、茧丝产业技能、企业安全生产、壮族彩绣及壮族服饰、壮锦技艺等；到宾阳县湘光织锦坊、马山壮美壮绣手艺厂等14家企业开展壮锦、壮族刺绣、陶器制作、剪纸技艺等15个工艺美术传统技艺实地调研；指导工艺美术大师、传统工艺美术技艺传承人申报市级非物质文化遗产代表项目，南宁剪纸等8项技艺被列入第八批市级非物质文化遗产代表项目名录，覃永宣、胡可可2人被列入第七批市级非物质文化遗产项目代表性传承人名单。引导南宁市茶语轩陶艺坊与南宁师范大学联合创办“邕红陶研发基地”，促成校企合作。指导市工艺美术协会新一届领导班子建立完善行业管理、财务管理等制度，指导协会开展年检办理手续；6月，指导市工艺美术协会组织42家工美企业参加在市博物馆举办的毕业生招聘会，为南宁学院首届工艺美术专业125名毕业生提供300多个就业岗位。组织南宁市22名工艺美术技艺人员参加自治区二轻行业和联社直属中等职业学校职业技能竞赛成人组竞赛，广西工艺美术大师黄剑获得陶瓷产品设计师一等奖。先后组织162家工艺美术大师(工作室)、工艺美术企业、驻邕艺术高等院校等参加全国、自治区工艺美术专业展会，获第54届全国工艺品交易会“金凤凰”创新产品设计大奖赛专业奖项32项，其中金奖13项：黄冬鹏金属工艺品《壮刀——复兴·无极骆越》，谭湘光、范丽华、罗冬梅刺绣作品《壮锦服装三件套——秀锦年华》，胡可可陶瓷工艺品《邕州红陶贝丘壶具》，李卉子刻瓷作品《百鸟衣》，韦锦业银器作品《银涛聚浪》，陈芳苇、黄伯璋、王灵美术瓷作品《山》，苏统堂、刘增兴、帅静泉竹刻雕作品《香薰筒·鱼影荷趣》，李玟翰、李松霖、张雨欣、李素云玉雕作品《观子图》，李思源、李卉子刻陶作品《天神图》，方如意、利江漆器作品《流绪微梦》，唐香花坭兴陶作品《妃子笑》，简能艺、阎雪皮雕作品《壮乡大歌》，吴劲慷木雕作品《水流云在》；银奖11项，铜奖8项。获第二十届中国工艺美术大师作品暨手工艺术精品博览会“百花杯”中国工艺美术精品奖37项。其中，金奖9项：韦锦业、胡亭银器作品《八桂繁花·如意绽放》，唐香花坭兴陶作品《闺门旦》，张志刚金属工艺《净·静·境》，谭湘光、黄赞梅、罗冬梅、范丽华工艺织锦《七彩锦程》，王华琳、蓝淋、蓝轲、黄丽琴刺绣作品《锦绣前程》，李卉子坭兴陶作品《打同年》，岑道一《远古呼唤》，简能艺、阎雪、覃显超皮雕作品《大喜之日》，黄媛媛、梁娴皮雕作品《和谐共生》；银奖8项，铜奖20项。获2019中国工艺美术博览会奖项4项，其中金鼎奖2项：黄剑陶艺作品《锦绣》，黄冬鹏、党壮鑫金属工艺品《壮刀——盛世华章》；百鹤奖1项：李卉子陶艺作品《绣美壮乡》；新锐奖1项：刘霁萱等4人陶瓷作品《生命物语》。广西工艺美术大师黄剑获2019年中国技能大赛——第五届全国陶瓷职业技能竞赛总决赛“全国陶瓷行业技术能手”称号，全国仅30人。获2019广西工艺美术作品旅游工艺品暨大师精品展览“精品奖”金奖7项、银奖6项、铜奖5项，工艺美术作品“八桂天工奖”金奖20项、银奖21项、铜奖20项，旅游工艺品“八桂天工奖”金奖12项、银奖6项、铜奖13项；有56件获奖作品入选“庆祝新中国成立70周年·2019年广西艺术作品展览第八届工艺美术作品展览”，4件获评优秀作品；市二轻联社被展览组委会授予展览组织奖二等次。获首届广西“西江杯”宝(玉)石作品展览“西江杯”金奖1项：魏乾共玉雕作品《与君同乐》；银奖2项，铜奖3项。组织选送5家企业20件作品参加在南宁举办的第九届广西发明创造成果展览交易会传统手工业展区评比，南宁市剑州陶艺工作室黄剑《坭兴陶套装茶具：鼓声之美》《坭兴陶瓶：一屏一梦一世界》，广西竹石商贸有限公司杨云《苗族刺绣——云起龙骧》，广西壮刀王文化创意有限公司党壮鑫、黄冬鹏、黄丰林《伏波战戕》，广西南宁市叶角匠工业有限责任公司叶华良《手雷形按摩器》、南宁市多丽电器有限责任公司《YBW30-70(3A2)电压力锅》6件作品获传统手工业创新成果奖。市二轻联社与市文广旅局联合举办2019“南宁礼物”征集大赛，市二轻联社组织征集工艺美术企业、大专院校及从业人员制作的工艺美术品和文化家居用品100件，获铜奖1项、优秀奖1项。 (市二轻联社)

群众文化

【概　况】 2019年，南宁市群众艺术馆设办公室、调研部、文艺部、美术部、活动部，编制57名，在编53人(具有正高级专业技术职务任职资格3人、副高12人、中级24人、初级10人)。全市有区县文化馆12个，乡镇文化站102个。年内，筹办庆祝中华人民共和国成立70周年群众文化系列活动。开展2019南宁市新春团拜会文艺演出、新春戏曲专场演出、南宁市新年惠民演出、南宁市第七届文化庙会、“非遗过大年文艺进万家”慰问演出等活动。举办“壮族三月三·八桂嘉年华”广西新民谣演唱会、2019中国－东盟国际少儿文化艺术节、“青春心向党　建功新时代”2019第十五届南宁青春艺术节、“4·23”世界阅读日、“绿城讲坛”“绿城展廊”“绿城舞台”“绿城蒲公英讲坛”“绿城蒲公英舞台”等阅读品牌、“5·23”南宁市全民艺术普及、“相约民歌湖畔·共春天下民歌”大型民歌专场演出、“意写家山”“群文画事”书法美术等活动。民歌湖大舞台周周演活动累计演出105场次，观众近27万人次。举办各类读者活动935场次，参与人数24万人次。面向中老年及未成年人，开设舞蹈、声乐、钢琴、电子琴、美术、书法等24个项目培训班195期，受惠群众5400多人次；面向未成年人和外来务工人员，开展声乐、舞蹈、舞台剧、美术、书法培训班12期，培训1200余人次；继续开展“南宁市文化志愿春风行”培训服务活动，建立文化培训服务点4个；从资金、师资、展示平台等方面扶持南国之光残疾人艺术团。组织南宁市群星艺术团、警营蓝湾艺术团、新竹艺术团、南国之光残疾人艺术团等30个业余文艺团队组建文艺团队联盟，派出专业辅导老师进行针对性艺术指导。举办“与明星同唱”南宁民歌湖百姓歌圩千人合唱活动6场，培训1.20万人次。组织征集优秀书画摄影作品参加东南亚民族文化交流艺术采风写生汇报展、中越民族文化交流活动会谈暨书画笔会、2019全国少数民族地区优秀摄影作品展、庆祝中华人民共和国成立70周年南宁市美术作品展、2019年“春雨工程”广西文化志愿者新疆行——“七彩八桂”广西群众文化摄影作品精品展、第十一届“魅力北部湾”广西群众美术书法摄影精品展等展览、比赛16次。主要存在群众文化活动经费不足，基层群众文化人才少，活动形式较为单一，基层公共文化基础设施仍需进一步完善等问题。

【大型民歌专场演出活动】 2019年6月3日，市文广旅局主办，市群众艺术馆承办的“牵手粤港澳·舞动新时代”现代舞文化嘉年华活动周在市群众艺术馆举办，资深现代舞制作专家、剧场制作人主持主题沙龙。9月14日，“同饮一江水，两广一家亲”粤桂文化交流专场演出在南宁民歌湖大舞台举行，观众3000人。9月19日，市委、市政府主办，南宁国际民歌艺术节组委会、市委宣传部、市文广旅局、南宁大地飞歌文化产业集团有限责任公司承办的南宁市庆祝中华人民共和国成立70周年群众文化活动暨第21届南宁国际民歌艺术节“大地飞歌·2019”在广西体育中心体育馆举行，历时40多天完成序篇《歌声嘹亮》创排，演员1260名、方阵18个。9月30日，“我和我的祖国”2019年首府南宁庆祝中华人民共和国成立70周年大型群众歌咏活动在南宁民歌湖大舞台举行，演职人员和观众3000多人参与。绿城歌台群众文化活动围绕“我和我的祖国”主题，设置歌台13个、演出18场，参加国家12个、外国演员110名。10月13日至18日，文化和旅游部、中央文明办指导，文化和旅游部公共服务司、广西壮族自治区文化和旅游厅、新疆维吾尔自治区文化和旅游厅、新疆生产建设兵团文化体育广电和旅游局主办，市文广旅局、乌鲁木齐市文化和旅游局(文物局)、石河子市文化体育广电和旅游局承办，市群众艺术馆、广西民族博物馆、乌鲁木齐市文化馆(市非物质文化遗产保护中心)、石河子市群众艺术馆实施的“团结奋进新时代”2019年“春雨工程”广西文化和旅游志愿者新疆行活动在乌鲁木齐市、石河子市举行，展示民族特色文艺节目、桂风壮韵风情摄影和壮乡民族特色产品，推介广西和南宁旅游资源和民族风情。民歌湖周周演活动融合旅游与文艺，播放南宁旅游资源特色宣传片，分发旅游宣传资料、设置旅游宣传展示长廊，邀请欧洲国家、国内城市展示优秀地方节目。

(凌红俏)

【外来务工文化艺术节】 2019年6月15日，“我们都是奋斗者，齐心共筑中国梦”暨2019年第14届南宁市外来务工人员文化艺术活动月文艺演出启动仪式在南宁民歌湖大舞台举行，来自南宁公共交通有限责任公司工会委员会、广西地产行业、建设行业等行业劳动者，以及南宁市基层群众艺术团体参加演出，观众3000人次。

【“文化志愿春风行”培训】 2019年，市群众艺术馆在马山县古寨乡、隆安县南圩镇、上林县大丰镇、横县六景镇建立文化培训服务点4个，组建舞蹈队4支、乐队1个、曲艺表演队1支，培训2000人次。12月1日，“文化扶贫，同心同行”2019年南宁市“文化志愿春风行”培训成果汇报展演在民歌湖大舞台举行。

【粤桂文化交流专场演出】 2019年9月14日，“同饮一江水，两广一家亲”粤桂文化交流专场演出活动在南宁民歌湖大舞台举行。来自梧州市、钦州市、北海市、防城港市、崇左市等地的艺术家分别演绎独具特色的广西歌舞节目。节目有壮族特色舞蹈《广西尼的呀》、深圳ALLSTAR青年舞团的《国韵》《年年有余》、广州203Y舞蹈剧场的《壹端》《归》等，观众3000人。

【“春雨工程”内蒙古文化和旅游志愿者广西行(南宁)专场演出】 2019年9月19日，“春雨工程”内蒙古文化和旅游志愿者广西行(南宁)专场演出在南宁民歌湖大舞台举行。内蒙古自治区文化和旅游厅、广西壮族自治区文化和旅游厅主办，呼伦贝尔市文化旅游广电局和市文广旅局承办，呼伦贝尔市群众艺术馆和南宁市群众艺术馆具体策划实施。节目有内蒙古文化和旅游志愿者表演的开场舞《吉祥草原》，内蒙古艺术家舞蹈、长调、呼麦、马头琴等表演，广西民族音乐唱作人歌曲《和你唱山歌》《绣球飞飞》，广西艺术学院民族艺术系民族风情歌舞，苗族原生态演唱组合《请你喝干这杯酒》，侗族原生态演唱组合《侗不离酸》等，观众3000人。

(彭知之)

专业文艺

【概　况】 2019年，南宁市有市属专业艺术团体2家(南宁市民族文化艺术研究院、南宁市艺术剧院有限责任公司)。市民族文化艺术研究院(南宁市戏剧院、南宁市非物质文化遗产保护中心)设办公室、人力资源部、文化艺术研究部、非物质文化遗产部、展演舞美部、创作部、文化活动部、信息部；职工86人(具有正高级专业技术任职资格5人、副高级24人、中级32人、初级15人，一般职员10人)。市艺术剧院有限责任公司设董事长办公室、党群工作部、行政办公室、人力资源部、财务部、市场营销推广部、创作中心、舞美工程部、话剧团、歌舞团，职工184人(具有正高级专业技术任职资格4人、副高级32人、中级68人、初级44人，一般职员36人)。年内，开展演出活动631场次，其中“送戏下基层”演出300场次，“儿童剧、卡通剧、地方戏曲进校园”演出129场次，“传统戏曲、精品剧目进高校”演出20场次，“美丽南宁大舞台”艺术精品惠民演出2场次，“邕州剧场地方戏曲月月演”活动13场次，“邕州神韵”新会书院地方戏曲周周演驻场演出106场次，出访交流演出14场次，公益性演出6场次，商业性演出29场次，其他演出12场次；观众33.50万人次。“邕州剧场地方戏曲月月演”每月为市民展示优秀剧目1部，有南派粤剧《庵堂认母》《刁蛮公主戆驸马》《山乡风云》及邕剧《荷池双映美》等大型剧目。修改提升舞剧《刘三姐》并巡演，创作排演话剧《大山壮歌》、“我心中的歌”南宁市庆祝中华人民共和国成立70周年群众文化活动暨第21届南宁国际民歌艺术节“大地飞歌·2019”等。主要存在专业人才匮乏，市场培育不成熟，国有转制文艺院团体制未完全理顺等问题。

【艺术成果】 2019年，南宁市组织市属文艺院团参加第七届广西戏曲青年演员比赛，广西第十五届精神文明建设“五个一工程”奖，2019年全国净行、丑行暨武戏展演等艺术赛事和艺术项目申报，获奖项25个。舞剧《刘三姐》获广西第十五届精神文明建设“五个一工程”奖；邕剧折子戏《魂断巴丘》作为广西唯一入选节目参加2019年全国净行、丑行暨武戏展演；邕剧《拦马过关》、广西平话师公戏团师公戏《天姬送子》参加2019年戏曲百戏(昆山)盛典；邕剧《顶蛳山人》获2019年广西优秀剧(节)目，“邕州神韵”新会书院地方戏曲周周演获广西特色旅游演艺项目。遴选一批具有潜力的舞台艺术作品进行复排，如邕剧《荷池双映美》《拦马过关》《魂断巴丘》等。根据南宁市戏曲特色改编移植技巧性、视听性较强的传统戏，如《挂画》《夜奔》《武松打虎》《穆桂英大战洪州》等，保护传承传统剧目。打造歌曲《湘江清清》《那山花开》《双手托起中国梦》《山水情缘》、儿童声乐作品

2019 年 12 月 25 日，广州歌舞剧院在南宁剧场演出大型民族舞剧《醒·狮》

李佩玲 摄

《妈妈的岛》《壮乡童谣》、舞蹈《狱中谣》《湘江红》《醉·美》《嘹歌声声》等精品。

【演出活动】 2019 年，南宁市艺术剧院有限责任公司、市民族文化艺术研究院 2 个专业艺术团体组织开展或参加演出 631 场。举办 2019 南宁市新春团拜会文艺演出、2019 年南宁市军民迎新春文艺晚会、2019 年南宁市新春戏曲专场演出、2019 南宁市第七届文化庙会、“非遗过大年文艺进万家”慰问演出等元旦、春节系列文化活动。举办“喜迎新中国 70 华诞 奏响新时代壮美乐章”2019 南宁市新春音乐会，由指挥家谭利华执棒，中国交响乐团为班底，邀请青年男高音歌唱家王传越及广西本土青年歌手和广西艺术学院合唱团，融合交响乐与独唱、男女对唱、合唱等形式进行表演。组织“壮族三月三·八桂嘉年华”南宁市主会场开幕演出及系列文化活动，有迎宾、开幕演出、“多彩民族多彩非遗”展、文化体验 4 大部分 7 个板块 11 项活动。组织南宁市纪念昆仑关大捷 80 周年活动专场演出活动等重大演出活动；开展南宁市为民办实事工程“送戏下基层”演出 300 场次，送戏下基层“儿童剧、卡通剧、地方戏曲进校园”演出 129 场次，送戏下基层“传统戏曲、精品剧目进高校”20 场次；“美丽南宁大舞台”艺术精品惠民演出——舞剧《刘三姐》2 场次；“邕州剧场地方戏曲月月演”活动 13 场次；“邕州神韵”新会书院地方戏曲周周演驻场演出 106 场次。1 月 4 日，“2018 年南宁市‘戏曲进校园’成果展系列活动”在市图书馆、邕州剧场举行，市委宣传部、市文广旅局、市教育局主办，内容包括优秀节目会演、公开研讨课、图片展等。4 月 13 日，第 29 届中国戏剧梅花奖现场竞演在南宁开幕，中国文联、自治区人民政府、中国戏剧家协会联合主办，15 个省（自治区、直辖市）及中直、部队院团的 17 台精品剧目竞演。5 月 22 日，舞剧《刘三姐》首场全国巡演在北京市天桥艺术中心大剧场开启，15 个国家的 47 名驻华使馆外交官出席，近 30 家媒体约 50 名记者报道发稿 200 多篇（幅）；先后赴江门市、河源市、中山市、佛山市顺德区、福清市、宁波市、兴业县等地，完成巡演及系列艺术导赏沙龙活动 10 场。7 月 1 日，话剧《大山壮歌》在广西文化艺术中心大剧院内部演出，以龙古寨为缩影，展现南宁市脱贫攻坚成果。

【艺术人才培养】 2019 年，南宁市选送南宁市民族文化艺术研究院、南宁市艺术剧院有限责任公司、上林文化馆等相关艺术人才参加文化和旅游部举办的全国文艺院团长培训班、全国戏曲表演重点人才培训班、2019 年戏曲艺术人才培养项目高级研修班、西部及少数民族地区艺术人才驻团跟组实践活动、第二十一届中国上海国际艺术节培训班及自治区文化和旅游厅举办的广西“三区”人才支持计划戏剧编导高级人才培训班。（宋良慧）

第 21 届南宁国际民歌艺术节

【概 况】 2019 年，第 21 届南宁国际民歌艺术节在南宁举办，南宁国际民歌艺术节组委会主办，集中展示南宁优秀民族文化，推动中国与东盟文化旅游融合发展，搭建世界优秀文化交流大舞台。其间，举办南宁市庆祝中华人民共和国成立 70 周年群众文化活动暨第 21 届南宁国际民歌艺术节“大地飞歌·2019”、“绿城歌台”群众文化活动、文化走亲东盟行、中国－东盟（南宁）戏剧周等活动。

【南宁市庆祝中华人民共和国成立 70 周年群众文化活动暨第 21 届南宁国际民歌艺术节“大地飞歌·2019”】 2019 年 9 月 19 日晚，南宁市庆祝中华人民共和国成立 70 周年群众文化活动暨第 21 届南宁国际民歌艺术节“大地飞歌·2019”晚会在广西体育中心体育馆举行。市委、市政府主办，南宁国际民歌艺术节组委会、市委宣传部、市文广旅局、南宁大地飞歌文化产业集团有限责任公司承办。主题为“我心中的歌”，分序篇《歌声嘹亮》、第一篇章《一江诗画一城歌》、第二篇章《“一带一路”唱友情》、第三篇章《扬帆追梦再出发》和尾声《我和我的祖国》；周镇任总导演。序篇《歌声嘹亮》由市直机关工委、市委教育工委、市国资委及南宁市各区县（开发区）18 支拉歌方阵队 1260 名队员齐唱《听妈妈讲那过去的故事》《万泉河水清又清》《保卫黄河》《中国人民解放军军歌》《歌唱祖国》等歌曲。第一篇章《一江诗画一城歌》，以“礼赞”“水赞”“琴赞”“舞赞”“歌赞”的形式共唱“赞歌”，节目有古诗词改编、南宁歌手李向哲演唱的原创古风歌曲《水知道》、马头琴演奏家齐·宝力高和野马乐队演奏的《万马奔腾》以及舞蹈《刘三姐·采茶舞》《对歌对到日落坡》《渔家姑娘在海边》《东方之珠》。第二篇章《“一带一路”唱友情》歌颂中国与世界各国的深厚友谊，表达对未来更为紧密合作、发展共赢的决心，节目有手风琴演奏家吴琼、安迪·比林斯基演唱的俄罗斯民歌《货郎》，俄罗斯歌手奥尔加、广西仫佬族歌手银悦西、马来西亚歌手玛莎的月亮题材歌曲，南宁越人合唱团演唱的《伏尔塔瓦河》，印度尼西亚歌手曾慧兰演唱的《美丽的梭罗河》，意大利青年歌唱家西蒙内·迪朱立奥演唱的意大利民歌《桑塔露琪亚》等。第三篇章《扬帆追梦再出发》展示新时代原创的主旋律歌曲，全场大合唱《我和我的祖国》。

【绿城歌台】 2019 年 9 月 14 日至 30 日，第 21 届南宁国际民歌艺术节“绿城歌台”群众文化活动在南宁举办。南宁国际民歌艺术节组委会主办，分别在民歌湖大舞台、市辖七区五县设置歌台 13 个，举办演出 18 场。以民歌湖大舞台为主歌台，集中举办包括“同饮一江水 两广一家亲”粤桂文化交流专场、中国－荷兰（南宁）文化交流专场、2019 年“春雨工程”内蒙古呼伦贝尔专场、“最美山歌献祖国”2019

年南宁国际民歌艺术节“绿城歌台”开幕式、2019 中国 – 东盟国际少儿文化艺术节盛典、“我和我的祖国”2019 年首府南宁庆祝中华人民共和国成立 70 周年大型群众歌咏活动 6 场晚会;区县分歌台融合地区民族形象,以具有本辖区地域特色的民族歌舞为主,展现首府南宁热烈喜庆的节日氛围。兴宁区歌台融合老城区传统文化元素与旅游景点,展示兴宁区文化、旅游、商贸亮点;马山县歌台以原生态、大众化、民族化为特点,展示“马山文化三宝”——壮族三声部民歌、会鼓、扁担舞核心文化元素。各区县优秀节目互换,宾阳县与隆安县交流节目《丰收的季节》原生态小组唱,塑造多彩民族地区形象。

【中国 – 东盟(南宁)戏剧周】 2019 年 9 月 12 日至 18 日,第七届中国 – 东盟(南宁)戏剧周在南宁举办。文化和旅游部国际交流与合作局、中国 – 东盟中心指导,自治区文化和旅游厅、南宁市人民政府主办,市文广旅局、市外事办公室承办。中国、文莱、柬埔寨、印度尼西亚、缅甸、菲律宾、新加坡、泰国、越南等国家 19 个优秀院团举办活动 26 场,演出 23 场。戏剧周汇集越南木偶戏、泰国孔剧、柬埔寨皇家芭蕾、中国粤剧、中国昆曲等世界级非物质文化遗产项目及川剧、晋剧、话剧、儿童剧、歌舞剧等,展演实验粤剧《武松》、跨界情景音乐会《啊,我的军垦爹娘》等剧目。其间,举办中外优秀剧目展演、艺术家个人专场等演出活动 23 场,包括欧凯明等多位中国戏剧梅花奖得主,以及越南人民艺术家阮氏丽玉、缅甸艺术家钱塔尔等国外艺术名家 20 多人。举办中国 – 东盟戏剧及非物质文化遗产展览及演示活动,包括《2019 年“丝路华章”——中国 – 东盟艺术联展》《粤剧“追梦”——庆祝粤剧申遗十周年摄影展》2 部分,展出中国、越南、柬埔寨、印度尼西亚、菲律宾 5 个国家 200 余件艺术品。举办茉莉花会·中国 – 东盟(南宁)戏剧周工作坊活动,中国和东盟各国艺术院团、高等院校及文化机构代表展示本国独具特色的非遗项目,共同探讨中国和东盟文化艺术交流与发展。9 月 18 日晚,2019 年中国 – 东盟(南宁)戏剧周大联欢在民歌湖大舞台举行,东盟各国艺术院团带来特色表演,呈现东盟各国多元文化,并向参演的优秀剧目及个人颁发荣誉纪念证书。

【文化走亲东盟行】 2019 年 6 月 6 日至 13 日,“文化走亲东盟行”活动先后在缅甸、老挝举行。举办交流演出 6 场、非物质文化遗产展览 3 场,与 7 家机构签署《中国 – 东盟非物质文化遗产合作交流机制谅解备忘录》。南宁市艺术代表团主要演出舞剧《刘三姐》“藤缠树”片段及《天女散花》《挂画》《断桥》《七夕盟誓》等邕剧、粤剧经典节目,并与缅甸、老挝艺术家们同台献艺,变单向演出展示为双向的交流互鉴。活动展示壮族服饰、传统壮医、剪纸、横县大粽、米粉制作技艺等具有广西特色的非遗文化;现场播放南宁城市宣传片,举行《壮都之旅》《香甜之旅》《天赐康体之旅》等旅游推介活动,推广具有代表性的非物质文化遗产和文化旅游资源。新华网、环球网、中国文化网、《缅甸金凤凰中文报》《环球时报》《广西日报》《南宁日报》、南宁广播电视台等国内外媒体均对活动进行及时宣传报道,国务院新闻办公室、自治区政府门户网转载相关新闻报道。

【中国 – 泰国电影展映】 2019 年 6 月 26 日至 30 日,“2019 年中国 – 泰国电影展映”活动在南宁举行。泰王国驻南宁总领事馆商务处主办。活动以“文化走亲,电影为桥”为主题,放映中泰两国电影 6 部,包括中国电影《尺八·一声一世》《妈阁是座城》2 部、泰国电影《交友网战》《乡村音乐梦》《相爱一天》《蝠鲼》4 部,累计展映 12 场,观影人数近 1300 人次,场均上座率近 50%。展映期间,举办启动仪式、泰国电影《相爱一天》主创人员映后交流会、“百里秀美邕江”摄影大赛获奖作品展、泰国风情集市等活动。

【中国 – 东盟电影展映汇】 2019 年 9 月 17 日至 23 日,“2019 年中国 – 东盟电影展映汇”活动在南宁举行。南宁大地飞歌文化产业集团有限责任公司主办。放映中国、印度尼西亚电影 7 部,其中中国电影《决胜时刻》《共同命运》2 部,印度尼西亚电影《卡尔蒂尼》《现场追击》《加利和拉特纳》《爱之屋》《梅的 27 步》5 部;累计展映 21 场,观影人数近 3000 人次,场均上座率近 70%。其间,举办启动仪式、电影《爱之屋》主创人员映后交流会等活动。

非物质文化遗产保护

【概 况】 2019 年,南宁市有市级非物质文化遗产保护中心 1 个(南宁市非物质文化遗产保护中心),区县非物质文化遗产保护中心 6 个(武鸣区、横县、宾阳县、上林县、马山县、隆安县)。全市累计入选国家级非物质文化遗产代表性项目名录项目 7 个(壮族百鸟衣故事、壮族三声部民歌、邕剧、粤剧、壮族歌圩、宾阳炮龙节、壮族“三月三”),自治区级非物质文化遗产代表性项目名录项目 139 个,市级非物质文化遗产代表性项目名录项目 211 个;有国家级代表性传承人 5 名,自治区级代表性传承人 77 名,市级代表性传承人 181 名。新增自治区级非物质文化遗产代表性传承人 19 名、市级非物质文化遗产代表性项目 38 个、市级非物质文化遗产项目代表性传承人 33 名。市级非遗代表性项目基本建立传承基地或传承示范户,给予传承基地、传承人经费扶持,鼓励传承人开展传习活动,培养后继人才。设立非遗扶贫就业工坊 2 个。南宁市国家级非物质文化遗产(粤剧、邕剧)传承基地项目完成项目总体建设。举办“壮族三月三”等民族特色节庆活动及对外交流活动,弘扬非物质文化遗产。主要存在非物质文化遗产保护工作机构不健全,专业人才极度缺乏,经费和设备保障不够等问题。

【非物质文化遗产代表性项目名录申报】 2019 年 6 月至 11 月,南宁市组织开展第五批国家级非物质文化遗产代表性项目申报,完成壮族会鼓习俗、壮族抢花炮、壮族五色糯米饭习俗 3 个项目申报材料初审和报送。5 月,组织指导区县申报第六批自治区级非物质文化遗产代表性传承人 26 名;12 月,获第六批自治区级非物质文化遗产代表性传承人认定 19 名。年内,启动第八批市级非物质文化遗产代表性项目、第七批市级非物质文化遗产代表性传承人申报,新增市级非物质文化遗产代表性项目 38 个,市级非物质文化遗产项目代表性传承人 33 名。

【传承保护基地建设】 2019 年,南宁市国家级非物质文化遗产(粤剧、邕剧)传承基地项目完成展馆展陈设计、布展等整体建设,项目列入 2018 年南宁市文化自然遗产保护设施建设中央预算内投资计划。在原有非遗生产性保护示范基地和示范户的基础上,设立壮族五色糯米饭制作技艺传承基地、广西杨村红陶文化投资有限公司 2 个非遗扶贫就业工坊,带动贫困劳动力就业。

【“文化和自然遗产日”活动】 2019 年 6 月 6 日,2019 年“文化和自然遗产日”南宁主场活动周家坡古建筑群修缮启动暨南宁市非物质文化遗产展示中心揭牌仪式在江南区周家坡举行。市文广旅局、市市政和园林管理局、中共江南区委员会、江南区人民政府主办,市非物质文化遗产保护中心、江南区文化广电体育和旅游局承办,主题为“非遗保护中国实践”。主要包括南宁市非物质文化遗产展示中心揭牌仪式、开幕式演出、非遗美食体验、非遗专题展和主题陈列展。开幕式演出节目有《鼓震八方》《瑶山歌》《壮族狮舞》,

2019年11月16日，青秀区南阳镇群众文艺团体进行非物质文化遗产——芭蕉香火龙舞表演　　周玮　摄

以红良打铁技艺为原型创作的男子群舞《红良打铁·铸》；非遗美食体验有壮族五色糯米饭，生榨米粉，宾阳酸粉，江南三宝的扬美豆豉、扬美沙糕、扬美梅菜，水街芝麻糊、伦敦糕等传统美食，现场展示展销；民俗展演有广西八音、江南春牛舞、疍家叹歌等非遗民俗节目；主题陈列展通过图文展示向观众介绍南宁市国家级非物质文化遗产代表性项目。

【壮族"三月三"活动】 2019年4月4日，2019"壮族三月三·八桂嘉年华"南宁市主会场活动在南宁园博园举办。市委宣传部、市文广旅局、市民宗委、市市政和园林管理局、邕宁区人民政府主办，市民族文化艺术研究院承办，旨在恢复歌圩对唱、男女社交、祈福踏青、商贸美食、娱乐游艺、文化交流等"三月三"传统文化功能。活动以壮乡歌圩文化为主线，设迎宾、民族文化会演、文化体验活动3大板块，汇集自治区内外及东盟国家特色非遗，举行"歌圩对歌""相亲会""百名绣娘献技""壮族婚俗""民俗巡游""东盟文化交流"等活动，让市民、游客感受壮族歌圩魅力。　（梁　敏）

公共图书服务　图书经营

【概　况】 2019年，南宁市有公共图书馆14家，其中市级2家（南宁市图书馆、南宁市少年儿童图书馆）、区县图书馆12家。市图书馆设办公室、采编部、外借部、期刊部、技术部、信息部、读者活动部、业务辅导部、物业管理部，编制65名，在编58人（具有高级专业技术职务任职资格3人、中级33人、初级14人，硕士及以上学历5人、本科学历37人）。专项经费549.60万元，其中普通图书320万元，报刊24.90万元，地方文献15万元，电子资源189.70万元。新增藏量18.84万册（件）；有数字资源14.07太字节(TB)，馆藏总量122.30万册（件）。总流通量152.50万人次；书刊文献外借42.38万册次、19.26万人次，到馆阅览100.85万人次；新办借书证2.04万张，累计有效证件9.58万张。举办读者活动313场次，参与人数119.78万人次。市少年儿童图书馆编制25名，在编21人（具有高级专业技术职务任职资格3人、中级16人）。加工分编入库图书3881种2.64万册，其中连环画455种2.64万册，绘本、低幼读物1786种6059册，期刊合订本316种511册。订购2020年报刊423种。馆内藏量73.12万册（电子图书18.17万册）。接待借阅读者67.45万人次，图书外借40.35万册次、13.08万人次；新办读者借书证3980张。主要存在公共图书购书经费标准需进一步提高，部分馆舍设施老旧，需进行改扩建等问题。

【公共图书阅读服务】 2019年，市图书馆完善自助办证机、自助查询机、自助借还书机等设备，运用智能书架、盘点机器人等专业智能化设备+数字图书馆云服务模式，无缝对接"爱南宁APP"、南宁市民卡APP，为读者提供高度智能化的阅读体验。增设音乐图书馆、创客空间，开放食堂，在馆内建立玉洞派出所执勤点。组织开展读者联谊、"世界读书日"专题阅读、图书馆服务宣传、科技服务宣传、农民工艺术节服务宣传等活动，与南宁学院、广西中医药大学等学校合作开展研学活动5次。招募文化志愿者67期，志愿者3442人次，累计服务时长4896小时。征集地方文献资料1171册（张）、南宁老照片20套435张，收集、整理东盟国家旅游信息类图书155册，开设"东盟国家旅游信息之窗"图书专架。实现全市14家公共图书馆和12个村级公共服务中心图书室，及南宁、北海两地17家公共图书馆读者证借阅一卡通，文献资源通借通还。全市12家24小时自助图书馆均实行24小时自助服务，10家社区24小时自助图书馆累计文献外借3.30万册次、1.87万人次。年内，微信公众平台关注人数4.50万人、发文数134篇，微博粉丝1781人、发文32篇；试用微信小程序"南宁市图书馆数字阅读平台"，电子书借阅7.10万次。市图书馆获全国首届"图书馆杯全民英语口语风采展示活动"组织之星、"书香广西，筑梦中国"第一届学问杯——《说出你的故事》演讲大赛优秀组织奖等奖项。市少年儿童图书馆未成年人阅读中心设少儿阅览区、中学生阅览区、教学参考室、图书外借库；益智科普乐园设"小瓦特科普实验室""爱薇园绘本馆""爱薇园玩具图书馆""爱薇园芽芽馆"等低龄儿童阅读及活动空间；建成成年读者湖畔书吧；有阅览座席709个。市少年儿童图书馆有分馆19家，图书流通站57家；4家流通站升为分馆，撤销流通站5家；新建翡翠园分馆、金珊瑚分馆等5家，横县平马镇丁村中心学校等图书流通站4个；配送图书16次1.22万册。举办"绿城蒲公英讲坛""绿城蒲公英舞台"、爱薇园绘本故事会、汽车图书馆、成长课堂等读者活动638场次，参与人数11.67万人次。组建"北部湾区域图书馆服务联盟"项目，参加北海市图书馆牵头的北部湾经济区图书馆服务联盟标准化、制度化建设。10月19日至20日，承办北部湾经济区图书馆服务联盟第二次研学游活动和联盟阅读推广活动工作协商会，南宁市、北海市、钦州市、防城港市、玉林市、崇左市8个图书馆的50名小读者、20名工作人员参加。

（杨粒彬　周　明）

【农家书屋出版物配送】 2019年，南宁市完成1052个农家书屋出版物补充更新，配送图书13.04万册、期刊6312册，价值413.20万元。组织开展农家书屋检查，治理书屋环境，补齐书柜、桌椅、照明灯、消防基础设施，规范借阅管理等制度，做好出版物上架及阅读引导。指导村（屯）将农家书屋与"新时代文明实践中心""儿童之家"等活动室合并，提高综合利用率。结合暑假兴趣班、传统民俗文化活动，组织青少年到农家书屋阅读学习；围绕阅读主题，开展"我的书屋·我的梦征文写作""我的书屋·我的梦绘画作品及手抄

报作品征集”活动，收集征文150多篇，绘画及手抄报作品200幅，选送自治区参加国家评比。（市委宣传部）

【图书经营】 南宁市主要从事图书经营的企业是南宁市新华书店有限责任公司；部分个体工商户聚集南宁文化综合市场等专业市场从事图书经营。2019年，市新华书店有限责任公司有员工202人，经营总面积4万多平方米；经营网点有南宁书城新华店、南宁书城金湖店、南宁书城邕宁分店3个。南宁书城新华店经营面积约6000平方米，经营出版物10万多种；销售图书8.92万种194.47万册，其中社科类图书0.78万种15.75万册，文学类图书0.79万种20.29万册，科技类图书0.83万种3.58万册，少儿类图书1.60万种40.9万册，文教类图书1.82万种61.3万册，其他类图书3.10万种52.65万册。南宁书城金湖店经营面积约1.10万平方米，经营图书10万多种；销售图书8.70万种145.48万册，其中社科类图书0.89万种24.69万册，文学类图书0.81万种13.90万册；科技类图书0.68万种3.42万册，少儿类图书1.76万种31.23万册，文教类图书1.67万种34.83万册，其他类图书2.89万种37.41万册。全年销量图书10.62万种343.40万册，销售总额1.14亿元，国有资产保值增值率114%；其中销量在100册～300册的图书4175种67.76万册，300册～500册的图书731种28.10万册，500册～1000册的图书588种41.40万册，1000册以上的图书307种83.31万册。销售《新华字典（第11版）》8618册、《现代汉语词典(第7版)》5497册，《第五批全国干部学习培训教材》《习近平新时代中国特色社会主义思想学习纲要》《中国共产党的九十年》《中国共产党纪律处分条例》《中国共产党支部工作条例》及十三届全国人大、政协二次会议等文件、文献200多种46.30万册。

年内，南宁书城新华店、南宁书城金湖店分别举办“喜迎全国两会”“学习贯彻习近平新时代中国特色社会主义思想”“我和我的祖国”“庆祝新中国成立70周年”“书香好礼迎新年”“好书伴我成长”“同心阅读·共筑梦想——第24个世界读书日”“书海徜徉·我们都是追梦人——第二十四个世界读书日图书大联展”等大型主题图书展销及系列读书活动10多场次，参与读者100多万人次；设置“阅读经典常润书香——‘4·23’世界读书日好书推荐”“跃然纸上看报告——聚焦两会”“祝福祖国70华诞”“壮丽70年·奋斗新时代”“奋进新时代·谱写新篇章”“为中华崛起而读书”“不忘初心·牢记使命”“云端畅学，智慧共享——外语通点读笔”“品读国学经典汲取无穷智慧——经典国学图书”“愿你慢慢长大——亲子阅读图书展”“品读名著·展现经典流传神韵——学生名著”等主题展区、展台200多个；举办“笔墨凝书香，新年送万福——购书送春联活动”“跟随大师的脚步——如何阅读”“文学知识竞猜”“用诗意浸润心田、让创意流淌笔尖”“迎元宵做花灯——手工沙龙活动”“‘鲸’奇不已——科学家一起追寻鲸鱼”“最美母语——小学生必背古诗词知识挑战赛”“汉字文化——传承中华文明的载体”“中国成语故事——中国传统文化精华”“寻找祖国成长足迹”“四大发明系列之从火药到核弹”“共享最美阅读时光——听故事姐姐讲绘本”等读书沙龙活动60多场，参加读者3000多人次。第12年开展“书香校园行”系列主题读书活动，分别邀请著名儿童文学作家王勇英、徐玲、彭绪洛、汤素兰、沈石溪、谷清平分别走进南湖小学、东葛路小学、秀灵路小学、五象第一实验小学、埌西小学等中小学校园50多所，举办“阅读与写作”主题公益讲座50多场次，参加师生5万多人次。参加“西巡记2019月邪动漫广西行”首站活动，在南宁会展中心设立独立展位；与广西生态学会、广西自然科普讲堂、关爱动物保护协会及专业教育机构等联合举办“与科学有约——2019儿童科普主题月”活动；与广西大学图书馆协办“东西《天上的恋人》新书分享暨签售会”，作家与读者零距离互动。（李滨成）

2019年5月，南宁书城邀请作家彭绪洛在埌西小学举办“寻找丢失的勇气”公益讲座

南宁市新华书店有限责任公司提供

文物　博物馆

【概　况】 2019年，南宁市有文物、博物单位11个(市级4个、区县级7个)：南宁市博物馆(南宁市文物考古研究所)、南宁孔庙管理所、昆仑关战役博物馆、顶蛳山遗址博物馆，横县博物馆(横县文物管理所)、宾阳县文物管理所、上林县文物管理所、隆安县文物管理所、马山县文物管理所、武鸣区文物管理所、邕宁区文物管理所。全市文物、博物单位在编74人，其中具有高级专业技术职务任职资格12人，中级36人。有综合性博物馆、专题性博物馆(陈列馆)37家，其中国有博物馆(陈列馆、纪念馆)33家、非国有博物馆4家。有文物保护单位297处(全国重点文物保护单位6处，自治区级文物保护单位42处，市、县级文物保护单位249处)。年内，隆安娅怀洞石器时代遗址获核定为第八批全国重点文物保护单位，上林县新公布文物保护单位14处。博物馆均免费开放，观众200多万人次。主要存在历史文物文化遗产资料整理研究成果不多，文物工作机构设置和人员配备未能适应文物保护工作需要，文化基地基础设施不够完善等问题。

【文物调查】 2019年，南宁市文物部门配合城市基本建设及旧城改造等，完成江南区旧五一西路9号片区、江南区浩鑫仓储片区旧城改造项目一期用地房地产开发项目地块、西乡塘区民国年间砖拱大板桥、江南区三津村的古建筑等调查和处理，形成书面报告和建议。协助广西文物保护与考古研究所调查和局部勘探柳州经合山至南宁高速路沿线范围内文物情况。

【文物维修与保护】 2019年，南宁市投入184万元，完善全国重点文物保护单位伏波庙的安防设施；投入105万元，完成周家坡古民居建筑群试验院落文物维修、北广场建设和周边围挡保护；投入30万元，维修自治区文物保护单位惠迪公祠；马山县投入30万元，建立25处文物保护单位科学档案。完成2400件(套)藏品信息和1600件(套)藏品二维影像数据采集；补充、核实、更正1500件(套)藏品命名、尺寸、完残情况等信息；完成445件(套)陶瓷器分库；定制692个无酸纸囊匣装具和4台空气洁净屏，确保藏品存放安全和环境洁净；保护修复馆藏文物铁炮2件(套)、书画2件(套)、汉代铁器7件(套)、民俗铁质藏品10件(套)；装裱拓片2件(套)；仿制铜针1件，满足展览需要；对石船头贝丘遗址、豹子头贝丘遗址出土文物进行分类、统计和器物摄影等；完成隆安县、马山县、邕宁区、良庆区、青秀区、武鸣区250多幅(组)石刻调查，拓取珍贵石刻拓片260多份，基本掌握区县石刻分布情况。9月至10月，组织4个文物安全巡查组开展古建筑白蚁病害检查和文物消防安全巡查及博物馆、纪念馆展陈内容核查。年内，完成全市21处全国重点文物保护单位和自治区文物保护单位的保护范围划定及核定；推进"三街两巷"改造一期项目中南宁市瓯骆汉风陶瓷博物馆、壮锦山河·旧裳新尚博物馆等非国有特色博物馆建设，指导完成布展并开放。提升邕江两岸文物保护工程文化，起草邕江两岸文物保护单位保护标志碑、标志说明牌等内容，安装三岸园艺场明清窑址群宣传板；组织开展南宁市文物保护利用调研，起草《南宁市文物保护利用实施方案》。南宁孔庙管理所完成孔庙木构件病虫害喷、注药，治理明伦堂、尊经阁、敬一亭、大成殿等柱、梁、檩蠹虫虫蛀。

【文物捐赠与征集】 2019年，南宁市博物馆通过捐赠、征集2种方式征集藏品186件(套)，其中书画133件(套)，俄罗斯油画19件(套)，金田牌摩托车、粤剧道具等34件(套)。

【物质文化遗产宣传】 2019年，南宁市文物、博物系统通过博物馆平台、网站、微信、APP、报刊媒体、单位共建等开展文化遗产教育活动，宣传南宁市博物馆和《中华人民共和国非物质文化遗产法》《中华人民共和国文物保护法》。开展系列主题宣传活动80余场、观众3.60万人次，包括"5·18国际博物馆日"南宁主会场活动；端午节期间，围绕"品味端午 感受传统"主题，开展"舌尖上的博物馆——粽香端午""左琴右书——非遗双绝奏清音"古琴与书法文化讲座和展演等；中国文化遗产日期间，以"邕抱艺术"为主题开展2019"博物馆奇妙夜"，举行古琴演奏会、非遗服饰走秀、篆刻等体验活动，吸引观众近千名。配合临时展览开展教育活动70多场，配合《扬帆新时代——揭阳中国画院名家邀请展》开展"春风花草香"——户外绘画采风活动，配合《触摸丝路重镇上的文明密码——新疆吐鲁番出土文物精品展》组织"丽人行里说古韵"——开展仪式舞蹈和"西域彩裳展风姿"——复原服饰走秀，配合《鸿雪铿鸣——西泠印社早期社员作品展》策划"拓迹典藏——拓印"活动，配合《"一带一路"艺术行——俄罗斯油画名家邀请展》举行"博艺苑——俄罗斯风情专场音乐会"等。为南宁市银杉路小学、南宁市第二中学、南宁市工人疗养院、隆安县岑山村小学等举办展览及小课堂8次。与南宁三中初中部五象校区共建研学基地，累计共建研学基地10多个。微信平台发布活动信息210多期，央视网、人民网、中新社、中央广电总台国际在线、广西电视台、南宁电视台、《南宁日报》《南宁晚报》等35家媒体平台发布或转载宣传报道200多次。

【南宁市博物馆】 2019年，南宁市博物馆设办公室、陈列展览研究部、文物保护与保管部、宣传教育与信息部、文物考古工作队；编制31名，在编29人(具有高级专业技术职务任职资格5人、中级19人，研究生学历19人、本科学历8人)。南宁市博物馆全年免费开放310天，举办主题展览22个、自治区外交流展5个、宣传教育活动150多场次，媒体宣传报道200多次，参观人数约92万人次，参观团体685个。策划完成"光·年——南宁城市变迁摄影展""'百里秀美邕江'摄影大赛获奖作品展""扬帆新时代——揭阳中国画院名家邀请展""廖佛焕先生捐赠展""泰之美——泰国风情展"原创展5个，引进"触摸丝绸之路重镇上的文明密码——新疆吐鲁番出土文物精品展""鸿雪铿鸣——西泠印社早期社员作品展""顾盼光华——中国少数民族配饰文化展""古典爱情——中国少数民族传统爱情文化展""珠联璧合——商周方国玉器联展"文物精品展5个及"'一带一路'艺术行——俄罗斯油画名家南宁邀请展""惟美无界——当代朝鲜美术精品展""石家庄市博物馆藏毗卢寺壁画摹本展"艺术展3个，合作举办"吾问西东——陈星州画展""梵花·缅甸——中国艺术家缅甸风情风光摄影展""2019第二届露圩蓝衣壮水彩小镇(国际)水彩画名家邀请展""南宁学院艺术设计学院2019届工艺美术专业毕业作品展""荷风清韵——云起楼书法大家庭首届习作展""2019年'丝路华章'中国—东盟艺术联展""粤剧追梦——庆祝粤剧申遗成功十周年摄影展""第十三届中国—东盟青年艺术品(摄影)创作大赛获奖作品展""国家政治安全警示教育展"展览9个，组织"壮美南宁——南宁市情展""美丽南宁市情展""八桂纪行——当代中国书画名家邀请展""丹青不老——杨如及书画展"赴吐鲁番市、石家庄市、杭州市、泰国孔敬市、澳大利亚班达伯格市等地展出。邓颖超纪念馆全年免费开放313天，参观人数82万人次，参观团体921个；设"不忘初心、牢记使命"现场教育课堂点，接待350多批团体1万多人。完成邓颖超纪念馆、南宁建制馆、南宁城隍庙陈列布展整改，撤换版面21块、更换藏品19件。年内，南宁市博物馆成为国家AAA级旅游景区，获"广西壮族自治区文明单位"称号，志愿者孙芳获广西十佳"红色故事志愿者讲解员"称号。 (周梅清)

【南宁孔庙】 2019年，南宁孔庙设党政办公室、宣教活动部、文物保护部、陈列研究部、安全保卫部；编制17名，在编16人(具有高级专业技术职务任职资格3人、中级9人，研究生学历3人、本科学历10人)。接待游客22.20万人次，其中未成年人8.30万人次；为3.50万人次提供讲解服务220多场。2月5日至10日，南宁市第七届新春文化庙会在南宁孔庙举办，开展春联派送、舞龙舞狮、传统戏曲、祭孔仪式、舞武汇演、开笔礼、苗族婚礼、新春纳福、科举考试体验、传统武术表演、趣味游艺、民俗表演、文化集市等活动，参与游客6万人次。9月28日至10月3日，2019中国—东盟(南宁)孔子文化周在南宁孔庙举办，开展祭孔大典、百人请孝经、大成礼乐、举行千人拜师礼、成人礼、"祖国生日快乐"70大鼓表演等活动。联合市妇联改造南宁家风馆陈列展览，包括孔子家风、名人家风、百姓家训、最美家庭、家风楹联和牌匾展示5个部分，增加场景和实物展示；举办家风故事会、"知书达礼好家风"系列讲座、亲子互动体验等活动20场。南宁建制博物馆的对外开放和日常管理由南宁孔庙管理所负责，全年接待游客11万人次，预约团体94个，公益讲解200多场次。

【顶蛳山遗址博物馆】 2019年，顶蛳山遗址博物馆设办公室、文物保护部、宣传教育部；编制6名，在编3人；2019年7月与南宁园博园分开管理。位于邕宁区蒲庙镇茶泉大道201-2号，场馆总建筑面积3650平方米，包括基本陈列厅、综合服务台、报告演示厅及会议、休息区、藏品库房、设备机房等。展示以顶蛳山遗址为代表的邕江两岸贝丘文化遗存考古出土文物实物231件(套),有石器、陶器、蚌器、骨器等。累计出土文物1000多件(套),除现有展陈展品外,其余文物暂存于桂林甑皮岩遗址博物馆(社科院华南史前文化研究基地)内。服务第十二届中国国际园林博览会,为预约团队提供讲解导览,接待团体17个。接待游客7.90万人次,团体123个。(凌红俏)

【昆仑关战役博物馆】 2019年,昆仑关战役博物馆设行政部、展览部、宣教部、财务部;编制6名,在编5人。建筑面积4437.95平方米,展陈面积约2900平方米,设序厅、中国抗战、昆仑关战役、广西与抗战、缅怀英烈展厅5个,展示文物及照片近1000组、影像史料30多分钟;接待团体1088个,公益讲解143场,参观游客27万人次。年内,首次在国内公开展出从台湾征集的多幅历史照片,举办“寻找抗战中的南宁记忆——抗战时期的老南宁”“烽火时代·热血青年——广西学生军的战火青春”“纪念昆仑关大捷80周年——戴安澜将军纪念展”“南国昆仑情系两岸——时报金犊奖作品设计成果展示专题”“纪念南宁昆仑关大捷80周年书画展”,借展展出“江西(南昌)人民抗日战争史迹展”,馆藏2件三级文物(周竞使用过的公文包、德式钢盔)参加“广西革命文物巡展”。重新分类库房藏品,对征集藏品进行档案补录、新建,完成物品电子档案建设272件(套);重新确定邕江出水文物藏品46件、出土侵华日军使用过的物品30件。复制、替换展厅及馆藏画报6件,养护部分锈蚀的刺刀、钢盔、炮弹等文物。征集藏品史料64件。完成《昆仑关战役战场遗存与保护开发》调查研究开题报告、实地考察记录、阶段性报告等。参加第二届全国红色故事讲解员大赛暨“时代新人说——我和祖国共成长”广西选拔赛,获优秀奖。(黄艺瑜)

【南宁市科技馆】 2019年,南宁市科技馆设办公室、展览教育部、展览策划部、科技培训部、展品技术部、后勤保障部;编制56名,在编54人(具有中级专业技术职务任职资格13人,研究生学历9人)。场馆总建筑面积3.60万平方米,分科技主馆、科学会堂,常设展区面积1.22万平方米,以“人与未来”为主题,设专题展厅7个、功能区2个和4D特效影院1个,展品305件(套)。接待团体153个,其中学校团体86个;观众41万人次,其中未成年观众17万人次。开展科普活动4000多场次28万人次;联合中国科学院科普演讲团开展“遇见科学”大讲堂——快乐科普校园行活动22场次、“未来科学+”系列课程进校园活动76场次、“科普大篷车”进校园41场次,参与人数10万多人次。3月21日至24日,选送参加第34届广西青少年科技创新大赛项目105个,获奖93个(一等奖41个、二等奖38个、三等奖14个),入围全国青少年科技创新大赛项目19个,获自治区优秀科技辅导员3名、优秀基层组织单位4个、科技教育创新优秀学校1所。9月至10月,举办第七届广西青少年科学节南宁市活动,开展讲座培训、科普报告会等1000多场次,参与人数28万人次。10月至11月,开展“海洋强国梦——发现之旅”主题科普展览,以海洋权益的历史、海洋战略的博弈与发展、海洋科考与发展为主题,展示中国在海上的兴衰变化与发展,观众5.65万人次。11月4日至10日,举办青少年创新大赛作品展览和评比活动,参赛作品1017个,评出获奖作品670个(一等奖107个、二等奖223个、三等奖340个),优秀科技辅导员12名。获全国科普日优秀活动、第六届全国青年科普创新实验暨作品大赛广州赛区优秀组织奖等奖项。(吴　疆)

2019年10月1日至11月3日,南宁市科技馆举办“海洋强国梦——发现之旅”主题科普展览　王国兵　摄

档　案

【概　况】 2019年,南宁市有市级国家档案馆1个,区县国家综合档案馆12个;专业档案馆1个(城建档案馆),部门档案馆1个(国土资源档案馆)。南宁市机构改革,原南宁市档案局(南宁市国家档案馆)的行政职能划归市委办公室,保留市档案局牌子;市国家档案馆为市委直属事业单位,由市委办公室代管;房地产档案馆归入市不动产登记中心。市国家档案馆设办公室、收集保管科、编研利用科、保护鉴定科、电子档案管理科;编制40名,在编34人。完成全市2019年度档案系列职称评定,获档案系列中级、初级专业技术职务任职资格51人。

【档案征集收集】 2019年,南宁市各级档案部门接收到期档案5.17万卷62.93万件,征集档案12卷441件。市档案局指导第十二届中国(南宁)国际园林博览会指挥部等单位和改制国有企业档案进馆,市国家档案馆接收档案332卷4423件。配合昆仑关管委会赴台湾开展档案征集,征集知青档案1149件。各级档案馆接待群众查档40536人次,提供档案1.46万卷4.43万件。累计完成档案鉴定开放8.20万卷79.28万件;市国家档案馆完成馆藏1989年前(含1989年)79个全宗1707卷2.22万件档案划控鉴定,开放档案457卷7384件。各级档案馆(室)汇编党史、地方志等资料20种190万字;市国家档案馆完成《南宁地情手册(2019)》《南宁市档案年鉴(2019)》《南宁市档案志(2018)》编辑,撰写南宁市改革开放40年综述材料“其他配套事业改革”部分,编纂资料3.10万字;参与2019年南宁市村史村志编写编修优秀成果评审。

【档案安全管理】 2019年,南宁市按照库房“八防”(防盗、防光、防高温、防火、防潮、防尘、防鼠、防虫)标准,落实库房安全管理责任制;开展档案安全风险排查,进行日常、节假日安全检查;调控、登记库房温湿度;检查硬件设备和操作系统保密安全。加强档案网站安全监控,落实网上公开信息审核机制;签订中心机房设备维保服务合同和保密协议,开展机房巡检、信息化设备、网络及管理系统和非涉密计算机的安全检查；无档案安全事故发生。完成档案数据安全备份，备份目录187.80万条，画幅759.90万页，容量9.46太字节(TB)。

【机关和企事业档案管理】 2019年，南宁市开展机关、企事业档案年度检查。参检机关单位853个，合格850个，其中优秀506个；参检企事业单位882个，合格854个，其中优秀444个。开展档案室等级认定，档案管理获自治区级定级达标认定机关档案室3个、科技事业单位9个。

【农业农村与社区档案管理】 2019年，南宁市1490个行政村8887名村干部建档立卡。举办土地确权档案业务培训12期，培训535人次；整理土地确权档案15万卷41.37万件。举办精准扶贫档案业务培训57期，培训4964人次；整理精准扶贫档案4.49万卷52.25万件。市档案局会同市农业农村局对12个区县开展2018年度南宁市农村集体产权制度改革试点考评验收。 （市国家档案馆）

【城建档案管理】 2019年，南宁市城建档案馆接收纸质档案6.61万卷，其中房屋建筑类竣工档案280个项目1.68万卷，市政基础设施竣工档案119个项目7415卷，五象新区规划审批档案2867卷、五象新区建委审批档案1.14万卷，高新区规划审批档案3411卷，原市建委、原市规划局审批档案2.41万卷。接收竣工项目声像档案355个、图片3.05万张、视频21时45分；跟踪拍摄市政重点建设项目、城市记忆点等403次，图片8861张、视频5小时；制作《百里秀美邕江(治水篇)》等4部市政项目专题片。出版《南宁城建档案》内部刊物2期；9月，出版画册《咫尺匠心·南宁轨道交通建设纪实》。1月1日，与南宁市勘察测绘地理信息院合作研发“城建大数据平台”，启用查档、接档、档案管理模块。8月，组织开展南宁市城建档案业务培训班，培训350人。10月，赴合肥开展2019年度(总第9次)档案异地备份，备份数据总量50.65TB。12月，市城建档案馆媒体资产管理系统通过验收并试运行，完善在线、近线和离线多重安全保管机制。接待查档群众3984批5745人次，调阅档案1.01万卷，网站访问量4622次，网站信息更新698条。

（市城建档案馆）

【重大项目档案】 2019年，市档案局督促承担自治区层面和市级层面重点建设项目的参建单位做好登记备案，完成市级以上重大建设项目建档登记备案115个；指导南宁东盟文化产业研发大厦、南宁市高坡岭路等建设项目档案整理及立卷归档；完成对广西文化艺术中心项目、南宁轨道交通3号线一期工程五象湖站等4个自治区层面建设项目，及邕江综合整治和开发利用工程(北岸：邕江滨水公园东侧—三岸大桥)项目等2个市级层面建设项目档案专项验收。

【档案信息化建设】 2019年，南宁市开展馆藏档案数字化扫描，组织数字化现场监控安全管理和巡查，各级国家档案馆完成纸质档案数字化565.21万画幅3.36万卷54.30万件，照片档案数字化4733张，接收电子档案1951吉字节(GB)。开展电子文件(档案)备份中心项目系统集成和运行管理，整理接收市直机关单位档案光盘移交进馆，完善系统网站布设，开展系统、设备操作培训，制定机房网络拓扑图，电子文件接收、采集流程图；接收电子档案案卷2.13万卷，总计硬盘容量1.54TB。汇总、审核区县2018年馆藏传统载体档案数字化数据，向自治区档案局报送光盘1136张。市委办公室网站新增“档案工作”版块；市国家档案馆网上展厅新增“新中国工业档案文献展”内容，更新信息151条，全年网站点击量6.42万人次，累计250万人次。

【国家档案馆建设】 2019年，市国家档案馆设施设备不断完善。改造库房动力线路，进行恒温恒湿空调机及相关设备维修调试；改造档案裱糊室，采购、安装裱糊设施设备；配备安检机、新馆防火窗帘、档案开放自动查阅利用区公共服务电脑、电子文件接收设备等。完成由国家档案局中央档案馆主办，自治区档案局、自治区档案馆协办，市直属机关工委、市档案局、市国家档案馆承办的“不忘初心、牢记使命，走近记忆之门——中国档案珍品展”，及市国家档案馆主办的“知青档案专题展”档案征集、布展。接待区直、市直参观单位320个、9994人次，接待河南省档案局青年干部培训班、山东省济南市档案局、河南省新乡市档案馆、梧州市档案局、北海市档案局、广西退役军人培训中心人事档案管理专题培训班学员、广西民族大学档案学专业学生、南宁市2019年中青年干部培训班学员等单位团体考察、参观。

【档案法制宣传】 2019年，市档案局开展档案普法宣传教育活动。“6·9”国际档案日期间，组织开展以“新中国的记忆”为主题的宣传活动，举办南宁成就及城市变迁专题展览；展出档案宣传展板、横幅标语1611块(条)，发放档案宣传资料3.04万份，接待咨询群众5237人次，发布政务短信、微博等信息4.36万条，《南宁日报》《南宁晚报》、南宁新闻网等媒体进行宣传报道。

（市档案局）

报 刊

【概　况】 2019年，南宁日报社设办公室、人力资源部、财务管理中心、物业管理中心、图片新闻中心、经营中心、发行中心、总编办、要闻部、民生新闻部、经济新闻部、文体新闻部、时事新闻部、特稿部、视觉出版中心、《南宁晚报》编委会、南宁新闻网；有职工493人，其中采编人员168人，经营管理和行政后勤人员325人；具有高级专业技术职务任职资格6人、中级55人、初级104人。二层机构南宁日报社印刷厂，职工73人。旗下有纸媒《南宁日报》《南宁晚报》和网络平台南宁新闻网，及新媒体平台“南宁云”、官方微博及APP。《南宁日报》为周7刊，对开12版，彩色印刷；年总印张5416.73万印张。《南宁晚报》为周7刊，4开32版，彩色印刷；年总印张4112.10万印张。3月4日，“南宁云”移动客户端上线。南宁日报社印刷厂主业《南宁日报》获中国报业协会印刷工作委员会“精品级报纸”，为自治区唯一连续6年获此殊荣的报业印刷企业；印刷的《南宁日报》《车友报》被自治区新闻出版广电局评为优等品。

【南宁日报社重要宣传报道】 2019年，南宁日报社“两报一网”(《南宁日报》《南宁晚报》、南宁新闻网)继续开设《在习近平新时代中国特色社会主义思想指引下——新时代·新作为·新篇章》等专栏；推出《习近平总书记视察广西两周年特别报道》《习近平总书记“建设壮美广西 共圆复兴梦想”重要题词精神报道》等，策划原创动漫手绘长图“习习春风中，南宁入画来”，获主流网络媒体迅速转载、传播。刊发市人大、政协“两会”报道等120多篇、图文专版36个、网络专题1个，网络专题上传稿件20多篇；开设《两会新闻会客厅》《解码议案提案》《市民之声》《我在“两会”现场》《“两会”微表情(图片)》等版块，围绕发展新旧动能转换、打赢脱贫攻坚战、拓宽“南宁渠道”功能、宜居南宁建设、重点领域改革、加强依法治市、保障改善民生7个方面进行专题报道；以微访谈形式访谈人大代表及政协委员21名；制作《强首府战略高质量发展》融媒体专题，在南宁新闻网、南宁云APP、朋友圈等平台推送稿件125篇(幅)。推出《我和我的祖国》《爱国情奋斗者》《壮丽70年 奋斗新时代》等庆祝新中国成立70周年宣传报道栏目,稿件近1000篇、图片近800张;举办"迎接新中国成立70周年系列活动·南宁日报社健康大讲堂"活动;推出《我和我的祖国——庆祝中华人民共和国成立70周年》《庆祝中华人民共和国成立70周年南宁发展成就展示特刊》《初心·70年——南宁教育成就发展纪实》《庆祝中华人民共和国成立70周年大会报道》《爱国主义教育基地网上行》专版专题。在重要版面和网页开设《不忘初心 牢记使命》专栏,展现主题教育成效。推出《打好"三个攻坚突破年"主动仗》栏目,宣传活动经验;开设《坚决打好三大攻坚战》《美丽南宁·整洁畅通有序大行动》等专版,刊发稿件近800篇;推出《全面落实强首府战略 推动高质量发展年中巡礼》专栏。开设《决战脱贫攻坚 推动乡村振兴》《决战决胜脱贫攻坚——〈南宁·扶贫周刊〉》《美丽南宁·幸福乡村》《脱贫攻坚榜样》等专栏,刊发稿件1000多篇、图片近700张;网站、"南宁云"客户端策划《决胜脱贫攻坚 推动乡村振兴》专题,上传稿件33篇、25篇,微信、微博稿件6篇;开设《脱贫攻坚榜样》《践行"四力"走基层》栏目,推出《扶贫先扶志 脱贫劲更足——古棠村激发贫困群众内生动力推动脱贫攻坚》《农村天地大有可为——大学生杨光裕回乡创业记》《支教,我们义无反顾——记化州市支教教师吴春雨和苏俏文》等系列报道;开展第6个扶贫日"脱贫一线蹲点调研"报道活动。开设《扫黑除恶进行时》专栏,3月发布稿件60多篇;在"南宁云"客户端同步开设专题,刊发稿件50篇,微信、微博稿件20多篇。采用多样方式报道第16届中国－东盟博览会·商务与投资峰会、第21届南宁国际民歌艺术节;采用图、文、视频、现场连线等方式,报道在南宁举行的2019中国杯国际足球锦标赛、苏迪曼杯世界羽毛球混合团体锦标赛、环广西公路自行车世界巡回赛等重大赛事。推出《中国(广西)自由贸易试验区获批新机遇助力南宁开放发展》《首证颁发!中国(广西)自由贸易试验区首家入驻企业落户南宁片区》《南宁:打造面向东盟的金融开放门户核心区》等系列新闻,报道中国(广西)自由贸易试验区获批、南宁片区揭牌。开设《践行社会主义核心价值观》《点赞南宁人》《好人365》《弘扬雷锋精神》《诚信建设万里行》等专栏专版,刊发稿件300多篇;开展爱心年夜饭、爱心助学、梦想行囊、帮帮公益课堂、自行车守护侠、暖冬行动、志愿服务进社区等活动,刊发公益广告400多幅。

(南宁日报社)

【《红豆》杂志发行】 2019年,《红豆》杂志发行12期,每期刊发原创文学作品约5万字,全年刊出作品约60万字;主要栏目有红豆头条、小说长廊、散文空间、诗歌部落、文化随笔等。在"庆祝新中国成立70周年广西期刊展"活动中,《红豆》主编丘晓兰获评"优秀主编(社长)"。1月18日至6月1日,南宁文学院举办全国第四届《红豆》系列中小学校园文学创作征文大赛,收到稿件6000篇(中学组2000篇、小学组4000篇);评出中学组特等奖1个(钦州市灵山县灵城镇第一中学劳丽炫《一位孤独症患者的自白》),一等奖5个(市十一中陈希言《江米酒的挽歌》、河南省淮滨县高级中学李慕紫《折戟》、山东菏泽牡丹区长城学校李奕潼《赠母亲》、首都师范大学第二附属中学张像《时间和金钱的故事》、江苏省泰州中学王诗涵《陶埙,钢琴》),二等奖30个,三等奖60个,优秀奖200个;小学组特等奖1个(市民主路小学邓嘉祺《醉酒三杯》),一等奖5个(市滨湖路小学姚思含《老人与湖》、安徽怀远第二实验小学王迦瑶《外公的小红帽》、山东省曹县曹城办第六小学郝蕊佳《爱,没有盗版》、市锦华小学高艺宸《白鸽侦察报告》、市园湖路小学刘译聪《生命游戏说明书》),二等奖30个,三等奖60个。

(市文联)

广播电视

【概　况】 2019年,南宁市机构改革,南宁电视台、南宁人民广播电台、南宁广播电视技术中心、南宁广播电视报社整合组建南宁广播电视台。3月13日,南宁广播电视台挂牌成立,设办公室、人力资源部、总编室、财务部、精品节目创作中心、视听综艺节目中心、融媒体中心、技术制作中心、技术播控中心、发射覆盖中心、全媒体新闻中心、全媒体广告运营中心、全媒体产业中心、创新发展研究中心、综合广播、交通音乐广播、乡村生活广播、故事广播、新闻综合频道、都市生活频道、影视娱乐频道、公共频道、南宁广播电视报社;二层机构有广西发扬文化传媒有限公司、南宁广电传播商务发展有限责任公司、南宁广播电视技术开发公司;编制246名,在编190人;有员工623人(具有高级专业技术职务任职资格33人、中级177人、初级216人)。南宁广播电视台有广播频率4套、电视频道4套、《南宁广播电视报》1份及手机客户端、微博、微信、网站等新媒体平台;县级广播电视台分别开通电视频道1套,其中3家分别开通广播频率1套。广播节目覆盖人口1500多万,电视节目覆盖人口780多万人。年内,融媒体矩阵总用户量500多万,日点击量超过30万;经营收入1.20亿元。被中央广播电视总台采用稿件105条,其中《新闻联播》18条;被广西广播电视台采用810条,其中《广西新闻》135条;向全国城市电视台新闻交换中心、中国公共新闻网新闻交换平台送稿1643条,被《中国城市报道》栏目采用稿件187条,经广州广播电视台统一制作包装后供全国各成员台播出使用;南宁广播电视台《周末看台》采用区县通讯员稿件1334条,播出52期。全市有电影院67家,电影票房5.15亿元。面向全市1394个行政村、417个社区放映公益电影2.17万场。《春天的旋律·2019》跨国春节晚会入选2018年度"丝绸之路影视桥工程"项目库和重点项目,获第九届广西文艺创作铜鼓奖;《"童牵丝路情 花开新时代"2019南宁电视台少儿迎春晚会》获中国电视艺术家协会好作品奖;南宁手机台客户端获中国广播电视社会组织联合会2018年度"最具品牌影响力手机台"称号等省级以上奖项65个。主要存在机构改革,媒体融合还需持续深化,符合新时代要求的专业型人才紧缺等问题。

【广播频率】 2019年,南宁广播电视台有FM99.0综合广播(990新闻台)、FM107.4交通音乐广播(1074交通台)、FM104.9乡村生活广播(经典1049)、FM89.5故事广播(动感895)4套频率;广播自办栏目播出时间2.31万小时,安全播出时间2.77万小时;本地总收听率1.83%、比上年上升0.01%,市场份额38.30%、上升0.10%。播出稿件2万篇,其中录音新闻3113篇;播出公益广告6.07万条次。完成综合广播换频;升级《云松说事》《新闻非常道》等品牌节目,提升市民满意度;节目《飞虎神鹰·看路况》实现应急报道立体化。策划《在习近平新时代中国特色社会主义思想指引下——新时代 新作为 新篇章》、中共中央总书记习近平视察广西两周年特别报道、《壮丽70年,奋斗新时代》《决胜脱贫攻坚 推动乡村振兴》《扫黑除恶进行时》等40多个专栏,播出各类稿件5000余篇。

【电视频道】 2019年,南宁广播电视台设新闻综合频道、都市生活频道、影视娱乐频道、公共频道4套频道。电视自制节目播出时间4025小时,安全播出时间2.71万小时。本地总收视率1.80%,比上年下降12.06%;市场份额9.68%,下降4.58%。全年直播10期《向人民承诺——电视问政》,制作广西首部全4K(超高清分辨率)10集纪录片《邕江》,直播南宁市园博园“壮族三月三·八桂嘉年华”文化活动。录播南宁市庆祝中华人民共和国成立70周年群众文化活动暨第21届南宁国际民歌艺术节“大地飞歌·2019”;完成《2019格力·中国杯国际足球锦标赛》节目制作及信号转播;完成“春天的旋律·2019”跨国春节晚会录制,由13个国家和地区17家媒体合作,420多名演员参加演出,信号覆盖亚洲、欧洲、大洋洲、北美洲;转播2019苏迪曼杯世界羽毛球混合团体锦标赛。民生新闻《新闻夜班》追踪热点事件,深入民众直播报道;帮扶类栏目《金牌帮女郎》展现“能帮就帮”南宁精神。高清化改造南宁新闻综合频道,展播“中国梦”系列歌曲4.47万次3.69万小时。制作、排播讲文明树新风、廉政公益、打击传销、安全生产、扶贫、社会主义核心价值观等公益广告300多款,播出4.40万条次4.87万分钟。

【重大项目与大型活动宣传】 2019年,南宁广播电视台利用多种媒体形式开展“新中国成立70周年”宣传报道,开设《壮丽70年 奋斗新时代》等专栏,推出《壮丽70年奋斗新时代南宁县区、开发区发展成就巡礼》《度量南宁》《我爱我的家·我爱我的国》等系列,播发稿件2000多篇;策划“壮丽70年·奋斗新时代”锦绣南宁——14小时全媒体大型直播活动;制作《70张图看飞跃,这里是广西南宁》等微信推文,浏览量10多万次。《南宁新闻》报道把握大主题、围绕大事件,每月采制播出重点报道20余条,全年近300条;开设《新春走基层·强四力融合报道》专栏,播出《走进脱贫攻坚一线 大山深处载歌载舞迎新年》《马山县红旗湖社区:搬迁搬出新天地 移民移来好日子》《贴心服务为春运 温暖旅客回家路》《红薯村的甜蜜生活》《真情换真心 这样的征拆要支持》等基层报道;《决胜脱贫攻坚 推动乡村振兴》专栏播出3集系列报道《接续奋斗解水困 惟愿甘泉进万家》,以《钻山开路寻“活水” 石漠山区有“愚公”》《立愚公志战天斗地·凝精气神众志成城》《为民情怀感天动地·脱贫路上奋力追梦》为题,报道隆安县实施集中连片跨区域供水工程,解决石漠化地区3万多群众缺水难题。直播《向人民承诺——电视问政》10期、制作《问政观察室》40期,《向人民承诺——电视问政》平均收视率为0.62,网络观看直播人数近300万人次;“南宁问政”微信公众号“微问政”互动平台每期答复市民反映问题,用户数、活跃度比上年增长72%;通过栏目微信《微问政》凭条及《南宁新闻》《新闻夜班》等节目反馈回访结果,对整改不力的现象进行再曝光、再问政。开设中国－东盟博览会、中国－东盟商务与投资峰会《“两会”时刻》《平安南宁迎盛会》《盛会大看台》《盛会我在岗》等专栏,播发稿件464篇;开展“小编带你逛展会”等微直播;录播高端访谈对话节目《盛会大看台之对话商机》,聚焦中国(广西)自贸试验区南宁片区、面向东盟的金融开放门户南宁核心区;播出收视率1.12%,创同类节目收视新高。宣传报道南宁推动强首府战略举措,开设《全面落实强首府战略 打造引领全区高质量发展核心增长极》专栏,播发报道568条;播出《2019年终特稿:让首府全方位“强”起来》。

【影视剧生产】 2019年,南宁广播电视台影视剧投资300万元,销售电视剧版权收入998.30万元。投资制作电视剧《大时代》,获中央宣传部支持创作,被列入2019年国家广播电视总局百部重点剧目。2017年、2018年投资拍摄的电视剧在各大电视及网络平台播出;古装剧《锦衣之下》在芒果TV、爱奇艺平台播出,登上豆瓣平台热搜榜第1位,热门趋势第5位;战争剧《觉醒》在全国地面频道播出,获收视贡献奖。电视剧《朱槿花开》作为南宁市迎接广西壮族自治区成立60周年文化文艺精品项目之一,在2018年度广西电视文艺及广播电视公益广告优秀作品推选活动中,被推选为一等奖。

【广播电视媒体与新媒体融合发展】 2019年,南宁广播电视台打造广播电视+一网两端两微矩阵+“老友云”平台的融媒体集群发展新格局。建设“南宁头条”“南宁手机台”等手机客户端及“老友云”融合服务平台,发展微信、微博公众号10多个,拥有广播、电视、客户端、网站、微博、微信、报纸、抖音8种载体,覆盖用户近1000万人。“南宁头条”APP下载用户超过150万,南宁手机台APP总访问量突破3000万,新闻资讯更新3.40万条,图文、视频直播152场。推出“我爱大南宁”直播计划,培育南宁广电融媒体直播品牌,进行融媒体直播活动240多场,直播时间160小时。实施“媒体云”工程,整合全市广播电视及交通、文化资源,打造南宁广电融合数据中心、老友云用户分析平台,融入百度云数据接口,为老友网、南宁头条、南宁问政等用户精准统计提供可视化数据支持。加快人员、管理、平台、技术、运营融合,实现“一次采集、多介质生成、多平台播发”的融合发展目标。开设《定制专属海报,为祖国庆生》H5(第5代超文本语言数字产品)互动,策划《爱国情·奋斗者:我的名字叫90后》系列短视频及专题栏目,综合点击量36万次;制作短视频《五星红旗:南宁人的硬核表白》,通过网站、客户端、微信、微博等分发,综合点击量超50万次。制作《扶贫路上的第一书记》网络专题,采访拍摄4名扎根基层、服务百姓的第一书记短视频4条,点击量23万次。制作《当代愚公寻水记》短视频和H5,在“南宁发布”中转发。为马山县量身定做的融媒体中心软硬件工程,花费少、功能满足媒体生产需要,实现全媒体传播。老友网原创作品获2018年度广西新闻奖二等奖1个、三等奖2个,获广西广播电视奖一等奖1个、二等奖2个、三等奖2个。

2019年9月9日,2019“南宁渠道 丝路交响”跨国采访报道组采访意大利克雷马博物馆

南宁广播电视台提供

【“南宁渠道 丝路交响”跨国采访】 2019年，南宁广播电视台和南宁日报社首次组成融媒体联合报道组，与中央广播电视总台、中国新闻社(网)合作开展2019“南宁渠道 丝路交响”跨国采访活动。欧洲线赴法国巴黎、普罗旺斯地区和意大利克雷马市，报道南宁与友好交往地区法国普罗旺斯地区、国际友城意大利克雷马市在经贸、文化、旅游等领域合作交流成果；中亚线赴乌兹别克斯坦塔什干市、安集延市，记录古丝绸之路上文明古国的魅力，展示南宁参与国际陆海贸易新通道建设成果。中国新闻社播发2019“南宁渠道 丝路交响”专题报道10集，南宁广播电视台以“南宁渠道 丝路交响”为题制作播出系列专题片16集，受到欧联网、法国华人电视台、《乌国新观察》等海外媒体关注，融媒体点击量突破10万。 (南宁广播电视台)

新闻出版

【版权管理】 2019年，南宁市严厉打击侵权盗版活动，组织开展打击网络侵权盗版“剑网2019”专项行动、媒体融合发展版权专题保护、影院电影网络版权执法检查、网络影视、文学等领域版权执法检查等。开展校园周边文化市场整治、印刷复制企业执法检查，查处印刷、销售侵权盗版出版物违法违规行为。全年查办侵权盗版案件19起，其中网络侵权盗版案件5起，传统盗版出版物案件14起。市、区县两级机关单位投入经费818万元，采购正版操作系统、办公软件、杀毒软件等1.74万套。

【印刷发行】 2019年，南宁市有规模以上重点印刷企业(年印刷工业总产值超过5000万元)21家，其中超亿元企业10家；资产总额25.21亿元，销售收入32.37亿元，利润9777万元，工业总产值31.58亿元。全市提交2019年度报告的印刷企业433家，未提交年度报告23家。通过2019年年度核验出版物发行单位897家，拟暂缓年度核验112家，不予通过年度核验27家。全市出版物发行单位资产总额199.41亿元，出版物销售总额67.01亿元，营业收入109.90亿元，利润21.19亿元。印刷企业资产总额54.49亿元，销售收入52.25亿元，利润6506万元，营业税金及附加367万元，对外加工贸易额1462万元，工业总产值51.82亿元(含复印打印，其中出版物印刷企业10.51亿元，包装装潢印刷企业37.25亿元，其他印刷品印刷企业3.33亿元，排版、制版、装订专项企业1517万元，专营数字印刷企业3799万元)，工业增加值9.73亿元，工业总产出53.56亿元；从业人员1.21万人。

【中小学教辅教材印刷发行监管】 2019年，市新闻出版局在春季、秋季学期开学前后组织执法人员对文印店、文具店、超市、图书批发市场等销售中小学教辅的经营单位进行集中专项检查，利用圩日等时机整治农贸市场无证销售出版物行为。教育部门做好学校教辅教材的征订，加强宣传教育监管，让学生从思想上认识到假冒伪劣教材的危害，主动使用正版教材；联合相关部门进校抽查学生教学辅导材料，通过听汇报、问学生、看书包等方法，了解学校对教辅资源的管理和使用情况。 (陈 余)

【公益广告监管】 2019年，市文广旅局运用公益广告培育弘扬社会主义核心价值观。加大公益广告播出时长，丰富公益广告的播出内容，播出机构围绕全国、自治区、南宁市“两会”，以及广西“三月三”活动、社会主义核心价值观、讲文明树新风、廉政、安全生产、防范和处置非法集资等内容制作公益广告247条，播出公益广告11.22万条次，播出时长13.48万分钟。组织播出机构参加国家广电总局庆祝新中国成立70周年公益广告创播活动、国家广播电视总局2018年度广播电视公益广告扶持项目申报、自治区公益广告创意脚本大赛及南宁市2019年“讲文明树新风”公益广告创作大赛等，公益广告作品获自治区广播电视局扶持奖励3部。 (凌红俏)

【内部资料性出版物监管】 2019年，市新闻出版局严格执行内部资料性出版物审读制度，规范内部资料性出版物监管，确保内部资料审读不出现原则性问题。完成内部资料性出版物复审60种、119期(批)、153份(册)。 (陈 余)

文化市场与管理

【概 况】 2019年，南宁市文化市场综合行政执法支队(隶属市文广旅局)编制19名，在编16人，外聘2人；有县级文化市场综合执法机构12个，编制143名，在编118人，外聘20人。全市有文化市场经营场所587家，其中互联网上网服务营业场所(网吧)365家，歌舞娱乐场所209家，游戏游艺场所13家；文化市场经营场所数量、规模在自治区内排名第一。全市出动执法人员4.60万人次，检查经营单位1.83万家次；立案调查280件，警告153家次，责令停业16家次，吊销许可证5家，取缔37家，罚款金额136.27万元。主要存在无证经营行为取缔难等问题。

【文化市场】 2019年，南宁市有文化市场经营场所587家，其中互联网上网服务营业场所(网吧)365家，歌舞娱乐场所209家，游戏游艺场所13家。有67家电影院，电影票房5.15亿元。有印刷企业456家；出版物发行单位1036家(出版物批发单位217家、零售单位819家)，出版物发行网点3779个。有文化产业示范基地114个，其中国家级文化产业示范基地2个、自治区级文化产业示范基地36个、自治区级文化示范园区4个、市级文化产业示范基地72个。 (刘秋园)

【“扫黄打非”专项整治】 2019年，南宁市结合集中行动与日常监管、网下清缴与网上净化、规范管理与教育引导，组织开展“净网”“秋风”“护苗”等“扫黄打非”专项行动，维护意识形态安全、文化安全。查办案件79起，收缴非法出版物10.20万件，处置网络有害信息694条，查处假记者站2个、假记者6人。继续建设“扫黄打非”基层站点，完成基层站点规范化标准化建设1855个。举办、协办2019年广西全民阅读、庆祝新中国成立70周年“我和我的祖国”主题读书、“绿书签行动”、版权集中宣传周、“护苗·网络安全课”等普法宣传活动，受众20万多人次。青秀区建政街道被评为全国“扫黄打非”进基层示范点。 (陈 余)

【文化市场监管】 2019年，南宁市整顿规范文化市场秩序，开展净化社会文化环境、文化市场“健康暑期”、歌舞娱乐场所超时经营等专项整治行动，加强上网服务营业场所、娱乐场所、营业性演出市场等监管。加大日常监管和执法力度，重点检查节假日、“两会”、庆祝中华人民共和国成立70周年期间文化市场，维护文化市场平稳有序。检查娱乐场所3138家次，立案调查40起；检查互联网上网服务营业场所9066家次，立案调查163起。加强扫黑除恶舆论引导和宣传，督促指导区县(开发区)开展文化旅游市场扫黑除恶工作，发现涉乱线索167条、涉黑涉恶线索4条并依法查处。12318文化市场举报电话受理举报57件，转发核查，受理及办结率100%。 (刘秋园)

编辑 梁富鑫

体 育

综 述

【概 况】 2019年，南宁市体育局（简称“市体育局”）设办公室、竞技体育科、群众体育科、青少年体育科、人事科，编制22名（含工勤2名），在编18人。市体育系统编制230名（含非实名制编制20名），在编189人（含非实名制编制16人）。二层机构有南宁市体育运动学校，编制83名（含非实名制20名），在编74人（含非实名制16人）；南宁吴数德举重学校，编制16名，在编15人；南宁市体育管理培训中心，编制20名，在编19人；南宁市体育产业发展服务中心，编制9名，在编9人；南宁市体育场，编制31名，在编22人；南宁手球训练基地，编制30名，在编16人；南宁市老年人体育服务中心，编制10名，在编7人；南宁市社会体育发展中心，编制9名，在编9人。年内，南宁市做好群众体育、竞技体育、体育产业、体育文化、公共体育设施等各项工作，体育事业高质量发展。坚持全民健身与全民健康深度融合主线，广泛开展全民健身；加强青少年训练，提升实力，竞技体育成绩优异；举办、承办重大体育赛事多、影响大，运动南宁、活力南宁建设加快推进；体育产业进一步发展，培育经济新动能。主要存在体育类社会组织发展不均衡，学校体育设施向社会开放程度不高，竞技体育与国内先进城市对比差距依然较大，体育产业发展的质量仍然不高等问题。

【全民健身开展】 2019年，南宁市全面落实全民健身国家战略，推进全民健身与全民健康深度融合，促进全民健身广泛开展。举办区县级以上赛事活动约500项，全市经常参加体育锻炼人口保持在46%，全民健身工作获得在南宁举行的2019年全国群众体育工作会议与会代表肯定。

【竞技体育比赛】 2019年，南宁市籍运动员参加各级各类竞技体育比赛取得优异成绩。注重加强青少年体育工作，选派跆拳道、游泳、水球、田径、举重等项目79人参加第二届全国青年运动会，其中跆拳道、田径、水球、举重项目56人进入决赛阶段比赛。自治区第十四届运动会南宁市代表团成绩喜人，竞技体育水平稳居全自治区第一。

【重大体育赛事】 2019年，南宁市实施“赛事兴旺工程”，举办、承办重大体育赛事20余项，包括2019年“中国杯”国际足球锦标赛、2019年苏迪曼杯世界羽毛球混合团体锦标赛、2019年环广西公路自行车世界巡回赛（南宁站）3项国际A级赛事，中国－东盟国际龙舟邀请赛、中国－东盟棋牌国际邀请赛、中国－东盟城市足球邀请赛、中国－东盟城市羽毛球混合团体邀请赛、中国－东盟国际山地自行车挑战赛、中国－东盟卡丁赛车邀请赛、中国－东盟山地马拉松赛等系列赛约10项。通过举办、承办重大体育赛事，增强市民及广大观众的获得感、幸福感，助推“体育运动、健康生活”理念的普及推广，提高南宁市的国际知名度、美誉度和影响力。

【体育产业发展】 2019年，南宁市贯彻落实《健康中国行动（2019—2030年）》《关于促进全民健身和体育消费推动体育产业高质量发展的意见》《体育强国建设纲要》等有关精神，进一步优化体育产业发展环境，培育优质产业项目，促进“体育+”融合多元发展，做好产业招商和经营。全年体育服务业营业在库企业收入1.4亿元，比上年增长2.8%。（黄永铁）

竞技体育

【概 况】 2019年，南宁市完成自治区体育系统首次注册和年度确认运动员2966人、教练员282人，审批国家二级运动员73人，审批一级裁判员51人、二级裁判员388人、三级裁判员726人。南宁市籍运动员参加国际体育比赛获金牌9枚、银牌3枚、铜牌1枚；参加全国体育比赛获金牌44枚、银牌36枚、铜牌44枚；参加广西壮族自治区第十四届运动会获金牌223.5枚（含带入金牌50枚）、银版166枚、铜牌173枚，团体总分10406分（含带入总分2100分）。

【参加2019年蹼泳世界杯总决赛】 2019年12月6日至8日，2019年蹼泳世界杯总决赛在波兰举行。南宁市籍运动员许艺川获女子4×100米蹼泳接力冠军、女子100米蹼泳亚军和女子200米蹼泳亚军。

【参加2019年尤尼克斯瑞士羽毛球公开赛】 2019年3月12日至17日，2019年尤尼克斯瑞士羽毛球公开赛在瑞士举行。南宁市籍运动员鲁恺获混合双打季军。

【参加第十七届亚洲蹼泳锦标赛】 2019年12月17日至23日，第十七届亚洲蹼泳锦标赛在山东省烟台市举行。南宁市籍运动员许艺川获女子4×100米蹼泳接力冠军、女子4×200米蹼泳接力冠军、女子200米蹼泳冠军和女子100米蹼泳亚军。

【参加 2019 年“丝路杯”中国－东盟乒乓球赛】 2019 年 11 月 28 日至 12 月 4 日，2019 年“丝路杯”中国－东盟乒乓球赛在广西壮族自治区靖西市举行。南宁市籍运动员柒嘉维、张国锐获混合团体冠军。

【参加第八届亚洲体操锦标赛】 2019 年 6 月 17 日至 23 日，第八届亚洲体操锦标赛在蒙古举行。南宁市籍运动员黄明淇在体操比赛中获男子团体冠军和男子跳马冠军。

【参加广西壮族自治区第十四届运动会】 2019 年 11 月 18 日至 30 日，广西壮族自治区第十四届运动会在百色市举行。南宁市代表团派出 972 名运动员参加竞技体育、群众体育共 32 个大项比赛。竞技体育项目，南宁市获金牌总数 223.5 枚（竞赛金牌 173.5 枚，带入金牌 50 枚），团体总分 10406 分（竞赛总分 8306 分，带入总分 2100 分），在总奖牌榜、竞赛奖牌榜、总分榜、竞赛总分榜中均排名第一。群众体育项目公开组，获金牌总数 13 枚，团体总分 668 分。南宁市分获竞技体育项目代表团总分奖、奖牌奖和群众体育项目公开组代表团总分奖、奖牌奖，以及竞技体育突出贡献奖。（羊婷婷）

群众体育

【概　况】 2019 年，南宁市以元旦冬泳、端午节龙舟、黄金联赛、解放日长跑等群众体育传统品牌赛事活动为龙头，组织青少年、老年人、农民、职工、妇女、少数民族群众、残疾人等人群开展全民健身活动，倡导乡镇（街道）、村（社区）等基层组织，以及各级党政机关、企事业单位开展类型多样、群众喜闻乐见的全民健身活动。举办区县级以上赛事活动约 500 项，较大规模的赛事活动有第十四届南宁国际马拉松比赛暨第三十七届南宁解放日长跑活动、第十五届中国－东盟（南宁）国际龙舟邀请赛、南宁市第十届运动会、2019 年宾阳炮龙节·第二届南宁体育庙会（宾阳）活动、2019 年兴宁体育旅游休闲大会等。赛事活动的开展，带动广大市民参与全民健身活动的积极性，营造更加浓厚的全民健身氛围，全市经常参加体育锻炼人口保持在 46%。

【群众体育活动】 2019 年 1 月 1 日，南宁冬泳邕江活动在邕江北岸畅游阁上游新建的冬泳码头及所处水域举办；市体育局、市体育总会主办；南宁、柳州、桂林、梧州、百色、贺州、河池等地的冬泳爱好者近 3000 人参加。5 月至 12 月，市政府主办的第十一届广西体育节南宁市分会场活动在南宁各地举办；6 月 9 日，在兴宁区举办第十一届广西体育节南宁市分会场暨第二届兴宁体育旅游休闲大会开幕式；体育节期间，举办赛事活动 161 项（国家级赛事 10 项、自治区级赛事 7 项、市本级赛事 53 项、区县级赛事 91 项），参加活动群众 2 万人。8 月至 11 月，广西壮族自治区第十四届运动会群众体育项目比赛在百色市举行，设桥牌、轮滑、攀岩、象棋、围棋、健身气功、篮球、马拉松、龙舟、网球、足球、气排球、乒乓球、羽毛球 14 个比赛项目；南宁市代表团有 186 人参加桥牌、轮滑、攀岩、健身气功、篮球、马拉松、网球、足球、气排球、乒乓球、羽毛球 11 个项目的比赛，攀岩公开男子组难度赛、攀岩公开女子组难度赛、攀岩公开女子组攀石赛、男子篮球赛、健身气功集体项目八段锦、健身气功个人项目八段锦、健身气功个人项目五禽戏、健身气功个人项目易筋经、乒乓球女子团体、乒乓球女子单打、乒乓球女子双打、羽毛球男子团体、羽毛球男子双打项目获第一名，并获 13 个第二名、10 个第三名。

【南宁市第十届运动会】 2019 年 5 月至 11 月，南宁市第十届运动会在市内各场馆举办。市政府主办，市体育局、市体育总会承办。设 22 个大项、584 个小项的比赛。有 12 个区县、3 个开发区，以及青秀山风景区、市直机关工委和南宁职业技术学院 18 个代表团约 6500 名运动员、550 名教练员参加。决出金牌 428 枚、银牌 313 枚、铜牌 153 枚，各项目累计获奖 3113 人。

【民族体育】 2019 年 4 月 6 日至 8 日，2019 年壮族“三月三”民族体育炫南宁市分会场活动在武鸣区举行。设有第 33 届武术散打擂台赛、民族体育竞技大赛和民族体育趣味活动（含抛绣球、抢花炮、打陀螺、顶竹杠、滚铁环、掰手腕、三人板鞋）、民间脚斗士争霸赛及斗鸡斗鸟等民间体育竞技活动。到现场参加互动、观看群众 3 万人次以上。

【青少年体育】 2019 年 8 月 4 日至 8 日，第四届青少年阳光体育大会暨南宁市青少年夏令营活动在市第八中学相思湖校区举办。市体育局、市教育局、市体育总会主办。竞赛项目主要包括三对三篮球比赛、定向跑、户外运动、救生技能培训等。

【老年人体育】 2019 年，南宁市举办 12 项市级老年人体育赛事活动，涵盖健身气功、太极拳（器械）、柔力球、广场舞、门球、乒乓球、气排球、网球、健步走、中国象棋、围棋、扑克等项目。较大影响的有第十八届南宁市老年人迎春秧歌舞比赛、第十届南宁市老年人门球甲级队比赛、2019 年南宁市中老年人棋牌交流活动、2019 年南宁市中老年人乒乓球交流活动、2019 年南宁市老年人网球交流活动、第二届南宁市老年人健身养生嘉年华、第二届南宁“绿城杯”门球邀请赛等。有 10253 人次老年健身爱好者报名参加赛事活动。

【社团体育】 2019 年，南宁市有市级单项体育协会 41 个，单项俱乐部 135 个。通过开展培育，创造平台，激发体育社会组织活力，发挥体育社会组织的作用，逐步将办赛办活动等公共服务职能向体育社会组织转移。年内，注重培养各级各类体育社会组织管理人员队伍、赛事活动运营队伍、健身指导专业队伍。与安徽大学

2019 年 5 月至 11 月，南宁市第十届运动会在市内各场馆举行。图为游泳比赛场面

市体育局提供

合作举办体育产业培训班，为市全民健身指导委员会成员单位、体育指导单位、体育合作部门、体育系统和体育行业等培训学员52人，提高体育社会组织承接公共体育服务职能的能力。

【社区体育】 2019年11月2日至24日，南宁市分别在青秀区南宁国际会展中心E馆、江南区南南铝社区、西乡塘区万力社区、兴宁区南宁工人文化宫球馆举办第四届南宁市社区全民健身运动会。市体育局、南宁广播电视台、市体育总会主办。赛事设轮滑、平衡车、广场舞、曳步舞、气排球等，同时，融合有沙包掷准、飞镖、射箭等体育趣味活动，参与人数约3000人次。此次社区运动会比赛项目为竞技性和娱乐性相结合，上至70岁的老年人下至13岁的青少年都可参与其中，体现群众体育简便易行、小型多样的特点。

【全民健身与全民健康深度融合试点建设】 2019年，南宁市以获确认为广西全民健身和全民健康深度融合试点市为契机，理念、机制、政策、规划、组织、设施、队伍、活动、信息技术方面“九融合”为主线，体育运动全民化、体育健身生活化、健身设施便利化、体育锻炼科学化、体育工作制度化、健身服务智能化、健身组织社会化、国民体质健康化为目标，全面推动全民健身和全民健康深度融合。获评广西全民健身和全民健康深度融合示范市，青秀区、马山县获评示范县（区），市辖区城乡体育设施专项规划编制（规划融合）、运用“互联网＋全民健身”——运动绿城APP平台开展科学健身知识宣传（理念融合）、南宁市全民健身和全民健康指导中心（队伍融合）、宾阳县社会体育指导员模式（机制融合）、青秀区体医融合共建青秀区国民体质监测站（政策融合）、马山县古零镇攀岩特色小镇规划（规划融合）、马山县攀岩进校园（设施融合）、青秀区“三月三”国际舞龙邀请赛（活动融合）获评示范项目。

【城乡体育设施建设】 2019年，南宁市加大公共体育设施建设的投入力度。中央、自治区、南宁市投入资金2953.70万元，建设体育场地和设施项目250个。其中，国家安排中央集中彩票公益金600万元建设1个全民健身活动中心（横县百合镇全民健身活动中心项目）；自治区财政安排965万元建设村屯篮球场、多功能运动场、传统体育项目基地、县级体校项目36个；市财政和体彩公益金投入约520万元在全市范围内建设100套健身路径器材；市本级体彩公益金安排868.70万元扶持区县体育设施建设，包括安排129.84万元扶持区县贫困村新建103个体育设施项目，组建和培养13支乡村运动队、22名乡村社会体育指导员等，筹措体彩公益金500万元支持马山县乔老河片区建设，含攀岩小镇登山健身步道项目、国家青少年攀岩集训队（广西马山）训练基地提升建设，筹措体彩公益金138.86万元，在隆安县易地扶贫搬迁震东集中安置区建设一批体育场地和设施，筹措体彩公益金100万元支持上林县体校室内多功能运动场地（手球训练场）建设。有计划地建设公共体育设施，加快构建城市社区“10分钟健身圈”。至年末，全市有体育场地面积1379.56万平方米，人均体育场地面积约1.88平方米。

【科学健身指导】 2019年，南宁市开展国家体育锻炼标准达标测验活动，完成测试人数近2000人。探索“体医融合”新模式，完善南宁市全民健身和全民健康指导中心管理和运营，发挥其体育“治未病”预防保健服务的功能。聘请广西体育医院、广西医师协会等的专家团队定期为市民提供体质健康状况评估、运动和饮食建议，慢性病干预等服务，以及运动处方和专业指导，完成体质测试3326人。举办为期6天的体医融合培训班，培训全市各基层医疗机构、疾控中心的医生和健身指导骨干60多人。开展幼儿、青少年功能性姿势不良评估，有针对性地对有需要的功能性姿势不良幼儿与成人进行治疗或训练干预200次。出版《儿童体态矫正指南——躯干及下肢常见功能性姿势不良的运动疗法》；拍摄针对办公人群开展健身活动的宣传片《肩颈操》，为办公人群提供科学健身指导；编印科学健身指导宣传资料5000册，促进科学健身知识进机关、进企业、进课堂、进家庭。

（黄宝菊）

2019年11月2日至24日，第四届南宁市社区全民健身运动会在南宁国际会展中心、江南区南南铝社区、西乡塘区万力社区、南宁工人文化宫举行。图为轮滑比赛场景　市体育局提供

承办体育赛事

【2019年“中国杯”国际足球锦标赛】 2019年3月21日至25日在广西体育中心主体育场举办（国际足联A级赛事）。中国足球协会、自治区体育局、南宁市政府、万达体育有限公司主办。中国、泰国、乌兹别克斯坦、乌拉圭4支国家足球队参赛。经过5天4场比赛角逐，乌拉圭、泰国、乌兹别克斯坦、中国分获第1名、第2名、第3名、第4名。

【2019年苏迪曼杯世界羽毛球混合团体锦标赛】 2019年5月19日至26日在广西体育中心举行（世界羽联A类赛事）。世界羽联授权，中国羽毛球协会、自治区体育局、南宁市政府主办。有中国队、日本队、丹麦队、韩国队、德国队、越南队、瑞士队、英格兰队、以色列队、新西兰队、加拿大队、澳大利亚队、印度队、印度尼西亚队、法国队、斯里兰卡队、爱尔兰队、美国队、新加坡队、荷兰队、格陵兰队、泰国队、哈萨克斯坦队、马来西亚队、立陶宛队、斯洛伐克队、俄罗斯队、尼泊尔队等31支队伍377名运动员参加。经过8天256场比赛，中国队夺得冠军、第11次问鼎苏迪曼杯，日本队获亚军，泰国队、印度尼西亚队并列第三名。

【2019年中国－东盟卡丁赛车邀请赛】 2019年6月5日至9日在广西交通职业技术学院内南宁国际卡丁车场举行。中国汽车摩托车运动联合会、市体育局、兴宁区政府联合主办。中国、文莱、柬埔寨、印度尼西亚、老挝、马来西亚、缅甸、菲律

2019年5月26日,2019年苏迪曼杯世界羽毛球混合团体锦标赛决赛在广西体育中心进行,中国队战胜日本队获冠军。图为中国队夺冠后庆贺的场景　　市体育局提供

宾、新加坡、泰国、越南、意大利、澳大利亚和哥伦比亚等国家和地区的33支队伍202名车手参加。比赛设儿童组、青少年组、公开组、大师组4个组别。中国北京的于晏、中国广西的岳睿、中国北京的李明扬、中国香港的刘志聪分获儿童组、公开组、成人组、大师组冠军。

【第十五届中国－东盟(南宁)国际龙舟邀请赛】 2019年6月7日在南宁邕江孔庙段及附近水域举办。广西社会体育运动发展中心、市体育局、市体育总会主办。设国际公开组12人、22人龙舟300米、600米直道赛和绿城组12人、22人龙舟300米、600米直道赛;南宁市第十届运动会龙舟比赛项目也同期举行,设市运会组12人、22人龙舟200米、500米直道竞速赛。有62支队伍(国际公开组28支队伍、绿城组27支队伍、市运会组7支队伍)、1300多名队员参赛。印度尼西亚队分获国际公开组22人龙舟200米、500米直道赛冠军,广东省阳江市双带龙舟队分获国际公开组12人龙舟200米、500米直道赛冠军;隆安县那元渡忑大龙队获绿城组22人龙舟200米直道赛冠军,隆安县花乃银青队获绿城组22人龙舟500米直道赛冠军,中倍力美健身龙舟队获绿城组12人龙舟200米直道赛冠军,隆安县雁江驮玉飞龙队获绿城组12人龙舟500米直道赛冠军;横县队分获市运会组12人龙舟200米、500米直道竞速赛冠军,隆安县队获市运会组22人龙舟200米直道竞速赛冠军,西乡塘区队获市运会组22人龙舟500米直道竞速赛冠军。

【第十一届中国－东盟(南宁)武术大会】 2019年8月16日至19日在南宁国际会展中心会展城体育汇(E区综合馆)举行。市体育局、市体育总会主办。设武术套路比赛、太极拳大赛、武术散打擂台争霸赛3个项目,包括长拳、南拳、八极拳、少林拳等十多种拳术,刀、枪、棍、剑、鞭及南宁濒临失传的鸭仔掌、挑刀、庄家拳、双刀叉等项目。中国、马来西亚、阿根廷、印度尼西亚、老挝等国家的60支队伍1450人参加。

【2019年南宁市体育黄金联赛】 2019年9月至12月在南宁市举办。市体育局、市体育总会主办。设乒乓球、气排球、网球、篮球、羽毛球、足球6个比赛项目。乒乓球比赛有215名运动员参赛,设男子团体、女子团体、男子单打、女子单打;瑶琳鱼庄队获男子团体冠军,子龙一队获女子团体冠军,黄炳荣获男子单打冠军,李丽珍获女子单打冠军。气排球比赛有51支队伍、420名运动员参赛,设青年男子组、中年男子组,青年女子组、中年女子组;百色红城队、贝丘部落队、突突队、永和队分获青年男子组、中年男子组、青年女子组、中年女子组冠军。网球比赛有13支队伍、251名运动员参赛,设团体组、公开组、长青组;飞象明星队获团体组冠军,成年组的蔡文龙获男子单打冠军,王一峰、钟良武获男子双打冠军,周青雯获女子单打冠军,梁栩、林泉芬获女子双打冠军;中年男子组的文浩、岑人军获冠军;谢志刚、夏伟民获长青组冠军。篮球比赛分男子组(甲组、乙组)、女子组,男子甲组参赛队4支、男子乙组参赛队48支、女子组参赛队12支,参赛运动员800多名;广西禄丰队、来宾商会博尊商务篮球队、广西天健篮球俱乐部分获男子甲组、男子乙组、女子组冠军。羽毛球比赛为混合团体赛,设成人组(公开组、ABCD组)和青少年组(AB组),成人A组参赛队10支、成人B组参赛队14支、成人C组参赛队11支、成人D组参赛队5支、成人公开组参赛队5支,青少年A组参赛队4支、青少年B组参赛队5支,参赛队员459名;威克多哈喽俱乐部、宇冠A1队、英利奥俱乐部1队、跑跑俱乐部、文军汽车动力升级队、梦想队、安宁队分获成人公开组、A组、B组、C组、D组,青少年组A组、B组冠军。足球比赛设11人制足球、6人制足球2项比赛,11人制足球有9支队伍、315人参赛,6人制足球甲级有12支队伍、乙级组32支队伍,共792人参赛;皇龙居队获11人制足球赛冠军,粤桂宏达队、浩正集团队分获6人制足球赛甲级、乙级冠军。

【2019年环广西公路自行车世界巡回赛(南宁站)】 2019年10月19日至20日在南宁市举办。自治区政府、中国自行车协会、大连万达集团股份有限公司主办,自治区体育局和南宁市政府承办。有阿斯塔纳车队、巴林美利达车队、博拉－汉斯格雅车队、CCC车队、德科尼克－快步车队、英孚教育车队、乐透－速的奥车队、米琪顿－斯科特车队、维度达科车队、英力士车队、珍宝－维斯玛车队、喀秋莎－欧倍青车队、太阳网车队、崔克－世家兰铎车队、阿联酋航空车队、旺蒂车队、道达尔直接能源车队、以色列单车学院15支世巡赛车队和3支顶级洲际职业车队的126名车手参赛。分2个赛段进行,全程304.40千米。10月19日举行南宁市绕圈赛,起、终点为广西文化艺术中心;赛道主要由五象新区、邕江沿岸和青秀山风景区组成,赛程5圈共143千米;德国博拉－汉斯格雅车队的帕斯卡·阿克曼获该赛段冠军。10月20日,举行南宁—弄拉赛段比赛,起点为广西文化艺术中心,终点为马山县弄拉景区,总爬坡长度达到4.6千米,赛程161.4千米;比利时德科尼克－快步车队的恩内克·马斯获赛段冠军。

【2019年ITF国际女子网球巡回赛(南宁站)】 2019年10月20日至27日在广西大学网球中心举办。国际网联授权,中国网球协会、自治区体育局主办,市体育局、市体育总会承办。有中国、俄罗斯、澳大利亚、德国、白俄罗斯、格鲁吉亚、保加利亚、斯洛文尼亚、塞浦路斯、波兰、丹麦、列支敦士登、泰国、日本等国家和中国香港地区的球员参赛。列支敦士登的冯戴希曼获单打冠军,俄罗斯的拉斯库托娃与塞浦路斯的拉鲁卡·乔治亚娜·塞班组合获双打冠军。

2019年10月19日，2019年环广西公路自行车世界巡回赛（南宁站）在南宁市举办绕圈赛。图为自治区党委常委、南宁市委书记王小东（前左三），市委副书记、市长周红波（前左四）在起、终点广西文化艺术中心参加荣誉骑行活动　　市体育局提供

【2019中国－东盟电子竞技大赛】 2019年11月至12月在南宁、桂林、柳州、钦州、北海5个城市进行海选赛和城市赛，总决赛在南宁国际会展中心举办。市体育总会主办。设《英雄联盟》《王者荣耀》2个电竞比赛项目，有马来西亚、新加坡、中国的200支队伍、近1200名运动员参赛。《英雄联盟》有6支队伍、《王者荣耀》有7支队伍进入总决赛。上海市的RNGA战队获《英雄联盟》冠军，新普传媒战队获《王者荣耀》冠军。

【第十届中国－东盟国际自行车挑战赛】 2019年11月10日在南宁市举办。广西社会体育运动发展中心、市体育局、邕宁区人民政府、市体育总会主办。设男子公路公开组、男子公路中年组、女子公路组、男子山地车公开组、男子山地车中年组、女子山地车组、经销商组7个项目。公路组比赛路线在园博园东大门附近，山地组比赛地点在顶狮山田园风光区。有老挝、越南及中国福建、贵州、浙江、广东、广西等省区的342名选手参赛。美利达诺飞客中国车队的洪坤弘获男子公路公开组冠军；桂军—0011车队的刘剑获男子公路中年组冠军；丹尼尔·奥斯&加维利亚后援会的梁敏获女子公路组冠军；老表中国车队的陆洪才获男子山地车公开组冠军；浙江飞龙体育车队的黎海平获男子山地车中年组冠军；KIAE骑行服——南宁高校联队的李海欣获女子山地车组冠军；福建直营店的陈跃华获经销商组冠军。

【第十四届南宁国际马拉松比赛】 2019年12月1日在南宁市举办。中国田径协会、自治区体育局、南宁市政府主办，市体育局、市体育总会承办。设全程马拉松、半程马拉松、10千米跑、4千米健康跑、健身走（2千米）5个项目。有肯尼亚等15个国家和地区及国内28个省（市、自治区）的运动员、爱好者2.80万人参加（比上届增加2000人）。肯尼亚的Kiura Denis Mugendi、Flavious Teresa Kwamboka分获全程马拉松男子组、女子组冠军；肯尼亚的Muriuki Charles Muhiuha、中国的林缘分获半程马拉松（国际组）男子组、女子组冠军；中国的马水旺、邓玉芳分获半程马拉松（居民组）男子组、女子组冠军；中国的安振、陈慧晶分获10千米跑男子组、女子组冠军。

【2019年中国－东盟城市羽毛球混合团体邀请赛】 2019年12月7日至8日在广西大学举办。广西球类运动发展中心、市体育局、市体育总会主办。广西羽荃汇羽毛球俱乐部队、马来西亚沙登羽毛球俱乐部队、泰国VBEYON队、越南Hanoi Badminton Club队、南宁市羽冠羽毛球俱乐部队、广西大学队6支队伍参赛。泰国VBEYON队获冠军、马来西亚沙登羽毛球俱乐部队获亚军、广西羽荃汇羽毛球俱乐部队获季军。

【2019年中国－东盟棋牌国际邀请赛】 2019年12月8日至10日在南宁市邕江宾馆举行。市体育局、市体育总会主办。赛事有第十五届中国－东盟围棋国际邀请赛、第十四届中国－东盟桥牌国际邀请赛、第十一届中国－东盟象棋国际邀请赛3项。中国、美国、新加坡、马来西亚、文莱、泰国、印度尼西亚、柬埔寨、越南、巴基斯坦等国家和地区的337名选手参赛。围棋赛设公开团体赛、公开个人赛、女子个人赛3项，有13支队伍、37人参赛，泰国队获公开团体赛冠军，中国台北队的钟承恩获公开个人赛冠军，美国洛杉矶的Shirley Lin获女子个人赛冠军；桥牌赛设公开队式赛、公开双人赛、名人双人赛3项，有28支队伍、166人参赛，贵州桥牌队获公开队式赛冠军，吴庭吉、Sean Teo获公开双人赛NS向冠军，张扩、赵玉获公开双人赛EW向冠军，KhalilIzat、Aijaz Arshad获名人双人赛NS向冠军，陈发科、张扩获名人双人赛EW向冠军；象棋赛设个人赛，有134人参赛，河南的赵子雨获冠军。

【第四届中国－东盟城市足球邀请赛】 2019年12月11日至13日在南宁市体育场举行。市体育局、市体育总会主办。广州恒大淘宝足球俱乐部、广西富港竞技体育足球俱乐部、越南南定足球俱乐部和泰国巴蜀基利足球俱乐部4支职业足球队参赛。广州恒大淘宝足球俱乐部获冠军，泰国巴蜀基利足球俱乐部获亚军，越南南定足球俱乐部获季军；广州恒大淘宝足球俱乐部的谭凯元被评为“最佳球员”“最佳射手”。　（羊婷婷）

体育交流

【外出活动与交流】 2019年2月21日，市委常委、副市长何颖，市体育局党组书记、局长李兵出席在上海举行的2019格力·中国杯国际足球锦标赛新闻发布会，正式公布参赛队伍及赛事信息。2月22日，市委常委、副市长何颖率有关人员赴北京向中国羽协汇报2019年“苏迪曼杯”世界羽毛球混合团体锦标赛筹备情况。4月20日，市体育局派员到东兴市参加2019年中越游泳友谊赛及广西庆祝新中国成立70周年群众性游泳系列大赛活动。8月25日至29日，市体育局派员到福建省厦门、泉州和福州等地开展体育招商引资活动。10月28日，市体育局派员到成都市开展项目招商，分别走访咕咚运动的成都乐动信息技术有限公司和成都劲浪体育用品有限公司。12月12日至13日，市委常委、副市长何颖率有关人员赴桂林参加2019体育强国建设论坛暨中国－东盟体育旅游活力月活动，并考察桂林桃花湾体育公园、阳朔飞拉达攀岩和燕莎航空等体育项目；29日至30日，市委常委、副市长何颖率有关人员赴福建省厦门市、泉州市考察体育产业，并开展招商引资。

【到访活动与交流】 2019年1月，世界羽联赛事总监达伦·帕克斯、赛事项目主管许华清、世界羽联赞助商代表和中国羽联竞赛二部副部长孙鹏组成的考察团，到南宁考察赛事电视制作及嘉年华展位等事宜。1月12日至26日，受南宁市举重协会邀请，台湾体育运动大学举重队一行8人(教练2人、运动员6人)到南宁市进行交流。2月18日至20日，世界羽联赛事总监达伦·帕克斯、赛事项目主管许华清、政府及会员国服务经理黄爱群到南宁考察"苏迪曼杯"世界羽毛球混合团体锦标赛准备工作情况，并参加88天倒计时活动。2月22日，中国足球协会国管部国家队训练总监邵佳一、国家足球训练基地主任刘殿秋、竞赛部国家队赛事负责人张昊一行在自治区体育局、广西足球协会、市体育局、南宁威宁集团、万达体育公司等负责人的陪同下，到南宁考察2019年"中国杯"国际足球锦标赛比赛场地和训练场地，并召开赛事筹备会。3月19日，世界羽联赛事总监达伦·帕克斯到南宁主持举行2019年"苏迪曼杯"世界羽毛球混合团体锦标赛抽签仪式活动。3月20日，世界羽联考察团和中央电视台团队到南宁，参加2019年"苏迪曼杯"世界羽毛球混合团体锦标赛赛事工作专题会，并实地考察场馆。3月27日，正在南宁参加2019年全国群众体育工作会议暨群众体育干部培训班的国家体育总局群体司司长郎维及各省、区、市体育局领导到南宁市凤岭北社区、李宁体育园等实地考察全民健身开展情况。4月12日，安徽省体育管理干部进修班学员约40人到南宁市南湖公园、李宁体育园考察体育设施建设。4月15日，中国香港青少年交流访问团一行37人到南宁市体育运动学校观摩体育训练活动。4月17日，青岛市即墨区体育中心有关人员到南宁市南湖公园、柳沙公园和平西滨江休闲公园考察体育设施。4月21日，国际攀联顾问和中国登山运动管理中心领导到马山县考察古零攀岩特色体育小镇建设项目及相关工作，并就马山县如何开展"体育+"业态发展模式进行交流。5月8日至9日，乌兰察布市政协有关人员到南宁市南湖公园、马山县马山攀岩特色小镇进行考察。5月9日，越南举重协会河内举重队一行18人到南宁吴数德举重学校进行体育交流和训练。7月19日至20日，国家体育总局体育经济司组织专家组到南宁市，对马山县攀岩特色体育小镇试点项目开展相关指导调研。8月25日至26日，国际自行车联合会竞赛高级顾问托马斯·雷吉尔、竞赛总监奥利维尔·塞恩到南宁市考察环广西公路自行车世界巡回赛(南宁站)赛段起终点、赛道，核实竞赛信息和安保信息。 (覃春苗)

体育产业

【体育产业项目培育】 2019年，南宁市对接冰雪、室内滑雪、非凡足球学院、航空飞行基地、体医融合平台等多个项目招商前期工作，组织体育产业专项招商组赴福州、泉州、厦门、成都等地开展招商考察，达成意向企业5家，在谈项目6个。年内，提升美丽南方、李宁体育园等体育产业示范品牌的品质，开发园博园、大明山等景区体育旅游资源，培育新的体育旅游品牌。打造大明山户外营地，培育环大明山户外运动休闲集聚区。开发会展城·体育汇项目，引进攀岩、轮滑、平衡车、击剑、射箭、电子竞技、空气蹦床、国民体质监测等15个项目，接待参与体验60万余人次，经济效益约300万元。推动马山攀岩特色小镇建设落到实处，举办中国－东盟山地户外体育旅游大会暨攀岩大师赛等赛事活动。支持江南"酷动小镇"建设，推进项目立项、规划等工作。

【"体育+"融合多元发展】 2019年，南宁市推动"体育+旅游"，打造体育旅游示范品牌，美丽南方景区获评2019中国体育旅游精品景区，"中国杯"国际足球锦标赛、2019苏迪曼杯世界世界羽毛球混合团体锦标赛获评2019广西体育旅游精品赛事。推动"体育+康养"，开展"体医"融合工作，国民体质测试纳入市管干部年度体检项目；开展运动处方培训班，培养能够开具个性化运动、健康处方的"体医融合"人才；开展青少年不良姿势矫正干预。推动"体育+培训"，培育轮滑、击剑、射击(箭)、攀岩、徒步、皮划艇、平衡车、街舞、滑翔伞、电子竞技、潜水等新颖时尚的运动培训项目，活跃体育培训市场。推动"体育+传媒"，推进"中国杯"国际足球锦标赛、"苏迪曼杯"世界羽毛球混合团体锦标赛等赛事进入央视直播，开展南宁国际马拉松的宣传；以重大体育赛事为平台，促进体育转播、体育广告等体育文化发展。推动"体育+会展"，举办2019南宁体育产业博览会，展会设置10个特装及134个标准展位，全面展示区县体育发展成果；组织体育产业风采展示、体育时装秀等活动，开展健身健美、电子竞技、飞镖、跳绳、轮滑等赛事；引入运动集市、体育用品特卖场，促进体育消费，3天展会吸引近10万市民观展。推动"体育+互联网"，完善"互联网+全民健身"服务平台"运动绿城"APP，实现地图搜索、导航、场地预定等功能。

【场地普查与体彩销售】 2019年，南宁市完成新一轮周期的体育场地统计调查，截至2018年末南宁市有体育场地29608个。继续做好体育彩票销售、宣传，体育彩票累计销量8.4亿元，累计产生公益金约9397万元。 (黄永铁)

编辑 李志楠

卫生健康

综　述

【概　况】2019年，南宁市卫生健康委员会(简称“市卫健委”)设办公室、人事科(对外交流合作科)、规划发展与信息化科、财务科、法规科、体制改革科(市深化医药卫生体制改革工作领导小组办公室)、疾病预防控制科、医政医管科、基层卫生健康科、卫生应急办公室、科技教育科、综合监督科、中医药管理科、妇幼健康科、老龄健康科、人口监测与家庭发展科、宣传科、艾滋病防治科(市防治艾滋病工作委员会办公室)、健康建设促进科(市爱国卫生运动委员会办公室)、考核督查科、基础设施建设管理科、医院发展管理科(市公立医院管理委员会办公室)、保健办、机关党组织，行政编制81名，在编75人。委属事业单位22个(含代管1个)：市第一、第二、第三、第四、第五、第六、第七、第八、第九人民医院、市红十字会医院、市中医医院、市妇幼保健院、市第二妇幼保健院、南宁急救医疗中心、市卫生学校、市卫生监督所、市疾病预防控制中心、市中心血站、市医药学会办公室、市卫生计生宣传信息中心、市药具管理中心、市计划生育协会(代管)；编制6973名，在编5410人。做好卫生“放管服”，依申请政务服务事项33项，审核取消涉及卫生健康系统市级证明材料34项、县级证明材料63项、乡级证明材料12项，审核确认符合奖励扶助、特别扶助对象1.68万人。落实医改举措，建设城市医院医疗集团和县域医共体；实施现代医院管理制度，推进公立医院管理模式从粗放管理向精细管理转变。夯实基层医疗卫生服务能力，组织33家二级以上医院对口支援46家乡镇卫生院，选派23名领导干部组成医疗保障工作组赴3个贫困县开展驻点帮扶指导；新建改扩建社区卫生服务中心项目5个，新建扩建村级标准化卫生室14个；配齐1308个村卫生室硬件设备，实现就诊费用医保系统直接结算；办理贫困患者门诊慢性病诊疗卡5.94万张，大病分类救治5489人，“光明行动”施行白内障复明手术396人。加强学科建设和人才培养，获自治区重点学科、重点培育学科8个。统筹推进卫生健康项目15个，推进智慧健康信息平台建设，建成启用居民电子健康卡系统，实现13家市级医院就诊“一卡通”，市、县二级以上公立医院与乡镇卫生院远程医疗全覆盖；利用智慧健康信息平台开展远程影像2.27万例、远程心电6万例。完善公卫服务体系，基础免疫累计接种率97%，高血压、糖尿病规范管理率分别为84.02%、80.85%，累计救治危重孕产妇2159人。开展爱国卫生运动和国家卫生城市创建活动，南宁市获全国爱国卫生运动委员会关于通过国家卫生城市复审通报，实现国家卫生城市“三连冠”，马山县、上林县通过国家卫生县城复审；被重新确认并命名为自治区卫生乡镇17个、卫生村247个、卫生先进单位77个；兴宁区三塘卫生院被评为国家2019年“优质服务基层行”能力提升亮点机构；中心血站获评为第三十批“南宁市文明单位”称号。主要存在深化医改体制机制障碍和困难多，基层医疗卫生人才较匮乏、设施设备简陋，家庭医生签约服务质量不高等问题。

医疗卫生机构总量　市辖区有医疗卫生机构4830个，其中医院137家(公立医院65家、民营医院72家)，基层医疗卫生机构4624家(乡镇卫生院119家、社区卫生服务中心52个、社区卫生服务站69个、门诊部、诊所和医务室2852个、村卫生室1532个)，专业公共卫生机构51个(疾病预防控制中心17个、专科疾病防治所1个、健康教育所1个、妇幼保健院9个、急救中心1个、采供血机构5个、卫生监督所15个、计划生育技术服务机构2个)，其他卫生机构18个。市属医疗卫生机构4795家，其中医院118家，乡镇卫生院119家，疾病预防控制机构16个，卫生监督所14个，妇幼保健机构8个，社区卫生服务中心(站)121个，专科疾病防治所1个，急救中心1个，采供血机构5个，门诊部、诊所、卫生所、医务室2852个，村卫生室1532个，计划生育技术服务机构1个，其他卫生机构7个。

医疗卫生机构床位数　市辖区有医疗卫生机构床位5.43万张，比上年增加3671张，增长7.24%；每千常住人口有医疗卫生机构床位7.40张，增长5.92%。医院床位4.11万张(中医民族医医院床位9134张、民营医院床位6264张)，增加2526张(中医民族医医院床位增加555张、民营医院床位增加1676张)，增长6.56%(民营医院增长36.53%)。乡镇卫生院床位9593张，增加797张，增长9.06%。市属医疗卫生机构床位3.71万张(医院2.49万张、卫生院9593张、社区卫生服务中心527张)，增加3565张，增长10.63%。

卫生人力总量　市辖区有卫生人员9.07万人，比上年增加6059人，增长7.16%；卫生技术人员7.46万人，增加5471人，增长7.91%；执业医师和执业助理医师2.70万人(中医类5281人)，增加2369人，增长9.62%。每千常住人口拥有卫生人员、卫生技术人员、执业医师和执业助理医师分别为12.35人、10.16人、3.68人(中医类0.72人)，比上年分别增加0.68人、0.63人、0.29人。全科医生2126人，增加483人，增长29.40%；每万常住人口有全科医生2.89人，增加0.63人。注册护士3.40万人，增加2961人，增长

9.54%;每千常住人口有注册护士 4.63 人,增加 0.35 人。乡镇卫生院卫生人员 1.01 万人,增加 340 人,增长 3.50%;乡镇卫生院卫生技术人员 8533 人,增加 298 人,增长 3.62%;乡镇卫生院执业医师和执业助理医师数 2643 人,增加 258 人,增长 10.82%;乡镇卫生院注册护士 3235 人,增加 69 人,增长 2.18%。市属医疗卫生机构卫生人员 6.28 万人,增长 7.71%;卫生技术人员 5.16 万人,增长 8.45%;执业(助理)医师 1.92 万人,增长 10.86%;注册护士 2.25 万人,增长 10.28%。

【医疗卫生服务能力】 2019 年,南宁市卫生系统开展"进一步改善医疗服务行动计划""平安医院"及护理、药政、检验、输血、院感、病案等专项督查工作,对南宁市 39 家二级以上医疗机构进行医疗质量检查;推行临床路径管理,37 家公立医疗机构均开展临床路径工作,28.20 万多份病例纳入临床路径管理。37 家二级以上医疗机构均开展双休日及节假日门诊,推行检验检查结果互认。

三级医疗卫生服务网络建设　南宁市加强县、乡、村三级医疗卫生服务网络建设,5 个县有医院 16 家、妇幼保健院 5 家、乡镇卫生院 70 家。农村三级医疗卫生服务网络床位 1.26 万张,占全市总数 23.21%;卫生人员 1.74 万人,占 19.14%;卫生技术人员 1.30 万人,占 17.48%。村卫生室及村卫生室分点 1532 个,村卫生室乡村医生 2794 人,卫生员 245 人。社区卫生服务中心 54 个,社区卫生服务站 66 个;社区医护工作者(含专职防保人员)从事一线社区卫生工作 3258 人,其中卫生技术人员 2912 人,执业医师和执业助理医师 1244 人,注册护士 1176 人。

医疗服务量　市辖区医疗卫生机构总诊疗 5060 万人次,比上年增加 262 万人次,增长 5.46%。其中,医院诊疗 2417 万人次,增加 195 万人次,增长 8.78%;基层医疗卫生机构诊疗 2205.99 万人次,增加 52.37 万人次,增长 0.24%;乡镇卫生院诊疗 661.34 万人次,增加 47.78 万人次,增长 7.79%。农村三级医疗卫生机构诊疗 908.04 万人次(县级医院 337.66 万人次,乡镇卫生院 338.79 万人次,妇幼保健院 92.31 万人次,村卫生室 121.85 万人次,门诊部 3.56 万人次,诊所、卫生所、医务室 13.87 万人次)。市属医疗机构诊疗 3671 万人次,其中医院诊疗 1238 万人次,增加 136 万人次,增长 3.85%。辖区医疗机构住院人数 181.64 万人,增加 14.52 万人,增长 8.69%。其中医院住院人数 125.66 万人,增加 10.14 万人,增长 8.78%;农村三级医疗机构住院人数 56.50 万人(县级医院 26.76 万人、乡镇卫生院 23.60 万人、妇幼保健院 6.15 万人次)。市属医疗机构住院人数 123.16 万人,其中医院住院人数 73.16 万人次,增加 5.02 万人,增长 7.37%。

医疗服务效率　市辖区医院病床使用率 85.87%(公立医院 91.95%),比上年增加 0.51 个百分点。医院平均住院日 9.80 日(公立医院 9.70 日),缩短 0.10 日;乡镇卫生院病床使用率 71.91%,增加 2.67 个百分点。医院医师日均担负诊疗 6.70 人次、担负住院床 2.30 日,与上年持平;公立医院医师日均担负诊疗 8.20 人次、担负住院床 2.20 日;乡镇卫生院医师日均担负诊疗人 10.20 次、担负住院床 2.60 日;社区卫生服务中心医师日均担负诊疗 14.30 人次,担负住院床 0.20 日。

基层医疗卫生机构医疗服务平均费用　社区卫生服务中心门诊病人次均医药费用 96.10 元,比上年增加 14.70 元;出院病人人均医药费用 3584 元,增加 112 元;平均每日住院医疗费 410.10 元,增加 3.40 元。乡镇卫生院门诊病人次均医药费用 80.20 元,降低 0.30 元;出院病人人均医药费用 2536.40 元,增加 481.30 元;平均每日住院医疗费 421.30 元,增加 57.90 元。

【医疗卫生体制改革】 2019 年,南宁市整合市卫生和计划生育委员会、市深化医药卫生体制改革工作领导小组办公室、市老龄工作委员会办公室职责,以及市安全生产监督管理局的职业安全健康监督管理职责,组建市卫生健康委员会,作为市政府工作部门,不再保留市卫生和计划生育委员会、市深化医药卫生体制改革工作领导小组办公室,市老龄工作委员会日常工作由市卫生健康委员会承担;制定《南宁市卫生健康委员会职能配置、内设机构和人员编制规定》,明确卫健、医保一体运行工作机制,实现医疗、医保、医药有机衔接。印发《南宁市城市医疗集团组建与管理办法(试行)》,划拨 800 万元至市直公立医院建设城市医疗集团、专科联盟、三二医联体(三级医院、二级医院组建成联合体)、远程医疗协作网等,组建市第一人民医院医疗集团、市第二人民医院医疗集团,举办南宁市城市医疗集团成立大会和医疗集团揭牌仪式,实行人事、财务、资产、业务、药品管理、绩效考核统一管理;考核公立医院医联体建设,评价 7 家市直公立医院 9 个建设项目收益与融资情况,核准医院发行专项收益债 4.20 亿元。推进县域医共体建设,在武鸣区、横县召开县域医共体建设工作推进会,建设紧密型县域医共体。继续深化公立医院综合改革,出台《南宁市建立现代医院管理制度实施方案》,在市第二人民医院、上林县人民医院、武鸣区人民医院试点,推进政府监管,完善公立医院管理体系,引导公立医院有序开展章程制定、总会计师聘任、精细化管理、薪酬分配改革、专科建设、信息化建设和绩效考核等工作;市卫健委联合市委组织部等六部门出台《南宁市市直公立医院总会计师管理暂行办法》,市卫健委与市人社局、市财政局研究制定公立医院薪酬制度改革试点工作方案。实施全科医生培养与使用激励机制,市政府印发《南宁市改革完善全科医生培养与使用激励机制实施方案》,明确建设经费投入,加强全科医学基地与师资力量建设,抓好全科医生院校毕业后培训、继续教育、聘用与薪酬制度改革。

【国家基本药物制度实施与药品集中采购】 2019 年,南宁市制定公立医疗机构基本药物配备使用管理实施细则以及考核细则,明确考核内容和指标并纳入年度工作目标考核。继续实施医疗卫生机构药品备案采购政策,推进药品分类采购,开展药品直接挂网采购(第五批、第六批),三级医疗机构、二级医疗机构、一级医疗机构基本药物配备使用采购金额分别占 34.81%、45.43%、84.69%,分别达到不低于 25%、40%、65% 的要求。协助医保部门做好招标入围品种规范采购、配备使用、使用试点扩围等,指导医院做好通过质量和疗效一致性评价仿制药品种供应保障,推进国家谈判药品网上采购,配备谈判药品。做好短缺药品动态监测和信息报送,上报处理解决短缺药品 166 个品规(次),上报 13 个品规(次)。

【卫生项目建设】 2019 年,南宁市获中央投资卫生项目有马山县中医医院整体搬迁(二期)项目,中央资金 4880 万元;获自治区投资卫生基建项目有横县马山乡卫生院项目(建筑规模 1300 平方米,总投资 325 万元,其中自治区专项补助资金 260 万元、自筹资金 65 万元);获自治区投资卫生设备采购项目 13 个,年内全部完成采购。市本级财政建设卫生项目 11 个,竣工 1 个、基本完工 1 个、在建 3 个、未开工 6 个,投入资金 1890 万元。市第三人民医院门诊综合楼竣工投入使用,市妇幼保健院保健综合楼项目和市疾病预防控制中心综合服务保障楼项目基本完工,市第一人民医院医技综合楼封顶进行二次装修,市第二人民医院门急诊内科综合楼工程项目完成基坑支护工程;南宁急救医疗中心南区急救分中心项目、市卫生计生监督所业务综合楼项目完成项目建议书批复和选址;市第一人民医院老干部医疗保健中心项目完成项目立项;南宁市第一人民医院相思湖医院(南宁市卫生学校附属医院)项目完成初设批复,"两评价一方案"获市政府审批;市中医医院失能老人康复综合养护院(南宁第一养护院)和市中医医院江南分院2个项目完成可研批复,进行初步设计。

【公共卫生服务】 2019年,南宁市承担自治区为民办实事项目基本公共卫生服务子项目,按照人均补助69元标准,筹措4.93亿元推进基本公共卫生服务均等化,建立居民健康电子档案614.81万份,占总人数85.95%;适龄儿童国家免疫规划疫苗接种97.24%,0岁~6岁儿童健康管理率93.97%,产妇产后访视率96.84%;老年人健康管理率71.19%;高血压规范管理率79.73%,糖尿病规范管理率78.98%。打造"智慧健康"服务,将工作纳入市政府为民办实事项目,建成基础数据、分级诊疗、慢病管理、应急指挥、血液管理5个服务平台,实现市、县、乡三级医疗机构互联互通、与"爱南宁APP"对接,可开展远程会诊、远程影像、远程病理、远程心电诊断等服务,实现"基层检查、上级诊断"。市三级医院开通"掌上智慧医院"信息平台,开展移动预约挂号、查阅报告、在线支付等便民服务。

【卫生保障】 2019年,南宁市加强市级卫生应急体系建设,开展南宁市西区、五象新区急救分站项目前期工作,筹建南宁东区急救医疗分站。开展群死群伤卫生应急综合演练、野外拉练与培训,提升医疗救援快速反应能力和紧急处置能力。加强突发事件紧急医学救援,妥善处置Ⅳ级及以上突发事件紧急医学救援19起(一般事件15起、较大事件3起、重大事件1起),派出救护车、指挥车约76车次,救治伤病员106人。做好2019年"中国杯"足球赛、"苏迪曼"杯羽毛球赛、"两会"、2019年环广西公路自行车世界巡回赛(南宁站)、2019年南宁国际全程马拉松比赛、"泛珠"论坛、"中亚"论坛、昆仑关战役80周年庆和会展论坛等活动医疗卫生保障360多场次,其中2019年南宁国际马拉松比赛现场成功施救心律失常参赛者1人。

【医疗质量控制】 2019年,南宁市增设健康管理(体检)、放射诊断2个市级医疗质量控制中心,累计质控中心6个。依托质控中心加强医疗机构住院病案首页数据管理和质量控制,探索开展医疗机构医疗服务质量管理考核和临床重点专科考核评价,检查、反馈发现医疗机构全部实现依法执业,依据法律法规健全医院规章制度、医疗服务质量管理体系、医疗管理方案。开展质控督导和业务培训8期次1800余人,举办临床护理职业技能大赛和医疗机构临床科学用血知识竞赛,组织43家医疗机构成立中国南丁格尔志愿者护理服务分队;开展医师定期考核,执业医师资格考试;进行医疗机构、医师、护士电子化信息注册。开展传染病防控监督,督查指导医疗机构预检分诊、医院感染管理、医疗救治情况。

【卫生采购项目】 2019年,南宁市本级卫健系统完成集中采购项目83个(货物类45个、服务类38个),采购医疗设备320台,项目预算1.71亿元,完成资金1.65亿元,节约资金568.70万元,节约率3.33%。完成重点采购项目:为民办实事项目子项目社区卫生服务中心标准化建设,为19个社区卫生服务中心采购117台医疗设备,资金1778.94万元;智慧信息工程(三期)项目,资金822.25万元;手足口病防控项目采购医疗设备7台、手足口病防控宣传服务1项,合计经费268.30万元;登革热防控工作项目采购实验室应急检测试剂、耗材、应急消杀药品,合计经费187.60万元。区县完成自治区基层能力建设采购项目13个(乡镇卫生院设备采购13个),资金617.84万元。

(龚可奉)

2019年12月17日,市卫生管理人员验收社区卫生服务中心集中采购的医疗设备器材

市卫健委提供

医政管理

【概　况】 2019年,南宁市卫生系统开展"进一步改善医疗服务行动计划""平安医院"及护理、药政、检验、输血、院感、病案等专项督查1次,检查二级以上医疗机构39个。推行临床路径管理,开展临床路径工作的公立医疗机构37个,纳入临床路径管理病例28.20万份,占出院病例数40.43%。37家二级以上医疗机构开展双休日及节假日门诊,推行检验检查结果互认。

【医疗安全管理】 2019年,南宁市完善"平安医院"活动协调小组,成立卫生健康系统扫黑除恶专项行动协调小组,制定严厉打击涉医违法犯罪专项行动实施方案,开展维护医疗秩序、打击涉医违法犯罪专项行动。市卫健委开展医疗服务质量与医疗安全、执业安全、医德医风等检查,督促医疗机构依法执业,健全医院规章制度、医疗服务质量管理体系、医疗管理方案措施并开展质量检查、反馈;开展医疗机构、医师、护士电子化信息注册,医师定期考核,执业医师资格考试,把好医务人员准入关;督查指导医疗机构预检分诊、医院感染管理、医疗救治情况。医疗机构加强安全生产建设,设立医疗纠纷医患沟通办公室,配备专职或兼职人员负责接受医疗服务投诉、处理工作;二级以上公立医疗机构设立警务室34家,28家安装应急报警装置,警务室建设率94.44%,三级以上医院警务室建设率100%;二级以上公立医疗机构参加医疗责任保险,覆盖率100%,144家基层医疗机构参加医疗责任保险,覆盖率91.70%。

【医院临床路径管理】 2019年,南宁市在医疗机构推行临床路径管理,开展临床路径公立医疗机构37家,纳入临床路径管理病例28.20万份,占出院病例数40.43%。

【医院感染管理】 2019年,南宁市完善《医院感染管理手册》模板,指导医疗机构进行医院感染管理。推动医院感染管理信息化建设,做好医院感染信息上报和现患率调查。加强对传染病的院感防控,派出专家20多人次对辖区内重点区域的医疗机构进行消毒隔离和个人防护指导,协助调查和处理辖区内医院感染事件。通过培训、专家授课等形式加强院感教育,提高专职人员医院感染管理水平。开展院感质量督查基层医疗机构28家。

【医疗机构药事管理】 2019年,南宁市把抗菌药物临床应用管理纳入医院考核指标,开展医疗机构抗菌药物临床应用管理情况调研,督促医疗机构规范抗菌药物管理、开展处方点评等。开展医疗卫生机构药品配备使用情况监测分析,进行药品编码比对,用药目录、重点监控合理用药药品目录汇总,通过国家药品供应保障综合管理信息平台药品使用监测系统报送数据。参加自治区卫健委举办的药物政策与短缺药品信息直报工作视频培训会、短缺药品分类分级与替代使用工作视频培训会、药品医用耗材集中采购培训,举办基层医疗机构药学服务暨中药饮片管理培训班,培训骨干200多人。

【护理管理】 2019年,南宁市护理质控中心、南宁护理学会举办护理培训班4次,培训二级及以上医疗机构护理人员700余人次。开展南宁市延续护理服务优秀案例征集活动,14家医疗机构参加。继续开展"互联网+护理服务"居家护理试点服务,服务范围从城区延伸至宾阳县、隆安县及城市近郊的四塘村、五塘镇等地。开展"南宁市2019年度优秀护士、优秀护士长、优秀护理部主任评选活动",评出优秀护士100名、优秀护士长30名、优秀护理部主任10名,在"2019年南宁市'5·12'国际护士节庆祝大会"上表彰。与市总工会主办"2019年南宁市临床护理职业技能大赛";承办中国南丁格尔志愿护理服务总队南宁市44支分队成立大会。

【"服务百姓健康行动"大型义诊】 2019年9月6日至12日,市卫健委组织区县卫健局、市属医疗机构的医师420名、药剂师36名、护士280名,开展"服务百姓健康行动"大型义诊活动,通过在公共场所、城乡医院对口支援县级医院、农村贫困地区举办义诊、开展健康大讲堂等形式,义诊7286人次,其中农村建档立卡贫困人口532人,发放宣传资料2.55万份,参加群众3278人次,折算减免费用3.23亿元。

【社会医疗救助】 2019年,南宁市医疗救助身份不明或者无负担能力患者18人次,支出救助资金34.19万元。市卫健委按广西壮族自治区道路交通事故社会救助基金管理工作要求,审核交通事故受害人社会救助申请材料24份。(龚可奉)

疾病预防控制

【概　况】 2019年,南宁市有传染病诊疗机构276家,网络正常运行传染病诊疗机构数276家。以"预防为主",加强疾病防控,业务指标超额完成年度目标,无甲类传染病疫情。乙类传染病报告发病率306.42/10万,死亡率8.09/10万,病死率2.64%(发病2.22万例、死亡587人),报告发病率比上年下降3.21%,发病率居前五位的病种依次为病毒性肝炎、肺结核、梅毒、淋病和艾滋病,病死率前三位的病种依次为狂犬病、艾滋病和肺结核;无传染性非典型肺炎、脊髓灰质炎、人感染高致病性禽流感、流行性出血热、乙脑、炭疽、流行性脑脊髓膜炎、白喉、新生儿破伤风、血吸虫病和人感染H7N9禽流感的发病和死亡报告;登革热报告发病率上升17497.26%,死亡率上升16.23%;艾滋病、病毒性肝炎和肺结核等病种报告死亡率上升。丙类传染病报告发病率1081.12%,死亡率0.01/10万,病死率0.001%(发病7.84万例、死亡1人),占法定传染病总数77.92%。手足口病发病4.58万例占45.47%。登记严重精神障碍患者在册3.24万人,在册患者检出率4.53‰。报告尘肺病6例、职业病4例、疑似职业病48例,劳动者职业健康检查2.03万例。报告传染病卡片13.05万张,其中及时报告13.04万张,及时报告率99.95%;审核卡片12.93万张,及时审核12.93万张,及时审核100%。报告突发公共卫生事件125起,其中较大事件1起,一般事件121起,未分级事件3起。接收预警信号4992条,排除4303条,疑似事件689条,及时处置。完成适龄儿童免疫建卡12.12万人。完成第一恒磨牙免费窝沟封闭1.05万颗,监测放射诊断设备16台,158项次性能检测。

【免疫规划】 2019年,南宁市常规免疫冷链运转12次以上。适龄儿童免疫建卡12.12万人,出生上卡率16.01‰。基础免疫接种情况:卡介苗接种率99.40%,乙肝疫苗接种率99.30%,乙肝疫苗首针及时接种率94.28%,脊灰疫苗接种率98.94%,百白破疫苗接种率97.16%,麻疹类疫苗(含麻疹、麻风、麻腮风疫苗)接种率98.92%,A群流脑接种率98.53%,A+C群流脑接种率98.60%,甲肝疫苗接种率98.48%,乙脑疫苗接种率98.53%,白破疫苗接种率98.65%。报告麻疹病例8例,发病率0.1119/10万。报告AFP(急性弛缓性软瘫)病例14例,报告率1.02/10万,无脊灰野毒株引起的脊灰病例。预防接种异常反应调查处理591人次,落实安全接种措施。

【传染病与地方病防治】 2019年,南宁市以乡镇为单位实施现代结核病控制策略(DOTS策略),覆盖率100%,登记活动性肺结核病人7266例,其中病原学阳性病人3016例,初治涂阳病人2689例;筛查利福平耐药肺结核可疑者2563例,确诊耐药161例,纳入治疗112例;治疗上年登记的新涂阳肺结核病人1250例,治愈1048例,变更诊断13例,转入耐多药治疗12例,治愈率85.56%;继续实施城乡贫困肺结核患者免费治疗为民办实事项目,收治病人1297人,治愈1172人,治愈率93.95%,开支治疗、检查经费179.35万元。报告手足口病发病4.60万例(重症59例),无死亡病例;手足口病优势病原体、危重病例的病原为CA6;发生突发疫情2起。艾滋病定期随访检测率91.59%、感染者固定性接受HIV抗体检测率91.82%、感染者/病人治疗覆盖率84.06%。依托艾滋病救助"一站式"服务体系,落实受艾滋病影响患者及其家庭救助,救助3.24万人,救助金额2388.20万元。完成碘盐监测3977份,碘盐覆盖率99.65%,非碘盐率0.35%,碘盐合格率96.01%,合格碘盐食用率95.68%;5月15日,开展"科学补碘益智,健康扶贫利民"主题宣传活动,发放宣传资料7.83万份,发送短信7.59万条,接受咨询1.81万人次。狂犬病发病1例,发病率0.01/10万。7月5日,举办狂犬病防控技术培训班1期,培训医务人员120人;9月28日第13个"世界狂犬病日",市疾病预防控制中心开展防治狂犬病宣传,发放知识折页3.40万份、海报160多张。连续31年无本地血吸虫病报告。武鸣区、横县、宾阳县实施查螺面积337.91万平方米,发现感染监测2593人,未发现血吸虫病患。横县发现遗留钉螺面积3.20万平方米,未发现阳性钉螺,实施药物灭螺面积9.40万平方米;武鸣区、宾阳县未发现钉螺、残存螺点及新螺点。

【精神疾病防治】 2019年,南宁市登记严重精神障碍患者3.24万人,在册患者检出率4.53‰;在管患者3.06万人,年管理率86.71%。建立全市精神卫生工作领导与部门协调机制,按照部门间信息交换

NANNING YEARBOOK

制度要求，评估报送危险性评估3级以上高风险患者信息823例，开展社区严重精神障碍患者网格化管理，落实患者监护责任以奖代补政策。落实国家基本公共卫生服务项目和中央补助地方严重精神障碍管理治疗项目在全市范围全覆盖，建立健全基层精神卫生防治网络，基层医疗机构均成立公共卫生科，设专(兼)职精防工作人员开展严重精神障碍患者管理服务。搭建首条心理卫生服务平台，开通专业免费心理援助热线0771-3290001。由市五医院(三级精神病专科医院)牵头，组建由19家医疗机构参加的南宁精神卫生专科医疗联合体；建立南宁市精神疾病对口联系工作制度，实行分片管理，落实每个区县安排一所或多所精神卫生医疗机构对口帮扶。利用中央彩票公益金项目支持，在兴宁区、武鸣区设立社区精神康复服务，探索专科医院支持社区卫生服务中心开展精神康复服务模式。

【职业病防治】 2019年，南宁市报告尘肺病6例、职业病4例、疑似职业病48例。实现市、区县职业疾病监测全覆盖，监测企业1167家，重点监测粉尘、噪声、苯、锰、铅等职业病危害企业65家；完成劳动者职业健康检查2.03万例，收集职业健康检查个案1.99万例，疑似职业病170人，职业病诊断7人；完成重点职业病监测及风险评估报告。开展职业病防治宣传，受众3.80万人；培训企业职工330人。

【疾病监测】 2019年，南宁市疾病预防控制中心采集鼠血410份，鼠疫F1抗体检测结果全为阴性。指示动物(狗)监测50份，结果全为阴性。鼠类内脏鼠疫杆菌培养202份，未培养出鼠疫杆菌。疟疾完成未外出居民血检1.01万人次，未检出疟原虫阳性者；流动人口血检2904人次，检出疟原虫抗体阳性149例，其中恶性疟94例、卵形疟51例、三日疟2例、间日疟1例、恶性疟+三日疟混合感染1例；及时、全程治疗所有检出病例，无继发二代病例、死亡病例。霍乱监测标本4478份，其中重点人群标本504份、医院腹泻病人标本3355份、外环境标本619份，检测结果全为阴性。流感采集标本2282份，检出阳性341份，其中甲型H1N1流感病毒阳性109份，季节性H3N2流感病毒阳性119份，B型流感病毒阳性113份。监测手足口病轻症病例1080例，检出阳性962例，其中EV71阳性2例，占0.21%；CA16阳性204例，占21.21%；CA6阳性626例，占65.07%；CA10阳性3例，占0.31%；其他肠道病毒阳性124例，占12.89%；其余118例为肠道病毒核酸阴性。人禽流感采集标本430份，其中外环境标本392份，职业暴露人群血清标本38份；外环境标本检出阳性137份，其中A型H9亚型流感病毒核酸阳性65份，A型H5亚型流感病毒核酸阳性27份，禽流感病毒(非H5亚型、H7亚型、H9亚型)核酸阳性34份，禽流感病毒H5亚型、H9亚型流感病毒核酸同时阳性11份。人间布鲁氏菌病采集职业人群血清标本201份，检出阳性10例，阳性率4.97%。登革热报告病例1079例，其中本地病例1020例、输入性病例59例，无死亡病例；监测发热病人血清标本510份，检出阳性2例。

【放射设备检测】 2019年，南宁市实现职业性放射性疾病监测区县全覆盖，检测放射诊断设备16台158项指标，合格率97.50%；检测13个医疗场所116个放射防护点检测，合格率100%；检测3个非医疗场所21个射防护点，合格率100%。

【学校卫生监测】 2019年，南宁市儿童口腔疾病综合干预项目完成第一恒磨牙免费窝沟封闭1.05万颗，完成率105%。学生常见病及健康影响因素监测调查西乡塘区学生2426人，检出近视1369人，近视率56.43%；调查上林县学生2015人，检出近视843人，近视率41.83%；调查青秀区学生2686人，检出近视1527人，近视率56.85%。

【轨道交通工程卫生学监测评价】 2019年，南宁市开展轨道交通3号线一期工程竣工验收卫生学评价，重点对13个车站选址、环境、建筑与建筑卫生学，站厅站台室内环境空气质量，车厢环境空气质量，车站公共区域集中空调通风系统卫生质量，车站消声防振设施及卫生质量，车站给排水设施及供水水质卫生质量，车站照明设施及卫生质量，车站卫生设施和卫生防护设施，车站卫生管理与公共卫生应急预案等进行验收和卫生学评价，通过评审。

(龚可奉)

卫生监督

【概　况】 2019年，南宁市实施监管检查2.38万家次，其中医疗机构4964家次，传染病防治机构4794家次，公共场所1.01万家次，生活饮用水供水单位917家次，学校、托幼机构1704家次，餐饮具集中消毒单位115家次，消毒产品生产经营单位116家次，放射诊疗机构559家次，职业健康检查机构、职业病诊断机构、放射卫生技术机构47家次，职业卫生用人单位121家次，采供血机构67家次，母婴保健、计划生育服务机构275家次。下达卫生监督意见书6735份，其中医疗机构872份，传染病防治机构1104份，公共场所3315份，生活饮用水供水单位373份，学校、托幼机构644份，餐饮具集中消毒单位56份，消毒产品生产经营单位35份，放射诊疗机构172份，职业健康检查机构、职业病诊断机构、放射卫生技术机构33份，职业卫生用人单位62份，采供血机构8份，母婴保健、计划生育服务机构61份，监督覆盖率100%。卫生行政处罚立案785件，比上年增加129件，增长19.70%。罚款263.03万元，没收违法所得38.06万元；警告482家，吊销执业证3家，移送公安机关9件，投诉举报规范处理率100%。卫生监督随机抽检任务完成100%。

【卫生行政处罚】 2019年，南宁市卫生行政处罚立案776起，其中公共场所卫生358起，医疗卫生269起，学校卫生15起，消毒卫生18起，饮用水卫生41起，传染病卫生60起，放射卫生12起，职业健康3起。罚款261.62万元，没收违法所得38.06万元，警告475起，吊销许可证3起，案件简易程序43起，一般程序733起(听证10起)。

【医疗机构监督】 2019年，南宁市监督检查医疗卫生机构5306家次，下达卫生监督意见书941份，立案处罚269起，处罚金额153.84万元，没收违法所得38.06万元，吊销许可证2家。按照《广西医疗机构不良执业行为记分管理办法》，给予30家医疗机构不良执业记分。

【放射卫生监督】 2019年，南宁市监督检查职业健康检查机构、职业病诊断机构、放射卫生技术机构47家次，下达卫生监督意见书33份。监督检查放射诊疗机构559家次，下达卫生监督意见书172份，立案处罚12起，罚款1.30万元。

【公共场所卫生监督】 2019年，南宁市监督检查公共场所1.01万家次，下达卫生监督意见书3315份，立案处罚358起，罚款69.35万元，吊销许可证1家。实施公共场所卫生监督量化分级管理，量化市本级公共场所623家，量化完成率100%；将A级、B级单位建成公共场所卫生安全示范单位。

【生活饮用水卫生监督】 2019年，南宁市设城市生活饮用水监测点61个(出厂水12个、末梢水38个、二次供水11个)，分丰水期、枯水期进行监督监测，四个季度水质监测合格率分别为100%、100%、98.44%、100%,检测结果向社会公布。建立市政供水部门、供水监测部门、居委会及街道办等多部门协调机制,及时反馈二次供水设施卫生监督发现的问题,移交市住建局线索36条。监督检查生活饮用水供水单位917家次,下达卫生监督意见书373份,立案处罚41起,罚款6.66万元。

【学校卫生监督】 2019年,南宁市监督检查学校卫生1704家次,下达卫生监督意见书644份,立案处罚15起。监督学校落实结核病防控措施,发放结核病宣传折页7000份。

【职业卫生监督】 2019年,南宁市监督检查职业健康检查机构、职业病诊断机构、放射卫生技术机构47家次,下达卫生监督意见书33份。开展重点行业领域尘毒危害专项执法,监督检查用人单位146家次,下达卫生监督意见书87份,立案处罚3起,罚款12万元。

【消毒产品卫生监督】 2019年,南宁市监督检查餐具、饮具集中消毒服务单位115家次,下达卫生监督意见书56份,立案处罚13起,罚款2万元。监督检查消毒产品生产经营单位116家次,下达卫生监督意见书35份,立案处罚5起,罚款1.80万元。采样抽检市辖餐具、饮具集中消毒服务单位21家,抽查样品870份,未检出沙门氏菌阳性样品,未检出大肠菌群阳性样品,合格率100%。

【传染病卫生监督】 2019年,南宁市监督检查传染病防治机构4794家次,下达卫生监督意见书1104份,立案处罚60起,罚款14.67万元。开展医疗废物、医疗污水专项监督检查,发现医疗污水排放的医疗卫生机构146家(独立排水户106家、非独立排水户40家),查实直排自然水体3家,错混接点51个,落实整改3家,改造完成错混接点28个、正在改造2个,不具备改造条件8个。开展肺结核、登革热、手足口病、流感、流行性腮腺炎等重点传染病防控监督执法,无重大传染病疫情流行,无手足口病死亡病例出现。开展传染病防治分类监督综合评价医疗机构41家,评为优秀单位21家,合格单位20家,无重点监督单位。

【卫生监督应急保障】 2019年,南宁市开展庆祝中华人民共和国成立70周年系列活动、"中国杯"国际足球锦标赛、苏迪曼杯羽毛球混合团体锦标赛、第七届中国－中亚合作论坛、2019年泛珠三角区域合作行政首长联席会议、"两会"、环广西公路自行车世界巡回赛南宁站等重大活动卫生保障工作,对重大活动场所及相关接待宾馆、饭店加强卫生安全保障,对广西体育中心、广西文化艺术中心、自治区规划馆、广西民族博物馆等重大活动场馆及接待单位的空气质量和生活饮用水进行卫生监督监测,加强病媒微生物防控工作的监督检查。

【环境卫生监测】 2019年,南宁市监测7个城区城市生活饮用水283份水样,合格率100%;监测市辖5县水样224份,合格率99.11%。监督农村生活饮用水,其中城区管辖的农村水样306份,合格率66.34%;市辖5县农村水样488份,合格率70.29%。完成空气质量、公共用品、集中空调等卫生监测334家次。

【食品安全风险监测】 2019年,南宁市监测食品样品15大类3871份,其中符合现行有效国家标准的样品2082份,合格1817份、合格率87.27%。 (龚可奉)

基层卫生

【概　况】 2019年,南宁市有乡镇卫生院119家,职工9752人;社区卫生机构120个,卫生服务人员1820人。培训基层卫生人员1820名,组织33家二级及以上医院对口支援46家乡镇卫生院,拨付对口支援补助资金244.93万元。新建扩建村卫生室14个,为1308个村卫生室配齐硬件设备并实现就诊费用医保系统直接结算,为5.94万名贫困患者办理门诊慢性病诊疗卡,为396人提供白内障复明手术,大病救治5489人。落实医改举措,县域医共体"上林模式"在市辖5县和武鸣区推进。夯实基层医疗卫生服务能力,取消卫生健康系统乡级证明材料12项。投入1578.50万元为乡村医生发放或购买基本养老保险补贴和养老生活补助。市、县二级以上公立医院与乡镇卫生院远程医疗全覆盖,开展远程影像2.27万例、远程心电6.38万例。

【农村卫生】 2019年,南宁市构建覆盖全市的农村基层医疗卫生服务网络,实现一乡镇一标准化乡镇卫生院、一村一标准化村卫生室,有乡镇卫生院119家,床位9593张,医务人员职工编制(含后勤控制数)7021名,职工9752人;有标准化村卫生室1384个,乡村医生2794人。实施国家基本公共卫生服务项目和基本药物制度,推进家庭医生签约服务,实现县乡村卫生服务一体化管理。开展对口支援、健康扶贫和"优质服务基层行"活动,组织33家二级及以上医院对口支援46家乡镇卫生院,拨付对口支援补助资金244.93万元。兴宁区三塘镇卫生院、宾阳县黎塘中心卫生院、邕宁区蒲庙卫生院获国家卫健委通报表彰,兴宁区三塘镇卫生院获国家2019年"优质服务基层行"能力提升亮点机构称号。

【社区卫生】 2019年,南宁市财政投入4500万元,建设社区卫生服务中心项目5个(新建2个、扩建1个、改建2个),为19个社区卫生服务中心购置基本医疗设备,累计有社区卫生服务机构120个,其中社区卫生服务中心54个(政府承办15个、公立医院承办的29个、社会办10个),社区卫生服务中心覆盖全市所有街道办事处,社区卫生服务站66个(政府承办3个、公立医院承办的19个、社会办44个),从事社区卫生服务工作人员3032人。社区卫生服务机构开展基本医疗、基本公共卫生和家庭医生签约服务,实行基本药物制度,推进分级诊疗制度,实行医保结算。

【基层医疗卫生人员培训】 2019年,市卫健委实施基层卫生人才能力提升培训项目,做好在岗乡村医生培训、第二期基层卫生人才能力提升培训,培训基层卫生管理人员328人、全科医生22人、临床医生84人、护理人员410人、骨干乡村医生26人、其他乡村医生950人,培训内容有常见病、多发病诊治、慢性病管理、中医适宜技术、实践技能操作等。投入400余万元,开展为期3个月的市级在岗乡村医生脱产轮训,轮训在岗乡村医生761人。

【卫生对口支援】 2019年,南宁市33家二级及以上医院对口支援46家乡镇卫生院,对口支援资金244.93万元,人员221人(副高以上职称11人、中级职称127人、初级职称83人),挂职副院长41人;赠送仪器设备111件,药品20种,药品价值51.63万元;开展培训355次,完成教学查房1362次,住院查房1.80万人次,门诊9.02万人次,急诊8081人次;投入卫生院环境改造18.80万元,建设特色科室15个,开展适宜新技术102项。(龚可奉)

妇幼保健

【概　况】 2019年,南宁市以保障母婴健康为重点,以妇幼惠民项目为载体,以妇幼健康信息化建设为抓手,推进妇幼健康,孕产妇死亡率15.52/10万,婚检率98.99%,住院分娩率99.99%,5岁以下儿童死亡率4.54‰,婴儿死亡率3.02‰,

新生儿疾病筛查率98.89%,新生儿听力筛查率99.17%,重症地中海贫(简称“地贫”)血胎儿干预率98.30%,地贫基因诊断补助率100%,产前诊断补助率100%。

【孕产妇保健】 2019年,南宁市户籍分娩产妇8.28万人,活产8.37万人;建卡8.28万人,建卡率99.89%;产前健康检查5次以上8.24万人,产前健康管理率98.39%;产后访视7.85万人,访视率93.76%;住院分娩活产8.37万人,住院分娩率99.99%;孕产妇系统管理7.72万人,系统管理率92.17%。实行免费孕前优生检查惠民政策,引导婚姻登记当事人参加免费孕前优生检查。孕前优生任务2.13万对,完成2.14万对,完成率100.03%。

【儿童卫生保健】 2019年,南宁市户籍活产8.37万人,新生儿访视7.68万人,访视率91.64%。0岁~6岁儿童76.32万人,健康管理71.63万人,管理率93.85%。0岁~3岁儿童37.15万人,纳入系统管理33.88万人,管理率91.21%。0岁~3岁儿童中:城市儿童20.05万人,纳入系统管理18.04万人,管理率89.97%;农村儿童17.10万人,纳入系统管理15.84万人,管理率92.66%,达到自治区大于80%以上的目标要求。婴儿死亡253人,死亡率3.02‰;5岁以下儿童死亡380人,死亡率4.54‰。没有新生儿破伤风发生。

【贫困危重孕产妇医疗救助】 2019年,南宁市通过城乡低收入家庭危重孕产妇救助项目,抢救危重孕产妇2510人,死亡13人,抢救成功率99.48%,孕产妇死亡率15.52/10万,符合自治区孕产妇死亡率低于18/10万的目标,累计救助贫困危重孕产妇46人,救助经费41.87万元。

【增补叶酸项目】 2019年,南宁市免费给11.73万名育龄妇女发放叶酸,完成自治区下达任务105.41%;服用叶酸11.73万人,占100%,比上年增长4.96%;服用依从人数9.84万人,结案人数9.99万人,依从率8.56%,增长5.58%;增补叶酸知识调查11.73万人,知晓11.73万人,目标人群增补叶酸知识知晓率100%。出生缺陷医院监测发现神经管缺陷儿46例,其中“桂妇儿健康服务信息管理系统”提示未领用免费叶酸孕妇29人,占63.04%;胎龄大于或等于28周的神经管缺陷儿4例,围产儿神经管缺陷发生率0.35/万,下降65%。

【农村妇女“两癌”检查】 2019年,南宁市宫颈癌筛查任务8.24万人(区县宫颈癌延续项目任务7.74万人、马山县宫颈癌检查HPV检测试点项目任务5000人),实际完成检查8.39万人,完成率108.44%,结案8.28万人;病理学检查应查597人,实查511人,确诊宫颈癌前病变115人,确诊宫颈微小浸润癌和浸润癌28人。完成马山县宫颈癌检查HPV检测试点项目检测5000人,完成率100%,结案5000人;HPV检测阳性652人,阳性率13.04%,高于国家平均水平(8.50%);病理学检查应查30人,实查26人,确诊宫颈癌前病变11人,微小浸润癌5人。乳腺癌筛查任务8.24万人,实际检查8.89万人,完成率107.90%,乳腺癌检查结案8.89万人;病理学检查应查587人,实查250人,确诊乳腺癌48人。

【婚前医学检查】 2019年,南宁市结婚登记6.80万人,区县婚育综合服务中心免费婚检6.73万人,免费婚检率98.99%,12个区县全部达到自治区绩效考核要求的96%目标。检查项目包括地中海贫血、HIV、梅毒等,发现HIV阳性30例、梅毒阳性198例、地贫初筛双阳夫妇2876对,给予保健指导、治疗建议和优生咨询。

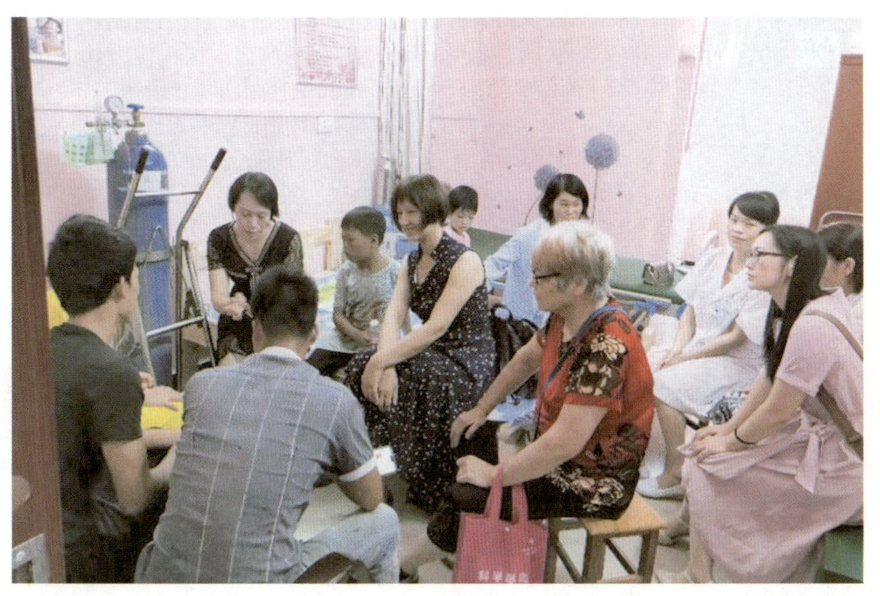

2019年7月26日,市妇幼专家对怀有重型地贫胎儿孕妇进行干预　　市卫健委提供

【产前筛查与新生儿疾病筛查补助】 2019年,南宁市小于35岁农村居民户籍产妇5.31万人,产前筛查4.52万人,产前筛查率85.11%。新生儿活产8.37万人,采血筛查8.32万人,出报告8.28万人,出报告率98.89%;听力初筛8.31万人,新生儿听力初筛99.17%。

【地中海贫血防控】 2019年,南宁市婚前检查地中海贫血筛查6.72万人,孕妇地中海贫血筛查12.29万人;有7456对已孕双阳夫妇,地贫基因诊断7034对;需要地贫产前诊断孕妇2088人,实际诊断1956对,确诊为中间型或重型地贫胎儿290例,终止妊娠285例,干预率98.28%。获地贫基因诊断补助夫妇6556对,补助金652万元,基因诊断补助率100%;获地贫产前诊断补助3375例,补助金606.60万元,产前诊断补助率100%;获血红蛋白分析复筛补助夫妇122对,补助金1.22万元;获重型地中海贫血胎儿终止妊娠补助16例,补助金6.92万元。

【贫困地区儿童营养改善项目】 2019年,南宁市在邕宁区、上林县、马山县、隆安县实施贫困地区儿童营养改善项目,免费领取营养包1.76万人,占应领人数100%。

【预防艾滋病、梅毒和乙肝母婴传播】 2019年,南宁市接受初次产前保健孕妇HIV抗体检测率99.93%以上,发现HIV感染孕妇99人,进行抗病毒治疗。HIV感染产妇145人,HIV感染孕产妇及所生儿童抗病毒应用比例均为98.64%,拒绝随访1例。梅毒检测率99.99%以上,发现梅毒感染孕产妇300例,进行预防性治疗。乙肝表面抗原阳性孕产妇所生新生儿乙肝免疫球蛋白注射率99.98%。

(龚可奉)

血液采供

【概　况】 2019年,南宁市13.14万人次捐献全血4141.71万毫升,无偿献血人次和献血量创历年新高,人口献血率超出全国平均水平,居自治区地市第一。南宁市中心血站制备血液产品35.78万袋,向临床供应红细胞20.52万U、机采血小板2.18万个治疗量、血浆2100.50万毫升。检测血液标本14.36万份,检查血液质量 1324 袋次。成立输血传播疾病实验室,获中国输血协会威高科研基金资助,通过全球通用的医学实验室认可规范(ISO15189 医学实验室质量与能力)现场评审。

【血液采集】 2019 年,南宁市献血 13.14 万人次,捐献全血 4141.71 万毫升,比上年分别增长 6.03%、3.31%;1.23 万人次捐献血小板 2.19 万个治疗量,分别增长 4.70%、10.30%;血小板采集双份率 78.20%,增长 13%。街头献血 6.47 万人次,占 49.24%;团体献血 6.67 万人次,占 50.76%,增长 11.39%;团体献血单位 710 场次,增长 2.61%,团体献血量约 9.60 万个单位,增长 6.77%;固定献血者占 35.31%。高校献血率提升,400 率 45.18%,400 率有所减少。

【临床供血】 2019 年,南宁市中心血站向临床供应红细胞 20.52 万单位,比上年增长 5.06%;机采血小板 2.18 万个治疗量,增长 10.23%;血浆 2100.50 万毫升,增长 1.34%;冷沉淀 8.17 万单位,增加 31.95%;血液辐照 25 次减少 494 次(1 月中旬设备故障,停止辐照业务),辐照红细胞 40U,辐照血小板 35 治疗量。

【血液制备】 2019 年,南宁市中心血站制备血液产品 35.78 万袋。其中,去白悬红细胞 14.13 万袋,比上年增长 6.30%;新鲜冰冻血浆 11.35 万袋,增长 1%;冰冻血浆 6.09 万袋,增长 12.90%;冷沉淀 4.03 袋,增长 1.40%。新浆率 95.2%,下降 1.30%(横县制备室 9 月暂停制备)。安全隔离放行全部血液产品,放行正确率 100%。检测血站常规标本 14.36 万份,增长 5.34%;检测核酸标本 14.31 万份,增长 5.45%。不合格率 1.33%,下降 0.06%。

【血液检验】 2019 年,南宁市中心血站检测血液标本 14.36 万份,检测项目包括 HBV(乙型肝炎病毒)、HCV(丙型肝炎病毒)、HIV(人类免疫缺陷病毒)、TP(梅毒螺旋体)、ALT(丙氨酸氨基转移酶),检测数量比上年同期增加 7289 份,增长 5.34%;合格 14.17 万份,合格率 98.74%;不合格 1810 份,不合格率 1.26%。不合格项目中,HBsAg+ 占 28.45%,抗 -HCV+ 占 5.97%,抗 -HIV+ 占 11.55%,抗 -TP+ 占 15.19%,ALT 占 38.84%。核酸标本检测 15.93 万份,阳性 149 例。HIV 初筛阳性标本 209 份。

【无偿献血宣传】 2019 年,南宁市在媒体刊发、播放无偿献血新闻报道 925 篇次。利用网站、微信等新媒体平台宣传无偿献血、推送主题献血,网站点击超 2084 万次,官方微博话题阅读量 88.40 万次,微信关注 9.70 万人次,参与官方微信讨论 3.23 万人,浏览量 6.53 万次,转发量 4673 次;向献血者发放宣传短信 144.50 万条,通过南宁献血抖音号定向推送活动信息 12.23 万条;将无偿献血宣传植入"爱南宁 APP",点击量 42.29 万次,参与无偿献血有奖知识互动答题 10 万多人。开展"捐血救人送温暖,红红火火过大年""医务人员献血月""公务员献血月活动""志愿者献血月""青年文明号献血活动"等系列主题献血活动,印制、发放无偿献血宣传资料 25.80 万余份(册),宣传海报 2.33 万多张。在南宁广播电视台举行"世界献血者日"专题晚会,表彰获 2016—2017 年度"全国无偿献血奉献奖""全国无偿献血志愿服务奖""全国无偿献血促进奖"等先进单位 6 个、先进个人 4230 人,进行南宁市第二届"十大最美献血者"、南宁市无偿献血"卓越贡献奖"颁奖。依托视频直播平台直播无偿献血活动、无偿献血爱心林植树活动、"血液的奥秘"智慧科普馆揭牌仪式等,分别获 5.90 万人次、7.90 万人次和 25.80 万人次围观讨论。建成"血液的奥秘"智慧科普馆,成为自治区首个专业血液科普宣传教育基地、全国首家中国输血协会全国无偿献血科普馆,接待来自尼泊尔、柬埔寨、老挝以及国内同行、献血者、志愿者 20 余批 1000 多人参观。

【献血服务】 2019 年,南宁中心血站为 1300 多名献血者办理优先调血手续,办理用血费用报销 1088 人次,费用 100 万元;依托献血服务 966614 热线接听电话咨询 7000 多次,现场咨询约 5000 人次;献血者电话回访 8000 多人次,办理无偿献血荣誉卡 619 人次;采用短信和电话相结合的方式开展献血者满意度调查,接受调查献血者占 50% 以上,满意率 99.68%。

【血液质量管理】 2019 年,市中心血站完成血液质量检查 1324 袋次,抽检合格率 99.70%,比上年提升 1.42 个百分点,不合格主要原因是新鲜冰冻血浆、冷沉淀的 FVIII 因子不合格。完成对血袋、试剂、机采耗材、消毒物品等质量检查 254 批次;完成冷链设备、高压灭菌器等关键设备质量检查 1231 台次,完成采血秤、温度计、微量加样器、天平、砝码等一般使用计量器具比对校准 721 台次,校准报告进行审核。监测采血车、捐血点、成分制备室、储血冰箱、血液运输箱、工作人员、献血者等染菌数和消毒效果 1255 频次。

(龚可奉)

中医中药

【概　况】 2019 年,南宁市有市级中医医疗机构 2 所(市中医医院、市中西医结合医院),县级中医医院 7 所(邕宁区、武鸣区、横县、宾阳县、上林县、马山县、隆安县);市属中医民族医医院床位数 3714 张。辖区中医民族医医院床位数 9134 张;中医类别执业医师和执业助理医师数 5281 人,每千常住人口中医类执业医师和执业助理医师数 0.72 人。组建中医专科医联体,促进中医优秀医疗资源下沉基层;以武鸣区中医医院为试点开展中医药壮医药服务县乡一体化试点改革。开展中医药科研课题 14 项,发表论文 69 篇(国家级刊物 16 篇、省级 53 篇),完成科研项目结题 17 项,获国家实用型专利 11 件。完善基层中医药服务体系,建成名中医传承工作室 3 个,基层医疗卫生机构新建"中医馆"项目 13 个。入选广西全国中药特色技术传承人才培训项目 1 人,入选广西全国西学中骨干人才培训项目 1 人,入选广西全国中医药创新骨干人才培训项目 1 人。种植 27 种常见中药材 1.58 万公顷,有规模以上中药工业企业 30 家、自治区首批中药材种植示范基地 3 个,自治区中医药健康旅游示范基地 2 个,自治区中医药医养结合示范基地项目 2 个。中医提升基层中医药服务能力,乡镇卫生院中药饮片处方量比上年增长 45%,中医非药物疗法处方增长 56%。

【中医医院改革与管理创新】 2019 年,南宁市推进公立中医医院综合改革,开展中医专科医联体建设和分级诊疗工作。市中医医院牵头组建 15 家医疗单位参与的中医专科医联体,促进中医优秀医疗资源下沉基层。推进基层中医改革试点,以武鸣区中医医院为试点开展中医药壮医药服务县乡一体化试点改革,推广应用中医药壮医药适宜技术,开展中医药民族医药适宜技术培训 3 场次 245 人次。实施城市三级中医医院对口支援县级中医医院。开展医疗机构中药饮片采购、验收专项清查行动,检查医疗机构 129 家,强化医疗机构中药饮片管理,规范中药饮片采购、验收。完成市中西医结合医院、武鸣区中医医院、邕宁区中医医院、马山县中医医院、横县中医医院、宾阳县中医医院 6 所医院二级甲等中医医院复审。

【中医科研】 2019 年,南宁市加强中医民族医特色诊疗手法及中药制剂等方面研究,开展中医药科研课题 14 项(自治区

2019 年，武鸣区中医医院推进中壮药材种植与开发项目试点，在陆斡镇兴江村种植吴茱萸 3.04 公顷　　市卫健委提供

级 6 项、市级 6 项、城区级 2 项)，发表论文 69 篇(国家级刊物 16 篇、省级 53 篇)，完成科研项目结题 17 项，获国家实用型专利 11 件。武鸣区中医医院继续推进中壮药材种植与开发项目试点，在陆斡镇兴江村种植吴茱萸 3.04 公顷，收获吴茱萸 2220.20 千克。

【中医药文化科普】 2019 年，南宁市开展中医中药中国行——2019 年南宁市中医药健康文化推进行动大型主题活动，同期举办“第五届膏方节、上林县中医医院创建二级甲等中医医院启动仪式”系列活动。举办医学继续教育培训 14 期，培训 1500 人次。推广中医药壮瑶医药文化，开展中医药文化进机关、进乡村和社区活动，在部分机关开展“三伏贴”中药贴敷活动，服务 3000 人次；在社区、乡村开展义诊活动 48 场，发放中医健康知识手册等宣传 500 余份，受益群众 2000 余人。

【中医药壮瑶医药产业发展】 2019 年，南宁市有规模以上中药工业企业 30 家(中药饮片加工企业 6 家、中成药生产企业 24 家)，中药工业产值占生物医药工业产值 67.82%(中药饮片加工占 25%、中成药生产占 42.82%)。推广中医药产业，入选自治区首批中药材种植示范基地 3 个、自治区中医药健康旅游示范基地 2 个、自治区中医药医养结合示范基地项目 2 个。种植 27 种常见中药材 1.58 万公顷，其中八角 9478 公顷，砂仁、牛大力、山银花合计 2000 公顷以上。

【中医药服务能力建设】 2019 年，南宁市建成启用上林县中医医院新院，建成马山县、宾阳县、横县 3 家中医医院新址主体工程。完善基层中医药服务体系，建成名中医传承工作室 3 个，基层医疗卫生机构新建“中医馆”项目 13 个。入选广西全国中药特色技术传承人才培训项目 1 人，入选广西全国西学中骨干人才培训项目 1 人，入选广西全国中医药创新骨干人才培训项目 1 人。

【中医重点专科建设】 2019 年，南宁市支持市中西医结合医院针灸科、市中医医院妇科建设南宁市特色优势专科建设，完善中医设备、加强人才队伍构建，加大适宜技术推广。推进市中医医院失能老人康复综合养护院(南宁第一养护院)项目建设，支持建设韦贵康国医大师传承工作站，广西名老中医黄干诚、李洪波，南宁市名中医岳进、谭凯文、朱小晓，全国基层名老中医韦月梅、广西基层名老中医方烁英等建设中医传承工作室。　(龚可奉)

医学科研与医学教育

【概　况】 2019 年，南宁市医学科研获国家授权专利 64 件，获白求恩医学科学研究基金立项 1 项、中国输血协会威高科研基金立项 1 项，获广西自然科学基金项目 2 项、自治区级科技项目立项 11 项、自治区自筹课题立项 88 项，获市级科技项目立项 21 项。医学教育方面，市卫生学校承担卫生职业教育；市第一人民医院、市第二人民医院、南宁市中医医院、第八人民医院、第九人民医院、横县人民医院、宾阳中医医院承担住院医师规范化培训(助理全科医生培训)；继续医学教育主要运用信息化，通过“互联网 + 医学教育”，开展远程继续医学教育及电子学分授予。

【医学科研】 2019 年，南宁市医学科研获国家授权专利 64 件，获白求恩医学科学研究基金立项 1 项、中国输血协会威高科研基金立项 1 项，获广西自然科学基金项目 2 项、自治区级科技项目 11 项、自治区自筹课题 88 项，获市级科技项目立项 21 项。新增自治区重点学科 6 个，自治区重点学科(培育)2 个。获市厅级科技进步奖 76 项。撰写或参与专业书籍编写 7 部。在第四人民医院设立王福生、院士工作站、廖万清院士工作站，建立自治区博士后创新实践基地，组建广西艾滋病临床医学研究中心。强化科研伦理管理，落实《关于涉及人的生物医学研究伦理审查办法》，完善医疗卫生机构伦理委员会，推进伦理委员会备案工作，加强对医疗机构伦理委员会及伦理审查工作的监督。

【卫生学校教育】 2019 年，市卫生学校在广西中职卫生类学校中唯一获国家首批“1+X”老年照护等级证书试点院校。学校新增康复技术和中药 2 个专业，有 11 个专业，其中护理、药剂、口腔修复工艺、中医康复保健为特色示范专业。学校联合多所高等医学院校建立中高职对口升学渠道。超额完成 2850 名中职招生指标 3225 名，高职录取 1912 名，在校生 1.21 万名(中职学生 7800 名、高职学生 4300 名)，毕业生就业率 91%，建档立卡贫困生就业率 100%。

【医学生毕业后教育】 2019 年，南宁市医学生毕业后教育实施以住院医师规范化培训“5+3”(5 年临床医学本科教育 +3 年住院医师规范化培训或 3 年临床医学硕士专业学位研究生教育)为主、助理全科医生培训“3+2”(3 年临床医学专科教育 +2 年助理全科医生培训)为辅的培训模式。投入 208 万元建设住院医师培训基地，对助理全科培训基地进行层级管理；加强师资队伍建设，严格培训过程管理和结业考核。在培住院医师规范化培训学员 795 人，在培助理全科医生培训学员 134 人。参加住培结业考试 191 人，合格 181 人，通过率 94.76%。参加第二届广西住院医师规范化培训临床技能竞赛，市第一人民医院获手术组一等奖，市第二人民医院获手术组、非手术组三等奖。

【继续医学教育】 2019 年，南宁市投入继续医学教育经费约 1363.73 万元，举办培训班、学术活动 476 次，参加 7.35 万人

南宁年鉴

次。承办继续教育项目146项(国家级继续教育项目11项、自治区级继续教育项目135项),惠及学员2.28万人。依托广西科技教育网络管理平台,推广适宜技术继续医学教育,医疗卫生机构继续医学教育覆盖率100%,卫生技术人员继续医学教育覆盖率100%。选派到市内外进修业务骨干464人。

【专业职称考试】 2019年,护士执业资格考试、全国卫生专业技术资格考试分别于5月18日至19日、5月25日至26日、6月1日至2日分6轮进行,南宁市参加护士执业资格考试5658人、卫生专业技术资格考试1.53万人。通过护士执业资格考试3829人,通过率67.67%;通过卫生专业技术资格考试7331人,通过率47.97%。

健康南宁

【概　况】 2019年,南宁市结合防治手足口病防控、登革热防控、健康扶贫工作开展春季和夏秋季爱国卫生运动、第31个爱国卫生月活动和基层卫生创建工作,发动干部职工和居民群众开展卫生大扫除,清理卫生死角,清除杂物乱堆乱放和积尘积水,加强对城中村、城乡接合部环境卫生整治。开展健康南宁行动,建设健康社区(小区)18个,新创建市级健康社区20个、健康村屯2个、健康促进医院4家、健康主题公园3个、健康促进学校8所、健康促进企业4家、健康促进机关单位10个。开展健康宣传,举办首府南宁第32个世界无烟日主题宣传日现场活动、2019年健康中国行暨健康八桂行"健康促进助力脱贫攻坚"主题宣传服务活动等,倡导科学健康生活方式,提高群众卫生保健意识、自我防病意识。

【爱国卫生运动】 2019年,南宁市爱国卫生运动委员会办公室(简称"市爱卫办")抓好创全国卫生城、健康教育、病媒生物防制、基层卫生创建等工作,开展"爱国卫生月""世界无烟日""除四害"统一行动周和"城乡环境卫生整洁行动"等群众性爱国卫生运动。4月,联合自治区爱卫会主办广西第31个爱国卫生月活动(在良庆区大塘镇举办活动启动仪式),开展专题现场活动76场,参加2.59万人,发放宣传画册5.90万张、宣传折页32.90万张。5月,联合与自治区爱卫办、江南区人民政府举行首府南宁第32个世界无烟日主题宣传日现场活动,开展戒烟签名、控烟知识宣传、健康警示图片展、戒烟义诊咨询等。10月,在马山县会鼓广场举行2019年健康中国行暨健康八桂行"健康促进助力脱贫攻坚"主题宣传服务活动南宁市启动仪式,300多人参加;为6名贫困患者进行基本健康体验,为立星村、城南小学开展主题宣讲。印发《南宁市病媒生物监测实施方案(试行版)》《关于开展以灭蚊防控登革热疫情为重点的爱国卫生运动的通知》,组织开展病媒生物监测,落实灭蚊防病日常督查,发现问题,及时处理;印发《关于进一步做好"两会"重点接待单位及活动场所病媒生物防制工作的通知》,开展病媒生物防制督查,确保第16届中国－东盟博览会·商务与投资峰会、环广西公路自行车世界巡回赛(南宁赛段)等重大活动期间"四害"密度得到有效控制。

【健康南宁行动】 2019年,南宁市开展健康细胞工程建设,建设健康社区(小区)18个(兴宁区翠峰社区振宁翠峰小区、将桥社区盛天果岭小区、长堽西社区,西乡塘区大学南社区骋望骊都小区、罗文社区龙光君悦华庭小区、荣和摩客社区,青秀区秀山社区、嘉宾社区、金葫社区、办思贤社区,江南区尧头岭社区万达华府小区,经开区圭贝社区锦绣江南南区,良庆区五象湖社区万科魅力之城小区、蟠龙社区光明澜湾九里小区,邕宁区和合村委昌泰水立方小区,武鸣区红岭社区、广西医科大学附属武鸣医院红岭宿舍区,高新区红豆社区莱茵鹭湖小区、恒安社区惠民安居·北湖苑小区,广西－东盟经开区兴侨小区),创建市级健康社区20个、健康村屯2个、健康促进医院4家、健康主题公园3个、健康促进学校8所、健康促进企业4家、健康促进机关单位10个。市卫健委与浪潮集团有限公司签署战略合作协议,合作建设南宁市健康医疗大数据平台和大数据应用发展体系,推进"互联网＋医疗健康"发展、人工智能创新应用、智慧医疗及医养健康产业发展;与华润医疗广西水电医院签订项目投资协议,计划把广西水电医院建设成为以脑科为主的"大专科、强综合"三级医院,计划投资3.50亿元,设置床位1000张,建筑面积5.90万平方米;与广西旭禄投资有限公司签订项目投资协议,按二级医院标准建设南宁五象森林医院,占地1.69公顷,计划投资2亿元,设置床位200张以上。

【健康教育与健康促进】 2019年,南宁市投入健康教育经费334万元(市本级15万元、中央补助地方健康素养促进项目经费319万元),举办健康教育培训班3期、开展督导评估6次;举行"爱卫月""健康运动嘉年华""合理膳食""无烟日""艾滋病日"等大型宣传活动50场,发送健康素养知识短信200多万条;在100条公车线路1000多辆公交车电视终端,开展公益广告宣传活动,推送健康素养66条、控烟、膳食营养、疾病防控等宣传信息10万多次。开展"五大行动"(健康教育进乡村行动、健康教育进家庭行动、健康教育进学校行动、健康教育阵地建设行动、基层健康教育骨干培养行动),完成健康讲座、健康教育宣传栏、村级健康教育骨干培训覆盖全部贫困村,健康促进学校实现20%覆盖,"健康教育进家庭行动"覆盖全部贫困患者家庭;完成国家级健康素养监测、成人烟草流行监测、中医药健康文化素养监测调查任务,率先在自治区开展居民健康素养调查,完成调查居民6721人,居民健康素养水平18.30%。宾阳县、马山县、青秀区通过自治区级考核并获命名。

【国家卫生城市建设】 2019年3月,全国爱国卫生运动委员会印发《2018年国家卫生城市(区)和国家卫生县城(乡镇)复审结果的通报》,南宁市通过国家卫生城市复审,实现全国卫生城市"三连冠"目标。南宁市持续抓好国家卫生城市建设,印发《首府南宁巩固国家卫生城市工作实施方案(2019年—2021年)》,提早谋划部署农贸市场、城中村、基础设施建设等方面的整治提升;落实长效管理机制,开展"每月一评"工作,每月在市属媒体定期通报城区(开发区)测评结果及排名情况,督促责任单位整改存在问题。市爱卫办、市大行动办、国家统计局南宁调查队做好日常考评目标及数据采集、数据处理、审核认定、报送,出动650多人次、报送市大行动办案例700余件。

【基层卫生创建】 2019年,上林县、马山县通过国家卫生县城复审;宾阳县、横县创建国家卫生县城;邕宁区那楼镇、良庆区大塘镇、马山县古零镇创建国家卫生乡镇并通过自治区评估。17个乡镇、247个村、77个单位被重新确认并命名为自治区卫生乡镇、卫生村、卫生先进单位;6个镇、134个村、56个单位被命名为自治区卫生乡镇、卫生村、卫生先进单位。7个乡镇、138个村、55个单位被命名为南宁市卫生乡镇、卫生村、卫生先进单位。

(龚可奉)

编辑　方　明

社会生活

综 述

【概 况】2019年,南宁市年出生人数10.04万人,人口自然增长率6.7‰。城镇新增就业7.52万人,发放创业担保贷款1279笔、1.52亿元。全面治理拖欠农民工工资支付,全市劳动保障监察机构书面材料审查用人单位2.91万户,涉及劳动者41.18万人。居民人均可支配收入28929元,城镇居民人均可支配收入37675元,农村居民人均可支配收入15047元。社保基金滚存结余342.23亿元,"城镇五险"(养老保险、医疗保险、失业保险、工伤保险、生育保险)征收203.21亿元。按标准按时足额发放全市未成年孤儿保障金1020.44万元,发放残疾人两项补贴(困难残疾人生活补贴、重度残疾人护理补贴)补助资金107.30万人次、8580.40万元,建成水库移民建设项目50个。市慈善总会接收社会各界捐赠款978.81万元。区县(开发区)累计发放高龄补助金26.40万人次、3832.23万元,其中发放90周岁以上老人高龄补助金25.51万人次、3508.85万元,发放100周岁老人高龄补助金8892人次、323.38万元。免除城乡困难对象基本殡葬服务费用约560万元。全市参加关心下一代工作活动的"五老"(老干部、老战士、老专家、老劳模、老教师)志愿者3.42万人,40.11万人次青少年接受红色基因教育。

(钟婉悦)

【创业就业促进】2019年,南宁市开展"就业援助月""高校毕业生就业服务月""民营企业招聘周"等公共就业服务专项活动,结合精准扶贫,组织企业到区县、乡镇招聘,提升就业服务质量。举办专项活动专场招聘会220场,提供就业岗位33万多个。认定2批次9家创业孵化基地,开展"邕城创业行"系列活动,举办南宁市创业大赛、农民工创业大赛、农民工创业宣讲月、创心谈系列活动——法务风险规避论坛、为创业赋能——创新创业联谊会、大咖校园行、创业资源对接沙龙7个主题活动,5000余人参加。推进大众创业,扶持群众创业,开展补贴性职业培训4.39万人次,其中就业技能培训2.46万人次、岗位技能提升培训4807人次、创业培训1.44万人次。

【全民参保推进】2019年,南宁市推动建立全民参保长效机制,实施动态管理和长效管理;定向开展扩面工作,促进法定人群"应保尽保";通过增加参保缴费人数,增加基金收入和基金积累,提高抵御风险能力。至年末,全市参保单位5.17万家、参保人员1287.62万人(基本养老保险参保385.73万人、基本医疗保险参保702.36万人、失业保险参保62.15万人、工伤保险参保69.70万人、生育保险参保67.68万人)。

(廖书恒)

【救助实施】2019年2月,市民政局、市财政局、市扶贫办联合印发《南宁市社会救助兜底脱贫攻坚三年行动计划》。全面推行低保审批权限下放乡镇(街道),3月,印发《南宁市城乡居民最低生活保障和特困人员救助供养审批权限下放乡镇人民政府(街道办事处)工作实施方案》。6月,印发《南宁市人民政府关于印发南宁市城乡居民最低生活保障办法的通知》。落实城乡低保特困人员救助供养制度和临时救助制度,持续开展社会救助扶贫领域腐败和作风问题专项治理、农村低保专项治理等工作。发放低保、特困人员供养资金102.29万户次、207.95万人次、6.23亿元,临时救助资金1216户次、3268人次、683.10万元。获医疗救助38.03万人次,救助资金支出7820.52万元。救助生活无着流浪乞讨人员1.17万人次,其中未成年人173人次,跨省护送25人次,为264名生活无着流浪乞讨人员成功寻亲。

(梁 敏)

民政事务

【概 况】2019年,南宁市民政局(简称"市民政局")设办公室(政策法规科)、规划财务科、社会组织管理科(社会组织执法监督科)、社会救助科、基层政权建设和社区治理科、区划地名科、社会事务科(婚姻登记科)、养老服务科、儿童福利科、慈善事业促进和社会工作科、人事科、机关党组织,编制41名(后勤服务人员控制数5名),在编38人。有二层机构9个:南宁市城乡居民最低生活保障管理办公室(南宁市低收入家庭经济状况核对中心)、南宁市救助管理站(南宁市未成年人社会保护中心)、南宁市社会福利院(南宁市孤残儿童特殊教育学校、南宁市儿童福利院、南宁市福利护理院)、南宁市社会福利医院(南宁市精神病爱心医院)、南宁儿童康复中心(南宁市培智学校、南宁市智力残疾人托养中心、南宁儿童康复医院)、南宁市老年人活动中心、南宁市福利中医医院(南宁市残疾人职业技能培训和按摩康复中心)、南宁市殡葬服务管理处、南宁市福利彩票发行中心,事业编制695名、在编521人,后勤服务人员控制数21名、在编22人,聘用教师控制数151人、在编0人。3月,市拥军优属拥政爱民工作领导小组办公室职能划转市退役军人事务局,市老龄工作委员会办公室划转到市卫生健康委员会。南宁市加强基层政权建设，指导全市27个易地扶贫搬迁集中安置点开展基层组织建设；推进24个自治区级农村社区建设试点工作。加强社区管理，推进城乡社区协商试点示范，社区公共服务平台试点建设。指导、规范全市村规民约、居民公约制定。主要存在民政公共服务设施不齐全，特别是养老服务设施、流浪乞讨救助对象托养设施和殡葬服务设施不能满足群众日益增长的需求；制度不够完善，事实无人抚养儿童、"三留守"（留守老人、留守儿童、留守妇女）等工作落实难，乡镇敬老院法人登记工作推进乏力；基层民政工作力量薄弱，工作人手不足；民政信息化、智能化水平不高等问题。

（黄彦霞）

【地名管理】 2019年，南宁市命名主城区新改建道路40条；专项排查整治主城区过时、破损、缺失的路名标志牌，更换路名标志牌325块，增补路名标志牌385块，新设置路名标志牌61块。规范整理检查第二次全国地名普查数据档案，通过自治区民政厅验收。

（彭佳富）

【基层政权建设】 2019年，南宁市辖102个乡镇(10个乡、3个民族乡、89个镇)、25个街道(办事处)，有村民委员会1385个，社区居民委员会423个。以隆安县震东集中安置区为重点，指导全市27个易地扶贫搬迁安置点开展基层组织建设，其中单独成立社区居民委员会7个、并入搬迁地村(社区)安置点13个、本村内搬迁安置点7个。推动农村社区建设试点，横县那阳镇、隆安县那桐镇2个镇被确定为第三批自治区级农村社区建设试点乡镇，兴宁区三塘镇那陀村、西乡塘区石埠街道和安村、宾阳县露圩镇八凤村等22个村(社区)被确定为第三批自治区级农村社区建设试点社区。指导全市村(居)民委员会标准化、规范化建设星级评定，全市确认2019年度星级村(居)民委员会83个，其中五星级村(居)民委员会18个、四星级村(居)民委员会34个、三星级村(居)民委员会31个。按照组织机构健全、服务场所达标、服务功能完善、运行机制规范4个方面开展村(居)民委员会规范化建设。指导、规范全市村规民约、居民公约制定。

【社区治理】 2019年，南宁市开展城乡社区协商试点示范建设，引进专业议事规则专家到西乡塘区新阳街道中尧路社区、高新区心圩街道江东社区开展社区协商议事规则人才培养和试点示范建设；结合老旧小区改造，在江南区福建园街道淡村路东社区市皮鞋厂第二生活区、青秀区建政街道金花茶社区市内河管理处宿舍、青秀区建政街道广园社区市财政局宿舍、西乡塘区新阳街道新阳路社区永和小区4个试点小区，开展探索住宅小区"老友议事会"协商模式；在全市范围内推广江南区推行城乡"逢四说事"（每月4日、14日、24日或星期四、下午四时，定期、不定期在议事场所组织辖区单位党组织、党员和居民群众说事议事，共同解决基层治理重难点问题）协商工作机制经验成果。加强社区惠民资金监管，全市391个社区按每个社区20万元标准实施社区惠民资金项目；开展惠民资金专项课题研究，培育、扶持社区社会组织，推动居民自治。推动城乡社区、社会组织、社会工作"三社联动"发展，在兴宁区朝阳街道秀和社区、青秀区中山街道新兴苑社区采用"社会工作＋志愿者"形式，提供社区社会工作服务；在武鸣区、横县、宾阳县、上林县、隆安县5个区县开展15个农村"三留守"人员社会工作服务项目，完善农村社区治理体系和服务体系。推进城乡社区信息化建设，在青秀区南湖街道办、宾阳县露圩镇开展城乡社区公共服务平台建设试点。

（涂豫湘）

计划生育

【概　况】 2019年，南宁市出生人口性别比113.04，人口自然增长率6.7%，出生政策符合率95.62%。承担自治区绩效考核"农村计划生育家庭奖励扶助和计划生育家庭特别扶助"职能指标及为民办实事项目。地贫基因诊断补助率100%，产前诊断补助率100%，健康扶贫因病致贫核准率100%，新生儿疾病筛查率98.89%，高风险重型地中海贫血胎儿产前诊断率95.88%等指标，均优于自治区下达目标值。主要存在计划生育家庭保障帮扶体系不完善，生育政策调整、城乡一体化、户籍制度等与旧的计生利导政策矛盾，非财政拨款的计划生育奖励扶助政策难落实，利益导向政策覆盖面小、标准低、碎片化，计划生育特殊家庭养老照护问题突显，计划生育服务管理水平有待提高等问题。

【性别比综合治理】 2019年，南宁市区间出生人口85007人，其中男婴45105人、女婴39902人，出生人口性别比113.04(女性=100)，比自治区下达的指标(115)低1.96个比值。市、县两级累计投入出生人口性别比综合治理经费300万元，将性别比综合治理纳入卫生计生目标责任考核、绩效考核。开展打击"两非"（非医学需要的胎儿性别鉴定、非医学需要的选择性别的人工终止妊娠）承诺活动，设置公益广告牌、户外固定宣传栏和宣传牌600块，制作宣传标语2500条。区县结合节假日、纪念日活动，开展广场文化、街道文化、社区文化、乡村文化宣传活动160场次，印发关爱女孩、综合治理性别比和打击"两非"等宣传资料20万份。开展联合整治"两非"专项行动52次，检查医院180家、个体诊所1200个、药店1050个、其他单位60个，立案查处"两非"案件12起，结案12起，罚款7.94万元，处理责任人员10人。开展出生人口性别比综合治理专项督查活动2次，区县每季度开展联合督查整治活动1次。

【"二孩"政策实施】 2019年，南宁市完善全面二孩政策配套措施，新建公立幼儿园20所，新增学位8640个，建成并投入使用公办中小学35所，新增学位5.77万个。建立、完善公共场所、娱乐场所、机关单位母婴设施，全市经常有母婴逗留且建筑面积超过1万平方米或日客流量超过1万人的应配置母婴设施的交通枢纽、商业中心、医院、旅游景区及游览娱乐等公共场所191个，配置母婴设施的公共场所172个，公共场所母婴设施建设率90.05%。落实计划生育奖励扶助政策，兑现国家、自治区和南宁市各类计划生育奖励扶助对象3.42万人次，兑现奖扶金7060.06万元，兑现率100%。推进广西计划生育业务信息系统网上办证服务，加强信息数据应用，减少群众办证流程，解决办理生育服务证难问题。全市办理生育登记5.79万份，再生育审批发证1425本，一孩二孩登记5.75万份，一孩二孩生育数6.64万人(政策内)，生育登记覆盖率86.68%。

【计生家庭奖励扶助】 2019年，南宁市落实计划生育奖扶特扶政策，为符合国家部分农村计划生育家庭奖扶对象9406人、计划生育特殊家庭扶助对象1669人，分别兑现国家奖扶金1354.46万元、特扶金3070.47万元；为9086名55周岁～59周岁广西农村部分计划生育家庭扩面扶助对象兑现奖扶金654.26万元；为3381名广西农村计划生育家庭奖励扶助对象兑现奖扶金355.38万元；为2087名城镇居民独生子女父母发放奖励金358.66万元；为3383名南宁市农村计划生育奖励扶助对象兑现奖扶金289.87万元；为3373名南宁市计划生育特别扶助对象兑现特扶金1667.70万元；计划生育利益导向政策兑现率100%。

【计划生育特殊家庭关怀扶助】 2019年，南宁市将计生特殊家庭扶助关怀工作纳入本地保障和改善民生的总体部署，推进计划生育特殊家庭联系人制度、就医绿色通道、家庭医生签约服务三项服务工作，“三项服务”覆盖率100%。青秀区、兴宁区和西乡塘区开展心理健康服务试点工作，专业人员定期与计生特殊家庭成员（特别是失独家庭成员）沟通交流，帮助他们排解心理压力和痛苦，部分被帮助特扶对象心理恢复健康。向全市计划生育特殊家庭统一印发《计划生育特殊家庭成员就诊服务卡》，计生特殊家庭成员凭卡到定点医疗机构就诊可享受绿色通道优待服务，住院可享受“惠民病房”优惠减免政策。为2451名计生特殊家庭老年人提供养老照护服务，建立健康档案率、家庭医生签约服务率均100%。其中，获医疗服务823人；获住院医疗补贴195人、补贴金额65.54万元；享受惠民病房政策767人，减免诊疗费用26.59万元；获住院护理补贴12人，补贴金额4.80万元；获政府给予居家或入住机构养老补贴654人，补贴金额58.96万元。

【3岁以下婴幼儿照护服务】 2019年，南宁市婴幼儿照护服务工作纳入党委、政府重点工作内容，是南宁市深化改革的一项重点工作。5月、9月，组织区县（开发区）调查全市3岁以下婴幼儿照护服务供给现状。南宁市0岁～3岁婴幼儿人数约35万，每年新增出生人口约10万人，筛选婴幼儿健康保健纳入基层基本公共卫生日常管理服务，由其户籍所在地的医疗机构或妇幼保健机构负责，对本辖区0岁～6岁儿童进行免费体格检查、生长发育监测及评价，开展心理行为发育、母乳喂养、辅食添加、意外伤害预防、常见疾病防治等健康指导。5月15日，自治区卫生健康委、市政府主办，市卫健委、西乡塘区政府承办，西乡塘区卫健局协办的以“爱心呵护婴幼儿健康成长”为主题的第26个国际家庭日主题宣传服务活动在南宁市友爱广场举行，现场开展文艺表演、婴幼儿健康咨询服务、健康义诊服务等活动，自治区、南宁市、西乡塘区有关部门机关干部、西乡塘区部分社区群众等代表500多人参加。（龚可奉）

就业创业

【概 况】 2019年，南宁市城镇新增就业7.52万人，城镇失业人员再就业1.79万人，就业困难人员实现就业0.57万人，农村劳动力转移就业6.64万人。城镇登记失业率2.71%。全市农村贫困劳动力新增转移就业2.40万人，其中转移到广东1.03万人，新增认定就业扶贫车间158家，召开贫困劳动力专场招聘会97场，扶持创业791人，新增开发乡村公益性岗位1336个，开展建档立卡贫困劳动力培训7684人。4月，为南宁富桂精密工业有限公司等企业办理2018年度全年新增岗位社保补贴57家次，新增1.62万人，申报金额1636.36万元。8月至12月，采取“免办”方式，为企业办理第一、第二、第三季度新增岗位社保补贴369家次，新增1.02万人，申报金额1024.20万元。承办自治区“千村万企”职业技能培训大行动为民办实事项目，开展“千村万企”职业技能培训7.55万人次；加强就业资金监管，调整支出结构，规范就业资金支出；实施劳动合同和集体合同制度，做好劳动保障行政和刑事衔接，加强劳动人事争议调解，完善劳动人事争议速裁快审机制，全面治理拖欠农民工工资问题。全市就业补助资金支出3.50亿元。促进高校毕业生、贫困劳动力、就业困难人员等重点群体就业，举办专场招聘会220场，提供就业岗位33万多个。在自治区率先打造劳动维权多项“零跑腿”“微服务”。主要存在就业供需矛盾突出，企业整体规模相对较小，普工、技术工人招工难，自主培养人才力量不足等问题。

【创业扶持】 2019年，南宁市实施“扶持创业促就业项目”，促进和扶持高校毕业生、城镇登记失业人员、就业困难人员、复员转业退役军人、刑满释放人员和返乡创业农民工、自主创业农民等群体就业创业。扶持创业1.92万家（含个人、家庭、企业），发放创业担保贷款1279笔，发放贷款1.52亿元。全市新增3家（广西联讯投资有限公司、广西梦工谷科技有限公司、南宁泛北城市信息技术有限公司）自治区级创业孵化示范基地，累计认定市级“创业孵化基地”60个，累计进驻孵化基地企业近2000家，累计创业带动就业1万余人。发放7家众创空间型创业孵化基地房租、宽带接入费补贴276.36万元，发放8家创业孵化基地创业管理服务补助资金136.60万元，发放符合条件的孵化企业场地水电补贴550.13万元、社会保险补贴1270.92万元、一次性创业补贴2.20万元。举办就业创业政策宣讲会31场，惠及企业1800余家、2935人。打造一批高层次创新创业载体，新增国家企业技术中心2家（广西博世科环保科技股份有限公司、广西路桥工程集团有限公司），国家级科技企业孵化器1家（广西申能达科技企业孵化器）。引育一批高层次创新创业人才，评选出首批“邕江计划”创新创业领军人才（团队）21支，促成欧阳平凯院士带项目落地创办企业。认定南宁市优秀农民工创业实体6家（广西马恒物流有限公司、广西－东盟经济技术开发区童泽幼儿园、南宁市邕宁区育蕾大唐世家幼儿园、南宁市江南区民族大学附属小学、南宁市武鸣区新力量餐吧、横县莲塘力生电子产品加工厂），南宁建宁水务投资集团有限责任公司、中国铁路南宁局集团有限公司获“全国模范劳动关系和谐企业”称号，国电南宁发电有限责任公司、南宁建宁水务投资集团有限责任公司、南宁富桂精密工业有限公司等17家企业获“自治区和谐劳动关系单位”称号。

【人力资源市场管理】 2019年，南宁市办理经营性人力资源服务机构备案87家，审核经营性人力资源服务机构书面报告6家。给予新增6家上规入统（达到规模，纳入国家联网直报统计）的人力资源服务企业、4家经营效益突出的人力资源服务企业总额65万元奖励。给予18家人力资源服务企业总额50万元的诚信企业奖励。在自治区率先打造粤桂扶贫协作人力资源市场线上直连平台，实现南宁、茂名就业扶贫信息线上直接交换。

【劳动合同管理】 2019年，南宁市劳动合同签订率97%，涉及职工31.22万人；集体合同签订5104份，涉及企业1.48万家、职工30.67万人，集体合同备案企业37家。在全国率先打造“区块链＋人社”应用平台，首期完成区块链电子劳动合同、人社信用授权、社保卡挂失3项具体应用开发。

【劳动保障监察】 2019年，南宁市劳动保障监察机构审查用人单位书面材料2.91万户，涉及劳动者41.18万人；检查用人单位2.97万户，涉及劳动者48.58万人。立案查处案件142起，结案128起，劳动保障监察群众举报投诉案件按期结案率100%，督促补签劳动合同1472人。给予28个严重违反劳动法律法规的用人单位行政处理、处罚，将15起涉嫌恶意欠薪案件移送公安机关处理，将10个用人单位、1名自然人列入拖欠农民工工资“黑名单”。在全国率先探索利用支付令处理农民工欠薪案件，实现拖欠工人工资案件快立快审快结，在自治区率先推出劳动监察投诉、举报等在线自助服务。

【职业技能培训】 2019年，南宁市以承办自治区“千村万企”职业技能培训大行动为民办实事项目为重点，推进实施“农民工职业技能提升培训计划”“北部湾职业培训券”“职业培训支持精准脱贫计划”等培训项目，培训7.55万人次，其中人社部门开展建档立卡贫困劳动力职业培训7684人次，贫困家庭“两后生”（未继续升学的适龄初、高中毕业生，含退学、辍学

2019年9月27日，2019年南宁·东盟人才交流活动月高技能人才系列活动的高技能人才技艺展示——移动机器人项目　市人社局提供

等）中期就业技能培训595人。依托南宁市"智慧人社"系统，实现"互联网+职业培训"服务体系，推出职业培训补贴申领、职业技能鉴定补贴申领等13项在线应用。开展职业技能鉴定5.93万人，核发职业资格证书4.78万人（初级2.21万人、中级2.31万人、高技能人才2575人）。推进全市职业技能等级制度改革，推动试点企业实施职业技能等级考核认定，获职业技能等级认定试点资质企业3家（广西绿城水务股份有限公司、广西南南铝加工有限公司、南宁轨道交通集团有限责任公司）。组织开展全国科技活动周南宁市属职业院校学生职业技能大赛，57所职业院校近万名学生参加选拔赛，469名选手进入决赛；组织开展农民工技能竞赛等技能竞赛，235名农民工选手参加。

【高技能人才队伍建设】 2019年，南宁市推进高技能人才队伍建设，评定南宁市第四批首席技师13人（南宁轨道交通集团有限责任公司莫厶矿、南南铝业股份有限公司邬光、南南铝业股份有限公司阮雄荣、南宁哈威尔紧固件有限公司梁军、南宁市德泰电梯制造有限公司赵勇、南宁青岛啤酒有限公司武京苹、南宁市智控电气科技有限公司韦联琦、南宁公共交通有限责任公司宁桂明、南宁市第三职业技术学校郭刚秋、南宁学院范毅、南宁职业技术学院吴有明、南宁市动物园毕子泉、南宁市人民公园李娇），技能大师工作室4个（南宁职业技术学院的麦艳红技能大师工作室、广西南宁技师学院的李文伟技能大师工作室、广西顺景茶艺服务有限公司的覃友技能大师工作室、南宁市绿城南方职业培训学校的莫永芸技能大师工作室）。实施高技能人才"支撑计划"，向25名广西技术能手和1名全国技术能手发放高技能人才奖励资金28.50万元，向10名新增技师高级技师发放社保补助4.51万元。新增高技能人才2575人，其中高级工2439人、技师111人、高级技师25人。9月27日，市人社局主办，南宁市职业技能鉴定指导中心、广西职业技能公共实训基地承办，以"新时代、新风采"为主题的2019年南宁·东盟人才交流活动月高技能人才系列活动在广西职业技能公共实训基地举办。活动包括高技能人才技能大赛、高技能人才技艺展示、广西职业技能公共实训基地推介展示、广西CCAR147（飞机型号）维修培训基地项目揭牌仪式、高技能人才成长经验巡回报告会5项活动，设美食造型、时尚美发、创新茶艺3个高技能人才技能大赛竞赛项目和电气装置、移动机器人2个高技能人才技艺展示项目。全市各行业25家单位126名高技能人才参加技能大赛，36人分获一等奖、二等奖、三等奖，3个竞赛项目获奖等次前5名选手经审核后获"南宁市技术能手"称号。

【劳动能力鉴定】 2019年，南宁市受理劳动能力鉴定申请1572人次，开展劳动能力鉴定13期，作出鉴定结论1572人，其中工伤致残与职业病致残等级鉴定1292人、非因工伤残或因病丧失劳动能力程度鉴定280人。　（廖书恒）

收入与消费

【概　况】 2019年，国家统计局南宁调查队（简称"南宁调查队"）设办公室、纪检法规科、综合科、农业调查科、住户调查科、劳动力调查科、生产价格调查科、消费价格调查科、企业调查科、专项调查科，参照公务员法管理事业编制43名，在编39人。南宁市居民人均可支配收入28929元，比上年增长8.0%。全市城镇居民人均可支配收入37675元，增长6.8%；兴宁区41158元、增长7.0%，江南区37264元、增长7.5%，青秀区48286元、增长6.2%，西乡塘区35940元、增长6.7%，邕宁区34652元、增长6.6%，良庆区32658元、增长6.1%，武鸣区36309元、增长7.3%，横县35720元、增长6.9%，宾阳县35544元、增长7.4%，上林县28528元、增长7.2%，马山县29031元、增长6.8%，隆安县29197元、增长6.5%。全市农村居民人均可支配收入15047元，增长10.2%；兴宁区16256元、增长10.7%，

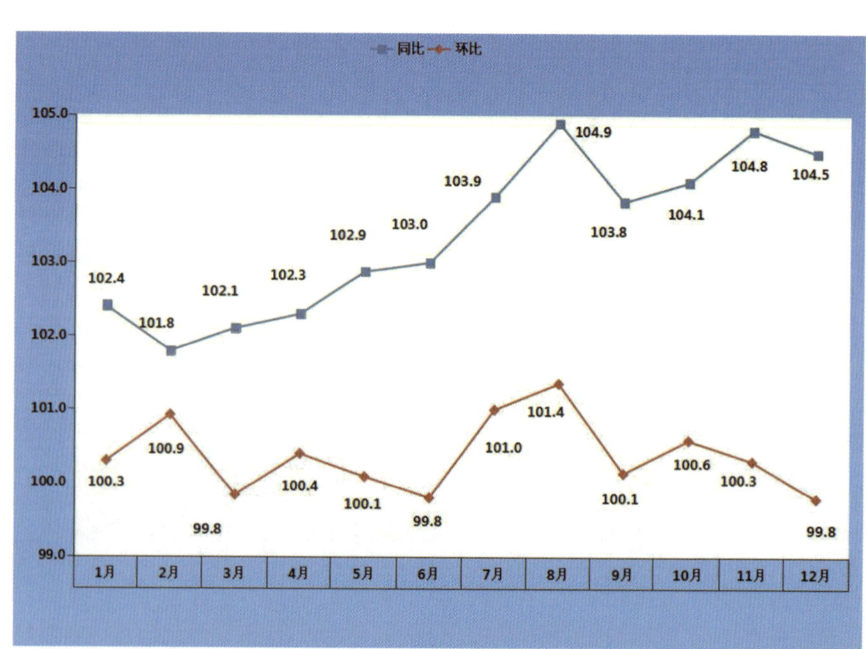

说明：上年同期=100；数据由南宁调查队提供

图4　2019年南宁市居民消费价格指数走势图

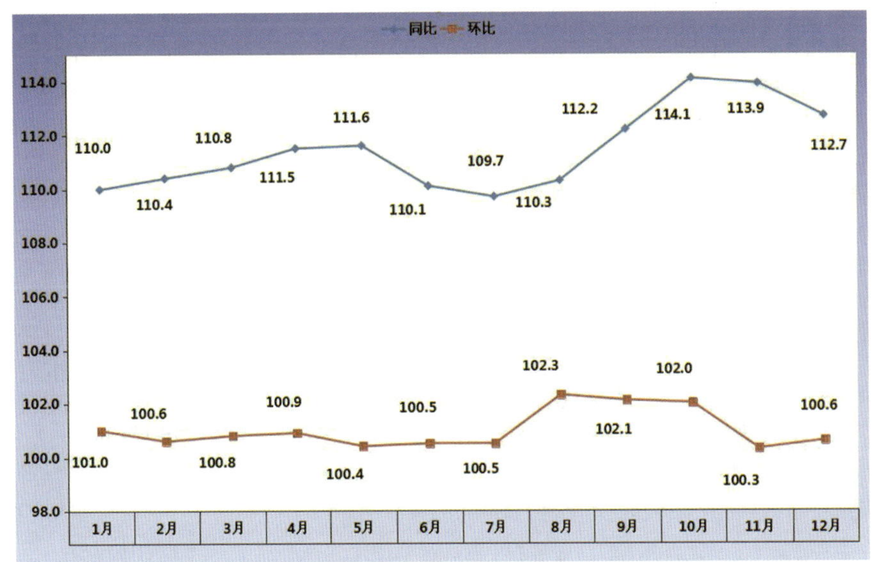

说明：上年同期 =100；数据由南宁调查队提供

图 5　2019 年南宁市新建商品住宅销售价格指数走势图

江南区 16552 元、增长 10.9%，青秀区 16811 元、增长 9.0%，西乡塘区 15147 元、增长 9.6%，邕宁区 15460 元、增长 10.8%，良庆区 16234 元、增长 10.6%，武鸣区 17483 元、增长 9.7%，横县 15091 元、增长 10.0%，宾阳县 15470 元、增长 10.2%，上林县 12251 元、增长 10.4%，马山县 11844 元、增长 10.5%，隆安县 12876 元、增长 10.3%。主要存在城镇居民工资性收入增长动力不足，财产性收入增长乏力，物价上涨影响实际增收；农村居民就业结构性矛盾突出，市场预期和企业转型升级对就业影响较大，农产品质量不高，优势产业无竞争力等问题。（施杨勇）

【居民消费价格指数】 2019 年，南宁市居民消费价格指数(CPI)比上年同期上涨 3.4%，涨幅扩大 0.9 个百分点，比全国水平(2.9%)高 0.5 个百分点，比自治区水平(3.7%)低 0.3 个百分点，涨幅在全国 36 个大中城市排名第一，在西南地区 5 个省级城市中排名第一，在自治区 14 个地级市中排名第十一。各月环比涨幅分别为 0.3%、0.9%、−0.2%、0.4%、0.1%、−0.2%、1.0%、1.4%、0.1%、0.6%、0.3%、−0.2%，同比涨幅分别为 2.4%、1.8%、2.1%、2.3%、2.9%、3.0%、3.9%、4.9%、3.8%、4.1%、4.8%、4.5%。八大类指数均有不同程度上涨或下降：食品烟酒价格上涨 9.5%、教育文化和娱乐价格上涨 3.3%、其他用品和服务价格上涨 2.3%、衣着价格上涨 1.8%、医疗保健价格上涨 0.9%、居住价格上涨 0.7%、生活用品及服务价格下降 0.1%、交通和通信价格下降 1.9%。（李泉麟　江　峰）

【新建商品住宅销售价格指数】 2019 年，南宁市新建商品住宅价格各月同比涨幅分别为 10%、10.4%、10.8%、11.5%、11.6%、10.1%、9.7%、10.3%、12.2%、14.1%、13.9%、12.7%；环比涨幅分别为 1.0%、0.6%、0.8%、0.9%、0.4%、0.5%、0.5%、2.3%、2.1%、2.0%、0.3%、0.6%。（周延松）

社会保险

【概　况】 2019 年，南宁市推动社会保险精准扩面，将工商登记的企业直接纳入参保登记范围，新增 1.28 万家单位、16.32 万人次参保，“城镇三险”征收 203.21 亿元，年度社保基金实现当期收支结余。年末，全市社保基金滚存结余 342.23 亿元，比上年同期增加 42.94 亿元、增长 14.34%。实施“全民参保登记计划”，全市社保参保 1287.62 万人次。5 月 1 日起，执行新一轮降费率政策，社保总体费率比上一阶段再降 3.50 个百分点，为企业减负 21.74 亿元，惠及 4.75 万家企业、68.75 万职工。发放基本养老保险、失业保险、工伤保险 159.34 亿元，惠及群众 109.25 万人。优化社会保险经办管理服务，进行南宁市人力资源社会保障“一门式”服务改革。8 月起，南宁市公益性岗位用人单位申请公益性岗位社会保险补贴实行“免办”，单位无须申报、补贴自动到账；机关事业单位职工生育医疗费用在全市定点医疗机构直接结算，无须再垫付费用和跑腿报销。“智慧人社”等经验做法获国家部委肯定推广，“创新全链条审批服务　开启办事创业‘一事通办’新模式”获 2019 年中国政府信息化管理创新奖。主要存在社会保险征缴扩面空间缩小，基金平衡压力日益突出等问题。

【基本养老保险】 2019 年，南宁市城乡居民基本养老保险参保 229.14 万人，参保率 98.79%，享受待遇 67.60 万人；为 67.60 万名符合条件的居民足额发放 8540.65 万元基础养老保险金，发放率 100%；为 26.27 万名符合条件的困难参保群众代缴 2627.01 万元保费；为 2.60 万名符合条件的人员发放丧葬补助金，发放金额 2017.23 万元。全市城镇职工基本养老保险参保 156.59 万人（企业 137.27 万人、机关事业单位 19.32 万人），城镇企业职工基本养老保险费征缴收入 108.78 亿元，机关事业单位养老保险费征缴收入 30.93 亿元。为全市 39.88 万退休人员（企业职工退休人员 33.49 万人、机关事业单位退休人员 6.39 万人）调整基本养老金；企业退休人员基本养老金实现连续 15 年增长，人均每月 2417.62 元；机关事业单位退休人员基本养老金第 4 次调整，人均每月 5097.98 元。全市城镇企业职工基本养老保险基金、机关事业单位基本养老保险基金、城乡居民基本养老保险基金分别支出 104.05 亿元、41.49 亿元、11.32 亿元。（廖书恒）

【基本医疗保险】 2019 年，南宁市医疗保险超额完成年度征缴任务，基本医疗保险参保 702.36 万人（城镇职工基本医疗保险参保 114.63 万人、城乡居民基本医疗保险参保 587.73 万人）。城镇职工基本医疗保险基金总收入 51.28 亿元，城乡居民基本医疗基金总收入 47.91 亿元。城乡居民基本医疗保险财政补助标准由年人均 490 元调至 520 元。职工医保、城乡居民医保统筹基金年度最高支付限额分别提高至 40.16 万元、18.30 万元。城乡居民医保政策范围内门诊和基层医疗机构住院费用平均支付比例分别为 55.86%、86.78%。7 月 1 日起，南宁市城乡居民基本医疗保险费交由税务部门征收，医保部门负责参保登记和待遇保障。（磨　嘉）

【失业保险】 2019 年，南宁市失业保险参保 62.15 万人，失业保险费征缴收入 4.60 亿元。全市享受失业保险待遇人数 1.01 万人，发放失业保险金 1.73 亿元。执行国家、自治区降低失业保险费率相关政策，为参保单位减负 3.24 亿元。发放企业失业保险稳岗返还 1.95 万家、1.78 亿元、47.59 万人；发放企业失业保险提升职业技能补贴 354.35 万元、2686 人。

【工伤保险】 2019 年，南宁市工伤保险参保 69.70 万人，工伤保险基金收入 1.88 亿元，其中工伤保险费征缴收入 1.75 亿元。全年享受工伤保险待遇 2263 人，支付工伤保险待遇 1.45 亿元。受理工伤认定申请 3489 件，办结 3216 件，其中认定工伤总数3042件，通过简易程序办结2394件，占工伤认定办结总数78.70%。实施工伤保险管理、经办、服务一体化，实现工伤认定、劳动能力鉴定等信息互联共享。
(廖书恒)

【生育保险】 2019年，南宁市生育保险参保人数67.68万人，比上年同期增加6.35万人，增长10.35%，完成任务65万人的104.12%。生育保险基金总收入5.74亿元，总支出3.74亿元。 (磨 嘉)

【社保基金监管】 2019年，南宁市加强社会保险基金监管，开展社会保险基金管理风险专项行政检查，排查处理重领、冒领养老待遇疑点信息2527条，追回养老、失业保险损失基金135.38万元；推进行政强制划拨，强制划拨欠缴社会保险费4.41万元，直接促成欠费单位补缴31.57万元。

【社会保险经办服务】 2019年，南宁市开展"人脸识别"养老保险待遇资格认证，应参加认证退休人员和供养人员35.05万人，认证32.42万人，认证率92.48%(市本级应认证23.94万人，认证22.58万人，认证率94.35%)。全市2542人通过手机APP刷脸成功申领失业保险待遇，占当期申报人数22.92%；325人通过手机"刷脸"申领失业保险提升职业技能补贴，占当期申报人数12.09%。发放176.34万张社保卡，累计发放674.58万张。签发电子社保卡76.41万张，累计签发121.26万张。1月14日，南宁市电子社保卡推出便民新应用，在自治区率先实现电子社保卡"扫码购药"结算医保。南宁市参保市民在"南宁智慧人社"APP、"爱南宁APP"、"支付宝"APP上申领电子社保卡后，在市医保定点药店购药，出示手机上的电子社保卡二维码即可使用医保个人账户资金结算。3月28日，市人社局在全国率先推出南宁人社全业务电子证照，社会保障卡、南宁英才卡、职称(专业技术资格)证、职业资格证、就业创业证、南宁市流动人员档案托管证、南宁市享受基本养老保险待遇资格证、社会保险参保缴费证明8个人社证照全部实现电子化。

【南宁人社"一门式"服务改革】 2019年5月9日，南宁市政府在南宁国际会展中心举行政府例行新闻发布会，通报南宁市人力资源社会保障"线上一网通、线下一门办"服务改革情况，发布《南宁市人力资源和社会保障局系统公共服务事项清单》(220项)、《南宁市人力资源社会保障"一门式"服务事项清单》(138项)、《南宁市人力资源社会保障公共服务"零跑腿"事项清单》(90项)。年内，南宁市在全国率先建成覆盖人社全业务的大集中"智慧人社"系统，创新打造"线上一网通、线下一门办""全市通办"人社服务新体系；全国首创"从网办到秒办、从秒办到免办"公共服务新生态，通过系统智能检索、主动推送，创新推出"稳岗返还申领"等20项人社业务"免办"服务，推动从"人找政策"到"政策找人"、从"企业找补贴"到"补贴找企业"公共服务新革命。依托"智慧人社"系统，62项便民服务在自治区、全国率先创新应用，207项人社经办业务实现网上办理，201项窗口业务全部纳入"一门式"服务，3126万人次通过"线上一网通"平台查询、办事。人力资源和社会保障部向全国推广南宁经验。

【社保费率调整】 2019年5月1日起，南宁市统一按自治区城镇非私营单位和私营单位加权计算的全口径就业人员月平均工资，作为核定职工基本养老保险个人缴费基数上下限的指标。职工基本养老保险(含企业和机关事业单位基本养老保险)单位缴费比例由19%调整为16%，此项调整为长期性制度安排。2019年5月1日至2020年4月30日，失业保险费率继续阶段性降至1%(单位0.5%、个人0.5%)；工伤保险费率继续阶段性降低，至4月累计基金结余可支付月数在18个至23个月的统筹地区，下调现行基准费率20%，累计基金结余可支付月数在24个月(含)以上的统筹地区，下调现行基准费率50%。在执行阶段性降低费率的同时，用人单位符合规定浮动费率的，执行下浮费率或阶段性降低费率的最高优惠费率；应执行上浮费率的，只执行阶段性降低费率政策，暂不执行上浮费率政策。5月10日，南宁市完成社保费率调整。
(廖书恒)

2019年1月14日，南宁市民扫电子社保卡二维码购药　　市人社局提供

社会救助

【概 况】 2019年，南宁市民政局、市财政局、市扶贫办联合印发《南宁市民政局 南宁市财政局 南宁市扶贫开发办公室关于印发南宁市社会救助兜底脱贫攻坚三年行动计划的通知》，实施低保制度兜底保障"五个一批"(因残致困的兜底一批、因病返贫的保障一批、生产条件恶劣的帮扶一批、易地搬迁的后续扶持一批、"低保救助渐退"稳定一批)。开展"强基础、补短板"社会救助兜底脱贫攻坚大排查，委托第三方机构对困难家庭入户核查。加强城乡低保规范化管理，城乡低保、特困人员救助供养审批权限下放乡镇政府(街道办事处)，强化审批权责。建设低保网上自助申请平台，做到低保申请"足不出村""足不出户"。失能特困人员集中供养率提高至4.89%，全面启动城镇困难群众脱困解困工作，印发《南宁市进一步推进城镇困难群众脱困解困工作实施方案的通知》。发放低保、特困人员供养资金102.29万户次、207.95万人次、6.23亿元，低保对象、特困人员临时价格补贴69.76万户次、142.46万人次、2261.78万元，临时救助资金1216户次、3268人次、683.10万元。获医疗救助38.03万人次，救助资金支出7820.52万元。主要存在基层民政工作力量较薄弱，工作人员人手不足，少数民政干部素质能力不高，基层民政工作信息化程度不高等问题。

【城乡低保】 2019年1月1日起，南宁市区县(开发区)城市低保资金补助标准由平均每人每月355元提高至370元，农村低保资金补助标准由平均每人每月200元提高至230元。6月1日起，市城市居民最低生活保障标准由每人每月620元提高至690元，农村居民最低生活保障标准由每人每年3800元提高至4600元。7月3日起，《南宁市城乡居民最低生活保障办法》实施，将支出型困难家庭纳入低保范围，优化低保审核审批流程。发放城市低保9.66万户次、16.44万人次、7758.32万元，月人均补助水平472元；发放农村低保69.34万户次、167.56万人次、3.89亿元，月人均补助水平232元。年末，农村低保对象21.43万人，其中建档立卡贫困户11.61万人，纳入农村低保的建档立卡贫困人口占农村低保总人口54.17%。

【特困供养】 2019年，南宁市发放特困人员救助供养待遇23.29万户次、23.95万人次、1.57亿元。其中，城市特困人员救助供养金1.15万户次、1.19万人次、1545.50万元；农村特困人员救助供养金22.14万户次、22.76万人次、1.41亿元。市61家乡镇敬老院与医疗机构签订协议《共建医养结合合作协议书》。（梁　敏）

【医疗救助】 2019年4月，南宁市医疗保障局和市民政局联合印发《关于做好医疗救助交接工作的通知》；4月20日起，全市各级医疗保障部门全面承接医疗救助。年内，医疗救助资金中央转移支付补助8726.42万元，自治区补助1319万元，市本级安排1800.01万元。全市获医疗救助38.03万人次，救助资金支出7820.52万元。其中，住院救助6.23万人次，支出4576.19万元；门诊救助15.21万人次，支出493.63万元；资助参保16.59万人次，支出2750.70万元。（磨　嘉）

【流浪乞讨人员救助】 2019年，南宁市在2018年至2019年“寒冬送温暖”专项救助行动期间，劝离流浪乞讨人员2055人次，救助站救助流浪乞讨人员2816人次，发放棉被394床、衣物1170套、鞋袜112双。2019年至2020年“寒冬送温暖”专项救助行动期间，劝离流浪乞讨人员3325人次，救助站救助流浪乞讨人员2508人次，发放棉衣510套、棉被369床，发放面包、矿泉水等食物2091份。整改市级流浪乞讨救助人员站外托养机构存在的安置人员密集度过高、滞留受助人员患传染病未得到妥善安置、南宁儿童康复中心存在的消防安全隐患和内部设施条件未达标等问题。4月24日，印发《南宁市民政局直属单位流浪乞讨人员救助管理工作规定》，健全南宁市流浪乞讨人员救助管理工作局际联席会议制度。6月19日，组织开展全市救助管理机构和托养机构“开放日”活动，救助管理站辖区人大代表、政协委员、居民、媒体记者、社工组织代表等130人实地参观救助站，了解救助管理政策。举办一期60人参加的全市救助管理工作专题培训班。全市救助生活无着流浪乞讨人员1.17万人次，其中未成年人173人次，跨省护送25人次，为264名生活无着流浪乞讨人员成功寻亲。（梁玉军）

住房保障

【概　况】 2019年，南宁市市本级基本建成政府投资公租房6.08万套，筹集公租房5233套。推进住房保障分配，解决2974户群众住房困难问题。新增公共租赁住房资格审核2.03万户，新增分配政府投资公租房1768套，发放公租房租赁补贴保障家庭3618户，新增经济适用房资格审核1583户。南宁住房公积金管理中心印发《南宁住房公积金管理中心关于推进住房公积金“一事通办”改革的通知》，规范各项业务，精简办理要件，优化办理流程，缩短办理时限，成为自治区首个商业还贷提取住房公积金网上自助办理业务“零跑腿”“零材料”“零输入”办理的管理中心。主要存在市公租房轮候家庭、市本级经济适用房轮候家庭多，可分配房源不足；符合货币补贴保障条件家庭户数占公租房保障轮候家庭户数比例低，公租房货币化保障范围窄，现行公租房货币补贴标准低；开发商拒绝住房公积金贷款的行为屡禁不止等问题。（钟婉悦）

【保障房建设】 2019年9月，南宁市完成自治区下达的棚户区改造开工目标9050户（套），棚户区改造基本建成1.01万套任务。申请获批发行2个批次9个项目28.20亿元棚户区改造项目专项债券。完成自治区危旧房改住房改造国家开工2712套，新增危旧房改住房改造开工2435套任务。推进住房保障分配，开展六批市本级公租房选房分配活动，解决2974户群众住房困难问题。整理、上传7.41万套房源信息、9.71万条保障家庭信息、6.28万条分配信息至自治区住建厅住房保障信息系统，实现与住建部、自治区住建厅公租房信息系统联网。做好人才安居保障，启动2批次高坡岭人才公寓普通人才住房分配，分配普通人才住房1128套。推进政府购买公租房服务试点，选择仙葫苑公租房小区已分配入住的11号楼738套公租房开展人脸识别单元门禁、智能入户门锁、远程监控等智能化试点建设，获住建部和财政部肯定。新增公共租赁住房资格审核2.03万户，其中低收入住房困难家庭1871户、非低收入住房困难家庭1.84万户。新增分配政府投资公租房1768套，完成自治区下达南宁市年度目标任务1372套的128.86%；发放公租房租赁补贴保障家庭3618户，完成自治区下达南宁市年度任务3300户的109.64%。新增经济适用房资格审核1583户，销售经济适用房18套，审核经济适用房转全产权、上市交易2463套。（市住建局）

【住房公积金办理】 2019年，南宁住房公积金管理中心（简称“南宁公积金管理中心”）本部设办公室、人事教育科、财务会计科、归集管理科、法规稽核科、信息管理科和机关党委，兴宁区、江南区、青秀区、西乡塘区、邕宁区、良庆区6个营业部，武鸣区、横县、宾阳县、上林县、马山县、隆安县6个管理部，贷款服务部1个，咨询服务部1个；铁路分中心设综合科、财务会计科、归集管理科、信贷管理科、流动服务部，南宁、柳州、桂林、玉林4个管理部。事业编制112名、在编103人，后勤服务人员控制数8名、在编8人。新增归集住房公积金95.68亿元，比上年增长11.82%，完成计划101.79%；提取住房公积金74.26亿元，增长18.39%；发放个人住房公积金贷款21.77亿元，增长17.63%，完成计划116.42%；实现住房公积金增值收益3.80亿元，下降7.73%，完成计划100.01%。南宁公积金管理中心各营业部柜台实行“一窗受理、集成服务”，取消单位缴存登记业务的全部办理要件和7类提取情形中的11项材料。推行提取业务办理表单缴存人签字确认制度，无须职工提供纸质申请表。取消异地还贷提取面签《授权委托书》。重大疾病提取审批流程由四级审批调整为二级审批，提取业务当日办结。住房公积金缴存登记业务承诺办结时限由5个工作日缩短至3个；降低缴存比例和缓缴住房公积金，审批由25个工作日缩短至10个。2月，南宁公积金管理中心开通网上预审服务，容缺受理业务，实现先受理后补正材料。个人住房公积金贷款审批时间由10个工作日缩短为5个。6月3日，南宁公积金管理中心开通建设银行商贷提取网上自助办理业务，南宁成为广西首个实现还贷提取业务“零跑腿”“零材料”办理的城市。中国银行、农业银行、工商银行、交通银行、广西北部湾银行均实现商贷提取网上自助办理业务。8月16日至12月，南宁公积金管理中心受理商转公贷款申请217笔、金额8736万元，申请总金额比上年上升331.19%。12月31日，南宁公积金管理中心在自治区首创推出商业贷款转住房公积金贷款顺位抵押个人住房贷款业务，缴存职工无须自筹资金结清原商业贷款，通过办理第二顺位抵押登记手续将住房公积金贷款资金转入商业贷款账户用于结清商业贷款，将商业贷款转换为住房公积金贷款。至年末，冲还贷业务提取2987笔、金额571.87亿元；约定提取业务提取2.49万笔、金额4.63亿元。1547个缴存单位开通单位版网厅，自助开展归集业务4.12万笔，汇缴住房公积金65.89亿元。全市职工通过互联网渠道(手机APP、微信、个人版网厅)办理个人业务76.33万笔(提取金额27.67万笔、25.88亿元)，个人住房公积金贷款网上申报771笔，个人预约7394次，约定提取申请0.31万笔，业务卡绑定47.53万笔。南宁公积金管理中心办理业务"离柜率"46.77%。2017年10月(异地接续业务上线)至2019年12月，办理异地接续业务1.49万笔次、金额3.53亿元，其中异地接续转入8391笔次、1.85亿元，异地接续转出6535笔次、1.68亿元；南宁市住房公积金综合服务平台2年累计各类渠道注册人数51.57万人，登录网上服务平台1737.78万人次。 (覃雨冰)

社会福利

【概 况】 2019年，南宁市出台涵盖用地保障、税费优惠、财政补贴、医养融合、互联网+等多方位、全领域养老服务支持政策。开展养老服务质量建设，推进全市养老服务机构转型升级。南宁市第二社会福利院一期试运营，建成公办示范性养老福利机构6家(广西－东盟经开区社会福利院、宾阳健康养生城、青秀区福利养老院、西乡塘区坛洛镇农村养老服务中心、马山县白山镇农村养老服务中心、江南区民政综合园)，新增备案养老机构30家、备案床位4052张，开展50个"长者饭堂"试点，居家和社区养老服务改革试点考评在全国排第三。开展招商引资，拥有1200张床位规模的海王健康产业园等项目落地。全市每千名老年人拥有床位数从2013年15张增至28张；建成城市社区日间照料中心155个，形成以居家为基础、社区为依托、机构为补充、医养结合的全方位、多层次、宽领域养老服务体系。推动建立"社工+志愿者"农村留守儿童关爱模式，按时发放未成年孤儿保障金1020.44万元，向年满18周岁在读孤儿(不含高中在读)每人每年发放助学金1万元，年内发放助学金45.44万元。全市发放残疾人两项补贴107.30万人次、8580.40万元。市慈善总会接收社会各界捐赠款978.81万元。免除城乡困难对象基本殡葬服务费用约560万元。主要存在养老服务城乡发展不平衡，城市社区养老服务设施不足，农村基础养老服务设施薄弱等问题。

【养老服务】 2019年，南宁市深化养老服务改革，投入843万元培育和扶持居家和社区养老服务机构连锁化、专业化、品牌化运营。完成为民办实事任务，依托社区居家养老服务平台为全市1.20万五类特殊困难老年人开展政府购买居家养老服务。印发《南宁市人民政府关于印发南宁市新建住宅小区配套社区居家养老服务用房管理办法(试行)的通知》，要求新建住宅小区应按照每百户不少于30平方米建筑面积配建社区居家养老服务用房，且单处用房建筑面积不得少于300平方米。在全市城区、开发区设置50个"长者饭堂"开展助餐配餐服务试点，年满60周岁以上的南宁市城区户籍老年人(不含入住养老机构的老年人)，在"长者饭堂"用餐(午餐)可享受每人每餐2元补助；对每月平均每天就餐老年人在50人以下的老年人助餐配餐服务站点，每月给予运营补助1000元；就餐老年人在50人以上(含)的老年人助餐配餐服务站点，每月给予运营补助2000元；为高龄老年人、行动不便的老年人提供送餐上门服务的，每份给予2元送餐服务补助；送餐人员优先在社区低龄老年人、公益性岗位人员、社区志愿者中选择。南宁市在民政部、财政部开展的2019年第三批中央财政支持开展居家和社区养老服务改革试点验收工作中获评优秀等次，获中央以奖代补资金100万元。完善养老服务基础设施，区县(开发区)各新建一所300张～500张床位规模的公办示范性养老福利机构，其中广西－东盟经开区社会福利院、宾阳健康养生城、青秀区福利养老院3家投入运营；新建社区日间照料中心17个，累计建成社区日间照料中心132个、城市养老服务中心项目23个，覆盖66%的社区。年内，新增备案养老机构30家，登记备案床位4052张。推动实施城企联动普惠养老服务专项行动，新增床位3842张，其中普惠床位820张，获中央资金7684万元。开展养老机构重大风险隐患检查和整治，全市189家机构的基础指标基本达标。落实自治区和南宁市养老机构补贴资金1086万元，市民办养老机构建设补贴和运营补贴资金657万元。加强养老服务人才培养，开展养老机构护理员等级培训，培训103人；开展第二届"护理之星"评选表彰活动，表彰优秀养老护理员30名。继续实施星级示范养老机构培育工程，全市累计评选五星级养老机构6家、四星级养老机构3家、三星级养老机构14家。 (黄欣荻)

【儿童福利】 2019年，南宁市健全农村留守儿童和困境儿童信息数据，做好全国农村留守儿童和困境儿童信息管理系统升级更名全国农村"三留守"人员信息管理系统相关工作；举办全市未成年人社会保护工作培训班1期，培训市民政局机关和直属单位相关业务人员，区县(开发区)民政未保专干、乡镇(街道)儿童督导员，兴宁区、宾阳县各5个重点社区(村)儿童主任165人；《推动建立"社工+志愿者"农村留守儿童关爱模式》编入2019年《全国民政系统儿童福利工作案例汇编》作为经典案例全国推广。全市孤弃儿童891人，其中机构抚养358人、社会散居533人。全市录入全国农村留守儿童和困境儿童信息系统的留守儿童3.76万人、困境儿童1.95万人。乡镇(街道)民政办儿童督导员171人、村(居)委儿童主任1857人。发放未成年孤儿保障金1020.44万元。9月起，南宁市向年满18周岁在读孤儿(不含高中在读)每人每年发放助学金1万元，年内发放助学金

2019年，南宁市老年人活动中心"长者饭堂"试点开放受到老年人欢迎 赖有光 摄

45.44 万元，资助 142 名年满 18 周岁的在读孤儿就读高等教育学校。（梁玉军）

【残疾人两项补贴】 2019 年，南宁市落实困难残疾人生活补贴和重度残疾人护理补贴，自治区级和市本级补助资金 5158.76 万元，其中自治区级补助资金 4267.18 万元、市本级补助资金 891.58 万元。全市发放残疾人两项补贴 107.30 万人次、8580.40 万元，其中发放困难残疾人生活补贴 37.17 万人次、2973.86 万元，发放重度残疾人护理补贴 70.13 万人次、5606.54 万元。

【福利彩票发行】 2019 年，南宁市福彩中心销售福利彩票 3.77 亿元，完成任务 106.88%，比上年同期增长 9.65%，为国家筹集福彩公益金 8054.45 万元。其中：即开型彩票刮刮乐销售 1.23 亿元，完成任务 119.37%，增长 38.01%；视频型彩票中福在线销售 2.54 亿元，完成任务 101.73%，下降 0.25%。

【慈善捐助】 2019 年，南宁市推进社会捐助站和慈善超市建设，年内建设 11 家，累计 16 家。举办第 4 个"中华慈善日"活动，宣传《中华人民共和国慈善法》，市慈善总会接收社会各界捐赠款 978.81 万元，其中"中华慈善日"活动接收捐款 204.69 万元、"扶贫日"活动接收捐款 25.53 万元、其他捐款 748.59 万元。助困等资助项目支出 482.80 万元（含物资）。

（黄欣荻）

水库移民

【概　况】 2019 年，南宁市涉及移民搬迁的大中型水利水电工程 52 座（处），大中型水库移民 12.65 万户 56.76 万人，分布 14 个区县（开发区），涉及乡镇 97 个、村民委员会 525 个、村民小组 3510 个。核定登记南宁市大中型水库移民后期扶持人口指标 40.84 万人。落实资金 0.40 亿元，建设水库移民新村基础设施、实施乡村振兴战略，建成水库移民建设项目 50 个，其中硬化水库移民村屯道路 45 条 89.05 千米。主要存在库区耕地面积少、移民创新发展思路少、移民群体脱贫解困压力大，库区争议地多、情况复杂，调查处理工作难度大等问题。

【水库移民安置】 2019 年，市水利局指导青秀区完成邕宁水利枢纽工程库区那平江支流被淹区域淹没土地 51.09 公顷（水田 3.22 公顷、旱地 43.38 公顷、林地 0.18 公顷、园地 2.78 公顷、鱼塘 1.53 公顷）实物指标分解两榜公示，水利、交通、电力等专项设施复核登记 14 处；江南区、青秀区、西乡塘区、邕宁区、良庆区发放邕宁水利枢纽工程库区征地补偿款 2266.26 万元，签约 21.99 公顷；专项设施复改建或一次性补偿 26 项（水利设施 15 项、交通设施 11 项），完成投资 443.79 万元；完成库底消毒灭鼠、树木砍伐等工作，投资 120.10 万元。市水利局审查审批新增及变更专项设施 8 处（交通设施 3 处、电力设施 5 处），协调涉及区县开展复改建。推进隆安县丁当镇白马村生产便桥建设、头塘水电站拆除、江南区扬美村雷随路加固、西乡塘区增朗坡饮用水受影响等问题处理，复核确认西乡塘库区倒灌内涝塌岸 113.33 公顷。指导西乡塘区完成老口航运枢纽工程库区电力设施复改建项目建设 5 处，完善库区新增岜稔坡 4.67 公顷坑塘水面变更手续及补偿资金调整报批。完成乐滩水电站工程马山县库区移民征地搬迁安置补偿补助收尾及工程竣工，市级初步验收评定马山县库区移民安置合格。马山县库区农村移民补偿补助总投资 2830.89 万元，搬迁安置移民 129 人（后靠安置 28 人、异地搬迁安置 101 人），完成淹没设施相关补偿补助资金发放及安置区基础设施建设，移民生产安置 1537 人；专业项目处理 43 处，投资 2186.89 万元，库底清理投资 1.43 万元；后期扶持登记人口 1580 人，发放每人每年后期扶持资金 600 元，共 94.80 万元。

【库区移民维稳】 2019 年，市水利局受理群众来信来访 8 件，比上年同期下降 162.50%，办结率 100%，其中来信 6 件、来访 2 批 7 人。处理自治区水库和扶贫易地安置中心转办信访件 6 件，办结率 100%。开展水库移民政策法规宣传和领导接访下访，走访移民 150 户 370 人。

【水库移民后期扶持】 2019 年，南宁市落实水库移民扶贫政策和惠农政策，足额向移民户发放后期扶持补助资金。后期扶持水库移民项目总投资 8852.06 万元，在水库移民贫困村实施项目 118 个，完善贫困村基础设施，改善水库移民生活、生产条件。安排 1.54 亿元（整村提升 5329 万元、后期扶持资金 1.01 亿元）实施乡村振兴项目 189 个（基础设施项目 171 个、产业项目 8 个、整村提升项目 10 个），推动库区群众发展基本农田水利及配套设施、生产道路、一村一品项目、集体经济项目、单户扶持项目建设。发放大中型水库移民后期扶持资金 2.45 亿元，受益移民 40.84 万人。实施大中型水库后期扶持资金项目 409 个，投资 2.94 亿元。其中，基础设施项目 392 个，投资 2.29 亿元；产业扶持项目 7 个，投资 369.80 万元，受益移民 0.42 万人；整村提升项目 10 个，投资 6153 万元。实施水库移民库区基金项目 27 个，投资 1545 万元，改建硬化村屯道路 28.51 千米，受益 4548 户 2.20 万人，其中水库移民 4147 户 1.80 万人。实施自治区库区移民发展专项资金项目 19 个（村屯道路硬化项目 16 个、其他项目 3 个），总投资 1273 万元（区县整合 227 万元），改建硬化村屯道路 19.91 千米，受益 1809 户 0.92 万人，其中水库移民 1758 户 0.90 万人。实施南宁市本级财政水库移民基础设施建设项目 50 个，总投资 4284.50 万元（市财政 4000 万元、区县财政 197 万元、群众自筹 87.50 万元），改建硬化村屯道路 89 千米，受益 5.20 万人，其中水库移民 4.70 万人。实施大型水库移民后期扶持资金基础设施项目及增收项目 223 个，总投资 1.40 亿元；续建 2018 年小型水库移民扶助资金项目 7 个，总投资 147 万元；续建 2018 年度大中型水库移民后期扶持基金项目 61 个，总投资 2192 万元。

【水库移民教育培训】 2019 年，南宁市依托学校、移民培训基地、社会培训开展水库移民农村实用技术、创业就业技能培训 14 批次，培训 6672 人，其中依托学校培训 999 人、社会培训 5453 人、邕宁水利枢纽技术培训 220 人。学校培训分 14 期，培训 12 个区县水库移民 999 人（122 人获就业技能证书）。其中：农村实用技术培训 856 人，开设特色种养殖技术、农家乐经营与管理、电子商务、农村经纪人等精品课程；就业技能培训 143 人，培训电工、电焊、中式烹调、育婴等内容。社会培训主要依托区县党校、农广校、教育、农业、水利、扶贫等部门培训开展，针对地方特色种植业，邀请区县农业部门、科技部门专家，种植大户讲授种植技术，培训移民 5453 人次，完成计划 109%。（卢明发）

关心下一代工作

【概　况】 2019 年，南宁市有关心下一代工作委员会（简称"关工委"）组织 4910 个，其中市级关工委 1 个，区县、开发区关工委 15 个，乡镇（街道）关工委 124 个、社区（村）关工委 1708 个、学校关工委 963 个、直属机关关工委 106 个、企业关工委 10 个，村民小组、居民楼栋、社区网格等关工委 1983 个，成员 1.45 万人。全市参加关心下一代工作活动的"五老"志愿者 3.42 万人。组建"南宁市关心下一代志愿团"，加强关心下一代志愿者队伍规范化管理。印发《绿城新蕾》6 期、3000 多册，征订《中国火炬》3998 本，占自治区征订数 33%。全市各级关工委开展爱国主义教育、青少年思想道德建设、社会主义核心价值观教育活动,接受教育青少年 40.11 万人次。推进青少年普法教育,举办家庭教育活动,发动爱心人士、爱心企业捐资助学。市、区县关工委举办培训班 33 期次,市关工委驻会领导到区县参加培训 5 次,区县关工委培训或以会代训乡镇关工委、街道关工委、村屯关工委小组成员 30 次 1203 人次。主要存在部分区县关工委和"五老"队伍建设须加强,市关工委工作条件有待改善等问题。

【青少年思想道德建设】 2019 年,南宁市开展"腾飞中国·辉煌 70 年"爱国主义教育活动,组织 8300 多人次"五老"志愿者参加报告会、宣讲会 540 余场,受教育青少年 28.21 万人,征集活动征文 10.74 万篇;联合有关部门举办演讲选拔赛 1519 场次,15 万多名青少年学生参赛;举办文艺会演 700 多场,参演"五老"志愿者 3200 多名,观看演出青少年学生约 50 万名。暑期组织青少年开展读革命书籍、观看红色影片、分享身边红色故事,参加社会实践、夏令营等活动。依托本地红色资源,开展传承红色基因活动,组织青少年学生祭奠英烈、参观革命斗争遗址 503 次,参与活动"五老"志愿者 3000 多人,接受教育青少年 40.11 万人次。进行社会主义核心价值观教育,通过"南宁市关心下一代大讲堂"专题讲座、"五老"志愿者巡回宣讲、主题班(队)会,绘画、摄影比赛等活动,引导广大青少年树立和实践社会主义核心价值观。

【青少年普法教育】 2019 年,南宁市各级关工委开展法治教育宣传活动 2000 多场次。配合教育、政法等部门做好选聘法治副校长工作,全市 130 多名"老干警"被选聘为中小学法治副校长;"五老"志愿者、法治副校长、政法部门干警及相关部门人员到各小学、乡镇、街道、社区开展普法活动 376 场次;"五老"志愿者、各校法治副校长到中小学开展预防校园欺凌、扫黑除恶等法治讲座 43 场,联合政法部门干警深入校园开展法治宣传教育活动 148 场;邀请司法所人员到村屯给青少年宣传法律知识,组织学校师生观看法治视频。参与社会治理,全市 912 名"五老"志愿者担任网吧义务监督员,经常性监督 300 多个文化娱乐网吧;487 名"五老"志愿者担任人民调解员,参与调解涉及青少年案件 470 件;1086 名"五老"志愿者参加 158 个青少年关爱工作团,帮教重点青少年。

【"三结合"教育网络】 2019 年,南宁市各级关工委做好社会、学校、家庭"三结合"教育网络工作。市关工委办好"南宁空中学校",深入区县边远学校开展"专家与家长面对面"活动,举办家庭教育专题讲座 77 场,现场听课家长、收听手机台直播家长 243.02 万人次。青秀区关工委组织"五老"志愿者深入 104 个社区开展家庭教育活动 220 场;武鸣区关工委组建家庭教育专家库,开展千人以上大型家庭教育活动 10 场。全市各级关工委举办家庭教育活动 800 多场,直接参与或线上参与家长 250.12 万人次。

【扶困助学】 2019 年,南宁市各级关工委紧扣脱贫中心工作,发动爱心人士、爱心企业捐资助学,筹措资金、物资 395.61 万元,资助家庭贫困学生 1.11 万人;关爱帮扶辍学青少年、残疾青少年、留守青少年、重大疾病青少年、农村困境青年、重点监控对象等特殊青少年群体 9900 多人次,发展壮大宾阳县"代理妈妈"队伍,关爱留守儿童人数由 421 人增加到 1200 人。市各级关工委联合相关部门举办农村科技培训班 222 期,帮助建设农村合作社等新型经济组织 260 人,培育农村青年致富带头人 1163 人。市关工委联合良庆区关工委、良庆区教育局、广西红十字民族教育助学协会、市老科技工作者协会、市教育科学研究所、市民办教育协会等单位举办民办学校小学教师培训 2 期,培训 680 多人。 (潘美玉)

2019 年 4 月 12 日,市关工委在市滨湖路小学举行"腾飞中国·辉煌 70 年——谈祖国新成就,话壮乡新发展"活动启动仪式 潘美玉 摄

社会事务

【概 况】 2019 年,南宁市新登记成立社会组织 270 家,其中市本级新登记成立社会组织 113 家;全市社会组织 4954 家,其中市本级社会组织 929 家。全市办理婚姻登记 7.90 万件,合格率 100%。其中,办理结婚登记 4.70 万对、离婚登记 2.03 万对、补领婚姻登记证 1.17 万件。办理收养登记 276 例。市本级新登记成立社会工作服务机构 11 家,累计 49 家。区县(开发区)发放高龄补助 26.40 万人次、3832.23 万元。开展老年维权宣传教育进社区活动,举办老年文艺表演、老年法律知识抢答、游园等活动,1 万多名老年人参加。开展养老机构医疗服务,全市所有养老机构通过内设医疗机构或与周边医院签订协议为入住老年人提供医疗卫生服务。主要存在市级流浪乞讨救助人员站外托养机构风险隐患尚未完全消除等问题。 (李群峰)

【社会组织登记管理】 2019 年,南宁市新登记成立社会组织 270 家,其中市本级新登记成立社会组织 113 家(社团 49 家、民办非企业单位 64 家)。市本级注销社会组织 16 家,查处社会组织 2 家。采取购买服务方式委托第三方机构抽审 50 家社会组织年度财务情况。开展 2018 年度市本级社会组织年检,参检社会组织 559 个,其中合格 469 个、基本合格 83 个、不合格 7 个,下达整改通知 118 份。开展 2019 年南宁市本级社会组织评估,评出 AAAAA 等级社会组织 2 家,AAAA 等级社会组织 1 家。抓好孵化基地建设,入驻南宁市社会组织孵化基地社会组织 4 家,其中社团 1 家、民办非企业单位 3 家;采取壳内孵化模式 3 家,壳外孵化模式 1 家。社会组织孵化基地举办培训、座谈 60 场,累计参与 1200 人次;为入驻机构提供各类咨询服务,组织入驻机构前往广州、钦州学习交流。结合扫黑除恶专项斗争线索摸排核查,继续开展打击整治非法社会组织专项行动,核查群众举报的线索,联合公安部门取缔非法社会组织,提高社会组织监督管理水平。 (钟一菡)

【婚姻登记】 2019年，南宁市民政局婚姻登记处(涉外婚姻登记)搬迁至良庆区玉洞大道33号(市民中心C座6楼)办公。全市办理结婚登记4.70万对(内地居民登记4.66万对、涉外登记430对)、离婚登记2.03万对(内地居民登记2.02万对、涉外登记45对)、补领婚姻登记证1.17万件(内地居民1.17万件、涉外17件)。市民政局指导全市各婚姻登记处做好“2·14”“5·20”等特殊日子登记高峰服务；举办全市婚姻登记工作培训班1期，培训30人；组织区县相关人员参加自治区婚姻登记员、颁证员培训；开展婚姻家庭辅导，服务对象700对。 (李群峰)

【收养登记】 2019年，南宁市组织区县相关人员参加自治区收养登记业务暨收养能力评估工作培训；全市办理收养登记276例，其中国内收养271例，涉华侨、港澳台收养3例，解除收养1例，撤销收养1例。 (张 鹏)

【社会工作】 2019年，南宁市本级新登记成立社会工作服务机构11家，累计49家。实施社会工作人才专业水平提升项目，制定《南宁市社会工作专业人才奖励实施细则》，对在南宁市所属事业单位、城乡村(居)民自治组织、社区服务组织、基层社会服务部门，以及在南宁市各级社会组织登记机关登记的公益慈善类、城乡社区服务类社会组织，各类民办社会工作服务机构从事社会工作连续满3年，并取得助理社会工作师、中级社会工作师、高级社会工作师职业水平证书的社会工作专业人员，由市级财政一次性给予2000元、5000元、1万元的专业水平提升奖励，奖励符合申报条件的社会工作专业人员174人，发放奖励经费59.40万元。举办南宁市社会工作人才综合能力提升培训班暨全市社会组织管理工作推进会，培训社工130人。 (钟一菡)

【老龄事务】 2019年3月，南宁市机构改革，南宁市老龄工作委员会办公室(简称“市老龄办”)负责的发放高龄补助、办理老年人优待证业务转由市民政局负责。区县(开发区)民政局负责发放和办理，市民政局负责监管。各区县(开发区)单独发放80周岁～89周岁老人高龄补助。市民政局累计发放高龄补助26.40万人次、3832.23万元，其中发放90周岁以上老人高龄补助25.51万人次、3508.85万元，发放100周岁老人高龄补助8892人次、323.38万元。全市累计办理《老年人优待证》3.81万本，其中60周岁～69周岁1.51万本(绿证)，70周岁以上2.30万本(红证)；市本级为1044名外省户籍且长期居住南宁市的老年人申办《老年人优待证》，为130名南宁市60周岁以上因公病残、孤寡老人办理优待证；年审《南宁市孤寡因公病残老年人优待证》170本。全市开展敬老爱老主题宣传活动15场次、义诊50多场次，发放宣传资料10万多份、环保袋2万多个，制作宣传板报300多块，悬挂宣传横幅200多幅。9月，市老龄办、市老科技工作者协会赴宾阳县、上林县等地贫困村开展“银龄行动暨扶贫助困活动”，为贫困村提供医疗、养殖、种植服务；市老龄办从敬老月专项经费中拨款10万元，慰问特困老人500人；市卫健委赠送300位阿尔茨海默病老人防走失手环。市老龄办组织市老科协科技专家、医疗人员、广西12349社区为老服务信息平台工作人员20人，开展种植养殖业科技、养老知识普及，医疗义诊“三下乡”活动，为200多名老年人义诊，普及村民科普知识2000多人次，发放宣传资料1万多份，制作宣传板报20版，500多名老人参与活动。开展老年医学学科建设，市、区县有公立二级及以上综合医院15家，均开设老年医学科，完成自治区下达年度指标任务。发动乡镇卫生院、社区卫生服务中心(站)进行老年人健康管理；至年末，市老年人健康管理率71.19%。组织实施老年健康宣传活动，老年健康宣传周活动期间，开展老年人健康讲座20场次，义诊3000多人次，区县(开发区)和医疗机构利用大型广场、医疗机构、社区居委会的LED屏滚动播放老年健康宣传视频片。新增医养结合机构5家，全市两证齐全(医疗机构执业许可证或医疗机构执业备案证明，养老服务机构备案证明)的医养结合机构30家，其中“养中有医”机构19家、“医中有养”机构11家，数量居自治区首位。市卫健委、市第八人民医院、南宁夕阳红康复护养中心3个单位的医养结合工作经验入选国家卫健委发布的全国200个医养结合典型案例。创新公立医疗机构参与健康养老模式，所有委属医院机构职责中增加“养老服务、培训”职责，获市编办批复，市第一人民医院先后托管良庆区大塘镇养老服务中心、青秀区福利养老院。 (刘海云 龚可奉)

【殡葬服务】 2019年，南宁市各殡仪馆火化遗体2.72万具，其中南宁市殡仪馆(简称“市殡仪馆”)1.60万具、武鸣区殡仪馆4854具、横县殡仪馆2839具、宾阳县殡仪馆3431具。全市免除城乡困难对象基本殡葬服务费用约560万元。开展违法违规私建“住宅式”墓地专项排查和整治行动，向市发展改革部门申请马岭公益性公墓建设项目定价审批，常胜岭迁坟安置点整改工作获民政部调研评估组肯定。南宁市殡葬服务管理处(简称“市殡管处”)在媒体公示三期无人认领遗体139具，完成近400具疑难遗体处置。推进殡葬信息化建设，市殡管处建设完善“互联网＋殡葬”信息管理平台，实现网上办理、短信互动、多部门业务协同办理、运用远程监控技术监管殡葬服务、遗体到馆拍照、视频认领遗体等服务。3月，2019年广西绿色清明主题宣传周暨南宁市第六届公益花坛葬活动启动仪式在市青龙岗长安园举行，安葬骨灰180具，安葬每具骨灰奖励补助家属800元。做好清明节祭扫高峰服务。4月5日至7日，市5个殡葬服务单位(市殡仪馆、青龙岗长安墓园、横县殡仪馆、宾阳县殡仪馆、武鸣区殡仪馆)、广西四厦岭墓园接待祭扫群众88.84万人次、车辆27万辆次，出动工作人员3387人。(梁玉军)

编辑 钟婉悦

2019年9月24日，16名医疗、养殖、种植退休老专家组成的老年志愿者服务队到宾阳县和吉镇新安村开展“银龄行动暨扶贫助困”活动。图为种植专家陆瑞立向村民传授种植技术

郭少东 摄

南宁年鉴

生态建设

综　述

【概　况】 2019年，南宁市启动全市国土空间总体规划编制，完成市级国土空间规划实施评估先行先试试点并成为自治区典范；第三次全国国土调查成果通过国家级内业核查。全市有自治区级绿色矿山3家、市级绿色矿山2家。“互联网+不动产登记”改革“南宁样本”的改革成效获国务院办公厅通报表扬，获2019年自治区激励干部担当集体通令嘉奖。大气6项主要污染物继续达到国家二级标准，环境空气质量连续3年达标，“南宁蓝”成为常态。空气质量综合指数3.95，比上年下降0.3%。全面建立河长制，有河长3047人、湖长45人，累计巡河14.22万人次。完成国家部署的县级饮用水源环境问题整治，市、县两级水源水质连续3年100%达标。主要流域水质优良比例100%，实现“二类水入境、二类水出境”；城市水质指数改善幅度7.7%。万元地区生产总值能耗下降1.55%，超额完成自治区“十三五”进度目标2.99个百分点；能源消费总量增长3.36%，控制在自治区下达的“十三五”能源消费总量目标任务以内。江南污水处理厂三期、埌东污水处理厂四期等6个污水处理厂提前进入调试运行，新增污水处理量每天46万吨。受理环境信访投诉案件1.09万件，下降5.14%，环境信访投诉量连续5年下降。完成第二次全国污染源普查核算。12月，自治区生态环境厅发布水十条考核结果，南宁市2018年水污染防治重点工作任务成绩位列自治区第一。年内，启动并集中开展“美丽南宁·幸福乡村”活动，实施“环境秀美”“生活甜美”“乡村和美”3个专项行动，推动农业发展、农民富裕、农村繁荣。青秀区伶俐镇、横县六景镇2个市级生态宜居特色小城镇建设项目竣工。推动“三变”（农村资源变资产、资金变股金、农民变股东）改革试点，13个县级试点村基本完成村集体经济组织成员身份确认，11个试点村完成资产量化股权设置并成立股份经济合作社。横县云表镇等20个镇（村）被命名为“第三十批南宁市文明村镇”。南宁连续3年蝉联“美丽山水城市”称号；入围国家2019年黑臭水体治理示范市，海绵城市试点建设通过国家验收。邕宁区、良庆区被命名为自治区级生态县（区）。

（班　铭）

【邕江综合整治与开发利用】 2019年3月，南宁市邕江综合整治与开发利用工程PPP（政府和社会资本合作）项目完工，位于邕江老口枢纽至清川大桥、三岸大桥至邕宁枢纽段南北两岸。主要打造融“江、滩、堤、路、城”于一体的滨江景观，加强广场、绿地等公共空间建设，加强邕江两岸联系，形成中心组团结构。建设总长度108.62千米，建设总面积783.69公顷，护岸20.69千米、绿道93.98千米、驿站97个、公厕72个、停车位2719个、庭院灯7213个。年内，完成投资3.31亿元，累计投资46.81亿元。

【“中国绿城”建设】 2019年，南宁市推进生态宜居城市建设，重点建设民族大道北侧绿地山体公园（埌东公园）二期等公园及生态绿地。民族大道北侧绿地山体公园二期完成投资3800万元，亭子滨江公园配套服务设施及游客服务中心PPP项目累计投资4805万元。3月，邕江综合整治和开发利用工程PPP项目竣工，累计投资46.81亿元。建成区绿地总面积1.12万公顷，公园绿地4625.64公顷，建成区绿地率35.10%、绿化覆盖率40.87%、人均公园绿地面积12.19平方米。

【环广西公路自行车世界巡回赛南宁赛道环境整治】 2019年10月1日至18日，南宁市市政和园林管理局派出8948人次，加强城市主次干道绿化精细化养护，重点对平乐大道、玉洞大道、凤岭南路、青环路、青山路、竹溪大道、厢竹大道、秀厢大道、安吉大道等赛道沿线进行绿化植物修剪、补种、干枯枝清理、除草等，修剪片植灌木3.71万平方米、乔木1653棵，清除杂草5.65万平方米，补种地被植物4569平方米、乔木1株，结合日常淋水进行植物冲洗855车次、冲洗长度1267千米；组织183人次加强广西文化艺术中心、荔滨大道鲜花种植点的除草、淋水、病虫害防治等养护管理。　（易贝贝）

【生态环境教育实践基地】 2019年，南宁市有国家环保科普基地3个：南宁青秀山风景名胜旅游区、美丽南方、广西药用植物园；有自治区级生态环境科普基地5个：南宁青秀山风景名胜旅游区、广西药用植物园、美丽南方、南宁市三峰能源有限公司、南宁园博园。南宁市生态环境教育实践基地组织接待大、中小学校学生开展的研学活动约200批（场）次、2万人次。6月5日，宾阳县水生态环境教育馆在“世界环境日”正式开馆，位于宾阳县新桥镇新桥社区新村，投资100余万元；室内展馆超120平方米，有展板14个，通过投影、灯厢、电子视频播放等方式展示沙江生态修复及宾阳县生态治理成果；沙江生态修复投资2000余万元，治岸村庄村级污水处理站、沙江水质自动监测站作为水生态环境教育馆的外部现场教育点；9月，被命名为自治区“生态环境教育基地”；年内，接待3000人以上。

（市生态环境局）

自然资源管理与规划

自然资源管理

【概　况】 2019年3月4日，南宁市自然资源局挂牌成立，整合市国土资源局的职责，市发展和改革委员会的组织编制主体功能区规划职责，市规划管理局的城乡规划管理职责，市住房保障和房产管理局的相关职责，市水利局的水资源调查和确权登记管理职责，市农业委员会的草原（地）资源调查和确权登记管理职责，市林业和园林局的森林、湿地等资源调查和确权登记管理职责，作为市政府工作部门，不再保留市国土资源局、市规划管理局。设办公室、综合科、政策法规科、行政审批办公室、自然资源调查监测科、自然资源确权登记局、自然资源所有者权益科、自然资源开发利用科、国土空间总体规划科、国土空间详细规划科、专项规划科、村镇规划科、市政交通科、建设项目规划管理科、国土空间用途管制科、国土空间生态修复科、耕地保护监督科、地质管理科、矿产资源管理科、测绘地理信息科、执法监察科、征地管理科、土地出让金征收管理科、信访与自然资源纠纷调处科、财务科、人事科及机关党组织，核定行政编制126名、在编114人，后勤控制数8名、在编6人。有南宁高新技术产业开发区分局、南宁经济技术开发区分局、广西－东盟经济技术开发区分局、五象新区分局、南宁青秀山风景名胜旅游区分局、南宁龙象谷国际旅游度假区分局6个分局，行政编制12名、在编12人，后勤控制数10名、在编10人。有直属事业单位11个：市国土资源执法监察支队，事业编制40名、在编31人，后勤控制数5名、在编3人；市土地储备中心，核定事业编制27名、在编28人，后勤控制数3名、在编3人；市国土资源出让服务中心，事业编制19名、在编15人，后勤控制数2名、在编2人；市土地开垦整理中心，事业编制16名、在编14人，后勤控制数2名、在编1人；市自然资源信息中心，事业编制32名、在编23人，后勤控制数2名、在编2人；市国土资源档案馆，事业编制10名、在编8人，后勤控制数2名、在编2人；市不动产登记中心，事业编制129名、在编107人；市城乡规划设计研究院，事业编制60名、在编42人，后勤控制数3名、在编1人；市建筑设计院，事业编制170名、在编117人，后勤控制数3名；市城市规划编制研究中心，事业编制14名、在编6人，后勤控制数1名；市城市规划展示馆，事业编制8名、在编6人，后勤控制数1名，无在编人员。开展项目修建性详细规划（总平面图）与建设工程设计方案审定。批复《南宁市“三街两巷”项目金狮巷银狮巷保护整治改造（二期）工程概念总平方案设计》。持续指导并推进公园规划审查及审批。全市落实新增建设用地计划指标1651.13公顷。征收集体土地3778.74公顷，比上年增长53.35%，完成拆迁面积267.40万平方米。有土地遥感监测图斑5188个、矿产遥感监测图斑44个，核查发现违法用地图斑1116个，图斑面积1486.35公顷（涉及耕地880.40公顷）。盘活存量土地4310公顷，完成自治区下达指标任务3100公顷的139.03%。全市（不含武鸣区）“招拍挂”出让活动成交129期、148宗地，成交面积713.53公顷，成交金额476亿元，其中出让工业用地242.60公顷，占公开出让总量34%。主要存在机构改革后一些具体工作部署未开展实施，部分工作进度缓慢的问题。

【自然调查与监测】 2019年，市自然资源局组织各区县开展遥感监测图斑外业核查、图斑内业判读、在线举证及整改复核。8月22日，市级、区县2018年度土地变更调查成果通过自然资源部组织内业、外业质量检查，相应土地利用现状数据库全面更新，根据《广西壮族自治区自然资源厅办公室关于全面启用2018年度土地变更调查成果数据的通知》要求，在建设用地审批、国土规划、耕地保护等自然资源管理工作中即时启用2018年度土地变更调查成果。

【建设项目用地管理】 2019年，市自然资源局审查上报批次和单独选址项目229个，上报用地总2872.30公顷，获用地批复251个，总面积3796.44公顷（含往年上报批次、单独选址项目，不含中心城实施方案）。核发规划设计条件128份、《建设项目选址意见书》86份、《建设用地规划许可证》0份，上报市政府规划选址材料89份，核发出让用地蓝线图52份、储备用地蓝线图37份、一般用地蓝线图84份。

【国土空间用途管制】 2019年，南宁市落实新增建设用地计划指标1651.73公顷。批复立项增减挂钩项目149个，涉及拆旧区复垦规模4502.32公顷，其中获批立项正在实施项目197个、竣工验收项目48个。完成复垦规模4502.32公顷；购买贫困区县城乡建设用地增减挂钩节余周转指标16宗。涉及指标302.40公顷，交易金额11.37亿元；全市贫困区县出让城乡建设用地增减挂钩节余周转指标13宗，涉及指标223.54公顷，交易金额8.43亿元。有38个建设项目涉及土地利用总体规划修改等有关工作。其中，28个建设项目不涉及占用基本农田但涉及土地利用总体规划修改（调整），19个规划修改方案获批；10个建设项目涉及占用基本农田，土地利用总体规划修改方案暨基本农田补划方案均通过市级审查并上报自治区自然资源厅审查。南宁市纳入自治区层面统筹推进重大项目206个，涉及新增建设用地9231.46公顷，已保障用地指标（含部分保障）项目130个，占项目总数63.11%，涉及新增建设用地指标2435.37公顷。

【矿产资源管理】 2019年，南宁市新立采矿权挂牌出让3宗（县级3宗），收取采矿权出让收益2204.10万元；采矿权延续登记30宗（市本级7宗、县级23宗），收取新增资源部分出让收益8573.39万元（市本级1916.56万元、县级6656.83万元）。实地检查城区范围内采石场36家次，出动检查人员109人次，要求有关采石场就扬尘污染问题按采石场标准化建设要求整改。投入65.034万元建设采石场监管信息系统平台。制定印发《南宁市自然资源局关于加强矿产资源开发利用管理的通知》《南宁市矿产资源行业管理工作指南（试行）》，启动修订《南宁市国土资源局采矿权人信用“红黑名单”管理制度（试行）》。对区县辖区内的101个采矿权进行实地检查，处置23家矿山企业违法违规行为，取缔非法砂场31个。将矿产资源领域涉黑涉恶线索52条移送至市扫黑除恶专项斗争领导小组办公室。全市建成自治区级绿色矿山3家、市级绿色矿山2家。推进西乡塘区、武鸣区绿色矿业发展示范区建设，西乡塘区、武鸣区绿色矿业发展示范区建设方案通过自治区自然资源厅评审。全面排查南宁市辖区内采矿权的矿区范围涉及与自然保护区重叠的情况，推进自然保护区内矿业权清退整治与自然保护区修复治理。10月17日，市政府印发《大明山国家级自然保护区武鸣保利矿业有限责任公司大明山钨矿清退补偿工作方案》。自治区自然资源厅在第三轮《砂石资源开发专项规划》规划基期内，明确南宁市砂石采矿权控制数96个；南宁市原有砂石采矿权107个，年内注销11个。

【地质灾害防治】 2019年，南宁市接到自治区自然资源厅预警预报统计范围的地质灾害灾情报告 9 起,造成直接经济损失 49.40 万元,均未造成人员伤亡。地质灾害发生数量比上年减少 2 起,直接经济损失减少 46.20 万元。全市划定地质灾害易发区 462 个、地质灾害隐患点 802 处,所有地质灾害易发区和隐患点均纳入地质灾害群测群防体系。全市组织开展地质灾害防治工程资质项目备案 308 宗,出动地质灾害巡查排查 810 余组次、2100 余人次,派出应急专家 39 人次、专业技术人员 41 人次,对 41 起地质灾害灾情、险情进行现场调查或应急处置,组织群众安全转移撤离 1 次、20 人次,出具现场调查简报 41 份。汛期发布地质灾害预警信息 183 次(黄色预警 17 次、蓝色预警 166 次),发送信息 19.28 万条。全市开展地质灾害防治知识培训 29 场次,培训 779 人次;开展地质灾害防治知识宣传 28 场次,发放宣传资料 2 万余份,受众 1.10 万人次;开展应急演练 4 场次,参演 364 人次。针对部分区县财政资金困难,组织申报中央、自治区地质灾害补助资金 772 万。市财政局给地质灾害工程项目拨付地质灾害工程治理经费 1.25 亿元。

2019 年 12 月 10 日,市自然资源局监测员在隆安县城厢镇良一村六查屯一处隐患点演示地质灾害隐患点监测方法 黄波 摄

【自然资源开发利用】 2019 年,南宁市加大存量土地盘活力度,落实建设用地“增存挂钩”有关要求,消化批而未供用地和闲置土地,提高土地节约集约利用效率。全市盘活存量土地 4310 公顷,完成自治区下达指标任务 3100 公顷的 139.03%。全市近 5 年(2014 年至 2018 年)平均供地率 69.06%,超额完成自治区下达供地率 68% 任务。全市核查闲置土地总量 165 公顷,超额完成自治区下达闲置土地控制 400 公顷任务。

【耕地保护】 2019 年,南宁市实有耕地 67.77 万公顷,超额完成自治区下达耕地保有量 67.76 万公顷指标。全市划定永久基本农田面积 54.25 万公顷,超额完成自治区下达永久基本农田保护任务 54.22 万公顷。落实耕地占补指标 1920.69 公顷,保障用地占补平衡需求 236 个批次。自治区下达南宁市“十三五”规划期间补充耕地任务 5880 公顷,至 2019 年末全市累计完成补充耕地 9811 公顷。

【土地征收】 2019 年,市自然资源局围绕保障全市项目建设用地,严格落实征地任务,征收集体土地 3778.74 公顷,比上年增长 53.35%,完成拆迁面积 267.40 万平方米。市政府印发《关于实施新一轮征地区片综合地价和统一年产值标准的通知》,南宁市征地补偿标准总体提升约 10%。以良庆区为试点营造“三方共赢”(农民满意、企业发展、政府放心)三产(农业、工业和建筑业、服务业)、建设安置用地利用开发新局面,完成试点区域预留安置用地 458.75 公顷,出让安置地块 56 宗、257.89 公顷,安置人员 3.04 万人。

【土地储备与出让】 2019 年,市本级组织“招拍挂”用地出让活动成交 129 期,成交面积 713.53 公顷,完成公开出让面积 583.87 公顷任务目标,任务完成率 122%。其中:住宅用地成交 314.86 公顷,任务完成率 104%;工业用地成交 242.60 公顷,任务完成率 140.70%;商服和其他用地以及仓储(物流)用地成交 156.06 公顷,任务完成率 142%。公开出让成交金额 476 亿元,任务完成率 159%。

【土地市场交易】 2019 年,市自然资源局编制《南宁市 2019 年国有建设用地使用权“招拍挂”公开出让计划》,市本级(不含武鸣区)全年“招拍挂”出让活动成交 129 期、148 宗地,成交面积 713.53 公顷,成交金额 476 亿元,其中出让工业用地 242.60 公顷,占公开出让总量 34%。首次采用“先租后让”供地方式供应工业用地,为企业减轻负担,降低用地成本。推出“限地价、竞公租房”“限地价、竞安置房”“限地价、竞增减挂钩节余指标”3 种住宅用地公开出让竞价方式,竞增减挂钩节余指标 164.33 公顷;成交产权移交住房、公租房、安置房建筑面积 38.72 万平方米。

【不动产登记】 2019 年,市自然资源局切实贯彻和落实党中央、国务院关于深化“放管服”改革和优化营商环境工作要求,深入推进“互联网 + 不动产登记”改革构建智能服务新体系,改革成效获国务院办公厅通报表扬,获 2019 年自治区激励干部担当作为奖励集体通令嘉奖;南宁市被自然资源部列为全国不动产登记电子证照八个试点城市之一,推进电子证照试点工作,实现不动产登记电子证照在市直各有关部门互认。南宁市实现占比 96% 不动产登记业务“24 小时不打烊”网上全自助办理,为群众、企业提供“马上办、网上办、零跑腿、不见面”智能办证体验。全市累计办理业务 79.50 万宗,其中自助登簿量累计达 71.50 万宗,占总登簿量 90%,日均业务处理能力超过 3000 宗,为自助登簿模式上线前的 2.5 倍。不动产登记网上全自助办理业务实现即时办结,线下业务全面实行现场“1 小时办结”;设立企业专区,提升企业不动产登记业务办理效率;不动产登记相关业务实现交易登记业务集成办理和登记缴税业务集成办理。在市区内设置受理点 4 个、自助服务点 5 个,构建“一点为中心,多点辐射”(缩短服务半径,扩大服务范围)的不动产登记便民服务新格局,打通便民服务“最后一公里”。

【国土综合整治与生态修复】 截至 2019 年底,南宁市左右江流域山水林田湖草生态修复项目中,耕地提质改造任务立项 15 个,其中批复确认项目 6 个、新增水田 194.08 公顷,完工项目 7 个、预计新增水田 330.94 公顷,在建项目 2 个、预计新增水田 162.44 公顷;隆安县和江南区蔗区耕地整治任务计划实施规模 2333.33 公顷,已完成 2480 公顷;隆安县宝塔新区矿山生态修复综合治理项目总投资 2308.56 万元,完成 75% 工程施工。

【执法监测】 自然资源部 2019 年度土地卫片下发南宁市 6617 个图斑,涉及土地面积 9043.82 公顷(其中耕地面积

2519.99公顷）。下发图斑中，违法图斑2672个，涉及土地面积2364.31公顷（其中耕地面积1082.10公顷）；合法图斑2812个，涉及土地面积4705.18公顷（其中耕地面积676.13公顷）；其他图斑1672个，涉及土地面积1974.32公顷（其中耕地面积781.69公顷）。经分割合并，南宁市违法图斑变为2552个，涉及土地面积2386.03公顷（其中耕地面积1095.69公顷）。其中立案整改826个，整改到位254个，整改到位率30.75%；非立案整改1162个，整改到位293个，整改到位率25.22%。下发全市4个矿产卫片图斑，经实地核查判定4个图斑均为伪变化图斑。2018年度卫片已通过省级验收。

国土空间规划

【国土空间总体规划】 2019年9月17日，市政府召开全市国土空间总体规划编制工作部署会议。市自然资源局落实《中共中央　国务院关于建立国土空间规划体系并监督实施的若干意见》精神，研究部署国土空间总体规划编制。11月12日，印发《南宁市国土空间总体规划编制工作方案》，组建规划编制技术团队与专家咨询团队，多业融合开展各项专题、专项规划编制。完成市级国土空间规划实施评估先行先试试点并成为自治区典范，市县生态红线评估工作走在自治区前列。推进县级国土空间总体规划编制，对县级国土空间总体规划编制进度、需落实上层级规划的强制性内容提出具体要求。严格把关县级国土空间总体规划编制任务书，确保各县对本级要求与市级规划不出现大的偏差。

【国土空间控制性详细规划】 2019年，市自然资源局加快编制三年攻坚计划剩余单元的控制性详细规划，推动实现规划精细化管理。有25个单元控规获市政府批复，有7个单元控规通过市城市规划委员会审议，超过单元控制性详细规划三年攻坚计划获批总数一半。

【国土空间专项规划】 2019年8月7日，市城市规划委员会办公室（设在市自然资源局）印发《关于南宁市城市规划委员会例会有关事项的通知》，优化南宁市营商环境，推进项目规划决策。12月31日，市自然资源局印发《关于进一步规范南宁市城市规划委员会会议审议流程的通知》，规范市城市规划委员会管理制度。市自然资源局组织编制《南宁市三江口周边区域战略发展规划》《南宁市城市修补总体规划(2020—2035年)》，获市城市规划委员会专家咨询委员会通过；组织完成《南宁市城市风貌规划研究》《南宁市精品线路沿线风貌改造研究》《南宁市建筑地域特色研究》《南宁市乡村旅游规划研究》《南宁市邕江综合整治和开发利用工程景观照明设计控制性导则》《南宁市“城市家具”导则（含图集）》《南宁市建筑风貌图集》《南宁市小型建筑建筑设计图集》《南宁市邕江整治和开发利用工程景观亮化规划图集》《南宁市邕江综合整治和开发利用工程亮化动画》编制，通过验收并已获批复。

【市政交通规划】 2019年，南宁市开展市政交通专项类规划13项，其中交通专项类规划9项、市政专项类规划4项。市自然资源局贯彻落实自治区关于构建现代综合交通运输体系的工作部署，编制南宁市综合交通规划，提出将南宁市建成区域性国际综合交通枢纽，构建高效畅通的城市交通网络体系；推进南宁北站综合交通规划、轨道交通第三轮建设规划，打造便捷高效的综合交通枢纽体系；贯彻“窄马路、密路网、开放街区”理念，开展中心城路网优化提升方案全覆盖工作，完成江南片区（快环内，除五象新区）、凤岭片区、仙葫片区、那洪片区等覆盖中心城区的路网优化方案，提高城市整体路网系统通行效率。推进城市水环境和黑臭水体治理，组织编制朝阳溪、沙江河、八尺江、那平江等水环境改善规划，提升城市水环境治理能力。12月，组织编制《南宁市江北片区（快环外—旧高环内）路网优化提升方案（南北快速路以东区域）》《南宁市江北片区（快环外—旧高环内）路网优化提升方案（南北快速路以西区域）》《南宁市江北片区（快环外）路网优化提升方案（凤岭、仙葫片区）》，获市政府批复。

【村庄规划】 2019年，市自然资源局推进“多规合一”（将国民经济和社会发展规划、城乡规划、土地利用规划、生态环境保护规划等多个规划融合到一个区域上，实现一个市县一本规划、一张蓝图）实用性村庄规划编制，通过召开村庄规划工作视频会、开展区县现场调研指导、组织专题培训、解读《广西村庄规划编制技术导则（试行）》等形式，指导区县完成46个村（涉及536个自然村）的村庄规划编制，超额完成自治区下达的任务。

【测绘地理信息】 2019年，自治区自然资源厅下发《关于2018年度市级测绘地理信息行政管理工作考评结果的通报》，南宁市测绘地理信息局排名第一，2017年、2018年连续两年获第一名。“数字武鸣”“数字宾阳”“数字隆安”通过预验收评审，“数字宾阳”“数字武鸣”电子地图数据成果及“数字上林”“数字横县”电子地图数据更新成果通过自治区质检站电子地图技术审查，完成“数字马山”项目平台及示范应用的建设并完善。南宁市在全国率先启动覆盖建设项目审批全流程的建设项目“多测合一”改革，改革覆盖建设项目规划选址、用地预审到不动产登记发证全流程，通过“1次整合”“2个合并”“1个标准”，实现“多测合并、联合测绘、成果共享”。完成天地图·南宁数据更新，天地图省市节点数据融合。落实测绘地理信息成果汇交制度，有128家单位汇交2018年测绘成果，并在市自然资源局网站公开发布成果目录。完成南宁市2019年测绘资质检查工作和测绘安全生产检查，会同市国家保密局、市国家安全局等单位开展测绘成果保密检查。组织开展2019年度测绘地理信息成果质量监督检查工作、南宁市2019年地图管理监督检查工作、南宁市2019年“8·29”测绘法宣传日暨国家版图意识宣传周活动。受理开具领用基础测绘成果证明函22份。落实原自治区测绘地理信息局委托南宁市承接丙、丁级测绘资质申报、变更及注销等初审工作，全市受理丙、丁级测绘资质申报、变更及注销等相关初审工作84宗。核发测绘作业证397本，延续207本，注销69本。　（韦欣辰）

勘　测

【概　况】 2019年，南宁市勘察测绘地理信息院设岩土工程分院、生产经营科（下设测绘所5个）、企业策划与发展部、城市数据中心（下设城市信息调查、资源环境数据、管线数据运维、档案数据4个所）、信息中心、航测制图中心、地图文化创意研究中心、五象工程服务中心、检测中心、工程咨询中心（下设技术质量办公室和建筑设计、市政设计、规划设计、岩土设计、工程设备、技术审查、水环境工程、绿色建筑、园林景观、智能设计10个所），在职职工707人，退休职工57人；在职专业技术人员515人，其中教授级高级工程师5人、高级工程师124人、中级专业职务任职资格200人、初级186人。承接工程3604项，生产收入超亿元。勘测成果合格率100%，勘测资料归档率100%，勘测产品数字化成图率100%。市勘测院获奖24项，其中《来宾市地下管线普查及管线信息系统建设》获全国优秀测绘工程铜奖、《城市地下管线全面普查、调查项目》获中华人民共和国70周年活动全国优秀勘察设计项目。主要存在受政府机构改革调整影响，对市勘测院传统业务的冲击导致经济收入下滑等问题。

【城市测量】 2019年，市勘测院承接测绘工程项目3427项，其中建筑规划核实完成768项、市政规划核实完成125项，包括控制测量、地形测量、地下管线测量等。完成轨道交通2号线东延工程、轨道交通4号线东延工程、轨道交通3号线等规划条件核实；完成山体公园临近地铁1号线地保监测、原水管穿越地铁1号线地保监测、良玉立交临近地铁2号线东延地保监测、轨道交通3号线规划核实控制测量。

【地理信息数据生产】 2019年，市勘测院完成倾斜摄影实景三维507.05平方千米、正射影像789.57平方千米、全景影像制作584个、其他定点全景影像532个，视频航拍977.60千米等城市数据资源的建设、维护和更新；提供南宁国际旅游度假区项目基础数据保障；完成西乡塘区“美丽南方”9个景点地形图测绘；“美丽南方”村庄规划编制完成实景三维16平方千米，正射影像47平方千米；为市自然资源局重点项目选址提供羁押中心(五塘镇)、牛湾郊野公园(蒲庙镇)正射影像图，完成30平方千米；为兴宁区自然资源局村庄规划提供基础地形图数据，完成39.49平方千米；参与扶贫项目马山县(龙昌村、东良村)扶贫，实景三维和正射影像图完成56.28平方千米；上林县塘红乡马里村扶贫，正射影像图完成28.94平方千米；上林县大丰镇拥军村扶贫，实景三维和正射影像图完成15.15平方千米。

【测绘地理信息】 2019年，市勘测院完成地形图测量486.68平方千米、管线探测1.03万千米，其中地块内部排水管网探测9584千米；出具管道检测与初步评估报告4939千米；错混接点复核跟测销号1471个；完成专题地图39幅；管线覆土前跟测250.14千米；城市地理信息部件普查数20万个。服务自治区、南宁市重大活动与民生项目，完成80余项专题系列图、8余幅专题图，涵盖环境整治、脱贫攻坚、城市更新、市政建设、工程监测、旅游、新媒体宣传等多个领域。

【工程地质勘查】 2019年，市勘测院承接工程地质勘查项目180项，其中岩土工程勘察项目147项(重点工程24项)，地质灾害危险性评估项目20项，压覆矿产评估13项。项目包括南宁市内河排口控源截污项目一期、二期工程，南宁市朝阳溪暗涵(市十三中—市二十八中)改造工程，那平江污水处理厂工程、那平江河道治理工程，南宁市内河排口控源截污项目一期工程，青秀区南湖竹排冲流域20米以下道路污水管网建设工程，五象污水处理厂水质提标及一期扩建工程。

(陆　莹)

环境质量

【概　况】 2019年，南宁市生态环境局(简称“市生态环境局”)组建，整合市发展改革委的应对气候变化和减排职责，原市国土资源局的监督防止地下水污染职责，市水利局的编制水功能区划、排污口设置管理、流域水环境保护职责，原市农业委员会的监督指导农业面源污染治理职责，及原市环境保护局职责，不再保留市环境保护局，县级生态环境局调整为市级生态环境局的派出机构。设办公室、综合科(政策法规科)、自然生态保护科、水生态环境科、大气环境科、土壤生态环境科、固体废物与化学品科、核与辐射安全监管科、环境影响评价与排放管理科、生态环境监测与应急科、财务科、人事科，行政编制42名、在编36人，后勤服务控制数4名、在编3人。派出机构16个：南宁市兴宁生态环境局、南宁市江南生态环境局、南宁市青秀生态环境局、南宁市西乡塘生态环境局、南宁市邕宁生态环境局、南宁市良庆生态环境局、南宁市武鸣生态环境局、南宁市横县生态环境局(南宁市横县生态环境保护综合行政执法大队)、南宁市宾阳生态环境局(南宁市宾阳生态环境保护综合行政执法大队)、南宁市上林生态环境局(南宁市上林生态环境保护综合行政执法大队)、南宁市马山生态环境局(南宁市马山生态环境保护综合行政执法大队)、南宁市隆安生态环境局(南宁市隆安生态环境保护综合行政执法大队)、南宁高新技术产业开发区生态环境局、南宁经济技术开发区生态环境局、广西－东盟经济技术开发区生态环境局、南宁青秀山风景名胜旅游区生态环境局，行政编制89名、在编79人，事业编制82名、在编57人，后勤服务控制数9名、在编11人。直属事业单位5个：南宁市生态环境保护综合行政执法支队(原南宁市环境监察支队)、南宁市环境宣传教育中心、南宁市环境信息中心、南宁市环境应急与事故调查中心(南宁市环保科研所、南宁市固体废物管理中心)，事业编制82名、在编73人，后勤服务控制数14名、在编11人。因生态环境机构垂直管理改革，原市环境保护局直属事业单位南宁市环境保护监测站调整为自治区驻市生态环境监测机构，由自治区生态环境厅直接管理，更名为南宁市生态环境监测中心，上收事业编制60名、在编57人，留下事业编制30名、在编23人，筹备组建市级生态环境监测机构。市区AQI优良率(空气质量达标天数比例)91.2%，比上年下降2.2个百分点，其中空气质量优160天、良173天，轻度污染30天、中度污染2天。城区AQI优良率87.9%～92.1%，其中江南区、青秀区、良庆区高于全市平均值，武鸣区、广西－东盟经开区和5县AQI优良率88.9%～96.4%，其中横县最低、马山县最高。境内9个主要河流断面三类水质、二类水质达标率100%，提高30%。5个市级在用饮用水水源和8个县级在用饮用水水源达标率保持100%；市区8个备用、规划水源水库水质达标率100%。18条主要城市内河中四塘江为四类，属轻度污染；马巢河、八尺江、良庆河为五类，属中度污染；其余14条内河水质均为劣五类，属重度污染。城市内湖中南湖、民歌湖水质为劣五类，五象湖水质为四类。城市区域环境昼间噪声平均值54.0分贝，下降2.5分贝；城市道路交通噪声昼间平均等效声级68.9分贝，上升0.6分贝；监测路段超标率34.50%，上升13.40%。2类功能区昼夜噪声均达标；1类、3类、4类功能区昼间噪声达标，但夜间噪声均超标。市区辐射环境质量良好，电离辐射保持在天然本底涨落范围内。主要存在空气质量达标基础薄弱、臭氧污染、机动车尾气污染突出，科研能力不足、科技手段欠缺；城市污水处理能力不足，污水管网需完善，黑臭水体治理仍是水环境治理难题；长期积累的土壤污染问题和环境风险隐患治理任务重、难度大；农村生态环境保护仍是短板，乡镇(街道)及农村环境保护监管力量薄弱，农村污水处理设施稳定运行、农村饮用水水源地规范化建设及保护难度大，农业面源污染和畜禽养殖污染突出等问题。

【环境空气质量】 2019年，南宁市区(不含武鸣区)AQI优良率91.2%，其中空气质量优160天、良173天，轻度污染30天、中度污染2天；空气优良率比上年降低2.2个百分点。市区空气质量综合指数3.95，下降0.3%。首要污染物为细颗粒物、臭氧或二氧化氮。环境空气中二氧化硫、二氧化氮、可吸入颗粒物、一氧

表 27　　2019 年南宁市区空气质量日报(AQI)统计情况表

质量级别	质量状况	空气污染指数(AQI) 范围	出现天数(天)		
			2019 年	2018 年	增　减
一级	优	0～50	160	169	-9
二级	良	51～100	173	171	2
三级	轻度污染	101～150	30	23	7
四级	中度污染	151～200	2	1	1
五级	重度污染	201～300	0	0	0
六级	严重污染	> 300	0	0	0
不满足数据有效性审核要求天数			0	1	-1
优良率(%)			91.2	93.4	-2.2

化碳、臭氧、细颗粒物浓度分别为每立方米 10 微克、32 微克、58 微克、1.4 毫克、138 微克、33 微克,二氧化硫、二氧化氮、细颗粒物分别下降 9.1%、8.6%、2.9%,可吸入颗粒物、一氧化碳、臭氧分别上升 1.8%、7.7%、7.8%。城区、开发区(不含武鸣区及广西－东盟经开区)AQI 优良率 87.9%～92.1%,排名从高到低依次为青秀区和江南区(并列)、良庆区、南宁高新区、南宁经开区、邕宁区、兴宁区、西乡塘区、五象新区。城区、开发区可吸入颗粒物浓度排名从低到高依次为青秀区和邕宁区及五象新区(并列)、南宁高新区、西乡塘区、兴宁区、江南区、良庆区和南宁经开区(并列);细颗粒物浓度排名依次为青秀区和邕宁区(并列),五象新区、南宁高新区、江南区、西乡塘区(并列),兴宁区、良庆区、南宁经开区(并列)。南宁市区酸雨频率 8.13%,比上年升高;整体酸污染程度继续保持在低水平。南宁市空气质量在全国 168 个重点城市中排第十七名,空气质量在省会城市(含直辖市)中排第六名。

年内,武鸣区 AQI 优良率 91.3%,其中优 146 天、良 180 天,轻度污染 29 天、中度污染 1 天、严重污染 1 天;二氧化硫、二氧化氮、可吸入颗粒物、细颗粒物、一氧化碳、臭氧年平均浓度分别为每立方米 9 微克、17 微克、58 微克、32 微克、1.6 毫克、140 微克。广西－东盟经开区 AQI 优良率 92.7%,其中优 154 天、良 175 天、轻度污染 25 天、中度污染 1 天;二氧化硫、二氧化氮、可吸入颗粒物、细颗粒物、一氧化碳、臭氧年平均浓度分别为每立方米 9 微克、15 微克、47 微克、29 微克、1.1 毫克、143 微克。横县 AQI 优良率 88.9%,其中优 153 天、良 167 天、轻度污染 33 天、中度污染 7 天;二氧化硫、二氧化氮、可吸入颗粒物、细颗粒物、一氧化碳、臭氧年平均浓度分别为每立方米 12 微克、18 微克、51 微克、30 微克、1.7 毫克、152 微克。宾阳县 AQI 优良率 92.5%,其中优 168 天、良 163 天、轻度污染 25 天、中度污染 2 天;二氧化硫、二氧化氮、可吸入颗粒物、细颗粒物、一氧化碳、臭氧年平均浓度分别为每立方米 13 微克、23 微克、53 微克、31 微克、1.7 毫克、137 微克。上林县 AQI 优良率 94.7%,其中优 196 天、良 143 天、轻度污染 18 天、中度污染 1 天;二氧化硫、二氧化氮、可吸入颗粒物、细颗粒物、一氧化碳、臭氧年平均浓度分别为每立方米 8 微克、15 微克、45 微克、28 微克、1.5 毫克、126 微克。马山县 AQI 优良率 96.4%,其中优 191 天、良 155 天、轻度污染 11 天、中度污染 2 天;二氧化硫、二氧化氮、可吸入颗粒物、细颗粒物、一氧化碳、臭氧年平均浓度分别为每立方米 15 微克、18 微克、56 微克、28 微克、1.6 毫克、106 微克。隆安县 AQI 优良率 95.3%,其中优 156 天、良 186 天、轻度污染 16 天、中度污染 1 天;二氧化硫、二氧化氮、可吸入颗粒物、细颗粒物、一氧化碳、臭氧年平均浓度分别为每立方米 17 微克、18 微克、47 微克、29 微克、1.7 毫克、133 微克。空气质量由好到差排名依次为上林县、广西－东盟经开区、马山县、隆安县、武鸣区、横县、宾阳县;可吸入颗粒物浓度由低到高排名依次为上林县、隆安县和广西－东盟经开区(并列)、横县、宾阳县、马山县、武鸣区;细颗粒物浓度由低到高排名依次为马山县和上林县(并列)、隆安县和广西－东盟经开区(并列)、横县、宾阳县、武鸣区。武鸣区、横县、马山县、隆安县均未监测到酸雨;宾阳县酸雨频率 4.35%、下降 2.19 个百分点,上林县酸雨频率 0.83%、下降 0.56 个百分点。

表 28　　2019 年全国 168 个城市空气质量排名前 20 位情况表

排　名	城　市	排　名	城　市
1	拉　萨	11	雅　安
2	海　口	12	惠　州
3	舟　山	13	遂　宁
4	厦　门	14	珠　海
4	黄　山	15	昆　明
6	福　州	16	张家口
7	丽　水	17	南　宁
8	贵　阳	18	温　州
9	深　圳	19	内　江
9	台　州	20	广　安

表 29　2019 年南宁市主要湖泊水库水质综合营养状态指数情况表

类 别	点位名称	2019 年			2018 年		
		水质类别	综合营养状态指数	级 别	水质类别	综合营养状态指数	级 别
专项湖库	大王滩水库	三类	47.9	中营养	三类	46.1	中营养
	西津水库	三类	46.1	中营养	二类	42.8	中营养
备用、规划水源	龙潭水库	三类	43.0	中营养	三类	45.3	中营养
	天雹水库	二类	30.1	中营养	二类	25.5	贫营养
	老虎岭水库	三类	45.5	中营养	三类	48.4	中营养
	峙村河水库	二类	39.3	中营养	二类	31.0	中营养
	西云江水库	二类	33.9	中营养	一类	25.5	贫营养
	东山水库	一类	32.9	中营养	二类	40.4	中营养
	凤亭河水库	二类	41.7	中营养	二类	31.5	中营养
	大王滩水库（取水口）	二类	45.1	中营养	二类	41.9	中营养
城市湖泊	南湖	劣五类	38.9	中营养	水质提升改造施工，未开展监测		
	五象湖	四类	57.9	轻度富营养	五类	61.2	中度富营养
	民歌湖	劣五类	62.1	中度富营养	劣五类	68.6	中度富营养

说明：1 月至 5 月南湖处于改造阶段，6 月至 12 月水质参与评价

【水环境质量】 2019 年，南宁市设主要江河水质监测断面 7 个，其中邕江老口、郁江六景、郁江南岸、武鸣河叮当 4 个断面为国家监控断面，由中国环境监测总站监测；邕江水塘江、邕江蒲庙、清水河廖平桥 3 个断面为自治区监控断面，由广西壮族自治区南宁生态环境监测中心监测。7 个断面水质均为二类，水质达标率 100%，邕江水塘江、邕江蒲庙、郁江六景断面水质较上年好转，其余断面水质与上年相同。南宁市境内左江、右江、邕江、郁江、武鸣河、清水河等主要江河总体为二类水质。叮当、老口、蒲庙、六景、南岸、廖平桥 6 个河流断面列入南宁市地表水考核范围，其中叮当、老口、廖平桥断面水质目标均为二类，蒲庙、六景、南岸断面水质目标均为三类。南宁市境内左江、右江、邕江、郁江、武鸣河、清水河等主要江河总体为二类水质。南宁市国家地表水考核断面水质综合指数 3.00，较去年降低 0.25，水质综合指数变化率 −7.77%，水质较上年提升。参照国家水质综合指数评价法评价，断面由好到差排名依次为老口、南岸、六景、叮当，各断面水质综合指数变化率由好到差排名依次为叮当、老口、六景、南岸。市区邕江三津、陈村、西郊、中尧、河南 5 个地表水集中式饮用水源地水源达标率 100%，与上年持平。5 县及武鸣区在用饮用水水源 8 个，其中横县、上林县、马山县、隆安县地表水水源各 1 个，武鸣区地下水水源 1 个，宾阳县地下水水源 2 个、地表水水源 1 个；5 县及武鸣区饮用水水源达标率 100%，与上年持平。18 条主要城市内河中四塘江为四类，属轻度污染；马巢河、八尺江、良庆河为五类，属中度污染，水质较上年好转；其余 14 条内河水质均为劣五类，属重度污染。影响水质的主要污染指标为氨氮、总磷、五日生化需氧量。南湖、民歌湖、五象湖水质均为四类。按营养状态评价，南湖为正常的中营养状态，五象湖为轻度富营养化状态，民歌湖为重度富营养化状态，五象湖、民歌湖综合营养状态指数均较上年同期下降。有大王滩水库、西津水库 2 个专项湖库，同时列入自治区政府、市政府签订的《水污染防治目标责任书》地表水考核范围。

【声环境质量】 2019 年，南宁城市区域环境昼间噪声平均值 54.0 分贝，比上年下降 2.5 分贝。区域声环境的主要声源为生活噪声、交通噪声，分别占 61%、28%。南宁市各功能区昼间达标率高于夜间，工业区及交通干线道路两侧区域夜间达标率较低。与上年相比，1 类区昼间、2 类区昼夜间达标率有所上升，1 类区夜间、3 类区和 4 类区昼夜间达标率持平。城市道路交通噪声昼间平均等效声级 68.9 分贝，上升 0.6 分贝；监测路段超标率 34.5%，上升 13.4%。道路交通噪声环境质量总体达到国家考核指标要求，属较好水平。南宁市功能区声环境 2 类功能区昼夜噪声均达标；1 类、3 类、4 类功能区昼间噪声达标，但夜间噪声超标。与上年相比，1 类、2 类、3 类功能区昼间噪声有所下降，4 类区昼夜噪声和 1 类、2 类、3 类功能区夜间噪声有所上升。

【辐射环境质量】 2019 年，南宁市区辐射环境质量良好，环境电离辐射处于正常水平。根据 29 个点位监测结果，南宁市区 γ（伽马）辐射空气吸收剂量率监测值范围（扣除宇宙射线响应值）每小时 17 纳戈瑞～75 纳戈瑞，平均值（扣除宇宙射线响应值）每小时 42 纳戈瑞，各测点监测值均处于正常范围，保持在天然本底涨落范围内。南宁市区 10 个监测点位的环境电磁辐射综合场强监测值均低于公众暴露控制限值（30～3000 兆赫兹）。

（市生态环境局）

表 30　2019 年南宁市城市功能区噪声情况表　　单位：分贝

功能区类型	1 类区域		2 类区域		3 类区域		4 类区域	
	以居住、文教为主的区域		居住、商业、工业混杂区		工业区		交通干线道路两侧区域	
	昼 间	夜 间	昼 间	夜 间	昼 间	夜 间	昼 间	夜 间
2019 年	47.3	45.5	54.5	47.5	61.1	57.4	64.3	59.4
2018 年	50.4	43.7	55.9	45.6	61.2	56.4	64.2	56.6
增 减	−3.1	1.8	−1.4	1.9	−0.1	1.0	0.1	2.8
环境噪声标准	≤ 55	≤ 45	≤ 60	≤ 50	≤ 65	≤ 55	≤ 70	≤ 55

生态保护

【概　况】 2019年，南宁市推进102个“美丽南宁”乡村建设农村生活污水整治项目建设；按要求完成生态环境机构监测监察执法垂直管理制度改革、生态环境保护综合行政执法改革。市生态环境局在南宁经开区、邕宁区、上林县推行“环保管家”试点，指导、鼓励有条件的区县（开发区）聘请第三方专业环保服务公司作为“环保管家”提供环境管理、污染治理等环保服务和解决方案，上林县引入广西北部湾环境科学研究院对上林县环保问题进行排查，促进供给侧结构改革；南宁经开区生态环境局与“环保管家”建立南宁经济技术开发区“环保管家”环境信息共享机制；完成第二次全国污染源普查核算。全市有市位子渌小学、市华西路小学、市滨湖路小学、市秀田小学、市秀安路小学、市澳华小学、市万秀小学、市秀厢小学8所国际生态学校；有自治区级绿色学校80所、自治区级绿色幼儿园7所，市级绿色学校205所、市级绿色幼儿园24所。南宁市获“2019美丽山水城市”称号，为全国唯一连续3年蝉联此项荣誉的城市；邕宁区、良庆区被命名为“自治区级生态县”；三塘镇、长塘镇、南阳镇、伶俐镇获“自治区级生态乡镇”称号。

【自然生态保护】 2019年，南宁市推进广西左右江流域革命老区（百色、崇左、南宁）山水林田湖草生态保护与修复工程项目实施，获中央奖补资金支持2.92亿元，累计获中央奖补资金3.53亿元。生态环境部华南督察局到南宁开展国家级自然保护区群众信访问题调查核实，自治区“绿盾2019”自然保护区强化监督工作实地核查组到南宁实地核查，主要核查中央环境保护督察、“绿盾2017”“绿盾2018”自然保护区监督检查专项行动、“绿盾2019”自然保护区强化监督工作及近3年生态环境部下发的自然保护区遥感监测疑似问题清单、媒体披露、群众举报的违法违规问题查处整改情况。2017年至2019年年底“绿盾”自然保护区强化监督专项行动发现的20个问题整改销号18个，全市各自然保护区内工矿用地、核心区、缓冲区旅游设施与水电设施基本完成清退，广西西大明山自治区级自然保护区完成确界。“5·22”国际生物多样性日南宁市专题宣传活动在南宁园博园举办，200余人参与；其间，在广西药用植物园、南宁青秀山自然课堂、广西科技馆报告厅分别举办“揭开过敏划分的神秘面纱”“蔬菜水果再发现、红树植物的水分利用”“蛇的秘密”等专题讲座。

（市生态环境局）

【农村环境保护】 2019年，南宁市以城市建成区外18条内河、综合示范带、重点流域和饮用水水源保护区周边污水整治为重点，推进102个“美丽南宁”乡村建设农村生活污水整治项目，实际开工建设80个（竣工21个、未竣工59个）；在横县、宾阳县、上林县、马山县、隆安县实施农村生活污水整治项目建设，获自治区乡村振兴计划、农村环境综合整治专项资金4605万元；组织区县（开发区）推进1000人以上农村集中式饮用水水源保护区划定方案报批，除横县、宾阳县需重新划定报批外，其余13个区县（开发区）的177个1000人以上农村集中式饮用水保护区获市政府批准同意划定；继续推进农业农村面源污染治理，推广农业清洁生产技术，减轻农业面源污染，推广各项节水技术31.50万公顷，实施测土配方施肥46.93万公顷，测土配方施肥覆盖率88.55%。建成镇级污水处理设施35个并全部投入运营，99.50%以上行政村生活垃圾得到有效处理，农村无害化卫生厕所普及率90%以上。建立、完善农村生活污水处理设施长效运维机制，推进《南宁市农村生活污水处理设施运行维护管理制度（试行）》实施，推广第三方运行维护单位管理与日常管理相结合的模式。

（梁克非　市生态环境局）

2019年1月，广西壮族自治区林业勘测设计院工作人员在现场进行生态保护红线勘界定标
韦芳方　摄

【农业生态保护】 2019年，南宁市推广农业清洁生产技术、绿色防控技术，形成绿色植保与专业化统防统治融合发展的动态技术模式，辐射带动面积1033.33平方千米。扩大测土配方施肥技术覆盖率，全市农药使用量（有效成分）0.14万吨，比上年减少2.70%，示范区年均减少化学农药（有效成分）3.74吨；开展农作物秸秆综合利用，全市农作物秸秆综合利用率约92%。开展生态养殖认证，通过自治区畜禽现代生态养殖场认证的畜禽规模养殖场468家（五星38家、四星214家、三星216家），占全市规模场总数73.82%。制定《南宁市畜禽养殖废弃物资源化利用工作方案（2018—2020年）》《南宁市畜禽养殖废弃物资源化利用工作考核办法（试行）》，进行畜禽规模养殖场摸底调查、登记造册、完善相关数据填报等。组织申报国家、自治区畜禽粪污资源化利用整县推进项目，武鸣区、横县、上林县、隆安县列入国家畜禽粪污资源化利用重点县，宾阳县列入自治区畜禽粪污资源化利用重点县；横县入选中央资金畜禽粪污资源化利用整县推进项目；宾阳县入选自治区“一干七支”沿岸畜禽粪污资源化利用项目。完成西江水系“一干七支”（西江干流和左江、右江、红水河、柳黔江、绣江、桂江、贺江7条支流）等重点江河沿岸区县实施生态农业产业带建设试点。开展农田土壤及农产品重金属污染定位预警监测，布设监测点1004个，采集土壤样品774个、农产品样品1004个；开展农田氮磷流失监测，指导武鸣区完成典型地块抽样调查。完成第二次全国农业污染源普查数据审核、现场抽样质控核查、成果报告编写等。广西金穗农业集团有限公司获中国农业生态环境保护协会、宁波市农业局等主办的“天胜农牧杯”生态创新创业竞赛一等奖。　（梁克非）

【水资源管理】 2019年，南宁市规范开展取水许可、建设项目水资源论证行政审批和技术审查，办理延续、变更取水许可项目56项，审批新发取水许可项目34

项,完成38个建设项目水资源论证技术审查;审核、汇总上报5449个取水工程核查对象名录,对32户取水单位下达用水计划水量15.58亿立方米。完成《南宁市跨县(市、区)河流水量分配方案》编制,制定南宁市内12条属郁江流域且流域面积50平方千米以上跨区县河流的水资源可利用量或可分配总量;印发《马山县六朝水库扩容工程(六呼坝)水量分配方案》,优化调配武鸣区、马山县水资源;8月,印发《南宁市水利系统2019年度地下水利用与保护规划实施计划》。根据《水利部办公厅关于建立全国重点监管取水口名录和台账(第一批)的通知》要求填报材料,纳入全国重点监管的取水口6个,分别为南宁市大沙田供水有限责任公司、横县东糖糖业有限公司纸业分公司、宾阳县自来水厂(大庄水厂)、南宁市武鸣供水有限责任公司、隆安达特洁供水有限公司、广西宾阳县黎塘供水有限责任公司(黎塘供水公司水厂)的取水口。基本建立国家、自治区和市级3级重点监控用水单位名录,有国家级重点监控用水单位6个,自治区级重点监控用水单位6个,市级重点监控用水单位20个,全部接入国家水资源信息管理系统。加强190个水资源监控(测)站点验收,完成验收45个,集中式水源地水质达标率100%。配合广西水资源监控能力建设项目办公室验收水资源监控站点187个、自动水质监测站3个(大王滩自动水质监测站、天雹自动水质监测站、峙村河自动水质监测站)。跨区县重点河流交接断面水质监测站点增至14个,覆盖12个区县,对12个市级地表水饮用水水源地、2个地下水饮用水水源地进行水质监测,各饮用水水源地水质基本达到《地表水环境质量标准》的二类至三类标准。在市直非饮用水水源地水库、区县中型以上水库及武鸣区双桥镇佳年火龙果基地、兴宁区三塘镇那考河、宾阳县新桥镇科甲村、西乡塘区石埠街道忠良一队和乐洲村十二队4个南宁市果蔬产地土壤安全利用示范区的灌溉水源设置水质监测断面42个,分别在枯水期和丰水期监测18条内河入邕江河口处水质,42个灌溉水水质监测断面水质均满足《农田灌溉水质标准》要求,比上年提升。12月17日,南宁市节约用水领导小组成立;12月25日,市水利局、市发展改革委联合出台《南宁市节水行动方案》。市水利局机关在自治区率先完成节水机关示范建设,项目总投资35万元,建成后人均日用水量由每人每月156升降至34升。至年末,南宁市建成机关节水型单位27个(自治区级节水型单位12个、市级15个),其中市直机关单位1个(市人大)、事业单位1个(南宁职业技术学院)、其他单位24个。

【中小河流治理】 2019年,南宁市实施横县大埠江百合镇大炉口至吉岭河段整治工程,横县蒙江河治理二期木祥、辘轭河段护岸工程,宾阳县新桥河宝水江新模河段整治工程,兴宁区五塘镇沙江两山村、沙平村河段整治工程4个中小河流治理项目。项目计划实施时间2019年至2020年,总概算6197.64万元,累计下达资金5503万元(中央4260万元、地方1243万元),计划综合治理河流18.66千米,建设堤防1.95千米、护岸26.49千米;实际到位资金5162万元(中央4260万元、地方资金902万元),年内完成投资957万元,建成护岸4.85千米,治理河长约3千米。横县大埠江百合镇大炉口至吉岭河段整治工程1.50千米,横县蒙江河治理二期木祥、辘轭河段护岸工程0.50千米,宾阳县新桥河宝水江新模河段整治工程1千米,兴宁区五塘镇沙江两山村、沙平村河段整治工程1千米列入自治区年度为民办实事项目堤岸治理考评。

【水土保持管理】 2019年4月24日,市政府批复《南宁市水土保持规划(2019—2030年)》。5月,市政府印发《南宁市水土保持目标责任考核办法》,市水利局印发《南宁市2019年水土保持工作实施方案》,市政府出台《南宁市水环境综合治理流域水土流失预防和监督方案》。10月30日,市人大常委会对《南宁市水土保持若干规定》进行初次审议。上林县塘红乡龙祥村蓝干河小流域国家水土保持重点工程,马山县加方乡加乐、福兰小流域水土保持综合治理工程列入2019年国家水土保持重点工程投资计划,总投资2394.86万元,比上年增加12%,治理水土流失面积52.24平方千米。市水利局受理审批生产建设项目水土保持方案499件,完成136个生产建设项目水土保持设施自主验收报备;复核生产建设项目图斑1311个,处理疑似违法项目图斑456个。开展水土保持监督检查868次,其中市本级162次;立案查处水土保持违法案件4起,发出整改通知292份,征收水土保持补偿费8320.86万元。市水利局制作的《水土保持 人人有责》动画视频获第十五届全国法治动漫微电影大赛优秀奖。

(卢明发)

【自然保护区】 2019年,南宁市有自然保护区8个,总面积6.26万公顷。其中,森林和野生动物类型自然保护区7个,总面积6.26万公顷,分别为广西西大明山国家级自然保护区(面积1.70万公顷,主要保护对象为多样性山地森林生态系统及珍稀濒危特有动植物资源)、广西龙虎山自治区级自然保护区(面积2255.70公顷,主要保护对象为以猕猴、石山苏铁、毛瓣金花茶、珍贵药用植物为主的野生动植物及石灰岩生态系统)、广西龙山自治区级自然保护区(面积1.08万公顷,主要保护对象为大明山南亚热带山地森林生态系统和珍稀濒危动植物资源)、广西三十六弄—陇均自治区级自然保护区(面积1.28万公顷,主要保护对象为蚬木、南亚热带石灰岩森林生态系统)、广西弄拉自治区级自然保护区(面积8481公顷,主要保护对象为南亚热带岩溶森林生态系统,珍稀濒危野生动植物及其生境、喀斯特地貌)、广西西明山自治区级自然保护区(南宁辖区面积1.09万公顷,主要保护对象为冠斑犀鸟及其生境)、南宁市良庆区那兰鹭鸟市级自然保护区(面积346.67公顷,主要保护对象为白鹭、夜鹭、绿鹭、池鹭);南宁市地质遗迹自然保护区1个,为横县六景泥盆系地层标准剖面自治区级自然保护区(面积20.99公顷,主要保护对象为泥盆纪地层剖面)。新成立自然保护小区7个,面积2923.14公顷,分别为上林洋渡石山生态系统保护小区(面积436.72公顷)、武鸣林渌水源林保护小区(面积47公顷)、隆安定坤猕猴自然保护小区(面积2011.10公顷)、隆安达利蚬木自然保护小区(面积21.80公顷)、宾阳大圣山南坡中山生态系统自然保护小区(面积300.80公顷)、宾阳大圣山北坡中山生态系统自然保护小区(面积105.70公顷)、宾阳大塘水松和香樟古树群保护小区(面积0.02公顷);累计有自然保护小区66个,总面积2.43万公顷。

【湿地保护】 2019年,南宁市湿地总面积6.31万公顷,其中自然湿地2.51万公顷、占湿地总面积39.76%,人工湿地3.80万公顷、占60.24%。有国家湿地公园2处,分别为横县西津国家湿地公园(总面积1855.70公顷,其中湿地面积1619.93公顷),广西南宁大王滩国家湿地公园(总面积5520公顷,其中湿地面积3800公顷)。12月23日,大王滩国家湿地公园及水环境工程一期(湿地公园验收必建)项目完成前期审批、备案,公开进行施工招投标;湿地学校、科普长廊完成部分土建工程施工。横县西津国家湿地公园2018年第二批中央财政林业改革发展资金(湿地保护与恢复)项目投入200万元完善水中、消落带岸边、岸上建设层级植被,种植中山杉2130株、水松200株、榕树120株、芦苇1.20万株、芦竹7500株、狗牙根30平方米。横县西津国家湿地公园投入259万元在湿地公园沙埠管理服务区进行仿木步道、三拱景观道、景观平台、安防监控、便民非机动车棚等基础设施建设。

【野生动植物保护与疫源病源监测】 2019年，南宁市接收处理非正常来源陆生野生动物（含死体）148单、1038只（条），其中国家一级保护动物12只（条）、国家二级保护动物（含死体）175只（条），广西重点保护动物（含死体）587只（条），三有保护动物（国家保护的有益的或者有重要经济、科学研究价值的陆生野生动物）115只（条），濒危野生动植物种国际公约附录一、附录二保护动物149只（条）。开展打击走私陆生野生动植物违法犯罪专项行动、绿网·飓风2019专项执法行动等，野生动物刑事案件立案33起，破案34起（含2018年案件2起），受理野生动物行政案件22起，查处22起；检查、整顿农贸花鸟市场、饭店酒楼7012家，罚款0.67万元；收缴国家级保护野生动物806只（头、条），收缴自治区级保护野生动物3217只（头、条），收缴野生动物制品197件。建成陆生野生动物疫源疫病监测站5个，其中，国家级陆生野生动物监测站1个，设在广西大明山国家级自然保护区内；自治区级陆生野生动物疫源疫病监测站4个，设在南宁市野生动植物保护站、南宁市动物园、上林龙山自治区级自然保护区、广西龙虎山自治区级自然保护区内。建成陆生野生动物疫源疫病监测点4个，分别为西津水鸟监测区域、三十六弄监测点、宾阳县分站、弄拉监测点。开展陆生野生动物疫源疫病网上直报工作1073次，未发现陆生野生动物重大疫源疫病和重大动物资源破坏案件。（梁惠萍）

【大王滩国家湿地公园试点建设与综合整治】 2019年12月23日，大王滩国家湿地公园及水环境工程一期（湿地公园验收必建）建设项目完成前期审批备案，进行公开招投标。10月31日，南宁市第十四届人大常委会第二十三次会议决定通过《南宁市大王滩国家湿地公园保护条例》，自治区人大常委会批准后施行。大王滩国家湿地公园及水环境一期造林绿化项目获经费214.96万元，9月完成部分地上附着物补偿经费兑付。9月，南宁市大王滩水库管理处完成31座库汊拦坝交通用途涵桥主体工程建设、单位工程验收及合同工程完工验收；核查并委托第三方机构排查明阳四路雨水污水管道错网、混接情况，完成库区村屯11个生活污水集中处理设施主体工程建设；开展农业种植面源污染整治宣传培训、绿色种植技术推广普及和农业投入品监管等，良庆区、南宁经开区开展相关培训26期，组织开展执法检查行动近100次；完成速生桉更新改造整治449.98公顷；整治库岸建（构）筑物，良庆区拆除7处40栋（间）建构筑物，涉及房屋面积3466.83平方米及其他附属建（构）筑物约1万平方米；清理水面及库岸垃圾158处，清除捕鱼网袋57个、地笼62个，处理违规养鸭9起。完成大王滩国家湿地公园六免库汊水生态修复技术示范工程第一阶段修复区域围隔和第二阶段营养盐钝化工程。完成大王滩水库8宗国有土地（235.82公顷）中第四宗新城坡宗地1.17公顷的土地证办理；《良庆区大王滩水库确权划界工作实施方案》向市直相关部门征求修改意见。市大王滩水库管理处每月派出工作组监测分析水库水质1次，并监控明阳工业园区新坡江入口排污口。向库区生产生活自用船舶业主、游客发放宣传资料500多份、播放广播等，制止非法载客100余次，无安全事故发生。协调相关部门开展水政监察联合执法行动，调查处理水库水面及库岸违规项目，查处非法电鱼船舶1艘、非法营运船舶4艘。5月17日，在水库增殖放流鲢鳙鱼苗13万尾，并在周边村屯张贴及发放饮用水源、增殖放流通知和违法违规捕鱼等宣传单1000多份。

【大明山水电站退出清理】 2019年，武鸣区与列入清退范围的12座水电站业主签订清退补偿协议书，支付补偿经费3514.43万元；基本完成户里三级、户里四级、龙翔、鸣胜、汉江、汉远、合篁一级、合篁二级、龙腾一级、龙腾二级、龙华、英秀12座水电站拆除；完成汉江、汉远、鸣胜、龙华、龙翔5座水电站的植被恢复，其余7座水电站因道路交通不便，覆绿工作结合自然复绿等方式推进。上林县完成龙源电站、龙江水电站的机电设备拆除和生态修复。马山县完成水锦电站机电设备拆除。（卢明发）

污染防治

【概　况】 2019年，南宁市推进城市大气环境治理，发布启动污染天气预警响应13次，汇总、推送大气防控巡查问题285件。排查重点污染行业企业654家，整治609家，完成整治427家。实施市区环境空气质量分担考评机制；实现市区建成区街道（乡镇）网格化监测全覆盖，将联防联控延伸至街道（乡镇）一级；完成第二轮大气污染源清单编制和动态源解析；组织开展市区主要道路积尘负荷走航监测，指导开展道路扬尘科学化、精细化治理；将可吸入颗粒物、细颗粒物及AQI优良率年度控制目标分解至区县（开发区）。成立南宁市水环境综合治理工作领导小组，实行市委书记和市长“双组长”制；成立水环境综合治理工作指挥部，指挥长由市长担任。完善水污染治理绩效考核体系，将水污染防治工作纳入年度绩效考核；采取“现场调研督导+约谈通报”模式，完善流域水质预警预报机制，加大水质自动监测站基础设施能力建设；加强“小散乱污”企业清理整治，打击超标排污、偷排等违规行为。完成农用地土壤污染状况详查，形成南宁市农用地土壤环境状况一张图；完成重点行业企业用地基础信息采集，建立南宁市重点行业企业地块优控名录。

【大气污染防治】 2019年，南宁市印发《南宁市大气污染防治攻坚三年作战方案（2018—2020年）》《南宁市大气污染防治2019年度实施计划》《南宁市人民政府办公室关于下达2019年度南宁市空气质量控制目标的通知》，实施《南宁市污染天气预警响应方案（预案）》《南宁市2019年春季大气污染综合治理攻坚行动方案》。春季攻坚行动期间，南宁市环境空气质量明显改善；9月至11月延缓污染发生时间，污染程度得到控制。编制《南宁市园区循环化改造推进工作计划》，推进广西－东盟经开区、南宁经开区2个国家园区循环化改造重点支持园区实施示范试点。市生态环境局、市发展改革委、市工信局印发《关于贯彻落实广西工业炉窑大气污染综合治理方案的通知》，排查燃煤锅炉，淘汰县级及以上城市建成区每小时10蒸吨及以下燃煤锅炉18台，剩余7台未淘汰。印发《南宁市人民政府关于重新划定高污染燃料禁燃区的通告》，增加武鸣区伊岭工业园区等禁燃区；鼓励各县、广西－东盟经开区划定辖区内高污染燃料禁燃区范围。禁止不符合《南宁市人民政府关于划定高污染燃料禁燃禁售区的通告》规定的新建、移装或改造锅炉办理安装告知和使用登记。市生态环境保护委员会印发《南宁市挥发性有机物污染防治实施方案（2019—2020年）》，推进包装印刷、塑料、化工、家具、木材加工等重点行业企业实施挥发性有机物治理设施升级改造。为继续使用清洁能源的111家工业企业发放财政补助4077.74万元。建成电动汽车充电站点221座、充电桩1741个、充电插座2589个；投入纯电动巡游出租汽车50辆，新增及更换新能源公共汽车200辆，在营清洁能源和新能源公交车占比89%。建造LNG（液化天然气）双燃料动力示范船22艘，陆续投入运营；完成岸电建设23套，覆盖作业码头3个。市生态环境保护委员会制定《南宁市非道路移动机械防治工作方案》,非道路移动机械登记管理信息系统各功能模块完成部署。11月1日起,实施国家机动车环保检测新标准。完成昆仑大道三棵树路段机动车尾气遥感监测点建设,抓拍排放黑烟等可见污染物或国四排放标准以下柴油车110辆,发出书面整改通知106份。投产天然气分布式能源发电项目120兆瓦、热电联产项目45兆瓦、风电项目投产并网198.40兆瓦、光伏发电项目341兆瓦、生活垃圾焚烧发电项目36兆瓦、生物质发电项目12兆瓦,继续建设五象新区江水源热泵供能项目,南宁抽水蓄能项目完成预可行性研究报告审查。《南宁市人民政府关于划定禁止露天焚烧秸秆区域的通告》11月1日起施行,区县派出22万余人次巡查,发现秸秆、垃圾露天焚烧火点7280余处,全市农作物秸秆综合利用率约92%。修订实施《南宁市烟花爆竹经营燃放管理规定》,划定南宁市区烟花爆竹禁燃区、限放区;春节期间,公安、安监、城市综合执法、生态环境等部门联合开展网格化巡查执法,管控烟花爆竹燃放,公安部门出动警力2万余人次,查处案件129起,罚款8.03万元。

(市生态环境局)

【扬尘治理】 2019年,南宁市建立并完善扬尘治理"慧眼"系统,累计接入土方建筑工地520个、消纳场54个、搅拌站49个、采石场13个、联合执法卡点9个;开展扬尘治理"慧眼"系统二期工程建设。"慧眼"系统发现扬尘污染违规案件1955起,推送案件1636起,办结1405起,处置率85.88%。开展道路积尘走航监测,走航4170千米。冲洗绿化带和行道树长度6.11万千米,洒水降尘用水量约506万吨。全市组织打击工程运输车辆违法行为联合整治行动47次,遏制运输撒漏扬尘。立案查处消纳场案件54起,处罚金额70.43万元;立案查处"泥头车"撒漏等案件4537起,处罚金额1045.70万元。引入新型智能密闭车3109辆,占建筑垃圾运输车辆总数81.62%;取缔拆除无资质混凝土搅拌站9个。印发《关于加强建筑垃圾消纳场行业监督管理工作制度》《南宁市建筑垃圾消纳场设置管理标准》。全市组织开展联合执法行动51次,处罚车辆4.67万辆次,罚款651.74万元;组织执法人员4000余人次,检查堆场2000余个次,督促企业落实堆场扬尘防控措施,发现问题即时督办;组织执法人员1220余人次,检查搅拌站1460余个次。污染天气应对期间,实施差别化预警响应,市城管执法部门联合环境生态部门,指导各片区启动不同级别预警响应和措施。

(市生态环境局 市城管综合执法局)

【水污染防治】 2019年,南宁市主要流域水质优良比例连续多年实现100%,继续实现"二类水入境、二类水出境",优于国家"二类水入境、三类水出境"的考核目标;市、县两级水源水质连续3年100%达标。城市水质指数比上年同期改善7.77%,其中叮当断面、老口断面、六景断面水质指数分别改善13.18%、10.92%、6.77%;叮当断面水质改善幅度最大,老口断面水质高于全市水质水平,六景断面首次达到二类水质,优于国家考核目标。12月,自治区生态环境厅发布水十条考核结果通报,2018年南宁市水污染防治重点任务成绩位列自治区第一,工业、生活、农业养殖污染源削减。部署县级饮用水环境问题整治"百日攻坚"行动,在自治区率先完成县级水源地环境问题整改;启动市、县两级饮用水源保护区调整划定。完善流域水质预警预报机制,每月发布水质分析预报,并组织区县(开发区)开展流域污染防控巡查、水质监测,印发实施《2019年武鸣河流域监测监控预警方案》。在已有9个水质自动监测站的基础上,新建河流湖库水质自动监测站12个。核查乱占、乱采、乱堆、乱建、乱排问题,关停非法采砂场11个,清理非法养殖网箱11.04万笼。加强"小散乱污"企业清理整治,打击超标排污、偷排等违规行为。排查整治建成区上游村庄点源污染和农业畜禽养殖面源污染,排查清理非法养殖户666家。对2048家医疗机构进行废水达标排放监管。

【噪声污染防治】 2019年,南宁市印发《2019年南宁市区环境噪声污染专项整治行动工作方案》,组织生态环境、公安、城管综合执法、交通运输、市政园林等部门及各城区政府、开发区管委会对建筑施工噪声、工业噪声、社会生活噪声、交通噪声开展专项整治。开展绿色护考活动,发布《南宁市人民政府关于2019年高考中考期间严格控制环境噪声污染的通告》;市环境监察支队印发《2019年度市区建筑噪声污染专项整治行动工作方案》。受理环境噪声投诉8900件次,其中建筑施工噪声8134件次,社会生活噪声451件次,工业噪声214件次,娱乐噪声83件次,交通噪声18件次;噪声投诉案件处理率、办结率100%。

【土壤及重金属污染防治】 2019年,南宁市开展危险废物全程监管、工业固体废物堆场、社会源废铅蓄电池和废矿物油、危险废物等重点领域专项排查整治行动。市生态环境局、市发展改革委、市工信局、市应急管理局联合印发《南宁市工业固体废物堆存场所环境污染整治工作方案的通知》,开展全市工业固体废物堆存场所排查整治。南宁生态环境保护委员会印发《南宁市加强危险废物全程监管实施方案》,市生态环境局印发《南宁市社会源废铅蓄电池和废矿物油污染专项整治方案》《南宁市生态环境局关于开展全市危险废物专项治理工作的通知》,组织排查社会源废铅蓄电池、废矿物油产生单位约4500家。打击查处非法跨境转移危险废物等违法行为,全年无较大危险废物非法转移倾倒、处置事件,自治区生态环境厅对南宁市年度危险废物规范化管理督查考核评级为A级。动态调整涉重金属重点行业企业全口径清单(2019年)、核定2013年重点重金属基础排放量;转发《广西壮族自治区建设项目重金属污染物排放指标核定暂行办法》,做好建设项目重点重金属排放指标核定。全年无土壤污染问题造成的环境安全事件发生。土壤污染修复治理走出"南宁模式",累计投入2.93亿元,年内完成南宁化工股份有限公司地块土壤污染修复治理,形成"水土共治"修复治理模式,为自治区提供建设用地土壤污染治理典型样板。完成宾阳县沙江重金属污染综合整治项目、宾阳县制革重金属污染土壤修复与安全利用项目,解决宾阳县沙江和科甲村重金属污染的历史遗留问题。

【污染排放许可】 2019年,南宁市完成254家企业排污许可证的申请与核发,其中汽车制造5家,污水处理24家,乳制品制造8家,酒类制造8家,人造板117家,木质家具制造8家,肥料制造2家,废弃资源综合利用19家,电力生产1家,环境治理1家,热力生产和供应27家,电镀设施4家,屠宰及肉类加工、其他食品制造、水泥制品、造纸等行业30家。

(市生态环境局)

节能减排

【概　况】 2019年,南宁市万元地区生产总值能耗比上年下降1.55%,超额完成自治区"十三五"进度目标2.99个百分点;能源消费总量增长3.36%,控制在自治区下达的"十三五"能源消费总量目标任务以内。二氧化硫、氮氧化物、化学需氧量及氨氮总量减排4项主要污染物指标与2015年相比,分别下降5.86%、6.04%、6.96%、10.08%,完成自治区下达南宁市的污染减排任务。通过节能审查项目55个,审查能耗87.19万吨标准煤(等价值)。主要存在节能潜力小,能耗强度进一步下降难度大等问题。

(周　舟　市生态环境局)

【工业节能】 2019年,南宁市有规模以上节能环保产业制造业企业96家。规模以上工业企业综合能源消费量456.83万吨标准煤，比上年增长2.44%；规模以上万元工业增加值能耗为0.82吨标准煤，上升1.43%。东江糖厂被认定为2019年度市级节水型企业，并推荐申报自治区节水型企业。广西博世科环保科技有限公司的“砷污染土壤层间离子交换稳定化修复技术”入选2019年国家重点环境保护实用技术及示范工程名录，广西力源宝科技有限公司“有机物料自动环保发酵系统”获第二十届中国专利优秀奖。

（曾启娟　戴晓敏）

【建筑节能】 2019年，南宁市完成建筑节能20.99万吨标准煤，完成自治区住房和城乡建设厅下达20万吨的任务；有获绿色建筑设计评价标识的建筑项目195个，总建筑面积2827.06万平方米；获绿色建筑运行评价标识的建筑项目13个，总建筑面积184.92万平方米。开展墙改生产线示范和应用示范项目建设，推动南宁市2家企业（广西泰和远大建筑科技有限公司、广西建工集团建筑产业投资有限公司）申报并获批自治区新型墙体材料专项基金补助。完成墙改基金核退，核退项目136个，核退金额1.33亿元。市住建局参与建筑垃圾综合治理试点，印发《南宁市住房和城乡建设局关于配合做好我市建筑垃圾治理试点工作实施方案》，加强建筑垃圾排放管理；印发《关于推广使用建筑废弃物再生建材产品的通知》，推进建筑垃圾资源化利用。

（潘　欣）

【交通运输节能减排】 2019年，南宁市完成交通行业节能3.50万吨标准煤，达到年度节能目标的116.70%。开展柴油车污染专项治理、“美丽南宁·整洁畅通有序大行动”“城市精细化管理年”、扬尘污染治理联合整治等活动，保卫“南宁蓝”。建设清洁能源公交车充电桩206个、智能公交电子站牌40套，升级智能公交电子站牌450套，新购投放新能源公交车200辆；调整优化全市公交线网，增加微循环公交线、定制公交线、夜间公交线。倡导搭乘地铁出行，减少机动车上路、减少尾气排放；建成南宁轨道交通3号线，实现南宁轨道交通从双线“换乘时代”升级为三线网络运营时代。开展第二季“绿色交通　城市未来”世界无车日活动，免费派发地铁单程票3000张，传播、践行绿色低碳出行理念，倡导使用公共交通低碳环保出行，迎接9月22日“世界无车日”。开展能源消费统计，抽查水运企业34家，统计消耗柴油2.76万吨、燃料油1.65万吨、汽油4688.70吨、电力1073.20万千瓦时；抽查港口企业16家，统计消耗柴油173.20吨、汽油6.40吨、电力769.50万千瓦时。监管装卸易流态固体散装货物船舶155艘次，货重18.19万吨。推进南宁港水上加气站建设、内河船型标准化，建设港口码头溢油监视监测系统等项目，建成污染物回收船2艘；发放内河船型标准化补助资金2441万元（中央补助2177万元、自治区补助264万元），资金发放率93.90%，受益船舶245艘。统筹计算2018年度农村客运燃油补助272.18万元，督促区县发放2017年度农村客运燃油补助302.21万元。南宁吴圩国际机场加强能源巡视检查，推进计量装置改造，签订能耗指标责任书，加强节能降耗宣传，实施柴油货车尾气改造项目，改造机场摆渡车、机场行李托运车、机场登机扶梯车等；全年用油112.34万升，节约32.66万升，节约率22.52%；用电3725.62万千瓦时，节约84.16万千瓦时，节约率1.87%。

（侯宗豪　陈　雄）

【公共机构节能管理】 2019年，南宁市3911家公共机构人均综合能耗、单位建筑面积能耗、人均用水量分别比上年下降2.42%、2.20%、3.42%，完成自治区下达的节能目标。市机关事务管理局联合市市政园林局等单位推进生活垃圾分类，将生活垃圾分类纳入年度公共机构节能绩效考评范畴，全市10个城区（开发区）、84家市直单位建立垃圾分类常态化、长效化管理机制。通过开展节能宣传周、全国低碳日、中国水周、生态文明宣传作品征集等活动，增强公共机构干部职工节能意识。在市第四人民医院、市城市应急联动中心等6家市直单位投入节能减排专项资金1330万元，实施围护结构、供热、空调、动力、电梯、食堂、太阳能光伏、照明系统、喷淋系统等重点用能用水设备和重点用能区域的综合节能改造，完成既有建筑改造面积20.62万平方米，综合节能率超10%，19家重点用能单位完成能源审计。推进新能源汽车应用，提高新能源汽车在公务用车和派车比例，市公共机构体验使用新能源汽车82辆，建设充电桩208个。推进能耗监测平台建设，建成覆盖63家市直单位的能耗监测系统网络，实现对各单位办公区配电室、大型动力设备、用水设施、水电管网的分项计量、集中监控。

（李雄杰）

环境监管

【概　况】 2019年，南宁市排查整治重点企业环境风险隐患，组织开展集中式饮用水水源地环境保护专项行动、黑臭水体攻坚执法“利剑”行动、“散乱污”企业清理整治，查处环境违法案件460件，处罚金额932.28万元。开展2019年度突发环境事件应急演练，启动预警处置涉环境污染事件12起，未造成或扩大环境污染，无突发环境事件发生。市生态环境局承办的11件市人大代表建议（议案）、32件市政协提案全部办理完毕。开展政务信息资源共享整合，梳理、核实市生态环境局政务信息资源目录，政务数据资源挂载率100%；推进市生态环境局区县派出机构信息化及网络建设，搭建南宁市生态环境系统视频会商平台，扩建环保专网、整合网络资源，提升办公效率、应急处置效率。全市“专业查污”发现环境问题59个，完成整治55个，完成率93.22%。

【环境应急管理】 2019年，南宁市处置涉环境突发事件12起，分别为3月9日江南区那洪泵站和水塘江出现黑色污水事件、3月20日武鸣区宁武镇长安村非法甲醇储罐爆燃事件、3月28日良庆区东平坡非法倾倒涉危险废物事件、4月26日宾阳县清平水库水质浮游生物繁殖水质异常事件、5月7日宾阳县光华中学地下水井水质有关指标异常事件、5月11日大王滩水库二副坝一带水域浮游生物暴发性繁殖事件、5月16日宾阳县思陇镇贵隆高速G5标段沥青搅拌站重油泄漏事件、6月24日武鸣区广西禹杰防水防腐材料有限公司火灾事件、8月18日南宁高新区可心江水体发黑事件、8月28日江南区苏圩镇甲醛罐车侧翻事件、9月27日上林县涉非法用石灰泡竹片制浆排污造成上林玉峰河污染事件、10月25日横县那阳镇林业站东面德源冶金公司侧门旁空地磷石膏违法倾倒事件，均及时妥善处置，无事件达到一般突发环境事件等级。组织更新全市重点环境风险源目录清单，督促重点环境风险源企业开展突发环境事件风险评估，制定环境应急预案并备案，组织开展环境应急培训、应急演练，建立环境应急档案；组织环境隐患专项排查，分别开展第一季度、第三季度环境隐患排查及重要节假日节前环境隐患专项排查，督促企业落实问题清单整改，确保春节、全国“两会”、中国－东盟博览会、中国－东盟商务与投资峰会、中华人民共和国成立70周年大庆等重大活动期间的生态环境安全；组织开展《南宁市市级集中式饮用水水源地突发环境应急预案》编制。6月，组织2019年南宁市涉恐事件引发乡镇饮用水源污染事件应急演练；调整南宁市环境应急物资储备库回补物资种类，调整增加遥控船等应急辅助装备。

【环境监察执法】 2019年，南宁市组织开展集中式饮用水水源地环境保护专项行动、黑臭水体攻坚执法“利剑”行动、“散乱污”企业清理整治等40余项执法检查，出动执法人员1万多人次，检查企业约7500家次，处理信访投诉1.09万件次。对黑臭水体沿线工业企业，内河沿线洗涤、制药、屠宰等企业和学校、医院等单位开展执法检查；对畜禽养殖禁养区内完成整治取缔的畜禽养殖户反弹情况进行现场指导检查。召开2019年南宁市县级饮用水水源保护污染防治推进会，9月底完成县级水源地69个问题整治；至年末，县级饮用水水源地整治总投入资金5383.60万元，增添标识牌218个，建设隔离设施1.41万米，取缔工业企业14家，关闭旅游餐饮企业9家，整治交通穿越问题15个，配套建设污水处理站37个，取缔养殖场33家，科学种植和退耕农作物3.27万公顷。对大气污染物超标排放、禁燃区内燃用高污染燃料等违法行为实施立案处罚，立案4起，处罚金额149万元。在污染天气预警期间，利用市区大气视频监控点对大气污染行为实时“线上巡查”，形成与实地督查相结合、相补充的防控网络。通过视频监控发现和查处露天焚烧、施工扬尘等大气污染行为30余起。联合城区政府、开发区管委会、市直有关部门对建筑施工、工业生产、交通运输、社会生活等环境噪声开展治理；印发实施《南宁市开展2019年度市区建筑噪声污染专项整治行动工作方案的通知》。召开施工噪音扰民协调会议29次，约谈工地负责人34次，市政项目投诉率降低。印发《南宁市2019年生态环境保护执法大练兵活动方案》，完成污染源日常监管“双随机”（随机抽取检查对象、随机选派执法人员）抽查企业219家，主动公开检查结果219家，下达行政处罚460起，处罚金额932.28万元，配套办法案件38起（移送公安拘留9起、查封扣押23起、限产停产4起、移送犯罪2起）。

【环境信访】 2019年，南宁市受理环境信访投诉案件1.09万件次，比上年下降5.14%，环境信访案件数连续5年下降。市生态环境局牵头组织各责任单位对第一轮中央环境保护督察组交办案件开展排查整治、自查核查，677件转办件完成整改639件，整改完成率94.39%。

【核与辐射安全监督管理】 2019年，南宁市有核技术利用单位353家，其中涉及放射源单位54家（售源单位2家，不含生态环境部直管单位1家）。完成核技术利用项目环评审批（备案）150项，送（输）变电工程环境影响评价报告表审批24项；完成送（输）变电工程竣工环保验收29项；核发辐射安全许可证84本、变更13本、注销3本。完成市区内四个季度环境外照射29个点位辐射环境质量常规监测、10个电磁辐射监测点位电磁辐射环境质量常规监测，辐射环境质量保持良好，未发生核与辐射安全事故。检查核技术利用单位211家，其中查实未办理环评审批（备案）、验收手续19家，未申领辐射安全许可证或辐射安全许可证过期33家。处理电磁辐射环境污染投诉信访案件42起，办结率100%。

【环保督查问题整改】 2019年，市生态环境局制定并提请市委、市政府印发《南宁市贯彻落实中央环境保护督察“回头看”及固体废物环境问题专项督察反馈意见整改方案》，涉及南宁市的中央环保督察“回头看”反馈问题6个，完成整改问题4个（广西西大明山自治区级自然保护区确界问题、城镇污水处理厂污泥处置监管问题、对整改工作认识问题、群众重复投诉问题），剩余整改任务2项（环境空气质量问题、建成区黑臭水体问题）按计划推进。10月，自治区对南宁市开展省级生态环保督察，督察组进驻及下沉期间，调阅文件资料600余份，市生态环境局收到自治区督察组转办的群众举报环境问题来电来信22批次、195件，全部调查核实并上报自治区督察组。

【第二次全国污染源普查】 2019年，南宁市第二次全国污染源普查核算工作按照计划时限完成，编写完成南宁市第二次全国污染源普查工作总结报告、南宁市第二次全国污染源普查数据分析报告，通过南宁市第二次全国污染源普查领导小组成员单位联合审核后上报自治区污染源普查办公室。 （市生态环境局）

城市水环境治理

【概　况】 2019年，南宁市城市内河管理处（简称“市城市内河处”）设综合科、宣传教育科、督查科、规划前期科、河道管理科、邕江整治科、综合建设科、政策技术科，事业编制58名、在编44人，后勤服务控制数10名、在编9人。南宁市实施水环境综合治理项目76个，完成投资72.83亿元，完成计划88.14%；完善建成区污水管网系统，建成区内河流域水质整体好转，海绵城市试点建设通过国家验收，入围国家2019年城市黑臭水体治理示范城市。主要存在污水集中收集效能偏低，内河流域治理项目建设需加快，已消除黑臭河段水质不够稳定，黑臭水体治理长效管理机制需完善等问题。

【黑臭水体治理】 2019年，南宁市根据控源截污主体工程实施情况和日常水质监测结果综合评估，建成区38个黑臭河段中，达到不黑不臭要求的河段35个。6月，入围国家2019年黑臭水体治理示范城市，获中央补助资金4亿元（第一批资金2亿元到位）。竹排江黑臭水体系统治理入选生态环境部2019年统筹强化监督黑臭水体治理专项行动典型案例。建成区新建市政污水管网约255千米，改造雨污管网错混接点3373个，打通市政污水管道断头管118处。排查内河流域范围内“小散乱污”企业186家，完成整治162家；清理岸线垃圾和水面漂浮物1.68万吨；城管部门针对在建工地黄泥水乱排、水土流失等问题下达整改通知622份，结案183起，处罚金额110.47万元，查扣车辆（设备）276部（台）。亭子冲、朝阳溪、那平江等流域治理项目开工；心圩江环境综合整治工程PPP项目完成年度投资10.04亿元，水塘江综合整治工程PPP项目完成年度投资4.33亿元，城市内河黑臭水体治理工程PPP项目完成年度投资3.20亿元。1月，沙江河环境综合整治PPP项目正式运营。结合黑臭水体水质及底泥状况，南宁市上半年重点对亭子冲南建路口至邕江出水口段、朝阳溪秀厢大道至邕江出水口段、那洪沟实施河道清淤，清淤量1.03万吨。

【海绵城市建设】 2019年4月，南宁市海绵城市试点建设通过国家验收，被评为全国首批优秀试点城市，获中央财政专项资金奖励1.50亿元。南宁市海绵城市建设试点区面积54.60平方千米，经过3年试点建设，完成试点项目287个，总投资107.52亿元，投资完成率122.60%。经海绵模型科学模拟评估，海绵城市试点区年径流总量控制率75.18%，年径流污染物去除率56.86%。

【城市内河管理】 2019年，市城市内河处出动人员1322人次、车辆716辆次，重点巡查内河两岸乱搭乱盖、乱倒乱排等违法违规行为。巡查处置、接收办理市长热线和数字城管涉河案件89起，印发整改通知、提醒函、整改函9份。4月，市城市内河管理处直管的那洪泵站、烟墩脚排涝站、十三中截污闸、镇北桥橡胶坝、大坑口橡胶坝、朝阳溪补水泵站、木塘里排涝站、位子渌排涝站、可利江联合补水泵站、凤凰江3+075蓄水控制闸、凤凰江1+080蓄水控制闸、楞良渠2号坝、竹排冲越秀排水泵房移交南宁北排排水管网运营管理有限公司统一管理。

【邕宁水利枢纽工程】 2019年12月23日，南宁市邕宁水利枢纽工程第6台发电机组并网发电，全部机组投产发电。邕宁水利枢纽工程年度计划投资2.10亿元，完成投资2.39亿元，投资完成率113.96%。水库正常蓄水位67米，总库容

2019年8月30日，江南污水处理厂水质提标及三期工程、埌东污水处理厂四期工程、三塘污水处理厂水质提标及二期工程举行通水调试仪式。图为江南污水处理厂水质提标及三期工程通水调试仪式现场　　广西绿城水务公司提供

7.10亿立方米，相应库容3.05亿立方米，电站装机容量5.76万千瓦，船闸通航标准为2000吨级，年平均发电量2.21亿千瓦时。（市城市内河处）

【河长制湖长制推行】2019年6月，南宁市全面建立河长制，有市、区县、乡镇（街道）、村（社区）四级河长3047人、湖长45人，巡河14.22万人次。开展4条主要河流、17条内河、7个湖泊及31座备用水源地水库"一河（江、湖、库）一策"编制。集中整治河道"四乱"（乱占、乱采、乱堆、乱建）等问题，开展流域水环境整治"百日攻坚战"大行动、农村生活污水整治、郁江及饮用水水源保护区网箱清理、保护母亲河清河大行动，南宁市河长制办公室配合南宁市水环境综合治理工作指挥部督查督办组推进黑臭水体治理和百里秀美邕江两岸综合整治和开发利用。至11月，核查销号面上"四乱"问题779个，销号率100%。自治区第2号总河长令督办问题20个全部销号；南宁市第1号总河长令督办"四乱"问题611个，销号596个，销号率97.55%。核查登记养殖网箱11.86万个，清理网箱11.78万个，完成率99.33%；清理建成区内岸线垃圾及水面漂浮物4.32万吨、菜地52.84万平方米。通过南宁市河长制信息化监督管理平台，实现河长制信息扁平化、实时动态监控，完善八尺江流域跨行政区域的4个水质自动监测站点信息，接收河道漂浮垃圾、水体颜色异常、公示牌破损等14类、2513个问题，下发处置指令212个次，办结率67.81%。聘用贫困群众等1300多人为河道巡查员、保洁员；聘请人大代表、政协委员、环保人士、教师、学生等727人为社会监督员、"民间河长"。设立河长公示牌2933块，受理投诉98起，整改49起，办结率50%。（卢明发）

【污水处理设施建设】2019年，南宁市有开工建设的新建、改建、扩建污水处理厂项目12个，其中新建8个（西明江污水处理厂、心圩江上游污水处理厂、心圩江下游污水处理厂、朝阳溪污水处理厂一期工程、茅桥水质净化厂、那平江污水处理厂、物流园污水处理厂一期工程、水塘江污水处理厂），改扩建4个（埌东污水处理厂四期工程、三塘污水处理厂提标及二期工程、江南污水处理厂提标及三期工程、五象污水处理厂水质提标及一期扩建工程）。计划总投资59.62亿元。江南污水处理厂水质提标及三期工程、埌东污水处理厂四期工程、三塘污水处理厂水质提标及二期工程、心圩江下游污水处理厂、水塘江污水处理厂、西明江污水处理厂提前进入调试运行阶段，全市新增污水处理能力每日46万吨。7月31日，三塘污水处理厂水质提标及二期工程通水调试。8月16日，江南污水处理厂水质提标及三期工程通水调试。9月25日，心圩江下游污水处理厂通水调试。（潘　欣）

园林绿化

【概　况】2019年，南宁市市政和园林管理局（简称"市市政园林局"）组建，整合市城市管理局的职责以及市林业和园林局的城市绿化和园林管理职责。设办公室、政策法制科、规划建设科、市政管理科、园林管理科、环境卫生管理科、绿化工程质量安全监督科、市容广告科、生活垃圾分类办公室、计划财务科、人事科及机关党组织，编制35名、在编30人，机关后勤服务人员控制数6名、在编6人。二层机构14个：市市政工程管理处、市环境卫生管理处、市城市照明管理处、市大桥管理处、市南湖公园、市人民公园、市动物园、市金花茶公园、市绿化工程管理中心、市石门公园、市城市广场管理处、市花卉公园、市园林规划设计院、市体育休闲公园。全系统在编1319人，其中事业单位管理人员365人、专业技术人员538人、工勤人员416人；利用财政资金外聘646人。年内，全市建成区绿地总面积1.06万公顷。重点实施民族大道北侧绿地山体公园（埌东公园）二期等公园及生态绿地建设；邕江综合整治和开发利用工程PPP项目竣工；亭子滨江公园配套服务设施及游客服务中心PPP项目开工建设；推进6个公园总体规划修编；市动物园动物馆舍配套设施建设工程（一期）项目竣工；建成第十二届广西（防城港）园林园艺博览会南宁园。庆祝中华人民共和国成立70周年，在民族大道、荔滨大道、壮锦大道3条重要道路，机场T2航站楼、民族广场等10个重要节点和12个市管公园种植应时鲜花300万盆，其中庆祝中华人民共和国成立70周年种植和布置花卉62万盆，在广西艺术中心广场、三祺广场、滨湖广场等重要节点设置花卉小品造型14处。主要存在城市园林绿化景观质量有待提升，道路绿化管护经费不足，部分公园管养经费缺口较大，养护管理效率和效果有待提高，"一园一品"（一个公园一个风格）创建文化特质不够突出，园林工程项目建设质量监督管理需加强等问题。

【园林规划】2019年，市市政园林局推进6个公园总体规划修编，其中市新秀公园、市南湖公园、市人民公园总规修编获市自然资源局批复，市动物园、市狮山公园、市花卉公园总规修编待市自然资源局批复。完成《南宁市城市主要出入口及沿线环境综合整治工程周边绿化提升专项研究》《南宁教育园区道路及单位庭院绿化专项研究》《南宁市东环高速路改快速路沿线立交绿化景观导则》等研究。《南宁市行道树规划研究》报市政府审定。

【园林科研】2019年，市市政园林局科技攻关项目"南宁市绿化植物废弃物资源化处理关键技术研究和应用示范""锦葵科木槿属优异种质资源收集与品种选育"获南宁市科技局批复，完成合同签订、资助资金拨付。南宁市园林科研所完成科技项目"南宁市市花朱槿品种选育及示范应用"结题验收，发表《干旱胁迫及复水对朱槿幼苗生理特性的影响》《干旱胁迫及复水下朱槿生长及根际土壤微生物多样性的变化特征》2篇科技论文，分别获中国风景园林学会植物保护专业委员会

2019年10月1日,南宁市动物园建成后的大熊猫苑室外展区　　胡光全　摄

第二十八次学术研讨会优秀论文二等奖、三等奖。申请实用新型专利3项,其中1项获实用新型专利证书,2项获国家知识产权局受理。申请5个朱槿新品种"邕韵""邕粉佳丽""火凤凰""邕红""邕城紫璎"新品种保护权;12月5日,完成对"邕韵""邕粉佳丽""邕之焰"3个品种保护权的专家现场审查。市园林科研所科技项目"广西重大入侵杂草减灾治理关键技术研发与应用"获2019年自治区农业科学院科学技术进步一等奖;论文《不同光质对三角梅开花及其生理指标的影响》《不同生根剂对裸根扁桃苗的生根效果分析》分别获2019年南宁市自然科学优秀论文一等奖、三等奖;论文《蒸腾抑制剂对扁桃水分利用效率及茎流速率的影响》获中国风景园林学会植物保护专业委员会第二十八次学术研讨会优秀论文二等奖。

【街道绿化与养护】 2019年,市市政园林局组织完成市区道路绿化日常养护,实现191条市管道路绿化养护市场化外包服务,涉及道路绿化长度508.56千米,绿化养护面积757.91万平方米。城市道路绿化日常养护全面投入人工39.70万工日。完成施肥乔木、孤植灌木35万株,片植灌木252.20万平方米;修剪乔木、孤植灌木45.60万株,片植灌木788.60万平方米;清除杂草902.30万平方米,绿地黄土裸露补种15.50万平方米,补种乔灌木3.30万株;勾除棕榈科乔木干枯枝、低枝,处理遮挡交通指示牌、红绿灯、路灯、公交车路线等乔木1.60万株;日常植物淋水及积尘冲洗3.60万车次。

【公园建设】 2019年,南宁市有市管公园7个,其中城市综合公园4个(市南湖公园、市人民公园、市金花茶公园、市石门森林公园)、专类公园3个(市动物园、市体育休闲公园、市花卉公园);有属地管理公园10个,分别是市狮山公园、市邕江沿岸公园、市凤岭儿童公园、市新秀公园、市五象湖公园、市江南公园、南宁园博园、市蒲津公园、市明月湖公园、市相思湖公园。公园管理机构为二类事业单位。总入园游客3737万人,门票总收入9408万元。市市政园林局民族大道北侧绿地山体公园(埌东公园)项目规划总用地面积17.74公顷,建设内容包括园林绿化及配套附属工程,二期项目实施面积约9万平方米,9月开工建设,年内完成土方工程、公厕建设,配套及管理用房主体施工,开展栈道、廊架、景观平台等各分项目施工,绿化种植乔木200余株、大叶油草0.45万平方米;累计完成投资3800万元(征地拆迁2000万元),占年投资80.80%。亭子滨江公园配套服务设施及游客服务中心项目规划总用地3.19万平方米,初设总投资7295.79万元,采用PPP模式实施,7月16日开工建设,年内完成景观塔、游客服务中心1号楼、2号楼、3号楼等所有建筑主体及装修,完成室外石材铺装45%,累计完成投资4700万元。市南湖公园溢流口可控闸阀建设工程项目,在双拥路、津头、桃源路、星湖路溢流口完成升降式可控闸阀安装,在民族大道溢流口完成气盾式闸门安装,11月23日进场施工,12月30日完工,累计完成投资约190万元。市动物园动物馆舍配套设施建设工程(一期)项目总建筑面积2309.90平方米,总投资2267.37万元,建设大熊猫场馆及其配套设施,可供2只成年大熊猫居住;工程2月开工,11月通过竣工验收,新建大熊猫笼舍4间、室内展区2间、室外展区2处、科普教室1间、饲养值班室1间、科普值班室1间、治安室1间、饲料保鲜室1间、饲料储藏室1间、冷库1间、配套公厕1座、走廊2座,种植大乔木16株、小乔木40株、竹子4484丛、地被3100.80平方米。市花卉公园污染修复改造(公厕截污、错混接)工程项目10月30日开工,12月30日基本完工,累计完成投资350万元,管道改造约1700米,完成污水管道铺设1170米、污水检查井30座、沉泥井5座,完成雨水管道铺设630米、雨水检查井17座、雨水沉淀过滤池1座,绿化恢复3500平方米。

【第十二届广西(防城港)园林园艺博览会南宁园】 2019年,第十二届广西(防城港)园林园艺博览会南宁园总面积8000平方米,总投资500万元;2018年10月开工,2019年6月建成。7月12日,南宁园举办南宁"城市活动日"启动仪式。南宁园以"海丝彩韵·盟友欢城"为主题,以南宁在21世纪海上丝绸之路的城市形象作为切入点,提炼南宁海上丝绸之路文化、中国－东盟友谊文化、宜居城市文化、壮乡首府文化等特色元素,打造具有南宁新世纪形象和文化特征的城市展园。在第十二届广西(防城港)园林园艺博览会上,南宁市获奖16项,其中南宁园获城市展园造园艺术奖,插花艺术展获团体银奖1项、三等奖1项、优秀奖3项,盆景展获金奖1项、银奖1项、铜奖3项、优秀奖5项。　(易贝贝)

幸福乡村建设

【概　况】 2019年,南宁市围绕"美丽广西"乡村建设活动主线,以实施乡村振兴战略"五个总要求"(产业兴旺、生态宜居、乡风文明、治理有效、生活富裕)为指导,以建设生态宜居的美丽乡村为目标,以打造"宜居、宜业、宜游"的农村人居环境为重点,启动并集中开展"美丽南宁·幸福乡村"活动,重点实施"环境秀美""生活甜美""乡村和美"3个专项活动,推进农村人居环境整治和乡村风貌提升三年行动,推动农业发展、农民富裕、农村繁荣。主要存在部分部门乡村建设工作力量薄弱,部分项目进展缓慢;各区县项目后续运维工作制度不完善,缺乏考核机制,未督促检查;部分村级综合服务中心长效运行机制不健全,未按照"六有"(有场所、有设备、有队伍、有经费、有制度、有活动)标准开展服务;现代农业产业基础较薄弱,部分区县农业龙头企业数量较少,农产品品牌影响力不大;村集体经济薄弱,产村融合不足,村集体经济收入来源单一等问题。

【"环境秀美"专项活动】 2019年,市住建局组织开展"环境秀美"专项活动,以建设美丽宜居村庄为导向,以农村垃圾、污水治理和村容村貌提升为主攻方向,统筹推进农村人居环境整治三年行动、乡村风貌提升三年行动、生态环境保护基础设施建设三年作战、城市内河沿河村庄河段生态恢复攻坚战等重大工作,整合资源,持续开展环境卫生综合整治,改善农村人居环境。全市 34 个非正规垃圾堆放点治理全部完工;计划开工建设村级污水处理设施 102 个,实际开工建设 80 个(竣工 21 个、未竣工 59 个);35 个镇级污水处理设施建成投入运营,8 个在建项目主体基本完工。自治区下达南宁市的农村公共照明项目任务完工 183 个,完工率 117%。推进市级生态宜居特色小城镇建设项目,完成投资 1.55 亿元,青秀区伶俐镇、横县六景镇项目竣工。提前完成"两改"(改厨、改厕)年度任务,完工 486 户。

【"生活甜美"专项活动】 2019 年,市农业农村局组织开展"生活甜美"专项活动,以增强农村集体经济发展活力和增加农民收入为目标,以发展多种形式的合作与联合为纽带,通过市场化运作方式,推动"三变"(农村资源变资产、资金变股金、农民变股东)改革试点,盘活农村"三资"(资源、资产、资金),激活农民"三权"(土地承包经营权、住房财产权、集体收益分配权),加快构建新型农业经营体系,推进农村第一、第二、第三产业融合发展,发展壮大农村集体经济,拓展农业强、农村美、农民富新路径。全市 1452 个村完成清产核资,发展新型农业经营主体 6220 个,村级集体经济年收入 4.08 亿元,村级集体经济年收入 5 万元以上的村 1071 个。在完成清产核资的基础上,13 个县级试点村基本完成村集体经济组织成员身份确认,其中 11 个试点村完成资产量化股权设置并成立股份经济合作社。

【"乡村和美"专项活动】 2019 年,市文广旅局组织开展"乡村和美"专项活动,推进"三创建"(文明村镇创建、公共文化创建、平安乡村创建)活动,推动教育、医疗、养老等基本公共服务向农村延伸,创新农村社会综合治理,倡导文明和谐乡村风尚。全市 4 个镇、7 个村获评第十七批自治区文明村镇,命名横县云表镇等 20 个镇(村)为第三十批南宁市文明村镇。自治区文化和旅游厅下达南宁市的 80 个村级公共服务中心示范项目进入基础施工阶段,41 个篮球场、26 个戏台、19 个综合楼等项目竣工;完成送戏下基层 300 场,200 支乡村社区文艺队演出 5948 场,全市乡村公益电影放映量 1.67 万场,惠及观众 307.62 万人次。健全完善县、乡、村三级综治中心机构、全面深化网格化服务管理,全市划分为 6229 个网格,配备网格员 7000 多人,政法云平台联网到 127 个乡镇和 1764 个村、社区,全市网格员上传社会治理问题 149.96 万条,办结 149.48 万条,办结率 99.68%。

【农村人居环境整治三年行动】 2018 年 11 月,南宁市启动农村人居环境整治三年行动。2019 年,南宁市农村人居环境整治三年行动重点开展"六大行动"("清洁乡村"巩固行动、"厕所革命"推进行动、污水治理推进行动、乡村风貌提升行动、规划管控提升行动、长效机制提升行动)。实施"六个一"(每个行政村培育一支骨干力量、组建一支管理队伍、搭建一个参与平台、完善一套村规民约、组织一批建筑工匠、配备一个服务团队)工程,组织动员村民开展美丽家园建设,联合政府、村集体、村民等建立共谋、共建、共管、共评、共享机制。镇级污水处理设施竣工 4 个,改造集贸市场公厕 20 个,35 个中小学校公厕改造项目全部竣工;市文广旅局组织验收 2019 年财政奖补旅游厕所项目,财政奖补市级旅游厕所项目 1000 万元。组建工作队 1044 支 8954 人,清捡田园面积 29.60 万公顷,清洁技术推广面积 31.57 万公顷,清洁田园示范点 240 个,回收农药瓶 133.32 万个,清捡废弃物(秧盘、薄膜等)535 吨。

【乡村风貌提升三年行动】 2019 年,南宁市开展乡村风貌提升三年行动。4 月,市委办公室、市政府办公室印发《南宁市乡村风貌提升三年行动实施方案》。全市开展"三清三拆"(清理村庄垃圾、清理乱堆乱放、清理池塘沟渠,拆除乱搭乱盖、拆除广告招牌、拆除废弃建筑)整治,打造基本整治、设施完善、精品示范 3 种类型村庄。全市基本整治型村庄竣工 921 个,竣工率 109.25%,完成投资 4533.52 万元,完成率 149.38%;设施完善型村庄竣工 7 个,完成投资 315 万元,完成率 100%;精品示范型村庄竣工 3 个,完成投资 1480 万元,完成率 100%。清理村庄垃圾 15.04 万吨,清理乱堆乱放 2.85 万处,清理池塘、沟渠淤泥 0.39 万处 12.91 万吨,拆除乱搭乱盖 0.29 万处 13.73 万平方米、广告招牌 0.56 万个,拆除农村危旧房、废弃猪牛栏及露天茅厕、断壁残垣等 0.98 万处 25.51 万平方米。

【乡村特色品牌创建】 2019 年,南宁市创建乡村特色品牌,培育打造市级各类进步乡镇和示范(特色)村屯。南宁市"美丽南宁"乡村建设领导小组办公室(简称"市乡村办")认定横县六景镇、青秀区伶俐镇为南宁市第一批生态宜居特色小城镇,上林县清水河生态综合示范带、隆安县"多彩那乡"生态示范带、南宁经开区临空生态综合示范带为南宁市第三批市级生态综合示范(带),宾阳县古辣镇等 6 个乡镇为市级美丽宜居建设进步乡镇、横县云表镇等 11 个乡镇为市级产业发展进步乡镇、马山县古零镇等 8 个乡镇为市级全域旅游发展进步乡镇、横县那阳镇上茶村委上茶村等 9 个村屯为市级生态宜居综合示范村、横县校椅镇六凤村委马毕村等 40 个村屯为市级乡土特色示范村屯、上林县巷贤镇高贤社区磨庄等 2 个村屯为市级民俗民居特色村屯、马山县白山镇大同村乔美屯等 63 个村屯为市级生态宜居提质升级村屯、横县那阳镇大联村委南阳上村等 405 个村屯为市级生态宜居基本整治村屯,100 个农户庭院为 2019 年南宁市百佳农户"美丽庭院",10 条乡村风景线为"首府十大最美乡村风景线"。

(市乡村办)

编辑 班 铭 唐祯麟 唐柯杰 钟婉悦

2019 年,南宁市认定"首府十大最美乡村风景线"之一的宾阳县"百年书卷气 十里稻花香"风景线途经景点——古辣镇大陆村 苏增慧 摄

区

【兴宁区】 位于南宁市东北部。土地面积751平方千米。2019年，辖镇3个、街道3个，村37个、社区38个。年末户籍总人口36.47万人，人口自然增长率9.6‰。耕地面积1.01万公顷，林地面积4.06万公顷，森林覆盖率56.66%。有三塘工业园区、五塘工业基地。河流主要有竹排冲、三塘河、沙江河等。有湘桂铁路、南(宁)昆(明)铁路、国道322线过境，境内有南宁火车站、金桥汽车客运站。旅游景区(点)主要有国家AAAA级景区6家(嘉和城温泉谷、广西药用植物园、人民公园、乡村大世界景区、九曲湾温泉度假村、昆仑关旅游风景区)，国家AAA级景区3家(狮山公园、凤凰谷景区、南宁海底世界)。矿产资源主要有褐煤、石英砂矿、砂砾石矿、磷矿、金矿、钨矿、高岭土、花岗岩、水晶、黄铁矿等。地方特产主要有罗非鱼、甘蔗、苦瓜、茄子、淮山等。是中国商埠民俗文化之乡。在自治区、市、县党委、政府扶贫开发工作成效考核中再次获综合评价“好”等次。主要存在经济社会发展不平衡、不充分，经济发展质量不高；受大环境影响，经济下行压力较大，经济增速整体放缓；城市建设、环境保护面临不少难题，社会治理能力有待加强等问题。

地区生产总值390.31亿元，比上年增长4.3%。财政收入48.02亿元，增长7.9%(一般公共预算收入10.35亿元)，一般公共预算支出24.02亿元。固定资产投资增长13.3%。居民人均可支配收入37520元，增长7.60%；城镇居民人均可支配收入41158元，增长7.0%；农村居民人均可支配收入16256元，增长10.7%。农林牧渔业总产值22.25亿元，其中农业13.31亿元，林业3.38亿元，牧业4.35亿元，渔业0.84亿元，农林牧渔服务业0.37亿元。第一产业增加值13.46亿元，增长6.0%。工业总产值增长9%，规模以上工业总产值11.21亿元，增长11.2%；规模以上工业企业24家，其中产值超过亿元企业11家；规模以上工业增加值增长9.10%，第二产业增加值增长16.7%；第三产业增加值增长1.4%，社会消费品零售总额491.55亿元，增长0.1%。区外境内实际到位资金86.41亿元，商务口径实际利用外资1604万美元。投入扶贫资金353.80万元，脱贫摘帽207户、418人，贫困发生率降至0.01%。

科研经费投入235万元；发明专利拥有量460件，每万人口发明专利拥有量10件以上。有幼儿园72所，在园幼儿1.56万人，教师1163人；小学51所，在校生4.36万人，教师1553人；初中15所，在校生1.08万人，教师620人。在37个村放映电影392场，送戏“进基层、进校园”演出28场；开展“兴阅”读书会活动7次，惠及群众5000余人；排演节目《邕嫁》参加自治区庆祝中华人民共和国成立70周年暨第七届自治区基层群众文艺会演获二等奖。有医疗卫生机构247个，卫生技术人员6494人，医疗病床4828张。举办体育赛事153场次，参与9040人，现场观众10多万人次。举办全民健身卡丁车大赛年度总决赛、迎春羽毛球比赛等县级以上群众体育赛事34场次，观众11.26万人，投入经费124.10万元。获市第十届运动会26金、19银、20铜，体育道德风尚奖，市第十届运动会健身气功第一名，市体育局体育总会授予“2019年健身气功王之队”称号。发放城乡低保金4.66万人次、1915.42万元；发放优抚对象抚恤、定补金622.54万元，义务兵家属优待金538.66万元；发放高龄补贴3.09万人次、820.49万元。城镇新增就业1.12万人，

2019年5月23日，兴宁区政府联合市体育局、市文化广电和旅游局举办“兴宁体育旅游休闲大会”新闻发布会

兴宁区志办提供

城镇登记失业率 2.56%;农村劳动力转移就业 2927 人。城乡居民社会养老保险参保 6.65 万人,参保率 98.64%,发放养老金 3616.53 万元;城乡居民基本医疗保险参保 18.35 万人,征缴 3667.84 万元,支出 420.51 万元。 (黄肖靖)

【江南区】 位于南宁市西南部。土地面积 1183 平方千米。2019 年,辖镇 4 个(吴圩镇由南宁经济技术开发区代管)、街道 5 个(那洪街道、金凯街道由南宁经开区托管),村 68 个(南宁经开区 22 个)、社区 48 个(南宁经开区 19 个)。年末户籍总人口 55.96 万人(南宁经开区 17.43 万人);人口自然增长率 12.13‰(含南宁经开区)。耕地面积 4.40 万公顷,林地面积 4.84 万公顷,森林覆盖率 41.93%。有湘桂铁路、黔桂铁路、南防铁路、吴大高速公路、吴圩机场第二高速公路、南宁至友谊关高速公路、邕江河道过境,南宁吴圩国际机场、南宁铁路南站。有邕江大桥、中兴大桥、白沙大桥、清川大桥、永和大桥、葫芦鼎大桥、北大桥、桃源桥、凌铁大桥、英华大桥横跨邕江两岸。旅游景区(点)主要有国家 AAAA 级景区 3 家(良凤江国家森林公园、融晟天河海悦城、百益·上河城),国家 AAA 级景区 6 家(扬美古镇、华南城、江南公园、大王滩景区、南宁海王生命与健康科普馆、向阳红现代农业庄园),国家历史文化名村 2 家(江西镇杨美村、江西镇同江村三江坡)。矿产资源主要有煤、石灰石等。地方特产主要有“扬美三宝”(豆豉、梅菜、沙糕)、扬美木瓜丁,特色农产品有甜糯玉米、辣椒、西瓜、沃柑、豆角等。《扬美老人节》入选第八批南宁市非物质文化遗产项目名录,《疍家婚礼》《壁和骨伤疗法》2 个项目传承人为第七批南宁市非物质文化遗产代表性传承人。广西文化创意产业大厦、百益·上河城智慧型文创科创孵化产业园分别获评自治区文化产业示范基地和示范园区,美丽江南农庄获评广西三星级乡村旅游区。主要存在经济下行压力较大,实体经济发展困难;脱贫攻坚成果仍需持续巩固,污染防治任重道远;第一、第二、第三产业融合发展深度不够,农村基础设施短板突出,城乡基本公共服务与人民收入水平差距较大等问题。

地区生产总值 505.94 亿元,比上年增长 4.40%。财政收入 31.83 亿元(一般公共预算收入 6.78 亿元),一般公共预算支出 21.08 亿元。固定资产投资 169.06 亿元,增长 13.0%。居民人均可支配收入 33113 元,增长 8.0%;城镇居民人均可支配收入 37264 元,增长 7.50%;农村居民人均可支配收入 16552 元,增长 10.90%。农林牧渔业总产值 38.24 亿元,其中农业 30.65 亿元,林业 1.13 亿元,牧业 3.51 亿元,渔业 1.54 亿元,农林牧渔服务业 1.41 亿元。第一产业增加值 29.07 亿元,增长 5.5%。规模以上工业总产值 514.35 亿元,下降 14.61%;规模以上工业企业 37 家,其中产值超过亿元企业 14 家;工业增加值 46.85 亿元,下降 15.60%。第三产业增加值增长 5.70%,社会消费品零售总额 201.09 亿元,增长 7.20%。区外境内实际到位资金 50.40 亿元,商务口径实际利用外资 1634 万美元。投入扶贫资金 5060.83 万元;脱贫摘帽 401 户、964 人,贫困发生率降至 0.03%。

科研经费投入 403 万元,获市级科技立项 16 项;发明专利拥有量 237 件。有幼儿园 63 所,在园幼儿 1.64 万人,教师 865 人;小学 59 所,在校生 5.13 万人,教师 2997 人;初中 26 所,在校生 1.45 万人,教师 1062 人。开展公益电影放映活动 491 场,社区电影放映场次 257 场;图书馆、文化馆(站)服务人数约 12 万人次;开展“百姓小舞台·和谐大社会”“江南读书人”读书会等群众性文艺演出、阅读活动、公益培训 200 余场次,服务群众 20 万人次。有医疗卫生机构 310 个,卫生技术人员 4958 人,医疗病床 2418 张。参加第十五届中国－东盟(南宁)国际龙舟邀请赛、南宁市第十届运动会篮球、羽毛球、武术、游泳等比赛,获金牌 11 枚、银牌 17 枚、铜牌 9 枚;参加南宁市第三届社会体育指导员技能大赛获体能竞技冠军。发放城乡低保金 4.29 万人次、1370.81 万元。发放拥军优属资金、定补金 2.57 万人、1669.21 万元;发放高龄补助 8159 人、823.95 万元。城镇新增就业 1.22 万人,城镇登记失业率 3.01%;农村劳动力转移就业 3204 人。城乡居民社会养老保险参保 9.45 万人,参保率 96.13%,发放养老金 4799.41 万元;城乡居民基本医疗保险参保 22.61 万人,征缴 4975.08 万元,支出 1.67 亿元。 (玉志军)

【青秀区】 位于南宁市东南部。土地面积 837.28 平方千米。2019 年,辖镇 4 个、街道 5 个,村 46 个、社区 71 个(城市社区 58 个、农村社区 13 个),自治区级经济开发区 1 个(仙葫经济开发区)。年末户籍人口 79.63 万人;人口自然增长率 8.62‰。耕地面积 2.45 万公顷,林地面积 4.36 万公顷,森林覆盖率 49.33%。有湘桂铁路、邕江航道和南宁境内高速铁路过境,及南宁东站、埌东客运站。有南宁东、伶俐 2 个高速公路出入口。旅游景区(点)主要有国家 AAAAA 级景区 1 家(青秀山风景区),国家 AAAA 级景区 6 家(广西民族博物馆、广西科技馆、凤岭儿童公园、民歌湖风景区、金花茶公园、花雨湖生态休闲旅游区),国家 AAA 级景区 1 家(地王·云顶观光旅游景区)。矿产资源主要有页岩、重晶石、石英砂、灰岩、砖瓦用黏土等。地方特产主要有富硒米、花生、甘蔗、竹笋、火龙果、香芋、甜瓜、龙眼等。获自治区民族团结进步创建活动示范区,是自治区唯一连续两年入选全国 5 个“百强区”(综合实力百强区、投资潜力百强区、新型城镇化质量百强区、科技创新百强区、绿色发展百强区)区县。凤岭北社区被授予“全国民族团结进步模范集体”称号,古岳坡入选全国少数民族特色村寨,垃圾分类“青秀模式”获全市城市生活垃圾分类工作目标考评第一名,“青秀发布”新媒体获“2018—2019 全国新媒体最具本土传播力品牌 50 强”,刘圩镇“那僚庙会”入选南宁市第八批非遗名录。主要存在新兴产业比重不高,传统产业转型升级任务艰巨,经济发展方式需转变;安全生产、

2019 年 6 月 6 日,“文化和自然遗产日”南宁主场活动周家坡古建筑群修缮启动暨南宁市非物质文化遗产展示中心揭牌仪式在江南区周家坡举行 玉志军提供

社会治安等方面比较薄弱,社会治理能力有待提高等问题。

地区生产总值1188.58亿元,比上年增长6.1%。财政收入209.17亿元(一般公共预算收入36.33亿元),一般公共预算支出48.21亿元。固定资产投资393.31亿元,增长16.2%。居民人均可支配收入45655元,增长6.50%;城镇居民人均可支配收入48286元,增长6.2%;农村人均可支配收入16811元,增长9.0%。农林牧渔业总产值38.87亿元,其中农业17.78亿元,林业3.24亿元,牧业10.71亿元,渔业1.18亿元,农林牧渔服务业5.96亿元。第一产业增加值20.27亿元,增长2.30%。工业总产值37.53亿元,增长47.50%;规模以上工业总产值31.56亿元,增长61.7%;规模以上工业企业29家,其中产值超过亿元企业7家。第二产业增加值106.63亿元,增长10.1%(工业增加值增长37.90%);规模以上工业增加值9.01亿元,增长54.40%。第三产业增加值1061.68亿元,增长5.8%,社会消费品零售总额460.56亿元,增长5.4%。区外境内实际到位资金122.65亿元,商务口径实际利用外资2449万美元。投入扶贫资金1.02亿元;脱贫摘帽183户、525人,贫困发生率降至0.02%。

科研经费投入933万元,获科技立项40项;发明专利拥有量980件,每万人口发明专利拥有量12.38件。有幼儿园143所(公办10所,企事业办15所,民办118所),在园幼儿3.51万人,在编教师95人;小学97所(完小33所、企事业办1所、民办小学11所),在校生7.94万人,初中7所,九年一贯制8所(公办5所,民办3所),在校生1.10万人,中小学在编教师3420人;创建特殊教育资源教室2个。开展农村公益电影放映552场次,戏曲进乡村活动25场;开展系列阅读活动200场次,接待读者1万人次,受益群众2万人次;《从照片中遇见时代的变迁》在"进入新时代　改革开放新篇"为主题的第26届读书活动主题征文活动中获全国一等奖。有医疗机构709个(含自治区直及市直医疗卫生机构),卫生技术人员2.21万人,医疗床位1.36万个。开展各类文体活动800余场,惠及群众30万人次。举办"三月三"国际传统舞龙邀请赛,邀请国内外龙队350余人参加;主办、承办老年体育赛事活动10场,组队参加南宁市第十届运动会,获42金、30银。发放城乡低保金4.73万人次、1723.03万元。发放优待抚恤金、定补金2.75万人次、2408.40万元,发放义务兵优待金850人次、1081.75万元;发放高龄补助6.72万人、1775.56万元。城镇新增就业1.04万人,城镇登记失业率2.75%;农村劳动力转移就业3156人。城乡居民社会养老保险参保6.52万人,参保率100%,发放养老金4800万元;城乡居民基本医疗保险参保28.25万人,征缴1.19亿元,支出1208.23万元。　（熊雅琴　罗惺飞）

【西乡塘区】 位于南宁市中西北部。土地面积1076平方千米。2019年,辖镇3个、街道8个,村65个、社区65个。年末户籍总人口69.35万人,人口自然增长率5.51‰。耕地面积4.49万公顷,林地面积2.8万公顷(含国有林场),森林覆盖率30.13%。南宁高新技术产业开发区驻城区内。有湘桂铁路、南(宁)昆(明)铁路贯穿境域,以及南宁火车站、南宁西站、武康站。南(宁)昆(明)、兰(州)海(口)高速公路,南宁外环高速公路、快速环城路贯通辖区,高速公路设安吉、石埠、林科院出入口。南宁轨道交通1号线11个车站、2号线7个车站、3号线2个车站坐落辖区。邕江、左江、右江航道过境,广西郁江老口航运枢纽位于邕江上游。辖区有中等、高等院校30多所,科研院所20多所。旅游景区(点)主要有国家AAAA级景区3家(南宁动物园、广西八桂田园、龙门水都),国家AAA级景区4家(老木棉匠园、芦仙山休闲体育公园、安吉花卉公园、新秀公园),广西五星级乡村旅游区1家(美丽南方),及圣名岭、亿仓·花海、青瓦房古村落、民生广场滨江景观、相思湖湿地公园、明月湖湿地公园、南宁希望田野(广西现代农业科技示范园)、坛洛金满园(广西甘蔗果树良种繁育中心)、心圩天雹水库、金沙湖水库、下楞民俗文化村、心圩越南育才学校总部遗址等。矿产资源主要有煤、石灰岩等。主要农产品有"洛洛香""甜弯弯""桂姿"等品牌香蕉,是广西香蕉主产区之一。主要存在充分发挥创新驱动作用不够,现代服务业特别是高端服务业比重较低,传统服务业转型升级缓慢等问题。

地区生产总值789.12亿元,比上年增长3.8%。财政收入47.47亿元(一般公共预算收入11.79亿元),一般公共预算支出37.36亿元。固定资产投资增长18.1%。居民人均可支配收入33969元,增长7.10%;城镇居民人均可支配收入35940元,增长6.7%;农村居民人均可支配收入15147元,增长9.6%。农林牧渔业总产值53.14亿元,其中农业35.95亿元,林业0.49亿元,牧业13.09亿元,渔业1.78亿元,农林牧渔服务业1.83亿元。第一产业增加值32.64亿元,增长3.1%。工业总产值71.77亿元,增长5.60%;规模以上工业总产值增长6.5%;规模以上工业企业29家,其中产值超过亿元企业15家。第二产业增加值236.27亿元(工业增加值155.44亿元);规模以上工业增加值增长8.6%。第三产业增加值(在地口径)520.21亿元,增长4.5%,社会消费品零售总额429.57亿元,增长5.0%。区外境内实际到位资金84.36亿元,商务口径实际利用外资2500万美元。投入扶贫资金1800多万元;脱贫摘帽658户、1603人,贫困发生率降至0.03%。

科研经费投入1081万元;发明专利拥有量983件,每万人口发明专利拥有量增长6%。有幼儿园145所,其中公办8所、企业办11所、民办126所,在园幼儿2.93万人,教师2051人;小学76所(不含市直属学校和高新区学校、社会办8所),在校生9.87万人,教师5308人;中学34所(普通初中11所、九年一贯制学校23所),在校生2.80万人,教师1992人。放映公益电影1512场(农村744场、社区768场)。图书馆有藏书5.20万余册,地方文献370多种,报刊250多种,馆藏图书以社会科学、自然科学类图书为主,社会科学文献

2019年11月30日,南宁市青秀区人民医院开业典礼现场　　青秀区卫健局提供

2019 年 9 月 23 日，西乡塘区双定镇兴平村驻村工作队员凌嵩蒋在兰卢坡卢东强家开展脱贫攻坚“回头看”核查　　西乡塘区志办提供

占 75%，自然科学文献占 23%，其他文献占 2%。设有外借书库、报刊阅览室、少儿阅览室、读者活动室、自修室及公共文化电子阅览室，阅览座位近 300 个。开展西乡塘区“七十年放歌——中国梦 · 青年颂”千人诵读诗会。有医疗卫生机构 504 个，卫生技术人员 505 人，医疗病床 375 张。广西马术锦标赛暨广西马术联赛总决赛在西乡塘区美丽南方景区胤龙马术俱乐部举行，设有场地障碍赛、地杆赛、场地全能赛、盛装舞步赛等比赛项目 4 个，获一等奖 2 个。发放城乡低保金 7.91 万人次、2897.20 万元。发放优待抚恤金、定补金 1969 人、1168 万元；发放 80～89 周岁老人补助 6.54 万人、1550.86 万元；发放 90 周岁以上老人补助 7809 人、353.15 万元。城镇新增就业 1.55 万人，城镇登记失业率 3.01%；新增农村劳动力转移就业 3104 人。城乡居民社会养老保险参保 9.66 万人，参保率 98.12%，发放城乡养老金 6435.86 万元；城乡居民基本医疗保险参保 34.99 万人，征缴 6016.78 万元，支出 2.52 亿元。　　（罗海贤　黄筱鑫）

【邕宁区】 位于南宁市东南部。土地面积 1231 平方千米。2019 年，辖镇 5 个，村 65 个、社区 11 个（新成立龙象社区）。年末户籍总人口 37.93 万人，人口自然增长率 8.3‰。耕地面积 4.41 万公顷，森林面积 4.75 万公顷，森林覆盖率 46.30%。有湘桂线黎（塘）南（宁）铁路南环线、南（宁）北（海）高速公路、省道 101 线和邕江河道过境；邕宁至浦北二级公路过境。南宁外环高速公路经过蒲庙镇、新江镇；途经城区的 2 条高速公路设蒲庙、八鲤、新江 3 个出入口。新建邕宁水利枢纽工程、广西最大内河港口——南宁中心城港区牛湾作业区位于邕宁邕江河段。旅游景区（点）主要有国家 AAAA 级景区 4 家（南宁园博园、南宁万达茂、那贵坡樱花园、蒲津公园）、国家 AAA 级景区 5 家（顶蛳山田园风光区、南宁不孤湖景区、徐汉林红色教育基地示范点、广西香流溪谷农业综合旅游区、福瑞生态休闲农场），及清水泉、灵龟山、雷婆岭摩崖石刻、那莲街古建筑等。矿产资源主要有石灰石、铜、铅、锌、泥岩、河砂等。地方特产主要有芝麻鸭、淮山、火龙果、沃柑、富硒大米、桑蚕茧等。有铝精深加工、新能源汽车、高端交通装备制造等优势工业产业。是第十二届中国（南宁）国际园林博览会举办地。获住建部第十二届中国（南宁）国际园林博览会表现突出单位、广西特色旅游名县、2018—2019 年广西县（市、区）“旅游创新发展十强县”、自治区级生态县区、自治区 2018 年平安县（市、区），连续 11 年被评为自治区平安县（区）；新江镇获自治区文明乡镇，那楼镇通过创建国家卫生乡镇自治区考核验收、那楼镇那良村那蒙坡被命名为全国传统村。主要存在自治区重大项目支撑不足，城区基础设施薄弱，产业链尚未形成；工业园区配套设施不完善，全面落实强首府战略任务艰巨等问题。

地区生产总值 154.70 亿元，比上年增长 6.0%；财政收入 22.76 亿元（一般公共预算收入 5.21 亿元），一般公共预算支出 29.10 亿元。固定资产投资增长 13.2%。居民人均可支配收入 22874 元，增长 9%；城镇居民人均可支配收入 34652 元，增长 6.6%；农村居民人均可支配收入 15460 元，增长 10.8%。农林牧渔业总产值 55.50 亿元，其中农业 31.42 亿元、林业 2.08 亿元、牧业 19.96 亿元、渔业 1.45 亿元、农林牧渔服务业 0.59 亿元。第一产业增加值增长 4.6%。工业总产值增长 21%；规模以上工业总产值 84.32 亿元，增长 21.8%；规模以上工业企业 29 家，其中产值超过亿元企业 18 家。第二产业增加值增长 4.2%，其中工业增加值 15.30 亿元（规模以上工业增加值 17.07 亿元）。第三产业增加值增长 7.6%，社会消费品零售总额 29.92 亿元，增长 12.6%。区外境内实际到位资金 56.07 亿元，商务口径实际利用外资 1712 万美元。投入扶贫资金 2.05 亿元；脱贫摘帽 1558 户、4772 人，贫困发生率降至 0.09%。

科研经费投入 1913.50 万元，获立项 28 项、结题 15 项；发明专利拥有量 105 件，每万人口发明专利拥有量 3.67 件。有幼儿园 123 所（含私立幼儿园），在园幼儿 1.29 万人，教职工 1219 人；小学 71 所，在校生 2.55 万人，教职工 1392 人；初中 12 所，在校生 1.51 万人，教职工 1308 人；特殊教育学校 1 所，在校生 118 人，教职工 28 人；开设营养改善计划试点学校 72

2019 年 12 月 31 日，“中国田 · 邕宁甜”广西新农扶贫活动暨邕宁沃柑首发仪式在邕宁区举办　　邕宁区志办提供

所。放映公益电影 1364 场,其中农村、社区公益电影 896 场,校园电影 468 场;受益 22.90 万人次。有综合医院 1 家、中医医院 1 家,乡镇卫生院 6 家和社区卫生服务机构 3 家,医疗卫生机构编制床位 1510 张(开放床位 1928 张),卫生技术人员 2111 人。图书馆藏书量 18.09 万册,举办群众文化活动 15 场次、组织文艺巡演 1320 场次,申报壮族抢花炮为第五批国家级非物质文化遗产代表性项目;举办体育竞赛活动 60 次(项)、参与人数 2.60 万人次,获市级以上金牌(冠军)13 枚、银牌(亚军)11 枚、铜牌 14 枚。发放城乡低保金 8.69 万人次、2220.50 万元;发放 80 周岁以上高龄补助 8.48 万人次、751.28 万元;发放优抚金、抚恤金 952.60 万元。城镇新增就业 1824 人,城镇登记失业率 2.87%;农村劳动力转移就业 2828 人。城乡居民社会养老保险参保 10.51 万人,参保率 100%,发放养老金 5876.75 万元;城乡居民基本医疗保险参保 28.38 万人次,征缴 6243.53 万元,支出 395.55 万元。

(覃燕萍)

【良庆区】 位于南宁市区南部。土地面积 1369 平方千米。2019 年,辖镇 5 个、街道 2 个,村 57 个、社区 21 个,自治区级经济开发区 1 个(良庆经济开发区)。年末户籍总人口 32.32 万人(乡村人口 15.45 万人);人口自然增长率 10.9‰。耕地面积 3.64 万公顷,林业面积 7.06 万公顷,森林覆盖率 54.55%。有南宁至北海高速公路、南宁外环高速公路、南宁至北海二级公路、南宁至防城铁路、湘桂铁路过境,及良庆、那马、玉洞 3 个高速公路出入口,宁村、那铺、大拟、百浪 4 个火车站。旅游景区(点)主要有国家 AAAA 级景区 1 家(广西规划馆景区),国家 AAA 级景区 2 家(大王滩风景区、南宁博物馆),及五象岭森林公园、凤亭湖、绿温泉、竹泉岛、那兰生态自然村(白鹭村)、蕾帽岭摩崖石刻等。矿产资源主要有铁、铅、锌、铜、钛、重晶石、花岗岩、石灰石等。地方特产主要有南晓土鸡、芝麻鸭、小龙虾、水库鱼、龙眼、荔枝、杧果、西瓜、火龙果、沃柑、菠萝、柠檬、澳洲坚果、淮山、彩色蚕茧等。良庆区在全国区县政府网站评选中位列广西区县第一,获第六届全国地方志优秀成果(年鉴类)县区级综合年鉴二等奖、2019 年度全区扶贫开发工作成效考核二类县"综合评价好"等次第一名、2019 年度自治区财政专项扶贫资金绩效评价 A 等次、2019 年度自治区级生态县(区)称号、自治区"四好农村路"达标县(区)等荣誉。主要存在经济下行压力持续加大,工业短板依然突出,三产增速放缓,项目投资支撑不足,基础设施欠账较多,一些民生诉求尚未得到有效解决,社会治理仍需加强,全面落实强首府战略的合力还不够强大等问题。

地区生产总值 336.42 亿元,比上年增长 7.1%。财政收入 69.21 亿元(一般公共预算收入 13.97 亿元),一般公共预算支出 24.62 亿元。固定资产投资增长 13.1%。居民人均可支配收入 27933 元,增长 7.3%;城镇居民人均可支配收入 32658 元,增长 6.1%;农村居民人均可支配收入 16234 元,增长 10.6%。农林牧渔业总产值 43.70 亿元,其中农业 27.43 亿元,林业 4.45 亿元,牧业 9.85 亿元,渔业 1.53 亿元,农林牧渔服务业 0.44 亿元。第一产业增加值 27.23 亿元,增长 1.0%。规模以上工业总产值 68.09 亿元,下降 6.7%;规模以上工业企业 67 家,其中产值超过亿元企业 17 家。第二产业增加值 97.83 亿元,增长 2.2%,其中工业增加值 52.42 亿元,增长 0.3%。第三产业增加值 211.36 亿元,增长 10.6%,社会消费品零售总额 42.84 亿元,增长 10.9%。区外境内实际到位资金 101 亿元,商务口径实际利用外资 5697 万美元。投入扶贫资金 9883 万元;脱贫摘帽 772 户、2016 人,贫困发生率降至 0.03%。

科研经费投入 4763 万元,申报市级科技项目 18 项,获立项 15 项,重大科技成果转化项目通过认定 5 项;发明专利拥有量 154 件,每万人口发明专利拥有量 4.09 件。广西首个外国专家工作站在广西国际壮医医院揭牌运营。南宁市五象教育集团挂牌成立。有幼儿园 78 所,在园幼儿 1.93 万人,教师 2192 人;小学 49 所,在校生 4.62 万人,教师 2413 人;中学 29 所,在校生 3.32 万人,教师 3223 人。图书馆开架图书 4 万册,订阅期刊 112 种,接待读者 4.68 万人次。开展"喜迎中华人民共和国成立 70 周年"暨良庆区庆祝元宵节文艺晚会、壮族"三月三"等大型群众文化活动 17 场;免费提供基层艺术辅导 320 课时 410 人次;举办民俗文化旅游节,组织 1000 人联唱山歌 70 小时打破"世界上山歌联唱时间最长"纪录。有医疗卫生机构 300 个(含个体),卫生专业技术人员 3979 人,医疗床位 3082 张。举办"壮族三月三·民族体育炫"民族体育、广西体育节良庆区分会场暨公共机构低碳节能全民健身、第五届广西城乡万人气排球赛、"全民健身日"、足球联赛等体育活动;获市级体育比赛奖牌 94 枚。发放城乡低保金 9256 人、1918.83 万元。发放优抚金 832 人、512 万元,义务兵家庭优待金 190 人、452 万元。发放高龄补助 4630 人、511.23 万元。城镇新增就业 4286 人,城镇登记失业率 1.06%;农村劳动力转移就业 1830 人。城乡居民社会养老保险参保 6.98 万人,参保率 99.95%,发放养老金 2.52 万人、4483.90 万元;城乡居民基本医疗保险参保 23.33 万人,征缴 996.78 万元,支出 633.68 万元。

(潘艳明)

2019 年 9 月 10 日,南宁市五象教育集团揭牌仪式在良庆区五象小学举行　谢蒙龙　摄

【武鸣区】 位于南宁市北部。土地面积 3388.99 平方千米。2019 年,辖镇 13 个,村 198 个、社区 22 个。年末户籍总人口 72.70 万人,壮族人口 61.88 万人;人口自然增长率 6.8‰。耕地面积 11.69 万公顷,林地面积 15.14 万公顷,森林覆盖率 51.65%。有伊岭工业园区。广西－东盟经济技术开发区、国营广西农垦东风农场驻城区内。主要河道有武鸣河。有都(安)南(宁)高速公路、贵(港)隆(安)高速公路、国道 210 线、省道 20321 线过境,南宁至武鸣城市大道一级公路。旅游景区(点)主要有国家 AAAA 级景区 3 家(伊岭岩、大明山、花花大世界),国家 AAA 级景区 1 家(大明山汉江欢乐谷),广西三星级乡村旅游景区 2 家(嘉沃农庄、邕旺·楠木

水乡），及灵水、明秀园、春霞园、黄道山、起凤山、三十六弄自然保护区等。矿产资源主要有铜、锰、钨、金、铁、铅、锌、煤、磷等20多种，其中探明铜矿储量2600万吨，占自治区蕴藏总量30%。地方特产主要有灵水牌龙眼、下渌砂糖橘、沃柑、茂谷柑、那羊香米、石牛干笋、旋力威辣椒、大明山白砂糖、古府白砂糖、锣皎淀粉、玉泉土鸡、骆越山鸡、灵马鲶鱼等。沃柑种植面积3万公顷，是自治区种植面积最大的生产区，"武鸣沃柑"获批国家地理标志商标，在北京成功举办2019年武鸣沃柑上市新闻发布会。被评为全国基层中医药工作先进单位、全国生猪调出大县（区）、自治区平安县（区）。双桥镇大伍屯获"中国少数民族特色村寨"称号，太平镇庆乐小学获评全国教育系统先进集体，城厢镇平等村党支部书记潘庆标获全国民族团结进步模范个人称号。香山源种羊产业示范区获评广西三星级现代特色农业核心示范区，龙谷柑橘、九联沃柑产业示范区被评为广西县级现代特色农业示范区。城厢镇、宁武镇获评南宁市科学发展先进镇，伊岭溪谷休闲旅游风景线入选"首府十大最美乡村风景线"。主要存在产业发展层次偏低，发展质量不高，转型升级难度大；城乡发展不够协调，城市管理不够精细，城市品质与主城区差距较大；民生保障有待完善，公共服务供给不够充分；文明创建力度有待加强，群众文明素质仍需提高；各领域党建品牌影响力不大，党建引领带动力不强，部分党员干部担当意识不够，还不适应新形势新任务新发展的要求等问题。

地区生产总值303.33亿元，比上年增长4.5%。财政收入18.83亿元（一般公共预算收入10.45亿元），一般公共预算支出42.68亿元。固定资产投资103亿元，增长10.0%。居民人均可支配收入25774元，增长8.6%；城镇居民人均可支配收入36309元，增长7.3%；农村居民人均可支配收入17483元，增长9.7%。农林牧渔业总产值197.55亿元，其中农业143.84亿元，林业7.68亿元，牧业36.54亿元，渔业5.03亿元，农林牧渔服务业4.46亿元。第一产业增加值124.11亿元。工业总产值98.97亿元，增长21.1%；规模以上工业总产值81.55亿元，增长20.1%；规模以上工业企业79家，其中产值超过亿元企业13家。第二产业增加值69.95亿元，规模以上工业增加值增长20.0%。第三产业增加值109.26亿元，增长5.9%，社会消费品零售总额86.48亿元，增长0.1%。区外境内实际到位资金51.45亿元，商务口径实际利用外资350万美元。投入扶贫资金1.10亿元；脱贫摘帽1838户、4480人，贫困发生率降至0.25%。

科研经费投入1508万元，推进科技计划项目4项；发明专利拥有量130件，每万人口发明专利拥有量2.25件。有幼儿园200所，在园幼儿2.80万人，教师2209人；小学190所，在校生4.04万人，教师2594人；中学19所，在校生1.84万人，教师1637人。农村公益电影放映2600多场次，图书馆接待读者约14万人次，外借图书7.80万册次；举办庆祝中华人民共和国成立70周年送戏进基层活动126场，《壮族五色糯米饭习俗》成功申报国家非遗项目，新增《武鸣灵马草席编织技艺》《武鸣壮族抢花炮》《大明山茶制作技艺》《仙湖歌圩》等10个市级非遗项目名录。有医疗卫生机构20个，在岗卫生技术人员2503人，医疗病床2568张。组队参加自治区、市运动会，获17金、14银、1铜。发放城乡低保金14.53万人次、3572.42万元。发放优待抚恤金、定补金3051人、2981.85万元；发放高龄补助6.32万人、1695.20万元。城镇新增就业4630人，城镇登记失业率2.86%；农村劳动力转移就业8718人。城乡居民社会养老保险参保30.50万人，参保率97.50%，发放养老金1.26亿元；城乡居民基本医疗保险参保64.34万人，征缴2.24亿元，支出5.32亿元。（廖振培）

2019年9月29日，武鸣区举行文艺演出庆祝中华人民共和国成立70周年　张修萍　摄

县

【横　县】位于南宁市东部。土地面积3464平方千米；县政府驻横州镇。2019年，辖镇16个、乡1个，村276个、社区32个。年末户籍总人口127.82万人，其中壮族人口49.88万人，少数民族人口50.84万人；人口自然增长率6.38‰。耕地面积11万公顷；林地面积16.85万公顷，森林覆盖率48.61%。有六景工业园区（自治区级）。郁江上通南宁、百色，下通广东、中国香港地区、中国澳门地区。桂海、南广、六钦高速公路及国道209线、湘桂铁路等要道过境。港口主要有六景港口。旅游景区（点）主要有国家AAAA级旅游景区1家（九龙瀑布群国家森林公园），国家AAA级旅游景区6家（横县西津湖旅游景区、中华茉莉园景区、横县莲塘圣茶谷景区、广西金花茶业工业旅游园、横县西津国家湿地公园沙埠景区、横县顺来茉莉花茶展览馆），及宝华山旅游风景区、伏波庙（国家级文物保护单位）、六景泥盆系标准剖面保护区等。矿产资源主要有金、铜、芒硝、膨润土、石灰石、三水铝等。地方特产主要有茉莉花、茉莉花茶、优质稻、糖料蔗、桑蚕、蘑菇、甜玉米等。是世界茉莉花和茉莉花茶生产中心、中国茉莉之乡、中国甜玉米之乡、中国大粽美食之乡；被国际花园中心协会（IGCA）授予"世界茉莉花都"，蝉联广西最具价值农产品品牌，入选"2019中国茶业百强县"，被评为2019中国茶旅融合十强示范县。横县茉莉花复合栽培系统被农业农村部认定为中国重要农业文化遗产；横县国家现代农业产业园通过国家评估验收。主要存在高质量发展支撑体系不够牢靠，经济增速相对缓慢，个别经济指标下滑；部分重大项目前期工作耗时过长，土地、财政等保障能力不足，资源集约利用水平需提升；教育、医疗、文化等公共服务发展水平未满足群众期望等问题。

地区生产总值328.90亿元，比上年增长4.10%。财政收入19.54亿元（一般公共预算收入11.60亿元）；一般公共预算支出56.35亿元。固定资产投资比上年增长10.30%。城镇居民人均可支配收入35720元，农村居民人均可支配收入15091元。农林牧渔业总产值133.53亿元，其中农业产值 83.13 亿元，林业产值 5.62 亿元，牧业产值 35.20 亿元，渔业产值 5.76 亿元，农林牧渔服务业产值 3.82 亿元。第一产业增加值 77.09 亿元。有工业企业 749 家，实现工业总产值 279.61 亿元；规模以上工业企业 115 家(新增 14 家)，规模以上工业总产值增长 2.33%。第二产业增加值 124.98 亿元，其中工业增加值 96.10 亿元(规模以上工业增加值 79.14 亿元)。有商贸企业 2081 家，从业人员 9052 人；个体工商户 3.08 万户，从业人员 7.17 万人。第三产业增加值 126.83 亿元。区外境内实际到位资金 74 亿元，商务口径实际利用外资 231 万美元。年末脱贫摘帽村 10 个、5160 户、1.61 万人；贫困发生率 0.32%，降低 1.88 个百分点；投入扶贫产业开发经费 7510.20 万元。

科技经费投入 1738.41 万元，实施科技项目 10 项；申报自治区级、市级科技项目 15 项，立项 10 项；发明专利申请量 237 件，每万人口发明专利拥有量 3.02 件。有幼儿园 320 所，在园幼儿 4.71 万人，教师 1371 人；小学 205 所、教学点 193 个，在校生 9.42 万人，教师 4615 人；初中 31 所(含九年一贯制学校 1 所、体育运动学校 1 所)，在校生 3.97 万人，教师 2365 人；普通高(完)中 6 所，在校生 1.98 万人，教师 1125 人；职业教育中心 1 所，在校生 5333 人，教师 263 人；特殊教育学校 1 所，在校生 177 人，教师 32 人；民办学校 5 所(小学 2 所、九年一贯制学校 2 所、初中 1 所)，教师 142 人。举办首届世界茉莉花大会暨第十一届全国茉莉花(茶)交易博览会、2019 年中国(横县)茉莉花文化节，接待游客 49.27 万人；投入 375 万元，新建村级公共服务中心 15 个；扶持农村业余文艺团队 16 个；开展大型群众文艺演出 18 场次；电影进村放映 3358 场次、社区公益电影放映 380 场；"送戏下基层、进校园"演出 30 场；组织节目参加各类文艺演出、活动 6 场；列入市级以上非物质文化遗产保护名录 39 项。有医疗卫生机构 611 个，卫生技术人员 4247 人，医疗病床 3865 张。建设体育健身工程项目 40 个；开展全民健身系列体育活动 480 场次；举办、组织体育赛事 30 场次；竞赛活动获自治区级奖牌 48 枚、市级奖牌 9 枚。审批城乡最低生活保障对象 25.64 万人次，发放保障金 33.97 万人次、7954.36 万元。发放抚恤金、定补金 3849.78 万元，退伍义务兵家属优待金 1378.37 万元。发放高龄补助 10.21 万人次、2745.76 万元；特困老人 5.20 万人次，发放特困供养定补金 2752.06 万元。城镇新增就业 3169 人；城镇登记失业率 1.74%；新增农村劳动力转移就业 9483 人。参加城乡居民社会养老保险 45.40 万人，参保率 98.46%，征缴保险费 3.03 亿元，支出 2.30 亿元；参加城乡居民基本医疗保险 118.01 万人，参保率 98.10%，个人缴费 112.77 万人、2.48 亿元。

(韦斯步)

【宾阳县】 位于南宁市东北部。土地面积 2298 平方千米；县政府驻宾州镇。2019 年，辖镇 16 个、村 192 个、社区 41 个。年末户籍总人口 106.22 万人，人口自然增长率 5.12‰。耕地面积 9.16 万公顷，林地面积 9.48 万公顷，森林覆盖率 45%。有黎塘工业园区。湘桂铁路、黎(塘)湛(江)铁路、黎(塘)钦(州)铁路在县内黎塘镇交汇，南(宁)柳(州)、南(宁)广(州)高速铁路在县境内并轨；桂海、贵隆两条高速公路、南(宁)梧(州)二级公路(国道 358 线)、南(宁)柳(州)公路(国道 322 线)过境；有宾阳至上林、宾阳至横县、忻城周安至宾阳新桥二级公路 3 条。主要旅游景区(点)有国家 AAAA 级景区 2 家(昆仑关战役旧址、古辣稻花香里旅游景区)，国家 AAA 级景区 1 家(白鹤观旅游度假区)，及宾州古城文化景区、程思远故居、情人谷相思潭旅游风景区、露圩思源休闲农业示范景区等。矿产资源主要有钨、钼、铋、铜、铅、锌、三水铝、铁、金、石灰石、毒砂、花岗岩等。地方特产主要有瓷器、小五金、壮锦、莲藕、香米等。是全国商品粮生产基地县、广西"小五金之乡"。古辣镇获"2019 年全国农业产业强镇"称号。主要存在经济下行压力加大，结构性矛盾较突出，经济增长内生动力不足；城市功能布局待完善，建设品位、管理水平待提高，农业农村基础仍然薄弱；教育、养老、医疗等公共服务的覆盖面、均衡面、优质率还不高，生态环境有反弹风险等问题。

地区生产总值 271.96 亿元，比上年增长 6%；财政收入 20.13 亿元(一般公共预算收入 13.75 亿元)，一般公共预算支出 55.90 亿元。固定资产投资比上年增长 16.10%。城镇居民人均可支配收入 35544 元，农村居民人均可支配收入 15470 元。农林牧渔业总产值 94.43 亿元，其中农业 57.61 亿元，林业 4.11 亿元，牧业 26.75 亿元，渔业 4.59 亿元，农林牧渔服务业 1.37 亿元。第一产业增加值 58.79 亿元。有工业企业 563 家；规模以上工业企业 81 家(新增 7 家)，利润 10.16 亿元。第二产业增加值 80.37 亿元(工业增加值 10.90 亿元，规模以上工业增加值 15 亿元)。有国有企业 79 家，私营企业 6343 家(新增 1459 家)，从业人员 11.85 万人；个体工商户 3.26 万户(新增 5244 户)，从业人员 12.34 万人；微型企业 16 家(新增 14 家)，农民专业合作社 885 家(新增 132 家)，限额以上商贸企业(单位)95 家(新增 16 家)。第三产业增加值 132.79 亿元。区外境内实际到位资金 51.84 亿元，商务口径实际利用外资 418 万美元。整合财政专项扶贫资金 2.07 亿元，脱贫摘帽贫困村 7 个、4157 户、1.27 万人。

科研经费投入 1348 万元，实施科技项目 12 项，其中自治区级 4 项、市级 8 项；发明专利拥有量 79 件，每万人口发明专利拥有量 0.96 件。有幼儿园 352 所，在园幼儿 4.37 万人，教师 3656 人；小学 121 所(社会办 3 所)，在校生 7.45 万人，教师 3866 人；初级中学 23 所(九年一贯制 3 所、社会办 3 所)，在校生 3.22 万人，教师 2298 人；高中 7 所(社会办 2 所)，在校生 1.97 万人，教师 1274 人；特殊教育学校 1 所，在校生 155 人，教师 34 人；中等职业技术学校 1 所，在校生 5683 人(全日制 1662 人)，教师 74 人；教师进修学校 1 所，教师 33 人。开展文化"双百"工程、免费开放"两馆一站""送戏下乡"、公益

2019 年 8 月 30 日至 9 月 1 日，首届世界茉莉花大会暨第十一届全国茉莉花茶交易博览会、2019 年中国(横县)茉莉花文化节在横县举行。图为茉莉花文化大典现场　黄汝德　摄

2019年11月14日,宾阳县古辣镇稻花香里旅游景区被评为国家AAAA级景区

古辣镇政府提供

文化讲座等惠民活动,组织迎春文艺晚会、广场文化月月演等大型文艺晚会30多场次,开展"千团万场"、宾州古城周周演圩日文化旅游活动等系列群众文化活动3000多场,受益群众30多万人次。输送的运动员苏春燕获2019年第二届全国青年运动会跨界跨项高山滑雪项目女子甲组大回转冠军;在南宁市第十届运动会上获奖牌100枚,田径队获团体总分第一名。宾阳织锦技艺申报第五批国家级非物质文化遗产名录;完成南桥自治区级文物保护单位维修;建设推广农村"大众阅读点""流动书屋"等乡村阅读试点项目。有卫生医疗机构480家,有卫生技术人员4720人,医疗卫生机构病床4248张。审批城乡最低生活保障对象3.62万人,发放城乡低保金32.12万人次、7733.50万元;发放高龄补助2.22万人;发放抚恤金7432人、3129万元;发放优待金1218人、1544万元;审批特困人员3.15万户次、3.26万人次,发放生活补助金1712.37万元。新增城镇就业人员3457人,下岗失业人员再就业568人,农村劳动力转移就业1.05万人,城镇登记失业率在2.72%内。宾阳县城乡居民基本养老保险参保40.91万人,参保率98.06%,支出1.76亿元;城乡居民基本医疗保险参保89.97万人,征缴1.98亿元,支出5.45亿元。

(朱　雨)

【上林县】 位于南宁市东北部。土地面积1871平方千米;县政府驻大丰镇。2019年,辖镇7个、乡4个(瑶族乡1个),村115个、社区19个。年末户籍总人口50.26万人,其中壮族人口38.64万人;人口自然增长率4.60‰。耕地面积4.78万公顷(水田面积1.20万公顷);林地面积6.27万公顷(有林面积5.75万公顷),森林覆盖率52.76%。有平果至梧州高速公路,忻城至宾阳、迁江至古零、宾阳至马山3条二级公路过境。旅游景区(点)主要有国家AAAA级景区3个(大明山景区、大龙湖景区、金莲湖综合旅游景区),国家AAA级景区5个(云里湖景区、鼓鸣寨旅游景区、霞客桃源壮乡旅游度假区、上林县禾田农耕文化园、万古茶园景区),及三里·洋渡风景区、石门龙母圣殿、不孤村人文景区、唐智城垌古城垌遗址、东红湿地公园、大庙江景区等。矿产资源主要有黄金、煤炭、钒矿、石煤、滑石、锰矿、水晶石、石英石、大理石、花岗岩、铁、铅、铜、锌等31种,其中钒矿探明储量2.70亿吨,属全国较大钒矿矿床之一。地方特产主要有优质米、茶叶、果蔗、八角、小龙虾等;"上林大米""上林八角"为国家地理标志保护商品;"上林大米"获广西农业品牌目录区域公用品牌。获"世界长寿乡"称号,被评为自治区"平安农机"示范县、自治区渔业健康养殖示范县。主要存在经济下行压力大,工业仍是短板,缺乏强有力的项目支撑和经济增长点;部分脱贫贫困户需加强后续跟踪帮扶;交通、水利等基础设施依然落后;禁毒整治、打黑除恶打伞破网形势依然严峻等问题。

地区生产总值81.09亿元,比上年增长7.60%;财政收入4.84亿元(一般公共预算收入3亿元),一般公共预算支出38亿元。固定资产投资增长56.30%。城镇居民人均可支配收入28528元,农村居民人均可支配收入12251元。农林牧渔业总产值42.84亿元,其中农业24.33亿元,林业1.90亿元,牧业14.11亿元,渔业2.35亿元,农林牧渔服务业0.15亿元。第一产业增加值26.17亿元,增长7.10%。有工业企业289家,工业总产值增长1.80%;规模以上工业企业18家,规模以上工业总产值增长2%。第二产业增加值12.23亿元,增长14.40%。有国有企业3家,私营企业2702家,从业人员9149人;集体企业11家,从业人员87人;内资企业2925家,从业人员9103人;个体工商户1.97万户,从业人员4.95万人。第三产业增加值42.69亿元,增长6.10%。社会消费品零售总额24.24亿元,增长6.50%。

脱贫摘帽贫困村32个、4528户、1.66万人,贫困发生率降至1.17%。安排财政专项扶贫资金约3.80亿元,实施扶贫项目873个。县直单位挂点帮扶134个村(社区),机关企事业单位6996名干部职工与贫困户结对帮扶。"5+2"特色产业覆盖率93.33%,新建贫困村特色产业扶贫示范园22个,补助资金1250万元;投资1.55亿元,实施产业扶贫开发项目352个;新型经营主体或产业基地覆盖贫困村65个;培育创业致富带头人564人,每个贫困村有致富带头人3人以上。认定就业扶贫车间37家,开发扶贫公益性岗位187个,举办职业技能培训班46期、上林县农民工暨易地扶贫搬迁户就业创业实用小项目培训班23期。易地扶贫搬迁3850户、1.60万人,入住率100%。7月,南宁市首批易地扶贫搬迁安置点不动产登记证书发放仪式在西燕镇安置点举行,首批获不动产权证搬迁户160户。获粤桂帮扶财政资金3764万元,实施项目9个;组织考察团到广东省招商4次,202家企业参加。选派党政干部、医护人员和教师72人到广东省高州市学习;联合举办招聘会2场、粤桂劳务协作贫困劳动力职业技能培训班46期;14个深度贫困村与高州市14家企业结对帮扶,并获高州市捐赠216.55万元。建档立卡贫困人口农村居民基本医疗保险参保率100%,贫困户住院个人报销比例90.08%,特殊慢性病门诊个人报销比例86.61%。9月10日,自治区医疗保障脱贫攻坚现场会在上林县召开。无建档立卡贫困户学生辍学;发放学生资助项目资金4514.85万元,其中建档立卡贫困户学生受助4.44万人次。建档立卡贫困人员参加城乡居民基本养老保险9.11万人,参保率100%,符合领取待遇条件1.91万人。住房安全保障农户11.52万户,保障率99.93%;安排财政资金4000万元,解决1000户五保户、低保户、残疾户及唯一住房为危房的农户的建房资金问题。完成134个行政村道路优化、完善文化体育场所和办公场所、网络宽带建设,带动65个贫困村集体经济增收591.80万元。

科研经费投入175万元,申报市级科技项目14项(推进科技计划项目5项),立项8项;发明专利拥有量67件,每万人口发明专利拥有量2.09件。有幼儿园

139 所,在园幼儿 1.82 万人,教师 717 人;小学 67 所,在校生 3.37 万人,教师 2090 人;初中 12 所(含九年一贯制学校),在校生 1.44 万人,教师 978 人;高中 3 所,在校生 8043 人,教师 541 人;特殊教育学校 1 所,在校生 96 人,教师 20 人;中等职业技术学校 1 所,在校生 268 人,教师 50 人。义务教育阶段辍学 9 人,劝返复学 71 人,义务教育巩固率 102.42%。开展"壮族三月三·八桂嘉年华"主题活动 7 场次,约 2.30 万人次参与;举办"大篷车百姓舞台"周周演系列活动、戏曲进乡村、2019 年南宁国际民歌艺术节"绿城歌台"上林歌台、迎春文艺会演等演出约 150 场次,观众约 2.50 万人次。扶持村屯社区文艺队伍 36 个,投入 28 万元,演出 900 场次以上;配合南宁市艺术剧院开展送戏下基层、送戏进校园活动 35 场。文化共享和文化惠民工程投资 576 万元,新建村级公共服务中心 18 个;投资 736 万元,完成 20 个行政村(社区)、63 个自然庄光纤联网,建设光缆线路 341.40 千米,新建广播电视服务站 5 个、乡镇机房 2 个。上林糯米酒酿造技艺、上林壮族古香制作技艺、上林壮医针挑列入第八批市级非遗项目名录;上林瑶族歌谣传承人卢成被评为 2019 年度南宁市非物质文化遗产十佳代表性传承人,三里壮族歌圩传承基地被评为 2019 年度南宁市非物质文化遗产十佳保护平台。有医疗卫生机构 242 家,卫生技术人员 2376 人,医疗病床 2299 张。投资 22.32 万元,实施体育"五个一工程"(建设一个标准篮球场、一片乒乓球场、一套健身路径、一支运动队和配备一名体育社会指导员)项目 14 个;投资 187 万元,新建篮球场 26 个,安装健身路径 19 套。举办 2019 年中国山地自行车联赛第二站(上林站)、2019 年中国·上林自由搏击邀请赛、2019 年"永安·嘉园杯"广西钓鱼锦标赛;举办群众体育赛事 500 多场次,观众 9 万多人次。举重代表队参加自治区第十四届运动会获金牌 6 枚、银牌 3 枚、铜牌 4 枚,参加南宁市第十四届"举城杯"举重锦标赛获金牌 22 枚、银牌 17 枚、铜牌 11 枚;手球代表队参加广西青少年女子手球锦标赛暨第十四届自治区运动会获手球资格赛第三名,代表南宁市参加自治区第十四届运动会获女子手球第一名;上林代表队参加南宁市第十届运动会,获金牌 14 枚、银牌 23 枚、铜牌 7 枚。审批城乡最低生活保障对象 9.11 万户次、21.81 万人次,发放城乡低保金 21.81 万人次、5343.21 万元。发放各类优抚、优待金 4063 人次、502.09 万元;发放高龄补助 4.70 万人次、1266.60 万元。新增城镇就业 1869 人,城镇登记失业率 3.28%;农村劳动力转移就业 7228 人。参加城乡居民基本医疗保险 48.42 万人,参保率 98.82%,征缴保险费 1.07 亿元;参加城乡居民基本养老保险 17.63 万人,参保率 99.16%,征缴保险费 1.27 亿元。

（樊守辉）

【马山县】 位于南宁市北部。土地面积 2340.76 平方千米;县政府驻白山镇。2019 年,辖镇 7 个、乡 4 个(瑶族乡 2 个),村 134 个、社区 22 个。年末户籍总人口 57.44 万人,其中壮族人口 41.90 万人;人口自然增长率 5.81‰。耕地面积 4.62 万公顷,林地面积 16.22 万公顷,森林覆盖率 67.63%。有苏博工业集中区、百龙滩工业园区。有水任(河池)至南宁、来宾至马山、马山至平果高速公路,马山至大化、马山至上林至宾阳二级公路,国道 210 线过境。主要河道有一级河红水河,二级河清波河、乔利河、周鹿河、兴科河、姑娘江、府城河、仙湖河、杨圩河、小明山河 9 条。旅游景区(点)主要有国家 AAAA 级景区 3 家(金伦洞、水锦·顺庄、弄拉生态自然风景区)、国家 AAA 级景区 4 家(三甲攀岩小镇、小都百旅游景区、灵阳寺旅游景区、古朗瑶乡金银花公园),广西四星级乡村旅游区 1 家(小都百乡村旅游区),广西三星级乡村旅游区 4 家(古朗瑶乡金银花公园、三甲乡村旅游区、思恩园乡村旅游区、桃李乡村旅游区),以及红水河百里画廊、中国玄河(永州暗河)、金钗石林城堡、古寨风情小镇等。矿产资源主要有煤、锰、铁、钨、铜、滑石、重晶石、方解石、叶蜡石、石灰石、高岭土等 23 种。地方特产主要有黑山羊、金银花、旱藕粉、八角、黑豆、里当鸡等。被评为创建全国文明城市先进单位、全国攀岩进校园推广示范县、中国登山协会 2019 年度推荐攀岩目的地、建设平安广西活动先进县、创建广西全民健身和全民健康深度融合示范县、自治区双拥模范县。主要存在经济总量小,工业增长压力大,固定资产投资增速放缓,部分重点项目推进较慢,农村基础设施和公共服务存在短板、人居环境待改善,脱贫攻坚任务艰巨等问题。

地区生产总值 85.84 亿元,比上年增长 6.30%。财政收入 3.67 亿元(一般公共预算收入 2 亿元);一般公共预算支出 39.85 亿元。固定资产投资增长 23.70%。城镇居民人均可支配收入 29031 元,农村居民人均可支配收入 11844 元。农林牧渔业总产值 37.01 亿元,其中农业 19.60 亿元,林业 3.33 亿元,牧业 12.68 亿元,渔业 1.29 亿元,农林牧渔服务业 1199 万元。第一产业增加值 22.84 亿元。有工业企业 19 家,工业总产值 14.16 亿元;规模以上工业企业 16 家,规模以上工业总产值 14.16 亿元。第二产业增加值 19.87 亿元,其中工业增加值 12.25 亿元(规模以上工业增加值 4.13 亿元)。企业 2297 家(新增 346 家),从业人员 6767 人(新增 1884 人);个体工商户 1.65 万户(新增 2235 户),从业人员 3.29 万人(新增 5693 人)。农民专业合作社 871 个(新增 75 个),从业人员 1.01 万人(新增 454 人)。有市场(含农贸市场)16 个。第三产业增加值 43.13 亿元。社会消费品零售总额 27.72 亿元。区外境内实际到位内资 4.62 亿元。

有贫困村 35 个、6269 户、2.32 万人通过自治区脱贫摘帽核验。投入脱贫攻坚资金 11.10 亿元,帮扶资金 1.94 亿元。发放扶贫小额贷款 2123.06 万元、贴息 748 万元,受益 4103 户。全县干部 8439 人全覆盖帮扶贫困户。完成东西部扶贫协作项目 18 个;安排奖补资金 7857.08 万元,扶持贫困人口 2.28 万户发展果蔬、桑蚕、禽畜养殖等产业;培育和引导农民

2019 年 9 月 1 日,上林县明澄小学交付使用,属上林县易地扶贫搬迁配套项目,总投资 5111 万元,计划开设 42 个班,提供学位 1890 个 上林县志办提供

合作社等新型经营主体651个,其中593个农民合作社参与产业扶贫,带动贫困户3500户、1.33万人增收。实施"党旗领航·电商扶贫",上线农产品10类、60多个品种,销售1.24亿元。开展转移就业培训42期,培训1664人,其中建档立卡贫困劳动力1108人;新认定就业扶贫车间33家,累计带动就业3867人,其中吸纳贫困劳动力就业908人;"两后生"(初中、高中毕业未能继续升学的贫困家庭中的富余劳动力)就业307人,扶持创业户349户、发放贴息贷款1859.80万元;设置生态护林员岗位1346个,每户每年增加工资性收入7980元。审核易地扶贫搬迁对象2.18万人;投入13.34亿元,建成安置点8个,建成安置房5279套、入住5217户、2.18万人。补助贫困人口城乡医疗保险费14.39万人、2255.26万元,建档立卡贫困人口兜底住院1.58万人次,总费用9598.25万元,报销8809.87万元,门诊特殊慢性病就诊1.67万人次,费用841.62万元,报销749.42万元。发放教育补助5809.74万元。修建贫困村村屯级道路68.80千米、砂石路49.62千米,解决1.37万户5.48万人行路难问题;实施贫困村饮水安全项目378个,惠及贫困村53个、贫困户6330户2.04万人,饮水安全达标率100%,自来水普及率100%;农村电网改造升级项目349个;完成通信网络建设项目993个;改造贫困户农村危房325户。

科研经费投入215万元,申报市级科技项目9项(推进科技计划项目6项),立项6项;发明专利拥有量39件,每万人口发明专利拥有量0.68件。幼儿园242所,在园幼儿2.12万人,教师873人;小学105所、教学点53个,在校生3.76万人,教师2028人;初中17所,在校生1.83万人,教师1135人;高中3所,在校生8201人,教师543人;特殊教育学校1所,在校生165人,教师34人;中等职业学校1所,在校生368人,教师47人。公共服务中心3个;放映公益电影1956场;扶持农村社区文艺队16个,演出480场,观众9.60万人;开展"戏曲进乡村"活动66场。瑶族剪刀歌代表性传承人陆建情入选第六批自治区级非物质文化遗产代表性传承人,永州鱼片制作技艺代表性传承人黄汉春、永州豆腐制作技艺代表性传承人徐宝青、永州米酒制作技艺代表性传承人韦明铭、壮族会鼓代表性传承人梁耀京入选南宁市第七批市级非物质文化遗产项目代表性传承人,里当酒壶歌、草凳龙入选南宁市第八批市级非物质文化遗产代表性项目名录。有医疗卫生机构234个,卫生技术人员2166人,医疗病床2113张。建设村(屯)级篮球场10个,修缮登山步道1条。举办全民健身体育赛事活动2990场次,1097队1.50万名运动员参加,观众18万人次。山城壮鼓协会会鼓队应邀参加2019年北京世界园艺博览会"广西日"活动;承办2019环广西公路自行车世界巡回赛(马山赛段),中国山地马拉松系列赛2019中国－东盟山地马拉松赛·广西第十四届运动会火炬传递暨"奔跑吧广西"生态马拉松系列赛(马山站)、中国攀岩自然岩壁系列赛、2019年第五届全国少年攀岩锦标赛等国家级赛事,举办2019马山第十三届文化旅游美食节。审批城乡最低生活保障对象25.58万人次,发放保障金6216.66万元。发放优抚资金3389人、1893.90万元;发放高龄补助4.68万人次、1279.96万元。城镇新增就业1863人,城镇登记失业率2.81%以内;农村劳动力转移就业新增7461人。城乡居民社会养老保险参保25.26万人,征缴保险金1.45亿元,发放保险金9871万元;城乡基本医疗保险参保51.75万人,征缴保险金7097.85万元,支出2.55亿元。实施饮水安全项目499处,其中贫困村项目378个,非贫困村项目121个,受益人口2万户9.68万人(贫困户6330户2.04万人),饮水安全达标率100%,惠及贫困村53个,自来水普及率100%。

(陆惠华)

2019年1月,马山县易地扶贫搬迁板伏、合作安置点的扶贫对象在扶贫车间就业

黄羽 摄

【隆安县】 位于南宁市西北部。土地面积2305.59平方千米;县政府驻城厢镇。2019年,辖镇6个、乡4个,村118个、社区14个(新增1个)。年末户籍总人口42.45万人,其中壮族人口40.60万人;人口自然增长率3.62‰。耕地面积4.86万公顷,林地面积13.51万公顷,森林覆盖率60.92%。有宝塔医药产业园区、华侨管理区2个工业园区。南昆客运专线、南宁至昆明铁路、南宁至百色二级公路、南宁至百色高速公路、贵港至隆安高速公路、国道324线、省道316线及右江水路过境。旅游景区(点)主要有国家AAAA级景区1家(龙虎山自然保护区),及渌水江、布泉河景区、雁江古镇、金穗生态园乡村旅游区等。矿产资源主要有金、银、煤、水晶石等,其中凤凰山银矿藏量居全国第三、自治区第一。地方特产主要有板栗、荔枝、龙眼、香蕉、叮当鸡等。有"中国板栗之乡""那文化之乡"之称。5月,申报全国电子商务进农村综合示范项目通过国务院审批,投入2000万元建设宝塔医药产业园高标准电子商务公共服务中心,建设面积超2000平方米。主要存在经济社会发展不平衡不充分,巩固脱贫成果任务繁重,落实强首府战略任务艰巨;震东集中安置区可持续发展任重道远;营商环境需进一步改善等问题。

地区生产总值94.27亿元,比上年增长5.10%。财政收入5.27亿元(一般公共预算收入2.89亿元);一般公共预算支出33.04亿元。固定资产投资比上年增长16.70%。城镇居民人均可支配收入29197元,农村居民人均可支配收入12876元。农林牧渔业总产值60.98亿元,其中农业44.13亿元,林业2.37亿元,牧业11.33亿元,渔业1.55亿元,农林牧渔服务业1.60亿元。第一产业增加值38.27亿元。工业总产值63.59亿元;规模以上工业企业49家,规模以上工业总产值63.59亿元,增长11.65%。第二产业增加值22.12亿元。有企业2434家(新增374家),从业人员7297人;个体工商户1.36万户(新增1358户),从业人员2.33万人;农民专业合作社309家(新增49家),从业人员4492人。第三产业增加值33.87亿元。社会消费品零售总额 23.08 亿元。区外境内实际到位内资 10.60 亿元，商务口径实际利用外资 606 万美元。

脱贫摘帽贫困村 25 个、2317 户、7413 人，贫困发生率降至 0.96%；2015 年识别的 63 个贫困村全部脱贫摘帽。安排财政专项扶贫资金 3.29 亿元，支出 3.21 亿元。向贫困户发放贷款 1.09 万笔、4.16 亿元。投入 603.72 万元，引导建档立卡贫困户发展"5+2"特色产业等自选产业。累计发放产业奖补资金 1.33 亿元，受益贫困户 3.90 万户次。贫困户公益林受益面积 2.56 万公顷，补助贫困人口 1.21 万户、7.07 万人、560.75 万元；退耕还林 244.58 公顷，涉及贫困户 362 户，发放补助 22.25 万元。投入 30.30 亿元推进易地扶贫搬迁项目建设及后续扶持；震东集中安置区 1 人以上劳动力稳定就业贫困户 5799 户，就业劳动力 1.29 万人。发放劳动力转移就业补助 8336 人、473.46 万元。建档立卡贫困人口 2.66 万户、10.48 万人，除现役军人和应作家庭人员减少的 28 人外，其余贫困人员基本医疗保险参保率 100%；贫困人口家庭医生签约服务 10.47 万人。建档立卡贫困人口住院 1.49 万人次，财政补助 796.14 万元，报销比例 92.38%；门诊特殊慢性病就诊贫困人口 3811 人，财政补助 28.24 万元，报销比例 86.87%。乡镇卫生院全科医生全覆盖；有乡村医生 215 人，每个村卫生室均有 1 名以上乡村医生执业。资助建档立卡贫困户学生 3.26 万人次，减免学杂费、发放资助金 2223.59 万元；发放教育补助 4976 人次、734.78 万元；无义务教育阶段建档立卡贫困学生辍学。参加城乡居民养老保险的建档立卡贫困人员 7.40 万人，参保率 100%；发放养老待遇 5.20 万人，发放养老金 59.84 万人次、7947.71 万元。农村最低生活保障建档立卡贫困户 5748 户、1.66 万人，发放低保金 4.52 万户次、12.40 万人次、2953.64 万元；农村特困救助供养建档立卡贫困户 422 户、444 人，发放救助金 3657 户次、3826 人次、195.62 万元。农村危房改造 252 户，其中涉及预脱贫村农户 50 户，预脱贫户 65 户；实施其他住房安全保障项目 72 个(户)，补助资金 746.02 万元；通过租(借)住等方式解决住房无保障农户住房问题 231 户。投资 8281.24 万元，完成饮水安全巩固提升项目 242 个；投入 8530.51 万元，完成交通基础设施项目 128 个；建设贫困村村级公共服务中心 26 个。

科研经费投入 235 万元；实施科技项目 8 项，均为市级项目；发明专利拥有量 57 件，每万人口发明专利拥有量 1.82 件以上。有幼儿园 155 所，在园幼儿 1.75 万人，教师 2476 人；小学 68 所，小学教学点 69 个，在校生 3.24 万人，教师 1495 人；初中 13 所，在校生 1.60 万人，教师 905 人；普通高中 3 所，在校生 5973 人，教师 368 人；中等职业技术学校 1 所，全日制在校生 417 人，教师 38 人；特殊教育学校 1 所，在校生 107 人，教师 14 人。教育经费支出 1.03 亿元，义务教育巩固率 100.20%。建设村级公共服务中心 28 个(含贫困村村级服务中心 26 个)。扶持村屯社区文艺队 16 支；送戏下乡镇、社区 25 场；儿童剧目进校园 10 场；举办"三月三"更望湖壮族歌圩系列群众文化活动、中国·隆安"那"文化旅游节暨"四月八"农具节民俗展演等活动，参加群众 25 万人。投入 1786.85 万元实施隆安县"壮美广西·智慧广电"数字广西广电云村村通户户用工程建设项目，受益农户 1 万户。10 月 16 日，隆安娅怀洞遗址入选第八批全国重点文物保护单位。有医疗卫生机构 19 家，卫生技术人员 1987 人，医疗病床 2141 张。建设全民健身工程村(屯)级篮球场 3 个。隆安县代表队在南宁市第十届运动会比赛中，获金牌 36 枚、银牌 31 枚、铜牌 12 枚；选派 20 支龙舟队、520 名运动员参加第十五届中国－东盟(南宁)国际龙舟邀请赛暨庆祝新中国成立 70 周年·"我要上自治区运动会" 2019 年广西龙舟系列赛(南宁站)，获奖牌 17 枚。审核城乡最低生活保障对象 6.13 万人次，发放保障金 3847.96 万元；发放优抚金等 2.15 万人次、1164 万元；发放高龄补助 1.01 万人次、1081.88 万元。投入 2.94 亿元推进社会保障和就业，城镇新增就业 1745 人，城镇登记失业率 2.65%；农村劳动力转移就业 5821 人次。城乡居民养老保险参保 41.29 万人，参保率 98.88%；城乡基本医疗保险参保 41.29 万人，参保率 98.76%，征缴 2.81 亿元。12 月末，隆安县集中连片跨区域供水工程建成投入使用，项目总投入 2300 多万元，建成集中水厂 5 个，高位水池 21 个，加压泵站 14 个，铺设水管约 217 千米，解决 18 个村、156 个屯、2.30 万人饮水问题。 (黄东明)

编辑 郑小娟 班 铭

2019 年 7 月 17 日，中央电视台精准扶贫公益广告"隆安火龙果"篇在广西金福农业有限公司火龙果基地开拍 何宏生 摄

模范（先进）人物

全国五一劳动奖章获得者

陆志高　壮族，1970年10月生，广西南宁市人，现任广西叶茂机电自动化有限责任公司焊工。从事电焊工作20多年，践行“干一行、爱一行、专一行”的信念。公司成立“陆志高创新工作室”，研发的“一种铝合金材料焊接新工艺创新”等4项成果获南宁市职工“优秀技术创新成果”奖；主导完成轴承端盖自动堆焊装置、冷却器环形对接焊缝自动焊接设备研制，成功应用于生产；协助央企解决在东南亚、南美、非洲等地投资糖厂项目选用的自控式喷雾燃硫炉成套设备不锈钢蛇管的焊接难题。作为“自治区级焊接技能大师工作室”主要成员，在工作和传帮带中起模范带头作用，影响带动其他员工，与各企业的焊接高级技师开展技术交流活动，培训大量焊接工人，培养一大批焊工骨干。2017年，获广西第四届农民工技能大赛南宁市复赛电焊工项目二等奖、广西五一劳动奖章。2019年4月，中华全国总工会授予全国五一劳动奖章。

（市总工会）

全国优秀法官

（1人，2019年1月最高人民法院授予）

韦璐明　女，壮族，中共党员，市中级人民法院刑事审判第二庭副庭长

全国模范司法所长

（2人，2019年1月司法部授予）

蒙虹合　瑶族，中共党员，上林县三里司法所所长

陈长丕　壮族，中共党员，江南区司法局福建园司法所所长

2018年度全国最受欢迎人民调解员

（1人，2019年1月中华全国人民调解员协会授予）

莫洪林　壮族，中共党员，马山县司法局加方司法所所长

2018年全国“扫黄打非”先进个人

（1人，2019年1月全国“扫黄打非”工作小组授予）

钟科念　中共党员，市文化市场综合行政执法支队

全国民政系统劳动模范

（1人，2019年3月民政部、人力资源和社会保障部授予）

李桂梅　女，市社会福利医院心身医学科主任

全国法院行政审判工作先进个人

（1人，2019年4月最高人民法院授予）

宁　静　女，壮族，中共党员，市中级人民法院行政审判庭副庭长

全面停止军队有偿服务工作先进个人

（1人，2019年7月人力资源和社会保障部、中央军委政治工作部、中央军委后勤保障部授予）

罗　斌　中共党员，市中级人民法院民事审判第一庭庭长

全面停止军队有偿服务工作提供司法保障表现突出的个人

（1人，2019年7月最高人民法院授予）

林　莉　女，壮族，中共党员，兴宁区人民法院民事审判第一庭副庭长

全国模范退役军人

（2人，2019年7月中共中央组织部、人力资源和社会保障部、退役军人事务部、中央军委政治工作部授予）

熊维程　中共党员，南宁飞日润滑科技股份有限公司董事长

周生凤　中共党员，市退役军人事务局副局长

2019年全国“两会”期间涉诉信访工作先进个人

（1人，2019年8月最高人民法院授予）

唐兴中　中共党员，市中级人民法院立案庭庭长

全国民族团结进步模范个人

（5人，2019年9月国务院授予）

覃庆华　壮族，中共党员，马山县古寨瑶族乡党委书记

韦勇薛　壮族，市公安局国内安全保卫支队机动侦查队副队长

潘庆标　壮族，中共党员，武鸣区城厢镇平等村党支部书记

孙红梅　女，市师范学校附属小学校长

梁万江　壮族，广西南南铝业股份有限公司汽车组件工程部CNC数控班班长

全国法院国家赔偿审判与司法救助工作先进个人

（1人，2019年9月最高人民法院授予）

韦影年　壮族，市中级人民法院审判员、赔委办副主任

全国优秀教师

（4人，2019年9月教育部授予）

韦　娟　女，壮族，隆安县南圩镇杨湾中心小学

苏叶健　南宁职业技术学院

苏家珍　女，市第十四中学

董　艳　女，南宁学院

全国模范教师

（3人，2019年9月教育部授予）

叶仲秋　女，市民主路小学

麦艳红　女，南宁职业技术学院

林玉青　女，壮族，隆安县南圩镇初级中学

全国司法行政系统庆祝中华人民共和国成立70周年安保维稳工作成绩突出个人

（1人，2019年11月司法部授予）

龚海宽　中共党员，市司法局社区矫正管理科科长

全国离退休干部先进集体和先进个人

（1人，2019年12月中共中央组织部授予）

梁中骅　壮族，中共党员，市关心下一代工作委员会主任

全国“最美基层民警”

（1人，2019年12月中共中央宣传部、公安部授予）

曾　浩　市公安局特警支队一大队大队长

全国法院“基本解决执行难”工作先进个人

（1人，2019年12月最高人民法院授予）

苏灵艳　女，壮族，中共党员，江南区人民法院执行局副局长

2019年国家统一法律职业资格考试工作表现突出个人

（2人，2019年12月司法部授予）

王琦汕　女，市司法局普法与依法治理科科长

马丽婷　女，壮族，市司法局普法与依法治理科工作人员

全国“七五”普法中期先进个人

（1人，2019年12月全国普法办授予）

覃少华　中共党员，上林县司法局局长

广西三八红旗手获得者

（13人，2019年3月自治区妇联授予）

谭　靖　中共党员，市妇女联合会党组成员、副主席

范喜英　中共党员，市第五人民医院临床心理科护士长、党支部书记

杨泽云　中共党员，市机关事务管理局主任科员

陈春燕　瑶族，市群众艺术馆副馆长

卢玉梅　市中级人民法院民事审判第一庭副庭长

潘凤莲　市体育运动学校教练员

朱　英　南宁交通投资集团有限责任公司营运一分公司驾驶员

黄淑娟　市环境卫生管理处副主任

奚晓红　市公安局交通警察支队车辆管理所教导员

李雪红　市东葛路小学校长

黄菊花　马山县公安局纪检监察组组长

张梅群　广西南宁食养林餐饮管理有限公司董事长

蒋三努　广西万凯律师事务所律师

2019年广西五一劳动奖章获得者

（7人，2019年4月自治区总工会授予）

余国波 广西南南铝业股份有限公司汽车组件第一事业部生产管理部维修高级技师

林 蔚 南宁富桂精密工业有限公司软件研发课长

赵 宸 中建五局土木工程局有限公司广西分公司南宁市水塘江综合整治工程PPP项目执行经理

潘利建 江南区市政环卫管理站司机班长

施 明 南宁市第十八中学校长

邓嘉民 市公安局华强派出所副所长

苏秀清 女，广西金福农业有限公司总经理

全区脱贫攻坚先进个人

（6人，2019年5月自治区党委、自治区政府授予）

赖运升 邕宁区那楼镇中山村村民

黄 谦 中共党员，武鸣区太平镇庆乐村党总支部书记、村民委主任

刘宗晓 中共党员，市政府副秘书长，市扶贫办党组书记、主任

石桂明 中共党员，市保障住房资格审核和管理中心派驻青秀区伶俐镇望齐村党组织第一书记

苏秀清 广西金福农业有限公司总经理

杨远澄 广西山水牛畜牧业有限责任公司董事长

广西壮族自治区爱国拥军模范

（5人，2019年7月自治区党委、自治区政府、中国人民解放军广西军区授予）

熊维程 中共党员，南宁飞日润滑科技股份有限公司董事长

黄菊如 女，壮族，中共党员，市民政局局长

文 鉴 中共宾阳县委宣传部宣传股副股长

罗建明 中共党员，兴宁区民生街道党工委书记

陈少珑 壮族，中共党员，隆安县人民医院院长

第五届自治区道德模范

（2人，2019年9月自治区精神文明建设委员会授予）

叶燕凤 女，南宁卫生用品厂退休工人，诚实守信模范

徐 华 中共党员，市第二中学党委书记、副校长，敬业奉献模范

2019年广西壮族自治区激励干部担当作为表现突出个人

（8人，2019年12月自治区党委、自治区政府授予）

曾 浩 市公安局特警支队副支队长，获二等奖

丁 伟 中共党员，市发展和改革委员会党组书记、主任，获三等奖

刘德宁 中共党员，市人力资源和社会保障局党组书记、局长，获三等奖

苏东山 中共党员，中共邕宁区委常委、宣传部部长、副区长，获三等奖

杜丽群 市第四人民医院艾滋病科护士长，获三等奖

莫洪林 壮族，中共党员，马山县加方司法所所长，获三等奖

黄海保 市环境监察支队污染源自动监控中心主任，获三等奖

隆桂阳 市应急管理局危险化学品安全监督管理科科长，获三等奖

新闻人物

杜丽群 女，壮族，1965年5月生，中共党员，广西南宁市人，南宁市第四人民医院艾滋病科护士长。坚守艾滋病护理岗位14年，被艾滋病患者亲切地称作“邻家大姐”。参与指导护理艾滋病患者1万多人次、艾滋病抗病毒药物治疗患者近5000人，患者服药依从性95%以上，门诊抗病毒治疗的患者死亡密度远低于国家标准。被评为全国优秀共产党员、全国三八红旗手、全国三八红旗手标兵、全国民族团结进步模范个人、全国先进工作者、最美医生等，获全国五一劳动奖章、第45届南丁格尔奖。2019年9月，上榜中共中央宣传部、中共中央组织部、中共中央统战部、中央和国家机关工委、中央党史和文献研究院、教育部、人力资源社会保障部、国务院国资委、中央军委政治工作部主办的“最美奋斗者”。

韩素云 女，1961年9月生，山东汶上县人，南宁市财政局退休干部。1983年，丈夫倪效武到广西边防部队参军，在部队一待就是13年，韩素云支持丈夫献身国防事业，挑起9口之家的生产、生活重担。由于长期过度劳累，韩素云不幸患上重疾，却瞒着远在边关服役的丈夫，屡向丈夫报一家老小平安。韩素云先后多次为贫困儿童、福利院儿童以及灾区群众捐款捐物；重病治愈后毫不犹豫地参加抗洪抢险，和部队官兵一起装沙包、扛沙袋。被评为全国劳动模范、全国三八红旗手、全国先进工作者等。2019年，当选100位新中国成立以来感动中国人物；9月，上榜中共中央宣传部、中共中央组织部、中共中央统战部、中共中央和国家机关工委、中共中央党史和文献研究院、教育部、

人力资源社会保障部、国务院国资委、中央军委政治工作部主办的“最美奋斗者”。

蓝连青 女，瑶族，1966年7月生，上林县镇圩瑶族乡镇马社区镇马街居民。蓝连青家庭五代同堂，聚集瑶、壮、汉3个民族，家庭成员互敬互爱，是乡里有口皆碑的“模范家庭”，蓝连青侍奉老人、教导孩子、操持家务，是乡亲们眼中孝老爱亲的榜样。奶奶是乡里长寿老人，蓝连青每天照顾奶奶起床穿衣、梳洗吃喝、按摩敷药，悉心照料十多年，直至2019年逝世。姐姐早年外出打工，留下2个孩子独自在家中，蓝连青便接到家里照顾他们上学。丈夫是当地瑶山歌艺术团团长，由于艺术团经费有限，蓝连青主动为艺术团制作和修补演出服装，帮忙做幕后工作。蓝连青和丈夫把散落民间、内容和唱腔单一的瑶山歌进行提升，使山歌的曲调唱腔更丰富，表现力更强。在蓝连青夫妇的带领下，瑶山歌艺术团多次参加表演，频频获奖。2018年，蓝连青家庭被评为全国最美家庭。2019年9月，上榜中央精神文明建设指导委员会主办的中国好人榜——孝老爱亲好人，以及中共中央宣传部、中央文明办、全国总工会、共青团中央、全国妇联、中共中央军委政治工作部主办的第七届全国道德模范——孝老爱亲模范。

蓝凤秀 女，瑶族，1942年2月生，中共党员，上林县西燕镇巴独村上绸庄村民。上绸庄是一个闭塞偏远的小瑶寨，地处大石山深处，只有一条羊肠小道与外界联通，全庄原来80多口人，只留下20多位老人和孩子。2006年，64岁的蓝凤秀召集村民，提出修建盘山公路的建议并带头捐款8万元。带领庄中9位年过六旬的老人，用简单的工具修路，经过300多天修通长达3千米通往山外的公路。蓝凤秀带头捐款，动员群众并争取到资金支持，解决饮水难问题、建成村文体中心，上绸庄也被评为文明示范村。先后获“全国民族团结进步模范先进个人”“全国最美志愿者”等称号。2019年9月，获中共中央宣传部、中共中央文明办、全国总工会、共青团中央、全国妇联、中共中央军委政治工作部主办的第七届全国道德模范提名奖。

罗日洪 1973年6月生，中共党员，江西泰和县人，广西建工集团第一建筑工程有限责任公司桂西分公司司机。2018年6月，罗日洪身体不适到市第二人民医院住院，突然遇到一名男子对一名护士行凶。罗日洪上前喝止无果，抡起一张木凳往行凶者身上砸去，阻止男子继续行凶，行凶者持刀向罗日洪捅来，在20多分钟的周旋搏斗中，罗日洪身中6刀，差点导致颈部大动脉割断。经过3次手术，最终从死亡线上抢救回来。受伤的实习女护士也被成功抢救。罗日洪挺身而出、舍己救人的英勇事迹被媒体纷纷报道。2018年8月，上榜中央精神文明建设指导委员会主办的中国好人榜——见义勇为好人。2019年9月，获中共中央宣传部、中央文明办、全国总工会、共青团中央、全国妇联、中共中央军委政治工作部主办的第七届全国道德模范提名奖。

黄凤梅 女，壮族，1957年生，隆安县屏山乡文化村板龙屯人。2001年1月，黄凤梅在家门口发现一名女婴，几经奔波寻找女婴父母无果。尽管已经有2个儿子，一家人生活拮据，黄凤梅还是收养女婴作为女儿。知道女儿智力不健全后，黄凤梅四处寻医，每天细心照料。在黄凤梅耐心教育下，女儿有一些自理能力，能和人进行简单沟通。黄凤梅十七年如一日，悉心照料没有血缘关系、智力不健全的女儿，成为远近闻名的佳话。2019年1月，上榜中央精神文明建设指导委员会主办的中国好人榜——孝老爱亲好人。

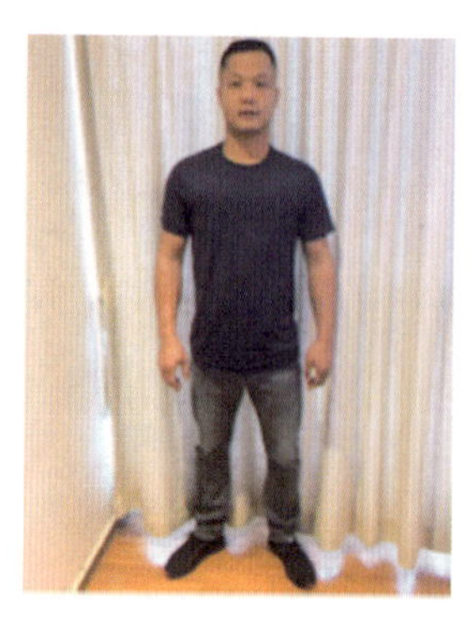

宁华任 1985年生，横县陶圩镇村民。2018年8月30日，陶圩镇某村民把三轮电车停靠在路边充电，阻碍行人和车辆通行，不听众人劝告，与人发生争执。在争执过程中，该村民突然拿出菜刀扬言要砍人，场面顿时一片混乱。宁华任正好路过，上前劝说该村民，被砍伤头部左侧。宁华任强忍疼痛，冒着生命危险，冲上前将其扑倒在地，现场群众立即配合将其控制，交派出所处理。宁华任手部、头部受伤被送医院救治，直至2018年9月10日伤愈出院。2018年横县表彰宁华任为见义勇为先进个人。2019年2月，上榜中央精神文明建设指导委员会主办的中国好人榜——见义勇为好人。

彭　军 1976年8月生，马山县工商业联合会第十届执行委员会委员、马山总商会副会长、政协马山县委员会第十届委员、海尔集团家电系列马山总代理。彭军是马山县海尔家电销售大户，在马山县各乡镇建立20多个销售网点，扶持吸收贫困户建立销售网点、发展业务，贫困户网点占三分之二。彭军借5万元给一位贫困户经营家电，但该贫困户在进货途中不幸遭遇车祸，彭军又拿出近10万元帮助治疗。2008年汶川地震，彭军捐赠数万元义卖善款。长期捐助优秀贫困学生，为马山县城北小学、民族中学、白山玉业小学、百龙滩大完小学等捐钱捐物合计20万余元。2017年马山县政府授予彭军团队“扶贫济困·爱心企业”称号。2019年3月，上榜中央精神文明建设指导委员会主办的中国好人

榜——诚实守信好人。

张丽娜 女，1987年生，中共党员，西乡塘区交通运输局道路运输管理所管理员，随军家属。2018年12月21日凌晨，西乡塘区相思湖北路相思湖畔小区内一住户阳台突发大火，起火地点靠近燃气管道线路，火势一旦蔓延后果不堪设想。张丽娜和丈夫正在家中休息，听到邻居们呼喊声后，她和丈夫立即拨打火警电话并迅速赶至现场。张丽娜夫妇打开消防栓安装消防水带，叫醒熟睡中的住户，冲入室内救火。得知仍有一名9岁的儿童在卧室熟睡后，张丽娜找来湿毛巾，夫妻两人再次冲入浓烟弥漫的室内搜救，成功救出被困儿童。由于扑救及时，火灾未造成人员伤亡。张丽娜回到单位后对此事只字未提，直到住户送来锦旗同事们才知道事情经过。2019年4月，上榜中央精神文明建设指导委员会主办的中国好人榜——见义勇为好人。

李献铮 1979年4月生，中共党员，横县百合镇庙庄村党支部书记。2014年，李献铮当选百合镇庙庄村党支部书记，筹措资金优化庙庄小学条件，使适龄儿童入学率达100%；深入农户掌握致贫原因和发展需求，因地制宜发展养殖、种植等产业。2015年，经常入户走访、定期召开会议，探讨村特色产业发展。2016年6月，成立横县百合镇庙庄村家禽家畜养殖农民专业合作社，开展走地鸡、青头鸭、鱼种养殖和茨菇种植；同年，庙庄村顺利通过自治区督查核验实现贫困村脱贫摘帽。2018年，利用财政专项扶贫资金10万元，发展木瓜种植1.67公顷。李献铮帮助无钱治病的贫困户孩子得到免费治疗，带领庙庄村实现脱贫摘帽、村民发家致富，得到群众广泛好评。2019年4月，上榜中央精神文明建设指导委员会主办的中国好人榜——诚实守信好人。

（市委宣传部）

2019年组织机构负责人

中共南宁市委员会

书　记：王小东　2015年5月—
副书记：周红波　2009年11月—
　　　　杨维超　2018年2月—
常　委：顾成祥　2018年2月—
　　　　张文军　2015年10月—
　　　　韦力平（挂职）　2016年9月—
　　　　王祝广（女）　2016年2月—2019年7月
　　　　谭向光　2015年12月—
　　　　缪佃江　2019年7月—
　　　　黄　宁　2014年11月—
　　　　邓亚平　2018年2月—
　　　　邱明宏　2019年4月—
　　　　赵红明　2016年5月—
　　　　何　颖（女，挂职）　2018年2月—
　　　　周　中（挂职）　2018年4月—
秘书长：黄　宁　2014年11月—

南宁市人民代表大会常务委员会

主　任：束　华　2016年10月—
副主任：刘　雄　2010年2月—2019年4月
　　　　阮兆丰　2011年10月—
　　　　黎　琳（女）　2016年2月—
　　　　周如斯　2016年10月—
　　　　刘志烈　2016年10月—
　　　　吴朝晖　2019年2月—
秘书长：陈　尧（女）　2018年1月—

南宁市人民政府

市　长：周红波　2011年10月—
副市长：张文军　2015年11月—
　　　　邓亚平　2018年2月—
　　　　何　颖（女，挂职）　2018年3月—
　　　　周　中（挂职）　2018年5月—
　　　　李建文　2018年2月—
　　　　刘为民　2014年12月—
　　　　朱会东　2017年3月—
　　　　秦运彪　2018年5月—
　　　　伍　娟（女）　2016年2月—
秘书长：黄宗成　2016年7月—

政协南宁市委员会

主　席：杜　伟　2016年10月—
副主席：李　勤　2010年2月—2019年12月
　　　　黎四龙　2009年2月—
　　　　汪　玲（女）　2011年10月—2019年8月
　　　　魏凤君　2016年10月—
　　　　黄均宁　2011年10月—
　　　　陈世平　2016年10月—
　　　　谭玫瑰　2016年10月—2019年2月
　　　　梁　鸿　2016年10月—
　　　　唐咸兴　2019年2月—
秘书长：储朝晖　2011年10月—2019年12月

中共南宁市纪律检查委员会

书　记：王祝广（女）　2016年2月—2019年7月
　　　　缪佃江　2019年7月—

南宁市监察委员会

主　任：王祝广（女）　2018年1月—2019年8月
　　　　（空缺）　2019年8月—

南宁警备区

司令员：茹　雷　2018年10月—
政治委员、党委书记：顾成祥　2017年6月—

原中共南宁市委办公厅

主　任：黄　宁　2014年11月—2019年2月

中共南宁市委办公室

主　任：黄　宁　2019年2月—

中共南宁市委组织部

部　长：谭向光　2015年12月—

中共南宁市委宣传部

部　长：邓亚平　2018年2月—

中共南宁市委统一战线工作部

部　长：赵红明　2016年6月—

中共南宁市委政法委员会

书　记：杨维超　2014年11月—2019年4月
　　　　邱明宏　2019年4月—

中共南宁市委政策研究室

主　任：梁国禄　2017年11月—

中共南宁市委网络安全和信息化委员会办公室

主　任：冯　力（女）　2019年2月—

原市机构编制委员会办公室
主　任:黄振生　2012 年 2 月—
2019 年 2 月

中共南宁市委机构编制委员会办公室
主　任:黄振生　2019 年 2 月—

中共南宁市直属机关工作委员会
书　记:黄　宁　2014 年 11 月—

原中共南宁市委巡察工作办公室
主　任:(空缺)　2018 年 7 月—2019 年 2 月

中共南宁市委巡察工作办公室(中共南宁市委巡察工作领导小组办公室)
主　任:(空缺)　2019 年 2 月—10 月
邱卫新　2019 年 10 月—

市委台湾工作办公室(市人民政府台湾事务办公室)
主　任:何见霜(女)　2013 年 6 月—

市委、市人民政府信访局
局　长:黄威铭　2016 年 4 月—

市委老干部局
局　长:(空缺)　2018 年 7 月—2019 年 2 月
邝　涤　2019 年 2 月—

市委机要保密办公室(2019 年 1 月组建)
主　任:(空缺)　2019 年 2 月—10 月
杨宇鹏　2019 年 10 月—

市档案局
局　长:廖茂隆　2012 年 10 月—
2019 年 2 月
梁智忠　2019 年 2 月—

原市人大常委会办公厅
主　任:陈　尧(女)　2017 年 1 月—
2019 年 1 月

市人大常委会办公室
主　任:(空缺)　2019 年 1 月—2 月
陈　尧(女)　2019 年 2 月—12 月
范卫东　2019 年 12 月—

市人大常委会调查研究室
主　任:严景平　2015 年 3 月—

市人大常委会选举联络工作委员会
主　任:徐晓光　2012 年 5 月—

市人大常委会法制工作委员会
主　任:陆沾鹏　2013 年 7 月—

市人大法制委员会
主任委员:钟建国　2010 年 2 月—

原市人大内务司法委员会
主任委员:周向华　2011 年 10 月—
2019 年 2 月

市人大监察和司法委员会
主任委员:周向华　2019 年 2 月—

市人大财政经济委员会
主任委员:张　彬　2011 年 10 月—

市人大农业委员会
主任委员:顾安家　2016 年 10 月—

市人大城乡建设环境保护委员会
主任委员:陆彦明　2016 年 10 月—

市人大教育科学文化卫生委员会
主任委员:黄孝林　2016 年 10 月—

市人大民族华侨外事宗教委员会
主任委员:梁新莲(女)　2016 年 2 月—

市人大社会建设委员会
主任委员:魏永定　2019 年 2 月—

原市人民政府办公厅
主　任:黄宗成　2016 年 7 月—
2019 年 3 月

市人民政府办公室
主　任:黄宗成　2019 年 3 月—

市发展和改革委员会
党组书记:丁　伟　2016 年 5 月—
主　任:丁　伟　2016 年 5 月—

市教育局
党组书记:汪述斌　2017 年 7 月—
局　长:潘永钟　2012 年 3 月—

市科学技术局
党组书记:(空缺)　2018 年 7 月—
2019 年 2 月
王亚楠　2019 年 2 月—
局　长:梁　展　2014 年 7 月—

原市工业和信息化委员会
党组书记:汪东明　2017 年 7 月—
2019 年 2 月
主　任:汪东明　2017 年 7 月—
2019 年 3 月

市工业和信息化局
党组书记:汪东明　2019 年 2 月—
主　任:汪东明　2019 年 3 月—

市民族宗教事务委员会
党组书记:苏志刚　2016 年 7 月—
主　任:苏志刚　2016 年 9 月—

市公安局
党委书记:秦运彪　2018 年 4 月—
局　长:秦运彪　2018 年 5 月—

市民政局
党组书记:黄菊如(女)　2013 年 6 月—
局　长:黄菊如(女)　2013 年 7 月—

市司法局
党组书记:黄有光　2015 年 2 月—
局　长:黄有光　2015 年 3 月—
2019 年 3 月
范卫东　2019 年 3 月—12 月
黄有光　2019 年 12 月—

市财政局
党组书记:边作新　2016 年 5 月—
局　长:边作新　2016 年 5 月—

市人力资源和社会保障局
党组书记:刘德宁　2016 年 6 月—
局　长:刘德宁　2016 年 7 月—

原市国土资源局
党组书记:赵志萍(女)　2013 年 9 月—
2019 年 2 月
局　长:赵志萍(女)　2013 年 9 月—
2019 年 3 月

原市规划管理局
党组书记:郭维宁　2013 年 9 月—
2019 年 2 月
局　长:郭维宁　2013 年 9 月—
2019 年 3 月

市自然资源局
党组书记:赵志萍(女)　2019 年 2 月—
局　长:郭维宁　2019 年 3 月—

原市环境保护局
党组书记:韦好鹏　2014 年 7 月—
2019 年 3 月
局　长:韦好鹏　2014 年 7 月—
2019 年 3 月

市生态环境局
党组书记:韦好鹏　2019 年 3 月—
局　长:韦好鹏　2019 年 3 月—

原市城乡建设委员会
党组书记:韦杰鹏　2016 年 6 月—
2019 年 2 月
主　任:韦杰鹏　2016 年 7 月—
2019 年 3 月

原市住房保障和房产管理局
党组书记:黄敏丽(女)　2016 年 6 月—
2019 年 2 月

局　　长:黄敏丽(女)　2016年7月—2019年3月

市住房和城乡建设局

党组书记:黄敏丽(女)　2019年2月—7月
林　兢　2019年7月—
局　　长:林　兢　2019年3月—

市交通运输局

党组书记:蔡友清　2016年5月—
局　　长:蔡友清　2016年5月—

市水利局

党组书记:李伟进　2014年10月—
局　　长:李伟进　2014年11月—

原市农业委员会

党组书记:杨　敏(女)　2014年7月—2019年2月
主　　任:杨　敏(女)　2014年7月—2019年3月

市农业农村局

党组书记:杨　敏(女)　2019年2月—
局　　长:杨　敏(女)　2019年3月—

市商务局

党组书记:梁培正　2012年5月—
局　　长:梁培正　2012年5月—

原市文化新闻出版广电局

党组书记:魏永泉　2014年7月—2019年2月
局　　长:魏永泉　2014年7月—2019年3月

原市旅游发展委员会

党组书记:黄永久　2014年7月—2019年2月
主　　任:黄永久　2014年7月—2019年3月

市文化广电和旅游局

党组书记:黄永久　2019年2月—
局　　长:程小华　2019年3月—12月
黄永久　2019年12月—

原市卫生和计划生育委员会

党组书记:谢宗务　2017年7月—2019年2月
主　　任:谢宗务　2014年7月—2019年3月

市卫生健康委员会

党组书记:谢宗务　2019年2月—
主　　任:谢宗务　2019年3月—

市退役军人事务局

党组书记:陈欣善　2019年2月—
局　　长:陈欣善　2019年3月—

原市安全生产监督管理局

党组书记:(原书记)2013年9月—2019年2月
局　　长:(原局长)2013年9月—2019年3月

市应急管理局

党组书记:黄展邦　2019年2月—
局　　长:黄展邦　2019年3月—

市审计局

党组书记:徐铭斯　2016年6月—
局　　长:徐铭斯　2016年7月—

原市外事侨务办公室

党组书记:彭　健(女)　2015年2月—2019年2月
主　　任:彭　健(女)　2015年3月—2019年3月

市外事办公室

党组书记:彭　健(女)　2019年2月—
主　　任:彭　健(女)　2019年3月—

原市食品药品监督管理局

党组书记:黎君君　2016年12月—2019年2月
局　　长:黎君君　2016年12月—2019年3月

原市工商行政管理局

党组书记:周序喜　2014年7月—2019年2月
局　　长:周序喜　2014年7月—2019年3月

原市质量技术监督局

党组书记:李善钦　2015年12月—2019年2月
局　　长:李善钦　2014年7月—2019年3月

市市场监督管理局

党组书记:周序喜　2019年2月—12月
李善钦　2019年12月—
局　　长:李善钦　2019年3月—

市体育局

党组书记:李　兵　2016年5月—2019年2月
杨雪敏(女)　2019年2月—
局　　长:李　兵　2016年5月—2019年3月
杨雪敏(女)　2019年3月—

市统计局

党组书记:黄南方　2010年12月—
局　　长:黄南方　2010年12月—

市林业局

党组书记:李　兵　2019年2月—11月
(空缺)　2019年11月—12月
许强初　2019年12月—
局　　长:李　兵　2019年3月—12月

市金融工作办公室

党组书记:蒙　刚　2016年6月—2019年2月
曾肄业(女)　2019年2月—
主　　任:蒙　刚　2016年7月—2019年3月
曾肄业(女)　2019年3月—

市人民防空办公室

党组书记:董红兵　2012年5月—
主　　任:董红兵　2012年3月—

市扶贫开发办公室

党组书记:刘宗晓　2016年6月—
主　　任:刘宗晓　2016年7月—

市医疗保障局

党组书记:陆　勤(女)　2019年2月—
局　　长:陆　勤(女)　2019年3月—

原市林业和园林局

党组书记:蓝　岚(女)　2016年6月—2019年2月
局　　长:蓝　岚(女)　2014年7月—2019年3月

市市政和园林管理局

党组书记:蓝　岚(女)　2019年2月—
局　　长:蓝　岚(女)　2019年3月—

原市城市管理局

党组书记:梁　勇　2016年4月—2019年2月
局　　长:梁　勇　2016年4月—2019年3月

市城市管理综合行政执法局

党组书记:梁　勇　2019年2月—
局　　长:梁　勇　2019年3月—

市投资促进局

党组书记:梁　枫(女)　2013年9月—
局　　长:梁　枫(女)　2013年9月—

市行政审批局

党组书记:黄　定　2016年9月—
局　　长:黄　定　2016年12月—

市北部湾经济区规划建设管理办公室
党组书记:张文军　2019 年 2 月—
主　　任:张文军(兼)　2019 年 3 月—

原市法制办公室
党组书记:范卫东　2006 年 9 月—2019 年 2 月
主　　任:范卫东　2006 年 9 月—2019 年 3 月

市粮食和物资储备局
党组书记:肖　宁　2019 年 2 月—
局　　长:肖　宁　2019 年 3 月—

原市机关事务管理局(市市直机关后勤服务中心)
党 组 书 记:文华寿　2016 年 9 月—2019 年 2 月
局长(主任):文华寿　2016 年 10 月—2019 年 3 月

市机关事务管理局
党组书记:文华寿　2019 年 2 月—
局　　长:文华寿　2019 年 3 月—

市大数据发展局
局　长:尹　平　2019 年 3 月—

市人民政府国有资产监督管理委员会
党委书记:宋日正　2015 年 4 月—
主　　任:宋日正　2015 年 4 月—

广西南宁五象新区规划建设管理委员会
党工委书记:周红波(兼)　2013 年 8 月—
主　　　任:周红波(兼)　2013 年 9 月—

南宁高新技术产业开发区管理委员会
党工委书记:(原书记)　2016 年 4 月—
主　　　任:李　耕　2016 年 5 月—

南宁经济技术开发区管理委员会
党工委书记:何尚汉　2016 年 6 月—
主　　　任:何尚汉　2016 年 6 月—

广西－东盟经济开发区管理委员会(南宁华侨投资区管理委员会)
党工委书记:熊瑞光　2016 年 6 月—
主　　　任:熊瑞光　2016 年 6 月—

南宁青秀山风景名胜旅游区管理委员会
党工委书记:蓝　飞　2014 年 10 月—
主　　　任:蓝　飞　2014 年 11 月—

原市政协办公厅
主　任:储朝晖　2011 年 10 月—2019 年 1 月

市政协办公室
主　任:储朝晖　2019 年 1 月—11 月
　　　李　兵　2019 年 11 月—

市政协研究室
主　任:江振华　2015 年 3 月—

市政协选举联络工作办公室
主　任:韩艳斌(女)　2010 年 10 月—

市政协提案委员会
主　任:杨　利　2011 年 11 月—

市政协经济委员会
主　任:古培康　2006 年 9 月—

市政协农业和农村委员会
主　任:叶　盛　2019 年 2 月—

原市政协文史学习委员会
主　任:叶　盛　2016 年 11 月—2019 年 1 月

市政协文化文史和学习委员会
主　任:(空缺)　2019 年 1 月—3 月
　　　赵伟波　2019 年 3 月—

原市政协教科文卫体委员会
主　任:陆益斌　2006 年 9 月—2019 年 2 月

市政协教科卫体委员会
主　任:陆益斌　2019 年 2 月—

市政协海外联谊民族宗教委员会
主　任:杨晓钊　2017 年 9 月—

市政协人口资源环境与城乡建设委员会
主　任:(空缺)　2018 年 12 月—2019 年 2 月
　　　韦杰鹏　2019 年 2 月—

市政协社会法制委员会
主　任:黄　芳(女)　2016 年 11 月—

市中级人民法院
党组书记:张培健　2016 年 6 月—
院　　长:张培健　2016 年 10 月—

市人民检察院
党组书记:黄建波　2009 年 12 月—
检 察 长:黄建波　2010 年 2 月—

中国国民党革命委员会南宁市委员会
主任委员:黎　琳(女)　2011 年 5 月—

中国民主同盟南宁市委员会
主任委员:潘永钟　2016 年 5 月—

中国民主建国会南宁市委员会
主任委员:卢秋凌(女)　2009 年 8 月—

中国民主促进会南宁市委员会
主任委员:黄均宁　2009 年 8 月—

中国农工民主党南宁市委员会
主任委员:黄玉燕(女)　2016 年 5 月—

中国致公党南宁市委员会
主任委员:蒋晓筠(女)　2016 年 5 月—

九三学社南宁市委员会
主任委员:梁　鸿　2012 年 12 月—

市工商业联合会
党组书记:李忠南　2016 年 9 月—
主　　席:黎四龙　2007 年 12 月—

市总工会
党组书记:伦　建　2009 年 7 月—
主　　席:李　勤　2014 年 11 月—2019 年 9 月
　　　　陈世平　2019 年 9 月—

共青团南宁市委员会
党组书记:王亚楠　2012 年 8 月—2019 年 2 月
　　　　(空缺)　2019 年 2 月—11 月
　　　　文　瑞　2019 年 11 月—
书　　记:王亚楠　2012 年 8 月—2019 年 2 月
　　　　(空缺)　2019 年 2 月—7 月
　　　　文　瑞　2019 年 7 月—

市妇女联合会
党组书记:李　伟(女)　2017 年 7 月—
主　　席:李　伟(女)　2017 年 8 月—

市文学艺术界联合会
党组书记:陈晓红(女)　2013 年 12 月—2019 年 11 月
　　　　程小华　2019 年 11 月—
主　　席:陈晓红(女)　2014 年 5 月—2019 年 12 月
　　　　程小华　2019 年 12 月—

市科学技术协会
党组书记:王　洲　2010 年 4 月—
主　　席:王　洲　2010 年 6 月—

市归国华侨联合会
党组书记:陈章雄　2015 年 3 月—
主　　席:杨　隽(女)　2018 年 9 月—

中国国际贸易促进委员会南宁市支会

党组书记：谭　漓（女）　2010 年 7 月—
会　　长：谭　漓（女）　2010 年 2 月—

市残疾人联合会

党组书记：田家全　2018 年 5 月—
理 事 长：田家全　2018 年 6 月—

市红十字会

党组书记：桂文志　2015 年 3 月—
会　　长：邓亚平　2018 年 3 月—

市社会科学界联合会

党组书记：谭耀武　2013 年 6 月—
主　　席：谭耀武　2013 年 7 月—

市法学会

党组书记：杨维超　2017 年 9 月—2019 年 4 月
　　　　　邱明宏　2019 年 4 月—
会　　长：杨维超　2016 年 4 月—2019 年 6 月
　　　　　邱明宏　2019 年 6 月—

市委党校（市经济干部学院、市行政学院、市社会主义学院）

市委党校校长：
　杨维超（兼）　2018 年 3 月—
市经济干部学院院长：
　施日全　2012 年 2 月—
市行政学院院长：
　张文军（兼）　2015 年 11 月—
市社会主义学院院长：
　黎　琳（女，兼）2017 年 2 月—

市国家档案馆

馆　长：廖茂隆　2012 年 10 月—

市委党史研究室

主　任：李刘科　2010 年 10 月—

南宁日报社

党组书记：程小华　2016 年 9 月—2019 年 2 月
　　　　　刘　复　2019 年 2 月—
社　　长：程小华　2016 年 9 月—2019 年 2 月
　　　　　刘　复　2019 年 2 月—
总 编 辑：刘　复　2016 年 9 月—

市委、市人民政府接待办公室

主　　任：王合新　2016 年 8 月—

市人民政府发展研究中心

党组书记：李望尘　2013 年 6 月—
主　　任：李望尘　2013 年 6 月—

南宁住房公积金管理中心

党组书记：王林一　2011 年 2 月—
主　　任：王林一　2011 年 3 月—

市人民政府地方志编纂办公室

党组书记：王德宾　2010 年 10 月—
主　　任：王德宾　2010 年 11 月—

市二轻集体工业联社

党组书记：司马平　2013 年 7 月—
主　　任：司马平　2013 年 8 月—

市社会科学院

党组书记：韦振豪　2010 年 10 月—
院　　长：胡建华　2010 年 12 月—

南宁昆仑关战役遗址保护管理委员会（南宁昆仑关旅游风景区管理委员会）

党组书记：蒋宁华　2015 年 3 月—
主　　任：蒋宁华　2015 年 4 月—

市社会保险事业局

党委书记：唐　明　2017 年 2 月—
局　　长：唐　明　2017 年 3 月—

原市政府集中采购中心

主　任：周梅清（女）　2012 年 7 月—2019 年 2 月

市公共资源交易中心

党组书记：卢绍宁　2019 年 2 月—
主　　任：卢绍宁　2016 年 2 月—

市城市管理监督评价中心（市城市管理指挥中心）

党组书记：（空缺）　2016 年 4 月—
主　　任：（空缺）　2016 年 4 月—

市城市应急联动中心

党组书记：黄展邦　2019 年 2 月—
主　　任：黄展邦　2019 年 3 月—

南宁广播电视台

党委书记：程弘帅　2019 年 2 月—
主　　任：程弘帅　2019 年 3 月—

南宁职业技术学院

党委书记：黄明瑞　2016 年 9 月—
院　　长：（空缺）　2017 年 12 月—2019 年 7 月
　　　　　周　旺　2019 年 7 月—

广西大明山国家级自然保护区管理局（南宁大明山风景旅游区管理委员会）

党 组 书 记：黄　宁　2017 年 7 月—
局长（主任）：黄　宁　2015 年 4 月—

市城市内河管理处

党组书记：杨　涟　2018 年 12 月—
主　　任：（空缺）　2018 年 7 月—

市供销合作联社

党 组 书 记：李孔全　2015 年 3 月—
理事会主任：李孔全　2015 年 5 月—
监事会主任：杜　成　2017 年 3 月—

中共横县委员会

书　记：黄海韬　2018 年 2 月—

横县人大常委会

主　任：蒋小旗　2011 年 8 月—

横县人民政府

县　长：曾鹏鑫　2016 年 8 月—

政协横县委员会

主　席：薛　文　2016 年 8 月—

中共宾阳县委员会

书　记：朱亚明　2016 年 4 月—

宾阳县人大常委会

主　任：罗宏周　2016 年 8 月—

宾阳县人民政府

县　长：穆贤清　2016 年 8 月—

政协宾阳县委员会

主　席：张昭平　2011 年 8 月—

中共上林县委员会

书　记：梁平江　2016 年 4 月—

上林县人大常委会

主　任：李玉辉　2017 年 2 月—

上林县人民政府

县　长：蓝宗耿　2014 年 1 月—

政协上林县委员会

主　席：覃祯威　2014 年 1 月—

中共马山县委员会

书　记：唐咸兴　2015 年 3 月—

马山县人大常委会

主　任：谢显术　2011 年 8 月—

马山县人民政府

县　长：张自英（女）　2016 年 8 月—

政协马山县委员会

主　席：韦　佳　2018 年 7 月—

中共隆安县委员会

书　记：吴朝晖　2012 年 12 月—

隆安县人大常委会
主　任:刘文武　2011 年 8 月—

隆安县人民政府
县　长:甘　诚　2016 年 8 月—

政协隆安县委员会
主　席:杨雪敏(女)　2016 年 8 月—2019 年 4 月
(空缺)　2019 年 4 月—9 月
许扬卫　2019 年 9 月—

中共南宁市兴宁区委员会
书　记:舒善隆　2016 年 4 月—

南宁市兴宁区人大常委会
主　任:霍镇兴　2013 年 7 月—

南宁市兴宁区人民政府
区　长:朱财斌　2014 年 9 月—2019 年 8 月
(空缺)　2019 年 8 月—9 月
林　涛　2019 年 9 月—

政协南宁市兴宁区委员会
主　席:韦敏杰　2011 年 8 月—2019 年 8 月
(空缺)　2019 年 8 月—9 月
黄敏丽(女)　2019 年 9 月—

中共南宁市江南区委员会
书　记:梁开景　2016 年 2 月—

南宁市江南区人大常委会
主　任:黄　英(女)　2010 年 3 月—

南宁市江南区人民政府
区　长:谢文华　2018 年 7 月—

政协南宁市江南区委员会
主　席:潘长能　2009 年 3 月—

中共南宁市青秀区委员会
书　记:唐小若　2018 年 2 月—

南宁市青秀区人大常委会
主　任:李柏林　2011 年 8 月—

南宁市青秀区人民政府
区　长:李建华(女)　2016 年 8 月—

政协南宁市青秀区委员会
主　席:岳凤军(女)　2011 年 8 月—

中共南宁市西乡塘区委员会
书　记:廖伟福　2016 年 2 月—

南宁市西乡塘区人大常委会
主　任:周少剑　2016 年 8 月—

南宁市西乡塘区人民政府
区　长:陆广平(女)　2016 年 3 月—

政协南宁市西乡塘区委员会
主　席:费　勇　2011 年 8 月—

中共南宁市邕宁区委员会
书　记:邓娟娟(女)　2015 年 4 月—

南宁市邕宁区人大常委会
主　任:黄壮章　2016 年 8 月—

南宁市邕宁区人民政府
区　长:许强初　2015 年 7 月—

政协南宁市邕宁区委员会
主　席:陈增强　2016 年 8 月—

中共南宁市良庆区委员会
书　记:施　杰　2016 年 6 月—

南宁市良庆区人大常委会
主　任:阮冠三　2016 年 8 月—

南宁市良庆区人民政府
区　长:王　川　2016 年 8 月—

政协南宁市良庆区委员会
主　席:覃良川　2018 年 7 月—

中共南宁市武鸣区委员会
书　记:(原书记)2016 年 6 月—2019 年 4 月
(空缺)　2019 年 4 月—7 月
黄伟光　2019 年 7 月—

南宁市武鸣区人大常委会
主　任:黄国录　2016 年 8 月—

南宁市武鸣区人民政府
区　长:黄伟光　2016 年 8 月—2019 年 8 月
(空缺)　2019 年 8 月—9 月
陈文胜　2019 年 9 月—

政协南宁市武鸣区委员会
主　席:赵祖明　2016 年 8 月—

(李　舒　李　欣　谭　燕　许梦如)

百岁老人

2019 年,南宁市有百岁以上老人 635 人(女 541 人),其中新晋百岁老人 189 人(女 158 人);年龄最大的是横县横州镇的姚桂芳(女,1902 年 4 月生),现年 117 岁。

兴宁区(9 人)

张德君　女,1919 年 1 月 1 日生,村民,住五塘镇

农美清　女,1919 年 1 月 12 日生,居民,住五塘镇

李秀庭　女,1919 年 2 月 20 日生,村民,住五塘镇

覃美英　女,1919 年 7 月 18 日生,村民,住五塘镇

陆居贵　1919 年 9 月 12 日生,居民,住人民中社区

周少新　女,1919 年 9 月 19 日生,村民,住昆仑镇

黄振经　1919 年 10 月 4 日生,居民,住人民北一里社区

陆志英　女,1919 年 10 月 29 日生,村民,住昆仑镇

韦振英　女,1919 年 11 月 23 日生,村民,住三塘镇

江南区(1 人)

李群英　女,1919 年 2 月 1 日生,居民,住白沙大道亭子村委

青秀区(18 人)

谭逢威　女,1919 年 4 月 11 日生,村民,住南阳镇

赵桂艮　女,1919 年 4 月 16 日生,居民,住桃源北社区

黎金连　女,1919 年 4 月 28 日生,村民,住南阳镇

李锡麟　1919 年 5 月 13 日生,居民,住津头社区

叶梅桂　女,1919 年 5 月 14 日生,居民,住民生东社区

韦玉勤　女，1919年5月15日生，居民，住民族宫社区

麦超萍　女，1919年6月7日生，居民，住东葛路社区

宋　森　1919年8月8日生，居民，住七星社区

颜发连　女，1919年8月11日生，村民，住仙葫经济技术开发区

郑庆兰　女，1919年8月20日生，村民，住长塘镇

李克难　女，1919年9月10日生，居民，住桃源北社区

李端芬　女，1919年10月3日生，村民，住刘圩镇

许文凤　女，1919年10月8日生，居民，住纬武社区

李晰如　女，1919年10月20日生，居民，住埌西社区

谢王岗　1919年11月7日生，居民，住大板三社区

席海珍　1919年11月9日生，居民，住纬武社区

陈君予　女，1919年11月11日生，居民，住建政社区

陆桂连　女，1919年11月13日生，村民，住伶俐镇

西乡塘区(13人)

石如瑞　1919年1月8日生，村民，住金陵镇

潘玉琼　女，1919年1月10日生，村民，住金陵镇

卢枚青　女，1919年2月3日生，村民，住金陵镇

李秀芬　女，1919年2月6日生，村民，住坛洛镇

唐秀金　女，1919年2月15日生，居民，住大学西路社区

邓维敦　1919年2月18日生，居民，住龙胜社区

李月英　女，1919年3月8日生，村民，住金陵镇

郑洪开　女，1919年3月12日生，村民，住坛洛镇

蒋玉英　女，1919年3月18日生，居民，住西大社区

黄志蓉　女，1919年4月24日生，居民，住相思湖社区

陈银菊　女，1919年6月7日生，居民，住科园大道社区

张凤新　女，1919年11月13日生，居民，住北湖南路社区

邓余英　女，1919年11月29日生，居民，住石埠街道

邕宁区(5人)

黄文胜　1919年1月8日生，居民，住蒲庙镇

梁翠珍　女，1919年1月16日生，村民，住蒲庙镇

余　荣　女，1919年2月8日生，村民，住百济镇

农月留　女，1919年7月14日生，村民，住百济镇

李丽群　女，1919年12月6日生，村民，住蒲庙镇

良庆区(6人)

韦云才　1919年5月24日生，村民，住良庆镇

刘琪英　女，1919年7月15日生，居民，住那陈镇

黄礼娟　女，1919年10月10日生，居民，住志远社区

张文珍　女，1919年11月11日生，居民，住金象三区

玉闺秀　女，1919年11月17日生，村民，住良庆镇

李朝霞　女，1919年11月21日生，村民，住那马镇

武鸣区(17人)

姆兰美　女，1919年1月1日生，村民，住罗波镇

李爱清　女，1919年3月7日生，村民，住两江镇

刘春花　女，1919年3月12日生，村民，住双桥镇

梁成勋　1919年3月19日生，村民，住两江镇

陆方花　女，1919年4月13日生，村民，住甘圩镇

韦　氏　女，1919年5月1日生，村民，住陆斡镇

潘佩昌　女，1919年5月14日生，村民，住锣圩镇

黄香美　女，1919年8月15日生，村民，住太平镇

刘云龙　1919年8月17日生，村民，住东风农场

陆月先　女，1919年8月26日生，村民，住府城镇

韦志春　女，1919年9月11日生，村民，住两江镇

夏文邦　1919年9月24日生，村民，住马头镇

韦金禄　1919年9月28日生，村民，住锣圩镇

李秀珍　女，1919年10月3日生，居民，住城厢镇

黄信义　女，1919年10月10日生，村民，住太平镇

韦美花　女，1919年12月12日生，村民，住城厢镇

刘春和　女，1919年12月12日生，居民，住城厢镇

横　县(30人)

禤德进　1919年1月2日生，村民，住六景镇

谢佩英　女,1919年2月3日生,村民,住云表镇

颜济莲　女,1919年2月10日生,村民,住峦城镇

谢佩华　女,1919年3月5日生,村民,住云表镇

周其芳　女,1919年3月29日生,村民,住马山镇

黄学有　1919年4月2日生,村民,住云表镇

黄工兰　女,1919年5月15日生,村民,住百合镇

张桂先　女,1919年5月15日生,村民,住六景镇

陈秀芳　女,1919年5月15日生,村民,住百合镇

颜秀海　女,1919年5月20日生,村民,住六景镇

熊月英　女,1919年6月6日生,村民,住校椅镇

韦洁英　女,1919年6月10日生,村民,住百合镇

李秀云　女,1919年6月17日生,居民,住横州镇

韦秀清　女,1919年6月25日生,村民,住百合镇

梁兴隆　1919年7月8日生,村民,住百合镇

覃育英　女,1919年8月3日生,村民,住马山镇

周玉香　女,1919年8月8日生,村民,住莲塘镇

莫爱秋　女,1919年8月10日生,居民,住石塘镇

莫振壁　1919年9月9日生,村民,住镇龙乡

陆振林　女,1919年9月10日生,村民,住百合镇

黄秀芳　女,1919年10月3日生,居民,住陶圩镇

黄金殿　女,1919年10月10日生,村民,住校椅镇

谢秀清　女,1919年10月13日生,村民,住横州镇

李万枝　女,1919年10月16日生,村民,住六景镇

雷丽芳　女,1919年10月16日生,村民,住马山镇

刘庆春　女,1919年10月20日生,村民,住校椅镇

周朝园　女,1919年10月24日生,村民,住陶圩镇

翟金英　女,1919年11月11日生,村民,住陶圩镇

陶德养　1919年12月3日生,居民,住横州镇

王淑金　女,1919年12月6日生,居民,住百合镇

宾阳县(39人)

卢春秀　女,1919年1月1日生,村民,住新桥镇

谭兴才　女,1919年1月12日生,村民,住思陇镇

梁碧珍　女,1919年1月19日生,村民,住洋桥镇

洪秀兴　女,1919年1月21日生,村民,住露圩镇

林树生　女,1919年2月1日生,村民,住洋桥镇

江秀生　女,1919年2月7日生,村民,住和吉镇

吴月香　女,1919年2月10日生,村民,住新桥镇

吴月芝　女,1919年2月11日生,村民,住宾州镇

林学云　女,1919年3月3日生,居民,住宾州镇

杨秀群　女,1919年3月5日生,村民,住宾州镇

屈品雄　女,1919年4月2日生,居民,住武陵镇

谢松英　女,1919年4月5日生,村民,住宾州镇

韦月光　女,1919年4月5日生,村民,住陈平镇

玉桂香　女,1919年4月10日生,村民,住露圩镇

李锦华　女,1919年4月24日生,村民,住古辣镇

黄新才　女,1919年5月3日生,村民,住思陇镇

黄英求　女,1919年5月8日生,村民,住陈平镇

陆秀新　女,1919年5月10日生,村民,住陈平镇

唐海连　女,1919年5月15日生,村民,住陈平镇

钟谦光　1919年5月24日生,村民,住武陵镇

林日兰　女,1919年5月25日生,村民,住和吉镇

施树秀　女,1919年6月15日生,村民,住大桥镇

安少荣　女,1919年6月16日生,村民,住思陇镇

梁玉英　女,1919年7月1日生,村民,住新圩镇

韦耀林　女,1919年7月3日生,村民,住邹圩镇

施秀谷　女,1919年7月8日生,村民,住陈平镇

吴子秀　女,1919年7月10日生,村民,住宾州镇

唐素桃　女,1919年7月14日生,村民,住和吉镇

屈兴书 1919年7月15日生，村民，住古辣镇

彭德寿 1919年7月16日生，村民，住武陵镇

陈月美 女，1919年8月28日生，村民，住和吉镇

黄月华 女，1919年9月6日生，村民，住露圩镇

毛武昌 1919年9月9日生，村民，住和吉镇

巫兰芳 女，1919年9月10日生，村民，住大桥镇

韦凤珍 女，1919年10月2日生，村民，住陈平镇

阮美珍 女，1919年10月6日生，村民，住宾州镇

李秀珍 女，1919年10月11日生，村民，住新桥镇

黄金秀 女，1919年10月19日生，居民，住黎塘镇

黄秀桂 女，1919年10月20日生，村民，住宾州镇

上林县(16人)

覃桂青 女，1919年1月1日生，村民，住西燕镇

蒙月芳 女，1919年1月7日生，村民，住镇圩瑶族乡

覃秀梅 女，1919年3月6日生，村民，住澄泰乡

熊兆兰 女，1919年3月24日生，村民，住白圩镇

韦玉金 女，1919年6月9日生，村民，住西燕镇

何兰芳 女，1919年6月30日生，村民，住巷贤镇

覃月松 女，1919年7月9日生，村民，住乔贤镇

郑德芳 女，1919年8月4日生，村民，住木山乡

覃汉才 女，1919年8月5日生，村民，住明亮镇

杨春绿 女，1919年8月10日生，村民，住西燕镇

李秀桃 女，1919年8月11日生，居民，住三里镇

梁愈基 女，1919年9月12日生，村民，住三里镇

黄开方 1919年10月1日生，村民，住乔贤镇

谭桂国 女，1919年10月8日生，村民，住塘红乡

覃秀汉 女，1919年10月14日生，村民，住塘红乡

韦耀庭 1919年11月26日生，村民，住塘红乡

马山县(22人)

陆如兰 女，1919年1月10日生，村民，住古零镇

韦美香 女，1919年2月8日生，村民，住周鹿镇

蒙爱荣 女，1919年2月8日生，居民，住古寨瑶族乡

黄秀荣 女，1919年2月16日生，村民，住永州镇

谭文明 1919年2月25日生，村民，住永州镇

潘月芳 女，1919年3月5日生，村民，住古寨瑶族乡

蓝月困 女，1919年3月7日生，村民，住古寨瑶族乡

陆桂满 1919年3月8日生，村民，住永州镇

陆朝祥 1919年3月12日生，村民，住永州镇

陆挺立 1919年3月20日生，村民，住永州镇

潘秀连 女，1919年4月3日生，村民，住林圩镇

蓝彩英 女，1919年4月4日生，村民，住加方乡

蓝乃新 女，1919年4月10日生，村民，住里当乡

农永秀 1919年5月4日生，村民，住永州镇

罗连美 女，1919年6月20日生，村民，住古零镇

陆秀梅 女，1919年7月7日生，村民，住永州镇

潘奶芬 女，1919年8月15日生，村民，住乔利乡

陆美清 女，1919年9月11日生，居民，住永州镇

潘桂花 女，1919年10月2日生，村民，住古零镇

樊　光 1919年10月3日生，居民，住白山镇

潘爱荣 女，1919年10月11日生，村民，住古零镇

曾桂花 女，1919年10月22日生，村民，住加方乡

隆安县(8人)

卢绍梅 女，1919年3月5日生，村民，住城厢镇

卢美连 女，1919年5月12日生，村民，住丁当镇

马其彪 女，1919年6月4日生，村民，住城厢镇

卢桂明 女，1919年8月16日生，村民，住雁江镇

黎显兰 女，1919年9月9日生，村民，住乔建镇

罗桂芳 女，1919年9月10日生，村民，住屏山乡

黎青枝 女，1919年12月3日生，村民，住丁当镇

马兰芳 女,1919年12月10日生,村民,住都结乡

南宁高新技术产业开发区(1人)

赖润娥 女,1919年11月19日生,村民,住心圩街道

南宁经济技术开发区(2人)

潘英兰 女,1919年6月24日生,村民,住吴圩镇

韦兆阶 女,1919年12月20日生,村民,住吴圩镇

广西-东盟经济技术开发区(2人)

梁秀菊 女,1919年4月9日生,村民,住里建农场

潘梅花 女,1919年11月21日生,村民,住武帽分场

(市民政局)

逝世人物

(副厅级、享受副厅级以上待遇)

雷同生 (1926年11月至2019年7月)中共党员,广西横县人。1948年5月参加工作。1949年3月加入中国共产党。历任横县中区地下工作联络员、武工队员、第一公所干事、公安局执行股干事、第三区公所干事,公安局调研股股员、人事股副股长、城厢派出所所长,槎江镇党委书记,上林县公安局副局长、县委副书记,南宁市郊区党委书记、区长,南宁市西明区党委书记、区长,南宁市亭子公社党委第一书记,南宁市委农委副书记,南宁市郊区公所区长,南宁市委副秘书长、南宁市蔬菜指挥部副指挥,南宁市柳沙园艺场主任、南宁园艺场革委会主任,南宁市郊区党委书记、革委会主任、南宁市革委会农业办公室副主任,南宁市中级人民法院副院长,南宁市人民检察院副检察长、顾问。1988年4月离休。1988年7月,享受厅局级政治、生活待遇。

(市委组织部)

编辑 梁富鑫

2019 年南宁市国民经济发展统计公报

2019 年，在市委、市政府的正确领导下，南宁市坚持以习近平新时代中国特色社会主义思想为指导，认真贯彻落实习近平总书记对广西工作的重要指示批示精神，全力以赴稳增长、促改革、调结构、惠民生、防风险、保稳定，全市经济社会持续健康发展。

一、综合

经济增长：初步核算，全年地区生产总值 4506.56 亿元，按可比价格计算，比上年增长 5.0%。按常住人口计算，全市人均地区生产总值 61738 元，增长 3.6%。三次产业中，第一产业增加值 507.27 亿元，增长 5.3%；第二产业增加值 1044.97 亿元，增长 4.4%；第三产业增加值 2954.32 亿元，增长 5.2%。

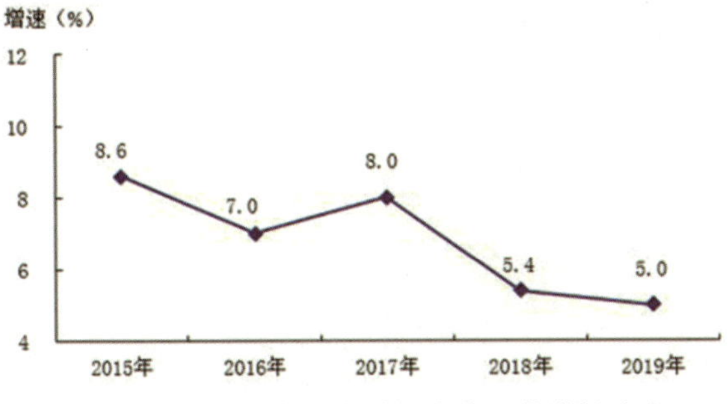

2015 年至 2019 年全市地区生产总值增长速度

三次产业的比重为 11.2:23.2:65.6。与上年比较，第一产业比重上升 0.8 个百分点，第二产业比重下降 0.7 个百分点，第三产业比重下降 0.1 个百分点。

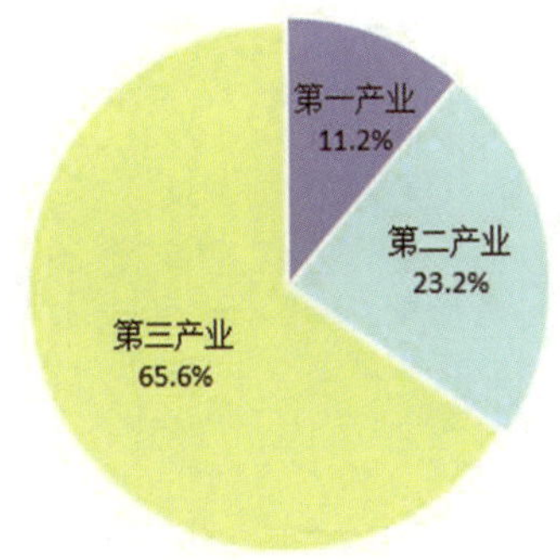

2019 年三次产业增加值占全市地区生产总值比重

价格：全年居民消费价格比上年上涨 3.4%，分类别看，八大类消费价格指数“六升二降”。

2019 年居民消费价格指数

指　标	2019 年	比上年涨跌（%）
居民消费价格总指数	103.4	3.4
食品烟酒	109.5	9.5
衣着	101.8	1.8
居住	100.7	0.7
生活用品及服务	99.9	−0.1
交通和通信	98.1	−1.9
教育文化和娱乐	103.3	3.3
医疗保健	100.9	0.9
其他用品和服务	102.3	2.3

2015 年至 2019 年居民消费价格涨跌幅度

二、农业

产值：全年全市实现农林牧渔及服务业总产值 825.58 亿元，比上年增长 4.2%。其中，农业产值 533.00 亿元，比上年增长 7.6%；

林业产值 41.22 亿元，比上年增长 13.1%；畜牧业产值 199.94 亿元，比上年下降 6.0%；渔业产值 29.04 亿元，比上年增长 0.7%；农林牧渔服务业产值 22.38 亿元，比上年增长 4.4%。占农林牧渔及服务业产值的比重分别为：农业 64.6%，比上年上升 6.3 个百分点；林业 5.0%，比上年下降 0.6 个百分点；畜牧业 24.2%，比上年下降 1.7 个百分点；渔业 3.5%，比上年下降 1.1 个百分点；农林牧渔服务业 2.7%，比上年下降 2.9 个百分点。

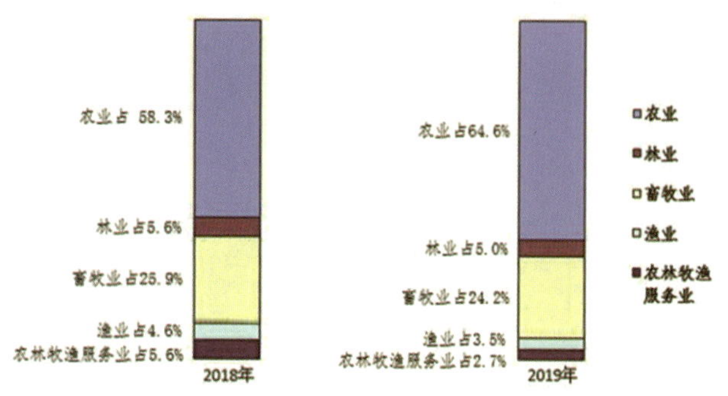

2018 年至 2019 年农林牧渔及服务业总产值构成(%)

农作物种植面积：全年农作物播种面积 97.95 万公顷，比上年下降 0.4%。其中，粮食种植面积 41.94 万公顷，比上年下降 1.5%。经济作物种植面积 22.62 万公顷，比上年下降 1.2%，其中，甘蔗种植面积 13.90 万公顷，比上年下降 2.0%；油料种植面积 5.09 万公顷，比上年增长 1.9%。其他农作物种植面积 33.39 万公顷，比上年增长 1.6%。其中，蔬菜种植面积 26.73 万公顷，比上年增长 2.2%。各类经济作物(含其他农作物)种植面积占农作物总播种面积的比重为 57.2%，全年粮食作物和各类经济作物的种植面积比例为 1∶1.3。

农作物产品产量：全年粮食总产量 205.46 万吨，比上年下降 2.8%；蔬菜产量 633.95 万吨，比上年增长 6.2%；水果产量 336.96 万吨，比上年增长 22.8%；甘蔗产量 1181.86 万吨，比上年增长 1.6%；花生产量 15.44 万吨，比上年增长 5.6%；木薯产量 22 万吨，比上年下降 5.4%。

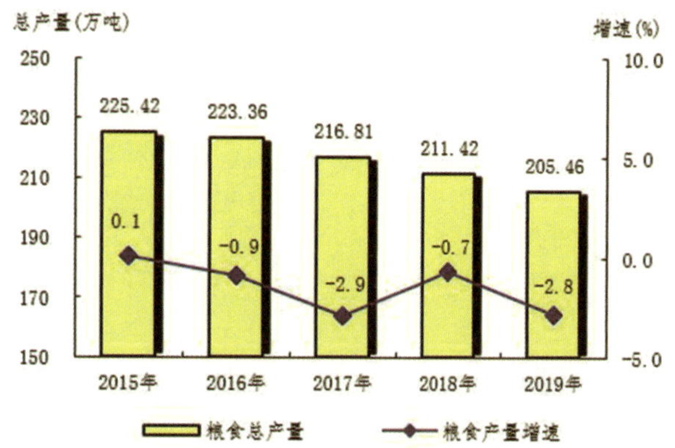

2015 年至 2019 年全市粮食总产量及增长速度

养殖业产品产量：全年肉类产量 58.80 万吨，比上年下降 10.6%。其中，猪肉产量 26.87 万吨，比上年下降 30.3%。全年生猪出栏 352.18 万头，比上年下降 30%；生猪存栏 140.81 万头，比上年下降 55.3%。禽蛋产量 3.73 万吨，比上年增长 27.3%；牛奶产量 1.48 万吨，比上年增长 18.4%；水产品产量 22.00 万吨，比上年下降 1.9%。

林业生产：全社会木材采伐量 538.84 万立方米，比上年增长 18.6%。林木的培育和种植 8.31 万公顷，比上年增长 33.8%。

农村基础设施：全年农村用电量 14.12 亿千瓦时，比上年增长 10.4%。化肥使用量(折纯)46.16 万吨，比上年下降 1.9%。有效灌溉面积 21.6 万公顷，比上年下降 0.4%。

三、工业和建筑业

工业：全年全部工业总产值比上年增长 1.4%。规模以上工业总产值比上年增长 1.4%。其中，国有企业比上年增长 8.0%，集体企业比上年增长 13.5%，股份制企业比上年增长 1.4%，外商及中国港澳台投资企业比上年增长 1.0%。全年全部工业增加值比上年增长 1.0%。

2015 年至 2019 年全市规模以上工业总产值增长速度

分轻重工业看，全市规模以上轻工业总产值比上年下降 3.2%，重工业总产值比上年增长 4.0%，重工业增速快于轻工业 7.2 个百分点。

全年规模以上工业产值最高的 6 个行业共拉动规模以上工业总产值比上年增长 3 个百分点。其中计算机、通信和其他电子设备制造业产值比上年下降 0.6%；农副食品加工业产值比上年下降 5.2%；非金属矿物制品业产值比上年增长 21.3%；电力、热力生产和供应业产值比上年增长 9.7%；烟草制品业产值比上年增长 7.4%；木材加工和木、竹、藤、棕、草制品业产值比上年增长 23.9%。

全市规模以上工业企业主营业务收入 2309.56 亿元，比上年增长 4.8%；利润 125.83 亿元，比上年增长 17.3%。全年规模以上工业产销率 98%，比上年提高 1.9 个百分点。

年末全市拥有规模以上工业企业 1044 家，比上年增加 39 家。其中，工业产值超亿元的企业 361 家。

2019 年主要工业产品产量及增长速度

产品名称	单　位	产　量	比上年增长(%)
配混合饲料	万吨	439.02	-12.8
成品糖	万吨	128.28	24.4
饮料	万吨	172.88	-11.8
啤酒	千升	294041	3.0
卷烟	亿支	350.28	-0.8
人造板	万立方米	598.80	27.5
纸浆	万吨	21.87	-19.1
机制纸及纸板	万吨	34.49	19.3
硅酸盐水泥熟料	万吨	955.60	-2.7
水泥	万吨	1557.31	4.2
铝材	万吨	21.34	-48.2
钢材	万吨	59.53	17.6
电力电缆	千米	310265	31.4
乳制品	万吨	8.92	7.5
合成复合肥	万吨	76.97	-15.3
塑料制品料	万吨	24.99	-12.1

建筑业：年末，全市具有资质等级的建筑企业 449 个，比上年增加 39 个。全年建筑业增加值比上年增长 9.2%。全市建

筑施工企业(资质企业)完成施工产值 1938.96 亿元，比上年增长 14.9%。

四、固定资产投资

2019 年，全市固定资产投资比上年增长 9.9%。其中，项目投资比上年下降 9.4%；房地产开发投资比上年增长 32.1%。分投资主体看，国有经济投资比上年下降 1.1%，集体经济投资比上年增长 3.4%，私营个体投资比上年增长 48.0%，港澳台商投资比上年下降 28.3%，外商投资比上年下降 38%，其他经济投资比上年下降 34.8%。

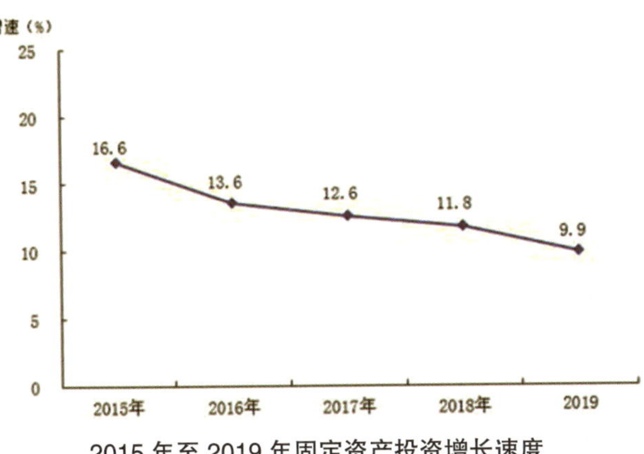

2015 年至 2019 年固定资产投资增长速度

在固定资产投资中，第一产业投资比上年增长 30.8%。第二产业投资比上年下降 2.4%。其中，工业投资比上年增长 4.1%。第三产业投资比上年增长 9.7%。固定资产投资增长较快的行业主要为采矿业，信息传输、软件和信息技术服务业，公共管理、社会保障和社会组织等行业。

2019 年分行业固定资产投资增长速度

行　业	比上年增长(%)
固定资产投资	9.9
农、林、牧、渔业	30.8
采矿业	16.1
制造业	-1.4
电力、燃气及水的生产和供应业	20.7
建筑业	-90.4
批发和零售业	-21.2
交通运输、仓储和邮政业	-10.2
住宿和餐饮业	-9.9
信息传输、软件和信息技术服务业	75.6
金融业	29.4
房地产业	26.8
租赁和商务服务业	-35.1
科学研究和技术服务业	-19.3
水利、环境和公共设施管理业	-21.5
居民服务、修理和其他服务业	-53.3
教育	14.3
卫生和社会工作	23.1
文化、体育和娱乐业	-51.9
公共管理、社会保障和社会组织	60.6

全年房地产开发投资 1461.08 亿元，比上年增长 32.1%。其中，商品住宅投资 1034.06 亿元，比上年增长 33.9%；办公楼投资 82.78 亿元，比上年增长 31.5%；商业营业用房投资 115.41 亿元，比上年增长 17.3%。商品房施工面积 9704.05 万平方米，比上年增长 19.4%；商品房竣工面积 710.77 万平方米，比上年下降 10.3%；商品房销售面积 1805.23 万平方米，比上年增长 3.4%；商品房销售额 1517.49 亿元，比上年增长 11.7%。

2019 年房地产开发和销售主要指标及增长速度

指　标	单　位	绝对数	比上年增长(%)
房地产开发投资	亿元	1461.08	32.1
其中：住宅	亿元	1034.06	33.9
商品房施工面积	万平方米	9704.05	19.4
其中：住宅	万平方米	6310.69	19.3
商品房新开工面积	万平方米	2156.19	26.1
其中：住宅	万平方米	1532.44	27.6
商品房竣工面积	万平方米	710.77	-10.3
其中：住宅	万平方米	466.9	-20.1
商品房销售面积	万平方米	1805.23	3.4
其中：住宅	万平方米	1550.33	7.8
商品房销售额	亿元	1517.49	11.7
其中：住宅	亿元	1329.23	20.1
本年实际到位资金小计	亿元	2007.73	20.2
其中：国内贷款	亿元	362.86	41.4
自筹资金	亿元	402.85	-0.2
定金及预收款	亿元	769.67	31.3
个人按揭贷款	亿元	373.19	15.6

五、交通和邮电通信业

交通运输：全年货物运输总量 41324.35 万吨，比上年增长 7.7%。旅客运输总量 9520.15 万人，比上年增长 0.5%。其中，铁路货物运输量 210.75 万吨，比上年下降 5.5%；铁路旅客运输量 3731.66 万人，比上年增长 6.4%；公路货物运输量 36880 万吨，比上年增长 7.5%；公路旅客运输量 4972 万人，比上年下降 4.3%；水路货物运输量 4221.4 万吨，比上年增长 9.5%；航空货邮发送量 12.2 万吨，比上年增长 87.7%；民航旅客发送量 807.5 万人，比上年增长 4.7%。

邮电通信：全年邮电业务总量 781.34 亿元，比上年增长 71.8%，其中电信业务总量 768.20 亿元，比上年增长 72.9%；邮政业务总量 13.14 亿元，比上年增长 27.2%。

六、国内贸易

全年全市社会消费品零售总额 2307.41 亿元，比上年增长 4.2%。按销售单位所在地统计，城镇消费品零售额 2100.76 亿元，增长 4.1%；乡村消费品零售额 206.64 亿元，增长 5.0%。按消费类型统计，商品零售额比上年增长 3.8%；餐饮收入比上年增长 7.2%。

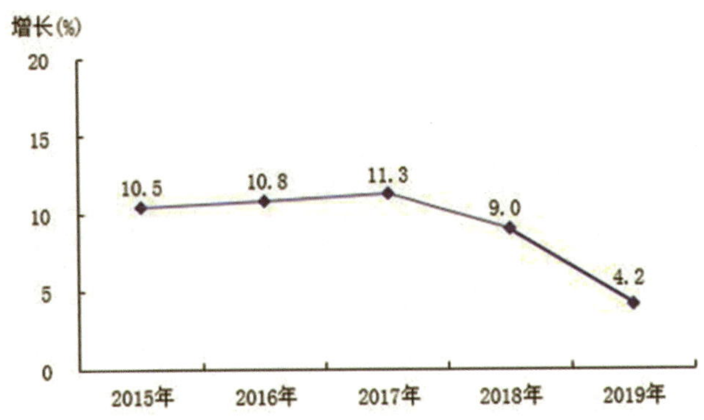

2015 年至 2019 年社会消费品零售总额增长速度

在限额以上企业商品零售额中,汽车类零售额比上年下降8.1%,家用电器和音像器材类比上年下降11.0%,通讯器材类比上年下降9.7%,体育娱乐用品类比上年增长33.9%,文化办公用品类比上年增长5.1%,家具类比上年下降16.1%,建筑及装潢材料类比上年增长4.2%,日用品类比上年下降3.4%,粮油、食品类比上年增长4.0%,饮料类比上年增长18.0%,烟酒类比上年增长13.5%,服装、鞋帽、针纺织品类比上年下降17.0%,化妆品类比上年增长2.0%,金银珠宝类比上年下降10.8%,中西药品类比上年下降34.0%。

七、对外开放和旅游业

对外贸易:全年外贸进出口总值747.79亿元,比上年增长1.0%。其中,出口总值363.91亿元,比上年增长2.5%;进口总值383.88亿元,比上年下降0.3%。

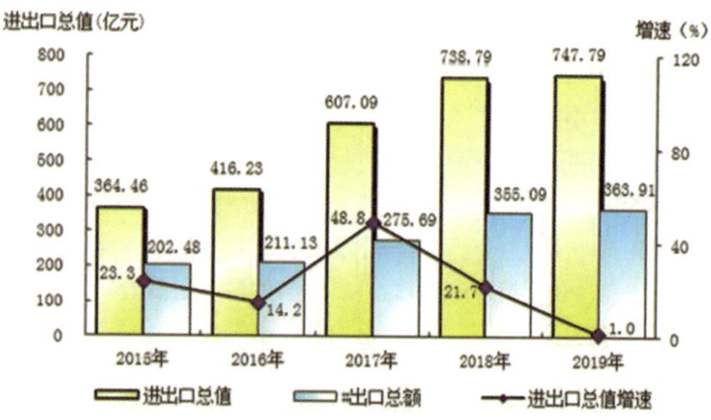

2015年至2019年全市进出口总值及增长速度

招商引资:全年区外境内实际到位内资1021.86亿元,比上年增长13.5%。全年商务口径实际利用外资3.10亿美元,比上年增长120.4%。

开发区:年末全市共有开发区、工业集中区15个。其中,南宁高新技术产业开发区、南宁经济技术开发区和广西－东盟经济技术开发区年末累计入园企业28711家,比上年末增加3543家;财政收入105.54亿元,比上年增长5.4%;规模以上工业总产值比上年增长3.1%;固定资产投资比上年增长17.6%。

旅游:全年共接待国内游客15209.74万人次,比上年增长16.2%;接待入境过夜游客68.99万人次,比上年增长7.1%。其中,外国游客42.34万人次,比上年增长4.1%;香港游客10.68万人次,比上年增长19.2%;澳门游客6.94万人次,比上年增长14.4%;台湾同胞9.02万人次,比上年增长3.3%。国内旅游消费1699.02亿元,比上年增长24.2%。国际旅游(外汇)消费3.80亿美元,比上年增长31.4%。年末全市实有星级宾馆51家。拥有4A级旅游景区34家,5A级旅游景区1家。拥有旅行社150家,其中出境旅行社40家。

八、财政、金融和保险

财政收入:全年财政收入800.69亿元,比上年增长6.3%。其中,一般公共预算收入370.93亿元,比上年增长3.3%。一般公共预算收入中,税收收入271.21亿元,比上年增长3.8%。全年一般公共预算支出787.71亿元,比上年增长12.9%。财政支出中,投向节能环保、科学技术和城乡社区的支出增长较快。其中,节能环保支出23.99亿元,比上年增长37.8%;科学技术支出10.41亿元,比上年增长32.7%;城乡社区支出148.17亿元,比上年增长29.6%。

金融:年末全市金融机构人民币各项存款余额10718.32亿元,比上年增长6.2%。其中,住户存款余额3960.31亿元,比上年增长11.8%。金融机构人民币贷款余额13964.35亿元,比上年增长15.9%。

2015年至2019年住户存款余额及增长速度

保险:全年保费收入211.52亿元,比上年增长4.9%。其中,财产险保费收入91.51亿元,比上年增长8.8%;寿险保费收入120亿元,比上年增长2%。全年各项保险赔款及给付71.62亿元,其中财产险业务赔款及给付51.22亿元;寿险、健康险和意外伤害险赔款及给付20.40亿元。

九、人口和人民生活

人口:年末全市户籍人口781.97万人,比上年增加11.14万人,增长1.4%。其中,市区人口397.77万人,比上年增加10.64万人,增长2.7%。全市人口出生率11.6‰,比上年下降1.5个千分点;人口死亡率5.4‰,与上年持平;人口自然增长率6.1‰,比上年下降1.6个千分点。

年末全市常住人口734.48万人,比上年增加9.07万人,增长1.3%。其中,市辖区常住人口449.23万人,比上年增加7.47万人,增长1.7%;城镇常住人口467.88万人,比上年增加15.26万人,增长3.4%,城镇化率63.7%,比上年提高1.3个百分点。全市常住人口出生率14.0‰,比上年下降1.1个千分点;常住人口死亡率为6‰,比上年提高0.4个千分点;常住人口自然增长率8.1‰,比上年下降1.4个千分点。

城乡居民生活:全年全市居民人均可支配收入28929元,比上年增加2131元,增长8%。按常住地分,城镇居民人均可支配收入37675元,比上年增加2399元,增长6.8%;农村居民人均可支配收入15047元,比上年增加1393元,增长10.2%。

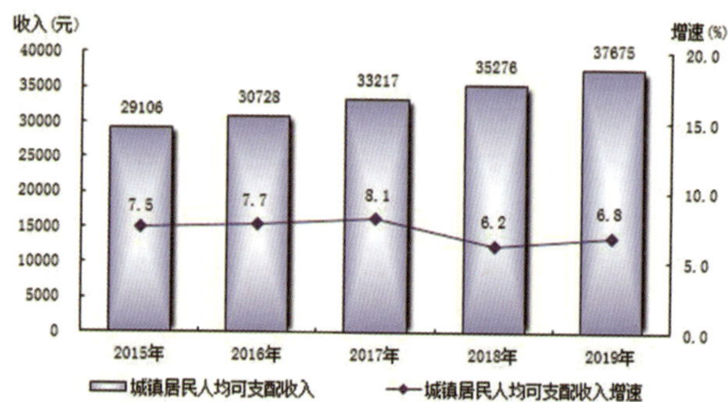

2015年至2019年城镇居民人均可支配收入及增长速度

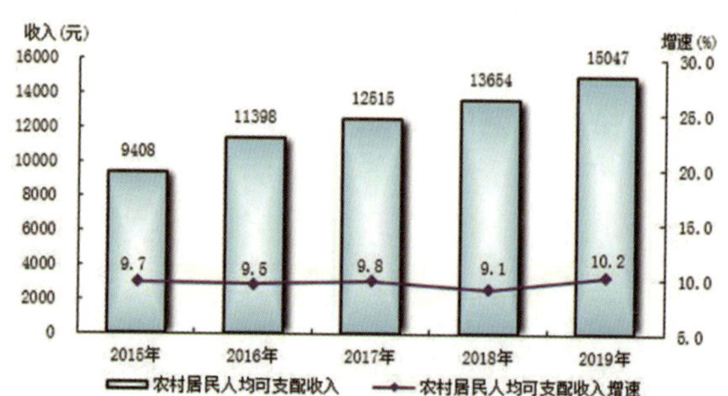

2015年至2019年农村居民人均可支配收入及增长速度

说明：1. 本公报中数据均为初步统计数。

2. 地区生产总值、三次产业增加值、工业增加值、农业产值增速按可比价格计算；工业总产值增速按现行价格计算。

3. 规模以上工业企业是指年主营业务收入2000万元及以上的全部法人工业企业；限额以上批发零售企业是指年主营业务收入2000万元及以上批发企业和年主营业务收入500万元及以上零售企业。

4. 部分数据因四舍五入的原因，存在着总项与分项合计不等的情况。

5. 资料来源：本公报中户籍总人口数据来自南宁市公安局；财政数据来自南宁市财政局；物价、居民收入数据来自国家统计局南宁调查队；进出口数据来自南宁海关；招商引资数据来自南宁市投资促进局；金融数据来自中国人民银行南宁中心支行；保险数据来自中国银行保险监督委员会广西监管局；旅游数据来自南宁市文化广电和旅游局；旅客、货物运输量数据来自南宁市交通运输局、南宁铁路局、广西沿海铁路公司和广西机场管理集团有限责任公司南宁吴圩国际机场；邮政业务数据来自广西邮政公司南宁市分公司、广西邮政速递物流有限公司南宁分公司；电信业务数据来自中国移动广西有限公司南宁分公司、中国联合网络通信有限公司南宁分公司、铁通公司南宁分公司和中国电信股份有限公司南宁分公司；人口出生率、人口死亡率、人口自然增长率数据来自南宁市卫生健康委员会；开发区数据来自南宁高新技术产业开发区、南宁经济技术开发区和广西－东盟经济技术开发区；其他数据均来自南宁市统计局。

统计资料

说明

一、《统计资料》中地区生产总值、工业增加值及农林牧渔业总产值绝对数按当年价格计算，其增长速度按可比价格计算。

二、统计数据中留空表示这部分没有数据，指数的对比均把上年数定位100。“—”表示数据没公布。

三、部分统计项目为当年新增统计内容，故无之前年份数据。

四、数据由南宁市统计局提供。

表31　　南宁市历年主要指标

年　份	年末总人口（万人）	GDP（亿元）	GDP 指数（%）	财政收入（亿元）	农林牧渔业总产值（亿元）	全部工业总产值（亿元）	社会消费品零售总额（亿元）	固定资产投资（亿元）
1950	228.55	1.43	100.00	0.08	1.47	0.12	0.58	0.03
1965	329.84	5.34	116.80	0.63	3.18	3.26	2.56	0.46
1978	451.77	14.74	111.50	2.32	8.16	13.68	5.44	1.69
1980	470.05	18.01	105.50	2.75	9.70	15.71	7.69	1.61
1985	519.06	30.93	112.70	4.26	17.25	26.08	16.73	3.84
1990	558.20	70.88	109.60	8.25	36.17	67.17	35.65	6.00
1995	594.92	235.81	114.50	21.96	99.52	198.44	108.85	43.21
2000	625.27	377.94	107.70	37.54	137.79	241.73	212.43	87.81
2001	629.75	418.17	108.80	45.29	140.72	260.81	231.35	97.45
2002	634.68	463.18	110.90	52.53	145.57	291.19	256.78	122.36
2003	641.67	521.78	110.90	61.06	151.93	334.20	288.45	169.92
2004	648.85	619.12	113.20	74.63	179.29	404.07	332.05	240.11
2005	659.54	727.90	113.40	100.22	207.10	490.92	378.00	346.24
2006	671.89	880.10	116.80	120.36	241.51	639.28	435.51	407.75
2007	683.51	1089.07	117.40	150.84	294.46	830.21	515.62	517.92
2008	691.69	1320.43	114.70	191.17	338.07	1050.62	631.68	650.02

续表 31

年 份	年末总人口（万人）	GDP（亿元）	GDP 指数（%）	财政收入（亿元）	农林牧渔业总产值（亿元）	全部工业总产值（亿元）	社会消费品零售总额（亿元）	固定资产投资（亿元）
2009	697.90	1527.71	115.10	231.37	351.20	1175.76	757.01	977.24
2010	707.37	1800.26	114.20	300.88	403.24	1501.18	905.93	1389.30
2011	711.49	2211.44	113.50	363.52	507.16	2000.23	1073.15	1966.13
2012	713.50	2503.18	112.30	421.99	536.41	2287.90	1255.59	2517.61
2013	724.43	2803.54	110.30	473.66	578.15	2661.97	1450.84	2432.69
2014	729.66	3148.30	108.50	526.59	609.33	2984.23	1616.90	2886.68
2015	740.23	3410.09	108.60	572.48	638.81	3323.82	1786.68	3366.89
2016	751.74	3703.39	107.00	613.83	689.03	3628.07	1980.36	3824.73
2017	756.87	4118.83	108.00	687.98	704.72	4070.88	2204.16	4307.95
2018	770.82	4026.91	105.40	753.20	725.27		2214.69	
2019	781.97	4506.56	105.00	800.69	825.58		2307.41	

说明：1. 2011 年起以“固定资产投资”口径取代原“城镇固定资产投资”口径；
2. 2013 年起，固定资产投资起报点从计划总投资 50 万元起报调整为计划总投资 500 万元起报。

表 32

南宁市社会经济主要指标(2015—2019)

指标名称	单 位	人口 土地面积					
		2015 年	2016 年	2017 年	2018 年	2019 年	
		总 量	总 量	总 量	总 量	总 量	比上年增长(%)
土地面积	平方千米	22099	22099	22099	22099	22099	持平
常住总人口	万人	698.61	706.22	715.33	725.41	734.48	1.3
常住人口城镇化率	%	59.31	60.23	61.35	62.40	63.70	1.31★
年末户籍总人口	万人	740.22	751.73	756.85	770.83	781.97	1.4
城镇人口	万人	326.29	327.23	332.48	343.08	353.11	2.9
乡村人口	万人	413.93	424.50	424.37	427.75	428.86	0.3
市区人口	万人	290.46	370.08	375.37	387.13	397.77	2.7
市辖县人口	万人	449.76	381.66	381.48	383.69	384.19	0.1
男性	万人	387.51	392.99	394.48	401.11	406.23	1.3
女性	万人	352.71	358.74	362.38	369.72	375.74	1.6
18 岁以下人口	万人	162.56	167.78	176.47	182.36	186.74	2.4
18～59 岁人口	万人	461.07	463.00	463.35	466.05	470.78	1.0

续表 32

指标名称	单 位	人口 土地面积					
		2015 年	2016 年	2017 年	2018 年	2019 年	
		总 量	总 量	总 量	总 量	总 量	比上年增长(%)
60 岁以上人口	万人	116.59	120.96	117.04	122.42	124.45	1.7
人口密度	人 / 平方千米	335.00	340.00	342.00	349.00	354.00	1.4
年出生人数	万人	11.81	12.13	15.33	12.73	10.04	−21.2
年死亡人数	万人	3.23	3.40	14.36	3.14	3.51	11.9
年末总户数	万户	222.38	224.96	225.37	230.68	236.02	2.3
年平均人口	万人	734.94	743.34	754.31	763.84	776.39	1.6

说明：1. 人口数据由市公安局提供；
2. 自 2016 年起，市区口径调整为兴宁区、青秀区、西乡塘区、江南区、良庆区、邕宁区和武鸣区；
3. “★” 表示增减百分点。

指标名称	单 位	地区生产总值					
		2015 年	2016 年	2017 年	2018 年	2019 年	
		总 量	总 量	总 量	总 量	总 量	比上年增长(%)
地区生产总值(当年价)	亿元	3410.09	3703.39	4118.83	—	4506.56	5.0
第一产业	亿元	370.35	400.66	404.18	—	507.27	5.3
第二产业	亿元	1345.66	1427.16	1599.50	—	1044.97	4.4
工业	亿元	1000.37	1063.14	1189.89	—	—	1.0
建筑业	亿元	345.29	364.02	409.61	—	—	9.2
第三产业	亿元	1694.08	1875.57	2115.15	—	2954.32	5.2
交通运输仓储邮政业	亿元	146.95	160.96	174.50	—	253.40	6.2
批发和零售业	亿元	304.18	299.04	310.31	—	359.02	4.9
住宿和餐饮业	亿元	91.71	95.92	103.07	—	132.71	5.6
金融业	亿元	369.05	405.80	450.57	—	533.63	7.1
房地产业	亿元	155.74	182.64	237.73	—	551.61	3.7
营利性服务业	亿元	261.93	299.21	355.23	—	416.71	10.6
非营利性服务业	亿元	357.63	417.05	462.34	—	696.23	0.9
人均地区生产总值(当年价)	元	49066	52724	57948		61738	3.6
地区生产总值构成	%	100	100	100	100	100	—
第一产业	%	10.86	10.82	9.81	10.46	11.26	0.89★
第二产业	%	39.46	38.54	38.83	30.44	23.19	−7.25★
第三产业	%	49.68	50.64	51.35	59.1	65.56	6.46★

说明：1. 地区生产总产值增长速度按可比价计算；
2. 人均生产总值按常住人口计算。

续表 32

指标名称	单位	农业					
		2015年	2016年	2017年	2018年	2019年	
		总量	总量	总量	总量	总量	比上年增长(%)
农林牧渔业总产值(当年价)	亿元	638.82	689.14	704.72	725.27	825.58	4.2
农业	亿元	352.30	382.80	393.70	422.77	533.00	7.6
林业	亿元	30.30	30.16	39.29	40.41	41.22	13.1
牧业	亿元	192.81	212.69	198.98	188.02	199.94	−6.0
渔业	亿元	26.68	28.25	29.35	33.40	29.04	0.7
服务业	亿元	36.80	35.11	43.38	40.67	23.38	4.4
农林牧渔业总产值(构成)	%	100	100	100	100	100	—
农业	%	55.15	55.55	55.87	58.29	64.56	6.3*
林业	%	4.73	4.38	5.58	5.57	4.99	−0.6*
牧业	%	30.18	30.87	28.24	25.92	24.22	−1.7*
渔业	%	4.18	4.10	4.17	4.60	3.52	−1.1*
服务业	%	5.76	5.10	6.16	5.61	2.71	−2.9*
播种面积							
粮食	万公顷	44.19	43.67	43.04	42.58	41.94	−1.5
甘蔗	万公顷	14.08	14.01	14.13	14.23	13.90	−2.0
油料	万公顷	5.24	5.25	5.33	5.33	5.09	1.9
蔬菜	万公顷	22.04	23.23	24.12	24.82	26.73	2.2
蔬菜产量	万吨	486.20	517.69	545.40	596.76	633.95	6.2
水果产量	万吨	213.93	233.80	248.32	274.37	336.96	22.8
肉类总产量	万吨	66.02	65.04	65.81	65.74	58.80	−10.6
猪肉产量	万吨	38.64	37.17	38.10	38.57	26.87	−30.3
禽蛋产量	万吨	3.45	3.95	4.11	2.93	3.73	27.3
牛奶产量	万吨	5.03	5.05	4.85	1.25	1.48	18.4
水产品产量	万吨	25.44	26.12	27.45	21.91	22.00	−1.9
生猪出栏数	万头	519.23	417.41	507.11	502.80	352.18	−30.0
生猪存栏数	万头	433.90	417.50	411.43	315.10	140.81	−55.3
家禽出栏数	亿羽	1.38	1.40	1.39	1.37	1.62	18.0

说明：1. 农林牧渔业总产值增长速度按可比价计算；

2. “*”为增减百分点。

指标名称	单位	工业					
		2015年	2016年	2017年	2018年	2019年	
		总量	总量	总量	总量	总量	比上年增长(%)
全部工业总产值(当年价)	万元	33238249	36280744	40708847			1.4
规模以上工业总产值	万元	32427354	35370531	39898166			1.4

续表 32

指标名称	单 位	工 业					
		2015 年	2016 年	2017 年	2018 年	2019 年	
		总 量	总 量	总 量	总 量	总 量	比上年增长(%)
规模以下工业总产值	万元	810895	910213	810681			1.0
规模以上工业							
按等级注册类型分:							
国有企业	万元	3399840	3125321	1587043			8.0
集体企业	万元	48183	52071	60450			13.5
股份制企业	万元	21684372	24210172	29238221			1.4
外商及港澳台	万元	6373400	7034638	7982987			1.0
其他经济类型企业	万元	921559	948329	1029465			−23.4
按轻重工业分:							
轻工业	万元	13272089	14133784	15596779			−3.2
重工业	万元	19155266	21236747	24301387			4.0
按企业规模分:							
大中型企业	万元	15408913	17408947	20404381			−3.9
小微型企业	万元	17018441	17961584	19493785			10.3
规模以上工业企业							
主要经济指标							
企业单位数	个	937	954	946	1005	1044	3.9
产值超亿元企业	个	635	633	660	456	361	−20.8
亏损企业	个	105	104	90	209	242	12.0
工业总产值(现价)	亿元	3242.74	3537.05	3989.82	—	—	1.4
工业增加值(现价)	亿元	969.55	1028.55	1159.08	—	—	1.0
资产总计	亿元	2087.97	2285.96	2567.27	2669.58	2788.48	11.0
负债总计	亿元	1202.79	1320.53	1491.14	1704.43	1816.93	12.9
应收账款	亿元		343.85	383.54	504.91	659.58	21.8
存货	亿元		248.25	302.21	299.15	287.23	3.4
产成品	亿元		86.68	97.02	95.55	94.19	18.7
流动资产合计	亿元		1069.80	1242.42	1421.39	1577.37	16.2
主营业务收入	亿元	3011.35	3280.56	3702.25	2503.11	2309.56	4.8
主营业务成本	亿元	2494.94	2743.44	3103.94	2081.27	1890.09	3.8
利润总额	亿元	201.61	211.20	227.92	125.41	125.83	17.3

续表 32

指标名称	单 位	工 业					
		2015 年	2016 年	2017 年	2018 年	2019 年	
		总 量	总 量	总 量	总 量	总 量	比上年增长(%)
亏损企业亏损额	亿元	7.05	5.23	7.48	17.54	16.31	-6.9
销售费用	亿元	62.18	66.18	73.11	56.13	50.79	1.2
管理费用	亿元	103.68	109.41	120.46	94.88	82.52	-0.3
财务费用	亿元	21.24	18.06	20.18	23.08	22.47	9.1
利息支出	亿元	19.47	18.44	19.10	24.07	23.54	6.8
主要工业产品产量							
配混合饲料	万吨	586.40	619.33	653.91	508.12	439.02	-12.8
成品糖	万吨	108.86	92.87	91.08	109.35	128.28	24.4
饮料	万吨	197.76	212.33	235.40	168.56	172.88	-11.8
啤酒	千升	303137.00	448235.00	366854.00	285441.00	294041.00	3.0
卷烟	亿支	368.57	362.35	360.63	353.00	350.28	-0.8
人造板	万立方米			1049.09	552.05	598.80	27.5
纸浆	万吨	27.77	25.03	24.77	27.61	21.87	-19.1
机制纸及纸板	万吨	27.02	21.69	17.67	26.12	34.49	19.3
硅酸盐水泥熟料	万吨			1225.20	1181.72	955.60	-2.7
水泥	万吨	1652.08	1578.20	1488.28	1513.29	1577.31	4.2
平板玻璃	万重量箱	616.55	520.06	280.75	458.72	1135.98	147.6
铝材	万吨	28.61	38.29	40.65	41.17	21.34	-48.2
小型拖拉机	万台	12.69	11.94	10.92	0.96	0.14	-31.6
电力电缆	千米	21270.07	24104.89	21090.94	20515.30	31026.50	31.4
乳制品	万吨	17.88	19.18	21.88	11.23	8.92	7.5
合成复合肥料	万吨			129.72	54.56	76.97	-15.3
化学试剂	万吨			6.25	1.91	4.38	129.2
塑料制品	万吨	79.12	92.67	103.51	40.85	24.99	-12.1
卫生陶瓷制品	万件	427.74	387.91	423.94	335.15	314.98	-6.4
钢材	万吨	96.58	88.69	93.56	51.69	59.53	17.6
配电或电器控制设备	台			38.57	60.59	14.24	-71.8
家用电风扇	万台	36.28	32.22	43.58	31.37	12.51	-60.1

说明：1. 规模以上工业是指年主营业务收入达2000万元及以上的工业企业；
2. 工业增加值增长速度按价格指数缩减法计算。

续表 32

指标名称	单 位	固定资产投资					
		2015 年	2016 年	2017 年	2018 年	2019 年	
		总 量	总 量	总 量	总 量	总 量	比上年增长(%)
固定资产投资	亿元	3418.43	3824.73	4307.95	—	—	9.9
项目投资	亿元	2709.70	2970.73	3349.86	—	—	-9.4
房地产开发投资	亿元	657.19	854.00	958.09	—	—	32.1
民间投资	亿元	2128.07	2460.97	2801.79	—	—	22.0
建筑安装工程	亿元	2039.56	2238.05	2556.70	—	—	-7.4
设备工器具购置	亿元	682.50	793.63	776.31	—	—	2.4
第一产业	亿元	114.80	144.48	62.78	—	—	30.8
第二产业	亿元	991.10	1030.77	877.12	—	—	-2.4
工业	亿元	961.41	999.60	838.47	—	—	4.1
第三产业	亿元	2312.53	2649.48	2675.18	—	—	9.7
本年施工项目个数(个)	个					3567	26.0
5000 万元及以上项目	个					1316	8.9
亿元及以上项目	个					949	7.0
本年新开工项目个数(个)	个					1696	17.6
5000 万元及以上项目	个					299	3.5
亿元及以上项目	个					180	11.8
竣工投资项目个数(个)	个					1548	65.0
5000 万元及以上项目	个					216	2.4
亿元及以上项目	个					107	-9.3

说明：固定资产投资统计起点为计划总投资 500 万元及以上

指标名称	单 位	房地产开发投资					
		2015 年	2016 年	2017 年	2018 年	2019 年	
		总 量	总 量	总 量	总 量	总 量	比上年增长(%)
房地产开发投资	亿元	657.19	856.00	958.09		1461.08	32.1
住宅	亿元					1034.06	33.9
商品房施工面积	万平方米	5174.93	6191.24	7171.62	1709.74	9704.05	19.4
住宅	万平方米	3502.95	4034.47	4704.22	1200.76	6310.69	19.3
商品房新开工面积	万平方米					2156.19	26.1
住宅	万平方米					1532.44	27.6
商品房竣工面积	万平方米	574.97	471.61	578.22	792.21	710.77	-10.3
住宅	万平方米	423.16	338.10	440.47	584.23	466.90	-20.1
商品房销售面积	万平方米	1000.73	1327.53	1544.13	1745.19	1805.23	3.4
住宅	万平方米	878.87	1150.15	1307.68	1438.25	1550.33	7.8
商品房销售额	亿元	665.08	914.23	1200.77	1358.14	1517.49	11.7
住宅	亿元	547.49	778.35	1006.96	1107.06	1329.23	20.1

续表 32

指标名称	单 位	国内商业					
		2015 年	2016 年	2017 年	2018 年	2019 年	
		总 量	总 量	总 量	总 量	总 量	比上年增长(%)
商品销售总额	亿元	4361.17	4923.18	5518.50		6144.52	11.0
批发业商品销售总额	亿元	2622.65	2936.06	3258.14		3500.11	11.4
零售业商品销售总额	亿元	1735.81	1987.12	2260.35		2644.40	10.4
住宿和餐饮业营业额	亿元	219.18	246.88	286.92		355.15	12.2
住宿业营业额	亿元	42.20	45.12	51.08		61.60	5.8
餐饮业营业额	亿元	176.98	201.76	234.94		293.55	13.6
社会消费品零售总额	亿元	1786.68	1980.36	2204.16		2307.41	4.2
按销售地域分							
城镇零售额	亿元	1639.24	1829.56	2030.84		2100.76	4.1
乡村零售额	亿元	147.44	150.80	173.31		206.64	5.0

指标名称	单 位	居民收入 物价					
		2015 年	2016 年	2017 年	2018 年	2019 年	
		总 量	总 量	总 量	总 量	总 量	比上年增长(%)
城镇居民人均可支配收入	元	29106	30728	33217	35276	37675	6.8
农村居民人均可支配收入	元	10409	11398	12515	13654	15047	10.2
居民消费价格指数	%	101.9	101.4	102.3	102.5	103.4	3.4
食品烟酒	%			100	101.4	109.5	9.5
衣着	%	110.8	102.9	104.2	102.6	101.8	1.8
居住	%	99.4	100.5	103.8	104.4	100.7	100.7
生活用品及服务	%		99.6	100.1	100.9	99.9	99.9
交通和通信	%	100.3	98.2	101.2	100.1	98.1	98.1
教育文化和娱乐	%	101.9	102.6	100.9	103.3	103.3	3.3
医疗保健	%	102.4	101.6	110.6	105.1	100.9	100.9
其他用品和服务	%		104.2	101.5	102.3	102.3	2.3

续表 32

指标名称	单 位	财政 对外经济					
		2015 年	2016 年	2017 年	2018 年	2019 年	
		总 量	总 量	总 量	总 量	总 量	比上年增长(%)
财政收入	亿元	572.48	613.83	687.98	753.20	800.69	6.3
上划中央税收收入	亿元	210.09	234.93	280.75	310.30	342.11	10.3
上划自治区税收收入	亿元	65.34	66.14	75.08	83.94	87.64	4.4
一般公共预算收入	亿元	297.05	312.76	332.15	358.96	370.93	3.3
一般公共预算支出	亿元	527.69	587.07	646.31	697.93	787.71	12.9
八项支出合计	亿元				530.34	611.95	16.0
海关进出口总额	亿元	364.46	416.23	607.09	738.79	747.79	1.0
进口总额	亿元	161.97	205.10	331.40	383.70	383.88	−0.3
出口总额	亿元	202.48	211.13	275.69	355.09	363.91	2.5
直接利用外资	万美元					31018	120.4

指标名称	单 位	金融 保险					
		2015 年	2016 年	2017 年	2018 年	2019 年	
		总 量	总 量	总 量	总 量	总 量	比上年增长(%)
金融机构存款余额	亿元	8257.77	8901.72	9367.53	10093.13	10718.32	6.2
境内存款	亿元	8242.48	8884.78	9350.79	10076.64	10700.34	6.2
住户存款	亿元	2700.36	2924.55	3176.69	3542.83	3960.31	11.8
非金融企业存款	亿元	3303.75	3639.66	3967.67	3972.91	3762.02	−5.3
机关团体存款						2079.33	17.9
财政性存款						362.56	10.7
非银行业金融机构存款	亿元	354.64	536.43	277.39	470.14	536.12	14.0
境外存款	亿元	15.29	16.95	16.74	16.48	17.97	9.1
金融机构贷款余额	亿元	8228.66	9423.79	10470.44	12052.13	13964.35	15.9
境内贷款	亿元	8219.29	9420.01	10457.38	12018.00	13918.31	15.8
住户贷款	亿元	1841.87	2297.26	2816.32	3616.53	4373.25	20.9
非金融企业及机关团体贷款	亿元		7122.75	7641.06	8401.47	9545.06	13.6
境外贷款	亿元	9.37	3.78	13.06	34.13	46.04	34.9
保险保费收入	亿元	124.08	147.90	184.58	204.29	212.36	3.9
财产险保费收入	亿元	51.09	57.79	68.91	77.82	78.83	1.3
人身险保费收入	亿元	72.99	90.11	115.67	126.47	133.53	5.6

表 33　　南宁市区县统计资料(2015—2019)

区域名称	年末户籍人口数					
	2015 年	2016 年	2017 年	2018 年	2019 年	
	总量(万人)	总量(万人)	总量(万人)	总量(万人)	总量(万人)	比上年增长(%)
全　市	740.23	751.74	756.86	770.82	781.97	1.4
兴宁区	31.67	32.70	33.41	34.94	36.47	4.4
江南区	49.73	51.41	52.42	54.21	55.96	3.2
青秀区	68.70	71.23	73.34	76.69	79.63	3.8
西乡塘区	77.73	79.20	79.59	81.33	82.75	1.7
邕宁区	35.41	35.97	36.17	37.13	37.92	2.2
良庆区	27.20	27.96	28.84	30.52	32.32	5.9
武鸣区	70.81	71.59	71.57	72.31	72.70	0.5
横　县	125.96	126.92	126.56	127.46	127.82	0.3
宾阳县	105.13	105.78	105.59	106.06	106.22	0.2
上林县	49.60	49.88	49.97	20.21	50.26	0.1
马山县	59.33	56.85	57.12	57.52	57.44	-0.1
隆安县	41.93	42.20	42.23	42.45	42.45	0.0

区域名称	人口自然增长率					
	2015 年	2016 年	2017 年	2018 年	2019 年	
	(‰)	(‰)	(‰)	(‰)	(‰)	比上年增减(‰)
全　市	6.0	6.2	7.4	7.7	6.7	-0.3
兴宁区	7.0	8.5	8.8	7.5	9.6	0.1
江南区	8.2	9.4	10.1	9.6	9.1	-0.7
青秀区	7.2	8.8	9.8	10.2	12.1	2.2
西乡塘区	6.7	7.8	8.9	7.1	8.1	-0.3
邕宁区	7.8	6.6	7.5	8.2	8.3	-0.6
良庆区	9.1	9.2	10.1	10.2	10.9	0.0
武鸣区	4.4	6.5	8.7	8.3	6.3	-1.2
横　县	6.0	4.8	5.6	6.4	4.8	-0.2
宾阳县	4.9	4.5	4.4	6.4	4.0	-0.9
上林县	4.1	3.9	6.8	7.5	4.6	0.1
马山县	5.4	4.6	6.7	8.0	4.2	-1.5
隆安县	5.0	4.2	6.9	5.4	3.5	-1.8

续表 33

区域名称	年末常住人口数						
	2015 年	2016 年	2017 年	2018 年	2019 年		
	总人数(万人)	总人数(万人)	总人数(万人)	总人数(万人)	总人数(万人)	城镇人口(万人)	城镇化率
全　市	696.63	706.22	715.33	725.41	734.48	467.88	63.7
兴宁区	41.77	42.89	43.54	44.78	45.80	40.04	87.4
江南区	60.97	62.68	64.03	65.86	67.13	54.85	81.7
青秀区	76.68	77.75	79.17	80.80	82.86	77.35	93.4
西乡塘区	120.27	121.77	123.38	124.81	126.20	116.27	92.1
邕宁区	27.80	28.16	28.58	29.26	29.70	12.63	42.5
良庆区	36.80	37.02	37.61	38.47	39.30	28.87	73.5
武鸣区	56.10	56.54	57.18	57.78	58.24	26.79	46.0
横　县	88.62	90.17	90.84	91.25	91.64	39.26	42.8
宾阳县	81.10	81.42	82.03	82.54	83.08	36.85	44.4
上林县	35.70	35.85	36.32	36.60	36.83	12.59	34.2
马山县	40.11	40.72	41.11	41.42	41.68	12.04	28.9
隆安县	30.71	31.25	31.54	31.84	32.30	10.34	32.3

区域名称	地区生产总值					
	2015 年	2016 年	2017 年	2018 年	2019 年	
	总量(亿元)	总量(亿元)	总量(亿元)	总量(亿元)	总量(亿元)	比上年增长(%)
全　市	3410.09	3703.39	4118.83		4506.56	5.0
兴宁区	340.77	371.49	413.55		390.31	4.3
江南区	424.55	536.17	602.97		505.94	4.4
青秀区	751.14	829.52	913.96		1188.58	6.1
西乡塘区	807.30	802.63	888.41		789.12	3.8
邕宁区	67.63	77.12	90.88		154.70	6.0
良庆区	125.14	134.25	156.21		336.42	7.1
武鸣区	294.95	324.30	353.20		303.33	4.5
横　县	263.15	278.47	304.58		328.90	4.1
宾阳县	184.61	203.33	218.39		271.96	6.0
上林县	50.39	53.26	56.75		81.09	7.6
马山县	47.74	50.81	55.18		85.84	6.3
隆安县	62.65	66.23	73.18		94.27	5.1

续表 33

区域名称	第一产业增加值					
	2015 年	2016 年	2017 年	2018 年	2019 年	
	总量(亿元)	总量(亿元)	总量(亿元)	总量(亿元)	总量(亿元)	比上年增长(%)
全　市	370.35	400.67	404.18		507.27	5.3
兴宁区	10.74	11.23	10.98		13.46	6.0
江南区	25.85	27.55	30.02		29.07	5.5
青秀区	16.07	17.58	17.88		20.27	2.3
西乡塘区	20.72	21.58	19.94		32.64	3.1
邕宁区	24.40	27.13	27.65		33.65	4.6
良庆区	20.11	22.30	23.05		27.23	1.0
武鸣区	72.39	81.36	81.17		124.11	6.3
横　县	67.16	68.38	72.87		77.09	3.3
宾阳县	43.35	47.76	50.24		58.79	3.6
上林县	19.31	21.08	21.99		26.17	7.1
马山县	16.72	17.64	20.26		22.84	4.6
隆安县	23.95	25.67	27.95		38.27	5.2

区域名称	第二产业增加值					
	2015 年	2016 年	2017 年	2018 年	2019 年	
	总量(亿元)	总量(亿元)	总量(亿元)	总量(亿元)	总量(亿元)	比上年增长(%)
全　市	1345.66	1427.16	1599.50		1044.97	4.4
兴宁区	61.25	63.57	70.19		77.15	16.7
江南区	277.66	374.19	422.89		163.85	1.8
青秀区	94.15	95.43	104.78		106.63	10.1
西乡塘区	464.00	437.53	496.39		236.27	2.6
邕宁区	15.59	17.33	22.71		40.65	4.2
良庆区	70.97	71.41	86.36		97.83	2.2
武鸣区	146.16	148.66	162.36		69.95	-0.3
横　县	110.92	112.27	120.89		124.98	4.3
宾阳县	64.80	66.39	68.18		80.37	9.2
上林县	11.36	10.40	10.73		12.23	14.4
马山县	10.20	10.35	10.35		19.87	11.1
隆安县	18.49	18.44	19.77		22.13	6.7

续表 33

区域名称	第三产业增加值					
	2015 年	2016 年	2017 年	2018 年	2019 年	
	总量(亿元)	总量(亿元)	总量(亿元)	总量(亿元)	总量(亿元)	比上年增长(%)
全　市	1694.08	1875.57	2115.15		2954.32	5.2
兴宁区	268.79	296.69	332.37		299.70	1.4
江南区	121.04	134.43	150.06		313.03	5.7
青秀区	640.93	716.51	791.30		1061.68	5.8
西乡塘区	322.58	343.52	372.08		520.21	4.5
邕宁区	27.64	32.66	40.51		80.40	7.6
良庆区	34.06	40.54	46.80		211.36	10.6
武鸣区	76.40	94.28	109.67		109.26	5.9
横　县	85.08	97.82	110.82		126.83	4.4
宾阳县	76.46	89.18	99.97		132.79	5.1
上林县	19.71	21.78	24.03		42.69	6.1
马山县	20.82	22.83	24.57		43.13	5.1
隆安县	20.21	22.12	25.46		33.87	3.9

区域名称	财政收入					
	2015 年	2016 年	2017 年	2018 年	2019 年	
	总量(亿元)	总量(亿元)	总量(亿元)	总量(亿元)	总量(亿元)	比上年增长(%)
全　市	572.48	613.83	687.98	753.20	800.69	6.3
兴宁区	37.29	38.61	41.16	44.52	48.02	7.9
江南区	18.12	20.25	22.33	19.62	31.83	62.3
青秀区	133.05	147.66	184.14	200.10	209.17	4.5
西乡塘区	38.61	31.79	36.03	44.67	47.47	6.3
邕宁区	10.26	12.84	14.35	17.17	22.76	32.6
良庆区	22.28	32.12	38.19	50.17	69.21	38.0
武鸣区	22.74	10.50	27.23	17.44	18.83	7.9
横　县	18.29	18.38	19.07	20.34	19.54	−3.9
宾阳县	17.24	17.44	18.43	19.76	20.13	1.9
上林县	4.50	4.05	4.31	4.56	4.84	6.1
马山县	3.34	3.34	3.42	3.56	3.67	3.1
隆安县	5.51	4.58	5.00	5.37	5.27	−1.9

续表 33

区域名称	一般公共预算收入					
	2015 年	2016 年	2017 年	2018 年	2019 年	
	总量(亿元)	总量(亿元)	总量(亿元)	总量(亿元)	总量(亿元)	比上年增长(%)
全　市	297.05	312.76	332.15	358.96	370.93	3.3
兴宁区	9.65	9.11	9.15	9.14	10.35	13.2
江南区	4.71	4.45	5.15	4.55	6.78	48.9
青秀区	30.61	31.92	31.05	34.81	36.33	4.4
西乡塘区	10.60	7.83	8.02	9.71	11.79	21.4
邕宁区	2.90	3.06	2.99	3.73	5.21	39.9
良庆区	5.91	7.52	7.89	9.83	13.97	42.1
武鸣区	12.89	5.46	14.88	9.43	10.45	10.8
横　县	12.66	13.03	13.43	12.62	11.60	-8.1
宾阳县	12.23	12.29	12.60	13.04	13.75	5.4
上林县	2.82	2.54	2.53	2.59	3.00	15.9
马山县	2.07	2.21	1.95	1.96	2.00	2.2
隆安县	3.44	2.55	2.71	2.66	2.89	8.7

区域名称	农林牧渔业总产值					
	2015 年	2016 年	2017 年	2018 年	2019 年	
	总量(亿元)	总量(亿元)	总量(亿元)	总量(亿元)	总量(亿元)	比上年增长(%)
全　市	638.81	689.03	704.72	725.27	825.58	4.2
兴宁区	17.63	18.54	17.96	18.75	22.25	6.0
江南区	41.59	44.59	47.88	40.63	45.37	5.6
青秀区	31.91	34.54	34.86	34.95	38.86	2.3
西乡塘区	35.15	36.64	33.89	38.46	53.55	3.8
邕宁区	41.13	45.66	46.10	46.90	55.50	4.6
良庆区	32.61	36.13	36.98	38.42	43.70	1.1
武鸣区	121.86	137.29	136.34	146.73	197.55	5.6
横　县	111.13	113.87	123.26	126.90	133.53	2.5
宾阳县	71.21	78.89	83.15	87.12	94.43	3.7
上林县	32.64	35.97	37.43	38.14	42.84	7.2
马山县	27.80	29.73	33.45	30.35	37.01	4.6
隆安县	39.93	42.95	46.13	45.51	60.97	4.6

说明：此表增长速度按可比价计算

续表 33

区域名称	规模以上工业增加值					
	2015 年	2016 年	2017 年	2018 年	2019 年	
	总量(亿元)	总量(亿元)	总量(亿元)	总量(亿元)	总量(亿元)	比上年增长(%)
全 市	969.55	1028.55	1159.08			1.0
兴宁区	8.86	9.04	9.92			9.1
江南区	223.42	318.68	370.71			−12.9
青秀区	15.42	12.76	11.62			54.4
西乡塘区	305.54	262.49	315.47			−1.9
邕宁区	5.68	7.22	13.00			18.0
良庆区	42.67	40.76	48.93			−15.3
武鸣区	120.96	120.56	131.99			0.7
横 县	80.30	79.76	85.41			4.9
宾阳县	36.33	36.45	37.14			15.0
上林县	6.25	4.87	4.76			14.6
马山县	2.72	2.78	2.44			11.9
隆安县	10.46	9.39	9.91			13.9

说明：增速按价格指数缩减法计算

区域名称	规模以上工业总产值					
	2015 年	2016 年	2017 年	2018 年	2019 年	
	总量(亿元)	总量(亿元)	总量(亿元)	总量(亿元)	总量(亿元)	比上年增长(%)
全 市	3242.74	3537.05	3989.82			1.4
兴宁区	32.80	33.04	35.26			11.2
江南区	804.49	1162.45	1339.10			−9.7
青秀区	54.92	48.34	50.06			61.7
西乡塘区	1050.19	950.17	1111.86			3.1
邕宁区	23.68	33.00	55.12			21.8
良庆区	153.36	142.96	158.43			−6.7
武鸣区	415.93	446.82	489.31			9.2
横 县	262.37	263.11	283.36			2.3
宾阳县	138.19	150.02	165.65			14.5
上林县	28.95	19.85	19.20			2.0
马山县	8.87	9.03	8.16			15.3
隆安县	53.30	45.91	50.31			11.7

说明：增速按现价计算

续表 33

区域名称	规模以上工业综合能源消费量					
	2015 年	2016 年	2017 年	2018 年	2019 年	
	总量(万吨标准煤)	总量(万吨标准煤)	总量(万吨标准煤)	总量(万吨标准煤)	总量(万吨标准煤)	比上年增长(%)
全　市	471.69	470.61	469.23	438.96	456.83	2.4
兴宁区	1.59	9.65	12.76	13.07	12.63	-3.7
江南区	51.14	60.47	59.76	41.42	25.03	-4.5
青秀区	0.94	0.81	0.82	0.61	0.86	36.1
西乡塘区	61.51	71.22	74.95	70.36	58.25	-1.1
邕宁区	6.41	5.94	3.94	1.66	2.44	-12.2
良庆区	10.42	8.62	7.34	6.19	5.33	-15.6
武鸣区	71.87	67.91	66.02	48.89	48.43	4.6
横　县	148.31	160.92	154.64	158.21	162.86	0.4
宾阳县	49.61	45.15	44.96	47.72	58.26	22.8
上林县	8.33	5.34	4.48	4.09	4.47	9.3
马山县	3.45	3.21	4.98	12.12	10.89	-10.3
隆安县	31.32	31.36	33.54	33.61	38.85	10.2

区域名称	万元工业增加值能耗				
	2015 年	2016 年	2017 年	2018 年	2019 年
	上升或下降(+-,%)				
全　市	-17.15	-5.76	-10.00	-1.64	1.43
兴宁区	-4.96	501.73	34.20	12.82	-11.7
江南区	-4.80	-13.32	-15.30	-8.70	9.69
青秀区	-13.13	-6.07	-1.40	-20.74	-11.88
西乡塘区	-10.24	-10.19	-8.90	0.97	0.83
邕宁区	-4.12	-22.58	-54.30	-67.26	-25.62
良庆区	-18.29	-14.59	-6.00	-15.47	-0.37
武鸣区	-12.30	-8.96	-8.80	-12.50	3.83
横　县	-20.88	7.77	-7.70	5.78	-4.25
宾阳县	-12.18	-11.96	-7.90	-12.40	6.74
上林县	-14.91	-21.70	-16.80	5.71	-4.65
马山县	-56.56	-6.76	66.00	66.45	-19.86
隆安县	-4.69	4.57	-2.60	2.01	-3.22

续表 33

区域名称	固定资产投资					
	2015 年	2016 年	2017 年	2018 年	2019 年	
	总量(亿元)	总量(亿元)	总量(亿元)	总量(亿元)	总量(亿元)	比上年增长(%)
全 市	3366.89	3824.73	4307.95			9.9
兴宁区	231.34	251.41	274.62			13.3
江南区	373.99	440.50	507.68			16.0
青秀区	666.70	789.65	885.21			16.2
西乡塘区	638.96	608.44	677.81			16.6
邕宁区	128.26	176.18	219.01			13.2
良庆区	233.47	333.35	428.39			13.1
武鸣区	311.73	355.98	386.49			12.7
横 县	218.20	245.77	270.52			10.3
宾阳县	214.90	244.23	276.10			16.1
上林县	56.41	41.66	46.25			56.3
马山县	34.39	38.10	42.19			23.7
隆安县	68.64	53.48	57.81			16.7

说明：固定资产投资统计起点为计划总投资 500 万元及以上

区域名称	社会消费品零售总额					
	2015 年	2016 年	2017 年	2018 年	2019 年	
	总量(亿元)	总量(亿元)	总量(亿元)	总量(亿元)	总量(亿元)	比上年增长(%)
全 市	1786.68	1980.36	2204.16		2307.41	4.2
兴宁区	373.22	415.79	464.93		491.55	0.1
江南区	288.95	318.80	357.28		311.81	3.4
青秀区	367.22	406.88	448.64		460.56	5.4
西乡塘区	402.68	447.29	496.75		541.49	5.4
邕宁区	18.64	20.56	23.21		29.92	12.6

续表 33

区域名称	社会消费品零售总额					
	2015 年	2016 年	2017 年	2018 年	2019 年	
	总量(亿元)	总量(亿元)	总量(亿元)	总量(亿元)	总量(亿元)	比上年增长(%)
良庆区	30.33	33.33	37.14		42.84	10.9
武鸣区	72.17	79.52	87.84		90.83	−0.1
横　县	83.82	92.94	104.02		129.29	9.7
宾阳县	92.95	103.04	115.82		134.07	7.6
上林县	18.24	19.99	21.97		24.24	6.5
马山县	21.02	23.04	25.34		27.72	0.2
隆安县	17.43	19.18	21.22		23.08	4.2

区域名称	城镇居民人均可支配收入					
	2015 年	2016 年	2017 年	2018 年	2019 年	
	总量(元)	总量(元)	总量(元)	总量(元)	总量(元)	比上年增长(%)
全　市	29106	30728	33217	35276	37675	6.8
兴宁区	31945	33725	36322	38465	41158	7.0
江南区	27181	29610	32156	34664	37264	7.5
青秀区	36830	38873	42138	45467	48286	6.2
西乡塘区	26198	28905	31188	33683	35940	6.7
邕宁区	25827	28133	30609	32507	34652	6.6
良庆区	25054	26885	28901	30780	32658	6.1
武鸣区	27872	29398	32014	33839	36309	7.3
横　县	27189	29574	31762	33414	35720	6.9
宾阳县	26145	29103	31489	33095	35544	7.4

续表 33

区域名称	城镇居民人均可支配收入					
	2015 年	2016 年	2017 年	2018 年	2019 年	
	总量(元)	总量(元)	总量(元)	总量(元)	总量(元)	比上年增长(%)
上林县	21788	23249	25225	26612	28528	7.2
马山县	22295	24016	25889	27183	29031	6.8
隆安县	22445	23970	25912	27415	29197	6.5

区域名称	农村居民人均可支配收入					
	2015 年 *	2016 年	2017 年	2018 年	2019 年	
	总量(元)	总量(元)	总量(元)	总量(元)	总量(元)	比上年增长(%)
全　市	9408	11398	12515	13654	15047	10.2
兴宁区	10843	12406	13585	14685	16256	10.7
江南区	10923	12655	13819	14925	16552	10.9
青秀区	11012	12712	14021	15423	16811	9.0
西乡塘区	10079	11537	12679	13820	15147	9.6
邕宁区	9805	11459	12559	13953	15460	10.8
良庆区	10244	12065	13356	14678	16234	10.6
武鸣区	11210	13304	14594	15937	17483	9.7
横　县	9727	11538	12703	13719	15091	10.0
宾阳县	9916	11644	12867	14038	15470	10.2
上林县	6980	9289	10199	11097	12251	10.4
马山县	6664	8973	9807	10719	11844	10.5
隆安县	7277	9799	10720	11674	12876	10.3

说明：带“*”数据统计口径为农村居民人均纯收入，与农村居民人均可支配收入统计口径不同

表 34　　全国、广西、全市主要指标及南宁占广西比重(2015—2019)

区　域	年末常住总人口										
	2015 年		2016 年		2017 年		2018 年		2019 年		
	绝对数（万人）	南宁占广西的比重(%)	绝对数（万人）	南宁占广西的比重(%)	绝对数（万人）	南宁占广西的比重(%)	绝对数（万人）	南宁占广西的比重(%)	绝对数（万人）	增长(%)	南宁占广西的比重(%)
全　国	137462★				139008		139538		140005	0.3	
广　西	5518★	13.41	4838	14.6	4885	16.64	4926	14.7	4960	0.7	14.8
南　宁	740★		706		715		725.41		734.48	1.3	

说明：带“★”数据统计口径为年末总人口，与年末常住总人口的统计口径不同

区　域	城镇化率		
	2019 年		
	绝对数(%)	增长(%)	南宁占广西的比重(%)
全　国	60.6	1.02★	—
广　西	51.1	0.87★	
南　宁	63.7	1.31★	

说明：带“★”数据是增长点数，不是同经增长点数，不是同比增长数

区　域	国内生产总值										
	2015 年		2016 年		2017 年		2018 年		2019 年		
	绝对数（亿元）	南宁占广西的比重(%)	绝对数（亿元）	南宁占广西的比重(%)	绝对数（亿元）	南宁占广西的比重(%)	绝对数（亿元）	南宁占广西的比重(%)	绝对数(%)	增长(%)	南宁占广西的比重(%)
全　国	676708		744127		827122		—		990865	6.1	
广　西	16803	20.29	18245	20.3	20396.25	20.19	20352.51	—	21237.14	6.0	21.2
南　宁	3410		3703		4118.83		—		4506.56	5.0	

区　域	第一产业										
	2015 年		2016 年		2017 年		2018 年		2019 年		
	绝对数（亿元）	南宁占广西的比重(%)	绝对数（亿元）	南宁占广西的比重(%)	绝对数(亿元)	南宁占广西的比重(%)	绝对数(亿元)	南宁占广西的比重(%)	绝对数（亿元）	增长(%)	南宁占广西的比重(%)
全　国	60863		63671		65468		—		70467	3.1	
广　西	2566	14.43	2798.6	14.32	2906.87	13.9	3019.37	—	3387.74	5.6	15.0
南　宁	370		401		404.18		—		507.27	5.3	

区　域	第二产业										
	2015 年		2016 年		2017 年		2018 年		2019 年		
	绝对数（亿元）	南宁占广西的比重(%)	绝对数（亿元）	南宁占广西的比重(%)	绝对数（亿元）	南宁占广西的比重(%)	绝对数（亿元）	南宁占广西的比重(%)	绝对数（亿元）	增长(%)	南宁占广西的比重(%)
全　国	274278		296236		336423		—		386165	5.7	
广　西	7695	17.49	8219.9	17.36	9297.84	17.2	8072.94	—	7077.43	5.7	14.8
南　宁	1346		1427		1599.5		—		1044.97	4.4	

续表 34

区域	工业生产总值										
	2015 年		2016 年		2017 年		2018 年		2019 年		
	绝对数（亿元）	南宁占广西的比重（%）	绝对数（亿元）	南宁占广西的比重（%）	绝对数（亿元）	南宁占广西的比重（%）	绝对数（亿元）	南宁占广西的比重(%)	绝对数（亿元）	增长(%)	南宁占广西的比重（%）
全　国	—		247860		279997		—		317109		
广　西	6338	15.78	6764.1	15.72	7663.71	15.53	6288.72	—	—		—
南　宁	1000		1063		1189.89		—		—	1.0	

区　域	第三产业生产总值										
	2015 年		2016 年		2017 年		2018 年		2019 年		
	绝对数（亿元）	南宁占广西的比重（%）	绝对数（亿元）	南宁占广西的比重（%）	绝对数（亿元）	南宁占广西的比重（%）	绝对数（亿元）	南宁占广西的比重(%)	绝对数（亿元）	增长(%)	南宁占广西的比重（%）
全　国	341567		384221		427032				534233	6.9	
广　西	6542	25.89	7226.6	25.95	8191.54	25.82	9260.20	—	10771.97	6.2	27.4
南　宁	1694		1876		2115.15				2954.32	5.2	

区　域	固定资产投资										
	2015 年		2016 年		2017 年		2018 年		2019 年		
	绝对数（亿元）	南宁占广西的比重（%）	绝对数（亿元）	南宁占广西的比重（%）	绝对数（亿元）	南宁占广西的比重（%）	绝对数（亿元）	南宁占广西的比重(%)	绝对数（亿元）	增长(%)	南宁占广西的比重（%）
全　国	551590		596501		631684		—		551478	5.4	
广　西	15655	21.51	17653	21.67	19908.27	21.64	—	—	—	9.5	—
南　宁	3367		3825		4307.95		—		—	9.9	

区　域	规模以上工业增加值		
	2019 年		
	绝对数（亿元）	增长(%)	南宁占广西的比重(%)
全　国	—	5.7	
广　西	—	4.5	—
南　宁	—	1.0	

区　域	社会消费品零售总额										
	2015 年		2016 年		2017 年		2018 年		2019 年		
	绝对数（亿元）	南宁占广西的比重（%）	绝对数（亿元）	南宁占广西的比重（%）	绝对数(亿元）	南宁占广西的比重（%）	绝对数(亿元）	南宁占广西的比重(%)	绝对数（亿元）	增长(%)	南宁占广西的比重（%）
全　国	300931		332316		366262		—		411649	8.0	
广　西	6348.06	28.15	7023.31	28.18	7813.03	28.21	—	—	—	7.0	—
南　宁	1786.68		1980.36		2204.16		—		2307.41	4.2	

续表 34

区域	进出口总额										
	2015 年		2016 年		2017 年		2018 年		2019 年		
	绝对数（亿元）	南宁占广西的比重(%)	绝对数（亿元）	南宁占广西的比重(%)	绝对数（亿元）	南宁占广西的比重(%)	绝对数（亿元）	南宁占广西的比重(%)	绝对数（亿元）	增长(%)	南宁占广西的比重(%)
全　国	245849		243344		277923		305050		315505	3.4	
广　西	3190.3	11.42	3170.42	13.13	3866.34	15.7	4107	18.0	4694.70	14.4	15.9
南　宁	364.46		416.23		607.09		738.79		747.79	1.0	

区域	出口总额										
	2015 年		2016 年		2017 年		2018 年		2019 年		
	绝对数（亿元）	南宁占广西的比重(%)	绝对数（亿元）	南宁占广西的比重(%)	绝对数(亿元)	南宁占广西的比重(%)	绝对数(亿元)	南宁占广西的比重(%)	绝对数（亿元）	增长(%)	南宁占广西的比重(%)
全　国	141357		138409		153321		164177		172342	5.0	
广　西	1739.9	11.64	1523.83	13.86	1855.2	14.86	2176	16.3	2597.10	19.4	14.0
南　宁	202.48		211.13		275.69		355.09		363.91	2.5	

区域	财政收入										
	2015 年		2016 年		2017 年		2018 年		2019 年		
	绝对数（亿元）	南宁占广西的比重(%)	绝对数（亿元）	南宁占广西的比重(%)	绝对数(亿元)	南宁占广西的比重(%)	绝对数(亿元)	南宁占广西的比重(%)	绝对数（亿元）	增长(%)	南宁占广西的比重(%)
全　国	—		—		—		—		—	—	
广　西	2332.96	24.54	2454.05	25.01	2604.21	26.42	2790	27.0	2969.22	6.4	2.70
南　宁	572.48		613.83		687.98		753.20		800.69	6.3	

区域	一般公共预算收入										
	2015 年		2016 年		2017 年		2018 年		2019 年		
	绝对数（亿元）	南宁占广西的比重(%)	绝对数（亿元）	南宁占广西的比重(%)	绝对数(亿元)	南宁占广西的比重(%)	绝对数(亿元)	南宁占广西的比重(%)	绝对数（亿元）	增长(%)	南宁占广西的比重(%)
全　国	152217		159552		172567		183352		190382	3.8	
广　西	1515.08	19.61	1556.24	20.1	1615.03	20.57	1681	21.3	1811.89	7.8	20.5
南　宁	297.05		312.76		332.15		358.96		370.93	3.3	

区域	一般公共预算支出										
	2015 年		2016 年		2017 年		2018 年		2019 年		
	绝对数（亿元）	南宁占广西的比重(%)	绝对数（亿元）	南宁占广西的比重(%)	绝对数(亿元)	南宁占广西的比重(%)	绝对数(亿元)	南宁占广西的比重(%)	绝对数（亿元）	增长(%)	南宁占广西的比重(%)
全　国	175768		187841		203330		156401		238874	8.1	
广　西	4076.42	12.94	4472.48	13.13	4912.89	13.16	5311	13.1	5849.02	10.1	13.5
南　宁	527.69		587.07		646.31		697.93		787.71	12.9	

续表 34

区域	金融机构存款余额										
	2015 年		2016 年		2017 年		2018 年		2019 年		
	绝对数（亿元）	南宁占广西的比重(%)	绝对数（亿元）	南宁占广西的比重(%)	绝对数（亿元）	南宁占广西的比重(%)	绝对数（亿元）	南宁占广西的比重(%)	绝对数（亿元）	增长(%)	南宁占广西的比重(%)
全 国	1357000		1505900		1641000		1775000		1981643	8.6	
广 西	22567	36.59	25478	34.94	27900	33.58	29620	34.1	31504.98	6.4	34.0
南 宁	8258		8902		9368		10093		10718.32	6.2	

区域	金融机构贷款余额										
	2015 年		2016 年		2017 年		2018 年		2019 年		
	绝对数（亿元）	南宁占广西的比重(%)	绝对数（亿元）	南宁占广西的比重(%)	绝对数(亿元)	南宁占广西的比重(%)	绝对数（亿元）	南宁占广西的比重(%)	绝对数（亿元）	增长(%)	南宁占广西的比重(%)
全 国	939500		1066000		1201000		1363000		1586021	11.9	
广 西	17657	46.6	20641	45.66	23226	45.08	26143	46.1	29988.52	14.7	46.6
南 宁	8229		9424		10470		12052		13964.35	15.9	

区域	城镇居民人均可支配收入		
	2019 年		
	绝对数(元)	增长(%)	南宁占广西的比重(%)
全 国	42359	7.9	
广 西	34745	7.1	—
南 宁	37675	6.8	

区域	农村居民人均可支配收入					
	2015 年 *	2016 年	2017 年	2018 年	2019 年	
	绝对数(元)	绝对数(元)	绝对数(元)	绝对数(元)	绝对数(元)	增长(%)
全 国	10772	12363	13432	14617	16021	9.6
广 西	9467	10359	11325	12435	13676	10.0
南 宁	9408	11398	12515	13654	15047	10.2

说明：带“*”数据统计口径为农村居民人均纯收入，与农村居民人均可支配收入的统计口径不同

区域	居民消费价格指数(上年 =100)					
	2015 年	2016 年	2017 年	2018 年	2019 年	
	绝对数(%)	绝对数(%)	绝对数(%)	绝对数(%)	绝对数(%)	增长(%)
全 国	101.4	102	101.6	102.1	102.9	2.9
广 西	101.5	101.6	101.6	102.3	103.7	3.7
南 宁	101.9	101.4	102.3	102.5	103.4	3.4

表 35　　27 个省会城市主要经济指标及排位(2015—2019)

城　市	地区生产总值									
	2015 年		2016 年		2017 年		2018 年		2019 年	
	总量(亿元)	位次	总量(亿元)	位次	总量(亿元)	位次	比上年增长(%)	位次	比上年增长(%)	位次
★南　宁	3410.09	18	3703.39	17	4118.83	18	5.4	24	5.0	24
太　原	2735.34	21	2955.60	20	3382.18	20	9.2	3	6.6	17
合　肥	5660.30	12	6274.30	9	7213.45	9	8.5	7	7.6	7
福　州	5618.10	13	6197.77	11	7104.02	11	8.6	6	7.9	4
南　昌	4000.01	16	4354.99	15	5003.19	16	8.9	5	8.0	2
郑　州	7315.19	7	7994.16	7	9130.20	7	8.1	11	6.5	18
长　沙	8510.13	6	9323.70	6	10535.51	6	8.5	7	8.1	1
石家庄	5350.60	15	5857.80	14	6460.90	13	7.4	17	6.7	16
海　口	1161.28	25	1257.67	23	1390.48	25	7.6	15	7.5	8
★西　宁	1131.62	26	1248.16	24	1284.91	26	9.0	4	7.5	8
★银　川	1480.73	24	1617.28	22	1803.17	24	7.2	19	6.3	21
★乌鲁木齐	2680.00	22			2743.82	21	7.6	15	6.5	18
★兰　州	2095.99	23	2264.23	21	2523.54	23	6.5	22	6.0	22
★贵　阳	2891.16	20	3157.70	19	3537.96	19	9.9	1	7.4	10
★昆　明	3970.00	17	4300.43	16	4857.64	17	8.4	9	6.5	18
★呼和浩特	3090.52	19	3173.59	18	2743.72	22	3.9	27	5.5	23
沈　阳	7280.50	8			5865.00	15	5.4	24	4.2	26
长　春	5530.00	14	5928.50	13	6530.00	12	7.2	19	3.0	27
哈尔滨	5751.20	11	6101.60	12	6355.00	14	5.1	26	4.4	25
南　京	9720.77	5	10503.02	5	11715.10	5	8.0	12	7.8	5
杭　州	10053.58	4	11050.49	4	12556.16	4	6.7	21	6.8	14
济　南	6100.23	9	6536.12	8	7201.96	10	7.4	17	7.0	12
武　汉	11000.00	2	11912.61	3	13410.34	3	8.0	12	7.4	10
广　州	18100.41	1	19610.94	1	21503.15	1	6.2	23	6.8	14
★成　都	10801.16	3	12170.23	2	13889.39	2	8.0	12	7.8	5
★西　安	5810.03	10	6257.18	10	7469.85	8	8.2	10	7.0	12
★拉　萨	389.46	27	424.95	25	479.25	27	9.3	2	8.0	2
南宁在 11 个西部省会城市排位		4		4		4		10		11
南宁在 5 个自治区首府城市排位		1		1		1		4		5

说明：带“★”的城市为西部省会城市

续表 35

城市	第一产业增加值									
	2015 年		2016 年		2017 年		2018 年		2019 年	
	总量(亿元)	位次	总量(亿元)	位次	总量(亿元)	位次	比上年增长(%)	位次	比上年增长(%)	位次
★南 宁	370.35	5	400.67	5	404.18	6	4.3	5	5.3	5
太 原	37.43	25	38.22	24	40.82	24	0.7	24	2.1	16
合 肥	263.40	12	270.20	11	272.75	11	2.2	18	1.7	21
福 州	434.74	3	492.65	2	519.49	2	4.3	5	3.8	9
南 昌	171.26	17	181.77	16	192.13	16	3.2	11	2.9	13
郑 州	150.96	18	156.35	17	158.60	17	2.1	20	-4.9	27
长 沙	341.78	8	370.95	7	379.45	7	3.2	12	3.2	11
石家庄	494.40	2	480.90	3	480.50	4	3.2	11	1.6	22
海 口	58.12	21	67.68	20	63.72	20	4.5	4	-1.4	26
★西 宁	37.46	24	39.15	23	41.80	23	4.2	7	4.2	7
★银 川	57.46	22	58.61	22	61.38	22	3.6	8	2.0	19
★乌鲁木齐	31.20	26			29.62	25	2.2	18	2.1	16
★兰 州	56.22	23	60.36	21	61.47	21	6.0	3	5.5	3
★贵 阳	129.89	19	137.14	18	147.33	18	6.6	1	5.6	2
★昆 明	188.10	16	200.51	15	210.13	15	6.3	2	5.5	3
★呼和浩特	126.23	20	113.49	19	107.74	19	2.1	20	1.2	24
沈 阳	341.40	9			268.20	12	3.2	11	3.8	9
长 春	343.30	7	323.50	8	315.10	8	1.7	23	2.1	16
哈尔滨	672.60	1	691.20	1	688.80	1	-0.1	26	2.6	14
南 京	232.39	13	252.51	12	263.01	13	0.6	25	0.7	25
杭 州	287.69	11	304.84	10	311.67	9	1.8	22	1.9	20
济 南	305.39	10	317.31	9			2.5	16	1.3	23
武 汉	359.81	6	390.62	6	408.20	5	2.9	15	3.0	12
广 州	228.09	14	240.04	13	233.49	14	2.5	16	3.9	8
★成 都	373.15	4	474.94	4	500.90	3	3.6	8	2.5	15
★西 安	220.20	15	232.01	14	281.12	10	3.3	10	4.3	6
★拉 萨	13.80	27	15.12	25	17.54	26	3.0	14	8.2	1
南宁在11个西部省会城市排位		2		2		2		4		5
南宁在5个自治区首府城市排位		1		1		1		1		2

续表 35

城 市	第二产业增加值									
	2015 年		2016 年		2017 年		2018 年		2019 年	
	总量(亿元)	位次	总量(亿元)	位次	总量(亿元)	位次	比上年增长(%)	位次	比上年增长(%)	位次
*南 宁	1345.66	18	1427.16	17	1599.50	17	2.2	27	4.4	20
太 原	1020.14	20	1068.04	19	1271.42	19	10.3	2	5.9	15
合 肥	3097.90	9	3189.20	8	3643.08	8	9.5	4	7.7	6
福 州	2482.44	11	2598.31	11	2962.94	10	8.4	8	7.8	4
南 昌	2179.96	14	2307.24	13	2666.10	12	8.5	6	8.0	2
郑 州	3625.52	7	3780.68	7	4247.50	7	8.1	9	6.2	13
长 沙	4478.20	4	4513.23	4	4998.26	4	6.8	14	8.0	2
石家庄	2452.90	12	2638.00	10	2913.90	11	4.8	24	2.1	25
海 口	223.67	26	233.56	24	252.22	25	6.0	16	3.6	21
*西 宁	543.47	25	595.64	23	556.44	24	8.8	5	6.1	14
*银 川	787.11	23	825.46	21	908.60	20	5.5	20	6.4	12
*乌鲁木齐	788.80	22			827.63	22	5.4	21	1.1	27
*兰 州	782.65	24	790.09	22	881.74	21	4.9	23	1.9	26
*贵 阳	1108.52	19	1218.79	18	1375.18	18	7.9	10	8.2	1
*昆 明	1588.40	17	1660.46	16	1865.97	15	10.0	3	4.6	19
*呼和浩特	867.08	21	884.43	20	755.75	23	2.4	26	2.2	24
沈 阳	3499.00	8			2261.40	14	5.7	18	2.4	23
长 春	2770.90	10	2926.20	9	3175.20	9	7.3	12	5.3	17
哈尔滨	1862.80	16	1896.70	15	1820.70	16	2.7	25	3.1	22
南 京	3916.11	5	4117.20	5	4454.87	5	6.5	15	6.7	10
杭 州	3910.60	6	3977.39	6	4387.19	6	5.8	17	5.0	18
济 南	2307.00	13	2368.90	12			7.8	11	7.8	4
武 汉	4981.54	2	5227.05	3	5861.35	3	5.7	18	6.5	11
广 州	5786.21	1	5925.87	1	6015.29	1	5.4	21	5.5	16
*成 都	4723.49	3	5232.02	2	5998.20	2	7.0	13	7.0	9
*西 安	2165.54	15	2197.81	14	2596.08	13	8.5	6	7.6	7
*拉 萨	140.95	27	162.80	25	189.38	26	17.4	1	7.4	8
南宁在 11 个西部省会城市排位		4		4		4		11	11	8
南宁在 5 个自治区首府城市排位		1		1		1		5	5	3

续表 35

城 市	第三产业增加值									
	2015 年		2016 年		2017 年		2018 年		2019 年	
	总量(亿元)	位次	总量(亿元)	位次	总量(亿元)	位次	比上年增长(%)	位次	比上年增长(%)	位次
*南 宁	1694.08	19	1875.57	17	2115.15	17	7.8	17	5.2	24
太 原	1677.77	20	1849.34	19	2069.94	18	8.8	11	7.1	18
合 肥	2298.90	15	2814.80	12	3297.62	12	8.0	16	7.8	14
福 州	2700.92	12	3106.81	11	3621.60	10	9.2	7	8.3	11
南 昌	1648.79	22	1865.98	18	2144.96	16	10.1	4	8.4	6
郑 州	3538.71	7	4057.14	7	4724.10	7	8.3	13	7.1	18
长 沙	3690.15	6	4439.52	6	5157.80	6	10.7	2	8.4	6
石家庄	2493.30	13	2738.90	13	3066.40	13	10.2	3	9.8	1
海 口	879.49	24	956.43	22	1074.54	23	8.1	15	8.8	3
*西 宁	550.69	26	613.37	24	686.67	25	9.4	6	9.3	2
*银 川	636.16	25	733.21	23	833.18	24	9.2	7	6.5	23
*乌鲁木齐	1860.00	18			1886.56	20	8.6	12	8.4	6
*兰 州	1257.11	23	1413.78	21	1580.34	22	7.4	22	8.4	6
*贵 阳	1652.75	21	1801.77	20	2015.45	19	11.3	1	7.0	20
*昆 明	2193.50	16	2439.46	15	2781.54	15	7.3	23	7.7	15
*呼和浩特	2097.21	17	2175.67	16	1880.23	21	4.6	26	7.3	17
沈 阳	3440.10	9			3335.40	11	5.4	25	5.2	24
长 春	2415.80	14	2678.80	14	3039.70	14	7.8	17	1.0	27
哈尔滨	3215.80	11	3513.80	10	3845.50	9	7.5	19	5.2	24
南 京	5572.27	4	6133.31	5	6997.22	5	9.1	9	8.6	4
杭 州	5855.29	2	6768.26	2	7857.30	2	7.5	19	8.0	13
济 南	3487.84	8	3849.91	8			7.5	19	7.0	20
武 汉	5564.25	5	6294.94	4	7140.79	4	10.1	4	8.2	12
广 州	12086.11	1	13445.03	1	15254.37	1	6.6	24	7.5	16
*成 都	5704.52	3	6463.27	3	7390.30	3	9.0	10	8.6	4
*西 安	3424.29	10	3827.36	9	4592.65	8	8.3	13	6.8	22
*拉 萨	227.60	27	247.04	25	272.33	26	4.6	26	8.4	6
南宁在 11 个西部省会城市排位		6		5		4		7		11
南宁在 5 个自治区首府城市排位		3		2		1		3		5

续表 35

城　市	一般公共预算收入											
	2015 年		2016 年		2017 年		2018 年		2019 年			
	总量（亿元）	位次	总量（亿元）	位次	总量（亿元）	位次	总量（亿元）	位次	总量（亿元）	位次	比上年增长(%)	位次
★南　宁	297.05	20	312.76	20	332.15	20	358.96	21	370.93	20	3.3	15
太　原	274.24	21	282.69	21	311.85	21	373.23	20	386.62	19	3.6	14
合　肥	571.54	11	614.85	11	655.90	10	712.49	10	745.99	9	4.7	12
福　州	560.46	12	598.91	12	634.16	12	680.38	12	668.08	12	−1.8	24
南　昌	389.22	15	402.18	16	417.08	16	461.75	16	476.08	15	3.1	16
郑　州	942.90	6	1011.20	7	1056.67	6	1152.05	6	1222.53	6	6.1	10
长　沙	718.95	7	1231.02	4	800.35	7	879.71	7	950.23	7	8.0	4
石家庄	375.00	17	410.70	15	460.70	14	519.70	14	569.10	14	9.5	1
海　口	111.50	25	115.51	25	125.36	25	169.88	25	185.34	24	9.1	3
★西　宁	94.79	26	75.22	26	79.20	27	92.94	27	101.79	27	9.5	1
★银　川	171.28	24	173.13	24	177.46	24	181.17	24	154.70	25	−10.7	26
★乌鲁木齐	368.67	19	369.67	18	400.78	17	458.28	17	472.46	16	3.1	16
★兰　州	185.58	23	215.50	23	234.20	22	253.32	22	233.23	22	−0.1	22
★贵　阳	374.15	18	366.32	19	377.77	18	411.30	18	417.26	18	1.4	20
★昆　明	502.22	13	530.00	13	560.86	13	595.63	13	630.03	13	5.8	11
★呼和浩特	247.40	22	269.70	22	201.63	23	204.70	23	203.12	23	−0.8	23
沈　阳	606.20	10	620.90	10	656.20	9	720.60	9	730.30	10	1.3	21
长　春	388.20	16	415.50	14	450.10	15	478.00	15	420.00	17	−12.1	27
哈尔滨	407.70	14	376.20	17	368.10	19	384.40	19	370.90	21	−3.5	25
南　京	1020.03	5	1142.60	6	1271.91	5	1470.02	4	1580.03	3	7.5	7
杭　州	1233.88	3	1402.38	1	1567.42	1	1825.10	1	1966.00	1	7.7	6
济　南	614.30	9	641.20	8	677.20	8	752.80	8	874.20	8	7.2	8
武　汉	1245.63	2	1322.10	3	1402.93	3	1528.70	3	1564.12	4	2.3	19
广　州	1349.09	1	1393.85	2	1533.06	2	1632.30	2	1697.21	2	4.0	13
★成　都	1154.40	4	1175.40	5	1275.50	4	1424.20	5	1483.00	5	7.9	5
★西　安	650.91	8	641.10	9	654.50	11	684.71	11	702.55	11	0.6	18
★拉　萨	82.42	27	70.79	27	89.63	26	110.10	26	117.04	26	6.30	9
南宁在 11 个西部省会城市排位		6		6		6		6		6		5
南宁在 5 个自治区首府城市排位		2		2		2		2		2		2

续表 35

城 市	规模以上工业增加值									
	2015 年		2016 年		2017 年		2018 年		2019 年	
	总量(亿元)	位次	总量(亿元)	位次	比上年增长(%)	位次	比上年增长(%)	位次	比上年增长(%)	位次
★南 宁	969.55	15	1028.55		9.9	3	1.5	27	1.0	26
太 原	600.48	18	571.81		9.0	10	10.8	2	4.5	16
合 肥	2255.65	8	2269.13		9.4	9	11.3	1	8.6	3
福 州	1927.90	11	1983.02		8.2	15	9.0	5	8.7	2
南 昌	1451.84	12	1611.50		9.5	7	9.5	3	8.5	4
郑 州	3312.00	4	3215.40		7.8	16	6.8	18	6.1	11
长 沙	3228.21	5	3253.03		8.5	13	8.2	10	9.1	1
石家庄	2117.30	10	2190.30		3.6	25	5.4	24	1.3	25
海 口	124.52	22	124.17		4.5	24	8.0	11	3.2	19
★西 宁					9.7	5	8.0	11	6.5	8
★银 川	487.81	21	533.06		8.5	13	7.5	15	6.0	12
★乌鲁木齐	576.87	19			9.5	7	2.4	26	1.7	24
★兰 州	515.00	20	502.00		4.8	23	6.0	20	2.0	23
★贵 阳	711.60	17	780.82		9.7	5	7.4	16	6.3	9
★昆 明	1050.00	14			10.4	2	8.4	9	4.8	15
★呼和浩特					6.1	19	3.1	25	2.3	22
沈 阳			1208.30		2.8	26	7.6	14	2.8	20
长 春	2131.80	9	2332.20		9.0	10	8.5	6	6.2	10
哈尔滨	930.40	16	1001.60		5.0	22	5.8	21	2.5	21
南 京	3043.50	6	3050.55		6.0	20	7.8	13	7.0	6
杭 州	2903.30	7	2983.91		7.0	18	6.3	19	5.1	13
济 南					9.8	4	7.1	17	4.2	18
武 汉	3504.00	2			7.7	17	5.7	22	4.4	17
广 州	4840.42	1	4877.85				5.5	23	5.1	13
★成 都	3502.00	3			9.0	10	8.5	6	7.8	5
★西 安	1174.67	13	1178.39		5.8	21	9.4	4	6.9	7
★拉 萨	48.03	23	45.20		14.5	1	8.5	6	0.1	27
南宁在 11 个西部省会城市排位						3		11		10
南宁在 5 个自治区首府城市排位		1				2		5		4

说明：1.2015 年规模以上工业增加值总量南宁在西部省会城市排位，因缺值较多，故不排位；

2. 因 2016 年较多城市规模以上工业增加值总量不公布，故对总量指标不予排位；

3.2017 年由于多数省份不公布规模以上工业增加值，所以缺少数据过多，因此不进行统计。

续表 35

城　市	固定资产投资									
	2015 年		2016 年		2017 年		2018 年		2019 年	
	总量(亿元)	位次	总量(亿元)	位次	总量(亿元)	位次	比上年增长(%)	位次	比上年增长(%)	位次
★南　宁	3366.89	17	3824.73	17	4307.95	16	11.8	6	9.9	9
太　原	2025.61	20	2027.71	19	964.86	26	26.2	1	10.2	5
合　肥	5851.90	5	6501.17	5	6351.43	6	7.1	20	9.0	11
福　州	4853.61	12	5184.36	11	5823.39	11	11.7	7	9.0	11
南　昌	4000.07	15	4540.26	14	5115.18	14	10.9	9	10.2	5
郑　州	6288.00	4	6998.60	3	7573.44	3	10.9	9	2.8	17
长　沙	6363.29	3	6693.32	4	7567.77	4	11.5	8	10.1	7
石家庄	5689.90	6	5916.00	6	6310.10	7	6.4	22	6.2	15
海　口	1012.05	26	1271.73	24	1415.50	24	−6.2	24	−15.4	26
★西　宁	1295.95	25	1399.30	23	1600.03	21	9.0	17	2.6	19
★银　川	1540.88	24	1723.31	21	1719.05	20	−21.9	26	−6.2	25
★乌鲁木齐	1708.39	23			2020.00	19	10.0	13	2.0	20
★兰　州	1803.75	22	1990.95	20	1315.35	25	12.1	5	−4.7	24
★贵　阳	2804.45	19	3380.73	18	3850.60	18	15.0	3	1.5	21
★昆　明	2957.34	18	3920.07	16	4217.90	17	5.5	23	2.8	17
★呼和浩特	2010.00	21			1490.80	22	−26.5	27	5.2	16
沈　阳	5326.00	10	1631.60	22	1484.00	23	15.3	2	13.2	2
长　春	4400.00	14	4659.00	13	5194.80	13	6.7	21	−19.0	27
哈尔滨	4595.70	13	5040.10	12	5395.50	12	−7.2	25	7.3	14
南　京	5425.98	8	5533.56	9	6215.20	8	9.4	16	8.0	13
杭　州	5556.32	7	5842.42	7	5856.65	10	10.8	11	11.6	4
济　南	3498.40	16	3974.30	15	4363.60	15	9.6	15	12.6	3
武　汉	7680.89	1	7093.17	2	7871.66	2	10.6	12	9.8	10
广　州	5405.95	9	5703.59	8	5919.83	9	8.2	19	16.5	1
★成　都	7007.00	2	8370.50	1	9404.20	1	10.0	13	10.0	8
★西　安	5165.98	11	5191.36	10	7556.47	5	8.5	18	1.1	22
★拉　萨	538.00	27	582.27	25	611.73	27	13.1	4	−3.1	23
南宁在 11 个西部省会城市排位		3		4		3		4		2
南宁在 5 个自治区首府城市排位		1		1		1		2		1

续表 35

城 市	居民消费价格总指数											
	2015 年		2016 年		2017 年		2018 年		2019 年			
	指 数	位次	指 数	位次	指 数	位次	指 数	位次	指 数	位次	比上年涨（跌）(%)	位次
★南 宁	101.9	6	101.4	21	102.3	5	102.5	5	103.4	1	3.4	1
太 原	100.4	16	101.2	24	101.8	13	101.8	21	102.7	14	2.7	14
合 肥	101.6	9	102.6	5	101.4	17	102.0	16	102.9	9	2.9	9
福 州	101.7	8	102.3	9	101.1	25	101.5	25	102.5	20	2.5	20
南 昌	101.6	9	102.1	12	102.1	7	102.3	10	102.8	12	2.8	12
郑 州	101.1	13	102.3	9	101.8	13	102.4	6	103.1	5	3.1	5
长 沙	101.1	13	101.9	14	101.3	23	102.0	16	102.9	9	2.9	9
石家庄	101.0	14	101.6	19	101.4	17	102.3	10	102.7	14	2.7	14
海 口	101.2	12	103.0	1	103.3	2	102.4	6	103.3	2	3.3	2
★西 宁	102.5	1	102.1	12	101.4	17	102.7	3	102.5	20	2.5	20
★银 川	101.6	9	101.7	16	101.7	15	102.2	13	102.2	24	2.2	24
★乌鲁木齐	100.7	15	101.5	20	102.8	3	102.2	13	102.0	27	2.0	27
★兰 州	101.3	11	100.8	27	101.5	16	101.7	22	102.2	24	2.2	24
★贵 阳	102.3	3	101.1	25	101.0	26	101.7	22	102.7	14	2.7	14
★昆 明	102.4	2	101.7	16	100.5	27	101.7	22	102.3	23	2.3	23
★呼和浩特	101.8	7	101.4	21	101.4	17	102.1	15	102.6	18	2.6	18
沈 阳	101.2	12	101.7	16	101.4	17	103.0	2	102.4	22	2.4	22
长 春	101.3	11	101.4	21	101.3	23	102.0	16	102.9	9	2.9	9
哈尔滨	101.4	10	101.8	15	103.5	1	103.5	1	102.6	18	2.6	18
南 京	102.0	5	102.7	2	101.9	11	102.4	6	103.1	5	3.1	5
杭 州	101.8	7	102.6	5	102.5	4	102.3	10	103.1	5	3.1	5
济 南	101.9	6	102.7	2	102.0	8	102.6	4	103.3	2	3.3	2
武 汉	101.4	10	102.4	8	101.9	11	101.9	19	103.2	4	3.2	4
广 州	101.7	8	102.7	2	102.3	5	102.4	6	103.0	8	3.0	8
★成 都	101.1	13	102.2	11	102.0	8	101.4	26	102.8	12	2.8	12
★西 安	100.7	15	100.9	26	102.0	8	101.9	19	102.7	14	2.7	14
★拉 萨	102.2	4	102.6	5	101.4	22	101.1	27	102.2	24	2.2	24
南宁在 11 个西部省会城市排位		5		7		2		2		1		1
南宁在 5 个自治区首府城市排位		4		4		2		1		1		1

续表 35

城 市	海关进出口总额										
	2015 年		2016 年		2017 年		2018 年		2019 年		
	总量	单位	总量	单位	总量	单位	总量	单位	总量	单位	增速(%)
★南 宁	364.46	亿元	416.23	亿元	607.09	亿元	738.79	亿元	747.79	亿元	1.0
太 原	106.77	亿美元	879.38	亿元	915.25	亿元	1086.29	亿元	1119.56	亿元	3.1
合 肥	1262.99	亿元	186.87	亿美元	249.59	亿美元	308.13	亿美元	2221.20	亿元	9.5
福 州	2065.48	亿元	2082.20	亿元	2336.06	亿元	2452.75	亿元			
南 昌	114.64	亿美元	619.70	亿元	669.20	亿元	787.55	亿元	1061.77	亿元	34.8
郑 州	570.30	亿美元	3645.66	亿元	4015.65	亿元	4105.00	亿元	4129.91	亿元	0.6
长 沙	806.47	亿元	746.75	亿元	938.02	亿元	1283.34	亿元	2002.03	亿元	56.4
石家庄	121.40	亿美元	116.10	亿美元	862.20	亿元	915.50	亿元	1178.80	亿元	28.4
海 口	270.49	亿元	258.18	亿元	210.22	亿元	341.17	亿元	331.38	亿元	−2.9
★西 宁	114.13	亿元	85.08	亿元	32.91	亿元	31.28	亿元			
★银 川	32.67	亿美元	163.47	亿元	270.62	亿元	168.83	亿元	157.60	亿元	−6.4
★乌鲁木齐	361.91	亿元	323.73	亿元	460.34	亿元	513.50	亿元	512.64	亿元	−0.1
★兰 州	31.51	亿元									
★贵 阳	91.22	亿美元	39.04	亿美元			34.94	亿美元	41.51	亿美元	18.8
★昆 明	123.64	亿美元	66.81	亿美元	78.18	亿美元	131.20	亿美元	131.87	亿美元	0.3
★呼和浩特	20.72	亿美元	13.09	亿美元	15.99			亿美元	124.30	亿元	6.5
沈 阳	140.80	亿元	113.30	亿美元	128.50	亿美元	149.50	亿美元	1072.80	亿元	9.0
长 春	139.90	亿美元	141.60	亿美元			1054.60	亿元	995.80	亿元	−5.6
哈尔滨	47.80	亿美元	39.70	亿美元	33.50	亿美元	209.70	亿美元	251.50	亿元	19.9
南 京	532.40	亿美元	3315.33	亿元	4143.00	亿元	4317.20	亿元	4828.15	亿元	11.8
杭 州	665.66	亿美元	4485.97	亿元	5085.08	亿元	5245.30	亿元	5597.00	亿元	6.7
济 南	99.10	亿美元	639.70	亿元	708.10	亿元	825.00	亿元	1103.30	亿元	17.9
武 汉	280.70	亿美元	1570.10	亿元	1936.20	亿元	2146.00	亿元	2440.20	亿元	13.7
广 州	8306.41	亿元	8566.92	亿元	9714.36	亿元	9810.15	亿元	9995.81	亿元	1.9
★成 都	2454.90	亿元	2713.40	亿元	3941.80	亿元	4983.20	亿元	5822.70	亿元	16.9
★西 安	1761.92	亿元	1828.46	亿元	2545.41	亿元	3303.87	亿元	3243.06	亿元	−1.8
★拉 萨	41.29	亿元	41.21	亿元	44.27	亿元	40.96	亿元	41.08	亿元	0.3

说明：海关进出口数因各市计量单位不同，故不予排位

续表 35

城市	社会消费品零售总额									
	2015 年		2016 年		2017 年		2018 年		2019 年	
	总量(亿元)	位次	总量(亿元)	位次	总量(亿元)	位次	比上年增长(%)	位次	比上年增长(%)	位次
★南 宁	1786.68	17	1980	17	2204.16	17	9.0	14	4.2	24
太 原	1540.80	19	1666	19	1767.82	19	8.1	17	7.8	14
合 肥	2183.65	15	2446	15	2728.51	15	9.1	12	8.7	11
福 州	3488.74	8	3763	9	4193.87	8	11.3	2	9.6	6
南 昌	1662.87	18	1868	18	2096.96	18	11.1	3	11.2	1
郑 州	3294.71	12	3666	12	4057.22	10	9.7	9	9.5	7
长 沙	3690.59	7	4117	6	4547.68	6	9.9	8	10.1	3
石家庄	2680.90	13	2975	13	3296.00	13	9.1	12	8.3	12
海 口	595.53	24	654	23	726.12	24	5.9	23	4.7	23
★西 宁	461.94	26	513	25	560.79	26	6.7	21	5.0	22
★银 川	477.63	25	514	24	562.31	25	4.8	26	6.2	17
★乌鲁木齐	1152.00	22			1317.00	23	5.0	25	2.6	27
★兰 州	1152.15	21	1263	21	1358.72	21	7.4	20	7.6	16
★贵 阳	1060.17	23	1195	22	1335.28	22	8.0	18	6.2	17
★昆 明	2061.66	16	2310	16	2590.95	16	10.0	5	9.7	5
★呼和浩特	1353.53	20	1481	20	1570.95	20	5.6	24	2.7	26
沈 阳	3883.20	6	3986	7	3989.80	12	9.2	11	10.6	2
长 春	2409.30	14	2650	14	2922.80	14	6.2	22	3.9	25
哈尔滨	3394.50	11	3744	10	4044.80	11	4.2	27	5.6	20
南 京	4590.17	5	5088	5	5604.66	5	8.4	16	5.2	21
杭 州	4697.23	4	5176	4	5717.43	4	9.0	14	8.8	10
济 南	3410.3	9	3765	8	4146.10	9	10.0	5	8.1	13
武 汉	5102.24	2	5611	3	6196.30	3	10.5	4	8.9	9
广 州	7932.96	1	8706	1	9402.59	1	7.6	19	7.8	14
★成 都	4946.19	3	5647	2	6403.59	2	10.0	5	9.9	4
★西 安	3405.38	10	3731	11	4329.51	7	9.6	10	6.0	19
★拉 萨	205.80	27	230	26	258.76	27	14.2	1	9.1	8
南宁在11个西部省会城市排位		4		4		4		5		9
南宁在5个自治区首府城市排位		1		1		1		2		3

续表 35

城市	城镇居民人均可支配收入											
	2015 年		2016 年		2017 年		2018 年		2019 年			
	总量（亿元）	位次	总量（亿元）	位次	总量（亿元）	位次	总量（亿元）	位次	总量（亿元）	位次	比上年增长(%)	位次
★南宁	29106	17	30728	20	33217	19	35276	23	37675	24	6.8	23
太原	27727	23	29632	24	31469	25	33672	26	36362	25	8.0	13
合肥	31989	12	34852	13	37972	13	41484	12	45404	12	9.5	2
福州	27782	22	37833	9	40973	9	44457	8	47920	8	7.8	16
南昌	31942	13	34619	14	37675	14	40844	13	44136	13	8.1	11
郑州	31099	15	33214	16	36050	16	39042	15	42087	15	7.8	16
长沙	39961	4	43294	4	46948	4	50792	4	55211	4	8.7	7
石家庄	28097	21	30459	22	32929	21	35563	21	38550	19	8.4	10
海口	28535	19	30775	19	33320	18	36137	18	38977	18	7.9	15
★西宁	25232	27	27539	27	30043	26	32500	27	34846	26	7.4	19
★银川	28261	20	30478	21	32981	20	35586	20	38217	21	7.4	19
★乌鲁木齐	31500	14	34200	15	37028	15	40101	14	42667	14	6.4	24
★兰州	27088	25	29661	23	32331	23	35014	25	38095	22	8.8	6
★贵阳	27241	24	29502	25	32186	24	35115	24	38240	20	8.9	4
★昆明	33955	9	36739	10	39788	10	42988	10	46289	10	7.7	18
★呼和浩特	37362	6	40220	6	43518	6	46565	7	49397	7	6.1	26
沈阳	36664	7	39135	8	41359	8	44054	9	46786	9	6.2	25
长春	29090	18	31069	18			35332	22	37844	23	7.0	22
哈尔滨	30977	16	33190	17	35546	17	37828	17				
南京	46104	3	49997	3	54538	3	59308	3	64372	3	8.5	8
杭州	48316	1	52185	1	56276	1	61172	1	66068	1	8.0	13
济南	39889	5	43052	5	46642	5	50146	5	51913	5	7.3	21
武汉	36436	8	39737	7	43405	7	47359	6	51706	6	9.2	3
广州	46735	2	50941	2	55400	2	59982	2	65052	2	8.5	8
★成都	33476	10	35902	11	38918	11	42128	11	45878	11	8.9	4
★西安	33188	11	35630	12	38536	12	38729	16	41850	16	8.1	11
★拉萨	26096	26	29383	26	32408	22	35842	19	39686	17	10.7	1
南宁在11个西部省会城市排位		6		6		6		8		10		9
南宁在5个自治区首府城市排位		3		3		3		5		5		3

续表 35

城市	农村居民人均可支配收入												
	2015 年		2016 年		2017 年		2018 年		2019 年			
	总量（亿元）	位次	总量（亿元）	位次	总量（亿元）	位次	总量（亿元）	位次	总量（亿元）	位次	比上年增长(%)	位次
★南宁	9408★		11398	25	12515	24	13654	24	15047	23	10.2	5
太原	13626		14591	14	15595	16	16860	15	18377	14	9	21
合肥	15733		17059	8	18694	8	20389	8	22462	8	10.2	5
福州	15203		16347	10	17865	9	19419	10	21320	10	9.8	9
南昌	13693★		14952	13	16364	13	17866	12	19498	11	9.1	19
郑州	17125★		18426	7	19974	7	21652	7	23536	7	8.7	23
长沙	23601		25448	2	27360	2	29714	2	32329	2	8.8	22
石家庄	11609★		12345	22	13345	21	14518	20	15853	20	9.2	17
海口	11635		12679	19	13763	19	14886	19	16116	19	8.3	25
★西宁	8865★		9678	27	10548	26	11504	27	12577	26	9.4	13
★银川	11148		12037	23	13087	22	14160	23	15282	22	7.9	26
★乌鲁木齐	15200★		16400	9	17839	10	19623	9	21448	9	9.3	16
★兰州	9621		10391	26	11305	25	12368	26	13605	25	10.0	7
★贵阳	11918★		12967	18	14264	18	15648	17	17275	16	10.4	3
★昆明	11444		12555	21	13698	20	14895	18	16356	17	9.8	9
★呼和浩特	13491		14517	15	15710	14	17190	13	18974	13	10.4	3
沈阳	13498		14445	16	15461	17	16530	16	18124	15	9.6	12
长春	11749		12576	20			14237	22	15455	21	8.6	24
哈尔滨	13375★		14439	17	15614	15	16934	14				
南京	19483★		21156	4	23133	4	25263	4	27636	4	9.4	13
杭州	25719★		27908	1	30397	1	33193	1	36255	1	9.2	17
济南	14232★		15346	11	16594	11	17924	11	19454	12	9.1	19
武汉	17722		19152	5	20887	5	22652	5	24776	5	9.4	13
广州	19323		21449	3	23484	3	26020	3	28868	3	10.9	2
★成都	17690★		18605	6	20298	6	22135	6	24357	6	10.0	7
★西安	14072★		15191	12	16522	12	13286	25	14588	24	9.8	9
★拉萨	10736★		11448	24	12994	23	14369	21	16216	18	12.9	1
南宁在11个西部省会城市排位				9		9		8		8		4
南宁在5个自治区首府城市排位				5		5		5		5		3

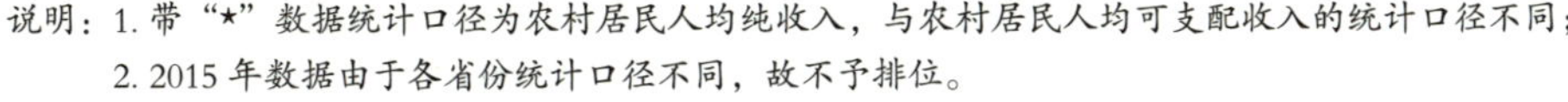
说明：1. 带“★”数据统计口径为农村居民人均纯收入，与农村居民人均可支配收入的统计口径不同；
2. 2015 年数据由于各省份统计口径不同，故不予排位。

表 36　　广西 14 个城市主要指标及排位(2015 年至 2019 年)

名称	地区生产总值										
	2015 年		2016 年		2017 年		2018 年		2019 年			
	总量(亿元)	位次	总量(亿元)	位次	总量(亿元)	位次	比上年增长(%)	位次	总量(亿元)	位次	比上年增长(%)	位次
全　区	16803.12		18245.07		20396.25		6.8	—	21237.14	—	6.0	—
南　宁	3410.06	1	3703.39	1	4118.83	1	5.4	13	4506.56	1	5.0	11
柳　州	2298.62	2	2476.94	2	2755.67	2	6.4	10	3128.35	2	2.4	14
桂　林	1942.97	3	2075.89	3	2045.18	3	6.9	9			6.5	8
梧　州	1078.59	5	1175.65	5	1338.11	6	1.8	14	991.40	6	4.2	13
北　海	892.08	8	1007.28	8	1229.84	8	8.3	4	1300.80	5	8.1	5
防城港	620.72	11	676.12	11	741.62	11	7.4	5	701.23	9	5.4	10
钦　州	944.42	7	1102.05	7	1309.82	7	6.0	12	1356.27	4	7.8	6
贵　港	865.20	9	958.76	9	1082.18	9	10.0	2			9.0	2
玉　林	1446.13	4	1553.91	4	1699.54	4	7.2	6	1679.77	3	7.2	7
百　色	980.35	6	1114.31	6	1361.76	5	7.1	8			9.0	2
贺　州	468.11	14	518.22	14	548.83	14	8.9	3	700.11	10	11.8	1
河　池	618.03	12	657.18	12	734.60	12	6.4	10	878.10	7	6.0	9
来　宾	557.70	13	589.11	13	663.69	13	7.2	6			4.3	12
崇　左	682.82	10	766.20	10	907.62	10	11.3	1	760.46	8	8.5	4

名称	第一产业增加值											
	2015 年		2016 年		2017 年		2018 年		2019 年			
	总量(亿元)	位次	总量(亿元)	位次	总量(亿元)	位次	比上年增长(%)	位次	总量(亿元)	位次	比上年增长(%)	位次
全　区	2565.97		2798.61		2906.87		5.6	—	3387.74	—	5.6	—
南　宁	370.35	1	400.67	1	404.18	1	4.3	14	507.27	1	5.3	5
柳　州	168.42	7	180.15	7	189.54	7	4.9	12	223.47	4	5.1	7
桂　林	339.42	2	356.18	2	381.83	2	5.5	5			6.0	3
梧　州	122.37	12	131.30	12	136.41	12	5.9	2	162.03	8	5.4	4
北　海	159.43	8	175.09	8	190.54	6	5.7	4	211.70	5	4.1	13
防城港	75.75	14	80.88	14	89.27	14	6.0	1	109.42	10	5.1	7
钦　州	205.18	4	221.12	4	234.95	4	5.5	5	279.78	3	5.3	5
贵　港	173.98	5	190.21	5	193.65	5	5.4	7			4.9	9
玉　林	258.92	3	278.07	3	276.91	3	5.3	8	323.00	2	3.6	14
百　色	169.30	6	182.25	6	189.24	8	5.2	10			7.1	2
贺　州	103.14	13	111.77	13	115.76	13	5.2	10	134.28	9	4.4	12
河　池	140.81	10	150.83	10	158.96	11	5.3	8	188.99	6	7.8	1
来　宾	136.60	11	147.51	11	159.96	10	5.8	3			4.5	11
崇　左	155.25	9	167.69	9	181.25	9	4.4	13	170.2	7	4.9	9

续表 36

名 称	第二产业增加值											
	2015 年		2016 年		2017 年		2018 年		2019 年			
	总量（亿元）	位次	总量（亿元）	位次	总量（亿元）	位次	比上年增长(%)	位次	总量（亿元）	位次	比上年增长(%)	位次
全 区	7694.74		8219.86		9297.84		4.2	–	7077.43	–	5.7	–
南 宁	1345.66	1	1427.16	1	1599.50	1	2.2	12	1044.97	2	4.4	12
柳 州	1300.11	2	1361.80	2	1487.08	2	2.6	11	1551.91	1	−0.7	14
桂 林	900.98	3	939.48	3	791.94	3	4.9	10			7.2	7
梧 州	623.96	5	681.52	4	785.71	5	−7.6	14	341.56	6	−0.3	13
北 海	450.13	7	516.14	7	668.66	7	6.5	7	557.82	3	9.2	5
防城港	353.00	9	386.26	10	421.23	10	7.2	6	330.83	7	5.9	10
钦 州	381.75	8	481.89	8	625.01	8	1.4	13	451.77	5	7.2	7
贵 港	348.50	10	393.20	9	465.86	9	11.7	2			14.2	2
玉 林	635.83	4	665.11	5	734.14	6	5.6	8	469.29	4	9.0	6
百 色	511.69	6	594.74	6	789.33	4	9.1	4			10.6	4
贺 州	188.68	14	211.55	13	210.91	14	9.4	3	244.88	9	19.7	1
河 池	200.01	13	199.82	14	231.49	13	7.4	5	247.32	8	6.6	9
来 宾	218.05	12	219.95	12	250.08	12	5.2	9			4.7	11
崇 左	274.61	11	310.69	11	398.20	11	14.6	1	213.70	10	14.1	3

名 称	全部工业增加值									
	2015 年		2016 年		2017 年		2018 年		2019 年	
	总量(亿元)	位次	总量(亿元)	位次	总量(亿元)	位次	比上年增长(%)	位次	比上年增长(%)	位次
全 区	6338.28		6764.13		8191.54		4.7	–	–	–
南 宁	1000.37	2	1063.14	2	1189.89	2	1.6	13	1.0	11
柳 州	1174.93	1	1232.52	1	1345.13	1	2.4	11	−1.8	13
桂 林	745.22	3	772.81	3	609.71	6	5.2	9	5.5	9
梧 州	572.62	4	629.19	4	729.57	3	−9.4	14	−3.1	14
北 海	401.25	7	464.42	7	612.00	5	7.0	7	9.3	5
防城港	310.52	8	340.88	9	369.45	10	8.4	5	5.2	10
钦 州	278.17	10	363.22	8	487.18	8	2.3	12	7.2	7
贵 港	285.89	9	319.38	10	378.53	9	12.9	3	15.0	2
玉 林	509.64	5	521.11	5	564.86	7	5.6	8	8.5	6
百 色	433.61	6	508.74	6	690.07	4	10.9	4	10.1	4
贺 州	126.87	14	144.67	14	132.15	14	15.2	2	15.6	1
河 池	147.14	13	147.09	13	168.58	13	8.2	6	5.6	8
来 宾	158.59	12	160.92	12	183.98	12	4.6	10	0.8	12
崇 左	226.38	11	257.13	11	334.52	11	17.1	1	13.9	3

续表 36

名称	第三产业增加值											
	2015 年		2016 年		2017 年		2018 年		2019 年			
	总量（亿元）	位次	总量（亿元）	位次	总量（亿元）	位次	比上年增长(%)	位次	总量（亿元）	位次	比上年增长(%)	位次
全　区	6542.41		7226.60		8191.54		9.4	–	110771.97	–	6.2	–
南　宁	1694.08	1	1875.57	1	2115.15	1	7.8	12	2954.32	1	5.2	11
柳　州	830.10	2	934.99	2	1079.05	2	11.9	1	1352.96	2	5.8	10
桂　林	702.57	3	780.23	3	871.41	3	8.9	10			6.5	9
梧　州	332.25	7	362.82	7	415.98	7	9.2	9	487.82	6	7.2	6
北　海	282.52	9	316.05	9	370.64	9	11.7	2	531.28	5	8.6	3
防城港	191.98	13	208.98	13	231.12	13	8.2	11	260.98	10	4.8	13
钦　州	357.49	5	399.04	5	449.86	5	10.2	6	624.72	4	9.3	2
贵　港	342.72	6	375.34	6	422.68	6	10.5	4			6.6	8
玉　林	551.37	4	610.73	4	688.49	4	10.0	7	887.48	3	7.7	5
百　色	299.36	8	337.32	8	383.20	8	5.3	14			8.3	4
贺　州	176.28	14	194.89	14	222.16	14	10.4	5	320.95	9	9.5	1
河　池	277.21	10	306.53	10	344.15	10	6.2	13	441.78	7	4.9	12
来　宾	203.05	12	221.66	12	253.65	12	9.9	8			4.0	14
崇　左	252.96	11	287.82	11	328.17	11	11.7	2	376.56	8	7.2	6

名称	农林牧渔业总产值												
	2015 年		2016 年		2017 年		2018 年		2019 年				
	总量（亿元）	位次	总量（亿元）	位次	总量（亿元）	位次	总量（亿元）	位次	总量（亿元）	位次	比上年增长(%)	位次	
全　区													
南　宁	638.81	1	689.03	1	704.72	1	725.27	1	825.58	1	4.2	13	
柳　州	288.27	6	310.29	6	324.67	6	334.01	3	371.94	4	5.1	7	
桂　林	543.88	2	577.40	2	609.44	2					6.1	3	
梧　州	208.74	12	225.90	12	231.98	12	234.00	10	264.47	8	5.4	4	
北　海	254.43	8	280.20	8	302.46	8	319.10	4	334.58	6	4.4	11	
防城港	124.59	14	136.25	14	149.33	14	162.60	12	172.37	9	5.2	6	
钦　州	333.42	4	360.14	4	377.75	4	248.68	9	461.53	3	5.4	4	
贵　港	301.46	5	331.42	5	334.75	5	341.67	2			4.9	9	
玉　林	448.04	3	483.72	3	475.97	3			570.34	2	4.1	14	
百　色	275.49	7	298.22	7	307.56	7	316.17	5			7.1	2	
贺　州	166.40	13	181.29	13	186.38	13	190.93	11			4.3	12	
河　池	238.00	10	257.36	10	271.75	10	275.47	7	318.10	7	7.9	1	
来　宾	224.22	11	243.05	11	263.16	11	271.37	8	169.95	10	4.5	10	
崇　左	254.25	9	275.60	9	295.81	9	310.86	6	338.93	5	4.9	8	

续表 36

名称	规模以上工业总产值									
	2015 年		2016 年		2017 年		2018 年		2019 年	
	总量(亿元)	位次	总量(亿元)	位次	总量(亿元)	位次	比上年增长(%)	位次	比上年增长(%)	位次
全 区	22461.63		24524.33		27138.43		7.8	–		
南 宁	3242.74	2	3537.05	2	3989.82	2	5.2	11	1.4	9
柳 州	4450.31	1	4685.11	1	5025.22	1	2.1	13	−3.9	13
桂 林	2355.68	3	2521.04	3	1980.39	5	4.7	12	2.0	8
梧 州	2141.27	4	2310.03	4	2659.65	3	−4.3	14	−12.7	14
北 海	1871.38	5	2180.74	5	2537.29	4	14.5	5	4.1	7
防城港	1323.06	8	1501.24	8	1770.10	9	9.7	7	−0.8	11
钦 州	1373.88	7	1524.14	7	1846.31	7	8.6	8	4.7	6
贵 港	865.92	10	985.66	10	1182.25	10	22.6	2	12.4	3
玉 林	1590.49	6	1675.97	6	1901.38	6	7.3	10	7.5	5
百 色	1284.75	9	1480.63	9	1824.91	8	13.8	6	9.5	4
贺 州	422.59	13	483.60	13	431.64	13	31.9	1	17.6	1
河 池	376.43	14	340.80	14	403.05	14	14.8	4	0.8	10
来 宾	505.44	12	526.81	12	611.11	12	8.6	8	−2.3	12
崇 左	657.69	11	747.06	11	938.86	11	18.3	3	12.8	2

名称	规模以上工业增加值									
	2015 年		2016 年		2017 年		2018 年		2019 年	
	总量(亿元)	位次	总量(亿元)	位次	总量(亿元)	位次	比上年增长(%)	位次	比上年增长(%)	位次
全 区							4.7	–	4.5	
南 宁	969.55	2	1028.55	2	1159.08	2	1.5	13	1.0	11
柳 州	1140.37	1	1193.72	1	1310.58	1	2.4	11	−1.9	13
桂 林	701.82	3	724.10	3	566.32	6	5.4	9	6.4	8
梧 州	555.80	4	610.31	4	712.76	3	−10.0	14	−3.3	14
北 海	387.15	7	448.59	7	597.91	5	7.1	7	9.7	6
防城港	303.34	8	332.81	9	362.27	9	8.5	5	5.4	10
钦 州	271.30	9	355.51	8	480.32	8	2.3	12	7.6	7
贵 港	268.06	10	299.36	10	360.70	10	13.5	3	16.7	2
玉 林	464.16	5	470.06	6	519.39	7	5.8	8	10.0	5
百 色	410.60	6	482.91	5	667.07	4	11.3	4	11.1	4
贺 州	106.42	14	121.73	14	111.71	14	17.7	1	18.5	1
河 池	136.35	13	134.99	13	157.80	13	8.5	5	6.2	9
来 宾	147.69	12	148.68	12	173.08	12	4.7	10	0.8	12
崇 左	221.78	11	251.97	11	329.93	11	17.4	2	15.2	3

续表 36

名称	固定资产投资									
	2015 年		2016 年		2017 年		2018 年		2019 年	
	总量(亿元)	位次	总量(亿元)	位次	总量(亿元)	位次	比上年增长(%)	位次	比上年增长(%)	位次
全　区	15654.95		17652.95		19908.27		10.8	–	9.5	
南　宁	3366.89	1	3824.73	1	4307.95	1	11.8	8	9.9	8
柳　州	2050.55	2	2338.61	2	2697.20	2	15.4	5	9.6	10
桂　林	1837.32	3	2131.62	3	2234.24	3	14.6	7	9.3	11
梧　州	1045.51	5	1168.51	5	1330.15	5	9.8	10	11.0	5
北　海	920.37	7	1011.10	7	1099.68	7	8.0	11	9.0	12
防城港	526.15	12	600.14	12	672.77	12	−0.9	13	8.0	14
钦　州	810.10	8	950.89	8	1088.85	8	11.7	9	12.0	2
贵　港	689.67	10	841.69	9	983.81	9	19.8	1	10.5	6
玉　林	1332.12	4	1467.10	4	1689.33	4	14.7	6	11.5	4
百　色	1022.05	6	1061.40	6	1226.41	6	−16.4	14	10.0	7
贺　州	625.93	11	650.83	11	722.02	11	0.8	12	8.2	13
河　池	395.69	14	404.02	13	453.20	13	15.4	4	12.1	1
来　宾	449.07	13	370.91	14	432.16	14	18.2	3	9.9	8
崇　左	691.57	9	831.41	10	970.50	10	18.3	2	12.0	2

名称	房地产开发投资	
	2019 年	
	比上年增长(%)	位　次
全　区	27.0	
南　宁	32.1	8
柳　州	5.8	13
桂　林	11.8	12
梧　州	55.1	4
北　海	0.8	14
防城港	50.9	5
钦　州	38.9	6
贵　港	60.7	3
玉　林	29.4	9
百　色	21.0	10
贺　州	70.3	1
河　池	15.2	11
来　宾	65.1	2
崇　左	38.5	7

续表 36

名 称	社会消费品零售总额											
	2015 年		2016 年		2017 年		2018 年		2019 年			
	总量（亿元）	位次	总量（亿元）	位次	总量（亿元）	位次	比上年增长(%)	位次	总量（亿元）	位次	比上年增长(%)	位次
全 区	6348.06		7027.31		7813.03		9.3	–		–	7.0	
南 宁	1786.68	1	1980.36	1	2204.16	1	9.0	10	2307.41	1	4.2	13
柳 州	944.11	2	1045.13	2	1155.64	2	9.6	4	1355.62	2	7.0	10
桂 林	751.96	3	836.45	3	928.12	3	9.5	7	1095.20	3	10.0	1
梧 州	364.93	6	395.95	6	445.87	6	9.5	9	526.34	6	8.6	3
北 海	202.93	10	225.34	10	250.13	10	7.0	14	284.16	8	7.1	9
防城港	101.03	14	111.89	14	124.02	14	8.8	11	140.11	10	3.8	14
钦 州	333.50	7	373.63	7	411.75	7	9.5	7	480.98	7	8.5	4
贵 港	389.06	5	431.89	5	480.70	5	7.6	13	564.96	5	9.7	2
玉 林	600.34	4	660.43	4	728.86	4	10.6	2	849.11	4	7.7	7
百 色	221.18	9	246.84	9	277.35	9	8.2	12			7.8	6
贺 州	146.94	11	160.98	11	178.85	12	9.7	3			7.1	8
河 池	243.38	8	267.96	8	301.20	8	9.6	5			6.8	12
来 宾	145.11	12	159.11	12	180.29	11	9.6	5			7.0	11
崇 左	119.39	13	131.34	13	146.09	13	10.8	1	174.48	9	8.0	5

名 称	进出口总额											
	2015 年		2016 年		2017 年		2018 年		2019 年			
	总量	单位	总量	单位	总量（万元）	位次	总量（万元）	位次	总量（万元）	位次	比上年增长(%)	位次
全 区	31903100	万元	31704215	万元	38663400		41067094	–	46947028		14.4	
南 宁	3644564	万元	4162345	万元	6070900	3	7387917	2	7477891	3	1.0	11
柳 州	222657	万美元	1353756	万元	1722399	7	1730927	7	2191028	6	26.4	5
桂 林	573196	万元	590191	万元	704009	8	727554	8	705771	8	−2.6	12
梧 州	567181	万元	405743	万元	602406	9	508292	9	658527	9	29.7	3
北 海	379048	万美元	2047465	万元	2308562	5	3207537	4	2941002	4	−8.3	13
防城港	860140	万美元	5789124	万元	7685445	2	7214933	3	8049484	2	12.0	8
钦 州	582738	万美元	442813	万美元	3404683	4	2273090	5	2042392	7	−10.2	14
贵 港	32258	万美元	187879	万元	238816	11	276015	12	389127	11	40.8	2
玉 林	45092	万美元	267161	万元	339935	10	348593	10	401653	10	15.3	7
百 色	164091	万美元	1380719	万元	1890278	6	2179662	6	2618062	5	20.5	6
贺 州	64120	万元	51915	万元	48443	14	98973	13	1437773	13	45.3	1
河 池	39168	万美元	181096	万元	195498	12	279816	11	303147	12	8.3	10
来 宾	6722	万美元	58873	万元	77312	13	84037	14	91259	14	9.0	9
崇 左	2013277	万美元	1856300	万美元	13394020	1	14756902	1	18933912	1	28.3	4

说明：2015 年、2016 年海关进出口数因各市计量单位不同，故不予排位。崇左市与防城港市外贸进出口额自 2015 年起含互市贸易额

续表 36

名　称	金融机构存款余额										
	2015 年		2016 年		2017 年		2018 年		2019 年			
	总量（亿元）	位次	总量（亿元）	位次	总量（亿元）	位次	总量（亿元）	位次	总量（亿元）	位次	比上年增长(%)	位次
全　区	22566.96		25477.80		27899.64		29620.03		31504.98		6.4	
南　宁	8257.77	1	8901.72	1	9367.53	1	10093.13	1	10718.32	1	6.2	9
柳　州	2807.12	2	3305.14	2	3700.55	2	3784.66	2	3890.77	2	2.8	13
桂　林	2607.11	3	2979.80	3	3284.51	3	3470.12	3	3603.49	3	3.8	10
梧　州	918.23	7	1044.91	7	1133.48	7	1218.21	7	1361.17	6	11.7	2
北　海	748.49	10	815.63	10	938.84	10	1092.06	9	1238.83	8	13.4	1
防城港	508.27	14	562.31	14	618.88	14	700.44	14	775.53	13	10.7	5
钦　州	818.40	9	906.42	9	976.54	9	1066.51	10	1182.14	10	10.8	4
贵　港	972.95	5	1089.92	6	1262.28	5	1371.06	5	1497.76	5	9.2	6
玉　林	1445.26	4	1636.12	4	1876.23	4	2059.52	4	2204.61	4	7.0	7
百　色	948.11	6	1111.76	5	1235.81	6	1273.24	6	1360.91	7	6.9	8
贺　州	535.32	12	615.07	12	724.80	12	771.43	12	792.72	12	2.8	14
河　池	883.18	8	1001.37	8	1126.69	8	1170.04	8	1212.73	9	3.6	12
来　宾	528.09	13	606.68	13	702.47	13	724.20	13	750.65	14	3.7	11
崇　左	606.78	11	699.48	11	784.81	11	825.41	11	915.35	11	10.9	3

名　称	住户存款余额											
	2015 年		2016 年		2017 年		2018 年		2019 年			
	总量（亿元）	位次	总量（亿元）	位次	总量（亿元）	位次	总量（亿元）	位次	总量（亿元）	位次	比上年增长(%)	位次
全　区												
南　宁	2700.37	1	2924.55	1	3176.69	1	3542.83	1	3960.31	1	11.8	4
柳　州	1207.59	3	1313.64	3	1447.92	3	1621.01	3	1827.00	3	12.7	1
桂　林	1564.00	2	1699.98	2	1820.69	2	2026.53	2	2237.57	2	10.4	8
梧　州	594.87	6	658.14	7	729.86	6	801.11	6	885.85	6	10.6	6
北　海	483.45	10	524.15	10	578.55	10	653.75	10	727.96	9	11.4	5
防城港	289.11	14	320.34	14	341.84	14	387.53	14	433.94	13	12.0	3
钦　州	529.10	9	586.01	9	652.17	9	722.82	9	95.60	14	10.1	9
贵　港	733.37	5	817.33	5	912.82	5	1004.24	5	1101.89	5	9.7	11
玉　林	1127.09	4	1253.03	4	1379.83	4	1494.37	4	1636.07	4	9.5	12
百　色	583.36	7	659.95	6	729.01	7	799.00	7	882.66	7	10.5	7
贺　州	328.04	12	378.75	12	424.11	12	477.56	12	517.19	11	8.3	14
河　池	551.71	8	624.90	8	694.33	8	775.72	8	851.61	8	9.8	10
来　宾	307.83	13	346.75	13	389.49	13	427.36	13	466.81	12	9.2	13
崇　左	401.26	11	453.17	11	495.12	11	548.25	11	614.70	10	12.1	2

续表 36

名称	金融机构贷款余额											
	2015 年		2016 年		2017 年		2018 年		2019 年			
	总量（亿元）	位次	总量（亿元）	位次	总量（亿元）	位次	总量（亿元）	位次	总量（亿元）	位次	比上年增长(%)	位次
全　区	17656.76		20640.54		23226.14		26143.38	–	29988.52		14.7	
南　宁	8228.66	1	9423.79	1	10470.44	1	12052.13	1	13964.35	1	15.9	6
柳　州	2032.08	2	2273.90	2	2459.49	2	2938.16	2	3218.76	2	9.6	14
桂　林	1580.79	3	1862.14	3	2149.77	3	2485.14	3	2829.19	3	13.8	8
梧　州	665.61	6	721.92	6	787.52	7	869.29	7	1038.55	7	19.5	1
北　海	484.13	10	535.15	10	654.52	10	735.77	8	841.84	9	11.7	11
防城港	425.34	11	511.47	11	629.76	11	639.92	11	705.31	11	10.2	13
钦　州	547.13	8	594.98	8	661.13	8	739.49	9	857.75	8	16.0	5
贵　港	596.71	7	683.85	7	814.51	6	958.93	6	1134.74	6	18.3	2
玉　林	843.68	4	1014.94	4	1205.05	4	1412.20	4	1658.40	4	17.4	4
百　色	711.66	5	815.08	5	922.29	5	1013.37	5	1148.10	5	13.3	10
贺　州	310.13	14	370.36	14	454.68	13	521.07	13	591.47	14	13.5	9
河　池	505.18	9	575.04	9	660.19	9	722.05	10	797.50	10	10.4	12
来　宾	358.50	13	405.46	12	467.14	12	534.29	12	609.11	12	14.0	7
崇　左	373.06	12	390.23	13	449.33	14	503.58	14	593.45	13	17.9	3

名称	财政收入											
	2015 年		2016 年		2017 年		2018 年		2019 年			
	总量（亿元）	位次	总量（亿元）	位次	总量（亿元）	位次	总量（亿元）	位次	总量（亿元）	位次	比上年增长(%)	位次
全　区	2332.96		2454.05		2604.21		2790.35		2969.22		6.4	
南　宁	572.48	1	613.83	1	687.98	1	753.20	1	800.69	1	6.3	9
柳　州	343.81	2	370.16	2	403.82	2	436.22	2	436.31	2	0.0	14
桂　林	209.19	3	223.76	3	239.54	3	257.01	3	258.79	3	0.7	13
梧　州	123.74	7	127.59	7	121.09	8	121.77	8	131.88	8	8.3	4
北　海	142.99	5	166.31	4	200.67	4	225.19	4	242.27	4	7.6	7
防城港	70.64	11	75.61	10	74.51	10	82.76	10	87.86	10	6.2	10
钦　州	162.23	4	154.08	5	145.08	6	148.01	6	160.04	6	8.1	6
贵　港	72.75	10	78.96	9	90.03	9	106.57	9	126.10	9	18.3	1
玉　林	139.57	6	148.95	6	160.18	5	171.25	5	178.23	5	4.1	12
百　色	114.51	8	123.22	8	135.05	7	145.87	7	152.54	7	4.6	11
贺　州	47.14	14	50.90	13	53.11	13	58.16	12	68.31	12	17.5	2
河　池	56.14	12	62.24	11	69.45	11	77.54	11	83.91	11	8.2	5
来　宾	50.02	13	49.60	14	48.25	14	50.73	14	57.74	14	14.4	3
崇　左	75.15	9	58.20	12	55.25	12	57.58	13	61.25	13	6.4	8

续表 36

名 称	一般公共预算收入										
	2015 年		2016 年		2017 年		2018 年		2019 年			
	总量（亿元）	位次	总量（亿元）	位次	总量（亿元）	位次	总量（亿元）	位次	总量（亿元）	位次	比上年增长(%)	位次
全 区	1515.08		1556.24		1615.03		1681.48		1811.89		7.8	
南 宁	297.05	1	312.76	1	332.15	1	358.96	1	370.93	1	3.3	13
柳 州	146.68	2	159.16	2	179.79	2	193.78	2	221.45	2	14.3	3
桂 林	134.53	3	145.33	3	144.16	3	150.85	3	152.79	3	1.3	14
梧 州	92.37	5	95.61	5	84.55	5	79.96	6	84.62	6	5.8	11
北 海	47.61	10	50.07	8	64.34	7	71.64	7	78.09	7	9.0	7
防城港	52.05	7	55.65	7	47.60	10	43.98	10	47.41	10	7.8	9
钦 州	50.34	8	49.50	9	52.81	8	54.10	9	57.38	9	6.1	10
贵 港	42.57	11	47.62	10	50.41	9	57.22	8	62.69	8	9.5	6
玉 林	97.16	4	104.81	4	105.55	4	106.13	4	111.09	4	4.7	12
百 色	72.98	6	79.48	6	82.50	6	84.72	5	94.01	5	11.0	5
贺 州	28.97	14	32.42	13	30.89	13	32.50	12	36.16	12	11.3	4
河 池	31.45	12	33.36	12	36.22	11	39.93	11	45.98	11	15.2	2
来 宾	30.29	13	30.32	14	27.64	14	28.04	14	34.35	13	23.6	1
崇 左	50.12	9	40.76	11	34.07	12	31.05	13	33.74	14	8.6	8

名 称	一般公共预算支出											
	2015 年		2016 年		2017 年		2018 年		2019 年			
	总量（亿元）	位次	总量（亿元）	位次	总量（亿元）	位次	总量（亿元）	位次	总量（亿元）	位次	比上年增长(%)	位次
全 区	4076.42		4472.48		4912.89		5310.89		5849.02		10.1	
南 宁	527.70	1	587.07	1	646.31	1	697.93	1	787.71	1	12.9	6
柳 州	308.64	4	339.62	4	374.28	4	424.38	3	498.87	2	17.5	2
桂 林	356.04	2	399.70	2	434.71	2	455.72	2	496.03	3	8.8	12
梧 州	214.55	7	228.26	7	242.15	7	261.82	8	293.66	7	12.2	8
北 海	131.76	14	150.06	13	157.54	13	175.55	13	200.53	12	14.2	3
防城港	136.94	13	127.07	14	122.16	14	127.20	14	139.75	14	9.7	11
钦 州	192.54	8	200.08	10	205.94	10	222.08	10	225.09	10	1.1	14
贵 港	186.68	9	212.12	8	233.82	8	263.92	7	292.98	8	11.1	9
玉 林	285.76	5	318.09	5	351.63	5	367.96	5	418.98	5	13.5	5
百 色	310.99	3	340.28	3	376.52	3	393.33	4	478.93	4	21.6	1
贺 州	154.75	11	163.88	11	181.60	11	194.77	11	220.12	11	14.2	4
河 池	259.12	6	290.68	6	328.92	6	352.09	6	390.64	6	10.9	10
来 宾	139.33	12	159.61	12	179.78	12	183.33	12	186.19	13	1.3	13
崇 左	185.10	10	204.88	9	221.62	9	258.12	9	290.05	9	12.6	7

续表 36

名称	居民消费价格总指数											
	2015 年		2016 年		2017 年		2018 年		2019 年			
	指数	位次	指数	位次	指数	位次	指数	位次	指数	位次	比上年涨(跌)(%)	位次
全　区	101.9		101.6		101.6		102.3		103.7		3.7	
南　宁	101.9	1	101.4	7	102.3	3	102.5	4	103.4	10	3.4	10
柳　州	101.7	5	101.8	4	101.3	14	102.5	3	103.1	13	3.1	13
桂　林	101.9	3	102.3	2	101.6	8	102.2	9	103.4	9	3.4	9
梧　州	101.0	11	101.2	10	102.3	3	102.3	8	103.9	3	3.9	3
北　海	100.4	13	101.1	11	102.9	1	101.4	14	103.1	12	3.1	12
防城港	101.1	9	101.1	11	102.7	2	103.4	1	103.6	7	3.6	7
钦　州	101.1	9	101.6	5	102.1	6	102.2	9	103.7	5	3.7	5
贵　港	101.4	7	101.2	9	101.6	7	103.0	2	104.1	2	4.1	2
玉　林	101.7	5	102.4	1	102.2	5	102.2	9	103.6	7	3.6	7
百　色	101.9	1	101.1	11	101.4	10	102.5	4	103.4	10	3.4	10
贺　州	101.8	4	101.4	7	101.4	10	102.5	4	103.0	14	3.0	14
河　池	100.7	12	101.0	14	101.4	10	102.5	4	103.7	5	3.7	5
来　宾	101.2	8	102.0	3	101.4	10	101.9	12	104.2	1	4.2	1
崇　左	100.4	13	101.6	5	101.6	8	101.7	13	103.8	4	3.8	4

名称	城镇居民人均可支配收入											
	2015 年		2016 年		2017 年		2018 年		2019 年			
	总量(元)	位次	总量(元)	位次	总量(元)	位次	总量(元)	位次	总量(元)	位次	比上年增长(%)	位次
全　区	26416		28234		30502		32436		34745		7.1	
南　宁	29106	1	30728	1	33217	1	35276	1	37675	1	6.8	10
柳　州	28722	4	30270	2	32661	2	34849	2	37358	2	7.2	8
桂　林	28768	3	30124	3	32534	3	34649	3	37178	3	7.3	7
梧　州	25898	9	27260	9	29359	9	31209	9	33518	9	7.4	6
北　海	27729	6	29412	6	31912	6	33954	6	36602	4	7.8	3
防城港	28433	5	29758	5	32079	5	34325	4	36385	5	6.0	14
钦　州	27281	7	29360	7	31415	7	33488	7	35732	7	6.7	11
贵　港	24890	12	26771	12	28806	13	30506	13	32916	12	7.9	2
玉　林	28842	2	30083	4	32159	4	33960	5	36133	6	6.4	12
百　色	24958	11	26919	10	29126	10	30611	12	32784	13	7.1	9
贺　州	25194	10	26883	11	28899	11	30864	11	33179	11	7.5	5
河　池	22752	14	23660	14	25647	14	27468	14	29665	14	8.0	1
来　宾	27077	8	28962	8	31047	8	32910	8	34950	8	6.2	13
崇　左	24668	13	26605	13	28813	12	30916	10	33297	10	7.7	4

续表 36

名 称	农村居民人均可支配收入											
	2015 年		2016 年		2017 年		2018 年		2019 年			
	总量(元)	位次	总量(元)	位次	总量(元)	位次	总量(元)	位次	总量(元)	位次	比上年增长(%)	位次
全 区	9467		10359		11325		12435		13676		10.0	
南 宁	9408*	8	11398	6	12515	6	13654	6	15047	6	10.2	7
柳 州	9449*	7	11107	7	12151	7	13451	7	14715	7	9.4	11
桂 林	10365*	2	12176	2	13345	3	14626	2	16045	2	9.7	10
梧 州	9051*	9	10142	9	11085	9	12238	9	13474	9	10.1	8
北 海	9923*	5	11622	4	12749	4	13998	4	15510	4	10.8	3
防城港	10429*	1	12113	3	13373	2	14617	3	15962	3	9.2	12
钦 州	9710*	6	10947	8	11801	8	12816	8	14149	8	104.0	5
贵 港	10017*	4	11572	5	12544	5	13786	5	15289	5	10.9	2
玉 林	10292*	3	12590	1	13597	1	14984	1	16348	1	9.1	13
百 色	6766*	13	9348	13	10171	13	11086	13	12195	13	10.0	9
贺 州	8056*	12	9552	12	10498	14	11548	12	12737	12	10.3	6
河 池	6164*	14	7509	14	8260	14	9177	14	10141	14	10.5	4
来 宾	8379*	10	9820	10	10674	11	11752	11	12810	11	9.0	14
崇 左	8308*	11	9801	11	10860	10	12000	10	13320	10	11.0	1

说明：带“*”数据统计口径为农村居民人均纯收入，与农村居民人均可支配收入统计口径不同

表 37 《南宁政报》2019 年总目录

类 型	文 件	发文字号	期 数	页 码
政府工作报告	政府工作报告——2019 年 2 月 15 日在南宁市第十四届人民代表大会第四次会议上 市长周红波		4	1
政府令	南宁市烟花爆竹经营燃放管理规定	第 11 号	2	1
	南宁市人民政府关于机构改革涉及市政府规章和行政规范性文件规定的行政机关职责调整问题的决定	第 12 号	15	1
	南宁市人民政府关于废止《南宁市公园管理规定》和《南宁市粮食流通管理办法》的决定	第 13 号	15	2
	南宁市临时占用挖掘城市道路管理办法	第 14 号	18	1
	南宁市网络预约出租汽车客运经营管理若干规定	第 15 号	22	1
南府规	南宁市人民政府关于印发南宁市加强人力资源社会保障服务若干措施的通知	南府规〔2018〕37 号	2	3
	南宁市人民政府关于印发南宁市征收集体土地补偿安置办法的通知	南府规〔2018〕38 号	2	6
	南宁市人民政府关于印发南宁市征收集体土地补偿安置实施指导意见的通知	南府规〔2018〕39 号	2	13
	南宁市人民政府关于印发南宁市征收集体土地补偿安置指导标准的通知	南府规〔2018〕40 号	2	18
	南宁市人民政府关于鼓励和规范互联网租赁自行车发展的意见(试行)	南府规〔2019〕1 号	2	33
	南宁市人民政府关于制定和实施老年人照顾服务项目的实施意见	南府规〔2019〕2 号	3	1
	南宁市人民政府关于印发南宁市贯彻落实优化土地要素供给若干措施实施细则的通知	南府规〔2019〕3 号	4	15
	南宁市人民政府关于印发南宁市物流用地公开出让管理办法的通知	南府规〔2019〕4 号	4	19
	南宁市人民政府关于实施新一轮征地区片综合地价和统一年产值标准的通知	南府规〔2019〕5 号	4	21

续表 37

类 型	文 件	发文字号	期 数	页 码
南府规	南宁市人民政府关于简化利用现有空闲房屋设立养老机构有关手续的通知	南府规〔2019〕6 号	4	26
	南宁市人民政府关于重新划定高污染燃料禁燃区的通告	南府规〔2019〕7 号	5	1
	南宁市人民政府关于印发南宁市居家和社区养老服务组织运营补贴暂行办法的通知	南府规〔2019〕8 号	6	1
	南宁市人民政府关于印发 2019 年南宁市促进工业稳增长若干措施的通知	南府规〔2019〕9 号	8	1
	南宁市人民政府关于深入贯彻工会法进一步支持工会工作的意见	南府规〔2019〕10 号	9	1
	南宁市人民政府关于印发 2019 年南宁市促进消费稳增长若干措施的通知	南府规〔2019〕11 号	9	3
	南宁市人民政府关于加强邕江沿岸公园管理的通告	南府规〔2019〕12 号	10	1
	南宁市人民政府关于 2019 年高考中考期间严格控制环境噪声污染的通告	南府规〔2019〕13 号	10	2
	南宁市人民政府关于印发南宁市离休干部医疗费用统筹管理办法的通知	南府规〔2019〕14 号	10	3
	南宁市人民政府关于废止加快推进南宁市城市和国有工矿棚户区改造工作实施意见的通知	南府规〔2019〕15 号	11	1
	南宁市人民政府关于提高城乡居民最低生活保障标准的通知	南府规〔2019〕16 号	11	1
	南宁市人民政府关于印发加快建设广西面向东盟的金融开放门户南宁核心区的若干措施的通知	南府规〔2019〕17 号	11	2
	南宁市人民政府关于印发南宁市城乡居民最低生活保障办法的通知	南府规〔2019〕18 号	13	1
	南宁市人民政府关于印发南宁市储备土地管护及临时利用管理办法的通知	南府规〔2019〕19 号	13	7
	南宁市人民政府关于公布公共租赁住房保障住房困难及货币补贴等标准的通告	南府规〔2019〕20 号	13	10
	南宁市人民政府关于印发南宁市政府购买居家养老服务的实施意见	南府规〔2019〕21 号	13	10
	南宁市人民政府关于废止实施南宁市公共厕所免费使用的具体优惠政策的通知	南府规〔2019〕22 号	14	1
	南宁市人民政府关于划定禁止露天焚烧秸秆区域的通告	南府规〔2019〕23 号	19	1
	南宁市人民政府关于印发南宁市新建住宅小区配套社区居家养老服务用房管理办法(试行)的通知	南府规〔2019〕24 号	19	2
	南宁市人民政府关于印发南宁市鼓励现代服务业发展若干措施的通知	南府规〔2019〕25 号	19	4
	南宁市人民政府关于印发南宁市加快推进旧城区改造工作实施办法的通知	南府规〔2019〕26 号	20	1
	南宁市人民政府关于印发加快建设中国(广西)自由贸易试验区南宁片区支持政策的通知	南府规〔2019〕27 号	20	6
	南宁市人民政府关于废止进一步做好稳增长工作意见的通知	南府规〔2019〕28 号	21	1
	南宁市人民政府关于加快推进既有住宅加装电梯工作的实施意见	南府规〔2019〕29 号	21	1
	南宁市人民政府关于印发南宁市市长质量奖管理办法(2019 年修订)的通知	南府规〔2019〕30 号	23	1
	南宁市人民政府关于印发南宁市支持重大文化旅游项目办法的通知	南府规〔2019〕31 号	24	1
	南宁市人民政府关于印发中国(南宁)跨境电子商务综合试验区建设支持政策的通知	南府规〔2019〕32 号	24	3
	南宁市人民政府关于印发 2020 年南宁市秸秆清洁能源化企业污染减排补助规定的通知	南府规〔2019〕33 号	24	5
南府字	南宁市人民政府关于停止收取南宁市路桥车辆通行费的通告	南府字〔2019〕2 号	24	6
南府发	南宁市人民政府关于公布南宁市第十四批农业产业化重点龙头企业名单的通知	南府发〔2018〕27 号	1	1
	南宁市人民政府关于印发南宁市重大行政决策专家咨询论证办法的通知	南府发〔2019〕1 号	4	27
	南宁市人民政府关于印发南宁市工业高质量发展行动计划(2018—2020 年)的通知	南府发〔2019〕2 号	4	29
	南宁市人民政府关于市政府领导工作分工调整的通知	南府发〔2019〕4 号	6	3

续表 37

类型	文件	发文字号	期数	页码
南府发	南宁市人民政府关于印发南宁市鼓励社会力量兴办教育促进民办教育健康发展实施方案的通知	南府发〔2019〕7号	9	5
	南宁市人民政府 广西壮族自治区地方金融监督管理局关于印发广西建设面向东盟的金融开放门户南宁核心区规划(2019—2023年)的通知	南府发〔2019〕8号	12	1
	南宁市人民政府关于印发南宁市工程建设项目审批制度改革实施方案的通知	南府发〔2019〕9号	14	1
	南宁市人民政府关于印发南宁市进一步打造全国养老服务业综合改革试点城市实施方案的通知	南府发〔2019〕11号	15	2
	南宁市人民政府关于印发《南宁市人民政府工作规则》的通知	南府发〔2019〕14号	19	7
	南宁市人民政府关于印发南宁市职业教育改革实施方案的通知	南府发〔2019〕15号	24	7
南府办	南宁市人民政府办公厅关于公布市级企业投资项目管理权责清单的通知	南府办〔2018〕64号	1	2
	南宁市人民政府办公厅关于公布市本级第一批涉及多部门"一事通办"事项清单的通知	南府办〔2018〕65号	2	36
	南宁市人民政府办公厅关于印发南宁市落实"菜篮子"市长负责制考核工作实施方案的通知	南府办〔2018〕67号	5	8
	南宁市人民政府办公厅关于印发南宁市全域旅游总体规划(2017—2025年)的通知	南府办〔2019〕1号	3	5
	南宁市人民政府办公厅关于印发南宁市大气污染防治攻坚三年作战方案(2018—2020年)的通知	南府办〔2019〕2号	4	40
	南宁市人民政府办公厅关于印发南宁市水污染防治攻坚三年作战方案(2018—2020年)的通知	南府办〔2019〕3号	5	18
	南宁市人民政府办公厅关于印发南宁市土壤污染防治攻坚三年作战方案(2018—2020年)的通知	南府办〔2019〕4号	5	30
	南宁市人民政府办公厅关于印发南宁市生态环境保护基础设施建设三年作战方案(2018—2020年)的通知	南府办〔2019〕5号	5	34
	南宁市人民政府办公厅关于聘请余睿等68位同志为南宁市政府立法咨询员的通知	南府办〔2019〕6号	5	45
	南宁市人民政府办公厅关于印发南宁市贯彻执行自治区改革国有企业工资决定机制实施意见工作方案的通知	南府办〔2019〕9号	6	5
	南宁市人民政府办公厅关于市长助理陈超同志工作分工的通知	南府办〔2019〕11号	6	18
	南宁市人民政府办公室关于2018年度全市安全生产工作考核结果的通报	南府办〔2019〕13号	6	18
	南宁市人民政府办公室关于聘任莫厶矿等13名同志为南宁市第四批首席技师的通知	南府办〔2019〕17号	6	22
	南宁市人民政府办公室关于市人民政府秘书长市长助理副秘书长工作分工的通知	南府办〔2019〕18号	6	23
	南宁市人民政府办公室关于成立南宁工业高质量发展领导小组的通知	南府办〔2019〕24号	8	2
	南宁市人民政府办公室关于调整南宁市安全生产委员会组成人员的通知	南府办〔2019〕25号	8	4
	南宁市人民政府办公室关于调整南宁市防汛抗旱指挥部组成人员的通知	南府办〔2019〕26号	8	6
	南宁市人民政府办公室关于印发加强南宁市城市轨道交通安全运行管理的实施意见	南府办〔2019〕27号	8	8
	南宁市人民政府办公室关于印发南宁市规章五年立法规划(2019—2023年)的通知	南府办〔2019〕28号	8	12
	南宁市人民政府办公室关于进一步完善国有企业法人治理结构的实施意见	南府办〔2019〕29号	9	8
	南宁市人民政府办公室关于印发南宁市城市供水特许经营服务绩效评价办法的通知	南府办〔2019〕30号	10	6
	南宁市人民政府办公室关于印发南宁市城市管道燃气特许经营服务绩效评价办法的通知	南府办〔2019〕31号	10	19
	南宁市人民政府办公室关于印发南宁市城市污水处理特许经营服务绩效评价办法的通知	南府办〔2019〕32号	10	29

续表 37

类 型	文 件	发文字号	期 数	页 码
南府办	南宁市人民政府办公室关于调整南宁市防汛抗旱指挥部组成人员的通知	南府办〔2019〕33号	11	7
	南宁市人民政府办公室关于市长助理陈超同志工作分工的通知	南府办〔2019〕34号	10	40
	南宁市人民政府办公室关于表扬2018年度法治政府建设工作表现优异单位集体和个人的通报	南府办〔2019〕35号	11	9
	南宁市人民政府办公室关于印发南宁市本级政府投资项目代建工作考评办法(试行)的通知	南府办〔2019〕37号	13	15
	南宁市人民政府办公室关于印发南宁市基本公共服务领域市以下财政事权和支出责任划分改革实施方案的通知	南府办〔2019〕39号	13	26
	南宁市人民政府办公室关于蒙文虎、蔡志忠同志工作分工的通知	南府办〔2019〕40号	13	29
	南宁市人民政府办公室关于印发建立涉农资金统筹整合长效机制实施方案的通知	南府办〔2019〕42号	14	7
	南宁市人民政府办公室关于成立南宁市地方病防治专项攻坚行动领导小组的通知	南府办〔2019〕45号	17	1
	南宁市人民政府办公室关于印发南宁市城市医疗集团组建与管理办法(试行)的通知	南府办〔2019〕46号	19	14
	南宁市人民政府办公室关于印发南宁产业发展基金直接股权投资管理暂行办法的通知	南府办〔2019〕48号	19	17
	南宁市人民政府办公室关于印发南宁市医疗卫生领域财政事权和支出责任划分改革实施方案的通知	南府办〔2019〕49号	19	21
	南宁市人民政府办公室关于公布第八批市级非物质文化遗产代表性项目名录和第七批市级非物质文化遗产项目代表性传承人的通知	南府办〔2019〕51号	20	7
	南宁市人民政府办公室关于成立数字南宁建设领导小组的通知	南府办〔2019〕52号	20	11
	南宁市人民政府办公室关于聘请王少华等24名行政执法监督员的通知	南府办〔2019〕55号	22	3
	南宁市人民政府办公室关于表扬2019年南宁市自然科学优秀论文奖获奖论文及作者的通报	南府办〔2019〕57号	24	10
	南宁市人民政府办公室关于印发南宁市深化产教融合实施方案的通知	南府办〔2019〕58号	24	13
南府办函	南宁市人民政府办公室关于印发南宁市开展产业大招商攻坚突破年活动实施方案的通知	南府办函〔2019〕43号	7	1
	南宁市人民政府办公室关于印发南宁市承办2019年自治区为民办实事村级公共服务中心项目建设工作实施方案的通知	南府办函〔2019〕44号	7	7
	南宁市人民政府办公室关于印发2019年南宁市承办自治区为民办实事工程——耕地地力保护补贴项目实施方案的通知	南府办函〔2019〕50号	7	13
	南宁市人民政府办公室关于印发南宁市进一步清理拖欠民营企业中小企业账款工作方案的通知	南府办函〔2019〕51号	7	16
	南宁市人民政府办公室关于印发2019年政府立法工作计划的通知	南府办函〔2019〕56号	7	20
	南宁市人民政府办公室关于转发市审计局2019年度南宁市本级统一组织审计项目计划的通知	南府办函〔2019〕78号	8	14
	南宁市人民政府办公室关于印发南宁市第十届运动会工作方案的通知	南府办函〔2019〕84号	9	13
	南宁市人民政府办公室关于印发南宁市稳财政促增长若干措施的通知	南府办函〔2019〕86号	9	24
	南宁市人民政府办公室关于印发南宁市建立现代医院管理制度实施方案的通知	南府办函〔2019〕92号	12	28
	南宁市人民政府办公室关于调整三街两巷项目重点片区保护修缮整治改造工作领导小组的通知	南府办函〔2019〕110号	12	34
	南宁市人民政府办公室关于调整成立南宁市森林防灭火指挥部的通知	南府办函〔2019〕118号	12	35
	南宁市人民政府办公室关于印发南宁市城镇小区配套幼儿园治理工作方案的通知	南府办函〔2019〕126号	12	36
	南宁市人民政府办公室关于印发2019年南宁市食品安全重点工作安排的通知	南府办函〔2019〕138号	13	30

续表 37

类 型	文 件	发文字号	期 数	页 码
南府办函	南宁市人民政府办公室关于印发南宁市政府部门随机抽查事项清单(第一版)的通知	南府办函〔2019〕150 号	16	1
	南宁市人民政府办公室关于印发南宁市全面对接粤港澳大湾区 2019 年工作方案的通知	南府办函〔2019〕151 号	15	21
	南宁市人民政府办公室关于印发南宁市深入开展消费扶贫助力打赢脱贫攻坚战实施方案的通知	南府办函〔2019〕154 号	15	25
	南宁市人民政府办公室关于印发南宁市实施“菜篮子”工程保障肉品供应方案的通知	南府办函〔2019〕156 号	15	28
	南宁市人民政府办公室关于印发南宁市政府部门随机抽查事项清单(第一版)的通知(接上期)	南府办函〔2019〕150 号	17	2
	南宁市人民政府办公室关于印发南宁市政府部门随机抽查事项清单(第一版)的通知(接上期)	南府办函〔2019〕150 号	18	6
	南宁市人民政府办公室关于印发南宁市深化“放管服”改革转变政府职能电视电话会议重点任务分工方案的通知	南府办函〔2019〕162 号	20	14
	南宁市人民政府办公室关于印发南宁市改革完善全科医生培养与使用激励机制实施方案的通知	南府办函〔2019〕163 号	20	26
	南宁市人民政府办公室关于印发南宁市第三次国土调查实施方案的通知	南府办函〔2019〕164 号	20	31
	南宁市人民政府办公室关于印发南宁市乡镇污水处理收费实施方案的通知	南府办函〔2019〕167 号	20	42
	南宁市人民政府办公室关于印发南宁市培育发展住房租赁市场试点工作方案的通知	南府办函〔2019〕171 号	20	43
	南宁市人民政府办公室关于印发全面对接粤港澳大湾区粤桂联动加快珠江－西江经济带建设三年行动计划(2019—2021 年)涉邕项目(事项)推进工作方案的通知	南府办函〔2019〕173 号	21	6
	南宁市人民政府办公室关于印发全面推行行政执法公示制度执法全过程记录制度重大执法决定法制审核制度工作方案的通知	南府办函〔2019〕179 号	21	11
	南宁市人民政府办公室关于印发南宁市职业技能提升行动实施方案(2019—2021 年)的通知	南府办函〔2019〕228 号	22	3
南府干	南宁市人民政府关于张承才同志任职的通知	南府干〔2018〕36 号	1	62
	南宁市人民政府关于黄平昭同志退休的通知	南府干〔2019〕1 号	3	62
	南宁人民政府关于陈超、孔令洋同志挂职的通知	南府干〔2019〕2 号	4	55
	南宁市人民政府关于梁友同志免职的通知	南府干〔2019〕3 号	4	55
	南宁市人民政府关于陈建智等同志退休的通知	南府干〔2019〕4 号	4	55
	南宁市人民政府关于黄宗成等同志任免职的通知	南府干〔2019〕5 号	5	49
	南宁市人民政府关于黎江等同志任免职的通知	南府干〔2019〕6 号	5	54
	南宁市人民政府关于黄志斌等同志任职的通知	南府干〔2019〕7 号	5	54
	南宁市人民政府关于程弘帅同志任职的通知	南府干〔2019〕8 号	6	33
	南宁市人民政府关于俞蒨同志退休的通知	南府干〔2019〕9 号	6	33
	南宁市人民政府关于黄有光同志任职的通知	南府干〔2019〕10 号	7	22
	南宁市人民政府关于杨理蛟、李雪华同志退休的通知	南府干〔2019〕11 号	7	22
	南宁市人民政府关于黄展邦同志免职的通知	南府干〔2019〕12 号	8	17
	南宁市人民政府关于宁兴奇等同志退休的通知	南府干〔2019〕13 号	11	30
	南宁市人民政府关于黄尚荣同志退休的通知	南府干〔2019〕14 号	14	10
	南宁市人民政府关于刘巧瑛等同志任免职的通知	南府干〔2019〕15 号	14	10
	南宁市人民政府关于颜雪海、杭周同志任免职的通知	南府干〔2019〕16 号	15	30

续表 37

类 型	文 件	发文字号	期 数	页 码
南府干	南宁市人民政府关于黄辉同志免职的通知	南府干〔2019〕17 号	16	57
	南宁市人民政府关于林涛等同志任免职的通知	南府干〔2019〕18 号	16	57
	南宁市人民政府关于隋有实等同志退休的通知	南府干〔2019〕19 号	17	62
	南宁市人民政府关于林康等同志退休的通知	南府干〔2019〕20 号	18	54
	南宁市人民政府关于卢晴等同志任免职的通知	南府干〔2019〕21 号	20	54
	南宁市人民政府关于李艳阳等同志退休的通知	南府干〔2019〕22 号	20	54
	南宁市人民政府关于陈朝晖等同志任免职的通知	南府干〔2019〕23 号	20	55
	南宁市人民政府关于刘桂发同志试用期满正式任用的通知	南府干〔2019〕24 号	21	14
	南宁市人民政府关于陈玲同志提前退休的通知	南府干〔2019〕25 号	21	14
	南宁市人民政府关于林向阳同志免职的通知	南府干〔2019〕26 号	22	5
	南宁市人民政府关于宋波等同志任免职的通知	南府干〔2019〕27 号	22	5
	南宁市人民政府关于谢健同志免职的通知	南府干〔2019〕28 号	24	17
	南宁市人民政府关于胡光荣、刘红军同志退休的通知	南府干〔2019〕29 号	24	17
	南宁市人民政府关于蔚春生等同志挂职的通知	南府干〔2019〕30 号	24	17

表 38

2019 年南宁市重点项目建设情况表

建设阶段	名称	总投资（万元）	建设规模和内容	年计划投资（万元）	项目业主
新开工	茉莉小镇文旅项目	60000	建设茉莉花品种园、茉莉花加工新城、茉莉小镇茉莉亲子乐园、茉莉小镇核心区、游客服务中心、生态停车场、茉莉产业总部基地、茉莉产业峰会论坛会展中心等配套工程，总建筑面积 38 万平方米	3000	横县现代农业产业园管理中心
	五象智谷园一期——高新技术产业化工程（中药民族药大品种培育）	85700	建设符合 GMP(药品生产质量管理规范)标准的双花草珊瑚含片、冠心丹参片、乳结泰胶囊、仙黄颗粒、珍凤口服液等国内独家类药品的生产车间、检测实验室，集原材料、成品运输及储存一体的智能立体仓库；总建筑面积 9 万平方米	15000	广西昌弘制药有限公司
	广西路远智能自动装备项目	85000	建设自动化生产车间、零部件生产车间、外协生产车间、大型仓库调配中心、技术研发中心、园区多层生产车间、员工生活服务等相关产业配套中心，年产贴片机(SMT)1200 台以上	10000	广西路远智能科技有限公司
	广西正邦存栏 4.80 万头母猪繁殖场"种养结合"基地建设项目（宾阳）	78254	建设猪舍 33 栋、总场综合楼、宿舍楼 6 栋、食堂 3 栋、消毒室等附属用房，总建筑面积 30.76 万平方米，存栏母猪 4.80 万头	26000	广西正邦畜牧发展有限公司
	宾阳亿联建材家居五金城	120000	建设建材家居五金市场、休闲美食街区、仓储及办公用房等，总建筑面积 15 万平方米	36000	宾阳亿联家居建材五金城有限公司
	南宁华润水泥投资有限公司装配式建筑构件厂项目	106000	新建预制混凝土构件生产线六条；配套建设商品混凝土搅拌站、研发楼、创意工厂、综合办公楼等，年产混凝土构件 40 万立方米	15000	华润水泥投资有限公司
	京东南宁电子商务产业园及运营结算中心项目（一期）	94000	建设 4 栋双层仓库及配套生活用房、附属用房，仓储建筑面积 13.80 万平方米，总建筑面积 15 万平方米	10000	北京京东世纪贸易有限公司
	G324 横县南绕城线（含横州大桥）	117000	一级公路，全长 18.20 千米，桥梁及引道工程 2.10 千米	3000	横县交通运输局

续表 38

建设阶段	名称	总投资（万元）	建设规模和内容	年计划投资（万元）	项目业主
新开工	六景至宾阳高速公路	777100	全长42.20千米，主线四车道高速公路，设计时速每小时120千米，路基宽26.50米	50000	南宁市交通运输局（前期业主）
	南宁市邕宁区蒲庙经新江至百济二级公路	72095	二级公路，全长37.20千米，设计速度每小时80千米，路基宽12米，路面宽7.50米	12000	邕宁区交通运输局
	广西民华跨境电商科技产业园	50000	建设15栋单体，其中标准厂房14栋，配套服务楼1栋，总建筑面积13.74万平方米	7500	广西民华达科技有限公司
	五塘工业集中区基础设施项目	56000	建设8条道路，道路总长15千米，红线宽15米～36米；15个地块的土地平整	10000	南宁市兴工基础设施开发管理有限公司
	南宁空港经济区产业配套基础设施工程	58800	包含空港物流园A区纵四路、空港物流园A区横一路、吴圩镇6号路、吴圩镇8号路、吴圩镇18号路、吴圩镇6号路西延长线、空港物流园A区水系改造（东面水系）等7条道路建设以及空港物流园管线迁改工程，道路总长9830米，宽24米～50米	8000	广西航港投资集团有限公司
	中国－东盟信息港南宁五象远洋大数据产业园	250000	建设IDC（互联网数据中心）大数据中心，总建筑面积29.80万平方米	15000	广西远洋金象大数据有限公司
	南宁市测绘地理信息科技研发及展示中心	30000	建设地理信息产业办公楼、测绘技术研发与培训中心、科普教育中心、测绘科技展示、体验中心、物业管理用房等，总建筑面积8.65万平方米	7200	南宁市勘察测绘地理信息院
	中国电信东盟国际信息园（一期）	15000	建设动力中心1栋、综合运营基地2栋、数据中心4栋，建成后可提供IDC机架1.38万个，总建筑面积16万平方米	6000	中国电信股份有限公司南宁分公司
	南宁首创奥特莱斯项目	120000	建设奥特莱斯(outlets)模式的大型品牌折扣商业综合体，总建筑面积15.29万平方米，其中奥特莱斯6.80万平方米、茂(MALL)4.80万平方米、自销商铺1.50万平方米、停车楼2.10万平方米	40000	南宁首创钜大奥特莱斯置业有限公司
	上林旅游集散中心	35517	总建筑面积14万平方米，其中游客服务中心综合楼1.09万平方米、旅游配套商业4.98万平方米、精品民宿6086平方米、高层养生公寓3.06万平方米、旅游养生度假村3.14万平方米	5000	广西福瑞房地产开发有限公司上林分公司
	广西壮乡美境文旅项目（一期）	180000	建设民族农业休闲观光度假区、骆越文化展示区、创意文化多功能区、户外营地区、研学教育体验区、游客综合信息服务中心、文化旅游活动配套设施、休闲养生旅游配套区等，总建筑面积52万平方米	20000	南宁市千艺大观投资有限责任公司
	华润环保工程（南宁）有限公司利用水泥窑协同处置生活垃圾项目	26084	利用现有的两条新型干法水泥窑生产线处置全市生活垃圾，建设生活垃圾处理系统1个处置生活垃圾规模每天800吨，总建筑面积1.29万平方米	5000	华润环保工程（南宁）有限公司
	高端高精铝材首台套重大短板装备及配套建设项目	64226.09	拟利用广西南南铝加工有限公司现有厂房，通过填平补齐的方式新增气垫炉、辊底式淬火炉等重大短板装备，形成年产铝合金热处理产品8万吨	10000	广西南南铝加工有限公司
	广西建工集团南宁装配式建筑产业基地	105000	分为3个生产板块：混凝土预制构件(PC)、钢结构生产项目、蒸压加气板(ALC板)生产项目。其中，混凝土预制构件(PC)年产量15万立方米，钢结构年产量4万吨，蒸压加气板(ALC板)年产30万立方米	20000	广西建工集团建筑产业投资有限公司
	千美树木业年产3万立方米环保高端生态板项目	10010	建设生产车间、宿舍办公楼、锅炉房、烘干房等单体，建设8条生产线，年产环保高端生态板3万立方米	2000	广西千美树木业有限公司
	瑞声科技南宁产业园项目	800000	租用神冠厂区12万平方米标准厂房生产扬声器、受话器、精密结构件；租用中恒厂房7万平方米生产光学模组；新建光学技术产学研用创新应用研究院及成果转化基地、光学产业人才孵化培养基地、光学技术研究与应用发展展示中心、瑞声科技东盟研发中心等高标准生产厂房	16000	瑞声科技（南宁）有限公司

续表 38

建设阶段	名称	总投资（万元）	建设规模和内容	年计划投资（万元）	项目业主
新开工	马山状元风电场工程	65420	总装机容量 7 万千瓦	10000	华能新能源股份有限公司广西分公司
	中国移动（广西）数据中心项目（一期）	20000	总建筑面积 10.60 万平方米，包括数据中心 2 栋、动力中心 1 栋、维护支撑用房 1 栋等，可提供超 1.30 万个机架	4000	中国移动通信集团广西有限公司
	大疆半导体封装检测产业园项目	20000	建设封装生产线 2 条、测试线 2 条、包装线 2 条，预计年产储存卡 3960 万片、黑胶体 1980 万片、储蓄器芯片 1650 万片以上	15000	广西科林半导体有限公司
	南宁市哈罗礼德国际学校	95042	建设包含南宁市哈罗小狮幼儿园、哈罗礼德学校、哈罗礼德高中，规模在校生 3000 人、66 个班（幼儿园 12 个班、小学 24 个班、初中 15 个班、高中 15 个班）	15000	南宁市平德房地产开发有限公司
	广西主要支流郁江南宁市那平江堤工程	50405	新建防洪堤 2.55 千米，护岸 0.59 千米，连通渠 1.05 千米，防洪排涝闸 2 座，排涝泵站 1 座	7200	南宁交通投资集团有限责任公司
	南宁市朝阳溪河道综合整治工程（秀厢大道—罗伞岭水库）	255810	对 5 千米河道进行整治、控源截污、清淤、修复等	50000	南宁建宁水务投资集团有限责任公司（排水公司）
	南宁市朝阳溪暗涵（十三中—二十八中）改造工程	166802	2.80 千米暗涵改造、实施清污分流	15000	南宁建宁水务投资集团有限责任公司（排水公司）
	南宁市亭子冲流域治理工程（一期）	75009	对河道两岸进行截污、雨污分流改造、雨污水管清淤、内源治理、生态修复、河道补水等	30000	南宁建宁水务投资集团有限责任公司（排水公司）
	南宁市那平江流域治理工程（一期）	221758	80 千米长河道清淤、62 千米两岸截污、生态修复等	15000	南宁建宁水务投资集团有限责任公司（排水公司）
	南宁市江北片内河生态基流补水工程	21859	建设心圩江至朝阳溪、朝阳溪至罗伞岭水库输水管及配套泵房等	4000	南宁建宁水务投资集团有限责任公司（排水公司）
	南宁市内河排口控源截污项目一期工程	36450	对竹排江、茅桥湖、那平江支流 4 片区、那平江支流 5 片区、那平江 47 号排口、那平江火车东站片区、朝阳溪、心圩江排口及上游雨污管网错漏接进行改造	18000	南宁建宁水务投资集团有限责任公司（排水公司）
	南宁市物流园污水处理厂（一期）工程	40439	污水处理厂 1 座，土建规模每天污水处理 4 万立方米，污水处理（近期）规模每天污水处理 2 万立方米	12000	广西绿城水务股份有限公司
	南宁市银海大道（K8+080—平乐大道）污水管工程	30935	建设污水管 DN（公称直径）1000～DN1500，总长 9569 米	12000	广西绿城水务股份有限公司
	朝阳溪污水处理厂一期工程	67819	拟建污水处理厂 1 座，规模每天污水处理 10 万立方米处理构筑物，出水标准一级 A	18000	广西绿城水务股份有限公司
	南宁市三塘污水处理厂水质提标及二期工程	23175	新建污水处理系统，规模每天污水处理 6 万立方米；三塘污水处理厂提标：对尾水进行水质提标改造，出水水质执行一级 A 标准，提标规模每天 8 万立方米	6000	广西绿城水务股份有限公司
	南宁市茅桥水质净化厂	69800	建设污水处理厂 1 座，规模每天污水处理 10 万立方米	16000	广西绿城水务股份有限公司
	高新区污水干管完善工程	36362	建设科园东十二路、科兴路、科德路、高华路、高新大道、高科路、滨河路、高新大道 8 条道路污水管道	6000	广西绿城水务股份有限公司
	那平江污水处理厂	67576	建设污水处理厂 1 座，规模每天污水处理 10 万立方米	12000	广西绿城水务股份有限公司
	宾阳县城东环路改扩建工程（美食街至宾州镇政府）	55788	包含东环路（美食街至宾州镇政府）改扩建工程、东环路连接贵隆高速公路道路工程，道路长 5770 米，道路红线宽度 60 米，道路级别为城市主干路	10000	宾阳县住房和城乡建设局

续表 38

建设阶段	名称	总投资(万元)	建设规模和内容	年计划投资(万元)	项目业主
新开工	南宁产投创新产业园	53304	总建筑面积 9.81 万平方米,其中厂房 7.79 万平方米、办公及生活服务楼 1.37 万平方米、地下停车场 6480 平方米	6000	南宁产投工业园区开发有限责任公司
	美斯达数字化智能工厂项目	60000	规划总建设面积 8.20 万平方米,主要建设生产车间、展示中心、研发中心、生产设备购置安装及室外附属工程等,形成履带式移动破碎筛分设备每年 2000 台的生产能力	2000	广西美斯达投资有限公司
	钜荣汽车园	22000	汽车展示、销售、仓储、物流和检测维修等,总建筑面积 7.56 万平方米	4500	广西钜荣投资有限公司
	汇通产业园项目	18000	建筑面积 9.69 万平方米	8000	南宁相思湖新区投资建设发展有限责任公司
	南宁综合保税区商务中心	64600	总建筑面积 9.06 万平方米,新建研发楼及配套设施	10000	广西南宁当代丰耘投资管理有限公司
	南宁中关村电子信息产业园	115000	新建标准厂房、倒班宿舍楼及相关配套设施等	40000	广西当代丰耘投资有限公司
	青秀兴宁区长堽片区棚户区改造项目(煤矿社区棚户区住户安置房项目)	40700	总用地面积 11.73 万平方米,总建筑面积 12.49 万平方米	8000	南宁市东沟岭经济发展有限责任公司
竣工	广西横县新威林板业有限公司年产 22 万立方米定向刨花板生产线项目	42000	建设年产 22 万立方米定向刨花板(OSB)生产线及相关配套设施	2700	广西横县新威林板业有限公司
	南宁大明山朝阳林区防火道路工程	38595	全长 28 千米,其中二级公路 4.50 千米、四级公路 23.50 千米,路基宽 6 米～30 米	5000	南宁市城市建设投资发展有限责任公司
	宾阳马王风电场	85598	总装机规模 10 万千瓦	2000	广西桂冠电力股份有限公司
	广西马中粮油有限公司稻谷深加工项目	12000	年加工稻谷 10.80 万吨,年产优质大米 7.56 万吨	5000	广西马中粮油有限公司
	广西一遍天原种猪有限公司种猪产业园优质种猪推广示范项目	34500	建设标准化猪舍及附属设施,总建筑面积 7.90 万平方米,存栏新美系、丹系等原种母猪 9000 头,年出栏优质美系原种猪 20 万头	2500	广西一遍天原种猪有限公司
	南宁蒲津路改造工程二期(邕宁区人民医院至五合大桥)	34418	城市主干道,长 4.73 千米,路基宽 35 米～68 米	4000	南宁交通资产管理有限责任公司
	南宁轨道交通 3 号线一期工程(科园大道—平乐大道)	2068065	南起平乐大道站,北至科园东站,全长 27.96 千米,设置车站 23 座	180000	南宁轨道交通集团有限责任公司
续建	武鸣区流域水环境综合整治项目	263186	1. 污水处理厂:新建宁武镇、陆斡镇、府城镇等 9 个乡镇污水处理厂,规模总计每天污水处理 0.76 万立方米、管网长度 67.04 千米,建成后厂站出水达到一级 A 标准的要求;南宁市教育园区污水处理厂及配套管网工程规模每天 1 万立方米,管网长度 28.30 千米。2. 三河两岸整治:新建香山河 3.80 千米、东门河 1.80 千米、西江河 5.90 千米、武鸣河 4.60 千米等主要内河河道清淤,满足五十年一遇的防洪标准建设	10000	南宁桑德环境治理有限公司
	南宁市陈村水厂三期工程	39613	陈村水厂三期净水工程、三期原水输水管及对原有一、二期工程的更新改造工程;新建规模每天 20 万立方米,新建后陈村水厂规模每天 60 万立方米	8000	广西绿城水务股份有限公司

续表 38

建设阶段	名称	总投资（万元）	建设规模和内容	年计划投资（万元）	项目业主
续 建	东盟国际生物科技谷	81000	建设全细胞储存库、基因数据库、生物样本库、科研中心、临床医疗、康复中心、健康产业化中心、综合性生物医药和干细胞产业中心；建设可储存100万人份的干细胞储存库，用于自体储存和慈善储存；总建筑面积10.20万平方米	10000	广西嘎米生物科技有限公司
	南宁启迪东盟科技城－科技研孵中心、高科技企业总部	230000	建设科技总部港、科技研孵中心；总建筑面积35万平方米，其中科技研孵中心12万平方米、高科技企业总部23万平方米	30000	南宁启迪创新科技投资有限公司
	宾阳双桥风力发电场	45030	总装机容量5万千瓦时	20000	国家电投广西宾阳新能源发电有限责任公司
	广西乐林林业开发有限公司年产25万立方米高密度薄板生产线技改项目	27000	年产25万立方米厚度1毫米～5毫米的高档木质人造板材，总建筑面积3万平方米	10000	广西乐林林业开发有限公司
	中新南宁国际物流园（一期）	120000	建设GSP（产品供应规范）医药高标仓储、医药冷链仓储、保税加工仓储、智慧物流仓储等，总建筑面积30万平方米	30000	广西新中产业投资有限公司
	广西申龙汽车制造有限公司新能源客车及物流车生产项目	295507	年产新能源客车1万辆、新能源物流车3万辆	50000	广西申龙汽车制造有限公司
	南宁教育园区基础设施建设项目（三期）	216375	东片区市政道路7条，全长14.30千米，包括纬二路、纬三路、经五路北段、经九路、经十路、安平路及伏波大道东延长线；西片区市政道路6条，全长11.50千米，包括思源南路、联杰路、百威英博大道、发展大道、长岗大道东延长线、永和北路	65000	广西武鸣东翰投资发展有限责任公司、广西武鸣乾鸣投资发展有限责任公司、南宁华强产业投资有限公司
	智能数控机械加工装备及PC生产基地	38107	建设智能数控钢筋加工设备生产和年产150万平方米PC构件智能制造生产厂房、科研楼、办公楼以及生活配套用房等，总建筑面积3.20万平方米	5000	广西桂泰耕源投资有限公司
	南宁圣名岭东盟文化旅游度假区项目（一期）	93000	建设景区大门、祈福广场、特色民宿、宗教文化交流中心、休闲木屋、园区路网、停车场、旅游区休闲配套设施等，总建筑面积28万平方米	10000	广西南粤森林旅游开发有限公司
	南宁市江南污水处理厂水质提标及三期工程	165927	新建一套每天处理24万立方米污水处理系统及配套设施，建成后江南污水处理厂总规模每天处理72万立方米	40000	广西绿城水务股份有限公司
	广西科天水性科技产业园项目	287958	年产水性聚氨酯10万吨、水性木工板、胶合板600万张、水性生态板400万张、水性木地板500万平方米、水性密度板20万立方米、水性刨花板25万立方米、水性超细纤维革2000万米、水性涂料10万吨、水性聚氨酯超薄避孕套10亿只、无毒全屋定制家具15万套	25000	南宁科天水性科技有限责任公司
	南宁教育园区基础设施建设项目（二期）	150335	主干路网含经二路、经四路、经六路支路、经七路、经十一路、纬一路及长庆路西段，共7条，道路总长13千米	40000	广西武鸣乾鸣投资发展有限责任公司、广西武鸣东翰投资发展有限责任公司
	南宁明安医院	200000	总建筑面积20.50万平方米，拟设床位1000张，分二期建设。其中：一期规划建筑面积15.50万平方米，设综合床位600张；二期规划建筑面积5万平方米，设专科床位400张	5000	南宁市明安医院管理有限公司
	南宁市青秀区生态养殖示范基地建设项目	70720	建设肉牛标准化生态养殖基地、饲草饲料种植处理基地、刘圩镇那床村标准化养殖小区一期、刘圩镇那度村标准化养殖小区一期、刘圩镇谭村标准化养殖小区、刘圩镇农村电子商务服务中心等，总建筑面积10万平方米	5000	广西四野牧业有限公司

续表 38

建设阶段	名称	总投资（万元）	建设规模和内容	年计划投资（万元）	项目业主
续　建	上林县大庙江生态旅游景区项目	76100	建设张鹏展“忠孝廉节”文化园、峡谷漂流、玻璃栈道、溯溪踏水观瀑、户外拓展活动、星空帐篷营地、休闲养生度假村、乡村旅游和现代农业观光体验区等，总建筑面积40万平方米	3000	广西上林县大庙江旅游投资有限公司
	南宁·肉禽集散中心项目	54300	建设市场交易中心、冷链仓储、展示楼（电子交易结算平台）等，总建筑面积13.40万平方米	20000	广西清川农贸市场开发有限公司
	南南电子汽车新材料精深加工技术改造项目	214180	分三期建设：一期建设智能制造精深加工中心（年产20万套新能源汽车轻质合金车身及零部件项目）；二期建设汽车新材料制造中心，年产6万吨汽车新材料系列产品；三期建设电子新材料制造中心，年产4万吨电子新材料系列产品	30000	南南铝业股份有限公司
	南宁生物医药产业园二期基础设施建设工程	59051	市政道路，总长10千米，包括铁山港西路、高岭西路、那历路南延长线、留村路南延长线、铁山港一、二、三支路及海城路	2000	南宁绿港建设投资集团有限公司
	南宁轨道交通2号线东延工程（玉洞—坛兴村）	489776	全长6.30千米；设车站5座，均为地下站，其中换乘站1座（平乐大道站），与3号线换乘；设停车场1处，主变电站1座	90000	南宁轨道交通集团有限责任公司
	南宁轨道交通5号线一期工程	1649906	线路全长20.38千米；设车站17座，均为地下站，其中换乘站6座；设综合基地1座，主变电站3座，其中新建旱塘和金桥主变电站各1座，利用在建五里亭主变电站1座（仅作为远期支援供电用）	250000	南宁轨道交通集团有限责任公司
	南宁屯里油库整体搬迁及配套项目	120000	新建油罐27座，总库容28.20万立方米；铁路专用线2.50千米；新建管输站场及配套设备设施	15000	中国石化销售有限公司广西南宁石油分公司
	南宁现代化建材加工及物流配送中心	360000	建设建材加工区和建材公共仓、建材物流中心、型材和五金基地、商业配套、企业总部及生活配套基地，建筑面积97万平方米	20000	广西源盛仓储物流股份有限公司
	隆安县震东扶贫移民与城镇化结合示范工程一期	450160	建设安居、公共服务、市政基础设施等，总建筑面积148万平方米，计划安置5970户2.44万人	20000	广西隆安公共投资有限公司
	上林县鼓鸣寨养生旅游度假基地项目（一期）	30000	建设生态农业、生态林业示范区和休闲养生度假区等，总建筑面积5万平方米	3000	上林县鼓鸣寨旅游开发有限公司
	南宁市羁押中心项目	118388	建设第二、三、四看守所，武警中队营房，安康医院，预审监管支队业务技术用房，警犬训练基地等，总建筑面积14.40万平方米	20000	南宁市公安局
	南宁市体育运动学校建设工程	109203	建设中等专科学校班级18个、小学班级24个、幼儿园班级10个以及南宁市公共健身活动中心（配套运动场馆）1个，总建筑面积13.80万平方米	8000	南宁市体育局
	南国乡村·农村综合旅游景区项目（一期）	60000	建设农村建筑科技博览、现代农业观光、农家乐体验、生态养老等设施，总建筑面积28万平方米	15000	广西那园旅游投资有限公司
	南宁水锦·顺庄旅游综合开发项目	21050	建设旅游度假区、现代观光农业、农家乐等旅游设施，总建筑面积2.60万平方米	3500	广西顺庄房地产开发有限公司
	南宁公路枢纽物流基地牛湾物流园区（一期）	180000	建设物流信息交易、城际快运、城市配送、电子商务、智能停车、甩挂运输、仓储物流、后勤配套、展示展销、物流商务和加工等设施，总建筑面积30万平方米	10000	南宁港开发投资有限公司
	南宁浮法玻璃有限责任公司浮法玻璃生产线整体搬迁升级改造项目	115724	年产Low-E（低辐射玻璃）镀膜玻璃240万平方米，双钢化Low-E中空玻璃360万平方米，平弯钢化玻璃615万平方米，双钢化夹层玻璃40万平方米，超薄超白电子玻璃51.10万箱	6000	南宁浮法玻璃有限责任公司

续表 38

建设阶段	名 称	总投资（万元）	建设规模和内容	年计划投资（万元）	项目业主
续 建	南宁轨道交通4号线一期工程	1733013	西起洪运路站，东至龙岗站，全长约24.6米，设车站19座、车辆段1座	290000	南宁轨道交通集团有限责任公司
	南宁市长堽路延长线工程（高环至新外高环）	131210	城市主干道，长13.20千米，路基宽60米	15000	南宁纵横时代建设投资有限公司
	自治区社会化养老服务试点项目——广西和正康乐城二期项目（颐养公寓及部分配套）	82800	建设信息中心大楼、颐乐中心大楼、老年公寓、护理中心及公共服务配套设施，建筑面积11.83万平方米	5000	太和自在城股份有限公司
	南宁市现有高速公路东环改快速路一期工程	271930	对现东环高速路进行路面维修，道路全长45千米；建设安吉大道连接线1.80千米、立交桥8座及相关配套工程等	59000	南宁纵横时代建设投资有限公司
	南宁新江镇至崇左扶绥县一级公路（南宁段）	208373	一级公路，全长47.60千米，路基宽24.50米	30000	葛洲坝新扶（南宁）公路建设投资有限公司
预 备	宾阳县芳雷水库工程	63645	总库容4091万立方米，最大坝高30米，坝顶长438米		宾阳县水利局
	南宁市特色农业优质黄羽肉鸡生产基地建设项目	46268	建设黄羽肉鸡育种总部基地、肉鸡物流仓储中心、黄羽肉鸡养殖基地以及相关配套设施等，总建筑面积11.60万平方米，每年提供优质黄羽肉鸡鸡苗1.50亿只，出栏优质黄羽商品肉鸡5000万只		广西雄桂投资股份有限公司
	华润南宁年产千万吨级新型优质建筑骨料与30万吨干混砂浆项目（一期）	53000	建设每年350万吨建筑骨料和每年30万吨干混砂浆生产线		华润水泥（南宁）有限公司
	南宁红星美凯龙家居博览中心	100000	建设16万平方米家居博览中心及配套仓储物流		南宁红星美凯龙环球家居博览中心有限责任公司
	广西华胥水牛生态循环农业示范区（一期）项目	15000	主要建设水牛纯繁场、种公牛站、生物有机肥厂、饲料加工厂等，建筑面积9.15万平方米，水牛存栏量2000头，年产生物有机肥8万吨、水牛饲料5万吨、冻精100万剂、水牛奶4000吨		广西华胥水牛生物科技有限公司
	横县健康特色农产品加工产业园基础设施项目（一期）	77500	建设园区道路2.50千米，地下管网2千米，污水处理、标准厂房及配套附属设施，总建筑面积30万平方米		横县强农农业投资发展有限公司
	G322/358南宁至宾阳至黎塘公路	560000	一级公路，总长89千米，设计时速80千米		南宁交通投资集团有限责任公司
	南宁·桃李春风·健康颐养文旅项目	400000	建设养老养生社区、全龄颐养服务中心、智慧颐养体验中心、健康颐养公寓、文化体验步行街、休闲健身区、游客服务中心、商业综合体等，总建筑面积85万平方米		广西云天绿城文化旅游有限公司
	广西浩源再生资源利用有限公司废钢铁加工仓储配送中心项目	180000	建设废钢回收区、分拣区、仓储配送区、交易中心、办公楼等配套设施，年回收分拣处理各类废钢铁800万吨，其中年加工仓储配送废钢精选料400万吨、其他废钢加工仓储配送400万吨		广西浩源再生资源利用有限公司
	东南智慧电商产业园项目	130000	建设苏宁广西电商运营总部、自动化智慧云仓、智能化拣选中心、供应链管理中心及配套服务区，建筑面积34万平方米		苏宁易购集团有限公司（意向业主）
	南宁三燃液化气有限公司储灌容检厂搬迁项目	15000	建设罐区、实瓶间、空瓶间、消防泵房及发配电室等配套设施，建设自治区供应零售终端客户规模最大的储存、灌装、运输配送、钢瓶检测等功能为一体的液化气综合气库，厂区液化气储灌容量总量2400立方米，周转液化气每年7.50万吨		南宁三燃液化气有限公司

续表 38

建设阶段	名称	总投资(万元)	建设规模和内容	年计划投资(万元)	项目业主
预备	柳州至南宁高速公路长塘互通式立交项目	12100	在柳州至南宁高速公路上(南宁市青秀区长塘镇)增设互通式立交,为出口互通,收费车道为“3进6出”,高速公路等级,设计行车时速120千米,主线宽42米		广西桂海高速公路有限公司
	南宁刘圩市民农庄项目(一期)	55000	建设市民体验农场、鲜美稀特果林、庭院共享果林、农业科技实验和培训中心、农业展示中心、农业创客和孵化基地、手工陶艺坊、农业博物馆、水稻主题乐园、体验区和稻田景观带等配套设施建设,总建筑面积6万平方米		广西邻里乡村投资有限公司
	南宁农产品交易中心(二期)	100000	建设仓储交易区、仓储分拣区、仓储加工配送区、冻品及水产品交易区、仓储综合楼、电子商务综合楼、展销综合服务中心、冷库、地下车库、物业用房及配套设施,总建筑面积27万平方米		南宁农产品交易中心有限责任公司
	张村至六景公路(一期)	58350	二级公路,全长24.60千米,路基宽度12米		南宁交通投资集团有限责任公司
	南宁抽水蓄能电站	591800	规划装机容量120万千瓦,安装4台30万千瓦水泵水轮机组,枢纽建筑物由上水库、下水库、输水发电系统及地下厂房等组成,额定水头460米,上水库有效库容561万立方米,下水库有效库容565万立方米		南方电网调峰调频发电有限公司
	横县东糖糖业有限公司纸业分公司无元素氯漂白及产业转型升级技改工程	116667	改造制浆车间2号生产线,扩大改造蒸煮、洗选和漂白设备,年产漂白浆20万吨(其中竹浆和三剩物浆各50%);新建一条生活用纸造纸车间和气垫式浆板抄造车间年产10万吨;新建一条二氧化氯生产线每天产12吨;新建一台高温高压蒸汽碱回收炉每天处理1200千克等		横县东糖糖业有限公司纸业分公司
	东南现代电商产业园	57000	建设国际化大型现代化电商产业园,建筑面积17万平方米		南宁万昂投资有限公司
	南宁市铝合金整体挤压壁板展平关键技术研究及产业化能力建设项目	13125	年产3000吨铝合金整体挤压壁板的规模		广西南南铝加工有限公司
	中新南宁国际物流园(二期)	120000	建设高标仓储、标准厂房、综合办公楼、科研大楼等,总建筑面积58万平方米		广西新中产业投资有限公司
	南宁西乡塘区坛洛镇智慧物流园(A区)	105000	建设大型现代化物流分拨中心,现代化恒温仓储分拨中心,办公大楼及结算中心,辅助设备、设施,道路及绿化工程;配套购置办公设备、结算中心设备以及运营中心配套设施设备以及电子商务与物流网平台设备		上海宇培(集团)有限公司(意向业主)
	南宁西乡塘区坛洛镇智慧物流园(B区)	120000	建设国际物流作业区、电商物流作业区、智能仓储区、绿色配送区、产品检测区、自动化冷链作业区、供应链金融服务中心及物流信息中心等		南宁宝湾智慧物流发展有限公司(意向业主)
	南宁电建兴国旅游文化发展有限公司“武鸣·禅茶谷”健康颐养文旅项目	90000	建设健康养生、智慧颐养社区及养生颐养公寓等宜居社区、智慧田园生活区、配套教育及文化中心、城市体育中心、游客接待中心等,建筑面积46.54万平方米		南宁电建兴国旅游文化发展有限公司
	广西鼎诚汇顺投资有限公司茉莉花国际文化旅游康养特色小镇项目(一期)	100700	建设壮乡文化中心广场6000平方米,停车场1200平方米,儿童娱乐中心2400平方米,生态游泳池1000平方米,风情商业街1.20万平方米,文旅酒店12万平方米,康养酒店60万平方米,老年活动中心3000平方米		广西鼎诚汇顺投资有限公司
	南宁市双定循环经济产业园生活垃圾清洁焚烧发电厂工程	177300	建设一座生活垃圾清洁焚烧发电厂总处理规模每日3000吨,有日处理750吨的焚烧炉4台;配套新建一座日处理能力1700吨园区污水处理厂;配套园区取水工程取水量日处理1.20万吨;配套园区进场道路及环卫停车场;配套应急填埋处置场,总库容500万立方米		南宁建宁水务投资集团有限责任公司

续表 38

建设阶段	名称	总投资（万元）	建设规模和内容	年计划投资（万元）	项目业主
预 备	南宁市双定循环经济产业园有机垃圾处理厂工程	39670.95	总建设规模日处理垃圾1200吨，分两期实施：一期建设规模日处理垃圾600吨（分类餐饮日处理垃圾100吨，厨余垃圾日处理500吨）；二期建设规模日处理垃圾600吨及其配套设施		南宁建宁水务投资集团有限责任公司
	南宁市双定循环经济产业园污泥处置厂工程	17546.92	日处理500吨脱水污泥（含水率不高于80%，另接纳园区脱水沼渣日处理50吨，以及园区污水处理厂产生的脱水污泥日处理70吨）		南宁建宁水务投资集团有限责任公司
	南宁市伶俐大桥	62805	总长1.97千米，其中大桥总长1696米（含桥台）、引道长273米，宽30.50米		青秀区交通运输局
	广西金陵右江康养小镇项目	150000	总建筑面积45.50万平方米，主要建设休闲商旅民宿区、金陵旧街文化商旅区、古街生态民宿区、生态康养民宿区（包括汽车站、净水厂）、商旅码头服务区、文化影视示范基地、农民新村商旅示范区、农贸市场、垃圾处理中心、乡村生态农业综合产业休闲旅游示范区		广西金陵河岸树香园投资有限公司
	周顺来·中国茉莉花文化产业园一期项目	18000	茉莉花产品加工区：扩建茉莉花茶现代化加工示范区1.50万平方米，新建茉莉花创意产品商场车间6000平方米，建设茉莉花产品物流仓储基库5000平方米，建设企业技术研发中心1800平方米，提供生态停车位120个。茉莉花休闲体验区：建设游客服务中心100平方米，建设茉莉餐厅2000平方米，建设茉莉民宿2万平方米，建设造型独特、别具风情的茉莉产品体验中心		广西顺来茶业有限公司
	南宁市良庆区固废处理资源化处置中心项目	23855.82	建设有机废物暂存库、无机废物暂存库、甲类废物暂存库、焚烧车间、固化车间及污水处理站、安全填埋场等，固废日处理能力3.45万吨，填埋场有效库容23万立方米，总建筑面积1.60万平方米		南宁市良庆区城市管理局
	空港经济区重点产业发展区域（C区）水系改造工程	12000	项目北起友谊路沿明阳一级路方向，南至机场高速，总长1850米，宽度15米～30米，通过河道改造、河床疏挖、修坡护岸，提高河道的防洪排涝能力，提升人文景观，主要建设内容包括土方开挖、浆砌石、边坡护理、箱涵建设、管线迁改、植被改造等相关配套工程		广西航港投资集团有限公司
	武鸣灵水国际青年新创客公社一期项目	100000	建设国际人工智能研发交流中心、孵化中心办公楼、路德体育中心、芒果功夫传媒基地、青年创客博览中心广场，总建筑面积112.87万平方米		广西青年创客产业有限公司
	绿色智能制造环保设备生产项目	29450	总建筑面积6.91万平方米，包括车间、仓库、综合楼及附属配套设施，MCO（点源污水处理系统）净化模块智能化生产线2条，新增MCO净化槽产能1.80万套，配套智能化生产管理系统		广西博世科环保科技股份有限公司

表39 2019年南宁市市区道路命名情况表

序 号	标准名称	起 止	走 向	长(米)	宽(米)	城 区
1	秀云巷	南起民族大道，北至白云路	南北	350	7	青秀区
2	启航路	南起友谊，北至机场高速边	南北	1200	30	江南区
3	芳华路	东起友谊，西至机场高速延长线边	东西	3100	24	江南区
4	中创路	东起罗伞岭西路，西至鸡帽岭路	东西	1870	25	西乡塘区
5	创客路	南起永林路，北至中创路	南北	1800	20	西乡塘区
6	创园路	南起芦村岭路，北至中创路	南北	1000	20	西乡塘区
7	连畴路（新命名路段）	原道路北面终点为望天岭路，现延长至中创路	南北	368	40	西乡塘区
8	鸡帽岭路（新命名路段）	原道路北面终点为望天岭路，现延长至中创路	南北	330	35	西乡塘区
9	园北路（新命名路段）	原道路北面终点为望天岭路，现延长至中创路	南北	340	35	西乡塘区

续表 39

序 号	标准名称	起 止	走 向	长(米)	宽(米)	城 区
10	罗伞岭西路(新命名路段)	原道路北面终点为望天岭路,现延长至中创路	南北	350	50	西乡塘区
11	四维路(新命名路段)	原道路西面终点为连畴路,现延长至鸡帽岭路	东西	540	20	西乡塘区
12	连园路(新命名路段)	原道路西面终点为连畴路,现延长至鸡帽岭路	东西	500	20	西乡塘区
13	金腾路	东起腾飞路,西止金陵商贸城北侧土坡	东西	600	25	西乡塘区
14	腾飞路	北起金腾路,南止金陵大道	南北	1380	25	西乡塘区
15	龙景路	西起青环路,东至林岸街	东西	800	25	青秀区
16	龙源路	西起铜鼓岭南路,东至三岸街	东西	1600	25	青秀区
17	景宛街	北起凤岭南路,南至灵龟路	南北	1300	20	青秀区
18	林岸街	北起凤岭南路,南至灵龟路	南北	750	20	青秀区
19	平岭街	北起凤岭南路,南至灵龟路	南北	850	20	青秀区
20	三岸街	北起凤岭南路,南至灵龟路。	南北	750	20	青秀区
21	良水巷	西起景宛街,东至林岸街	东西	300	15	青秀区
22	桥岸巷	西起平岭街,东至三岸街	东西	300	15	青秀区
23	水步街	西起盘古路,东至长乌路	东西	450	20	青秀区
24	边岭街	西起盘古路,东至开泰路	东西	1200	20	青秀区
25	钟岭路	西起盘古路,东至开泰路	东西	1400	30	青秀区
26	福临街	西起双狮街,东至开泰路	东西	1250	20	青秀区
27	双狮街	北起长乌路,南至灵龟路	南北	1110	20	青秀区
28	长乌路	南起灵龟路,往北转西至盘古路	南北	1600	30	青秀区
29	泰安路	北起凤岭南路,南至灵龟路	南北	1000	25	青秀区
30	稻香街	北起边岭街,南至灵龟路	南北	650	20	青秀区
31	盘古路(新命名段)	北起凤岭南路,南至灵龟路	南北	700	35	青秀区
32	歌韵路东二里	东起体强路,西至歌韵路	东西	230	20	良庆区
33	明月东一里	东起平乐大道,西至明月东路	东西	500	20	良庆区
34	湾仔街	东起银沙大道,西至百灵学校与湾仔街交汇处	东西	800	12	良庆区
35	锦江路	南起金象大道 173 号路口,北至湾仔街水塘江边	南北	696	25	良庆区
36	锦江路东一里	东起金象大道,西至锦江路	东西	240	15	良庆区
37	锦江路西一里	东起锦江路,西至锦绣路北一里	东西	240	12	良庆区
38	锦江路西二里	东起锦江路,西至湾仔街	东西	500	12	良庆区
39	锦绣路北一里	南起锦绣路,北至锦江路西二里	南北	350	12	良庆区
40	怡和路(新命名段)	南起玉洞大道,北至白鹤街,接连怡和路	南北	750	25	良庆区

表 40 2019 年南宁市不可移动文物名录

级 别	名 称	类 别	时间(年代、时期)	位置(地址)
国家级	昆仑关战役旧址	近现代重要史迹及代表性建筑	民国	兴宁区昆仑镇昆仑村
	南宁育才学校旧址(越南中央学舍区总部)	近现代重要史迹及代表性建筑	1951 年	西乡塘区心圩街道和德村九冬坡
	顶蛳山遗址	古遗址	新石器	邕宁区蒲庙镇新新村九碗坡东面
	伏波庙	古建筑(祭祀性建筑)	东汉建宁三年(170)	横县云表镇六河村委龙门塘村西南郁江乌蛮滩北岸

续表 40

级 别	名 称	类 别	时间(年代、时期)	位置(地址)
国家级	智城城址	古遗址	公元 634 年至 682 年(唐永淳元年)	上林县覃排乡爱长村下石检屯西北 450 米处
	隆安娅怀洞石器时代遗址	古遗迹	石器时代	隆安县乔建镇博浪村北面大苍头山
自治区级	南宁会议旧址	近现代重要史迹及代表性建筑	1958 年	兴宁区新民路 38 号明园饭店内
	共青团南宁地委旧址	近现代重要史迹及代表性建筑	民国 15 年(1926)	兴宁区北宁街 47 号
	革命烈士纪念碑	近现代重要史迹及代表性建筑	1956 年	兴宁区人民公园内
	新会书院	古建筑	清代	兴宁区解放路 42 号
	镇宁炮台	近现代重要史迹及代表性建筑	民国	兴宁区公园路人民公园望仙坡西南
	广西高等法院办公楼旧址	近现代重要史迹及代表性建筑	民国	兴宁区朝阳路 3–5 号
	邕州知州苏缄殉难遗址	近现代重要史迹及代表性建筑	北宋熙宁八年(1075 年至 1076 年)	兴宁区兴宁路西二里
	广西民族大学礼堂	近现代重要史迹及代表性建筑	1955 年	西乡塘区大学东路 118 号广西民族大学校园内
	梁烈亚故居	近现代重要史迹及代表性建筑	清代	江南区江西镇扬美村解放路 35 号
	魁星楼	古建筑	清代	江南区江西镇扬美村希望小学内
	广西省土改工作团第二团团部旧址	近现代重要史迹及代表性建筑	1951 年至 1952 年	江南区江西镇锦江村麻子畲坡
	三江坡汉城遗址	古遗迹	汉代	江南区江西镇同江村三江坡东面约 200 米那城顶上
	桂南战役阵亡将士纪念亭	近现代重要史迹及代表性建筑	民国 30 年(1941)	青秀区植物路区第一幼儿院内(原中山公园旧址)
	冬泳亭	近现代重要史迹及代表性建筑	1974 年	青秀区邕江大桥北端西南面
	南宁古城墙	古建筑	清代	青秀区邕江大桥北端
	斑峰书院	古建筑	清代	青秀区刘圩镇刘圩街
	邕江防洪古堤	古建筑	清代	青秀区邕江北岸距邕江大桥以东约 300 米处
	豹子头遗址	古遗址	新石器	青秀区柳沙园艺场(那坝村)
	灰窑田遗址	古遗址	新石器	青秀区三岸园艺场
	中共广西省第二次代表大会旧址	近现代重要史迹及代表性建筑	民国 18 年(1929)	青秀区河堤路雷屋
	青龙江口遗址	古遗址	新石器	青秀区长塘镇定西村北面的青龙江口
	天窝遗址	古遗址	新石器	青秀区长塘镇天窝村东面的邕江南岸
	徐汉林烈士陵园	近现代重要史迹及代表性建筑	1950 年	邕宁区新江镇汉林村西南约 400 米的盘古山顶
	雷婆岭摩崖石刻	石窟寺及石刻	清代至民国	邕宁区那楼镇那蒙村雷婆岭
	新江桥(皇赐桥)	古建筑	清代	邕宁区新江镇新江街北端
	邕宁五圣宫	古建筑	清代	邕宁区蒲庙镇蒲津路 63 号
	石船头遗址	古遗址	新石器	良庆区良庆镇那黄村北面邕江南岸
	元龙坡、安等秧坡古墓群	古墓葬	西周、战国	武鸣区马头镇马头社区木托屯东南面 100 米处
	明秀园	近现代重要史迹及代表性建筑	民国 8 年(1919)	武鸣区城西侧蒙村附近
	思恩府试院	古建筑	清代	宾阳县宾州镇宾阳职业中专内

续表 40

级 别	名 称	类 别	时间(年代、时期)	位置(地址)
自治区级	宾州南桥	古建筑	明代	宾阳县宾州镇南街与三联街交接处
	蔡氏古宅	古建筑	清代	宾阳县古辣镇蔡村
	施恒益大院	近现代重要史迹及代表性建筑	民国 22 年(1933)	横县横州镇城司街东二巷 394 号
	笔山花屋	古建筑	清代	横县平朗镇笔山村委笔山村
	承露塔	古建筑	清光绪二年(1876)	横县峦城镇高村村委高村东北 500 米金龟岭
	翰桥三昆堂(原李萼楼大院)	古建筑	清代至民国	横县马山镇汘桥村委西汘村
	鲤鱼坡遗址	古遗迹	新石器	隆安县丁当镇俭安村更也屯鲤鱼坡
	惠迪公祠	古建筑	清乾隆十九年(1754)	隆安县南圩镇发立村积发屯
	大龙潭古遗址	古遗迹	新石器	隆安县乔建镇博浪村大龙潭
	石塘北帝庙	古建筑	清代	马山县周鹿镇石塘村北侧
	汇水桥畔碑林	石窟寺及石刻	明、清	上林县三里镇三里街南汇水桥畔船山
	南陔革命旧址	近现代重要史迹及代表性建筑	民国 31 年(1942)	上林县巷贤镇卢柱村大卢屯
市 级	新华路水塔	近现代重要史迹及代表性建筑	民国 26 年(1937)	兴宁区新华路南段
	望火楼	近现代重要史迹及代表性建筑	1953 年	兴宁区新华路 1 号
	西关路铁桥	近现代重要史迹及代表性建筑	民国 13 年(1934)	兴宁区西关路北段
	两湖会馆	古建筑	清代	兴宁区解放路 38—40 号
	南宁商会旧址	古建筑	清代	兴宁区解放路 54 号
	金狮巷民居群	近现代重要史迹及代表性建筑	清代至民国	兴宁路西二里 50、52、54、56、58、60、62、64、66、68 号
	滕甫墓	古墓葬	宋代	兴宁区五塘镇沙平村
	广西壮族自治区展览馆	近现代重要史迹及代表性建筑	1958 年	兴宁区民主路 12 号
	五塘耕读大学旧址	近现代重要史迹及代表性建筑	1964 年	兴宁区五塘镇
	烟墩岭烽火台	古遗址	明代	江南区福建园街道烟墩脚村烟墩岭
	千人坟	近现代重要史迹及代表性建筑	民国 30 年(1941)	江南区沙井街道乐贤村黄樟岭
	周家坡古民居群	近现代重要史迹及代表性建筑	清末至民国	江南区江南街道东南村周家坡
	莫文骅故居	近现代重要史迹及代表性建筑	清道光十年(1830)	江南区亭子莫屋角 12 号
	皇姑坟	古建筑	明代	江南区江西镇同江村三江坡
	苏氏宗祠	近现代重要史迹及代表性建筑	中华人民共和国	江南区苏圩镇定计村清水塘
	扬美五叠堂	近现代重要史迹及代表性建筑	1964 年	江南区江西镇扬美村解放街
	扬美黄氏庄园	古建筑	清代	江南区苏圩镇扬美村
	扬美举人屋	古建筑	清代	江南区江西镇扬美村临江街 13 号
	扬美临江街明代民居	古建筑	明代	江南区江西镇扬美村临江街 20 号
	扬美慕义门	古建筑	清代	江南区江西镇扬美村中山街 40 号
	王氏祖祠	古建筑	清代	江南区江西镇智信村坛仓坡
	镇海祠	古建筑	清代	江南区五一东路新屋三里
	慕村小学旧址	古遗址	汉代	江南区江西镇同江村三江坡
	黄旭初旧居	近现代重要史迹及代表性建筑	民国	青秀区明德街 53 号

续表 40

级 别	名 称	类 别	时间(年代、时期)	位置(地址)
市 级	邕宁电报局旧址	近现代重要史迹及代表性建筑	民国 11 年(1922)	青秀区明德街 55 号
	雷沛鸿故居	近现代重要史迹及代表性建筑	清代	青秀区河堤路雷屋 16 号
	中共广西省委机关秘书处旧址(雷经天故居)	近现代重要史迹及代表性建筑	民国 18 年(1929)	青秀区河堤路雷屋 17 号
	广西省体育场门楼	近现代重要史迹及代表性建筑	1953 年至 1954 年	青秀区河堤路雷屋 17 号
	陶公馆	近现代重要史迹及代表性建筑	1954 年	青秀区桃源路 62 号
	那北咀贝丘遗址	近现代重要史迹及代表性建筑	新石器	青秀区长塘镇五合村那窝坡南约 2 千米的邕江北岸
	凌屋贝丘遗址	古遗址	新石器	青秀区长塘镇五合村
	青秀山摩崖石刻	石窟寺及石刻	明代	青秀山风景名胜旅游区内
	董 泉	古建筑	明代	青秀山风景名胜旅游区内
	凌铁水塔	近现代重要史迹及代表性建筑	民国 23 年(1934)	青秀区植物路 53 号凌铁水厂内
	刘圩大寨屋	近现代重要史迹及代表性建筑	20 世纪 70 年代	青秀区刘圩镇麓阳村新阳坡和启蒙坡
	宗圣源祠	古建筑	明万历三十七年(1609)	青秀区七星路一巷 25 号
	南宁孔庙	古建筑	明、清	青秀区青环路 9 号
	钟德祥墓	古墓葬	清代	青秀区刘圩镇东北的斑山脚下
	北府庙	古建筑	明、清	青秀区柳沙园艺场滕村
	林氏民居	近现代重要史迹及代表性建筑	民国	青秀区七星路 97 号
	三岸园艺场明清窑址群	古遗址	明、清	青秀区津头街道办三岸园艺场三队及五队
	广西学生军抗日烈士纪念碑	近现代重要史迹及代表性建筑	20 世纪 80 年代	青秀山风景名胜旅游区帽子岭山顶
	粤东会馆	古建筑	清代	西乡塘区壮志路 22 号
	那龙恐龙出土点	其 他	中生代白垩纪	西乡塘区金陵镇大石村石火岭
	董达庭商住楼	近现代重要史迹及代表性建筑	民国	西乡塘区解放路 35-1 号、37 号
	安徽会馆	古建筑	清代	西乡塘区石巷口 12 号
	黄氏家族民居	古建筑	清代	西乡塘区中尧南路东三里 88 号
	林氏祖屋	古建筑	明、清	西乡塘区心圩街道四联村林屋
	罗文村韦氏祖屋	古建筑	明、清	西乡塘区石埠街道罗文村
	铜鼓陂水利	古建筑	清代	西乡塘区安宁街道永宁村东北面
	老口村覃氏民居和宗祠	古建筑	清代	西乡塘区石埠街道老口村那告坡
	老口村李氏民居	古建筑	清代	西乡塘区石埠街道老口村建宁坡
	驮罕码头	近现代重要史迹及代表性建筑	民国初年	西乡塘区金陵镇龙达村龙江街
	驮罕炮楼	近现代重要史迹及代表性建筑	民国初年	西乡塘区金陵镇龙达村龙江街
	邕宁县第十三区政府旧址	近现代重要史迹及代表性建筑	1956 年	西乡塘区石埠街道老口村贤湾街 19 号
	老口村黄氏宗祠	古建筑	清代	西乡塘区石埠街道老口村三民坡
	刚德村卢氏民居	古建筑	清同治年间	西乡塘区金陵镇刚德村大石坡 154 号
	义利酱园坊	近现代重要史迹及代表性建筑	民国	西乡塘区金陵镇邓圩村农乐坡
	潘氏宗祠	近现代重要史迹及代表性建筑	1955 年	西乡塘区双定镇兴平村兴隆街

续表 40

级 别	名 称	类 别	时间(年代、时期)	位置(地址)
	周都和烈士纪念塔	近现代重要史迹及代表性建筑	民国	西乡塘区双定镇兴平村上坡
	华强坡美伦四方井	古建筑	清代	西乡塘区双定镇和强村华强坡
	定内坡定内宗祠	古建筑	清代	西乡塘区坛洛镇朱湖村定内坡
	稔生坡九龙石桥	古建筑	清嘉庆六年(1801)	西乡塘区坛洛镇合志村稔生坡
	楞增渡槽	近现代重要史迹及代表性建筑	1975 年	西乡塘区坛洛镇中北村楞丁坡
	陈东村陈氏宗祠	古建筑	清乾隆年间	西乡塘区陈东村岭头坡 1 号
	陈东村陈氏祖屋	古建筑	清代	西乡塘区陈东村
	陈东村陈氏老宅	古建筑	清代	西乡塘区陈东村
	广西机电职业技术学院苏式建筑群	古建筑	1958 年	西乡塘区大学东路 10 号广西机电职业技术学院
	那莲戏台	古建筑	清代	邕宁区蒲庙镇孟莲村那莲街
	孟莲北帝庙	古建筑	清代	邕宁区蒲庙镇孟莲村那莲街
	团阳杨宅	古建筑	清代	邕宁区新江镇团阳村团阳坡 160 号
	康浪平烈士纪念碑	近现代重要史迹及代表性建筑	中华人民共和国	邕宁区蒲庙镇孟莲村
	那莲正码头	古建筑	清代	邕宁区蒲庙镇孟莲村那莲街
	北觥古民居	古建筑	清代	邕宁区蒲庙镇仁福村北觥坡
	蕾帽岭摩崖石刻	石窟寺及石刻	清代	良庆区那陈镇那徐村委和平丙坡之间的蕾帽岭顶峰
	良庆五帝庙	古建筑	清同治十二年(1873)	良庆区良庆镇良庆街西二巷
	孔总桥	近现代重要史迹及代表性建筑	20 世纪 70 年代	良庆区南晓镇团东村平朗坡
市 级	雷殷故居	近现代重要史迹及代表性建筑	清末	良庆区南晓镇晓元村达庄坡 32 号
	陵桂村钟氏民居	古建筑	清光绪二十年(1894)	良庆区南晓镇陵桂村大陵坡
	林景云烈士故居	近现代重要史迹及代表性建筑	1950 年	良庆镇良庆社区缸瓦窑村
	黄氏炮楼	近现代重要史迹及代表性建筑	民国 25 年(1936)	良庆区那陈镇那陈中学内
	良庆粮仓群	近现代重要史迹及代表性建筑	中华人民共和国	良庆区那陈镇旧街
	水月庵塔林	古建筑	明、清	五象新区青龙岗墓园东侧五象岭
	敕勒圳桥	古建筑	清同治三年(1864)	高新区滨河路明月湖公园内
	“琴筑泉”石刻	石窟寺及石刻	清代	武鸣区罗波镇凤林村板龚屯西面 1000 米处南湖泉边
	“阳明先生过化之地”石刻	石窟寺及石刻	明代	武鸣区府城镇喜庆村那琅屯西面 1000 米处的狮子岩内
	卧牛石李彦章石刻	石窟寺及石刻	清代	武鸣区府城镇府城社区四喜街
	极星桥(又名南桥、吉星桥)	古建筑	民国	武鸣区府城镇府城社区四喜街
	葛阳戏台	古建筑	清代	武鸣区太平镇葛阳村葛阳圩
	高井兵寨遗址	古建筑	元代	武鸣区锣圩镇大杨村青山屯西面 6000 米的一座山顶上
	文桐戏台	古建筑	清代	武鸣区陆斡镇文桐村谢桐屯
	敏山“阳明洞”石刻	石窟寺及石刻	民国	武鸣区陆斡镇笆桥村板张屯南面 200 米
	都文宋代遗址	古遗址	宋代	武鸣区宁武镇旧琴村都文屯西南 300 米狮子山脚下
	岜孟山敢公司陆荣廷石刻	石窟寺及石刻	民国	武鸣区宁武镇梁新村南 3000 米岜孟山岩洞的石壁上

表41 2019年南宁市非物质文化遗产代表性项目名录

项目分类(代码)	名 称	保护单位	批 次	批准时间
民间文学(Ⅰ)	宾阳“老穷”故事	宾阳县文化馆	第三批自治区级名录	2010年
	上林四六联民歌	上林县文化馆	第四批自治区级名录	2012年
	隆安壮族排歌	隆安县文化馆	第四批自治区级名录	2012年
	上林瑶族山歌	上林县文化馆	第四批自治区级名录	2012年
	壮族百鸟衣故事	横县文化馆	第四批国家级名录	2014年
	妈勒访天边传说	南宁市民族文化艺术研究院(市非遗保护中心)	第五批自治区级名录	2014年
	壮族信歌	南宁市民族文化艺术研究院(市非遗保护中心)	第五批自治区级名录	2014年
	南宁五象传说	南宁市民族文化艺术研究院(市非遗保护中心)	第五批自治区级名录	2014年
	白话童谣	南宁市民族文化艺术研究院(市非遗保护中心)	第五批自治区级名录	2014年
	南宁民谣	兴宁区文化馆	第五批自治区级名录	2014年
	良庆壮族嘹啰山歌	良庆区文化馆	第五批自治区级名录	2014年
	壮族传扬歌	马山县文化馆	第五批自治区级名录	2014年
	起凤山传说	武鸣区文化馆	第六批自治区级名录	2016年
	青秀山传说(青秀流米洞传说、青秀龙象塔传说)	青秀区文化馆	第七批自治区级名录	2018年
	壮族特掘传说	武鸣区文化馆	第七批自治区级名录	2018年
	影容山故事	隆安县文化馆	第八批市级名录	2019年
	横县壮族民间故事“灵竹一枝花”	横县文化馆	第八批市级名录	2019年
	里当酒壶歌	马山县文化馆	第八批市级名录	2019年
传统音乐(Ⅱ)	广西八音	邕宁区文化馆	第一批自治区级名录	2007年
	宾阳八音	宾阳县文化馆	第二批市级名录	2008年
	壮族嘹啰山歌	邕宁区文化馆	第二批自治区级名录	2008年
	壮族三声部民歌	马山县文化馆	第二批国家级名录	2008年
	壮族会鼓	马山县文化馆	第二批自治区级名录	2008年
	松柏汉族多声部平话山歌	兴宁区文化馆	第二批自治区级名录	2008年
	南宁多声部民歌	南宁市民族文化艺术研究院(市非遗保护中心)	第三批自治区级名录	2010年
	南宁平话民歌	南宁市民族文化艺术研究院(市非遗保护中心)	第三批自治区级名录	2010年
	武鸣壮族山歌	武鸣区文化馆	第四批自治区级名录	2012年
	南宁壮族哭嫁歌	兴宁区文化馆	第四批自治区级名录	2012年
	上林壮族八音	上林县文化馆	第四批自治区级名录	2012年
	三津八音	江南区文化馆	第六批市级名录	2015年
	上林瑶族鼓乐	上林县文化馆	第六批市级名录	2015年

续表 41

项目分类(代码)	名　称	保护单位	批　次	批准时间
传统音乐(Ⅱ)	南宁壮族高腔民歌	南宁市民族文化艺术研究院(市非遗保护中心)	第六批自治区级名录	2016 年
	南宁江南平话民歌	江南区文化馆	第六批自治区级名录	2016 年
	瑶族剪刀歌	马山县文化馆	第七批自治区级名录	2018 年
传统舞蹈(Ⅲ)	壮族骆垌舞	武鸣区文化馆	第三批自治区级名录	2010 年
	南宁香火龙舞(青秀区壮族芭蕉香火龙舞)	青秀区文化馆	第三批自治区级名录	2010 年
	良庆区香火龙舞	良庆区文化馆	第三批自治区级名录	2010 年
	南宁壮族春牛舞	江南区文化馆	第三批自治区级名录	2010 年
	壮族打扁担	马山县文化馆	第三批自治区级名录	2010 年
	壮族九莲灯	隆安县文化馆	第三批自治区级名录	2010 年
	壮族打砻(榔)舞	马山县文化馆	第三批自治区级名录	2010 年
	南宁傩舞	西乡塘区文化馆	第四批自治区级名录	2012 年
	壮族麒麟舞	青秀区文化馆	第四批自治区级名录	2012 年
	马山壮族踩花灯	马山县文化馆	第四批自治区级名录	2012 年
	上林壮族师公舞	上林县文化馆	第四批自治区级名录	2012 年
	上林瑶族猴鼓舞	上林县文化馆	第四批自治区级名录	2012 年
	横县百合茅山舞	横县文化馆	第五批自治区级名录	2014 年
	瑶族蚩尤舞	马山县文化馆	第五批自治区级名录	2014 年
	壮族竹竿舞	武鸣区文化馆	第六批市级名录	2015 年
	隆安壮族狮舞	隆安县文化馆	第七批自治区级名录	2018 年
	古零草凳龙舞	马山县文化馆	第八批市级名录	2019 年
	壮族凤凰麒麟舞	横县文化馆	第八批市级名录	2019 年
	南晓钱鞭舞	良庆区文化馆	第八批市级名录	2019 年
	邕州狮舞	西乡塘区文化馆	第八批市级名录	2019 年
传统戏剧(Ⅳ)	邕剧	南宁市民族文化艺术研究院(市非遗保护中心)	第二批国家级名录	2008 年
	丝弦戏	宾阳县文化馆	第二批自治区级名录	2008 年
	宾阳师公戏	宾阳县文化馆	第三批自治区级名录	2010 年
	壮族采茶戏	横县文化馆	第三批自治区级名录	2010 年
	采茶戏	邕宁区文化馆	第三批自治区级名录	2010 年
	上林壮族师公戏	上林县文化馆	第四批自治区级名录	2012 年
	粤剧	南宁市民族文化艺术研究院(市非遗保护中心)	第四批国家级名录	2014 年
	南宁平话师公戏	高新区文体局	第五批自治区级名录	2014 年
	古潭邕剧	隆安县文化馆	第六批自治区级名录	2016 年
	马山丝弦戏	马山县文化馆	第六批自治区级名录	2016 年
	上林傩戏	上林县文化馆	第七批自治区级名录	2018 年

续表 41

项目分类(代码)	名 称	保护单位	批 次	批准时间
曲艺(Ⅴ)	校椅临江壮歌剧	横县文化馆	第一批市级名录	2007 年
	南宁粤曲	西乡塘区文化馆	第八批市级名录	2019 年
传统体育、游艺与杂技(Ⅵ)	壮族香火球	良庆区文化馆	第二批自治区级名录	2008 年
	壮族斗竹马	青秀区文化馆	第三批自治区级名录	2010 年
	壮族迪尺	南宁市民族文化艺术研究院(市非遗保护中心)	第五批自治区级名录	2014 年
	壮族功夫	南宁市民族文化艺术研究院(市非遗保护中心)	第六批市级名录	2015 年
	马山加方上刀山下火海	马山县文化馆	第七批自治区级名录	2018 年
	宾阳露圩传统武术	露圩镇文化体育和广播影视站	第七批自治区级名录	2018 年
	壮族手镖技艺	西乡塘区文化馆	第八批市级名录	2019 年
	武鸣壮族抢花炮	武鸣区文化馆	第八批市级名录	2019 年
	武鸣壮族抛绣球	武鸣区文化馆	第八批市级名录	2019 年
传统美术(Ⅶ)	点米成画	邕宁区文化馆	第六批自治区级名录	2016 年
	壮族刺绣	马山县文化馆	第六批自治区级名录	2016 年
传统技艺(Ⅷ)	南宁老友粉	南宁市民族文化艺术研究院(市非遗保护中心)	第二批自治区级名录	2008 年
	壮族五色糯米饭制作技艺	武鸣区文化馆	第三批自治区级名录	2010 年
	红良打铁技艺	隆安县文化馆	第三批自治区级名录	2010 年
	扬美豆豉制作技艺	江南区文化馆	第三批自治区级名录	2010 年
	宾阳织锦技艺	宾阳县文化馆	第三批自治区级名录	2010 年
	宾阳酸粉制作技艺	宾阳县文化馆	第三批自治区级名录	2010 年
	横县鱼生制作技艺	横县文化馆	第三批自治区级名录	2010 年
	横县大粽制作技艺	横县文化馆	第三批自治区级名录	2010 年
	扬美梅菜制作技艺	江南区文化馆	第四批市级名录	2011 年
	扬美沙糕制作技艺	江南区文化馆	第四批自治区级名录	2012 年
	横县茉莉花茶制作技艺	横县文化馆	第四批自治区级名录	2012 年
	横县南山白毛茶制作技艺	横县文化馆	第四批自治区级名录	2012 年
	南宁铁鸟酱料制作技艺	兴宁区文化馆	第四批自治区级名录	2012 年
	雁江粉利制作技艺	隆安县文化馆	第五批市级名录	2013 年
	灵马鲶鱼制作技艺	武鸣区文化馆	第五批市级名录	2013 年
	隆安构树造纸技艺	隆安县文化馆	第五批自治区级名录	2014 年
	宾阳油纸伞制作技艺	宾阳县文化馆	第五批自治区级名录	2014 年
	大罗毛笔制作技艺	宾阳县文化馆	第五批自治区级名录	2014 年
	横县鱼宴制作技艺	横县文化馆	第五批自治区级名录	2014 年
	壮族服饰制作技艺	南宁市民族文化艺术研究院(市非遗保护中心)	第五批自治区级名录	2014 年
	南宁壮族干栏建筑营造技艺	南宁市民族文化艺术研究院(市非遗保护中心)	第六批市级名录	2015 年
	化皮猪脚制作技艺	西乡塘区文化馆	第六批市级名录	2015 年

续表 41

项目分类(代码)	名　称	保护单位	批　次	批准时间
传统技艺(Ⅷ)	武鸣壮族刘氏“药仙翁”药茶制作技艺	武鸣区文化馆	第六批市级名录	2015 年
	武鸣壮酒制作技艺	武鸣区文化馆	第六批市级名录	2015 年
	宋家米酒酿造技艺	江南区文化馆	第六批市级名录	2015 年
	都结豆腐制作技艺	隆安县文化馆	第六批市级名录	2015 年
	南宁生榨米粉制作技艺	西乡塘区文化馆	第六批自治区级名录	2016 年
	宾阳邹圩陶器制作技艺	宾阳县文化馆	第六批自治区级名录	2016 年
	永州米酒制作技艺	马山县文化馆	第七批市级名录	2017 年
	永州鱼片制作技艺	马山县文化馆	第七批市级名录	2017 年
	永州豆腐制作技艺	马山县文化馆	第七批市级名录	2017 年
	横县红枣马蹄糕制作技艺	横县文化馆	第七批市级名录	2017 年
	横县青桐壮族织锦技艺	横县文化馆	第七批市级名录	2017 年
	武鸣柠檬鸭制作技艺	武鸣区文化馆	第七批自治区级名录	2018 年
	武鸣生榨米粉制作技艺	武鸣区文化馆	第七批自治区级名录	2018 年
	横县替僧簸箕粉制作技艺	横县文化馆	第七批自治区级名录	2018 年
	武鸣灵马旱藕粉制作技艺	武鸣区文化馆	第七批自治区级名录	2018 年
	武鸣府城红糖制作技艺	武鸣区文化馆	第七批自治区级名录	2018 年
	横县芝麻饼制作技艺	横县文化馆	第七批自治区级名录	2018 年
	隆安布泉壮族酸鱼制作技艺	隆安县文化馆	第七批自治区级名录	2018 年
	宾阳竹编技艺	宾阳县文化馆	第七批自治区级名录	2018 年
	宾阳草席制作技艺	宾阳县文化馆	第七批自治区级名录	2018 年
	南宁制陶技艺	南宁市民族文化艺术研究院(市非遗保护中心)	第七批自治区级名录	2018 年
	上林糯米酒酿造技艺	上林县文化馆	第八批市级名录	2019 年
	上林壮族古香制作技艺	上林县文化馆	第八批市级名录	2019 年
	隆安壮族织锦技艺	隆安县文化馆	第八批市级名录	2019 年
	武鸣艾馍制作技艺	武鸣区文化馆	第八批市级名录	2019 年
	武鸣灵马草席编织技艺	武鸣区文化馆	第八批市级名录	2019 年
	大明山茶制作技艺	武鸣区文化馆	第八批市级名录	2019 年
	武鸣灰水粽制作技艺	武鸣区文化馆	第八批市级名录	2019 年
	武鸣糯米甜酒酵酿技艺	武鸣区文化馆	第八批市级名录	2019 年
	武鸣壮族柃木舂粑制作技艺	武鸣区文化馆	第八批市级名录	2019 年
	宾阳武陵牛角制品制作技艺	宾阳县文化馆	第八批市级名录	2019 年
	宾阳榫卯木工技艺	宾阳县文化馆	第八批市级名录	2019 年
	刘记石雕制作技艺	广西南宁市刘雪山影雕艺术有限公司	第八批市级名录	2019 年
	金狮巷传统打金技艺	兴宁区文化馆	第八批市级名录	2019 年
	南宁竹刻制作技艺	西乡塘区文化馆	第八批市级名录	2019 年
	壮刀制作技艺	西乡塘区文化馆	第八批市级名录	2019 年
	南宁剪纸	西乡塘区文化馆	第八批市级名录	2019 年
	南宁米粉制作技艺	南宁市民族文化艺术研究院(市非遗保护中心)	第八批市级名录	2019 年

续表 41

项目分类(代码)	名 称	保护单位	批 次	批准时间
传统技艺(Ⅷ)	南宁硬木制作技艺	南宁市凌铁王工艺雕刻有限公司	第八批市级名录	2019 年
	南宁木家具制作技艺	广西桂作家具有限公司	第八批市级名录	2019 年
传统医药(Ⅸ)	龚氏痛症疗法	江南区文化馆	第五批市级名录	2013 年
	宾阳封氏烧伤创疡治疗术	宾阳县文化馆	第五批自治区级名录	2014 年
	壮族谭氏草药疗骨法	隆安县文化馆	第五批自治区级名录	2014 年
	壮医经筋疗法	南宁市民族文化艺术研究院(市非遗保护中心)	第六批自治区级名录	2016 年
	壮医药物竹罐疗法	南宁市民族文化艺术研究院(市非遗保护中心)	第六批自治区级名录	2016 年
	瑶族壁和骨伤疗法	江南区文化馆	第七批市级名录	2017 年
	壮医目诊	南宁市民族文化艺术研究院(市非遗保护中心)	第七批自治区级名录	2018 年
	上林壮医针挑	上林县文化馆	第八批市级名录	2019 年
	滴水观音艾灸疗法	西乡塘区文化馆	第八批市级名录	2019 年
	壮医香疗	南宁壮医草药堂	第八批市级名录	2019 年
民俗(Ⅹ)	壮族歌圩	南宁市民族文化艺术研究院(市非遗保护中心)	第一批国家级名录	2006 年
	那马龙狮	良庆区文化馆	第一批市级名录	2007 年
	壮族抢花炮	邕宁区文化馆	第一批自治区级名录	2007 年
	壮族伏波庙会	横县文化馆	第一批自治区级名录	2007 年
	甘棠彩凤	宾阳县文化馆	第二批市级名录	2008 年
	宾阳关公诞	宾阳县文化馆	第二批市级名录	2008 年
	上林县渡河公	上林县文化馆	第二批自治区级名录	2008 年
	疍家婚礼	江南区文化馆	第二批自治区级名录	2008 年
	游彩架	宾阳县文化馆	第二批自治区级名录	2008 年
	宾阳炮龙节	宾阳县文化馆	第二批国家级名录	2008 年
	横县炮会	横县文化馆	第三批自治区级名录	2010 年
	那桐农具节	隆安县文化馆	第三批自治区级名录	2010 年
	壮族亥日	隆安县文化馆	第三批自治区级名录	2010 年
	上林壮族灯酒节	上林县文化馆	第三批自治区级名录	2010 年
	壮族芒那节	隆安县文化馆	第三批自治区级名录	2010 年
	上林壮族万寿节	上林县文化馆	第四批自治区级名录	2012 年
	军山庙会	青秀区文化馆	第四批自治区级名录	2012 年
	横县云表壮族歌圩	横县文化馆	第四批自治区级名录	2012 年
	宾阳三娘乖习俗	宾阳县文化馆	第四批自治区级名录	2012 年
	壮族三月三(扩展项目)	武鸣区文化馆	第四批国家级名录	2014 年
	壮族婚俗	隆安县文化馆	第五批市级名录	2013 年
	南宁花婆节	南宁市民族文化艺术研究院(市非遗保护中心)	第五批自治区级名录	2014 年
	南宁土地诞	南宁市民族文化艺术研究院(市非遗保护中心)	第五批自治区级名录	2014 年

续表 41

项目分类(代码)	名　称	保护单位	批　次	批准时间
民俗(X)	壮族毬丝歌会	良庆区文化馆	第五批自治区级名录	2014 年
	壮族罗波庙会	武鸣区文化馆	第五批自治区级名录	2014 年
	壮族“四月四”	武鸣区文化馆	第五批自治区级名录	2014 年
	横县壮族三相圩逢	横县文化馆	第五批自治区级名录	2014 年
	露圩壮族圩逢	宾阳县文化馆	第五批自治区级名录	2014 年
	上林壮族龙母节	上林县文化馆	第五批自治区级名录	2014 年
	更望湖壮族歌圩	隆安县文化馆	第五批自治区级名录	2014 年
	扬美龙舟上水节	江南区文化馆	第五批自治区级名录	2014 年
	南宁元宵花灯节	江南区文化馆	第五批自治区级名录	2014 年
	斑山庙会	青秀区文化馆	第五批自治区级名录	2014 年
	壮族安龙歌会	西乡塘区文化馆	第五批自治区级名录	2014 年
	那莲赛巧节	邕宁区文化馆	第五批自治区级名录	2014 年
	横县笔山人生礼仪	横县文化馆	第五批自治区级名录	2014 年
	武鸣壮族服饰	武鸣区文化馆	第六批市级名录	2015 年
	布泉天王庙会	隆安县文化馆	第六批市级名录	2015 年
	宾阳甘棠圩逢	宾阳县文化馆	第六批市级名录	2015 年
	吴门农氏婆祈福祭典	宾阳县文化馆	第六批市级名录	2015 年
	壮族添粮补寿习俗	兴宁区文化馆	第六批自治区级名录	2016 年
	南宁大王节	西乡塘区文化馆	第六批自治区级名录	2016 年
	南宁下楞龙舟节	西乡塘区文化馆	第六批自治区级名录	2016 年
	西乡塘歌圩	西乡塘区文化馆	第六批自治区级名录	2016 年
	灵水壮族歌圩	武鸣区文化馆	第六批自治区级名录	2016 年
	三里壮族歌圩	上林县文化馆	第六批自治区级名录	2016 年
	隆安稻草龙	隆安县文化馆	第六批自治区级名录	2016 年
	上林县祭冬民俗	上林县文化馆	第七批市级名录	2017 年
	南宁观音诞习俗	兴宁区文化馆	第七批市级名录	2017 年
	横县民间“无人售卖市场”习俗	横县文化馆	第七批市级名录	2017 年
	蒲庙花婆节	邕宁区文化馆	第七批自治区级名录	2018 年
	横县青桐壮族圩逢	横县文化馆	第七批自治区级名录	2018 年
	上林县二月二卢於春社	上林县文化馆	第七批自治区级名录	2018 年
	大明山歌圩	广西大明山国家级自然保护区管理局、南宁大明山风景旅游区管理委员会	第七批自治区级名录	2018 年
	南宁开年习俗	兴宁区文化馆	第七批自治区级名录	2018 年
	仙湖歌圩	武鸣区文化馆	第八批市级名录	2019 年
	二塘歌圩	武鸣区文化馆	第八批市级名录	2019 年
	扬美老人节	江南区文化馆	第八批市级名录	2019 年
	那僚庙会	青秀区文化馆	第八批市级名录	2019 年
	南宁双忠节	西乡塘区文化馆	第八批市级名录	2019 年

表 42　2019 年南宁市非物质文化遗产代表性传承人名录

等　级	名　称	姓　名	性　别	出生(年)	保护单位	批　次
国家级	壮族歌圩	刘正诚	男	1935	南宁市民族文化艺术研究院(市非遗保护中心)	2008 年第二批
	邕剧	洪　琪	女	1944	南宁市民族文化艺术研究院(市非遗保护中心)	2009 年第三批
	壮族三声部民歌	温桂元	男	1934	马山县文化馆	2009 年第三批
	粤剧	冯杏元	男	1945	南宁市民族文化艺术研究院(市非遗保护中心)	2018 年第五批
	壮族三月三	卢超元	男	1948	武鸣区文化馆	2018 年第五批
自治区级	壮族三声部民歌	莫花美	女	1957	马山县文化馆	2009 年第二批
	广西八音	黄才定	男	1954	邕宁区文化馆	2009 年第二批
	壮族会鼓	赖承辉	男	1949	马山县文化馆	2009 年第二批
	邕剧	梁克俭	男	1945	南宁市民族文化艺术研究院(市非遗保护中心)	2009 年第二批
	邕剧	冯杏元	男	1945	南宁市民族文化艺术研究院(市非遗保护中心)	2008 年第一批
	丝弦戏	磨长永	男	1943	宾阳县文化馆	2009 年第二批
	丝弦戏	关　艳	女	1978	宾阳县文化馆	2009 年第二批
	宾阳炮龙节	伍学规	男	1949	宾阳县文化馆	2009 年第二批
	宾阳炮龙节	邹玉特	男	1953	宾阳县文化馆	2009 年第二批
	游彩架	覃凤梧	男	1937	宾阳县文化馆	2009 年第二批
	扬美豆豉制作技艺	杜学芬	男	1969	江南区文化馆	2011 年第三批
	南宁壮族春牛舞	奚均仁	男	1932	江南区文化馆	2011 年第三批
	香火龙舞	罗新有	男	1966	良庆区文化馆	2011 年第三批
	壮族采茶戏	腾思队	男	1962	邕宁区文化馆	2011 年第三批
	宾阳师公戏	莫旭先	男	1951	宾阳县文化馆	2011 年第三批
	宾阳织锦技艺	谭湘光	女	1955	宾阳县文化馆	2011 年第三批
	壮族打扁担	莫菊花	女	1954	马山县文化馆	2011 年第三批
	壮族会鼓	韦建廷	男	1953	马山县文化馆	2011 年第三批
	壮族九莲灯	何方仕	男	1948	隆安县文化馆	2011 年第三批
	壮族采茶戏	甘美芬	女	1945	横县文化馆	2011 年第三批
	上林县渡河公	黄福连	女	1946	上林县文化馆	2011 年第三批
	广西粤剧	梁素梅	女	1963	南宁市民族文化艺术研究院(市非遗保护中心)	2015 年第四批
	南宁平话民歌	莫若珍	女	1965	南宁市民族文化艺术研究院(市非遗保护中心)	2015 年第四批
	扬美沙糕制作技艺	杨文凯	男	1980	江南区文化馆	2015 年第四批
	马山壮族踩花灯	潘庆福	男	1959	马山县文化馆	2015 年第四批
	壮族打砻(榔)舞	蓝日志	男	1949	马山县文化馆	2015 年第四批

续表 42

等级	名称	姓名	性别	出生(年)	保护单位	批次
自治区级	横县炮会	黄道敬	男	1940	横县文化馆	2015 年第四批
	横县大粽制作技艺	彭金妹	女	1952	横县文化馆	2015 年第四批
	红良打铁技艺	林仁超	男	1964	隆安县文化馆	2015 年第四批
	隆安壮族排歌	林　碧	男	1953	隆安县文化馆	2015 年第四批
	邕剧	宁　靖	男	1980	南宁市民族文化艺术研究院(市非遗保护中心)	2017 年第五批
	粤剧	黄俊成	男	1975	南宁市民族文化艺术研究院(市非遗保护中心)	2017 年第五批
	壮族服饰制作技艺	蓝　轲	女	1978	南宁市民族文化艺术研究院(市非遗保护中心)	2017 年第五批
	壮医药物竹罐疗法	李凤珍	女	1967	南宁市民族文化艺术研究院(市非遗保护中心)	2017 年第五批
	武鸣壮族山歌	韦秋岑	女	1977	武鸣区文化馆	2017 年第五批
	壮族骆垌舞	潘家明	男	1948	武鸣区文化馆	2017 年第五批
	壮族罗波庙会	陆映春	男	1954	武鸣区文化馆	2017 年第五批
	壮族五色糯米饭制作技艺	黄硕英	女	1952	武鸣区文化馆	2017 年第五批
	南宁壮族哭嫁歌	黄翠荣	女	1951	兴宁区文化馆	2017 年第五批
	南宁元宵花灯节	黎炳生	男	1934	江南区文化馆	2017 年第五批
	那莲赛巧节	曹文碧	女	1964	邕宁区文化馆	2017 年第五批
	壮族抢花炮	孙子奇	男	1957	邕宁区文化馆	2017 年第五批
	大罗毛笔制作技艺	罗儒供	男	1952	宾阳县文化馆	2017 年第五批
	壮族刺绣	蓝　淋	女	1974	马山县文化馆	2017 年第五批
	壮族传扬歌	蓝日茂	男	1981	马山县文化馆	2017 年第五批
	壮族谭氏草药疗骨法	谭润丹	男	1976	隆安县文化馆	2017 年第五批
	粤剧	钟晓俊	男	1971	南宁市民族文化艺术研究院(市非遗保护中心)	2019 年第六批
	邕剧	张铁峰	男	1975	南宁市民族文化艺术研究院(市非遗保护中心)	2019 年第六批
	壮族迪尺	陆显通	男	1989	南宁市民族文化艺术研究院(市非遗保护中心)	2019 年第六批
	壮族香火球	班继联	男	1961	良庆区文化馆	2019 年第六批
	南宁生榨米粉制作技艺	黄天玲	女	1967	西乡塘区文化馆	2019 年第六批
	南宁傩舞	陈亚弟	男	1966	西乡塘区文化馆	2019 年第六批
	南宁民谣	谢桂友	男	1953	兴宁区文化馆	2019 年第六批
	古潭邕剧	毕加良	男	1944	隆安县文化馆	2019 年第六批
	上林四六联民歌	韦有创	男	1959	上林县文化馆	2019 年第六批
	上林瑶族山歌	卢　成	男	1967	上林县文化馆	2019 年第六批
	上林瑶族猴鼓舞	罗延武	男	1961	上林县文化馆	2019 年第六批
	宾阳邹圩陶器制作技艺	颜长希	男	1962	宾阳县邹圩镇文化体育和广播影视站	2019 年第六批
	瑶族剪刀歌	陆建情	男	1969	马山县文化馆	2019 年第六批

续表 42

等 级	名 称	姓 名	性 别	出生(年)	保护单位	批 次
自治区级	壮族三声部民歌(壮族嘹啰山歌)	苏兰育	男	1949	邕宁区文化馆	2019 年第六批
	壮族百鸟衣故事	韦其本	男	1941	横县文化馆	2019 年第六批
	横县茉莉花茶制作技艺	谢大高	男	1964	横县文化馆	2019 年第六批
	横县鱼生制作技艺	余 富	男	1976	横县文化馆	2019 年第六批
	灵水壮族歌圩	潘宝山	男	1958	武鸣区文化馆	2019 年第六批
	壮族三月三	黄天恒	男	1952	武鸣区文化馆	2019 年第六批
市 级	游彩架	周宏年	男	1946	宾阳县文化馆	2009 年第一批
	邕剧	李传湘	女	1941	南宁市民族文化艺术研究院(市非遗保护中心)	2010 年第二批
	宾阳炮龙节	吴荣新	男	1956	宾阳县文化馆	2010 年第二批
	丝弦戏	熊兴亮	男	1949	宾阳县文化馆	2010 年第二批
	宾阳游彩架	何丹健	男	1953	宾阳县文化馆	2010 年第二批
	葛麻十六炮会	邓享朝	男	1959	横县文化馆	2010 年第二批
	百合茅山舞	李祖树	男	1950	横县文化馆	2011 年第三批
	邕剧	黄学超	男	1941	南宁市民族文化艺术研究院(市非遗保护中心)	2011 年第三批
	宾阳织锦技艺	黄其梅	女	1964	宾阳县文化馆	2011 年第三批
	宾阳“老穷”故事	黄红新	男	1951	宾阳县文化馆	2011 年第三批
	南宁平话民歌	梁世华	男	1931	南宁市民族文化艺术研究院(市非遗保护中心)	2011 年第三批
	壮族会鼓	王政勤	男	1954	马山县文化馆	2011 年第三批
	壮族打砻(榔)舞	陆荣艳	女	1965	马山县文化馆	2011 年第三批
	壮族打扁担	蒙雪凤	女	1942	马山县文化馆	2011 年第三批
	壮族芭蕉香火龙舞	李武康	男	1945	青秀区文化馆	2013 年第四批
	扬美梅菜制作技艺	梁彩丽	女	1963	江南区文化馆	2013 年第四批
	校椅临江壮歌剧	李建伟	男	1943	横县文化馆	2013 年第四批
	横县芝麻饼制作技艺	袁广武	男	1965	横县文化馆	2013 年第四批
	隆安壮族排歌	陆金席	男	1952	隆安县文化馆	2013 年第四批
	壮族三声部民歌	蓝海群	男	1972	马山县文化馆	2013 年第四批
	上林壮族八音	王志新	男	1938	上林县文化馆	2013 年第四批
	壮族师公戏	周宗美	男	1960	上林县文化馆	2013 年第四批
	邕剧	梁素梅	女	1963	南宁市民族文化艺术研究院(市非遗保护中心)	2013 年第四批
	邕剧	何惠临	男	1980	南宁市民族文化艺术研究院(市非遗保护中心)	2013 年第四批
	南宁平话民歌	赖钟林	男	1950	南宁市民族文化艺术研究院(市非遗保护中心)	2013 年第四批
	白话童谣	刘子林	男	1942	南宁市民族文化艺术研究院(市非遗保护中心)	2015 年第五批

续表 42

等 级	名 称	姓 名	性 别	出生(年)	保护单位	批 次
市 级	白话童谣	万立仁	男	1942	南宁市民族文化艺术研究院(市非遗保护中心)	2015 年第五批
	广西粤剧	姚 艳	女	1975	南宁市民族文化艺术研究院(市非遗保护中心)	2015 年第五批
	壮医经筋疗法	韦英才	男	1966	南宁市民族文化艺术研究院(市非遗保护中心)	2015 年第五批
	壮医目诊	李 珪	女	1960	南宁市民族文化艺术研究院(市非遗保护中心)	2015 年第五批
	灵马鲶鱼制作技艺	朱宝书	男	1974	武鸣区文化馆	2015 年第五批
	横县南山白毛茶制作技艺	陈 雄	男	1959	横县文化馆	2015 年第五批
	横县茉莉花茶制作技艺	徐炳奇	男	1962	横县文化馆	2015 年第五批
	宾阳油纸伞制作技艺	陆云岗	男	1986	宾阳县文化馆	2015 年第五批
	宾阳封氏烧伤创疡治疗术	封大为	男	1976	宾阳县文化馆	2015 年第五批
	露圩壮族圩逢节	黄桂梅	女	1963	宾阳县文化馆	2015 年第五批
	上林壮族师公舞	雷桂丰	男	1956	上林县文化馆	2015 年第五批
	上林壮族灯酒节	石二海	男	1978	上林县文化馆	2015 年第五批
	更望湖壮族歌圩	黄权海	男	1965	隆安县文化馆	2015 年第五批
	南宁铁鸟酱料制作技艺	杜瑜玲	女	1963	兴宁区文化馆	2015 年第五批
	龚氏痛症疗法	龚俭仪	男	1969	江南区文化馆	2015 年第五批
	起凤山传说	曾麒璋	男	1952	武鸣区文化馆	2017 年第六批
	壮族竹竿舞	何艺华	女	1973	武鸣区文化馆	2017 年第六批
	武鸣壮酒制作技艺	阮朝鑫	男	1972	武鸣区文化馆	2017 年第六批
	武鸣壮族刘氏“药仙翁”药茶制作技艺	刘力瑞	男	1977	武鸣区文化馆	2017 年第六批
	武鸣壮族服饰	陆兰珍	女	1952	武鸣区文化馆	2017 年第六批
	松柏汉族多声部平话山歌	潘英雄	女	1937	兴宁区文化馆	2017 年第六批
	妈勒访天边传说	罗世周	男	1964	南宁市民族文化艺术研究院(市非遗保护中心)	2017 年第六批
	南宁五象传说	莫 炜	男	1974	南宁市民族文化艺术研究院(市非遗保护中心)	2017 年第六批
	南宁壮族高腔民歌	陆锦福	男	1962	南宁市民族文化艺术研究院(市非遗保护中心)	2017 年第六批
	邕剧	郝 芸	女	1970	南宁市民族文化艺术研究院(市非遗保护中心)	2017 年第六批
	粤剧	颜 怡	女	1942	南宁市民族文化艺术研究院(市非遗保护中心)	2017 年第六批
	南宁土地诞	黄焕金	男	1939	南宁市民族文化艺术研究院(市非遗保护中心)	2017 年第六批
	马山丝弦戏	廖玉兰	女	1968	马山县文化馆	2017 年第六批
	加方上刀山下火海	蒋智杰	男	1948	马山县文化馆	2017 年第六批
	三津八音	黄树华	男	1946	江南区文化馆	2017 年第六批
	都结豆腐制作技艺	梁丽卿	女	1972	隆安县文化馆	2017 年第六批

续表 42

等　级	名　称	姓　名	性　别	出生(年)	保护单位	批　次
市　级	上林傩戏	谭少玉	女	1969	上林县文化馆	2017 年第六批
	三里壮族歌圩	韦家林	男	1953	上林县文化馆	2017 年第六批
	化皮猪脚制作技艺	神华生	男	1966	西乡塘区文化馆	2017 年第六批
	永州鱼片制作技艺	黄汉春	男	1965	马山县文化馆	2019 年第七批
	永州米酒制作技艺	韦明铭	男	1991	马山县文化馆	2019 年第七批
	永州豆腐制作技艺	徐宝青	男	1960	马山县文化馆	2019 年第七批
	壮族会鼓	梁耀京	男	1967	马山县文化馆	2019 年第七批
	布泉酸鱼制作技艺	李天纯	男	1962	隆安县文化馆	2019 年第七批
	隆安壮族排歌	林卓丽	男	1955	隆安县文化馆	2019 年第七批
	隆安壮族狮舞	苏庆安	男	1991	隆安县文化馆	2019 年第七批
	壮族九莲灯	林义文	男	1965	隆安县文化馆	2019 年第七批
	隆安稻草龙	陆礼兴	男	1951	隆安县文化馆	2019 年第七批
	武鸣灵马旱藕粉制作技艺	何春连	女	1972	武鸣区文化馆	2019 年第七批
	武鸣榨粉制作技艺	罗启明	男	1952	武鸣区文化馆	2019 年第七批
	武鸣柠檬鸭制作技艺	甘保辉	男	1974	武鸣区文化馆	2019 年第七批
	武鸣府城土制红糖制作技艺	李桂青	女	1982	武鸣区文化馆	2019 年第七批
	壮族特掘传说	陆祖汉	男	1943	武鸣区文化馆	2019 年第七批
	壮族三月三	黄　丽	女	1970	武鸣区文化馆	2019 年第七批
	壮族四月四	韦定邦	男	1947	武鸣区文化馆	2019 年第七批
	五色糯米饭制作技艺	潘红华	女	1965	武鸣区文化馆	2019 年第七批
	横县云表壮族歌圩	李秀莲	女	1970	横县文化馆	2019 年第七批
	横县壮族三相圩逢	梁肇儒	男	1955	横县文化馆	2019 年第七批
	瑶族壁和骨伤疗法	李映浩	女	1978	江南区文化馆	2019 年第七批
	疍家婚礼	梁碧云	女	1956	江南区文化馆	2019 年第七批
	壮族芭蕉香火龙舞	周建孟	男	1960	青秀区文化馆	2019 年第七批
	青秀山传说	梁代竹	女	1945	青秀区文化馆	2019 年第七批
	壮族麒麟舞	谭景威	男	1968	青秀区文化馆	2019 年第七批
	壮族斗竹马	李青礼	男	1963	青秀区文化馆	2019 年第七批
	军山庙会	李春仪	男	1956	青秀区文化馆	2019 年第七批
	斑山庙会	李松伦	男	1956	青秀区文化馆	2019 年第七批
	广西八音	黄耀球	男	1949	邕宁区文化馆	2019 年第七批
	蒲庙花婆节	张月珍	女	1964	邕宁区文化馆	2019 年第七批
	粤剧	刘希瑛	女	1977	南宁市民族文化艺术研究院(市非遗保护中心)	2019 年第七批
	南宁制陶技艺	覃永宣	男	1966	南宁市民族文化艺术研究院(市非遗保护中心)	2019 年第七批
	南宁制陶技艺	胡可可	男	1959	南宁市民族文化艺术研究院(市非遗保护中心)	2019 年第七批
	妈勒访天边传说	孙红梅	女	1967	南宁市民族文化艺术研究院(市非遗保护中心)	2019 年第七批

表 43

2019 年南宁市人民政府机构全称、简称表

全 称	简 称
(一)工作部门	
南宁市人民政府办公室	市政府办公室
南宁市发展和改革委员会	市发展改革委
南宁市教育局	市教育局
南宁市科学技术局	市科技局
南宁市工业和信息化局	市工信局
南宁市民族宗教事务委员会	市民宗委
南宁市公安局	市公安局
南宁市民政局	市民政局
南宁市司法局	市司法局
南宁市财政局	市财政局
南宁市人力资源和社会保障局	市人社局
南宁市自然资源局	市自然资源局
南宁市生态环境局	市生态环境局
南宁市住房和城乡建设局	市住建局
南宁市交通运输局	市交通运输局
南宁市水利局	市水利局
南宁市农业农村局	市农业农村局
南宁市商务局	市商务局
南宁市文化广电和旅游局	市文广旅局
南宁市卫生健康委员会	市卫健委
南宁市退役军人事务局	市退役军人局
南宁市应急管理局	市应急局
南宁市审计局	市审计局
南宁市外事办公室	市外事办
南宁市市场监督管理局	市市场监管局
南宁市体育局	市体育局
南宁市统计局	市统计局
南宁市林业局	市林业局
南宁市金融工作办公室	市金融办
南宁市人民防空办公室	市人防办
南宁市扶贫开发办公室	市扶贫办
南宁市医疗保障局	市医保局
南宁市市政和园林管理局	市市政园林局

续表 43

全 称	简 称
南宁市城市管理综合行政执法局	市城管综合执法局
南宁市投资促进局	市投促局
南宁市行政审批局	市行政审批局
南宁市北部湾经济区规划建设管理办公室	市北部湾办
南宁市粮食和物资储备局	市粮食和储备局
南宁市机关事务管理局	市机关事务管理局
南宁市大数据发展局	市大数据发展局
南宁市人民政府国有资产监督管理委员会	市国资委
(二)派出机构	
南宁高新技术产业开发区管理委员会	高新区管委会
南宁经济技术开发区管理委员会	经开区管委会
广西—东盟经济技术开发区管理委员会	广西—东盟经开区管委会
南宁青秀山风景名胜旅游区管理委员会	青秀山管委会
南宁龙象谷国际旅游度假区管理委员会	龙象谷管委会
(三)挂牌机构	
南宁市重点项目建设协调办公室	市重点办
南宁市外国专家局	市外国专家局
南宁市糖业发展局	市糖业发展局
南宁市少数民族语言文字工作委员会	市民语委
南宁市中医药管理局	市中医药局
南宁市港澳事务办公室	市港澳办
南宁市营商环境建设局	市营商环境建设局
南宁吴圩空港经济区管理委员会	南宁空港经济区管委会
南宁华侨投资区管理委员会	南宁华侨投资区管委会
(四)设在机构	
南宁市人民政府调解处理土地山林水利纠纷办公室	市调处办
珠江—西江经济带(南宁)规划建设管理办公室	南宁珠西办
南宁市现代产业发展办公室	市现代产业发展办
南宁市交通战备办公室	市交战办
南宁市河长制办公室	市河长办
南宁市禁毒委员会办公室	市禁毒办
(五)与党委工作部门合署办公(或挂牌)的行政机构	
南宁市公务员局(在市委组织部挂牌)	市公务员局
南宁市人民政府新闻办公室(在市委宣传部挂牌)	市政府新闻办
南宁市新闻出版局(在市委宣传部挂牌)	市新闻出版局
南宁市人民政府台湾事务办公室(在市委统一战线工作部挂牌)	市台办

续表 43

全　称	简　称
南宁市侨务办公室(在市委统一战线工作部挂牌)	市侨办
中共南宁市委员会南宁市人民政府信访局(列入市委工作机构序列)	市信访局
南宁市国家保密局(在市委机要保密办公室挂牌)	市保密局
南宁市国家密码管理局(在市委机要保密办公室挂牌)	市密码管理局
(六)直属事业单位	
南宁住房公积金管理中心	南宁公积金管理中心
南宁市人民政府地方志编纂办公室	市方志办
南宁市二轻集体工业联社	市二轻联社
南宁市社会科学院	市社科院
南宁昆仑关战役遗址保护管理委员会(南宁昆仑关旅游风景区管理委员会)	南宁昆仑关遗址保护管委会(南宁昆仑关管委会)
南宁市人民政府发展研究中心	市发展研究中心
南宁市公共资源交易中心(南宁市政府集中采购中心)	市公共资源交易中心(市政府采购中心)
南宁市城市管理监督评价中心	市城管监督评价中心
南宁市社会保险事业局	市社保局
南宁广播电视台	南宁广播电视台
南宁市城市应急联动中心	市应急联动中心
南宁职业技术学院	南职院
广西大明山国家级自然保护区管理局(南宁大明山风景旅游区管理委员会)	广西大明山管理局(南宁大明山管委会)
南宁市城市内河管理处	市城市内河处
(七)驻外办事机构	
南宁市人民政府驻北京联络处	市政府驻京处
(八)直属公司	
南宁城市建设投资集团有限责任公司	南宁城投集团
南宁威宁投资集团有限责任公司	南宁威宁集团
南宁建宁水务投资集团有限责任公司	南宁建宁水务集团
南宁交通投资集团有限责任公司	南宁交投集团
南宁轨道交通集团有限责任公司	南宁轨道交通集团
南宁产业投资集团有限责任公司	南宁产投集团
南宁大地飞歌文化产业集团有限责任公司	南宁大地飞歌集团
南宁农工商集团有限责任公司	南宁农工商集团
南宁金融投资集团有限责任公司	南宁金融集团
(九)其他	
南宁综合保税区管理委员会	南宁综保区管委会
南宁市供销合作联社	市供销社

编辑　唐祯麟

索　引

说　明

一、本索引是《南宁年鉴 2020》内容分析索引。正文（包括条目、文献、资料、图片和表格）中凡具有独立检索意义的完整资料，都可以通过本索引进行检索。

二、本索引按汉语拼音字母（同音字按声调）顺序排列。类目、分目、次分目作索引款目用黑体字排印，其余款目均用宋体字排印。表格、图片、示意图在其款目后分别注明“表”“图”或“示意图”。

三、索引款目后的数字表示内容所在的页码，数字后的拉丁字母（a、b、c）表示栏别（即版面的 1、2、3 栏）。空 2 字起排的款目为上一主题的“附见”。同一主题的“参见”，只标页码。内容有交叉的款目，为便于读者检索，在本索引中重复出现。

四、阿拉伯数字开头的款目排在索引的末尾。

A

B

C

南宁年鉴

D

E

F

G

H

K

L

P

Q

R

NANNING YEARBOOK

T

W

X

Y

Z

数字索引

南宁年鉴

南宁市地方志编纂委员会

主　　任　周红波

副 主 任　谭向光　邓亚平　黎　琳　黎四龙　王德宾

委　　员　黄宗成　文华寿　伍光清　李海光　黄振生　张清亮　李刘科
丁　伟　汪述斌　梁　展　汪东明　苏志刚　黄菊如　边作新
刘德宁　林　兢　宁世朝　杨　敏　黄永久　谢宗务　陈欣善
黄展邦　彭　健　黄南方　尹　平　谭耀武　刘　复　胡建华
陈代新　阳德斌　许杨群　孙贵寿

《南宁年鉴》编辑部

主　　编　王德宾

副 主 编　许杨群　孙贵寿　周　红　陈洪毅　陆　靖

编辑部主任　谢萍萍　陆　靖

编　　辑　李志楠　李敬江　梁　坤　谢萍萍　方　明　卢景林
姚宗秀　温燕聪　梁富鑫　唐　娟　唐柯杰　班彩梅
唐祯麟　钟婉悦　李　康　覃涓铌　班　铭　郑小娟
李　创

图片策划　谢萍萍

封面封底设计　张　婷

栏题设计　王德宾

封面题字　卢定山

封面照片拍摄　黄传真

印章篆刻　杨宇云